합격자 수가 선택의 기준!

2026 최신판

에듀윌 사회복지사 1급 통합이론서 +무료특강

최신 기출이론 및 개정 법률 반영

영역별 이론+기출문제+기출OX

❶권 | 1교시+2교시

손용근, 최승희, 강혜원, 신경안, 임화영 저

YES24 24년 5월 월별 베스트 기준
베스트셀러 1위

YES24 수험서 자격증 법/인문/사회 사회복지사 베스트셀러 1위

특별제공
입문특강+ 7개년 기출 족보특강

16개월 베스트셀러 1위 산출근거 후면표기
8영역 단권화 교재로 한 번에 합격!

- 사회복지사 1급 입문특강(8강)+7개년 기출족보특강(8강) 제공
- 11개년 기출(2025~2015)에서 뽑아낸 영역별 기출문제+2025년 최신 기출&해설
- '핵심이론+기출OX'로 빈출만 공략하는 <빠른공략노트> 제공

eduwill

에듀윌과 함께 시작하면,
당신도 합격할 수 있습니다!

졸업을 앞두고 사회복지사 1급 자격증 취득을 위해
이전에 배운 내용을 되돌아보는 대학생

틈틈이 학점은행제를 수강하고 실습까지 마무리한 후
사회복지사로서 새로운 도전을 앞둔 직장인

더 좋은 환경에서 전문적인 실천을 위해
바쁜 와중에도 1급 시험에 도전하는 현업 사회복지사

누구나 합격할 수 있습니다.
해내겠다는 '열정' 하나면 충분합니다.

마지막 페이지를 덮으면,

에듀윌과 함께
사회복지사 1급 국가시험 합격이 시작됩니다.

사회복지사 1급 1위

입문특강 + 기출족보특강
무료 제공

강의 만족도 100%*의 전문 교수진이 제공하는
고퀄리티의 강의로 합격이 가까워집니다!

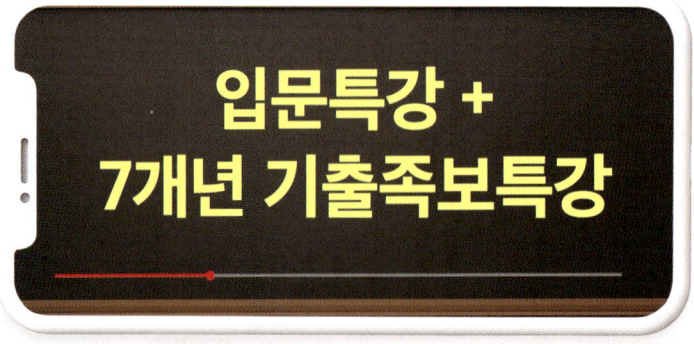

이용경로 | 에듀윌 도서몰 ▶ 동영상강의실 ▶ '사회복지사' 검색
(book.edwuill.net)

기초부터 심화까지 좀 더 완벽한 강의를 듣고 싶다면?

| 에듀윌 홈페이지 (eduwill.net) | ▶ | 사회복지사 검색 | ▶ | 강의 확인 |

홈페이지
바로 가기

* 에듀윌 강의 만족도 결과 손용근 대표 교수 만족도(설문자 124명, 설문기간 2020년 5월 4일~2020년 5월 31일)

3회독 플래너

80일간의 사회복지사 1급 합격 일주

1회독에 만족하지 말고, 3회독으로 확실하게 합격하세요!

학습 시작일: _____월 _____일

PART	CHAPTER	1회독	2회독	3회독
인간행동과 사회환경	01 인간발달과 사회복지	1~2일차	1일차	1일차
	02 인간의 성장발달단계			
	03 정신역동이론	3일차	2일차	
	04 인지발달이론 및 행동이론	4일차		
	05 사회환경과 사회복지 ⊕TEST	5일차	3일차	
사회복지 조사론	01 사회복지조사의 기초	6~7일차	4일차	2일차
	02 측정과 척도			
	03 표본추출(표집)	8~9일차	5~6일차	
	04 사회복지조사의 유형			
	05 다양한 자료수집방법 ⊕TEST			
사회복지 실천론	01 사회복지실천의 개관	10일차	7일차	3일차
	02 사회복지실천의 발달			
	03 사회복지실천현장과 사회복지사의 역할	11~12일차	8~9일차	
	04 사회복지의 통합적 실천			4일차
	05 사회복지실천의 방법과 실천과정 ⊕TEST	13~14일차	10일차	
사회복지 실천기술론	01 개인 대상 실천기법	15일차	11일차	5일차
	02 가족 대상 실천기법 Ⅰ	16일차		
	03 가족 대상 실천기법 Ⅱ	17일차		
	04 집단 대상 실천기법	18일차	12일차	6일차
	05 사회복지실천 기록과 평가 ⊕TEST	19일차		
지역사회 복지론	01 지역사회복지의 개념과 정의	20일차	13일차	7일차
	02 지역사회복지의 역사			
	03 지역사회복지 이론과 실천모델	21일차	14일차	
	04 지역사회복지 실천과정과 전략 및 전술	22일차		8일차
	05 사회복지 추진체계 및 지역사회운동 ⊕TEST	23~25일차	15~16일차	
사회복지 정책론	01 사회복지정책 발달이론과 제 학자 모형	26일차	17일차	9일차
	02 사회복지정책의 전개과정			
	03 사회복지정책의 분석틀과 정책과정	27일차	18일차	
	04 사회보장			10일차
	05 사회보험제도와 공공부조제도 ⊕TEST	28~29일차	19일차	
사회복지 행정론	01 사회복지행정의 개념과 역사 및 전달체계	30일차	20일차	11일차
	02 사회복지행정의 조직이론, 구조·유형 및 환경			
	03 인사관리와 재정관리 및 정보관리시스템	31일차		
	04 기획과 의사결정 및 마케팅	32~33일차	21일차	12일차
	05 프로그램 설계와 욕구 및 평가조사 ⊕TEST			
사회복지 법제론	01 사회복지법의 개념과 발달과정	34일차	22일차	13일차
	02 사회복지법의 체계 및 사회복지의 권리성			
	03 사회보장기본법, 사회보장급여법, 사회복지사업법			
	04 사회보험법	35~36일차	23일차	
	05 공공부조법	37일차		
	06 사회복지서비스법	38일차	24일차	14일차
	07 판례 ⊕TEST	39일차		
2025년 제23회 기출문제		40일차	25일차	15일차

30%

70%

100%

* 전 영역에 대한 3회독 플래너로, CHAPTER별로 학습 일차를 정리한 것입니다.
* 뒷면의 플래너를 활용하여 자신의 페이스대로 계획해도 좋습니다.

40일 완성 **25일 완성** **15일 완성**

____ 일간의 사회복지사 1급 합격 일주

3회독 플래너

1회독에 만족하지 말고, 3회독으로 확실하게 합격하세요!

학습 시작일: _____ 월 _____ 일

PART	CHAPTER	1회독	2회독	3회독
인간행동과 사회환경	01 인간발달과 사회복지			
	02 인간의 성장발달단계			
	03 정신역동이론			
	04 인지발달이론 및 행동이론			
	05 사회환경과 사회복지 ➕ TEST			
사회복지 조사론	01 사회복지조사의 기초			
	02 측정과 척도			
	03 표본추출(표집)			
	04 사회복지조사의 유형			
	05 다양한 자료수집방법 ➕ TEST			
사회복지 실천론	01 사회복지실천의 개관			
	02 사회복지실천의 발달			
	03 사회복지실천현장과 사회복지사의 역할			
	04 사회복지의 통합적 실천			
	05 사회복지실천의 방법과 실천과정 ➕ TEST			🚩 30%
사회복지 실천기술론	01 개인 대상 실천기법			
	02 가족 대상 실천기법 Ⅰ			
	03 가족 대상 실천기법 Ⅱ			
	04 집단 대상 실천기법			
	05 사회복지실천 기록과 평가 ➕ TEST			
지역사회 복지론	01 지역사회복지의 개념과 정의			
	02 지역사회복지의 역사			
	03 지역사회복지 이론과 실천모델			
	04 지역사회복지 실천과정과 전략 및 전술			
	05 사회복지 추진체계 및 지역사회운동 ➕ TEST			
사회복지 정책론	01 사회복지정책 발달이론과 제 학자 모형			
	02 사회복지정책의 전개과정			
	03 사회복지정책의 분석틀과 정책과정			
	04 사회보장			
	05 사회보험제도와 공공부조제도 ➕ TEST			🚩 70%
사회복지 행정론	01 사회복지행정의 개념과 역사 및 전달체계			
	02 사회복지행정의 조직이론, 구조·유형 및 환경			
	03 인사관리와 재정관리 및 정보관리시스템			
	04 기획과 의사결정 및 마케팅			
	05 프로그램 설계와 욕구 및 평가조사 ➕ TEST			
사회복지 법제론	01 사회복지법의 개념과 발달과정			
	02 사회복지법의 체계 및 사회복지의 권리성			
	03 사회보장기본법, 사회보장급여법, 사회복지사업법			
	04 사회보험법			
	05 공공부조법			
	06 사회복지서비스법			
	07 판례 ➕ TEST			
2025년 제23회 기출문제				🚩 100%

* 자신의 페이스에 맞게 현실적인 학습 계획을 세워 보세요.
* 빈칸에 학습 일차 또는 학습한 날짜를 적으면 됩니다.

 _____일 완성   _____일 완성   _____일 완성

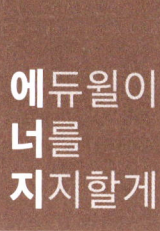

시작하라. 그 자체가 천재성이고,
힘이며, 마력이다.

– 요한 볼프강 폰 괴테(Johann Wolfgang von Goethe)

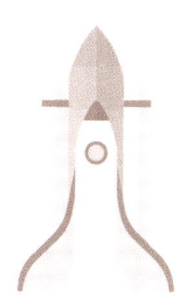

에듀윌 사회복지사 1급 통합이론서 +무료특강

❶권 | 1교시 + 2교시

저자의 말

본서를 집필한 저자의 메시지를 전합니다.

손용근

사회복지실천기술론 집필
사회복지정책론 집필
사회복지행정론 집필
사회복지법제론 집필

더 따뜻한 사회를 위해 노력하는 수험생 여러분

사회복지사 1급 국가시험의 합격률은 평균적으로 실제 지원율의 반을 넘지 못하고 있습니다. 이것은 대부분의 수험생이 사회복지사 1급 시험과목의 방대한 공부량에 갈피를 잡지 못하고 있기 때문이라 여겨집니다.

이에 따라 본서는 방대한 이론을 효과적이고 전략적으로 학습할 수 있도록 최근 출제된 문제를 기반으로 이론을 선별하여 수록하였습니다. 기본 이론 학습 → 실전 TEST 기출과 예상문제 풀이 → 마무리 핵심 이론 정리 → 기출 모의고사 문제 풀이의 순서로 차근차근 학습한다면 합격에 필요한 120점을 충분히 넘으실 수 있으리라 믿습니다. 전공지식과 현장 경험, 그리고 다년간의 강의 노하우를 모두 녹여낸 본서는 사회복지사 1급 국가시험의 지침서가 될 것입니다.

합격을 향한 '간절함'과 '절박함'은 수험기간을 알차게 만들 것이라 생각합니다. 최선의 노력을 다하신 수험생 여러분에게 합격이라는 보답이 오기를 바랍니다.

최승희

인간행동과 사회환경 집필

사회복지를 공부하겠다고 처음 마음먹은 날을 기억하시나요?

인간행동과 사회환경은 사회복지를 공부하는 데 있어서 기본이 되는 과목입니다. 학습하시면서 각각의 개념에 수험생 여러분의 삶을 대입해 보기를 바랍니다. 내가 지나온 아동기, 청소년기, 청년기 등을 떠올려 보시면 많은 내용이 쉽게 이해될 것입니다. 책의 개념들을 이해하고 나만의 언어로 재구성해 보며 이해하는 즐거움을 여러분도 꼭 느껴보시기를 바랍니다.

사회복지를 시작한 이유는 각자 다르겠지만, 현장의 전문가가 되어야겠다는 마음은 모두가 같으리라 생각합니다. 시험을 준비하는 과정은 결코 쉽지 않고, 넘어야 할 고비도 많습니다. 이 책을 펼친 수험생 여러분에게 이 책 속의 지식이 도움이 되기를 바라며, 공부를 시작했던 첫 마음을 꼭 끝까지 가져가시기를 바랍니다.

사회복지사 1급 시험 합격을 위해 노력하는 여러분을 뜨겁게 응원하겠습니다. 수험생 여러분의 건승을 기원합니다.

강혜원
사회복지조사론 집필

쉽고 재미있는 사회복지조사론

사회복지조사론은 자주 등장하는 개념과 이론을 제대로 이해하고, 문제풀이 연습을 병행한다면 어렵지 않습니다. 본서는 사회복지조사론 과목에서 자주 출제되는 내용을 철저하게 분석하여, 꼭 필요한 내용만을 최대한 쉽고 간결하게 정리하여 담았습니다. 실제 기출에 나오는 표현들을 본문에 사용하였기 때문에 시험장에서의 적응력을 높이는 데에도 도움이 될 것입니다.

본서를 토대로 기본기를 확실하게 다지고, 기출문제를 반복하여 풀어본다면 반드시 좋은 결과가 있을 것이라 믿습니다. 합격은 여러분의 것입니다.

신경안
사회복지실천론 집필

사회복지실천의 토대를 쌓을 수 있기를 바랍니다

사회복지사 1급 국가시험은 1년에 한 번뿐이지만 합격률도 높은 편은 아닙니다. 이론과 전문지식이 현장에서 어떻게 적용되고 실천되는지를 묻는 문제가 출제되고 있어 실제적 경험이 없는 수험생들은 당황하기도 합니다.

전문가로서 이론적 지식을 아는 것은 너무나 당연하지만, 이 전문지식을 어떻게 적용하고 실천해야 하는지를 아는 것 역시 중요합니다. 사회복지사 1급 국가시험이 요구하는 난해함은 바로 인간다운 삶을 지원하는 전문직으로서 가져야 할 책임감의 크기로 이해하시기 바랍니다.

수험생 여러분의 건승을 기원합니다.

임화영
지역사회복지론 집필

사회복지의 꿈과 열정을 가진 수험생 여러분

사회복지사는 한 사람의 인생을, 더 나아가서는 세상을 바꾸는 전문적인 직업입니다. 사회복지현장에서 만나는 사람들의 욕구를 해결하기 위한 실천기술을 습득하기 위해선 '인간'에 대한 이해와 실천 방법을 습득해야 합니다. 즉, 지역사회의 자원과 제도, 정책은 물론 조사 방법에 대한 이론과 기술을 습득해야 합니다. 사회복지사 1급 국가시험은 이렇듯 현장 전문가가 되기 위해 필요한 지식과 실천현장에서 응용할 수 있는 기술에 대해 묻고 있습니다.

본서는 지역사회에 대한 이해, 실천기술, 최근 지역사회복지의 동향에 대한 자세한 설명을 수록하였습니다. 차근차근 공부해 나간다면 분명 1급 사회복지사로서 현장에서 만나게 될 것입니다. 여러분을 응원합니다.

시험에 관해 꼭 알아야 할 전반적인 사항을 소개합니다.

시험 소개

개요

사회복지사 1급 국가시험은 사회복지에 관한 소정의 전문지식과 기술을 가진 자에게 사회복지사 자격을 부여하고 이들에게 복지업무를 담당하도록 함으로써, 아동·청소년·노인·장애인 등 보호가 필요한 사람들에게 전문적이고 체계적인 복지 서비스를 제공하기 위하여 도입되었습니다.

시험과목 및 배점

구분	시험과목	시험영역
1	사회복지기초 (50문항)	• 인간행동과 사회환경(25문항) • 사회복지조사론(25문항)
2	사회복지실천 (75문항)	• 사회복지실천론(25문항) • 사회복지실천기술론(25문항) • 지역사회복지론(25문항)
3	사회복지정책과 제도 (75문항)	• 사회복지정책론(25문항) • 사회복지행정론(25문항) • 사회복지법제론(25문항)

- 5지선다형으로 시험이 진행됩니다.
- 1문제당 1점으로 계산되며, 총점은 200점입니다.
- 시험관련 법령 등을 적용하여 정답을 구하여야 하는 문제는 시험 시행일 현재 시행 중인 법령이 기준입니다.

합격자 결정방법

- 시험의 합격결정에 있어서는 매 과목 4할 이상, 전 과목 총점의 6할 이상을 득점한 자를 합격예정자로 결정합니다.
- 사회복지사 1급 국가시험 합격예정자는 한국사회복지사협회에서 응시자격 서류심사를 실시하며, 응시자격 서류를 기한 내에 제출하지 않거나 심사 결과 부적격자인 경우에는 최종 불합격으로 처리합니다. 즉, 필기시험에 합격하고 응시자격 서류심사에 통과한 자를 최종 합격자로 결정합니다.
- 최종 합격자 발표 후라도 제출된 서류 등의 기재 사항이 사실과 다르거나 응시자격 부적격 사유가 발견될 때에는 합격이 취소됩니다.

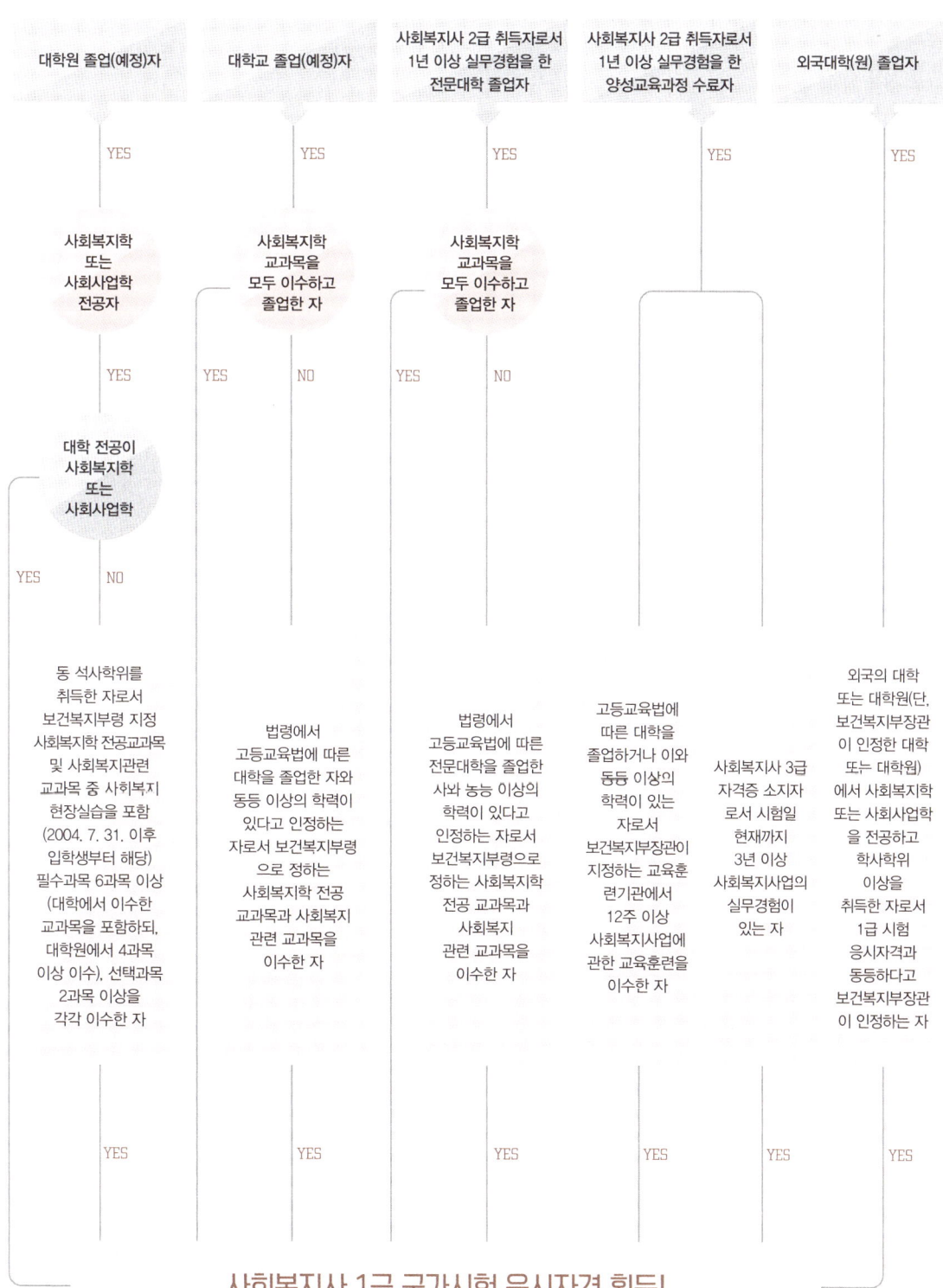

본서의 구성과
특장점을 소개합니다.

이 책의 구성

본책

단숨에 끝내는 영역별 필수이론

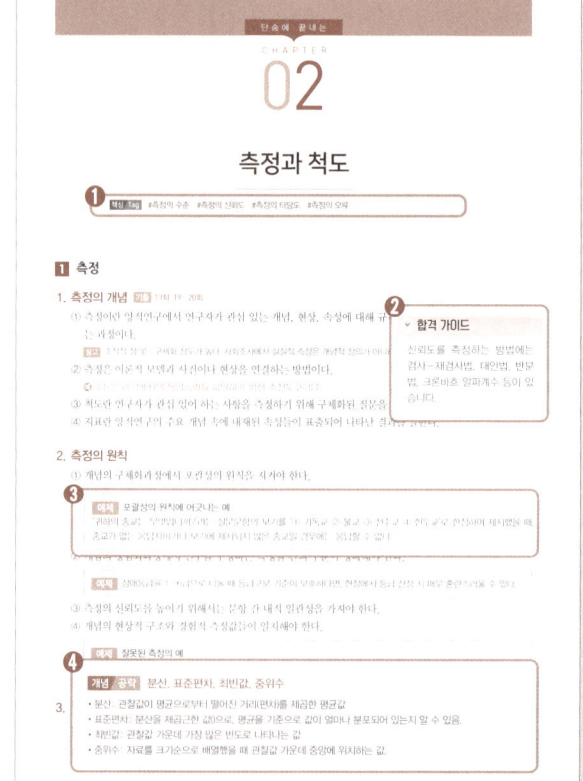

시험에 출제된, 출제될 필수이론만 담았다!

❶ **핵심Tag:** 단원의 최중요 개념을 선별했습니다.
❷ **합격 가이드:** 개념과 연관지어 교수님의 조언을 수록하였습니다.
❸ **예제:** 개념과 관련된 예제를 제시해 이해를 돕습니다.
❹ **개념공략:** 추가 학습 및 심화 학습이 필요한 개념을 학습할 수 있습니다.

빠른공략노트

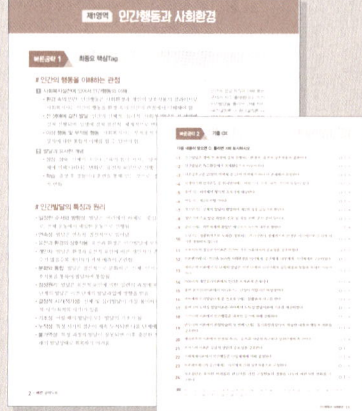

빠른공략 1 | 빠른공략 2
최중요 핵심Tag | 기출 OX

- 영역별 핵심 개념을 복습하세요.
- 기출에서 뽑아낸 OX 문제를 통해 복습한 내용을 점검하세요.

단박에 푸는 영역별 TEST

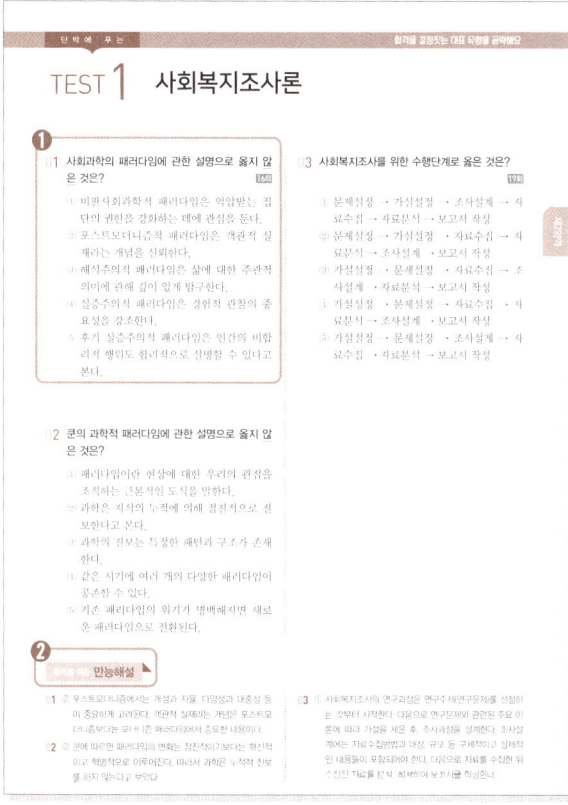

역대급 최중요 핵심문제만 수록했다!

❶ 핵심문제: 대표적 유형의 기출문제와 출제 유력 예상문제를 함께 구성한 총 2회분의 영역별 문제를 제공합니다.

❷ 만능해설: 꼼꼼한 정답과 오답 해설을 통해 제시된 문제를 완벽히 이해할 수 있습니다.

빠른공략 3

2025년 최신 기출문제
제23회 사회복지사 1급 기출문제 + 정답과 해설

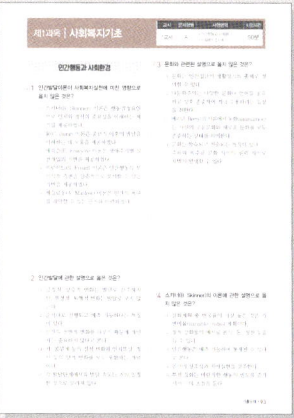

가장 최근 기출문제를 풀어보며 실전감각을 극대화하세요.

자동채점 서비스

교재 내 수록된 QR 코드를 인식하면 자동으로 채점하고 성적분석까지 한 번에 확인할 수 있습니다.

이 책의 차례

본서의 목차와 해당 페이지를 안내합니다.

1교시

제1영역 인간행동과 사회환경

		page
CHAPTER 01	인간발달과 사회복지	14
CHAPTER 02	인간의 성장발달단계	18
CHAPTER 03	정신역동이론	44
CHAPTER 04	인지발달이론 및 행동이론	59
CHAPTER 05	사회환경과 사회복지	73
TEST 1	인간행동과 사회환경	86
TEST 2	인간행동과 사회환경	93

제2영역 사회복지조사론

CHAPTER 01	사회복지조사의 기초	102
CHAPTER 02	측정과 척도	113
CHAPTER 03	표본추출(표집)	121
CHAPTER 04	사회복지조사의 유형	127
CHAPTER 05	다양한 자료수집방법	146
TEST 1	사회복지조사론	155
TEST 2	사회복지조사론	162

2교시

제3영역 사회복지실천론

CHAPTER 01	사회복지실천의 개관	172
CHAPTER 02	사회복지실천의 발달	186
CHAPTER 03	사회복지실천현장과 사회복지사의 역할	197
CHAPTER 04	사회복지의 통합적 실천	203
CHAPTER 05	사회복지실천의 방법과 실천과정	210
TEST 1	사회복지실천론	234
TEST 2	사회복지실천론	241

제4영역 사회복지실천기술론

CHAPTER 01	개인 대상 실천기법	250
CHAPTER 02	가족 대상 실천기법 Ⅰ	273
CHAPTER 03	가족 대상 실천기법 Ⅱ	288
CHAPTER 04	집단 대상 실천기법	299
CHAPTER 05	사회복지실천 기록과 평가	314
TEST 1	사회복지실천기술론	322
TEST 2	사회복지실천기술론	329

3교시

제5영역 지역사회복지론

		page
CHAPTER 01	지역사회복지의 개념과 정의	342
CHAPTER 02	지역사회복지의 역사	356
CHAPTER 03	지역사회복지 이론과 실천모델	370
CHAPTER 04	지역사회복지 실천과정과 전략 및 전술	391
CHAPTER 05	사회복지 추진체계 및 지역사회운동	411
TEST 1	지역사회복지론	442
TEST 2	지역사회복지론	449

제6영역 사회복지정책론

CHAPTER 01	사회복지정책 발달이론과 제 학자 모형	8
CHAPTER 02	사회복지정책의 전개과정	20
CHAPTER 03	사회복지정책의 분석틀과 정책과정	33
CHAPTER 04	사회보장	46
CHAPTER 05	사회보험제도와 공공부조제도	57
TEST 1	사회복지정책론	88
TEST 2	사회복지정책론	94

제7영역 사회복지행정론

CHAPTER 01	사회복지행정의 개념과 역사 및 전달체계	104
CHAPTER 02	사회복지행정의 조직이론, 구조·유형 및 환경	113
CHAPTER 03	인사관리와 재정관리 및 정보관리시스템	131
CHAPTER 04	기획과 의사결정 및 마케팅	151
CHAPTER 05	프로그램 설계와 욕구 및 평가조사	157
TEST 1	사회복지행정론	164
TEST 2	사회복지행정론	171

제8영역 사회복지법제론

CHAPTER 01	사회복지법의 개념과 발달과정	180
CHAPTER 02	사회복지법위 체계 및 사회복지의 권리성	187
CHAPTER 03	사회보장기본법, 사회보장급여법, 사회복지사업법	190
CHAPTER 04	사회보험법	215
CHAPTER 05	공공부조법	250
CHAPTER 06	사회복지서비스법	271
CHAPTER 07	판례	307
TEST 1	사회복지법제론	310
TEST 2	사회복지법제론	317

1교시 | 제1영역

인간행동과 사회환경

CHAPTER 01 인간발달과 사회복지
CHAPTER 02 인간의 성장발달단계
CHAPTER 03 정신역동이론
CHAPTER 04 인지발달이론 및 행동이론
CHAPTER 05 사회환경과 사회복지
TEST 1 ✚ TEST 2

영역별 10개년 출제 현황

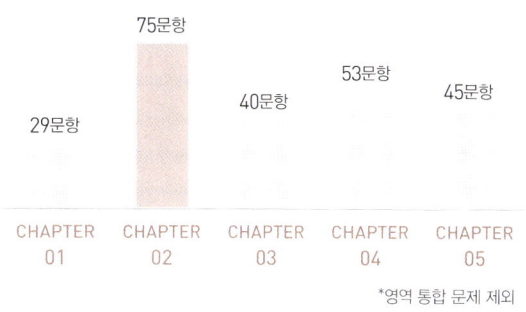

*영역 통합 문제 제외

- 인간행동과 사회환경에서는 생소한 개념보다는 기본 개념을 응용한 문제가 출제되는 경우가 많다.
- 인간의 성장발달단계와 인간발달에 대한 학자별 이론, 인간관이 주로 출제되는 편이다. 한 번에 합격하기 위해서는 그중에서도 발달단계별 특징을 정확하게 알고 구분할 수 있어야 한다.

출제 키워드 BEST 3

피아제
10년간 29번 언급된 키워드
인지발달단계별 특징을 기억해야 한다.

에릭슨
10년간 28번 언급된 키워드
인간발달 8단계별 위기는 꼭 암기하자.

프로이트
10년간 25번 언급된 키워드
정신분석이론의 개념을 두루 살펴보자.

단숨에 끝내는

CHAPTER

01

인간발달과 사회복지

핵심 Tag #인간의 행동을 이해하는 관점 #인간발달의 특징과 원리

1 인간발달이론과 사회복지실천의 개관

1. 사회복지실천에 있어서 인간행동의 이해 기출 11~14회, 21회, 23회

① 환경 속의 인간(Person In Environment): 인간의 행동은 사회 구성원으로서 사회와 내·외적으로 상호작용한 결과이기 때문에 사회복지사는 인간과 환경을 통합된 관계로 보고, 인간의 행동을 '환경 속의 인간'의 관점에서 이해해야 한다.

② 전 생애발달에 대한 이해: 사회복지사는 인간의 신체적·심리적·사회적 발달이 전 생애에 걸쳐 진행된다는 점을 숙지하고 인간의 행동을 이해해야 한다.

③ 이상 행동·부적응 행동에 대한 이해: 사회복지사는 인간의 부적응적 행동을 이해하여 대상자에 대한 통합적 이해를 할 수 있어야 한다.

④ 인간의 성격에 대한 이해: 인간발달의 과정과 인간의 성격을 이해하면 행동의 이유를 알 수 있다. 따라서 인간행동의 변화를 예측하고 바람직한 방향으로 변화시키기 위해서는 인간의 성격에 대한 이해가 필요하다.

> **합격 가이드**
>
> 사회복지사는 대상자의 욕구, 문제를 이해하기 위해 대상자의 환경에 대해 정확하게 사정하고 개입계획을 세워야 합니다.

2. 인간발달의 개념 기출 11~18회, 20회, 23회

① 발달: 태내 수정 또는 출생부터 사망에 이르기까지 신체적·심리적·사회적 측면 등 전인적 측면에서 전 생애에 걸쳐 연속적으로 일어나는 변화의 양상과 과정을 말한다.

② 발달과 유사한 개념

성장 (Growth)	• 시간의 흐름에 따른 신체나 지적 능력의 양적 증가 　예 신체 크기의 증대, 근력의 증가, 인지의 확장 등 • 퇴행적 변화를 포함하지 않음. • 일정한 시기가 되면 성장은 멈춤.
성숙 (Maturation)	• 유전인자가 지니고 있는 정보에 따른 변화 • 긍정적인 신체적 변화와 지적 성장 등과 같은 긍정적인 변화를 표현할 때 사용함. • 경험이나 훈련과 관계없이 유전인자에 따라 체계적으로 일어남.
학습 (Learning)	경험과 훈련, 연습을 통한 개인의 내적 변화

개념 공략 인간발달을 바라보는 시각

과거	현재
• 아동기와 청소년기를 중심으로 상승적 변화에 주목 • 어떤 특징이 증대되거나 구조가 복잡해지고 기능이 유능해지는 긍정적 변화에 초점	• 전 생애에 걸친 상승적·퇴행적 변화에 주목 • 문제해결능력, 추론 또는 통합적 사고 등의 여러 영역에서 긍정적 발달이 지속되는 것에 초점

3. 인간발달의 영역

① **신체적 영역**
  ㉠ 인간의 선천적 능력과 인간으로서 기능하는 모든 요소들로 구성된다.
  ㉡ 신체를 구성하는 요소를 말한다.
    예 감각기관, 근골격계, 순환계, 소화계 등
  ㉢ 유전에 따른 성숙과 환경적 자원(**예** 영양상태, 질병, 사고, 운동량 등)의 결과로서 발달하고 변화하는 부분을 말한다.
  ㉣ 신체적 영역의 중요성
    • 개인의 유전 형질이 개인의 심리적 상황에 미치는 영향을 알 수 있다.
    • 인간행동과 발달상의 객관적 한계를 제공한다.
    • 질병이나 사고로 인한 개인의 신체적 변화가 수행능력 및 감정적·인지적 능력에 어떤 영향을 주는지 이해할 수 있다.

> ▼ **합격 가이드**
> 신체적 영역인 개인의 기질이나 유전적 요인은 심리적·사회적 영역에도 영향을 미칩니다.

② **심리적 영역**: 인간의 인지, 정서, 행동의 측면으로 구성된다.

인지	• 인간은 지식과 같은 지성적 측면, 감각, 기억, 판단, 언어 등으로 세상을 이해하고 개인적이며 사회적으로 통용되는 의미를 부여함. • 사회복지사는 사정과정에서 대상자의 시각과 경험을 이해하기 위해 노력해야 함.
정서	• 대상자의 욕구, 관심사, 정서적인 부분에 대하여 이해하면 개인의 발달을 깊게 이해할 수 있음. • 개인이 경험한 위기와 좌절 등에 대해 이해할 수 있음.
행동	• 대상자의 대화방식, 습관 등 개인이 스스로를 표현하는 행동 • 사회복지사는 대상자의 바람직하지 않은 행동을 분석하고 이해하기 위해 노력해야 함.

③ **사회적 영역**
  ㉠ 가족, 집단, 조직, 사회 등에서의 역할, 상호작용 등으로 구성된다.
  ㉡ 개인의 고민은 사회적 관계 속에서 발생하는 경우가 많고, 사회적 환경 속에는 개인의 어려움을 도울 수 있는 자원이 있으므로 사회복지사는 대상자 및 소속 집단·환경과의 상호작용에 관심을 가져야 한다.

4. 인간의 발달단계 `기출` 12~14회

① 개념
- ㉠ 시간의 흐름에 따라 나타나는 인간의 특징적인 발달을 근거로 그 과정을 세분화한 것이다.
- ㉡ 발달과정상 어떤 측면이 특별히 더 발달하는 단계 또는 과제를 성취하는 단계로서 연령대나 기간을 말한다.
- ㉢ 각 단계의 특징들은 이전 단계 및 다음 단계와 구별되며 대개 구분된 나이를 전후해서 발달적 전환이 진행된다.

② 특징
- ㉠ 발달단계는 방향성을 가지며 연속적으로 이루어져 각 단계에서 성취한 발달은 다음 단계에 영향을 미친다.
- ㉡ 각 단계마다 획득한 것은 새로운 것에 도전하기 위한 자원이 된다.
- ㉢ 학자마다 발달단계를 구분하는 기준과 명칭, 연령대에 차이가 있다.

> **참고** 따라서 각 발달기의 정확한 명칭이나 극히 세세한 나이보다는 연령대, 단계별 발달 특징 및 과업에 주목할 필요가 있다.

▸ 합격 가이드
인간의 욕구는 연령대나 발달단계에 따라 유사한 특징을 나타내기 때문에 단계별 발달과업을 이해하는 것이 중요합니다. 사회복지 현장에서는 발달과정상의 특성을 알고 미해결된 과업의 해결을 지원할 수 있습니다.

[최다빈출]

5. 인간발달의 특징과 원리 `기출` 11~16회, 18~22회

① **전 생애발달**: 인간발달은 태어나는 순간부터 죽음에 이르는 단계까지 전 생애에 걸쳐 이루어진다.

② **유전과 환경의 상호작용**
- ㉠ 인간발달은 하나의 요인만 작용하는 것이 아니라, 유전적 요인과 환경적 요인이 상호작용하여 이루어진다.
- ㉡ 개인의 신체적·심리적·사회적 영역과 사회환경이 상호작용한 결과로 인간발달이 이루어지므로, 인간 행동은 개인의 상황과 사회적 관계의 맥락 속에서 이해되고 분석되어야 한다.

③ **점성원리**: 발달은 유전적 요인에 의한 일련의 과정에 따라 지배되며, 적절한 시기에 이전 단계의 발달을 토대로 다음 단계의 발달이 이루어진다.

④ **기초성**: 인생 초기의 발달이 이후 발달의 기초가 된다.

⑤ **누적성**: 어떤 시기의 결손은 계속 누적되어 다음 단계에 영향을 미친다.

⑥ **연속성**: 발달은 연속적이고 점진적이며 축적된 변화이다.

⑦ **개인차**
- ㉠ 발달은 보편적인 과정을 거치지만, 환경과 유전적 요인에 따른 개인차가 발생한다.
- ㉡ 외적인 변수가 많을수록 개인차가 커지고 발달의 예측이 어려워진다.

⑧ **일정한 순서와 방향성**
- ㉠ 발달은 일정한 순서로 진행되며 방향성이 존재하여 예측이 가능하다.
- ㉡ 발달은 머리에서 하체로, 중심부위에서 말초부위로 진행된다.
  > **예** 신생아는 머리를 가눈 다음 몸을 뒤집고, 이후 팔과 다리의 움직임을 스스로 통제한다.
- ㉢ 발달은 전체 운동에서 세밀한 운동으로 진행된다.

⑨ **분화와 통합**: 발달은 점진적으로 분화하고, 신체·인지·정서 각 측면은 밀접한 상호작용을 통해 발달하며 통합된다.

▸ 합격 가이드
인간발달의 개념과 특징, 원리는 매회 시험에 꼭 출제되는 내용이므로 눈여겨봐야 합니다. 인간발달은 체계적이고 규칙적이며 일관성 있게 진행됩니다.

⑩ 결정적 시기(적기성): 신체 및 심리 발달이 이루어지는 결정적 시기 혹은 최적의 시기가 있다. 이 시기를 놓쳐도 발달은 이루어지지만, 효율성이 떨어질 수 있다.

⑪ 불가역성: 특정 과정의 발달이 잘못되면 이후 충분한 보상이 제공되어도 원래의 발달상태로 회복하기 어렵다.

> **합격 가이드**
> 결정적 시기를 놓쳐 발달이 미숙하더라도 이후 단계에서 보완은 가능합니다.

6. 인간의 발달과업

① 개념
  ㉠ 특정 연령이나 발달단계마다 수행해야 할 역할이나 해결해야 할 중요한 과업을 말한다.
  ㉡ 성장단계에서 반드시 취득해야 하는 기술, 지식, 기능, 태도 등을 포함하며, 이는 개인이 환경에 적응하기 위해 필요하다.

② 발달과업과 사회복지실천
  ㉠ 발달과업은 연령에 따라 달라지는데, 이는 사회가 개인의 연령별 사회적 행동에 대한 기대를 가지기 때문이다.
  ㉡ 발달과업은 사회에서 요구하는 각 연령에 따른 사회·정서발달을 제시한다.
  ㉢ 발달과업 수행에는 결정적 시기(적기성)가 있으므로 각 단계에서 특정한 발달과업을 성취할 수 있도록 지원해야 한다.

개념 공략 발달단계에 따른 주요 발달과업 **기출** 11회, 13회, 14회, 20회, 22회

단계	내용
영아기	신체적 성장, 감각 및 운동기능의 성숙, 감정의 분화, 애착의 확립
유아기 – 걸음마기	자아를 의식하기 시작, 자율적·독립적인 존재로 발달, 운동능력의 정교화, 언어발달, 자기통제능력 습득
유아기 – 학령전기	기초 수준의 도덕성 발달, 성(性)역할 개념이 자리 잡기 시작, 집단놀이
아동기	왕성한 신체적 활동, 구체적 조작사고, 학습능력과 기술 습득, 사회적 규범의 학습, 팀놀이, 도덕성 발달
청소년기	자아정체감 확립, 신체적·성적 성숙, 형식적 조작사고, 친구관계 중요시
청년기	부모로부터의 독립, 직업에 대한 준비와 선택, 결혼 및 가정 형성, 사회적 성취의 기반 형성
중년기	사회적 책임의 수행, 직업생활과 가정생활 유지 및 관리, 신체적 및 인지적 변화에 대한 대응
노년기	노화로 인한 변화(예 은퇴, 조부모 역할 수행, 배우자 사망 등)에 대한 적응, 변화하는 감각과 행동에 대한 대응, 죽음에 대한 두려움 극복(자녀의 존재나 종교 등을 통한 극복)

CHAPTER 02

인간의 성장발달단계

핵심 Tag #태아기 #영아기 #유아기 #아동기 #청소년기 #청년기 #중년기 #노년기

1 태아기

1. 태아기의 개념
수정의 순간부터 출산까지의 기간을 말하며, 약 38주, 평균 265일 동안 어머니의 체내(자궁)에서 자라는 시기를 말한다.

> **합격 가이드**
> 태아기는 태내기라고도 합니다.

2. 태아기의 특징
① 태아기 때 형성되는 신체 구조와 기능은 개인의 전 생애에서 나타나는 신체 구조와 행동발달의 기초가 된다.
② 태아는 모체의 신체적·심리적 상태에 영향을 많이 받기 때문에 임신부에게 안정된 환경을 제공하여야 한다.

3. 태아기의 구분 기출 22회

배란기 (난체기, 배종기)	• 수정~1·2주간의 시기 • 수정란이 자유롭게 떠다니다가 자궁에 완전히 착상하여 모체와의 의존관계를 확립함.
배아기	• 수정 후 2~8주간의 시기 • 중요한 신체기관과 신경계가 형성됨.
태아기	• 수정 후 3개월부터 출생까지의 시기 • 일반적으로 임신 16~17주가 되면 임신부가 태동을 느낄 수 있음.

4. 태아발달에 영향을 미치는 요인
① 유전적 요인의 영향: 대개의 경우 유전인자가 가지고 있는 내용에 따라 발달이 진행되며, 유전인자 자체 또는 세포분열 시의 염색체 이상으로 발달장애가 일어날 수 있다.
② 환경적 요인의 영향
  ㉠ 임신부의 연령, 영양 상태, 약물복용과 질병, 음주와 흡연 및 정서적 상태 등의 환경적 요인이 태아발달에 영향을 미친다.
  ㉡ 태아알코올증후군: 임신 중 알코올 섭취로 태아에게 중추신경계통 장애, 체중 미달, 안면 기형 등의 증상이 나타날 수 있다.

> **합격 가이드**
> 임신 중 기형 혹은 저체중 발생 요인에는 알코올 섭취 이외에도 간접 흡연, 항생제 섭취, 폴리염화비페닐(PCB) 노출 등이 있습니다.

5. 유전적 요인에 의한 발달장애 기출 14회, 15회, 18~20회

① 개념: 유전자 이상에 의한 신체적·정신적 이상으로, 유전적·환경적 요인의 상호작용으로 발생할 수 있다.
② 종류

혈우병	혈액이 응고되지 않는 장애로, X염색체의 열성유전자에 기인하여 발생함.
터너증후군	X염색체를 하나만 가진 여성에게 나타나며, 2차성징이 거의 나타나지 않는 특징이 있음.
클라인펠터 증후군	X염색체를 2개 이상 가진 남성에게 여성의 2차성징이 나타남.
다운증후군	21번 염색체가 하나 더 존재(총 염색체 수 47개)함으로써 발생하는 장애로, 특징적인 외견을 가짐.
페닐케톤뇨증	단백질 속 페닐알라닌을 분해하는 효소가 결핍된 열성유전자에 기인하며 특징적인 외견을 가짐.
묘성증후군	고양이 울음소리와 비슷한 울음을 증상으로 하며, 염색체 이상으로 인하여 나타남.

③ 임신 15~17주경 양수를 채취하여 발달장애 여부를 진단할 수 있으나 태아에게 손상을 줄 우려가 있다.

2 영아기

1. 영아기의 개념

출생 직후부터 2세까지의 시기로, 제1성장 급등기라고 불릴 만큼 급격한 신체발달이 이루어진다.

> **합격 가이드**
> - 프로이트: 구강기
> - 에릭슨: 영아기
>   (신뢰감 대 불신감)
> - 피아제: 감각운동기

2. 영아기의 특징

① 행동이 점차 정교화·분화되고 의미를 갖기 시작하며, 신체적·심리적·사회적으로 큰 발달이 진행된다.
② 주 양육자와의 신뢰감 있는 관계를 통해 대인관계와 사회적 발달의 기반을 마련한다.

3. 신체적 발달 기출 14회, 17회, 18회, 23회

① 신생아의 반사운동 기출 21회
  ㉠ 생존반사

근원반사(젖찾기 반사)	입 주위에 자극을 주면 그 자극을 향해 고개를 돌리고 입을 벌려 찾는 것으로, '먹이'라는 자극물을 찾아가는 반사운동
빨기반사	입에 닿는 것을 빠는 반사운동
연하반사(삼킴반사)	무언가를 빨고 삼키는 반사운동

  ㉡ 원시반사

모로반사	큰 소리가 나면 팔과 다리를 쫙 펴고 무언가를 껴안으려는 반응을 보이고, 머리를 뒤로 젖히는 반응을 보이는 반사운동
걸음마반사(걷기반사)	발이 바닥에 닿으면 걷는 듯한 모습을 보이는 반사운동
파악반사(쥐기반사)	손바닥에 물체가 닿으면 쥐는 것과 같은 모습을 보이는 반사운동
바빈스키반사	발바닥을 간질이면 엄지발가락을 구부리면서 다른 네 발가락은 쫙 펴는 반응을 보이는 반사운동(발가락을 펴고 오므리는 반사운동)

- 신생아의 생존과는 관계가 없는 반사로 인류가 진화한 과정의 흔적이다. 단, 출생 시 나타나지 않거나 출생 후 수개월이 지나도 사라지지 않는다면 발달에 문제가 있는지 살펴보아야 한다.

② 신체적 성장
  ㉠ 신생아의 두개골에는 6개의 숫구멍(숨구멍)이 존재한다.
  ㉡ 몸통이 먼저 성장하고 그 다음 팔다리, 손발의 순서로 성장한다.
  ㉢ 출생 후 6개월경에 젖니가 나기 시작하며, 24개월경에는 20개의 젖니가 모두 난다.
  ㉣ 생후 1년간 약 20~25cm 정도 급속하게 성장하고 이후 1년간 약 10~15cm가 성장한다.
  ㉤ 두뇌의 발달이 급속하게 이루어진다.
  ㉥ 신체적 성장은 전적으로 생물학적 요인에 의해서만 결정되는 것이 아니라 환경적 요인의 영향도 많이 받는다.
③ 운동능력의 발달: 발달의 방향은 중심에서 말초로 향한다.

대근육 운동	고개 들기 → 가슴 들기 → 뒤집기 → 혼자 서기 → 혼자 걷기 → 계단 오르기 → 세발자전거 타기 → 달리기 → 공 차기
소근육 운동	물체 잡기 → 손가락으로 물체 집기 → 물건 쌓기

4. 인지적 발달 기출 16회, 21회

① 영아는 직접 보고, 듣고, 느끼고, 행동하는 것에 의존한다. 즉, 감각기관과 운동기능을 통해 세상을 느낀다.
② 직관과 환경 속에서 직접적인 탐색으로 세상을 이해하면서 감각운동을 통해 지능발달을 도모한다.
③ 목적지향적 행동: 자신의 행동에 대한 결과를 예측하면서 목적지향적이고 의도적인 행동을 한다.
  예 영아에게 보여준 장난감을 가림판 뒤에 숨기면 장난감을 보기 위해 가림판을 치우려는 행동을 한다.
④ 대상영속성 습득: 생후 9~10개월 즈음하여 어떤 대상이 시야에서 사라지거나 소리가 들리지 않아도 그것이 계속 존재한다고 믿는 대상영속성이 습득된다.
  예 어머니가 눈앞에 보이지 않을 때, 보이지 않는다고 해서 사라지는 것이 아니라 잠시 자리를 비운 것임을 이해한다.
⑤ 정신적 표상: 누군가의 행동을 따라 하다가 눈앞에 없는 사물이나 사건을 정신적으로 다시 그려내고 생각하면서 점차적으로 지연모방을 한다. 지연모방이란 어떤 행동을 목격한 뒤 일정 시간이 지난 후 그 행동을 자발적으로 재현하는 것이다. 이는 행동을 정신적으로 표상할 수 있는 능력과 표현할 수 있는 능력을 갖추었다는 증거이기도 하다.
  예 어떤 행동을 보고 시간이 지난 뒤 따라해보는 것은 인상 깊었던 행동에 대한 정신적 표상을 갖게 됨을 의미한다.

5. 언어적 발달

① 언어 비사용 시기(출생~12개월)
  ㉠ 이유 없는 반사적인 울음에서 이유가 있는 울음으로 변화한다.
  ㉡ 4~5개월경에는 옹알이를 시작한다.
  ㉢ 생후 1년경에는 이해 가능한 단어를 사용할 수 있다.

② 언어 사용 시기(12~24개월)
  ㉠ 두 단어를 결합하여 의사를 표현할 수 있고 2세경에는 이해하는 단어 수가 증가해 문장을 만들 수 있다.
  ㉡ 상대방의 입장을 이해할 수 있는 능력이 없어 자기중심적인 언어를 사용한다.

> 💡 합격 가이드
> 영아에게 옹알이는 놀이이자 모국어 습득의 중요한 기제가 됩니다.

6. 정서발달 기출 16회, 19회, 21회

① 정서분화
  ㉠ 성격발달의 기초가 된다.
  ㉡ 영아기 초기에는 기쁨·슬픔·놀람·공포 등 1차 정서가 나타나고, 첫돌이 지나면 수치·죄책감 등 2차 정서가 나타난다.
  ㉢ 울음으로 배고픔, 고통을 표현한다.
  ㉣ 웃음은 반사적 미소, 사회적 미소, 선택적 미소로 구분된다.

반사적 미소	출생 직후부터 중추신경계의 발달로 잠들 때 자동적으로 짓는 미소
사회적 미소	출생 후 4주부터 직접 보거나 듣는 사람에게 반응하면서 짓는 미소
선택적 미소	출생 후 3개월부터 자신이 인식하는 사람과 소리에 대해 반응하면서 짓는 미소

② 애착형성과 발달
  ㉠ 애착은 영아기에 가장 중요한 사회적 발달로, 영아와 양육자 사이에 형성되는 애정적 유대관계이다.
  ㉡ 일반적으로 영아는 어머니와 애착을 형성하여 함께 있을 때 기쁨을 느끼고, 불안한 상황에서는 어머니에게 위안을 받는다.
  ㉢ 영아기에 형성된 애착은 정서 및 사회성 발달에 영향을 미친다. 일반적으로 안정된 애착관계를 형성한 영아는 이후 발달단계에서 호기심, 자신감, 타인과의 관계에서 긍정적인 성향을 나타낸다.

> **합격 가이드**
> 애착은 수유를 담당하는 어머니와만 형성되는 것은 아니며, 신체적 접촉을 통해서도 애착을 형성할 수 있습니다.

③ 낯가림과 분리불안
  ㉠ 낯가림
    • 생후 5~15개월 사이의 영아가 애착형성의 반작용으로 낯선 사람에 대한 불안 반응을 보이는 현상으로, 낯선 사람이 다가오거나 자신을 안는 것을 피하는 행동을 말한다.
    • 양육자에 대한 애착형성이 이루어졌다는 증거이며, 낯선 사람을 구분하는 것은 영아의 탐색활동이 이루어진다는 증거이기도 하다.
  ㉡ 분리불안
    • 애착을 느끼는 대상과 분리될 때 나타나는 반응으로, 영아는 심한 울음으로 불안함을 표현한다.
    • 양육자와 안정적인 애착을 형성한 영아는 불안정한 애착을 형성한 영아보다 분리불안 반응을 덜 보인다.
    • 대상영속성을 습득하는 생후 9개월경에 나타나기 시작해 첫돌~15개월경까지 절정에 달하다 점차 감소되어 대상영속성이 확립되는 2세경에 없어진다.

개념 공략 볼비(J. Bowlby)의 애착형성 4단계

애착 전 단계	• 눈 응시하기, 미소, 울음, 붙잡기 등으로 가까운 사람과 관계를 형성함. • 아직 애착이 형성되지 않아 낯선 사람과 있어도 크게 개의치 않음.
애착형성단계	• 낯선 얼굴과 친숙한 얼굴을 구별할 수 있으며, 반응도 다르게 함. • 양육자가 영아를 다른 사람에게 맡겨 두어도 분리불안을 보이지 않음.
애착단계	• 영아는 애착이 형성된 사람에게 능동적으로 접촉을 시도하며, 애착대상이 떠나면 분리불안을 보임. • 분리불안은 대상영속성의 개념을 습득했다는 증거임.
상호관계의 형성단계	• 이미 애착을 형성한 사람의 행동을 예측하고 서로 협력할 수 있음. • 인지능력의 증대와 함께 애착대상의 소망이나 목표를 탐지하고 예상함. • 사회적 관계에 대한 기본적인 이해가 가능함.

개념 공략 뉴만과 뉴만(Newman & Newman)의 애착발달 5단계

제1단계(출생~3개월)	빨기(젖 물기), 쥐기, 보기(눈으로 따라하기), 안기 등으로 주 양육자와 가까움을 유지하려고 함.
제2단계(3~6개월)	• 낯가림이 시작되는 시기, 애착형성의 결정적 시기 • 낯선 사람보다는 친밀한 사람들에게 반응을 보임.
제3단계(6~9개월)	애착대상에게 다가갈 줄 알고 신체적 접촉을 스스로 함.
제4단계(9~12개월)	애착대상에 대한 스스로의 표상을 형성함.
제5단계(12개월 이후)	애착대상으로부터 안전과 친밀감에 대한 욕구를 충족시킬 줄 알고, 욕구를 충족하기 위한 다양한 행동을 함.

개념 공략 아인스워드(M. Ainsworth)의 애착유형과 애착발달 4단계

1. 아인스워드의 애착유형

안정	인간애착형	• 어머니가 방을 떠나도 능동적으로 위안을 찾고 주위 사물에 관심을 보임. • 낯선 사람보다 어머니와 더욱 밀접한 관계를 유지하며 어머니가 돌아오면 반갑게 맞이하고 쉽게 편안해함.
불안정	회피애착형	• 어머니에게 낯선 사람 정도의 관심을 보임. • 어머니가 방을 떠나도 별로 울지 않고, 돌아와도 무관심하거나 모른 척 함.
	저항애착형	• 어머니가 방을 떠나기도 전에 불안해하며 떨어지지 않으려고 함. • 어머니가 방을 떠나면 심한 분리불안을 보이고, 돌아와도 안정감을 보이지 않음.
	혼란애착형	• 회피애착형과 저항애착형이 결합된 형태로, 불안정애착이 가장 심한 유형 • 어머니가 방을 떠났다가 돌아와도 얼어붙은 표정으로 어머니에게 가거나 어머니가 안아줘도 먼 곳을 쳐다봄.

2. 아인스워드의 애착발달 4단계

제1단계(출생~3개월)	• 양육자와의 접촉을 위해 울음, 소리내기, 미소, 눈 맞추기 등의 행동을 하며 양육자가 자기 곁에 있도록 함. • 감각적 접촉으로 양육자의 특징을 인지함.
제2단계(4~6개월)	• 양육자 및 친숙한 대상에게 반응하며 1차 양육자와 자주 접한 대상을 구분함. • 친숙한 대상에게는 미소를 짓고, 친숙한 대상이 자리를 떠나는 것에 대해 싫다는 표정을 지을 수 있음.
제3단계(7개월~2세)	• 양육자와의 애착관계가 안정적이며 다른 가족에게도 애착행동을 나타냄. • 애착대상에게 능동적으로 접촉함.
제4단계(2세 이후)	• 인지능력이 발달하면서 상대방의 의도를 이해하며 양육자와 협력적 관계를 형성함. • 사회적 관계에 대한 이해가 형성되어 양육자에게 자신의 요구를 밝히기도 하며 양육자의 요구를 수용하기도 함.

7. 사회복지실천 과제

① 신체·언어발달 정도에 대한 문제 파악: 정상적인 발달이정표를 이해함으로써 잠재적인 발달상의 문제를 조기에 사정하여 발생이 예측되는 문제를 예방하거나 조기에 해결하도록 도울 수 있다.
② 영아가 감각기관을 통해 외부를 인식하고 지각발달에 필요한 자극을 받는 발달과업을 달성하지 못하는 경우, 아이에 대한 진단과 치료를 연계해야 한다. 부모에게는 지지적 상담과 더불어 장애아동보육에 필요한 부모교육 프로그램을 제공해 긍정적인 환경을 조성해야 한다.

③ 여성의 경제활동 증가로 이전보다 많은 영아가 생후 12개월 전후에 보육시설을 이용하게 됨에 따라 사회적 변화에 맞는 양질의 보육시설 및 보육서비스가 필요하다.

3 유아기 - 걸음마기 기출 22회

1. 걸음마기의 개념 기출 19회, 20회, 23회

① 유아기(2~6세) 중 2~4세에 이르는 시기이다.
② 프로이트의 항문기, 에릭슨의 인간발달 2단계 초기아동기(자율성 대 수치심과 의심), 피아제의 전조작기 전기(전개념적 사고단계)에 해당한다.

> **합격 가이드**
>
> 유아기는 2~6세에 이르는 시기로, 걸음마기(2~4세)와 학령전기(4~6세)로 구분할 수 있습니다.

2. 걸음마기의 특징

① 꾸준한 신체발달과 인지·언어발달이 두드러진다.
② 자유로운 독립보행 및 호기심을 충족하기 위한 탐색활동이 중점을 이룬다.
③ 부모 및 유아의 양육환경 속에서 사회화 교육을 받아 향후 가치관의 기반이 형성된다.

3. 신체적 발달 기출 16회

① 신체 하부의 발달이 이루어져 신체 비율이 변화하며, 3세경에는 걷는 능력이 정교해져 달리기와 같은 운동능력이 발달한다.
② 운동발달의 속도와 질은 유아의 학습기회, 연습, 성인의 지도 등에 따라 다르다.
③ 대근육 운동 및 소근육 운동인 블록 쌓기, 숟가락질, 젓가락 집기, 그리기가 가능해진다.

4. 인지적 발달

① 대상의 상징화와 내면화 과정이 이루어지지만 성숙한 개념으로 발달시키지는 못한다.
② 사고의 특징 기출 20회
  ㉠ 상징적 사고와 가상놀이

상징적 사고	• 눈앞에 없는 물건을 상상할 수 있으며, 다른 물체로 표상할 수 있는 능력 • 언어를 습득하고 상상력이 풍부해지는 전조작기에 주로 이루어짐.
가상놀이	가상의 사물이나 상황을 실제 사물이나 상황으로 상징화해서 노는 것 예 유아기 아동이 음식 모형 장난감을 갖고 놀면서 먹는 척을 하는 것

  ㉡ 물활론적 사고
   • 무생물이 감정이나 생각이 있는 생명체의 특성을 가지고 있다고 생각한다.
     예 비 온 뒤 날이 개면 해님이 기분이 좋다고 생각한다.
   • 전조작기에 해당하는 유아는 성인처럼 생물과 무생물을 구분하지 않고 물활론적 사고를 한다.

개념 / 공략 물활론적 사고와 인공론적 사고

• 물활론적 사고: 모든 물질에 생명과 감정을 부여하는 사고방식
• 인공론적 사고: 존재하는 모든 것은 사람이 만들었다고 생각하는 사고방식

- ⓒ 자기중심적 사고
  - 유아는 본인과 타인을 구분하지만 타인의 입장은 생각할 수 없고, 자신의 관점에서 다른 사람의 감정이나 사고를 예측한다.
    - 예 내가 좋아하는 것을 타인도 좋아한다고 생각하여 내가 하고 싶은 행동을 타인에게 요구한다.
  - 다른 사람의 욕구를 인식하지 못하는 것이기 때문에 이기적인 것과는 다르며, 또래들과의 상호작용을 통해 변화한다.
- ⓔ 인공론적 사고: 모든 사물과 자연현상은 사람들의 의도와 용도에 맞게 쓰이기 위해 만들어진 것이라고 믿는다.
  - 예 해와 달이 있는 이유는 우리를 위해서 신이 하늘에 해와 달을 만들었기 때문이다.
- ⓜ 전환론적 추론: 두 사건이 이어서 일어나면 두 사건 간에 관계가 없는데도 인과관계가 있다고 생각하는 것으로, 특정 사건으로부터 다른 특정 사건을 추론하는 것이다.
  - 예 낮에 동생과 싸워서 밤에 동생이 아픈 것이다.

5. 언어적 발달
① 2세경에는 두 개 이상의 단어를 연결시킬 수 있다.
② 추상능력의 발달로 언어능력이 급격히 발달한다.

6. 정서적 발달
① 두드러진 정서분화가 나타나며 정서가 복잡하고 다양해진다.
② 정서 이해능력이 발달해 감정을 표현하는 단어를 사용하거나 이해하는 능력이 급속히 증가한다.
③ 정서는 강렬하지만 변화하기 쉽다. 즉, 정서의 지속기간이 짧다.
④ 정서표현을 통제하는 정서 규제능력이 발달해 본인의 부정적 감정을 덜 표현하거나 숨기기도 한다.

7. 심리사회적 발달
① 자율성 발달
  - ⓐ 제1반항기
    - 본인과 타인이 다르다는 것을 알게 되면서 자기가 원하는 방식대로 행동하려고 한다.
    - 자기주장과 반항적 행동을 통해 자율성이 발달한다.

    > **합격 가이드**
    > 제2반항기는 청소년기입니다.

  - ⓑ 대소변 훈련
    - 대소변 훈련은 유아에게 개인의 자율성과 사회적 요구 사이의 갈등이 일어나는 최초의 경험이다.
    - 대소변 훈련을 통해서 자신의 몸을 통제하고 자신에게 요구된 일을 잘 할 수 있다는 생각을 하게 되면서 자율성이 생긴다.

② 자기통제력 발달
  - ⓐ 상황에 따라서 행동을 수정하는 능력, 요구에 응하는 능력, 다른 사람의 지도나 지시를 받지 않고 사회적으로 바람직한 방식으로 행동하는 능력이 발달한다.

    > **합격 가이드**
    > 만족을 위해 충동을 통제하고 지연하는 것은 부모에 대한 신뢰감을 바탕으로 발달합니다.

  - ⓑ 자기통제력은 자의식이 발달하며 성장하는 자아의 표현으로, 자기통제가 발달하면서 상황을 평가하고 어떻게 행동할지를 이전의 행동과 비교하여 해석하는 인지를 할 수 있게 된다.

ⓒ 충동의 통제와 환경에 대한 통제

충동의 통제 (분노에 대한 통제)	• 부모의 설명과 훈육을 통해 분노를 통제하는 방법을 배움. • 부모의 충동·분노에 대한 통제방법을 따라하면서 분노 통제능력을 발달시킴. • 분노를 표현하되 통제력을 잃지 않도록 지도하면 긍정적 자아개념 발달에 도움이 됨. • 영아기에 발달한 신뢰감과 언어능력, 상상력은 충동을 통제하는 기제가 됨.
환경에 대한 통제	• 유아가 자신의 일상생활과 활동을 결정하는 데 참여하면서 환경에 대한 통제능력이 발달 • 주 양육자가 계속 '하지 마라, 안 된다'고 하면 통제능력이 생기기 어려우므로, 유아가 원하는 것을 수행하도록 허용하면서 도움을 주는 것이 좋음. • 환경에 대한 통제를 긍정적으로 경험하게 되면 자신감 발달이 강화됨.

③ 성역할 발달
 ㉠ 성역할(Gender): 생물학적인 의미를 넘어서 사회화 과정에서 학습되는 것으로, 그 사회에서 요구하고 기대하는 남녀의 생활양식, 행동에 대한 양식과 규범을 말한다.
 ㉡ 유아는 자신이 남성인지 여성인지와 같은 성 정체감 형성부터 시작해 성역할에 대한 고정관념과 유형화된 행동양식을 배우고 발달시켜 가면서 남녀 간 성 차이를 이해하기 시작한다.
 ㉢ 성 정체감과 성역할 고정관념
  • **성 정체감**: 자신이 남자 혹은 여자라는 사실을 인식하고 자신의 성에 대한 범주화를 한다.
  • **성역할 고정관념**: 성별 역할에 대한 사회적 규범이다.

8. 사회복지실천 과제

① 일관성이 있는 부모의 양육태도와 자녀와의 관계형성을 지원하는 프로그램이 필요하다. 일관되고 성숙한 양육을 위한 부모집단 프로그램과 부모역할 프로그램 개발의 필요성이 강조된다.
② 생후 30개월 이전에 발병하는 자폐증은 외부에는 관심을 두지 않고 내부에만 집중하는 상태로, 정신질환의 일종이다. 발달과업 대비 조기 진단방법 제시, 자폐증아동 가정에는 지원기관 제시 및 부모에 대한 지원과 경제적 지원이 필요하다.

4 유아기 - 학령전기

1. 학령전기의 개념

① 유아기(2~6세) 중 4~6세에 이르는 시기로, 초기적 형태의 양심인 초자아가 발달한다.
② 프로이트의 남근기, 에릭슨의 인간발달 3단계 학령전기(주도성 대 죄의식), 피아제의 전조작기 후기(직관적 사고단계), 피아제의 도덕성 발달단계에서는 타율적 도덕성단계, 콜버그의 도덕성 발달단계에서는 전인습적 도덕기에 해당한다.

2. 학령전기의 특징

① 꾸준한 신체·인지·언어발달이 이루어진다.
② 수 개념이 발달한다.
③ 어린이집, 유치원 입학 등으로 생활환경이 확대되어 더욱 복잡하고 다양한 사회적 영향을 받는다.
④ 또래집단과 상호작용을 하면서 사회기술을 습득하고, 사회적 환경상 접하는 사물에 대한 호기심이 발달하며, 구조화되고 현실지향적인 집단놀이에 흥미를 가진다.
⑤ 프로이트가 제시한 오이디푸스 콤플렉스와 엘렉트라 콤플렉스가 나타나는 시기이다.
⑥ 자신과 다른 성별을 가진 부모에게 관심을 갖는 시기이다(이성에 대한 호기심 시작).

3. 신체적 발달

① 이전 단계에 비해 신체성장 속도는 다소 느려지지만 지속적으로 이루어진다.
② 5세경이 되면 출생 직후보다 신장은 2배, 체중은 5배로 증가하고, 6세경의 뇌의 무게는 성인의 90~95%에 달한다.

4. 인지적 발달

① 직관적 사고
  ㉠ 사물을 볼 때 대상이나 상태가 갖는 속성 중에서 특징적으로 두드러진 지각적 속성에 의해 판단하는 것, 즉 직관에 의해 사물을 파악하는 것이다.
  ㉡ 특징
    • 사물을 기억하는 능력과 문제를 해결하는 능력이 지속적으로 성장한다. 이 시기의 유아는 정신적 표상에 의한 사고가 가능하나 개념적 조작능력은 아직 발달하지 않는다.
    • 직관적 판단의 경우 전체와 부분과의 관계를 정확하게 파악하기 어렵고, 서열화, 분류화(유목화)를 할 수 없다.

② 보존개념 발달의 어려움
  ㉠ 보존개념
    • 보존개념은 물체의 외형이 변해도 물체의 양을 더하거나 제거하지 않는다면 그 양이 보존된다고 판단하는 능력으로, 대상의 겉모양이 변해도 본질적인 특성은 그대로 남아 있음을 아는 것이다.
    • 학령전기의 유아는 보존개념 형성이 어려우며, 피아제의 구체적 조작기(7~12세)에 보존개념을 획득하면 직관적 사고를 탈피할 수 있다.
  ㉡ 보존개념 발달을 어렵게 하는 학령전기 아동의 인지적 특성

중심화	• 두 개 이상의 차원을 고려하지 못하고 한 번에 한 가지 차원에만 주의를 집중함. • 상황의 한 가지 측면만 보고, 다른 측면은 알지 못하거나 무시하는 특징이 있음.
비가역적 사고	학령전기 아동은 직관적 사고기에 있기 때문에 어떤 변화가 일어날 때 변화과정을 되밟아가며 사고하지 못함. 참고 사고의 가역성: 사고가 진행되어 온 과정을 되밟아서 사고하는 과정
직관적 사고	• 사물을 볼 때 대상이나 상태가 갖는 속성 중 가장 두드러진 지각적 특징을 중심으로 판단함. • 학령전기 아동은 지각적 특성에 따라 판단하기 때문에 보존개념 형성이 어려움. 예 밑면적이 넓고 높이가 낮은 컵과 밑면적이 좁고 높이가 높은 컵이 두 개 있을 때, 유아는 밑면적의 차이를 인식하지 못해 높이가 높은 컵이 물의 양이 많다고 판단한다.

5. 도덕성 발달 기출 19회

① 프로이트의 남근기 기출 21회
  ㉠ 오이디푸스 콤플렉스와 엘렉트라 콤플렉스를 해결하는 과정에서 동성 부모와 자신을 동일시하면서 도덕성이 발달한다.

오이디푸스 콤플렉스	• 아들이 어머니를 이성으로 사랑하면서 겪는 딜레마 • 아버지를 경쟁자로 생각해 적대적 감정을 가지기도 함. • 아버지가 경쟁자이기 때문에 자신의 성기를 거세할 것 같다는 불안감을 느끼지만, 성장을 위한 자극요인이기도 함.

▼ 합격 가이드

학령전기에 부모를 통해 학습한 가치가 아동의 사고에 통합되면서 적절한 행동에 대한 기준이 형성되며 도덕적 규칙들이 내면화됩니다.

엘렉트라 콤플렉스	• 딸이 아버지를 이성으로 사랑하면서 겪는 딜레마 • 딸은 남근이 없다는 불안감을 겪는데, 어머니가 자신에게서 아버지를 빼앗기 위해 남근을 제거했다고 믿고 어머니에게 적대적이며, 자신에게 남근이 없다는 이유로 남근이 있는 남자를 선망함.

ⓒ 부모의 훈육으로 아동의 성적 충동과 공격적 충동이 통제되는 과정에서 아동은 부모의 도덕적 기준을 내면화시키고 초자아(양심, 자아이상)가 발달하게 된다.

양심	• 옳고 그름을 구분하고 도덕적 기준에 따라 행동하도록 유도하는 기능 • 마음의 도덕적 가르침, 벌을 통해 발달하고 죄책감을 느끼도록 작용
자아이상	• 옳은 행동에 대한 부모의 긍정적 보상이나 수용의 경험으로 형성 • 행동규범을 제시하는 역할 • 자신의 이상적인 행동에 대해 자부심을 느끼게 함.

참고 자아이상: 초자아의 한 부분으로, 옳은 행동에 대해 긍정적 보상을 받는 경험으로 형성된다.

② 피아제의 타율적 도덕성
  ㉠ 성인의 신체적 힘에 대한 두려움과 어른의 권위에 대한 복종에서 시작되는 것이며, 자기중심적인 사고를 하는 유아에게 존재하는 도덕 수준이다.
  ㉡ 학령전기 아동은 부모를 전능한 존재로 여기며 부모에 대한 일방적인 존중은 '명령 – 복종'의 타율적인 관계를 갖는다. 이는 타율적 도덕성단계에 해당된다.

③ 콜버그의 전인습적 도덕기
  ㉠ 사회적 규칙을 내면화하면서 기초 수준의 도덕성이 발달한다.
  ㉡ 외부의 권위를 포함하며, 타인의 사회적 기대와 규칙을 내면화할 수 있다.

6. 사회적 발달 기출 15회

① 정서발달
  ㉠ 4세가 되면 기쁨, 노여움, 슬픔, 즐거움, 공포, 질투를 경험하고 표현하는 방법을 배운다.
  ㉡ 5~6세가 되면 방어기제 사용 방법을 학습해 자신의 감정을 숨기거나 다른 방식으로 가장하는 법을 학습한다.
  ㉢ 2세경에는 가정을 무대로 질투를 표현하지만, 5~6세경이 되면 친구들과 활동하면서 가정 내에서의 질투가 감소된다.

> **합격 가이드**
> 유아가 자신의 감정을 가장하는 것은 불안을 감소시키기 위한 노력의 결과라는 의견도 있습니다.

② 자아개념 발달
  ㉠ 자아개념과 자아존중감을 형성한다.
  ㉡ 또래집단과의 활동으로 자기중심성이 완화되고, 자신의 역할을 수행하게 되면 타인이 그에 대한 기대를 갖는다는 것을 알게 된다.
  ㉢ 자신에게 중요한 타인의 반응에 따라 자아개념이 긍정적 혹은 부정적으로 형성된다.

③ 성역할 발달
  ㉠ 이 시기에 인식하는 성역할은 성역할 기준에 영향을 주기 때문에 유아의 발달과정에서 중요한 부분이다.
  ㉡ 아동의 성역할에는 문화적 기대, 부모의 역할, 대중매체 등이 영향을 미친다.
  ㉢ 자아개념에 성역할을 연결시켜 성에 맞는 행동과 사회적 관계에 관심을 가지고, 동성 친구들과 관계를 맺으면서 지속적으로 성역할에 맞는 사회적 기대를 의식한다.

ⓔ 성 안정성과 성 항상성

성 안정성	여아는 자신이 여자 어른으로, 남아는 자신이 남자 어른으로 성장하는 것을 이해
성 항상성	사람의 겉모습이나 행동이 달라져도 성이 변하지 않는다는 것을 이해

ⓜ 성유형 행동
- 자기 성에 적합한 행동을 배우고 그런 배움에 적합한 대상을 선호하며 따라하는 것을 말한다.
- 성유형화가 진행되면서 긍정적인 부분은 자신의 성의 공으로 돌리고, 부정적인 부분은 다른 성의 탓으로 돌리는 경향이 강해진다.

7. 사회복지실천 과제
① 프로이트의 남근기, 에릭슨의 주도성 대 죄의식의 형성 시기로, 부모의 적절한 훈육과 수용적 태도는 아동이 자신의 행동에 대한 책임감과 목표와 계획을 세우는 주도성을 갖게 한다.
② 부모의 훈육은 일관성 있고 강압적이지 않아야 한다. 너무 심하게 야단치거나 체벌을 할 경우 아동은 자신의 행동에 대해 자신감을 상실하며 죄의식을 갖게 된다. 아동이 죄의식을 갖게 되면 자존감이 낮아지고 소극적이게 되어 또래집단과 어울리는 데 어려움을 겪을 수 있다.
③ 4세경의 아동은 감정을 느끼고 표현하는 방법을 배우는데, 남자아이들은 성역할 고정관념이 심화되면서 공격적 성향이 증가하는 경향이 있다.
④ 학령전기의 인지발달이 늦어져 나타나는 지적장애는 대부분 18세 이전에 발생한다.
⑤ 성유형 행동에서 벗어나는 행동도 처벌을 받거나 비난받지 않음을 알려주어야 한다.

5 아동기

1. 아동기의 개념
① 7~12세에 이르는 시기로, 자존감이 발달하고 가치관이 확립된다.
② 프로이트의 잠복기, 피아제의 구체적 조작기, 에릭슨의 근면성 대 열등감의 시기에 해당한다.

개념 공략 학자별 아동기의 구분

학자	시기	내용
프로이트	잠복기	• 유아기의 오이디푸스 콤플렉스 및 엘렉트라 콤플렉스 해결 • 성적·공격적 충동이 억제되고 동성과의 관계 속에서 사회기술을 배워 사회화됨.
피아제	구체적 조작기	• 구체적인 사물과 행위에 대한 체계적 사고능력이 발달 • 전조작기에 발달하기 시작한 서열화, 분류화(유목화), 보존개념을 완성
에릭슨	학령기 (근면성 대 열등감)	자아개념의 성장이 두드러지며, 근면성 성취를 통해 학교생활, 또래집단 내에서 과업성취를 경험할 수 있음.

2. 아동기의 특징 기출 11~13회
① 사회화가 이루어지는 주요 시기이며, 학교생활로 또래집단과의 상호작용을 통해 협동, 경쟁, 협상하는 능력이 발달한다.
② 성에너지가 무의식 속으로 잠복하는 시기이다.

> **합격 가이드**
>
> 아동기에는 자신감 발달과 과업 달성을 위해 긍정적 지지가 필요합니다.

③ 사물의 분류와 보존개념을 획득하고 논리적 사고의 방해요인이 극복된다.
④ 운동과 놀이를 통해 신체적·인지적 발달이 이루어지고 자신만의 가치관과 세계관이 발달한다.
⑤ 논리적 사고를 하게 되고 물활론적 사고가 감소하는 시기이다.

3. 신체적 발달 기출 14회

① 신체적 성장은 점진적·지속적으로 진행되고, 남아보다 여아의 신체적 발달이 빨리 진행된다.
② 유치가 영구치로 바뀐다. 팔다리가 길어지며 성장통을 겪기도 하고, 뇌는 성인의 약 95%까지 발달한다.
③ 운동능력 발달로 속도와 정확성이 높아지고, 본인의 운동기술을 친구와 비교하면서 자기평가를 하게 된다.

4. 인지적 발달 기출 11회, 14회, 16회, 19회, 21회, 23회

① 구체적 조작기(7~12세)
  ㉠ 자신이 경험한 구체적인 세계(사물과 행위)에 대한 체계적 사고능력이 발달한다.
  ㉡ 사고능력이 구체적인 수준에서 논리적인 수준으로 변하면서, 사고발달의 방해요인이었던 전조작기의 자기중심성, 중심화, 비가역적 사고가 극복된다.

자기중심성 극복	타인의 입장, 감정, 인지 등을 추론하고 이해할 수 있는 조망수용능력(다른 사람의 시각에서 사물을 보는 능력)을 습득하게 됨.
탈중심화	다른 사람의 입장을 이해하는 능력이 발달하면서 다양한 변수를 고려하여 상황과 사건을 파악하고 조사하는 등 복잡한 사고를 할 수 있음.
가역적 사고	사고가 진행되어 온 과정을 되밟아서 사고할 수 있음.

  ㉢ 인지적 발달을 통해 '논리적 사고 → 동일성, 보상성, 역조작 사고 → 융통성 있는 사고'를 할 수 있다.

개념 / 공략 동일성, 보상성, 역조작 사고

동일성	동일한 양의 음식이 다른 모양의 그릇에 담길 때 음식물을 덜어내지 않으면 두 그릇의 음식량이 같다는 것을 아는 것
보상성	바닥이 좁지만 높이가 높은 그릇과 바닥이 넓지만 높이가 낮은 그릇 두 개가 있을 때 내용물의 양은 같다는 것을 아는 것
역조작 사고 (가역성)	서로 다른 모양의 그릇에 담긴 음식물을 옮겨 담았을 때 이 음식물을 이전 그릇에 다시 옮겨 담을 수 있으므로 두 그릇에 담긴 음식의 양은 같다는 것을 아는 것

② 보존개념 확립
  ㉠ 사물의 외형이 변해도 양이나 부피 등 사물의 특성은 변하지 않고 이전과 동일하다는 사실을 인식하는 것이다.
  ㉡ 보존개념을 획득하기 위해서는 동일성, 보상성, 역조작 사고의 개념도 획득해야 한다.
③ 분류화: 대상의 차이점을 구별하고 범주화할 수 있는 능력으로, 대상을 특징에 따른 범주로 나누어 상위 분류와 하위 분류의 관계, 즉 전체와 부분의 관계를 이해할 수 있다.
④ 서열화: 특정한 속성이나 특징을 기준으로 순서대로 배열할 수 있다.
⑤ 조합기술 획득: 일정 수의 사물이 있으면 그것을 다른 방식으로 분류해도 수가 변하지 않음을 이해할 수 있는 능력으로, 덧셈이나 뺄셈 등을 할 수 있게 된다.

5. 사회적 발달 기출 15회

① 정서발달
  ㉠ 정서표현이 지속적·정적·간접적이며 학습, 정서의 조건화, 모방, 동정의 영향을 받는다.
  ㉡ 사회적 관계의 범위가 확대되면서 욕구가 제한받거나 꾸중을 듣는 것에 대해 좌절이나 불안에 대한 분노의 감정을 표현하기도 한다.

② 자기인식과 자기이해
  ㉠ 자기인식 → 자기이해
  ㉡ 자기인식은 자기개념과 자기존중감, 자기효능감 발달의 기반이다.

자기인식	• 자신과 타인이 별개로 존재하는 것임을 아는 것 • 생후 18개월경에 나타나고, 자신이 다른 사람과 다르다는 것을 이해하며 발달함[범주적 자기(Categorical self)].
자기개념	• 자신을 스스로 어떻게 생각하고 있는지에 대한 이론적 구성 개념 • 자신이 어떤 사람인지, 어느 정도의 사람인지를 알고 이것을 근거로 행동함.
자기존중감	• 자기에 대한 감정적 측면 • 자신의 존재에 대한 긍정적 견해로, 개인의 성공·실패의 경험 축적, 가족 및 친구집단의 긍정적 평가에 따라 자기존중감이 강화될 수 있음.
자기효능감	스스로 상황을 극복할 수 있고 주어진 과제를 성공적으로 수행할 수 있다는 믿음이나 기대

③ 또래집단의 발달
  ㉠ 친구관계의 발달
    • 가정에서 학교로 생활의 중심이 옮겨가면서 친구와 어울리는 능력이 발달한다.
    • 부모와 가족의 영향력이 줄고, 가족과는 다른 친구관계를 경험하면서 또래집단의 사회적 규범과 압력에 민감해지며 친구집단의 중요성을 인식한다.
    • 친구들의 생활모습을 보면서 삶의 모습과 생활방식이 다양하다는 것을 알게 된다.
  ㉡ 또래집단 형성
    • 관계 속에서 집단생활의 규범 준수, 협력, 본인의 욕구 통제에 대한 사회적 기술과 태도를 학습하게 된다.
    • 집단 내 상호작용을 통해 자아중심적 관점이 감소되고, 사회화(예 협동과 경쟁, 협상과 인내, 규칙이나 처벌에 대한 불안감)를 학습한다.
    • 또래집단의 기능: 소속감을 통한 정서적 안정감 제공, 사회화 기능, 태도와 가치관 형성, 정보제공, 인지발달

④ 단체놀이 선호
  ㉠ 팀(Team)의 승리라는 공동의 목표를 위해 집단목표를 개인목표보다 상위에 놓는 것을 배우며, 분화된 역할학습 등 분업의 원리를 학습한다.
  ㉡ 단체놀이는 공동목표를 위한 상호의존, 노동의 분화와 개인의 참여, 친구 간의 경쟁을 자연스럽게 경험하게 함으로써 아동의 인지적·사회적 발달에 기여한다.

⑤ 사회적 환경의 영향
  ㉠ 학교는 아동이 가정 외에 처음 경험하는 사회적 기관으로, 아동의 인지적·사회적 발달에 영향을 미친다.
  ㉡ 또래집단 내 관심사 및 화제 형성에 대중매체(예 텔레비전, 인터넷)의 영향이 크기 때문에 이에 대한 적절한 통제와 관리가 필요하다.

> ♥ 합격 가이드
> 학교에서의 성공이나 실패 경험은 아동기의 자아발달에 큰 영향을 미칩니다.

6. 도덕성 발달
① 피아제의 자율적 도덕성단계
  ㉠ 옳고 그름에 대한 판단을 행위의 결과가 아닌 의도성으로 판단한다.
  ㉡ 아동기 초기에는 과도기적 단계로 타율적 도덕성과 자율적 도덕성이 함께 발달하고, 아동기 후기에 이르러 대부분의 아동은 자율적 도덕성단계에 도달한다.
② 콜버그의 인습적 수준의 도덕성단계
  ㉠ 다른 사람의 승인을 얻거나 사회적 질서 유지를 위해 규칙과 사회적 규범을 따르려 한다.
  ㉡ 직접적인 벌과 보상 대신 '사회적 칭찬', '비난에 대한 회피'가 도덕적 행위의 동기로 작용한다.

7. 사회복지실천 과제
① 학습장애: 학습장애 아동에게는 해결 프로그램 및 정서발달 지원 프로그램을 제공하고, 가족에게는 심리적 문제해결을 위한 지지적 치료 프로그램 제공이 필요하다.
② 부정적 자기개념과 열등감
  ㉠ 학교 내 실패에 대한 부모와 교사의 부정적 평가는 부정적 자기개념과 열등감을 강화시킨다.
  ㉡ 사회복지사는 아동이 열등감을 극복하고 긍정적인 자기개념을 형성할 수 있도록 개별적인 상담이나 치료를 진행하고, 부모·교사·친구를 대상으로 한 다각적인 프로그램 실시를 통해 예방적 개입을 해야 한다.
③ 반응성 애착장애
  ㉠ 반응성 애착장애란 병적인 보살핌이 주요 원인이 되어 특정 애착대상에게 보호, 애정 등을 바라는 행동을 하지 않거나 적절하지 않은 애착행동을 보이는 것이다.
  ㉡ 반응성 애착장애 아동은 부정적인 정서반응으로 사회적 놀이가 저해되기 때문에 안정적 대인관계를 맺지 못하고 정서적으로 무관심하다.
  ㉢ 대인관계 및 사회성 발달을 위해 정서상태와 능력에 맞는 놀이를 개별 또는 집단치료를 통해 제공해야 한다.
  ㉣ 조기에 발견해 지지적 환경을 제공하고 부모와 함께 치료를 받으면 정상회복이 가능하다.

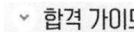

> **합격 가이드**
> 병적인 보살핌이란 아동의 기본적 감정적 욕구, 신체적 욕구에 대한 지속적 방치 혹은 양육자의 빈번한 교체를 말합니다.

④ 아동학대
  ㉠ 아동에게 직접 위해를 가하는 학대와 당연히 제공해야 할 것을 주지 않는 방임 등이 포함된다.
  ㉡ 학대받은 아동 및 그 부모에 대한 사회복지적 개입은 아동에 대한 개입, 부모에 대한 개입, 가족에 대한 개입으로 나눌 수 있다.

아동	폭력으로부터 긴급(일시) 보호, 위탁양육 프로그램, 입양이나 그룹홈, 상담 및 각종 치료 제공
부모	• 아동발달에 대한 이해 부족의 경우 잘못된 자녀 양육방식에 대한 부모교육 • 정신적 질환으로 인한 학대의 경우 정신과 치료 및 상담개입
가족	• 사회적·법적 개입에 따른 가정 내 위기개입을 위해 가족상담이나 가족치료 프로그램, 가족지원 프로그램 실시 • 경제적 어려움, 부모의 장애로 인한 방임 해결을 위한 경제적 지원, 가정방문 서비스 제공

6 청소년기

1. 청소년기의 개념
① 13~19세에 이르는 시기로, 질풍노도의 시기, 심리적 이유기, 주변인 시기, 제2반항기, 제2성장 급등기라고도 한다.
② **법적 개념**: 청소년 기본법에서는 9세 이상 24세 이하인 사람, 청소년 보호법에서는 만 19세 미만의 사람을 청소년으로 명시하고 있다. (만 나이 통일법과 상관없이 '만'을 붙인다)
③ **사회적 개념**: 중학생부터 고등학생까지의 시기를 청소년기로 본다.

2. 청소년기의 특징 기출 11회, 12회, 16회, 21회, 22회
① 아동기에서 성인기로 전환되는 사이의 시기로, 신체적 발달과 성적 성숙이 급격히 진행된다.
② 자아정체감 확립이 가장 중요한 과업이다.
③ 성적 성숙은 감정 기복의 원인이 되기도 한다.
④ 우울, 불안, 질투와 같은 부정적인 감정을 경험한다.
⑤ 부모로부터 심리적 독립을 하고 싶지만, 완성되지 않은 자아정체감과 이상적 자아와 현실적 자아의 괴리로 갈등을 많이 느끼는 심리사회적 유예기에 해당된다.
⑥ 가설을 세울 수 있고 인과관계를 추론할 수 있는 연역적 사고가 가능해진다.

3. 신체적 발달 기출 19회
① 사춘기의 신체변화
  ㉠ 성(性)적으로 성숙하는 기간으로 신체의 외형적 성장과 호르몬의 발달로 생식능력을 획득한다.
  ㉡ 아동기와 달리 남성이 여성보다 더 많이 성장한다.
  ㉢ 2차성징 발현으로 남성은 변성기를 맞이하고 근육과 골격이 발달하며, 여성은 월경을 시작하고 골반이 발달한다. 이는 성적 성숙 및 생식 능력 발달의 결과라고 할 수 있다.
  ㉣ 키와 근육의 성장이 빠르게 진행되다가 안정된다. 뇌가 이러한 신체에 익숙해질 때까지 움직임이 부자연스럽고 근육을 제대로 통제할 수 없게 된다.

> **합격 가이드**
> 청소년기는 아동기 이후 일반적 시기를 말하는 문화적 개념이지만, 사춘기는 생식능력을 갖추는 시기를 말하는 생리적인 개념입니다.

② 사춘기의 심리변화
  ㉠ 자기 신체상(자신의 신체에 대해 갖는 마음의 표상)과 매력에 대한 만족감은 본인의 자존감 수준에 영향을 준다.
  ㉡ **여성**: 대중매체나 또래의 영향으로 몸무게에 신경을 쓰게 된다. 섭식장애가 남성에 비해 많이 나타나고 그중 거식증과 폭식증의 비중이 크다.
  ㉢ **남성**: 신장이나 체격 발달이 우수한 아이를 우월하게 보는 경향이 있다. 또래보다 늦게 발달하는 경우 덜 매력적이고 열등하다고 간주하는 경향이 있고, 발달이 늦은 청소년은 관심을 끌기 위해서 또는 긴장으로 인해 미성숙한 행동을 하기도 한다.

4. 인지적 발달 기출 16회, 23회
① 형식적 조작기 – 형식적 조작사고
  ㉠ 추상적 사고, 가설과 연역적 추론, 조합적 사고, 모든 변수 간 관련성 이해, 가설 설정, 미래사건 예측을 할 수 있다.

> **합격 가이드**
> '연역적 추론'이란 일반적인 사실과 세부적인 사실을 바탕으로 새로운 사실을 찾아내는 것을 말합니다.

ⓒ 인과관계에 대한 추론으로 자신의 지각과 경험보다는 논리적 원리에 영향을 받아 추상적 사고를 할 수 있다.
ⓓ 자신의 사고가 적절한지 비판적으로 돌아볼 수 있고 어떤 현상이 다른 현상에 영향을 줄 것인지 가설(예 만약 ~라면)을 세우고 결과를 예측할 수 있다. 그 결과 가능한 개념적 조합을 고려해서 사건이나 현상에 대한 요인을 동시에 고려하는 사고능력이 발달한다.

② 새롭게 습득하는 개념적 기술
ⓐ 서로 다른 범주의 변수를 실제로 접하거나 통제하지 않아도 인지적으로 다룰 수 있다.
ⓑ 사건이나 관계가 시간의 영향을 받는다는 것을 고려해서 사고한다.
ⓒ 문장이나 말 속에서 논리적으로 문제가 있는지 없는지 구분할 수 있다.
ⓓ 자신이 속한 사회에 대해 상대론적 입장에서 사고할 수 있다.
ⓔ 자신의 말과 행동에 대해 어떤 결과가 일어날지 예측할 수 있다.
ⓕ 자신에게 일어날 수 있는 사건들의 연속성에 대해 가설을 세울 수 있다.

5. 청소년기의 자기중심성 기출 20회

① 청소년은 신체적·정서적으로 급격한 변화를 겪으면서 자신에게 몰두하게 된다.
② 다른 사람도 자신에게 관심이 많을 것이라 생각하고 자신의 관심사와 타인의 관심사를 구분하지 못한다.

개념 공략 상상 속의 관중과 개인적 우화 기출 16회

상상 속의 관중 (상상적 청중 현상)	• 자신을 무대 위의 주인공처럼 여기고 타인은 자신에게 주의를 집중하는 관중으로 생각함. • 자신이 타인의 관심의 대상이라고 생각하기 때문에 강한 자의식을 갖게 됨.
개인적 우화	• 자신의 감정과 사고가 너무 독특해서 다른 사람은 이해할 수 없다고 생각함. • 자신을 예외적이고 특별한 존재로 인식함.

6. 사회적 발달 기출 12회

① 정서발달
ⓐ 청소년기는 정서적으로 심한 변화를 겪으면서 극단적인 정서를 경험한다.
ⓑ 정서적으로 불안정하고 자신의 행동에 대해 무책임하거나 흥분·공격적인 성향을 보이기도 하지만 청소년 후기로 갈수록 완화된다.
ⓒ 자신의 감정상태에 대해 지나치게 과민한 반응을 보이지 않고 자신의 감정에 객관성을 갖거나 관대해지는 것이 주요 발달과업이다.

② **심리적 이유기**: 부모의 통제를 받지 않으려 하면서도 부모의 지지와 승인이 필요한 시기이며, 부모보다는 친구나 자기 자신에게 더 많이 의존한다.
> 참고 이유(離乳, Weaning)란 젖먹이가 자라 더 이상 젖을 먹지 않는다는 것으로, 부모와 분리되어 가는 청소년기의 특성을 비유하여 표현한 것이다.

③ **또래집단과의 관계**: 또래집단의 인정에 대한 욕구가 강하며, 또래집단의 영향력이 가장 큰 시기이다.

개념 공략 청소년기 또래집단의 기능
• 구성원에게 정서적 안정감 제공
• 우정을 통해 타인을 이해하고 자신을 표현
• 구성원 간의 신뢰관계 형성
• 정보제공의 역할

④ 이성관계: 이성 친구에 대한 관심이 커지지만, 아직까지는 동성의 친구관계가 더 중요하다.
⑤ 심리사회적 유예
　㉠ 최종 정체감 성취 전에 일종의 자유실험이 가능한 기간을 말한다.
　㉡ 가치, 이념, 믿음, 역할 등을 시험할 자유를 허락하며, 각자의 장점을 통해 사회적으로 인정받을 수 있도록 지원해 사회에서 잘 적응할 수 있도록 한다.
⑥ **자아정체감**
　㉠ 급격한 신체적·정서적 변화에도 불구하고 변하지 않는 부분과 자신이 누구인가를 아는 것을 말한다.
　㉡ 자아정체감이 확고한 사람은 개별성, 통합성, 지속성을 경험한다.

개별성	가치, 동기, 관심이 타인과 같을지라도 자신은 타인과 다른 고유한 존재라는 인식
통합성	자신의 욕구, 동기, 행동양식, 태도가 전체적으로 일관성이 있고 통합되어 있다는 느낌
지속성	시간이 흘러도 자신은 동일한 사람이라는 인식

　㉢ 청소년기 자아정체감 형성의 중요성
　　• 청소년기에는 자아정체감 확립이 주요 발달과업으로, 자신의 다양한 역할을 검토하면서 정체성을 발달시키게 된다.
　　• 청소년기에 자아정체감 통합을 이루지 못하면 이후 결정의 순간마다 어려움을 겪을 수 있다. 즉, 자신의 역할을 하나의 정체성으로 통합하지 못하면 상충되는 역할에 적응하지 못하는 역할혼란을 겪을 수 있다.

개념 공략 마샤(J. Marcia)의 자아정체감의 네 가지 범주 **기출** 12회, 16회, 18회

• 범주의 기준: '위기'와 '전념'
　– 위기: 역할에 대한 실험과 대안적 선택 중에서 의사결정을 할 수 있는 능력으로, 자신의 가치관에 대해 재평가하는 시간
　– 전념: 직업, 종교, 정치적 이념 등의 수행에 몰입하는 정도로, 계획, 가치, 신념 등에 따라 능동적인 의사결정을 내린 상태

구분		위기	
		예	아니요
전념	예	자아정체감 성취(위기 해결)	자아정체감 유실(위기 경험 없음)
	아니요	자아정체감 유예(위기가 현재 진행 중)	자아정체감 혼란(위기 경험 없음)
		⇩	⇩
		적응	부적응

➡ 정체성의 위기를 경험했거나 경험 중인 자아정체감 성취·유예는 적응으로 보았지만, 위기 자체를 경험하지 못한 자아정체감 유실·혼란은 부적응으로 보았음.

• 자아정체감의 네 가지 범주

자아정체감 성취	자아정체감의 위기를 성공적으로 극복하여 신념, 직업, 정치적 견해 등에 대해 스스로 결정을 내릴 수 있는 상태
자아정체감 유예	• 자아정체감 위기의 상태에 있으면서 자아정체감 형성을 위해 다양한 역할, 신념, 행동 등을 시도하고 있지만 의사결정을 내리지 못한 상태 • 자아정체감 유예인 사람들은 대부분 자아정체감 성취로 옮겨가지만, 그중에서는 자아정체감 혼란으로 옮겨가는 사람들도 있음. 즉, 자아정체감 혼란과 성취 중 어느 방향으로도 갈 수 있는 가능성이 있는 상태
자아정체감 유실	• 부모나 사회의 가치관을 그대로 자신의 것으로 받아들여 위기도 경험하지 않고 쉽게 의사결정을 내리지만 독립적인 의사결정을 하지 못하는 상태 • 위기의 경험 없이 성급하게 자신의 정체감에만 전념하는 점이 자아정체감 유예와 다름.
자아정체감 혼란	• 자아정체감 확립을 위한 노력을 하지 않고 기존의 가치관에 대한 의문도 제기하지 않는 상태 • 자신에 대한 어떤 견해도 확실하게 받아들이지 못하는 상태로 자신의 다양한 역할을 통합하지 못함.

7. 사회복지실천 과제

① 사회적 이슈인 외모 지상주의를 건강하게 받아들일 수 있게 하는 개입이 필요하다.
② 성에 대한 올바른 가치관과 지식을 갖출 수 있게 하는 교육적 접근이 필요하다.
③ 올바른 자아정체감 형성을 지원하기 위해 자아성장, 인간관계 훈련과 같은 청소년기의 자아발견을 지원하는 집단 프로그램이 필요하다.
④ 진로탐색과 또래집단 강화 프로그램 등을 실시하여 청소년들이 다양한 사회경험을 하고 자신의 개성을 찾을 수 있도록 도움을 제공해야 한다.
⑤ 미성숙한 자녀를 통제하려는 부모와 자신을 개인으로 규정하고 독립하려는 청소년 사이의 갈등이 심화되어 청소년 비행이 나타날 수 있다. 청소년 비행은 초기개입이 중요하며, 사회복지사는 부모와의 분리를 원하는 청소년의 욕구를 자연스러운 현상으로 보고, 청소년이 자신의 감정과 행동에 대해 통찰력을 가질 수 있게 도와야 한다.
⑥ 심리적 격동기인 청소년기에는 다양한 정신장애 발병의 가능성이 높다. 사회복지사는 청소년의 심리적 어려움과 변화에 관심을 기울여야 하고, 개별 상담과 스트레스 예방 및 관리에 대한 교육 및 서비스를 제공할 수 있어야 한다.
⑦ 자살 예방을 위한 사회복지사의 원인별 대응 방안

원인	대응 방안
가족문제	• 가정의 위기나 해체 상황 발생 시 청소년이 자책하지 않도록 지지적 개입을 해야 함. • 청소년이 안전한 환경에서 자랄 수 있도록 필요한 시설 연계를 진행해야 함.
스트레스	• 가정 내 문제로 인한 갈등과 학대, 학교폭력 및 따돌림, 친구 사이에서의 상대적 열등감 등 청소년기의 스트레스 원인은 다양하므로, 각 원인에 맞는 적절한 상담 및 서비스를 제공해야 함. • 사회복지사는 청소년에게서 학교생활 부적응이 발생하는 경우 개별 상담 및 생활환경 조사를 통해 문제해결을 지원해야 함.
심리적 질환	조현병 및 우울증의 경우 낮아진 자긍심으로 자살 시도를 할 가능성이 있음. 이때 사회복지사는 현상에 대해 집중하기보다는 원인에 대한 개입을 통해 자살 위기에 대응해야 함.

7 청년기

1. 청년기의 개념

① 고등학교 졸업 전후를 시작으로 부모로부터 완전히 독립하는 시기(20~35세)로, 성인 초기에 해당한다.
② 에릭슨의 친밀감 대 고립감의 위기단계에 해당한다.

2. 청년기의 특징 기출 11회, 14회, 20회, 22회, 23회

① 신체적 성숙은 거의 완성되고, 신체적 기능은 최고조에 달한다.
② 성역할 정체감이 완성되고 결혼, 직업 선택, 출산에 대한 스트레스를 겪기도 한다.
③ 주요 발달과업은 진로 및 직업 선택, 결혼 준비 등이다.
④ 신체적 요소보다는 사회문화적 요소가 주요 발달과업이다.

3. 신체적 발달

신체적 성숙이 거의 완성되어 신체적으로 균형과 기능이 최고의 상태이다.

4. 인지적 발달

청년기의 인지발달에 대해서는 학자 간에 합의된 바가 없지만, 피아제의 형식적 조작사고가 중심이 되어 추상적 사고, 판단, 추론 등이 생애 전반에 걸쳐 발달한다고 본다.

5. 사회적 발달

① **부모로부터 독립**: 경제적·정서적 독립이 청년기의 중요한 발달과업이다. 청년기에는 독립을 원하면서도 분리에 대한 불안을 느끼는데, 이러한 양가감정을 최소화하고 자율적으로 독립할 수 있도록 부모는 자녀를 독립된 개인으로 보아 자율성을 인정하고 가족의 의사결정에 참여하도록 지원해야 한다.

② **직업 준비와 선택**
  ㉠ 직업은 경제적 자립과 자아실현의 장으로, 청년기에 어떤 직업을 선택하는지에 따라 그 이후의 삶의 방향이 결정되기 때문에 자신이 원하는 직업을 갖기 위해 노력한다.
  ㉡ 직업을 선택하고 준비하는 과정에는 개인의 능력과 관심, 아동·청소년기의 경험 및 부모의 기대와 같은 개인적 요소가 영향을 미친다.
  ㉢ 자신이 원하는 직업과 관련된 전문지식과 기술을 갖고 있는지 여부와 그 직무에 따르는 지위와 의사결정 과정, 직업에 존재하는 고유한 요구사항이나 위험 인자를 파악하는 것 등이 중요하다.

③ **결혼과 가족**
  ㉠ 청년기는 결혼과 자녀 출산으로 인생에 정착하는 시기이다. 결혼은 청년기에 이루는 친밀하고 성숙한 관계의 중심에 있다.
  ㉡ 배우자 선택과 새로운 가정을 이루는 과정을 통해 사랑의 실현, 성적 만족, 정서적·경제적 안정을 얻게 되고, 자녀 출산을 통해 부모라는 또 다른 역할을 수행하게 된다.

④ **성적 사회화**
  ㉠ 자신의 성역할 정체감이 재개념화되고 확고해지는 과정이다.
  ㉡ 성적 사회화 요소에는 자신이 선호하는 성적 대상을 선택하고, 성인의 적절한 성역할을 학습하는 것, 성행위에 대해서 이해하고 그 지식을 습득하는 것 등이 있다.

6. 학자별 청년기 발달과업

① **에릭슨의 발달과업 – 친밀감 형성**
  ㉠ 가족 외의 다른 사람들과 친밀한 관계를 형성하는 것은 자신의 정체성이 안정적인 상태에서 타인과의 개방적이고 조화로운 관계를 형성하는 능력이다.
  ㉡ 친밀감 형성을 위해서는 감정이입, 자기통제, 타인에 대한 수용능력을 갖추어야 한다.
  ㉢ 청소년기에 긍정적인 자아정체감을 확립한 사람은 타인과 친밀한 관계를 쉽게 형성하고, 그렇지 않은 사람은 타인과의 사회적 관계에서 고립감을 느끼게 되어 자신에게만 몰두하는 경향이 있다.

② **하비거스트의 발달과업(성인 초기)** 기출 19회
  ㉠ 배우자를 만나 결혼을 한다.
  ㉡ 자녀를 낳고 양육한다.
  ㉢ 가정을 이루고 관리한다.
  ㉣ 직업을 준비하고 선택하여 시민의 의무를 이행한다.
  ㉤ 마음이 맞는 사람들과 사회적 집단을 형성한다.

③ 레빈슨의 발달과업
  ㉠ 직업을 선택하고 경력을 쌓아 발전시켜야 한다.
  ㉡ 현실에 기반을 두지 못하고 과장된 목표를 희망하기도 하는 시기이기 때문에 청년의 목표를 인정하고 성장을 지원하는 선배(지도자)를 만나야 한다.
  ㉢ 친밀한 관계를 형성해야 한다.

7. 사회복지실천 과제
① **자율성 확립**: 청년기의 자율성 확보와 안정적 대인관계 기반 마련을 위해 개별 상담서비스 및 사회성 향상 프로그램과 같은 다양한 집단 프로그램을 제공해야 한다.
② **대인관계 – 친밀감 형성능력**: 더 높은 수준의 사회화 기능 및 이성에 대한 적응 기능을 포함하는 것이다. 청년기의 대인관계 및 이성교제와 결혼 등을 건강하게 준비 및 진행할 수 있도록 집단 프로그램 및 정보제공을 할 필요가 있다.

8 중년기

1. 중년기의 개념 기출 11회, 12회, 14회
① 36~64세에 해당하는 시기로, 신진대사가 둔화되고 남녀의 성적 능력이 저하된다.
② 갱년기를 경험하고 질병으로 인한 사망률이 높아진다.
③ 생산성 대 침체기의 심리사회적 위기에 직면하게 된다.

2. 중년기의 특징 기출 12회, 23회
① 단기기억력은 약화되고 장기기억력은 변화하지 않으며, 새로운 것에 대한 학습능력은 저하되지만 문제해결능력은 향상된다.
② 사회경제적 활동능력이 최고조에 달해 높은 성취감을 맛본다.
③ 자신에 대한 재평가를 통해 변화가능성을 탐색해야 한다.

3. 신체적 변화
① 신체 구조상 전반적인 신진대사의 둔화가 일어나 힘든 활동 후 회복기간이 길다.
② 스트레스와 신체기능의 이상에 대한 회복능력이 감소한다.
③ 신체적 작업능력이 저하되어 급격히 에너지를 쓰는 일보다는 인내를 요구하는 일을 잘한다.
④ 건강문제가 나타나기 쉽고, 고혈압이나 성인병에 노출되어 있다.
⑤ 여성이 남성보다 더 뚜렷하게 갱년기를 경험하며, 여성호르몬인 에스트로겐이 감소하여 관상동맥질환과 골다공증이 발생하는 경우가 많다.
⑥ 여성은 에스트로겐의 분비가 감소되고, 남성은 테스토스테론의 분비가 감소되는 등 호르몬의 변화로 성적 능력이 저하된다.
⑦ 신체적 변화뿐만 아니라 우울, 무기력감 등 심리적 증상을 동반하게 된다.

> **합격 가이드**
> 중년기의 신체적 퇴행은 사회체계의 과업수행 및 대인관계에도 영향을 줍니다. 이 시기에는 자녀양육, 사회적 주체로서의 역할, 직업에서의 성취, 여가 및 취미 개발, 배우자와의 관계 재정립, 노부모 부양을 해결해야 합니다.

4. 인지적 발달 [기출 19회]

① 인지기능은 성인기 후반까지 향상되지만, 수행능력은 개인의 적극성 차이에 따라 그 편차가 크다.
② 창조적 생산성이 발달하고 통합적 사고능력이 향상된다.
③ 새로운 것을 학습하는 능력은 저하되지만, 실제적인 문제해결능력은 향상되어 결정성 지능이 좋아진다.

> **참고**
> - 결정성 지능: 후천적 경험이나 학습경험에 의해 발달하는 지능
> - 유동성 지능: 유전적 요인에 의해 형성되는 지능으로, 신체 발달 등에 비례

5. 성격발달 [기출 20~22회]

① 그동안 성취했던 것과는 다른 활동이나 영역에 관심을 돌리는 시기로, 자신의 내부에 초점을 맞추어 자기(Self)를 실현하는 과정을 시작한다.
② 남성은 여성적인 측면이, 여성은 남성적인 측면의 발달이 이루어진다.
③ 시기별 성격발달

중년기 초기 (~40세)	• 외적 팽창의 시기로, 자아가 발달하고 외부세계에 대처하는 역량을 발휘함. • 사회적 성공을 위해 노력을 기울이고 본인의 성역할에 치중하는 시기
중년기 후기 (40세 이후)	• 외부로 향해 있던 에너지의 방향을 자기 내면으로 돌리는 시기(개성화) • 남녀 각각 반대의 성적 측면이 부각되어, 남성은 여성적인 측면(아니마), 여성은 남성적인 측면(아니무스)이 나타남. • 남성은 성과 중심에서 관계 중심으로 변화하고, 여성은 좀 더 공격적이고 독립적으로 변화함.

> **합격 가이드**
> 중년기 성격발달은 융의 분석 심리이론의 주요 개념을 토대로 이해할 수 있습니다. 세부적인 설명은 이후에 다룹니다.

④ 개성화(Individuation)
  ㉠ 자아 에너지를 물질적·외적 차원으로부터 정신적·내적 차원으로 전환시키는 것을 말한다.
  ㉡ 외부세계 적응이라는 목적이 어느 정도 성취된 인생 후반기에 내면세계로 시선을 돌리게 된다.
  ㉢ 개성화된 인간은 자긍심이 높고, 의식과 무의식 수준의 자기를 잘 알아간다.
  ㉣ 이 기간 중에 페르소나(Persona), 음영(Shadow), 아니마(Anima), 아니무스(Animus)에 변화가 생긴다.
  ㉤ 성격 본성의 변화로 인한 위기를 관리해야 한다.

6. 사회적 발달(역할변화와 적응)

① 가정생활
  ㉠ **배우자**: 안정과 신뢰, 공감을 성취하도록 해야 한다.
  ㉡ **자녀**: 청소년기와 청년기 사이에 있는 자녀의 성장 지원을 위해 효율적인 의사소통을 하고, 학교 교육과 진로 선택의 문제를 잘 해결해야 한다. 특히 자녀의 독립으로 발생하는 빈 둥지 증후군 극복이 중요하다.
  ㉢ **부모**: 중년기에 이르면 그 부모는 건강 악화로 보호가 필요하게 되어 중년기의 자녀가 부모를 돌보면서 부모와 자녀의 역할이 전도된다. 이러한 변화는 중년기 자식들에게 심리적 충격을 줄 수 있다.

> **개념 공략** 빈 둥지 증후군 [기출 14회]
> • 자녀의 독립에 의한 변화와 배우자가 일에 몰두하면서 나타난 부재로 주로 여성이 빈집을 지키며 공허함을 느끼고 우울증을 겪는 것을 말한다.
> • '나는 누구인가?', '내 인생의 의미는 무엇인가?'라는 물음과 함께 자기평가를 하는 정체감의 위기를 겪는다.

② 직장생활
　㉠ 중년기는 직업적 성취가 높은 시기로, 열의도 가장 높기 때문에 직장에서의 성공에 대한 스트레스도 많은 편이다.
　㉡ 직장에서 상사·동료와 신뢰관계를 쌓고 자신의 위치 확립을 위해 노력해야 한다.
　㉢ 직업에서 필요한 정보나 기술 획득을 위한 노력도 계속해야 한다.
③ 여가생활
　㉠ 현대사회는 자녀 수 감소로 자녀양육 기간이 줄어들고, 평균 수명은 연장되어 노후의 여가시간이 증가하고 있다. 이에 따라 여가활용의 문제가 중년기의 중요한 과제로 대두되고 있다.
　㉡ 여가활동 선택 시 자신의 적성에 맞고 신체적 건강에 유익한 활동을 개발해야 하며, 부부가 함께 활동하는 것이 바람직하다.

7. 학자별 중년기 발달과업

① 에릭슨의 발달과업: 생산성 대 침체 기출 12회
　㉠ 생산성
　　• 다음 세대를 이끌고 돌봐주려는 일반적 관심이다.
　　• 자신의 사후에도 지속되어야 하는 사회를 위해 개인적·공적 차원에서 기여하는 능력을 말한다.
　㉡ 침체
　　• 타인에게는 가식적인 친밀성을 갖고 자기에게만 몰입하는 것으로, 자기만 우선시하는 것을 말한다.
　　• 침체는 직장에서의 뒤처짐, 노부모 부양, 부부갈등과 이혼 등으로 무능력을 경험하며 형성된다.
　　• 새로운 기술의 등장과 생활양식의 변화로 인한 뒤처짐이 중년기 성인이 침체되는 원인이 될 수 있다.

② 레빈슨의 발달과업

성인 초기 (17~40세)	• 정신적·생리적인 특성이 절정에 달하는 시기로, 활발하고 정력이 넘치는 시기이지만 사회적 갈등도 많은 시기 • 개인의 주된 관심은 사회적 과업성취에 있음. • 자녀의 부양자인 동시에 부모의 잠재적 부양자
성인 중기 또는 중년기 (40~60세)	• 지혜나 판단력이 절정에 달하고 일에 몰두하는 시기 • 후배 세대 지도에 관심을 갖고 이끌어 줌. • 젊은 시절에 설정한 꿈과 현재의 자신의 모습이 다르다는 생각에 자신의 목표를 재평가
성인 후기 (60~64세)	• 초기목표를 수정·종결하고, 성인 후기에 적절한 형태의 젊음을 유지하기 위해 생활에서 균형을 찾아야 함. • 자신의 에너지를 쏟을 수 있는 새로운 형태의 일과 여가를 모색함.

> **합격 가이드**
> 레빈슨은 남성과 여성의 성인 발달을 구분하여 연구하였습니다. 제시된 표는 남성의 성인기에 해당하는 발달단계입니다.

③ 펙의 발달과업
　㉠ 지혜에 가치를 부여하기 vs. 물리적 힘에 가치를 부여하기: 선택을 잘할 수 있는 능력인 지혜 대신 육체적 힘을 중요시할 수도 있다.
　㉡ 대인관계의 사회화 vs. 성적 대상화: 성호르몬 감소 문제에 몰입하기보다는 폭넓고 개방적인 대인관계를 형성하고 사회화하는 데 관심을 기울일 필요가 있다.
　㉢ 정서적 유연성 vs. 정서적 빈곤성: 여러 상황에서 상실감을 경험하면서 정서적 빈곤을 경험하기도 한다.
　㉣ 정신적 유연성 vs. 정신적 경직성: 새로운 도전에 폐쇄적 태도를 취하기보다는 본인의 지식이나 경험과 통합해 새로운 지혜를 창출하는 융통성을 발휘할 필요가 있다.

8. 중년기 위기와 사회복지실천 과제

① 자아문제
  ㉠ 융은 중년기에 남아 있는 성장 잠재력을 개발해야 한다고 보았다.
  ㉡ 과거의 경험에만 의존하지 말고 자신에게 다가오는 새로운 현실상황을 극복하는 유연한 사고와 대처방식을 발견하여 이를 수용하면 중년기 자아문제를 극복할 수 있다.

② 성적 변화
  ㉠ 중년기의 성적 변화는 자연스러운 것으로, 이를 이해하고 수용해야 한다.
  ㉡ 부부간의 대화로 변화에 긍정적이고 적극적으로 대응하는 노력이 필요하다.

③ 마모어(Marmor)의 4가지 중년 위기
  ㉠ 신체 노화, 급변하는 사회에 대한 스트레스, 경제 여건에 대한 스트레스, 이별과 상실감이 있다.
  ㉡ 중년기의 위기는 심리적 위축과 각종 정신질환의 원인이 되기도 한다.
  ㉢ 중년기의 위기를 극복하기 위해서는 스트레스 상황에 대한 이해와 적절한 대처 방안 모색을 위한 스트레스 대처 프로그램 등의 개입이 필요하다.

④ 가족 내 위기

> **예제** 가족 내 위기 중 이혼에 대한 사회복지사의 개입
> - 자녀가 부모의 결혼생활이 끝났다는 사실을 인정할 수 있게 도와야 한다.
> - 자녀가 부모와 겪는 갈등에서 한 걸음 물러나 자신의 생활과 활동에 전념할 수 있게 도와야 한다.
> - 자녀가 부모와의 관계, 가족의 일상에서 느끼는 상실에 대응할 수 있게 지원해야 한다.

⑤ 직업적 위기: 실직한 성인은 '휴식단계 → 구직 노력단계 → 구직에 대한 회의단계 → 무기력단계'를 경험한다.

> **예제** 사회복지사는 실직자에게 고용보험 혜택과 재정지원에 관한 상담, 재취업 관련 정보를 제공해야 한다.

> **개념 공략** 중년기의 경제적 위기와 사회복지실천
> 중년기에 조기퇴직이나 실업으로 빈곤해지는 경우가 많이 발생하고 있음. 은퇴 준비를 하지 못한 경우 경제적 위기에 직면할 수 있기 때문에 사회복지사는 사회안전망을 설치하고 다른 문제로 확산되지 않도록 예방적 개입을 해야 함.

9 노년기

1. 노년기의 개념
① 65세 이후부터 죽음에 이르기까지의 기간이다.
② 에릭슨의 자아통합 대 절망의 심리적 위기를 경험한다.

2. 노년기의 특징 기출 11회, 23회
① 기능 손상과 만성질환으로 스트레스를 경험하게 된다.
② 신체 반응속도가 느려져 안전사고를 당할 가능성이 높다.
③ 조심성, 경직성, 수동성, 내향성이 증가한다.
④ 노년기의 주요 과업은 자아통합이며 사회관계망의 축소로 사회적 역할변화를 경험한다.

3. 신체적 변화
① 어깨가 굽고 손발이 떨리는 등 신체의 변화가 크고, 기민성과 민첩성이 떨어진다.
② 촉각, 청각, 시각, 미각, 후각 등 감각의 노화가 일어나고 모발이 약해지며 정맥이 두드러진다.
③ 심장의 크기가 줄고, 심장의 지방분은 늘어나고, 심장 근육이 늘어지며 말라붙는다.
④ 치매는 인지기능과 고등 정신기능이 감퇴하는 것으로, 일상적 사회활동이나 대인관계에 지장을 준다.
⑤ 생식기능과 성교능력이 저하되긴 하지만 남성이 여성보다는 기능 저하가 덜하다.

4. 인지적 발달
① 자신의 환경을 평가하고, 어떤 결정을 내리고 행동으로 옮기는 데 시간이 많이 걸린다.
② 지적 기능은 유지되지만, 나이가 들어갈수록 인지능력이 점차 떨어져 새로운 자료를 학습하는 데 속도가 느리고 기억에서 정보를 도출하는 것이 어려워진다.
③ 운동 및 정보처리에 대한 반응시간과 반응속도는 둔화되지만 개인차가 존재하고, 지식과 경험을 결합한 개인의 능력인 지혜가 발달한다.
④ 단기기억보다 장기기억의 감퇴 속도가 느리다.

5. 성격발달 기출 21회

내적 변화	조심성 증가, 우울 성향 증가, 경직성 증가, 내향성과 수동성 증가, 생에 대한 회상, 익숙한 사물에 대한 애착 증가, 과거 회상에 집중하거나 과도하게 미래지향적이 되는 등 시간전망 변화
관계 변화	의존성 증가, 성역할 지각 변화, 유산을 남기려는 경향 강화

6. 사회적 발달(역할변화와 적응)
① 실직, 정년퇴직에 의한 경제적 능력 약화와 낮아진 자아존중감으로 삶의 만족도가 낮아진다.
② 노년의 역할 유형

제도적 역할	구체적인 지위와 역할(지위에 따른 규범적 역할 기대) 및 책임과 권한이 있고 책임을 다하지 못하면 불이익이 있음.
비공식적 역할	공식적 지위는 없지만, 의무와 역할이 있는 상태
희박한 역할	지위와 역할이 유명무실한 상태이며, 역할을 수행하지 못한 경우에 대해 불이익이 매우 적음.
무역할	지위도 역할도 없으며, 지위와 역할로부터 고립되어 있음.

개념 공략 노년기 지위 및 역할상실에 대한 유형별 대응방식

참여활동형	자원봉사, 재능기부 등의 각종 사회활동을 함.
자기완성형	교육, 세미나 참석 등 자아실현을 위한 활동을 함.
근로형	노동을 하며 사회적 관계를 유지하는 활동을 함.
사회오락형	여가활동을 중심으로 활동을 함.
한거형	독서, 그림 그리기 등 주로 개인적인 활동을 함.
폐쇄형	건강문제를 비관하며 집에만 머묾.

③ 역할변화와 적응
  ㉠ **조부모 역할**: 자신의 존재가치에 대한 의문과 상실감을 극복하고 삶에 대한 의욕적인 자세를 가질 수 있다. 육체적인 부담에 대한 적응이 필요하다.
  ㉡ **퇴직자 역할**: 사전에 준비된 은퇴는 적응하기 쉽지만, 갑작스럽게 퇴직하게 됐을 경우에는 일상에 적응하기 어려워한다.
  ㉢ **배우자 사별로 인한 역할변화**: 노년기에 가장 힘든 역할적응으로, 정서적 상실감뿐만 아니라 일상의 혼란을 초래한다.

7. 학자별 노년기 발달과업

① 에릭슨의 통합성
  - 일생 동안 일어났던 일을 있는 그대로 수용하며 죽음에 직면할 수 있는 능력이다.
  - 자아통합은 인생에서 경험한 여러 일을 전체의 삶 속에 통합시키는 것으로, 죽음을 두려움 없이 맞이하는 과정이기도 하다.
  - 자아통합을 이루지 못하면 절망감을 느낄 수 있다.
② 펙의 심리적 적응
  - 퇴직 후 직업역할 몰두에서 자아정체감 유지로 전환해야 한다.
  - 신체나 외모에 대한 만족에서 사회적 관계나 창조적 활동으로 전환해야 한다.
  - 죽음을 앞둔 자신에 대한 몰두에서 앞으로 자신이 할 수 있거나 해야 할 일에 대해 준비해야 한다.
③ **하비거스트의 발달과업**: 신체적·경제적 변화 및 사회적·가정 내 지위와 역할의 변화 등에 적응해야 한다.
④ **클라크와 앤더슨의 적응발달과업**: 신체적·사회적·생활의 목표 변화에 적응해야 한다.

8. 노년기에 대한 관점 [기출] 19회

① 분리이론
  ㉠ 노년기를 노인 개인과 사회가 동시에 상호분리를 시작하는 시기로 본다.
  ㉡ 노년기는 사회적·심리적으로 철회하는 선천적 경향이 있어 자신에게 몰두하며 상대방에게 무관심하다.
  ㉢ 노년기에 본인을 사회에서 분리하는 것은 인생의 만족을 증가시키는 방법이다.
② **활동이론**: 노년기 인생의 만족을 위해 능동적이고 적극적인 생활양식을 유지하는 것이 좋다.
③ **성격과 생활양식이론**: 나이 듦에 대한 포괄적 관점의 이론으로, 개인 성격과 생활방식이 주요한 요인이 된다.
④ **비애와 죽음 관리**: 죽음과 상실에 대한 애통함과 슬픔은 일정 시간에 끝나는 일이 아니며, 개인의 여건에 맞게 수용하고 극복할 수 있도록 정보제공과 지원이 필요하다.

최다빈출

개념 공략 퀴블러 로스(Kübler-Ross)의 비애(죽음과 상실에 대한 심리 변화)의 과정 [기출] 14~17회, 19회

과정	주요 내용
부인(부정)	죽음에 대한 이야기를 사실로 받아들이지 않고, 의사의 오진이라고 생각함.
격노와 분노	'왜 나에게'라고 생각하고 가족이나 의사에게 분노를 표현함.
협상(타협)	상실을 일부 수용하며 의료진이나 종교 절대자(신) 등 특정 대상과 협상을 하려고 함.
우울	슬픔, 두려움에 대해 생각하며 이별할 수밖에 없는 점에 대해 우울해함.
수용	사실을 받아들임.

9. 사회복지실천 과제

① 죽음의 문제
- ㉠ 자신과 가족의 죽음에 대해 다양한 반응이 나타나기 때문에, 죽음의 과정을 원조하는 사회복지사는 광범위한 개인차를 인식하고 수용의 단계로 나아갈 수 있도록 지지와 원조의 역할을 해야 한다.
- ㉡ 에릭슨 이론에 근거해 자신의 과거사건을 재구조화할 수 있도록 인생회상 기법을 사용할 수 있다. '인생회상'이란 개인에게 중요한 사건으로 점진적으로 되돌아가 통합할 수 있도록 지원하는 기법을 말한다.
- ㉢ **호스피스**: 죽음을 앞둔 말기 환자의 고통을 적절하게 조절해 환자의 고통과 공포를 완화시키는 심리적 지원을 말한다. 이는 환자에게 편안함과 평화를 주는 것을 목적으로 한다.

② 노화로 인한 변화
- ㉠ **역할상실과 소득 감소**: 은퇴 및 소득 감소로 경제적 문제가 발생할 수 있어 예방적 개입이 필요할 수 있다.
- ㉡ **건강 악화와 고독·소외**: 질병과 보호체계 약화로 적절한 도움을 받지 못할 수 있으며 개인의 준비가 부족한 경우 의료적 방임 및 가족문제로 이어질 수 있다.
- ㉢ **안전의 문제**: 노년기에는 배우자와 친구의 죽음으로 사회적 관계망이 약화될 수 있다. 이런 문제를 해결할 수 있도록 효과적인 여가활동에 대한 지원이 필요하다.

CHAPTER 03
단숨에 끝내는

정신역동이론

핵심 Tag #프로이트의 정신분석이론 #에릭슨의 심리사회이론 #아들러의 개인심리이론 #융의 분석심리이론

1 프로이트의 정신분석이론

- 성격발달에 대한 최초의 포괄적·과학적 이론으로, 인간행동 사정에 도움을 주었다.
- 인간발달단계별 특징과 심리적 기제를 체계적으로 설명했다.
- 심리적 문제를 가진 사람에 대한 이해를 높이고 상담기법에 영향을 미쳤다.

1. 정신분석이론의 특징 기출 12회, 16회

① **과거 경험의 중요성 강조**: 어린 시절의 경험이 중요한 영향을 미치며, 유아기에 해결되지 않은 갈등이 성인기에 발생하는 문제의 원인이 된다. 따라서 과거의 정신적 외상이 현재 어떤 영향을 주는지에 대한 통찰력을 갖게 한다.

② **무의식과 성적 욕구**: 인간의 행동, 사고, 감정은 무의식적 동기가 있고 이 중 성적 욕구는 개인 행동에 지대한 영향을 끼친다.

③ **내적 갈등의 역동**: 개인에게 발생하는 내적 갈등을 표현하고자 해도 사회가 통제하기 때문에 인간이 가지는 에너지의 양은 일정하게 제한된다. 인간의 정신이 가진 에너지의 양은 외부와 교류가 없는 폐쇄체계이다.

2. 정신분석이론의 기본 원리 – 정신결정론

① 인간의 정신활동은 목적이 있고, 과거의 경험에 의해 결정된다.
② 우연히 일어난 일도 과거의 일과 관련이 있고, 인간 심리 문제의 원인은 정신적 작용에 있다.

3. 정신분석이론의 주요 개념 기출 13회, 20회, 23회

① 의식의 수준

구분	주요 내용
의식	• 만지기, 냄새 맡기, 먹기 등의 경험과 사고를 통해 알 수 있는 감정 • 새로운 생각이 들어오면 오래된 생각은 물러나 의식의 내용은 계속 변함. • 지각하는 의식은 빙산의 일각으로, 수면 아래에 의식하지 못하는 많은 부분이 자리하고 있음.
전의식	• 의식과 무의식의 중간 지점에서 다리 역할을 함. • 현재는 의식하지 못하지만, 회상하고자 노력하면 전의식에 저장된 기억, 생각 등을 의식으로 가져올 수 있음. 즉, 이용 가능한 기억임.

구분	주요 내용
무의식	• 정신의 가장 깊은 곳에 위치하며 자각하지 못하는 경험과 기억 • 정신분석의 초점이 되는 부분 • 인간행동을 결정하는 주된 원인으로, 우리가 인식하거나 확인할 수 없음. • 인간의 행동. 경험. 지각은 대부분 무의식에 의해 결정됨.

② 성격구조 기출 21회

구분	주요 내용
원초아 (Id)	• 태어나면서부터 타고나는 부분으로, 충동과 본능의 원천이며 외부세계와 단절되어 있음. • 생리적 욕구와 밀접하고 시간과 경험의 영향을 받지 않음. • 고통을 피하고 쾌락을 추구함. • 자아와 초자아가 원초아에서 분화됨.
자아 (Ego)	• 생후 4~6개월부터 발달하고, 현실원리에 따라 작동하며 사회적으로 수용되는 방법을 발견할 때까지 쾌락을 추구하는 긴장의 해소를 유도함. • 외부세계의 조건을 고려해 충동적인 원초아를 조율하는 합리적·현실지향적 성격 • 원초아의 본능적 충동과 초자아의 도덕적 요구를 통합적으로 소화 • 원초아와 초자아 사이의 갈등을 조정하여 현실적이고 이성적인 균형을 유지하려는 역할을 담당 • 의식, 전의식, 무의식의 세 측면을 모두 가짐. • 방어기제를 작동시켜 갈등과 불안에 대처함.

초자아
(Superego)
	• 현실적인 것보다는 이상적인 것을 추구하고 쾌락보다는 완전함을 추구함.
	• 성격의 도덕적인 부분이며, 심판자로서 자아와 함께 작용하여 개인이 스스로 자신의 행동을 통제 및 조절할 수 있게 함.
	• 옳고 그름에 대한 판단 역할을 하는 것으로, 사회문화적 규범이 내면화됨.
	• 양심과 자아이상으로 구성됨.
	  – 양심: 자신이 잘못한 행동에 대해 죄책감을 느끼는 것
	  – 자아이상: 자신이 잘한 행동에 대해 자부심을 느끼는 것

개념 공략 불안의 종류 기출 17회

구분	성격구조	특징
신경증적 불안	원초아(Id)	• 자아와 원초아의 갈등으로 발생 • 본인의 욕망을 표현할 경우 받게 될 처벌에 대한 무의식적 두려움에서 기인함.
현실적 불안	자아(Ego)	• 자아가 우리 주변에 존재하는 실재적인 위험에 대해 두려움을 느끼는 것 • 위험에서 우리를 보호하는 데 기여함.
도덕적 불안	초자아(Superego)	• 자아가 초자아로부터 처벌을 예감할 때 발생 • 원초아가 부도덕한 생각이나 행동을 적극적으로 표현하려고 할 때 죄의식을 느끼고, 죄의식은 견디기 어려운 감정으로 과도한 도덕적 불안을 야기함. • 도덕적 규칙에 위배되는 등의 행위에 대한 죄책감으로 나타남.

③ 인간의 본능과 리비도
  ㉠ 본능
    - 선천적으로 타고나는 것으로, 직접 또는 간접적으로 행동에 영향을 주거나 가장되어 나타난다.
    - 삶의 본능(에로스)과 죽음의 본능(타나토스)은 상호 영향을 주며 융합하기도 한다.
  ㉡ 리비도
    - 성적 에너지를 말하며, 객관적 증명이 어렵지만 긴장과 만족·쾌감에 영향을 준다.
    - **프로이트**: 초기에는 자아본능에 대립하는 종족보존의 본능에 따른 성적 에너지로 보았고, 후기에는 사랑과 쾌감의 모든 표현이 포함된 것으로 보았다.

> **합격 가이드**
> 프로이트는 본능과 리비도가 인간행동의 궁극적 원인이 된다고 하였습니다.

4. 정신분석이론의 인간관
① 수동적 인간: 인간을 비합리적이며 통제할 수 없는 무의식적 본능(예 성적 본능, 공격적 본능)에 지배받는 존재로 본다.
② 결정론적 인간: 인간의 기본 성격과 문제는 만 5세 전의 어린 시절의 경험으로 결정된다고 보고, 인간을 과거의 포로와 같은 존재로 인식한다.
③ 투쟁적 인간: 인간을 자신의 행복을 극대화하기 위해 사회에 지속적으로 대항하고 자신의 본능에 따른 쾌락 추구를 방해하는 사회적 요인에 대항하는 존재로 본다.

5. 심리성적 발달의 5단계 기출 14회, 16회, 19회

단계	연령	특성	주요 내용
구강기	출생~18개월	• 음식 섭취 • 애착관계 형성	• 입이 자극과 상호작용의 창구 • 수유와 이유 활동
항문기	18개월~3세	배변 훈련	• 항문이 자극과 상호작용의 창구 • 배설과 배변 훈련
남근기	3~6세	• 이성 부모에 대한 관심 • 남아: 거세 불안, 오이디푸스 콤플렉스 • 여아: 남근 선망, 엘렉트라 콤플렉스	• 생식기가 자극의 초점 • 동성의 부모에 대한 동일시
잠복기	6세~사춘기	• 성 본능 잠재기 • 성 본능과 무관한 기술 습득 • 동성 간의 우정, 경쟁과 사회화	• 성적 활동 잠재 시기 • 신체와 지적 발달
생식기	사춘기~성인기 이전	• 정신적·신체적 성숙이 거의 완성 • 이성에 대한 관심	• 생식기가 자극의 초점 • 성숙한 성적 관계로 발전

① 리비도 중심의 발달단계이다.
② 다음 단계로 진행되지 못하고 특정 단계에 고착(Fixation)될 수도 있다.
③ 고착이 일어나면 성인기 성격에 나쁜 영향을 주기 때문에 각 발달단계별 위기를 잘 해결해야 한다.

6. 방어기제 기출 12회, 15~18회, 22회

① 개념
  ㉠ 자아의 무의식 영역에서 발생하는 심리기제로, 고통스러운 상황에 적응하려는 무의식적 노력이다.
  ㉡ 불안으로부터 자아를 보호하기 위한 기제로, 자아에게 보내는 위험신호이다.

② 특징
  ㉠ 갈등, 불안, 좌절, 죄책감 등 심리적 불균형 상태에서 내면의 평형상태를 유지하기 위해 일어나며 내적 긴장완화를 위한 심리적 기교이다.
  ㉡ 개인을 불안과 긴장으로부터 지키는 점은 긍정적이지만, 지나치게 의존하거나 무분별하게 사용하면 병리적 증상을 초래할 수 있다.

③ 종류

종류	구분
억압	의식에서 용납하기 어려운 생각, 욕망, 충동을 무의식 속에 눌러 놓는 것. 가장 많이 사용되는 방어기제 예) 본인에게 고통스러운 사건을 잊어버리는 것
취소	자신의 성적·공격적 욕망이나 충동이 상대에게 피해를 주었다고 생각해 죄책감을 지우기 위하여 상대의 피해를 원상복구하려는 행동 예) 부정한 방법을 사용해 얻은 수익 중 일부를 자선사업에 사용하는 것
반동형성	겉으로 보이는 태도나 언행이 마음속 생각과 정반대인 경우 예) 미운 놈 떡 하나 더 준다.
상환	죄책감에서 벗어나기 위한 기제로, 상실한 대상을 다른 대상으로 채우는 특수한 형태 예) 죄책감을 씻기 위해 고행을 하는 것
동일시	불안을 없애기 위해 불안의 원인이 되는 사람과 같아지려고 하는 것. 중요인물의 태도와 행동을 따라하는 것 예) 아들이 본인에게 강압적인 아버지의 행동을 닮는 것
투사	자신이 용납할 수 없는 충동, 행동, 생각을 무의식적으로 다른 사람의 것이라고 믿는 것. 관계망상이나 피해망상의 주요 기제 예) 외도에 대한 욕구가 클 때 배우자를 이유 없이 의심하는 경우
자기에게로 전향	부모 등 성인에게 공격적인 언행을 하는 것이 용납되지 않자 자학을 하는 것 예) 엄마에게 야단맞은 아이가 자해를 하는 것
전치 (치환)	어떤 대상에 대한 부정적인 감정을 덜 위험하거나 편안한 대상에게 표출하는 것 예) 종로에서 뺨 맞고 한강에서 눈 흘긴다.
대리형성 (대치)	목적하는 것을 갖지 못하는 데서 오는 불안을 최소화하기 위해 원래와 비슷한 것을 갖는 것 예) 오빠를 동경하는 여동생이 오빠를 닮은 남자와 사귀는 것
부정	현실 혹은 사실을 받아들이는 것이 고통스러울 때 이를 거부하는 것 예) 가족의 죽음을 받아들이지 못하고 그 사람이 여행을 갔다고 생각하는 것
상징화	바로 의식화하기에 부담스러운 대상을 상징적 대상으로 바꾸는 것 예) 꿈속의 뱀이 남근을 상징하는 경우
합리화	용납하기 어려운 충동이나 욕구를 사회적으로 그럴듯한 설명이나 이유로 꾸미는 것 예) 사랑하기 때문에 떠난다고 말하는 경우
보상	자신의 성격, 외모 등의 결함을 다른 것으로 메우기 위한 행동을 하는 것 예) 가난한 사람이 가난에 대한 콤플렉스가 있어 과하게 사치를 하는 것

유리 (격리, 분리)	가슴 아픈 사건이나 생각은 기억하지만 감정은 기억하지 않는 것 ⑩ 아버지의 죽음은 기억하지만, 당시의 감정은 기억하지 못하는 것	
지성화	감정과 충동 억제를 위해 그것을 직접 경험하는 대신 그것에 대해 많이 알아보고 이야기를 늘어놓는 것. 지적으로 보이지만 문제해결에는 도움이 안 됨. ⑩ 사춘기에 이성교제를 못 해본 사람이 이성교제에 대해 말하는 것을 즐기는 것	
퇴행	심한 스트레스와 좌절을 겪고 나서 과거의 발달단계로 후퇴하는 것 ⑩ 유아가 동생이 태어나자 갑자기 대소변을 가리지 못하는 것	
해리	의식세계에서 수용하기 힘든 성격 일부가 자아를 벗어나 독립된 기능을 수행하는 것 ⑩ 지킬박사와 하이드, 몽유병	
저항	고통과 불안한 기제가 의식세계로 떠오르는 것을 막는 것 ⑩ 내담자가 피하고 싶은 이야기를 하지 않고 침묵하는 것	
승화	본능적 에너지를 사회적으로 용납되는 형태로 돌려쓰는 것. 방어기제 중 가장 적절하고 건전한 방법 ⑩ 열등감을 가진 사람이 열심히 공부해서 학자가 되는 것	
전환	심리적 갈등이 감각기관, 수의근 계통 증상으로 표출되는 것 ⑩ 시험공부를 하지 않은 사람이 시험 전에 눈이 안 보이거나 손이 마비되는 경우	
신체화	심리적 갈등이 신체 증상으로 표출되는 것 ⑩ 사촌이 땅을 사면 배가 아프다.	

7. 정신분석이론에 대한 비판

① 비합리적·결정론적 인간관으로 인간의 성장잠재력과 사회적 관계에 대한 욕구, 문제해결능력을 간과하였다.
② 인간을 성욕과 무의식에 지배받는 소극적 존재로 간주해 인간의 자유의지와 학습을 통한 변화와 같은 적극성을 반영하지 못하였다.
③ 신경증 환자만을 대상으로 도출한 경험적 연구로, 정상인의 발달에 적용하는 데에는 한계가 있다.

8. 정신분석이론이 사회복지실천에 미친 영향

① 개인의 과거 경험에 기반한 개별적 접근은 개별 사회사업 발달에 영향을 주었다.
② 인간의 문제에는 원인이 있다는 직선적 원인론을 채택해 과학적 토대를 제공하였다.
③ 불안을 해결하기 위해서는 근원적 원인이 무엇인지 이해해야 한다는 것을 깨우쳐 주었다.
④ 지나치게 결정론적 인간관을 강조한 것은 부정적인 영향을 미쳤다.

> **개념 공략** 프로이트의 이론이 사회복지실천에 미친 영향 **기출** 11회
> • 무의식적 동기의 중요성을 인식하는 데 유용함.
> • 유아기 경험의 중요성을 인식하는 데 유용함.
> • 방어기제의 중요성을 인식하는 데 유용함.
> • 본능의 중요성을 인식하는 데 유용함.

9. 정신분석이론의 실천적 기법

① 꿈의 분석
  ㉠ 꿈을 통해 무의식적 욕구를 찾아내고 미해결된 문제를 통찰할 수 있다.
  ㉡ 꿈은 무의식적 소망 또는 두려움이 위장된 형태로 나타나는 것이다.

② 전이의 분석과 해석
  ㉠ 전이는 치료과정에서 대상자가 치료자에게 보이는 반응으로, 대상자가 자신의 표적인물을 치료자로 여기는 경향을 말한다.
  ㉡ 전이의 분석을 통해 대상자의 과거에서 미해결된 문제가 현재 자신에게 어떤 영향을 주는지 통찰할 수 있는 기회를 부여한다. 이를 통해 대상자를 변화시킬 수 있는 기회를 갖게 한다.
  ㉢ 역전이는 치료자가 대상자에게 보이는 반응으로, 치료자는 역전이가 치료를 방해하지 않도록 객관성을 잃지 말아야 한다.
③ 저항의 분석과 해석
  ㉠ 저항은 치료적 발전을 저해하고 대상자의 무의식적 욕구 표출을 방해하는 것을 말한다.
  ㉡ 저항은 치료를 방해하지만, 대상자에 대한 정보의 원천이며 변화를 위한 도구이기도 하다.
④ 자유연상
  ㉠ 대상자 스스로 일상의 생각이나 선입견을 제거하고, 자유로운 상태에서 생각이나 느낌을 말하게 하는 방법이다.
  ㉡ 프로이트는 자유연상을 통해서 무의식적 갈등에 접근할 수 있고, 개인의 민감한 영역을 파헤치면서 치료를 할 수 있다고 보았다.
⑤ 해석
  ㉠ 행동의 의미를 설명하고 자아가 더 깊이 무의식을 탐색할 수 있도록 돕는 기능을 한다.
  ㉡ 해석을 위해 치료자는 대상자의 준비상태를 세세하게 알고 지각해야 한다.
⑥ 훈습
  ㉠ 대상자의 변화를 지원하고 그 과정에서 발생할 수 있는 저항을 극복하도록 도와주는 일련의 과정이다.
  ㉡ 사회복지사는 대상자가 잘 이해하도록 문제를 설명하고 반복적으로 전달해 대상자의 통찰이 발달하고 자아통합이 확대되도록 도와야 한다.

2 에릭슨의 심리사회이론

1. 심리사회이론의 특징

① 인간발달이 심리사회적 측면에서 이루어진다고 보고, 자아의 성장과 기능을 강조해 자아심리학이라고도 한다.
② 문화와 사회를 인성발달의 결정요인으로 추가해 '환경 속의 인간'이라는 관점 형성에 크게 기여하였고 성인 시기를 발달단계에 포함해 프로이트의 이론을 확장하였다.
③ 인간행동은 자아에 의해 통제되고, 자아는 신체·심리·사회적 상호작용을 통해 전 생애에 걸쳐 발달한다고 보았다.

2. 심리사회이론의 주요 개념 기출 14회, 16회, 19회, 21회

① 자아정체감
  ㉠ 총체적인 자기지각으로, 개인의 자아가 인격체를 통합하는 방식에 동질성과 연속성이 유지되고 있음을 알고 동시에 자기 존재의 동일성과 독특성을 지속하고 고양시켜 나가는 자아의 자질을 의미한다.
  ㉡ 자기가 다른 사람과 분리된 독특한 개인임을 안정적으로 자각하고 행동이나 사고, 정서의 변화에도 자기일관성과 자아정체감을 이루고자 한다.
  ㉢ 자아정체감을 형성한 사람은 신념, 가치관, 직업 등에서 스스로 의사결정을 할 수 있고, 정체감 성취단계에 도달하기 위해 일정 기간 격렬한 결정과정을 겪는다.

② 점성원리
  ㉠ 인간발달은 최적의 시기가 있고, 모든 단계는 예정된 계획대로 전개된다.
  ㉡ 단계별 발달은 앞 단계의 발달의 결과로 이루어진다.
  ㉢ 각 발달과업은 두 가지 대립항으로 나타나고, 대립항 사이의 균형이 있어야 통합적 발달이 가능하다.
  ㉣ 각 단계는 결정적 시기가 있으므로 빨리 발달하도록 재촉하거나 속도를 늦춰서는 안 된다.
③ 위기
  ㉠ 각 발달단계마다 사회는 개인에게 심리적 요구를 하고, 개인은 이러한 위기에서 야기되는 스트레스와 갈등에 적응하기 위해 노력하며 동시에 다음 위기에 적응할 준비를 한다.
  ㉡ 각 단계의 위기를 성공적으로 극복하면 자아특질이 강화되고, 개인의 성격이 발달한다.

3. 심리사회이론 발달단계의 특징
① 각 발달단계마다 심리사회적 갈등 혹은 위기를 경험한다.
② 이전 단계의 갈등을 성공적으로 해결하고, 긍정적 특질을 잘 형성했는지가 다음 단계에 영향을 미친다.

4. 심리사회이론의 발달 8단계 기출 12회, 14회, 16회, 22회

> **합격 가이드**
> 발달은 8단계로 구분할 수 있고, 성격은 각 단계별 위기를 해결한 결과입니다.

① 1단계(영아기) – 기본적 신뢰감 대 기본적 불신감: **희망**
  ㉠ 건전한 성장발달은 신뢰와 불신의 적절한 균형에서 오고, 갈등이 성공적으로 해결되면 얻을 수 있는 능력은 희망이다.
  ㉡ 양육태도에 일관성이 없으면 아이들은 불신감을 갖게 된다.
  ㉢ 신뢰감 발달에 결함이 생기면 아이에게 우울증이 올 수 있다.
② 2단계(유아기 – 걸음마기) – 자율성 대 수치심과 의심: **의지력**
  ㉠ 안정적인 배변 훈련을 통해 아동은 자존감을 잃지 않고 자기통제 감각을 발달시켜 자율성을 획득한다. 자율성과 수치심의 갈등이 해결되어 얻어진 심리사회적 능력은 의지력이다.
  ㉡ 위기극복에 실패한 아동은 자신과 타인에 대한 불신감을 갖게 된다.
③ 3단계(유아기 – 학령전기) – 주도성, 솔선성 대 죄의식: **목적**
  ㉠ 유아의 주도적 행동에 대한 잦은 처벌이나 지나친 훈육은 유아에게 죄의식을 갖게 한다.
  ㉡ 유아는 존경하는 성인과 자신을 동일시하고 싶다는 목적을 갖게 된다.
  ㉢ 죄의식이 지배적인 아동은 목적의식이나 용기가 없을 수 있고, 소극적 성격이나 성적 무기력이 유발될 수 있다.
④ 4단계[학령기(아동기)] – 근면성 대 열등감: **능력** 기출 20회
  ㉠ 자아성장의 결정적 시기로, 적응이 순조롭게 이루어지면 근면성이 발달한다.
  ㉡ 실수나 실패를 자주 하거나 자신의 성취에 대한 적절한 보상을 받지 못하면 열등감을 갖게 된다.
  ㉢ 아동이 근면성을 성취하는 데에는 교사의 역할이 영향을 미친다.
⑤ 5단계(청소년기) – 자아정체감 대 역할혼란: **성실성**
  ㉠ 자신에 대한 탐구와 정체성을 형성하는 시기로, 자신의 역할을 통합하지 못하고 적응하지 못하면 자기정체성이 혼란스럽고 불확실하다.
  ㉡ 최종 정체감을 성취하기 위해서 '심리사회적 유예기'를 설정하여 일정 기간 자유시험기를 갖는다.

> **합격 가이드**
> '심리사회적 유예기'란 최종 정체성을 성취하기 전의 일정 기간 자유시험기를 말합니다.

⑥ 6단계[성인 초기(청년기)] – 친밀감 대 고립감: 사랑 기출 16회
  ㉠ 친밀감은 자신의 정체성을 유지하면서 다른 사람과 소통하고 나누는 능력을 말한다.
  ㉡ 자아정체감을 확립한 사람은 친밀감을 쉽게 형성하고, 그렇지 않은 경우 관계형성이나 접촉을 피해 고립감을 형성하게 된다.
⑦ 7단계[성인기(중년기)] – 생산성 대 침체: 배려, 돌봄
  ㉠ 자녀양육 및 부하 직원이나 동료를 보호하며 직업이나 여가활동을 적극적으로 하여 생산성 및 창조성을 성취한다.
  ㉡ 생산성을 위한 노력이 실패할 경우 침체를 경험하고 회의감을 느끼며 자신의 삶이 잘못된 것이라고 인식하면서 중년의 위기를 경험하게 된다.
  ㉢ 이러한 위기를 극복하면서 타인을 돌보는 배려라는 특질을 획득하게 되고, 그렇지 못하면 타인에게 충분한 관심을 표현하지 못하는 거절을 경험하게 된다.
⑧ 8단계(노년기) – 자아통합, 자기완성 대 절망: 지혜
  ㉠ 이전의 일곱 가지 단계를 종합하고 통합 및 평가하는 기간이다.
  ㉡ 신체적·사회적 상실에 직면하지만, 자신의 인생을 수용하고 성공, 실패, 기쁨, 갈등 등과 함께 삶을 통합하는 과정이다.
  ㉢ 이 단계의 갈등을 성공적으로 극복하면 자신의 삶에 대한 통합과 인정, 죽음을 위엄과 용기로 직면할 능력이 생기고, 실패하면 삶에 대한 회한으로 절망감에 빠지기 쉽다.

개념 공략 에릭슨의 인간발달 8단계 기출 12회, 14회, 16회, 17회

시기	위기	획득된 능력	중요한 관계범위	중요한 사건	프로이트 발달단계
영아기	신뢰감 대 불신감	희망	어머니	스스로 먹기	구강기
유아기 – 걸음마기	자율성 대 수치심과 의심	의지(력)	부모	용변 가리기	항문기
유아기 – 학령전기	주도성 대 죄의식	목적	가족	운동	남근기
학령기(아동기)	근면성 대 열등감	능력, 유능성	친구, 학교	취학	잠복기
청소년기	자아정체감 대 역할혼란	성실성, 충성심	또래집단	또래집단 외 집단, 지도력의 모형들	생식기
성인 초기(청년기)	친밀감 대 고립감	사랑	우정, 애정, 경쟁, 협동대상	애정관계	
성인기(중년기)	생산성 대 침체	배려, 돌봄	직장, 확대가족	부모역할과 창조	–
노년기	자아통합 대 절망	지혜	인류, 동족	인생회고와 수용	–

5. 심리사회이론에 대한 비판

① 발달단계 구분에 대한 과학적 근거를 제시하지 못하였다.
② 노년기에도 성장의 가능성이 있다고 제시하고 있지만 구체적인 설명은 하지 못하는 등 개념이 불명확하고 이론의 실증적 연구가 부족하다.
③ 자아발달 측면을 지나치게 프로이트 이론과 결합시키려 해서 논리적으로 설명이 되지 않는다. 유아의 자율성 획득이 배변을 위한 항문 통제방식과 관련이 있다고 보기 어렵다.

6. 심리사회이론이 사회복지실천에 미친 영향

① 인간의 정상적인 위기와 사건을 더 정확하게 이해할 수 있는 준거틀을 제시하였다.

> **예제** 자율성과 통제 성취 시기의 아동은 탐구와 활동을 적극적으로 한다. 부모가 이 점을 알게 되면 아동에게 적절한 기대와 통제를 할 수 있다.

② 대상자의 자기분석을 통해 발달역사를 재구성할 수 있다는 치료적 전제는 노인에 대한 치료와 서비스에 영향을 미쳤다.

7. 심리사회이론의 실천적 기법

① 치료자는 자유로운 입장에서 주의를 집중해 경청하고, 부적절한 추론을 억제하며, 대상자가 치료적 명확화를 추구할 수 있도록 허용하고, 해석하도록 한다.
② 청소년 대상자를 위한 사회복지실천에 필요한 관점
  ㉠ 사회복지사는 사회환경 속의 인간행동을 이해하고 청소년기와 청년기의 상호관계를 고려한다.
  ㉡ 청소년기의 갈등을 자연스럽게 보고 대상자의 느낌이나 행동에 대해 통찰력을 갖도록 도와야 한다.
  ㉢ 청소년기의 갈등이나 위기극복을 돕기 위한 프로그램을 개발하고 제공해야 한다.

3 아들러의 개인심리이론

1. 개인심리이론의 특징

① 인간을 사회적이고 목적론적인 존재로 보았다.
② 인간은 성적 만족보다 우월감을 추구하며, 이는 타인에 대한 열등감에서 기인한다고 설명한다.
③ 열등감과 보상을 위한 노력이 모든 발달의 근원이라고 보았다.
④ 가족 구성원의 생활양식과 구조, 출생순위가 개인의 열등감에 영향을 준다고 보았다.

> **개념 공략** 개인의 존재에 대한 아들러의 의견
> 아들러는 개인은 더는 쪼갤 수 없는 단위이자 총체적인 존재라고 보았음.

2. 개인심리이론의 인간관

① 인간을 합리적이고 창조적인 존재로 보고, 개인의 창조적 자아를 중요하게 본다.
② 유전인자와 같은 선천적 요인보다는 능력을 어떻게 활용하는지가 더 중요하다고 본다.
③ 가치, 목표, 신념, 태도와 같은 내적 결정인자를 강조하고, 총체적이고 사회적이며 목표지향적인 인간관이 특징이다.
④ 인간은 통합적이고 전체적인 존재이므로 나누어질 수 없는 존재이다.
  예 몸과 마음은 나누어질 수 없음

3. 개인심리이론의 주요 개념 기출 11회, 13회, 14회, 16회, 19회, 20회, 22회, 23회

① 열등감과 보상

열등감	• 개인이 잘 적응하지 못하거나 해결할 수 없는 문제에 직면했을 때 생김. • 열등감은 누구에게나 존재하며 성숙해지고 잠재력을 실현하는 데 필요한 부분으로, 인간이 새로움을 추구하는 동기가 되기 때문에 긍정적인 것으로 봄.
보상	• 잠재력을 발휘하도록 인간을 자극하는 건전한 반응 • 인간은 발전을 원하기 때문에 본질적으로 열등감을 경험하게 되는데, 이를 극복하고 부족한 점을 충족하려는 시도를 보상이라고 함.

② 우월성 추구·우월을 향한 노력
  ㉠ 인간생활의 궁극적 목적은 우월하게 되는 것으로, 우월은 인간이 갖는 기본적 동기이며 선천적인 부분이다.
  ㉡ 자기완성 또는 자아실현이라는 맥락에서 이해할 수 있다.
  ㉢ 향상의 욕구는 보편적이고, 정상적인 사람이나 신경증적인 사람 모두에게 나타난다.
  ㉣ 우월성을 추구하는 경향은 개인뿐만 아니라 사회적 수준에서도 일어난다.
  ㉤ 우월의 목표에는 긍정적 경향과 부정적 경향 모두 포함될 수 있다.

③ 생활양식
  ㉠ 아들러는 인간의 생물학적인 면과 내적인 면을 분리할 수 없으며 개인 그 자체로서 완전하며 통일된 전체로 보았고, 통합된 개인의 성격 구조가 개인의 생활양식이라고 하였다.
  ㉡ 인간은 의미 있는 삶의 목표를 추구하기 위해 생활양식을 발달시키며, 이는 가족 내에서의 경험이 중요하게 작용한다.
  ㉢ 개인의 독특한 특징을 포괄하는 생활양식은 생각하고 느끼고 행동하는 모든 것의 기초가 된다.
  ㉣ 아들러는 모든 사람이 해결해야 하는 3가지 인생과업으로 일, 우정, 사랑·결혼을 제시했고, 이를 해결하는 방법은 개인의 생활양식에 따라 다르다고 하였다.
  ㉤ 기본적인 생활양식은 4~5세경에 형성되며 그 이후 변하지 않는다.
  ㉥ 생활양식 유형은 곧 성격유형과 같고, 개인적인 관점이나 개인의 목표를 추구하는 행동들로 구성된다.

성격유형	활동수준	사회적 관심	성격 특성
지배형	높음	낮음	• 독단적, 공격적, 활동적 • 사회적인 인식이나 관심이 거의 없음. • 반사회적이며 타인의 안녕은 아랑곳하지 않고 행동함.
획득형	중간	낮음	• 기생적인 방법으로 외부와 관계를 맺음. • 다른 사람에게 의존해 욕구의 대부분을 충족함.
회피형	낮음	낮음	모든 문제를 회피하고 한 치의 실패 가능성조차 모면하는 것이 목표임.
사회적으로 유용한 유형	높음	높음	• 심리적으로 건강한 사람의 표본 • 사회적 관심이 많아 자신과 타인의 욕구를 동시에 충족시키는 한편, 인생과업을 완수하기 위해 타인과 협력함.

④ 사회적 관심
  ㉠ 사회적 관심은 개인이 이상적인 공동사회의 목표를 달성하고자 할 때 사회에 기여하려는 성향을 의미한다. 어머니와 부부관계가 사회적 관심의 발달에 가장 큰 영향을 미친다.
  ㉡ 미래의 영향력에 있어 중요한 부분으로, 개인의 심리적 건강을 측정하는 유용한 척도이다.

ⓒ 아들러는 자녀에게 사회적 관심을 키워주는 능력은 인생과업(일, 우정, 사랑·결혼)에서 만족을 느끼는 사람만 갖는다고 보았다.
ⓔ 사회적 관심은 선천적이지만 의식적인 개발을 필요로 한다.
⑤ 창조적 자기
  ⓐ 인간은 목표를 직면하고 선택하여 자신의 삶을 만들어가며 자신에게 적합하게 환경을 창조하는 존재이다.
  ⓑ 개인의 목표와 가치관에 부합하는 배려를 나타내는 능력을 의미한다.
  ⓒ 개인심리학을 대표하는 개념이자 생의 의미를 제공하는 원리로, 인간은 자신에게 주어진 유전적 조건과 환경, 경험을 자신의 관점에서 해석하며 자신의 생활양식을 만들어 간다.
⑥ 가상적 목표
  ⓐ 개인이 추구하는 목표는 현실에서 검증하거나 확인할 수 없는 가상의 목표로, 개인의 우월성 추구는 그들이 채택하는 가상적 목표에 의해 결정된다.
  ⓑ 개인의 가상적 목표는 스스로 결정한 것이므로 개인에 의해 창조되고 결정되며 개인마다 독특하다.
  ⓒ 개인의 가상적 목표를 이해하면 그의 다른 행동이 지니는 의미를 알 수 있고 생활양식도 이해할 수 있다.

4. 개인심리이론의 성격발달   기출 16회, 18회

① 아들러는 성격구조나 발달단계를 제시하지 않고 부모와 자녀의 관계, 가족의 구조, 형제간의 관계, 아동의 출생순위 등 다양한 요소가 성격발달에 영향을 준다고 설명했다.
② 생활양식을 왜곡하기 쉬운 상황(병적 열등감에 이르기 쉬운 어린 시절의 환경)

거부당하는 아동	• 거부는 물리적 폭력 또는 심리적 폭력일 수 있음. • 거부당한 아동은 불신감으로 세상이 적대적이고 위험하다고 보기 때문에 반항적이며, 다른 사람에게 유익한 행동을 하면 애정이나 관심을 받는다는 것을 알지 못함.
신체적으로 병약하거나 허약한 아동	병약함으로 인해 기술 습득이 어렵거나 불완전하여 열등감을 경험한 아동은 타인에게 기여하는 것의 의미를 잘 이해하지 못함.
응석받이	• 좌절에 대처하는 방법을 잘 알지 못해 문제가 생기면 퇴행하고 다른 사람의 도움만 요구함. • 협동의 의미를 알지 못해 자기중심적인 사람이 되며 미성숙함이 신경증적 양식으로 나타남.

③ 출생순위와 성격의 특징

외동아이	• 경쟁할 형제가 없어 응석받이로 자랄 수 있으며, 자기중심적이거나 소심하고, 의존성이 현저하게 나타남. • 늘 가족의 관심대상이 되지만, 성장하면서 자신이 관심의 주요 대상이 아니라는 것을 알게 됨.
첫째 아이	• 동생이 태어나기 전까지 부모의 모든 사랑과 관심을 받으며 자라 일반적으로 버릇이 없음. • 윗사람들에게 동조하는 생활방식으로 성장하고, 성장 후에는 맏이로서의 권위를 행사하고 싶어 하며, 규칙과 법을 중시하는 경향이 있음.
둘째 또는 중간 아이	자기가 손위 형제보다 뛰어나다는 것을 증명하기 위해 노력하는 경쟁적 성향을 보임.
막내 아이	• 응석받이거나 집안 사정에 따라 천덕꾸러기일 수 있음. • 자신보다 더 성장한 형제에게 둘러싸인 경우 독립심이 부족한 동시에 열등감을 경험할 수 있지만, 나이 많은 형제를 능가하려는 강한 동기가 작용한다는 이점이 있음.

5. 개인심리이론의 실천적 기법

대상자에게 가장 알맞은 기법을 치료자의 임상적 판단에 따라 광범위하게 적용한다.

즉시성과 격려	• 즉시성: 지금 무엇이 일어나고 있는지를 다루는 기법 • 격려: 대상자를 변화시키고 스스로에 대한 신뢰와 자신감을 갖도록 지원하는 기법
역설적 개입	대상자의 의도와 반대로 개입하는 것으로, 문제행동을 지속하라고 지시하는 것 혹은 대상자가 급격히 변화할 경우 천천히 변화하라고 제지하는 것 등이 있음.
마치 ~처럼 행동하기 (As if)	대상자가 자신이 그런 상황에 있는 것처럼 상상하고 행동하도록 하는 역할극 기법
수프 엎지르기	대상자의 특정 행동의 유용성을 감소시키기 위한 치료자의 개입으로, 대상자의 부적절한 행동을 종결시키는 기법
단추 누르기	대상자에게 의도적으로 즐거운 감정과 불쾌한 감정을 갖게 하고, 그 경험에 수반되는 감정을 나누는 기법
과제부여	대상자의 문제해결을 위해 치료자가 특정 과업을 대상자에게 부과하고 그것을 이행하게 함으로써 대상자가 성취감을 맛보게 하고 새로운 일에 대한 자신감을 갖고 도전하게 하는 기법

4 융의 분석심리이론

1. 분석심리이론의 특징

① 아동기보다는 성인기의 발달에 비중을 두었다.
② 인간행동은 의식과 무의식의 두 가지 힘으로 구성된다.
③ 무의식은 개인무의식과 집단무의식으로 구분된다.
④ 기본 가정
  ㉠ 인간행동은 과거에 의해 일부 결정되지만, 미래의 목표와 이에 대한 가능성에 따라 조정된다.
  ㉡ 인간행동은 의식과 무의식에 의해 동기화되며, 부분들의 집합이 아닌 하나의 전체성을 이룬다.
  ㉢ 발달은 선천적인 요소에 영향을 받지만, 후천적 경험에 따라 서로 다르게 발현된다.
  ㉣ 성격발달은 전 생애에 걸쳐 일어나는 개성화와 자기실현의 과정이며 전반기와 후반기의 특성이 다르다.
  ㉤ 개인은 사회적 규범이나 문화적 요구에 적응해가며 자기실현과정을 통해 사회에 기여한다.

2. 분석심리이론의 인간관 기출 16회

① 인간을 의식과 무의식 간의 대립을 극복하고 하나로 통일해 나가는 전체적 존재로 본다.
② 인간에게는 역사적이면서도 미래지향적인 양면성이 있다고 본다.
③ 인간은 성장지향적인 가변적 존재로, 인간의 정신구조는 삶의 과정을 통해 변할 수 있는 존재라고 본다.
④ 인간을 생물학적·심리적·사회문화적인 존재로 본다.
⑤ 성격발달
  ㉠ 인생 전반기: 자기실현을 위한 에너지가 외부로 향하고, 분화된 자아를 통해 생활에서 자기를 찾는다.
  ㉡ 인생 후반기: 에너지의 방향이 내부로 진행되어 자기에게 접근하는 개성화 과정을 통해 자아가 성격의 전체이자 주인인 자기로 변하며 성격발달이 이루어진다.

> ▼ 합격 가이드
>
> 심리적 안녕상태는 의식과 무의식이 조화를 이루어 전체성을 유지하는 상태입니다. 대상자에 대한 지원 목표도 정신의 전체성을 회복할 수 있게 하는 것입니다.

3. 분석심리이론의 주요 개념 기출 11회, 12회, 15회, 16회, 18~23회

① 무의식

개인무의식	• 무의식의 표면에 위치, 개인 경험의 결과물 • 개인의 경험 중 중요하지 않거나 고통스러워 억압한 모든 성향과 감정을 포함
집단무의식	• 무의식의 심층에 위치, 조상 또는 종족이 타고난 부분 • 인류에게 공통적으로 유전된 무의식으로 '원형'이라고 부름. • 강력한 정서적 상징으로 구성되어 있음. • 조상 대대로의 경험의 침전물로 봄.

② 자아(Ego)
  ㉠ 의식된 '나'이다.
  ㉡ 의식의 심층을 형성하며 우리가 의식할 수 있는 지각, 사고, 기억, 감정으로 구성되어 있다.
  ㉢ 자아는 의식의 개성화 과정에서 생기는데, 자아가 의식으로 인지하고 받아들이지 않으면 제거되기 때문에 자아는 선택적이다.
  ㉣ 융은 이상적으로 발달하면 구조화가 잘된 자아가 형성된다고 주장하였다.

③ 자기(Self)
  ㉠ 본래적이고 선험적인 '나'로, 의식과 무의식을 포괄하는 인격과 정신의 중심이다.
  ㉡ 개성화를 통해 성격이 충분히 발달되는 중년기 때까지 거의 드러나지 않는다.
  ㉢ 자아와의 협력으로 자아실현이 가능하다.
  ㉣ 집단무의식 속에 존재하는 타고난 핵심적 원형으로, 성격의 조화와 통일을 관장한다.

④ 원형(Archetype)
  ㉠ 인간의 정신에 존재하는 보편적이고 근원적인 핵이다.
  ㉡ 문화, 인종, 시공간의 차이에 관계없이 모든 인간에게 보편적으로 존재하는 인류의 원초적인 행동 유형으로, 그 수가 무수히 많고 생성 시기와 장소를 알기 어려우며 이미 형성되어 있다.
  ㉢ 원형은 세계의 여러 신화, 예술, 꿈에서의 원형적 이미지를 통해 알 수 있고, 이러한 원형적 이미지로 사람들의 무의식적 경향과 열망을 알 수 있다.

⑤ 페르소나(Persona)
  ㉠ 자아의 가면, 공적 얼굴, 사회가 자신에게 요구하는 역할·기대에 부응하는 모습을 말한다.
  ㉡ 초자아와 유사하게 사회가 요구하는 도덕적·규범적 윤리이다.
  ㉢ 융은 페르소나를 정확히 파악하여 이에 갇힌 삶이 아닌 진정한 자기를 발견하고 실현하는 삶을 강조하였다.

⑥ 그림자(음영, Shadow)
  ㉠ 본성 및 의식하기 싫은 부정적 측면으로, 사회생활을 위해서는 그림자에 있는 동물적 측면을 자제하고 페르소나를 발전시켜야 한다.
  ㉡ 그림자는 무의식의 전체로 자발성, 창의력과 같은 완전한 인간성에 필요한 요소의 원천이 되므로 그림자를 너무 억압하면 창조성 같은 본성이 억압된다.
  ㉢ 융은 그림자가 무의식적으로 외부세계에 투사되면 개인이 그림자를 인식할 수 있게 된다고 하였다.
  ㉣ 그림자는 부정적인 모습이지만 통찰이 어려운 이유는 투사로 인한 것으로, 인간 사이의 갈등은 그림자의 투사로 생긴다고 하였다.

⑦ 아니마(Anima)와 아니무스(Animus)
  ㉠ 사회화 과정으로 남성은 내면의 여성성을 무의식 세계로 억압해 더욱 남성다워지고, 여성은 내면의 남성성을 억압해 여성스러운 측면을 더욱 부각시킨다.
  ㉡ 남성이 억압시킨 여성성(남성 속의 여성적 원형)은 아니마, 여성이 억압시킨 남성성(여성 속의 남성적 원형)은 아니무스라고 한다.
  ㉢ 융은 성숙한 사람이 되기 위해 자신의 내부에 잠재되어 있는 다른 성을 이해하고 개발하는 것이 필요하다고 주장하였다.
⑧ 개성화(Individuation)
  ㉠ 무의식적인 내용을 의식화하고 통합해 고유한 자기 자신이 되는 것, 즉 가능한 한 완전히 자신을 아는 것이다.
  ㉡ 개인이 자신을 정확히 인식하지 못한 채로 자기를 실현하는 것은 불가능하므로, 융은 자기실현을 위해서는 정확한 자기인식이 중요하다고 보았다.
⑨ 리비도(Libido)
  ㉠ 정신이 작용하는 데 사용되는 정신에너지로, 성적 에너지에 국한해 설명한 프로이트와 달리 융은 리비도를 사고, 감정, 충동의 원천이 되는 에너지로 간주하였다.
  ㉡ 인생 전반에 작동하는 생활에너지이다.
⑩ 콤플렉스(Complex)
  ㉠ 우리를 당황시키거나 화나게 하는 마음속의 어떤 부분으로, 사고를 방해하고 의식의 질서를 교란시킨다.
  ㉡ 개인의 무의식에 많은 기억을 축적하는 과정에서 발생하고, 이를 의식화하는 것이 인격성숙의 과제이다.

4. 융이 제시한 사고유형

① 자아태도

외향형	내향형
• 폭넓은 대인관계를 맺음. • 사교적, 정열적, 활동적 • 정신에너지인 리비도가 객관적 세계 지향	• 깊이 있는 대인관계를 맺음. • 조용하고 신중함. • 이해한 다음에 경험함. • 정신에너지인 리비도가 주관적 세계 지향

> **합격 가이드**
>
> 융은 자아태도와 정신기능이라는 두 기준을 근거로 성격을 8가지로 분류했습니다. 마이어스와 브릭스는 융의 사고유형을 발전시켜 16가지 성격유형을 제안하였습니다(MBTI).

② 자아의 정신기능: 외부세계와 내면세계를 지각하고 이해하기 위해 사용하는 감각, 직관, 사고, 감정을 말한다.
  ㉠ 비합리적 기능

감각형	직관형
• 꼼꼼하게 일을 처리함. • 지금, 여기에 집중 • 오감에 의존하며 실제 경험한 것을 중요하게 생각	• 빠르고 비약적으로 일을 처리함. • 미래에 중심을 두고 가능성과 의미를 추구 • 직관적인 느낌, 육감, 영감에 의존

  ㉡ 합리적 기능

사고형	감정형
• 객관적인 기준에 따라 논리적이고 분석적으로 판단 • 진실에 큰 관심을 가짐.	• 상황에 따라 판단하며 정상을 참작한 설명을 함. • 사람과의 관계에 중심을 둠.

5. 발달단계별 발달과업 기출 15회

단계	주요 내용
아동기	• 리비도의 영향을 중요시 • 성적 리비도는 5세 이전에 나타나 청년기에 최고조에 달함.
청년 및 성인 초기	• 생의 전반기로 외적 팽창기 • 성숙해지며 자아가 발달해 외부세계에 대처함. • 외적 환경의 요구에 확실히 대처해야 이 시기를 잘 보낼 수 있음.

중년기	• 삶에서 요구하는 것에 잘 적응해 만족감을 얻는 시기이면서 반대로 절망감을 경험할 수도 있는 시기
	• 중년기의 개성화가 중요
	  – 자신답게 되는 것은 중년기에 이루어짐.
	  – 무의식의 소리를 직면하고 받아들임.
	  – 물질적 목표를 달성하게 했던 성격 특성을 버림.
	  – 외부세계에 쏟았던 에너지를 자기 내면으로 돌림.
	• 개성화 기간 중 페르소나, 그림자, 아니마·아니무스에 변화가 생김.
	  – 페르소나의 변화: 페르소나를 밀어내고 그 안에 있는 자기를 인식함.
	  – 그림자의 변화: 자신의 그림자를 알고 인정함.
	  – 아니마 또는 아니무스와의 화해: 억압되어 있던 자신의 아니마 또는 아니무스를 수용하면서 남성은 어머니로부터, 여성은 아버지로부터 자유로워짐.

노년기	• 죽음 앞에서 생의 본질을 이해하는 시기 • 명상이 많아지며 내면적 이미지가 큰 비중을 차지하게 됨.

6. 분석심리이론에 대한 비판

① 이론이 체계적으로 구성되어 있지 않아 개념이 어렵다.
② 환자의 경험적 자료를 바탕으로 연구한 것이어서 과학적 검증이 어렵고 실증적 검증이나 설명이 어렵다.

7. 분석심리이론의 실천적 기법

① 중년기 사람들이 과거 자신의 경험과 판단에 집착하지 않고 자신에게 다가오는 현실상황을 극복하는 새로운 대처방식을 스스로 찾고 수용할 수 있도록 도움을 주어야 한다.
② 단어연상검사, 재구성 기법, 전이의 분석, 확충법을 통해 중년기 대상자의 감정을 돌아보고 균형감을 찾을 수 있게 지원해야 한다.

CHAPTER 04

인지발달이론 및 행동주의이론

핵심 Tag #피아제의 인지발달이론 #스키너의 행동주의이론 #반두라의 사회학습이론 #매슬로우의 욕구이론
#로저스의 현상학이론

1 피아제의 인지발달이론 `기출` 22회, 23회

- 아동의 인지발달과정 이해에 대한 이론적 틀을 제공하였다.
- 인지·정서·사회적 발달은 통합적으로 병행하며 발달한다고 보았다.

1. 인지발달이론의 인간관 `기출` 14회, 16회

① 인간의 감정과 행동은 인지 혹은 생각에 의해 통제될 수 있다.
② 인간은 주관적인 존재이며 개인이 어떻게 받아들이는지에 따라 환경의 영향도 변화한다.
③ 인간은 변화와 성장 가능성이 높은 존재이므로 인간 본성에 대한 결정론적 시각을 거부한다.
④ 인간은 능동적 존재이기 때문에 환경과 상호작용하면서 변화하고 발달한다.
⑤ 아동은 성인의 직접적인 가르침 없이도 인지구조가 발달한다.

> **합격 가이드**
> 피아제의 인지발달이론은 성인기 이후의 발달은 다루고 있지 않습니다.

2. 인지발달의 촉진 요인과 발달원칙 `기출` 11회, 15회, 16회, 18회, 19회 [최다빈출]

① 기본 요인

구분	주요 내용
유전적 요인(성숙)	인간의 성장, 발달의 각 시점에서 어떤 발달을 전개할 것인지 결정함.
신체적 경험	능동적·심리적인 지적 발달에 기여함.
사회적 전달	외부에서 지식을 전수받는 것으로, 인지발달의 심리사회적 측면에 기여함.
평형화	• 동화와 조절이 균형을 이루는 것 • 개인이 스스로 자신의 인지구조를 형성하고 재구성하는 인지발달의 핵심 기능

② 피아제의 발달원칙
  ㉠ 각 발달단계에 도달하는 개인 간 연령차는 있을 수 있어도 발달순서는 동일하다.
  ㉡ 모든 아동은 단계를 순서대로 통과하며, 단계를 뛰어넘을 수는 없다. 단, 형식적 조작기에 도달한 아동이나 고도로 인지발달이 된 성인도 때로는 낮은 단계의 사고를 행하기도 한다.
  ㉢ 상위단계는 이전 하위단계를 기초로 형성되며 하위단계를 통합한다.

3. 인지발달이론의 주요 개념 기출 21회

인지	• 아는 것에 관련된 모든 과정, 즉 아는 것에 관련된 모든 정신적인 활동 또는 상태 • 지각, 주의, 기억, 상상, 언어, 발달, 문제해결능력을 모두 포함함.
인지능력	각 개인이 다양한 일상생활의 측면을 처리할 수 있도록 정보를 변환시키는 마음의 조직화된 구조, 규칙, 문제해결전략
도식 (Schema)	• 인간이 자신의 인지발달 수준에 따라 아이디어와 개념을 생각하고 이를 조직화하는 것 • 행동과 사고를 조직하고 환경에 적응하게 하는 심리적 구조로, 사건이나 자극을 인식하고 그것에 대응해 사용하는 기본적인 이해의 틀
보존	모양 차원에서는 변해도 질량 등 양적 차원에서는 동일하다는 것

적응	• 환경과의 상호작용으로 도식이 변화하는 과정
	• 동화와 조절이라는 수단을 통해 진행됨.
	  – 동화: 새로운 환경이나 사건을 통해 받아들인 새로운 정보로 자신의 사고방식을 통합해 인지구조의 양적변화를 가져옴.
	  – 조절: 외부 사물을 인지할 때 상황에 맞게 인지구조를 변화시키는 것
	• 평형화: 동화와 조절의 결과로 감각기관과 인지기관 등 조직화된 구조들이 균형을 이루는 것으로, 변화 속에서 평형상태를 회복하는 과정이 새로운 환경에 대한 적응과정이라고 할 수 있음.

조직화	상이한 도식을 서로 자연스럽게 결합하는 것으로, 각기 다른 감각에서 얻은 정보들을 상호 연관짓는 것

4. 인지발달단계 – 감각운동기 기출 13회, 15회, 16회

인지발달단계	연령	특징	프로이트	에릭슨
감각운동기	0~2세	직접적인 신체감각과 자극에 대한 반응 및 경험을 통해 환경을 이해, 대상영속성 습득, 사회적 애착 확립, 목적지향적 행동	구강기, 항문기	신뢰감 대 불신감

① 특징
  ㉠ 빨기, 잡기와 같은 반사행동과 운동능력이 발달하고 손가락을 입에 넣고 빼는 등의 운동이나 감각을 통해 주변세계를 탐색한다.
  ㉡ 목적지향적 행동을 하고 동일한 대상에 대해 다른 감각적인 정보를 받아들일 수 있다.
  ㉢ 대상영속성을 이해하기 시작한다.
② 감각운동기의 하위 6단계 기출 16회

단계	시기	특징
반사활동기	출생~ 1개월	• 자신과 외부세계의 구분이 없고, 여러 반사도식을 사용해 환경의 요구에 더 잘 적응하게 됨. • 외부세계에 대한 반응으로 쥐기, 빨기, 때리기, 차기와 같은 반사행동을 함.
1차 순환반응	1~4개월	• 1차 순환반응(빨기, 잡기 등 감각운동의 반복)으로 영아의 여러 신체부분이 협응함. • 우연한 행동이 재미있는 결과를 초래하면 그 행동을 반복함.
2차 순환반응	4~8개월	• 영아의 관심이 외부에 있는 대상과 사건에 쏠림. • 2차 순환반응은 외부에서 재미있는 사건을 발견하고 이를 반복하려고 할 때 일어남.

2차 도식들의 협응	8~12 개월	• 대상영속성 개념이 발달하기 시작하고 인과개념을 이해하기 시작(결과를 얻기 위해 목적지향적 행동을 함) • 영아의 관심이 자신의 신체가 아닌 주변환경에 있고, 목표달성을 위해 두 가지 도식을 협응하게 됨.
3차 순환반응	12~18 개월	새로운 행동에 열중하고 새로운 원인과 결과의 관계를 파악하기 위해 가설화하며 다른 결과를 관찰하기 위해 여러 가지 행동을 시도함.
통찰기·정신적 (상징적) 표상	18~24 개월	• 지연된 모방을 할 수 있고, 상징적으로 표현되는 것을 이해하는 초보적인 능력이 나타남. • 행동한 후 시행착오를 겪는 게 아니라 행동하기 전에 사고를 하며, 행동의 결과를 예측함.

5. 인지발달단계 – 전조작기 기출 13회, 14회, 20회

인지발달단계	연령	특징	프로이트	에릭슨
전조작기	2~7세	자아중심성, 직관적 사고, 물활론, 상징적 기능, 타인을 위한 도덕성(타율적 도덕성), 비가역적 사고, 보존개념을 이해하기 시작, 중심화	항문기, 남근기	자율성 대 수치심, 주도성 대 죄의식

① 특징
  ㉠ 언어와 같은 상징적 표상을 사용하고 상징적 사고가 본격화되면서 가상놀이를 한다.
  ㉡ 대상영속성이 확립되면서 대상과 상황이 존재하지 않아도 언어를 이용해 지속적 사고를 한다.
  ㉢ 사고는 가능하지만 논리적이지 못하며 보존개념을 대략적으로만 이해하기 시작한 단계이다.
  ㉣ 전조작기의 대표적인 사고는 상징놀이와 물활론, 자아중심성이다.

상징놀이	물리적으로 존재하지는 않지만, 아이 내면의 표상에 따라 대상에 대한 놀이를 함. 예 연필을 지휘봉이라고 하고 지휘자 흉내를 낸다.
물활론	무생물에 자신의 감정과 의식을 부여함. 예 인형에 이불을 덮어 주면 따뜻함을 느낄 것이다.

② 전조작기의 하위단계

전개념적 사고단계	내적 표상을 여러 형태의 상징 또는 기호로 표현하는 시기로, 상상놀이가 가능함.
직관적 사고단계	• 전도추리 경향: 유아는 사물이나 사건의 내면을 보지 못하기 때문에 두드러진 지각적 속성만으로 그것을 판단함. • 직관적 사고로 보존개념을 완벽히 획득하지 못하고 분류화, 서열화를 획득하지 못함.

③ 전조작기의 인지특성: 논리적 사고발달을 방해하는 요인이다.

자아중심성	• 자신만 인식하고 다른 사람의 욕구와 관점을 인식하지 못해 다른 사람의 입장에서 상황을 볼 수 없는 것으로, 이기적인 것과는 다름. • 자아중심성은 또래와의 상호작용을 통해 극복해야 함.
중심화	• 한 가지 대상이나 상황에만 집중하고 다른 모든 측면을 무시하는 경향 • 집중성이라고도 하며, 자신이 집중하는 부분으로만 문제를 해결하려는 경향이 있음.
비가역성	• 변화의 과정을 되밟아 가며 사고하지 못하고 한 방향에서만 생각함. • 물질의 상태가 변한 후에도 원래의 상태로 돌아갈 수 있음을 알지 못함.

6. 인지발달단계 – 구체적 조작기 기출 12회, 13회, 15회

인지발달단계	연령	특징	프로이트	에릭슨
구체적 조작기	7~11·12세	논리적 사고의 발달, 조합기술, 보존개념 확립, 분류화, 서열화, 탈중심화, 가역적 사고, 자율적 도덕성	잠복기	근면성 대 열등감

① 전조작기의 사고발달을 방해하는 요인을 극복하여 어느 정도는 논리적 사고가 가능하다.
② 전조작기에 발달하기 시작한 인지능력인 분류, 서열, 조합, 보존의 개념을 완전히 획득한다.
③ 상징을 많이 사용하고 간단한 산술과 연산을 이해하며 언어로 표현하는 능력이 향상되지만, 이를 논리적·언어적·가설적 문제에 적용하지는 못한다.
④ 보존개념 획득: 보존개념을 획득하기 위해서는 동일성, 보상성, 가역성을 갖추어야 하고, 이는 구체적 조작기 초기에 이루어진다.
⑤ 분류화(유목화)
　㉠ 사물 분류 시 전체와 부분의 관계 또는 상위와 하위 개념을 이해하고, 사물을 일정한 속성에 따라 분류하는 능력을 말한다.
　㉡ 분류 기준은 크기, 색, 무늬, 형태 등의 특징이다.
⑥ 서열화
　㉠ 특정 속성과 특징을 기준으로 사물을 배열하는 능력을 말한다.
　㉡ 전조작기에는 어려운 작업이지만 구체적 조작기에는 쉽게 할 수 있는 작업이다.
⑦ 탈중심화(중심성 극복)
　㉠ 한 가지 변수에만 집중하지 않고 여러 변수를 고려해서 상황과 사건을 파악하고 조사할 수 있게 된다.
　㉡ 전조작기의 자아중심성을 극복하는 것도 포함된다.
　㉢ 탈중심화로 또래들과의 관계 속에서 의사소통이 활발하게 이루어지는 시기이다.
⑧ 자아중심성 극복: 전조작기의 자아중심성을 극복하면서 다른 사람의 입장과 감정을 추론해서 이해하는 능력인 조망수용능력을 습득하게 된다.
⑨ 가역적 사고: 사고의 비가역성을 극복해 가역적 사고가 가능해진다.

7. 인지발달단계 – 형식적 조작기 기출 13회

인지발달단계	연령	특징	프로이트	에릭슨
형식적 조작기	11·12세~성인기	추상적 사고, 체계적·조합적 사고, 가설–연역적 추론	생식기	자아정체감 대 역할혼란

① 추상적 사고
　㉠ 구체적 자료 없이도 추론하고 생각하는 것으로, 융통성 있는 사고, 효율적인 사고, 가설을 세우고 체계적으로 검증하는 일, 직면한 문제를 해결할 수 있는 방법을 종합적으로 고려하는 일 등을 추상적 사고라고 한다.
　㉡ 실제 또는 구체적으로 경험할 수 없는 사물이나 사건을 머릿속으로 생각할 수 있다.
② 체계적·조합적 사고
　㉠ 하나의 문제를 해결하기 위해 가능한 여러 해결책을 논리적으로 구성하는 사고를 한다.
　㉡ 문제해결을 위해 사전에 가능한 모든 방법을 생각하고 체계적으로 조합하는 능력을 구성한다.

③ 가설-연역적 추론: 주어진 정보로부터 '만일 ~이면 ~이다.'라는 가설을 수립해 일반적 원리에서 특수한 원리를 논리적으로 이끌어 낸다.
④ 변인 간의 관련성 파악: 사건·상황과 관련된 변인 간의 관련성을 파악해 적절한 문제해결방법을 찾아낼 수 있다.
⑤ 가설 설정과 미래사건 예측: 가설 설정과 결과, 다가올 사건을 예측할 수 있고 제시된 문제가 자신의 앞선 경험과 달라도 처리가 가능하다.

8. 도덕성 발달단계

① 피아제는 아동의 전반적 인지발달 수준이 아동의 도덕적 판단을 결정한다고 생각하였다.
② 아동의 도덕적 판단은 타율적 도덕성에서 자율적 도덕성으로 발달해 간다.
  ㉠ 타율적 도덕성: 성인이 정한 규칙에 맹목적으로 복종한다. 아동은 자신이 저지른 잘못이 크면 클수록 의도와 상관없이 자신이 더 나쁘다고 판단한다.
  ㉡ 자율적 도덕성: 규칙이 상호 합의에 의해 정해지고, 서로 동의하면 규칙도 변할 수 있다고 생각한다. 잘못의 결과보다 의도가 중요하다고 생각하고, 결과에 대한 정상참작이 필요함을 인정한다.

개념 공략 콜버그의 도덕성 발달이론 **기출** 11~13회, 17회, 20회, 22회

- 피아제의 도덕 추론 연구를 성인기까지 확장했고, 〈약을 훔친 하인츠〉 이야기와 같은 도덕적 딜레마 상황을 제시하고 도덕성 발달단계를 세분화하였음.
- 콜버그는 각 발달시기의 도덕적 갈등상황에 대한 판단양식에 따라 도덕성 발달을 설명하였음.

도덕발달	수준별 특징	단계별 특징
전인습적 수준 (4~9세 이전)	처벌에 대한 두려움과 보상 때문에 주어진 규칙을 따름.	• 1단계: 타율적 도덕성 – 처벌과 복종 지향으로서의 도덕성 • 2단계: 개인적·도구적 도덕성 – 욕구충족 수단으로서의 도덕성
인습적 수준 (10세 이상)	• 사회적 칭찬 및 비난에 대한 회피가 도덕적 행위의 동기로 작용 • 사회적 질서 유지를 위해 규칙과 규범을 따름.	• 3단계: 개인과 상호 간의 규범적 도덕성 – 대인관계의 조화로서의 도덕성 • 4단계: 사회체계 도덕성 – 법과 질서를 준수하는 것으로서의 도덕성
후인습적 수준 (20세 이상)	• 형식적·조작적 사고의 수준 • 정의의 원리에 따라 옳고 그름을 판단하고, 법과 무관한 자율적이고 독립적인 사고와 판단	• 5단계: 인권과 사회복지 도덕성 – 사회계약 정신으로서의 도덕성 • 6단계: 보편적 원리, 일반윤리 – 보편적 도덕원리에 대한 확신으로서의 도덕성

- 도덕성 발달은 개인의 인지구조와 환경 간 상호작용의 결과
- 도덕적 판단에 위계적 단계가 있음을 강조함.
- 아동은 동일한 발달단계를 거치며, 개인이 도달하는 최종 도덕성 발달단계는 다를 수 있음.
- 콜버그의 도덕성 발달이론의 한계
  – 미국 백인 남성(중상류층)만을 연구한 문화적 편향의 문제로 모든 문화권에 보편적으로 적용하기에 한계가 있음.
  – 도덕적 사고를 지나치게 중시하고 감정을 무시함.
  – 여성이 남성보다 도덕 수준이 낮다는 성차별적 관점을 내포한 남성지향적 이론

9. 인지발달이론에 대한 비판
① 인지발달단계에서 성인기 이후의 인지발달을 간과하였다.
② 인지발달을 다루는 데에 문화적·사회경제적·인종적 차이를 충분히 고려하지 않았다.

10. 인지발달이론의 실천적 기법
① 인지발달이 이루어지지 않은 경우 인지장애로 나타난다. 이 시기의 장애는 낮은 지능과 적응기능 결함으로 나타날 수 있어 부모나 교사는 강압적인 훈육보다는 정서적 안정을 먼저 지원해야 한다.
② 아동이나 부모가 가지고 있는 비합리적 사고(예 내가 이렇게 하면 자녀는 이렇게 변할 것이다)의 오류를 확인하고, 이런 부분을 논리적인 가설로 대체한 뒤 반복학습을 하게 해야 한다.

2 스키너의 행동주의이론 기출 22회, 23회

- 내적인 동기와 욕구보다는 관찰 가능한 행동에 초점을 두었다.
- 인간은 학습을 통해 언어와 지식을 습득하고 태도와 가치관을 형성하는 등 인간행동은 사회적 맥락에서 이해된다고 주장하여 학습이론이라고도 한다.

1. 행동주의이론의 인간관 기출 13회, 16회
① 인간행동은 내적 자극보다 외적 자극에 의해 동기화되기 때문에 환경이 중요하다고 본다(환경결정론).
② 인간을 보상과 처벌에 따라 강화되는 기계적 존재로 본다.
③ 인간행동은 법칙적으로 결정되어 예측 가능하기 때문에 통제할 수 있다고 본다.
④ 성격에 대한 관점
  ㉠ 성격은 개인이 지닌 행동 유형의 집합으로 개인의 행동과 그에 따르는 강화 사이의 관계이다.
  ㉡ 강화된 행동은 습관이 되고 습관이 성격의 일부가 되므로 일반화와 자극에 대한 변별능력의 적절한 발달 결과 건전한 성격이 형성된다.

2. 행동주의이론의 주요 개념 기출 12회, 13회, 19회, 21회
① 고전적 조건형성 – 파블로프식 조건형성 기출 20회

> **예제** 파블로프의 개 실험
> 개한테 고기를 주기 전에 종을 울리는 것을 반복하면 이후에는 개가 종소리만 들어도 고기를 연상하고 침을 흘린다.

㉠ 자동적(무조건적·반사적) 반응을 일으키는 자극과 연합된 중립자극도 나중에는 반응을 유발하게 된다.
  ➡ 자극에 수동적으로 반응해 형성된 행동
㉡ 기본 원리
  - **시간의 원리**: 근접의 원리. 조건자극은 무조건자극보다 동시에 또는 약간 앞서서 주어져야 한다. 조건반응을 일으키는 데 가장 효과적인 방법은 지연조건형성으로, 가장 이상적인 시간간격은 0.5초이다.
  - **강도의 원리**: 조건형성이 이루어지기 위해서는 선행자극보다 후행자극이 더 강력해야 원하는 결과를 얻게 됨을 의미한다. 즉, 후행자극이 강할수록 조건형성이 용이하게 이루어진다.
  - **일관성의 원리**: 무조건자극과 조건자극은 조건이 형성될 때까지 지속적으로 제시되어야 한다.
  - **계속성의 원리**: 자극과 반응 과정의 반복 횟수가 많을수록 조건형성이 잘 이루어진다.

② 조작적 조건형성 – 스키너의 조건형성 `기출` 12회

> **예제** 스키너의 쥐 실험
> 쥐가 우연히 지렛대를 눌렀을 때 음식이 나오자 지렛대를 누르는 행동을 계속한다. 연속적으로 음식을 먹고 나면 쥐의 지렛대를 누르는 자발적 행동은 강화된다.

  ㉠ 원하는 결과를 얻기 위해 선택적으로 환경에 작용하는 자발적 반응이다.
  ㉡ 행동과 결과의 연합으로 행동이 조건화된다. 즉, 행동을 함으로써 발생되는 결과에 따라 행동이 달라진다.

③ 변별자극
  ㉠ 특정한 반응이 보상받거나 처벌받을 것이라는 단서 또는 신호로 사용되는 자극을 말한다.
  ㉡ 인간은 변별자극으로 외적 세계를 예측하고 통제하는 것이 가능하다.

④ 강화
  ㉠ 행동에 보상을 제공해 행동에 대한 반응을 강력하게 하는 것을 의미한다.
  ㉡ 정적 강화와 부적 강화

정적 강화	긍정적인 결과를 제공해 바람직한 행동빈도를 증가시킴.
부적 강화	부정적인 결과를 제거해 바람직한 행동빈도를 증가시킴.

⑤ 강화계획 `기출` 20회
  ㉠ 조작적 행동을 배우고 유지할 수 있도록 강화물을 제시하는 빈도와 간격의 조건을 나타내는 규칙이다.
  ㉡ 연속적 강화계획과 간헐적 강화계획으로 나눌 수 있다.

연속적 강화계획	원하는 행동이 일어날 때마다 강화물 제시	
간헐적 강화계획	고정간격 강화계획	시간을 정해놓고 그 시간이 지나면 강화물 제시 예 1시간에 한 번씩 규칙적으로 칭찬 스티커 제공
	가변간격 강화계획	미리 계획한 평균적인 시간이 지나면 강화물 제시 예 1시간 안에 아무 때나 칭찬 스티커 제공
	고정비율 강화계획	특정 행동이 일정 수준에 도달하면 강화물 제시 예 칭찬 스티커를 10개 모으면 간식 제공
	가변비율 강화계획	• 평균적으로 정해진 횟수만큼 반응이 일어나야 강화물 제시 • 다음 강화에 대한 규칙을 알 수 없음. 예 도박장의 슬롯머신(일정 확률 및 빈도로 성공하도록 설정)

  ㉢ 강화계획의 반응 순서: 가변비율(변동비율) → 고정비율 → 가변간격 → 고정간격

⑥ 강화물
  ㉠ 반응을 증가시키는 행위나 사물로, 행동을 강화시켜 미래에 그 행동을 다시 하게 하는 역할을 한다.
    예 미소, 칭찬, 점수부여 등
  ㉡ 일차적 강화물과 이차적 강화물로 나눌 수 있다.

일차적 강화물	보상 그 자체로 사람들이 의미 있다고 생각하는 대상과 활동 예 음식, 물, 성행위 등
이차적 강화물	다른 강화물과 연합해야 강화물로 기능 예 운동을 하면 건강해지는 것, 책을 읽으면 지식이 늘어나는 것

⑦ **처벌**: 어떤 행동을 할 때 강화물을 제거하거나 싫어하는 결과를 주어 특정 행동의 빈도를 줄이는 행동수정의 한 방법이다.

정적 처벌	특정 행동 뒤에 부정적인 자극을 제시해 행동빈도를 감소시킴. 예 아동 A가 같은 반 친구와 싸우자 담임 선생님이 벌점을 주었다. 그래서 아동 A는 친구와 덜 싸우게 되었다.
부적 처벌	특정 행동 뒤에 즐거운 자극을 철회해 행동빈도를 감소시킴. 예 아동 A가 같은 반 친구와 싸우자 담임 선생님이 간식을 주지 않았다. 그래서 아동 A는 친구와 덜 싸우게 되었다.

⑧ 소거
  ㉠ 강화를 받지 못해 행동이나 반응이 사라지거나 약화되는 것을 말한다.
  ㉡ 처벌은 긍정적 자극을 제거하거나 부정적 자극을 제시하지만, 소거는 이와 달리 아무런 강화를 주지 않는다는 점이 다르다.
⑨ **일반화와 변별**: 스키너는 건강한 성격은 일반화와 변별능력이 혼합된 결과로 발달한다고 보았다.

일반화	• 강화된 행위가 여러 경우의 비슷한 상황으로 확장되는 것 • 자극일반화: 자극으로 강화한 뒤, 유사한 상황에서 강화된 행동이 이루어지는 것 • 반응일반화: 변화시키고자 한 행동의 변화 이외에 추가적으로 행동이 변화하는 것 예 어른에게 인사하는 것을 배운 아동의 행동 　– 자극일반화: 모든 어른에게 인사를 한다. 　– 반응일반화: 어른에게 인사도 잘하고 존댓말도 사용한다.
변별	• 주어진 자극에 대해 선택적으로 반응을 보이는 것 • 자극일반화 이후 분화가 되는 것으로, 어떤 자극에 반응하는 행동은 강화하고, 어떤 자극에 반응하는 행동은 강화하지 않게 됨. 예 어른에게 인사하는 법을 배워 인사를 하다가 자신이 아는 어른에게는 계속 인사를 하고 처음 보는 어른에게는 인사를 하지 않아도 된다는 것을 변별한다.

⑩ **행동형성**: 복잡한 행동을 학습시키는 데 유용한 방법으로, 기대하는 반응이나 행동을 학습하도록 목표로 삼는 행동을 점진적으로 만들어 가는 과정이다.
  예 유아가 말을 배울 때 옹알이부터 한 단어씩 늘어가면 칭찬 등의 보상을 받는 것

3. 행동주의이론에 대한 비판
① 인간의 자발성, 동기부여와 같은 정신적 현상을 간과해 인간을 수동적 존재로 인식하였다.
② 인간을 강화와 처벌로 조작할 수 있는 존재로 보는 등 인간의 자율적 선택을 무시하였다.
③ 스키너는 개인에게 초점을 두면서도 개인차를 고려하지 않고 일반적인 법칙에만 관심을 두었다.

4. 행동주의이론의 실천적 기법 기출 15회
① 인간의 발달에서 환경의 중요성을 강조하였다.
② 고전적·조작적 조건화 원리에 따른 개입기법을 개발하여 대상자의 행동수정과 행동치료가 가능하도록 하였다.

③ 실천적 기법

자기주장훈련	자신의 의사를 정확히 표현하면서도 타인의 감정이나 권리를 존중하는 방식으로 자기 표현을 가르치는 데 목적을 두는 기법
인지적 행동수정 기법	역기능적 행동을 하게 만드는 사고를 수정할 수 있도록 원조하는 기법
혐오 기법	부적응적 행동이 나타날 때마다 혐오자극을 가해 문제행동을 소거하는 기법
반응대가 기법	부적절한 행동을 할 때 본인에게 중요한 물건 등을 내놓게 하여 대가를 치르게 하는 기법
과잉교정 기법	• 부적절한 행동이 과하게 일어났거나 적절한 강화인자가 없을 때 사용하는 기법 • 부적절한 행동이 나타났을 때 즉각적으로 그 행동 이전보다 훨씬 나은 상태로 회복시키는 기법
타임아웃	특정 행동의 발생빈도를 줄이기 위해 제공했던 강화를 철회하는 것으로, 부적 처벌원리를 적용하는 기법
체계적 둔감법	• 공포의 대상이 되는 자극에 노출시키고, 단계적으로 그 자극의 강도를 높여감으로써 특정 대상에 대한 공포를 줄여 나가는 기법 • 불안이나 분노상황을 연상하며 신체적 이완을 활용하여 불안이나 분노를 점차적으로 완화시키는 기법
토큰경제	바람직한 행동과 습관을 미리 정해놓고 그 행동을 했을 때 상응하는 토큰을 주어 강화시키는 기법

3 반두라의 사회학습이론

• 사회적 환경이 인간에게 많은 영향을 미친다는 인식을 증진시켰다.
• 모방학습의 중요성을 강조하고 '자극 – 반응'이라는 유형을 넘어서 사회적 상호작용의 중요성을 강조한다.

1. 사회학습이론의 인간관
① 인간은 인지적 능력을 활용해 창조적 사고를 하며 합리적 행동을 계획하는 능력이 있다는 것을 강조한다.
② 인간행동의 근원은 환경이지만 개인 내적 특성에 따라 자극에 대한 반응이 달라질 수 있다고 본다.
③ 인간의 행동이나 성격의 결정요인으로 사회적 요소가 중요하고, 다른 사람의 행동을 관찰하고 모방한 결과로 학습이 이루어진다고 본다.

2. 사회학습이론의 특징
① 인간행동은 발달단계나 고유한 특성보다는 외적 환경의 자극과 개인의 내적 사건이 상호작용하여 결정된다고 보았다.
② 행동결정에는 환경만큼이나 개인의 인지, 자기효능감과 같은 내적 특성이 중요하다.
③ 아동은 주로 부모의 행동을 관찰한 결과로 도덕적 행동을 학습하고 내면화한다.
④ 성격발달
  ㉠ 인간은 타인을 관찰·모방하면서 배우고, 이를 통해 가족과 공동체의 생활방식을 사회화한다.
  ㉡ 인간의 성격에는 유전적 소질이나 보상·처벌, 자기강화 및 자기효율성이 영향을 미친다.

3. 사회학습이론의 주요 개념 기출 11회, 13회, 14회, 16회, 18회, 19회, 21회, 22회

① 모방: 다른 사람의 행동을 관찰·학습하여 따라하는 것을 말한다. 관찰만으로도 학습이 되고, 이를 따라한 결과가 긍정적일 때 관찰자에게 강화가 된다.

② 자기강화와 자기효율성

자기강화	• 스스로 수행과 성취에 대한 기준을 설정하고, 달성 정도에 따라 보상이나 처벌을 내림. • 자신이 통제할 수 있는 보상을 스스로에게 주어 행동을 개선 또는 유지하는 과정

자기효율성
(자기효능감)
	• 특정 행동을 잘 수행할 수 있고 좋은 결과를 도출할 수 있다는 믿음
	• 자기효율성에 따라 그 사람의 활동과 환경에 대한 선택의 결과가 달라짐.
	• 인간의 동기, 행동, 사고에 영향을 미침.
	• 자기효능감 형성요인
	  - 직접적인 성취경험: 도달할 수 있는 목표를 세우고 수행능력을 증진시켜 성취(성공)한 경험
	  - 대리적 성취경험: 누군가의 어떤 목표를 성취하는 것을 보는 경험
	  - 언어적(사회적) 설득: 성공적으로 수행할 수 있는 자신의 능력을 신뢰하도록 하는 언어적인 설득과 격려 예 코로나19 극복을 위해 우리 함께 사회적 거리 두기를 시행합시다.
	  - 정서적 각성: 힘을 증진시키는 운동 프로그램, 스트레스 감소 및 대처능력의 향상 등을 통한 심리사회적 능력의 촉진

③ 관찰학습: 인간은 타인의 행동을 관찰하면서 학습한다.

주의집중과정	보존(파지)과정	운동재생과정	동기화과정
• 모방하려는 모델의 행동에 주의집중 • 무엇을 관찰할지 결정하는 단계	관찰하고 모방하기로 한 행동을 기억하는 과정	모델을 모방하기 위해 이미지나 언어를 외형적인 행동으로 전환하는 단계	• 강화를 통해 행동화에 대한 동기 강화 • 동기는 행동수행 여부를 결정하는 데 중요한 역할을 함.

④ 인지: 학습된 반응을 수행할 의지를 말한다.
⑤ 자기조정·규제: 자기 자신의 행동에 영향력을 행사할 수 있는 개인의 능력으로, 자기행동의 감독, 스스로 자부심을 가지는 것, 수행과정, 판단과정, 자기반응과정으로 구성된다.
⑥ 상호결정론: 행동의 내적 결정요인과 외적 결정요인이 있고, 이 두 가지 요인이 지속적으로 상호작용하며 발달한다는 것이다.

4. 사회학습이론의 실천적 기법

① 다양하고 복잡한 기능에 대해서 설명하는 데 한계가 있으므로 사회복지사는 대상자의 환경과 발달상태를 고려하여 개입해야 한다.
② 아동의 문제행동을 제거하는 데 유용하고, 부모도 이에 대한 관찰을 할 수 있어 치료 유지에 도움이 된다.

4 매슬로우의 욕구이론

• 긍정적이고 성장지향적인 인간의 본질에 초점을 두어 인본주의이론의 기틀을 마련하였다.
• 성장을 중요시하고 인간의 노력과 존재 자체에 가치를 두어 사회복지의 가치와 일치한다.

1. 욕구이론의 기본 가정

① 인간은 통합적 존재이다.
② 인간은 선한 본성을 가지고 있으며, 인간의 악한 요소는 주변 환경으로부터 부정적 영향을 받은 것이다.
③ 창조성은 인간의 본성으로, 특별한 자질이나 능력을 요구하지 않는다.

> **합격 가이드**
> 매슬로우의 욕구이론은 인본주의이론에 속합니다.

2. 욕구이론의 인간관 기출 11회, 20회, 21회, 23회

① 인간에게는 본능적 욕구와 자기실현을 하고자 하는 욕구가 있다.
② 인간은 자신에 대해 더 알고 싶어 하고 자신의 능력을 개발하고자 한다.
③ 소수의 사람만이 자기실현에 도달하는데, 대부분의 사람들은 자신의 욕구를 충족시키고자 하는 갈망을 간직하고 있다.
④ 인간발달에 대한 견해
  ㉠ 연령에 따른 발달단계를 제시하지는 않았다.
  ㉡ 자기실현은 전 연령대에서 발견되는 보편적 과정으로 연령과 상황에 맞는 과업을 달성하고자 한다.
   예 아동이 또래집단에 소속됨으로써 안정감을 획득하는 것

> **합격 가이드**
> 자기실현은 타고난 욕구이지만 만 2세 전후의 경험이 미래의 자기실현에 영향을 미친다고 보았습니다.

3. 욕구이론의 주요 개념 기출 13회

① 욕구의 특징
  ㉠ 기본적 욕구가 충족되지 않으면 생리적·심리적 역기능이 일어나고 혼란상태를 야기한다.
  ㉡ 욕구의 계속적 충족은 역기능과 혼란을 예방하고 성숙과 건강의 상태를 수반한다.
  ㉢ 동시에 두 가지 욕구가 발현되면 그중 하나의 욕구를 충족시키기 위해 다른 욕구충족은 유예하거나 희생한다.

② 욕구의 형태

1형태의 욕구	• 기본적 욕구, 결핍성의 욕구 • 생존에 필요한 욕구로, 결핍되면 문제가 생기고 충족되면 문제가 해결되는 욕구 • 신체의 안전, 애정, 존경에 대한 욕구
2형태의 욕구	• 선천적 욕구, 성장 욕구, 자기실현 욕구 • 잠재능력, 기능, 재능 발휘에 대한 욕구 • 심리적 안정상태를 위해서는 성장 욕구를 만족시켜야 함.

③ 욕구단계에서 동기의 역할

성장동기	자기실현의 욕구에서만 작동하고 하위욕구가 충족되어야 자기실현 욕구에 도달 가능
결핍동기	• 생명의 유지를 위한 동기로, 욕구가 적절하게 충족되지 않을 때 작용하는 동기 • 음식, 물, 안전에 대한 부분으로, 인간은 결핍을 극복하고자 목표지향적으로 행동하게 됨.

④ 자기실현을 이룬 사람의 특징
  ㉠ 내적 특징: 자기 자신(본성)과 타인에 대한 수용, 효율적인 현실지각, 자연스러움과 솔직성·자발성, 자율적 기능, 절정 경험, 창조성, 유머감각, 수단과 목적 및 선과 악의 구별, 감상의 신선함
  ㉡ 외적 특징: 자기 자신 이외의 문제에 대한 몰두, 사생활에 대한 욕구, 사회적 관심, 깊은 대인관계, 민주적 성격구조, 문화의 내면화에 대한 저항

4. 매슬로우의 욕구체계 기출 12회, 15회, 18회, 19회

① 개념
  ㉠ 인간행동의 동기를 '욕구'와 '욕구체계'로 보았다.
  ㉡ 가장 기본적인 욕구를 충족하고 나면 최고 수준에 도달할 때까지 계속해서 다음 단계의 욕구를 갈망한다.

  참고 하위단계의 욕구가 어느 정도 충족되어야 상위단계의 욕구가 의식될 수 있음. 그러나 하위단계의 욕구가 완전히 충족되어야만 상위단계의 욕구가 출현하는 것은 아니다.

② 욕구 5단계

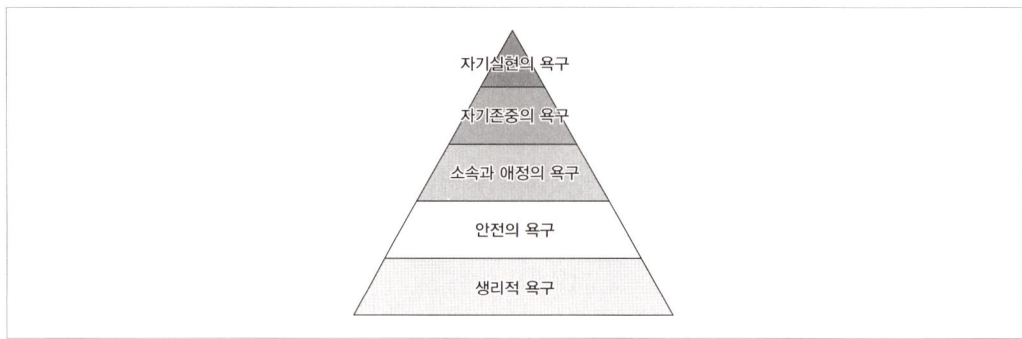

생리적 욕구	생존을 위한 욕구로 가장 강력한 욕구이며, 모든 욕구에 우선하여 충족되어야 함.
안전의 욕구	신체적·심리적 안정이 모두 포함되고, 사회구조는 안전에 대한 욕구충족을 지원함.
소속과 애정의 욕구	• 타인과 애정적인 관계를 형성하고, 인생의 동반자를 만나고 집단에 소속되고 싶은 욕구 • 생리적·안전의 욕구가 충족되고 나면 소속과 애정에 대한 욕구가 생기지만 오늘날의 사회는 변화가 많아 소속에 대한 욕구를 충족하기 어려움.
자기존중의 욕구 (자존감의 욕구)	자기 자신과 타인에게 인정받고 존경받고 싶은 욕구
자기실현의 욕구	• 앞선 4가지 욕구가 충족되고 나면 자기실현의 욕구가 등장함. • 자기실현을 위해 창조와 학습에 집중하게 됨. • 자기실현을 위해서는 자신의 강점과 약점, 선악에 대한 현실적 지식을 가져야 하고 가족 및 사회적으로도 소속감과 안정감을 가져야 함.

5. 욕구이론에 대한 비판

① 각 욕구나 다음 욕구단계로 넘어가는 부분에 대해 과학적으로 입증하기 어렵다.
② 마지막 단계인 자기실현의 욕구가 선천적이라고 보기에는 어려움이 있다.

6. 욕구이론의 실천적 기법 기출 15회

① 욕구이론은 대상자의 욕구를 평가하는 데 도움이 된다.
② 사회복지사는 대상자의 기본적 욕구충족을 먼저 진행하고 변화에 대한 욕구충족을 지원해야 한다.

5 로저스의 현상학이론

- 심리치료와 상담에 많은 영향을 미쳤고, 대상자 중심의 치료개입은 정서적 장애를 가진 경우 효과적이다.
- 치료적 관계에 대한 규명으로 대상자 중심의 개입(예 안전한 환경, 비심판적 태도, 공감, 긍정적 관심 등)을 강조하였다.

1. 현상학이론의 기본 가정
① 현상학이론 또는 자기이론은 '현상이 나타나는 방식'과 그 현상을 어떻게 '경험하고 느끼는지'를 다룬다.
② 로저스는 '인간은 자신을 창조하는 과정 속에 있고, 생의 의미를 창조하며, 주관적 자유를 실천해가는 존재'라고 하였으며 인간의 성격유형은 본래 타고난다는 관점을 근본적으로 부정한다.

> **합격 가이드**
> 로저스의 현상학이론은 매슬로우의 욕구이론과 함께 인본주의이론에 속합니다.

2. 현상학이론의 인간관 기출 11회, 12회, 16회, 18회, 20회, 22회, 23회
① 인간은 주관적 경험들을 통해 자신을 형성하고, 삶의 경험을 통해 개인의 성격이 달라진다.
② 인간은 목적지향적 존재로 자기실현을 위해 행동한다.
③ 개인이 현상을 어떻게 경험하고 느끼는지, 즉 개인이 현실을 지각하는 방식에 초점을 두었다.
④ 인간은 합리적이고 미래지향적이며 통합적 존재이다.

3. 현상학이론의 주요 개념 기출 21회
① 자기·자기개념
  ㉠ 정의
    - '주체로서의 나', '객체로서의 나'와 여러 상황 속의 다른 사람과의 관계를 지각하는 조직적이고 일관성 있는 개념적 형태이다.
    - 세상을 인식하고 행동할 때 일관성을 유지하게 하고 반드시 의식되는 것은 아니지만 의식이 가능한 개념이다.
  ㉡ 이상적 자기: 인간이 바라는 개념이자 되고 싶은 상태이다.
  ㉢ 자기인정에 대한 욕구: 자신에게 가치를 부여하려는 욕구이다.
  ㉣ 자기와 경험의 일치: 자기에 대한 개념과 자기의 경험이 일치하는 것을 말한다.
  ㉤ 자기와 경험의 불일치: 자기에 대한 개념과 자기의 경험 사이에 존재하는 불일치를 말한다.
  ㉥ 긍정적 관심에 대한 욕구: 다른 사람에게 인정받고 자존감을 얻으려는 욕구이다.
  ㉦ 심리적 부적응: 자신에게 중요한 경험을 부인하거나 왜곡할 때 나타나며 심리적인 부적응에 처한 인간은 자기와 경험의 불일치를 경험한다.
  ㉧ 가치조건
    - 인간은 자신의 행동이 외부조건에 따라 판단되고 있는 것을 알고, 자신의 가치를 떨어뜨리는 행동은 하지 않는다.
    - 판단의 내용에서 자신의 가치를 느꼈을 때 가치조건을 알게 된다.
    - 어떤 행동의 결과가 바로 긍정적이거나 부정적인 결과로 나타나지는 않는다.

② 현상학적 장
- ㉠ 주관적 경험의 세계로, 로저스는 인간과 인간행동을 이해하려면 사람들이 자신의 경험을 어떻게 느끼는지를 이해해야 한다고 보았다.
- ㉡ 인간행위는 객관적인 현실이 결정하는 게 아니라 인간이 현실을 보는 방식에 따라 영향을 받는다.

③ 통합된 유기체
- ㉠ 유기체는 통합된 전체로서의 인간이며, 인간이 발달함에 따라 유기체적 평가과정의 점진적 변형을 이룬다.
- ㉡ 아동은 주변 성인에 대해 평가하면서 스스로 평가하는 방법을 배우며 성장한다.
- ㉢ 아동의 자기발달은 환경과 상호작용을 하면서 점차 분화되고 복잡해진다.

④ 자기실현 경향성
- ㉠ 인간은 자신을 유지하고 향상시키는 방향으로 자신이 지닌 능력을 개발하려는 성향을 가지고 있다.
- ㉡ 인간은 신체적·심리적 잠재능력을 가지고 있는 존재로, 자기실현은 인생의 진보적인 추진력을 나타내며 더 능력 있는 사람이 되고자 하는 과정이다.

⑤ 완전히 기능하는 사람 **기출** 14회
- ㉠ 자기의 잠재력을 인식하고 능력과 자질을 발휘하며 자신에 대해 제대로 이해하고 경험을 쌓는 방향으로 나아가는 사람을 말한다.
- ㉡ 자기실현을 위한 노력으로 진정한 자기 자신이 되며, 이러한 사람은 경험에 개방적이고 실존적인 삶을 살아간다. 또한 자신이 선택한 인생을 영위하는 특징을 보이며, 창조적이다.

4. 현상학이론의 성격발달 **기출** 11회

① 무조건적인 긍정적 존중
- ㉠ 훈육을 하지 않거나 사회적 제약을 철회하는 것이 아니라, 개인을 있는 그대로 수용하고 존중하는 것을 말한다.
- ㉡ 개인은 무조건적인 긍정적 존중을 통해 자기 및 자신이 체험한 것에 일치감을 느끼고 완전히 기능하게 된다.
- ㉢ 자신의 실제 경험과 자기개념이 일치하지 않을 때 개인은 혼란을 느끼게 되고 부적응에 대해 방어기제를 사용하게 된다.

② 자기실현의 동기
- ㉠ 인간의 능력을 최적으로 발달시키고자 하는 힘이다.
- ㉡ 인간은 욕구를 성취하고 실패하면서 자기인정을 축적하게 되고, 이 부분은 자신의 경험을 어떻게 지각하는지에 영향을 받는다.

5. 현상학이론에 대한 비판

① 인간 본성의 선한 측면만 강조해 인간의 부정적인 부분에 대한 설명이 부족하다.
② 성격발달에 대한 이론을 제시하지 않아 정서문제나 행동문제가 왜 발생하는지에 대한 설명이 부족하다.

6. 현상학이론의 실천적 기법 **기출** 15회

① 사회복지실천에서 대상자에 대한 존중과, 개인이 고유한 문제해결능력을 가지고 있다고 주장하는 것이 가장 중요하다고 본다.
② 대상자에 대한 긍정적 이해, 관심, 배려를 중요하게 생각하고, 사회적 책임과 상호성을 강조한다.
③ 개인의 존엄성, 자기결정권, 사회적 책임과 상호성을 강조하는 것은 사회복지실천의 철학과 동일하다.

CHAPTER 05

사회환경과 사회복지

핵심 Tag #체계이론 #생태체계이론 #환경체계

1 일반체계이론

1. 일반체계이론의 개념

① 개인과 환경은 영향을 주고받는 상호관계이며 개인과 사회의 문제도 양자 모두 원인인 동시에 결과인 상호적 인과관계를 형성한다.
② 모든 체계가 유사한 관계속성을 지니고 있다는 인식에 기초하여 체계의 구성요소들 간의 관련성을 파악해 조직화하는 방법을 제시하며, 모든 형태의 체계에 적용될 수 있다.

개념 / 공략 체계의 개념과 속성

개념	• 상호의존적이고 상호작용하는 각 부분의 전체로, 여러 부분 사이의 관계를 맺고 있는 일련의 단위들 • 상호관계를 맺는 구성 단위의 집합체이나 단순집합이 아닌 구성 단위 간의 상호작용 또는 관계를 포함하는 전체 또는 단위를 의미함.
속성	• 조직화: 체계의 부분들은 서로 관계가 있고 연결되어 있음. • 상호인과성: 체계의 한 부분의 사건이나 변화는 모든 부분에 영향을 미침. • 경계: 다른 체계와 구분하는 눈에 보이지 않는 테두리로, 체계와 환경을 구분함. • 지속성: 시간의 흐름에 따라 체계가 발달하고 구성요소의 역할이 새롭게 분화되는 역동적 특성을 갖지만 전체인 체계는 안정된 구조를 유지함. • 공간성: 모든 체계는 경계를 가지고 있기 때문에 물리적 공간을 가지며 다른 체계와 구분됨.

2. 일반체계이론의 기본 가정

① 전체는 각 부분의 합보다 크고, 체계는 상호 관련이 있는 성원들로 구성된다.
② 체계의 한계는 임의로 또는 이미 확정된 경계와 성원들이 결정한다.
③ 체계 내 한 성원의 변화는 전체에 영향을 미친다.
④ 체계는 안정을 유지하려는 속성과 변화하려는 속성을 동시에 가지고 있다.

3. 일반체계이론의 인간관

① 인간의 감정과 행동은 인지 혹은 생각에 의해 통제될 수 있다.
② 인간은 주관적인 존재이며 환경의 영향도 개인이 어떻게 받아들이는지에 따라 변화한다.
③ 인간을 변화와 성장 가능성이 높은 존재로 보고 인간 본성에 대한 결정론적 시각을 거부한다.
④ 인간은 능동적 존재이기 때문에 환경과 상호작용하면서 변화하고 발달한다.

4. 일반체계이론의 주요 특성

체계의 구조적 특성	경계, 개방체계, 폐쇄체계, 대상체계, 하위체계, 공유영역, 엔트로피, 넥엔트로피, 홀론, 시너지
체계의 진화적 특성	균형, 항상성, 안정상태
체계의 행동적 특성	투입 → 전환 → 산출 → 환류

5. 일반체계이론의 주요 개념 기출 11회, 12회, 15~20회, 22회, 23회

경계	• 체계를 외부로부터 구분하는 눈에 보이지 않는 선 혹은 테두리 • 경계의 속성에 따라 개방체계와 폐쇄체계로 구분할 수 있음. • 건전한 체계는 반투과성의 경계를 가지며 이를 유지함
개방체계	• 반투과성 경계를 갖고 있어 체계에 도움이 되는 정보와 에너지를 외부로부터 자유롭게 받아들임 • 체계의 기능을 유지 혹은 발전시킬 수 있음 • 넥엔트로피, 시너지, 항상성, 안전상태
폐쇄체계	• 다른 체계와 상호작용하지 않아 고립되어 있고, 정보나 에너지의 투입과 산출이 거의 없음 • 구성원들 사이의 구별이 거의 없어지게 되어 동일성을 갖게 됨 • 엔트로피, 균형
위계	권력과 통제권에 기반을 둔 체계의 서열
대상체계	분석대상이 되는 체계
상위체계	대상체계 외부에 있고 대상체계에 기능적으로 영향을 미치는 사회 단위
하위체계	대상체계 내부에 있으면서 내부의 다른 하위체계들과 상호작용하며 체계를 구성함.
홀론	중간체계가 가지고 있는 이중적 성격을 나타내는 말로, 하나의 체계는 상위체계에 속한 하위체계이면서 동시에 다른 것의 상위체계가 된다는 개념
공유영역	• 두 개 이상의 체계가 공존하는 부분으로 체계 간의 교류가 일어나는 장소 • 서로 다른 체계가 공통의 이익이나 관심을 추구하기 위해 필요함.
엔트로피	• 체계 구성요소 간의 상호작용이 감소함에 따라 유용한 에너지가 감소하는 상태를 말함 • 체계가 서서히 무질서와 혼돈상태로 가는 것으로 지속되면 체계는 소멸됨
넥엔트로피 (네겐트로피)	• 체계 외부에서 에너지가 유입되어 내부의 유용하지 않은 에너지가 감소하는 상태 • 체계 내의 질서와 법칙이 유지됨
시너지	체계 내의 유용한 에너지가 증가하고 구성요소 사이의 상호작용이 증가하는 것
균형	체계 간 수직적인 상호작용을 하기보다 체계 내 수평적인 상호작용을 하면서 거의 교류를 하지 않는 상태
항상성	• 균형을 위협받았을 때 회복하고자 하는 체계의 경향 • 안정적이며 지속적인 균형상태를 유지하기 위한 체계의 속성 • 체계의 일관성을 유지하기 위해 일정한 범위 내에서만 변화하려고 함.
안정상태	• 균형이나 항상성에 비해 더욱 개방적이고 역동적 • 외부자극을 받아들이면서 체계 자체를 변화시키려는 노력을 함

투입 → 전환 → 산출 → 환류	• 투입: 환경에서 체계로 과업(기회 혹은 문제) 또는 유지(욕구 충족 혹은 문제 해결) 관련 사항이 유입되는 것 • 전환: 투입된 자원, 에너지, 정보 등을 체계 내에서 산출하기 위해 처리하는 과정 • 산출: 체계가 처리한 결과를 환경에 배출하는 것이며, 환류를 통해 다시 투입되기도 함. 　참고　소모: 산출에 투입된 자원이 비효율적 혹은 부적절하게 사용된 경우 • 환류: 자신이 수행한 것에 대한 정보를 체계가 받는 것으로 체계의 순환적 성격을 잘 나타내며, 체계의 작동을 점검하고 수정하는 능력
정적환류	• 엔트로피가 증가하고 있는 체계에서 나타나며, 체계가 한쪽 방향으로 이탈되어 가는 환류 • 정보가 투입되었을 때 체계가 스스로의 목표를 달성하기 위해 올바른 방향으로 가고 있다고 판단하여 변화를 수용하게 하는 환류
부적환류	• 체계의 항상성을 유지하고 변화를 극소화하면서 체계 자체를 유지시키는 환류 • 정보가 투입되었을 때 체계가 목표에서 벗어나는 방식으로 진행되고 있다고 판단되어 변화를 받아들이지 않고 원래의 모습으로 돌아가게 하는 환류
호혜성	체계의 일부가 변화하면 그 변화가 다른 부분들과 상호작용해서 나머지 부분도 변화한다는 것
동등결과성	서로 다른 체계에 같은 투입이 일어나면 비슷한 안정상태에 도달할 것이라는 의미
다중결과성 (다중종결성)	처음 조건과 수단이 비슷해도 각기 다른 결과가 야기된다는 체계이론의 기본 가정
관계	둘 또는 그 이상의 사람·체계 사이의 상호교류와 작용, 감정·인지 등의 관련성

6. 체계이론의 실천적 기법

① 문제의 파악 및 개입의 초점을 개인 또는 환경 어느 한 곳에 두기보다는 상호작용하며 영향을 주고받는 전체에 두는 점은 사회복지실천의 목적에 부합한다.
② 개인과 사회의 문제는 어느 한쪽의 일방적인 영향이 아니라 상호적 원인관계로 형성된 전체로 파악되며, 사회복지실천의 문제사정과 개입체계를 명확히 해준다.

개념 공략　체계이론

• 체계를 하나의 전체로 보고 체계 안에서 발생하는 스트레스와 이에 대응하는 인간의 균형에 관심을 가짐.
• 다양한 체계에 관심을 가지고 인간과 환경 사이의 상호작용을 강조함.
• 각 체계이론의 특징

구분	내용
일반체계이론	체계를 구성하는 요소의 속성과 상호작용의 속성을 이해하고, 복잡한 체계의 관계속성 또는 내부에서 이루어지는 상호작용의 특성을 설명하는 이론
사회체계이론	– 일반체계이론의 관점을 적용해 사회체계를 설명하는 이론 – 개인, 가족, 집단을 포함한 인간의 행동에 영향을 미치는 다양한 체계를 설명하는 이론 – 사회복지실천에의 적용: 4체계이론, 6체계이론 　참고　4체계: 대상자체계, 변화매개체계, 표적체계, 행동체계 　　　　6체계: 대상자체계, 변화매개체계, 표적체계, 행동체계 + 전문가체계, 의뢰 – 응답체계
생태체계이론	– 인간과 환경 사이의 상호보완성을 설명하는 이론 – 일반체계이론의 주요 개념을 받아들이며 생태적 관점을 더해 환경과의 상호보완성을 설명하는 이론

2 생태체계이론

1. 생태체계 기출 16회, 17회, 19회, 23회
① 생태체계의 구성
  ㉠ 거시체계 기출 20회
    • 사회제도 등 일반적인 형태, 개인에게 영향을 주는 환경요소, 사회적 맥락 등을 의미한다.
    • 개인의 생활에 간접적으로 영향력을 발휘하며 하위체계에 대한 지지기반과 가치 준거틀을 제공한다.
  ㉡ 중간체계 기출 21회
    • 두 가지 이상의 미시체계 간의 관계 혹은 특정 시점에서 미시체계들 간의 상호작용을 의미한다.
    • 개인은 미시체계와 관련해 역할을 수행하는데, 미시체계 간의 연결이 제대로 수행되지 않으면 어려움을 겪는다.
  ㉢ 미시체계 기출 20회
    • 개인이 속한 가장 직접적인 사회적·물리적 환경으로, 개인의 성장과 활동범위에 따라 달라질 수 있다.
    • 인간에게 영향력을 미치며, 미시체계 내의 각 구성원 간에 직접적 상호작용이 이루어진다.
  ㉣ 외부체계(외체계): 개인과 직접 상호작용하지는 않지만 미시체계에 영향을 주는 사회적 환경이다.
  ㉤ 시간체계: 개인의 생애에 걸쳐 일어나는 변화와 역사적 환경을 포함하는 체계로, 언제 태어나 성장했는지에 따라 개인의 삶이 큰 영향을 받는다.
  ㉥ 유기체
    • 개별적이고 통제적이며 살아있는 체계로 에너지와 정보를 필요로 함
    • 가족, 조직, 사회 등 인간 유기체는 그들의 환경과 상호작용하면서 생태체계를 구성함

② 체계의 상호작용
  ㉠ 체계는 사회환경 속에서 상호작용한다. 사회환경은 조건과 상황 및 인간의 상호작용이며, 생존과 번성을 위해 환경과 효과적으로 상호작용하는 것을 강조한다.
  ㉡ 미시체계는 중간체계, 거시체계와 밀접하게 상호작용을 한다.
  ㉢ 인간행동을 이해하기 위해서는 환경 내의 다중적인 상호작용을 볼 수 있어야 하고, 어떤 체계가 개인의 삶에 어떤 영향력을 미치는지 이해해야 한다.

2. 생태체계이론의 개념 기출 16회, 17회
① 생태적 관점과 체계적 관점의 통합이다.
② 유기체가 어떻게 적응상태를 이루며 상호적응하는지에 초점을 두고, 인간과 주변환경의 상호교류와 상호의존성을 설명하는 통합적 관점이다.
③ 일반체계이론보다 실제 생활 속 인간의 문제에 관심을 가지기 때문에 실천적 경향을 갖는다.

3. 생태체계이론의 특징 기출 18회, 21회
① 유기체와 환경을 지속적인 상호교류 안에서 존재하는 하나의 체계로 보고, 유기체가 환경 안에서 어떻게 평형상태를 유지하고 상호보완성을 가지는지를 중점적으로 본다.
② 개인 – 환경 간의 적합성, 상호교류, 적응을 지지하거나 방해하는 요소를 통해 '환경 속의 인간'을 설명한다.
③ 가족, 지역사회, 문화 등 인간이 소속되는 생태환경을 더 체계적으로 구조화하고, 개인과 환경체계와의 관계를 이해하는 것이 중요하다.
④ 인간과 환경의 상호보완성을 설명하며 환경 속의 인간이라는 사회복지실천의 기본 관점을 반영한다.

4. 인간과 환경에 대한 관점 기출 16회

① 인간과 환경은 분리할 수 없으며 동시에 고려해야 한다.
② 인간은 환경을 구성하면서도 환경의 영향을 받는 상호교환적인 위치에 있다.
③ 개인과 인간체계들이 내·외부적인 힘에 반응을 하며 변화하고 안정을 이루면서 발달이 진행된다.

5. 행동 및 부적응에 대한 관점

① 인간의 행동은 개인과 환경 모두의 이익을 찾는 과정에서 나타나며, 상호이익을 달성하는 균형점에서 인간의 행동이 실체로 나타난다.
② 생태체계 관점에 의하면 부적응은 존재하지 않는다.

6. 변화에 대한 관점

변화에 매우 개방적이며 대상자의 문제행동을 환경과의 상호작용의 결과라고 보기 때문에 체계 안에서의 부적응 또한 변화를 위한 다양한 가능성이 존재하는 것으로 본다.

7. 생태체계이론의 주요 개념 기출 16회, 20~22회

사회환경	인간을 둘러싸고 있는 상황·조건·대인관계 등으로, 사회나 문화를 형성하는 물리적 환경, 사회적·제도적 환경
상호교류	• 무엇인가를 전달하고 교환하는 것으로, 인간이 환경 속의 다른 구성원과 소통하고 관계를 맺는 것 • 긍정적 상호교류와 부정적 상호교류가 있음.
에너지	투입과 산출의 형태로 나타나며 인간과 환경 사이에 적극적으로 개입하는 자연발생적 힘
적응	• 인간이 환경에 적응하기 위해 사용하는 지속적이고 변화지향적인 힘으로, 인지적·감각적·지각적·행동적 과정 • 주변환경의 조건에 맞추어 조절하는 능력이기도 함. • 노력이라는 형태의 에너지가 필요하며, 사회복지사는 이를 생산적으로 사용하도록 도와야 함.
공유영역	개인과 환경이 상호작용하는 지점
대처	적응의 한 형태로, 문제상황을 극복하기 위해 노력하는 것
적합성	• 적응에 대한 욕구와 환경자원이 부합하는 정도로, 개인의 욕구와 사회의 욕구 사이의 조화와 균형의 정도 • 인간과 환경 간에 부적응적 교류가 있으면 인간의 발달과 기능들이 손상되며, 적응적 교류가 계속되면 적합성도 높아짐.
유능성	• 인간과 환경이 상호작용을 성공적으로 경험하면서 형성되는 것으로, 일생에 걸쳐 확대될 수 있는 능력 • 사람들의 문제를 완화시키는 적응을 위한 전략
상호의존	한 개인이 다른 사람이나 집단과 서로 의존하고 의지하는 것
스트레스	개인과 환경 간의 상호교류 중 나타나는 불균형으로 야기되는 심리적·생리적·사회적 상태
생활영역	특정 집단이 공동체에서 차지하는 직접적 환경이나 지위
거주환경	개인의 문화적 맥락 속에 존재하는 물리적·사회적 환경

8. 생태체계이론의 실천적 기법 기출 16회

① 개인과 환경의 적합성 및 상호교류와 이에 영향을 미치는 힘에 대해 실천적 지식을 제공해 대상자의 내적 생활과 환경 개선을 위한 통합적 서비스가 가능하게 되었다.
② 사회복지사가 대상자의 자원을 발견하고 역량을 강화하는 데 필요한 틀이 되었으며, 대상자가 사회복지사의 상호작용과 긍정적 경험으로 성장할 수 있다는 입장을 보여 사회복지의 인본주의적 철학을 마련했다.
③ 생태도 작성으로 대상자체계와 외부환경과의 관계를 사정하는 직접적 유용성을 제공했다.
④ 개인과 가족, 지역사회 및 더 큰 체계에 어려움을 유발하는 상황을 적응적 상황으로 재구조화한다.

3 환경체계 - 가족과 집단

1. 가족의 정의와 형태

① 가족의 정의
  ㉠ 서로에 대한 의무를 가지고 같은 곳에서 생활하는 사람들로 구성된 1차집단이다.
  ㉡ 자녀가 있거나 없을 수 있고 양부모·한부모·계부모가족 또는 혼합가족이 있다.
② 가족의 형태

핵가족	부부와 미혼 자녀로 구성
수정핵가족	한 공간에 살지만 세부적인 생활공간은 분리되어 있고, 서로의 사생활을 분리해서 유지
확대가족	부모와 기혼 자녀 및 손자녀로 구성
한부모가족	모자가족 또는 부자가족

2. 가족체계의 개념

① 가족 구성원은 상호 밀접한 관계로 다른 가족에게 일어나는 일과 가족을 둘러싼 환경의 영향을 많이 받는다.
② 가족 구성원의 행동은 순환적 인과관계로 가장 잘 설명된다.
③ 가족은 더 큰 사회체계에 속하며 많은 하위체계를 포함한다.
④ 가족과 외부체계를 구분하는 경계는 엄격함과 침투성 정도에 따라 다양하다.
⑤ 가족은 적응과 균형을 추구하는 단위이지만, 더 큰 사회체계의 요구와 가족 구성원의 요구를 모두 충족시켜야 하는 과업을 가지고 있다.
⑥ 문제 발생 시 진행되는 가족치료는 구성원 간의 의사소통과 상호작용을 향상시키는 방향으로 진행된다. 이는 가족이 하나의 체계라는 개념에 근거한다.

> **개념 공략** 가족 내 의사소통의 기능
> - 내용기능: 정보, 의견, 감정과 같이 콘텐츠를 주고받는 것
> - 관계기능: 콘텐츠를 주고받는 과정에서 쌓이는 관계의 속성
> ➡ 가족의 의사소통에서는 두 가지 모두 중요함.

3. 가족체계의 경계 `기출` 15회, 18회

① 외부경계

개방형 가족체계	• 가족의 규칙은 합의과정을 거쳐 도출되고 가족의 경계가 유동적 • 개인은 다른 구성원에게 악영향을 주거나 가족규범을 위반하지 않는 범위에서 외부와의 왕래를 스스로 결정하고 통제할 수 있음. • 특징: 손님이 많은 집, 외부활동 참여, 대중매체에 대한 최소한의 검열
폐쇄형 가족체계	• 외부와의 상호작용과 인적·물적·정보교류가 제한적 • 가족 내 권위자가 가족체계의 경계를 통제하고 유지 • 특징: 외부와의 상호교류, 사람, 물건, 정보, 생각의 출입 통제
임의형 가족체계	• 집 안의 출입이나 권리를 손님이나 제3자에게까지 확대하려는 경향 • 가족경계선의 방어를 중요하게 생각하지 않음. • 특징: 구성원 각자 개인의 영역과 가족의 영역을 확보하고 개별적 패턴 생성

② 내부경계와 하위체계
  ㉠ 가족 구성원들은 여러 하위체계에 동시에 속하면서 같은 하위체계에 있는 다른 구성원들과 개별적 관계를 맺는다.
  ㉡ 가족의 하위체계는 각 구성원 단위(예 남편, 아내, 딸, 아들 등)이며, 문화적 맥락(예 가족의 역할과 규칙 등)은 가족 하위체계의 역할을 규정한다.
  ㉢ 가족 하위체계 간 경계선의 명확성 여부는 가족기능을 평가하는 기준이다. 미누친(Minuchin)은 가족 내부 경계선에는 기능이 있고 양극단의 연속선상 어느 한 곳에 위치한다고 본다.
  ㉣ 지나치게 강한 결속성에 따른 구속: 구성원들에게 획일적인 감정과 생각을 강요해 속박감을 주며, 가족에 대한 희생을 요구하고 구성원의 자립적인 활동을 지원하지 못한다.
  ㉤ 이탈성이 강한 가족영역에 따른 책임성 결여: 구성원 간의 차이를 광범위하게 수용하지만 상호 도움을 주고받기가 어렵고, 가족의 지도원리가 자주 변한다.

4. 집단의 개요 `기출` 21회

① 집단의 성립요건
  ㉠ 구성원 간 인지와 반응을 통해 상호작용을 하는 2인 이상의 사회적 집합체를 집단이라고 한다.
  ㉡ 집단은 소속감 및 공동의 목적과 관심사가 있고, 목적을 성취하기 위해 구성원 간에 상호의존적인 관계를 갖는다.
② 집단의 상호작용
  ㉠ 집단 내의 상호작용은 힘의 교환행동으로, 집단과정에 참여한 사람들은 서로 접촉하며 행동, 태도, 사고, 감정이 변화되는 결과를 가져온다.
  ㉡ 상호작용의 유형

기둥형	집단의 지도자가 중심적 위치에 있고 구성원과 지도자의 의사소통이 활발함.
순번형	구성원이 돌아가면서 이야기를 함.
자유부동형	구성원들이 자유롭게 이야기를 함.
뜨거운 자리형	다른 성원은 지켜보고 지도자와 한 구성원만 의사소통을 함.

③ 집단의 결속력
   ㉠ 집단에는 집단에 남아 있게 하는 구심력과 집단에서 벗어나도록 만드는 원심력이 있다. 두 힘의 결과를 집단결속력이라고 한다.
   ㉡ 구성원은 결속력이 높으면 집단에 머물고자 하고, 결속력이 낮으면 집단에 소속되기를 원하지 않는다.
④ 집단의 목적
   ㉠ 집단의 목적은 구성원 개인적 목적과 기관 및 사회복지사의 서비스 제공목적이 통합되어 전체 집단이 공통으로 추구하는 결과를 말한다.
   ㉡ 집단의 목적은 전체 구성원의 기대가 모인 것으로, 집단의 존립 이유와 희망을 포함하며 목적의 개수가 하나 이상일 수 있고, 여러 개의 하위목표를 가질 수도 있다.

개념 공략 사회적 관계의 유형 **기출** 16회, 18회

사회적 관계의 기본 유형	• 공동사회: 자연적인 감정, 충동, 욕망이 통일된 인간의지인 본질의지에 의해 형성 • 이익사회: 인위적인 감정, 충동, 욕망이 통일된 인간의지인 선택의지에 의해 형성
사회적 관계에 따른 집단 유형	• 1차집단: 자연적으로 형성된 집단, 혈연·지연에 의해 이루어진 집단, 소규모, 개인의 성격형성에 영향을 미치는 집단 　예 가족, 고향친구 • 2차집단: 인위적으로 형성된 집단, 목적달성을 위해 모이거나 구성된 집단, 계약에 의해 만들어진 집단 　예 회사

5. 집단의 유형 기출 15회, 16회

① **개방집단**: 계속해서 새로운 성원을 받아들이며, 구성원의 수는 무제한이다.
② **폐쇄집단**: 구성원 수가 정해져 있으며, 집단이 진행될 때에는 어떤 성원도 받아들이지 않는다.
③ 과업집단
   ㉠ 목적: 과업달성, 성과물 산출, 명령수행을 위해 만들어진다.
   ㉡ 특징
      • 특정 과업달성을 위한 의사소통과 규칙 및 일정이 적용된다.
      • 구성원의 역할이 과업달성이므로 자기공개성이 낮고, 집단의 성공도 과업달성이나 성과물 산출로 평가된다.
④ 자조집단
   ㉠ 암, 알코올중독과 같은 주요 공동관심사가 있어 치료집단과 유사하다.
   ㉡ 사회복지사는 자조집단을 형성하는 데 도움을 주지만 직접 개입하지는 않는다. 비전문가들이 이끌어간다는 점에서 치료집단과 구분된다.
   ㉢ 목적: 구성원 간의 지지와 개인이 자신의 삶을 책임질 수 있는 환경을 만들어 주는 것이다.
⑤ 치료집단
   ㉠ 목적: 구성원의 사회정서적 욕구를 만족시키기 위해 구성되고 기능한다. 즉, 집단과정의 성공은 성원들의 치료목표가 성공적으로 달성되었는가에 근거한다.
   ㉡ 특징
      • 구성원 간의 의사소통이 적극적이고, 구성원의 역할은 상호작용의 결과에 따라 이끌어 낼 수 있다.
      • 구성원의 자기공개성이 높고, 치료집단의 진행과정은 집단 안에서만 이루어지며 이 과정은 집단에 따라 유연하거나 형식이 있다.

ⓒ 유형

치유집단	구성원 스스로 본인의 행동을 바꿈으로써 문제에 대처하고 문제를 완화하며 사회적·신체적 외상으로부터 회복하기 위한 집단으로, 구성원에 대한 지지와 치료, 회복에 중점을 둠. ⑩ 약물중독자 치료집단, 알코올중독자 치료집단
성장집단	개인적 변화를 이끌어 낼 수 있는 기회를 구성원에게 제공하면서 자아향상을 강조하는 집단으로, 사회정서적인 건강을 증진시키는 데 중점을 둠. ⑩ 은퇴 후 생활을 준비하는 노인집단 등
지지집단	구성원의 스트레스 대응과 적응을 원조하는 집단 ⑩ 아동양육의 어려움을 겪는 한부모집단 등
교육집단	구성원의 지식, 정보, 기술향상을 위한 집단으로, 배움에 대한 공통의 관심사를 가진 사람들로 구성된 집단 ⑩ 고혈압환자의 자기관리집단 등
사회화집단	사회관계를 맺는 것에 어려움을 느끼는 구성원의 사회적 기술증진을 위한 집단으로, 프로그램 활동, 역할기법 등을 사용 ⑩ 장기입원자의 사회기술훈련 등

6. 집단의 구조적 요소

① 규범구조
  ㉠ 규범적인 '지침'을 통해 명시적인 계약을 체결하고 집단의 치료적 환경을 만든다.
  ㉡ 치료적 환경조성으로 '작업하는 집단'을 만들고 치료적 행동을 촉진시킨다.
② 하위집단 구조
  ㉠ 필연적으로 출현하는 역동으로 집단기능을 유용하게 하고 집단과정에 묻히기도 한다.
  ㉡ 부정적 하위집단은 충성과 배제의 이슈를 만들기도 하고 지도자와 대립하거나 하위집단별 구성원끼리만 단편적으로 의사소통한다.
③ 응집
  ㉠ 구성원들이 하나로 엮여 있는 유대관계의 정도와 집단의 관심도를 뜻한다.
  ㉡ 지도자는 참석자를 하나로 모으는 행위와 발언을 계속해 응집력을 지원해야 한다.
④ 지도력 구조
  ㉠ 집단유지를 위해 집단의 목적, 구성원의 목표를 유지하기 위한 행동을 한다.
  ㉡ 지도자는 집단지도력 유지를 위한 행동과 구성원이 스스로 방향을 설정하는 데 필요한 책임을 분배해야 한다.

7. 집단체계 구성원의 역할

① 과업(집단) 역할: 집단이 과업을 달성할 수 있도록 기여하는 역할을 말한다.

- 문제해결에 필요한 아이디어, 해결책, 정보제공을 담당한다.
- 집단의 진행사항에 관심을 가지고 하위집단의 활동을 조정하거나 집단의 방향성에 관심을 갖는다.
- 과업수행 시 집단에 어떤 일이 일어나는지를 기록한다.
- 집단유지에 필요한 실무적인 역할(⑩ 문서배포, 회식배치 등)을 담당한다.

② **사회정서적 역할**: 집단 내의 대인관계 및 심리적 측면에 초점을 두는 역할로 '집단형성 및 유지역할'이라고도 한다. 집단구성원의 의견 차이와 갈등을 중재한다.

- 구성원 및 집단 내의 의사소통을 원활하게 하려는 노력에 앞장선다.
- 구성원의 긴장을 완화할 수 있도록 돕는다.
- 집단이 성취해야 할 기준이나 규범을 제안한다.
- 집단의 원활한 상호작용을 돕는 다양한 역할을 한다.

③ **개인적 역할**: 집단의 과업달성에는 관심이 없고 개인적인 문제에만 관심이 있는 자기중심적인 역할을 말한다.

- 자신의 열등감을 보상하기 위해 자신의 기여를 인정받는 데만 관심이 있다.
- 의사소통을 독점하고, 다른 구성원을 공격하거나 질투한다.
- 집단의 과업달성과 원활한 상호작용을 방해한다.

4 환경체계 - 조직, 지역사회, 문화

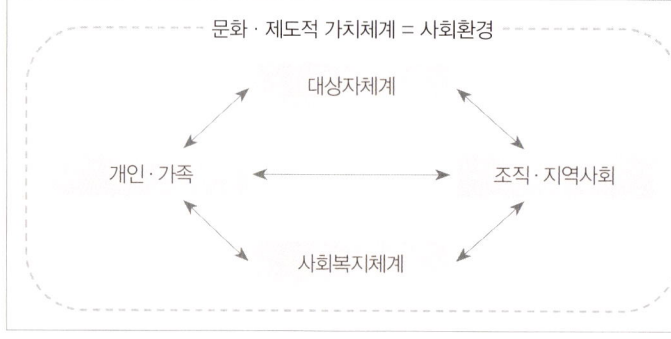

- 환경체계는 미시체계(개인, 가족)와 거시체계(조직과 지역사회)로 구분되며, 상호 긴밀한 영향력을 행사하는 관계이다.
- 지역사회는 감정과 정서로 연결되지만, 조직은 공식적 계약과 규칙에 의해 유지된다.

1. 조직체계

① 개념
  ㉠ 특정 목표를 달성하기 위해 의도적으로 구성된 집합체를 말한다.
  ㉡ 공식적인 분화와 통합의 과정이 있고 규범을 내포하는 사회적 체계이다.

② 특성
  ㉠ 체계의 목적과 목표가 뚜렷하며 이를 달성하기 위해 활동한다.
  ㉡ 분업을 기반으로 하고 위계구조가 존재한다.
  ㉢ 조직의 특성에 맞는 규범과 조직만의 문화를 갖는다.
  ㉣ 환경 속에서 다른 체계와 지속적으로 상호작용한다.

③ 유형

조직활동 결과에 따른 유형	활동의 목적을 중심으로 구분 예 생산조직, 정치조직, 통합조직, 잠재적 형태 유지조직
사회적 기능에 따른 유형	활동의 이익을 누가 얻는가로 구분 예 기업조직, 봉사조직, 공익조직, 호혜조직
복종·통제 형식에 따른 유형	• 통제수단에 따라 구분 예 강입조직, 보상조직, 규범조직 • 가입과 탈퇴를 자유롭게 할 수 있는가로 구분 예 강제조직, 자발조직, 공리조직

2. 조직과 관련된 이론

① 고전이론
  ㉠ 위계적 권위, 규칙과 규정, 목표지향적 분업과 전문화, 실적주의를 특성으로 한다.
  ㉡ 생산성 향상을 위한 시간관리와 생산 전 과정에 대한 과학적 관리방법을 제시한 조직이론을 말한다.
② 구조모델
  ㉠ 조직의 합리적인 구조와 그 구조에 관여하는 사람들의 비합리적이며 불완전한 행동에 초점을 둔다.
  ㉡ 생산성을 최대한 향상시키기 위해 모든 변수를 고려한다.
③ 체계이론: 조직의 상호작용과 균형상태에서 기능하는 상호 관련된 부분들 또는 하위체계로 이루어진 사회체계로 조직을 해석한다.
④ 인간관계이론: 조직기능의 비공식적인 심리사회적 역할을 강조하며 직원의 의욕과 참여, 소집단 행동의 역동성을 중요하게 생각한다.

3. 지역사회체계

① 개념
  ㉠ 지리적·물리적 공통성에 대한 공유로 구분할 수 있으며, 온라인상의 가상 공동체도 포함된다.
  ㉡ 공동의 관심사와 정체성의 공유에 기반하며, 공동의 문화와 활동을 공유하는 경우에 해당된다.
② 기능

사회화	지역사회의 제도, 가족과 사회가 원하는 지식과 생활의 가치, 행동패턴을 전수함.
생산·소비·분배	구성원이 상품과 서비스를 생산·소비하고 분배함.
사회참여와 통제	• 지역사회가 제공하는 활동에 구성원이 참여하고, 이 과정에서 사회규범에 순응하도록 통제 • 주로 민간조직과 비공식조직이 포함됨.
상호원조	개인적으로 자신의 욕구를 충족할 수 없는 상황에서 상부상조

③ 유형
  ㉠ 지리적 지역사회와 기능적 지역사회

지리적 지역사회	지리적 공간을 공유하며 밀접한 상호작용을 하는 사람들의 집단 예 근린지역사회, 대단위 아파트 단지 등
기능적 지역사회	공간과 상관없이 특정한 공동의 관심과 기능을 공유하는 사람들의 집단 예 환경보호 운동조직, 장애아동을 양육하는 부모모임 등

  ㉡ 공동사회와 이익사회

공동사회	지역주민들이 친밀하고 사적인 유대관계를 맺으며 공통된 가치와 신념, 상호의존, 존경을 가짐.
이익사회	지역주민들이 공식적이고 전문적인 관계를 맺으며 공식적으로 구조화된 관계를 가짐.

4. 지역사회에 대한 이론
① **구조적 관점**: 지역사회는 정치·사회적 기능을 수행하므로, 지역사회의 권력구조에 주목한다.
② **사회체계 관점**: 지역사회를 구성하는 사회체계 사이에는 상호관련성이 있으므로, 어떻게 상호작용하는지 분석한다.
③ **인류생태적 관점**: 환경과 지역주민 간의 관계에 초점을 두고, 지역사회 내의 분업과 전문성을 강조하며 지역사회 내부와 지역사회 간의 상호의존성을 강조한다.
④ **사회심리적 관점**: 구성원의 정체성, 소속감, 연대성, 안전성을 중시한다.

5. 지역사회의 모델
① **지역사회개발모델**
  ㉠ 지역사회 구성원의 폭넓은 참여로 지역사회의 변화가 이루어지며 문제를 발견하고 해결하는 데 다양한 계층의 사람들을 포함한다.
  ㉡ 민주적 절차와 합의, 자발적 협조, 토착적인 지도력 개발, 자조가 강조된다.
② **사회계획모델**: 문제해결의 기술적 과정을 강조하며 복잡한 지역사회의 변화를 이끌어갈 전문가의 역할이 중요하다.
③ **사회행동모델**
  ㉠ 주요 제도나 공공조직의 기본 정책의 변화를 위하며 힘과 자원의 재분배를 요구한다.
  ㉡ 민주주의와 사회정의에 따라 자원과 처우가 향상되도록 지배계층에 압력을 가하고 소외된 집단을 조직하는 데 관심을 둔다.

6. 문화체계 기출 15회, 16회, 20회, 22회
① **개념**
  ㉠ 문화는 지식, 예술, 도덕, 법률, 신앙, 관습 및 사회구성원으로부터 얻어진 모든 관심의 총체이다.
  ㉡ 인간의 이상을 실현하려는 활동과정 및 그 과정에서 발생한 물질적·정신적 소득의 총화를 말하며 인간의 내적 정신활동의 산물이다.
② **특성** 기출 21회
  ㉠ 인간의 생활양식으로 민족이나 사회가 지속해 온 다양한 분야의 생활모습이며, 인간생존의 필수적인 요소로 구성원에게 내면화되어 인간행동에 영향을 미치는 사회체계이다.
  ㉡ 문화는 개인과 집단의 행동방식을 제시하고 구조화시키며 행동에 의미를 부여한다.
  ㉢ 다른 사회의 구성원과 구분되는 공통적 속성을 지닌다.
  ㉣ 학습을 통해 습득되는 부분으로 사회화를 통해 개인의 일부가 된다.
  ㉤ 언어와 문자를 통해 세대 간에 계승되며 축적된다.
  ㉥ 사회변화에 따라 환경에 적합한 방식으로 수정되고 조절되며 새로운 특성이 추가된다.
  ㉦ 문화는 지식, 도덕, 제도 등 많은 부분들이 전체적으로 체계를 이룬다.
  ㉧ 문화는 외부로 드러나는 것 외에 속으로 품고 있는 의미가 따로 있다.
  ㉨ 모든 사회에는 공통적인 문화형태가 있어 각 나라의 문화 사이에 보편성이 존재한다.
  ㉩ 문화가 사회통합의 기회를 제공하지만, 갈등의 원인이 되면 특정 집단에 대한 억압이나 소외의 원인이 되기도 한다.

③ 기능

사회화	다양한 생활양식을 내면화시키고 사회에 적응하면서 살아갈 수 있게 하는 기능
욕구충족	다양한 생활양식을 통해 의식주와 같은 기본적 욕구를 충족시키는 기능
사회통제	규범과 관습으로 개인에 대한 규제와 부정적 요소를 통제하는 기능
사회존속	구성원을 대상으로 생활양식을 전승시켜 사회를 존속시키는 기능

④ 유형 기출 16회

주변문화	문화의 중심으로부터 떨어져 있어 문화특질을 적게 지님.
절반문화	문화가 완전한 형태를 이루지 못하고 다른 문화에 의존함.
민속문화	어느 민족에서 오랫동안 일반 대중에게 전승되어 온 신앙, 풍습 등
하위문화	한 사회집단 내에서 다른 것과 구분되는 생활양식
은둔문화	외부에서 파악하기 어려운 숨겨진 문화
관념문화	인간에게 삶의 방향을 제시해 주고 정신적인 삶을 풍요롭게 해주는 정신적 산물로, 종교적 신념·신화·전설 등
물질문화	인간의 기본적인 욕구를 충족하는 데 필요한 도구나 기술로, 음식·집·옷 등
제도(규범)문화	구성원들의 행위를 규제하는 규범이나 제도로, 관습·도덕·법 등

7. 다문화 기출 13회, 21회

① 개념
  ㉠ 인종적·문화적 다양성을 설명하는 개념으로 취업, 결혼 등을 이유로 삶의 터전을 옮기는 구성원이 증가하면서 기존 문화에 새로운 문화가 유입되어 사회문화가 변화하는 것을 의미한다.
  ㉡ 이주노동자, 결혼을 위한 이주여성의 증가로 다문화에 대한 사회의 관심이 증가하고 있고, 다인종·다민족과 공존하면서 많은 변화를 경험하고 있다.

② 우리 사회의 과제
  ㉠ 이주노동자, 결혼이주여성, 새터민의 경우 불편한 의사소통 및 편견과 차별로 여러 어려움을 겪고 있다.
  ㉡ 다문화사회에서는 인종의 다양성과 생활방식 및 문화의 다양성이 공존하며, 사회통합을 위한 선주민의 노력이 필요하다.

개념 공략 문화적응이론(베리, 1997)

개인이 모국의 고유문화를 유지하는지 여부와 주류문화에 적극적으로 참여하고 관계를 유지하는지 여부에 따라 통합, 동화, 분리, 주변화로 구분함.

통합	주류사회와의 관계를 유지하고 고유문화의 문화적 정체성과 특성을 유지
동화	주류사회와의 관계를 유지하나 고유문화의 문화적 정체성과 특성을 포기
분리	주류사회와의 관계는 유지하지 않고 고유문화의 문화적 정체성과 특성을 유지
주변화	주류사회와의 관계와 고유문화와의 관계 맺기 모두를 유지하지 않음.

TEST 1 인간행동과 사회환경

01 인간발달에 관한 설명으로 옳지 <u>않은</u> 것은? 21회

① 영아기에서 노년기까지 시간 흐름의 과정이다.
② 일정한 순서와 방향성이 있어 예측이 가능하다.
③ 생애 전 과정에 걸쳐 진행되는 환경적, 유전적 상호작용의 결과이다.
④ 각 발달단계별 인간행동의 특성이 있다.
⑤ 발달에는 개인차가 있다.

02 인간발달이론이 사회복지실천에 미친 영향으로 옳은 것은? 19회

① 아들러(A. Adler)의 이론은 인간을 하나의 통합된 유기체로 인식하는 데 공헌하였다.
② 피아제(J. Piaget)의 이론은 발달단계의 순서가 개인과 문화에 따라 다르게 나타날 수 있음을 인식하는 데 공헌하였다.
③ 프로이트(S. Freud)의 이론은 모방학습의 중요성을 인식하는 데 공헌하였다.
④ 스키너(B. Skinner)의 이론은 인간행동이 내적 동기에 의해 강화됨을 이해하는 데 공헌하였다.
⑤ 로저스(C. Rogers)의 이론은 클라이언트의 생애발달단계를 파악하고 평가하는 데 공헌하였다.

03 아들러(A. Adler)의 이론에 관한 설명으로 옳지 <u>않은</u> 것을 모두 고른 것은?

> ㉠ 인간을 목적을 지향하는 사회적 존재로 보았다.
> ㉡ 인간의 성격발달단계를 제시하였다.
> ㉢ 출생의 순서, 부모와 형제와의 경험이 생활양식에 영향을 준다.
> ㉣ 인간의 열등감은 역기능적이다.

① ㉠, ㉢   ② ㉠, ㉡
③ ㉠, ㉣   ④ ㉡, ㉢
⑤ ㉡, ㉣

04 에릭슨(E. Erikson)의 심리사회적 발달단계별 위기를 극복한 뒤 획득되는 능력이 바르게 연결된 것을 모두 고른 것은?

> ㉠ 학령기 – 능력, 유능성
> ㉡ 청소년기 – 성실성, 충성심
> ㉢ 성인기 – 배려
> ㉣ 영아기 – 희망

① ㉣   ② ㉠, ㉢
③ ㉡, ㉣   ④ ㉠, ㉡, ㉢
⑤ ㉠, ㉡, ㉢, ㉣

합격을 여는 만능해설

01 ① 인간발달은 태내 수정 또는 출생에서부터 사망에 이르기까지 신체적·인지적·정서적·사회적 측면 등 전인적인 측면에서 전 생애에 걸쳐 일어나는 변화 과정이다.

02 **오답 해설**
② 피아제 – 각 발달단계에 도달하는 개인 간 연령차는 있을 수 있어도 발달순서는 유지된다.
③ 프로이트 – 인간의 정신활동은 목적이 있고 과거의 경험에 의해 결정된다고 보았으며 무의식과 성적 욕구를 강조하였다. 모방 학습을 강조한 학자는 반두라이다.
④ 스키너 – 인간의 행동은 외적 동기에 의해 강화된다.
⑤ 로저스 – 인간은 자신을 창조하는 과정 중에 있고, 생의 의미를 창조하며, 주관적 자유를 실천해 나가는 존재이다.

03 ㉡ 생활양식을 성격유형과 같다고 보고, 활동수준과 사회적 관심에 따라 구분하여 제시하였다. 아들러의 이론은 성격발달단계와 관련이 없다.
㉣ 열등감은 인간의 성장에 기능적인 역할을 한다고 보았다.

04 ⑤ ㉠~㉣ 모두 에릭슨의 심리사회적 발달단계별 위기를 극복한 뒤 획득되는 능력으로 옳다.

05 아동기(7~12세)의 발달에 관한 설명으로 옳은 것을 모두 고른 것은? 18회

> ㉠ 에릭슨(E. Erikson)의 심리사회적 위기 중 솔선성 대 죄의식(Initiative vs. Guilt)이 해당된다.
> ㉡ 조합기술을 획득하기 위해서는 가역성, 보상성, 동일성의 원리에 대한 이해가 필요하다.
> ㉢ 단체놀이를 통해 개인의 목표가 단체의 목표에 속함을 인식하고 노동배분(역할분담)의 개념을 학습한다.
> ㉣ 추상적 사고가 가능해져서 미래의 사건을 예측할 수 있는 가설적, 연역적 사고가 발달한다.

① ㉠
② ㉢
③ ㉠, ㉡
④ ㉡, ㉢
⑤ ㉡, ㉣

06 로저스(C. Rogers)의 이론이 사회복지실천에 미친 영향으로 옳지 않은 것은? 18회

① 비지시적인 상담의 중요성을 강조한다.
② 공감적 상담의 중요성을 강조한다.
③ 비심판적 태도는 원조관계에 유용하다.
④ 클라이언트 자기결정권의 중요성을 강조한다.
⑤ 클라이언트의 과거 정신적 외상의 중요성을 강조한다.

07 동갑 친구들 A~C의 대화에서 알 수 있는 인간발달의 원리는? 20회

> A: 나는 50세가 되니 확실히 노화가 느껴져. 얼마 전부터 노안이 와서 작은 글씨를 읽기 힘들어.
> B: 나는 노안은 아직 안 왔는데 흰머리가 너무 많아지네. A는 흰머리가 거의 없구나.
> C: 나는 노안도 왔고 흰머리도 많아. 게다가 기억력도 예전같지 않아.

① 발달에는 개인차가 있다.
② 발달의 초기단계가 일생에서 가장 중요하다.
③ 발달은 학습에 따른 결과이다.
④ 발달은 분화와 통합의 과정이다.
⑤ 발달은 이전 발달과업 성취에 기초하여 이루어진다.

---

05 오답 해설
㉠ 에릭슨의 심리사회적 위기 중 솔선성 대 죄의식은 유아기 – 학령전기(4~6세)에 해당한다.
㉡ 아동기에 보존개념을 획득하기 위해서는 가역성, 보상성, 동일성에 대한 개념을 획득해야 한다.
㉣ 추상적 사고 및 가설적, 연역적 사고는 형식적 조작기(청소년기)의 특징에 해당한다.

06
⑤ 로저스는 현상학이론의 학자로, 치료적 관계에 대한 규명으로 대상자 중심의 개입(안전한 환경, 비심판적인 태도, 공감, 긍정적 관심 등)을 강조했다. 클라이언트의 과거 정신적 외상을 강조한 것은 프로이트의 정신분석이론이다.

07
① 발달은 보편적인 과정을 거치지만, 환경과 유전적 요인에 따른 개인차가 있다. 인간의 발달은 전 생애에 걸쳐 진행되는 유전과 환경의 상호작용이며, 점성원리·기초성·누적성·연속성을 가진다.

08 영아기(0~2세)에 관한 설명으로 옳은 것은?

① 콜버그(L. Kohlberg): 전인습적 도덕기에 해당한다.
② 에릭슨(E. Erikson): 주 양육자와의 "신뢰 대 불신"이 중요한 시기이다.
③ 피아제(J. Piaget): 보존(conservation) 개념이 확립되는 시기이다.
④ 프로이트(S. Freud): 거세 불안(castration anxiety)을 경험하는 시기이다.
⑤ 융(C. Jung): 생활양식이 형성되는 시기이다.

09 반두라(A. Bandura)의 사회학습이론 중 모델행동의 상징적 표상을 적절한 행동으로 전환하는 과정은?

① 주의집중과정
② 보유과정
③ 동기과정
④ 자기강화과정
⑤ 운동재생과정

10 고전적 조건형성의 학습 원리에 관한 설명으로 옳은 것을 모두 고른 것은?

㉠ 시간의 원리: 무조건자극보다 조건자극이 늦게 제공되어야 조건형성이 이루어진다.
㉡ 강도의 원리: 무조건자극에 대한 반응이 조건자극에 대한 반응보다 약해야 한다.
㉢ 일관성의 원리: 무조건자극과 조건자극은 조건이 형성될 때까지 지속적으로 제시되어야 한다.
㉣ 계속성의 원리: 자극과 반응 과정의 반복 횟수가 많을수록 조건형성이 잘 이루어진다.

① ㉠, ㉡
② ㉡, ㉣
③ ㉢, ㉣
④ ㉠, ㉡, ㉢
⑤ ㉠, ㉢, ㉣

---

08 오답 해설
① 콜버그의 도덕성 발달이론에서 영아기는 적용하지 않았으며 전인습적 도덕기는 4~9세이다.
③ 피아제의 인지발달이론에서 영아기는 감각운동기에 해당하며, 보존개념이 확립되는 시기는 구체적 조작기(7~12세)에 해당한다.
④ 프로이트의 정신분석이론에서 영아기는 구강기와 항문기에 해당하며, 거세 불안과 남근 선망을 경험하는 시기는 남근기(3~6세)이다.
⑤ 생활양식이 형성되는 시기를 규정한 학자는 아들러이다. 아들러는 개인심리이론에서 4~5세경에 기본적인 생활양식이 형성된다고 하였다.

09 ⑤ 운동재생과정은 모델행동의 심상 및 언어로 기호화된 표상을 외형적인 행동으로 전환하는 과정이다.

10 오답 해설
㉠ 시간의 원리(근접의 원리): 조건자극은 무조건자극보다 시간적으로 동시에 또는 약간 앞서서 주어져야 한다. 조건반응 유발에 가장 효과적인 방법은 지연조건형성으로 0.5초를 가장 이상적인 시간간격으로 본다.
㉡ 강도의 원리: 조건형성이 이루어지기 위해서는 선행자극보다 후행자극이 더 강력해야 원하는 결과를 얻게 됨을 의미한다. 즉, 자극의 강도가 일정하거나 후행자극이 먼저 제시한 자극보다 강할수록 조건형성이 용이하게 이루어진다.

11 피아제(J. Piaget) 이론의 한계점으로 옳은 것을 모두 고른 것은?

> ㉠ 성인기 이후의 인지발달을 간과하였다.
> ㉡ 발달과정에서 부모의 역할과 교육의 중요성을 강조하지 않았다.
> ㉢ 문화적, 사회경제적, 인종적 차이 등을 충분히 고려하지 않았다.
> ㉣ 인지발달의 과정에서 아동 자신의 역할을 무시한 측면이 있다.

① ㉠, ㉡, ㉢   ② ㉠, ㉢
③ ㉡, ㉣   ④ ㉣
⑤ ㉠, ㉡, ㉢, ㉣

12 융(C. Jung)의 분석심리이론에 관한 설명으로 옳지 않은 것은? 15회

① 자아(Ego): 의식과 무의식을 결합시키는 원형적인 심상이며, 의식은 자아에 의해 지배된다.
② 페르소나(Persona): '자아의 가면'이라고 하며 외부와의 적응에서 생긴 기능 콤플렉스이다.
③ 음영/그림자(Shadow): 자신이 모르는 무의식적 측면에 있는 부정적인 또 다른 나의 모습으로 모순된 행동을 하게 만든다.
④ 집단무의식(Collective Unconscious): 인류역사를 통해 조상으로부터 물려받은 정서적 소인으로 개인마다 그 원형은 다르다.
⑤ 개성화(Individuation): '자기실현'이라고도 하며 모든 콤플렉스와 원형을 끌어들여 성격을 조화하고 안정성을 유지하는 것이다.

13 아들러의 생활양식 유형에 대한 설명으로 옳지 않은 것은?

① 인생과업을 해결하는 방식과 태도는 생활양식과 밀접한 관련이 있다.
② 사회적으로 유용한 유형은 자신과 타인의 욕구를 동시에 충족시키는 한편 다른 사람들과 기꺼이 협력한다.
③ 사회적 관심과 활동수준에 따라 분류하였다.
④ 지배형은 다른 사람에게 의존하여 자신의 욕구를 충족하는 유형이다.
⑤ 회피형은 인생의 모든 문제를 회피함으로써 실패 가능성도 모면하려는 특징이 있다.

14 유아기(3~6세)에 관한 설명으로 옳지 않은 것은? 22회

① 자신의 성을 인식하는 성 정체성이 발달한다.
② 놀이를 통한 발달이 활발한 시기이다.
③ 신체적 성장이 영아기(0~2세)보다 빠른 속도로 진행된다.
④ 언어발달이 현저하게 이루어지는 시기이다.
⑤ 정서적 표현의 특징은 일시적이며 유동적이다.

---

11 오답 해설
㉣ 피아제는 인지발달과정에서 아동의 능동적 역할을 강조하며 아동이 가르치는 대로 배우는 것이 아니라 자신만의 방법을 통해 배운다고 보았다.

12 ④ 융은 집단무의식을 정신적으로 공유하고 있는 하부구조로 보고, 개인적으로 얻어진 것이 아니라 인류에게 공통적으로 유전되어 온 것이라 보며 무의식적 정신의 심층에 존재한다고 설명하였다. 따라서 개인마다 그 원형이 다르지 않다.

13 ④ 다른 사람에게 의존하여 자신의 욕구를 충족하는 유형은 획득형이다. 지배형은 독단적·공격적·활동적이지만 사회적인 인식이나 관심이 거의 없으며, 타인의 안녕은 아랑곳 하지 않고 행동을 한다.

14 ③ 영아기(0~2세)는 급격한 신체발달이 이루어져 제1 성장 급등기라고 하며, 신체적 성장이 유아기보다 빠른 속도로 진행된다.

15 다음 학자의 주요 이론과 기법의 연결이 옳은 것은? [18회]

① 스키너(B. Skinner) – 행동주의이론 – 강화계획
② 프로이트(S. Freud) – 정신분석이론 – 타임아웃기법
③ 피아제(J. Piaget) – 분석심리이론 – 합리정서치료
④ 매슬로우(A. Maslow) – 인본주의이론 – 자유연상
⑤ 융(C. Jung) – 개인심리이론 – 행동조성

16 청년기 혹은 장년기의 발달과제를 연구한 학자와 내용이 바르게 연결되지 않은 것은? [15회]

① 레빈슨(D. Levinson) – 직업 선택, 사회적 역할
② 펙(R. Peck) – 자아분화, 친밀한 관계 활동
③ 콜버그(L. Kohlberg) – 후인습적 수준(보편적 도덕원리) 습득
④ 에릭슨(E. Erikson) – 타인과 조화로운 관계 형성
⑤ 하비거스트(R. Havighurst) – 배우자 선택, 가정관리

17 방어기제에 대한 설명이 바르게 연결된 것은?

① 전치 – 의식에서 용납하기 어려운 생각, 욕망, 충동을 무의식 속에 눌러 놓는 것
② 보상 – 자신의 성격, 외모 등의 결함을 다른 것으로 메우기 위한 행동을 하는 것
③ 해리 – 바로 의식화하기에 부담스러운 대상을 상징적인 대상으로 바꾸는 것
④ 저항 – 겉으로 보이는 태도나 언행이 마음속 생각과 정반대인 경우
⑤ 상환 – 불안을 없애기 위해 불안의 원인이 되는 사람과 똑같이 되려 하는 것. 중요인물의 태도와 행동을 따라하는 것

18 학자와 주요개념의 연결로 옳은 것을 모두 고른 것은? [22회]

㉠ 로저스(C. Rogers) – 자기실현 경향성
㉡ 벡(A. Beck) – 비합리적인 신념
㉢ 반두라(A. Bandura) – 행동조성
㉣ 아들러(A. Adler) – 집단무의식

① ㉠
② ㉠, ㉡
③ ㉡, ㉢
④ ㉠, ㉡, ㉢
⑤ ㉡, ㉢, ㉣

합격을 여는 만능해설

15 오답 해설
② 프로이트 – 정신분석이론 – 자유연상, 꿈의 분석
③ 피아제 – 인지발달이론 – 정서적 안정, 반복학습
④ 매슬로우 – 욕구체계이론 – 욕구충족 지원
⑤ 융 – 분석심리이론 – 중년기 지원, 단어연상검사, 재구성기법

16 ② 펙은 장년기(중년기)의 성공적인 적응을 위한 다음 네 가지 심리적 발달을 제시하였다.
- 지혜의 중시 대 물리적 힘(육체적 힘)의 중시
- 대인관계의 사회화 대 성적 대상화
- 정서적 유연성 대 정서적 빈곤성
- 정신적 유연성 대 정신적 경직성

17 오답 해설
① 억압에 대한 설명이다.
③ 상징화에 대한 설명이다.
④ 반동형성에 대한 설명이다.
⑤ 동일시에 대한 설명이다.

18 오답 해설
㉡ 벡은 인간의 사고 과정을 자동적 사고, 스키마(도식), 인지적 오류(체계적 오류, 왜곡)로 구분하는 인지치료를 주장하였다.
㉢ 반두라는 사회학습이론을 주장하면서 자기강화, 자기효율성 등의 개념을 제시하였다.
㉣ 아들러는 개인심리이론을 주장하면서 열등감과 보상, 우월성, 생활양식 등의 개념을 제시하였다.

19 체계이론의 개념에 관한 설명으로 옳은 것을 모두 고른 것은? 〔19회〕

> ㉠ 균형(Equilibrium) – 환경과 상호작용하기 위하여 체계의 구조를 변화시키는 과정 또는 상태
> ㉡ 넥엔트로피(Negentropy) – 체계 내부의 유용하지 않은 에너지가 감소되는 상태
> ㉢ 공유영역(Interface) – 두 개 이상의 체계가 공존하는 부분으로 체계 간의 교류가 일어나는 장소
> ㉣ 홀론(Holon) – 외부와의 상호작용으로 체계 내의 에너지가 증가하는 현상 또는 상태

① ㉠
② ㉠, ㉣
③ ㉡, ㉢
④ ㉡, ㉢, ㉣
⑤ ㉠, ㉡, ㉢, ㉣

20 문화에 관한 설명으로 옳은 것은? 〔21회〕

① 선천적으로 습득된다.
② 개인행동에 대한 규제와 사회통제의 기능은 없다.
③ 고정적이며 구체적이다.
④ 다른 사회의 구성원과 구별되는 공통적 속성이 있다.
⑤ 다양성은 차별을 의미한다.

21 콜버그(L. Kohlberg)의 도덕성 발달이론에 관한 설명으로 옳지 않은 것은? 〔20회〕

① 법과 질서 지향단계는 인습적 수준에 해당한다.
② 피아제(J. Piaget)의 도덕성 발달이론에 기초를 제공하였다.
③ 전인습적 수준에서는 행동의 원인보다 결과에 따라 옳고 그름을 판단한다.
④ 보편적 윤리 지향단계에서는 정의, 평등 등 인권적 가치와 양심적 행위를 지향한다.
⑤ 도덕적 딜레마가 포함된 이야기를 아동, 청소년 등에게 들려주고, 이야기 속 주인공의 행동에 대한 도덕적 판단과 그 근거를 질문한 후 그 응답에 따라 도덕성 발달단계를 파악하였다.

19 오답 해설
㉠ 균형 – 주로 폐쇄체계에서 나타나며, 체계의 구조 변화가 거의 없고 현상 유지를 바람직한 상태로 본다.
㉣ 홀론 – 중간체계가 가지고 있는 이중적 성격을 나타내는 말로, 하나의 체계는 상위체계에 속한 하위체계이면서 동시에 다른 것의 상위체계가 된다는 개념이다.

20 오답 해설
① 문화는 학습을 통해 후천적으로 습득된다.
② 문화는 규범이나 관습 등으로 개인행동에 대한 규제와 사회악을 제거하는 사회통제의 기능을 한다.
③ 문화는 사회변화 및 다른 문화의 영향을 받아 끊임없이 수정·추가·변동되며, 구체적인 생활양식뿐만 아니라 추상적인 정신영역을 포함한다.
⑤ 다양성은 문화적 차이일 뿐 그 자체로 차별을 의미하는 것은 아니다.

21 ② 콜버그는 피아제의 도덕성 발달이론을 성인기까지 확장하였다. 〈약을 훔친 하인츠〉 이야기와 같은 도덕적 딜레마 상황을 제시하고 도덕성 발달단계를 세분화하였다.

22 다음 중 마샤(J. Marcia)의 자아정체감의 네 가지 범주에 대한 설명으로 옳은 것을 모두 고른 것은?

> ㉠ 자아정체감 성취 – 위기극복에 스스로 의사결정을 할 수 있는 상태
> ㉡ 자아정체감 유실 – 위기가 없었고 타인에 의해 의사결정을 하는 상태
> ㉢ 자아정체감 혼란 – 위기도 없고, 의사결정도 못 내리는 상태
> ㉣ 자아정체감 유예 – 위기상황에 있으면서 정체감 형성을 위한 노력을 시도하는 상태

① ㉠, ㉡, ㉢ ② ㉠, ㉢
③ ㉡, ㉣ ④ ㉣
⑤ ㉠, ㉡, ㉢, ㉣

23 노년의 지위와 역할상실에 대한 대응방식으로 독서, 그림 등 주로 개인적인 활동을 하는 노년기 유형은?

① 참여활동형 ② 자기완성형
③ 사회오락형 ④ 한거형
⑤ 폐쇄형

24 자조집단으로 기능하는 집단을 모두 고른 것은?

> ㉠ 치매노인 가족집단
> ㉡ 알코올중독 치료집단
> ㉢ 자폐아동 부모집단
> ㉣ 사회복지위원회

① ㉠, ㉡, ㉢ ② ㉠, ㉢
③ ㉡, ㉣ ④ ㉣
⑤ ㉠, ㉡, ㉢, ㉣

25 프로이트(S. Freud)의 심리성적발달단계에 관한 설명으로 옳은 것은? [19회]

① 남근기 – 동성 부모에 대한 동일시의 기제가 나타나는 시기이다.
② 항문기 – 양육자와의 상호작용과정에서 최초로 갈등을 경험하는 시기이다.
③ 구강기 – 자율성과 수치심을 주로 경험하는 시기이다.
④ 생식기 – 오이디푸스·엘렉트라 콤플렉스가 강해지는 시기이다.
⑤ 잠복기 – 리비도(Libido)가 항문 부위로 집중되는 시기이다.

합격을 여는 만능해설

22 ⑤ 마샤의 자아정체감의 네 가지 범주는 위기와 전념의 두 가지 차원을 기준으로 구분된 것이다. 위기를 극복하거나 경험하고 있는 유형은 자아정체감 성취와 유예이며, 위기 경험 자체가 없는 유형은 자아정체감 유실과 혼란이다.

23 오답 해설
① 참여활동형 – 자원봉사, 재능기부와 같이 각종 사회활동을 한다.
② 자기완성형 – 교육, 세미나 참석 등 자아실현을 위한 활동을 한다.
③ 사회오락형 – 여가활동을 중심으로 활동을 한다.
⑤ 폐쇄형 – 건강문제 등을 비관하며 집에만 머문다.

24 ② 자조집단은 공통된 쟁점(관심사)에 대해 개인 또는 환경에 바람직한 변화를 가져오기 위해 모인 사람들로 구성되며, 비전문가들이 이끌어간다.

25 오답 해설
② 항문기 – 리비도가 항문 부위로 집중되는 시기이다.
③ 구강기 – 입이 자극과 상호작용의 창구이며, 신뢰감 대 불신감을 주로 경험한다.
④ 생식기 – 생식기가 자극의 초점이며, 성숙한 성적 관계로 발전한다.
⑤ 잠복기 – 학령기에 해당하며, 성본능과 무관한 기술을 습득한다.

TEST 2 인간행동과 사회환경

01 사회체계이론의 주요개념에 관한 설명으로 옳지 않은 것은? [20회]

① 넥엔트로피는 폐쇄체계가 지속되면 나타나는 현상이다.
② 항상성은 비교적 안정적이며 지속적인 균형상태를 유지하기 위한 체계의 경향을 말한다.
③ 시너지는 체계 내부 간 혹은 외부와의 상호작용이 증가함으로써 체계 내에서 유용한 에너지양이 증가하는 현상이다.
④ 경계란 체계와 환경 혹은 체계와 체계 간을 구분하는 일종의 테두리를 의미한다.
⑤ 균형은 외부체계로부터 투입이 없어 체계의 구조변화가 거의 없이 고정된 평형상태를 의미한다.

02 인간발달에 관한 설명 중 가장 옳지 않은 것은?

① 전 생애에 걸쳐 일어나는 상승적 변화와 퇴행적 변화이다.
② 개인의 기질이나 유전적 요인은 심리적, 사회적 발달에 영향을 미친다.
③ 인간의 발달은 모두 일정한 속도를 가지고 진행된다.
④ 결정적 시기에 발달이 미숙하더라도 이후 단계에서 보완할 수 있다.
⑤ 인간발달이론은 사회복지실천의 원조과정과 연관이 있다.

03 매슬로우(A. Maslow)의 이론에 관한 설명으로 옳지 않은 것은? [18회]

① 인간의 창조성은 잠재적 본성이다.
② 각 개인은 통합된 전체로 간주된다.
③ 안전의 욕구는 소속과 사랑의 욕구보다 상위단계의 욕구이다.
④ 인간의 욕구는 자신을 성장하도록 동기부여한다.
⑤ 인간본성에 대해서 낙관적인 태도를 보이고 있다.

04 아동기(7~12세)의 발달에 관한 설명으로 옳은 것을 모두 고른 것은? [22회]

> ㉠ 프로이트(S. Freud): 성 에너지(리비도)가 무의식 속에 잠복하는 잠재기(latency stage)
> ㉡ 피아제(J. Piaget): 보존, 분류, 유목화, 서열화 등의 개념을 점차적으로 획득
> ㉢ 콜버그(L. Kohlberg): 인습적 수준의 도덕성 발달단계로 옮겨가는 시기
> ㉣ 에릭슨(E. Erikson): "주도성 대 죄의식"의 발달이 중요한 시기

① ㉠, ㉡
② ㉡, ㉣
③ ㉠, ㉡, ㉢
④ ㉠, ㉢, ㉣
⑤ ㉡, ㉢, ㉣

합격을 여는 만능해설

01 ① 넥엔트로피는 체계 외부의 에너지가 유입되어 내부의 유용하지 않은 에너지가 감소되며, 체계 내의 질서와 법칙이 유지되는 것을 말한다.

02 ③ 인간발달은 보편적인 성장의 과정을 거치지만 환경과 유전적 요인에 따른 개인차가 존재한다.

03 ③ 매슬로우의 욕구체계 단계는 생리적 욕구 → 안전의 욕구 → 소속과 애정의 욕구 → 자기존중의 욕구 → 자기실현의 욕구의 순으로 진행된다.

04 **오답 해설**
㉣ 에릭슨에 의하면 '주도성 대 죄의식'의 발달이 중요한 시기는 유아기(학령전기)이다. 아동기는 '근면성 대 열등감'의 발달이 중요한 시기이다.

정답 01 ① 02 ③ 03 ③ 04 ③

05 피아제(J. Piaget)의 전조작적 시기에 논리적 사고발달을 방해하는 요인은?

┌─────────────────────────────┐
│ ㉠ 자아중심성   ㉡ 형식성 │
│ ㉢ 비가역성   ㉣ 보존성 │
└─────────────────────────────┘

① ㉠, ㉡, ㉢
② ㉠, ㉢
③ ㉡, ㉣
④ ㉣
⑤ ㉠, ㉡, ㉢, ㉣

06 태내기(Prenatal Period)의 발달에 관한 설명으로 옳지 않은 것은? 18회

① 환경호르몬, 방사능 등 외부환경과 임신부의 건강상태, 정서상태, 생활습관 등이 태아의 발달에 영향을 미친다.
② 터너(Turner)증후군은 남아가 XXY, XXXY 등의 성염색체를 가져 외모는 남성이지만 사춘기에 여성적인 2차성징이 나타난다.
③ 양수검사는 임신 초기에 할 경우 자연유산의 위험성이 있으므로 임신 중기에 실시하는 것이 좋다.
④ 융모막검사는 정확도가 양수검사에 비해 떨어지고 유산의 위험성이나 사지 기형의 가능성이 있어 염색체 이상이나 노산일 경우에 제한적으로 실시하는 것이 좋다.
⑤ 다운증후군은 23쌍의 염색체 중 21번 염색체가 하나 더 존재해서 유발된다.

07 에릭슨(E. Erikson)의 이론에 관한 설명으로 옳지 않은 것은? 18회

① 사회적 관심, 창조적 자아, 가족형상 등을 강조한다.
② 청소년기의 자아정체감 발달을 강조한다.
③ 성격발달에 있어서 환경과의 상호작용이 중요하다고 본다.
④ 각 단계의 발달은 이전 단계의 심리사회적 갈등해결과 통합을 토대로 이루어진다.
⑤ 발달은 점성의 원리에 기초한다.

08 아들러(A. Adler)의 생활양식 유형 중 '획득형'에 관한 설명으로 옳은 것은?

① 사회적 인식이나 관심이 적고 독단적이고 공격적이며 자신의 욕구를 충족시킨다.
② 사회적 관심이 많아 자신과 타인의 욕구를 동시에 충족시키며 인생과업을 완수한다.
③ 사회적 관심과 활동수준이 낮은 유형으로 성공보다 실패하는 것을 더 두려워한다.
④ 기생적인 방법으로 외부와 관계를 맺으며 다른 사람에게 의존하여 욕구를 충족한다.
⑤ 사회적 관심이 많고 활동수준이 낮으며 타인의 안녕에 관심이 많다.

합격을 여는 만능해설

05 ② 전조작기(2~7세)는 자아중심성, 비가역성, 중심화 등으로 논리적인 사고가 어려운 시기이다.
   ㉠ 자아중심성 – 타인의 관점이나 역할을 이해하지 못하고 자기가 생각하는 것을 남들도 똑같이 생각한다고 여기는 것이다.
   ㉢ 비가역성 – 어떤 변화가 일어날 때 변화과정을 되밟아 가며 사고하지 못하고 한 방향에서만 생각하는 것이다.
06 ② 터너증후군은 여성에게 2차성징이 거의 나타나지 않는 장애로, 2개가 있어야 하는 X염색체가 하나만 있거나 불안정한 경우에 나타난다.

07 ① 개인의 창조적 자아를 중시한 학자는 아들러이다. 아들러는 인간을 사회적이고 목적론적 존재로 보았으며 출생순위에 따라 성격의 특징이 있다고 보았다.

08 **오답 해설**
① 지배형에 해당한다.
② 사회적으로 유용한 유형에 해당한다.
③ 회피형에 해당한다.
⑤ 사회적 관심이 많으나 활동수준이 낮은 유형은 아들러의 생활양식 유형에 해당하지 않는다.

09 영아기(0~2세)에 관한 설명으로 옳지 <u>않은</u> 것은? 21회

① 인지발달은 감각기관과 운동기능을 통해 이루어지며 언어나 추상적 개념은 포함되지 않는다.
② 정서발달은 긍정적 정서를 표현하는 것에서 시작하여 점차 부정적 정서까지 표현하게 된다.
③ 언어발달은 인지 및 사회성 발달과 밀접한 관련이 있다.
④ 영아와 보호자 사이에 애착관계 형성이 중요하다.
⑤ 낯가림이 시작된다.

10 반두라(A. Bandura)의 사회학습이론에 관한 설명으로 옳지 <u>않은</u> 것은?

① 놀이를 사회학습의 일환으로 본다.
② 행동은 내적 과정과 환경적 영향 간의 상호작용의 결과로서 발생한다.
③ 스스로 계기를 만들고 자기강화를 가능하게 하는 인간의 인지적 능력을 중요시한다.
④ 인간은 매우 주관적인 존재이기 때문에 객관적인 현실이란 존재하지 않는다고 본다.
⑤ 인간의 행동 또는 성격의 결정요인으로 사회적 요소를 중시한다.

11 생태학적 이론에 관한 설명으로 옳지 <u>않은</u> 것은? 18회

① 개인을 환경과 상황 속에서 이해한다.
② 성격은 개인과 환경 사이의 상호작용의 산물이다.
③ 적합성은 인간의 욕구와 환경자원이 부합되는 정도를 말한다.
④ 생활상의 문제는 전체적 생활공간 내에서 이해한다.
⑤ 환경과의 상호작용에서 인간을 수동적인 존재로 본다.

12 중년기(40~64세)의 설명으로 옳은 것은? 22회

① 에릭슨(E. Erikson)에 의하면 "생산성 대 침체"라는 심리사회적 위기를 극복하게 되면 돌봄(care)의 덕목을 갖추게 된다.
② 유동성 지능(fluid intelligence)은 높아지며 문제해결능력도 향상될 수 있다.
③ 자아통합이 완성되는 시기로 자신의 삶에 대한 평가를 시도한다.
④ 갱년기 증상은 여성에게 나타나고 남성은 경험하지 않는다.
⑤ 융(C. Jung)에 의하면 남성에게는 아니무스가, 여성에게는 아니마가 드러나는 시기이다.

---

09 ② 영아기 초기에는 기쁨·슬픔·놀람·공포 등 1차 정서가 나타나고, 첫돌이 지나면 수치·부러움·죄책감과 같은 2차 정서가 나타난다.

10 ④ 피아제의 이론에 대한 설명이다. 반두라의 사회학습이론에서는 인간의 행동 또는 성격의 결정요인으로 사회적 요소를 중시하며, 대부분의 학습은 다른 사람의 행동을 관찰하고 모방함으로써 이루어진다고 본다. 개인은 환경과 지속적인 상호작용으로 영향을 주고받으며 발달한다.

11 ⑤ 생태학적 이론(생태체계이론)은 환경과 인간이 적극적으로 상호작용을 한다고 본다.

12 **오답 해설**
② 중년기에는 유동성 지능은 저하되지만, 실제적인 문제해결능력이 향상되어 결정성 지능은 높아진다.
③ 노년기에 대한 설명이다.
④ 갱년기 증상은 여성과 남성 모두 경험하는 것으로, 신체적 변화와 심리적 증상을 함께 겪는다.
⑤ 융에 의하면 중년기 후기에 남성에게는 여성적인 측면인 아니마가, 여성에게는 남성적인 측면인 아니무스가 드러난다.

13 집단에 관한 설명으로 옳은 것은? 〔18회〕

① 일차집단(Primary Group)은 목적달성을 위해 인위적으로 만들어진 집단이다.
② 이차집단(Secondary Group)은 혈연이나 지연을 바탕으로 자연발생적으로 이루어진 집단이다.
③ 자연집단(Natural Group)은 특정 위원회나 팀처럼 일정한 목적을 갖는 것이 특징이다.
④ 자조집단(Self-help Group)은 유사한 어려움과 관심사를 가진 구성원들의 경험을 나누며 바람직한 변화를 추구한다.
⑤ 개방집단(Open-end Group)은 집단이 진행되는 동안 새로운 구성원의 입회가 불가능하다.

14 일반체계이론의 개념 중 옳은 것은?

① 시너지 – 인간과 환경 사이에 적극적으로 개입하는 자연발생적인 힘
② 경계 – 둘 또는 그 이상의 사람이나 체계 사이의 상호 정서적 교류 및 역동적 상호작용
③ 엔트로피 – 체계가 성장하고 발달하는 방향으로 진행하는 과정
④ 항상성 – 체계를 안정적·지속적 균형상태로 유지하기 위한 경향
⑤ 안정상태 – 위협을 받았을 때 균형을 회복하려는 경향

15 생애주기별 특징으로 옳은 것을 모두 고른 것은? 〔21회〕

> ㉠ 유아기(3~6세)는 성역할을 인식하기 시작한다.
> ㉡ 아동기(7~12세)는 자기중심성을 보이며 자신의 시각에서 사물을 본다.
> ㉢ 성인기(20~35세)는 신체적 기능이 최고조에 달하며 이 시기를 정점으로 쇠퇴하기 시작한다.
> ㉣ 노년기(65세 이상)는 단기기억보다 장기기억의 감퇴 속도가 느리다.

① ㉠, ㉡
② ㉠, ㉣
③ ㉡, ㉢
④ ㉠, ㉢, ㉣
⑤ ㉡, ㉢, ㉣

16 브론펜브레너의 미시체계에 관한 설명으로 옳은 것은? 〔20회〕

① 개인의 생활에 직접적으로 개입하지 않는다.
② 조직수준에서 영향을 미칠 수 있는 체계이다.
③ 개인의 성장시기에 따라 달라지며 상호호혜성에 기반을 두는 체계이다.
④ 개인의 발달에 영향을 미치는 부모의 직업, 자녀의 학교 등을 중시한다.
⑤ 개인이 사회관습과 유행을 통해 자신의 가치관을 표현한다.

합격을 여는 만능해설

13 오답 해설
① 일차집단은 혈연이나 지연에 의해 자연적으로 형성된 집단으로, 소규모이며 개인의 성격형성에 영향을 미친다.
② 이차집단은 목적달성을 위해 인위적으로 형성된 집단으로, 계약에 의해 만들어진 집단이다.
③ 자연집단은 일차집단을 말한다.
⑤ 개방집단은 계속해서 새로운 성원을 받아들인다.

14 오답 해설
① 시너지 – 체계의 부분들 간의 상호작용이 촉진되어 체계를 유지하고 발전시킬 수 있는 유용한 에너지가 증가하는 것이다.
② 경계 – 체계의 내부관계를 특징짓는 체계의 테두리이다.
③ 엔트로피 – 체계가 해체하는 방향으로 진행하는 경향이다.
⑤ 안정상태 – 체계 내 관계를 유지하기 위해 에너지가 계속 사용되는 상태이다.

15 오답 해설
㉡ 아동기(7~12세)는 자기중심성을 극복하여 다른 사람의 시각에서 사물을 보는 능력이 발달한다.

16 오답 해설
① 미시체계는 개인의 생활에 직접적으로 개입한다.
② 미시체계는 조직수준에서 영향을 미칠 수 있는 체계가 아니다.
④ 부모의 직업이 아닌 부모의 태도, 자녀의 학교가 아닌 친구와의 관계를 중시한다.
⑤ 사회적 환경이 아닌 직접 접하는 관계로부터 영향을 받는다.

17 체계이론에서 다음에 해당하는 개념으로 옳은 것은? 16회

> 외부환경과 에너지의 상호교환이 이루어지지 않은 채 고립되어, 다른 체계로부터 투입도 없고 다른 체계로 산출도 전하지 못하는 체계이다.

① 경계
② 폐쇄체계
③ 홀론
④ 다중종결성
⑤ 개방체계

19 생태체계관점에 대한 설명으로 옳은 것은?

> ㉠ 체계이론과 생태학적 개념을 통합한 관점이다.
> ㉡ 인간과 환경과의 관계를 이해하기 위한 구체적인 방법을 제공한다.
> ㉢ 여러 사회복지 영역이 포괄적으로 적용될 수 있다.
> ㉣ 한 가지 개입기법으로 활용하는 모델이다.

① ㉣
② ㉠, ㉢
③ ㉡, ㉣
④ ㉠, ㉡, ㉢
⑤ ㉠, ㉡, ㉢, ㉣

18 중년기(40~64세)에 관한 설명으로 옳지 않은 것은? 19회

① 혼(J. Horn)은 유동적 지능은 증가하는 반면, 결정적 지능은 감소한다고 하였다.
② 레빈슨(D. Levinson)은 성인 초기의 생애 구조에 대한 평가, 중년기에 대한 가능성 탐구, 새로운 생애 구조 설계를 위한 선택 등을 과업으로 제시하였다.
③ 굴드(R. Gould)는 46세 이후에 그릇된 가정을 모두 극복하고 진정한 자아를 찾는 시기라고 하였다.
④ 에릭슨(E. Erikson)은 생산성 대 침체성의 시기라고 하였다.
⑤ 융(C. Jung)은 중년기에 관한 구체적인 개념을 발전시킨 학자이다.

---

17 오답 해설
① 경계 – 체계를 외부로부터 구분하는 눈에 보이지 않는 테두리로, 경계의 속성에 따라 개방체계와 폐쇄체계로 구분한다.
③ 홀론 – 중간체계가 가지고 있는 이중적 성격을 나타낸다.
④ 다중종결성(다중결과성) – 처음 조건과 수단이 비슷해도 각기 다른 결과가 야기된다는 체계이론의 기본 가정이다.
⑤ 개방체계 – 체계에 도움이 되는 정보와 에너지를 외부로부터 자유롭게 받아들인다.

18 ① 중년기에는 새로운 것을 학습하는 능력은 떨어지지만 문제해결능력과 같은 결정성 지능이 좋아진다.

19 오답 해설
㉣ 생태체계관점은 어느 하나의 개입기법을 제시하는 것이 아니며, 인간과 환경 간의 복잡한 상호보완성을 설명하는 데 관심을 두어 통합적 관점을 제시하였다.

20 애착형성에 관한 설명 중 옳지 않은 것은?

① 대상영속성이 나타나는 생후 9개월~15개월경 분리불안이 나타난다.
② 애착은 영아기의 중요한 사회적 발달이다.
③ 주로 신체접촉을 통해 형성된다.
④ 낯가림은 양육자에 대한 애착형성이 이루어졌다는 증거이기도 하다.
⑤ 분리불안은 낯가림보다 보통 먼저 나타난다.

21 반두라(A. Bandura)의 이론에 관한 설명으로 옳지 않은 것은? 　19회

① 학습은 사람, 환경 및 행동의 상호작용에 의해 이루어짐을 강조한다.
② 특정행동을 성공적으로 수행할 수 있다는 신념을 강조한다.
③ 개인이 지닌 인지적 요인의 영향력을 강조한다.
④ 관찰학습의 첫 번째 단계는 동기유발과정이며, 학습한 내용의 행동적 전환을 강조한다.
⑤ 인간은 스스로 자신의 행동을 강화할 수 있음을 강조한다.

22 인생주기별 발달특성에 관한 설명으로 옳지 않은 것은?

① 영아기에는 자아가 형성된다.
② 유아기에는 주도성 대 죄의식의 심리사회적 위기를 경험한다.
③ 아동기에는 자기중심성이 완화되고 역할수용이 가능하다.
④ 청소년기에는 상상의 청중 및 개인적 우화가 나타난다.
⑤ 노년기는 자아통합의 시기이며 사회관계망의 축소로 사회적 역할이 축소된다.

합격을 여는 만능해설

20 ⑤ 낯가림은 주 양육자에 대한 애착형성이 이루어졌다는 증거로, 보통 생후 5개월 이후 나타난다. 분리불안은 생후 9개월경에 나타나 15개월경에 절정에 달한다.

21 ④ 관찰학습의 과정은 주의집중과정 → 보존(파지)과정 → 운동재생과정 → 동기화과정의 순서이다.
반두라는 인간의 행동이나 성격의 결정요인으로 사회적 요소가 중요하며, 다른 사람의 행동을 관찰하고 모방한 결과로 학습이 이루어진다고 보았으며, 자기효율성(자기효능감)을 강조했다.

22 ① 영아기는 성격발달의 기초가 되는 시기로 대상영속성이 주요 과업인 시기이다. 자아가 형성될 정도의 정서가 분화되지는 않는다.

23 인생주기별 특징에 관한 설명으로 옳지 않은 것은? 19회

① 영아기(0~2세)에는 주 양육자와의 안정된 정서적 신뢰관계가 다른 사람이나 사물과의 관계를 형성하는 데 영향을 미치고 이후의 사회적 발달의 밑바탕이 된다.
② 유아기(3~6세)는 사물을 정신적으로 표상할 수 있는 능력이 발달하여 가장놀이를 즐기며, 이는 사회정서 발달에 영향을 미친다.
③ 아동기(7~12세)는 또래 친구들과 함께 많은 시간을 보내면서 정서 및 사회적 발달에 영향을 받아 도당기라고도 한다.
④ 청소년기(13~19세)는 또래집단의 지지를 더 선호함으로써 부모로부터 독립하려는 경향을 보인다.
⑤ 노년기(65세 이상)는 생물학적으로 노화를 경험하는 시기이면서 경제적으로 안정된 시기이므로 심리적 위기를 경험하지 않는다.

24 문화에 관한 설명으로 옳지 않은 것은? 20회

① 사회체계로서 중간체계에 해당된다.
② 사회구성원들 간에 공유된다.
③ 문화변용은 둘 이상의 문화가 지속적으로 접촉하여 한쪽이나 양쪽에 변화가 일어나는 현상이다.
④ 세대 간에 전승되며 축적된다.
⑤ 사회화에 대한 지침을 제공한다.

25 브론펜브레너(U. Bronfenbrenner)의 중간체계에 관한 설명으로 옳지 않은 것은? 17회

① 미시체계 간의 상호작용으로 구성된다.
② 개인이 새로운 환경으로 이동할 때마다 형성되거나 변화된다.
③ 개인이 다양한 역할을 동시에 수행한다는 의미가 내포된다.
④ 신념, 태도, 문화를 통해 인간에게 간접적으로 강력한 영향력을 행사한다.
⑤ 여러 미시체계가 각기 다른 가치관을 표방할 때 잠재적 갈등의 위험이 따른다.

---

23 ⑤ 노년기는 실직, 정년퇴직으로 인한 경제적 능력 약화와 낮아진 자아존중감으로 삶의 만족도가 낮아지는 시기이며, 역할의 변화로 심리적 위기를 경험한다.

24 ① 문화는 지식, 예술, 도덕, 법률, 신앙, 관습 및 사회구성원으로부터 얻어진 모든 관심의 총체로서, 거시체계에 해당한다.

25 ④ 신념, 태도, 문화 등은 거시체계에 해당한다. 한 개인은 다양한 미시체계에 속하는데, 개인이 속한 미시체계들 사이의 상호작용으로 구성되는 체계를 중간체계라고 한다.

1교시 | 제2영역

사회복지 조사론

CHAPTER 01　사회복지조사의 기초

CHAPTER 02　측정과 척도

CHAPTER 03　표본추출(표집)

CHAPTER 04　사회복지조사의 유형

CHAPTER 05　다양한 자료수집방법

TEST 1 ✚ TEST 2

영역별 10개년 출제 현황

- 사회복지조사론은 주로 변수, 가설과 같은 사회조사방법의 기본 개념과 특징이나 타당도와 신뢰도의 차이점을 묻는 문제가 자주 출제된다.
- 표본 관련 개념과 실험조사연구도 종종 출제되니 과목의 전반적 내용을 꼼꼼히 살펴보아야 한다.
- 다소 낯선 개념과 어려운 용어에 당황할 수 있겠지만, 차분히 학습하면 어렵지 않을 것이다.

출제 키워드 BEST 3

질적조사
10년간 20번 언급된 키워드
질적조사의 개념과 특징을 정확히 알아두자.

독립변수
10년간 20번 언급된 키워드
종속변수와의 차이와 특징을 알아둘 것!

내적타당도
10년간 13번 언급된 키워드
내적타당도의 개념과 저해요인을 숙지할 것!

CHAPTER 01 단숨에 끝내는

사회복지조사의 기초

핵심 Tag #사회복지조사의 연구윤리 #과학적 조사법과 과학철학 #사회복지조사의 유형 #사회복지조사의 절차
#변수 #개념적 정의와 조작적 정의 #가설

1 사회복지조사와 과학적 연구

1. 사회과학과 사회복지학 기출 12회, 14회, 16회, 19회, 20회

① 사회과학의 특징
  ㉠ 인간의 행위를 연구대상으로 한다.
  ㉡ 자연과학에 비해 인과관계에 대한 명확한 결론을 내리기 어렵다.
  ㉢ 끊임없이 변화하는 사회현상을 규명한다.
  ㉣ 사회문화적 특성의 영향을 받는다.
  ㉤ 관찰대상물과 관찰자 간 구분이 뚜렷하지 않다.
    참고 사회과학에서 관찰대상물과 관찰자가 분명히 구분된다는 것은 틀린 설명이다.

② 사회복지학의 특징
  ㉠ 사회복지학은 응용과학이다. 참고 사회복지학은 순수과학이 아니다.
  ㉡ 사회복지학은 사회문제에 대처하기 위한 학문이다.
  ㉢ 사회과학은 사회복지의 실천적 지식의 제공 및 이론적 발전에 기여할 수 있다.
  ㉣ 사회복지학을 연구하는 데에는 사회과학에 의해 발전된 개념들을 활용할 수 있다.

2. 과학적 탐구로서의 사회복지조사 기출 11회, 12회, 15회, 16회, 20회, 22회, 23회

① 과학적 지식의 특징
  ㉠ **논리성**: 과학적 지식은 연구자 개인의 주관적 판단이 아니라 명확한 인과관계와 객관적 사실, 다수가 충분히 공감할 수 있는 타당한 논리적 과정이 필요하다.
  ㉡ **재생 가능성**: 동일한 연구방법과 절차로 진행할 경우 모든 사람이 동일한 결과를 얻어야 한다.
  ㉢ **수정 가능성**: 시대와 조사도구의 발달 등에 따라 과학적 지식은 잠정적이며 수정 가능하다.
  ㉣ **간주관성**
    • 다양한 주관 사이에서 서로가 공동으로 인정하는 것을 의미하며, 상호주관성이라고도 한다.
    • 서로 다른 연구자가 연구를 하더라도 동일한 연구과정을 거친다면 같은 결론을 얻게 된다.
  ㉤ **간결성**: 과학적 지식은 꼭 필요한 최소한의 변수를 사용하여 간결하게 정리하는 것이 핵심이며, 불필요한 요소를 최대한 걷어내는 것이 좋다.
  ㉥ **실증성(경험성)**: 과학적 지식은 경험적으로 검증 가능하여야 한다.
  ㉦ **객관성**: 연구자의 주관적 가치 판단이 연구과정이나 결론에 작용하지 않도록 한다.
    참고 객관성은 개인적 취향이나 판단 등 주관성과 반대되는 의미이다.

- ⓒ 일반성
    - 과학적 지식은 보편타당하고 포괄적으로 적용할 수 있는 일반화된 형태의 지식을 추구한다.
    - 지엽적인 사실 관계에 대한 확인이나 현상 발견은 과학적 지식의 주된 관심사가 아니다.
- ② 사회복지조사의 특징
    - ㉠ 사회복지관련 이론 개발에 상용된다.
    - ㉡ 연구의 전 과정에서 결정주의적 성향을 지양해야 한다.
- ③ 사회복지사가 과학적 조사연구방법을 활용하는 일반적 상황
    - ㉠ 사회복지 전문가로서 실제 조사를 수행할 때
    - ㉡ 지역주민의 복지적 욕구를 파악할 때
    - ㉢ 학술논문에 있는 실천방법들의 효과성을 비교할 때
    - ㉣ 새로운 프로그램의 만족도를 평가할 때

3. 사회복지조사의 연구윤리 기출 12~16회, 18회, 21회, 22회

- ① 응답자의 동의와 자발적 참여
    - ㉠ 연구참여자들의 연구참여 동의가 필요하다. 참여자의 연령, 건강상태 등의 문제로 참여자 스스로 판단하기 어려운 경우에는 책임이 있는 보호자 등의 동의로 대신할 수 있다.
        - 참고 연구참여자가 평소와 다른 행동을 하지 않도록 연구자의 신분을 숨기고 자료를 수집하는 것은 연구윤리에 어긋난다.
    - ㉡ 사전 동의와 자발적 참여 조건을 모두 충족한 상태라 할지라도, 연구과정 중에 참여자가 원하지 않으면 언제라도 조사를 중단할 수 있음을 안내한다.
        - 참고 수업시간에 조사하는 설문지도 응답자의 동의와 자발적 참여가 필요하다.
- ② 응답자의 익명성과 비밀 보장
    - ㉠ 익명성 보장: 연구참여자들은 자신의 신원을 밝히지 않고 응답할 수 있다.
    - ㉡ 비밀 보장
        - 연구자는 응답자의 신원을 파악하고 있더라도 이를 외부에 공개해서는 안 된다.
        - 그럼에도 연구과정에서 참여자의 인권과 안전이 침해당하는 징후가 발견되면 외부에 알리고 도움을 요청할 수 있다.
- ③ 지적재산권의 존중과 연구윤리의 실천
    - ㉠ 연구과정에서 도움을 받은 자료는 연구보고서에 밝혀야 한다.
    - ㉡ 타인의 연구결과를 인용 없이 사용하는 것은 표절이다.
- ④ 고지의 의무: 연구자는 연구참여자들에게 다음의 사항에 대해 고지할 의무가 있다.
    - ㉠ 연구의 목적
    - ㉡ 해당 연구에 참여함으로써 참여자가 받게 될 혜택과 위험
    - ㉢ 조사결과의 활용계획 등 전반 사항
        - 참고 연구에 참여하면 얻게 되는 이익을 연구참여자에게 사전에 알리지 않았다면 연구자가 고지의 의무를 다하지 않은 것이다. 부정적인 요소뿐만 아니라 긍정적 요소를 포함한 제반 사항을 참여자들에게 고지하여야 한다.
    - ㉣ 예외적 상황
        - 기관생명윤리위원회의 심사를 통과한 경우에는 사전에 연구참여자에게 연구목적을 밝히지 않을 수 있다.
        - 차량 통행량 측정의 경우에도 운전자에게 일일이 동의를 구하지 않는다.

개념 공략 **연구윤리의 중요성**

연구의 공익적 가치도 중요하지만, 연구윤리보다 우선할 수는 없음.

4. 과학적 조사법 [기출] 11회, 14회, 16~20회

① 연역법
- ㉠ 일반적인 사실(원리)에서 개별적이고 특수한 사실(원리)을 이끌어내는 접근법이다.
- ㉡ '대전제 → 소전제 → 결론'으로 이루어지는 삼단논법을 따른다.

  예제 모든 인간은 죽는다(대전제). → 소크라테스는 사람이다(소전제). → 소크라테스는 죽는다(결론).

- ㉢ 전제로부터 결론이 도출되는 형태이므로, 관련 선행연구가 풍부하지 않은 연구주제는 연역법을 따르기 어렵다.
- ㉣ 실증주의적 접근을 따른다.
- ㉤ 대부분 양적연구는 연역적 접근을 따른다.

  참고 양적조사는 가설검증을 지향하고, 질적조사는 탐색과 발견을 지향한다.

② 귀납법
- ㉠ 개별적인 사실이나 관찰된 내용을 통해 이론(임시결론)을 도출하는 접근법이다.

  예제 소크라테스는 죽었다(관찰). → ⑴ 윗층 아저씨가 죽었다. ⑵ 옆집 아주머니가 죽었다(경험적 일반화, 유형의 발견). → 모든 인간은 죽는다(이론, 임시 결론).

- ㉡ 귀납적 조사결과는 필연적 결론이라기보다는 특정 상황에 적합한 가설 또는 명제일 수 있다.
- ㉢ 해석주의적 접근을 따른다.
- ㉣ 질적연구는 귀납적 접근을 토대로 연구가 이루어진다.

③ 연역법과 귀납법의 관계
- ㉠ 연역법과 귀납법은 상호배타적 관계가 아니라 상호보완적 관계이다.
- ㉡ 연역적 조사는 관련 연구가 어느 정도 축적된 상황에서 할 수 있다.
- ㉢ 선행연구가 부족한 상황에서는 귀납적 접근을 통해 연구가 시작되기도 한다.

개념 공략 연역법과 귀납법의 비교
- 연역법: 이론 → 가설설정 → 조작화 → 관찰(경험, 측정) → 가설검증
- 귀납법: 주제선정 → 관찰 → 유형의 발견(경험적 일반화) → 이론(임시 결론)

5. 과학철학 [기출] 11회, 14회, 16~18회, 20~22회

① 해석주의와 실증주의
- ㉠ 해석주의
  - 사회적 행위에 대한 주관적 의미와 해석을 중시하는 방법론이다.
  - 면접조사 등 주로 언어를 분석대상으로 한다.
  - 사회적 행동을 행위자의 입장에서 이해하려 한다.
  - 사회조사를 수행하는 연구자의 가치나 태도가 중요하다.
  - 현상에 대한 직접적 이해는 사실상 불가능하다고 본다.
- ㉡ 실증주의
  - 관찰이나 실험, 객관적 조사 등 검증 가능한 지식을 중시하는 인식론이다.
  - 과학과 비과학을 철저히 구분한다.

> **♥ 합격 가이드**
> 해석주의와 실증주의는 그 특징을 비교하여 공부하는 것이 좋습니다.

- 인간행위를 예측할 수 있는 확률적 법칙을 강조한다.
- 보편적이고 적용 가능한 통계적 분석도구를 사용한다.
- 연구결과의 일반화에 관심이 많다.
- 이론의 재검증에 유용하다.

개념 공략 후기 실증주의
- 지식의 본질을 잠정적·확률적으로 간주하였음.
- 인간의 비합리적 행위도 합리적으로 설명할 수 있다고 봄.

② 포퍼의 반증주의
  ㉠ 과학의 진보에서 중요한 것은 이론과 가설의 '검증 가능성'이 아닌 '반증 가능성'이라 간주한다.

  > **예제** 단 한 마리의 흑백조로 "모든 백조는 흰색이다."라는 일반적 가설을 반박할 수 있다.

  ㉡ 직접적으로 증명하기보다는 반증 시도를 통해 가설의 설득력을 확보하려 한다.
  ㉢ 반증 가능성이 높은 가설이 많을수록 과학은 진보한다고 본다.
    참고 반증주의가 누적적인 진보를 부정하면서 역사적 사실과 잘 부합하는 새로운 패러다임을 제시하였다는 것은 틀린 설명이다. 이는 쿤의 과학적 혁명론에 해당한다.

③ 쿤의 과학적 혁명론
  ㉠ 패러다임이란 현상에 대한 우리의 관점을 조직하는 도식, 틀을 의미한다.
  ㉡ 패러다임의 변화는 점진적인 것이 아니라 혁신적·혁명적인 것이다.
  ㉢ 과학은 누적적 진보를 하지 않는다.
  ㉣ 과학의 진보에는 특정한 패턴과 구조가 존재하는데, 기존 패러다임의 위기가 명백해지면 새로운 패러다임으로 전환된다.
  ㉤ 같은 시기에 다양한 패러다임이 공존할 수 있다.
  ㉥ 학문 공동체의 사회적 성격이 과학이론 선택에 중요한 역할을 한다.

④ 비판사회과학적 패러다임
  ㉠ 억압받는 집단의 권한을 강화하는 데 관심을 둔다.
  ㉡ 사회를 변화시키는 데 주목한다.

⑤ 포스트모더니즘적 패러다임
  ㉠ 객관적 실재, 보편주의, 동일성에 대한 강조에서 벗어나고자 한다.
  ㉡ 다양성이 지니는 가치, 장르 간 자유로운 이동 등이 특징이다.

2 사회복지조사의 유형과 절차

1. 사회복지조사의 유형 기출 11~23회

① 자료수집방법에 따른 구분
  ㉠ 양적조사
    - 실증주의적 방법론에 토대를 두고, 객관적인 측정방법을 사용한다.
    - 가설검증을 지향한다.
    - 대규모 자료수집과 분석이 가능하다.
    - 연역법을 주로 사용한다.

ⓒ 질적조사
- 현상학적 접근법을 따르며, 사회현상의 주관적 의미에 관심이 있다.
- 탐색과 발견을 지향하므로 풍부하고 자세한 사실의 발견이 가능하다.
- 소수의 사례를 깊이 있게 관찰할 수 있다.

ⓒ 혼합조사
- 양적조사와 질적조사를 혼합한 연구방법론이다.

  참고 양적설계에 질적조사를 단순히 추가하는 것은 혼합조사방법론이 아니다.

- 양적조사 결과로부터 질적조사가 시작되기도 하고, 반대로 질적조사 결과를 토대로 양적조사가 시작되기도 한다.
- 연구자에 따라 두 가지 연구방법의 비중은 상이할 수 있다.
- 혼합조사방법론을 사용하기 위해서는 연구자가 두 가지 연구방법을 모두 잘 알아야 하며, 다양한 패러다임을 수용할 수 있어야 한다.
- 같은 사회조사에서 질적조사와 양적조사의 결과가 같을 필요는 없다.

개념 공략 양적조사와 질적조사 비교

양적조사	질적조사
• 상대적으로 표본의 크기가 큼. • 연역적 접근방법을 사용함. • 상대적으로 조사결과의 일반화가 수월함.	• 상대적으로 표본의 크기가 작음. • 귀납적 접근방법을 사용함. • 조사결과의 일반화가 어려움.

② 자료수집시점에 따른 구분
  ㉠ 횡단조사
   - 특정 시점에서 조사대상을 1회 조사하는 연구방법이다(정태적).

     예 특정 시점에서의 여론조사, 인구주택총조사(인구센서스), 출구조사 등
   - 탐색, 기술, 설명을 목적으로 한다.
   - 대규모 표본조사가 가능하다.
  ㉡ 종단조사
   - 같은 주제에 대해 조사대상을 일정한 시간 간격을 두고 반복적으로 조사하는 연구방법이다(동태적).

     예 기초연금의 노인 빈곤 감소효과를 알아보는 종단연구 등
   - 시간 경과에 따른 변화를 살피는 데 유용하다.
   - 표본의 크기가 상대적으로 작다.
   - 하위 유형으로 패널조사, 경향조사, 동년배집단조사 등이 있다.
   - 패널조사(Panel Study)
     - 동일인을 대상으로 일정한 시간 간격을 두고 같은 내용을 반복적으로 조사한다.
     - 조사대상에게 나타난 변화를 파악하고 설명하는 데 독립변수의 시간적 우선성을 확보할 수 있어 내적타당도가 높다.
     - 시간이 지날수록 조사대상자의 수가 줄어들고, 이로 인해 변화를 확인하기 어려울 수 있다.
     - 조사대상의 추적과 관리에 비용이 많이 든다.

> **합격 가이드**
>
> 독립변수와 내적타당도의 개념은 'CHAPTER02 측정과 척도'에서 다룹니다.

- 경향조사(Trend Study, 추세조사)
  - 일정 주기별 변화를 살펴볼 수 있다.
  - 언제나 동일한 대상을 조사하는 것은 아니다.
- 동년배집단조사(Cohort Study, 코호트 조사)
  - 동년배집단을 대상으로 일정한 시간 간격을 두고 동일한 자료를 수집하여 시대적 변화를 연구한다.
  - 세대 간 차이, 변화를 조사할 때 필요한 조사방법론이다.
  - 경향조사와 마찬가지로 언제나 동일한 대상을 조사하는 것은 아니다.

개념 공략 경향조사와 동년배집단조사의 공통점
- 종단연구이므로 둘 이상의 시점에서 조사가 이루어짐.
- 동일 대상 반복 측정을 원칙으로 하지 않음.

③ 조사목적에 따른 구분
  ㉠ 탐색적 조사
  - 선행연구가 별로 없어 사전지식이 부족할 때 실시한다.
  - 조사설계를 확정하기 전 예비조사로서 탐색적 조사를 수행하기도 한다.

    예제 지역사회 주민들을 대상으로 하는 욕구조사
    일본 후쿠시마 원전 유출이 지역주민들의 삶에 초래한 변화를 연구하고자 하였으나, 관련 연구나 선행 자료가 상당히 부족함을 발견하여 탐색적 조사를 실시하기로 했다.

  ㉡ 기술적 조사
  - 특정 사건이나 현상을 정확하게 파악하고자 할 때 실시한다.
  - 구체적인 분포, 규모(크기), 비율 등을 사실적으로 파악하는 것이 주된 목적이다.
    예 국민연금 기초수급자의 현황 파악, 인구주택총조사 등

  ㉢ 설명적 조사
  - 변수 간 관련성을 살펴보고, 가설을 검증하는 연구조사이다.
  - 인과관계 규명에 유용하여 진단조사라 불리고, 조사결과를 토대로 미래를 예측해본다는 점에서 예측적 조사라고도 한다.
    예 학교폭력 가해자 및 피해자의 특성 연구 등

2. 사회복지조사의 절차 기출 11~14회, 16~19회

문제설정 → 가설설정 → 조사설계 → 자료수집 → 자료분석 및 해석 → 보고서 작성

① 문제설정
  ㉠ 사회조사는 연구주제, 연구문제를 선정하는 것에서부터 시작된다.
  ㉡ 조사과정에 소요될 시간과 비용, 발생 가능한 윤리적 이슈 등 현실적 문제를 종합적으로 고려한다.
  ㉢ 조사에서 다루고자 하는 범위는 구체적이어야 한다.
    참고 문제설정단계에서 조사범위를 넓게 서술해야 한다는 것은 틀린 설명이다.
  ㉣ 잠정적 결과를 예측하는 연구문제를 제시할 수 있다.
  ㉤ 문제형성과정에 다른 연구자의 참여가 가능하다.
  ㉥ 연구문제가 변수 간의 관계를 예측할 필요는 없다.

② 가설설정
- ㉠ 가설이란 변수 간 관계에 대한 연구자의 예측이다.
  - 예) 대학생들의 전공에 따라 다문화 수용성이 다를 것이다.
- ㉡ 연구자는 연구문제와 자신이 선택한 이론의 방향성에 따라 가설을 설정한다.
- ㉢ 가설은 연구자가 설정한 연구문제를 검증할 수 있어야 한다.

③ 조사설계
- ㉠ 누구를 대상으로, 언제, 어떻게, 어떤 규모로 자료를 수집할지, 수집된 자료는 어떻게 분석할지 등 자료의 수집·분석과정에 필요한 내용들을 설계하는 단계이다.
- ㉡ 조사설계에 반드시 포함되어야 할 내용은 다음과 같다.
  - 구체적인 자료수집방법 참고 경우에 따라 2가지 이상의 조사방법을 병행하는 혼합연구방법론을 택할 수 있다.
  - 모집단 및 표집방법, 표본규모
  - 조사도구 참고 설문조사의 경우, 설문지가 조사도구이다.
  - 자료분석절차와 방법
  - 주요 변수의 개념 정의와 측정방법 등

④ 자료수집
- ㉠ 조사설계에 따라 자료를 수집하는 단계이다.
- ㉡ 연구문제의 특성과 연구기간, 비용 등을 고려하여 적절한 방법으로 자료를 수집한다.

⑤ 자료분석 및 해석: 수집된 자료를 분석하는 데 필요한 기법을 사용하여 분석하고 해석한다.

⑥ 보고서 작성: 사회조사는 그저 자료를 모으는 것에서 그치는 것이 아니라, 최종 보고서를 작성하여 조사 결과를 공유해야 의미가 있다. 즉, 조사연구는 일련의 조사과정을 담은 보고서를 작성함으로써 마무리된다.

참고 수집한 자료를 분석하고 해석하면 사회조사가 완료된다는 것은 틀린 설명이다.

3 사회복지조사의 기본개념

1. 변수 기출 11~23회

① 변수의 개념과 특징
- 변수의 사전적 정의는 '어떤 관계나 범위 안에서 여러 가지 값으로 변할 수 있는 수'이다
- 키, 몸무게, 기온 등과 같이 직접 관찰할 수 있는 변수도 있고, 직업만족도와 같이 직접관찰은 어렵지만 경험적으로 측정 가능한 변수도 있다.
- 변수는 조작적 정의의 결과물이다.
- 변수는 두 개 이상의 속성을 가져야만 한다.
- 연속형 또는 비연속형으로 측정될 수 있다.

② 기능에 따른 구분
- ㉠ 독립변수
  - 다른 변수의 영향을 받지 않고, 다른 변수에 영향을 미치는 변수이다.
  - 종속변수보다 시간적으로 앞서야 한다.
  - 독립변수와 종속변수는 일정한 방식으로 같이 변해야 한다.
  - 모든 형태의 척도(명목, 서열, 등간, 비율)가 독립변수로 사용된다.
  - 원인변수, 설명변수, 예측변수 등으로도 부른다.

  예제 복지정책이 소득수준 향상의 원인일 때, '복지정책'은 독립변수이다.

ⓒ 종속변수
- 독립변수의 움직임에 따라 함께 일정한 방식으로 변화되는 변수이다.
- 다른 변수에 의존하지만 다른 변수에 영향을 미칠 수 없는 변수이다.
- 결과변수, 피설명변수, 반응변수 등으로도 부른다.

> **예제** 소득수준 향상이 경제발전의 결과라면, '소득수준'은 종속변수이다.

개념 공략 변수 간 인과관계가 성립되기 위한 조건
- 독립변수가 종속변수를 시간적으로 앞서야 함.
- 독립변수와 종속변수가 일정한 방식으로 같이 변해야 함.

ⓒ 매개변수
- 독립변수와 종속변수 사이에 존재하며, 독립변수의 결과인 동시에 종속변수의 원인이 되는 변수이다.
- 매개변수는 독립변수의 결과변수인 한편, 종속변수의 원인변수로 작용한다.
- 모든 측정수준(명목, 서열, 등간, 비율)의 변수가 매개변수로 사용 가능하다.

> **예제** 소득은 의료 접근성을 통하여 삶의 만족도에 영향을 미친다고 할 때, '의료 접근성'은 매개변수이다.

ⓔ 외생변수
- 독립변수와 종속변수가 실제로는 관련성이 없는 가식적 관계 또는 허위관계인데, 그럼에도 두 변수가 마치 유의미한 관련성이 있는 것처럼 보이게 만드는 제3의 변수가 바로 외생변수이다.
- 외생변수는 독립변수와 종속변수 모두에 영향을 미치므로 연구자는 외생변수의 영향력을 고려해야 한다.
- 외재변수, 외적변수, 가외변수 등 다양하게 부른다.

> **예제** 또래관계증진 프로그램이 결혼이민자가정 자녀들의 자아정체감에 미치는 영향을 평가하는 연구를 수행할 때, 자녀의 자아정체감의 차이를 불러올 수 있는 '부모의 사회경제적 지위'는 외생변수이다.

ⓜ 억압변수(억제변수)
- 독립변수나 종속변수 중 하나의 변수와는 정적 상관을, 나머지 변수와는 부적 상관을 가져 결과적으로 독립변수와 종속변수 간 인과관계가 없는 것처럼 보이게 만드는 변수이다.
- 연구자는 외생변수와 마찬가지로 억압변수를 잘 고려해야 한다.

ⓑ 통제변수
- 독립변수와 종속변수 간 관련성을 확인하는 과정에서 주변부에서 영향을 미치는 제3의 변수들의 효과를 통제해야 하는데, 이 제3의 변수들을 통제변수라고 한다.
- 분석과정에서 외생변수와 억압변수 모두 통제변수가 된다.

> **예제** 한 연구에서 부모의 학력이 자녀의 대학 진학률에 영향을 미치는 것으로 나타났다. 그러나 부모의 재산이 비슷한 조사대상으로 한정하여 다시 분석한 결과, 부모의 학력과 자녀의 대학 진학률은 통계적으로 유의미한 관계가 없는 것으로 나타난 경우, '부모의 재산'은 통제변수이다.

ⓢ 조절변수: 독립변수가 종속변수에 미치는 영향의 크기나 방향성에 영향을 미치는 변수이다.

> **예제** 연령에 따라 거주기간이 지역사회 응집력에 미치는 영향력이 다르다고 할 때, '연령'은 조절변수이다.

③ 속성에 따른 구분
  ㉠ 비연속변수(이산변수): 측정값 내 존재하는 사잇값이 별다른 의미를 가지지 않는 변수이다.
    • 명목변수
      – 부여된 기호는 다른 기호와 구분하는 용도일 뿐, 다른 의미는 없다.
      – 가령, 응답자의 성별을 '(1) 남성 (2) 여성'으로 측정할 경우, (1)과 (2) 간 어떠한 서열이나 다른 중요한 의미는 없다.
        예 사회복지사의 근무지역 동(洞), 장애유형, 성별, 베이비붐세대 여부, 현재 흡연 여부, 직업·지위, 혼인 여부, 종교, 아르바이트 경험 유무 등
    • 서열변수
      – 변수 내 서열과 순서가 존재한다.
      – 응답자의 선호나 만족도, 순서 등을 측정할 때 유용하다.
        예 사회복지사의 근무기관 평가등급(A, B, C, D), 강의만족도, 학업성취도평가의 석차, 생활수준(상, 중, 하) 등
  ㉡ 연속변수: 범주 내에 서열과 순위가 존재하며 간격을 알 수 있는 변수이다.
    • 등간변수
      – 정해진 범위 내에서 서열이나 순위는 물론, 하위 서열(순위)의 범주 간 거리가 동일한 척도이다.
      – 예를 들어, 영하 10도와 영하 5도 간 존재하는 5도의 차이와 영상 5도와 영상 10도 간 존재하는 5도의 차이는 같다. 즉, 등간이다. 예 온도, 지능지수(IQ), 학년, 시험점수 등
    • 비율변수
      – 변수 간 범주가 상호배타적이다(명목변수의 특징).
      – 서열 및 순서를 나타낸다(서열변수의 특징).
      – 카테고리 내 간격이 같다(등간변수의 특징).
      – 가장 고차원적인 비교와 계산이 가능하여 다양한 통계기법을 적용할 수 있다.
      – 속성이 전혀 없는 절대 0점이 있기 때문에 사칙연산(+, −, ×, ÷)이 가능하다.
        예 키, 몸무게, 연령, 사회복지사가 이수한 보수교육시간(분), 소득, 주말드라마 시청률, 투표율, 가구소득 등

개념 공략 측정수준이 다른 변수의 비교

구분	명목척도	서열척도	등간척도	비율척도
범주 간 상호배타성	○	○	○	○
순서, 서열	–	○	○	○
등간격성	–	–	○	○
가능한 연산	–	<, >	<, >, +, −	<, >, +, −, ×, ÷

2. 정의 기출 11회, 12회, 15회, 16회, 19~21회, 23회

① 정의의 개념
  ㉠ 사회조사를 하려는 연구자는 자신이 관찰하고자 하는 개념을 객관화된 용어로 다듬어야 하는데, 이 과정에서 '정의'가 필요하다.
  ㉡ 정의는 개념적 정의와 조작적 정의로 구분된다.
② 개념적 정의
  ㉠ 어떠한 현상이나 속성을 개념적으로 설명하는 것으로, 명목적 정의 또는 사전적 정의라고도 한다.
  ㉡ 개념적 정의는 측정 가능성을 전제로 하지 않는다.

ⓒ 실제 관찰과정에서 개념적 정의는 추상적이거나 모호한 문제가 생길 수 있기 때문에 측정과정에서는 개념적 정의를 조작적 정의로 바꾸어 사용해야 한다.

③ 조작적 정의
  ㉠ 조작화란 측정하고자 하는 개념에 대해 경험적으로 해석할 수 있고, 실행과 관찰이 가능하도록 명확하게 표현하는 과정이다.
  ㉡ 조작화과정의 최종 산물은 수량화이다.
  ㉢ 관련 선행연구와 기존에 사용된 척도 등을 탐색하여 조작적으로 정의한다.
  ㉣ 변수를 조작적으로 정의하는 방법은 연구자마다 다를 수 있다.
  ㉤ 개념을 조작적으로 정의하여 측정하기까지의 과정은 다음과 같다.

> 개념 → 개념적 정의(명목적 정의, 사전적 정의) → 조작적 정의 → 측정

개념 공략 '최저생계비'의 개념적 정의와 조작적 정의
- '최저생계비'의 개념적 정의: 국민이 건강하고 문화적인 삶을 유지하기 위해 필요한 최소한의 비용
- '최저생계비'의 조작적 정의: 보건복지부 장관이 일반국민의 소득·지출 수준과 수급권자의 실태, 물가수준 등을 고려하여 중앙생활보장위원회의 심의·의결을 거친 후 결정·공표하며, 다음 연도의 기초생활보장 수급자 선정 및 급여 기준으로 활용되는 기준선

3. 조사연구의 분석단위와 오류 기출 15회, 22회

① 분석 및 관찰의 단위
  ㉠ 자료수집 과정, 특히 표본을 추출하는 과정에서 기준이 된다.
  ㉡ 분석 및 관찰단위는 개인, 집단, 지역사회, 사회적 가공물(사회적 매체, 사회적 상호작용) 등 다양하다.

> **예제** 이혼, 폭력, 범죄 등과 같은 분석단위는 사회적 가공물(사회적 생성물)에 해당한다.

② 분석단위 관련 오류
  ㉠ **생태학적 오류**: 생태학적 특성을 개인 특성으로 직접 연결할 때 생기는 오류이다.
  ㉡ **개별주의적 오류**: 개인 단위로 자료를 수집하여 분석한 연구결과를 토대로 해당 개인이 속한 집단의 특성으로 해석할 때 생기는 오류이다.
  ㉢ **환원주의적 오류**: 사회현상은 매우 다양한 변수가 동시에 영향을 미치기 마련인데, 이를 지나치게 단순화하는 과정에서 생기는 오류이다.

4. 가설 기출 11회, 13~18회, 20~22회

① 가설의 개념과 특징
  ㉠ 가설이란 조사하려는 현상에 대한 예측적 해답을 말한다.
  ㉡ 가설은 두 개 이상의 변수 간 관계를 가정한다. 즉, 가설은 변수 간 관계를 잘 드러내야 한다.
    예 여성의 노동참여율이 높을수록 출산율은 낮을 것이다.
  ㉢ 조사과정에서 경험적으로 검증이 가능해야 한다.
  ㉣ 구체적이고 논리적이며 간단명료하게 표현되어야 한다.
  ㉤ 가설을 통해 조사하고자 하는 문제를 해결할 수 있어야 한다.
  ㉥ 가설은 이론에서 도출되어야 한다. 즉, 이론적 배경을 가져야 한다.
  ㉦ 방향성을 가진 가설도 있으나, 비방향성 가설도 있다.

② 가설의 유형
  ㉠ 연구가설
    • 조사과정을 통해 연구자가 검증하고자 하는 가설이다.

    > **예제** 연구가설
    > • X와 Y는 관계가 있다.
    > • X에 따라 Y가 달라질 것이다.
    > • X가 ~ 할수록 Y는 ~ 할 것이다.

    • 영가설이 거짓일 때, 즉 영가설이 기각될 때 연구가설이 채택된다.
    • 연구가설은 경험적으로 검증이 가능하여야 한다.
    • 연구가설은 그 자체를 직접 검증할 수 없다.
  ㉡ 영가설(귀무가설)
    • 독립변수가 종속변수에 영향을 미치지 않으며, 변수 간 관계가 우연인 것으로 간주하는 가설이다.

    > **예제** 영가설
    > • X와 Y는 관계가 없다.
    > • X에 따라 Y가 달라지지 않을 것이다.

    • 영가설은 연구가설과 대조되는 가설이다. 즉, 영가설이 참이면 연구가설은 거짓이 되고, 반대로 영가설이 기각되면 연구가설이 참이 된다.
    • 연구자들은 영가설이 기각되기를 바란다.
    • 영가설은 연구가설에 대한 반증가설이다.
③ 통계적 가설검정
  ㉠ 제1종 오류
    • 연구가설이 거짓인 상황, 즉 영가설이 참인데도 이를 부정하여 기각하는 오류를 말한다.
    • 실제로는 변수 간 관련성이 없음에도 마치 관련이 있는 것처럼 결과가 나오는 오류이다.
    • 제1종 오류는 α(알파)로 표시한다.
    • 신뢰수준을 높이면, 즉, 유의수준을 낮추면 제1종 오류가 감소한다.

    > **예제** 제1종 오류의 해석
    > • 95% 신뢰수준은 100번 조사하면 5번 정도는 오차가 허용될 수 있다는 의미이다.
    > • 99% 신뢰수준은 100번 조사하면 1번 정도 오차가 허용될 수 있다는 의미이다(모집단의 평균값이 신뢰구간 내에 존재한다는 것을 99% 확신할 수 있음).
    > • 99%의 신뢰수준, 즉 $p<0.01$의 유의수준(1%의 유의수준)은 제1종 오류가 있을 확률이 1% 미만이라는 뜻이다.
    > • 제1종 오류를 줄이기 위해서는 신뢰수준을 95%에서 99%로 높이는 등 신뢰수준을 더 엄격하게 적용하면 된다.

  ㉡ 제2종 오류
    • 영가설이 거짓인데도 이를 채택하는 오류를 말한다.
    • 변수 간 관련성이 있음에도 관련이 없는 것으로 결론을 내는 오류이며, β(베타)로 표시한다.
    • 유의확률이 유의수준보다 낮으면 영가설이 기각되며, 제2종 오류가 증가하면 통계적 검증력은 감소하므로 신중해야 한다.
      > **참고** 유의확률: 영가설이 맞다고 가정했을 때 얻은 결과보다 극단적인 결과가 발생할 확률이다(p-값).
  ㉢ 제1종 오류와 제2종 오류 간 관계
    • 하나의 오류를 줄이면 나머지 오류가 커지는 관계이다.(두 오류를 동시에 낮출 수는 없다.)
    • 연구자들은 제1종 오류의 가능성을 낮추는 것을 우선적으로 고려한다.

CHAPTER 02

측정과 척도

핵심 Tag   #측정의 수준   #측정의 신뢰도   #측정의 타당도   #측정의 오류

1 측정

1. 측정의 개념 기출 13회, 19회, 20회

① 측정이란 양적연구에서 연구자가 관심 있는 개념, 현상, 속성에 대해 규칙에 따라 측정대상에 값을 부여하는 과정이다.
> 참고 조작적 정의는 구체화 정도가 높다. 사회조사에서 실질적 측정은 개념적 정의가 아니라 조작적 정의를 통해 이루어진다.

② 측정은 이론적 모델과 사건이나 현상을 연결하는 방법이다.
> 예 수능은 대학에서의 학업능력을 파악하기 위한 측정도구이다.

③ 척도란 연구자가 관심 있어 하는 사항을 측정하기 위해 구체화된 질문을 말한다.
④ 지표란 양적연구의 주요 개념 속에 내재된 속성들이 표출되어 나타난 결과를 말한다.

2. 측정의 원칙

① 개념의 구체화 과정에서 포괄성의 원칙을 지켜야 한다.

> 예제 포괄성의 원칙에 어긋나는 예
> '귀하의 종교는 무엇입니까?'라는 설문문항의 보기를 '① 기독교 ② 불교 ③ 천주교 ④ 힌두교'로 한정하여 제시했을 때, 종교가 없는 응답자이거나 보기에 제시되지 않은 종교일 경우에는 응답할 수 없다.

② 개념의 경험화 과정에서 변수를 구성하는 속성들 간의 구분이 명확해야 한다.

> 예제 장애등급을 1~6급으로 나눌 때 등급구분 기준이 모호하다면, 현장에서 등급 산정 시 매우 혼란스러울 수 있다.

③ 측정의 신뢰도를 높이기 위해서는 문항 간 내적 일관성을 가져야 한다.
④ 개념의 현상적 구조와 경험적 측정값들이 일치해야 한다.

> 예제 잘못된 측정의 예
> 직업만족도를 측정하는데 응답자의 신체건강 위주로 척도가 구성된다면 측정결과를 신뢰할 수 없다.

3. 측정의 수준(척도)

① 연구자가 알고자 하는 개념, 현상, 속성의 성격에 따라 적절한 측정수준을 적용할 수 있다.
② 개념의 측정수준에 따라 명목척도, 서열척도, 등간-비율척도 등으로 측정할 수 있다.
> 참고 연령(0세~)과 같이 절대 0점이 있는 비율척도가 가장 고급 통계기법으로서, 모든 통계분석이 가능하다.

2 척도의 유형 기출 11~23회

1. 명목척도

① 척도유형 가운데 가장 기본적 요건을 갖춘 척도이다. 즉, 측정수준이 가장 낮다.
   - 예 사회복지사의 근무지역 동(洞), 혈액형, 성, 혼인 여부, 거주 지역, 직업군, 사회복지사 1급 시험 영역, 국민연금의 연금급여 종류, 출신 고등학교 지역 등

② 범주 내 기호를 부여하여 항목을 구별하는데, 부여된 기호는 다른 기호와 상호배타적인 특성을 갖는다.
   - 참고 응답자의 성별을 묻는 보기를 남성을 ①, 여성을 ②로 측정 시, 각 기호는 서로 구분하기 위한 의미만 있을 뿐, 순서나 서열 등 다른 의미는 없다.

③ 복수응답을 제외하고 응답자는 보기 문항 가운데 하나의 범주에 속할 뿐, 여러 범주에 동시에 속하지 않는다.

④ 부여된 기호는 포괄성의 원칙을 따라야 한다.

⑤ 응답범주 간 서열이 없는 척도이다.

2. 서열척도

① 서열척도의 특징
   ㉠ 사물이나 현상을 분류(명목척도의 특징)하면서 범주 간 순서와 서열이 존재하는 척도이다.
      - 예 학급석차, 장애등급, 학업성취도 등
   ㉡ 범주 간 서열 간격이 동일하지는 않다. 즉, '등간'은 아니다.
   ㉢ 응답자의 선호, 만족도 등을 측정할 때 활용한다.
   ㉣ 하위유형에는 평정척도, 리커트척도, 거트만척도, 보가더스의 사회적 거리척도, 의미분화척도 등이 있다.

② 평정척도
   ㉠ 범주 내 서열이나 순서가 존재하는 척도이다.
      - 예 사회복지사의 근무기관 평가등급 점수(A, B, C, D), 고객만족도, 또래집단의 지지 정도(5점 척도) 등
   ㉡ 도표법 평정척도: 도표를 활용하여 시각화한 자료를 제공하고, 여기에 응답자가 자신의 생각, 느낌에 가장 가까운 항목에 표시하도록 하는 방법이다.

   예제 도표법 평정척도의 예
   - 귀하는 이번에 참여한 보수교육에 만족하십니까?

   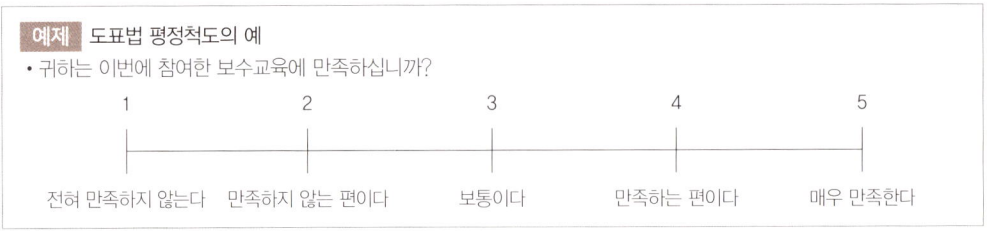

   ㉢ 기술법 평정척도: 시각화된 자료 없이 언어로만 제시된 범주 내에서 응답자가 자신의 생각, 느낌에 가장 가까운 항목을 선택하는 척도유형이다.

   예제 기술법 평정척도의 예
   - 귀하는 이번에 참여한 보수교육에 만족하십니까?
     ① 전혀 만족하지 않는다. ② 만족하지 않는 편이다. ③ 보통이다.
     ④ 만족하는 편이다. ⑤ 매우 만족한다.

③ 리커트척도(총화평정척도)
  ㉠ 하나의 개념을 측정할 때 하나의 문항만 사용하지 않고 관련 있는 여러 문항을 만들어 종합적으로 측정하는 방식이다.
  ㉡ 서열척도이다.
  ㉢ 문항 간 내적 일관성이 중요하다.
  ㉣ 각 문항은 동일한 응답범주로 구성된다.
  ㉤ 문항 간 중요도 차이는 없다. 즉, 각 문항의 중요도가 같다.
  ㉥ 리커트척도는 각 항목의 단순 합산을 통해 서열성을 산출한다.
  ㉦ 척도나 지수 개발에 용이하므로 양적조사에서 많이 활용된다.

예제 리커트척도의 예
- 이번에 진행된 보수교육에 대한 질문입니다. 각 항목에 대하여 응답해 주십시오.

문항	전혀 만족하지 않는다 1	만족하지 않는다 2	대체로 만족한다 3	매우 만족한다 4
1. 커리큘럼 구성에 대한 만족도				
2. 강사에 대한 만족도				
3. 교육장 시설에 대한 만족도				
4. 교육 일정에 대한 만족도				

④ 거트만척도
  ㉠ 응답자들의 태도를 측정할 때 용이하다.
  ㉡ 각 문항이 단계적이고, 일관성 있게 서열을 이루고 있어 단일차원적이며 누적적 특성이 있다. 즉, 서열척도이자 누적척도이다.
  ㉢ 척도 내 낮은 강도의 내용을 승인하지 않는 경우, 더 높은 강도의 내용 또한 받아들이기 어렵기 때문에 응답자의 태도를 비교하고 예측하기 쉽다.
    참고 어려운 연산문제도 척척 잘 푸는 사람이라면 간단한 연산문제도 당연히 쉽게 풀 것으로 예측된다. 반면, 쉬운 연산을 잘 풀지 못하는 사람이 어려운 연산문제를 잘 풀어낼 것으로 기대하기 어렵다(단계적·서열적 특성).

⑤ 보가더스의 사회적 거리척도
  ㉠ 연구자가 측정하고자 하는 특정 현상이나 사회 이슈에 대해 개인이 어느 정도의 수준까지 수용할 수 있는지 측정할 때 사용한다.
  ㉡ 사회집단 간 심리적 거리감을 측정하는 데 적절하다.
  ㉢ 서열척도이자 누적척도이다.

예제 보가더스의 사회적 거리척도의 예

수준		문항	이주노동자	북한이탈주민
최고수준 ↑ ↓ 최저수준	7	결혼하여 가족으로 받아들이겠다.		
	6	친구로서 받아들이겠다.		
	⋮	⋮		
	2	방문객으로만 받아들이겠다.		
	1	우리나라에서 추방한다.		

⑥ 의미분화척도(어의적 분화척도)
  ㉠ 한 쌍의 대조되는 형용사를 사용하여 응답자들이 평소 자신의 생각이나 태도, 느낌 등의 정도(위치)를 표현하게 하는 척도이다.
  ㉡ 대체로 5단계나 7단계로 분화하여 제시한다.

> **예제** 의미분화척도의 예
> • 현재 소속기관의 직원 대상 복지제도에 대해 어떻게 평가하십니까?
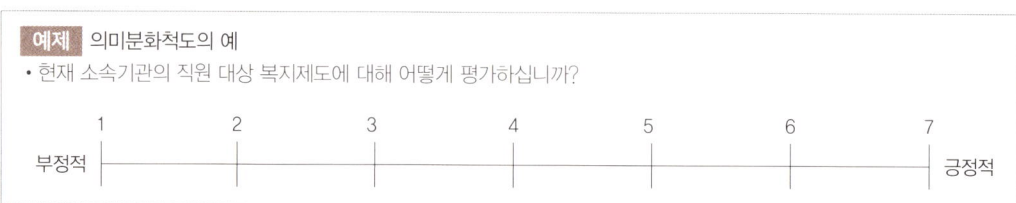

3. 등간-비율척도

① 서스톤척도(유사등간법)
  ㉠ 가장 부정적인 태도(1점)부터 가장 긍정적인 태도(11점)까지 등간격으로 구분하여 만든 척도이다.
  ㉡ 중간값인 6점은 중립적 태도로 해석한다.
  ㉢ 사전평가과정에서 도출된 점수범위와 중앙값을 토대로 조사에 사용될 최적의 문항과 척도가 정해진다.
  ㉣ 연구자(평가자)의 편견 개입 문제에서 자유롭지 못하다.
  ㉤ 개발과정에 많은 시간과 노력이 요구되어 연구현장에서 쉽게 사용하기 어렵다.
    > **참고** 서스톤척도의 장점으로 '개발의 용이성'이 제시되면 틀린 것이다.

> **합격 가이드**
> 서스톤척도는 양극단에 상반되는 내용을 배치한다는 점에서 의미분화척도와 헷갈리기 쉽습니다. 서스톤척도는 서열성뿐 아니라 등간성까지 확보한다는 점을 알아두세요.

> **예제** 서스톤척도의 예
> A 연구소가 정치적 보수성을 판단할 수 있는 문항들의 상대적인 강도를 11개의 점수로 평가자들에게 분류하게 한다. 그 다음 평가자들 간에 불일치도가 높은 항목들을 제외하고, 각 문항이 평가자들로부터 받은 점수의 중위수를 가중치로 하여 정치적 보수성 척도를 구성한다.

② 요인분석
  ㉠ 모든 관찰변수는 잠재적이고 가설적인 구성개념을 가지고 있다고 가정한다.
  ㉡ 상관이 높은 문항들을 중심으로 중요한 조사결과들이 몇 개의 공통요인으로 묶이는지 평가한다.
  ㉢ 요인에 묶이지 않거나, 묶이더라도 중요도가 낮은 변수들을 제거하고 적절한 문항을 선택하는 과정에서 활용된다.
  ㉣ 요인분석을 통해 얻은 요인들은 상호독립적인 특성을 가진다.
  ㉤ 요인분석은 척도 개발과정에서 구성타당도를 평가하는 데 유용하다.
  ㉥ 요인분석을 통해 알 수 있는 것
    • 문항들의 단일차원성
    • 척도 내의 불필요한 문항
    • 하위척도의 존재 가능성
    • 각 문항의 상대적 영향력

> **예제** 요인분석의 예
> 지능을 구성하는 여러 구성 요소들을 분석한 결과, 어휘력, 수리력, 공간력, 지각력, 추리력, 암기력, 언어 유창성 등 7가지 기본적인 정신능력 요인들이 제시되었다. 조사결과를 반영하여 지능발달검사의 요인 7가지를 측정한다.

3 측정의 신뢰도와 타당도

1. 측정의 신뢰도 기출 15회, 17회, 18회, 20~23회

① 신뢰도의 개념과 특징
  ㉠ 측정의 신뢰도는 척도의 일관성 또는 안정성과 관련된다. 측정도구를 반복적으로 적용하여 일관된 결과가 나온다면 해당 측정도구의 신뢰도는 높은 것으로 해석한다.
   예 측정할 때마다 항상 30분씩 빠르게 측정되는 시계는 신뢰도가 높다.
  ㉡ 문항 간 내적 일관성이 있어야 한다.
  ㉢ 신뢰도는 비체계적 오류(무작위 오류)와 관련이 있다.

② 신뢰도를 높이는 다양한 방법
  ㉠ 측정 항목 수를 적정 수준 이상 확보한다.
  ㉡ 유사한 질문을 반복적으로 한다.
  ㉢ 측정자를 대상으로 사전에 측정도구에 대한 교육을 실시한다.
  ㉣ 측정자들이 측정방식을 임의대로 바꾸지 않고 원칙에 따라 측정을 실시하도록 지원한다.
   참고 측정자들이 측정방식을 대상자에 따라 유연하게 바꾼다면 측정의 신뢰도는 낮아질 수밖에 없다.
  ㉤ 연구대상자가 알지 못하는 내용에 대해서는 측정하지 않는 것이 좋다.

2. 신뢰도 측정방법 기출 11회, 14회, 19~22회

① 검사-재검사법
  ㉠ 일정한 시간 간격을 두고 같은 대상자들에게 같은 측정도구로 조사를 두 번 실시한 뒤, 그 결과를 비교하여 측정값 간 일관성을 평가하는 방법이다.
  ㉡ 두 결과의 상관이 높으면 측정의 신뢰도가 높은 것으로 해석하고, 상관이 낮으면 측정의 신뢰도가 낮은 것으로 평가한다.
  ㉢ 검사자 입장에서는 같은 척도로 두 번 검사하므로 과정이 수월하다.
  ㉣ 검사 진행 중 외부사건이 발생하거나, 검사효과 또는 성숙효과 등 다양한 외생변수가 발생할 수 있다.
   참고 검사-재검사법은 측정의 신뢰도를 확보하기 위한 방법으로, 타당도를 평가하는 방법이라는 설명은 틀린 설명이다.

② 대안법
  ㉠ 유사한 측정도구를 두 세트로 구성하여, 같은 대상자가 두 세트의 측정도구에 응답하도록 하고, 관찰값 간 상관관계를 통해 신뢰도를 평가한다.
  ㉡ 복수양식법, 유사양식법 등이라고도 부른다.
  ㉢ 두 가지 세트로 구성된 검사가 동시에 진행된다는 점에서 검사-재검사법에서 나타나기 쉬운 외생변수의 영향을 배제할 수 있다.
  ㉣ 다만, 거의 유사한 두 세트의 측정도구를 개발하는 것은 현실적으로 어렵다.

③ 내적 일관성 신뢰도
  ㉠ 가장 일반적인 신뢰도 평가방법이다.
  ㉡ 검사문항 간 상관관계를 통해 신뢰도를 평가한다.

> **합격 가이드**
> 신뢰도를 측정하는 방법에는 검사-재검사법, 대안법, 반분법, 크론바흐 알파계수 등이 있습니다.

ⓒ 반분법과 크론바흐 알파계수가 이에 속한다.

반분법	• 한 번만 측정하되, 문항들을 반으로 나누어 관찰값 간 상관관계를 확인함. • 문항을 어떻게 조합하는가에 따라 상관관계가 달라짐. • 구성문항이 동일 개념을 측정해야만 적용할 수 있음.
크론바흐 알파계수	• 통계 프로그램을 통해 간단히 산출됨. • 상관이 낮게 나타나면 특정 문항을 제거하여 신뢰도를 높임. • 문항의 일관성을 나타내는 계수로, 0~1 사이의 값을 가지며 크론바흐 알파값이 높을수록 신뢰도가 높은 것으로 해석함.

3. 측정의 타당도

① 측정도구가 개념이나 현상, 속성 등을 제대로 측정하고 있는가를 나타낸다.
② 측정의 타당도는 측정 오류 가운데 체계적 오류와 관련이 있다.
③ 타당도 측정방법에는 내용타당도, 기준타당도, 구성타당도가 있다.

4. 타당도 측정방법 기출 11회, 12회, 14~21회

① 내용타당도(액면타당도)
  ㉠ 검사문항이 측정하고자 하는 현상, 내용 등을 잘 대표하는지와 관련된 내용이다.
  ㉡ 해당 분야의 전문가가 검사문항을 보고 측정하고자 하는 현상과 속성 등을 잘 대표한다고 판단하면, 해당 측정도구의 내용타당도가 높은 것으로 해석한다.

  > 예제 초등학교 5학년 국어교과서를 새로 집필할 예정이다. 현직 초등학교 선생님을 포함한 다양한 교육전문가가 모여 교과내용을 구성할 때, 5학년의 인지적 발달과 사고력 등을 고려하여 합당하다고 여겨지는 수준으로 교과내용을 구성한다.

  ㉢ 전문가의 주관적 판단에 의해 결정될 수 있다.

② 기준타당도(준거타당도)
  ㉠ 타당성이 입증된 기존의 측정도구와 연구자가 만든 측정도구의 결과치를 비교하여 타당도를 평가하는 방법이다.
  ㉡ 기준타당도의 종류
   • 예측타당도
    – 측정도구가 응답자의 미래 행동을 어느 정도 예측하는가에 대한 내용이다.
    – 일정 시간이 지나야 검증이 가능하다.

    > 예제 수능에서 높은 성적을 받은 학생이 대학에 진학해서도 좋은 성적을 받으면 수능은 높은 예측타당도를 지닌 시험이다.

   • 동시타당도: 측정도구가 연구대상자들의 현재 상태를 올바르게 측정하는가에 대한 타당도이다.

    > 예제 불안 관련 문제를 호소하는 사람들을 대상으로 새로 개발한 불안 측정도구를 통해 응답자의 높은 불안수준이 확인된다면, 해당 측정도구의 동시타당도는 높은 것으로 해석한다.

③ 구성타당도
  ㉠ 검사문항들이 측정하고자 하는 이론적 배경과 관점을 얼마나 잘 대표하는가에 대한 내용이다.
  ㉡ 측정되는 개념이 속한 이론 체계 내에서 다른 개념들과 논리적으로 어느 정도 관련성을 갖고 있는지를 경험적으로 검증하는 가장 수준이 높은 타당도이다.
  ㉢ 통계패키지를 활용한 요인분석을 통해서도 쉽게 검증할 수 있다.
  ㉣ 구성타당도의 종류
    - 이해타당도
      - 측정대상이 되는 추상적인 개념이나 이론이 측정도구에 의해 정확히 측정되었는가에 관한 것이다.
      - 검사도구의 적격성 여부를 판정해 주는 타당도이다.

      > **예제** 지능이 공간지각력, 창의력, 문제해결력, 판단력, 상황대처능력 등 다중요소로 구성되어 있다면 검사문항들은 각 구성개념을 측정할 수 있는 문항으로 구성되어야 한다.

    - 수렴타당도(집중타당도): 동일 개념을 측정한다면, 다른 방법으로 측정하더라도 측정값이 하나의 차원으로 수렴되어야 한다는 내용이다.

      > **예제** 한 학급에서 동일한 수학적 개념에 대해 쪽지시험과 구술시험을 함께 진행하여 학생의 학습이해도를 측정하고자 한다. 이때 쪽지시험의 정답률과 개념에 대한 학생의 구술 설명력이 일치할수록, 두 측정방법의 수렴타당도는 높은 것으로 볼 수 있다.

    - 변별타당도(판별타당도)
      - 이론적으로 관련성이 없는 두 개념을 측정한 두 척도의 상관관계를 분석하여 타당도를 판별하는 것이다.
      - 서로 다른 개념을 측정하는 도구라면, 두 가지 도구 간 상관관계는 낮아야 한다.

      > **예제** 연구자는 새로 개발한 우울척도 A의 타당도를 확인하기 위하여 자아존중감 척도 B와의 상관계수를 산출하였다. 그 결과 A와 B의 상관관계가 매우 낮은 것을 확인함으로써 변별타당도를 검증하였다.

5. 측정의 신뢰도와 타당도의 관계 기출 12회, 15회, 16회, 20회, 22회
① 측정도구의 높은 신뢰성이 타당성을 보장하지는 않는다.
  예 항상 원래 무게보다 2kg씩 무겁게 측정되는 체중계의 경우, 측정의 신뢰도는 높다.
② 신뢰도는 타당도를 높이기 위한 필요조건이지만 충분조건은 아니다.
  예 항상 원래 무게보다 2kg씩 무겁게 측정되는 체중계의 경우 측정의 신뢰도는 높고 타당도는 낮다.
  ➡ 측정의 신뢰도가 높으면 타당도도 높아진다는 설명은 틀리다.
③ 측정의 타당도가 높으면 신뢰도가 높다.

4 측정의 오류 기출 12회, 15회, 16회, 18회, 20~22회

1. 체계적 오류
① 변수에 일정하게 영향을 미쳐 측정결과가 계속 높거나 낮아지게 만드는 오류이다.
② 일관성이 있는 오류로서, 타당도를 낮추는 요인이다.

③ 체계적 오류의 종류
  ㉠ 인구통계학적 특성으로 인한 오류
    • 성별, 사회경제적 지위 등과 같은 특성으로 오류가 일정한 방향으로 나타나는 경향을 말한다.
    • 응답의 선행효과와 후행효과 등의 오류가 발생한다.

응답의 선행효과	학력이 높은 응답자일수록 문항 앞쪽의 답을 선택하는 경향
응답의 후행효과	학력이 낮은 응답자일수록 문항 뒤쪽의 답을 선택하는 경향

  ㉡ 개인적 성향으로 인한 오류

관용의 오류	응답자가 일관되게 긍정적인 답을 선택하는 경향
인색의 오차	응답자가 일관되게 부정적인 답을 선택하는 경향
중앙집중경향의 오류	다양한 선택지 가운데 응답자가 유독 중간 위치의 입장을 선택하는 경향
후광효과	응답자가 평가대상에 대해 가지는 견해나 인상이 평가에 영향을 미치는 것

  ㉢ 잘못된 측정도구로 인한 오류: 질문하고자 하는 내용이 평소의 생각(의식)이나 태도를 묻는 것인지, 실제 행동을 묻는 것인지에 대한 구분이 명확하지 않으면 오류가 발생한다.

> **예제** 잘못된 측정도구로 인한 오류의 예
> 자녀의 훈육과정에서 부모의 체벌행위에 관한 실태조사를 진행하는 경우, 부모의 체벌에 관한 의식, 태도 문항과 실제 체벌행위를 구분하여 질문해야 한다. 연구참여자 가운데 평소에는 체벌이 나쁘다고 생각하지만 자녀의 훈육과정에서 체벌이 이루어지는 경우도 있을 수 있다. 따라서 질문지에서는 연구참여자의 의식(생각)과 태도를 명확하게 구분하여 살펴보아야 한다.

  ㉣ 편향으로 인한 오류
    • 고정반응에 의한 편향: 일정한 유형의 질문이 연속될 때 응답자가 각 문항에 대해 깊이 고민하지 않고, 고정된 반응 패턴을 보이는 것을 말한다.
    • 사회적 바람직성의 편향: 응답자가 자신의 의견과 태도를 진솔하게 보이지 않고, 사회적으로 바람직하다고 여기는 방향으로 응답할 때 생기는 오류이다.
④ 체계적 오류를 최소화하는 방법
  ㉠ 연구참여자의 익명성 보장
  ㉡ 편견 없는 단어의 사용
  ㉢ 척도구성과정에서의 실수 줄이기
  ㉣ 비관여적 관찰 등

2. 비체계적 오류(무작위 오류)

① 체계적 오류와는 달리 일정한 패턴 없이 발생하는 오류이다.
② 측정의 신뢰도를 낮추는 요인이 된다.
③ 연구자나 응답자의 신체적·정신적 상태, 주변 소음과 같은 환경문제, 측정도구에 대한 사전교육 부족 등으로 인해 발생한다.

> **합격 가이드**
> 체계적 오류는 측정의 타당도와, 비체계적 오류는 신뢰도와 관련이 있습니다.

CHAPTER 03

표본추출(표집)

핵심 Tag #표본추출 관련 용어 #확률표집 #비확률표집 #양질의 표본 #표본오차

1 표본추출의 개요

1. 표본의 추출 기출 13회, 14회, 16회, 17회, 20회, 22회, 23회

① 표본추출의 개념과 의의
  ㉠ 모집단 전체를 기준으로 자료를 수집하기에는 어려운 점이 많으므로 대부분의 사회조사에서는 모집단에서 표본을 추출하여 자료를 수집한다.
  ㉡ 이때 표본에서 수집·분석된 자료를 통해 모집단의 특성을 추론한다는 점에서 대표성 있는 양질의 표본을 추출하는 일은 매우 중요하다.

② 표본추출의 주요 용어
  ㉠ 모집단: 연구자가 알고 싶어 하는 연구대상 전체를 말한다.
  ㉡ 전수조사
    • 모집단 전체를 대상으로 조사하는 것을 말한다.
    • 센서스(Census)라고도 한다.
    • 전수조사에는 상당한 시간과 노력, 비용 등이 소요되므로 현실적으로 어려운 경우가 많다.
    • 규모가 작은 모집단이라면 표본을 추출하여 조사해야 하는 이유, 표본의 대표성 등에 논란의 여지가 있다.
  ㉢ 모수치
    • 모집단이 가질 것으로 예상되는 특성을 말한다.
    • 많은 사회조사에서는 표본에서 얻은 통계결과를 토대로 그에 상응하는 모수치를 추정한다.
      참고 표본에서 추출된 결과를 통해 나타난 특성은 통계치이다.
    • 전수조사에서는 모수치와 통계치가 동일하다.
  ㉣ 표본
    • 모집단에서 일정한 추출과정을 거쳐 선정된 대상이다.
    • 전수조사에 비하면 시간, 비용, 인력 등 현실적 문제에서 비교적 자유롭다.
    • 일반적으로 양적연구에서는 표본의 크기가 클수록 장점이 많다.
    • 모집단의 동질성은 표본의 대표성과 관계가 있다.
  ㉤ 표본추출(표집)
    • 모집단을 대표하는 표본을 추출하는 과정이나 행위를 말한다.
    • 사회조사에서 대표성 있는 표집과정은 늘 중요하다.

- ⓑ 표집틀: 표본을 추출할 수 있는 전체 모집단의 구성목록을 말한다.
- ⓢ 통계치
  - 연구자가 수집한 표본에서 추출한 결과를 통해 알게 된 특성을 말한다.
  - 통계적 추리는 표본에서 얻은 통계치를 바탕으로 그에 상응하는 모수치를 추정하는 과정을 말한다.
- ⓞ 표집단위
  - 표본을 추출할 때 적용하는 단위이다.
  - 개인과 집단은 물론 조직이 단위가 될 수 있다.
  - 표집단위와 분석단위는 일치할 수도 있고 그렇지 않을 수도 있다.
    - **참고** 집락표집(군집표집)의 경우, 분석단위와 표집단위가 일치하지 않는 경우도 있다.
- ⓩ 관찰단위
  - 자료수집단위이다.
  - 관찰단위가 곧 분석단위인 경우가 많으나 그렇지 않은 경우도 있다.

> **예제** 아동양육시설에 거주하는 아동을 대상으로 설문조사를 실시하기 위해 아동복지협회에 등록된 전체 대상자 명부에서 초·중·고등학생으로 모집단을 구분하고, 모집단의 비율에 맞게 무작위로 표본을 추출하였다.
> - 모집단: 아동양육시설에 거주하는 아동
> - 표집틀: 아동복지협회에 등록된 전체 대상자 명부
> - 표집방법: 비례층화표집
> - 표집단위: 개인
> - 관찰단위: 개인

- ⓒ 표본오차(Sampling Error)
  - 표본오차는 모수치와 통계치 간의 차이를 말한다.
  - 표집오차라고도 한다.
  - 표본오차가 작을수록 좋은 표본이고, 표본오차가 클수록 표본의 질이 낮은 것으로 해석한다.
  - 신뢰수준을 높이면 표본오차가 커진다.
  - 표본오차는 표본의 크기와 관련이 있다.
    - 표본의 크기가 클수록 표본에서 얻은 통계치가 모집단의 모수치에 근접하기 쉽다.
    - 즉, 동일한 조건이라면 표본의 크기가 클수록 표본오차가 감소한다.
    - **참고** 표본의 대표성이 표본오차와 정비례한다는 설명은 틀린 설명이다.
  - 동일한 조건이라면 이질적인 모집단보다 동질적인 모집단에서 추출한 표본의 표본오차가 작다.
  - 신뢰수준을 높이려면 표본의 크기도 커져야 한다.
  - 표본의 크기가 클수록 시간과 비용이 많이 드는 문제가 있다.
- ⓚ 표준오차(Standard Error)
  - 표준오차란 무수히 많은 표본평균의 통계치가 모집단의 모수로부터 평균적으로 떨어진 거리를 말한다.
  - 표집분포의 표준편차이다.
  - 표준오차가 커지면 표집오차도 커진다.

2 표집의 설계

1. 표집과정 기출 17회

> 모집단 확정 → 표집틀 선정 → 표본추출방법 결정 → 표본크기 결정 → 표본추출

① 모집단 확정: 연구목적에 맞는 모집단을 확정한다.
② 표집틀 선정: 표집틀, 즉 표본을 추출할 수 있는 전체 모집단의 구성목록을 정한다.
③ 표본추출방법 결정: 구체적인 표집방법을 정한다.
④ 표본크기 결정: 인력과 예산, 기간 등을 종합적으로 고려하여 표본의 크기를 정한다.
⑤ 표본추출: 표본을 모은다.

2. 표집방법 기출 17~23회

① 확률표집
  ㉠ 개념과 특징
    - 무작위추출을 전제로 한다.
    - 각 사례가 모집단으로부터 표본으로 추출될 확률을 알 수 있다.
    - 양적연구에서 주로 사용하는 표집방법이다.
      > 참고 확률표집을 질적연구에서 주로 사용한다는 설명은 틀린 설명이다.
    - 의식적이거나 무의식적인 편향을 방지할 수 있다.
    - 모집단의 규모와 특성을 알 때 사용할 수 있다.
    - 표본오차를 추정할 수 있다. 표본의 수가 증가할수록 표본오차가 줄어든다.
    - 하위유형으로 단순무작위표집, 층화표집, 체계적표집, 군집표집이 있다.
  ㉡ 단순무작위표집
    - 제비뽑기처럼 사전에 선정 기준을 마련하지 않고 무작위로 추출하는 방법이다.
    - 모집단 내 사례가 표본으로 추출될 확률이 동일하다.
    - 확률표집방법 가운데 가장 널리 사용되고 있다.
    - 연구자의 편견이 개입될 확률이 매우 낮다.
    - 해당 표집유형이 모집단을 완벽하게 대표한다고 보기는 어렵다.
    - 모집단의 규모가 너무 크거나 파악이 어렵고 일련번호를 부여하는 것이 불가능한 경우 사용하기 어렵다.
    - 연구주제에 따라 모집단의 경계를 설정하기 어려운 경우에 사용할 수 없다.
  ㉢ 층화표집
    - 표본을 추출할 때의 기준을 전체 모집단이 아닌 여러 하위집단으로 한다.
    - 모집단의 주요 특성을 중심으로 모집단을 범주화하여 여러 개의 층으로 나누고, 범주화된 집단(예 성별, 초·중·고 단계별, 거주지역별 등) 내에서 다시 표본을 추출하는 방법이다.
    - 모집단의 특성을 파악하는 데 유리한 표집방법이다.
    - 단순무작위표집보다 대표성이 높은 표본을 추출하는 방법으로 알려져 있다.
    - 층화를 통해 단순무작위표집의 표집오차를 줄일 수 있다.
    - 연구자가 모집단에 대한 충분한 사전지식을 가지고 있어야 한다.

- 층화표집의 종류

비례층화표집	• 모집단에서 각 계층이 차지하는 크기(비율)에 비례하여 표본을 추출함. • 모집단의 남녀 비율이 3:1인 경우, 표본 역시 남녀를 3:1 비율로 추출하여 모집단과 비율을 맞추는 방법
비비례층화표집	• 비례층화표집과 다르게 모집단의 구성비율과 표본비율을 다르게 적용함. • 특정 층화의 규모가 너무 작다면, 모집단의 구성비율에 관계없이 표본크기를 정함. • 모집단의 남녀 비율이 9:1이기 때문에 표집 역시 9:1 비율로 진행한다면, 여성 참여자에 대한 의미 있는 정보를 수집·분석하기 어려움. 비비례층화표집에서는 모집단의 비율에 비례하지 않고 여성의 수를 더 많이 표집할 수 있음.

ⓔ 체계적표집
- 모집단의 구성이 특별한 순서 없이 배열되어 있다는 전제하에 일정한 간격을 두고 표집하는 방법이다.
- 표집틀이 있어야 한다.
- '몇 번째'를 선택하느냐에 따라 결과가 달라질 수 있다는 점에서 주기성 문제가 나타나기도 한다.

> **참고** 체계적표집에서 모집단의 배열에 일정한 주기성이 있어야 한다는 것은 틀린 설명이다.

> **예제** 체계적표집의 예
> 한국산업인력공단이 사회복지사 1급 국가시험 합격자 명단에서 수험번호가 가장 앞쪽인 10명 중 무작위로 첫 번째 요소를 추출한 후, 매 10번째 요소를 추출하여 합격자들의 특성을 파악한다.

ⓜ 군집표집(집락표집)
- 모집단을 하위군집으로 분류하고, 이 가운데 초점군집(군락)을 선정한 후 해당 군락에서만 표본을 추출한다.
- 한 조사 내에서 여러 단계에 걸쳐 사용하기도 한다.
- 시간과 비용을 절감할 수 있다.
- 단순무작위표집보다 표집오차가 커질 수 있다(군집 간 동질성 확보가 중요하다).

> **예제** 군집표집의 예
> 서울시 50대 이상의 행복감을 조사할 때, 서울시 소재 25개 구에서 일부 구(지역)를 1차 추출한 후, 해당 구에서 몇 개의 동을 다시 표집하여 그 안에서 최종표본을 추출한다.

② 비확률표집
  ㉠ 개념과 특징
  - 모집단의 요소가 균등하게 뽑힐 확률을 고려하기보다는 연구자의 주관적 판단에 따라 임의로 표집한다.
  - 표집틀이 없는 경우에 유용하다.
  - 질적연구에서 주로 사용하는 표집방법이다.
  - 연구자의 편견이 개입될 수 있다.
  - 비확률표집으로 수집된 자료의 연구결과를 일반화하는 데에는 이견이 있다.
  - 하위유형으로 눈덩이표집, 편의표집, 유의표집, 할당표집이 있다.

  ㉡ 눈덩이표집(누적표집)
  - 연구자가 연구대상으로 적합하다고 판단한 소수의 사람을 표집하고 그들의 추천을 받아 또 다른 인원을 확보하는 방법이다.

  > **참고** 모집단의 규모를 알아야 눈덩이표집을 활용할 수 있다는 설명은 틀린 설명이다.

  - 약물중독자, 이주노동자 등 모집단의 구성원을 찾기 힘든 경우에 유용하다.

ⓒ 편의표집(임의표집, 우연적표집, 기회표집)
- 연구자가 손쉽게 구할 수 있는 대상 중에서 표본을 추출하는 방법이다.
- 모집단에 대한 정보가 없는 경우에 유용하다.
- 연구자의 편의가 가장 우선적으로 고려되며, 시간과 비용이 적게 든다.
- 표본의 대표성 문제가 나타나기 쉽다.

> **예제** 편의표집의 예
> 50명에게 설문자료를 돌릴 때, 가장 먼저 눈이 마주치는 사람 50명에게 설문참여를 부탁하여 자료를 얻는다.

ⓔ 유의표집(주관적 판단표집, 의도적 표집)
- 연구자가 모집단을 잘 대표한다고 생각하는 일부 대상(지역)에 한하여 표집하는 방법이다.
- 모집단의 성격이 이질적이거나 표본의 수가 적을 때에 사용된다.

> **예제** 유의표집의 예
> 빈곤노인을 위한 새로운 사회복지서비스 개발을 위해 사회복지관의 노인 사례관리 담당자에게 의뢰하여 자신의 욕구를 잘 표현할 수 있는 빈곤노인을 조사대상으로 선정한다.

ⓜ 할당표집
- 조사대상의 성, 지역 등으로 이루어진 할당틀을 적용하여 표본을 추출한다.
- 연구자는 모집단에 대한 많은 사전지식을 가지고 있어야 한다.
- 모집단의 구성요소들이 표본으로 선정될 확률이 동일하지 않다.
- 할당 영역과 범주의 크기가 정해진 후에는 해당 범주마다 정해놓은 수의 표본을 임의로 추출하기 때문에 무작위성을 기대하기 어렵다.
  참고 할당표집이 무작위표집을 전제로 한다는 설명은 틀린 설명이다.
- 연구자의 선정편향이 이루어질 수 있다.
- 경제성과 편의성이 좋아서 활용도가 높은 편이다.

> **예제** 할당표집의 예
> 초·중·고등학생의 행복도를 조사하기 위해 모집단에서 차지하는 비율에 맞춰 조사대상자를 임의로 선정한다.

3. 양질의 표본 기출 12~17회, 19~21회

① 표본의 질은 해당 표본이 모집단을 얼마나 잘 대표하는가에 달려 있다.
② 표본의 크기가 커질수록 표본오차는 감소한다. 즉, 표본오차와 표본크기는 반비례한다.
③ 모집단이 동질적일수록 표본오차가 작아지고, 모집단이 이질적일수록 표본오차가 커지는 경향이 있다.
④ 자료분석과정에서 신뢰수준을 높게 잡으면 신뢰구간이 넓어지기 때문에 표본오차가 증가한다. 즉, 신뢰수준과 신뢰구간의 크기는 비례한다.
  참고 신뢰수준이 높을수록 표본오차가 감소한다는 설명은 틀린 설명이다.
⑤ 표본오차가 작아질수록 표본의 대표성이 커진다. 즉, 표본오차와 표본의 대표성은 반비례한다.
⑥ 동일한 표집오차를 가정한다면, 분석변수가 많아질수록 표본크기는 커져야 한다.
⑦ 연구자는 예산, 조사기한 등을 고려하여 적절한 표본크기와 표본의 대표성을 담보할 수 있는 양질의 표본을 확보하기 위해 노력해야 한다.

> **합격 가이드**
> 표본의 크기는 표본의 대표성과 직결되는 문제입니다.

> **개념 공략** 비표본오차
> - 비표본오차란 표본추출과정에서 발생하는 오차를 제외하고 나머지 조사과정에서 발생할 수 있는 모든 오차를 말함.
> - 설문지 인쇄 오류나 면접원의 훈련 부족으로 발생하는 문제, 분석과정에서 벌어진 실수 등 다양한 내용들이 이에 속함.
> - 표본오차가 표본의 크기가 커질수록 감소하는 데 반해, 비표본오차는 표본의 크기에 비례하여 증가하는 경향이 있음.

3 정규분포곡선 기출 11회, 13회

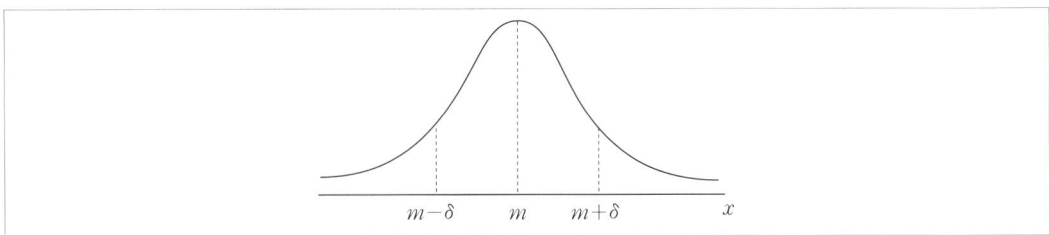

① 정규분포란 확률밀도함수를 이용하여 나타내는 확률분포를 말한다.
② 평균값 주변에 많은 확률이 분포되어 있고, 평균을 기준으로 멀리 떨어질수록 확률이 적게 분포한다.
③ 양극단으로 갈수록 x축에 무한히 접근하지만 닿지는 않는다.
④ 표본의 크기가 클수록 정규분포에 유사한 형태로 변한다.
⑤ 정규분포 가운데 표준정규분포의 평균은 0이고, 분산과 표준편차는 동일하다.
⑥ 정규분포에서 최빈값과 중위수는 같다.

> **예제** 정규분포의 활용의 예
> 시니어 대상 캐쥬얼 브랜드를 기획할 때 제품생산 과정에서는 가장 수요가 높은, 즉 판매 확률이 가장 높은 평균 사이즈(M) 생산량을 최대치로 하고, 이보다 크거나 작은 사이즈는 적게 생산한다.

> **개념 공략** 분산, 표준편차, 최빈값, 중위수
> - 분산: 관찰값이 평균으로부터 떨어진 거리(편차)를 제곱한 평균값
> - 표준편차: 분산을 제곱근한 값($\sqrt{분산}$)으로, 평균을 기준으로 값이 얼마나 분포되어 있는지 알 수 있음.
> - 최빈값: 관찰값 가운데 가장 많은 빈도로 나타나는 값
> - 중위수: 자료를 크기순으로 배열했을 때 관찰값 가운데 중앙에 위치하는 값

CHAPTER 04

사회복지조사의 유형

핵심 Tag #내적타당도 #외적타당도 #실험설계의 유형 #단일사례설계 #질적연구의 유형 #욕구조사의 유형

1 실험설계

1. 실험설계의 개요 기출 11~21회

① 실험설계의 개념과 특징
  ㉠ 연구자가 주목하는 변수 간 인과관계를 검증하는 실험을 계획하고 실행하는 조사방법이다.
  ㉡ 실험설계는 자연과학과 사회과학 모두에서 중요하게 활용된다.
  ㉢ 조사설계과정에서 다음 사항들을 얼마나 엄격하게 설계하는가에 따라 순수실험설계, 유사실험설계, 선실험설계(전실험설계), 비실험설계 등 4가지 유형으로 구분된다.
    • 실험설계과정에서 독립변수의 조작 정도
    • 외생변수의 통제 정도
    • 무선할당화 수준 등
  ㉣ 조사설계의 내적타당도와 외적타당도 문제를 고려해야 한다.

> **개념 공략 내적타당도와 외적타당도**
> • 내적타당도: 종속변수에서 나타난 일정한 변화가 독립변수에 의한 것이라고 확신할 수 있는 정도를 말하며, 내적타당도를 높이기 위해서는 원인변수 이외의 다른 변수가 결과변수에 개입할 수 있는 조건을 통제해야 함.
> • 외적타당도: 실험설계를 통해 얻은 결과의 일반화 가능성을 말하며, 외적타당도를 높이기 위해서는 확률표집방법으로 연구대상을 선정하거나 표본크기를 크게 해야 함.

② 실험설계의 주요 용어
  ㉠ 실험
    • 변수 간 인과관계를 검증하는 가장 유용한 조사방법이다.
    • 연구자가 독립변수를 조작하고, 종속변수에서 나타나는 변화를 측정하여 인과관계를 검증한다.
    • 독립변수와 종속변수 간 인과관계가 성립하려면 원인이 결과보다 시간적으로 우선되어야 한다.
  ㉡ 실험처치
    • 프로그램의 시행, 처치, 변화, 개입 등 실험상황에서 이루어지는 특정한 실험조건을 말한다.
    • 실험설계 도식에서는 X로 기호화한다.
  ㉢ 무선할당화(난선화, 무작위화, 무작위할당화)
    • 연구대상을 실험집단과 통제집단으로 나눌 때에는 무작위로 할당하는 것이 좋다.
    • 연구자는 무선할당화로 내적타당도를 확보할 수 있으며, 종속변수에서 나타난 변화를 독립변수에 의한 것으로 볼 수 있다.

- 실험설계 도식에서는 R로 기호화한다.
② 실험집단: 연구자가 관심 있어 하는 실험처치를 받는 집단이다.
⑩ 통제집단(비교집단): 실험처치 효과를 실험집단과 비교하기 위한 집단으로서, 실험집단이 실험처치를 받는 동안 아무런 처치를 받지 않는다.
⑪ 관찰: 연구자가 관찰하고 측정하는 것으로, 실험설계 도식에서는 O로 기호화한다.

2. 실험설계의 타당도 기출 12회, 14회, 15회, 17~19회, 21~23회

① 내적타당도
  ㉠ 개념과 특징
  - 조사설계과정에서 변수 간 인과관계를 추론할 수 있는 정도를 말한다.
  - 내적타당도가 높은 설계에서 종속변수의 변화는 순수하게 독립변수의 영향을 받아 일어난 것이다.
  - 우연한 사건의 영향 등을 포함하여 실험요인 이외의 대안적 설명을 배제하고자 한다.
  - 연구자는 독립변수 외 다른 요인들이 종속변수에 영향을 미치지 못하도록 최대한 통제하는 것이 좋다.

  ㉡ 내적타당도 저해요인
  - 도구효과
    - 실험과정에서 서로 다른 측정도구를 사용하여 발생하는 문제이다.
    - 도구는 평가나 채점 또는 관찰의 기준이 되며, 연구자 자체가 도구가 될 수도 있다.
  - 검사효과
    - 사전검사의 경험이 사후검사에 영향을 주는 것을 말한다.
    - 동일한 측정도구를 반복하여 사용하는 경우 검사에 대한 적응력이 높아질 수 있다.
    - 연구참여자가 해당 검사방식에 익숙해지거나, 검사내용을 기억하는 등 평소 자연스러운 상태와 달라져 사후검사 결과에 영향을 미치는 것을 말한다.
  - 성숙효과
    - 실험조치(개입)와 관계없이 시간의 흐름에 따라 연구참여자들에게 자연스럽게 나타날 수 있는 변화를 말한다.
    - 신체적 상태, 기호, 흥미, 정서 등 모든 영역에서 나타날 수 있다.
    - 실험시간이 길어질수록 성숙효과가 일어날 가능성이 높아진다.

    > **예제** 어린이 대상 영양제의 복용효과 검증을 위한 실험사례의 경우, 영양제 1년 복용 후 생긴 아이들의 신장 변화를 오롯이 영양제 복용의 효과로 단정 짓기는 어렵다. 왜냐하면 성장기 아이들은 영양제 복용에 관계없이 키가 자라기 때문이다.

  - 외부사건
    - 사전검사와 사후검사 사이에 발생할 수 있는 통제하기 어려운 특수하거나 우연한 사건을 말한다.
    - 실험기간에 발생한 외부사건이 실험결과에 영향을 미치면 실험결과의 내적타당도는 낮아진다.
    - 사전검사와 사후검사 간 시간간격이 길어질수록 외부사건 발생 가능성이 커진다.
  - 개입의 확산 혹은 모방
    - 실험집단과 통제집단 간에 상호작용이나 모방으로 집단 간 차이가 적어지는 것을 말한다.
    - 집단 간 참여자들이 상호소통하여 영향을 주고받을 때 발생한다.
    - 내적타당도를 확보하기 위해 집단 간 개입의 확산, 모방 문제를 차단하는 것이 바람직하다.

- 통계적 회귀
  - 사전검사에서 아주 극단적인 점수(매우 높거나 매우 낮은 점수)를 보이는 사람들을 연구에 참여시키면 사후검사에서는 이들의 점수가 평균값에 가까워지는 경향이 있어 내적타당도가 낮아진다.
  - 극단적인 결과치를 보이는 사람들은 조사대상에서 배제하는 것이 좋다.

  > **예제** 매우 건강한 성인들을 대상으로 건강서비스를 1년 동안 제공하고, 전후의 건강상태를 측정 및 비교하는 경우에는 이미 매우 건강한 사람에 대한 건강서비스의 효과를 측정하기 어렵다.

- 실험대상의 상실(탈락)
  - 실험이 진행되는 동안 참여자의 중도 탈락이나 상실과 같은 사건이 일어나기도 한다.
  - 참여자가 중도에 탈락하게 되면 연구자가 설정한 집단 간 동질성에 문제가 생길 수 있다.
  - 실험기간이 길어질수록 실험대상의 상실 및 탈락 문제가 발생하기 쉽다.
- 조사대상자의 선정편향
  - 실험 전에 이미 존재하던 '집단 간 차이'가 실험결과에 영향을 미치는 것을 말한다.
  - 이미 집단 간 차이가 있었다면, 실험처치 이후 집단 간 차이는 실험결과에 의한 차이로 보기 어렵다.
  - 연구의 내적타당도를 확보하기 위해 연구자는 조사대상자를 무작위할당하는 것이 바람직하다.

  > **예제** 아동학대 예방을 위한 부모교육의 효과성을 검증하기 위해 아동보호전문기관에서 교육참여를 희망하는 부모를 모집하여 교육을 실시하였다. 교육 종료 1년 후 교육을 받은 부모집단과 교육을 받지 않은 부모집단을 비교하였을 때 교육을 받은 부모집단의 아동학대 사례가 훨씬 적게 드러났다면, 이 연구에서는 애초에 자녀를 잘 키우고 싶은 부모들이 부모교육에 적극적으로 참석했을 가능성이 높다는 점에서 선정편향 문제가 제기된다.

- 선택과의 상호작용: 선정편향 등 여러 내적 타당도를 낮추는 요인들이 상호작용하여 결과적으로 조사설계의 인과관계, 즉 타당도를 낮추는 요인이 된다.

② 외적타당도

ㄱ. 개념과 특징
- 실험결과를 다른 대상이나 다른 시기 혹은 다른 상황에 적용하여 일반화할 수 있는 정도를 말한다.
- 연구를 반복적으로 실시하여 결과를 축적하고, 연구대상의 대표성을 높이면 외적타당도를 높이는 데 도움이 된다.

> **♥ 합격 가이드**
> 조사결과의 일반화에 관련된 타당도는 외적타당도, 조사설계의 인과관계와 관련된 타당도는 내적타당도입니다.

ㄴ. 외적타당도 저해요인
- 표본의 대표성: 연구결과를 일반화하려면 연구대상이 모집단을 대표할 수 있어야 한다. 연구대상, 즉 표본의 대표성이 떨어지면 외적타당도도 낮아질 수밖에 없다.
- 현실과 동떨어진 실험상황 및 조건
  - 내적타당도를 높이기 위해 실험조건을 지나치게 엄격히 통제한다면 실험상황이 현실과 동떨어질 가능성이 있어서 실험결과를 일반화하기 어렵다.
  - 어느 정도 현실화된 상황에서 실험이 이루어질 때 실험결과를 일반화할 수 있다.
- 사전검사와 실험처치 간의 상호작용효과: 연구참여자가 사전검사를 경험하고 난 후 평소보다 연구주제에 대해 관심이 높아지거나 낮아지는 등 참여자의 내적 변화가 실험결과에 영향을 미치는 것이다.

- 실험에 대한 반동효과(호손효과, 반응효과)
  - 실험에 참여한 사람들이 자신이 관찰되고 있다는 사실을 지각하면서 평소와 달리 행동하거나 작업의 능률이 올라가는 현상을 말한다.
  - 실험상황이 인위적일수록 반동효과는 크다.
- 중다처치에 의한 간섭효과
  - 참가자들이 둘 이상의 처치를 받을 때 생기는 문제로, 실험처치 간 상호작용을 일으켜 실험처치효과가 부풀려지거나 축소되는 현상이다.
  - 초기 처치의 효과가 일정 시간이 흐른 후 나타나는 이월효과로 각 처치의 효과를 평가하기 어려울 수 있다. 따라서 중다처치를 받은 집단의 연구결과는 일반화하기 어렵다.
- 플라시보효과(위약효과, 가실험효과): 신약품 개발과정에서 약의 임상효과를 증명하기 위해 진짜 약을 투여한 집단과 가짜 약을 투여한 집단의 상대적 효과를 비교하는 방법을 사회조사에서 활용하는 것이다.

2 실험설계의 유형 기출 11회, 13~23회

구분	하위유형
순수실험설계	통제집단 사전사후검사설계, 통제집단 사후검사설계, 솔로몬 4집단설계, 요인설계, 가실험 통제집단설계
유사실험설계	단순시계열설계, 복수시계열설계, 비동일 통제집단설계, 분리표본 사전사후검사설계
선실험설계 (전실험설계)	1회사례설계, 단일집단 사전사후검사설계, 정태적 집단비교설계(비동일집단 사후검사설계, 고정집단 비교설계)

1. 순수실험설계

① 순수실험설계의 개념과 특징
  ㄱ. 독립변수의 조작, 통제집단의 보유, 사전-사후검사 실시, 무작위할당 등 실험설계의 기본요소들을 두루 갖춘 설계유형이다.
  ㄴ. 내적타당도가 높다. 실험상황이 연구자의 엄격한 통제하에 설계되어 있다.
  ㄷ. 외적타당도가 낮다. 조사결과를 일반화하여 현실에 적용하기에는 어렵다.

> **개념 공략** 순수실험설계의 인과성 검증
> - 사전조사에서 실험집단과 통제집단의 종속변수 측정치는 통계적으로 유의미한 차이가 없어야 함.
> - 실험집단과 통제집단의 동질성을 확보해야 함.
> - 실험집단과 통제집단의 차이는 독립변수의 개입 유무에 달려 있음.

② 통제집단 사전사후검사설계

실험집단	R	O_1	X	O_2
통제집단	R	O_3		O_4

* R: 무작위할당, X: 실험처치, O_n: n번째 관찰 혹은 측정

ㄱ. 인과관계를 파악하는 가장 전형적인 설계이다.
ㄴ. 무선화(R)를 통해 실험집단과 통제집단을 구분하여 집단 간 동질성을 확보한다.
ㄷ. 실험집단과 통제집단 모두에 사전검사를 실시한다.

② 실험집단에만 실험처치(X)를 하여 독립변수를 발생시킨다.
 ⑩ 처치 후 실험집단과 통제집단 양측에 사후검사를 실시하여 차이를 비교·검증한다.
 ⑭ 장단점

장점	전반적으로 내적타당도가 높은 편임.
단점	• 사전검사로 인한 검사효과가 있을 수 있음. • 사전검사와 실험처치가 상호작용을 일으킬 수 있음(상호작용 시험효과).

예제 무작위로 배치된 두 흡연집단에 사전검사를 실시하고, 실험집단에만 금연 프로그램을 실시한 후 두 집단에 사후검사를 진행한 경우, 실험집단과 통제집단에서 나타나는 금연율의 차이는 금연 프로그램의 효과인 것으로 해석할 수 있다.

③ 통제집단 사후검사설계

```
실험집단    R        X        O₁
통제집단    R                 O₂
```

 ㉠ 통제집단 사전사후검사설계에서 사전검사를 실시하지 않고 실험처치를 하는 설계이다.
 ㉡ 무선화를 통해 실험집단과 통제집단을 구분하여 집단 간 동질성을 확보한다.
 ㉢ 실험집단에만 실험처치를 하여 독립변수를 발생시킨다.
 ㉣ 사전검사를 하지 않는 이유는 무작위할당으로 실험집단과 통제집단 간 동질성을 전제하기 때문이다.
 ㉤ 처치 후 실험집단과 통제집단 양측에 사후검사를 실시하여 차이를 비교·검증한다.
 ㉥ 장단점

장점	사전검사를 실시하지 않기 때문에 검사효과나 상호작용 시험효과를 통제할 수 있음.
단점	사전검사를 실시하지 않아 최초의 상태를 파악할 수 없음.

예제 요가가 노인의 우울감에 미치는 영향을 조사하기 위해 우울감을 호소하는 노인 100명을 모집하였다. 이들 중 50명을 무작위로 선정하여 화요일에 요가 강좌를 실시하고 이틀 후인 목요일에 100명을 대상으로 우울감 정도를 측정하였다.

개념 / 공략 주효과, 검사효과, 상호작용 시험효과

• 주효과: 독립변수가 종속변수에 미치는 효과
• 검사효과: 사전검사가 사후검사에 미치는 효과(내적타당도를 낮추는 요인)
• 상호작용 시험효과: 사전검사가 독립변수에 미치는 효과(외적타당도를 낮추는 요인)

④ 솔로몬 4집단설계

```
실험집단    R    O₁    X    O₂
통제집단    R    O₃         O₄
실험집단    R          X    O₅
통제집단    R               O₆
```

 ㉠ 통제집단 사전사후검사설계와 통제집단 사후검사설계를 결합한 설계로, 통제집단 사전사후검사설계에 사전검사를 실시하지 않는 또 다른 실험집단과 통제집단을 둔다.

ⓒ 장단점

장점	• 순수실험설계 유형 중 내적타당도가 가장 높음. • 검사효과, 상호작용 시험효과, 기타 외생변수로 인한 효과를 통제하여 개입의 순수한 효과를 밝히는 데 유용함.
단점	• 현실적으로 4집단을 무작위할당하기가 어려움. • 실험 진행과 관리에 많은 비용이 소요됨.

⑤ 요인설계

구분		심리상담 프로그램	
		참여	비참여
신체발달 프로그램	참여	G_1	G_2
	비참여	G_3	G_4

$$G_1 \quad R \quad X_1 \quad O_1$$
$$G_2 \quad R \quad X_2 \quad O_2$$
$$G_3 \quad R \quad X_3 \quad O_3$$
$$G_4 \quad R \quad \qquad O_4$$

㉠ 독립변수가 2개 이상일 때 활용하는 설계이다.
㉡ 독립변수의 속성에 따라 할당 행렬을 만들고, 행렬상의 각 범주에 따라 실험집단과 통제집단을 설정한다.
㉢ 무선화로 실험집단과 통제집단을 구분하여 집단 간 동질성을 확보한다.
㉣ 실험집단에만 실험처치를 하여 독립변수를 발생시킨다.
㉤ 처치 후 실험집단과 통제집단에 사후검사를 실시하여 차이를 비교·검증한다.
㉥ 장단점

장점	• 독립변수가 2개 이상일 때 적용할 수 있음. • 실험처치의 주효과와 요인 간 상호작용에 의한 효과를 동시에 검증할 수 있음(요인 간 상호작용 시험효과가 없다면 요인의 주효과만 확인함). • 집단비교 결과의 일반화 가능성이 높은 편임.
단점	• 독립변수가 많아지면 무작위할당이 어려움. • 시간과 비용이 많이 듦.

> **예제** '청소년들의 행복감에 심리상담과 신체발달 프로그램이 도움이 될 것이다.'라는 가설을 검증하는 요인설계에서 독립변수는 심리상담 프로그램과 신체발달 프로그램의 참여 여부이다. 이때 요인설계로 각 프로그램이 청소년의 행복감에 미치는 영향(주효과)과 두 가지 프로그램의 상호작용효과(심리상담 프로그램과 신체발달 프로그램 참여 여부)를 모두 검증할 수 있다.

⑥ 가실험 통제집단설계

$$\text{실험집단} \quad R \quad X \quad O_1$$
$$\text{통제집단} \quad R \quad \qquad O_2$$
$$\text{가실험집단} \quad R \quad X_p \quad O_3$$

㉠ 통제집단 사후검사설계에 위약효과를 측정할 수 있는 집단, 즉 가실험집단을 추가하여 만든 설계이다.
㉡ 무선화로 실험집단과 가실험집단, 통제집단을 구분하여 집단 간 동질성을 확보한다.
㉢ 실험집단에 제대로 된 실험처치를 하고, 가실험집단에는 가짜로 실험처치를 하며, 통제집단에는 아무런 처치를 하지 않는다.
㉣ 세 집단에 사후검사를 실시한 후, 집단 간 차이를 비교·검증한다.
㉤ 장단점

장점	• 실험설계의 인과성 검증에 유용함. • 특히 신약개발 등 효과성 검증에 유용함.
단점	사전검사를 실시하지 않아 집단의 최초 상태를 확인하기 어려움.

2. 유사실험설계(준실험설계)

① 유사실험설계의 개념과 특징
  ㉠ 독립변수의 조작, 사전검사와 사후검사의 실시, 통제집단의 유무, 무작위할당 등 순수실험설계의 요소 가운데 한 가지 혹은 두 가지 사항이 빠진 설계유형이다.
  ㉡ 순수실험설계에 비해 내적타당도는 낮으나, 외적타당도가 높다.
  ㉢ 통제집단을 두기 어려울 때 사용할 수 있다.
  ㉣ 개입효과는 사전검사와 사후검사 측정치의 평균을 비교해서 측정할 수 있다.
  ㉤ 사전검사와 개입의 상호작용효과가 발생할 수 있다.
  ㉥ 시간과 비용, 연구결과의 일반화(외적타당도) 문제를 고려하여 순수실험설계보다는 유사실험설계를 활용하는 경우가 많다.

② 단순시계열설계

$$O_1 \quad O_2 \quad O_3 \quad X \quad O_4 \quad O_5 \quad O_6$$

  ㉠ 실험처치를 기준으로 최소 3번 이상 사전검사와 사후검사를 실시하여 실험효과를 검증한다.
  ㉡ 여러 차례 실시한 사전검사 결과 간에는 유의미한 차이가 없는데, O_3과 O_4 측정결과에 차이가 있다면 이는 실험처치(X), 즉 개입의 효과로 해석한다.
  ㉢ 장단점

장점	• 종속변수의 변화를 추적하여 비교할 수 있음. • 여러 차례 사전사후검사를 실시하여 성숙효과 등 다른 외적변수의 효과를 통제한다는 점에서 사전사후검사를 한 번 실시하는 단일집단 사전사후검사설계보다 우수함.
단점	통제집단이 없기 때문에 종속변수에서 나타나는 변화가 실험처치의 효과인지 외부사건의 영향인지 검증이 어려울 수 있음. 참고 단순시계열설계의 한계를 보완한 설계유형이 복수시계열설계이다.

③ 복수시계열설계

  ㉠ 단순시계열설계에 통제집단을 추가하여 구성한 설계이다. 실험집단과 통제집단 모두 실험처치를 기준으로 최소 3번 이상 사전검사와 사후검사를 실시한다.

ⓛ 복수의 사전검사 결과 간에는 유의미한 차이가 없고, O_3과 O_4 측정결과에는 차이가 있는 한편, O_9과 O_{10} 측정결과 간 유의미한 차이가 없다면 O_3과 O_4 측정결과의 차이는 실험처치(X)의 효과로 해석한다.
ⓒ 장단점

장점	• 종속변수의 변화를 추적하여 비교할 수 있음. • 통제집단과 비교함으로써 우연한 사건의 효과 등 내적타당도 저해요인을 방지할 수 있음.
단점	무작위할당이 아니기 때문에 실험집단과 통제집단 간 동질성에 문제가 있을 수 있음.

④ 비동일 통제집단설계

실험집단	O_1	X	O_2
통제집단	O_3		O_4

㉠ 통제집단 사전사후검사설계와 유사하지만, 연구자가 임의로 실험집단과 통제집단으로 나눈다는 점에서 다르다. 비동일 통제집단설계에서는 실험집단과 통제집단을 무작위할당으로 구분하지 않는다.
ⓒ 실험집단과 통제집단 모두 사전검사를 실시한다.
ⓒ 처치 후 실험집단과 통제집단에 사후검사를 실시하여 집단 간 차이를 비교·검증한다.
㉣ 장단점

장점	• 무작위할당이 어려운 경우에 사용할 수 있음. • 통제집단이 존재하여 실험처치의 효과를 비교하기 용이함.
단점	• 무작위할당이 아니기 때문에 처치 후 발생한 집단 간 차이가 오롯이 실험처치에 의한 것인지 원래부터 존재하던 집단 간 차이가 실험처치나 종속변수에 영향을 미친 것인지 구분하기 어려움. • 통제집단 사전사후검사설계와 마찬가지로 사전검사로 인한 검사효과와 상호작용 시험효과 문제가 있을 수 있음.

⑤ 분리표본 사전사후검사설계

통제집단	R	O_1	(X)	
실험집단	R		X	O_2

㉠ 무작위할당으로 통제집단과 실험집단을 배치한다.
ⓒ 통제집단에 대해서는 사전검사만 실시한다.
ⓒ 실험집단에 대해서는 사전검사를 생략하고 실험처치 후 사후검사를 한다.
㉣ 장단점

장점	실험집단과 통제집단이 동시에 사전사후검사를 실시하기 어려운 상황에서 적용할 수 있음.
단점	사전검사와 사후검사의 대상이 다름.

3. 선실험설계(전실험설계) 기출 22회

① 실험설계가 갖추어야 하는 기본요소가 부족함에도 연구상황의 현실적 여건을 고려할 때 활용도가 높은 설계유형이다.

② 1회사례설계

X   O

㉠ 단일집단에 한 차례 실험처치를 한 후 사후검사를 실시하는 설계이다.
㉡ 집단의 종속변수를 측정하여 이것을 독립변수의 효과로 판단한다.
㉢ 장단점

장점	탐색조사에 유용함.
단점	• 사전검사 없이 독립변수의 효과를 판단해야 하므로 내적타당도가 낮음. • 무선화의 과정, 통제집단의 부재로 결과를 일반화하기 어려워 외적타당도가 낮음.

③ 단일집단 사전사후검사설계

O_1 X O_2

㉠ 단일집단에 사전검사를 실시한다.
㉡ 실험처치를 실시하고 해당 개입의 효과를 검증하기 위하여 사후검사를 실시한다.
㉢ 장단점

장점	시간적 우선성과 비교의 기준이 존재하므로 1회사례설계보다는 진일보한 설계임.
단점	내적·외적타당도 저해요인을 통제하기 어려움.

④ 정태적 집단비교설계

실험집단	X	O_1
통제집단		O_2

㉠ 순수실험설계의 통제집단 사후검사설계에서 무작위할당 요소가 결여된 설계이다.
㉡ 연구자가 임의로 실험집단과 통제집단을 배치한다.
㉢ 실험집단에 실험처치를 한 후 실험집단과 통제집단에 사후검사를 실시하여 관찰결과를 비교한다.
㉣ 장단점

장점	비교를 위한 두 개의 집단이 있음.
단점	• 무작위할당이 아니기 때문에 집단 간 동질성을 보장할 수 없음(내적타당도 저해요인). • 종속변수의 변화가 전적으로 실험처치에 의한 것인지 외부요인에 의한 것인지 확신하기 어려움(외적타당도 저해요인).

> **예제** 새로 개발한 항암제의 효과를 알아보기 위해 실험설계를 하는 경우, 암에 걸린 쥐 40마리 가운데 연구자가 임의적으로 20마리에 항암제를 투여하는 실험처치를 하고, 나머지 절반에는 항암제를 투여하지 않는다. 일정 시간이 지난 후 두 집단의 상태를 비교·관찰하여 항암제 투여의 효과를 검증한다.

4. 단일사례설계 기출 12회, 13회, 15~19회, 21~23회

① 단일사례설계의 개념과 특징
  ㉠ 개인과 가족, 조직, 지역사회를 대상으로 문제를 해결하기 위한 개입의 효과를 증명할 때 유용한 방법이다.
  ㉡ 기초선단계와 개입단계가 있으며, 개입효과에 대한 즉각적인 피드백이 가능하다.
  ㉢ 연구결과에 대한 시각적인 이해와 판단을 돕기 위해 주로 도표로 제시한다.
  ㉣ 조사연구과정과 실천과정의 통합이 가능하다.
  ㉤ 경향과 변화를 파악하도록 반복관찰한다.
  ㉥ 반복측정에 의한 통제집단 효과를 볼 수 있다.
  ㉦ 통계적 원리를 적용하여 분석할 수 있다.
  ㉧ 개입을 지연시키는 것은 윤리적 문제로 이어질 수 있다.
  ㉨ 기본적으로 외적타당도가 낮으나, 동일한 개입방법을 여러 대상과 상황에서 반복실시함으로써 외적타당도를 높일 수 있다.
  ㉩ 측정을 위한 비관여적 관찰도 가능하다.
  ㉪ 연구대상과 개입방법은 여러 가지가 될 수 있다.
  ㉫ 개입으로 표적행동이 변화하면 개입이 효과적인 것으로 해석한다.

② 단일사례설계의 주요 용어
  ㉠ 개입
    • 어떠한 현상이나 사건, 문제, 갈등상황에 끼어들어 변화를 유발하고 환경을 자극하는 역할을 한다.
    • 인과관계의 독립변수에 해당한다.
  ㉡ 표적행동
    • 연구자가 관심을 가지는 연구대상자들의 상태 및 특성으로, 감정, 행동, 태도 등으로 구체화된다.
    • 인과관계의 종속변수에 해당한다.
  ㉢ 처치: 프로그램의 개입 혹은 치료나 훈련절차를 도입하는 것을 말한다.
  ㉣ 기초선단계
    • 기초선은 일절 처치가 가해지지 않는 상태이다.
    • 표적행동의 빈도나 정도로 측정된다.
    • 일반적으로 기초선은 처치 전에 설정되며 처치의 효과성을 입증하는 데 중요한 기준이 된다.
    • A로 표시한다.
  ㉤ 개입단계
    • 표적행동에 대한 개입과 치료가 이루어지는 단계이다.
    • 연구대상자를 관찰하는 기간은 앞서 정한 기초선단계와 같은 수준으로 정하는 것이 일반적이다.
    • B로 기호화하고, 추가로 진행되는 개입은 C, D 순으로 나타낸다.

③ 단일사례설계의 자료수집과 분석
  ㉠ 관찰대상의 표적행동에 대한 매뉴얼을 만들고, 관찰자가 다수인 경우 반드시 관찰자 간 표준화된 관찰매뉴얼을 공유한다.
  ㉡ 표적행동의 횟수(빈도), 정도, 지속시간, 간격 등 실질적인 관찰내용을 기록한다.
  ㉢ 수집된 자료는 평균비교법, 경향선 접근법 등 통계적 원리를 적용하여 분석할 수 있다.

개념 공략 단일사례연구와 사례연구의 비교

- 단일사례연구와 사례연구는 하나의 사례에 초점을 두고 연구한다는 점에서 유사함.
- 단일사례연구는 양적연구방법에 기반을 둠. ➡ 실험처치의 효과성을 검증하는 것이 주목적임.
- 사례연구는 질적연구방법에 기반을 둠. ➡ 종합적이고 심층적인 이해, 맥락성을 중시함.

④ 단일사례설계의 유형
  ㉠ AB설계(기초선단계 → 개입단계)

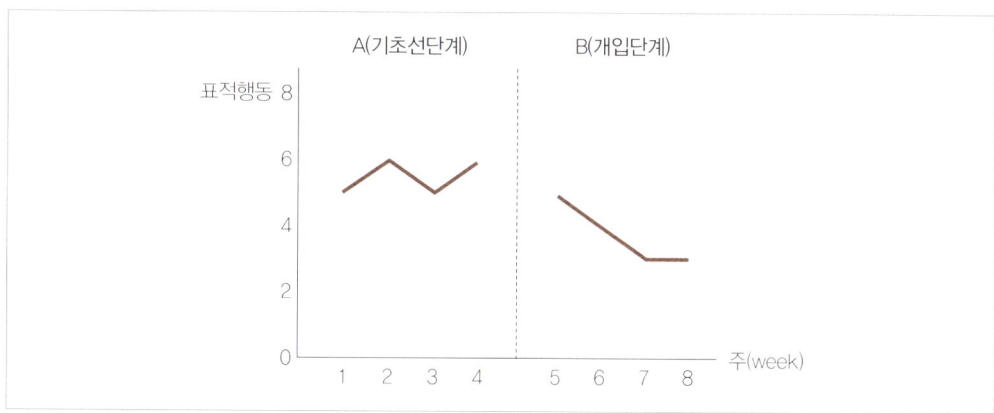

- 기초선과 개입 두 단계로 구성된 가장 기본적인 설계이다.
- 매우 단순한 설계유형이어서 사회조사현장에서 사용하기 쉽다.
- B단계는 A단계와 거의 동일한 시간 간격으로 구성되며, 실질적인 개입활동으로 인한 변화를 측정한다.
- 각 단계에서 최소 3회 이상의 관찰점이 필요하다.
- AB설계는 외생변수의 통제 문제 등 내적타당도가 낮다.
- 예비연구라면 상관없으나 엄격성을 요하는 조사설계가 필요한 경우 다른 유형을 활용하는 것이 좋다.

  ㉡ ABA설계(기초선단계 → 개입단계 → 제2기초선단계)

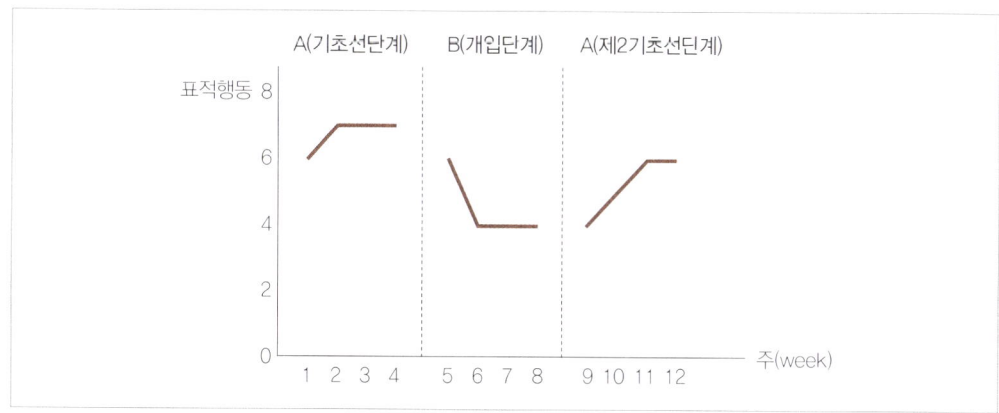

- AB설계에서 두 번째 기초선을 추가하여 구성한다.
- 외생변수의 효과를 일정 부분 통제할 수 있다.
- 개입의 인위적 중단에 따른 연구윤리 문제가 제기된다.

ⓒ ABAB설계(기초선단계 → 개입단계 → 제2기초선단계 → 제2개입단계)

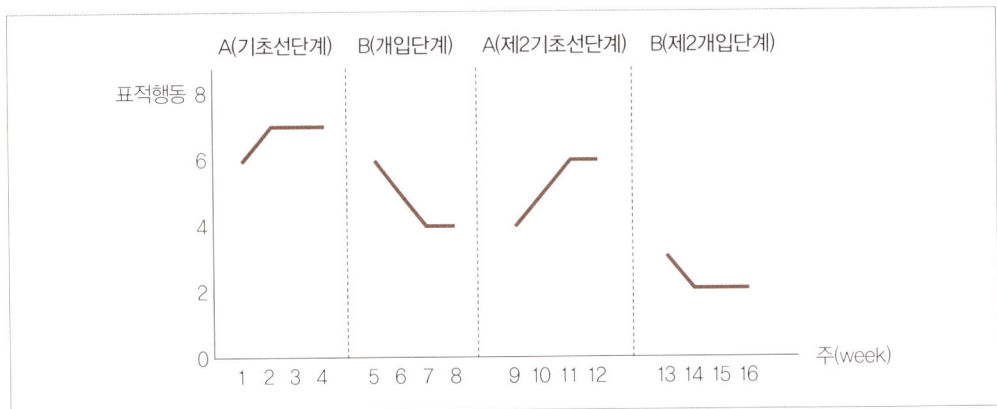

- AB설계에 다시 AB설계를 추가로 구성한 모형으로, 철회설계 또는 반전설계라고도 한다.
- AB설계에 비해 외부사건의 영향력에 대한 통제력이 크다.
- 실험 성과를 다시 한 번 확인하기 위해 실험조건을 인위적으로 일시 중단하는 기간을 가진다.
- 내적타당도 저해요인을 통제하기 위해 개입의 철회를 사용하여 두 번이나 개입의 효과를 확인하기 때문에 개입효과를 주장하는 데 효과적이다.
- 전체적인 연구기간이 길고 인위적인 통제를 가한다는 점에서 연구윤리 문제가 제기된다.

ⓔ BAB설계(개입단계 → 기초선단계 → 제2개입단계)

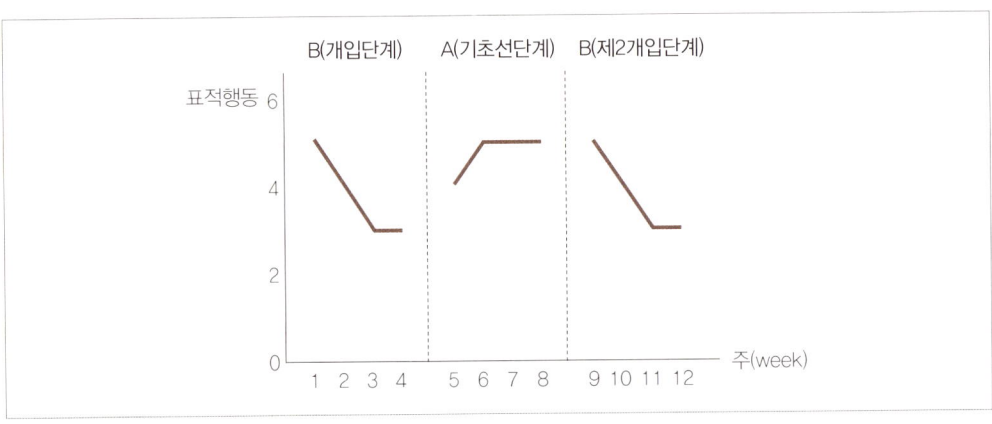

- 문제상황이나 현상에 대해 즉각적인 개입을 실시하고, 이후 개입을 중단하는 기초선단계를 가진 후 다시 개입한다.
- 반복적 개입으로 개입의 효과성을 검증할 수 있다.
- 외생변수를 통제하기 어렵고, 첫 번째 개입의 효과가 지속적으로 존재하는 경우 개입효과를 정확하게 평가하기 어려울 수 있다.

ⓓ ABCD설계(다중요소설계)(기초선단계 → 개입단계 → 제2개입단계 → 제3개입단계)

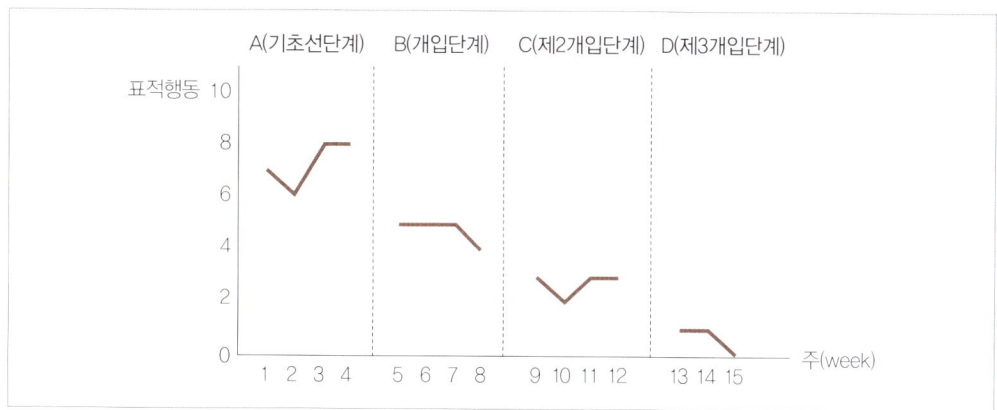

- 하나의 기초선단계에 각기 다른 개입을 연속적으로 시행하는 설계이다.
- 연구대상자의 상태를 살피면서 개입 프로그램을 수정할 수 있다.
- 개입의 순서효과, 이월효과, 우연한 사건 등이 개입효과에 영향을 미칠 수 있다.

개념 공략 순서효과와 이월효과

- 순서효과: BCD 개입단계에서 이루어진 개입방법의 순서가 개입효과에 영향을 미칠 수 있음. 예를 들어 B 개입과 C 개입의 순서가 바뀌었다면 D 개입의 효과가 달라졌을 수도 있음.
- 이월효과: D에서 개입효과가 나타난 것을 D 개입의 효과라고 단정 지을 수 없음. 앞선 개입의 효과가 이월되어 나타난 것일 수도 있음.

ⓔ 다중기초선설계(복수기초선설계, 중다기초선설계)
- 여러 개의 기초선을 측정하여 순차적으로 처치를 실시하고 나머지 조건을 동일하게 하여 표적행동에서 나타나는 변화가 오직 처치에 의한 것임을 드러낸다.
- AB설계는 행동의 변화가 처치개입의 영향인지 확실하게 입증하기 어렵고, ABAB설계는 효과가 입증된 처치를 연구를 위하여 철회한다는 비윤리성의 문제가 생긴다. 다중기초선설계는 이러한 문제점에 대한 대안으로 간주된다.
- 동일한 개입을 여러 대상자에게 행할 수도 있고, 여러 문제에 적용하기도 하여 개입효과를 평가한다.

⑤ 단일사례설계의 개입효과 평가
㉠ 단일사례설계를 기획하고 실행하는 가장 큰 목적은 개입과 처치의 효과성을 검증하는 것이다.
㉡ 평가방법

시각적 분석	· 그래프의 추이를 가시적으로 확인하여 개입의 효과를 평가 · 변화의 수준, 파동, 경향을 고려해야 함.
통계적 분석	· 평균비교: 기초선이 안정적인 경우, 단계별 표적행동의 빈도 또는 정도를 기록한 수치의 평균을 비교하는 기술통계를 활용함. · 경향선 접근: 기초선이 불안정하게 형성되어 있는 경우, 기초선의 변화의 폭과 기울기까지 고려하여 결과를 분석함.
임상적 분석	· 개입 이후에 나타난 변화의 정도, 크기에 대해 임상적 기준에서 판단하는 것 · 평가자의 전문성과 경험에 따라 분석결과가 달라질 수 있다는 점에서 주관성이 높음.

3 질적연구

1. 질적연구의 개요 기출 11~15회, 17~23회

① 질적연구의 개념과 특징
  ㉠ 특정한 현상에 대한 이유, 과정 등 맥락성을 파악하는 데 유용하다.
  ㉡ 심층면접, 관찰 등을 활용하여 자료를 수집한다.
    참고 표준화된 측정도구는 질적연구에서 중요하지 않다.
  ㉢ 연구의 결과보다는 과정적 측면이 중요한 조사방법론이다.
  ㉣ 양적연구에 비해 귀납적 경향이 강하다.
  ㉤ 초기의 분석틀을 도중에 변경할 수 있다.
  ㉥ 연구자 자신이 도구가 된다는 점에서 연구자의 자질 및 특성이 연구에 중요한 영향을 미친다. 즉, 연구자의 주관성이 개입될 여지가 많다.
  ㉦ 자료의 수집과 분석이 단계상 분명히 구분되지 않을 수 있다.
  ㉧ 양적연구와 달리 질적연구에서 가설설정을 꼭 해야 할 필요는 없다.
    예 '연장입양아동이 주관적으로 경험한 입양됨의 의미'와 같은 주제는 양적연구보다는 질적연구에 적합하다.

② 질적연구의 자료수집방법
  ㉠ 참여관찰
    • 관찰자의 참여 정도와 공개 여부에 따라 완전참여자, 관찰참여자, 참여관찰자, 완전관찰자 등 4가지 유형으로 구분할 수 있다.
    • 참여자 유형별 특징

완전참여자	• 연구자와 연구대상자(참여자) 간 구분이 명확하지 않음. • 연구자가 구성원의 일부가 됨. • 연구대상자들은 연구자의 신분과 목적을 모름.
관찰참여자	연구자가 연구대상집단의 일원으로 활동하고, 구성원들은 연구자의 신분과 참여목적을 알고 있음.
참여관찰자	• 관찰참여자와 완전관찰자의 중간적 성격을 가짐. • 연구자가 자신의 신분을 밝히고 사회과정에서 연구대상자들과 상호작용함.
완전관찰자	• 연구자가 자신의 신분과 관찰목적을 알리지 않은 상태에서 연구대상집단에 개입하지 않고 연구대상자의 일상과 역동을 관찰함. • 대상자의 반응성이 적어 관찰자효과 역시 가장 작음. 　참고 관찰자효과란 연구에 참여한 사람들(관찰 대상)에 대한 연구자의 영향을 말한다.

  ㉡ 심층면접
    • 연구자와 참여자(제보자) 간 깊은 상호작용을 통해 참여자의 감정, 태도, 생각 등에 대한 내용을 수집하는 방법이다.
    • 제보자의 언어적 표현은 물론, 비언어적 표현 역시 중요한 자료가 될 수 있다.
    • 면접의 구조화 정도에 따라 구조화된 면접, 반구조화된 면접, 비구조화 면접 등으로 구분하기도 한다.

③ 질적연구의 표집방법
  ㉠ 편의표집: 연구자가 쉽게 접근할 수 있는 표본을 선정하는 방법으로 비확률적 표집방법 중 하나이다.
  ㉡ 극단적 사례표집: 관심 있는 주제가 극명하게 드러나는 극단적 사례를 중심으로 표본을 선정한다.
  ㉢ 1사례표집: 연구목적과 배경에 적합한 단 하나의 개인이나 조직의 사례를 중심으로 자료를 수집한다.

ⓔ **눈덩이표집**: 연구목적에 적합한 적은 수의 응답자로부터 시작하여 응답자로부터 유사한 속성을 가진 사람들을 소개받는다.
ⓜ **전형적 사례표집**: 연구자가 알고자 하는 현상이나 문제를 잘 드러내는 전형적인 사례를 선택적으로 표집한다.

④ 질적연구의 엄격성을 높이기 위한 노력
ⓐ 장기적 관여를 위해 노력한다.
ⓑ 연구자의 원주민화를 경계한다.
ⓒ 해석에 적합하지 않은 부정적인 사례를 찾는다.
ⓓ 질적연구의 신뢰도와 타당도를 확보하기 위하여 삼각측정(다원화, 다각화)을 통해 자료의 객관성을 높이고 조사자의 편견이 작용할 여지를 줄인다.
  - 적용이론을 다양하게 활용하고, 연구방법이나 관찰자, 자료수집을 다원화한다.
  - 연구자는 다양하게 수집된 자료 가운데 상호 일치도가 높은 자료를 골라 사용한다.

2. 질적연구의 유형 기출 11회, 15회, 16~21회

① 근거이론연구(현실기반이론연구)
ⓐ 기존의 연구, 이론, 관점으로는 잘 설명되지 않는 현상을 탐구할 때 유용한 질적연구방법이다.
ⓑ 사람, 사건 및 현상에 대한 이론의 생성이 목적이다.
ⓒ 귀납적 연구형식을 따른다.
ⓓ 끊임없이 자료와 상호작용하며 만든다는 의미에서 '자료대화형 이론'이라고도 한다.
ⓔ 근거이론연구의 과정

1	개념정리	• 자료수집에서 얻은 개념들을 다양한 속성과 차원에 따라 구성·조직하는 단계 • 자료로부터 이론을 생성하는 귀납적 방식의 기초단계
2	개방코딩	• 초기 코딩단계 • 연구자는 원자료를 반복하여 읽고, 수많은 하위범주부터 핵심범주를 기록하며 개념들의 속성과 차원을 발견함.
3	축코딩	• 개방코딩을 통해 도출된 범주들을 특성한 구소석 틀에 맞추어 조직하여 연결하는 단계 • 발견된 범주를 가지고 중심현상을 기준으로 인과적 조건을 만듦. • 전 단계에서 분석된 자료들을 상위범주를 중심으로 재조합하는 등 집약적이고 일관된 분석을 가능하게 함.
4	선택코딩	• 이론을 통합하고 정교화하는 과정으로, 이론적 포화와 변화 범위에 대해 작업하는 단계 • 모형 내 범주들의 관계를 진술하는 명제를 구체화하거나, 범주들을 통합하는 이야기를 서술함.
5	핵심범주 생성	• 연구자가 진행하는 연구가 무엇인지에 대해 추상화하는 단계 • 앞서 분석한 내용들을 토대로 핵심범주를 구성하는 단계
6	이론 도출	자료수집 및 분석의 전체 과정을 통해 이론을 이끌어냄.

개념 공략 코딩

- 자료를 세분화하고 개념화하며, 이론을 생성하기 위하여 앞에서 정리한 개념들을 통합하는 분석과정
- 근거이론은 이론의 검증보다는 이론의 구축을 주된 목적으로 함.
- 이론 생성의 기초가 되는 중요한 개념을 발견하고 견고하게 발전시키는 것이 중요함.

② 문화기술지연구(민속지학, 민족지학, 기술적 민족학)
  ㉠ 특수한 민족, 지역사람들의 생활방식에 대한 기술적 설명으로 이루어지는 연구이다.
  ㉡ 특정 문화를 이해하기 위한 방법과 과정인 동시에 결과이다.
  ㉢ 현장조사를 통해 연구자가 알고자 하는 사회의 현상을 기술하고 분석한다.
  ㉣ 연구자의 독창성, 신념 등이 연구과정에서 중요하게 작용한다.
③ 현상학
  ㉠ 현상학의 핵심은 우리에게 직접 주어지고 체험되는 현상 그 자체를 직관하는 데 있다.
  ㉡ 개인의 주관적인 경험의 본질과 의미에 초점을 둔다.
④ 참여행동연구
  ㉠ 참여행동연구는 연구자가 연구대상자보다 우위에 있다는 암묵적 가정에 반대하는 연구이다.
  ㉡ 연구자와 연구대상자는 연구의 동반자적 위치에 있으므로 연구의 전 과정에 함께 참여한다.
  ㉢ 연구대상자는 자신의 문제와 해결책을 스스로 정의하며 연구설계에 주도적 역할을 수행한다.
⑤ 내러티브연구
  ㉠ 자료로 활용할 수 있는 이야기가 주된 연구내용이다.
  ㉡ 연구대상자 개인의 인생에 대한 이야기에 초점을 두고 자료를 수집한다.
  ㉢ 이야기 자체에 대한 분석과 이해는 물론 조사참여자가 내러티브를 구성하는 방식도 중요하다.

4 욕구조사와 평가조사 (최다빈출)

1. 욕구조사 기출 11회, 13~17회, 19회, 21회, 23회

① 욕구조사의 개념과 특징
  ㉠ 욕구조사란 일정한 지역 내에 거주하는 주민의 욕구를 수량적으로 파악하는 것을 말한다.
  ㉡ 지역주민들이 필요로 하는 서비스, 프로그램을 파악하여 위계적인 우선순위를 정한다.
  ㉢ 프로그램 운영 시 필요한 예산할당의 기초자료를 마련한다.
  ㉣ 현재 운영 중인 사업 및 프로그램의 평가에 필요한 근거자료를 만든다.
  ㉤ 프로그램 및 사업을 수행하는 지역사회 내 조직·기관 간 상호의존 및 협동상황을 파악한다.
  ㉥ 프로그램 변화에 대한 근거자료로 활용할 수 있다.

② 욕구조사의 자료수집방법

> **합격 가이드**
> 질문지법과 초점집단조사(면접법)는 'CHAPTER 05 다양한 자료수집방법'에서 더 자세히 다룹니다.

  ㉠ 질문지법(서베이)
    • 조사대상집단에 설문조사를 실시하여 지역주민의 욕구와 서비스 이용상태를 파악하는 방법이다.
    • 장단점

장점	• 시간과 비용을 적게 들이면서 넓은 범위의 많은 응답자들로부터 자료를 얻을 수 있음. • 연구자가 응답자에게 미치는 영향이 적음.
단점	• 질문지에 없는 질문에 대한 답변을 얻을 수 없음. • 질문유형과 형태를 결정할 때 조사대상자의 응답능력을 고려해야 함.

  ㉡ 초점집단조사(FGI)
    • 조사대상집단에서 중요한 정보를 얻을 수 있는 구성원과의 심층 면접으로 자료를 얻는 방법이다.
    • 초점집단의 크기는 6~12명 정도가 적당하다.

• 장단점

장점	• 양적 연구에 비해 다양하고 솔직한 정보를 얻을 수 있음. • 참여자 간 의견교환, 토론 등의 과정에서 새로운 정보가 나오기도 함.
단점	• 진행자의 역량에 따라 면접 내용의 구성과 질이 다를 수 있음. • 자료의 수집 및 분석 과정에서 연구자의 주관적 개입이 문제될 수 있음.

ⓒ 델파이조사
- 전문가 패널의 의견을 수렴하는 방법으로 진행된다.
- 합의에 이를 때까지 우편이나 이메일 등의 방법을 통해 소통하며, 대면 방식의 상호작용을 하지 않는다.
  > 참고 외형적으로 델파이조사는 질문지법과 유사하다.
- 조사참여자 간, 연구자와 참여자 간 직접적인 상호작용이 이루어지지 않아 서로 영향을 미칠 가능성이 적다.
- 장단점

장점	• 직접 대면하지 않기 때문에 시공간적 제약에서 자유로움. • 후광효과로부터 자유로움.
단점	• 시간과 비용이 많이 듦. • 의견이 여러 번 오갈수록 응답자 수가 감소함. • 연구자가 사전에 결정한 방향으로 패널의 의견이 유도될 위험이 있음.

ⓔ 주요 정보제공자조사
- 주요 정보제공자란 해당 지역에 대해 잘 알고, 그 지역의 주민들을 대변할 만한 입장을 가진 자를 말한다.
- 주요 정보제공자들을 대상으로 자료를 수집하여 지역사회 욕구를 분석하는 사회조사 유형이다.
  > 예 복지기관 종사자, 해당 이슈 관련 전문직 종사자, 통장 또는 반장과 같이 지역사회 일을 맡아서 하는 사람 등
- 장단점

장점	• 연구자 입장에서 표본을 쉽게 구할 수 있음(시간과 비용이 적게 듦). • 지역의 전반적인 문제를 쉽게 파악할 수 있음.
단점	• 주요 정보제공자가 언급하는 지역사회 문제와 요구가 지역주민들의 생각과 다를 수 있음. • 전적으로 주요 정보제공자들이 가진 정보에 의존하므로 정보제공자들의 정보의 질이 낮은 경우 문제가 됨. • 의도적 표집으로 인한 논란이 있을 수 있음.

ⓜ 공청회
- 공개적인 모임을 주선하여 이 모임에서 논의되는 지역사회의 욕구나 문제들을 파악하는 방법이다.
- 지역사회 공개토론회의 기본전제는 지역사회에 거주하거나 활동하는 사람들이 지역의 사회적 욕구나 문제 등을 잘 알고 있다는 것에서 출발한다.
- 장단점

장점	• 적은 비용으로 다양한 의견을 들을 수 있음. • 지역주민 대상의 질문지법을 시행할 계획이 있다면 사전준비의 기회가 될 수 있음.
단점	• 해당 주제에 대해 관심 있는 사람들만 참석하는 등 선택편향 문제가 발생할 수 있음. • 소수의 참석자만이 발표하는 의견을 지역주민의 다수의 의견으로 간주할 경우 대표성 문제가 생김.

ⓑ 사회지표분석
- 연구자는 중요한 현황을 파악하기 위해 2차자료인 기존의 공공자료를 활용할 수 있다.
  - 예) 소득, 인구밀도, 영아사망률 등
- 정책계획의 첫 단계에서 해당 지역사정을 파악하는 데 도움이 된다.
- 연구자가 참고하는 사회지표들은 신뢰성과 타당성이 입증된 공인된 지표여야 한다.

2. 평가조사 기출 15회, 20회

① 평가조사의 개념과 특징
  ㉠ 평가조사란 평가를 위한 다양한 근거자료를 수집하는 사회조사를 말한다.
  ㉡ 프로그램의 전반적인 수정·보완 작업을 통해 효과성을 높이고, 프로그램과 관련된 의사결정에 참고할 수 있는 다양한 정보를 체계적으로 수집·분석하는 과정이다.
  ㉢ 프로그램의 결과뿐 아니라 실행과정도 평가할 수 있다.
  ㉣ 평가조사를 인과관계 구도에서 놓고 보면 투입된 프로그램은 독립변수이며, 그 효과는 종속변수가 된다.
  ㉤ 평가조사의 결과를 해석할 때 정치적 관점이 개입될 수 있으므로 해석상의 주의를 요한다.
  ㉥ 평가보고서의 형식은 의뢰기관의 요청에 따를 수 있다.
  ㉦ 목표달성에 대한 해석은 다양한 이해관계에 영향을 받을 수 있다.
  ㉧ 질적연구, 양적연구, 혼합연구방법론 등을 다양하게 활용해 자료를 수집·분석할 수 있다.

② 평가조사의 종류
  ㉠ 평가목적에 따른 구분

형성평가	진행 중인 프로그램을 평가하고 개선점을 파악하여 남은 프로그램의 발전을 도모함.
	예) "현재까지 프로그램에 몇 회기 참석하셨습니까?", "프로그램에 참가한 주된 이유는 무엇입니까?" 등

총괄평가	효과성 평가	프로그램이 애초에 의도한 성과를 달성했는지에 주목함(목표달성 여부가 중요).
		예) 장애아동의 어머니를 대상으로 하는 교육 프로그램
		– 프로그램의 의도된 목표: 어머니의 양육 스트레스 감소
		– 효과성평가: 프로그램에 참가한 어머니들의 양육 스트레스 감소 수치 분석
	효율성 평가	• 프로그램에 투입한 비용(돈, 시간, 인력 등) 대비 성과를 평가하는 데 초점을 둠.
		• 효과적이더라도 효율적이지는 않은 프로그램도 있음.
		예) 다문화가족 어머니의 부모효능감 증진 프로그램: 프로그램 참여 후 참가자의 양육효능감이 높아진 것을 확인했으나(효과성 입증) 투입예산 대비 참여율이 저조하다면 효율성이 낮은 것으로 판단할 수 있다.

  ㉡ 평가주체에 따른 구분

자기평가	• 프로그램 담당자가 스스로 하는 평가 • 시간과 비용 측면에서 경제적임. • 객관성과 공정성 시비가 있을 수 있음.
내부평가	• 프로그램이 운영된 기관 내부자에 의한 평가 • 시간과 비용이 절약됨. • 자기평가보다는 객관적일 수 있으나 여전히 객관성과 공정성 문제가 남아있음.
외부평가	• 기관 외부자에 의한 평가 • 객관성과 공정성을 확보할 수 있음. • 자료수집 및 분석에 필요한 시간과 비용이 요구됨.

ⓒ 메타평가
- 평가가 잘 되었는지를 평가하는 것이다.
- 평가가 진행된 과정, 평가된 내용, 평가의 피드백 기능에 이르기까지 평가체제 전반에 대한 종합적인 평가로 구성된다.

ⓔ 기타

평가의 강조점	배경평가, 투입평가, 과정평가, 결과평가 등
평가대상	학습자평가, 수업 및 프로그램 평가 등
평가시점	사전평가, 사후평가

다양한 자료수집방법

핵심 Tag #질문지법 #면접법 #관찰법 #내용분석법

1 1차자료와 2차자료

1. 1차자료
① 연구자가 직접 경험하거나 수집한 자료로, 연구자의 의도와 목적에 맞추어 자료를 수집할 수 있다.
② 관찰대상에 대한 연구자의 영향이 크다.
③ 신뢰도와 타당도에 관한 문제가 있다.

2. 2차자료
① 문헌연구와 같이 이미 만들어진 자료를 활용하여 만든 자료를 말한다.
② 기존 데이터를 수정·편집하여 분석할 수 있다. 즉, 자료를 직접 수집하지 않아도 된다.

> **예제** 한부모 관련 기존통계를 분석하는 연구나 아동학대 관련 사례파일의 분석연구, 물리적 흔적을 분석한 박물관 전시공간 재배치 연구 등은 2차자료이다.

③ 적은 비용으로 대규모 사례분석이 가능하다.
④ 비관여적·비반응적 자료수집방법이다.
⑤ 연구자 본인이 직접 수집 및 분석한 자료가 아니므로 연구자의 목적 및 의도와 일치하지 않을 수 있다.
  참고 1차자료이면서 2차자료인 경우도 있다. 〈안네의 일기〉는 저자인 안네 프랑크에게는 1차자료이지만 당시 시대상황을 연구하는 사람에게는 2차자료로 활용이 가능하다.
⑥ 양질의 2차자료에 대한 접근성이 더 좋아지는 추세이다.

2 여러 가지 자료수집방법

1. 질문지법(서베이) 기출 11~13회, 15~20회, 22회, 23회

① 질문지법의 개념과 특징
  ㉠ 연구자가 관심 있는 주제와 관련한 질문목록에 조사대상자가 응답을 기록하게 함으로써 자료를 수집하는 방법이다.
  ㉡ 사회문제나 사건, 특정 현상에 대한 개인의 의견이나 태도를 알아볼 때 활용하는 방법이다.
  ㉢ 사회조사연구에서 가장 많이 사용되는 자료수집방법 중 하나이다.
    예 한국 청소년의 스마트폰 사용 실태조사 등

② 질문지법의 장단점
　㉠ 장점
　　• 적은 시간, 비용, 노력으로 다수의 응답자들로부터 많은 자료를 얻을 수 있다.
　　• 표준화된 지침과 일관된 문항구성으로 연구자가 응답자에게 미치는 영향이 적다.
　　• 다양한 연구주제를 다룰 수 있다.
　　• 다른 자료수집방법과 더불어 혼합조사방법론의 형태로 활용할 수 있다.
　　• 익명성을 보장한다면 솔직한 의견을 기대할 수 있다.
　㉡ 단점
　　• 조사대상자가 일정 수준의 문해력을 갖추어야 한다. 질문의 유형과 형태를 결정할 때 조사대상자의 응답능력을 고려해야 한다.
　　• 질문지에 인쇄되지 않은 질문에 대한 답변을 얻을 수 없다.
　　• 응답내용의 진실성 여부를 알기 어렵다.
　　• 한번 수집된 자료는 응답내용이 모호하더라도 더 구체화하거나 재확인할 수 없다.
　　• 언어적 표현 외에 행위, 표현 등 비언어적 자료를 활용하기 어렵다.
③ 질문지 작성과정

> 질문지 작성 목적과 질문범위 설정 → 질문내용 선정 → 질문유형 결정 → 문항의 구체화 및 배열 → 질문지 외형 결정 → 사전검사 → 편집 및 인쇄

　㉠ 질문지 작성 목적과 질문범위 설정
　　• 질문지를 통해 알고자 하는 것이 무엇인지 목적을 정한다.
　　• 누구에게 어떠한 내용을 어떻게 질문할지에 대해 구조화한다.
　㉡ 질문내용 선정
　　• 질문의 카테고리를 구성한다.
　　• 각 카테고리에는 조사의 목적을 충분히 달성할 수 있는 문항을 담아낸다.
　　• 해당 문항이 연구문제와 일치하는지 계속해서 점검한다.
　㉢ 질문유형 결정
　　• 질문내용을 정했다면 적절한 형태로 문항을 다듬는다.
　　• 질문은 크게 주관식(개방형)과 객관식(폐쇄형)의 형태로 구분된다.

구분	주관식 질문	객관식 질문
특징	• 응답자가 자유롭게 자신의 의견을 진술하도록 하는 질문형태 • 탐색적 조사에서 종종 활용됨.	• 연구자가 정해놓은 항목 가운데 답을 고르도록 하는 질문형태 • 연구자는 응답 가능한 범주를 사전에 모두 파악하고 있어야 함. • 사회복지현장에서 자주 활용됨.
장점	연구자가 생각하지 못한 흥미로운 응답 등 다양한 정보를 얻을 수 있음.	• 응답자 입장에서 작성이 간편함. • 연구자 입장에서 자료입력이 쉽고 분석과정도 수월함.
단점	• 성의 없는 답변이나 무응답도 많음. • 자료의 입력과정에서 연구자의 편견이 개입될 수 있음. • 다양한 응답에 대한 분석과 해석이 어려울 수 있음.	• 질문에 모든 응답범주를 제공할 수 없음(포괄성의 문제). • 응답자 입장에서 자신의 생각이나 의견을 충분히 응답하기 어려울 수 있음.

ⓔ 문항의 구체화 및 배열
- 문항은 응답자가 읽는 데 불편하지 않아야 하며, 응답자가 부담을 느끼지 않을 정도의 분량으로 구성한다.
- 일반적이고 응답하기 쉬운 문항은 앞에 배치하고, 생각을 요하거나 민감한 질문은 뒤에 배치한다.
- 아래 사항을 주의하도록 한다.
  - 하나의 문항에는 하나의 질문만을 포함해야 한다(이중질문 금지).
    예 귀하의 요즘 걱정과 관심사는 무엇입니까? ➡ 걱정과 관심사를 동시에 묻는 이중질문
  - 질문은 최대한 간단명료하게 기술한다.
  - 응답자가 이해할 수 있는 수준의 어휘를 사용한다.
  - 질문은 상호배타적으로 구성한다.
  - 질문의 순서는 응답률에 영향을 줄 수 있다.
  - 폐쇄형 질문의 응답범주는 포괄적이어야 한다.
  - 유도질문을 피해야 한다.
  - 수반형 질문이 많아질수록 응답률이 낮아진다.
  - 신뢰도를 위해 짝으로 된 문항들은 되도록 서로 떨어져 배치하는 것이 좋다.
  - 객관식 문항의 응답항목은 상호배타적이어야 한다.

개념 공략 수반형 질문
- 여과형 질문 이후에 해당되는 자격이나 경험을 가진 사람에게 수반되는 질문
- 예를 들어 '귀하는 대통령 선거에서 투표한 적이 있습니까?'라는 여과형 질문에 '투표한 적이 있다.'라고 응답한 사람만이 이 질문에 따른 수반형 질문에 답변할 수 있음. 투표한 경험이 없으면 어떤 방법으로 투표에 참여했는지에 대한 수반형 질문에 답변할 수 없음.

ⓜ 질문지 외형 결정
- 배부될 질문지의 외형을 결정하여 완성한다.
- 연구목적을 밝히고 협조를 요청하는 안내문은 대략적인 응답 소요시간, 비밀보장의 원칙, 회수기일, 감사표현, 담당자 안내 등을 포함하여 작성한다.

ⓗ 사전검사
- 본조사 시행 전 소수의 사람들에게 사전검사를 실시하여 문항에 대한 응답자의 해석과 반응을 파악한다.
- 문항의 의미가 분명하게 전달되는지, 전체적으로 질문내용과 방식이 연구대상에게 적절하게 구성되었는지 등 사전검사 결과를 토대로 질문지를 다시 분석하여 수정·보완한다.

ⓢ **편집 및 인쇄**: 응답자가 질문지를 읽고 응답하는 데 불편하지 않도록 글자의 크기, 질문지의 크기, 인쇄의 형태 등 질문지의 형태를 고려하여 편집한 후 인쇄한다.

개념 공략 사전조사와 예비조사
- 사전조사: 본조사 실시 바로 전, 본조사와 동일한 조건에서 작은 규모로 실제 자료수집을 먼저 시행함으로써 조사의 타당성을 높이는 과정임.
- 예비조사: 탐색적 조사로서 질문지 작성 전에 이루어지는 훨씬 앞 단계에서 시행됨.

④ 질문지법의 유형
ⓐ 우편설문조사
- 질문지를 우편으로 발송한 후 회수하는 자료수집방법이다.

- 발송봉투에 우표를 붙인 회신용 봉투도 동봉하여, 응답자가 질문지 기입을 마친 후 일체의 비용부담 없이 회신할 수 있도록 한다.
- 우편설문조사에서는 면접원의 도움 없이 조사대상자가 직접 읽고 응답해야 한다는 점에서 인사말과 질문지 작성이 특히 더 중요하다.
- 인사말에는 해당 설문조사의 목적, 감사의 메시지를 전한다.
- 질문지의 내용 또한 더욱 간결하고 명확하게 다듬을 필요가 있다.
- 질문지와 인사말이 준비되면 회신용 봉투를 함께 넣어 보낸다.
- 회수율을 높이기 위해 질문지 발송 후 일정 기간이 지나면 독촉 서신을 보내는 등 추후 관리가 필요하다.
- 장단점

장점	• 응답자가 광범위한 지역에 분포되어 있더라도 자료수집이 용이함. • 동일한 표집조건일 때 대인면접 설문조사에 비해 비용이 절감됨. • 많은 사람을 표본으로 추출할 수 있어서 대표성과 외적타당성을 확보할 수 있음. • 면접원을 대면하지 않고 시간적 여유가 있을 때 응답할 수 있음. • 사회적으로 잘 드러나지 않아 접근이 어려운 사람에게도 조사할 수 있음.
단점	• 회수율이 낮음. ➡ 연구자가 회신받고자 하는 목표수량보다 더 많이 발송해야 함. • 우편을 발송하고 응답지를 회수하기까지 자료수집시간이 오래 걸림. • 응답자 본인이 직접 응답을 했는지 대리응답을 했는지 확인이 어려움. • 응답자 입장에서는 질문내용이 잘 이해되지 않아도 확인할 방법이 없음. • 응답을 잘하는 사람 위주로 자료가 수집될 수 있음.

ⓒ 대인면접 설문조사
- 훈련받은 면접원이 조사대상자를 직접 방문하여 질문하고 조사대상자가 응답하는 방식이다.
- 설문지에 응답내용을 기록하는 것은 면접원이다. 조사대상자가 설문지를 읽고 직접 기술하는 자기기입식 설문조사와 차이가 있다.
- 장단점

장점	• 비언어적 행위의 관찰이 가능함. • 노인이나 어린이를 대상으로 조사할 때 유용함. • 질문과정의 유연성이 높음. • 응답률이 높음. • 우편설문조사보다 응답환경을 통제하기 쉬움. • 대리응답의 가능성이 낮음. • 응답의 결측치를 최소화하기 때문에 개방형 질문에도 유용함.
단점	• 우편설문조사와 표집조건이 동일하다면 조사비용이 많이 듦. • 자료수집시간이 오래 걸림. • 응답자들이 물리적으로 광범위한 지역에 분포되어 있는 경우 자료수집이 더 오래 걸림. • 면접원의 말투, 외모와 행동, 면접상황, 면접능력 등에 따라 오차가 발생할 수 있음. • 직접 면접에 따른 심리적 부담감이 있는 사람들은 본심을 숨길 수도 있음.

ⓒ 전화조사
- 훈련받은 면접원이 조사대상자에게 전화를 걸어 준비된 설문지에 따라 조사목적을 설명하고 질문한 후, 응답자의 응답결과를 바로 기록하는 방식의 조사방법이다.
- 모든 조사대상자에게 같은 질문을 한다.

- 문항을 최대한 짧고 구체적이며 명확하게 구성해야 한다. 질문이 지나치게 길거나 보기문항이 길수록 응답자의 집중력이 흐트러지거나 설문 도중에 전화를 끊을 수 있다.

  참고 전화조사에 비해 대인면접 설문조사는 조사문항이 길어도 된다.
- 면접원에 대한 체계적이고 전문적인 사전교육과 명확한 가이드라인이 필요하다.
- 장단점

장점	• 확률표집을 사용함. • 짧은 기간 내에 적은 비용으로 조사할 수 있음. • 면접과정에서 응답자가 질문내용을 잘 이해하지 못하는 경우, 추가 설명을 하여 비교적 정확한 응답결과를 얻을 수 있음. • 응답자가 광범위한 지역에 분포되어 있더라도 자료수집이 용이함. • 면접조사에 비해 조사시간이 짧음.
단점	• 응답자가 응답을 거부하는 경우가 많음. • 설문량이 적고 간단한 설문과정에만 적절함. • 면접원의 질문태도 등에 따라 설문결과가 달라질 수 있음.

2. 면접법 기출 13회, 22회, 23회

① 면접법의 개념과 특징
　㉠ 면접자와 피면접자(응답자, 참여자)가 직접 만나 면접자가 질문하고, 응답자의 반응을 기록하여 이를 분석하는 방법이다.
　㉡ 언어적 표현뿐만 아니라 비언어적 표현도 중요한 정보가 된다.
　㉢ 면접법은 특히 질적연구에서 자주 활용된다.

② 면접법의 장단점

장점	• 심층적이고 질적인 자료를 얻을 수 있음. • 다양한 응답을 얻을 수 있음.
단점	• 시간과 비용이 많이 듦. • 면접자의 역량이 매우 중요함. • 조사할 인원이 너무 많은 경우에는 실시하기 어려움.

③ 구조화 정도에 따른 면접법의 유형

구분	구조화된 면접	반구조화된 면접	비구조화된 면접
개념과 특징	응답자 누구에게나 동일한 형식으로 면접을 진행함.	최소한의 질문들을 표준화하고, 그 외 질문은 응답자의 특성과 현장상황에 따라 진행함.	질문을 사전에 결정하지 않고 응답자의 반응에 따라 면접의 형식과 내용을 조절함.
장점	• 기록이 쉬움. • 연구자의 편견이 개입될 가능성이 적어 신뢰도가 높음. • 초보 면접자가 진행하기에 부담이 적음.	• 면접자 간에 주요 질문을 공유하기 때문에 질문에 대한 응답결과를 비교할 수 있음. • 면접과정의 융통성이 있음.	• 면접과정의 융통성이 가장 높음. • 심층적인 자료를 얻을 수 있음.
단점	• 면접과정의 융통성이 적음. • 다양한 응답을 얻기 어려울 수 있음.	상대적으로 숙련된 면접자가 필요함.	• 개방형 질문이 많아 응답내용을 기록하기 어려움. • 면접자에 따라 조사결과가 달라질 수 있음(반응성 문제).

④ 초점집단 면접조사(Focus Group Interview, FGI)
  ㉠ 연구자가 원하는 특성을 가진 사람들을 대상으로 반구조화된 면접을 진행한다.
  ㉡ 일반적으로 90~120분 동안 자료를 수집한다.
  ㉢ 진행자의 역할이 매우 중요하며, 참가자 역시 해당 분야에 일정 수준 이상의 전문성을 갖추어야 한다.
    > 참고 초점집단 면접조사에서는 진행자의 역량과 능력이 중요하게 작용하므로, 해당 방법으로 자료를 수집할 때 연구자의 주관적 개입이 불가능하다는 설명은 틀린 설명이다.
  ㉣ 활발한 집단역동을 통해 개별적 의견과 아이디어가 더 높은 수준으로 다듬어질 수 있다.
  ㉤ 내용타당도가 높은 방법이다.

3. 관찰법 기출 16~17회, 21~22회

① 관찰법의 개념과 특징
  ㉠ 면접법과 함께 질적연구의 가장 대표적인 자료수집방법으로, 인간을 이해하는 가장 기본적이고, 오래된 자료조사방법이다.
  ㉡ 행위가 일어나는 현장에서 즉시 자료수집이 가능하다.
  ㉢ 탐색적 연구과정에서도 자주 활용된다.
  ㉣ 언어적 의사소통이 어려운 집단(영유아 등)을 대상으로 자료를 수집하는 데 유용하다.
  ㉤ 관찰자의 고도의 전문성을 요구한다.
  ㉥ 질문지법과 비교할 때, 관찰법을 통해 수집한 자료는 계량화하기가 어렵다.

② 관찰법의 장단점

장점	• 비언어적 자료수집이 가능함. • 장기간 종단연구가 가능함. • 인간 내면의 감정, 생각 등 심층적인 자료를 수집하기에 유용함.
단점	• 시간과 비용, 노력이 많이 듦. • 수집한 자료의 분석 및 해석이 어려움. • 관찰자의 관심, 선호도 등에 따라 관찰장면의 선택과 집중·해석이 이루어진다는 점에서 편견의 문제가 생길 수 있음.

③ 관찰법의 유형
  ㉠ 관찰자의 참여 여부(정도)에 따른 구분

참여관찰	• 관찰자가 피관찰자와 함께 생활하는 집단구성원이 되어 그들의 일상에 참여하면서 피관찰자의 행동을 관찰함. • 심층적이고 포괄적인 연구가 가능함. • 시간과 노력이 많이 듦. • 질적자료 수집방법에 가장 가까움. • 다른 유형에 비해 관찰자의 주관성이 개입될 가능성이 큼.
준참여관찰	• 참여관찰에서와 같이 피관찰자의 삶에 적극적으로 참여하지는 않되, 생활의 일부에 참여하는 수준으로 관찰함. • 연구자는 참여관찰법과 비참여관찰법의 중간 수준의 참여를 함.
비참여관찰	• 관찰자가 제3자의 시각에서 관찰함. • 참여관찰과 비교하면 심층적인 자료를 얻기는 어려움.

ⓛ 관찰환경의 통제 여부에 따른 구분

자연관찰	• 관찰자가 관심을 보이는 상황이나 행동이 일어날 때까지 자연적 상황에서 있는 그대로를 관찰함. • 조작하거나 인위적으로 특별한 자극을 주지 않음.
통제관찰	• 관찰하고자 하는 상황을 유도하여 피관찰자의 행동을 관찰함(실험관찰). • 자연관찰과 비교하면 시간이 절약되고 인과관계에 대한 검증이 보다 뚜렷한 편임.

4. 내용분석법 기출 11~14회, 16~19회, 22회, 23회

① 내용분석법의 개념과 특징
  ㉠ 의사소통 기록물의 내용을 수집하여 객관적 기준에 맞추어 기입·분석하는 조사방법이다.
  ㉡ 인간의 모든 형태의 의사소통 기록물을 활용할 수 있다.
    예 글, 그림, 상징적 기호, 지도, 표지판, 소리, 의사소통 등
  ㉢ 기록물에 담긴 메시지의 의도나 구조, 특성과 같이 일정한 유목과 단위를 기준으로 자료를 수집하여 분석한다.
  ㉣ 자료에 직접 나타나지 않은 숨은 내용도 코딩이 가능하다.
  ㉤ 질적자료를 수집하지만 이를 양적 분석방법으로 전환하여 사용할 수 있다.
    예 지난 20년 동안 A 신문의 사회면 기사를 자료로 하여 노인에 대한 인식변화를 알아보기 위해 진행한 연구

② 내용분석법의 장단점

장점	• 분석대상에 영향을 미치지 않아 비관여적임(비반응적). • 필요한 경우 재분석이 가능함. • 직접조사보다 경제적임. • 다양한 기록자료 유형을 분석할 수 있음. • 질적내용을 양적자료로 전환할 수 있음. • 시공간에 따른 제약이 없음.
단점	• 남아 있는 의사소통 기록물에 의존하기 때문에 남아 있지 않은 기록물은 분석이 불가능함. • 기록된 내용에 대한 타당도 시비가 벌어질 수 있음.

③ 내용분석의 분석단위
  ㉠ 단어
    • 가장 작은 분석단위이다.
    • 해당 단어가 얼마나 자주 등장하는지 조사하여 그 중요도를 파악할 수 있다.
    • 표본이 지나치게 많으면 연구자가 다루기 어려울 수도 있다.
      예 대통령의 신년연설에서 '복지'라는 단어가 몇 차례 등장하는지 분석하는 경우
  ㉡ 주제
    • 기록물이 전달하고자 하는 주요 내용이다.
    • 제목에 주제가 포함되는 경우가 많다.
    • 대량의 자료를 다룰 때 유용한 분석단위이다.
    • 주제를 분석단위로 하면 단어보다 자료수집의 양이 줄어들어 관리가 수월할 수 있다.
    • 한 기록물에 여러 개의 주제가 내포되어 있으면 주제를 구분하는 데 연구자의 주관적 판단이 작용할 가능성이 있다는 단점이 있다.
      예 '인종 간 갈등'을 주제로 다룬 영화를 분석하는 경우

ⓒ 인물
- 소설이나 드라마, 영화 등의 자료를 다룰 때, 분석단위는 특정 사람이 된다.
- 각 범주에 해당하는 사람 수를 기록하면 된다.
  ◎ 장애인에 대한 인식변화를 알아보기 위해 지난 20년간 개봉된 영화 중 장애인이 등장하는 영화를 분석하는 경우
  ➡ 표본추출단위와 분석단위는 같을 수도 있고, 다를 수도 있다. 해당 예시에서 표본추출단위는 영화이고 분석단위는 인물이다.

ⓔ 문단과 단락
- 여러 문장으로 구성되어 있으며, 형태적으로 구분하기 쉽다.
- 문단에 하나 이상의 주제가 담겨있는 경우에는 연구자의 판단에 따라 분석하므로 주관적 판단 개입의 문제가 있다.

ⓜ 항목: 의사소통의 전체 단위이다.
  ◎ 책 한 권, 잡지 한 호, 영화 한 편, 사설 한 편, 드라마 한 편 등

ⓗ 시간 및 공간
- 10시 이후 방송되는 프로그램 등을 중심으로 내용분석할 때 분석단위는 시간이라고 할 수 있다.
- 신문의 정치면에 실린 내용을 중심으로 내용분석할 때 분석단위는 공간이라고 할 수 있다.

④ 내용분석의 과정 및 절차

> 연구주제의 선정 → 조사대상의 모집단 선정 → 표본추출 → 분석할 내용의 범주 설정 → 기록단위와 맥락단위의 설정 → 코딩 → 신뢰도와 타당도의 검증 → 자료의 분석 및 해석

㉠ 연구주제의 선정: 연구문제를 선정한다.
㉡ 조사대상의 모집단 선정: 문헌자료의 모집단을 규정한다.
㉢ 표본추출
- 내용이 방대한 의사소통 기록물은 전수조사가 어려워 표본을 추출하여 분석하는 경우가 많다.
- 표본은 앞에서 규정한 연구 모집단에서 표본추출의 틀을 정한다.

㉣ 분석할 내용의 범주 설정
- 연구자가 어떠한 기준에 따라 나누어 분석할 것인가에 관련된 문제이다.
- 분석할 범주, 즉 유목은 변인에 해당한다.
  ◎ 대중가요의 내용을 시대별, 가수별, 장르별 등으로 나누는 내용분석에서 시대, 가수, 장르 등이 분석유목에 해당된다.

㉤ 분석단위의 규정: 기록단위와 맥락단위의 설정
- 기준과 항목에 따라 분류하고 빈도 조사과정에서 필요한 최소단위를 정한다.
- 맥락단위는 기록단위보다 더 큰 단위여야 한다.
  ◎ 교과서 내용분석에서는 단어, 문장, 행, 문단, 단원 등이 분석단위가 될 수 있다.

㉥ 코딩: 사전에 설정한 단위를 기준으로 내용을 부호화한다.
㉦ 신뢰도와 타당도의 검증
- 신뢰도: 동일한 방법으로 조사할 때 동일한 결과가 도출되어야 한다.
- 타당도: 인과관계에 대한 논리추론이 타당한가에 대한 내용이다.

㉧ 자료의 분석 및 해석
- 수집된 자료를 분석하고 결과를 토대로 해석한다.
- 내용분석은 질적연구의 특성이 있다. 자료의 분석 및 해석의 전 과정에 걸쳐서 얼마든지 분석 및 결과 해석이 바뀔 수 있으므로 전체적인 맥락을 파악하는 것이 필요하다.
- 내용분석은 질적분석과 양적분석 모두 가능하다.

5. 비반응성 자료수집 기출 14회

① 자료수집과정에서 측정과정이나 도구가 측정결과에 영향을 주지 않도록 하는 자료수집방법이다.
② 자료수집에서 '반응성'이란 연구대상자가 자신이 연구대상임을 알게 되어 평소와 다른 모습을 보이는 것을 말한다.
　　예 연구대상자가 불필요하게 적극적으로 반응하거나 의도적으로 왜곡시키는 모습
③ 연구대상자가 측정과정을 의식함으로써 오염된 자료가 모이는 것을 줄이기 위해 연구자는 비관여적(비반응적) 수집방법을 사용할 수 있다.
④ 2차자료 분석은 비반응적 자료수집방법이다.
　　예 아동학대 관련 사례파일의 분석연구
⑤ 물리적 흔적 측정방법, 과거기록 측정방법 또한 비반응적 자료수집방법이 될 수 있다.
　　㉠ **물리적 흔적 측정방법**: 책이 닳은 흔적, 파손 정도, 남아 있는 지문 등을 분석하는 방법이다.
　　㉡ **과거기록 측정방법**: 빈집에 신문이나 우유가 쌓이는 것, 도서대출 횟수, 전보 횟수, 지각 횟수, 기타 범죄기록 등을 분석하는 방법이다.
⑥ 비반응성 자료수집의 장단점

장점	• 연구자가 연구대상에 미치는 영향이 적거나 없음(비관여적). • 기존 자료를 활용하면 자료수집에 드는 시간과 비용을 줄일 수 있음.
단점	• 오류가 있는 자료를 사용한다면 해당 자료를 분석한 결과 역시 신뢰하기 어려움. • 생태학적 오류의 가능성이 있음. ➡ 집단을 분석단위로 한 조사결과를 개인에게 적용한다면 오류가 발생할 수 있음.

TEST 1 사회복지조사론

01 과학철학에 관한 설명으로 옳지 않은 것은? 22회

① 쿤(T. Kuhn)은 과학적 혁명에서 패러다임 전환을 제시하였다.
② 쿤(T. Kuhn)은 당대의 지배적 패러다임에서 벗어나지 않는 것을 정상과학이라고 지칭하였다.
③ 포퍼(K. Popper)는 쿤의 과학적 인식에 내재된 문제점을 극복하기 위하여 반증주의를 제시하였다.
④ 포퍼(K. Popper)의 반증주의는 연역법에 의존한다.
⑤ 포퍼(K. Popper)는 이론이란 증명되는 것이 아니라 반증되는 것이라고 하였다.

02 쿤의 과학적 패러다임에 관한 설명으로 옳지 않은 것은?

① 패러다임이란 현상에 대한 우리의 관점을 조직하는 근본적인 도식을 말한다.
② 과학은 지식의 누적에 의해 점진적으로 진보한다고 본다.
③ 과학의 진보는 특정한 패턴과 구조가 존재한다.
④ 같은 시기에 여러 개의 다양한 패러다임이 공존할 수 있다.
⑤ 기존 패러다임의 위기가 명백해지면 새로운 패러다임으로 전환된다.

03 사회복지조사를 위한 수행단계로 옳은 것은? 19회

① 문제설정 → 가설설정 → 조사설계 → 자료수집 → 자료분석 → 보고서 작성
② 문제설정 → 가설설정 → 자료수집 → 자료분석 → 조사설계 → 보고서 작성
③ 가설설정 → 문제설정 → 자료수집 → 조사설계 → 자료분석 → 보고서 작성
④ 가설성정 → 문제설정 → 자료수집 → 자료분석 → 조사설계 → 보고서 작성
⑤ 가설절정 → 문제설정 → 조사설계 → 자료수집 → 자료분석 → 보고서 작성

합격을 여는 만능해설

01 ③ 포퍼는 반증주의를 주장하면서 반증될 수 없다면 과학이론이 될 수 없다는 논리로 과학의 진보에서 중요한 것은 검증 가능성이 아닌 반증 가능성이라고 하였다. 쿤은 과학적 혁명론을 주장하면서 패러다임의 변화는 점진적인 것이 아니라 혁신적·혁명적인 것이라고 하였다. 포퍼와 쿤은 과학적 탐구에 대한 접근방법이 다른 것일 뿐, 쿤의 과학적 인식에 내재된 문제점을 극복하기 위해 포퍼의 반증주의가 등장한 것은 아니다.

02 ② 쿤에 따르면 패러다임의 변화는 점진적이기보다는 혁신적이고 혁명적으로 이루어진다. 따라서 과학은 누적적 진보를 하지 않는다고 보았다.

03 ① 사회복지조사의 연구과정은 연구주제(연구문제)를 선정하는 것부터 시작한다. 다음으로 연구문제와 관련된 주요 이론에 따라 가설을 세운 후, 조사과정을 설계한다. 조사설계에는 자료수집방법과 대상, 규모 등 구체적이고 실제적인 내용들이 포함되어야 한다. 다음으로 자료를 수집한 뒤 수집된 자료를 분석·해석하여 보고서를 작성한다.

04 사회복지조사의 연구윤리에 관한 설명으로 옳은 것을 모두 고른 것은? 15회

㉠ 연구대상을 관찰하기에 앞서 그들의 동의를 구해야 한다.
㉡ 연구로부터 얻을 수 있는 사회적 이익이 비용을 초과해야만 한다.
㉢ 조사과정에서 드러난 문제점과 실패도 모두 보고해야 한다.
㉣ 비밀성이 보장되면 익명성도 보장된다.

① ㉠
② ㉡
③ ㉠, ㉢
④ ㉠, ㉢, ㉣
⑤ ㉠, ㉡, ㉢, ㉣

05 종단연구에 관한 설명으로 옳지 않은 것은? 18회

① 시간 흐름에 따른 조사대상의 변화를 측정하는 연구이다.
② 일정 기간의 변화에 대해 가장 포괄적 자료를 제공하는 것은 동년배집단연구이다.
③ 조사대상의 추적과 관리 때문에 가장 많은 비용이 드는 것은 패널연구이다.
④ 일정 주기별 인구변화에 대한 조사는 경향연구이다.
⑤ 동년배집단연구는 언제나 동일한 대상을 조사하는 것은 아니다.

06 인과관계를 성립시키기 위한 요건에 해당하는 것을 모두 고른 것은? 17회

㉠ 독립변수가 종속변수를 시간적으로 앞서야 한다.
㉡ 독립변수와 종속변수가 일정한 방식으로 같이 변해야 한다.
㉢ 독립변수와 종속변수의 관계가 허위적 관계이어야 한다.

① ㉠
② ㉠, ㉡
③ ㉠, ㉢
④ ㉡, ㉢
⑤ ㉠, ㉡, ㉢

07 변수와 가설에 관한 설명으로 옳은 것을 모두 고른 것은? 16회

㉠ 가설은 검증이 가능해야 한다.
㉡ 가설은 변수 간의 관계를 가정하는 문장이다.
㉢ 모든 변수는 개념이 아니지만 모든 개념은 변수다.
㉣ 영가설은 독립변수가 종속변수에 영향을 미치지 않는다고 가정한다.

① ㉠, ㉡
② ㉠, ㉣
③ ㉠, ㉡, ㉣
④ ㉡, ㉢, ㉣
⑤ ㉠, ㉡, ㉢, ㉣

합격을 여는 만능해설

04 ㉠ 참여자의 사전 동의를 구하는 것은 연구윤리의 기본이다.
㉢ 연구자는 조사과정에서 경험한 긍정적인 내용 외에 문제점이나 실패 등과 관련된 내용도 보고해야 한다.

오답 해설
㉡ 사회적 이익을 무엇으로 정의하고 계량화할지는 연구자마다 다를 수 있다. 또한 지금은 연구주제가 가진 가치나 중요성 등의 사회적 이익이 크지 않더라도 시대, 문화에 따라 바뀔 수도 있다. 따라서 반드시 사회적 이익이 비용을 초과해야 하는 것은 아니다.
㉣ 비밀성과 익명성은 각각 다른 차원의 내용이다. 비밀성이 보장된다고 해서 익명성이 보장되지는 않는다.

05 ② 종단연구에는 패널조사, 경향조사, 동년배집단조사 등이 있다. 이 가운데 일정 기간의 변화에 대해 가장 포괄적인 자료를 제공하는 것은 패널조사이다.

06 **오답 해설**
㉢ 독립변수와 종속변수 간 관계가 허위적이거나 우연에 의한 것으로 간주하는 것은 영가설이다. 연구자들은 자신의 연구에서 영가설이 기각되기를 바란다.

07 **오답 해설**
㉢ 변수는 사람, 사건, 물건 등의 속성을 경험적으로 측정하는 것으로서 조작적 정의의 결과물이다. 따라서 개념이 바로 변수가 될 수는 없다.

08 영가설(null hypothesis)과 연구가설(research hypothesis)에 관한 설명으로 옳은 것은? 22회

① 연구가설은 연구의 개념적 틀 혹은 연구모형으로부터 도출될 수 있다.
② 연구가설은 그 자체를 직접 검정할 수 있다.
③ 영가설은 연구가설의 검정 결과에 따라 채택되거나 기각된다.
④ 연구가설은 수집된 자료에서 나타난 차이나 관계가 표본추출에서 오는 우연에 의한 것으로 진술된다.
⑤ 연구가설은 영가설에 대한 반증의 목적으로 설정된다.

09 변수의 측정 종류가 바르게 짝 지어진 것은?

> ㉠ 사회복지사의 근무지역 동(洞)
> ㉡ 사회복지사가 이수한 보수교육 시간(분)
> ㉢ 사회복지사의 근무기관 평가등급 점수(A, B, C, D)
> ㉣ 사회복지사 1급 시험영역

① ㉠: 명목측정, ㉡: 서열측정, ㉢: 비율측정, ㉣: 서열측정
② ㉠: 비율측정, ㉡: 서열측정, ㉢: 명목측정, ㉣: 서열측정
③ ㉠: 서열측정, ㉡: 비율측정, ㉢: 서열측정, ㉣: 명목측정
④ ㉠: 명목측정, ㉡: 비율측정, ㉢: 서열측정, ㉣: 명목측정
⑤ ㉠: 서열측정, ㉡: 명목측정, ㉢: 비율측정, ㉣: 명목측정

10 실험설계의 내적타당도에 관한 설명으로 옳은 것을 모두 고른 것은? 18회

> ㉠ 우연한 사건은 내적타당도에 부정적 영향을 미칠 수 있다.
> ㉡ 사전점수가 매우 높은 집단을 선정하면 내적타당도를 저해한다.
> ㉢ 내적타당도가 높은 연구결과는 일반화 가능성이 높다.

① ㉠
② ㉡
③ ㉠, ㉡
④ ㉡, ㉢
⑤ ㉠, ㉡, ㉢

---

08 **오답 해설**

② 영가설(귀무가설)에 대한 설명이다. 연구가설(대립가설)은 그 자체를 직접 검정할 수 없으며, 연구자가 조사과정을 통해 검정할 수 있다.
③ 연구가설은 영가설의 검정 결과에 따라 채택되거나 기각된다.
④ 영가설에 대한 설명이다.
⑤ 영가설은 연구가설에 대한 반증의 목적으로 설정된다.

09 ④ ㉠, ㉣은 정해진 범주 내에서 기호로 구분하는 척도인 명목척도이다. ㉡은 절대 0점이 존재하고 서열성, 등간성이 있는 척도인 비율척도이다. ㉢은 속성의 크고 작음, 많고 적음 등 순서와 서열이 있고 사칙연산은 불가능한 척도인 서열척도이다.

10 ③ 실험설계의 내적타당도는 실험설계과정에서 변수 간 인과관계를 추론할 수 있는 정도를 말한다. 우연한 사건이 발생하거나 사전점수가 매우 높은 극단적인 집단을 선정하면 내적타당도가 낮아진다.

오답 해설

㉢ 조사결과의 일반화 가능성은 외적타당도와 관련이 있다. 내적타당도가 높다고 해서 외적타당도가 높은 것은 아니다.

11 측정의 신뢰도와 타당도에 관한 설명으로 옳은 것은? 18회

① 신뢰도는 일관성으로 표현될 수 있는 개념이다.
② 측정도구의 문항 수가 적을수록 신뢰도는 높아진다.
③ 검사-재검사 방법은 타당도를 측정하는 방법이다.
④ 편향(Bias)은 측정의 비체계적 오류와 관련된다.
⑤ 측정도구의 신뢰도가 높아지면 타당도도 높아진다.

12 척도의 타당도를 평가하는 기준이 <u>아닌</u> 것은? 20회

① 하나의 개념을 측정하는 개별 항목들 간의 일관성
② 이론적으로 관련성이 없는 두 개념을 측정한 두 척도 간의 상관관계
③ 어떤 척도와 기준이 되는 척도 간의 상관관계
④ 개념 안에 포함된 포괄적인 의미를 척도가 포함하는 정도
⑤ 개별 항목들이 연구자가 의도한 개념을 구성하는 요인으로 모이는 정도

13 척도 유형에 관한 설명으로 옳지 <u>않은</u> 것은?

① 리커트척도는 문항 간 서열이 없다.
② 거트만척도는 태도를 측정하는 척도이다.
③ 서스톤척도는 서열성과 등간성을 모두 갖고 있다.
④ 보가더스척도는 민족 간 사회적 거리감을 측정하는 데 유용하다.
⑤ 의미분화척도는 명목척도이다.

14 조사설계의 내적타당도와 외적타당도에 관한 설명으로 옳은 것은? 21회

① 어떤 변수가 다른 변수의 원인임을 정확하게 기술하는 것이 외적타당도이다.
② 연구결과를 연구조건을 넘어서는 상황이나 모집단으로 일반화하는 정도가 내적타당도이다.
③ 내적타당도는 외적타당도의 필요조건이지만 충분조건은 아니다.
④ 실험대상의 탈락이나 우연한 사건은 외적타당도 저해요인이다.
⑤ 외적타당도가 낮은 경우 내적타당도 역시 낮다.

합격을 여는 만능해설

11 ① 응답자에게 측정도구를 반복 적용할 때 일관된 결과가 나오면 신뢰도가 높은 것으로 간주한다. 따라서 측정의 일관성으로 표현될 수 있다.

오답 해설
② 측정도구의 문항 수가 적을수록 신뢰도는 낮아진다.
③ 검사-재검사 방법은 신뢰도를 측정하는 방법이다.
④ 편향으로 인한 오류는 측정의 체계적 오류와 관련된다.
⑤ 신뢰도는 타당도를 높이기 위한 필요조건이지만 충분조건은 아니다. 즉, 높은 신뢰도가 높은 타당도를 보장하지는 않는다.

12 ① 개별 항목들 간의 일관성은 신뢰도를 평가하는 기준이다.

13 ⑤ 의미분화척도는 한 쌍의 대조되는 형용사를 통해 응답자가 자신의 생각이나 느낌, 태도 등이 양극단 중 어디에 위치하는지 평가하는 서열척도의 한 유형이다.

14 ③ 외적타당도가 높으려면 내적타당도는 높아야 하지만, 내적타당도가 높아도 외적타당도는 낮을 수 있기 때문에 내적타당도는 외적타당도의 필요조건이지만 충분조건은 아니다.

오답 해설
①, ④ 내적타당도에 대한 설명이다.
② 외적타당도에 대한 설명이다.
⑤ 내적타당도는 높지만 외적타당도가 낮은 경우도 있다.

15 다음 사례의 표집에 관한 설명으로 옳은 것은?

20회

> 400명의 명단에서 80명의 표본을 선정하는 경우, 그 명단에서 최초의 다섯 사람 중에서 무작위로 한 사람을 뽑는다. 그 후 표집간격만큼을 더한 번호에 해당하는 사람을 표본으로 선택한다.

① 단순무작위표집이다.
② 표집틀이 있어야 한다.
③ 모집단의 배열에 일정한 주기성을 가지고 있어야 한다.
④ 비확률표집법을 사용하였다.
⑤ 모집단에 대한 대표성이 부족하다.

16 측정에 관한 설명으로 옳지 않은 것은?

① 측정은 이론적 모델을 사건이나 현상을 연결하는 방법이다.
② 개념의 구체화 과정에서 포괄성의 원칙을 지켜야 한다.
③ 변수를 구성하는 속성들 간의 구분은 명확하지 않아도 된다.
④ 측정의 타당도가 높으면 신뢰도가 높다.
⑤ 측정의 타당도는 체계적 오류와 관련이 있다.

17 표집오차와 표준오차에 관한 설명으로 옳지 않은 것은?

16회

① 표집오차는 모집단의 모수와 표본의 통계치 간의 차이다.
② 표준오차는 무수히 많은 표본평균의 통계치가 모집단의 모수로부터 평균적으로 떨어진 거리를 의미한다.
③ 동일한 조건이라면 이질적 집단보다 동질적 집단에서 추출한 표본의 표집오차가 작다.
④ 동일한 조건이라면 표준오차가 클수록 검정통계값이 통계적으로 유의할 가능성이 높아진다.
⑤ 동일한 조건이라면 표본의 크기가 커질수록 표집오차가 감소한다.

---

15 ② 제시된 사례는 체계적표집에 관한 내용이다. 체계적표집에서는 표집틀이 필요하다.

오답 해설
① 단순무작위표집에서는 모집단 내 추출될 확률이 동일해야 하는데, 해당 사례는 그렇지 않다.
③ 체계적표집에서는 주기성이 문제가 될 수 있다. 따라서 모집단의 배열에 일정한 주기성이 있어야 한다는 설명은 옳지 않다.
④ 체계적 표집은 확률표집법에 해당한다.
⑤ 확률표집은 무작위추출을 전제하므로 모집단에 대한 대표성이 크다.

16 ③ 속성 간 구분이 명확하지 않으면 제대로 측정하기가 어렵다.

17 ④ 표준오차가 작을수록 검정통계값이 통계적으로 유의할 가능성이 높아진다. 표본의 크기가 커질수록 표준오차가 감소하므로 양적연구를 할 때는 일정 수준의 표본규모를 확보하는 것이 좋다.

18 다음 ( )에 알맞은 내용으로 옳은 것은? 19회

- 내적타당도를 높이기 위해서는 (㉠) 이외의 다른 변수가 (㉡)에 개입할 조건을 통제하여야 한다.
- 외적타당도를 높이기 위해서는 (㉢)으로 연구대상을 선정하거나 표본크기를 (㉣) 하여야 한다.

① ㉠: 원인변수, ㉡: 결과변수, ㉢: 확률표집방법, ㉣: 크게
② ㉠: 원인변수, ㉡: 결과변수, ㉢: 무작위할당, ㉣: 작게
③ ㉠: 원인변수, ㉡: 결과변수, ㉢: 확률표집방법, ㉣: 작게
④ ㉠: 결과변수, ㉡: 원인변수, ㉢: 확률표집방법, ㉣: 크게
⑤ ㉠: 결과변수, ㉡: 원인변수, ㉢: 무작위할당, ㉣: 작게

19 외부사건을 통제할 수 있는 실험설계를 모두 고른 것은? 19회

㉠ 솔로몬 4집단설계
㉡ 단일집단 사전사후검사설계
㉢ 단일집단 사후검사설계
㉣ 통제집단 사후검사설계

① ㉣   ② ㉠, ㉣
③ ㉡, ㉢   ④ ㉠, ㉡, ㉣
⑤ ㉡, ㉢, ㉣

20 자료수집방법에 관한 설명으로 옳지 않은 것은?

① 질문의 유형과 형태를 결정할 때 조사대상자의 응답능력을 고려할 필요가 있다.
② 설문문항 작성 시 이중질문을 넣어야 한다.
③ 면접법에서는 언어적 표현은 물론 비언어적 내용 역시 중요한 정보가 된다.
④ 설문지에서는 일반적인 것에서 특수한 것 순으로 질문한다.
⑤ 관찰법은 비언어적 상황에 대한 자료수집이 가능하다.

21 다음과 같은 절차로 진행된 유사(준)실험설계의 특징으로 옳지 않은 것은? 20회

- 우울예방 프로그램에 참여할 하나의 집단을 모집함.
- 우울검사를 일정한 간격으로 여러 차례 실시함.
- 우울예방 프로그램을 진행함.
- 우울검사를 동일한 측정도구를 이용해 일정한 간격으로 여러 차례 실시함.

① 통제집단을 두기 어려울 때 사용할 수 있다.
② 검사효과가 발생할 수 없다.
③ 정태적 집단비교설계보다 내적타당도가 높다.
④ 개입효과는 사전검사와 사후검사 측정치의 평균을 비교해서 측정할 수 있다.
⑤ 사전검사와 개입의 상호작용효과가 발생할 수 있다.

합격을 여는 만능해설

18 ① 내적타당도는 조사설계과정의 타당도를 말한다. 내적타당도가 높으려면 종속변수의 변화는 순수하게 독립변수에 의한 결과여야 한다. 따라서 연구자는 원인변수(독립변수) 외 다른 변수가 결과변수(종속변수)에 영향을 미치지 않도록 설계해야 한다. 외적타당도는 연구결과의 일반화 가능성에 대한 내용이다. 외적타당도를 높이려면 연구대상의 대표성을 위하여 비확률표집법보다는 확률표집법을 선택하고 일정 수준 이상의 표본규모를 확보하는 것이 좋다.

19 ② 솔로몬 4집단설계와 통제집단 사후검사설계는 순수실험설계에 해당한다. 순수실험설계는 실험설계의 기본요소를 두루 갖춘 설계유형으로서 외부사건을 통제할 수 있다는 장점이 있다.

오답 해설

㉡, ㉢ 단일집단 사전사후검사설계와 단일집단 사후검사설계는 전실험설계에 해당한다. 전실험설계는 실험설계가 갖추어야 하는 기본요소가 부족한 설계유형이다.

20 ② 하나의 문항에는 하나의 질문만을 포함해야 한다.

21 ② 제시된 사례는 단순시계열설계이다. 이 유형은 대상자에게 동일한 검사도구를 반복적으로 사용하여 측정하기 때문에 검사효과가 발생할 수 있다.

22 욕구조사를 위한 자료수집방법에 관한 설명으로 옳지 <u>않은</u> 것은?　15회

① 지역의 통반장을 통해 자료를 수집한다.
② 지역사회 공청회를 열어 자료를 수집한다.
③ 지역주민에게 서베이를 실시한다.
④ 정부기관에서 발표하는 사회지표를 활용한다.
⑤ 일반인을 대상으로 델파이기법을 활용한다.

23 관찰을 통한 자료수집에 관한 설명으로 옳은 것은?　21회

① 피관찰자에 의해 자료가 생성된다.
② 비언어적 상황의 자료수집이 용이하다.
③ 자료수집 상황에 대한 통제가 용이하다.
④ 내면적 의식의 파악이 용이하다.
⑤ 수집된 자료를 객관화하는 최적의 방법이다.

24 설문지 작성에 관한 설명으로 옳지 <u>않은</u> 것은?　12회

① 폐쇄형 질문의 응답범주는 포괄적이어야 한다.
② 응답자의 이해능력을 고려하여 설문문항이 작성되어야 한다.
③ 폐쇄형 질문의 응답범주는 상호배타적이지 않아도 된다.
④ 심층적이고 질적인 면접은 대부분 개방형 질문으로 구성된다.
⑤ 이중질문은 배제되어야 한다.

25 다음 중 질적연구와 가장 거리가 <u>먼</u> 것은?

① 심층면접, 관찰 등을 통해 자료를 수집할 수 있다.
② 연구의 결과보다는 과정적 측면을 중요시한다.
③ 연역적 경향이 강하다.
④ 전형적 사례표집을 하기도 한다.
⑤ 자료수집원을 다양화하여 연구의 엄격성을 높일 수 있다.

---

22 ⑤ 델파이기법은 전문가를 대상으로 하여 의견을 수렴하는 자료수집방법이다.

23 ② 관찰법은 언어적 의사소통이 어려운 집단을 대상으로 자료를 수집하는 데 유용하다.

오답 해설
① 관찰법은 관찰자에 의해 자료가 생성된다.
③ 실험설계에 대한 설명이다.
④ 심층면접에 대한 설명이다.
⑤ 양적연구에 대한 설명이다.

24 ③ 폐쇄형(객관식) 질문의 응답범주는 상호배타적이어야 한다. 그렇지 않으면 응답이 여러 개의 범주에 동시에 속하게 되므로 응답결과를 신뢰하기 어렵다.

25 ③ 질적연구는 연구의 결과보다는 사람들의 생각, 행위의 맥락성을 파악하는 데 관심이 있다. 또한 해석주의적 과학철학에 따라 귀납적 경향이 강한 특징이 있다. 연역적 경향이 강한 것은 질적연구가 아니라 양적연구이다.

TEST 2 사회복지조사론

01 실증주의의 특징과 가장 거리가 먼 것은? 〔20회〕

① 이론의 재검증
② 객관적 조사
③ 사회현상의 주관적 의미에 대한 해석
④ 보편적이고 적용 가능한 통계적 분석도구
⑤ 연구결과의 일반화

02 사회과학의 패러다임에 관한 설명으로 옳지 않은 것은? 〔21회〕

① 실증주의는 연구결과를 해석할 때 정치적 가치나 이데올로기의 영향을 적극적으로 고려한다.
② 해석주의는 삶에 관한 심층적이고 주관적인 이해를 얻고자 한다.
③ 비판주의는 사회변화를 목적으로 사회의 본질적이고 구조적 측면의 파악에 주목한다.
④ 후기 실증주의는 객관적인 지식에 대한 직접적 확증은 불가능하다고 본다.
⑤ 포스트모더니즘은 객관적 실재와 진리의 보편적 기준을 거부한다.

03 조사연구과정의 일부분이다. 이를 올바르게 나열한 것은? 〔17회〕

> ㉠ '대학생들의 전공에 따라 다문화수용성이 다를 것이다'라는 가설설정
> ㉡ 표본을 추출하여 자료수집
> ㉢ 대학생들의 다문화수용성에 관한 선행연구 고찰
> ㉣ 구조화된 설문지 작성

① ㉠ → ㉡ → ㉢ → ㉣
② ㉠ → ㉢ → ㉡ → ㉣
③ ㉠ → ㉢ → ㉣ → ㉡
④ ㉢ → ㉠ → ㉣ → ㉡
⑤ ㉢ → ㉠ → ㉡ → ㉣

04 다음 연구상황에 유용한 조사유형은? 〔18회〕

> 일본 후쿠시마 원전 유출이 지역주민들의 삶에 초래한 변화를 연구하고자 하였으나 관련 연구나 선행자료가 상당히 부족함을 발견하였다.

① 평가적 연구   ② 기술적 연구
③ 설명적 연구   ④ 탐색적 연구
⑤ 척도개발 연구

합격을 여는 만능해설

01 ③ 실증주의는 검증 가능한 지식을 중요시하며, 인간행위를 예측할 수 있는 확률적 법칙을 강조하기 때문에 통계적 분석도구를 주로 사용한다. 사회현상의 주관적 의미에 대한 해석을 중시하는 것은 해석주의이다.

02 ① 실증주의는 객관성을 중시하는 과학철학으로, 연구결과의 일반화에 관심이 많다. 따라서 정치적 가치나 이데올로기의 영향을 적극적으로 고려하기보다는 가치중립적 태도를 강조한다.

03 ④ 사회조사의 진행절차는 연구문제(연구주제)의 선정(㉢) → 가설설정(㉠) → 조사설계(㉣) → 자료수집(㉡) → 자료분석 및 해석 → 보고서 작성 순으로 이루어진다.

04 ④ 탐색적 연구는 연구문제가 아직 명확하게 정리되지 않았거나, 사전지식이 충분하지 않거나, 사례에 제시된 것처럼 아직 참고할 만한 관련 연구가 충분하지 않은 상황에서 유용하다.

05 사회복지조사의 연구문제에 관한 설명으로 옳은 것을 모두 고른 것은? 16회

> ㉠ 연구문제는 연구자의 관심이나 의문의 대상을 포함한다.
> ㉡ 잠정적 결과를 예측하는 연구문제를 제시할 수 있다.
> ㉢ 모든 사회복지조사는 연구문제가 있다.
> ㉣ 문제형성과정에 다른 연구자의 참여가 가능하다.
> ㉤ 연구문제가 변수 간의 관계를 예측할 필요는 없다.

① ㉠, ㉤
② ㉡, ㉣
③ ㉠, ㉣, ㉤
④ ㉠, ㉡, ㉢, ㉤
⑤ ㉠, ㉡, ㉢, ㉣, ㉤

06 조절변수를 활용한 가설에 해당하는 것은? 12회

① 소득은 삶의 만족도에 영향을 미친다.
② 소득이 삶의 만족도에 미치는 영향은 성별에 따라 다르다.
③ 소득과 삶의 만족도는 밀접한 관계가 있다.
④ 소득은 의료접근성을 통하여 삶이 만족도에 영향을 미친다.
⑤ 비슷한 소득일 때 거주지역에 따라 삶의 만족도는 차이가 난다.

07 다음 두 가지 연구유형의 분류 기준이 바르게 연결되지 않은 것은?

① 양적조사와 질적조사 – 데이터의 성격
② 순수실험설계와 준(유사)실험설계 – 조사의 시점
③ 기술적 연구와 설명적 연구 – 연구의 목적
④ 코호트조사와 패널조사 – 동일표본의 반복 측정 여부
⑤ 전수조사와 표본조사 – 표본추출의 여부

08 척도의 종류가 올바르게 짝 지어진 것은? 22회

> ㉠ 종교 – 기독교, 불교, 천주교, 기타
> ㉡ 교육연수 – 정규 학교 교육을 받은 기간(년)
> ㉢ 학점 – A, B, C, D, F

① ㉠: 명목척도, ㉡: 서열척도, ㉢: 비율척도
② ㉠: 명목척도, ㉡: 비율척도, ㉢: 서열척도
③ ㉠: 비율척도, ㉡: 등간척도, ㉢: 서열척도
④ ㉠: 서열척도, ㉡: 등간척도, ㉢: 비율척도
⑤ ㉠: 서열척도, ㉡: 비율척도, ㉢: 명목척도

---

05 ⑤ 모든 사회조사는 연구문제(연구주제)를 선정하는 것부터 시작한다. 보기에 제시된 내용 모두 연구문제와 관련하여 알맞은 설명이다.

06 ② 조절변수란 독립변수가 종속변수에 미치는 영향의 크기, 방향성 영향을 미치는 변수를 말한다. 독립변수가 소득이고 종속변수가 삶의 만족도일 때, 소득이 삶의 만족도에 미치는 영향은 조절변수인 성별에 따라 다르다는 뜻이다.

07 ② 순수실험설계는 독립변수의 조작, 통제집단, 사전검사와 사후검사 실시, 무작위할당 등 실험설계의 기본 요소들을 두루 갖춘 설계유형이다. 준(유사)실험설계는 순수실험설계의 기본요소 중 한두 가지가 빠진 설계이다. 조사 시점에 따른 구분은 횡단조사와 종단조사의 분류 기준이다.

08 ㉠ 명목척도는 가장 기본적 요건을 갖춘 척도유형으로, 범주 내 기호를 부여하여 항목을 구별하는데 이는 다른 기호와 구분하는 용도일 뿐 서열이나 순서는 없다.

㉡ 비율척도는 명목성, 서열성, 등간성 등 모든 속성을 갖춘 가장 높은 차원의 척도이며 절대 영점이 존재한다.

㉢ 서열척도는 명목성, 변수 내 순서와 서열이 존재하는 척도이다. 하지만 서열 간격이 동일한 등간성은 갖추고 있지 않다.

09 다음 중 사회조사의 윤리적 원칙에 어긋나는 상황은?

① 연구참여자가 사전에 관찰을 동의하고 자발적으로 참여하였더라도 조사과정 중에 참여자가 더 이상 원하지 않으면 조사를 중단할 수 있음을 안내한다.
② 수업시간에 조사하는 설문지는 수업의 일환이므로 반드시 응답자의 동의를 구할 필요는 없다.
③ 연구자는 예외적인 경우를 제외하고 응답자의 신원을 외부에 공개하지 않아야 한다.
④ 연구자는 참여자에게 연구목적, 참여자가 받을 혜택 혹은 위험, 연구결과의 활용계획 등 전반에 대해 응답자에게 사전에 고지하여야 한다.
⑤ 연구자는 연구과정에서 참고하고 도움을 얻은 참고문헌, 인터넷 사이트 등을 연구보고서에 기재하여야 한다.

10 측정에 관한 설명으로 옳지 않은 것은? 16회

① 개념의 구체화 과정에서 포괄성의 원칙을 지켜야 한다.
② 개념의 경험화 과정에서 변수를 구성하는 속성들 간의 구분이 분명해야 한다.
③ 신뢰도가 높은 측정을 위해서는 문항 간 내적 일관성을 가져야 한다.
④ 측정은 개념의 현상적 구조와 경험적 측정 값들이 일치될수록 정확해진다.
⑤ 개념화가 조작화에 비해 경험적 차원에서의 구체화 정도가 높다.

11 측정수준이 서로 다른 변수로 묶인 것은? 20회

① 연령, 백신 접종률
② 학년, 이수과목의 수
③ 섭씨(℃), 화씨(℉)
④ 강우량, 산불발생 건수
⑤ 거주지역, 혈액형

합격을 여는 만능해설

09 ② 모든 사회조사는 응답자의 사전 동의를 구한 후 진행해야 한다. 수업시간에 진행하는 설문조사도 참여자들의 동의를 받아야 한다.

10 ⑤ 연구자가 사회조사에서 자신이 관찰하고자 하는 내용을 객관화된 용어로 기술하는 것을 '정의'라 하는데, 정의는 개념적 정의와 조작적 정의로 구분된다. 개념적 정의를 측정 가능한 형태로 조작화한 것이 조작적 정의이다. 따라서 조작적 정의는 개념적 정의보다 경험적 차원의 구체화 정도가 훨씬 높다.

11 ② 학년은 등간변수이고, 이수과목의 수는 비율변수이다.

오답 해설
① 둘 다 비율변수이다.
③ 둘 다 등간변수이다.
④ 둘 다 비율변수이다.
⑤ 둘 다 명목변수이다.

12 신뢰도와 타당도에 관한 설명으로 옳은 것은?
　　　　　　　　　　　　　　　　　　22회

① 타당도가 있다면 어느 정도 신뢰도가 있다고 볼 수 있다.
② 신뢰도가 높을 경우 타당도도 높다고 할 수 있다.
③ 요인분석법은 신뢰도를 측정하는 방법이다.
④ 신뢰도는 측정하려고 의도된 개념을 얼마나 정확하게 측정하는가를 나타내는 것이다.
⑤ 주어진 척도가 측정하고자 하는 내용을 담고 있다고 일련의 전문가가 판단할 때 판별타당도가 있다고 한다.

14 A 시설 어린이들의 발달상태를 조사하기 위해 체중계를 이용하여 몸무게를 측정했는데 항상 2.5kg 더 무겁게 측정되었다. 이 측정에 관한 설명으로 옳은 것은?　　　　　15회

① 신뢰도나 타당도를 평가할 수 없다.
② 신뢰도는 높지만 타당도는 낮다.
③ 신뢰도도 높고 타당도도 높다.
④ 신뢰도도 낮고 타당도도 낮다.
⑤ 타당도는 높지만 신뢰도는 낮다.

13 척도의 종류가 각각 바르게 짝 지어진 것은?

> ㉠ 교육수준(중졸 이하, 고졸, 대졸, 대학원졸)
> ㉡ 나이
> ㉢ 거주지역

① ㉠: 명목척도, ㉡: 명목척도, ㉢: 등간척도
② ㉠: 등간척도, ㉡: 서열척도, ㉢: 등간척도
③ ㉠: 서열척도, ㉡: 서열척도, ㉢: 명목척도
④ ㉠: 서열척도, ㉡: 명목척도, ㉢: 명목척도
⑤ ㉠: 서열척도, ㉡: 비율척도, ㉢: 명목척도

15 표집에 관한 설명으로 옳은 것은?　　20회

① 할당표집은 무작위표집을 전제로 한다.
② 유의표집은 확률표집이다.
③ 눈덩이표집은 모집단의 규모를 알아야만 사용할 수 있다.
④ 단순무작위표집은 모집단으로부터 표본으로 추출될 확률을 알 수 있다.
⑤ 임의표집은 모집단의 대표성이 높은 표본을 추출한다.

---

12 오답 해설
② 신뢰도가 높다고 타당도도 반드시 높다고 할 수 없다.
③ 요인분석법은 구성타당도를 측정하는 데 유용하다.
④ 타당도에 대한 설명이다. 신뢰도는 척도의 일관성 또는 안정성과 관련된 개념이다.
⑤ 내용타당도에 대한 설명이다. 판별타당도는 다른 개념을 같은 방법으로 측정했을 때 나타나는 측정값을 비교하여 상관관계를 확인하는 방법이다.

13 ⑤ 교육수준은 서열척도, 나이는 비율척도, 거주지역은 명목척도이다.

14 ② 신뢰도는 측정의 일관성(안정성)을 의미한다. 언제나 2.5kg씩 더 무겁게 측정되는 체중계는 측정의 일관성이 있으므로 신뢰도는 높다. 그러나 매번 정확하지 않은 측정값이라는 점에서 타당도는 낮은 것으로 해석한다.

15 ④ 모집단으로부터 표본으로 추출될 확률을 알 수 있다는 것은 확률표집의 장점이다. 단순무작위표집은 확률표집에 해당하는 유형이다.

오답 해설
① 할당표집은 비확률표집이다. 무작위표집은 확률표집과 관련된 내용이다.
② 유의표집은 비확률표집이다.
③ 눈덩이표집은 비확률표집으로, 모집단의 규모를 모를 때 유용하다.
⑤ 임의표집은 비확률표집으로, 모집단의 대표성보다는 연구자의 편의에 따라 표집하는 방법이다.

16 소득 주도 성장에 대한 국내 일간지의 사설을 내용분석할 때, 다음의 표본추출방법 중 가능한 것을 모두 고른 것은? [17회]

> ㄱ. 무작위표본추출
> ㄴ. 층화표본추출
> ㄷ. 체계적표본추출
> ㄹ. 군집(집락)표본추출

① ㄱ, ㄴ
② ㄱ, ㄹ
③ ㄴ, ㄷ
④ ㄴ, ㄷ, ㄹ
⑤ ㄱ, ㄴ, ㄷ, ㄹ

17 표본추출에 관한 설명으로 옳지 않은 것은? [14회]

① 개인과 집단은 물론 조직도 표본추출의 요소가 될 수 있다.
② 표본추출단위와 분석단위가 일치하지 않을 수 있다.
③ 전수조사에서는 모수와 통계치 구분이 불필요하다.
④ 표본의 대표성은 표본오차와 정비례한다.
⑤ 양적연구에서 표본의 크기가 클수록 유의미한 결과를 얻는 데 유리하다.

18 순수실험설계에서 인과성 검증에 관한 설명으로 옳지 않은 것은? [20회]

① 사회복지 프로그램의 실행 여부가 독립변수로 설정될 수 있다.
② 사전조사에서 실험집단과 통제집단의 종속변수 측정치는 통계적으로 유의미한 차이가 없어야 한다.
③ 사전조사와 사후조사에서 통제집단의 종속변수 측정치는 통계적으로 유의미한 차이가 있어야 한다.
④ 실험집단과 통제집단의 동질성 확보가 필요하다.
⑤ 실험집단과 통제집단의 차이는 독립변수의 개입 유무이다.

합격을 여는 만능해설

16 ⑤ 내용분석은 질적분석과 양적분석 모두 가능하며, 연구자의 초점에 따라 다양한 표집방법을 사용할 수 있다. ㄱ~ㄹ은 모두 확률표집방법에 해당한다.

17 ④ 좋은 표본은 표본오차가 적고, 반대로 표본오차가 큰 표본은 모집단을 잘 대표하지 못한다. 따라서 표본의 대표성은 표본오차와 반비례한다.

18 ③ 실험집단의 사전-사후검사 결과는 유의미한 차이가 있고, 통제집단의 사전-사후검사 결과에는 별다른 차이가 없어야 순수실험설계에서 인과성이 충분히 검증된다.

19 매우 건강한 90대 남성 노인들에게 건강서비스를 1년 동안 제공한 후 건강상태를 측정한 결과, 이들의 상태가 나빠졌고 통제집단인 여성 노인들에 비해서도 낮게 나타났다. 이 연구에서 영향을 미칠 수 있는 내적타당도 저해요인을 모두 고른 것은? [13회]

> ㉠ 성숙효과
> ㉡ 선택과의 상호작용
> ㉢ 통계적 회귀
> ㉣ 위약효과

① ㉠, ㉡, ㉢   ② ㉠, ㉢
③ ㉡, ㉣   ④ ㉣
⑤ ㉠, ㉡, ㉢, ㉣

20 다음 설명에 해당하는 설계로 옳은 것은?

> 진로교육 프로그램의 효과를 평가하기 위해 같은 지역사회 내 학교와 학생들의 특성이 유사한 A 학교와 B 학교를 선정하였다. 두 학교 학생들을 대상으로 사전검사를 실시하고 A 학교에서 진로교육 프로그램을 실시한 다음 다시 한 번 두 학교 학생들을 대상으로 사후검사를 실시하였다.

① 비동일 통제집단설계
② 통제집단 사후검사설계
③ 정태적 집단(고정집단) 비교설계
④ 일회검사사례연구
⑤ 솔로몬 4집단설계

---

19 ① 90대 노인에게 1년이란 시간은 성숙효과를 일으킬 수 있으므로 내적타당도를 낮추는 요인이다(㉠). 남성은 실험집단, 여성은 통제집단으로 선택함에 따라 인과관계를 검증하는 과정에서 내적타당도가 낮아질 수 있다(㉡). 또 매우 건강한 집단으로서 극단적인 수치를 보이는 집단을 실험설계에 참여시키면 통계적 회귀 문제가 발생해 내적타당도가 낮아진다(㉢).

오답 해설
㉣ 위약효과란 가짜 처치를 행하였음에도 연구 참여자에게서 긍정적인 변화가 나타나는 것을 말한다. 제시된 사례에서 위약효과를 일으킬 요인은 드러나지 않는다.

20 ① 제시된 사례에서 연구자는 임의로 A 학교를 실험집단, B 학교를 통제집단으로 선정하였다. 이는 비동일 통제집단설계 유형을 활용한 경우이다. 해당 유형은 순수실험설계의 통제집단 사전사후검사설계와 유사해 보이지만 연구자가 임의로 실험집단과 통제집단을 구분한다는 점에서 통제집단 사전사후검사설계와 차이가 있다.

21. 단일사례설계방법에 관한 설명으로 옳은 것은? 19회

① ABCD설계는 여러 개의 개입효과를 개별적으로 증명하기 위한 설계이다.
② AB설계는 외부요인을 충분히 통제할 수 있기 때문에 여러 유형의 문제에 적용 가능하다.
③ 복수기초선설계는 기초선단계 이후 여러 개의 다른 개입방법을 순차적으로 적용한다.
④ ABAB설계는 외부요인을 통제할 수 있어 개입의 효과를 확인할 수 있다.
⑤ 평균비교는 기초선이 불안정할 때 기초선의 변화의 폭과 기울기까지 고려하여 결과를 분석하는 방법이다.

22. 평가연구에 관한 설명으로 옳지 않은 것은? 20회

① 보고서의 형식은 의뢰기관의 요청에 따를 수 있다.
② 목표달성에 대한 해석이 다양한 이해관계에 영향을 받을 수 있다.
③ 질적연구방법을 적용할 수 있다.
④ 프로그램의 실행과정도 평가할 수 있다.
⑤ 과학적 객관성을 저해하더라도 의뢰기관의 요구를 수용하여 평가결과를 조정할 수 있다.

23. 다음 중 질적연구와 가장 거리가 먼 것은? 20회

① 문화기술지연구
② 심층사례연구
③ 사회지표조사
④ 근거이론연구
⑤ 내러티브연구

합격을 여는 만능해설

21 ④ ABAB설계는 개입 전후에 발생하는 외생변수를 통제할 수 있고, 개입효과와 인과관계를 분석하는 데 유용하다.

오답 해설
① ABCD설계는 연구대상자의 상태를 확인하면서 적절한 개입방안을 찾기 위한 설계유형이다.
② AB설계는 가장 단순한 설계유형으로, 외부요인을 통제하기 어려워 내적타당도가 낮다.
③ 복수기초선설계는 기초선이 여러 개이다.
⑤ 평균비교는 기초선이 안정적인 경우에 사용한다. 기초선이 불안정하게 형성된 경우라면 경향선 접근을 통해 기초선의 변화의 폭과 기울기까지 고려하여 결과를 분석한다.

22 ⑤ 평가연구는 정책이나 프로그램 등을 분석하여 향후 의사결정에 참고할 만한 다양한 정보를 체계적으로 수집·분석하여 제안하는 것을 말한다. 의뢰기관이 원하는 보고서의 형식 등은 따를 수 있지만, 평가결과를 조정하거나 조작하는 것은 평가연구의 취지와 맞지 않다.

23 ③ 사회지표연구는 양적연구이다. 질적연구의 하위유형은 근거이론연구, 문화기술지연구, 심층사례연구, 참여행동연구, 내러티브연구 등이 있다.

24 다음과 같은 조사방법의 특징으로 옳은 것은?

> 보편적 복지에 대한 한국사회의 인식변화를 알아보기 위해 과거 10년간 한국의 주요 일간지 보도자료를 분석하고자 한다.

① 표집이 불가능하다.
② 수량분석이 불가능하다.
③ 보도자료 문장에 나타나지 않는 숨은 내용은 코딩할 수 없다.
④ 인간의 모든 형태의 의사소통 기록물을 활용할 수 있다.
⑤ 사전조사가 따로 필요치 않다.

25 피면접자를 직접 대면하는 면접조사가 우편설문에 비해 갖는 장점이 아닌 것은? [21회]

① 응답자의 익명성 보장 수준이 높다.
② 보충적 자료수집이 가능하다.
③ 대리응답의 방지가 가능하다.
④ 높은 응답률을 기대할 수 있다.
⑤ 조사내용에 대한 심층적 이해가 가능하다.

---

24 ④ 제시된 사례의 조사방법은 내용분석이다. 내용분석에서는 인간의 모든 형태의 의사소통 기록물, 즉 글, 그림, 상징적 기호, 지도, 표지판 등을 활용할 수 있다.

오답 해설
① 의사소통 기록물은 내용이 매우 방대하기 때문에 연구자가 주목하는 형태를 중심으로 표본을 추출하여 분석하는 경우가 많다.
② 내용분석을 할 때는 양적으로 분석할 수도 있다.
③ 자료에 직접 나타나지 않는 숨은 내용도 코딩할 수 있다.
⑤ 사전조사가 따로 필요치 않은 사회조사는 없다.

25 ① 대인면접 설문조사는 훈련받은 면접원이 조사대상자를 직접 방문하여 질문하고 조사대상자가 응답하는 방식이다. 따라서 응답자의 익명성이 보장되기는 어렵다.

2교시 | 제3영역

사회복지
실천론

CHAPTER 01　사회복지실천의 개관
CHAPTER 02　사회복지실천의 발달
CHAPTER 03　사회복지실천현장과 사회복지사의 역할
CHAPTER 04　사회복지의 통합적 실천
CHAPTER 05　사회복지실천의 방법과 실천과정

TEST 1 ⊕ TEST 2

영역별 10개년 출제 현황

CHAPTER 01	CHAPTER 02	CHAPTER 03	CHAPTER 04	CHAPTER 05
36문항	25문항	25문항	26문항	135문항

*영역 통합 문제 제외

- 사회복지실천론은 사회복지실천의 과정을 중심으로 출제가 되고 있다. 특정 단원의 개념이 집중적으로 출제된다 하더라도 문제를 해결하기 위해서는 앞선 단원의 내용을 전체적으로 숙지하고 있어야 함을 잊지 말아야 한다.
- 사회복지실천기술론과도 밀접한 연관이 있으므로 유기적으로 학습하는 것을 추천한다.

출제 키워드 BEST 3

사례관리
10년간 36번 언급된 키워드
사례관리과정, 사례관리자가 단골 주제!

사정
10년간 21번 언급된 키워드
사정단계, 사정도구에 주목하자.

전문적 관계
10년간 10번 언급된 키워드
전문적 관계의 특성과 기본요소를 알아두자.

단숨에 끝내는

CHAPTER

01

사회복지실천의 개관

핵심 Tag #사회복지실천의 주요 원칙 #사회복지실천의 수준 #사회복지실천의 이념 #윤리적 의사결정의 우선순위

1 사회복지실천의 개념

1. 사회복지와 사회복지실천
① **사회복지**(Social Welfare): 모든 국민의 생활, 건강, 인적 및 사회적 관계 등에 있어 개인과 집단의 안정을 촉진하는 데 목적을 둔 사회적 서비스와 제도로 구성된 사회적 체계이다.
② **사회복지실천**(Social Work Practice): 현행 사회복지제도를 근거로 하여 제공되는 유·무형의 서비스나 급부 등을 사회복지사가 클라이언트와의 관계를 통하여 체계적으로 실현하는 일련의 구체적 활동으로, 사회복지에서 동적 행위의 측면을 강조한 용어이다.
③ **사회복지실천**(Social Work Practice) **용어의 사용**: 1970년 메이어(Meyer), 이전까지 사회사업(Social Work)을 사회복지실천으로 지칭하였으나 1960년대 미국 사회빈곤의 악순환과 인종차별 등 사회개혁의 요구가 분출되는 급진적 시기에 개별적 접근보다 문제해결의 현실적인 실천을 강조하면서 사용되기 시작하였다.

2. 학자 및 기관별 사회복지실천의 정의 기출 10회
① **리치몬드**(Richmond, 1922): 개인의 성격 변화에 초점을 두었다. 개인과 개인, 인간과 사회환경 간의 의식적인 조정을 통해 적응능력을 지니도록 개개인의 인격발달을 이루어 가는 과정들이라 정의하였다.
② **바우어**(Bower, 1949): 환경과 클라이언트를 위한 지역사회 자원동원을 강조하였다. 클라이언트와 그들의 환경 간 더 나은 조정을 위해 개인의 역량과 지역사회 자원을 활용하는 지식과 기술이라 정의하였다.

> **합격 가이드**
> 사회복지실천의 정의는 '개인 → 환경 → 인간의 전체 영역'으로 확대되고 있음을 알 수 있습니다.

③ **보엠**(Boehem): 개인과 그 사람을 둘러싼 환경과의 상호작용을 구성하는 사회관계에 초점을 둔 활동에 의해 단독 또는 집단 내에서 개인의 사회적 기능을 강화하고자 하는 원조활동을 말한다.
④ **전미사회복지사협회**(NASW, 1958): 최초의 공식적 정의로서, 인간과 사회환경의 부조화로 인해 발생하는 개인과 집단의 문제를 해결하며, 문제를 예방하고 개인, 집단, 지역사회의 잠재력을 최대화하기 위한 목적으로 행해지는 모든 원조활동이라 정의하였다.
⑤ **핀커스와 미나한**(Pincus & Minahan, 1973): 사람과 자원체계 간의 연결과 상호작용에 관여하는 것이다.
⑥ **국제사회복지사연맹**(IFSW): 인간 삶의 질을 향상시키기 위한 활동이다. 이를 위해 사회변화, 인간관계에서의 문제해결, 인간의 권한 부여와 자유를 촉진하도록 '인간행동과 사회환경' 이론을 활용하여 상호작용에 개입하며, 인권과 사회정의의 원리에 입각한 활동을 말한다.
⑦ **미국사회복지교육협의회**(CSWE, 1994): 인간의 삶의 질 향상과 빈곤감소를 위해 공적 영역과 사적 영역으로부터 권한을 위임받아 다양한 분야에서 사회서비스를 제공하는 것이다.

2 사회복지실천의 주요 원칙과 자원체계

1. 사회복지실천의 주요 원칙 기출 11회, 15회, 19회
① 개별화: 클라이언트가 가지고 있는 독특한 자질을 인정하고 이해하며, 클라이언트가 보다 나은 적응을 하도록 클라이언트에게 최적화된 방법을 적용하여 도움을 주어야 한다.
② 의도적 감정표현: 클라이언트가 자신의 감정을 자유롭게 표현하도록 도와주는 것으로, 특히 클라이언트 자신이 비판받게 될지도 모르는 감정들을 자유롭게 표현하게 한다.
③ 통제된 정서적 관여: 사회복지사는 클라이언트가 표현한 감정에 대해 민감성을 가지고 그 의미를 이해하며 의도적이고 적절한 반응을 하여야 한다.
④ 수용: 클라이언트의 장점과 단점을 포함해 존재하는 그대로 받아들이고 다루어 나간다.
⑤ 비심판적 태도: 문제의 원인이 클라이언트로부터 비롯된 것인지 등을 언어 또는 비언어적으로 표현하지 않고 클라이언트의 특성, 가치관 등을 비난하지 않는다. 클라이언트를 한 인간으로서 심판하는 것은 기본적 권리에 반대되고 치료적으로 해롭다고 하는 지각에 기초를 둔 일종의 비언어화된 원초적인 확신을 말한다.
⑥ 클라이언트의 자기결정권: 클라이언트가 모든 의사결정과정에 참여하여 스스로 선택하고 결정한다.
⑦ 비밀보장: 사회복지사는 클라이언트의 동의 없이 클라이언트의 정보를 누설하지 않는다. 다만, 이는 절대적인 것이 아니며 비밀보장의 한계가 존재한다.

2. 사회복지실천의 자원체계
① 내부 자원체계: 개인이 가지고 있는 문제의 해결이나 욕구충족을 위해 개인·가족이 지닌 장점이나 욕구가 필요하면 언제나 제공될 수 있는 유형의 자원을 말한다.
② 외부 자원체계: 클라이언트의 생활을 향상시킬 수 있는 재화, 서비스 제공자, 조직 등을 말한다. 공식적 자원과 비공식적 자원, 사회적 자원으로 구분할 수 있다.
  ㉠ 공식적 자원
    • 사회복지사협회, 의사회, 소비자보호협회 등 관심이나 흥미를 지향하는 공식협의체 혹은 회원조직
    • 소속회원에게 직접 혹은 다른 사회체계와 교섭하여 자원을 제공하는 형태이다.
  ㉡ 비공식적 자원
    • 친척, 친구, 이웃, 자원봉사자 등의 자연자원
    • 개별적 욕구충족에 적합하다.
  ㉢ 사회적 자원
    • 사회적 요구에 따라 만들어진 조직
    • 운영재원이 세금에 기반한 공적 자원과 후원금, 이용료에 기반한 사적 자원으로 분류된다.

3 사회복지실천의 실제

1. 사회복지실천의 수준 기출 13회, 15회
① 미시적 수준(Micro Level): 개인의 가장 친밀한 상호작용에 개입하는 실천활동으로, 클라이언트가 지닌 문제를 해결하는 일대일 개입의 직접적 실천활동이다. 예 사회기술훈련 제공, 급여 대상자 사후관리 등
② 중간 수준(Mezzo Level): 개인적으로 의미 있는 상호관계인 치료집단 등 소집단에의 개입과 실천활동이다.
③ 거시적 수준(Macro Level): 간접적 실천을 포함하는 전체 지역사회기관이나 조직 등을 대상으로 한 사회복지실천 활동이다. 예 모금 활동, 후원자 개발 및 관리, 사회복지정책 분석 및 평가 등

2. 사회복지실천의 목적 기출 12회, 17회, 23회

① 핀커스와 미나한(Pincus & Minahan, 1973): 개인의 문제해결능력과 대처능력을 향상시키고 사람들을 서비스체계와 연결시키며, 이 체계가 효율적이고 인도적으로 운영되도록 장려하며 사회복지정책 발전에 기여하는 것이다.
② 전미사회복지사협회(NASW, 1977): 모든 사람의 삶의 질을 향상시키기 위하여 개인과 사회 간의 유익한 상호작용을 촉진하고 회복시키는 것으로, 개인과 환경 간 호혜적 상호작용을 촉진하고 유지시키는 것이다.
③ 미국사회복지교육협의회(CSWE, 1994)
  ㉠ 개인, 가족, 집단, 조직, 지역사회가 목적을 달성하고 고통을 완화시키며 자원을 활용할 수 있도록 도움으로써 이들의 사회기능을 촉진, 회복, 유지, 향상시키는 것이다.
  ㉡ 인간의 복지를 촉진시키고 빈곤, 억압, 그 외의 사회적 부정의를 경감시키며, 기본적 욕구를 충족시키고 인간이 가지고 있는 잠재력 및 가능성의 개발을 돕기 위해 필요한 사회정책, 서비스, 자원, 프로그램을 계획·공식화·시행하는 것이다.
  ㉢ 곤궁에 처한 집단에게 권한을 부여하고 사회적·경제적 정의를 실현하기 위해 조직적·행정적 옹호와 사회운동을 통해 정책, 서비스, 자원, 프로그램을 추구하는 것이다.
  ㉣ 이러한 목적과 관련된 모든 전문적인 지식과 기술을 개발하고 시험하는 것이다.

> **합격 가이드**
> 사회복지실천은 사회 구성원과 사회체계 사이의 유익한 상호작용을 회복 또는 촉진시키기 위해 노력하는 것과 클라이언트의 삶의 질 향상에 그 목표가 있습니다.

개념 공략 사회복지의 목적

생존권 보장	인간의 생존을 유지할 수 있도록 생활에 필요한 서비스를 제공함.
자립성 유지	• 개인이 의존에서 벗어나 스스로 삶을 영위하도록 지원함. • 공공부조제도나 사회보험제도를 통해 개인이 경제적으로 자립하도록 도움.
개인의 성장과 발달	• 모든 사람들이 각자 능력에 따라 성장하고 발달할 수 있는 가능성을 계발하도록 도움. • 사회복지실천 차원에서 사회사업가의 개입목표는 클라이언트가 자신이 가진 문제의 원인과 의미를 스스로 인식하여 해결할 수 있도록 도와주는 데 있음.
사회통합	생활상 어려움을 지닌 개인에게 원조를 통해 생산적인 인간이 되도록 하여 사회통합에 기여함.

3. 사회복지실천의 목표설정 기출 12회, 14회

① 사회복지사와 클라이언트의 상호협의하에 클라이언트가 결정권을 가지고 목표를 설정한다.
② 목표가 여러 가지일 경우에는 클라이언트에게 가장 시급한 것을 최우선순위로 결정한다.
③ 권위적 관계를 고수하거나 사회복지사의 사적 이익을 추구해서는 안 되며, 이중 관계를 지양해야 한다.

4. 사회복지실천의 기능

① 사회복지실천의 개인적·사회적 차원의 기능

개인적 차원	예방, 재활, 치료활동을 통해서 개인의 사회적 기능을 증진함.
사회적 차원	사회복지사의 옹호활동은 사회정의를 향상시킴.

② 실천목적 달성을 위한 기능
  ㉠ **예방기능**: 문제 발생 이전의 실천활동

- ⓒ 회복기능: 신체·정신적 장애 등에서의 회복 지원활동
- ⓒ 교정기능: 현존하는 문제의 해결이나 개선활동

③ 전미사회복지사협회(NASW) 기출 12회
- 개인의 역량을 확대하고, 문제해결능력과 대처능력을 향상시키도록 돕는다.
- 사람들이 자원을 획득하도록 돕는다.
- 조직이 사람들에게 반응하도록 한다.
- 개인 간 상호작용을 촉진한다.
- 조직과 제도 간의 상호관계에 영향을 미친다.
- 사회정책 및 환경정책에 영향을 미친다.

5. 사회복지실천의 구성요소(펄만의 4P) 기출 11회

① 문제(Problem): 개인과 환경 간 상호작용과정에서 개인의 불충족된 욕구, 대인관계상의 부적응, 주변환경과 개인과의 부적응 등의 문제를 말한다.
② 사람(Person): 개인과 환경 간 상호작용 내용의 변화를 위해 조정을 필요로 하는 사람(클라이언트)이다.
③ 장소(Place): 사회복지사가 소속된 기관, 클라이언트의 문제해결을 위해 동원가능한 모든 기관을 말한다.
④ 과정(Process): '의식적인 조정'으로, 목적을 갖고 합리적 절차, 이론에 입각해 신중히 이루어지는 활동이다.

개념 공략 펄만의 6P 중 전문가와 제공물 기출 11회

참고 4P[문제(Problem), 장소(Place), 과정(Process), 사람(Person)] + 2P[전문가(Professional), 제공물(Provision)]

전문가 (Professional)	클라이언트의 문제를 해결할 수 있는 과학적인 지식과 기술을 가진 자로, 사회복지실천현장에서는 사회복지사가 이에 해당하며 사회복지실천현장의 전문가는 다음과 같은 역할을 수행함. • 클라이언트의 문제해결 및 권익을 향상시킴. • 유관 기관들과의 네트워킹을 통해 조직력을 증대함. • 지역사회 자원으로서의 조직홍보 및 주민들의 욕구파악과 지원을 위해 계획을 수립하고 집행함.
제공물 (Provision)	• 클라이언트의 물질적 욕구, 지지관계망 확보 욕구, 만족스러운 일상활동에 대한 욕구 등을 충족시키는 데 필요한 제반 서비스 및 기회들을 클라이언트의 생활환경 가운데서 적극적으로 발견하고 찾아내어 그들이 이용할 수 있도록 만들어주는 모든 활동을 포함함. • 제공물을 클라이언트에게 지원할 때 전문가는 다음과 같은 사항을 고려하여야 함. – 클라이언트의 사회복지서비스 의존도 심화 문제 – 제공물을 지원받는 클라이언트의 낙인감 최소화 – 비공식적 지지망으로부터 지원될 수 있는 제공물의 유무 – 클라이언트가 인간다운 삶을 영위하기 위해 필요한 다양한 자원

4 사회복지실천의 이념적 배경 기출 11회, 16회, 19회, 22회, 23회

1. 인도주의

① 사회복지의 근간이 되는 이념으로, 봉사정신과 이타주의를 토대로 한다.
② 모든 인간은 동등한 자격을 갖추고 있다는 관점을 갖고 인류의 공존과 복지를 실현하려는 사상이다.
③ 인종, 종교, 신분, 풍습, 이해관계 등의 현실적 차별을 초월하고 인간성을 기초로 하여 어려움을 같이 나누려는 인간애적인 사상인 박애주의와 유사한 이념이다.

2. 사회진화론
① 사회복지실천의 사회통제적 측면으로서, 사회에 잘 적응하는 사회적합계층(Best Fit Class)과 그렇지 않은 사회부적합계층(Unfit Class)으로 구분한다.
② 자원이 희박하고 게으르며 도덕적으로 열등한 존재는 자연스럽게 소멸된다는 적자생존의 원리를 사회에 적용하였다.

3. 민주주의
사회진화론과 달리 인간은 누구나 평등하다는 것을 전제로 하여 클라이언트도 평등하게 처우받을 권리가 있음을 강조하며 클라이언트의 자기결정권에 영향을 미쳤다.

4. 개인주의 기출 21회
① 자유방임주의를 지향하며 국가의 개입은 개인의 자유를 침해하지 않는 선에서 최소화되어야 한다고 보았다. 이는 수혜자격의 축소를 가져왔다.
② 빈곤이나 장애의 원인과 책임이 개인에게 있다고 본다.

5. 다양화(다원주의)
① 사회 및 시대 변화에 따라 인간과 관련된 다양한 욕구와 복합적인 문제가 발생하면서 사회복지실천에서는 상대적인 관점에서 바라보고 개인의 고유성을 중시해야 한다고 보았다.
② 사회복지의 대상자도 스스로 성장하고 발전할 수 있는 힘을 가지고 있다고 본다.

5 사회복지실천의 가치

1. 가치의 의미와 구분 기출 14회
① 가치의 의미
  ㉠ 가치는 사람들의 신념이자 좋고 바람직한 것에 대한 믿음이다.
  ㉡ 가치는 구체적인 행동목표가 아니라 그 목표를 결정하는 기준이 된다.
② 가치의 구분

궁극적 가치	사회나 시대적 상황에 관계없이 불변하는 일반적·절대적·추상적 가치 예 인간의 존엄성, 개인의 자유, 사회적 정의 등
수단적 가치	궁극적 가치를 달성하기 위한 수단이나 방법으로서의 가치 예 클라이언트의 자기결정권, 비밀보장, 수용 등
차등적 가치	사회·문화적 영향이나 개인의 경험에 의한 가치 예 낙태, 동성애 등

2. 사회복지 전문직의 가치
① 레비(Levy, 1973)의 사회복지 전문직의 가치 기출 13회, 15회, 21회
  ㉠ 사람 우선의 가치: 클라이언트에 대해 전문직이 갖추고 있어야 할 기본적인 가치로서, 인간의 본성을 제시해 줄 수 있는 가치이다. 클라이언트를 개별화된 인간으로 보고 그의 능력과 권한을 인정해 주는 것을 말한다. 예 인간 존엄성 존중, 개별성 인정 등

ⓒ 결과 우선의 가치: 인간을 위한 서비스를 제공한 후 바람직한 결과 성취를 위해 가져야 할 가치로서 개인 발전을 위한 사회적 책임에 대한 믿음이다.
　　　　　⑩ 개인의 기본적 욕구충족, 교육이나 주택문제 등의 사회문제 제거 등
　　　ⓒ 수단 우선의 가치: 서비스를 수행하는 방법에 대한 가치로, 인간 중심의 바람직한 수단 선택의 가치이다.
　　　　　⑩ 자기결정권 존중, 비심판적 태도 등
　② 우리나라 윤리강령의 사회복지 전문직의 핵심 가치
　　　㉠ 인간 존엄성 가치 및 클라이언트의 권익 옹호
　　　㉡ 클라이언트의 주체성과 자기결정권
　　　㉢ 사회정의와 평등, 자유와 민주주의 가치
　　　㉣ 사회복지사의 성실성 및 공정성
　③ 미국사회복지교육협의회(CSWE)의 전문직 가치
　　　㉠ 인간의 존엄성, 수용, 비밀보장, 정직, 책임성
　　　㉡ 클라이언트의 자기결정권, 원조과정에 대한 참여권리 존중
　　　㉢ 클라이언트가 필요한 자원을 획득할 수 있도록 원조할 책임성
　　　㉣ 사회제도 개선에 대한 책임 등

> **개념 공략** 전미사회복지사협회(NASW)의 사회복지실천의 기본가치
> - 개인의 가치와 존엄성
> - 개인에 대한 존경
> - 개인의 변화 가능성에 대한 가치
> - 클라이언트의 자기결정권
> - 비밀보장 및 사생활 보장
> - 적절한 자원 및 서비스 제공
> - 클라이언트에의 권한 부여
> - 동등한 기회 보장
> - 비차별성
> - 다양성의 존중

6 사회복지실천의 윤리

1. 윤리의 의미와 구분

① 윤리의 의미 기출 14회
　　㉠ 윤리는 옳고 그름을 판단하는 도덕적 지침이다.
　　㉡ 인간의 행동과 관련이 있으며, 행동을 통제하거나 규제하는 기준이나 원칙까지 포함하는 개념이다.
　　㉢ 윤리는 선악의 판단이나 도덕적 의무를 결정하는 일련의 지침으로, 법적 구속력을 가지지는 않는다.
② 윤리의 철학적 배경
　㉠ 윤리적 절대주의
　　　• 의무론적 윤리로서 절대적·무조건적·의무적으로 지켜야 하는 규범이다.
　　　• 시대와 장소를 초월하여 만인에게 적용되는 보편타당한 도덕원칙이다.
　　　• 도덕규범 이외의 어떠한 개별적인 예외도 인정하지 않는다.
　　　• 한계: 무조건적 원칙 준수를 강조하여 사회와 시대적 변화를 반영하지 못하여 현실에 적용이 어렵다.

○ 윤리적 상대주의 기출 11회
- 목적론적 윤리로서 상황이나 결과의 예측에 따라 선택적으로 행해지는 규범이다.
- 쾌락, 행복, 공리, 최고선의 목적 실현에 도움이 될 때 윤리적이라고 본다.
- 가치는 상대적인 것으로 보고, 행동의 동기보다는 결과를 중시한다.
- 한계: 선택기준에 개인차가 존재하고, 공익을 위한 결정이라는 명분으로 소수의 희생이 정당화된다.

개념 공략 윤리적 절대주의와 윤리적 상대주의의 비교

구분	윤리적 절대주의	윤리적 상대주의
특징	• 보편적 • 도덕법칙에 따라 행위의 옳고 그름을 판단함. • 도덕적 규범에 근거한 의무 수행	• 주관적 • 자신에게 유리하고 즐거운 것, 결과적으로 좋은 것이 윤리적인 행위임.
관련 이론	의무론적 윤리: 자연법 윤리, 칸트 윤리	목적론적 윤리: 쾌락주의, 공리주의

2. 사회복지 전문직의 윤리기준

① 보편적 윤리의 준수: 일반적 윤리기준과 사회가 요구하는 기본적 행동, 사고기준을 준수한다.
② 가치의 개인성 이해: 가족, 문화, 종교, 사회적 가치에서 차이가 있으며 인간이 지닌 가치관에 따라 상이한 결정이 발생함을 이해한다.
③ 사회복지사의 윤리적 가치 확립
  ㉠ 전문가로서 개인적 가치를 배제한다.
  ㉡ 사회복지사로서 대상자에 대한 가치판단을 엄금하고, 전문지식을 기반으로 한 실천활동을 한다.
  ㉢ 심각한 가치갈등 발생 시 다른 전문가에게 의뢰한다.

7 사회복지사 윤리강령

1. 사회복지사 윤리강령의 기능 기출 11회, 19회, 20회

① 사회복지실천현장에서 윤리적 갈등이 생겼을 때 지침과 원칙을 제공한다.
② 사회복지사의 비윤리적 실천으로부터 클라이언트를 보호한다.
③ 자기규제를 통해 사회복지 전문직의 전문성을 확보하고 외부 통제로부터 전문직을 보호한다.
④ 일반 대중에게 전문가로서 사회복지 기본업무 및 자세를 알리는 일차적 수단으로 기능한다.
⑤ 선언적 선서를 통해 사회복지 전문가의 윤리적 민감성을 고양시켜 윤리적 실천을 제고한다.
⑥ 전문직의 행동강령과 원칙을 제시한다.

> **합격 가이드**
> 윤리강령이 법적 제재의 힘을 갖는 것은 아님에 유의하여야 합니다.

2. 전미사회복지사협회(NASW)의 사회복지사 윤리강령

① 전미사회복지사협회(NASW) 윤리강령의 윤리기준: 사회복지 전문직으로서 사회복지사의 업무 및 일반적 행동과정에서 실제적인 지침으로서의 역할
  ㉠ 전문가로서의 윤리적 책임: 능력, 차별, 사적 행위, 거짓, 사기, 기만, 결함, 허위 진술, 간청, 공적 인정 등에 관한 지침

ⓒ 클라이언트에 대한 윤리적 책임: 클라이언트에 대한 책임, 자기결정, 고지된 동의, 이익 갈등, 사생활 보호와 비밀보장, 서비스 비용과 중단 등에 관한 지침
ⓒ 동료에 대한 윤리적 책임: 존경, 비밀보장, 자문, 동료와 관련된 불화, 동료와 관련된 비윤리적 행위 등에 관한 지침
ⓔ 실천의 장에서의 윤리적 책임: 슈퍼비전과 자문, 교육과 훈련, 업무 평가, 클라이언트 기록, 청구서, 행정, 평생교육과 직원 개발 등에 관한 지침
ⓜ 사회에 대한 윤리적 책임: 사회복지, 대중 참여, 공공의 긴급사태, 사회적·정치적 행동 등에 관한 지침

개념 공략 고지된 동의(Informed Consent) **기출** 12회
- 클라이언트에게 서비스의 목적과 내용, 서비스의 한계점, 서비스와 관련된 위험성을 분명히 알림.
- 고지된 동의의 형태에는 구두 또는 서면 등이 있음.
- 고지된 동의를 받은 이후 클라이언트는 서비스를 제공받게 됨.

② 전미사회복지사협회(NASW) 윤리강령의 핵심 가치와 윤리원칙
ⓐ 봉사의 원칙: 사회복지사의 궁극적 목표는 욕구를 가지고 있는 사람들을 원조하고 사회문제를 해결하는 것이다.
ⓑ 사회정의의 원칙: 사회복지사는 특히 사회적으로 취약한 위치에 있는 사람들을 위해서 그들과 함께 활동하고 사회적 불의에 대결하며 사회적 변화를 추구한다.
ⓒ 인간 존엄성과 가치 존중: 사회복지사는 인간의 천부적 존엄성과 가치를 존중한다.
ⓓ 인간관계의 중요성 인식: 사회복지사는 인간관계가 지닌 중요성을 인식한다.
ⓔ 정직과 성실의 원칙: 사회복지사는 전문직의 사명, 가치와 윤리적 기준을 인식하고 이에 부합하는 실천을 수행한다.
ⓕ 능력의 원칙: 사회복지사는 자신의 능력 범위 내에서 실천하며, 전문적 지식과 기술을 향상시킨다.

3. 우리나라의 사회복지사 윤리강령 **기출** 15회, 16회, 18회, 19회, 22회

한국사회복지사협회는 인본주의·평등주의 사상에 기초하여 가치기준에 맞는 실천을 하였는가에 대한 행동기준 및 판단의 기준을 제시하고 있다.
① 사회복지사의 기본적 윤리기준
ⓐ 전문가로서의 자세

인간 존엄성 존중	· 사회복지사는 모든 인간의 존엄, 자유, 평등을 위해 헌신해야 하며, 사회적 약자를 옹호하고 대변하는 일을 주도해야 함. · 사회복지사는 모든 인간의 고유한 존엄성과 가치를 인정하고 존중하며, 이를 기반으로 사회복지를 실천함. · 사회복지사는 클라이언트의 성, 연령, 정신·신체적 장애, 경제적 지위, 정치적 신념, 종교, 인종, 국적, 결혼상태, 임신 또는 출산, 가족 형태 또는 가족 상황, 성적 지향, 젠더 정체성, 기타 개인적 선호·특징·조건·지위 등을 이유로 차별을 하지 않음. · 사회복지사는 다양한 문화의 강점을 인식하고 존중하며, 문화적 역량을 바탕으로 사회복지를 실천함. · 사회복지사는 문화적으로 민감한 실천을 제공하기 위해, 사회복지실천과정에서 자신의 개인적·사회적·문화적·정치적·종교적 가치, 신념과 편견이 클라이언트와 동료 사회복지사에게 미칠 수 있는 영향을 고려하여 자기 인식을 증진하기 위해 힘씀.

사회정의 실현	• 사회복지사는 사회정의 실현과 클라이언트의 복지 증진에 헌신하며, 이를 위한 국가와 사회의 환경 변화를 위해 노력함. • 사회복지사는 사회, 경제, 환경, 정치적 자원에 대한 평등한 접근과 공평한 분배가 이루어지도록 노력함. • 사회복지사는 개인적·집단적·사회적·문화적·정치적·종교적 특성에 근거해 개인이나 집단을 차별·억압하는 것을 인식하고, 이를 해결 또는 예방하기 위해 노력해야 함.

ⓒ 전문성 개발을 위한 노력

직무 능력 개발	• 사회복지사는 클라이언트에게 최상의 서비스를 제공하기 위해, 지식과 기술을 개발하는 데 최선을 다하며 이를 활용하고 공유할 책임이 있음. • 사회복지사는 사회적 다양성의 특징(성, 연령, 정신·신체적 장애, 경제적 지위, 정치적 신념, 종교, 인종, 국적, 결혼 상태, 임신 또는 출산, 가족 형태 또는 가족 상황, 성적 지향, 젠더 정체성, 기타 개인적 선호·특징·조건·지위 등), 차별, 억압 등에 대해 교육을 받고 이에 대한 이해를 증진하기 위해 노력함. • 사회복지사는 변화하는 사회복지 관련 쟁점에 대응할 수 있도록 실천 기술을 향상하고, 새로운 실천 기술이나 접근법을 적용하기 위해 적절한 교육, 훈련, 연수, 자문, 슈퍼비전 등을 받도록 노력함. • 사회복지사는 사회복지실천에 필요한 정보통신 관련 지식과 기술을 습득하기 위해 노력하며, 이를 사용하는 과정에서 발생할 수 있는 윤리적 문제를 인식하고 정보통신 관련 지식과 기술을 활용하도록 함.
지식기반의 실천 증진	• 사회복지사는 사회복지실천과정에서 평가와 연구 조사를 함으로써, 사회복지실천의 지식 기반형성에 기여하고, 궁극적으로 사회복지실천의 질적 향상을 위해 노력함. 또한, 사회복지사는 평가나 연구 조사를 할 때, 연구 참여자의 권리를 보장하기 위해 연구 관련 사항을 충분히 안내하고 자발적인 동의를 얻어야 함. • 사회복지사는 연구 과정에서 얻은 정보를 비밀 보장의 원칙에서 다루며, 비밀 보장의 한계, 비밀 보장을 위한 조치, 조사자료 폐기 등을 연구 참여자에게 알려야 함. 또한, 사회복지사는 평가나 연구 조사를 할 때, 연구 참여자의 보호와 이익, 존엄성, 자기 결정권, 자발적 동의, 비밀 보장 등을 고려하며, 생명윤리 및 안전에 관한 법률 등 관련 법령과 규정에 따라 연구윤리를 준수함.

ⓒ 전문가로서의 실천

품위와 자질 유지	• 사회복지사는 전문가로서의 품위와 자질을 유지하고, 자신이 맡고 있는 업무에 대해 책임을 짐. • 사회복지사는 자신의 이익을 위해 사회복지 전문직의 가치와 권위를 훼손해서는 안 됨. • 사회복지사는 전문가로서 성실하고 공정하게 업무를 수행함. 또한, 사회복지사는 부정직한 행위, 범죄행위, 사기, 기만행위, 차별, 학대, 따돌림, 괴롭힘 등 불법적이고 부당한 일을 행하거나 묵인해서는 안 됨. • 사회복지사는 자신의 소속, 전문 자격이나 역량 등을 클라이언트에게 정직하고 정확하게 알려야 함. • 사회복지사는 클라이언트, 학생, 훈련생, 실습생, 슈퍼바이지, 직장 내 위계적 권력 관계에 있는 동료와 성적 관계를 형성해서는 안 되며, 이들에게 성추행과 성희롱을 포함한 성폭력, 성적·인격적 수치심을 주는 행위를 해서는 안 됨. • 사회복지사는 한국사회복지사협회 등 전문가 단체의 활동에 적극적으로 참여하여, 사회정의 실현과 사회복지사의 권익 옹호를 위해 노력함.

자기 관리	• 사회복지사는 정신적·신체적 건강 문제, 법적 문제 등이 사회복지실천과정에서의 전문적 판단이나 실천에 부정적 영향을 주거나 클라이언트의 이익을 저해하지 않도록, 동료, 기관과 함께 적절한 조치를 하도록 노력함. • 사회복지사는 클라이언트에게 최상의 사회복지서비스를 제공하기 위해 사회복지사 자신의 정신적·신체적 건강, 안전을 유지·보호·관리하도록 노력함.
이해 충돌에 대한 대처	• 사회복지사는 클라이언트의 이익을 우선으로 고려하고, 이해 충돌이 있을 때는 아동, 소수자 등 취약한 자의 이해와 권리를 우선시함. • 사회복지사의 개인적 신념과 사회복지사로서 직업적 의무 사이에 이해 충돌이 발생할 때 동료, 슈퍼바이저와 논의하고, 부득이한 경우 클라이언트가 적절한 지원을 받을 수 있도록 클라이언트를 다른 사회복지사에게 의뢰하거나 다른 사회복지서비스로 연결함. • 사회복지사는 전문적 가치와 판단에 따라 업무를 수행하는 과정에서, 기관 내외로부터 부당한 간섭이나 압력을 받아서는 안 됨.
경제적 이득에 대한 실천	• 사회복지사는 클라이언트의 지불 능력에 상관없이 복지 서비스를 제공해야 하며, 이를 이유로 차별해서는 안 됨. • 사회복지사는 필요한 경우에 제공된 서비스에 대해 공정하고 합리적으로 이용료를 책정할 수 있음. • 사회복지사는 업무와 관련해 정당하지 않은 방법으로 경제적 이득을 취해서는 안 됨.

② 사회복지사의 클라이언트에 대한 윤리기준 기출 23회

권익옹호	사회복지사는 클라이언트의 이익을 최우선의 가치로 삼고 이를 실천하며, 클라이언트의 권리를 존중하고 옹호한다.
자기결정권 존중	• 사회복지사는 사회복지실천과정에서 클라이언트의 자기결정을 존중하고, 클라이언트를 사회복지실천의 주체로 인식하여 클라이언트가 자기결정권을 최대한 행사할 수 있도록 도움. • 사회복지사는 의사결정이 어려운 클라이언트에 대해서는 클라이언트의 이익과 권리를 보장하기 위한 적절한 조치를 취해야 함.
사생활 보호 및 비밀 보장	사회복지사는 클라이언트의 사생활을 존중하고 보호하며, 전문적 관계에서 얻은 클라이언트 관련 정보에 대해 비밀을 유지함. 그러나 클라이언트 자신과 타인에게 해를 입히거나 범죄행위와 관련된 경우에는 예외로 할 수 있음.
정보에 입각한 동의	사회복지사는 클라이언트의 알 권리를 인정하고 동의를 얻어야 하며, 클라이언트가 받는 서비스의 목적과 내용, 범위, 합리적 대안, 위험, 서비스의 제한, 동의를 거절 또는 철회할 수 있는 클라이언트의 권리 등에 대해 정확하고 충분한 정보를 제공함.
기록·정보 관리	• 클라이언트에 대한 사회복지실천 기록은 사회복지사의 윤리적 실천의 근거이자 평가·점검의 도구이기 때문에 중립적이고 객관적으로 작성해야 함. 또한, 사회복지사는 클라이언트가 자신과 관련된 기록의 공개를 요구하면 정당한 비공개 사유가 없는 한 정보에 접근할 수 있도록 해야 함. • 사회복지사는 클라이언트에 대한 문서 정보, 전자 정보, 기타 민감한 개인 정보를 보호해야 함. 또한, 사회복지사가 획득한 클라이언트 관련 정보나 기록을 법적 사유 또는 기타 사유로 제3자에게 공개할 때는 클라이언트에게 안내하고 동의를 얻어야 함.
직업적 경계 유지	• 사회복지사는 클라이언트와의 전문적 관계를 자신의 개인적 이익을 위해 이용해서는 안 됨. • 사회복지사는 업무 외의 목적으로 정보통신기술을 사용해 클라이언트와 의사소통을 해서는 안 됨. • 사회복지사는 어떠한 상황에서도 클라이언트와 사적 금전 거래, 성적 관계 등 부적절한 행동을 해서는 안 됨. • 동료의 클라이언트를 의뢰받을 때는 기관 및 슈퍼바이저와 논의하는 과정을 거쳐야 하며, 클라이언트에게 설명하고 동의를 얻은 후 서비스를 제공함. 또한, 사회복지사는 정보처리기술을 이용하는 것이 클라이언트의 권리를 침해할 위험성이 있다는 사실을 인식하고 직업적 범위 안에서 활용함.

서비스의 종결	• 사회복지사는 클라이언트에게 제공되는 서비스가 더 이상 클라이언트의 이해나 욕구에 부합하지 않으면 업무상 관계와 서비스를 종결함. 또한, 사회복지사는 개인적 또는 직업적 이유로 클라이언트와의 전문적 관계를 중단하거나 종결할 때 사전에 클라이언트에게 충분히 설명하고, 다른 기관 또는 다른 전문가에게 의뢰하는 등 필요한 조치를 취함. • 사회복지사는 클라이언트의 고의적·악의적·상습적 민원 제기에 대해 소속 기관, 슈퍼바이저, 전문가 자문 등의 논의 과정을 거쳐 서비스를 중단하거나 거부권을 행사할 수 있음.

③ 사회복지사의 동료에 대한 윤리기준

동료	• 사회복지사는 존중과 신뢰를 기반으로 동료를 대하며, 전문가로서의 지위와 인격을 훼손하는 언행을 하지 않음. • 사회복지사는 사회복지 전문직의 권익 증진을 위해 동료와 다른 전문직 동료와도 협력하고 협업함. • 사회복지사는 동료의 윤리적이고 전문적인 행위를 촉진해야 하며, 동료가 전문적인 판단과 실천이 미흡하여 문제를 발생시켰을 때 윤리강령과 제반 법령에 따라 대처함. • 사회복지사는 다른 전문직의 동료가 행한 비윤리적 행위에 대한 윤리강령과 제반 법령에 따라 대처함. • 사회복지사는 동료의 직무 가치와 내용을 인정하고 이해하며, 상호 간에 민주적인 직무 관계를 이루도록 노력해야 함. • 사회복지사는 동료들에게 정보통신기술을 사용한 비윤리적 행위를 하지 않음. • 사회복지사는 동료가 적법하게 업무를 수행하는 과정에서 부당한 조치를 당하면 동료를 변호하고 원조해 주어야 함. • 사회복지사는 동료에게 행해지는 어떤 형태의 차별, 학대, 따돌림 또는 괴롭힘과 자신의 전문적 권위를 행사하는 다른 동료와의 부적절한 성적 행동에 가담하거나 이를 용인해서는 안 됨. • 사회복지사는 슈퍼바이지, 학생, 훈련생, 실습생, 자신의 전문적 권위를 행사하는 다른 동료와의 성적 행위나 성적 접촉과 성적 관계에 관여해서는 안 됨.
슈퍼바이저	• 슈퍼바이저는 슈퍼바이지가 전문적 업무 수행을 할 수 있도록 지원하고 슈퍼바이지는 슈퍼바이저의 전문적 지도와 조언을 존중해야 함. 또한, 슈퍼바이저는 전문적 기준에 따라 슈퍼비전을 수행하며, 공정하게 평가하고 평가 결과를 슈퍼바이지와 공유함. • 슈퍼바이저는 개인적인 이익 추구를 위해 자신의 지위를 이용해서는 안 됨. • 슈퍼바이저는 사회복지사 수련생과 실습생에게 인격적·성적으로 수치심을 주는 행위를 해서는 안 됨.

④ 사회복지사의 기관에 대한 윤리기준
  ㉠ 사회복지사는 기관의 사명과 비전을 확인하고, 정책과 사업 목표를 달성하기 위해 노력해야 한다.
  ㉡ 사회복지사는 소속 기관의 활동에 적극적으로 참여함으로써 기관의 성장과 발전을 위해 노력해야 한다.
  ㉢ 사회복지사는 기관의 부당한 정책이나 요구에 대해 전문직의 가치와 지식을 근거로 대응하고, 제반 법령과 규정에 따라 해결하도록 노력해야 한다.

⑤ 사회복지사의 사회에 대한 윤리기준
  ㉠ 사회복지사는 자신이 일하는 지역사회를 이해하고, 클라이언트가 지역사회에서 서로 도우며 함께 살아가도록 지원해야 한다.
  ㉡ 사회복지사는 정치적 영역이 클라이언트의 권익과 사회복지실천에 미치는 영향을 인식하여 사회정의 실현을 위한 사회정책의 수립과 법령 제·개정을 지원·옹호해야 한다.
  ㉢ 사회복지사는 사회재난과 국가 위급 상황에서 문제를 해결하기 위해 적극적으로 활동해야 한다.
  ㉣ 사회복지사는 지역사회, 국가, 나아가 전 세계와 그 구성원의 복지 증진, 삶의 질 향상을 위해 적극적으로 노력해야 한다.
  ㉤ 사회복지사는 인간과 자연이 서로 떨어져 살 수 없음을 깨닫고, 인간과 자연환경, 생명 등 생태에 미칠 영향을 생각하며 실천해야 한다.

4. 윤리강령의 주요 윤리적 가치 `기출` 22회

① **클라이언트와의 자기결정권**: 대상자의 권리와 욕구에 기반한 선택과 결정 및 대안에 대한 정보제공이 이루어져야 하며, 선택에 따른 결과가 설명되어야 한다(고지된 동의).
② **비밀보장**: 개인정보, 과정기록, 의견 및 자료 등의 비밀이 유지되어야 한다.
③ **알 권리**: 실천과정에서 정보나 경과를 대상자에게 보고할 책임이 있으며, 클라이언트는 그것을 알 권리가 있다.
④ **제한된 자원의 공정한 분배**
⑤ **사회복지기관의 규칙과 정책 준수**
⑥ **클라이언트와의 관계**: 권위를 이용한 이익 추구가 배제되어야 한다.
⑦ **전문가의 가치관**
⑧ **전문적 동료 관계의 가치**

8 윤리적 갈등과 해결지침

1. 윤리적 갈등(딜레마)의 의미와 주요 쟁점

① **윤리적 갈등의 의미**: 전문가로서 지켜야 할 윤리적 가치가 상충하여 어느 것이 윤리적 실천행동인지 판단하기 어려운 갈등상태를 말한다.
② **윤리적 갈등의 주요 쟁점** `기출` 11회, 13회
  ㉠ 클라이언트의 자기결정권   ㉡ 비밀보장
  ㉢ 온정주의   ㉣ 동료에 대한 존중
  ㉤ 한정된 자원의 분배   ㉥ 상충되는 의무와 기대
  ㉦ 개인적 가치와 전문적 가치   ㉧ 전문적 관계 유지

2. 사회복지실천에서의 윤리적 갈등 `기출` 13회, 19회

① **가치의 상충**: 가장 빈번하게 겪는 윤리적 딜레마로, 2개 이상의 가치가 상충되는 경우를 말한다.
② **의무의 상충**: 사회복지사는 기관에 대한 의무와 클라이언트에 대한 의무가 상충할 때 갈등하게 된다. 의무의 상충으로 인한 윤리적 딜레마는 인간을 다루는 수단으로서 선호하는 가치의 충돌로 인해 사회복지사의 의무와 기관의 선택 가치가 다를 경우 등에서 나타난다.
③ **클라이언트체계의 다중성**: 클라이언트가 여러 명일 때 누가 클라이언트인지, 누구의 이익이 최우선인지, 어떤 문제에 우선성이 있는지, 개입의 초점은 무엇인지 등을 판단하기 어려운 경우를 말한다.
④ **결과의 모호성**: 클라이언트 스스로 자기결정을 할 수 없고 사회복지사가 결정을 내릴 때 최선책이 무엇인지 불분명한 경우이다.
⑤ **능력 또는 권력의 불균형**: 클라이언트와 사회복지사 간 또는 사회복지사와 사회복지사 간의 정보, 능력(힘) 또는 권력의 불균형으로 인해 윤리적 딜레마가 초래되는 경우이다.

3. 사회복지실천에서 나타나는 갈등상황

① 직접실천 차원에서의 갈등
  ㉠ 2개 이상 가치의 상충
    예 자살 시도자의 생명 존중과 자기결정
  ㉡ 결정의 결과가 불명확할 때
    예 임신한 10대의 출산 희망과 보호자의 낙태 희망
  ㉢ 클라이언트가 여러 명일 때 상호관계
    예 부부 상담에서 남편의 외도에 관한 정보
  ㉣ 사회복지사의 의무 상충
    예 개인, 전문가, 직원의 역할에서 우선순위
  ㉤ 이중 관계에서의 갈등
    예 의존적 클라이언트를 전문가의 힘에 의해 지도
② 사회복지정책과 프로그램 차원의 갈등
  ㉠ 평등과 분배의 윤리적 갈등
  ㉡ 한정된 자원(예 전문가, 재원, 시간)에서의 대상자 선정기준
  ㉢ 사회적 약자에게 더 많은 자원을 분배했을 때 평등성 침해
③ 사회복지 조직체 및 동료 사회복지사와 관련된 갈등
  ㉠ 동료의 비윤리적 행위 목격
  ㉡ 기관 내 비윤리적 규범의 존재

4. 리머(Reamer)의 윤리적 갈등에서의 의사결정 원칙

① 생명, 건강, 음식, 주거, 정신적 안정과 같이 인간행동의 필수적인 조건은 거짓말이나 비밀의 폭로, 여가, 교육, 재산 등 부가적인 것에 대한 위협을 막기 위한 규정에 우선한다.
  예 자살을 기도하는 클라이언트에게 희망적인 거짓정보를 주는 것은 비윤리적인 행위가 아니다.
② 개인의 기본적 복지권과 안녕은 다른 사람의 자기결정권보다 우선한다.
  예 의료적 치료행위를 요하는 자녀의 복지권은 신념에 따라 자녀에게 의료행위를 제공하지 않는다는 부모의 자기결정권에 우선한다.
③ 개인이 지닌 자기결정권은 자신의 기본적인 복지권, 안녕보다 우선한다.
  예 건강의 문제로 취업이 어려운 상황에서도 구직을 원하는 클라이언트의 결정을 지지한다.
④ 자유로운 상태에서 스스로 동의한 법률, 규칙, 규정의 준수는 그 규칙이나 규정을 벗어나려는 개인의 권리에 우선한다.
  예 사회복지사가 현행 법률을 위반하는 결정을 지지하는 것은 윤리적 행위가 아니다.
⑤ 개인이 가지는 복지권, 안녕에 대한 권리는 자발적으로 참여한 단체의 규칙, 법률, 협정에 우선한다.
  예 클라이언트가 이용하는 기관의 규정이 자신의 복지를 저해하는 규정이라면 이를 위반하는 것은 비윤리적 행위가 아니다.
⑥ 기아방지나 주택, 교육, 공적부조 등을 위한 공공재화 조성 활동은 개인의 재산권·통제권보다 우선한다.
  예 주거빈민을 위한 공공주택 제공을 위해 세금부과나 토지 수용에 동의하는 것은 비윤리적 행위가 아니다.

5. 로웬버그와 돌고프(Loewenberg & Dolgoff)의 윤리적 의사결정 우선순위 기출 14회, 20회, 22회

① 생명보호의 원칙
② 평등 및 불평등의 원칙
③ 자율과 자유의 원칙(자기결정의 원칙)
④ 최소 해악의 원칙
⑤ 삶의 질 향상의 원칙
⑥ 사생활 보호와 비밀보장의 원칙
⑦ 진실성과 완전 공개(진실 고지)의 원칙

> **합격 가이드**
>
> 우선순위에 따라 윤리적 의사결정에서는 인간의 생명보호가 다른 모든 것에 우선합니다.

6. 콩그레스(Congress)의 윤리적 의사결정모델(ETHIC모델)

① 검토(Examine): 관련되는 사회복지사의 개인적 가치, 사회적 가치, 기관의 가치, 클라이언트의 가치, 전문가의 가치를 검토한다.
② 고려(Think): 상황에 적용되는 윤리강령의 윤리기준, 관련 법과 판례들을 고려한다.
③ 가설(Hypothesize): 각기 다른 결정으로 나타날 수 있는, 가능한 결과에 대해 가설을 설정한다.
④ 확인(Identify): 가장 취약한 대상에 대한 사회복지의 헌신에 비추어 누가 혜택을 받을 것이며, 누가 피해를 입을 것인가를 확인한다.
⑤ 자문(Consult): 가장 윤리적인 선택에 관해 슈퍼바이저와 동료들로부터 자문을 구한다.

개념 공략 로웬버그와 돌고프, 해링턴의 윤리적 의사결정 과정 11단계 기출 18회

단계	내용
1단계	문제가 무엇이고 문제를 야기하는 요인이 무엇인지 파악함.
2단계	클라이언트가 누구인지와 문제해결과 관련된 사람, 단체, 제도를 확인함.
3단계	확인된 다양한 주체들이 주어진 문제에 대해 가지고 있는 전문가, 클라이언트, 사회적 가치, 사회복지사의 개인적 가치를 확인함.
4단계	주어진 문제해결이나 문제를 경감시킬 수 있는 개입목표를 명확히 함.
5단계	개입수단과 개입대상을 분명하게 확인함.
6단계	확정된 목표에 따라 설정된 개입방안의 효과성과 효율성을 평가함. 참고 이때의 평가는 '확정된 목표'의 평가이므로 적절한 개입방법 선택 이전에 검토되는 것임을 유의하여야 한다.
7단계	누가 의사결정에 참여할 것인지를 결정함.
8단계	가장 적절한 개입방법을 선택함.
9단계	선택된 개입방법을 수행함.
10단계	선택된 개입방법의 수행을 검토하며, 예상하지 않았던 결과가 나타나는지 주시함.
11단계	결과를 평가하고 추가적인 문제가 무엇인지 확인함.

CHAPTER 02

사회복지실천의 발달

핵심 Tag   #서구 사회복지실천의 발달과정   #한국 사회복지실천의 발달과정

1 사회복지실천의 관점

1. 사회복지실천의 기본적 관점
① 인간에 대한 이해를 기본적 바탕으로 한다.
② 개인, 가족, 집단, 지역사회와 함께 전체 사회의 사회적 기능 향상과 삶의 질 개선에 관심을 둔다.
③ 전문직의 사회적 책임과 사명감의 이행을 강조한다.

2. 사회복지실천의 주요 관점
① 인간에 대한 관점
  ㉠ 환경 속의 인간이라는 관점으로 전체로서의 인간을 이해한다.
  ㉡ 신체적·정서적·지능적인 측면, 영적인 상태와 사회성을 모두 통합한 전체적 인간으로 본다.
② 환경에 대한 관점: 인간행동은 환경에 적응하는 과정이며 환경은 인간의 행동을 규제하므로, 사회복지실천은 개인과 환경과의 상호작용에 초점을 둔다.

개념 공략 인권 기출 19회, 20회, 23회

1. 인권의 속성

천부적 권리	태어나면서 하늘로부터 부여받은 권리
자연적 권리	국가에서 법으로 보장하기 이전에 자연적으로 주어진 권리
보편적 권리	인종, 성별, 지위 등을 초월하여 모든 사람이 동등하게 누리는 권리
불가침의 권리	국가 권력이나 다른 사람이 함부로 침해할 수 없는 권리

2. 인권의 특성(국가인권위원회, 2001)
- 인간이 가지는 기본적 권리이자 보편적 권리
- 사회적 약자를 위한 권리
- 개인과 집단을 포괄하는 권리
- 책임을 동반한 권리
- 인간의 존엄성 보장에 필요한 권리
- 정당성을 기준으로 국가권력을 제한하며, 사회변화를 요구하는 권리

3. 인권의 분류
- **권리적 측면**: 존엄권, 평등권, 자유권, 안전권, 학습권, 평화권
- **책임적 측면**: 공동체에 대한 의무, 타인의 권리 존중에 대한 의무

2 강점 관점에서의 사회복지실천 기출 14회, 15회, 17회, 19회, 22회

1. 강점 관점 실천의 기반
① 정의: 강점 관점이란 모든 인간은 성장하고 변화할 능력(문제해결능력)을 내면에 갖추고 있다고 보는 관점이다. 즉 클라이언트의 결점보다는 강점에 초점을 두고 가능한 한 모든 자원을 활용하여 클라이언트의 역량을 실현해 나가도록 돕는 것이다.
② 실천원리
  ㉠ 강점 기반 사례관리: 클라이언트 개인의 강점(인본주의적 관점에서의 강점)에 관심을 두어 개인의 학습과 성장, 변화능력을 인정하며, 클라이언트의 결정능력과 욕구에 초점을 둔 원조과정, 사회복지사와 클라이언트의 협력, 지역사회의 강점, 클라이언트를 위한 잠재적 자원이 되는 환경을 강조한다.
  ㉡ 클라이언트의 열망과 잠재력: 클라이언트와 사회의 관계 및 클라이언트의 강점과 자원을 변화의 주요 원동력으로 간주하며, 사회복지사에게는 인간의 잠재적 성장에 초점을 두는 사고의 전환이 필요하다.
③ 철학적 기반

인본주의	자신의 행동과 경험의 중요한 결정자로서의 인간이며, 인간의 긍정적인 측면에 초점을 둠. 예 사랑, 창조, 선택, 의미, 가치, 자아실현 등
구성주의 · 초월주의	클라이언트 스스로 영성과 강점을 찾고 계발하도록 지원 · 격려하여 역량을 강화시킴.

2. 강점 관점의 특징 기출 20회
① 치료의 목적이 가능성에 있다.
② 개인적 발전은 항상 개방되어 있다.
③ 사회복지사는 클라이언트의 진술을 인정한다.
④ 개인을 강점 및 기질, 재능, 자원을 가진 독특한 존재로 규정한다.
⑤ 클라이언트의 진술은 그 사람을 알아가고 평가하는 중요한 방법 중 하나이다.
⑥ 클라이언트를 돕는 목적은 그 사람의 삶에 함께하며 가치를 확고히 하기 위함이다.
⑦ 변화를 위한 자원은 개인 · 가족 · 지역사회의 장점, 능력, 적응기술이다.
⑧ 치료의 핵심은 개인, 가족, 지역사회의 참여이다.
⑨ 개인, 가족, 지역사회, 즉 클라이언트가 삶의 전문가이다.
⑩ 어린 시절의 상처는 개인을 약하게 할 수도 있고 강하게 할 수도 있다.

3. 병리적 관점과 강점 관점의 비교

구분	병리적 관점	강점 관점
개인관	사례 진단에 따른 증상을 가진 자	• 독특한 존재 • 강점과 재능, 자원을 가진 자
치료의 초점	문제	가능성
클라이언트의 진술	• 전문가에 의해 재해석되어 진단에 활용됨. • 사회복지사는 클라이언트의 진술에 회의적	• 그 사람을 알아가고 평가하는 중요한 방법 • 사회복지사는 클라이언트의 진술에 긍정적
원조 목적	행동, 감정, 사고, 관계에 대한 부정적인 개인적 · 사회적 결과와 증상을 감소시키는 것	그 사람의 삶에 함께하며 가치를 확고히 하는 것

3 임파워먼트(역량강화) 관점에서의 사회복지실천

1. 임파워먼트 관점의 특징 기출 23회
① 강점 관점과 비슷하게 모든 개인, 집단, 가족, 지역사회는 강점을 가지고 있다는 원칙을 강조한다.
② 개인적·관계적·정치적 측면에서 힘을 키우는 사회복지실천 방법으로 활용한다.
③ 임파워먼트 관점 실천의 지향점
  ㉠ 능력 발휘: 클라이언트가 지닌 욕구나 문제상황을 해결할 수 있는 힘을 길러 능력을 발휘하도록 한다.
  ㉡ 능동성 강화: 클라이언트 스스로 욕구나 문제해결에 앞장서도록 한다.
  ㉢ 자신감 회복: 자신의 힘을 바탕으로 대처가능하다는 자신감의 회복을 강조한다.

2. 임파워먼트의 구조
① 개인, 대인관계, 제도적 차원으로 구성된다.
② 자율과 책임: 클라이언트의 능동적 태도와 협력적 작업을 강조한다.
③ 일상과 힘: 클라이언트나 참여자의 힘의 작동은 그들의 일상을 바탕으로 만들어진다.

3. 임파워먼트의 실천단계 기출 23회

대화단계	사회복지사와 클라이언트의 관계형성, 클라이언트의 독특함 인정, 클라이언트 자신의 문제해결의 동기화 및 방향설정에 주력하는 단계
발견단계	클라이언트의 강점, 활용가능한 자원과 문제해결의 대안을 모색하면서 클라이언트가 인식하지 못한 것을 확인시켜 주고 해결방안을 수립해 클라이언트가 최종결정을 하도록 하는 단계
발전단계	클라이언트가 결정한 것을 수행하고 기존의 장점과 자원을 강화하며, 부족한 것을 보완해 주면서 문제해결과정을 효과적으로 발전시켜 나가는 단계

> **개념 공략** 사회복지사의 다문화 역량 기출 19회
> - **문화적 역량**: 문화적 다양성 속에서 문화적 차이에 대한 인식과 민감성을 높이고, 다른 문화를 수용하고 존중할 수 있는 능력
> - **사회복지사가 다문화 역량이 부족할 경우의 문제**: 서비스 제공자의 민감성 결여, 사회경제적·인종적으로 다른 배경을 가진 클라이언트에 대한 사회복지사의 불신, 다문화 클라이언트의 종교적 신념을 존중하지 않는 태도, 의사소통 장애

4 서구 사회복지실천의 발달과정 기출 14회, 17회, 23회

1. 전문적 사회복지실천 이전
① 엘리자베스 구빈법(1601): 세계 최초의 공적 복지 법률
  ㉠ 빈민을 국가 책임 구제대상으로 규정하고, 가족과 친족의 부양을 받지 못하는 빈민은 해당 교구가 책임지도록 하였다.
  ㉡ '일할 수 있는 유능한 빈민', '일할 수 없는 무능한 빈민', '요보호 아동'으로 분류하고, 일할 수 있는 능력을 가진 빈민은 원조하지 않았다.
  ㉢ 수혜자격 조사, 최하 급여액 미달 원조로 빈민 억압과 사회질서 유지라는 사회통제적 성격이 강한 법령이라는 비판을 받았다.

② 신구빈법(개정 구빈법, 1834)
  ㉠ 노동능력자 원외구제 금지: 노동능력이 없는 사람에 대해서만 구제를 제공하여 구빈세를 감축하였다. 노동능력이 있는 사람들에 대한 구제는 작업장 내에서 실시한다.
  ㉡ 열등처우의 원칙 적용: 국가의 구제 수준은 최하층에 속하는 독립 노동자들의 생활수준보다 낮게 유지되어야 한다는 원칙을 적용하였다.
  ㉢ 빈민 구제 업무의 중앙위원회 관리: 빈민을 전국 단위로 통제하여 빈민 억압 정책이라는 비판을 받았다.

2. 전문적 사회복지실천의 태동기(19세기 말~1900년)

① 배경
  ㉠ 18세기 중반, 영국에서는 산업혁명에 따른 도시화와 공업화로 도시 빈민이 대량으로 발생하게 되면서 빈곤, 질병, 도시의 슬럼화, 범죄 등 사회문제가 발생하였다.
  ㉡ 빈민에 대한 비인간적인 처우로 인하여 구빈법의 공적 구빈사업만으로는 한계가 있다는 인식하에 민간 복지실천이 시작되었다.
  ㉢ 박애정신에 기초한 민간단체, 종교단체, 사회단체, 개인들이 자선단체를 만들어 빈민 구호활동을 시작하였다.

② 자선조직협회(1869): 개별적 자선활동의 조직화 기출 13~15회, 18회, 20회, 21회
  ㉠ 1869년 영국 런던에서 최초로 자선조직협회가 발족되었다.
  ㉡ 빈곤의 원인을 개인의 나태함과 게으름 등으로 보고, 자선기관과 구빈법, 자선기관들 사이의 협력과 적절한 조사, 모든 사례들에 알맞은 조치를 보장하고 구걸을 방지함으로써 빈민의 생활조건을 향상시키는 데 목적을 두었다.
  ㉢ 직접적 원조보다는 자선단체들을 통합·조정하여 중복구제로 인한 재정의 낭비를 방지하는 역할을 하였다.
  ㉣ 우애방문원이 빈민의 생활실태를 조사하기 위해 가정방문과 면접을 진행하고, 이를 통해 개인과 가족을 상담, 교육, 교화하는 역할을 수행하였다.
  ㉤ 자선조직협회는 빈곤으로부터 벗어나려는 노력을 하는 등 '가치 있는 빈민'에게만 원조를 제공하였다.
  ㉥ 우애방문원은 초기 무급으로 일하는 자원봉사자로 시작하여 1900년대에 유급으로 고용되면서 자선조직협회 직원을 지칭하게 되었다. 우애방문원은 개별사회사업가·사회복지사의 태동에 영향을 주었다.

> **합격 가이드**
> 자선조직협회는 빈곤의 원인을 개인의 문제로 보았기 때문에 빈곤 발생의 사회적 책임을 경시하였다는 한계가 있습니다.

③ 인보관운동(1884) 기출 13~15회, 20회
  ㉠ 1884년 영국에서 시작된 사회개혁 성향의 활동이다.
  ㉡ 빈곤의 원인을 무직으로 보았으며, 무직은 본질적으로 산업화에 따른 노동력의 착취와 연관되어 있다고 보았다. 즉 사회문제가 사회구조와 환경에서 비롯된다고 보았다.
  ㉢ 젊은 지식인층을 중심으로 빈민과 함께 거주하면서 지역사회의 교육 및 문화 활동을 주도하였다.
  ㉣ 빈민들의 생활실태를 파악하고 사회조사를 실시하여 다수의 통계자료를 법률 제정에 활용하였다.
  ㉤ 빈민들의 주택 개선, 공중보건 향상, 빈민 착취 방지 및 해결, 직업기술훈련 실시, 교육 및 환경 개선 운동, 성인교육 등에 관심을 가지고 사회개혁적인 운동을 펼쳐나갔다.
  ㉥ 사회환경의 변화에 무게를 두어 후에 사회복지실천의 인력들이 문제의 원인과 관련하여 사회환경에 관심을 갖게 되는 데 영향을 미쳤다.
  ㉦ 집단사회사업, 사회행동 및 지역사회 조직활동 등의 태동에 영향을 주었다.

④ 자선조직협회와 인보관운동의 비교

구분	자선조직협회	인보관운동
기원	• 1869년 런던(영국) • 1877년 버팔로(미국)	• 1884년 토인비홀(영국) • 1886년 근린길드(미국)
인력의 참여 형태	우애방문원	빈민들과 거주하는 자원봉사자
사회문제의 근원	개인적인 속성 예 나태함, 게으름 등	환경적인 요소 예 무직
이데올로기	다윈의 사회진화론	• 자유주의 • 급진주의
참여자 유형	사회의 여성 상류층	교육받은 중산층과 대학생
사회문제 접근 및 해결 방법	• 빈민을 가치 있는 빈민과 가치 없는 빈민으로 구분하여 원조 • 최초의 사회조사 실시	• 빈민과 함께 거주하면서 그들의 생활에 동조 • 기존 사회질서를 비판하고 실용주의를 추구하며 개혁을 위해 노력
도움 제공의 유형	• 단기간 구호 • 도덕성 향상	• 상부상조 • 사회 및 정치적인 행동
사회복지실천에 미친 영향	• 개별사회사업에 영향 • 가족실천에 영향	집단사회사업에 영향

3. 전문적 사회복지실천의 성장기(1900~1920년) 기출 18회

① 사회복지실천의 변화
  ㉠ 자선조직협회에서 시행하는 우애방문원의 무급 자원봉사만으로는 한계가 있다는 인식이 커지면서 봉사에서 전문직의 형태로 변화되었고, 보수체계 정립과 교육 및 훈련 제도 확립이 이루어졌다.
  ㉡ 전문적 실천활동과 전문지식의 이론화에 프로이트의 정신분석이론이 영향을 미쳤다.
② 플렉스너(Flexner)의 비판과 사회복지계의 반응 기출 15회
  ㉠ 1915년 플렉스너가 「사회복지는 전문직인가?」라는 논문을 통해 사회복지실천은 전문직이 아니며, 사회복지사도 전문가가 아니라고 하면서 사회복지실천이 전문직으로 인정받을 수 있는 구체적인 기술을 갖추고 있지 못한 점을 비판하였다.
  ㉡ 이에 따라 전문직으로서의 사회복지실천에 대한 문제의식이 등장하였다.
  ㉢ 플렉스너의 비판으로 전문직으로서의 사회복지실천을 위한 환경을 조성하고, 과학적·학문적 이론과 기술을 갖추고자 하는 노력이 펼쳐지게 되었다.
③ 메리 리치몬드(M. Richmond)
  ㉠ '개별사회사업의 어머니'로 불리며, 사회복지실천의 전문화에 공헌하였다.
  ㉡ 1917년 사회복지실천의 전문적 이론의 확립을 위한 『사회진단』을 출간하였다.
  ㉢ 1922년 『케이스워크란?』을 출간하며 개별사회복지실천을 다루었다.
④ 전문적 교육과 훈련
  ㉠ 1898년 뉴욕 자선조직협회에 의해 사회복지전문인력을 훈련하는 여름 자선학교 6주 과정 프로그램이 시작되었다.
  ㉡ 1904년 뉴욕 자선학교로 개칭한 후 1년 과정 프로그램으로 개편되었고, 1910년 2년 과정 프로그램이 개설되었다.
  ㉢ 1919년까지 17개의 전문사회복지학교가 설립되었다.
  ㉣ 1920년 대학원 석사과정이 등장하였다.

⑤ 전문적 실천활동
  ㉠ 1905년 의사 카보트(Cabot)가 메사추세츠 종합병원에서 의료사회복지사를 채용하였다.
  ㉡ 1913년 학교사회복지사를 공적으로 승인하였다.
  ㉢ 아동복지, 교정사회복지 등 다양한 영역의 실천이 시작되었다.

> **개념 공략** 플렉스너의 비판 이후 사회복지계의 변화 **기출** 15회
> - 1917년 리치몬드의 『사회진단』 출간
> - 1919년까지 17개 전문사회복지학교 실립
> - 1920년대 개별사회사업방법론 확립
> - 1921년 미국사회복지사협회(AASW) 창립

4. 사회복지실천의 전문직 분화기(1921~1950년) 기출 22회

① 전문직으로의 분화 기출 16회, 21회, 22회
  ㉠ 1920년대 미국 대공황으로 대량 실업이 발생하면서 빈곤의 원인이 사회구조적 문제임을 인식하게 되었다.
  ㉡ 1929년 밀포드(Milford) 회의에서 사회복지사가 갖추어야 할 기본지식 및 방법론에 대한 영역이 발표되었고, 개별사회사업(Casework), 집단사회사업(Group Work), 지역사회조직 등을 망라하여 사회복지실천을 전문직으로 하는 사회복지사 교육기관의 교육과정을 제안하였다.

  > **참고** 밀포드 회의 발표 & 사회복지실천 8가지 공통요소
  > - 사회에서 허용되는 규범적 행동에서 벗어나는 행동에 대한 지식
  > - 인관관계 규범의 활용
  > - 클라이언트가 지닌 사회력 파악의 중요성
  > - 클라이언트 치료를 위한 방법론
  > - 사회치료에 지역사회 자원의 활용
  > - 개별사회사업실천에서 요구하는 과학적 지식과 경험의 활용
  > - 개별사회사업의 목적, 윤리, 의무를 결정하는 철학적 배경에 대한 이해의 필요
  > - 이상의 모든 것을 사회치료에 융합

② 사회복지실천의 세분화
  ㉠ 개별사회사업
  - 개인 문제의 근원을 사회에 두면서 사회복지실천 방법의 분화가 이루어지게 되었다.
  - 리치몬드를 기반으로 한 진단주의 학파가 프로이트의 정신분석이론을 중심으로 개별사회사업 전통 유지에 중점을 두는 것과, 오토 랭크를 중심으로 한 기능주의 학파가 인간의 성장가능성과 인간과 환경 간의 관계를 중점으로 접근하는 것에 대하여 서로의 학설을 비판하며 이론이 체계화되어 사회복지실천이론 발전에 기여하였다.
  ㉡ 집단사회사업
  - 1936년 '미국 집단사회사업연구협회'가 결성되었다. 이후 1946년 전국사회복지실천대회 집단사회사업 실천방법론의 채택으로 '미국 집단사회사업협회'로 발전하였다.
  - 1945년 이후 정신병원, 아동상담소 등에서 집단사회사업을 광범위하게 활용하게 되었다.
  ㉢ 지역사회조직사업
  - 자선조직협회와 인보관운동의 영향으로 공적 복지기관이 설치되고, 대공황과 뉴딜정책의 추진과정에서 지역사회조직사업의 이론화가 진행되면서 지역사회조직사업이 사회사업방법론으로 정립되었다.
  - 레인(Raine)의 보고서에서 지역사회조직의 개념, 방법 및 활동 등이 체계화되었다.

③ 진단주의와 기능주의 기출 12회, 16회, 20회, 22회
  ㉠ 진단주의
    • 1920년대에 프로이트의 정신분석이론을 기반으로 한 진단주의 학파가 발달하였다.
    • 인간에 대한 기계적·결정론적인 관점을 토대로 클라이언트의 생활력(Life History), 즉 과거 경험을 중심으로 현재의 자아 기능을 설명하고자 하였다.
    • 인간의 성격에 있어 자아의 힘이 사회복지 원조에 의해 강화될 수 있음을 기본 전제로 하였다.
    • 진단주의는 '질병의 심리학'으로 인간성을 이해하고자 하였으며, 이는 홀리스(Hollis)의 심리사회모델로 발전하게 되었다.
  ㉡ 기능주의
    • 1930년대 후반 진단주의 학파에 대한 반발에서 등장한 것으로, 치료보다는 원조를 강조하였다.
    • 인간의 자아와 의지, 성장가능성을 강조하였다.
    • 현재의 경험과 개인의 동기에 대한 이해를 중시하였다.
    • 클라이언트 스스로 자신의 성장을 위한 과제를 수행하며, 제한된 시간 범위 내에서 자신의 문제해결 과정에 참여하는 것을 기본전제로 하였다.
    • 기능주의는 '성장의 심리학'으로 인간성을 이해하고자 하였으며, 문제해결모델이나 클라이언트 중심 모델로 발전하게 되었다.

개념 / 공략 진단주의와 기능주의의 실천방법 비교

진단주의	기능주의
• 리치몬드(Richmond) 중심의 개별사회사업적 접근 • 기계적·결정론적 관점과 실천의 전통적 접근방법 • 대공황(1929) 이전에 등장	• 신프로이트학파 오토 랭크의 인지심리학에 기초 • 치료 대신 원조과정이라는 용어 사용 • 클라이언트 내부의 힘(의지)을 중시

5. 전문적 사회복지실천의 통합기(1951~1960년)

① 통합적 실천의 중요성 부각: 개별사회사업, 집단사회사업, 지역사회조직사업의 분절적 실천에 대한 비판과 자아심리학, 사회과학, 가족개념 등의 도입으로 클라이언트 개인과 가족 및 지역사회의 중요성이 강조되기 시작하였다.

② 펄만(Perlman)의 문제해결모델(1957) 기출 14회, 15회
  ㉠ 1957년 펄만은 진단주의의 입장에서 기능주의를 부분적으로 통합한 절충모델로서의 문제해결모델을 제안하였다. 즉, 문제해결모델은 진단주의 입장에서 기능주의 입장을 받아들였다.
  ㉡ 인간의 삶 자체를 문제해결의 과정으로 보며, 클라이언트 스스로 자신의 문제를 해결할 수 있도록 원조하는 것을 목표로 하였다.

③ 독립적인 활동을 펼쳐오던 미국의 전문직 단체들이 1955년 전미사회복지사협회(NASW)로 통합되었다.

> ✓ **합격 가이드**
>
> 진단주의 학파와 기능주의 학파 간의 논쟁은 펄만의 절충주의인 문제해결모델이 등장하면서 종식되었습니다.

6. 전문적 사회복지실천의 발전기(1961~1990년)

① 개별사회사업, 집단사회사업, 지역사회조직사업의 이론적 공통점인 '문제해결과정'을 중시하게 되었다.
② 1960년대 사회과학이론에서 사회체계이론과 의사소통이론을 활용한 사회복지실천이 시작되었다.
③ 바틀렛(Barttlet, 1970)의 『사회복지실천의 공통 기반』에서 통합적 관점을 개념화하였다.
④ 1970년대 사회체계이론을 사회복지실천의 중요 이론으로 활용하면서 통합방법론의 새로운 모델들이 개발되었다.
   ㉠ 핀커스와 미나한(Pincus & Minahan, 1973): 4체계모델
   ㉡ 골드스타인(Goldstein, 1973): 단일화모델
   ㉢ 콤튼과 갤러웨이(Compton & Galaway, 1975): 문제해결과정모델
   ㉣ 저메인과 기터만(Germain & Gitterman, 1970): 생활모델
⑤ 가족의 다양하고 복합적인 문제를 연구하는 가족치료 분야의 발전이 이루어지게 되었다.

> **합격 가이드**
>
> 이 모델들에 대한 자세한 설명은 이후 학습할 사회복지의 통합적 실천에서 다루게 됩니다. 여기서는 이 시점에 등장하였다는 것만 알아두세요.

7. 전문적 사회복지실천의 확장기(1990년~현재)

① 1990년대 신자유주의 경향으로 복지예산 삭감 및 사회복지서비스 축소에 대한 압력, 사회복지서비스의 민영화 등 보수주의적 분위기가 사회복지실천에 영향을 주었다.
② 사회복지 욕구의 증대를 해결하고 자원의 한계를 극복하기 위해 이론과 전문성 개발을 필요로 하였다.
   ㉠ 사회복지 재정 축소로 인해 실천방법으로 해결중심모델과 같은 단기 개입에 의존한다.
   ㉡ 클라이언트에 대한 지속적인 지지 제공을 위해서 사회적 지지망과 자조집단을 활용한다.
③ 포스트모더니즘의 등장과 함께 보편타당한 이론에 대한 연구가 한계에 부딪히면서 다중 관점의 필요성이 새롭게 대두되었고, 클라이언트의 상황에 부합하는 다양한 접근법과 개입 전략이 강조되고 있다.

5 한국 사회복지실천의 발달과정 기출 11~14회, 22회

1. 근대 이전

① **고조선**: 홍익인간, 재세이화, 경천애인의 이념과 부족사회 내에서의 상부상조
   > **참고**
   > • 홍익인간(弘益人間): 널리 인간세계를 이롭게 함.
   > • 재세이화(在世理化): 세상에 있는 동안 다스려 깨우치게 함.
   > • 경천애인(敬天愛人): 하늘을 공경하고 사람을 사랑함.
② **삼국 시대와 통일 신라**: 국가 차원의 구제정책, 고구려 진대법
   > **참고** 진대법: 봄에 곡식을 빌려주고 가을에 갚게 한 구휼제도
③ **고려 시대**: 지속적이고 체계적인 구제의 제도화·조직화, 빈민 구휼 정책(의창, 상평창)
   > **참고**
   > • 의창: 농민 구휼을 위해 각 지방에 설치한 창고
   > • 상평창: 곡물 가격 등을 조정하는 물가조절기관
④ **조선 시대**: 유교적 이념을 기반으로 한 구제사업의 체계화, 사창제와 환곡, 민간의 계·두레·향약
   > **참고**
   > • 사창제: 민간에서 곡식을 저장해두고 백성들에게 대여해 주던 제도
   > • 환곡: 흉년이나 춘궁기에 곡식을 빈민에게 대여하고 추수기에 이를 환수하던 진휼제도

2. 일제강점기 및 미군정기

① 일제강점기
  ㉠ 황민화 정책과 식민지 지배 정책을 시행하였다.
  ㉡ 조선사회사업연구회(1921)의 사회복지사업과 조사연구 등을 토대로 구호사업이 시행되었다.
  ㉢ 태화여자관(1921): 우리나라 최초의 사회복지관이다.
  ㉣ 방면위원제도(1927): 독일 엘버펠트 구빈위원제도를 모방한 것으로, 관이 주도하여 명예직인 방면위원들이 무보수로 지역 내 빈민의 생활실태를 조사하고 빈곤의 원인을 알아내어 교화 및 구제의 임무를 수행하였다.
  ㉤ 조선구호령(1944): 65세 이상 노약자, 13세 이하의 아동, 임산부, 불구, 폐질(중증요양상태), 상병, 기타 정신 또는 신체의 장애에 의해 일할 수 없는 자를 대상으로 공적부조를 제공하였다. 모자보건법과 의료보호법을 부분적으로 합성한 형태이다.

② 미군정기
  ㉠ 억압과 통제 및 온정주의: 일제강점기의 제반 법규와 시설이 형식상으로 계승되었다.
  ㉡ 서구의 선교단체와 해외 원조단체들이 자유롭게 활동할 수 있는 여건이 마련되었다.
  ㉢ 1945년 10월 27일 정부 조직으로서 보건후생부를 설치하여 공적부조가 실시되었다.

3. 외원단체의 활동과 영향

① 1950년대 초 한국전쟁 이후 서구의 근대적 사회복지실천방법이 우리나라에 도입되었다.
② 전쟁 이후 외원기관의 실천활동
  ㉠ 사회적 혼란과 다양한 사회문제해결을 위해 민간 원조단체의 활동이 시작되었다.
  ㉡ 한국외원단체협의회(KAVA, 1952)
    • 외원기관들의 구호활동 서비스가 비조직적으로 운영되면서 협력 체제를 통해 서비스를 제공하기 위해 결성되었다.
    • 한국외원단체협의회는 1970년대 초반까지 전쟁 이재민의 구호활동과 각종 사회복지서비스를 제공하며 사회복지실천의 정착에 기여하였다.
③ 개별사회사업 시작: 외원사회사업기관과 한국외원단체협의회가 중심이 되어 학교, 병원, 고아원 등의 시설 중심 사회복지를 발전시켰다.
④ 우리나라 사회복지실천에의 영향
  ㉠ 전문사회사업의 시작을 촉발하였다.
  ㉡ 시설 중심 사회사업 발전의 시작이 되었다.
  ㉢ 정책 중심의 거시적 실천보다 미시적 사회사업 중심의 사회복지실천에 영향을 주었다.
  ㉣ 대중에게 사회사업을 전문성보다 구호, 자선사업으로 인식하도록 하였다.
  ㉤ 외원기관 의존사업 중심의 민간기관이 철수 이후 정부 재정에 의존한 정부 통제기관으로 전락하였다.

4. 제도적 발달 기출 16회, 21회

① 사회복지교육의 발달
  ㉠ 1947년 이화여자대학교 기독교사회사업과가 개설되었다(최초의 사회복지교육).
  ㉡ 1953년 최초의 사회복지사 양성을 위한 훈련기관으로 중앙신학교(현재의 강남대학교)가 설립되었다.

② 사회복지사 자격제도의 정착
  ㉠ 자선사업가(1970년대 이전): 한국전쟁으로 인해 고아원 중심의 사회복지시설 종사자는 자격제도 없이 자선사업가로 불리게 되었다.
  ㉡ 사회복지사업종사자: 1970년 사회복지사업법 제5조, 동법 시행령 제9조에 따라 사회복지사업종사자 자격증제도가 도입되었다.
  ㉢ 사회복지사: 1983년 사회복지사업법 개정에 따라 3등급제의 사회복지사 자격제도로 변경되었다.
③ 사회복지사 자격제도 시행
  ㉠ 1970년 사회복지사업법: '사회복지사업종사자' 자격제도 및 사회복지법인, 시설, 인력 등에 대한 사항을 규정하여 민간 사회복지서비스와 공적 사회복지제도의 기틀을 마련하였다.
  ㉡ 1983년 사회복지사업법 개정: '사회복지사' 자격제도로 변경하였다.
  ㉢ 1996년 정신보건법 시행: '정신보건사회복지사' 자격이 신설되었다. 사회복지사 1급 자격자로 하여금 보건복지부장관이 지정한 수련기관에서 1년 이상 수련 후 필기, 구술시험을 거쳐 2급 정신보건사회복지사 자격을 취득하도록 하였다. 2016년 정신보건법 개정으로 '정신건강사회복지사'로 명칭이 변경되었다.
  ㉣ 1997년 사회복지사업법 개정: 사회복지사 1급 국가자격시험 시행을 규정하여 2003년부터 시험이 실시되었다.
  ㉤ 2018년 사회복지사업법 개정: 2020년 12월부터 정신건강사회복지사, 의료사회복지사, 학교사회복지사는 국가자격으로 시행되고 있다.
    참고 정신건강사회복지사, 의료사회복지사, 학교사회복지사: 1급 사회복지사 자격 취득자로 보건복지부령으로 정하는 수련기관에서 수련을 받은 사람에게 자격이 부여된다.
④ 사회복지관 설립의 제도화
  ㉠ 1921년 우리나라 최초의 사회복지관인 태화여자관이 설립되며 지역사회복지사업이 시작되었다.
  ㉡ 1983년 개정 사회복지사업법을 통해 사회복지관의 설립 및 운영의 근거를 마련하였다.
  ㉢ 1989년 사회복지관 설치·운영 규정 제정으로 영구임대아파트 지역에 사회복지관 설치를 권장하였다.
  ㉣ 1990년 이후 사회복지관이 급격히 증가하면서 사회복지실천의 중추적 역할을 수행하게 되었다.
⑤ 사회복지전문요원·사회복지전담공무원
  ㉠ 1987년 부산, 대구, 인천, 광주, 대전에서 사회복지전문요원을 배치하였다.
  ㉡ 1992년 사회복지전담공무원의 근거를 마련하였다.
  ㉢ 1999년 별정직이던 사회복지전문요원을 일반직(사회복지직)으로 전환하는 구체적인 지침이 마련되었고, 명칭도 사회복지전담공무원으로 변경되었다(2000년 전환).

5. 사회복지실천현장의 발전
① 사회복지실천현장의 역사
  ㉠ 전문직으로서의 사회복지실천 활동은 미국 선교사들에 의해 시작되었다.
  ㉡ 1950년대부터 1960년대 초반의 사회복지서비스의 성격은 자선적·구호적·사회대책적이었고, 민간 주도의 자발적이고 비전문적 차원에서 실시되었다.
  ㉢ 1980년대 시설 수용에서 지역사회 중심으로 사회복지실천의 관심이 이동하면서 재가복지가 시작되었다.
  ㉣ 1985년부터 시·도 단위 지역사회종합복지관이 설립되었고, 1989년에는 '사회복지관 설치·운영 규정'이 제정되어 전국적으로 확산되었다.
② 사회복지 전문직 단체
  ㉠ 1965년 최초의 사회사업 전문직 단체로 한국개별사회사업가협회가 발족되었다.
  ㉡ 1967년 한국사회사업가협회 탄생 이후 1985년 사단법인 한국사회복지사협회로 명칭이 변경되었다.

개념 / 공략 우리나라 근현대 사회복지실천의 주요 역사 **기출** 11~15회, 19회, 22회

연도	내용
1947년	이화여자대학교 기독교사회사업과 개설
1952년	한국사회사업연합회 창설
1953년	중앙신학교 창설
1957년	한국사회사업학회 창설
1960년	공무원연금제도 시행
1964년	산업재해보상보험제도 시행
1967년	한국사회복지사협회의 전신인 한국사회사업가협회 창설
1970년	사회복지사업법 제정
1985년	시·도 단위 종합사회복지관 설립
1987년	사회복지전문요원 배치
1988년	국민연금제도 시행
1992년	재가복지봉사센터 전국적 설치·운영
1995년	정신보건법 제정(2016년 정신건강복지법으로 전부 개정), 사회보장기본법 제정, 고용보험제도 시행
1996년	정신보건사회복지사(現 정신건강사회복지사) 자격시험 도입 → 1998년 1회 자격시험 실시
1998년	사회복지시설평가 법제화(사회복지사업법 개정), 16개 광역 시·도에 사회복지공동모금회 설립
1999년	사회복지의 날(9월 7일) 제정, 사회복지전담공무원 전환지침 마련
2000년	일반직 사회복지전담공무원으로의 전환, 국민건강보험제도 시행, 국민기초생활 보장제도 시행
2003년	사회복지사 1급 국가시험 실시
2004년	건강가정지원센터 시범사업 운영
2005년	지역사회복지협의체 시행, 저출산·고령사회기본법 제정
2006년	주민생활지원서비스 전달체계 개편
2007년	사회적기업 육성법 제정, 제1기 지역사회복지계획 시행
2008년	가족관계등록제도 시행, 기초노령연금제도 시행, 노인장기요양보험제도 시행
2010년	장애인연금법 제정, 사회복지통합관리망 '행복e음' 개통
2011년	사회보험 징수 통합제도 시행
2013년	사회보장정보시스템 개통
2014년	기초연금제도 시행(기초노령연금제도 폐지)
2015년	사회보장급여법 시행에 따른 공공사회복지 전달체계의 개편(지역사회복지협의체는 지역사회보장협의체로, 지역사회복지계획은 지역사회보장계획으로 변경)
2018년	9월 아동수당 지급(2022년 만 8세 미만 모든 아동으로 지급대상 확대)
2018년	사회복지사업법 개정으로 정신건강사회복지사, 의료사회복지사, 학교사회복지사 국가자격 신설(2020년 시행)
2020년	기초연금 지급 확대하여 소득 하위 70% 노인 대상으로, 기초연금액 차등지원에서 정액지원(월 최대 30만 원)으로 변경
2022년	만 0~1세 아동 영아수당 매월 30만 원 지급

CHAPTER 03

사회복지실천현장과 사회복지사의 역할

핵심 Tag #사회복지실천현장 #사회복지의 실천 #사회복지실천에서 사회복지사의 역할

1 사회복지실천의 기본지식

1. 사회복지실천의 지식 기반
① 과학적 기반: 사회복지실천의 효과적인 개입을 위해 필요한 지식 기반
   ㉠ 사회의 문제와 현상에 대한 지식
   ㉡ 사회적 조건과 문제에 대한 지식
   ㉢ 사회정책과 프로그램의 적용에 대한 지식
   ㉣ 사회복지 전문직에 대한 지식
   ㉤ 다양한 실천이론과 관련된 지식
② 예술적 기반: 실천대상과 전문적 관계를 형성하기 위해 필요한 지식 기반
   ㉠ 타인의 고통에 동참하여 함께하려는 노력
   ㉡ 클라이언트에 대한 감정이입, 창의적 사고, 적합한 가치와 직관적인 능력, 건전한 판단력을 통해 환경에 적응하도록 돕는 것
③ 전문적 기반: 사회복지실천에서 필요한 사회복지실천가의 지식 기반
   ㉠ 과학적인 사고의 견지
   ㉡ 사회과학 분야에 대한 전문 지식: 심리학, 사회학, 인류학, 정치학, 경제학 등
   ㉢ 자연과학 분야에 대한 지식: 원인과 결과에 대한 명확한 지식
   ㉣ 사회상황에 대한 지식: 인간행동의 다양성과 상호작용 및 정서적·인지적·행동적·발달적인 측면에 대해서 인간을 이해하기 위한 지식

2. 사회복지실천이론에 관한 지식
① 실천이론: 원조관계에서의 상호작용과 원조과정, 다양한 상황 및 체계에 적합한 개입 전략
② 특정 분야나 클라이언트 집단에 대한 지식: 특정집단에 속하거나 특정상황에 처한 클라이언트에 대한 관심과 이해가 전제되어야 효과적인 실천을 위한 지식 선택이 가능하다.

3. 사회복지실천 기본이론과 실천 틀
① 기본이론: 인간행동에 대한 기술(記述) 및 설명, 인간행동 문제의 발생 원인, 사회문제의 발생 원인과 과정 등에 관련된 이론을 말한다.

② 실천 틀: 기본이론과 현장의 실천기술을 연결하는 역할을 한다. 인간행동 및 심리상의 문제, 인간문제에 영향을 주는 사회환경 문제들을 어떻게 파악하고 변화시킬 것인가에 대한 해결방법을 제공한다.

2 사회복지실천현장의 이해 기출 11~19회, 21회, 22회

1. 사회복지실천현장의 의미와 구분
① 사회복지실천현장의 의미
  ㉠ 좁은 의미: 클라이언트에게 사회복지서비스를 직접적 또는 간접적으로 제공하는 사회복지기관이다.
  ㉡ 넓은 의미: 사회복지실천 분야 또는 서비스의 초점이 되는 문제 영역을 포괄하는 개념으로서 클라이언트에게 서비스를 제공하기 위해 직·간접적으로 관련된 모든 현장을 말한다.
② 사회복지실천현장의 구분
  ㉠ 대상별 구분: 아동, 노인, 장애인, 여성 등
  ㉡ 영역별 구분: 의료, 보건, 정신보건 등
  ㉢ 장소별 구분: 학교, 병원, 교도소 등

2. 공공기관과 민간기관 기출 11회, 13회, 14회
① 공공기관: 정부 지원에 따라 운영된다. 공공의 정책을 추진하는 행정체계와 사회복지 대상자에게 일정한 급여와 서비스를 제공하는 집행체계로 나눌 수 있다.
  📌 읍·면·동 행정복지센터 등
② 민간기관: 사회복지 관련 사업을 목적으로 하는 기관이다.
  📌 사회복지재단, 사회복지협의회, 사회복지공동모금회, 지역아동센터 등

> **합격 가이드**
> 공공기관과 민간기관은 기관의 설립 주체와 재원조달 방식에 따라 분류됩니다.

3. 행정기관과 서비스기관 기출 13회, 15회
① 행정기관: 사회복지서비스 전달체계를 효율적으로 운영하기 위해 행정 업무를 수행하며, 기관 간의 연계와 협의 업무를 수행한다.
  ㉠ 중앙정부의 주요 행정기관: 보건복지부, 여성가족부, 고용노동부, 교육부, 문화체육관광부 등
  ㉡ 지방자치단체: 시·도, 시·군·구, 읍·면·동의 사회복지 관련 부서
② 서비스기관: 클라이언트에게 직접 서비스를 제공하는 곳으로, 주요 대상과 문제 영역에 따라 다양한 서비스기관으로 분류된다.
  📌 종합사회복지관, 지역자활센터, 노인복지관, 장애인복지관, 아동복지관, 가족 상담 및 치료 관련 기관 등

> **합격 가이드**
> 행정기관과 서비스기관은 서비스 제공 방식에 따른 분류입니다.

4. 생활시설과 이용시설 기출 11~16회, 22회
① 생활시설: 개인 생활이 어렵거나 부양자의 부양능력 부족으로 발생한 대상자들에게 가정 외에서 복지서비스를 제공하는 기관으로, 주거서비스를 포함한 사회복지서비스를 제공한다.
  📌 공동생활가정, 정신요양시설, 장애인생활시설, 아동보호치료시설, 노인주거복지시설, 미혼모시설, 그룹홈, 청소년쉼터, 노숙인요양시설, 가정폭력피해자보호시설 등

> **합격 가이드**
> 생활시설과 이용시설은 주거서비스 제공 여부에 따른 분류입니다.

② 이용시설: 클라이언트가 자신의 집에 거주하면서 필요한 서비스가 있을 경우에 활용하는 시설이다. 주거 서비스는 제공하지 않는다.

> 예 종합사회복지관, 지역자활센터, 노인복지관, 장애인복지관, 영유아보육시설, 지역아동센터, 아동보호전문기관, 재가복지봉사센터, 노인주간보호센터, 장애인주간보호센터, 가정위탁지원센터, 청소년상담센터, 성폭력피해상담소, 쪽방상담소, 노숙인급식시설, 가정폭력상담소 등

5. 1차현장과 2차현장 기출 11~14회, 18회, 20회, 22회, 23회

① **1차현장**: 클라이언트가 필요로 하는 사회복지서비스의 제공을 주로 담당하는 기관으로, 사회복지사들이 중심이 되어 활동하는 실천현장이다.

> 예 종합사회복지관, 노인복지관, 장애인복지관, 사회복귀시설, 지역자활센터(자활지원센터), 지역아동센터 등

▼ **합격 가이드**
1차현장과 2차현장은 기관의 목적에 따른 분류입니다.

② **2차현장**: 전문적으로 사회복지실천을 수행하기 위해 설립된 기관은 아니지만 필요한 경우 부분적으로 사회복지실천의 활동이 이루어지는 실천현장이다.

> 예 학교(학교사회복지), 병원(의료사회복지, 정신건강사회복지), 보건소, 교정시설, 보호관찰소, 행정복지센터 등

개념 공략 1차현장과 2차현장, 이용시설과 생활시설의 분류

1차현장	이용시설	노인복지관, 아동상담소, 사회복지관, 지역자활센터, 지역아동센터, 장애인복지관
	생활시설	부랑인시설, 청소년쉼터
2차현장	이용시설	학교, 보호관찰소, 정신건강증진센터, 보건소, 종합병원(이용 및 생활시설)
	생활시설	노인전문병원

3 사회복지실천과 사회복지사 기출 11~13회, 15회, 17회, 21회

1. 사회복지의 실천

① 사회복지의 직접실천(Direct Practice)
  ㉠ 개별 및 집단사회사업에서의 사회복지사의 실천이다.
  ㉡ 문제를 가진 사람과 사회복지사가 직접 만나 당면한 문제의 해결을 위한 도움을 주는 방식을 말한다.
  > 예 장애인 취업상담, 독거 어르신 재가방문, 치매 어르신 주간보호 제공, 정신장애인 사회기술훈련 실시 등

② 사회복지의 간접실천(Indirect Practice)
  ㉠ 사회복지사가 클라이언트와 직접적으로 만나지는 않으나 사회복지에 필요한 기반요건이 되는 환경을 조성하는 실천방법이다.
  ㉡ 개발, 협력, 조정, 옹호(자원개발), 연결(연계), 의뢰, 사례관리 등이 해당한다.
  > 예 ADHD 아동 지원정책 개발 등

2. 사회복지사의 역할

① 전문직으로서 사회복지사의 역할
  ㉠ 사회복지사국제연맹(IFSW, 2000)
    • 약자의 권익증진을 위해 사회변화를 촉진한다.
    • 인간관계 내 문제해결을 촉진한다.

- 개인의 복지 증진을 위해 개인의 역량강화와 함께 개인을 차별과 억압으로부터 해방시키기 위해 노력한다. 노력과정에서 인간행동과 사회체계에 대한 지식을 활용하여 사람들이 그들의 환경과 교류하는 지점에 개입한다.
    ⓒ 미국사회복지교육협의회(CSWE): 인간복지의 향상, 빈곤과 억압의 경감, 최상의 삶의 질 향상을 위해 업무를 수행하는 전문직이다.

> **개념 공략** 그린우드(Greenwood)가 제시한 전문직의 속성 **기출** 11회, 19회

그린우드는 「전문직의 속성」이라는 글에서 전문직의 속성을 전문이론에 근거한 '지식, 문화, 사회적 승인(인정, 인가), 윤리강령, 권위'의 다섯 가지로 제시하였음. 이에 따라 사회복지직은 이미 전문직이라 규정하고, 계속 전문직화를 추구해 나가는 과정 속에 있다고 평가하였음.

② 사회복지사의 주요 역할과 실천 내용 **기출** 23회

조력자	개인이나 가족, 지역사회가 욕구를 명확하게 파악하고 표현하도록 도우며, 지역사회 수준에서 조직을 형성할 수 있도록 원조하는 능력부여자 역할을 수행함.
중개자	개인, 집단이 지역사회 서비스를 이용할 수 있도록 도와주는 역할
옹호자	복지대상자가 자원과 서비스를 받을 권리를 유지하도록 돕거나, 복지대상자나 복지대상자 집단에게 부정적 효과를 주는 프로그램과 정책을 변화시키는 운동을 적극적으로 지지하는 역할
행동가	사회의 부정이나 불공평, 박탈 등에 관심을 두며 해결전략으로 투쟁, 직면, 중재 등을 사용함.
중재자	분쟁이나 다툼에서 타협점을 찾아내고 서로의 차이점을 조정하여 상호 만족스러운 동의를 이루어내는 역할로, 중립적인 역할을 수행함.
협상가	분쟁의 당사자들을 모이게 하여 상호 수용할 수 있는 타협과 협상을 이끌어내는 역할로, 어느 한편의 입장에 서서 역할을 수행함.
교육가	클라이언트에게 정보를 주고 적응기술을 가르치는 역할
발의자·주창자	현재 존재하는 문제나 사회문제로 변화할 가능성이 있는 사안에 대하여 사회적 관심을 불러일으키는 역할
역량강화자	클라이언트가 자신의 환경에 대한 이해능력을 개발하고, 필요시 선택 및 선택에 대한 책임을 질 수 있게 하며 자신들의 상황에 영향을 미칠 수 있도록 역량을 강화시키는 역할
조정자	다양한 자원과 서비스를 적절히 배분하고, 조직화된 방법으로 필요한 구성요소를 한데 모으는 역할
조사자	사회복지실천에 있어 관심 주제나 문헌연구, 지역사회 욕구조사 등을 통해 적절한 해결책을 찾는 역할
집단촉진자	집단활동에서 상호작용을 촉진시키는 리더 역할을 수행함.
대변자	지역사회에서 다양한 집단을 만나 이용 가능한 서비스와 새로운 서비스를 홍보함.
분석가 및 평가자	프로그램의 기능과 효과성을 평가함.
프로그램 개발자	클라이언트의 욕구발생에 대응하여 서비스를 개발하는 역할
기획가	다양한 욕구에 대응하는 프로그램을 계획함.

③ 사회복지실천에서 사회복지사의 역할 `기출` 12회, 13회
　㉠ **직접 서비스 제공자**의 역할: 개별상담자, 집단상담자(지도자), 정보제공자, 교육자
　㉡ 체계와 연결하는 역할: 중개자, 사례관리자, 조정자, 중재자, 클라이언트 옹호자
　㉢ 체계유지 및 강화 역할: 조직 분석가, 촉진자, 팀 성원, 자문가
　㉣ **연구자 및 조사활용자** 역할: 프로그램 평가자, 조사자
　㉤ 체계 개발 역할: 프로그램 개발자, 기획가(계획가), 정책 및 절차 개발자

④ 사회복지사의 개입수준별 역할

개입수준	단위	사회복지사의 역할
미시 수준	개인, 가족	조력자, 중개자, 옹호자, 교사
중범위 수준	조직, 공식적 집단	촉진자, 중재자, 훈련가
거시 수준	지역사회, 사회	계획가, 행동가, 현장개입가
전문가 집단 수준	사회복지전문가 집단	동료, 촉매자, 연구자 및 학자

⑤ 재스트로(Zastrow)의 사회복지사의 역할
　㉠ 사회복지사는 사회복지실천으로 개인이 가족, 집단, 조직, 지역사회와 함께 사회적 기능을 하는 데 있어서 당면한 문제를 해결하려고 노력할 때 매개인 역할을 수행한다.
　㉡ 사회복지사는 사회정책의 개발과 수정, 물질적 자원의 분배와 사회통제에 기여하는 매개인 역할을 수행한다.
　㉢ 주요 역할: 가능자, 중개인, 옹호자, 권한부여자, 행동가, 중재자, 협상자, 교사, 주창자, 조정자, 조사연구자, 집단촉진자

3. 사회복지실천현장과 사회복지사

① 이용시설과 사회복지사
　㉠ 사회복지관 등 지역사회에서의 통합적인 개입을 위해 개인 클라이언트로부터 집단, 지역사회, 전문가 집단까지 개입수준을 확대하며 다양한 역할을 수행한다.
　㉡ 수요 역할: 후원자 개발, 지역사회 자원의 동원과 활용, 각종 상담, 의뢰, 정보수집과 정보제공, 정신치료, 청소년을 위한 각종 상담 및 캠프를 위한 업무와 역할

② 생활시설과 사회복지사: 아동, 노인, 장애인 등 클라이언트와 함께 일상생활을 하면서 치료, 재활, 사회복귀를 위한 업무를 수행한다.

③ 공공복지 실천현장과 사회복지사 `기출` 15회
　㉠ 미시적 수준의 역할: 직접적 서비스 제공과 자원개발 및 연계업무의 조력자, 중개자 역할
　　예 위탁가정 아동 방문, 정신장애인 재활상담 등
　㉡ 중범위 수준의 역할: 기관이나 조직 중심의 중범위 차원에서 공공복지 전달체계에서의 행정업무나 서비스 업무수행상의 문제점을 개선하고, 조직 내의 기능이나 조직 간의 연결망을 강화하는 촉진자로서의 역할
　㉢ 거시적 수준의 역할: 국민기초생활 보장 관련 업무, 공적부조, 복지서비스 홍보와 지역주민들에 대한 교육활동, 주민의 욕구를 기초로 한 프로그램 개발 등의 계획가, 현장 개입가로서의 역할
　　예 노숙인 보호를 위한 모금활동, 직업재활 대상자를 위한 자원개발 등
　㉣ 공공 사회복지사의 역할: 담당지역의 아동, 노인, 장애인, 한부모가정의 욕구와 실태, 서비스 만족도에 관한 조사업무, 효과적인 서비스 개발이나 전달을 위해 전문가 차원에서 이루어지는 학자의 역할

④ 2차현장에서의 사회복지사
  ㉠ 의료사회복지사
    - 개인력 조사 및 평가, 심리사회적 상담, 정보제공, 퇴원계획 활동, 지역사회 연결 및 사후관리, 경제적인 지원활동, 협의진료활동, 기타활동(자원봉사자, 연구조사, 실습교육) 등의 역할을 한다.
    - 환자와 그 가족 혹은 의료팀을 대상으로 한다.
  ㉡ 정신건강사회복지사
    - 환자의 질병에 대한 직접적 치료보다는 질병으로 인한 문제해결능력의 향상, 사회적 기능 회복과 재활 관련의 1차적 역할을 하며, 심리사회적·정신적 문제를 해결한다.
    - **주요 역할**: 집단을 통한 환자의 문제해결, 경제적 문제해결 등 문제해결자의 역할, 치료계획을 위한 연구·조사, 지역사회 자원동원 및 활용자, 교육자, 행정가
  ㉢ **학교사회복지사**: 부적응 징후를 나타내는 학생을 조기 발견하고 청소년의 성장과 적응을 도울 수 있는 프로그램을 개발하고 실행한다.

CHAPTER 04

사회복지의 통합적 실천

핵심 Tag #사회복지의 통합적 실천 #통합적 접근의 주요 관점 #통합적 실천모델의 유형

1 통합적 실천의 이해

1. 통합적 실천의 개요 기출 18회, 20회, 21회, 23회

① 통합적 실천의 개념: 사회복지실천의 목적을 달성하기 위한 현대적인 접근방법으로, 개별적인 접근의 한계를 넘어 다양한 인간체계 개입으로 사회복지실천의 영역을 확장한다.
② 등장 배경: 전통적 사회복지실천 방법의 한계 직면(Briar)
  ㉠ 특정문제 중심의 제한된 개입은 다양한 문제에 효과적으로 대처할 수 없었다.
  ㉡ 지나친 분화와 전문화는 서비스의 파편화 현상을 초래하였고, 그로 인해 다양한 문제와 욕구를 가진 클라이언트들이 여러 기관을 찾아다녀야 했다.
  ㉢ 전문화 중심의 교육훈련은 사회복지사들의 분야별 직장 이동에 도움이 되지 않았다.
  ㉣ 공통 기반 부재로 인해 영역 간에 의사소통 혼란과 사회복지의 정체성 확립에 장애가 생겼다.
  ㉤ 클라이언트의 문제는 개인, 가족, 집단, 지역사회 등 여러 체계의 상호작용 결과라는 인식이 확산되면서 다양한 접근의 필요성이 제기되었다.
③ 통합적 실천에 대한 연구
  ㉠ 전미사회복지사협회(NASW)는 「사회사업실천의 직업 정의」 보고서 출간(1958)으로 선도석 사회복시실천을 통합화하고자 하였다.
  ㉡ 1970년대 초 사회체계이론, 생태체계이론이 사회복지실천의 통합적 접근의 필요성에 부합하는 이론으로 새롭게 부각되면서 이들에 대한 활발한 연구가 시작되었다.
    • 바틀렛(Bartlett, 1970)은 『사회복지실천의 공통 기반』을 출간하여 공통된 사회복지실천 방법의 지식과 가치에 대한 연구 결과를 제시하였다.
    • 핀커스와 미나한(Pincus & Minahan, 1973), 콤튼과 갤러웨이(Compton & Galaway, 1975) 등의 학자들이 종전의 전통적 실천방법을 통합하여 사회복지실천의 통합적 접근을 체계화하였다.

2. 통합적 접근의 필요성

① 사회복지는 모든 사회문제에 대해 다양한 접근방법을 시도해 왔다.

1920~1930년대	개별사회사업, 집단지도 방식
1930년대	지역사회조직사업
1950년대	사회복지행정과 사회복지조사를 통한 전통적 방법론

1960년대	전문화된 전통적 실천방법은 다양하고 복잡한 문제해결에 부적합하다는 인식
1970년대	모든 사회복지실천에 공통적으로 적용할 수 있는 통합적 접근의 필요성 강조

② **개별사회사업이론과 실천의 발달**: 개별사회사업(Casework)은 직접적인 사회복지실천 중에서도 개인과의 일대일 만남을 통한 개입을 기반으로 하는 가장 전통적인 실천방식으로, 통합적 관점의 토대가 되었다.
③ **가족체계의 접근 필요성**: 가족은 그 구성원들의 사회적·교육적·보건적 욕구를 포함하는 기본적인 욕구를 충족시키는 기능을 수행하는 단위로(Hartman, 1981), 개방·폐쇄·방임적 가족체계나 밀착 혹은 유리 등 가족 구성원 간의 경계에 따른 유형을 지닌다.
④ 기타 집단체계에서도 집단 구성원들 간의 상호의존과 의사소통을 통한 상호작용이 존재한다.
⑤ 지역사회조직에서 지역문제해결을 위해 사회 구성원의 통합적 노력이 필요하다.

3. 통합적 사회복지실천의 유형과 구성

① 통합적 방법의 유형

결합적 접근방법	클라이언트의 문제를 상황에 따라 각종 방법을 동원하여 임기응변식으로 활용함.
중복적 접근방법	사회복지실천과 관련된 각 방법의 원리와 기술을 비교해 공통성, 유사성, 차이성, 다양성을 확인하고, 이들 간의 상호 관련성을 조합하여 사용함.

② 통합적 실천의 구성 요소
  ㉠ 생태체계론적 관점을 취한다.
  ㉡ 광범위하고 포괄적으로 문제를 규정한다.
  ㉢ 개인, 가족, 집단, 지역사회 등 다양한 수준에서 상이한 크기의 체계에 접근한다.
  ㉣ 특정한 이론적 접근에 얽매이지 않고 다양한 이론과 개입방법을 선택적으로 활용한다.
  ㉤ 사회복지실천과정을 점진적으로 문제를 해결하는 과정으로 본다.

4. 통합적 실천에서 사회복지실천 개입수준 기출 16회, 21회

① **미시적 수준(Micro Level)**: 개인과 가족 등 생태체계의 1차 범위를 중심으로 개인의 문제에 개입하는 직접 실천방법이다.
② **중시적 수준(Mezzo Level)**: 생태체계론적 입장에서 중범위에 속하는 학교나 직장 등에서 문제를 가진 사람들을 대상으로 문제해결을 위해 소집단적인 활동을 하는 방법이다.
③ **거시적 수준(Macro Level)**: 보다 포괄적인 지역사회를 통하여 정책의 분석, 정책의 대안 제시와 같은 거시적 차원으로 개입하는 방법이다.

5. 사회복지실천조직의 통합적 사회복지실천(핀커스와 미나한)

① 개인의 문제해결능력 및 대처능력을 향상시키고, 이를 더 효과적으로 활용할 수 있도록 한다.
② 개인과 사회의 자원체계 간 연결망을 구축한다.
③ 개인과 자원체계 간에 관계를 형성하고 변화시키며, 이들의 상호관계를 촉진한다.
④ 자원체계 내 개인과 개인의 관계를 형성하고 변화시키며, 이들의 상호관계를 촉진한다.
⑤ 사회정책의 개발과 변화에 기여한다.
⑥ 물적 자원을 적절하게 배분한다.
⑦ 사회통제기관으로서의 역할을 수행한다.

6. 통합적 접근방법의 특징 `기출` 11회, 12회, 15회, 16회, 19회, 22회

① 사회복지실천에서 개념, 활동, 기술, 과업 등에 공통적인 기반이 있음을 전제로 한다.
② 클라이언트의 잠재성을 인정하고 계속적인 성장을 통해 잠재성 개발이 가능하다고 믿으며, 미래지향적인 접근을 강조한다.
③ 사회복지실천 지식은 공통적으로 과거의 심리적인 측면에 초점을 둔 것으로부터 상황 속에서 인간을 이해하고자 하는 일반체계이론까지 확대된 개념을 사용한다.
④ 과거의 개입이 인간이나 환경에 초점을 두는 것에 반해, 통합적 방법은 인간과 환경의 상호작용에 초점을 둠으로써 인간과 환경의 공유 영역인 '사회적 기능 수행' 영역에 사회복지사가 개입하는 것을 강조한다.
⑤ 클라이언트가 지닌 제한적인 특정문제 중심의 개입이 아니라 다양한 욕구를 고려한 개입을 실시한다.
⑥ 클라이언트의 존엄성을 인정하며, 클라이언트의 참여와 자기결정, 개별화를 강조하고, 사회복지실천과정의 계속적인 평가를 주장한다.

7. 통합적 방법론이 사회복지실천에 미친 영향

① 다양한 요인이 복합적으로 작용하는 실천 영역에 대해 효과적으로 대처할 수 있게 되었다.
② 사회복지실천 내의 공통성을 발견하게 되었다.
③ 사회복지사의 전문성과 관련하여 통합이 가속화되었고, 사회복지 전문직의 정체성을 확립하는 데 기여했다.
④ 개인의 사례 분석에서 나아가 사회정책까지 분석을 확대하게 되었다.
⑤ 인간과 환경의 상호작용에 중점을 두게 되었고, 생태체계적 관점으로 실천을 확대시켰다.

2 통합적 접근의 주요 관점

1. 일반체계이론

① 체계의 구조적 특성 `기출` 12회, 13회
  ㉠ 경계: 체계를 구성하는 소단위로서, 물리적 공간 또는 개념적으로 그려질 수도 있다. 이때 개념적인 경계는 경계를 세우는 사회복지사의 판단에 따른다.
  ㉡ 개방체계: 에너지가 경계를 넘나들면서 상호교환되는 체계로, 개방체계는 환경으로부터 투입을 받아들이고 산출을 생산해 환경으로 내보내는 관계를 말한다.
  ㉢ 폐쇄체계: 다른 체계와 상호교류를 하지 않는 외부와 단절된 체계로, 투입을 받아들이지 않고 산출도 생산하지 않는 관계를 말한다.
  ㉣ 홀론: 전체인 동시에 부분을 의미하며, 작은 체계들 속에서 그들을 둘러싼 큰 체계의 특성이 발견되기도 하고, 작은 체계들이 큰 체계에 동화되기도 하는 현상을 말한다.

② 체계의 진화론적 특성 `기출` 11~13회
  ㉠ 균형: 외부 환경으로부터 새로운 에너지의 투입 없이 현상을 유지하려는 속성을 말한다.
  ㉡ 항상성: 체계는 지속적인 변화의 상태에 놓여 있는 동시에 역동적인 균형상태를 유지하고자 하는 특징을 가지고 있어, 이전 상태로 복원하려고 하는 현상이 일어난다.
  ㉢ 안정상태: 체계가 쇠퇴해서 붕괴되지 않도록 각 체계의 부분들이 적절한 관계를 유지함으로써 에너지가 계속 사용되는 상태, 즉 에너지의 투입을 받아들이고 활용하여 자신을 유지해 가는 것을 안정상태라 한다.

> **합격 가이드**
> 통합적 접근은 체계이론과 관련되며, 순환적 인과성, 일반사회복지의 접근, 다양한 이론과 모형(다중체계 개입)을 활용합니다.

개념 공략	엔트로피, 넥엔트로피(네거티브 엔트로피)
엔트로피	• 무작위성, 무조직성, 무질서와 관련됨. • 체계 내의 불확실성을 야기하기 때문에 체계의 행동이나 행동의 결과를 예측하는 것이 불가능함. • 외부에서 투입되는 에너지가 없으면 엔트로피 상태가 되어 체계들의 기능이 상실되거나 해체되는 경향을 보임.
넥엔트로피	• 엔트로피의 반대 개념으로, 체계를 유지하고 발전시키며 생존하게 하는 체계의 힘 • 체계 자체의 기능이 유지·발전되는 경향을 보임.

③ 체계의 행동적 특성: 투입 → 전환 → 산출 → 환류 기출 13회

투입	체계 외부에서 체계 내부로 유입되는 에너지나 정보
전환	체계의 기능 유지에 필요한 형태로 투입물을 처리하는 것
산출	전환활동을 통해 체계 밖으로 산출되는 결과물
환류 (Feedback)	체계가 산출물을 모니터링하여 체계의 기능을 점검하고, 새로운 행위를 산출하거나 기존의 행위를 조절함으로써 체계의 상태를 유지하거나 체계의 목적을 향해 나아가도록 하는 과정

2. 생태체계이론 기출 12회, 13회, 23회

① 생태체계이론의 특징
  ㉠ 일반체계이론과 생태학이론의 복수 체계적 관점이다.
  ㉡ 개인과 환경 간의 지속적이고 순환적인 교류과정을 이해한다.
  ㉢ 개인의 욕구와 환경적 욕구 사이의 조화와 균형 정도를 파악한다.
  ㉣ 생태도를 활용하여 미시체계, 중간체계, 거시체계들 사이의 자원과 에너지의 흐름을 파악한다.
  ㉤ 문제에 대한 다중 원인 가능성, 문제 현상의 설명에 대한 불확실성을 전제한다(다체계적 접근).
  ㉥ 클라이언트의 문제를 개인적 부적응이나 역기능으로 파악하지 않고, '환경 속의 인간'에서 제시하는 인간과 환경의 상호작용 문제로 본다.

  | 개념 공략 | 환경 속의 인간 기출 11~13회 |
  - 인간과 환경을 분리된 실체가 아닌 하나의 총체로 이해하는 통합적인 관점을 말함.
  - 개인이 경험하는 사회복지적 문제의 책임을 개인과 환경 양자 간의 공동 책임으로 봄.
  - '환경'은 가족, 친구관계는 물론, 지역사회와 국가제도, 자연생태 등을 포괄함.
  - 사회복지사는 인간과 환경에 동시적으로 주의를 기울여야 함(이중초점).

② 생태체계적 관점의 활용
  ㉠ 인간과 환경 사이의 상호작용에 초점을 두고 이를 이해할 수 있는 개념적 틀을 제공한다.
  ㉡ 문제의 실천적 경향을 보완하며, 문제에 대한 포괄적인 이해의 틀을 제공한다.
  ㉢ 구체적인 실천모델이 없으므로 기존의 실천모델들을 조합하여 활용하는 절충주의적 입장을 취한다.

③ 브론펜브레너(Bronfenbrenner)의 생태학적 이론: 개인에게 적용되는 4가지 변인이 인간의 발달에 직접적인 영향을 준다고 본다. 기출 18회
  ㉠ 미시체계: 개인의 일상생활에 존재하는 실제적인 환경으로, 발달하고 있는 개인이 시간과 더불어 경험하는 활동, 역할, 대인관계의 패턴 등 일상생활에서의 실제적인 환경이다.
  ㉡ 중간체계: 개인이 적극적으로 참여하는 둘 이상의 환경 간의 상호관계로서 서로 연결된 미시체계들로 이루어진 체계이다.

예 개인은 가정과 학교 등과 같이 두 개 이상의 관계 속에서 상호작용한다.
ⓒ **외부체계**: 개인이 직접 상호작용을 하지는 않지만 간접적인 영향을 미치고 있는 환경으로서 중간체계가 확장된 것이다. 개인에게 직접 영향을 주지는 않지만 가정 등을 통하여 간접적인 영향을 미칠 수 있다.
예 지역사회 수준에서 기능하고 있는 사회의 주요 기관, 즉 직업세계, 이웃, 대중매체, 정부기관 및 비형식적인 사회적 관계망 등
ⓒ **거시체계**: 개인이 속한 사회와 관련된 체계로 이념, 가치, 법률, 규칙, 법칙 등 형태를 가진 것도 있지만, 대부분은 비형식적이고 묵시적인 관습과 같은 이데올로기이다.

3. 사회체계이론

① 사회체계이론의 특징
  ㉠ 사회체계는 인간이 살아가는 사회환경 속에 존재하는 가족, 집단, 조직, 지역사회 등의 사회조직을 말한다.
  ㉡ 사회체계라는 다양한 사회공동체에 적용될 수 있는 인간과 환경 간의 상호작용을 강조한다.
② **사회복지실천에의 적용**: 모든 조직 수준과 인간 조직체 등 사회체계에 체계론적 관점을 적용한 이론으로, 개인이 아닌 소집단, 지역사회 등 보다 넓은 수준의 사회체계가 인간에게 어떤 영향을 미치는지에 대한 지식을 제공한다.

개념 공략 일반체계이론, 생태체계이론, 사회체계이론의 구분

구분	특징
일반체계이론	유기체와 환경 간의 체계적인 상호작용 개념을 분석하는 이론으로, 체계를 추상적으로 설명함.
생태체계이론	유기체가 환경 내에서 평형상태를 어떻게 유지하고 성장하는지에 초점을 둠.
사회체계이론	인간행동에 영향을 주는 개인, 가족, 소집단, 지역사회, 사회문화 등 구체적인 사회체계를 다룸.

3 통합적 실천모델

1. 4체계모델 – 핀커스와 미나한(Pincus & Minahan) 기출 14회, 16회, 18회, 22회

① 4가지 체계 유형

변화매개체계	• 변화를 달성하기 위해 특수하게 고용된 사람(변화매개인) • 클라이언트의 문제해결 및 긍정적 변화를 계획하고 이끌어가는 전문가이자 클라이언트를 돕는 자로 사회복지사, 사회복지기관에 고용되어 원조업무를 돕는 사람, 변화를 위한 노력을 주도하는 기관 전체를 말함.
클라이언트체계	• 변화매개인의 서비스가 필요한 사람으로, 변화의 필요성을 인식하고 사회복지사를 찾거나 사회복지사에게 의뢰된 당사자 • 사회복지의 욕구를 가지고 변화매개체계와 변화를 위한 의도된 계약이 이루어졌을 때 클라이언트로 인정됨.
표적체계	• 변화매개인이 설정한 목표를 달성하기 위하여 영향을 미치거나 변화시킬 필요가 있는 대상으로, 변화를 달성하기 위해 상호작용하는 사람 • 변화되어야 할 대상이 클라이언트나 클라이언트 내부체계일 때 표적체계와 클라이언트체계가 중복됨.

행동체계	• 목표달성을 위해 사회복지사와 공동으로 노력하여 도움을 주는 모든 사람 • 의도적이고 계획적으로 변화를 달성하기 위하여 함께 상호작용하는 주체로, 이웃, 가족, 전문가 집단 등이 해당됨.

② 문제해결의 초점: 인간과 사회환경의 상호작용
③ 문제해결의 목적: 개인의 문제해결능력과 대처능력 강화, 개인과 자원체계와의 결합, 체계의 효과적 활용, 사회정책의 발전과 개선에의 공헌
④ 사회복지사의 기능과 과업: 문제의 평가, 자료수집과 최초 접촉, 계약·행동체계 구성, 행동체계의 유지와 영향력 행사, 변화 노력
⑤ 실천과정: 문제의 인식 → 자료수집 → 진단 → 개입 → 평가와 종결

2. 6체계모델 – 콤튼과 갤러웨이(Compton & Galaway) 기출 14회, 15회, 17회, 19회, 21회, 23회

① 개인이 문제해결에 실패하는 원인은 개인의 정신적인 결함이나 병리에 있는 것이 아니라 문제를 해결해 나가는 태도가 잘못되었기 때문이라는 입장을 가진다.
② 6가지 체계 유형: 문제해결과정모델이라고도 하며 4체계모델에 전문가체계와 문제인식체계를 추가하였다.

변화매개체계	사회복지사와 사회복지사를 고용하고 있는 기관 및 조직
클라이언트체계	서비스나 도움을 필요로 하는 사람
표적체계	변화가 필요한 사람(주로 클라이언트)
행동체계	변화를 달성하기 위해 상호작용하는 사람으로 이웃, 가족 또는 타인
전문가체계	전문가 단체, 전문가를 육성하는 교육체계, 전문적 실천의 가치 등으로 구성
문제인식체계 (의뢰-응답체계)	잠재적 클라이언트를 사회복지사의 관심 영역으로 끌어들이기 위한 행동체계로, 클라이언트가 다른 사람의 요청이나 법원, 경찰 등에 의해 강제로 오게 되는 경우, 일반 클라이언트체계와 구별하기 위해 사용함.

③ 문제해결의 초점: 개인과 상황 사이의 상호작용 전체
④ 문제해결의 목적: 클라이언트와 사회복지사의 공동관계 형성, 합리적 과정 수행
⑤ 사회복지사의 기능과 과업: 자료수집과 평가, 개입전략 제공
⑥ 실천과정: 계약단계(평가, 활동계획의 공식화) → 활동단계(계획 실시, 종결, 평가)

3. 생활모델 – 저메인과 기터만(Germain & Gitterman)

① 인간에 대한 개입이 생태체계학적 관점에서 비롯되어야 한다는 차원의 통합적 실천모델로서, 체계나 집단에 대한 이해를 토대로 개인적 삶의 중요성을 강조한다.
② 개인과 환경에 동시에 초점을 두며 조직적 지역사회 그리고 문화적 상황 안에서 개인, 가족, 집단과 같이 활동할 수 있는 실천원칙과 기술을 통합하는 실천방법이다.
③ 문제해결의 초점: 인간과 환경 간 상호 교류 속의 적응 균형
④ 문제해결의 목적: 인간 생활상의 문제해결, 인간 적응능력의 지지·강화, 스트레스 경감
⑤ 사회복지사의 기능과 과업: 생활 과업에 대한 원조, 사회적 조직망과 물리적 장의 관여, 시간적 배열 활용
⑥ 실천과정: 초기단계(준비) → 진행단계(환경문제, 대인과정 개입) → 종결단계(평가, 종결)

4. 역량강화모델(임파워먼트모델) – 샐리비(Saleebey) 기출 21회, 22회
① 사회적 소수자 문제의 근원이 개인에게 있기보다 사회의 구조에 있다고 보며, 문제해결방식을 생태체계 관점과 강점 관점 중심으로 접근한다.
② 문제해결의 초점: 개인의 강점 관점 및 인간과 환경 간 생태학적 관점
③ 문제해결의 목적: 문제에 도전, 병리적 관점에서 강점 관점으로의 변화, 과거로부터 미래지향, 환경 속의 인간
④ 사회복지사의 기능과 과업: 생태학적 관점 적용, 역량강화, 적극적 참여의 권리를 가진 소비자로서의 클라이언트를 원조, 변화과정의 동반자로서 클라이언트와 협력
⑤ 실천과정: 대화 → 공유 → 기존 역량과 자원의 구체화 → 발견 → 찾기(깨닫지 못하고 있는 자원 탐색) → 발달 → 강화 → 활용하지 않은 부가적 자원과 역량 사정 및 확립
⑥ 실천방법: 인간과 환경 간의 상호작용을 강조하면서 개인의 문제에 대한 진단보다는 강점을 지향하고, 클라이언트에게 자신이 다양한 강점을 가지고 있음을 인식시켜 주며, 클라이언트 자신이 가지고 있는 다양한 강점이 문제해결의 열쇠가 된다는 것을 강조하면서 클라이언트의 적극적인 참여를 격려한다.

5. 단일화모델 – 골드스타인(Goldstein)
① 사회복지실천의 공통된 기반을 재확립하고, 방법을 특징짓는 총체적 관점과 틀을 확정해 방법의 재편성을 도모해 나가는 종합적 접근방법이다.
② 문제해결의 초점: 유기체로서의 개인, 역동적 사회관계 및 양자 상호작용
③ 문제해결의 목적: 사회적 학습의 촉진 및 강화, 사회변화(자원의 확보 및 활용)
④ 사회복지사의 기능과 과업: 지식과 정보 인식, 전략(조사, 개입, 평가)
⑤ 실천과정: 욕구의 공식화 → 정보 탐색 → 해결방법의 공식화 → 결과 비교 → 해결방법의 검증

4 통합적 실천에 따른 사회복지사의 역할
① 개인의 문제해결능력과 대처능력을 향상시키고 습득된 변화능력을 활용할 수 있도록 돕는다.
② 개인과 문제해결을 위한 자원의 연계망을 구축한다.
③ 개인과 사회자원 간의 새로운 관계형성과 변화를 돕고, 두 체계의 관계 증진을 촉진한다.
④ 자원체계에 속한 개인들 간의 관계를 형성하고 변화시키며 내부관계를 촉진한다.
⑤ 사회정책의 개발과 변화에 참여한다.
⑥ 확보된 물적 자원을 분배한다.
⑦ 특정 사안에서는 사회통제기관의 일원으로서 역할을 수행한다.

> **합격 가이드**
>
> 사회복지사는 클라이언트의 규모에 관계없이 적용할 수 있는 실천방법을 활용해야 합니다.

단숨에 끝내는

CHAPTER 05

사회복지실천의 방법과 실천과정

핵심 Tag #관계론 #면접의 기술 #사정 #목표설정 시 유의점 #사례관리

1 사회복지실천과 관계론   기출 11~19회

1. 사회복지실천에서 관계
① 관계의 개념
　㉠ 사회복지실천에서 관계란 사회복지사와 클라이언트 간에 이루어지는 태도 및 정서의 역동적인 상호작용이다. 클라이언트를 둘러싸고 있는 환경과의 사이에서 보다 나은 적응을 위해 개인의 능력과 가족, 집단, 지역사회의 자원을 활용할 수 있도록 원조하는 독특하고 전문적이며 의도적인 상호작용을 말한다.
　㉡ 리치몬드(Richmond): 개별사회사업을 사회적 관계의 사용 및 집중적인 연구로 규정하였다.
　㉢ 비스텍(Biestek): 사회복지사와 클라이언트 간의 감정과 태도의 역동적 상호작용을 통해 클라이언트가 자신과 환경 간의 더 나은 적응을 하도록 돕는 것이라고 본다.
　㉣ 펄만(Perlman): 하나의 촉매제로서 문제해결과 도움을 향한 인간의 에너지와 동기를 지지하고 양성하며, 자유롭게 하는 원동력으로 본다.
　㉤ 핀커스와 미나한(Pincus & Minahan): 사회복지사와 그가 관계하는 다른 체계 간의 정서적 유대로 이 관계에는 협력, 협상, 갈등의 분위기까지 포함된다고 본다.
　㉥ 노던(Northen): 인간의 행동이 각기 다른 사람에게로 흘러가는 반응을 불러일으키는 것과 같이 일차적으로 한 사람으로부터 다른 사람에게로 흘러가는 감정적 반응이라고 본다.
② 사회복지실천에서 관계는 심리사회적 욕구와 문제를 가진 클라이언트를 원조하기 위한 것이다.
③ 사회복지사와 클라이언트 간의 원만한 관계가 형성되면 클라이언트는 마음을 쉽게 개방하고 방어를 풀게 된다. 이를 통해 사회복지사와 클라이언트는 같은 목적을 향해 협동한다.

2. 전문적 관계의 특성   기출 18회, 19회, 21회, 22회
① **목적지향적**: 서로 합의된 명확한 목적이 있다. 이때 목적은 클라이언트의 보다 나은 적응 및 문제해결을 위한 원조를 말한다.
② **시간제한적**: 클라이언트와 구체적으로 한정된 기간을 갖고 관계를 맺는다. 목적이 달성되었거나 달성될 수 없다고 생각될 때 관계는 종결된다.
③ **클라이언트에 대한 헌신**: 사회복지사는 자신의 이익보다 클라이언트의 이익을 위해 자신을 헌신한다. 따라서 사회복지사는 타인의 욕구에 민감하게 반응할 수 있도록 객관성과 자아인식에 기초한 관계를 형성한다.
④ **권위성**: 사회복지사는 특화된 지식 및 기술 그리고 전문직 윤리강령에서 비롯되는 권위를 갖는다.

⑤ 통제된 관계: 사회복지사는 현재 진행 중인 사례에 대해 객관성을 유지하고, 자기 자신의 감정·반응·충동을 자각하며, 그에 대한 책임을 진다.

3. 전문적 관계형성의 기본요소 기출 11회, 12회, 16~20회, 22회, 23회

① **타인에 대한 관심과 원조의지**: 클라이언트와 감정을 교류하며 진실된 관심을 가지는 것으로, 사회복지사의 필수적인 자질이다.
② **헌신과 의무**: 원조과정에서의 책임감을 말하며, 일관성을 포함한 개념이다. 원조절차상 시간을 준수하고, 문제의 초점을 유지하면서 원조하여 성장과 발전을 가져올 수 있는 관계를 유지하는 것을 말한다.
③ **권위와 권한**: 전문직으로서 사회복지사의 지식과 경험을 통해 클라이언트에게 영향력을 행사하는 것으로, 클라이언트와 기관에 의하여 사회복지사에게 위임된 권한이다. 사회복지사의 권위로는 사회복지기관의 지위에서 비롯되는 제도적 권위와 클라이언트가 원조과정에서 사회복지사에게 의존하며 발생하는 심리적 권위가 있다.
④ **진실성과 일치성**: 사회복지사는 클라이언트와의 관계에서 순수하고 진실해야 하며, 항상 일관성 있으면서 개방성을 유지해야 한다. 언행의 일치, 올바른 자기인식, 자신의 감정에 대한 정직성, 자아와 가치체계의 일치 등을 위해 노력해야 한다.
⑤ **수용**: 관계는 개인의 권리를 수용하고, 비심판적·무비판적 태도와 함께 클라이언트 감정의 존중과 믿음이 전제되어야 한다. 즉, 클라이언트를 있는 그대로 받아들이며, 클라이언트에게 성장과 성숙능력이 있음을 믿고 인식하는 것이다.
⑥ **감정이입(공감)**: 클라이언트의 감정과 그 감정의 의미를 민감하게 인식하고 전달하는 사회복지사의 능력이다. 적극적 경청과 지속적인 주의집중을 통해 가능하며, 비언어적 표현에 주의한다. 사회복지사는 클라이언트에게 감정이입을 하면서도 이성적이고 객관적인 분석과 판단을 하여야 한다.
⑦ **존경심과 신뢰**: 클라이언트에게 표현하는 존경심과 신뢰는 클라이언트가 가진 능력과 변화가능성, 스스로 개선할 수 있는 능력이 있음을 보여주는 것이다.
⑧ **통제적 관계**: 사회복지사는 관계에서 객관성을 유지하고, 자신의 감정, 반응, 충동을 정확히 통제하여야 한다.
⑨ **전문가로서의 사회복지사의 자질** 기출 21회
  ㉠ **성숙함**: 변화와 성장을 두려움 없이 수용하고, 자신을 그 과정에서 성장시키며 발전시켜야 한다.
  ㉡ **창조성**: 클라이언트의 문제를 해결할 수 있는 최선의 해결책을 찾기 위해 자신을 개방하여야 한다.
  ㉢ **자기를 관찰하는 능력**: 자신의 목표에 관해 신중히 생각하고, 자신을 신뢰하며, 자신을 복잡한 개입활동의 한 부분으로 관찰할 수 있는 능력을 지녀야 한다.
  ㉣ **타인을 도우려는 열망**: 클라이언트가 자신의 삶에 대해 선택 및 통제할 수 있는 능력을 향상시키도록 도우려는 헌신적인 자세를 가져야 한다.
  ㉤ **용기**: 실패, 어려운 상황에서 휘말리는 일, 통제할 수 없는 상황에서 감정적으로 비난받거나 학대받는 일 등을 받아들일 수 있는 힘을 말한다.
  ㉥ **민감성**: 특정한 단서 없이도 클라이언트의 내면세계를 느끼고 감지할 수 있는 능력을 말한다.
  ㉦ **인간적 자질**: 클라이언트의 결정과 행동에 수용적인 자세를 취하는 등 상담자로서의 인간적 자질이 필요하다.

4. 관계형성의 7대 원칙(비스텍) 기출 11~19회, 21회~23회

관계의 기본원리	클라이언트의 욕구	사회복지사의 반응(관계형성의 원칙)
개별화	한 인간으로서 취급받고 싶어 하는 욕구	모든 클라이언트를 개별적 욕구를 가진 존재로 이해함.
의도적 감정표현	감정을 표현하고자 하는 욕구	클라이언트가 자유롭게 감정을 표현하도록 함.
통제된 정서적 관여	문제에 대한 공감적 반응을 얻으려는 욕구	클라이언트의 감정에 민감성과 이해를 갖고 반응함.
수용	가치 있는 인간으로 인정받고자 하는 욕구	클라이언트를 있는 그대로 인정하고 받아들임.
비심판적 태도	심판받지 않으려는 욕구	클라이언트를 심판하거나 비난하지 않음.
클라이언트의 자기결정	스스로 선택하고 결정하고 싶은 욕구	클라이언트의 결정을 존중함.
비밀보장	자신에 대한 비밀이 지켜지기를 바라는 욕구	클라이언트의 비밀을 보장함.

① 개별화
  ㉠ 클라이언트 개개인의 독특한 자질을 알고 이해하는 일이며, 보다 나은 적응을 위한 원조에 있어서 각 개인마다 상이한 원리나 방법을 활용하는 것을 말한다.
  ㉡ 사회복지사가 개별화의 원리를 적절히 사용한다는 것은 클라이언트를 어떤 유형이나 계층에 속한 사람으로서가 아니라, 차이를 가지고 있는 독특한 개인으로 인식하는 것을 말한다. 즉 개인의 차이에 기반을 두고 개입이 이루어져야 한다는 것을 의미한다.
  ㉢ 사회복지사의 역할
    • 인간에 대한 편견이나 선입견으로부터 벗어나 클라이언트 개인의 경험을 존중해야 한다.
    • 인간행동에 대한 지식을 활용할 수 있어야 한다.
    • 경청하고 관찰하는 능력을 배양해야 한다.
    • 클라이언트와 보조를 맞추어야 한다.
    • 클라이언트의 감정에 함께 들어가서 경험해야 한다.
  ㉣ 개별화 방법: 면접장소와 시간에 있어 클라이언트의 욕구와 상황을 세심하게 배려하는 물리적 환경을 조성함으로써 클라이언트로 하여금 자신이 하나의 개별적 인간으로서 존중받고 있다는 느낌을 가질 수 있도록 해준다.
    • 마음 편하게 이야기할 수 있으며 비밀보장이 되는 면접실을 이용한다.
    • 약속시간을 엄수한다.
    • 면접 전 사례 파일과 기록을 읽는 등 면접을 위한 사전준비를 한다.
    • 클라이언트의 참여를 유도한다.
    • 약속시간이나 면접장소, 진행절차 등을 클라이언트의 형편에 맞추어 적절하게 조정하는 등 원칙을 융통성 있게 적용한다.

② 의도적 감정표현
  ㉠ 클라이언트로 하여금 자신의 감정, 특히 비난받을지도 모르는 부정적 감정을 자유롭게 표현하도록 해주는 것을 말한다.
  ㉡ 클라이언트의 자기개방은 사회복지사로 하여금 문제의 명확화, 사정을 통한 개입계획의 수립을 가능하게 해준다.

ⓒ 사회복지사의 역할
- 클라이언트가 편안한 마음으로 자신의 감정을 표현할 수 있는 안정된 분위기 및 환경을 조성한다.
- 모든 사람은 부정적인 감정을 가질 수 있으며, 사회복지실천의 관계 내에서는 이러한 감정을 표현해도 좋음을 클라이언트에게 전달한다.
- 사회복지사는 정신적·시간적 여유를 유지하고 면접을 진행한다.
- 클라이언트의 감정표현을 격려하고 촉진 및 경청한다.
- 면접을 진행하는 클라이언트의 속도를 민감하게 인식한다.
- 비현실적 보장, 성급하고 과도한 해석은 감정표현에 방해가 됨을 인식하고, 클라이언트가 감정을 표현하고 싶은 욕구를 자유롭고 편안하게 드러내도록 격려한다.

ⓔ 의도적 감정표현의 효과
- 긴장과 압박 감소, 스트레스 완화를 통해 문제에 대해 객관적인 인식을 가질 수 있다.
- 클라이언트 및 문제에 대한 사회복지사의 정확한 조사, 사정, 개입이 가능하다.
- 사회복지사의 경청 자체가 주는 심리적 지지의 치료효과가 향상된다.
- 때로는 외적인 상황보다도 클라이언트의 부정적인 감정이 진정한 문제 자체로 나타남을 알 수 있다.

③ **통제된 정서적 관여**
ⓐ 클라이언트의 감정에 민감성을 가지고 그 의미에 대해 이해하며, 클라이언트의 감정에 대하여 적절한 반응을 하는 것이다.
ⓑ **민감성**: 클라이언트가 무엇을 느끼고 생각하는지에 대하여 민감하게 파악하고 이에 적절히 대처하는 것이다. 클라이언트의 언어적·비언어적 표현에 주의를 기울이면서 클라이언트의 감정을 관찰하고 경청하며 클라이언트에게 진심 어린 관심을 가져야 한다.
ⓒ 이해
- 사회복지사가 클라이언트의 주관적 경험과 감정을 같이 경험함으로써 클라이언트에게 가지는 의미를 찾아내는 감정이입적 태도이다. 이때 사회복지사에게는 클라이언트의 감정과 경험을 공유하는 공감능력과 전문적·객관적 관점을 가질 수 있도록 충분한 정서적 거리를 유지할 수 있는 능력도 요구된다.
- 사회복지사는 클라이언트가 표현한 표면적 내용뿐만 아니라 이면에 잠재된 의미까지도 이해하여야 한다. 이러한 이해 및 객관적 거리 유지를 위하여 인간행동에 대한 심리학, 정신의학, 사회과학 등의 지식은 물론 임상적 경험과 훈련이 필요하다.

ⓔ **사회복지사의 반응**: 사회복지사가 클라이언트의 주관적 경험과 감정을 인지하고 이것이 그들에게 가지는 의미를 잘 포착해야 함을 의미한다. 민감성이나 이해는 그 자체만으로는 불충분하며 사회복지사의 반응은 클라이언트의 마음의 변화에 따라 호응하면서 개별화되어야 한다. 반응은 본질적으로 사회복지사의 개입에서 나타나게 되는 태도를 의미하고, 주로 외적인 형태로서의 언어, 표정, 행동 등을 통해 전달한다.

④ **수용**
ⓐ 사회복지사가 클라이언트의 장점과 단점, 잠재력과 제한, 바람직한 행동이나 바람직하지 않은 행동, 긍정적 감정과 부정적 감정 등을 있는 그대로 받아들이는 것을 말한다.
ⓑ 온정, 정중한 태도, 경청, 존경, 관심, 변함없는 중립성과 확고한 태도, 다른 사람의 생활 속으로 의식적으로 들어가려는 의지가 필요하다.
ⓒ 사회복지사의 역할
- 사회복지사가 아닌 클라이언트의 욕구를 중심으로 면접을 진행한다.
- 클라이언트의 잠재능력 이해와 성장을 촉진하는 전문가로서의 책임을 수행한다.
- 명확한 목적의 인식과 인성·행동양식에 대한 지식이 필요하다.

ⓔ **수용에서의 유의사항**: 전문직으로서의 책임을 가진 사회복지사는 인간을 수용하는 것과 부도덕적·반사회적 행동을 인정하는 것을 혼동하지 않도록 유의해야 한다.
ⓜ **수용의 장애요인**
- 인간 행동양식에 관한 지식의 결여
- 클라이언트의 어떤 면을 사회복지사로서 받아들이지 못하는 태도, 자기 자신 속에 미해결된 문제에 대한 억압된 갈등
- 사회복지사가 자신의 감정을 클라이언트에게 맡겨버리려는 것
- 편견과 선입견
- 문제해결을 보장할 수 없는데 말로만 안심시키는 것
- 수용, 시인, 동의의 혼동
- 클라이언트에 대한 존경의 결여

⑤ 비심판적 태도
㉠ 클라이언트의 문제의 원인이 클라이언트에게 책임이 있는지 혹은 없는지 등을 언어적·비언어적으로 표현하지 않고 클라이언트를 비판하지 않는 것을 말한다.
㉡ 사회복지사의 태도
- 사회복지사가 비심판적 태도를 유지하는 데 있어 선입견과 편견은 장애요인이 되므로, 자기인식을 통해 개방적 태도를 갖는 것이 중요하다.
- 사회복지사는 목적달성을 위한 치료적 관계를 형성하기 위해 수용적 차원에서 클라이언트가 행복을 추구할 수 있는 권리를 가진 존재임을 인식하는 태도가 필요하다.
- 사회복지사는 클라이언트의 행동, 태도 등을 객관적으로 평가해야 한다. 이는 클라이언트를 판단하기 위함이 아니라 이해하기 위함이다.
- 비심판적 태도는 수용에 있어서 필요한 감정상태로, 문제의 원인이 클라이언트의 잘못인지 혹은 상황인지에 대해 심판하지 않으며, 개인적 가치관을 적용하지 않는다.
㉢ 심판적인 태도가 갖는 부정적인 의미
- 심판은 비난을 의미한다.
- 비난은 현재나 미래가 아니라 문제의 과거에 초점을 둔다.
- 비난은 고통이 없으면 똑같은 행동을 반복할 것이라는 가정하에 진행된다.
- 클라이언트는 심판받는 것에 대한 두려움이 있어서 자신의 감정이나 문제를 은폐하려 한다.
㉣ 비심판적인 태도의 조건
- 클라이언트에 대한 배려와 관심
- 클라이언트에 대한 수용
- 클라이언트의 수준에서의 이해
- 사회복지사의 자아인식
㉤ 비심판적 태도의 장애요인
- 클라이언트에 대한 선입견이나 편견
- 클라이언트와 보조를 맞추지 않고 성급히 결론을 내리거나 클라이언트의 발언을 가로막는 것
- 클라이언트의 부정적 감정표현에 동의하지 않는 반응을 보이는 것
- 비슷한 문제를 가진 사람을 클라이언트와 비교하거나 예로 드는 것(클라이언트를 어떤 범주 속에 넣어 분류화하며 비난한다는 인상을 주기 때문)

⑥ 클라이언트의 자기결정
  ㉠ 사회복지실천의 전 과정에 걸쳐서 클라이언트가 모든 의사결정과정에 참여하여 스스로 선택하고 결정하게 하는 것이다. 모든 결정에 있어서 클라이언트는 스스로 자신의 삶에 대해 결정할 능력과 통제력을 가지며, 사회복지사는 클라이언트의 권리를 존중하고 욕구를 인정해야 한다.
  ㉡ 사회복지사의 역할
    • 클라이언트로 하여금 그의 문제와 욕구를 명확하게 전망할 수 있도록 원조한다.
    • 클라이언트로 하여금 지역사회 내에 있는 관련 자원에 대한 정보를 제공한다.
    • 클라이언트 자신의 잠재적 자원을 활성화할 수 있도록 자극을 준다.
    • 클라이언트에게 자신의 문제를 해결하고 성장할 수 있는 환경을 만들어준다.
  ㉢ 자기결정의 원칙을 수행하는 데 있어 사회복지사가 피해야 할 일
    • 사회복지사가 문제해결을 위해 중요한 책임을 지고 클라이언트에게는 단지 종속적 역할만을 수행하도록 하는 일
    • 클라이언트가 요구하는 서비스는 무시하고 클라이언트의 사회적·정서적 생활의 세세한 부분까지 관여하려는 태도
    • 직·간접적으로 클라이언트의 행동을 조종하려는 태도
    • 클라이언트를 통제하기 위해 설득하는 태도

⑦ 비밀보장
  ㉠ 전문적인 관계에서 알게 된 클라이언트에 대한 정보를 누설하지 않는다는 원칙이다.
  ㉡ 비밀보장의 중요성: 비밀보장은 클라이언트의 기본적 권리에 기초하며, 사회복지사의 윤리적 의무이자 사회복지실천의 관계형성 및 유지를 위해 반드시 필요하다.
  ㉢ 비밀보장의 한계
    • 클라이언트 비밀보장의 권리가 다른 권리와 모순될 때 경중을 비교하여 중대한 편을 선택해야 한다.
    • 클라이언트의 비밀보장의 권리가 타인의 권리와 충돌할 수 있다.
    • 사회복지사 자신의 권리가 박탈되는 경우, 사회복지사는 자신의 기본적 인권을 포기하면서까지 클라이언트의 권리를 보장할 수 없다.
    • 기관 고유의 법적 권한과 사회적 사명에 위배되는 경우가 있다.
    • 공적이익을 촉진하는 사회의 권리와 의무에 충돌하는 경우가 있다.
  ㉣ 비밀보장의 예외적 경우 기출 12회, 21회
    • 법정으로부터 클라이언트의 정보공개명령을 받았을 때
    • 클라이언트의 치료를 위해 전문가 회의를 할 때
    • 사회복지사가 슈퍼바이저에게 사례를 보고하고 지도받을 때
    • 교육적 목적으로 사례를 발표하게 될 때
    • 서비스 제공 시 거치는 단계의 사람들과 클라이언트의 정보를 공유해야 할 때
    • 비밀보장이 인간의 존엄성과 생명의 존중이라는 사회복지실천의 절대가치를 위배할 때

> **합격 가이드**
> 비밀보장은 사회복지사의 윤리적 의무이기는 하지만, 절대적인 것은 아닙니다.

5. 관계형성의 방해요인과 대처 기출 22회

① 사회복지사에 대한 클라이언트의 불신
  ㉠ 지나온 삶의 과정에서 격려나 인정을 받지 못한 사람은 비난, 거부, 상처를 미리 예상하여 방어적 태도를 보이게 된다.

ⓒ 사회복지사는 자신을 신뢰하지 않는 클라이언트를 인내하며 클라이언트가 회피하지 않고 두려움에 맞설 수 있도록 돕는다.
② 클라이언트의 비자발성 [기출] 12회, 13회
　　㉠ 변화의 동기가 없으며 타인에 의해 전문적인 도움을 받기를 강요받은 사람은 사회복지사에게 불만과 적대적인 감정을 표현하기 쉽다.
　　㉡ 사회복지사는 관계형성을 통해 클라이언트에게 적절한 동기부여를 하여 클라이언트의 자발성을 촉진해야 한다. 비자발적 클라이언트가 비자발적이 된 이유와 현실을 이해하며 클라이언트가 가진 부정적 감정을 표현하도록 돕는 것이 필요하다.
　　㉢ 비자발적 클라이언트와의 관계형성
　　　• 클라이언트를 비난하지 않으면서 클라이언트를 만나야 되는 이유를 설명한다.
　　　• 희망을 갖게 하고 용기를 준다.
　　　• 협상할 수 없는 요구에 대해 이야기한다.
　　　• 이용할 수 있는 선택들에 대해 이야기한다.
　　　• 저항의 실체를 있는 그대로 이해한다.
　　　• 지금까지 견뎌온 것을 격려한다.
　　　• 부정적인 감정을 표출하도록 유도한다.
　　　• 관계의 범위 확장: 협상 가능한 것이 무엇인지 알게 하고 그 안에서 자유로운 선택을 하게 한다.
　　㉣ 비자발적 클라이언트에 대한 개입방법
　　　• 클라이언트의 메시지를 이해하기 위해 비언어적인 단서들을 찾는다.
　　　• 클라이언트의 저항을 고려하여 대응이나 직면은 자제한다.
　　　• 양가감정을 인식하도록 클라이언트에게 성찰의 기회를 준다.
　　　• 사회복지사 개인의 경험을 노출할 때 역전이를 주의한다.
③ 전이 [기출] 14회
　　㉠ 클라이언트가 과거의 다른 관계에서 겪은 경험이나 감정을 사회복지사에 대한 정서적 반응으로 나타내는 것을 말한다. 이는 현재 경험을 과도하게 일반화하여, 왜곡된 인식을 갖고 대인관계상의 어려움을 나타나게 한다. 전이는 관계상의 장애가 됨과 동시에 치료적 관계에서 성장을 위한 기회가 되기도 한다.
　　㉡ 전이 다루기
　　　• 사회복지사는 '온정', 관심과 공감을 통해 클라이언트가 방어기제를 철회할 수 있도록 긍정적인 라포를 형성해야 한다.
　　　• 클라이언트의 반응이 비현실적임을 지적하고 현실적으로 사회복지사에 대한 관점을 갖도록 돕는다.
　　　• 사회복지사에 대한 감정을 과거에 다른 사람에게도 느낀 적이 있는지 알아보고, 그 근원에 대해 클라이언트가 깨닫도록 도와준다.

> ❤ **합격 가이드**
> 여기서 '온정'이란, 클라이언트가 안정감을 느끼며 자신이 수용되고 이해받고 있음을 알 수 있도록 만드는 것을 말합니다.

④ 역전이
　　㉠ 클라이언트가 사회복지사에 대해 반응하는 '전이'와 달리 사회복지사가 클라이언트를 무의식적으로 자신의 과거 인물이나 관계로 느끼고 반응하는 것을 말한다.
　　㉡ 역전이 다루기
　　　• 사회복지사 스스로에 대한 성찰이 중요하며, 슈퍼바이저로부터의 지속적인 점검이 필요하다.
　　　• 자신의 감정의 기원에 관심을 갖고 클라이언트와의 현실적 관계에 관점을 갖도록 노력한다.
　　　• 역전이로 인해 관계를 지속할 수 없을 경우 클라이언트에게 사회복지사 자신의 문제로 인해 관계를 지속할 수 없음을 알리고 다른 사회복지사에게 의뢰한다.

⑤ 저항
  ㉠ 사회복지사와 클라이언트의 관계에서 변화를 방해하는 요소로, 사회복지실천 목표에 반대하는 클라이언트의 행동 등을 말한다.
  ㉡ 저항의 유형
    • 침묵
    • 핵심에서 벗어나 주제와 관련없는 이야기를 말하는 것
    • 무력함의 표현
    • 문제를 축소하거나 마술적 해법을 기대하는 것
    • 저항의 심리를 행동으로 나타내는 것
  ㉢ 저항 다루기
    • 저항이 변화의 진전을 심각하게 방해할 경우에만 다루는 것이 바람직하다.
    • 저항의 저변에 있는 현재의 감정에 초점을 둔다.
    • 클라이언트는 저항 다루기를 통해 부정적인 감정을 표현함으로써 대인관계에서의 부정적인 감정을 효과적으로 다룰 수 있는 경험을 하게 된다.
  ㉣ 저항의 근원 및 대처방법
    • 변화에 대한 저항은 보편적 현상이라는 것에 대한 이해가 필요하다.
    • 변화를 원하는 욕구와 기존 삶의 형태를 유지하려는 욕구, 고통스러우나 친숙한 현 상태를 유지하는 것과 미지의 결과에 대한 두려움과 위험 부담이 따르는 변화에 대한 이해가 필요하다.
    • 사회복지사는 변화에 대한 클라이언트의 양가감정을 인식함으로써 그들이 자기감정을 탐색하여, 변화에 대한 장단점을 재평가할 수 있도록 도와야 한다.
⑥ 주저
  ㉠ 클라이언트가 면담에 적극적으로 참여하기를 꺼리는 행동
  ㉡ 저항과 유사하나 저항이 사회복지사 또는 비자발적 면담으로 인한 이유로 나타나는 반면, 주저는 클라이언트 자신과 관련된 이유로 나타남
  ㉢ 주저의 이유: 긴장에 대한 두려움, 신뢰의 결여, 자신의 내적세계 탐색으로 인한 혼란에 대한 두려움, 자신을 드러내는 것에 대한 수치심, 변화에 대한 두려움
⑦ 좋은 관계형성을 위한 공감의 기술
  ㉠ 클라이언트의 감정에 이입하기
  ㉡ 클라이언트의 감정을 이해하고 적절한 자기노출로 지지함을 보여주기
  ㉢ 클라이언트의 감정을 적절한 언어로 표현하기

2 사회복지 면접론

1. 사회복지 면접의 개념 기출 20회

① 사회복지 면접이란 클라이언트의 정보를 확인하는 기본적인 수단으로, 사회복지사와 클라이언트 사이에 일련의 의사소통이 이루어지는 사회복지 개입의 주요한 도구이다.
② 사회복지 면접은 인간의 행동에 대한 전문적 지식과 정교한 인간관계 기술을 갖춘 사회복지사가 클라이언트를 이해하고 원조한다는 목적을 가지고 의도적으로 이끌어 나가는 전문적인 대화이다.
③ 자료수집, 과업수행, 클라이언트의 문제나 욕구해결 등의 목적을 수행하는 시간제한적 의사소통이다.

2. 사회복지 면접의 목적

① 클라이언트에 관한 정보를 획득하는 것이 주목적이다.
② 클라이언트에게 정보를 제공한다.
③ 원조과정에서 장애를 파악하고 제거한다.
④ 치료관계를 확립·유지한다.
⑤ 목표달성을 위한 활동을 파악·이행한다.
⑥ 원조관계를 촉진한다.

3. 사회복지 면접의 특성 기출 12회, 18회

① 목적지향적인 활동으로서, 개입목적에 따라 의사소통이 제한된다.
② 한정적·계약적인 것으로서, 사회복지사와 클라이언트 간에 상호 합의가 이루어진 상태에서 진행된다.
③ 기관의 상황적 특성과 맥락에서 이루어진다.
④ 면접자(사회복지사)와 피면접자(클라이언트)의 특정한 역할관계가 있다.
⑤ 공식적·의도적인 차원에서 이루어지는 활동이다.
⑥ 효과적인 면접의 영향요인(Brown, 1920)
  ㉠ 사회복지사의 자기인식 정도
  ㉡ 상담에서 주고받는 심리적 역동성에 대한 이해
  ㉢ 원조관계로 발전시킬 수 있는 사회복지사의 능력
  ㉣ 클라이언트의 존중과 적극적으로 의사소통하도록 이끄는 사회복지사의 능력
  ㉤ 기술적인 말을 걸고 질문하는 사회복지사의 능력
  ㉥ 면접이 이루어지는 분위기와 장소
  ㉦ 전이, 역전이 등 면접에서 나타나는 역동성에 대한 사회복지사의 인식 정도

4. 사회복지 면접의 종류 기출 11회, 16회, 22회

① **정보수집을 위한 면접**: 클라이언트와 그의 상황을 이해하기 위해 정보를 수집하는 것이다.

> **참고** 정보수집을 위한 면접의 주요 조사사항
> - 일반적 사항: 나이, 성별, 학력, 결혼상태, 주소 등
> - 현재 문제상황, 과거력(예 과거에 유사한 문제가 있었는지, 치료형태, 치료기관 등)
> - 가족력, 클라이언트와 가족과의 관계, 부모·형제관계, 핵가족 중심의 부부관계, 자녀관계 등
> - 개인력, 아동기의 성장과정, 발달단계상의 문제, 학교생활, 교우관계, 직장생활, 결혼생활 등
> - 클라이언트가 가지고 있는 사회적, 직업적 기능 정도 등

② **정보제공을 위한 면접**: 문제해결 등에 필요한 정보를 제공하기 위한 면접이다.
③ **사정을 위한 면접**: 자료를 해석하고 의미를 부여하여 실천방향을 결정하는 일이므로, 사정을 위한 면접은 서비스에 대한 의사결정을 하기 위한 면접이다.
④ **치료적 면접**: 클라이언트를 도와 스스로 변화하거나 클라이언트가 더 나은 사회적 기능을 수행할 수 있도록 환경의 변화를 돕는 것이다.

5. 사회복지 면접의 구조적 조건 기출 13회

① 면접장소(물리적 환경): 일반적으로 분위기가 너무 산만하지 않고 개인의 사생활이 보장되면서 클라이언트가 마음속 이야기를 하기 쉽고, 사회복지사가 면접시간 동안만큼은 온전히 클라이언트에게 집중할 수 있는 환경과 분위기가 필요하다.
② 면접시간: 시간적 제한을 두는 것은 클라이언트가 하고 싶은 이야기를 사전에 생각하고 정리할 수 있도록 해 주며, 초점에 집중하여 면접이 더 신속히 진행되도록 도와준다.
③ 면접에 대한 예비 지식: 사회복지사는 효과적인 면접을 위하여 일정한 지식체계를 가져야 한다.

6. 사회복지 면접의 유형

① 구조화된 면접
  ㉠ 표준화된 면접이라고 할 수 있으며, 면접자가 조사표나 질문을 준비하여 모든 피면접자에게 동일한 절차와 방법으로 면접을 진행한다.
  ㉡ 정해진 대로 면접을 진행하기 때문에 클라이언트의 정서적 내용은 반영할 수 없으나, 수집한 정보를 다른 자료와 비교할 수 있는 장점이 있다.
② 비구조화된 면접
  ㉠ 개방된 면접으로서, 사람들의 사고나 견해를 이해할 수 있는 방법으로 진행된다.
  ㉡ 클라이언트에 대한 심층적 정보를 얻을 수 있는 장점이 있다.
③ 반구조화된 면접
  ㉠ 지침이 있는 면접으로, 특정 질문지를 만들지는 않지만 필요한 경우 개방형의 질문을 하는 방법이다.
  ㉡ 정보를 비교할 수 있으면서도 클라이언트에 대한 심층적 정보를 얻을 수 있다는 장점이 있다.

7. 사회복지 면접에서의 주의사항

① 사회복지사는 자신의 호기심을 해소하기 위해 클라이언트의 정보를 수집하지 않는다.
② 클라이언트의 상황에 따라 단계적으로 진행해야 한다.
③ 클라이언트의 심리적 상황이 충분히 고려되어야 한다.
④ 면접시간이 최대한 효과적으로 활용되도록 면접을 구성한다.
⑤ 면접과정에서 사회복지사는 기관의 정책과 절차를 클라이언트에게 설명할 책임이 있다.
⑥ 클라이언트가 잘못 이해하고 있는 부분을 교정할 책임이 있다.
⑦ 클라이언트의 감정을 환기시킬 필요가 있을 경우에는 적절히 환기를 시킨다.
⑧ 면접의 목적과 관련하여 클라이언트의 문제에 대하여 적절한 논의를 해나갈 책임이 있다.
⑨ 클라이언트가 안정되게 면접에 참여할 수 있는 편안한 분위기를 조성할 책임이 있다.

8. 사회복지 면접의 기술 기출 11~16회, 19~22회

① 경청 기출 22회
  ㉠ 모든 유형의 대화에 있어 기본이 되는 기술이다.
  ㉡ 사회복지사가 클라이언트의 어려움에 공감하고 필요한 반응을 하며 듣는 것만으로 클라이언트는 마음을 열고 감정적으로 후련하게 되어 감정의 정화와 안정을 얻는다.
  ㉢ 사회복지사는 경청을 통해 클라이언트의 준거틀에 맞출 수 있게 된다.
  ㉣ 사회복지사가 클라이언트에 대해 성급한 판단이나 평가를 내리는 경향을 차단해 주며, 사회복지사가 성급하게 문제를 해결하려는 것을 막는 데 도움이 된다.

ⓜ 경청의 구분

비언어적 경청	• 긴장하지 않은 상태에서 **클라이언트와 의사소통을 하고 있음을 알리는 것** 　예 시선을 맞추거나 지금 하고 있는 말을 이해한다는 것을 알리기 위해 고개를 끄덕이는 것 등 • 효과적인 비언어적 태도: 경청하고 있다는 사실을 시각적으로 전달하는 태도를 보여주는 것 　예 주의를 기울이는 자세, 눈 맞춤, 상체를 앞으로 기울이는 자세 등
언어적 경청	클라이언트가 가져온 주제를 사회복지사가 임의로 바꾸지 않고 클라이언트의 주제 속에 머물러주는 것

② 관찰 [기출] 23회
  ㉠ 사회복지실천의 전 과정에서 사용하는 기술로, 클라이언트의 비언어적 행동(예 표정, 몸동작, 손놀림, 눈 맞춤, 억양, 얼굴 붉힘, 발과 다리의 움직임 등)에 주의를 기울이는 것이다.
  ㉡ 비언어적 행동은 언어적 의사소통의 내용과 상반된 메시지를 전달하기도 하고, 더 많은 진실된 정보를 제공하는 기능을 갖고 있다. 비언어적 메시지를 관찰하는 것은 클라이언트의 감정과 표현의 차이를 분명히 알고 클라이언트를 이해하는 데 있어 매우 중요하다.

③ 질문 [기출] 14회, 15회, 18회, 19회
  ㉠ 클라이언트에게 필요한 정보를 얻기 위하여 가장 많이 적용하는 기술이다.
  ㉡ 클라이언트로 하여금 그가 발표하는 것을 조직화하도록 돕는 질문이 좋은 질문이다. 클라이언트에 대한 이해와 문제해결에 필요한 정보를 효과적으로 얻을 수 있다는 장점이 있다.
  ㉢ 질문으로 필요한 정보를 얻고, 어긋난 대화의 초점을 바로잡기 위한 기법이다.
  ㉣ 사회복지사는 클라이언트의 속도에 맞추어 적절한 시점에 적절한 양의 질문을 해야 한다.
  ㉤ 개방형 질문과 폐쇄형 질문

개방형 질문	• 클라이언트가 자신의 감정이나 생각, 문제에 대해 자신의 방법으로 자유롭게 이야기할 수 있도록 하며 광범위한 표현을 하도록 질문을 하는 것 • 다양한 정보가 필요할 때 유용함.
폐쇄형 질문	• 클라이언트의 초점을 제한하고 확실한 사실에 대해서만 질문을 하는 것 • '예', '아니요'의 대답만 요구하거나 간단한 단답형의 대답을 요구하는 질문으로, 구체적 정보가 필요하거나 내용을 보다 확실히 이해하기 위해 사용함. • 클라이언트가 자신의 문제를 조리 있게 설명할 수 없어 대화의 초점이 필요한 경우에 유용함. • 면접상황에서는 폐쇄형 질문보다는 가능한 한 개방형 질문을 사용하는 것이 바람직함.

  ㉥ 부적절한 질문의 유형 [기출] 20회

'왜?'라는 질문	클라이언트를 비난하는 것과 같은 느낌을 주어 자기 방어적인 답변이나 태도를 취하기 쉬움.
중첩형 질문	여러 가지 질문을 한꺼번에 하는 것으로, 질문의 초점이 흐려져 클라이언트를 혼란스럽게 할 수 있고, 피상적이거나 구체적이지 않은 답변으로 정보수집이 어려움.
유도형 질문	클라이언트의 응답을 특정방향이나 내용으로 이끌어 가려는 질문유형으로, 정확한 정보를 확인하기 어려움.

④ 요약
  ㉠ 클라이언트가 말하는 내용의 초점을 압축해서 토의해 온 항목의 주제를 명확하게 하도록 하는 것이다.
  ㉡ 요약은 클라이언트의 생각, 행동, 감정을 사회복지사의 언어로 정리해 줌으로써 사회복지사가 클라이언트의 말을 주의 깊게 듣고 있다는 확신을 준다. 또한 사회복지사가 클라이언트의 말을 정확히 이해했음을 확인시켜 준다.

⑤ 반영
  ㉠ 클라이언트에 의해서 표현된 기본적인 태도, 주요 감정을 새로운 용어로 정리해 주는 것이다.

ⓒ 단순히 말을 되풀이하거나 그 내용을 반영하는 것이 아니라 바탕에 흐르고 있는 감정을 파악하는 것이 중요하다.
ⓒ 반영의 목적은 사회복지사가 클라이언트의 경험을 이해하고, 클라이언트가 세계를 보고 있는 방식으로 클라이언트의 세계를 지각하려고 애쓰는 것을 클라이언트에게 말하는 것이다.
② 반영기술의 활용
- 내용 반영하기: 클라이언트가 말한 내용을 부연하고 다시 클라이언트에게 표현한다.
- 감정 반영하기: 클라이언트의 감정을 파악하고 그것을 클라이언트에게 다시 전달한다.

⑥ 자기노출 기출 11회, 23회
㉠ 사회복지사가 자기의 생각이나 감정, 경험을 들추어내는 것이다.
㉡ 사회복지사의 적절한 자기노출은 클라이언트와의 라포 형성을 위해 필요하다. 대인관계나 조력관계에서 자신에 관한 것을 드러냄으로써 상대로 하여금 보다 인간적인 친밀감을 느끼게 한다.
ⓒ 사회복지사가 자신에 대한 고찰과 경험, 역사를 활용하여 특정상황에 효과적인 행동을 취하고자 할 때 활용하는 기술로, 클라이언트에게 도움이 되지 않는 이상 절대 자신의 개인정보를 노출시켜서는 안 된다.
② 자기노출의 내용과 감정이 일치해야 하며, 자기노출의 긍정적인 면과 부정적인 면을 균형 있게 사용해야 한다.

⑦ 직면 기출 15회
㉠ 클라이언트가 무언가를 잘못하고 있거나 말과 행동이 불일치하거나 모순될 때 그것을 의식하도록 지적해 주어, 그것이 클라이언트의 문제와 어떻게 관련되는지를 생각해 보게 하는 기술이다.
㉡ 클라이언트가 극심한 정서적 긴장상태에 있을 때에는 사용하지 않는 것이 좋다.
ⓒ 클라이언트가 받아들일 준비가 되어 있는지를 면밀히 고려해야 하며, 클라이언트의 방어적 반응을 불러일으킬 수 있으므로 충분한 신뢰관계가 형성되기 전까지 가능하면 피해야 하는 방법이다.

⑧ 해석 기출 15회, 17회
㉠ 클라이언트가 겉으로 나타내는 문제가 내부적 정신작용에 관련되어 있는데도 이를 의식하지 못하거나 깨닫지 못할 때 그 관련성을 설명해서 이해시키는 것을 말한다.
㉡ 사회복지사가 해석을 제공함으로써 클라이언트로 하여금 진술이나 인식을 넘어서게 하며, 행동이나 생각, 감정 등을 다른 관점에서 해석할 수 있는 기회를 준다.
ⓒ 해석의 목표는 클라이언트에게 생활 속의 사건들을 스스로 해석하도록 가르치는 것이다.

⑨ 명료화
㉠ 중요한 문제에서 혼란스럽고 갈등을 느끼는 부분을 가려내어 분명히 해주는 것으로, 클라이언트는 자신이 이해받고 있다는 느낌을 가지게 된다.
㉡ 클라이언트가 지각하지 못하는 현재의 실상이나 심리적 문제에 대한 상황을 이해하도록 분명히 해줌으로써 클라이언트의 통찰력을 향상시키는 데 도움을 준다.

> 합격 가이드
클라이언트의 내면세계에 접근하는 깊이의 수준은 '반영 → 명료화 → 직면 → 해석' 순으로 깊어집니다.

⑩ 초점화 기출 11회
㉠ 클라이언트가 두서없이 말을 장황하게 하거나 어떤 주제를 회피하려고 할 때, 사회복지사는 간단한 질문을 하거나 문제를 다시 언급함으로써 초점을 맞춘다.
㉡ 불필요한 방황과 시간 낭비를 방지하는 기술이다.

⑪ 침묵 다루기
㉠ **침묵의 영향**: 경험이 적은 사회복지사는 침묵에 불안해하거나 의사소통이 실패했다고 느낄 수 있으며, 침묵을 클라이언트를 다루는 데 실패한 신호로 생각할 수 있다.

- ⓒ 침묵은 클라이언트가 자신의 감정을 정리하는 긍정적 반응일 수 있으므로 정리할 시간을 주는 배려가 필요하나, 어색한 긴 침묵이 이어지면 거절이나 불만의 신호로 보아야 한다.
- ⓒ 클라이언트가 침묵한다고 해서 사회복지사까지 침묵해야 할 필요는 없으며, 그 상황의 극복방법으로 현재의 침묵이 무엇을 의미하는지를 질문하는 것도 좋다.
- ⓔ 침묵이 계속되면 사회복지사나 클라이언트 모두 어려운 감정을 느낄 수 있으므로 면접을 중단할 수 있다.

9. 사회복지 면접의 기록

① 기록의 목적
- 클라이언트의 욕구 확인
- 사례유지
- 클라이언트와 정보 공유
- 서비스 과정과 효과 모니터링
- 실무와 행정적 과업을 위한 자료 제공
- 서비스 내용 보고
- 전문가 간 의사소통의 원활화
- 슈퍼비전, 자문, 동료에 의한 활성화
- 전문가들의 교육 자료
- 조사연구를 위한 자료 제공

② 기록의 내용
- 클라이언트의 인구학적 특징
- 클라이언트의 현재 및 과거의 문제나 욕구에 대한 기술
- 서비스의 목적
- 서비스의 특성
- 서비스 활동과 결과에 대한 요약
- 서비스를 제공하는 방법과 사유
- 사회복지사의 소견과 사정
- 서비스의 계획
- 서비스 종결의 방법과 사유
- 추후관리계획

③ 기록의 형태
- ㉠ 메모
  - 지난 면담에 대한 기억을 상기시키고 클라이언트가 한 계약이나 사회력에 관한 정보, 전문적인 중요 사항 교환, 해결되었거나 미결로 남아 있는 사항에 대한 정리 등을 기록하기 위해서 필요하다.
  - 장점: 면담 중에 메모를 많이 할수록 종결 후에 기록을 작성하기가 편리하며, 클라이언트의 요구 및 서비스나 중요한 사건의 통보, 주의 환기에 사용 가능하다.
  - 단점: 주의가 산만해질 가능성이 있으며, 메모하느라 중요한 비언어적 정보를 놓칠 우려가 있고, 클라이언트에게 특정 내용을 선택적으로 집중하게 할 위험과 방어심리 조장의 우려가 있다.
- ㉡ 녹음과 녹화: 메모보다 효과적이나, 채록하는 데 많은 시간과 노력이 필요하다.

④ 기록의 유형 기출 15회
- ㉠ **과정기록**: 면접과정 중에 일어난 모든 일을 꼼꼼히 있는 그대로 기록하는 것이다. 정확한 피드백을 얻을 수 있어 실습생이나 직원교육에서의 사정기술, 면접기술 등의 훈련에는 유용하나 시간이 많이 걸리고 번거롭다는 단점이 있다.
- ㉡ **요약기록**: 사회복지기관에서 가장 많이 사용되는 기록의 유형으로 시간의 경과에 따라 변화된 상황, 개입활동, 중요한 정보 등을 요약하여 기록한다.
- ㉢ **문제중심기록**: 문제해결 접근방법을 반영하여 다음의 영역별로 구분한 후 기록을 실시하면 단순 기록차원을 넘어 개입의 초점을 잘 보여주고 효율성이 높다.

⑤ 기록의 비밀보장: 사회복지사는 어떠한 형태의 기록이든 신중하고 철저하게 관리함으로써 클라이언트의 비밀을 보장해야 할 의무와 책임이 있다.

3 사회복지실천의 과정

1. 접수단계 기출 19회, 20회, 23회

① **접수의 개념**: 실천과정의 가장 초기에 이루어지는 과정이다. 문제를 가진 사람이 전문적 도움을 얻기 위해 사회복지기관에 찾아왔을 때, 그의 문제와 욕구를 확인하여 그것이 기관의 정책과 서비스에 부합하는지를 판단하는 과정을 의미한다.

② **접수의 목적**: 잠재적 클라이언트의 욕구가 기관의 목적과 서비스 내용에 적합한지 아닌지를 판단하여 접수 여부를 결정하고, 접수사례의 개입과정에 클라이언트가 참여하도록 유도한다.

③ **접수의 내용** 기출 12회, 17회
   ㉠ 클라이언트의 문제와 욕구를 확인한다.
   ㉡ 클라이언트의 가족관계, 학교 및 직장생활, 주위환경 등에서의 적응상태를 확인한다.
   ㉢ 클라이언트가 기관을 찾게 된 상황 및 동기를 파악한다.
   ㉣ 클라이언트가 문제를 보고 느끼는 방식을 파악한다.
   ㉤ 원조목적과 원조에서 기대하는 바를 명확히 파악한다.
   ㉥ 클라이언트의 욕구가 기관의 자원 정책과 부합하는지의 여부를 판단한다.
   ㉦ 클라이언트에게 기관의 기능에 대해 설명한다.

④ **접수단계에서 수행해야 할 과제** 기출 11회, 14회, 18회, 19회
   ㉠ 클라이언트의 문제를 확인한다.
   ㉡ 확인된 문제에 따른 의뢰 여부를 결정한다(그 기관에서 문제를 해결할 수 없을 때에는 타 기관 연계 가능).
   ㉢ 사회복지사와 클라이언트의 관계(원조관계)를 형성한다.
   ㉣ 클라이언트의 동기화를 촉진한다.
   ㉤ 클라이언트의 저항감과 양가감정을 해소한다.

⑤ **접수단계에서 사회복지사의 활동**
   ㉠ 클라이언트가 편안하게 느끼도록 도움을 준다.
   ㉡ 클라이언트가 기관과 사회복지사에게 무엇을 기대하는지 파악한다.
   ㉢ 클라이언트의 자격, 서비스 이용절차, 이용방법, 기관이 클라이언트에게 무엇을 제공할 수 있는지에 대한 설명과 클라이언트가 제시하는 문제에 관심을 표명한다.
   ㉣ 클라이언트가 낯선 사람과 이야기하는 것과 기관의 서비스를 받는 것에 대하여 느낄 수 있는 양가감정을 설명한다.
   ㉤ 필요한 경우 기관이 클라이언트의 비밀 정보를 공개할 수 있다는 동의의 서명을 받아야 한다.

2. 자료수집단계 기출 15회, 18회, 19회, 21회, 22회

① **자료수집의 개념**: 정보를 모으는 일로서, 클라이언트의 문제를 이해·분석·해결하는 데 필요한 클라이언트 개인과 그 환경에 관한 객관적 자료를 확보하려는 활동이다. 이는 클라이언트의 참여가 필요하며, 실천의 전 과정에 걸쳐 이루어지는 지속적인 과정이다.

② **자료의 영역** 기출 12회
   ㉠ 문제에 관한 정보(문제와 욕구, 강점과 자원을 모두 포함)
   ㉡ 문제에 대한 클라이언트의 과거 대처방식
   ㉢ 클라이언트와 영향을 주고받는 환경에 대한 정보
   ㉣ 개인력과 가족력(인간관계, 원가족의 가족관계, 현재의 가족구성 등)
   ㉤ 클라이언트의 기능(신체적·정서적·지적·행동적 기능, 대인관계능력, 문제해결능력 등)

ⓑ 클라이언트의 자원(현재 이용하고 있는 서비스, 활용 가능한 자원 등)
ⓢ 클라이언트의 장점 및 한계
③ 자료수집의 정보원 [기출 13회]
  ㉠ 클라이언트가 작성하는 가정환경서와 같은 서류
  ㉡ 문제, 기분, 의견, 생각, 사건 등에 관한 클라이언트의 이야기
  ㉢ 클라이언트의 비언어적 행동에 관한 사회복지사의 관찰
  ㉣ 부부, 가족 구성원 간의 상호작용에 관한 사회복지사의 관찰
  ㉤ 친척, 친구, 선생님 등 관련된 사람들에게서 수집되는 정보
  ㉥ 심리검사 결과
  ㉦ 클라이언트에 대한 사회복지사의 개인적 경험
④ 자료수집과 평가에서 사회복지사가 명심해야 할 원칙
  ㉠ 클라이언트의 참여가 절대적으로 필요하다.
  ㉡ 클라이언트의 강점을 평가한다.
  ㉢ 클라이언트의 문제를 다양하게 규명하고, 문제 심각도에 따른 우선순위를 결정한다.
  ㉣ 실현가능성, 효과성을 기준으로 개입방법을 설정하고 우선순위를 결정한다.

3. 사정단계

① 사정의 개념
  ㉠ 수집·정리된 자료를 분석하고 해석하여 문제를 규정하는 작업이다.
  ㉡ 과거 전통적 사회사업에서는 의료모델에서 제시한 '진단'이라는 용어를 사용했으나, 이후 낙인을 배제하기 위한 조치로 '사정'이라는 용어로 바꾸었다.
② 사정의 목적: 문제를 발견하고, 정보를 수집하며, 문제를 형성(규정)함으로써 개입계획수립의 '무엇을 어떻게'에서 '무엇을'에 해당하는 질문에 대답하고자 하는 것이다.
③ 사정의 특성 [기출 22회, 23회]
  ㉠ 사정은 실천과정 동안 계속되는 지속적인 과정이다.
  ㉡ 사정은 수집된 다양한 정보를 바탕으로 클라이언트를 이해하는 이중초점을 갖는다.
  ㉢ 클라이언트의 강점과 자원을 확인한다.
  ㉣ 클라이언트와 사회복지사의 상호과정이다.
  ㉤ 수집된 정보를 바탕으로 전체적인 상황을 이해하는 사고의 전개과정이다.
  ㉥ 수평적·수직적 탐색 모두 중요하다.
  ㉦ 클라이언트를 이해하는 데는 지식적 근거가 필요하다. 단, 클라이언트를 완전히 이해하는 것은 불가능하다.

④ 사정단계 구성의 3요소: 사정 진술, 문제의 우선순위, 계약된 계획
⑤ 사정에 유용한 도구 [기출 11~21회, 23회]
  ㉠ 가계도: 클라이언트와 클라이언트의 가족들이 제시하고 있는 문제의 근원을 그림을 통해 조사하는 방법으로, 적어도 3세대 이상의 가족 구성원과 가족관계에 대한 정보를 기록한다. 가계도는 가족에 대한 정보를 도식화하여 보여주기 때문에 복잡한 가족 유형의 형태를 쉽게 알아볼 수 있게 한다.
  ㉡ 생태도: 가족에 대해 사회적 맥락에 초점을 두고 가족과 좀 더 큰 사회체계와의 상호작용을 파악하며, 클라이언트의 양육환경·유지환경의 종류와 관계의 질, 그리고 체계 간 에너지의 흐름을 보여줌으로써 가족에 대한 현재 지역사회 자원이나 체계들의 영향과 상호작용의 변화를 보여준다.

ⓒ 생활력도표: 가족 구성원의 삶에 있어서 중요한 사건이나 시기별로 중요한 문제의 전개상황을 시계열적으로 도표화한 것이다.
ⓓ 생활주기표: 클라이언트의 생활주기와 가족 성원의 발달단계별 과업을 도표화한 것이다.
ⓔ 사회도(소시오그램): 집단 구성원이 다른 집단이나 조직의 구성원들에 대해 어떻게 느끼는지, 어떻게 제휴하는지, 어떻게 저항하는지를 나타내는 그림이나 도식이다.
ⓕ 사회적 관계망 지도: 한 개인이 지속적으로 관계를 맺고 있는 사람들이나 집단을 의미한다. 클라이언트와 사회복지사의 상호작용에 의해 필요한 정보를 수집하여 작성한다.
ⓖ 사회적 관계망 도표: 클라이언트의 주변 사람들 중 의미가 큰 사람을 선정하여 이들을 중심으로 작성한다. 사회복지사는 클라이언트에게 사회적 지지를 해주는 사람을 확인하여 도표에 기록한다.
ⓗ PIE System Code(임상사회복지 사정분류체계): 사회복지사 고유의 직무수행방법을 사정하기 위해 구성되었다. PIE(Person In Environment)는 사회학, 심리학, 정신의학 그리고 사회사업적 개념과 구조에 영향을 받아 4가지 요소로 구성된다.
  • 요인1과 요인2: 사회복지의 핵심적 내용인 개인과 환경에 관한 내용
  • 요인3과 요인4: 타 전문직의 분류 작업을 사용하여 정신적, 신체적 문제를 확인하도록 구성
ⓘ DSM-Ⅴ 분류체계: 클라이언트의 정신장애 증상에 대한 진단을 하는 체계이다.

⑥ 집단 차원의 사정도구 **기출** 11회, 12회, 14회
  ⓐ 소시오그램: 집단 내에 있어서 집단 성원들 간의 견인과 반발, 선호도와 무관심의 형태를 분석하고 그 강도와 빈도를 측정함으로써 집단 내 구성원의 지위, 구성원 간의 관계, 하위 집단 형성 여부를 발견하여 평가한다.
  ⓑ 소시오메트리: 집단 성원들의 호감도 및 집단 응집력 수준에 관한 정보를 제공한다. 소시오메트리 기법으로 조사된 결과를 도식으로 나타낸 것이 소시오그램이다.
  ⓒ 의의차별척도: 어떤 대상이 개인에게 주는 주관적인 의미를 측정하는 방법으로, 두 개의 상반된 입장에서 하나를 선택하도록 하여 집단 성원들로 하여금 각각의 동료 성원에 대해 평가하게 하는 것이다.

4. 계획수립단계 **기출** 22회

① 계획수립의 개념: 수집된 정보들을 분석하여 사회복지사가 전문적 소견으로 판단하는 것으로, 사정을 마친 후 수집된 자료를 근거로 사회복지사와 클라이언트가 상호합의하에 목표를 구체화시키고 이를 달성하기 위한 계획을 세우는 과정을 말한다.

② 개입목표의 설정 **기출** 18회
  ⓐ 개념: 클라이언트와 사회복지사가 함께 목표를 달성하기 위한 일들을 구체화하고 필요한 변화를 달성하기 위해 행해야 할 활동을 합의하는 과정에서, 개입을 위한 목표를 설정하고 계약을 하는 과정을 말한다.
  ⓑ 에간(Egan), 헵워스와 라슨(Hepworth & Larsen)의 SMART 목표
    • 구체성(Specific)   • 측정가능성(Measurable)   • 성취가능성(Achievable)
    • 현실성(Realistic)   • 시기적절성(Timely)
  ⓒ 성과목표와 과정목표
    • 성과목표: 일련의 프로그램을 수행한 결과 클라이언트체계의 변화로 나타나는 최종목표를 말한다. 프로그램의 결과 표적대상이 변화하게 될 행동이나 태도를 기술하는 것으로, 인지변화가 나타나는 단기목표, 행동변화로 나타나는 중기목표, 클라이언트의 궁극적 변화로 이어지는 장기목표로 구분된다.
    • 과정목표: 과업이 어떻게 수행되고 성취될 것인지를 나타내는 목표를 말한다. 무엇으로 어떻게 결과에 도달할 것인지에 대한 목표진술과 과정목표에 의해 실행되어야 할 구체적인 행동들이 포함된다.

ⓔ 목표설정 시 유의사항
- 명시적이고 측정가능해야 한다.
- 현실적으로 목표달성이 가능해야 한다.
- 기관의 기능과 일치해야 한다.
- 사회복지사의 지식과 기술에 상응하는 것이어야 한다.
- 클라이언트가 바라는 바와 연결되어야 한다.
- 성장을 강조하는 긍정적인 표현으로 기술되어야 한다.
- 사회복지사 자신의 중요한 권리나 가치에 부합해야 한다.
- 본격적인 개입에 앞서 클라이언트와 충분한 토의를 거쳐 합의점을 찾아야 한다.

ⓜ 목표설정의 우선순위
- 가장 시급하게 해결해야 할 문제
- 단기간에 달성하여 만족감을 느낄 수 있는 문제
- 클라이언트가 목표달성에 전력을 다할 동기를 가지고 있는 문제
- 기관의 기능에 적합하고 사회복지사의 능력에 준하여 달성가능한 문제

③ 계약 기출 20회
  ㉠ 개념: 설정한 목표와 목표를 달성하기 위한 전략, 역할, 개입, 평가, 방법 등을 구체적인 활동용어로 기술한 계획에 대해 사회복지사와 클라이언트가 서로 동의하는 것을 말한다. 사회복지사와 클라이언트 각자가 수행해야 하는 활동을 명확하게 하고, 개입단계에서 활동의 시간계획에 대해 합의하는 것이다.
  ㉡ 계약의 형식
   - 서면계약: 가장 공식적인 형태로 사회복지사, 클라이언트 등 관련자가 동의 사실을 서면으로 작성한다. 필요한 경우 언제라도 계약내용의 검토가 가능하여 오해 가능성을 최대한 줄일 수 있다.
   - 구두계약: 서면계약과 근본적으로 같으나 서면계약에 비해 신속하고 쉬우며, 특히 클라이언트가 사회복지사를 불신하거나 저항할 경우 유용하다.
   - 묵시적 계약: 실제로 서명화·언어화하지 않았어도 암묵적으로 합의한 계약을 말한다.
  ㉢ 계약에 포함되어야 할 사항
   - 우선순위가 부여된 목표
   - 사용할 개입방법
   - 모니터링 과정의 수단
   - 세션의 변경 및 취소방법, 비용
   - 참여자의 역할
   - 면접의 조건(예 면접시간, 면접회기, 면접빈도 등)
   - 계약 재타협에 대한 사항
   - 기타 클라이언트와 관련된 정보, 서명, 날짜 등

5. 개입단계

① 개입의 개념: 사회복지사와 클라이언트가 합의하여 결정한 문제를 해결하기 위한 계획을 실천하는 것이다.
② 개입방법 기출 22회
  ㉠ 직접적 개입: 초기단계에서 설정된 목표를 달성하기 위해 클라이언트 또는 클라이언트 주변환경에 변화를 가져오기 위한 개입활동이 수행되는 단계로, 개인, 가족이나 소집단체계 자체의 변화를 가져오는 활동이다. 개인에 대한 개입기술은 의사소통기술, 행동변화기술 등이 주로 활용된다. 기출 18회, 21회, 23회

격려	클라이언트의 가능성에 대한 확신을 표현하는 진술 형태로 클라이언트의 강점을 지지하는 수단
환기	남에게 말하지 못한 문제, 감정적인 문제 등을 클라이언트가 표현할 수 있도록 도와주는 기법

정보제공	클라이언트에게 의사결정을 위한 자료를 제시하는 것
일반화	클라이언트가 겪는 일이 자신만이 가지고 있는 문제가 아니라는 것을 인식하게 하는 기법
재보증	사회복지사가 신뢰를 표현함으로써 클라이언트의 자신감을 향상시키는 기법
재명명	문제상황에 대한 클라이언트의 관점을 변화시키기 위해 클라이언트가 부여하는 의미를 수정하는 의사소통기법
초점화	간단한 질문이나 문제를 다시 언급함으로써 초점을 명확하게 하는 기법
직면	클라이언트가 자신의 문제를 보증하거나 합리화하여 변화를 거부할 때 사용하는 기법
조언	클라이언트가 해야 할 것을 제안하는 것
모델링	관찰학습과정을 통해 클라이언트가 시행착오 없이 원하는 행동을 학습할 수 있도록 하는 기법
행동시연	클라이언트가 특정한 상황에 처할 때 대처할 수 있는 행동을 미리 학습하도록 함으로써 클라이언트의 불안을 감소시키는 기법
타임아웃	문제행동을 중지시키기 위해 문제가 일어나는 상황으로부터 클라이언트를 일정 시간 분리시키는 기법
재구성	가족 성원들의 문제를 새로운 시각으로 이해하도록 해주는 기법
탈삼각화	가족구조 안에서 두 사람 간의 갈등 및 스트레스를 해결하는 방법으로 가족의 다른 구성원을 끌어들이는 삼각화의 역기능을 해결하기 위해 갈등 당사자를 직접 대면시키는 기법
가족 조각	가족관계 및 가족 역동성을 진단하기 위해 특정 시기의 정서적인 가족관계를 사람이나 다른 대상물의 배열을 통해 나타내는 기법으로, 가족 성원들은 말을 사용하지 않은 채 대상물의 공간적 관계나 몸짓 등으로 의미 있는 표상을 만듦.
경계 만들기	가족 하위체계 간 경계선이 지나치게 밀착되어 있는 경우 경계를 강화시켜 개인의 독립성을 확보하고, 경계선이 지나치게 경직되어 있는 경우 경계선을 완화시켜 성원 간 교류를 촉진시키는 기법

ⓒ **간접적 개입**: 클라이언트체계의 목적을 달성하기 위해 표적체계 및 외부기관과 접촉하는 것으로, 사회복지사가 클라이언트 이외의 사람들에게 개입하는 활동이다. 기출 12회, 16회, 20회, 21회, 23회

서비스 조정	클라이언트에게 복합적 문제가 주어졌을 때 서비스 중복과 누락을 방지하면서 적절하게 개입하여 클라이언트를 원조할 수 있도록 조정하는 것
사회적 지지체계 개발	• 자연적 지지체계 활성화 및 클라이언트의 욕구에 환경이 반응할 수 있도록 기존의 공식적 지지체계를 활용 • 구체적 방법으로는 자연적 지지체계의 활성화, 자조집단의 구성, 자원봉사자의 활용, 공식적 지지체계의 활용이 있음.
프로그램 개발	소속기관에서 충분한 타당성이 있다고 판단될 때 프로그램을 개발
옹호활동	욕구충족을 방해하는 사회적 여건의 변화를 위해 사용할 수 있는 전략
사회행동	사람들의 집단을 조직화하여 권력 주체 기관, 정치조직에 압박을 행사하는 것
지역사회 내 기관 간의 협력	클라이언트의 욕구를 충족시키기 위해 다양한 조직, 기관 간 협조하는 것
환경 조정	환경 내 유의미한 사람과 클라이언트의 개인적 능력 및 대인관계능력을 증진하는 것

③ **사회복지사의 역할**: 중개자, 조력자, 교육자, 중재자, 옹호자

6. 종결 및 평가단계

① 종결단계
- ㉠ 종결의 유형　기출 11회
  - **시간제한에 의한 계획된 종결**: 클라이언트가 얻은 것을 명확히 하며, 종결에 따른 클라이언트의 상실감을 줄이도록 돕는다. 변화를 확인하기 위해 평가가 필요하다.
  - **시간제한이 없는 종결**: 클라이언트가 목표달성에 어느 정도 도달했다고 만족할 때 클라이언트와 함께 종결계획을 수립한다. 이 유형의 종결은 이별에 관한 정서적 반응을 다루는 것이 특히 중요하다.
  - **일정 기간만 제공되는 계획된 종결**: 시간제약에 의해 정해진 기간만 서비스를 제공 후 종결한다(예 입원, 학기제). 클라이언트에게 서비스의 특성을 설명하고 필요한 경우 다른 기관에 의뢰한다.
  - **목표달성에 의한 종결**: 개입 초기에 세운 목표를 달성하여 더 이상 제공할 서비스가 없는 상태이다.
  - **개입중단으로 인한 종결**: 클라이언트의 거절 또는 변화가 불가능할 때 종결한다.
  - **사회복지사의 사정으로 인한 종결**: 사회복지사의 개인적 사정이나 이직, 퇴직 등으로 종결하는 경우 클라이언트의 원망을 듣지 않기 위해 사례를 조기종결하는 것은 바람직하지 않다. 클라이언트가 부정적 감정을 표현할 수 있도록 하며 다른 사회복지사에게 의뢰한다.
  - **클라이언트의 일방적 종결**: 사회복지사는 종결의 중요성을 알리고 신중할 것을 권하되, 클라이언트의 자기결정권을 존중하여 끝까지 개입을 지속할 것을 강요하지 않는다.
- ㉡ 종결 또는 의뢰 시 사회복지사의 역할　기출 13회, 14회, 17회
  - 사회복지사는 종결이 급작스럽거나 예상 밖의 사건이 되지 않도록 최선을 다해야 한다.
  - 클라이언트가 종결을 원한다 하더라도 사회복지사가 개입을 계속 진행해야 한다고 생각하는 경우 계속 진행해야 하는 이유와 종결 시 발생할 수 있는 부정적 결과에 대해 설명한다.
  - 법원 명령에 의해 제공되는 서비스의 종결은 명령조건들이 충족되었는지를 확인한다.
  - 기관의 정책이나 행정결정으로 인해 클라이언트와의 서비스 계약을 변경하고 종결해야 하는 경우, 사회복지사는 클라이언트를 위해 옹호자의 역할을 수행한다.
  - 사회복지사는 종결이 클라이언트의 가족과 사회적 관계망 내의 다른 사람들에게 어떻게 영향을 줄 수 있는가를 예상해야 한다.
  - 사회복지사 자신의 심리적 욕구 때문에 종결이 어려운 경우에 주의를 기울여야 한다.
  - 종결이 가까워지면 접촉빈도를 조금씩 줄이는 것이 바람직하다.
  - 중요한 관계를 끝내는 데 수반되는 상실과 분노의 감정을 다루어야 한다.
  - 공식적 종결 이후 사후관리를 위한 면접이나 전화통화로 분리 및 이별을 두려워하는 클라이언트를 안심시킬 수 있다.
- ㉢ 성공적인 종결을 위한 과업　기출 14회, 18~20회
  - **적절한 종결시기 결정하기**: 개입목표의 달성 정도, 클라이언트의 의존성, 문제의 해결 정도 등을 고려한다.
  - **정서적 반응 다루기**: 목적 미달성 시 클라이언트가 실망, 분노 및 버림받은 느낌 등을 갖지 않도록 그의 감정을 수용하면서 부정적 감정을 표현할 수 있게 해주어야 한다.
  - **목표 유지와 강화**: 성취된 목표를 유지·강화하고 계속하여 성장하도록 사후관리 계획을 세운다.
  - **의뢰**: 새로운 서비스가 더 필요하거나 해결되지 않은 문제가 있는 경우 의뢰를 실시한다.
  - **서비스에 대한 평가**: 목표성취의 정도에 대하여 서비스 평가를 제공하는 것으로, 사회복지 개입의 결과나 과정을 조사기법을 활용하여 사정한다.

② 평가단계
　㉠ 개념: 사회복지실천 과정에서 개입이 성공적으로 달성되었는지, 그리고 그 변화가 개입에 의한 것인지를 구체적으로 확인하기 위해 효과성과 효율성을 측정하는 과정이다.
　㉡ 사회복지실천 평가의 중요성
　　• 사회복지실천의 효과성 측정: 목표의 달성 여부로 효과성을 측정한다.
　　• 사회복지실천의 효율성 측정: 투자한 자원 대비 성과를 측정한다. 동일 비용으로 높은 효과를 내었을 때 효율성이 높다.
　　• 자원 사용에 대한 책임성 입증: 재정에 관하여 지역사회의 승인이 필요할 때 근거를 제시한다.
　　• 클라이언트에 대한 책임성 이행: 개입의 결과에 대해 클라이언트에게도 알려주어야 한다.
　　• 실천과정에 대한 점검: 클라이언트의 반응, 계획한 변화가 일어나고 있는지 등 변화과정에 대한 점검이 필요하다.
　　• 사회복지사의 능력 향상: 사회복지사가 실천내용에 대해 점검하고 평가함으로써 반성할 기회를 갖고 새로운 반영이 가능하다.
　㉢ 평가의 유형
　　• 평가차원에 따른 분류

성과(결과)평가	목표에 비추어 성취된 결과를 평가하는 것
과정평가	사회복지실천 과정을 분석하기 위해 사용되며, 프로그램의 준비, 진행, 종결과정에서 환경적 요인과의 관련성을 프로그램의 과정에 따라 분석하는 것
사회복지사 평가	사회복지사의 행동이나 태도 등이 개입에 어떠한 영향을 주었는지를 파악하기 위해 클라이언트로부터 피드백을 받는 것

　　• 평가목적에 따른 분류

형성평가	개입과정 평가로, 사회복지실천 과정에 초점을 두고 주기적으로 진전 상황을 평가
총괄평가	활동이 종결되었을 때, 활동결과로 산출된 성과와 효율성에 대하여 종합적으로 판단
통합평가	형성평가와 총괄평가를 통합한 평가

7. 사후관리 기출 13회

① 사후관리의 개념: 클라이언트와 사회복지사의 공식적인 원조관계가 종료되어 개입이 더 이상 시행되지 않거나, 모든 개입이 종결된 후 개입목적과 관련하여 클라이언트의 기능 수준에 관한 정보를 획득하는 것을 말한다.
② 사후관리의 목적: 클라이언트에 대한 원조나 개입종료 이후 원조과정에서 획득한 변화를 유지할 수 있도록 관심을 가지고 확인한다.
③ 사후관리의 방법: 방문이나 전화, 이메일 등 다양한 방법을 사용하여 주기적으로 이루어져야 한다.
④ 사후관리의 필요성
　㉠ 클라이언트가 개입이 없이도 잘 기능하고 있는지를 파악할 수 있다.
　㉡ 개입의 효과성을 알아볼 수 있다.
　㉢ 사회복지사가 클라이언트의 변화 노력에 관심이 있음을 기억하게 한다.
　㉣ 클라이언트에게 아직 해결되지 않은 문제가 있음을 발견하면 필요한 도움을 제공하거나 다른 사회복지사나 기관에 의뢰할 수 있다.

> **합격 가이드**
> 사후관리는 종결 후 1~6개월 정도가 지나서 클라이언트가 잘 적응하고 있는지 비공식적으로 변화의 유지 정도를 확인하는 단계입니다.

4 사례관리

1. 사례관리의 이해 기출 11~19회

① 사례관리의 개념 기출 14회, 15회, 17회
  ㉠ 지역사회 내의 개별 클라이언트에 초점을 두고 접근하는 사회복지실천으로, 지역사회에서 이루어지는 보호(Care)를 강조하는 개념이다.
  ㉡ 지역사회보호(Community Care)의 일환으로, 지역사회 내의 요보호대상자나 그 가족의 욕구를 파악하여 그 결과를 근거로 보호의 원칙에 따라 서비스 제공계획을 작성하며 이를 실행하는 체제이다.
  ㉢ 개별사회사업을 기초로 한 통합적인 접근방법으로, 사회자원과 클라이언트의 연결과 조정, 복합적 욕구를 해결해 나가는 과정이라 볼 수 있다.
  ㉣ 종결이 어려운 장기적 욕구를 갖는 대상자에게 적절하며, 상담이나 조언, 치료 등의 임상적 개입을 할 수 있다.

② 사례관리의 특성 기출 12회, 13회
  ㉠ 서비스의 접근성을 향상시키기 위해 자원체계 간 연결, 조정 등의 활동을 한다.
  ㉡ 투입과 과정에 대한 평가를 한다.
  ㉢ 클라이언트의 욕구에 초점을 두어 기관 내 서비스로 한정하지 않는다.
  ㉣ 개인 및 환경의 변화를 위해 노력한다.
  ㉤ 복합적인 문제를 가진 개인의 자원 획득 및 활용능력을 강화시킨다.
  ㉥ 공공자원과 민간자원을 적극 활용하여 공식·비공식적 지지망의 활용을 최대화한다.
  ㉦ 임상적 욕구를 가진 클라이언트에게는 치료적 상담을 실시한다.

③ 사례관리의 정의
  ㉠ 존슨과 루빈(Johnson & Rubin): 주체가 사회복지사이고 대상은 보호대상자이다. 보호대상자들이 적절한 서비스를 받을 수 있게 하는 것으로, 사회복지사의 역할은 다양한 체계와 연결하여 클라이언트가 당면한 문제를 해결하는 것이다.
  ㉡ 파커(Parker): 요보호자에게 다양한 원조를 연결하고 조정하는 것이다.
  ㉢ 목슬리(Moxley): 원조 주체가 사회복지욕구를 가진 대상자에게 사회생활의 기능이나 복지혜택을 최대한 향유할 수 있도록 공식·비공식적 네트워크를 조직하고 조정하는 것이다.
  ㉣ 발로우와 밍크(Ballew & Mink): 사례관리는 한 번에 여러 원조자들로부터의 원조가 요구되는 문제로 인해 그들의 인생이 만족스럽지 않거나 생산적이지 못한 사람들을 돕는 과정이다.
  ㉤ 쿠마(Kumar): 사정, 계획, 조정, 전달과 모니터링을 통해 적절하고 책임성 있는 서비스로의 접근성을 용이하게 함으로써 클라이언트 중심의 서비스 통합을 달성하기 위한 과정이자 전문적 서비스이다.
  ㉥ 전미사회복지사협회(NASW): 서비스 전달체계의 요소들을 연결하고 조정하여 개인의 보호를 위한 욕구를 충족시킬 수 있는 포괄적인 프로그램을 확실히 제공할 수 있도록 하기 위한 하나의 기제이다.
  ㉦ 영국 공중보건국: 지역사회에서 개개인의 욕구에 대해 서비스를 제공하는 과정이자 욕구에 대한 사정, 욕구의 적합성 인정 시 케어패키지를 관리하고 지도하는 것으로, 전문적·사적인 서비스 네트워크 내에서의 상호협력적 활동이다.

2. 사례관리의 등장 배경 기출 11회, 15회, 19회, 21회, 23회

① 탈시설화(시설보호에서 지역사회보호로 전환)의 영향으로 등장하였다.
② 복잡하고 분산된 서비스 전달체계 간 조정기능이 부재하여 중복과 누수가 발생하였다.
③ 클라이언트와 그 가족에게 과도한 책임이 부과되어 그들을 돕는 서비스 기능이 필요해졌다.
④ 복잡하고 다양한 욕구를 지닌 클라이언트가 증가하였다.
⑤ 사회적 지원체계와 사회적 지원망의 중요성에 대한 인식이 증가하였다.
⑥ 비용 효과성에 대한 인식이 증가하였다(서비스 비용 억제).
⑦ 기존 단편적인 서비스를 벗어나 클라이언트에 대한 지속적인 지원을 위한 통합적인 서비스가 요구되었다.

3. 사례관리의 목적 기출 12회, 13회, 20회

① 보호의 연속성을 보장하는 것이다(장기적 접근).
② 서비스 전달의 효과성과 효율성을 증대시킨다.
③ 서비스의 접근성과 책임성을 증진시킨다.
④ 공식·비공식적 지원체계의 통합(서비스의 통합적 확보)을 이룬다.
⑤ 환경의 도전에 맞서기 위해 개인의 잠재력을 극대화시킨다.
⑥ 가족 및 일차집단의 보호능력을 극대화하여 클라이언트 지지체계를 안정화하는 환경체계를 구축한다.
⑦ 공식적인 보호체계와 일차적인 보호자원을 통합한다.
⑧ 개인 및 일차집단의 욕구를 충족시키기 위해 공식적 보호체계의 능력을 극대화한다.

> **합격 가이드**
>
> 사례관리는 직접적인 서비스의 제공보다는 간접적인 서비스의 제공을 통하여 보호의 연속성 보장, 접근성과 책임성 증진, 비용·효과성 증대를 목적으로 합니다.

4. 사례관리의 기본원칙 기출 12~16회, 19회, 21회, 22회

개별화	클라이언트의 신체적·정서적·사회적 상황에 따른 욕구에 적합한 개별화된 서비스를 제공함.
포괄성	클라이언트의 다양한 욕구충족을 위한 광범위한 서비스와 조직망의 연결·조정·점검을 제공함.
접근성	클라이언트가 필요한 자원이나 서비스를 손쉽게 이용할 수 있도록 도움.
연속성	클라이언트의 욕구를 점검하여 충분하고 지속적인 서비스가 제공되도록 지원함.
연계성	복잡하고 분절된 서비스 전달체계를 연결함.
책임성	서비스의 전문성과 윤리적 책임감으로 전문적 역할을 수행하여 신뢰감을 높임.
자율성	서비스과정에서 클라이언트의 자율성을 극대화하며 자기결정권을 보장함.
체계성	서비스와 자원을 효율적으로 조정·관리함으로써 중복서비스를 줄이고 자원낭비를 방지함.

5. 사례관리의 기능 기출 14회

① 클라이언트의 전체 욕구를 지속적으로 파악하는 기능
② 서비스 효과를 보장하기 위한 서비스 감독 기능
③ 클라이언트와 서비스의 연결 기능
④ 비공식 지원체계와 클라이언트 간 상호작용의 촉진 기능
⑤ 사례관리기관들 간의 조정 기능
⑥ 개인 및 집단, 가족 상담 및 치료 기능
⑦ 옹호 기능

6. 통합 사례관리의 이론적 기반

① **임파워먼트 접근**: 사회적 차별과 장애, 억압 및 개인적 문제로 인해 권리를 상실하고 무력한 상태에 있는 개인이나 집단이 권리와 기회, 힘, 자원을 회복하여 스스로 삶에 대한 결정력과 통제력을 가질 수 있도록 하는 것을 말한다. 개인, 대인관계, 제도적 차원으로 이루어진다. 기출 18회

② **생태체계적 접근**: 인간을 환경과의 끊임없는 상호작용 속에서 적응하는 진화적이고 능동적인 존재로 보며, 인간과 사회적·물리적 환경을 연결하는 다양한 관계들의 적절성을 강조한다.

③ **해결중심이론**: 문제에 대한 해결책과 클라이언트가 가지고 있는 강점을 바탕으로 단기간에 성취 가능한 특정 행동과 인지 변화에 초점을 둔다. 이때 목표는 구체적으로 설정해야 한다.

7. 사례관리의 과정 기출 11회, 15회, 16회, 18회, 21회, 23회

① **접수**: 사례발견을 위한 역점사항은 다음과 같다.
  ㉠ 욕구의 우선적 파악(아웃리치)
  ㉡ 광범위한 사례발견에 주력
  ㉢ 두려움, 공포, 수줍음, 무력감, 낙인감 등 정서적 반응을 관찰
  ㉣ 요보호대상자의 다양한 네트워크를 통해 세부적 문제 발견

② **조사 및 사정**: 사례사정의 내용은 다음과 같다.
  ㉠ 대상자 욕구의 내용이나 정도를 조사
  ㉡ 자신의 욕구에 대응하는 대상자의 능력을 조사
  ㉢ 욕구에 대응하는 공식·비공식적인 서비스의 역량 조사

③ **계획**: 사례계획에 포함되는 내용은 다음과 같다.
  ㉠ 사례관리의 목표
  ㉡ 대상자의 능력 여부
  ㉢ 대상자의 가족 역할
  ㉣ 중요한 타인(예 친척, 친구, 동료, 이웃, 자원봉사자)의 도움 정도
  ㉤ 사례담당자의 역할
  ㉥ 사례관리기관의 지원
  ㉦ 공적·사적기관 등의 서비스 내용
  ㉧ 원조결과에 대한 예상 정도 등

④ **개입 또는 실행** 기출 18회
  ㉠ 실천과정: 문제해결과정, 원조과정, 치료과정, 중재과정, 개입과정으로 구성된다.
  ㉡ 사례실천의 공급 주체
    • 공식적 지원체계: 사회복지법인, 자조단체, 기업체 등 제도화된 단체 등
    • 비공식적 지원체계: 가족, 친척, 친구, 이웃, 자원봉사자 등
  ㉢ 사례실천의 서비스 구분
    • 직접적 서비스: 요보호대상자가 위기상황에 처했을 때 개입하는 서비스
    • 간접적 서비스: 요보호대상자를 공식·비공식적 기관에 연결하는 서비스

⑤ **점검 및 재사정**
  ㉠ 사례관리자의 역할: 목표달성에 대한 평가
  ㉡ 사례평가의 목적: 서비스의 만족도를 파악하고 불만족 시 어떻게 할 것인가를 결정한다.
  ㉢ 구체적인 내용: 사례계획 수행 정도 파악, 개입계획의 수정 여부 검토, 필요시 문제해결전략 수정, 사례계획의 목표달성 여부, 서비스 자원 내용의 적절성, 새로운 욕구변화를 사정

⑥ 평가 및 종결: 사례관리의 종결 사유는 다음과 같다.
  ㉠ 대상자 욕구의 완전 충족으로 서비스가 필요없을 때
  ㉡ 사망이나 타 지역 이주
  ㉢ 사례기관의 폐쇄로 지속적 보호서비스가 어려울 때

8. 사례관리자의 역할 기출 23회

① 사례관리자: 복합적 문제로 어려움을 겪는 클라이언트에게 개입한다는 특성으로 인해 사회복지적 문제뿐만 아니라 다른 영역의 문제까지도 통합적으로 다루어야 한다. 따라서 다양한 지식과 경험, 지역사회 자원과 사회체계 등에 대한 능력이 요구된다.
② 사례관리자의 주요 업무
  ㉠ 클라이언트와 가족의 문제, 욕구해결에 필요한 서비스의 제공 또는 연계
  ㉡ 문제해결에 필요한 정보수집
  ㉢ 문제해결과정의 기록과 보고
③ 사례관리자의 자질
  ㉠ 인간 중심의 가치와 철학
  ㉡ 개별사회사업적 접근에 필요한 임상적 능력
  ㉢ 개인과 관련된 자원의 조정, 연계, 네트워크, 옹호 등의 실천기술 구비
④ 사례관리자의 필수 지식
  ㉠ 사례관리활동의 중심 가치에 대한 지식: 참여, 자기결정, 비밀보장, 정상화 등
  ㉡ 정신보건 지식: 정신질환, 약물남용 등으로 인한 클라이언트 문제의 원인, 정의, 제한점, 의료적 조치, 지역사회 서비스의 이용가능성 등 장기보호 영역에 대한 지식
  ㉢ 사례관리기술 지식: 관계형성기술, 문제해결기술, 위기개입기술, 효과적인 옹호기술, 자원연계기술 등
⑤ 사례관리자의 역할별 활동 내용 기출 11회, 12회, 15회, 18~22회

사정자	클라이언트의 약점, 역기능, 질병, 결함 등과 같은 부정적인 요소보다는 강점, 능력, 성장과 발전가능성, 건전한 기능, 자원, 잠재력 등의 긍정적인 요소에 중점을 두고 클라이언트의 욕구를 수집, 분석, 종합
계획가	클라이언트의 욕구를 충족시키기 위한 사례계획, 치료, 서비스 통합, 기관의 협력 및 서비스망을 설계
상담자	클라이언트 스스로 지지망을 개발하고 유지하는 방법을 알 필요가 있음을 알리며, 상담을 통해 신뢰관계 발전과 역기능적인 측면을 점검하고, 보다 유용한 측면의 개발을 촉진
중개자	클라이언트가 필요로 하는 자원을 연결시키는 역할
조정자	클라이언트의 욕구와 자원과의 관계에서 필요한 수준의 자원에 대해 조정
평가자	프로그램의 효과성, 효율성을 평가하여 사례관리과정 전반에 관한 정보와 자료를 수집하고 분석
옹호자	클라이언트의 요구사항을 구체화시키고, 자원이 클라이언트에게 적절히 공급될 수 있도록 활동

개념 공략 사례관리자의 사례관리 실천원칙 – 목슬리(Moxley)
- 사례관리자는 클라이언트 수준에서 일함.
- 사례관리자는 체계적 관점을 유지하고 클라이언트가 자신의 자원을 이용할 기회를 보장하여야 함(공식·비공식 자원).
- 사례관리자는 행정적 과정과 기술을 이용함(행정가이면서 관리자의 역할과 과업수행).
- 사례관리자는 임상적 과정과 기술을 이용함.
- 사례관리자는 책임성의 근거를 지니고 일함.
- 사례관리자는 서비스 전달의 통합을 달성하기 위해 노력함.

TEST 1 사회복지실천론

01 한국 사회복지실천의 역사적 발달과정을 발생한 순서대로 나열한 것은? 〔19회〕

> ㉠ 대학교에서 사회복지 전문 인력의 양성교육을 시작하였다.
> ㉡ 사회복지사업법에 따라 사회복지사 명칭을 사용하기 시작하였다.
> ㉢ 사회복지전문요원(이후 전담공무원)을 행정기관에 배치하기 시작하였다.
> ㉣ 정신건강증진 및 정신질환자 복지서비스 지원에 관한 법률에 따라 정신건강사회복지사 명칭을 사용하기 시작하였다.

① ㉠ - ㉡ - ㉢ - ㉣
② ㉡ - ㉠ - ㉣ - ㉢
③ ㉡ - ㉣ - ㉠ - ㉢
④ ㉢ - ㉡ - ㉣ - ㉠
⑤ ㉣ - ㉢ - ㉡ - ㉠

02 생태도(Eco-map)를 통해 알 수 없는 것은? 〔16회〕

① 가족규칙
② 가족이 이용하는 서비스기관의 종류
③ 가족의 여가활동
④ 이웃주민들과의 친밀도
⑤ 확대가족과의 관계

03 소속기관의 예산 절감 요구로 클라이언트에게 필요한 서비스를 제공하지 못할 때, 사회복지사가 겪게 되는 가치갈등은? 〔19회〕

① 가치 상충
② 의무 상충
③ 결과의 모호성
④ 힘 또는 권력의 불균형
⑤ 클라이언트체계의 다중성

합격을 여는 만능해설

01 ㉠ 1947년 이화여자대학교 기독교사회사업과가 개설되었다(최초의 사회복지교육).
㉡ 1983년 사회복지사업법 개정으로 '사회사업종사자'에서 '사회복지사'로 명칭이 변경되었다.
㉢ 1987년부터 사회복지전문요원의 채용과 읍·면·동 배치가 이루어졌다. 이후 1992년 사회복지전담공무원의 근거가 마련되었다.
㉣ 정신보건법이 2016년 정신건강증진 및 정신질환자 복지서비스 지원에 관한 법률로 개정되면서 정신보건사회복지사의 명칭이 정신건강사회복지사로 변경되었다.

02 ① 생태도는 가족에 대해 사회적 맥락에 초점을 두고 가족과 좀 더 큰 사회체계와의 상호작용을 파악하며, 클라이언트의 양육환경·유지환경의 종류와 관계의 질, 그리고 체계 사이의 영향과 상호작용의 변화를 살피는 데 유용하다. 가족규칙은 생태도가 아닌 가족 구성원과의 면접을 통해 파악할 수 있다.

03 ② 제시된 문제의 사회복지사는 소속기관과 클라이언트 사이에서 갈등을 겪고 있다. 이는 의무 상충의 윤리적 딜레마에 대한 내용으로, 기관에 대한 의무와 클라이언트에 대한 의무가 상충할 때 갈등을 겪게 된다.

04 기능주의학파(Functional School)에 관한 내용으로 옳지 않은 것은? 20회

① 개인의 의지 강조
② 인간의 성장 가능성 중시
③ '지금-이곳'에 초점
④ 인간과 환경의 관계 분석
⑤ 과거경험 중심적 접근

05 사회복지사가 면접기술을 활용할 때 주의할 점으로 옳은 것은? 16회

① 클라이언트로부터 사적 질문을 받을 경우 간단히 답하고 초점을 다시 돌리는 것이 좋다.
② 한 번에 다양한 정보를 얻기 위해서는 중첩형 질문을 적극적으로 활용해야 한다.
③ 클라이언트의 침묵은 저항이므로 힘들더라도 대화를 지속하도록 촉구해야 한다.
④ 클라이언트가 받아들이기 어려운 경우에도 자기탐색을 위해 해석을 반복한다.
⑤ 바람직한 결정을 이끌어내기 위해 원하는 방향으로 유도질문을 하는 것이 중요하다.

06 통합적 방법의 특징으로 옳지 않은 것은? 16회

① 실천의 유용한 이론적 틀로서 생태체계적 관점에 기초한다.
② 개인과 체계 간의 상호작용에 초점을 둔다.
③ 사회복지사는 미시적 수준에서부터 거시적 수준의 실천까지 다양한 체계에 개입한다.
④ 인간에 초점을 두거나 환경에 초점을 두는 2궤도 접근이다.
⑤ 일반주의(Generalist) 실천에서 활용하는 접근방법이다.

07 면접을 위한 의사소통기술 중 클라이언트의 혼란스럽고 갈등이 되는 느낌을 가려내어 분명히 해주는 기술은? 18회

① 재명명
② 재보증
③ 세분화
④ 명료화
⑤ 모델링

04 ⑤ 기능주의 사회복지실천은 치료보다는 원조와 인간의 자아와 의지, 성장 가능성을 강조하면서 현재의 경험과 개인의 동기에 대한 이해를 중시하고 있다.

05 ① 면접기술은 전문적 지식을 가진 사회복지사가 클라이언트를 원조한다는 목적을 가지고 의도적으로 이끌어나가는 전문적 대화기술로, 사적인 대화와 구분되어야 한다.

오답 해설
② 너무 많은 질문, 즉 중첩형(폭탄형) 질문은 클라이언트를 혼란스럽게 한다.
③ 침묵은 저항일 수도 있으나 긍정과 부정, 생각을 정리하는 중 등 다양한 의미를 지니고 있기 때문에 무조건 저항이라고 받아들이는 것은 적절하지 않다.
④ 해석은 다양할 수 있고 적절하게 사용되지 않을 경우 오히려 역효과가 발생하므로 신중히 사용하여야 한다.
⑤ 유도질문을 하면 클라이언트가 솔직한 의견이 아닌 사회복지사의 의도에 따라 다른 방향으로 거짓말을 할 수 있다.

06 ④ 통합적 방법은 인간 중심 접근이나 환경 중심 접근으로 이분화하는 것이 아니라 인간과 환경의 상호작용에 초점을 둔다.

07 **오답 해설**
① 재명명은 문제상황에 대한 클라이언트의 관점을 변화시키기 위해 클라이언트가 부여하는 의미를 수정하는 의사소통기법이다.
② 재보증은 사회복지사가 신뢰를 표현함으로써 클라이언트의 자신감을 향상시키는 기법이다.
③ 세분화는 클라이언트가 하는 말의 전체적인 내용을 하나씩 탐색하여 부분화하고 정리하는 기법이다.
⑤ 모델링은 특정행동이나 태도를 보여주고 클라이언트가 이를 모방함으로써 학습하도록 하는 기법이다.

08 다음에서 설명하는 면접기술은? [17회]

- 클라이언트가 보여준 언행들의 의미와 관계에 대한 가설을 제시함.
- 클라이언트가 자신의 행동, 감정, 생각을 새로운 시각으로 볼 수 있게 함.

① 해석
② 요약
③ 직면
④ 관찰
⑤ 초점화

09 접수단계의 주요 과업에 해당하지 않는 것은? [20회]

① 관계형성을 통한 클라이언트의 참여 유도
② 클라이언트의 드러난 문제 확인
③ 서비스의 효율성과 효과성 측정
④ 서비스에 대한 클라이언트의 동의 확인
⑤ 클라이언트의 문제가 기관의 자원과 정책에 부합되는지 판단

10 자료수집에 관한 설명으로 옳지 않은 것은? [19회]

① 클라이언트의 참여가 필요하다.
② 실천의 전 과정을 통해 이루어진다.
③ 상반된 정보를 제공하는 자료는 폐기한다.
④ 문제와 욕구, 강점과 자원을 모두 포함한다.
⑤ 가정방문으로 자연스러운 상호작용을 관찰할 수 있다.

11 사회복지실천에서 통합적 접근방법에 관한 내용으로 옳지 않은 것은? [20회]

① 전통적인 방법론의 한계로 인해 등장
② 클라이언트의 참여와 자기결정권 강조
③ 인간의 행동은 환경과 연결되어 있음을 전제
④ 이론이 아닌 상상력에 근거를 둔 해결방법 지향
⑤ 궁극적으로 클라이언트의 삶의 질 향상을 돕고자 함

합격을 여는 만능해설

08 ① 해석은 클라이언트가 겉으로 나타내는 문제가 내부적 정신작용과 관련있음에도 이를 의식하지 못하거나 깨닫지 못할 때 그 관련성을 설명해서 이해시키는 것으로, 클라이언트로 하여금 진술이나 인식을 넘어서게 하며 행동이나 생각, 감정 등에 새로운 의미와 원인을 다른 관점에서 볼 수 있는 기회를 제공한다.

09 ③ 사회복지실천에서 접수단계는 실천과정의 가장 초기에 이루어지는 것으로 문제를 가진 사람이 전문적 도움을 얻기 위해 사회사업기관에 찾아왔을 때, 그의 문제와 욕구를 확인하여 그것이 기관의 정책과 서비스에 부합되는지 여부를 판단하는 과정을 말한다. 서비스의 효율성과 효과성 측정은 중간평가 또는 종결 및 평가단계에서 이루어지는 활동이다.

10 ③ 자료수집과정에서 상반된 정보가 수집되어도 모두 정리한 이후 사정단계에서 수집·정리된 자료를 분석하고, 해석하여 문제를 규정하여야 한다.

11 ④ 통합적 접근방법은 다양한 이론과 개념을 사용하여 문제에 따라 다른 해결방법을 지향한다.

12 1960년대와 1970년대 외원단체 활동이 우리나라 사회복지발달에 미친 영향으로 옳지 않은 것은? [22회]

① 사회복지가 종교와 밀접한 관련하에 전개되도록 하였다.
② 전문사회복지의 시작을 촉발하였다.
③ 시설 중심보다 지역사회 중심의 사회복지가 발전하는 계기를 만들었다.
④ 사회복지가 거시적인 사회정책보다는 미시적인 사회사업 위주로 발전하게 하였다.
⑤ 사람들이 사회복지를 구호사업 또는 자선사업과 같은 것으로 인식하게 하였다.

13 기능주의(functionalism)에서 강조한 내용으로 옳은 것을 모두 고른 것은? [22회]

> ㉠ 개인의 의지
> ㉡ 개인에 대한 심리 내적 진단
> ㉢ 전문가와 클라이언트 사이의 원조관계
> ㉣ 기관의 기능

① ㉠, ㉡   ② ㉢, ㉣
③ ㉠, ㉢, ㉣   ④ ㉡, ㉢, ㉣
⑤ ㉠, ㉡, ㉢, ㉣

14 사회복지실천 관계의 요소인 헌신과 의무에 관한 설명으로 옳은 것을 모두 고른 것은? [22회]

> ㉠ 일관성을 포함하는 개념이다.
> ㉡ 원조관계에서 책임감과 관련이 있다.
> ㉢ 원조관계의 목적을 달성하기 위해 필요하다.
> ㉣ 클라이언트는 헌신을 해야 하나 의무를 갖지는 않는다.

① ㉡   ② ㉠, ㉡, ㉢
③ ㉠, ㉢, ㉣   ④ ㉡, ㉢, ㉣
⑤ ㉠, ㉡, ㉢, ㉣

15 비스텍(F. Biestek)이 제시한 관계의 기본원칙과 설명이 옳게 연결된 것은? [13회]

① 개별화 – 편견이나 고정관념 없이 클라이언트 개인의 경험을 존중하는 것이다.
② 비심판적 태도 – 문제의 원인과 상황을 객관적으로 판단하지 않는 것이다.
③ 자기결정 – 클라이언트의 상황에 관계없이 모든 클라이언트의 선택권을 보장하는 것이다.
④ 의도적 감정표현 – 사회복지사 자신의 감정을 적극적으로 드러내는 것이다.
⑤ 통제된 정서적 관여 – 내적 통찰을 위해 클라이언트 자신의 감정표현을 억제하도록 돕는 것이다.

---

12 ③ 1960년대와 1970년대 외원단체 활동은 학교, 병원, 고아원 등의 시설 중심의 사회복지를 발전시켰다. 시설 중심보다 지역사회 중심의 사회복지가 발전하는 계기를 만든 시기는 1980년대이다.

13 오답 해설
㉡ 개인에 대한 심리 내적 진단은 진단주의에서 강조한 내용이다.

14 오답 해설
㉣ 전문적 관계에서 관계의 목적을 이루기 위해서는 사회복지사뿐 아니라 클라이언트 역시 헌신과 의무를 가져야 한다.

15 ① 개별화는 편견, 고정관념 없이 클라이언트 개개인의 독특한 자질을 알고 이해하는 일이며, 보다 나은 적응을 위해 원조에 있어서 각 개인마다 상이한 원리나 방법을 활용하는 것을 의미한다.

16 특정 문제에 대해 어떠한 서비스를 제공할 것인가 결정할 때, 클라이언트의 의사를 존중해 주는 것을 의미하는 윤리적 쟁점은? `22회`

① 비밀보장
② 진실성 고수와 알 권리
③ 제한된 자원의 공정한 분배
④ 전문적 관계 유지
⑤ 클라이언트의 자기결정권

17 사례관리의 원칙에 해당하지 않는 것은? `22회`

① 서비스의 개별화
② 서비스의 접근성
③ 서비스의 연계성
④ 서비스의 분절성
⑤ 서비스의 체계성

18 우리나라 사회복지사 윤리강령의 내용에 해당하지 않는 것은? `15회`

① 사회복지사는 사회정의 실현과 클라이언트의 복지 증진에 헌신하며, 이를 위한 국가와 사회의 환경 변화를 위해 노력한다.
② 사회복지사는 클라이언트의 알 권리를 인정하고 동의를 얻어야 한다.
③ 사회복지사는 클라이언트의 지불 능력에 상관없이 복지 서비스를 제공해야 하며, 이를 이유로 차별해서는 안 된다.
④ 사회복지사는 어떠한 상황에서도 클라이언트와 사적 금전 거래, 성적 관계 등 부적절한 행동을 해서는 안 된다.
⑤ 사회복지사는 기관의 부당한 정책이나 요구에 대해 전문직의 가치와 지식 근거보다는 감정적인 판단에 우선하여 대응해야 한다.

19 사례관리과정을 순서대로 바르게 나열한 것은? `15회`

① 아웃리치 → 사정 → 점검 → 계획 → 재사정
② 아웃리치 → 사정 → 계획 → 재사정 → 점검
③ 사정 → 아웃리치 → 계획 → 재사정 → 점검
④ 사정 → 아웃리치 → 재사정 → 계획 → 점검
⑤ 아웃리치 → 사정 → 계획 → 점검 → 재사정

합격을 여는 만능해설

16 ⑤ 클라이언트의 자기결정권은 사회복지실천의 개입과정에서 클라이언트에게 자신의 삶을 스스로 결정할 수 있는 권리와 욕구가 있다는 원리에 바탕을 둔 것이다.

17 ④ 서비스의 분절성은 서비스가 서로 연결되어 있지 않고 각각 나누어진 상태를 말하는데, 이는 사례관리의 원칙에 해당하지 않는다.

18 ⑤ 사회복지사는 기관의 부당한 정책이나 요구에 대해 전문직의 가치와 지식을 근거로 대응하고, 제반 법령과 규정에 따라 해결하도록 노력해야 한다.

19 ⑤ 사례관리는 '아웃리치(사례발견) → 사정 → 계획 → 사례관리의 실행과 점검 → 재사정'의 과정을 거친다.

20 자료수집에 관한 설명으로 옳지 않은 것은? 15회

① 자료수집은 실천의 전 과정에 걸쳐 이루어지는 지속적인 과정이다.
② 접수단계에서의 자료수집은 클라이언트의 문제와 기관의 서비스 간 부합 여부를 판단하는 데 필요한 정도면 충분하다.
③ 클라이언트와 사회복지사의 상호작용 유형은 클라이언트와 제3자의 상호작용 유형을 짐작할 수 있게 한다.
④ 클라이언트의 언어적 표현과 비언어적 행동이 일치하지 않을 경우 언어적 표현에 더 주의를 기울여야 한다.
⑤ 수집된 자료는 클라이언트를 둘러싼 주변체계에 대한 정보도 포함해야 한다.

21 사례관리자 역할과 그 예의 연결로 옳지 않은 것은? 21회

① 조정자(coordinator): 사례회의를 통해 독거노인지원서비스가 중복 제공되지 않도록 하였다.
② 옹호자(advocate): 사례회의에서 장애아동의 입장을 대변하였다.
③ 협상가(negotiator): 사례회의를 통해 생활 형편이 어려운 가정의 아동에게 재정후원자를 연결해주었다.
④ 평가자(evaluator): 사례 종결 여부를 결정하기 위해 목표 달성 여부를 확인하였다.
⑤ 기획가(planner): 욕구사정을 통해 클라이언트에게 필요한 자원을 설계하고 체계적인 개입 계획을 세웠다.

22 레비(Levy, 1973)가 제시한 사회복지실천에서의 가치로 옳은 것을 모두 고른 것은?

> ㄱ. 사람 우선의 가치 ㄴ. 결과 우선의 가치
> ㄷ. 수단 우선의 가치

① ㄱ
② ㄱ, ㄴ
③ ㄱ, ㄷ
④ ㄴ, ㄷ
⑤ ㄱ, ㄴ, ㄷ

---

20 ④ 언어적 표현과 비언어적 표현 중 어느 것이 더 중요하다고 말할 수 없고, 모두 자료의 출처가 되므로 상황에 따라 판단하며 주의를 기울여야 한다.

21 ③ 클라이언트와 자원을 연결해 주는 것은 중개자로서의 역할에 해당한다.

22 ⑤ 레비는 사회복지실천에서 중요한 가치로 인간존중 우선에 대한 사람 우선의 가치, 인간을 위한 바람직한 결과에 대한 결과 우선의 가치, 실천의 개입에서 인간 중심의 바람직한 수단을 선택하여야 한다는 수단 우선의 가치를 제시하였다.

23 인보관에 관한 설명으로 옳지 않은 것은?

① 영국의 토인비홀이 기원이다.
② 사회문제를 개인이 아닌 사회환경의 문제로 보았다.
③ 주요 이데올로기는 진화주의이다.
④ 활동가들의 주축은 빈민과 함께 거주하면서 활동한 자원봉사자이다.
⑤ 주된 활동내용에는 사회 및 정치적인 행동이 포함되었다.

24 다음의 사회복지실천현장에서 개념이 다른 하나는?

① 노인복지관
② 학교
③ 보호관찰소
④ 종합병원
⑤ 정신건강증진센터

25 사례관리의 등장 배경으로 보기 어려운 것은?

① 탈시설화의 영향
② 복잡하고 분산된 서비스 전달체계
③ 클라이언트와 그 가족에게 부과되는 과도한 책임
④ 복잡하고 다양한 욕구를 지닌 클라이언트의 증가
⑤ 개별사회사업의 중요성에 대한 인식 증가

합격을 여는 만능해설

23 ③ 인보관운동의 주요 이데올로기는 사회변화를 촉진하는 자유주의와 급진주의 사상이다.

24 ① 사회복지실천현장은 1차현장과 2차현장으로 구분할 수 있다. 1차현장은 클라이언트가 필요로 하는 사회복지서비스의 제공을 주로 담당하는 기관으로, 사회복지사들이 중심이 되어 활동하는 실천현장이다. 2차현장은 전문적으로 사회복지실천을 수행하는 것이 주목적이 아니나, 필요한 경우 부분적으로 사회복지실천의 활동이 이루어지는 실천현장으로 학교, 보호관찰소, 종합병원, 정신건강증진센터 등이 있다. 노인복지관은 1차현장이다.

25 ⑤ 사례관리의 등장 배경은 탈시설화, 기존의 복잡하고 분산된 서비스 전달체계, 클라이언트와 그 가족에게 부과되는 과도한 책임, 복잡하고 다양한 욕구를 지닌 클라이언트의 증가, 사회적 지지체계와 사회적 지원망의 중요성에 대한 인식 증가, 비용 효과성에 대한 인식 증가 등이다. 개별사회사업의 중요성에 대한 인식 증가와는 관련성이 적다.

TEST 2 사회복지실천론

01 사회복지 전문직에 관한 설명으로 옳지 <u>않은</u> 것은? [16회]

① 서구에서 전문직 교육과정이 시작된 것은 19세기 후반이다.
② 실천의 가치와 지식은 방법(Methods)을 통해 현장에서 구현된다.
③ 한국 사회복지사의 자격 및 처우에 관한 사항은 사회복지사업법에 근거한다.
④ 플렉스너(A. Flexner)는 체계적 이론과 전문적 권위, 윤리강령 등을 전문직의 속성으로 꼽았다.
⑤ 밀포드(Milford) 회의에서 사회복지실천의 공통요소를 제시하였다.

02 표적문제의 우선순위 결정에서 고려해야 할 사항으로 옳지 <u>않은</u> 것은? [16회]

① 긴급성
② 변화가능성
③ 측정가능성
④ 해결가능성
⑤ 클라이언트의 선택

03 사회복지실천현장의 기능과 목적에 따른 분류에서 1차 현장에 해당하지 <u>않는</u> 것은? [20회]

① 양로시설
② 교정시설
③ 사회복지관
④ 지역아동센터
⑤ 장애인 거주시설

04 사회복지실천에서 전문적 관계의 특성으로 옳은 것은? [20회]

① 사회복지사는 자신의 반응을 통제하면 안 된다.
② 클라이언트는 전문성에서 비롯된 권위를 가진다.
③ 사회복지사와 클라이언트 사이에 합의된 목적이 있다.
④ 문제가 해결되어야만 종결되는 관계이기 때문에 시간의 제한이 없다.
⑤ 사회복지사와 클라이언트는 반드시 상호 간의 이익에 헌신하는 관계이다.

합격을 여는 만능해설

01 ④ 체계적 이론, 전문적 권위, 윤리강령 등을 전문직의 속성이라 제시하며, 사회복지직은 이미 전문직이라고 주장한 학자는 그린우드(Greenwood)이다.

02 ③ 문제개입에서 우선순위의 결정 시에는 클라이언트의 가장 시급한 문제가 무엇이며, 클라이언트가 원하는 것, 변화가 가능한 것, 클라이언트에게 다른 목표에 도전할 수 있는 동기를 부여할 수 있는 것, 기관의 능력으로 해결이나 달성이 가능한 것 등이 고려되어야 한다. 측정가능성을 포함하여 구체성, 성취가능성, 현실성, 시기적절성은 문제해결의 계획단계에서 이루어지는 바람직한 목표를 설정하는 방법과 관련이 있다.

03 ② 2차 실천현장은 전문적으로 사회복지실천을 수행하기 위해 설립된 기관은 아니나 필요한 경우 부분적으로 사회복지실천의 활동이 이루어지는 곳으로 교정시설, 학교, 병원 등이 있다.

04 ③ 사회복지실천에서 전문적 관계의 특성으로는 서로 합의된 목적을 가지는 목적지향성, 클라이언트와 구체적으로 한정된 기간을 갖고 관계를 맺는 시간 제한성, 사회복지사는 자신의 이익보다 클라이언트의 이익을 위해 자신을 헌신하는 클라이언트에 대한 헌신, 특화된 지식 및 기술 그리고 전문직 윤리강령에서 비롯되는 권위를 가지는 권위성, 사례에 대해 객관성을 유지하고 자기 자신의 감정을 자각하고 그 책임을 지는 통제된 관계가 있다.

정답 01 ④ 02 ③ 03 ② 04 ③

05 인권의 특성으로 옳은 것을 모두 고른 것은?
[19회]

> ㉠ 모든 인간에게 해당되는 보편적인 권리이다.
> ㉡ 개인, 집단, 국가가 상호 간에 책임을 동반하는 권리이다.
> ㉢ 사회적 약자를 위하여 지켜지고 확보되어야 하는 권리이다.
> ㉣ 법이 보장하고 있지 않다 해도 인간의 존엄성 보장에 필요한 권리이다.

① ㉠, ㉡
② ㉠, ㉢
③ ㉡, ㉢
④ ㉡, ㉢, ㉣
⑤ ㉠, ㉡, ㉢, ㉣

06 면접에서 피해야 할 질문기술이 아닌 것은?
[19회]

① 개방형 질문
② 모호한 질문
③ 유도 질문
④ '왜?'라는 질문
⑤ 복합 질문

07 사회복지실천 면접에서 경청에 관한 설명으로 옳지 않은 것은?
[20회]

① 클라이언트의 진술을 즉각적으로 교정해 주는 것이 핵심이다.
② 클라이언트에 관한 중요한 정보를 얻는 방법 중 하나이다.
③ 클라이언트의 표정이나 몸짓도 관찰하여 의미를 파악한다.
④ 클라이언트의 사고와 감정을 이해하려는 적극적 활동이기도 하다.
⑤ 클라이언트와 사회복지사 사이의 신뢰 관계 형성에 도움이 된다.

08 사정(assessment)의 특성으로 옳지 않은 것은?
[22회]

① 클라이언트의 강점을 포함해야 한다.
② 사회복지사의 지식적 근거가 필요하다.
③ 사회복지사와 클라이언트의 상호작용 과정이다.
④ 클라이언트를 완전히 이해하는 것은 한계가 있다.
⑤ 사회복지실천의 초기 단계에서만 이루어진다.

합격을 여는 만능해설

05 ⑤ 국가인권위원회에서는 인권을 인간이 가지는 기본적 권리, 인간이 가지는 보편적 권리, 약자를 위한 권리, 책임을 동반한 권리, 개인과 집단을 포괄하는 권리, 정당성의 기준으로 국가권력을 제한하며, 사회변화를 요구하는 것이라고 정의한다.

06 ① 개방형 질문은 가장 유용한 질문 유형으로, 클라이언트가 자신의 문제에 대해 자신의 방법으로 이야기할 수 있도록 하며 광범위한 표현을 하도록 하는 질문기술이다.

07 ① 경청은 클라이언트가 마음을 열고 감정 정화와 안정을 얻게 하고, 클라이언트가 언급하는 주제를 사회복지사가 임의로 바꾸지 않고 클라이언트의 주제에 주의를 기울이는 것이다. 따라서 진술을 즉각적으로 교정해주는 것은 바람직하지 않다.

08 ⑤ 사정은 수집·정리된 자료를 분석하고 해석하여 문제를 규정하는 작업으로, 사회복지실천의 초기 단계에서만 이루어지는 것이 아니라 실천과정 동안 계속되는 지속적인 과정이다.

09 로웬버그와 돌고프(Loewenberg & Dolgoff)가 제시한 윤리적 의사결정의 우선순위를 순서대로 바르게 나열한 것은? 14회

> ㉠ 생명보호의 원칙
> ㉡ 자기결정의 원칙
> ㉢ 삶의 질 향상의 원칙
> ㉣ 정보개방의 원칙

① ㉠ → ㉡ → ㉢ → ㉣
② ㉠ → ㉢ → ㉣ → ㉡
③ ㉡ → ㉠ → ㉣ → ㉢
④ ㉢ → ㉡ → ㉠ → ㉣
⑤ ㉣ → ㉠ → ㉢ → ㉡

10 전문적 원조관계에 관한 설명으로 옳은 것은? 22회

① 클라이언트의 문제와 욕구가 중심이 된다.
② 시간적 제한을 두지 않는 관계이다.
③ 전문가의 권위는 부정적 작용을 한다.
④ 전문가가 자신과 원조 방법에 대해 통제해서는 안 된다.
⑤ 클라이언트는 전문가의 지시에 무조건 따라야 한다.

11 핀커스와 미나한(A. Pincus & A. Minahan)의 4체계 모델을 다음 사례에 적용할 때 대상과 체계의 연결로 옳은 것은? 22회

> 가족센터의 교육 강좌를 수강 중인 결혼이민자 A는 최근 결석이 잦아졌다. A의 이웃에 살며 자매처럼 친하게 지내는 변호사 B에게서 A의 근황을 전해들은 가족센터 소속의 사회복지사 C는 A와 연락 후 가정방문을 하여 A와 남편 D, 시어머니 E를 만나 이야기를 나누었다. C는 가족센터를 이용하면 '바람이 난다'라고 여긴 E가 A를 통제하고 있는 것을 알게 되었다. 또한 D는 A를 지지하고 싶지만 E의 눈치를 보느라 소극적으로 행동하는 것도 파악하였다. A의 도움 요청을 받은 C는 우선 E의 변화를 통해 상황을 개선해보고자 한다.

① 결혼이민자(A): 행동체계
② 변호사(B): 전문가체계
③ 사회복지사(C): 의뢰-응답체계
④ 남편(D): 변화매개체계
⑤ 시어머니(E): 표적체계

12 클라이언트가 타인이 하는 바람직한 행동을 보고 모방함으로써 행동의 변화를 가져오는 개입기술은? 22회

① 초점화   ② 모델링
③ 환기   ④ 직면
⑤ 격려

---

09 ① 윤리적 의사결정에 있어 가장 중요한 원칙은 생명보호의 원칙이며, 그다음 우선순위는 평등 및 불평등의 원칙, 자율과 자유의 원칙(자기결정의 원칙), 최소 해악의 원칙, 삶의 질 향상의 원칙, 사생활 보호와 비밀보장의 원칙, 진실성과 정보개방(진실 고지)의 원칙이다.
10 ① 전문적 원조관계란 클라이언트의 문제와 욕구를 중심으로, 서로 합의된 명확한 목적에 따라 클라이언트의 보다 나은 적응 및 문제해결을 위한 원조를 말한다.
11 **오답 해설**
① 결혼이민자(A)가 사회복지사(C)에게 도움을 요청하였으므로, 클라이언트체계이다.
② 변호사(B)는 사회복지사(C)에게 결혼이민자(A)의 근황을 전달하였으므로, 행동체계이다.
③ 사회복지사(C)는 시어머니(E)의 변화를 통해 상황을 개선하고자 하므로, 변화매개체계이다.
④ 남편(D)은 시어머니(E)의 눈치를 보느라 소극적으로 행동하지만, 결혼이민자(A)를 지지하므로 행동체계이다.
12 ② 모델링은 클라이언트가 시행착오 없이 원하는 행동을 학습할 수 있도록 돕는 개입방법이다.

13 사정도구 중 집단 성원들 간의 상호작용을 도식화하여 구성원의 지위, 구성원 간의 관계, 하위집단 등을 파악하는 데 유용한 것은? [14회]

① 가계도(Genogram)
② 소시오그램(Sociogram)
③ 생태도(Ecomap)
④ PIE(Person In Environment) 체계
⑤ 생활력표(Life History Grid)

14 임파워먼트모델에 관한 설명으로 옳지 <u>않은</u> 것은? [18회]

① 클라이언트와 문제해결 방안을 함께 수립한다.
② 개인, 대인관계, 제도적 차원에서 임파워먼트가 이루어진다.
③ 클라이언트와 협력관계를 확립하는 것을 중요시한다.
④ 클라이언트의 문제와 부적응의 개입에 초점을 맞춘다.
⑤ 개입과정은 대화 – 발견 – 발달단계로 진행된다.

15 법정 국가자격을 모두 고른 것은? [15회]

㉠ 사회복지사
㉡ 의료사회복지사
㉢ 학교사회복지사
㉣ 정신건강사회복지사

① ㉠
② ㉠, ㉡
③ ㉠, ㉡, ㉢
④ ㉠, ㉡, ㉣
⑤ ㉠, ㉡, ㉢, ㉣

16 바람직한 원조관계 형성에 방해가 되는 사회복지사의 행동은? [15회]

① 상황에 적절한 옷을 갖추어 입음.
② 클라이언트의 비언어적 행동을 민감하게 관찰함.
③ 클라이언트를 감동시키려고 노력함.
④ 전문적 관계와 사적 관계의 경계를 분명히 함.
⑤ 자신의 편견과 선입견을 인지함.

합격을 여는 만능해설

13 ② 소시오그램은 모레노와 제닝스가 개발한 집단 성원 간의 개인적 수용과 거부, 집단 내의 대인관계를 평가하기 위한 사정도구이다.

14 ④ 임파워먼트모델(역량강화모델)은 개인 및 관계, 정치적 힘을 증가시키는 사회복지실천모델로, 강점 관점과 비슷하게 클라이언트의 문제와 부적응에 대한 진단이나 해결보다는 모든 개인, 집단, 가족, 지역사회가 강점을 가지고 있음을 강조한다.

15 ⑤ ㉠, ㉡, ㉢, ㉣ 모두 법정 국가자격에 해당한다. 사회복지사업법 제11조에 따르면 정신건강·의료·학교 영역에 대해서는 영역별로 정신건강사회복지사·의료사회복지사·학교사회복지사의 자격을 부여할 수 있으며, 해당 자격을 국가자격으로 규정하고 있다.

16 ③ 사회복지사는 원조관계 형성을 위해 클라이언트와의 라포 형성이 중요한데, 클라이언트를 감동시키려고 노력하는 과정은 오히려 올바른 라포 형성을 방해할 수 있다. 사회복지사는 클라이언트의 문제를 해결하는 데에 더 집중해야 하며 비심판적인 태도나 경청, 수용의 태도를 보이는 것이 바람직하다.

17 직면(Confrontation)기법에 관한 설명으로 옳지 않은 것은? 15회

① 클라이언트의 말과 행동 간에 모순이 있으나 클라이언트가 이를 부인하고 인정하기를 거부하는 경우에 사용될 수 있다.
② 클라이언트가 극심한 정서적 긴장 상태에 있을 때는 사용하지 않는 것이 좋다.
③ 클라이언트에게 방어적 반응을 불러일으킬 수 있다.
④ 클라이언트가 자신의 결정이나 행동이 실제로 합리적임에도 이에 대한 확신을 갖지 못하고 주저할 때 사용된다.
⑤ 클라이언트와의 신뢰관계가 충분히 형성된 뒤에 사용하는 것이 유용하다.

18 사회복지사의 가치갈등이나 윤리적 딜레마에 관한 설명으로 옳지 않은 것은? 17회

① 윤리기준은 지속적으로 변화된다.
② 가치갈등에 대응하는 첫 단계는 가치갈등의 존재를 인식하는 것이다.
③ 윤리적 결정에 따른 결과의 모호성으로 윤리적 딜레마가 발생할 수 있다.
④ 기관의 목표가 클라이언트 이익에 위배될 때 가치 상충으로 윤리적 딜레마가 발생할 수 있다.
⑤ 윤리적 결정을 위해 로웬버그와 돌고프(F. Loewenberg & R. Dolgoff)의 일반결정모델을 활용할 수 있다.

19 체계이론이 사회복지실천에 미친 영향으로 옳지 않은 것은? 17회

① 사고의 틀을 개인 중심에서 전체 체계로 확대하도록 유도함.
② 경계, 환류, 엔트로피 등 기능적인 체계를 설명하는 개념을 제시함.
③ 문제현상에 대한 분석틀과 구체적 개입방법을 제시함으로써 적응적 변화를 유도함.
④ 사회현상을 분석함에 있어 체계를 둘러싼 변수들이 상호 관련된 전체라는 시각을 갖게 함.
⑤ 동귀결성(Equifinality)과 다중귀결성(Multifinality)은 실천의 다양한 영향을 설명할 수 있게 함.

---

17 ④ 클라이언트가 자신의 결정이나 행동이 실제로 합리적임에도 이에 대한 확신을 갖지 못하고 주저할 때 클라이언트의 자신감을 향상시키는 기술은 재보증기법이다.

18 ④ 사회복지기관의 목표가 클라이언트의 이익에 위배될 때에는 의무 상충의 윤리적 딜레마가 발생한다. 가치 상충은 2개 이상의 가치가 상충될 때 나타난다.

19 ③ 체계이론은 사회복지실천에 있어 개인을 둘러싼 다양한 체계와의 영향을 주고 받는 상호작용에 대하여 설명하는 이론으로, 클라이언트의 문제에 대해 개인과 환경, 상호작용이라는 분석틀을 제공하지만, 구체적 개입방법을 제시하지는 않았다.

20 사회복지실천의 발달과정을 순서대로 바르게 나열한 것은? [14회]

> ㉠ 한국의 사회복지사업법이 제정되었다.
> ㉡ 리치몬드(M. Richmond)의 『사회진단』이 출간되었다.
> ㉢ 밀포드(Milford) 회의에서 개별사회사업의 공통 요소를 정리하였다.
> ㉣ 펄만(H. Perlman)의 문제해결모델이 등장하였다.

① ㉡ → ㉢ → ㉣ → ㉠
② ㉡ → ㉣ → ㉠ → ㉢
③ ㉡ → ㉣ → ㉢ → ㉠
④ ㉣ → ㉠ → ㉡ → ㉢
⑤ ㉣ → ㉡ → ㉠ → ㉢

21 인간의 복지 증진에서 국가 개입은 개인의 자유를 침해하지 않는 선에서 최소화되어야 한다고 보는 사회복지실천 이념은?

① 인도주의
② 사회진화론
③ 민주주의
④ 개인주의
⑤ 다원주의

22 우리나라 사회복지사 윤리강령의 내용에 속하지 않는 것은?

① 사회복지사의 기본적 윤리기준
② 사회복지사의 클라이언트에 대한 윤리기준
③ 사회복지사의 동료에 대한 윤리기준
④ 사회복지사의 사회에 대한 윤리기준
⑤ 사회복지사의 국가에 대한 윤리기준

23 1970년대 전문적 사회복지실천의 발전기에 나타난 사회체계이론 중심의 실천모델로 옳은 것을 모두 고른 것은?

> ㉠ 핀커스와 미나한의 4체계모델
> ㉡ 골드스타인의 단일화모델
> ㉢ 콤튼과 갤러웨이의 문제해결과정모델
> ㉣ 저메인과 기터만의 생활모델

① ㉠
② ㉠, ㉡
③ ㉡, ㉢
④ ㉡, ㉢, ㉣
⑤ ㉠, ㉡, ㉢, ㉣

합격을 여는 만능해설

20 ① 1917년 리치몬드의 『사회진단』 출간(㉡) → 1929년 밀포드 회의의 사회복지사 교육과정에서 개별사회사업의 공통 요소 정리(㉢) → 1957년 펄만의 문제해결모델(㉣) → 1970년 한국의 사회복지사업법 제정(㉠)의 순서이다.

21 ④ 개인주의는 자유방임주의를 지향하므로 빈곤의 원인과 책임이 개인에게 있음을 강조하며, 인간의 복지를 증진하기 위한 국가 개입은 개인의 자유를 침해하지 않는 선에서 최소화되어야 한다고 주장한다.

22 ⑤ 우리나라 사회복지사 윤리강령은 사회복지사의 기본적 윤리기준, 사회복지사의 클라이언트에 대한 윤리기준, 사회복지사의 동료에 대한 윤리기준, 사회복지사의 사회에 대한 윤리기준, 사회복지사의 기관에 대한 윤리기준, 사회복지 윤리위원회의 구성과 운영에 대한 내용을 수록하고 있다.

23 ⑤ ㉠, ㉡, ㉢, ㉣ 모두 해당한다. 이들은 1970년대 사회체계이론을 사회복지실천의 중요 이론으로 활용하여 개발된 통합방법론의 모델이다.

24 우리나라의 사회복지 관련 제도에 대한 설명으로 옳은 것은?

① 사회복지전문요원의 최초 채용은 별정직으로 1987년에 시작되었다.
② 1951년 이화여자대학교 기독교사회사업과가 설치되었다.
③ 1975년 최초의 사회사업 전문직 단체로 한국개별사회사업가협회가 발족되었다.
④ 1981년 개정 사회복지사업법을 통해 사회복지관의 운영 및 설립 근거가 마련되었다.
⑤ 2008년부터 사회복지사 1급 국가자격시험이 시행되었다.

25 다음 중 사회복지사의 개입수준별 역할에서 그 범위가 가장 넓은 것은?

① 조력자(Enabler)
② 중개자(Broker)
③ 행동가(Activist)
④ 옹호자(Advocate)
⑤ 교육가(Teacher)

---

24 ① 1987년 부산, 대구, 인천, 광주, 대전에서 49명의 사회복지전문요원이 임용되었다.

오답 해설
② 1947년 이화여자대학교 기독교사회사업과가 설치되었다.
③ 1965년 최초의 사회사업 전문직 단체로 한국개별사회사업가협회가 발족되었다.
④ 1983년 개정 사회복지사업법을 통해 사회복지관의 운영 및 설립 근거가 마련되었다.
⑤ 2003년부터 전문직으로서 사회복지사 1급 국가자격시험이 시행되었다.

25 ③ 사회복지사의 행동가(Activist) 역할은 사회제도나 정책 등의 변화를 위한 거시적 수준의 실천활동에 속한다. 조력자(Enabler), 중개자(Broker), 옹호자(Advocate), 교육가(Teacher)로서의 역할은 미시적 수준의 개입 역할에 해당된다.

2교시 | 제4영역

사회복지 실천기술론

CHAPTER 01　개인 대상 실천기법

CHAPTER 02　가족 대상 실천기법 Ⅰ

CHAPTER 03　가족 대상 실천기법 Ⅱ

CHAPTER 04　집단 대상 실천기법

CHAPTER 05　사회복지실천 기록과 평가

TEST 1 ✚ TEST 2

영역별 10개년 출제 현황

80문항			67문항	
	37문항	39문항		21문항
CHAPTER 01	CHAPTER 02	CHAPTER 03	CHAPTER 04	CHAPTER 05

*영역 통합 문제 제외

- 사회복지실천기술론에서는 역량강화모델, 위기개입모델, 행동수정모델과 같은 실천모델과 집단, 가족 대상 실천기법 등이 단골 출제 키워드이다.
- 구체적인 사례와 연결지어 학습하면 이해하기에 어렵지 않을 것이며, 학자별·모델별 실천기법 등도 숙지해야 함을 기억하자.

출제 키워드 BEST 3

해결중심모델
10년간 21번 언급된 키워드
가족치료의 개념은 기본 중의 기본!

인지행동모델
10년간 17번 언급된 키워드
개입의 특징과 기법을 중심으로 학습하자.

과제중심모델
10년간 16번 언급된 키워드
각 실천모델별 특징을 구분할 수 있도록!

CHAPTER 01

개인 대상 실천기법

핵심 Tag #정신역동모델 #심리사회모델 #인지행동모델 #과제중심모델 #기타 실천모델

1 사회복지실천의 전문성

1. 사회복지실천의 전문적 기반 기출 16회, 18~23회

> 과학성과 예술성은 상호보완적인 관계이다. 과학적 지식에만 의존하는 실천은 기계적인 수행에 그치게 되며, 과학성이 결여된 예술성만으로는 효과적인 실천이 이루어질 수 없게 된다.

① 사회복지실천의 과학적 기반(과학성)
  ㉠ 개념과 특징
    - 다양한 사회현상, 사회정책과 프로그램, 사회복지실천이론과 관련된 지식에 바탕을 두고 이를 적용·활용하는 것을 의미한다.
    - 과학성에 기반을 둔 사회복지실천은 체계적인 이론과 과학적인 근거들이 뒷받침되어 편견이나 주관성으로 인한 판단상의 오류를 줄여주고, 사회복지실천이 더 효과적이고 효율적으로 작용할 수 있게 한다.
  ㉡ 사회복지 전문직의 가치체계
    - 사회적 형평성의 원리
    - 개인의 복지에 대한 사회와 개인 공동의 책임
    - 개인의 존엄성과 독특성에 대한 존중
    - 자기결정의 원리
  ㉢ 사회복지실천에서 필요한 지식유형
    - 사회적 조건과 문제에 관한 지식
    - 사회현상에 관한 지식
    - 인간행동과 사회환경에 대한 지식
    - 사회정책과 프로그램에 관한 지식
    - 사회복지실천 지식
  ㉣ 과학적 지식의 습득방법
    - 체계적 단계: '문제 정의 → 자료수집 → 자료분석 → 결론 도출'의 일련의 과정을 거친다.
    - 인과관계: 하나의 추측을 바탕으로 한 과학적 접근을 통해 세상의 현상에 대한 질서나 순서를 발견한다.
    - 잠정성: 모든 연구결과는 잠정적이고 임의적이다.
    - 객관성: 연구와 관련된 모든 것에서 조사자들의 가치관이나 편견이 연구에 영향을 미치지 않는다.

ⓒ 지식유형의 구성수준: 추상적인 것에서 점차 구체적인 것으로 구성된다.

패러다임	가장 추상적인 수준의 개념적 틀로, 세계관과 현실에 대한 인식의 방향을 결정함.
관점(시각)	개념적 준거틀로서 관심 영역과 가치, 대상들을 규정하는 사고체계
이론	특정 현상을 설명하기 위한 가설이나 개념, 의미의 집합체
모델	일관된 실천활동의 원칙과 방식을 조직화·구조화시킨 것으로서, 실천과정에 직접적으로 필요한 기법이나 기술을 제시함.
실천지혜	지식을 구체화시키는 마지막 과정으로, 사회복지실천현장에서 귀납적 또는 경험적으로 만들어진 지식의 종류

② 사회복지실천의 예술적 기반(예술성)
  ㉠ 개념과 특징
    - 사회복지사의 개인적인 특성이나 예술적 혹은 직관적 능력 등을 과학적 기반과 더불어 적절히 활용하는 것을 말한다.
    - 사회복지사가 과학적 기반을 활용하는 동시에 그것을 적용시키기 위해서는 창의성과 직관 등의 예술성이 필요하다. 과학적 지식이 완전할 수는 없으며 각 상황이 각기 독특한 면을 갖기 때문이다.
  ㉡ 사회복지실천의 예술적 기반에 해당하는 요소
    - **전문적 관계 형성**: 전문적 관계를 활용하여 사람들의 변화 가능성에 대해 개방적일 수 있도록 하고 변화과정에 적극적으로 참여하도록 돕는다. 원조의 가장 기본적인 도구이다.
    - **감정이입**: 클라이언트의 주관적인 경험과 감정을 인식하고 그 의미를 잘 파악하는 것이다.
    - **진실성**: 자연스럽고 개방적이며, 솔직한 방식으로 관계를 맺는 것이다.
    - **상상력**: 다양한 접근방법을 확인하고, 적절하게 적용해서 문제를 해결할 수 있는 능력이다.
    - **융통성**: 문제와 관련된 모든 사람의 관점에서 상황을 이해하고, 유연하게 대처할 수 있는 능력이다.

개념 공략 사회복지사가 가져야 할 지식(전문적 기반) **기출** 22회
- 인간행동과 발달에 관한 지식
- 실천이론과 모델에 관한 지식
- 사회정책과 서비스에 대한 지식
- 인간관계와 상호작용에 관한 지식(효과적인 의사소통)
- 특정분야나 대상집단에 관한 지식

2. 사회복지실천방법의 분류

① 사회복지사가 관여하는 클라이언트체계의 크기 또는 규모에 따른 분류
  ㉠ 미시(Micro) 수준
    - 개인, 가족, 친구 등 개인의 가장 친밀한 차원에서의 문제해결(대인관계기술)을 위해 개입한다.
    - 일반적으로 클라이언트를 직접 만나서 이루어지기 때문에 직접실천에 해당한다.
    - 사회복지사의 역할: 조력자(상담), 중개자/옹호자(자원관리), 교사(교육)
  ㉡ 중범위 혹은 중간 수준
    - 공식적 집단·조직의 문제해결(집단역동성, 규칙, 기대형성 등)을 위해 개입한다.
    - 자조집단이나 치료집단의 구성원 관계 혹은 학교나 직장 동료간의 관계에 개입한다
    - 사회복지사의 역할: 조력자(상담), 중개자/옹호자(자원관리), 교사(교육)

- ⓒ 거시(Macro) 수준의 사회복지실천
  - 지역사회의 문제해결(주민조직화, 자원동원 기술 등)을 위해 개입한다.
  - 클라이언트의 삶에 영향을 미치는 지역사회나 전체 사회 혹은 국가의 복지체계를 대상으로 하는 사회복지실천활동을 말한다.
  - 주로 국가나 사회의 기관이나 조직의 행정체계 및 프로그램과 관련된 대안 제시, 지역사회자원의 개발, 다양한 집단 간의 교섭과 타협 등 법률 및 규정의 틀을 개선하기 위해 계획된 각종 업무를 수행한다.
  - 클라이언트를 직접 만나기보다는 클라이언트와 멀리 떨어진 상태에서 사회복지서비스를 지원하는 간접적인 형태로 이루어지기 때문에 간접실천이라고 할 수 있다.
  - 사회복지사의 역할: 계획가, 행동가, 현장개입가(아웃리치)
- ⓔ 전문가 차원
  - 사회복지전문가 집단의 문제해결을 위해 개입한다.
  - 사회복지사의 역할: 동료, 촉매자, 연구자 및 학자

② 클라이언트의 접촉 유무에 따른 분류
- ⓐ 직접실천(Direct Practice)
  - 클라이언트를 직접 변화시킴으로써 클라이언트의 문제해결을 도모하는 실천방식이다.
  - 사회적 기능을 향상시켜 인간이 환경과 원활한 상호작용을 할 수 있는 능력의 계발을 주요 목표로 한다.
  - 예 상담, 교육, 정보제공, 가족치료, 집단 프로그램 운영, 장애아동 양육을 위한 부모상담 등
- ⓑ 간접실천(Indirect Practice)
  - 지역사회를 중심으로 클라이언트를 둘러싼 환경체계에 개입하여 사회적 지지체계나 자원을 발굴 또는 연계하거나, 서비스를 제공하는 제도나 기구, 정책 등에 초점을 두는 실천방법이다.
  - 직접 변화시키기보다는 클라이언트를 둘러싼 환경을 변화시킴으로써 문제를 해결한다.
  - 지역사회조직, 사회복지정책이나 사회복지행정이 간접실천이라는 이름으로 사회복지실천에 포함된다.
  - 예 아동학대 예방을 위한 홍보활동, 학교폭력 예방을 위한 자원봉사자 모집, 클라이언트 옹호 프로그램 개발, 공청회 개최, 모금운동, 예산 확보운동, 캠페인 의뢰 등

3. 사회복지실천의 대인관계 기술

① 관계형성의 기술
- ⓐ 사회복지실천에서의 관계는 사회복지사와 클라이언트 간의 감정과 태도의 역동적인 상호작용으로서, 정서적인 교감을 기초로 한다.
- ⓑ 관계는 전문성, 의도적인 목적성, 시간제한성, 권위성 등의 특성을 가진다.
- ⓒ 비스텍의 사회복지실천 관계의 원칙은 도움을 요청하는 사람에게는 공통적인 기본감정과 태도유형이 존재한다고 보고, 사회복지실천 관계의 7대 원칙을 제시하였다.
  - 참고 비스텍의 7대 원칙: 개별화, 의도적인 감정표현, 통제된 정서적 관여, 수용, 비심판적 태도, 자기결정, 비밀보장

② 면접기술 기출 21회
- ⓐ 재진술(바꾸어 말하기): 사회복지사가 클라이언트에게서 들은 내용과 의미를 확인하는 것으로, 클라이언트가 말한 내용이나 의미를 반복하거나 바꾸어서 말하는 기술이다.
- ⓑ 반영: 클라이언트가 표현한 태도와 감정을 사회복지사가 새롭게 정리하는 것으로, 클라이언트 스스로 자신의 감정과 주변상황을 이해하는 데 도움을 주는 기술이다.
- ⓒ 정보제공: 클라이언트에게 유용한 내용을 전달할 때 사용하는 기술이다.
- ⓓ 명료화(명확화): 클라이언트의 메시지가 추상적이거나 혼란스러운 경우, 보다 구체적으로 표현하도록 클라이언트에게 요청하는 기술이다.

- ⓪ 요약: 면접 중 특정 주제에 초점을 맞추거나 다른 주제로 전환하고자 할 때 사용하는 것으로, 클라이언트의 메시지 속 정서와 내용이 잘 축약되도록 하는 기술이다.
- ⓑ 해석: 문제를 새롭거나 객관적인 방식으로 바라보도록 분석하고 설명해줌으로써, 클라이언트가 표현한 문제에 숨겨진 의미를 발견하게 하는 기술이다.
- ⓢ 직면: 클라이언트가 말한 내용과 실제 행동 간에 일치되지 않는 부분이 있을 때 왜곡된 부분을 살피며 상황을 명확히 인식하도록 돕는 기술이다.
- ⓞ 초점화: 클라이언트가 말을 두서없이 장황하게 하거나 말하기를 회피하려고 할 때, 사회복지사가 간단한 질문을 하거나 문제를 다시 언급함으로써 초점을 맞추는 기술이다.
- ⓩ 재명명(재구성): 문제상황에 대한 클라이언트의 관점을 변화시키기 위해 클라이언트가 부여하는 부정적 의미를 긍정적 의미로 수정하는 의사소통기술이다.
- ⓒ 재보증: 사회복지사가 신뢰를 표현함으로써 클라이언트의 자신감을 향상시키는 기술이다.
- ⓚ 환기: 클라이언트가 남에게 말하지 못한 문제, 감정적인 문제 등을 표현할 수 있도록 도와주는 기술이다.

③ 어려운 클라이언트 대상의 개입기술 [기출 22회]

타인이나 외부기관(경찰, 법원 등)에 의해 강제적으로 서비스를 요청하는 클라이언트는 서비스의 필요성을 전혀 느끼지 못하거나 매우 미약하게 느낀다. 더불어 서비스를 제공받는 것에 대한 거부감과 수치심이 매우 강하다. 이에 어려운 클라이언트 대상을 3가지 유형으로 구분하여 개입기술을 제공하여야 한다.

㉠ 비자발적 클라이언트
- 사전검토: 클라이언트의 배경 검토, 사회복지사 자신의 태도와 생각 검토
- 초기 상담: 사회복지사의 역할 설명, 협상 가능한 부분 검토, 적극적 경청과 공감, 반영
- 중단 단계의 면담: 클라이언트의 변화 속도에 맞춤, 직면기술의 사용, 현재와 미래에 초점을 맞춤, 권익옹호

> **참고** 사회복지사가 비자발적 클라이언트와 공감하는 기술
> - 원하지 않는 면담이 클라이언트에게 힘들다는 것을 이해한다.
> - 클라이언트의 어려움을 사회복지사가 도울 수 있다는 것을 알려준다.
> - 클라이언트의 저항을 온화한 태도로 수용한다.

㉡ 직대직·공격적 클라이언트
- 클라이언트가 보이는 전조증상 능력을 향상
- 면담을 위한 사전 준비과정에서 클라이언트의 폭력 관련 배경 및 과거력 등 구체적 정보를 파악

> **참고** 사회복지사가 공격적·폭력적 행동 다루는 방법
> - 사회복지사는 클라이언트의 불평을 경청하고 해결 가능한 수준에서 수용해야 한다.
> - 사회복지사를 무시하는 언행에 대해 상대방의 의견을 존중하면서도 정확하게 자신의 의견을 전달한다.
> - 클라이언트의 폭력적 언행이 실제 발생한 경우 사회복지사는 자신의 안전 및 주변인의 생명보호 및 안전에 각별히 유의한다.

㉢ 보호와 통제가 필요한 클라이언트
- 착취/학대/방임으로부터의 보호: 적절한 도움을 요청할 수 있는 지지체계 마련
- 자살예방을 위한 개입전략: 10대 청소년과 청년기, 노년층의 경우, 고위험군에 해당하는 대상자를 위한 해결책 모색
- 타인을 해칠 위험이 있는 클라이언트: 분노와 억압된 감정 표현, 공감적 이해와 수용의 자세 필요

2 정신역동모델

1. 정신역동모델의 개요

① 정신역동모델의 개념
　㉠ 인간의 정신과 여러 가지 힘 사이의 관계를 다루는 이론으로, 정신분석이론이라고도 한다.
　㉡ 인간의 마음속 깊은 곳에서 일어나는 서로 다른 다양한 힘들의 역동적인 상호작용을 강조한다.

개념 공략 성격의 구조

원초아 (Id)	• 인간이 생존하는 데 필요한 모든 본능 • 무의식 안에 감추어진 1차적인 정신의 힘으로, 성격의 기초가 되는 기본욕구와 충동을 대표함. • 쾌락 원리의 지배를 받음. • 일생 동안 그 기능과 분별력이 유아적인 수준에 머물러 있음. • 무의식적이고 마술적인 1차과정 사고를 활용함.
자아 (Ego)	• 원초아에 비해 조직적이고 구체적인 정신구조 • 원초아의 욕구를 현실적인 방법으로 충족시키기 위하여 기능함. • 마음의 이성적인 요소이며, 출생하면서부터 경험을 통해 발달함. • 성격의 조정자(원초아와 초자아를 중재)로서 인간의 생각과 행동을 통제함. • 개인이 객관적인 현실세계와 상호작용할 필요가 있을 때 원초아에서 분리됨. • 현실 원리에 따라 사회적으로 수용될 수 있는 방법을 발견할 때까지 만족을 유보하거나 연기함. • 문제해결을 위해 2차과정 사고를 활용함.
초자아 (Superego)	• 정신구조의 최고 단계로서, 흔히 '양심'이라고 하는 것 • 3~5세 사이에 발달하며, 부모가 아이에게 전달하는 사회의 가치와 관습을 말함. • 자아로부터 발달하는 초자아의 주요 기능은 옳고 그른 것을 결정하는 것임. • 쾌락보다는 안정을 추구하고, 현실적인 것보다는 이상적인 것을 추구함. • 성격의 도덕적인 부분이며, 심판자로서 자아와 함께 작용하여 개인이 스스로 자신의 행동을 조절할 수 있게 함.

② 정신역동모델의 특징　**기출** 14회, 15회, 17회
　㉠ 심리적 결정론에 근거한다.
　㉡ 현재의 문제를 과거의 경험과 연관짓는다.
　㉢ 클라이언트의 무의식적 충동과 과거의 정신적 외상 경험을 강조한다.
　㉣ 발달단계상의 고착과 퇴행을 고려한다.
　㉤ 자유연상, 훈습, 직면 등의 기술을 사용한다.
　㉥ 전이의 해석(분석)을 통해 클라이언트의 통찰력을 증진시킨다.
　㉦ 자기분석이 가능한 클라이언트일수록 효과적이다.
　㉧ 성장 의지가 높은 클라이언트에게 효과적이다.
　㉨ 원초아와 초자아 사이에 발생하는 불안과 긴장 해소를 위해 방어기제를 사용한다고 본다.

2. 방어기제

① 방어기제의 개념
　㉠ 갈등이나 불안을 처리하려는 자아의 무의식 영역에서 일어나는 심리기제이다.
　㉡ 주로 갈등이나 불안, 좌절, 죄책감 등에 의한 심리적 불균형이 초래될 때 심리 내부의 평형 상태를 유지하기 위하여 사용한다.

② 방어기제의 종류

억압	• 용납하기 어려운 생각, 욕망, 충동들을 무의식 속으로 눌러버리는 것 　⑩ 감당할 수 없는 큰 사건이나 사고를 당했을 때 그것을 잊어버리는 경우 • 방어기제 중에서 가장 1차적이고 원시적이며 많이 사용됨. • 프로이트는 '억압'을 '정신분석의 전체적 구조가 의존하는 주춧돌'이라고 보았음. • 자아가 위협적인 내용을 의식 밖으로 밀어내거나 의식하지 않으려는 적극적인 노력
부정	• 현실에서 일어났던 위협적이거나 외상적인 사건을 받아들이지 않고 거절(부정)하는 것 　⑩ 말기암 환자가 의사의 진단을 듣고 "아닐 거야, 그럴 리 없어."라고 자신의 병을 부정하는 경우 • 불쾌한 생각, 욕구, 충동, 현실 등을 무의식적으로 부정함으로써 불안으로부터 자신을 방어함.
반동형성	• 무의식 속의 받아들여질 수 없는 생각, 소원, 충동 등을 정반대로 표현하는 것 • 본래의 생각, 소원, 충동 등을 의식화하지 못하게 하는 기제 　⑩ 자신을 학대한 남편을 증오하면서도 사랑하는 것처럼 행동하는 경우 • 겉으로 드러나는 언행이 마음속의 요구나 생각과 정반대인 경우
동일시	• 불안을 없애기 위해서 오히려 불안의 원인이 되는 사람과 똑같아지는 것으로, 주로 부모, 형제, 윗사람 등 주위의 중요한 인물들의 태도와 행동을 닮음. 　⑩ 어린 시절부터 아버지를 두려워하던 아들이 성인이 되어서 아버지와 비슷한 행동을 하는 경우 • 유사한 방어기제로 합일화, 함입, 내면화, 금지대상과의 동일시, 공격자와의 동일시, 병적 동일시, 감정이입, 동정 등이 있음.
투사	• 자신이 가지고 있는 좋지 않은 충동을 다른 사람의 것인 양 문제를 타인의 탓으로 돌리는 것 　⑩ A가 B를 미워하는 이유를 B가 A 자신을 미워하기 때문이라고 말하는 경우(책임 전가) • 관계망상이나 피해망상 등 환각이나 착각, 망상 형성의 중요한 기제가 됨.
합리화	• 자신의 문제행동이나 신념 등이 받아들여질 수 있게끔 그럴듯한 핑계를 대어 재해석하는 것 　⑩ 실력이 없어 시험 점수를 잘 받지 못한 학생이 시험 당일 컨디션이 좋지 않아 시험을 잘 볼 수 없었다고 생각하는 경우 • 전적으로 무의식의 차원에서 이루어진다는 점에서 거짓말이나 변명과는 다름.
퇴행	심한 스트레스를 받거나 좌절했을 때, 현재의 발달단계보다 더 이전의 발달단계로 후퇴하는 것 ⑩ 부모님의 사랑을 독차지하던 아이가 동생이 태어나면서 관심을 빼앗기자 갑자기 대소변을 가리지 못하거나 심한 어리광을 부리는 경우
승화	수용될 수 없는 충동이 사회적으로 받아들여질 수 있는 충동으로 대체되는 것 ⑩ 공격성이 강한 청소년이 국가대표 권투선수가 되는 경우
취소	수용할 수 없는 과거의 행위를 취소하듯이, 정반대의 상징적 행동을 무의식적으로 하는 것 ⑩ 외설적인 생각을 하기 때문에 자신의 몸이 더러워졌다고 생각하여 손 씻는 행동으로 그것을 되돌리려 하는 경우(손이나 몸이 실제로 더러워진 것이 아니라 상상이나 생각에 의하여 더럽다고 생각하는 점이 정상적인 행동과는 다름)
자기에게로 전향	공격적인 충동이 자기 자신에게로 향하는 것 ⑩ 부부 싸움을 하다가 화가 난 남편이 자신의 머리를 벽에 부딪치는 자해행동을 보이는 경우
전치	어떤 생각이나 감정 등을 덜 위협적인 대상으로 옮겨 표현하는 것 ⑩ 아버지에게 혼이 난 아이가 마당에 있던 돌멩이를 발로 차 화를 푸는 경우(자신의 화난 감정을 돌멩이로 이동시킴으로써 심리적 안정을 유지하려고 함)
보상	자신이 가지고 있는 결함(실제와 상상을 모두 포함)을 다른 것으로 메우기 위하여 자신의 강점을 지나치게 강조하는 무의식적 노력 ⑩ 돌아가신 부모에게 효도를 못한 자식이 이웃의 노인을 극진히 부양하는 경우

3. 정신역동모델의 개입기법 기출 12회, 13회, 18회, 19회, 21~23회

① 전이의 해석(분석)
  ㉠ 전이: 클라이언트가 부모나 다른 사람들에게 지니고 있던 부정적이고 적대적인 감정과 사고를 치료자에게 투사하는 것이다.
  ㉡ 역전이: 치료자가 지닌 부정적인 감정을 클라이언트에게 투사하는 것이다.
  ㉢ 정신역동모델의 개입과정에서는 전이와 역전이 현상에 대한 해석이나 활용이 매우 중요하다.

② 자유연상
  ㉠ 클라이언트의 마음속에 떠오르는 감정, 생각, 기억, 환상, 꿈 등을 자유롭게 말하게 하는 개입기술이다.
  ㉡ 클라이언트는 자유연상을 통하여 자신의 억압된 충동을 발견하고, 무의식을 의식 수준으로 전환할 수 있다.

③ 훈습(재가)
  ㉠ 클라이언트가 자신의 내면적 문제 또는 갈등의 원인과 그 역동을 통찰하게 함으로써 현실상황에서 그와 유사한 문제를 마주쳤을 때 이를 스스로 해결할 수 있도록 사회복지사가 클라이언트와 함께 치료장면에서 문제를 반복적으로 경험하는 과정이다.
  ㉡ 훈습의 목표는 저항이나 전이 현상, 생활 혹은 과거 문제의 갈등에 대한 클라이언트의 이해 및 관점의 수준을 확장시켜 자신의 문제상황을 좀 더 통합적인 관점에서 이해하게 하는 것이다.

④ 꿈의 분석
  ㉠ 꿈을 통해 나타나는 무의식적인 소망과 욕구, 두려움을 해석함으로써 무의식적으로 억압하였던 것들을 풀어내고 새로운 통찰력을 갖게 하는 기법이다.
  ㉡ 사회복지사는 클라이언트가 언급하는 꿈의 내용과 해결하지 못한 갈등 간의 관계에 대하여 분석하고 해석한다.

⑤ 직면
  ㉠ 클라이언트의 말과 행위 사이의 불일치, 표현한 가치와 실행 사이의 모순, 회피 등을 클라이언트 자신이 주목할 수 있도록 하는 기법이다.
  ㉡ 저항을 극복하거나 동기화할 때 유용하다.

4. 정신역동모델의 개입과정 기출 22회

① 관계형성단계: 본격적인 원조과정으로 들어가기 위해 사회복지사와 클라이언트가 신뢰관계를 형성하는 단계이다.
② 동일시를 통한 자아구축단계: 클라이언트는 자신을 사회복지사와 동일시하기 시작하여 사회복지사의 생각과 태도 중 많은 부분을 받아들이게 된다.
③ 클라이언트가 독립된 정체감을 형성하도록 원조하는 단계: 클라이언트가 독립적으로 세상을 향해 나아가야 하는데 독립된 정체감을 확립하는 것이 필요하면서도 어렵기 때문에 퇴행을 보일 수도 있는 단계이다.
④ 클라이언트의 자기 이해를 원조하는 단계: 클라이언트가 자신의 행동과 그 행동의 과거의 뿌리를 이해할 수 있도록 원조한다.

3 심리사회모델

1. 심리사회모델의 개요

① 심리사회모델의 특징
  ㉠ 인간을 단순히 심리적인 측면으로만 보는 것이 아니라 심리적인 측면과 사회적인 측면, 그리고 양자의 상호작용에 의한 결과도 동시에 고려하면서 이해한다.
  ㉡ **상황 속의 인간**: 인간의 심리뿐만 아니라 인간을 둘러싼 사회·경제적인 상황을 포함한 포괄적·전체적인 시각으로 인간 또는 인간의 문제에 대하여 이해하고 접근한다.
  ㉢ 정신역동이론의 영향을 받았지만 점차 생물학적·심리사회적·환경적 영향과 체계의 상호작용에도 관심을 가지며, 개인 외부의 물리적·사회적 여건도 함께 고려하는 쪽으로 발전하였다.
  ㉣ 사회복지사와 클라이언트 간의 관계를 수용하고 클라이언트의 자기결정권을 존중한다.
  ㉤ 배경이론에는 정신분석이론, 자아심리이론, 대상관계이론, 의사소통이론, 역할이론 등이 있다.

② 심리사회모델의 기본가치와 실천원칙 기출 18회
  ㉠ 수용
    - 타인들의 내적 감정이나 주관적 상태를 받아들이는 능력인 공감 혹은 감정이입을 갖추어야 한다.
    - 사회복지사의 개인적 선호도 여부에 상관없이 클라이언트에 대한 선의의 태도를 유지하는 것이다.
    - 사회복지사가 클라이언트를 수용하고 이해하기 위해서는 타인의 고통스러운 경험에 대해 광범위하게 느낄 수 있어야 하는데, 이를 통해 협력적 관계성이 이루어질 수 있다.
  ㉡ 자기결정(자기지시)
    - 자기결정(자기지시)은 클라이언트 스스로 자신의 행동에 대해 결정을 내리는 것으로, 사회복지사는 클라이언트의 자기결정을 최대한 존중해 주어야 한다.
    - 클라이언트 스스로 결정을 내리고 주체적인 태도를 지닐 수 있도록 하기 위해서는 사회복지사가 클라이언트의 책임을 대신 지거나 직접적으로 선택을 제안하는 것이 아니라, 다양한 정보를 제공하여 클라이언트가 분명히 생각할 수 있도록 도와야 한다.
  ㉢ **개별화**: 사회복지사는 클라이언트가 개별적인 독특한 특성을 가지고 있다는 것을 이해하고, 클라이언트를 원조하는 내용, 방법, 과정을 개인의 특성에 따라 개별적으로 다루어야 한다.

2. 심리사회모델의 개입기법 기출 11회, 12회, 14회, 17회, 18회, 20~23회

① **직접적 개입**: 클라이언트와 직접 관계하면서 심리적 변화를 추구하는 기법이다.
  ㉠ 지지하기: 감정과 행동을 지지한다.
    - **목표**: 클라이언트의 불안을 감소시키고 동기화를 촉진하여 원조관계를 수립한다.
    - **내용**: 지지하기에서 중요한 것은 관심과 공감을 동반한 경청이다.
    - **기법**
      - 재보증(안심): 클라이언트가 가진 죄의식, 불안, 분노의 감정에 대하여 이해를 표현함으로써 클라이언트를 안심시키는 기법이다. 다만, 근거 없는 확신을 주어 클라이언트를 너무 안심시키면 문제의 본질을 탐색할 기회를 상실할 수 있다.

        > **사례** 자녀에게 심하게 화를 내는 것에 대하여 죄책감에 시달리는 어머니에게 화나는 감정을 이해한다고 말하며 "그런 감정들은 자연스러운 거예요."라고 표현함으로써 어머니를 안심시킨다.

      - 격려: 클라이언트의 능력에 신뢰를 표현하며 성과를 인정하고 성공에 대한 기쁨을 표현한다.

ⓒ **직접 영향 주기(지시하기)**: 제안이나 조언 등을 통해 직접 영향을 준다.
- 목표: 사회복지사가 조언이나 지시 등을 함으로써 클라이언트의 특정 행동을 촉진시킨다.
- 내용: 클라이언트가 특정한 표현을 할 수 있도록 사회복지사가 여러 방식으로 의견을 전달하며, 사회복지사에게 답을 요구하더라도 결국 클라이언트가 독립적으로 생각할 수 있도록 이끌어야 한다. 이때 사회복지사는 제안이나 충고를 전달하기 전에 클라이언트의 의견을 충분히 경청해야 한다.
- 기법: 클라이언트의 제안을 격려하고 강화하거나 장려하기, 현실적인 제안을 설정하기, 직접적인 조언하기, 대변적인 행동하기 등

> **사례** "지금까지의 방법이 효과적이지 않다면 다른 방법을 시도해 보면 어떨까요? 제 생각에는 지금쯤 변화가 필요하니 가족상담에 참여해 보시면 어떨까 합니다."

ⓒ **탐색–기술(묘사)–환기**: 사실을 말하고 감정을 탐색하며 환기할 수 있게 한다.
- 목표: 클라이언트가 사실 및 사실과 관련된 감정을 이해하도록 돕고 감정을 표출하게 하여 긴장을 완화시킨다.
- 내용: 환기는 사실과 관련된 감정을 이끌어내 감정의 정화(카타르시스)를 경험하도록 원조한다. 즉, 클라이언트 자신의 주변 상황을 탐색하고, 있는 그대로의 사실을 기술해 봄으로써 환기하게 하는 것이다.
- 기법: 초점 잡아주기, 부분화하기, 화제 전환하기 등

> **사례**
> - "지금의 문제에 대하여 조금 더 이야기를 해보세요. 당신과 가족이 같이 있을 때 어떤 일이 일어났나요?"
> - "그 일이 발생했을 때 어떻게 느끼셨나요?"

ⓔ **개인–환경에 관한 (반성적) 고찰**: '상황 속의 인간'의 관점에서 고려한다.
- 목표: 클라이언트를 둘러싼 현재 또는 최근의 사건에 대해 고찰하게 만들어 현실적으로 파악하게 한다.
- 내용: 클라이언트를 둘러싼 현재 또는 최근의 사건에 대한 하위영역을 고찰하는 것이다.
- 기법: 논리 토의 및 추론, 설명, 일반화, 변화, 역할극, 강화, 명확화, 교육 등

ⓜ **유형–역동성 고찰**: 성격과 행동, 심리 내적 역동을 고찰한다.
- 목표: 변화의 동기를 촉진시키면서 클라이언트가 자신의 성격유형, 특징, 행동유형, 방어기제, 자아기능 수행 등 심리 내적 역동에 대하여 이해하도록 원조한다.
- 내용: 사건에 대하여 특정한 방식으로 생각하거나 행동하도록 이끄는 클라이언트의 행동 경향, 사고나 감정의 패턴을 확인하도록 한다.
- 기법: 명확화, 해석, 통찰 등

> **사례**
> - "○○씨가 남편에게 불만을 느낄 때 아들과 싸우는 것 같지 않나요?"
> - "가까워지기 어려운 사람과 가까워지려는 경향이 있나요?"
> - "당신의 생각을 평가절하하거나 비판하는 것은 어떻게 알게 되나요?"

ⓗ **발달적 고찰**: 과거 경험이 현재 기능에 미치는 영향을 고찰한다.
- 목표: 유년기의 문제와 현재 행동의 인과관계를 클라이언트가 자각하게 한다.
- 내용: 클라이언트의 현재 성격이나 기능에 영향을 미친다고 생각되는 원가족과의 경험 또는 유아기 때의 경험에 대하여 생각해 볼 수 있도록 원조한다.
- 기법: 명확화, 해석, 통찰, 논리적 토의 및 추론, 설명, 일반화, 변호, 역할극, 강화, 교육 등

> **사례**
> • "이와 같은 감정을 이전에도 경험한 일이 있나요?"
> • "당신의 청소년기와 현재의 문제는 어떤 관계가 있나요?"
> • "당신의 아버지에게 느꼈던 대로 선배 앞에서 위축되고 불안합니까?"

② **간접적 개입**: 클라이언트의 문제에 영향을 미치는 외적·환경적·인간관계적 억압이나 장애를 완화시킴으로써 간접적으로 클라이언트의 적응과정을 용이하게 하여 문제를 해결해 나가도록 하는 방법이다. 환경 조성이나 의뢰 등의 방법이 있다.

개념 공략 장기개입 치료모델과 단기개입 치료모델 **기출** 11회, 19회

장기개입 치료모델	심리사회모델이 대표적임. 심리사회모델은 대표적 학자인 프로이트 이론의 영향을 많이 받았기 때문에 단기개입모델로서는 적합하지 않음.
단기개입 치료모델	행동수정모델, 인지행동모델, 과제중심모델, 해결중심모델, 위기개입모델, 전략적 가족치료모델 등

4 인지행동모델

1. 인지행동모델의 이론적 기반

① 인지이론
  ㉠ 인지란 '사고능력'을 의미하며, 넓게는 사고 이외에 지각·기억·지능·언어 등을 포함하는 정신과정 전체를 지칭하기도 한다.
  ㉡ 인간의 경험과 사회적 상호작용의 결과를 통해 인간의 인지능력이 발달한다고 보는 이론으로, 환경에 대한 인간의 사고, 인식, 해석이 정서와 행동의 결정요인이라고 본다.

② 행동주의이론 **기출** 22회
  ㉠ 정신분석이론의 한계를 지적하고 이를 반대하면서 제시되었다.
  ㉡ 인간은 과거의 경험이나 심리 내적 역동보다는 외부환경이나 자극을 통해 학습한다고 보고, 클라이언트가 잘못된 행동 또는 부정적인 행동을 모방하거나 학습한 결과로 인해 역기능적 행동을 보인다고 본다.
  ㉢ 내적인 동기와 욕구 및 지각보다는 구체적으로 관찰할 수 있는 행동에 초점을 두며, 구체적이고 정확한 문제의 규정과 변화목표, 개입과정을 강조한다.
  ㉣ 인간의 행동이 고전적 조건화, 조작적 조건화, 대리적 조건화에 의해 학습된다고 본다.

2. 인지행동모델 개입의 특징 **기출** 13회, 14회, 16회, 17회, 19회, 21회, 22회

① **클라이언트의 주관적 경험의 독특성 중시**: 클라이언트의 주관적 경험, 클라이언트가 문제 및 관련 상황에 대하여 느끼는 주관적인 의미를 중요시한다.
② **클라이언트와 사회복지사가 상호협조하는 노력**: 클라이언트는 본인과 타인, 세계를 보는 시각 등을 사회복지사에게 공유하고, 사회복지사는 문제와 치료, 개입, 사정, 전략, 도구 등에 대한 정보를 제공한다.
③ **구조화되고 방향적·직접적인 접근**: 개입은 구조화된 절차를 거치면서 이루어진다.

④ **클라이언트의 능동적(적극적)인 참여**: 클라이언트는 사회복지사에 의해서 '치료되는' 수동적인 존재가 아니고 능동적으로 문제해결에 참여해야 한다.
⑤ **교육적 접근(교육모델)**: 클라이언트가 문제에 대하여 파악하고 인지행동치료의 개념을 이해하는 것이 효과적인 개입에 있어 중요하다.
⑥ **소크라테스식 문답법(산파술)**: 사회복지사의 질문에 클라이언트가 계속 답을 하면서, 결국에는 스스로 진리를 깨달을 수 있도록 도와주는 방법이다.
⑦ **경험적인 초점**: 클라이언트의 인지적 기능은 정서적·행동적 반응과 연관되므로 인지적 기능에 대하여 경험적으로 탐색한다.
⑧ **시간제한적인 개입**: 개입에 대하여 설명과 논의 등을 통해 클라이언트가 이해하게 되면 개입기간은 단축되고 효과성은 커진다.
⑨ **문제의 재발 방지**: 종결 이후에 클라이언트 자신이 치료자가 되어 재발을 방지하고 문제를 해결할 수 있는 능력을 형성하며, 그러한 능력을 배양하기 위하여 다양한 방법을 시도한다.
⑩ **문제중심, 목표지향, 현재중심**: 문제해결과 원인탐색에 있어서 과거의 경험이나 무의식 등을 탐색하거나 강조하지 않으며 현재가 중심이 된다.
⑪ **다양한 개입방법 사용**: 사고, 정서(기분), 행동을 변화시키기 위하여 다양한 기법을 사용한다.

인지적 기법	문답식 대화, 논박 등
정서적 기법	합리적·정서적 심상법, 클라이언트 수용 등
행동적 기법	역할연습, 역할 바꾸기, 과제수행 등

> **개념 공략** 인지행동모델의 기타 특징
> - 인지활동은 행동에 영향을 미치며 인지행동을 모니터링하고 바꿀 수 있음. 인지의 변화로 인해 행동이 영향받으며, 행동적 과제 부여를 중요시함.
> - 주요 학자로는 엘리스(합리적 정서치료), 벡(인지치료), 마이켄바움(자기지시훈련) 등이 있음.
> - 인간의 사고(인지)는 정서와 행동을 결정하며, 사람의 느낌을 결정하는 것은 그 상황을 해석하는 방식에 달려 있음.
> - 시간제한적인(단기적) 접근에 초점을 둠.
> - 불안감을 경험하는 상황에 노출시킴.
> - 잘못된 감정과 사고 유형을 확인·점검 및 재평가하여 수정하도록 원조함.
> - 주관적 경험의 독특성, 협력적인 노력, 자신과 타인을 위한 무조건적인 관심, 구조화되고 직접적이며 적극적인 접근, 교육적 모델, 경험에 초점을 둠.
> - 관찰학습은 영아기부터 시작되어 성인기에도 지속되는 일반화된 학습 형태이며, 이를 통해 나름의 사회적 행동양식을 확립해 나감.

3. 인지행동 접근방식의 한계 기출 13회

① 사회(환경)적 개입에 대하여 이론적 언급은 있으나, 치료적 접근은 주로 심리지향적이다.
② 지적 수준이 낮거나 현실감이 부족한 클라이언트에게는 효과가 제한적이다.
③ 즉각적인 위기개입이 필요하거나 새로운 시도에 대한 의지가 약한 클라이언트에게는 적용하기 어렵다.
④ 특정 개입기술의 사용 시 윤리적 문제가 발생할 수 있다.
⑤ 현재에만 집중함으로써 과거에 발생한 상처, 억압된 분노, 적개심을 과소평가한다.

4. 인지행동모델의 개입기법

① 엘리스(Ellis)의 합리적 정서치료 [기출] 20회, 22회

㉠ 특징
- 클라이언트가 자신의 비합리적인 신념과 그러한 신념들로부터 생기는 부적절한 정서적 결과를 스스로 자각하고 비합리적 신념을 수정할 수 있도록 원조한다.
- 인지적 요소와 행동적 요소를 모두 강조한다.
- 적극적·행동적 방법을 사용한다.
- 클라이언트가 치료 중에 획득한 통찰을 자신의 실생활에 적용할 수 있도록 적극적이고 체계적으로 과제를 부여한다.
- 인지·정서·행동기법을 통합하는 다차원적 접근을 사용한다.

㉡ 비합리적 신념
- 엘리스는 인간의 사고와 감정은 서로 연관되어 있으며, 부정적 감정과 심리적 증상들은 비합리적 신념에서 기인한다고 보았다.
- 비합리적 신념에는 '반드시', '절대로', '모든', '완전히', '해야만 한다' 등의 사고가 저변에 깔려 있다.
- 비합리적 신념의 4가지 사고

구분	비합리적 사고(신념)	합리적 사고(신념)
경직성	경직되고 절대적·극단적임.	유연하고 융통성 있음.
논리성	논리적 모순이 많음.	논리적 모순이 없음.
현실성	경험적 현실과의 불일치	경험적 현실과의 일치
실용성	삶의 목적에 도움이 되지 않음.	삶의 목적에 도움이 됨.

개념 공략 엘리스가 제시한 비합리적 신념

인정의 욕구	모든 사람으로부터 사랑과 인정을 받아야만 한다는 믿음
과도한 자기기대감	자신이 가치 있어 보이기 위해서는 모든 영역에서 완벽하게 유능하여 반드시 성공해야 한다는 믿음
비난 성향	자신에게 해를 끼치는 사람들은 나쁘고 야비하기 때문에 반드시 비난과 처벌을 받아야 한다는 믿음
좌절인인 반응	일이 뜻대로 되지 않을 때, 인생이 아무런 가치가 없으며 끔찍하다는 믿음
정서적 무책임	인간의 불행은 외부환경에서 비롯되므로 그것을 통제할 수는 없다는 믿음
과도한 불안	위험하고 두려운 일에 대해서는 항상 신경을 써야 하고, 발생 가능성을 염두에 두고 있어야 한다는 믿음
문제 회피	어려움이나 책임은 직면하는 것보다 회피하는 것이 더 쉽다는 믿음
의존성	사람은 타인에게 의존(의지)해야 하며, 자신이 의존할 수 있는 강인한 누군가가 필요하다는 믿음
무력감	사람의 현재 행동은 과거에 의해서 결정되며 과거의 영향에서 벗어날 수 없다는 믿음
타인에 대한 지나친 염려	다른 사람의 문제나 어려움에 대해서도 매우 신경을 써야 한다는 믿음
완전무결주의(완벽주의)	모든 문제에는 완전한 해결책이 있으며, 그 해결책을 찾지 못하면 파멸이라는 믿음

- ⓒ 인지의 왜곡화(왜곡된 사고, 인지적 오류) 기출 18회, 21회, 23회
  - 심리적 혼란이나 부정적 감정의 근원이 되는 비합리적 신념의 특징이다.
  - 대부분 '~해야 한다', '~이어야 한다', '~해서는 안 된다' 등의 당위적 사고 형태를 띤다.
  - 이분법적 사고(흑백논리적 사고): 모든 경험을 한두 개의 범주로만 이해하고 중간지대가 없이 흑백논리로 현실을 파악하는 것이다.
    - 예 "이 일을 완벽하게 하지 못하면 실패한 것이야."
  - 선택적 요약(선택적 추상화): 다른 중요한 요소들은 무시한 채 맥락에서 벗어난 일부 정보에만 초점을 맞추어 상황 전체를 판단하는 것이다.
    - 예 "지난번 과제에 나쁜 점수를 받았어. 이건 내가 꼴찌라는 것을 의미해."
  - 과잉일반화(과도한 일반화): 한두 가지 사건에 근거하여 확대 해석해 일반적인 결론을 내리고 그것을 서로 관계없는 상황에 적용하는 것이다.
    - 예 맞선으로 처음 본 사람의 첫인상이 괜찮다고 그 사람 인성이 좋다고 판단하는 것
  - 개인화: 어떤 사건에 대하여 자신과 전혀 관련이 없음에도 자신과 관련이 있는 것으로 잘못 생각하는 것이다.
    - 예 "그때 내가 전화만 받았다면 동생이 사고를 당하지 않았을 텐데. 나 때문이야."
  - 임의적 추론(자의적 추론): 결론을 지지해 주는 충분한 근거가 없거나 근거가 결론에 위배됨에도 불구하고 그와 같은 결론을 내리는 것이다.
    - 예 "내가 뚱뚱해서 지나가는 사람들이 나만 쳐다봐."
  - 재앙화(파국화): 항상 최악을 생각하고 그것이 언제든지 자신에게 일어날 수 있다고 미리 걱정하는 것.
- ⓔ 개입과정(ABCDE모델)
  - 사람들은 어떤 사실 자체에 의해서가 아니라 그것을 바라보는 시각에 의해 혼란을 경험하고 장애가 유발될 수 있다고 본다.
  - 인간의 정서적·행동적 결과에 영향을 미치는 원인으로 사건보다는 신념체계의 중요성을 강조한다.
  - 개입이 이루어지는 과정을 ABCDE모델로 제시하였다.

A(Accident, 실재하는 사건)	인간의 정서를 유발하는 어떤 사건이나 현상 또는 행위
B(Belief, 신념체계)	사건(A)에 대하여 가지고 있는 신념이나 생각
C(Consequence, 정서적·행동적 결과)	개인의 믿음, 인식 등으로 인해 초래된 감정이나 행동
D(Dispute, 논의·논박)	비합리적 신념체계에 대한 논박
E(Effect, 효과)	논박(D)을 통하여 합리적인 신념으로 재구조화된 이후에 갖게 되는 태도와 감정의 결과 또는 효과

개념 공략 엘리스의 ABCDE모델

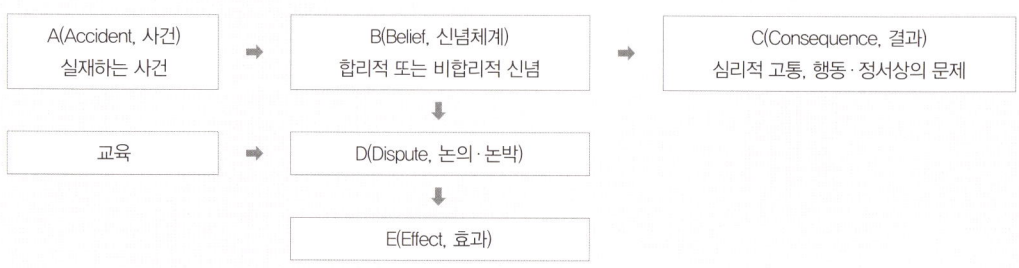

- 사건 A는 C라는 정서 및 행동 상태의 원인이 아니라, 사건 A에 대하여 개인이 갖는 신념체계인 B가 C를 유발하는 주요 원인임. 따라서 B가 가장 중요함.
- 비합리적인 신념(B)을 발견해서 이를 논박(D)하여 합리적인 신념체계로 바꾸면 불안이나 분노, 적개심 같은 부정적 감정과 자기 파괴적인 행동은 감소하거나 없어지게 됨.
- A와 C의 관계 속에서 비합리적 신념(B)을 찾아냄.
- 논박(D)을 통해 비합리적 신념과 합리적 신념을 구분함.
- 비합리적 신념이 합리적 신념으로 재구조화되는 효과(E)가 나타남.

② 벡(Beck)의 인지치료 기출 12회, 18회, 22회

㉠ 특징
- 벡은 개인이 자신과 세계에 대하여 가지고 있는 인식이 자신의 심리사회적 문제나 행복을 결정하는 데 중요한 역할을 한다고 가정한다. 따라서 클라이언트의 심리사회적 문제를 해결하기 위해서는 인지적 측면의 왜곡을 수정하는 것이 가장 효과적이라고 본다.
- 역기능적이고 자동적인 사고, 역기능적인 스키마(도식), 신념, 가정, 대인관계의 영향력을 강조한다.

㉡ 사고과정의 구분: 벡은 인간의 사고과정을 자동적 사고, 스키마, 이들의 왜곡에 의해 발생되는 추론과정에서의 인지적 오류(체계적 오류, 왜곡)로 구분하였다.

자동적 사고	• 당사자에게는 타당하며 현실적인 것처럼 생각되기도 함. • 스스로 의식하기는 힘들지만 주의를 기울이면 쉽게 발견할 수 있으므로 치료과정에서 사회복지사의 도움이 필요함.

스키마(도식)	• 정보를 받아들이고 조직화하는 인지구조로, 개인의 초기 발달단계에 사고 패턴을 제시함.
	• 핵심신념을 수반하는 '정신 내의 인지구조'로서, 기본적인 신념과 가정을 포함하여 사건에 대한 개인의 지각과 반응을 형성함.
	• 핵심믿음체계
	  - 클라이언트의 경험을 조직하는 인지구조의 기초로서, 개인의 왜곡이나 편견을 형성하는 근간을 이룸.
	  - 아주 근원적이고 깊은 수준의 믿음이어서 자기 자신도 인식하지 못하는 경우가 많음.
	• 중간믿음체계
	  - 태도나 규칙, 가정으로 구성되며, 핵심믿음체계가 영향을 미침.
	  - 자신의 중간믿음체계를 잘 인식하지 못하는 경우가 많음.

인지적 오류 (체계적 오류, 왜곡)	• 임의적 추론, 자의적 유추 • 선택적 요약(추론) • 과잉(과도한) 일반화 • 극대화와 극소화, 과장과 축소 • 개인화 • 이분법적 사고(흑백논리)

㉢ 개입기법: 독서요법, 문서·녹음·영상의 사용, 강의나 세미나 등 교육적 방법, 소크라테스식 문답법 등

③ 마이켄바움(Meichenbaum)의 인지행동수정(자기지시훈련)

㉠ 특징
- 엘리스의 합리적 정서치료나 벡의 인지치료와 마찬가지로 고통스러운 정서가 대개 부적절한 사고의 결과라고 가정한다.
- 역기능적인 혼잣말에 초점을 두어 행동은 자기 자신의 말의 결과이며, 비합리적 내적 언어는 정서적 장애의 원인이 된다고 본다.
- 내적 언어의 발달은 타인 또는 자기교습을 통해서 통제가 가능하다고 본다.
- 사고와 인지를 행동적 절차에 의해 바꿀 수 있다고 보는 행동치료의 확장된 영역으로, 언어변화를 중요하게 다룬다.

- 클라이언트의 자기진술 인식에 초점을 두고, 충동성, 공격 성향, 시험 공포, 대중 앞에서의 연설에 대한 두려움 등과 같은 문제에 효과적으로 대처할 수 있도록 하는 인지 재구성 방법을 사용한다.
- 우울증과 같은 정신병리보다는 생활에 약간의 문제가 있는 사람에게 자기 스스로 통찰하는 과정을 제공한다는 점에서 유용하다.

ⓒ 행동변화의 과정 3단계

1단계	자기관찰	• 클라이언트가 자신의 행동을 관찰하는 방법을 학습하면서 변화는 시작됨. • 자신의 사고, 감정, 행동, 생리적 반응, 대인관계에서의 반응에 대한 높은 민감성이 포함됨.
2단계	새로운 내적 대화	• 클라이언트 자신의 부적응적 행동을 알아차리는 것을 배우고, 적합한 행동대안에 주목하기 시작함. • 자기 자신의 내적 대화를 통해 새로운 행동을 유도하는 과정에서 클라이언트의 인지적 구조가 변화함.
3단계	새로운 기술의 학습	• 효과적인 대처기술을 클라이언트에게 가르치고 그것을 실생활에서 실행함. • 새로운 내적 대화를 시도하고, 결과를 관찰하고 평가하는 데 계속해서 초점을 둠.

ⓒ 개입기법: 대처기술(스트레스 예방훈련), 정보의 조합, 소크라테스식 문답법, 인지 재구조화, 문제해결, 이완훈련, 행동시연, 자기감시, 자기지시, 자기강화, 환경적 상황의 수정 등

> **개념 공략** 소크라테스식 문답법
>
> - **명료화를 위한 질문**: 사실 여부, 출처를 물음.
>   - 예 "~라고 말하는 것은 무슨 뜻인가요?", "~라는 용어에 대한 예를 들어주세요."
> - **문제를 탐색하는 질문**: 논리적 추론의 전제 부분을 확인함.
>   - 예 "당신은 그 가정이 확실하다고 보장할 수 있나요?", "왜 그 사람은 그런 생각을 하고 있을까요?", "그 질문에는 숨겨진 전제들이 있지 않을까요?"
> - **근거를 탐색하는 질문**: 전제에 따른 주장의 근거를 물음.
>   - 예 "그렇게 말할 수 있는 근거가 무엇인가요?", "당신이 주장하는 내용을 뒷받침해 줄 수 있는 적절한 사례(또는 반례)를 들 수 있나요?", "어떤 기준에서 그렇게 주장하고 있나요?"
> - **견해와 관점에 대한 질문**: 주장에 대한 다양한 관점의 근원을 물음.
>   - 예 "이 주제에 관해 다른 방식으로 생각해 볼 수 있을까요?", "누군가 당신한테 이런 주장을 한다면 뭐라고 말할까요?"
> - **함축과 결론을 탐색하는 질문**: 주장의 결론과 그 영향에 대해서 물음.
>   - 예 "그런 행동의 결과는 어떤 식으로 일어날까요?", "~와 같은 결론에 도달한다면 받아들일 수 있나요?"
> - **질문에 대한 질문**: 질문에 대한 성찰적 관점에서 그 의미를 재확인함.
>   - 예 "그것이 적절한 질문이라고 생각하나요?", "그 질문이 이 문제와 어떤 관계가 있나요?"

④ 기타 개입기법 기출 11회, 16~18회, 20회

ⓐ **내적 의사소통의 명료화**: 클라이언트 스스로가 피드백함으로써 자신의 생각과 이야기 속에 숨겨진 인지적 오류와 비합리적 신념에 대한 통찰력을 발전시키고 이해할 수 있도록 돕는 것이다.

ⓑ **기록과제**: 클라이언트가 엘리스의 ABCDE모델 중, A(사건)-B(신념)-C(정서적 결과)를 활용하는 방법에 대해 익히고 기록할 수 있도록 양식을 제공하는 것이다.

ⓒ **인지 재구조화**: 기존에 개인이 인식하고 있는 것을 재구성해서 사고의 방식을 변경하는 기법이다.

ⓓ **경험적 학습**: 클라이언트에게 자신의 인지적 오류에 부합하지 않는 특정한 행동을 하도록 함으로써 클라이언트가 자신의 인지적 오류를 발견하고 수정하도록 하는 기법이다.

ⓔ **체계적 둔감법(탈감법)**: 클라이언트에게 가장 덜 위협적인 상황부터 가장 위협적인 상황까지 순서대로 제시하면서, 불안자극과 불안반응 간의 연결이 없어질 때까지 불안을 일으키는 자극들을 반복적으로 이완 상태와 짝을 짓는 기법이다.

ⓗ 모델링: 다른 사람이 행동하는 것을 봄으로써 새로운 행동을 학습하는 기법으로, 클라이언트가 시행착오를 거치지 않고 새로운 행동을 학습할 수 있다.
ⓢ 이완훈련: 클라이언트가 스트레스 상황에 적절히 대처할 수 있도록 돕는 기법으로, 클라이언트가 만성적으로 불안하거나 긴장감이 높은 경우, 위기상황에 처한 경우, 우울이나 분노 등을 느끼는 경우에 효과적이다.
ⓞ 사회기술훈련: 대인관계에서 불편함을 느끼는 사람, 지나치게 부끄러워하거나 공격적인 사람 및 사회적 기술이 부족한 성원을 대상으로 사회기술을 향상시키기 위하여 실시하는 훈련이다. 긍정적 강화, 모델링, 역할연습, 과제부여 및 수행, 코칭, 시연, 자기옹호, 직접적 행동(지시) 등 다양한 방법이 사용된다.
ⓩ 시연(행동시연, 리허설): 클라이언트가 습득한 행동기술을 현실세계에서 직접 실행하기 전에 사회복지사 앞에서 반복적으로 연습하는 것이다.
ⓩ 자기지시기술(자기지시훈련): 클라이언트가 변화시키고자 하는 행동을 대상으로 구체적인 목표를 정하고, 이에 따라 실천 행동지침을 작성하며 실행에 옮기는 기술이다.
ⓩ 자기대화 관리훈련: 자기대화는 스스로에게 주는 메시지를 의미한다. 자기대화의 왜곡을 수정함으로써 습관적인 사고방식을 변화시켜 문제가 되는 감정이나 행동을 통제할 수 있도록 돕는 기술이다.

5 과제중심모델

1. 과제중심모델의 특징 기출 14회, 19회, 21~23회

① 특정 이론보다는 경험적 자료를 통해 개입의 기초를 마련한다.
② 시간제한적인 단기개입으로서 약 2~3개월 동안 8회기에서 12회기 전후로 이루어지며, 대개 4개월 이내에 사례를 종료한다.
③ 사회복지사의 관점이 아닌 클라이언트가 인식한 문제를 중심으로 클라이언트와 사회복지사가 표면적으로 계약한 구체적인 문제를 해결하는 데 개입의 초점을 둔다.
④ 해결해야 할 문제와 수행해야 할 과제에 대해 클라이언트와 사회복지사 간의 동의가 계약의 형태로 구체화되어야 하며, 클라이언트의 문제해결활동은 그가 동의한 과제를 중심으로 구조화된 접근방법을 사용한다.
⑤ 조사에 근거한 경험적 자료에 의존하여 직접적 개입기법을 제공하기보다는 클라이언트 스스로 실행 가능한 과제로 대치하도록 하고 과제를 수행할 수 있도록 원조한다.
⑥ 사회복지사의 역할은 클라이언트가 제한된 기간 내에 가능한 한 건설적으로 자신의 문제를 완화시킬 수 있는 활동을 할 수 있도록 원조하는 것이다.
⑦ 과제중심모델의 기본가치는 클라이언트의 자기결정원리를 전제하므로 클라이언트가 자기 문제라고 인정하고 함께 해결하고자 지적한 문제에 초점을 맞추어 접근하며, 클라이언트의 환경요인을 강조한다.
⑧ 개입과정을 객관적으로 기록하고, 진행상황을 회기마다 모니터링하며, 개입과정과 사회복지사의 실천에 대한 클라이언트와 사회복지사 자신의 평가 등을 중요하게 여기는 것과 같은 개입의 책무를 강조한다.
⑨ 문제해결, 인지적·행동적·구조적 접근방법 등으로부터 경험적으로 이끌어낸 이론과 방법을 선택적으로 사용한다.

2. 과제중심모델의 개입

① 과제중심모델의 개입목표
㉠ 클라이언트가 문제를 완화시킬 수 있는 기술이나 자원이 부족한 것을 문제로 보기 때문에 클라이언트가 문제해결에 필요한 기술이나 자원을 얻을 수 있도록 원조하는 것을 목표로 한다.
㉡ 클라이언트의 문제를 계획적이며 의도적인 과정을 통해 구체적인 과제로 해결해 나가고자 한다.
㉢ 클라이언트가 제한된 기간 내에 자신의 문제를 건설적으로 해결할 수 있게 한다.

② 과제중심모델의 개입과정 기출 11회, 13회, 16회, 17회

시작 단계	면접	• 자발적 클라이언트: 서비스 제공이 적합하다 판단되면 바로 문제규명단계를 진행함. • 의뢰된 클라이언트: 외부기관의 의뢰 이유 및 목표 확인, 의뢰기관의 자원 확인
초기 단계	제1단계: 문제규명단계	• 클라이언트가 제시하는 문제 탐색 • 표적문제가 무엇인지 구체적으로 설정하고 표적문제의 우선순위 결정 • 신속한 초기사정
	제2단계: 계약단계	계약내용: 목표, 주요 표적문제(최대 3개), 일반적 과제, 기간, 일정, 참가자 등
중기 단계	제3단계: 실행단계	• 후속사정 수행(재사정, 표적문제 사정) • 대안마련(모색), 과제 개발 및 수행, 진행 시 어려움 조사(점검)
종결 단계	제4단계: 종결단계	• 개입과정을 통해 성취한 것을 점검함. • 필요에 따라 개입을 연장하거나 사후지도를 실시함.

6 기타 실천모델

1. 역량강화모델

① 역량강화(임파워먼트)의 개념
  ㉠ 필요한 환경자원을 스스로 이용하지 못하고 스트레스 상황에 효과적으로 대처하지 못하는 클라이언트들이 자신의 삶을 충분히 통제할 수 있도록 원조하는 것이다.
  ㉡ 자신이 처한 상황을 자발적으로 개선할 수 있도록 개인적·대인적·정치적 측면에서 힘을 키워나가는 과정이다.

② 역량강화모델의 특징 기출 13회, 14회, 18회, 19회
  ㉠ 클라이언트의 역량을 향상시키기 위해 클라이언트의 강점과 환경적 자원에 초점을 둔 해결중심 접근을 한다.
  ㉡ 클라이언트가 필요한 자원을 얻거나 통제하도록 원조하는 것을 강조한다.
  ㉢ 클라이언트의 자기결정권이 강조된다. 의사결정과정에 클라이언트를 참여시키는 것과 클라이언트가 자립적으로 기능하는 데 필요한 지식과 기술을 획득하도록 원조한다.

③ 역량강화모델의 개입과정 기출 11회, 12회

대화단계	파트너십 형성, 현재상황 명확화, 방향 설정
발견단계	강점 확인, 자원의 역량 사정, 해결방안 수립
발전단계	기회 확대, 동맹관계 창출, 자원 활성화, 성공 확인, 성과 집대성

④ 역량강화모델의 실천기법 기출 23회
  ㉠ 클라이언트의 역량을 강화하고, 환경적 자원을 극대화하는 것을 목표로 한다.
  ㉡ 사회복지사는 클라이언트와의 관계를 협동관계로 파악하고, 클라이언트를 파트너로 인식한다.
  ㉢ 개입기법: 강점 사정하기, 문제해결기술 습득시키기, 자원 확보와 체계 활용하기, 촉진적 개입하기

2. 위기개입모델

① 위기의 개념과 특징 [기출] 18회
  ㉠ 개인이 현재 자원과 대처 기제로는 감당하기 어려운 사건이나 상황을 지각하거나 경험하는 것이다.
  ㉡ 위험과 기회가 공존한다.
  ㉢ 위기는 단순히 원인과 결과로 설명하기 힘들고, 증상이 매우 복잡하다.
  ㉣ 위기상황에 나타나는 불안은 긍정적 변화의 추진력이 된다.
  ㉤ 위기에 처한 사람은 단기치료 등 다양한 형태의 도움을 쉽게 받아들이지만, 오래된 문제일수록 빠른 해결책을 기대하기 어렵다. 빠른 해결책은 위기촉진요인을 변화시키기 어렵고 오히려 심각하게 만들 수 있다.
  ㉥ 선택은 어려움을 극복할 계획을 조직적으로 세울 기회를 주므로, 위기상황에서는 선택이 필요하다.
  ㉦ 보편성: 모든 위기에는 혼란이 따르게 되며, 위기에 처했던 사람이 다시 위기를 경험할 수도 있다.
  ㉧ 고유성: 같은 상황에서 누구는 성공적으로 위기를 극복할 수 있는 반면, 다른 누구는 그렇지 못할 수도 있다.
  ㉨ 위기의 종류

발달적 위기	발달단계마다 요구되는 발달과업에 의한 위기
실존적 위기	삶의 목적이나 중요한 삶의 이슈에 동반되는 불안과 관련된 위기
상황적 위기	통제할 수 없는 사건 발생에 따른 위기

② 위기개입모델의 특징 [기출] 21회
  ㉠ 위기상황에 즉각적으로 개입하여 단기전문원조를 제공하는 모델이다.
  ㉡ 개인이나 가족이 갑작스럽고 심각한 위험에 처했을 때 단시간 내에 집중적으로 개입한다.
  ㉢ 위기에 처한 클라이언트가 자신의 심리적 능력과 사회적 자원을 동원할 수 있도록 원조하는 것이며, 사건이 주는 스트레스를 최소화하기 위한 심리사회적 접근방법이다.

③ 위기개입의 기본원리 [기출] 11회, 17회, 19회
  ㉠ 신속한 개입: 시간제한적인 본질 때문에 즉각적인 개입이 필요하며, 위기단계에서 6주 이내에 해결한다.
  ㉡ 행동기술: 사회복지사의 역할은 행동기술에 초점을 둔다.
  ㉢ 제한된 목표: 최소한의 목표는 파멸의 예방, 균형상태 회복, 위기 이전 상태로 돌아가는 것이다.
  ㉣ 희망과 기대: 절망하는 클라이언트에게 희망을 준다.
  ㉤ 지지: 사회복지기관이나 병원 등 여러 자원의 정보를 제공한다.
  ㉥ 초점적 문제해결: 문제파악과 해결에 초점을 두면서 클라이언트가 조종할 수 있을 만큼 현재에 직면하도록 돕는다.
  ㉦ 자기상(Self-Image): 클라이언트와 신뢰관계를 조성함으로써 클라이언트 스스로 긍정적인 자기상을 확립할 수 있도록 지원한다.
  ㉧ 자립: 클라이언트가 자신감 회복을 위하여 효과적으로 대처할 수 있도록 지원한다.

④ 라포포트(L. Rapoport)의 위기해결을 위한 치료의 목표 [기출] 13회

1단계 치료목표 (기본목표)	• 최소한 달성해야 하는 기본목표 • 증상을 제거하여 위기 이전의 수준으로 기능을 회복하는 것 • 불균형상태를 야기한 위기촉진요인을 이해하는 것 • 클라이언트나 가족이 지역사회 자원을 통해 얻을 수 있는 치료방법을 모색하는 것
2단계 치료목표 (추가목표)	• 상황이나 기회, 클라이언트의 성격 등을 고려하면서 달성해야 하는 추가목표 • 현재의 스트레스를 과거의 경험이나 갈등상황과 연결한 것 • 즉각적인 위기상황을 넘어서는 데 유용한 새로운 적응 및 대처반응을 파악하고 발전시키도록 새로운 방법을 가르치는 것

⑤ 골란(Golan)의 위기발달단계 및 위기개입모델 기출 14회, 21~23회
  ㉠ 골란의 위기발달단계
    • 사회적 위험(위험한 사건): 특정 스트레스 사건이 발생하는 단계
    • 취약단계(혼란단계): 최초의 쇼크에 대한 개인의 주관적 반응의 단계
    • 위기촉진요인 발생: 취약단계를 불균형상태로 전환시키는 연쇄적인 스트레스 유발 사건들
    • 실제 위기단계: 긴장과 불안이 최고조에 달하여 불균형에 이르는 단계
    • 재통합단계: 긴장과 불안이 점차 가라앉고 개인의 기능이 다소 재구성되는 단계
  ㉡ 골란의 위기개입모델 기출 22회

시작단계 – 형성	계약형성, 위기파악(초기 사정)
중간단계 – 수행	• 현재 위기와 관련된 과거 경험 탐색 • 위기사건 이후 상황과 관련된 자료 보충 • 목표달성을 위한 구체적인 과제들에 대한 작업 • 클라이언트의 일상생활에 활용할 수 있는 자원과 지지체계 • 계약이행, 과업확인 및 이해, 자료의 조직과 이에 따른 활동, 행동변화 초래
종결단계 – 종료	개입상황 점검, 성취한 과업 확인, 미래에 대한 계획 수립, 종료시기 결정

3. 행동수정모델

> **합격 가이드**
> 인지행동모델과 같이 행동주의 이론에 이론적 기반을 둔 모델입니다.

① 행동수정모델의 개념
  ㉠ 파블로프와 스키너의 학습이론의 기초이자 환경결정론의 입장이다.
  ㉡ 현재의 문제행동을 변화시킴으로써 바람직하지 못한 행동을 제거하고 바람직한 행동을 양성하는 데 중점을 둔다.
  ㉢ 인간의 행동은 학습되는 것이며 인간이 느끼고, 사고하고, 행동하는 것은 학습의 결과라고 본다.
  ㉣ 인간의 문제는 정신 내적과정, 인지, 의지, 동기와 같이 추상적인 개념들에 의해서가 아니라, 눈으로 관찰할 수 있는 행동을 통해 풀어야 한다고 본다.
  ㉤ 행동변화의 핵심은 의지의 문제가 아니라 기술의 문제라고 본다. 기술은 학습이 가능하다.
② 행동수정의 원리와 기술 기출 11회, 21회
  ㉠ 순환론적 사고: 원인과 결과가 구별되지 않는 설명방식으로, 이는 지양해야 한다고 본다.
  ㉡ 조작적 행동: 인간의 행동은 그 행동의 결과가 유쾌한 것이면 강화되고 불쾌한 것이면 감소·소거된다.
  ㉢ 강화
    • 정적 강화: 긍정적 자극을 제공함으로써 바람직한 행동을 증가시킨다.
    • 부적 강화: 부정적 자극을 철회함으로써 바람직한 행동을 증가시킨다.
  ㉣ 처벌
    • 정적 처벌: 부정적 자극을 제공함으로써 부정적인 행동을 감소시킨다.
    • 부적 처벌: 긍정적 자극을 철회함으로써 부정적인 행동을 감소시킨다.
  ㉤ 간헐적 강화: 행동을 통제하기 위해 정해진 계획에 따라 강화물이 제공되는 것이다.
  ㉥ 소거: 문제행동을 유지시켜 오던 요인을 중단시켜 더 이상 강화받을 수 없게 함으로써 문제행동을 감소시키는 방법이다. 즉, 강화된 행동이 더 이상 강화를 받지 못하여 행동이 감소하는 것이다.
  ㉦ 타임아웃: 부적 처벌의 원리를 이용하며, 바람직하지 않은 행동을 했을 경우 보상받을 기회를 일시적으로 제거하는 기법이다.

- ⊚ **차별적 자극**: 대부분의 조작적 행동은 결국 선행조건에 의해 일어난다. 어떤 행동이 강화되었을 때 있었던 자극이 발현되면 그 행동이 일어나기 쉽지만, 강화를 받지 못했을 때는 같은 자극이 발현되어도 그 행동은 일어나지 않는다.
- ⊛ **회피행동**: 불쾌한 사건이 임박했다는 선행조건은 회피행동을 유발한다.
- ⊛ **조건화**: 조건화를 통해 선행조건은 정서적인 자동적 반응을 불러일으킬 수 있다.
- ㅋ **모델링**: 대부분의 행동은 다른 사람이 행동하는 것을 보고 모방학습될 수 있다.
- ㅌ **행동조성**: 특정 행동수준까지 끌어올리기 위해 작은 단위의 행동으로 나누어 과제를 주는 것이다.

③ 행동수정모델의 활용
  ㉠ 행동수정모델은 '자극 → 반응'으로 인간을 설명하려는 고전적 행동주의 원칙에 사회학습이론이 접합하여 발달된 개입모델로서, 인간의 행동을 변화시키는 데 이 원칙들을 적용한다.
  ㉡ 사회복지실천현장에서 일상생활의 문제, 정신문제 등 다양한 분야에 걸친 상이한 인구집단에 적용할 수 있는 방법으로, 비교적 단시간에 효과를 볼 수 있어 많이 활용되고 있다.

④ 행동수정모델의 실천과정 기출 13회
  ㉠ **초기단계**: 문제규정 → 기초선에 근거한 사정 → 목표설정 → 개입계획 수립 → 계약
  ㉡ **개입단계**
    - 개입계획을 실행하고 수행 여부를 점검·수정하는 단계이다.
    - 관찰 가능한 행동에 초점을 두고 선행조건, 행동, 후속결과 영역으로 나누어 개입기술을 적용한다.

선행조건 영역의 개입기술	• 선행조건의 회피: 바람직하지 못한 표적행동을 가져오는 상황이나 사고로부터 거리를 두는 것 • 행동 연쇄변화: 행동이 자동적으로 이어서 일어나 앞선 행동이 다음 행동의 촉발 원인이 되는 경우, 행동고리의 어느 부분을 끊어서 전체 과정을 재조정하는 것 • 선행조건 압축: 문제행동에 이르게 하는 상황의 범주를 아주 특수하고 작은 범위로 한정하는 것 • 선행조건의 재인식: 일정한 선행조건에 접했을 때 문제행동을 유발하는 인식체계를 변화시키는 것 • 사고 중단: 바람직하지 못한 생각이 들 때, 바로 스스로에게 '멈춰!'라고 말하는 것 • 행동을 통제하는 강력한 힘이 있는 간단명료한 언어적 지시의 사용
행동 영역의 개입기술	• 정적 강화: 바람직한 행동이 일어날 때마다 보상을 주어 그 행동이 더 자주 일어나게 하는 것 • 리허설: 발달시키고자 하는 행동을 반복적으로 연습하는 것 • 모델링: 원하는 행동을 잘하는 사람을 관찰하고 모방함으로써 행동을 익히는 것 • 행동형성: 최종 목표행동에 도달하기 위해 점진적으로 이를 진행시키는 것 • 대체행동의 사용
후속결과 영역의 개입기술	목적이 바람직하지 못한 행동을 제거하는 것인지, 바람직한 행동을 증가시키는 것인지에 따라 개입기술을 나눔.

  ㉢ **종결단계**
    - 종결이 다가오면 종결을 예고하고, 그동안의 진전과정을 클라이언트와 평가한다.
    - 목적달성에 어려움이 있었거나 미진하였다면 원인을 분석하고 필요한 과정을 논의한다.
    - 종결이 결정되면 사회복지사와의 면담이 없더라도 스스로 바람직한 행동을 유지할 수 있도록 최소한 4주 정도는 문제행동의 진전상황을 기록하도록 한다.
    - 종결 4주 후 추후 면담을 통해 행동변화가 계속되었는지를 점검한다.

4. 클라이언트중심모델 기출 17회, 23회

① 클라이언트중심모델의 개념
  ㉠ 실존주의이론, 형태치료와 같이 실존주의철학에 기원을 둔다.
  ㉡ 1940년대 초, 로저스에 의하여 인간중심적 접근으로 시작되었다.
  ㉢ 치료기법보다는 사회복지사와 클라이언트의 태도 및 감정의 중요성을 강조한다.

② 클라이언트중심모델의 기본원리
  ㉠ 사회복지사는 자신의 관점을 소개하기보다는 클라이언트의 준거틀에 철저하게 초점화할 수 있도록 원조하는 역할을 한다.
  ㉡ 치료면접의 내용은 클라이언트가 일관성 있게 주도해 나간다.

③ 클라이언트중심모델의 주요 개념
  ㉠ 현상학적 장(주관적 현실): 개인이 경험하거나 지각한 장은 사적이고 주관적인 경험의 세계이다.
  ㉡ 자아: 개인의 전체적인 현상학적 장 혹은 지각적 장으로부터 분화된 부분을 의미한다.
  ㉢ 실현화 경향 : 유기체를 유지하거나 고양시키는 방식으로 발달해 가려는 유기체의 생득적인 경향이 나온다.
  ㉣ 자아실현 욕구 : 자아가 형성됨에 따라 일부 실현화 경향이 자아실현으로 표현된다.
  ㉤ 긍정적 관심 : 다른 사람들로부터 긍정적 존경을 받고자 하는 욕구가 생긴다.
  ㉥ 조건부 가치 : 중요한 타인들의 긍정적인 관심이 조건부로 주어질 때, 인간은 어떤 측면에서 자신이 존중되고 있지만, 다른 측면에서는 그렇지 않다고 느낄 때 일어난다.

④ 사회복지실천에서의 적용
  ㉠ 클라이언트가 진정한 감정을 경험하고 진정한 자아의 요소를 발견할 수 있는 안정적이고 자유로운 분위기를 제공하는 것이 핵심이다.
  ㉡ 클라이언트가 현재의 문제에 집중하기보다는 그다음 문제를 잘 대처할 수 있게 해주는 성장과정에 초점을 둔다.

⑤ 사회복지사의 태도
  ㉠ 일치성과 진실성: 자신을 있는 그대로 인정하고 표현하면 할수록 클라이언트가 건설적인 방향으로 변화하고 성장할 수 있는 가능성이 커진다고 본다.
  ㉡ 무조건적인 긍정적 관심과 수용: 클라이언트가 나타내는 어떤 감정이나 행동의 특징들을 있는 그대로 수용하여 존중하는 태도이다.
  ㉢ 정확한 공감적 이해: 실천과정이나 문제해결에 있어서 클라이언트의 책임과 주체성을 강조하며 전문가의 기술보다는 수용적인 상담의 관계를 중시한다.

5. 해결중심모델 기출 13~19회, 21회, 22회

① 해결중심모델의 의의
  ㉠ 1970년대 초반, 드 세이저와 김인수가 중심이 되어 만든 모델로 대표적인 단기치료모델이다.
  ㉡ 문제의 원인을 규명하기보다는 클라이언트의 자원을 활용하여 단기간에 실천목적을 달성하고자 한다.
  ㉢ 클라이언트에게 이미 존재하고 있는 과거의 성공경험을 문제를 해결하기 위한 중요한 자원으로 여긴다.
  ㉣ 문제행동을 중지시키거나 변화시키는 것보다 클라이언트가 가지고 있는 성공적인 행동패턴을 반복하는 것이 더 쉽고 긍정적이라고 본다.

> **합격 가이드**
>
> CHAPTER 03에서 다루는 해결중심 단기가족치료에서 개입기법 등을 학습할 수 있습니다.

ⓜ 클라이언트의 문제를 진단하고 처방하기보다는 장점, 강점, 건강한 특성 등과 같은 클라이언트의 자원을 발견하여 문제해결의 방안을 찾아주는 것이다.
ⓑ 클라이언트를 자신의 문제를 가장 잘 아는 전문가로 인정함과 동시에 문제해결의 주체로서 전문적 관계의 동반자로 인정하는 클라이언트 지향적인 접근방법이다.
ⓢ 클라이언트의 강점을 찾아내어 문제를 해결하고, 과거보다는 현재와 미래를 강조한다는 점에서 기존의 전통적인 치료모델들과 차별성을 가진다.

② 해결중심모델의 개입목표 설정 원칙 7가지
  ㉠ 클라이언트에게 중요한 것을 목표로 하기
  ㉡ 작은 것을 목표로 하기
  ㉢ 구체적이고 명확하며 행동적인 것을 목표로 하기
  ㉣ 없는 것(문제를 없애는 것)보다는 있는 것(바람직한, 긍정적인 행동들)에 관심을 두기
  ㉤ 목표를 중시하기보다는 시작으로 간주하기
  ㉥ 목표수행은 힘든 일이라고 인식하기
  ㉦ 클라이언트의 생활에서 현실적이고 성취가능한 것을 목표로 하기

③ 해결중심모델의 기본가정
  ㉠ 병리적인 것 대신 건강한 것에 대한 초점을 둔다.
  ㉡ 클라이언트가 지니고 있는 장점, 강점, 건강한 특성들을 최대한 찾아내어 실천에 활용한다.
  ㉢ 변화는 항상 일어나며 불가피하다.
  ㉣ 작은 변화가 큰 변화로 이끈다.
  ㉤ 클라이언트의 자율적인 협력을 중요시한다.
  ㉥ 현재와 미래를 지향한다.
  ㉦ 탈이론적·비규범적인 입장을 취하며, 클라이언트가 결정한 관점을 존중한다.

④ 해결중심모델의 개입과정 4단계

| 해결방안 모색의 시작단계 | ⇒ | 해결중심적인 목표를 설정하는 단계 | ⇒ | 해결방안을 찾는 실천단계 | ⇒ | 변화의 평가단계 |

⑤ 사회복지사 – 클라이언트의 관계
  ㉠ 사회복지사는 클라이언트가 이미 가지고 있는 자원들을 활용하여 해결방안을 구축하도록 돕는다.
  ㉡ 목표달성을 위해서는 사회복지사와 클라이언트의 관계를 파악하는 것이 중요하다.
  ㉢ 상호협력적인 자세로 클라이언트의 경험과 그 의미에 대해 탐구하고 목표를 정하고 클라이언트에게 가장 잘 맞는 대처방법을 찾는다. 따라서 사회복지사를 '치료자'라는 말보다는 '의논자'로 지칭한다.
  ㉣ 클라이언트중심, 강점중심 접근과 일맥상통하는 언어 및 행동적 실천을 한다.
  ㉤ '클라이언트가 자신의 삶의 중심인물이자 전문가'라는 기본전제는 사회복지사만이 전문가는 아님을 나타내고 사회복지사는 클라이언트에게 올바른 생활방식을 가르쳐주거나 평가하는 식으로 개입하지 않는다는 것이다.

6. 동기강화모델 기출 23회

① 동기강화모델의 의의
  ㉠ 밀러와 롤닉(W. Miller & S. Rollnick)이 개발한 개입 방안으로써 변화를 위한 동기를 강화하는 대화방법이다.
  ㉡ 사회복지실천현장과 같이 동기 수준이 낮고, 비자발적인 클라이언트가 많은 경우에는 더욱 유용하게 활용될 수 있다.
  ㉢ 클라이언트에게 내재되어 있는 변화동기를 유발하고, 변화와 저항에 대한 양가감정을 해결함으로써 행동변화를 촉진하는 협력하는 대화방식이다.

② 동기강화모델의 기본원리
  ㉠ **공감 표현하기**: 사회복지사에게 요구되는 태도와 기술은 경청이다. 공감을 표현하려면 사회복지사는 반영적 경청을 하면서 클라이언트를 판단, 비판, 비난하지 않고 클라이언트의 느낌이나 관점을 수용해야 한다.
  ㉡ **불일치감 만들기**: 클라이언트가 자신의 현재 행동과 목표 또는 가치관 사이의 양가감정에 묶여있을 때, 변화에 대한 내적 동기를 강화하도록 돕는다.
  ㉢ **저항과 함께 구르기**: 새로운 관점은 유도되어야 하는 것이지 강요되어서는 안 된다. 클라이언트는 해답과 해결책을 찾아가는 제1자원이다.
  ㉣ **자기효능감 지지해 주기**: 자기효능감(selfefficacy)은 어떤 행동이나 활동을 수행하며 특정 목표를 성공적으로 해낼 수 있다는 자신의 능력에 대한 신념이다. 사람의 변화 능력에 대한 사회복지사의 믿음은 클라이언트의 자기효능감을 지지해 주는 기반이 된다.

③ 동기강화모델의 주요개념
  ㉠ **전문적 관계에 대한 이해**: 동기강화모델을 적용할 때 상담(counseling)이나 치료(theraoy)라고 하지 않고 '면담(interviewing)' 또는 협력적 대화'라고 강조하는 것은, 사회복지사와 클라이언트간에 권위의 차이가 없음을 보여주는 것이다.
  ㉡ **변화에 대한 이해**: 변화 동기를 강화하기 위해 외부적인 설득이나 보상 등을 사용하기보다는 클라이언트의 내적 가치관과 목표를 탐색하고 이를 활성화함으로써 행동 변화를 자극한다.
  ㉢ **저항에 대한 이해**: 저항은 변화에 대한 양가적 감정이 외부로 표출되는 자연스러운 행동이기 때문에, 저항하는 클라이언트와 대립하지 않는다. 대신에 클라이언트의 의견을 경청하고 동기를 이해하면서 변화에 대한 저항을 해결하고자 노력한다.

CHAPTER 02

가족 대상 실천기법 Ⅰ

핵심 Tag #가족 #가족체계 #가족사정도구

1 가족의 이해

1. 가족의 개념 기출 17회
① 협의의 개념
 ㉠ 서로에 대한 의무를 가지고 함께 거주하는 사람으로 구성된 일차집단이다.
 ㉡ 혈연, 입양 혹은 혼인을 기반으로 하는 일차적인 집단이다.
 ㉢ 성관계가 허용된 최소한의 성인 남녀와 그들 사이에서 출생하거나 양자가 된 자녀로 구성되며, 경제협력을 특징으로 하는 사회집단이다.
② 광의의 개념
 ㉠ 스스로 가족으로 정의하고 지속적으로 서로에게 가족체계의 핵심적 요소로 간주되는 의무감을 주는, 둘 이상의 개인으로 구성된 집단이다.
 ㉡ 한부모가족, 확대가족, 혈연·입양·결혼 등으로 제한되지 않는 친족의 개념, 성소수자 부부 그리고 그들의 자녀들을 포함하는 등 가족 형태의 다양성을 인정한다.

2. 가족의 특성 기출 18회
① 사회변화에 민감하고, 경계를 가지고 있다.
② 각 부분의 특성을 합한 것 이상의 특성을 지닌 체계이다.
③ 가족체계의 한 부분의 변화는 순환적 인과관계를 형성하여 가족체계 전체의 변화를 초래할 수 있다.
④ 가족의 현재 모습은 세대 간 전승된 통합과 조정의 결과물이다.

3. 가족에 대한 이론적 관점
① **구조기능주의 이론**: 사회가 가장 잘 기능하고 유지하기 위해서 가족의 구조와 기능은 어떻게 변화하고 있고 변화되어야 하는지에 초점을 둔다.
② **상징적 상호작용이론**: 인간행동은 인간의 상호작용을 통해 결정된다고 본다.
③ **갈등이론**: 엥겔스는 마르크스의 기본개념을 가족과 여성-남성 관계에 적용하고, 갈등의 대립성을 강조하며 자본주의 내에 존재하는 억압과 착취는 가족 내에서 그대로 재생된다고 주장한다.
④ **체계이론**: 가족은 여러 개의 부분으로 구성된 전체로, 가족체계를 '전체는 부분의 합보다 크다'라는 입장으로 전체성에 입각하여 바라보는데, 이러한 전체성은 가족원 간의 상호작용으로 인한 결과라고 본다.

⑤ 건강가족적 관점: 가족의 건강성에 초점을 두고 건강요인을 파악하여 가족원의 잠재력을 개발, 발휘할 수 있도록 도와 성장과 변화를 유도한다. 참고 **건강가족의 공통요소**: 가족의 응집력, 융통성, 의사소통

4. 가족의 구조와 기능 기출 14회, 23회
① 기능적 가족은 규칙을 융통성 있게 적용하며 가족성원에게 분명한 경계와 자율성을 부여한다.
② 밀착된 가족: 가족원의 획일적인 감정·생각과 응집력을 강요하면서, 가족성원 간 경계가 혼돈됨.
③ 유리된 가족: 가족원 간 상호작용이 부족, 응집력과 결속이 낮으며, 가족성원 간 경계가 경직됨.
④ 가족의 기능: 자녀 출산 및 양육, 사회화, 경제적 기능, 가족문화와 전통 계승, 정서적 교류, 성적 욕구 충족, 새로운 가족원에게 사회적 신분 부여, 오락을 통한 사회적 기능

5. 가족 내부의 역동성 기출 13회
① 가족 구성원 모두는 가족 내에서 다른 가족원에게 일어나는 일의 영향을 받는다.
② 가족 구성원 각자와 전체로서의 가족은 가족을 둘러싼 다른 많은 환경체계의 영향을 받는다.
③ 가족과 외부체계를 구분하는 경계는 엄격함과 침투성 정도에 따라 다양하다.
④ 가족은 시간이 지나면서 반복되는 상호작용 패턴, 즉 적응과 균형을 추구한다.

> **개념 공략** 가족문제 사정 관련 개념
> - **세대 간 연합**: 역기능적 가족 내에서 자녀를 자기편으로 만들거나, 부모-자녀 관계에서 동맹관계를 맺으려는 것
> - **순환적 인과관계**: 한 가족 성원에 의해 가족 내 다른 성원이 영향을 받고, 가족 전체에 영향을 주게 되는 것
> - **병리적 이중구속**: 언어적 수준과 비언어적 수준이 다른 상호모순적인 메시지로 발생하는 역기능적 의사소통
> - **의사소통상 구두점**: 의사소통 흐름 가운데 한 지점에 구두점을 찍느냐에 따라 어떤 상황의 원인과 결과가 달라지는 상징표현

6. 가족체계의 주요 개념 기출 20~23회
① 가족항상성
  ㉠ 체계로서의 가족은 구조와 기능에서 균형을 유지하려는 속성을 가지는데, 이를 가족항상성이라고 한다.
  ㉡ 가족은 구성원들의 행동이나 태도를 상식적인 수준으로 제한하고, 균형이 깨지려 하면 유지하기 위해 노력한다.
  ㉢ 전문가의 가족 개입과정에서 가족항상성이 작동될 수 있다.
  ㉣ 어떤 행동이 허용되는가를 결정하는 가족규칙을 통해 공고해진다.
② 가족경계 기출 21회
  ㉠ 가족 내에 존재하는 체계들을 구분하거나 가족체계와 외부체계를 구분한다.
  ㉡ 명확하면서도 융통성 있는 것이 바람직하다.
  ㉢ 지나치게 경직되면 무관심·거리감이 발생할, 혼돈되면 독립성·자율성이 결여될 가능성이 높다.

경직된 경계선	명확한 경계선	혼돈된(모호한) 경계선
• 소외감, 거리감, 무관심 • 나는 나, 너는 너 • 최소한의 접촉과 의사소통	• 자율적, 독립적 • '우리' 그리고 '나 자신'	• 과도한 소속감, 충성심, 지나친 관심 • 너도 나, 나도 너 • 최대한의 접촉과 의사소통

③ 하위체계
  ㉠ 가족 하위체계에는 부부 하위체계, 부모 하위체계, 부모-자녀 하위체계, 형제자매 하위체계가 있다. 부모하위체계는 부모가 권위를 갖는 것이 중요한 반면, 부모-자녀하위체계는 부모가 자녀에게 엄격함과 허용을 적절히 조화시키는 것이 중요하다.

ⓒ 건강한 가족은 하위체계 간 경계가 혼돈되지 않고 분명하다.
ⓔ 하나의 체계는 상위체계에 속한 하위체계이면서 동시에 다른 것의 상위체계가 된다. 즉, 홀론이다.

④ 순환적 인과성(순환적 인과관계) 기출 12회, 13회, 18회, 19회
ⓐ 가족문제의 원인을 구성원 간 상호작용에서 찾는 것을 순환적 인과관계라고 한다. 가족 내 한 성원의 변화는 다른 성원이 반응하게 되는 자극이 되고, 이 자극은 또 다른 가족에게 영향을 미쳐 결국 전체에 영향을 주게 된다. 이러한 현상은 순환적으로 처음 변화를 유발한 성원에게 다시 영향을 미친다(파문효과).
ⓑ 체계적 관점에서 악순환적인 연쇄고리를 파악한다.
ⓒ 순환적 인과성에 따라 가족문제를 해결하기 위해서는 '왜'보다는 '무엇'을 하느냐에 초점을 두어야 한다. 즉, 문제의 원인보다는 문제를 유지하려는 현재의 상호적 인과관계를 살펴보는 데 초점을 두어야 한다.
ⓔ 문제를 일으킨 성원 또는 다른 성원의 변화를 통해 가족의 역기능적 문제가 해결될 수 있다.

> **사례** 사회복지사는 치료를 거부하는 알코올중독자 당사자를 대신해 가족들이 먼저 알코올중독자 가족모임이나 자녀모임에 참여하도록 하였다.

⑤ 환류고리 기출 11회
ⓐ 가족은 현재의 평형상태를 유지하려는 경향을 가지고 있는데, 주로 의사소통을 통해 조절하거나 환류(Feedback)를 통해서 상태를 유지하려고 한다.
ⓑ 정적 환류와 부적 환류로 나뉘는데, 체계 내에 어떤 정보가 작용할 때 지금까지의 안정을 깨고 일탈을 향해 움직이려는 경향이 증대하느냐 감소하느냐에 따른 구분이며, 무엇이 더 바람직한가의 의미는 없다.

• 정적 환류

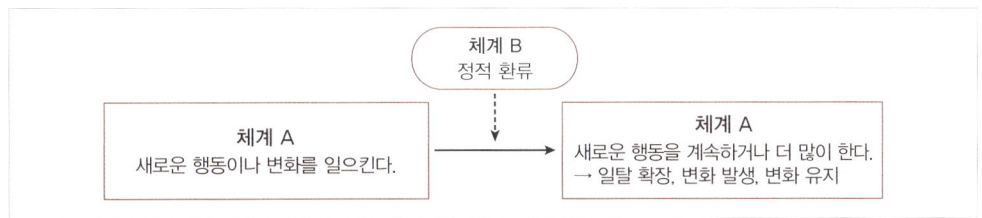

– 현재의 변화가 지속되거나 증폭되도록 하는 환류이다.
– 현재 자신의 행동이나 변화를 유지·증폭 하는 정보를 받는 것이다. 즉, 어떤 체계가 A라는 행위를 하고 상대 체계가 B라는 반응을 보였을 때, 처음의 체계가 A를 계속하게 되면 B는 정적 환류이다.

> **사례**
> • 자녀가 새로운 의견을 말했을 때(변화) 부모가 그것을 칭찬하고 지지해 주었더니 자녀는 계속 자신의 의견을 자신 있게 말하게 되었다(결과: 변화 유지). ⇨ 부모의 칭찬과 지지: 정적 환류
> • 사춘기 자녀가 반항적인 행동(변화)을 하자 잔소리를 했더니, 자녀의 반항적 행동이 더 많아졌다(결과: 변화 유지 및 일탈 확장). ⇨ 부모의 잔소리: 정적 환류

• 부적 환류

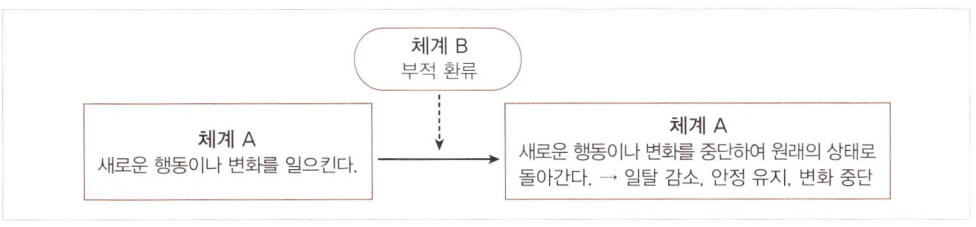

- 어떤 상태나 변화, 새로운 행동이 부적절하므로 원래의 상태로 돌아가게 하는 환류이다.
- 체계가 항상성을 유지하고 안정을 유지하게 하는 일탈 감소, 안정 유지, 변화 중단의 역할을 한다.

> **사례**
> - 자녀가 새로운 의견을 말했을 때(변화) 부모가 거부하거나 야단을 치면 자녀는 더 이상 새로운 의견을 말하지 않게 된다(결과: 변화 중단). ⇨ 부모의 거부 혹은 야단: 부적 환류
> - 사춘기 자녀가 새로운 시도들과 실험적 행동을 했을 때(변화) 부모가 '정신 나간 행동'이라고 말해서 자녀가 변화하지 못하게 되었다(결과: 변화 중단). ⇨ 부모의 발언: 부적 환류
> - 자녀가 밤 9시 이전에 귀가해야 하는 가족규칙을 어겼는데(변화) 부모가 꾸중을 하여 자녀가 9시 이전에 귀가해야 하는 규칙을 지키게 되었다(결과: 일탈 감소). ⇨ 부모의 꾸중: 부적 환류

⑥ 비총합성
  ㉠ 비총합성이란 '전체는 부분의 합보다 크다'라는 뜻이다.
  ㉡ 전체는 부분의 합보다 크기 때문에 가족은 개별 성원의 특성을 단순히 합한 것으로만 기술될 수 없으며, 가족을 이해하기 위해서는 개별 가족 성원의 특성보다는 성원들의 행동을 연결하는 상호작용이나 의사소통 유형에 주의를 기울여야 한다.

개념 공략 가족의 특징
- 부모-자녀 관계는 분명한 경계를 가진 관계일수록 기능적임.
- 가족문제는 순환적 인과론으로 설명하는 것이 효과적임.
- 가족규칙을 활성화하여 지속적인 관계를 유지하려 함(가족항상성).
- 가족생활주기가 변함에 따라 역할분담도 유동적이어야 적응력이 높음.

2 가족의 변화

1. 다양한 가족 유형과 과업 기출 12회

가족 유형	가족원들의 과업
재혼가족	가족 내 관계의 재구성
별거가족	협력적 부모관계의 지속
이혼가족	가족원 상실에 따른 애도
다세대가족	하위체계의 구성 및 조정
한부모가족	한부모가족으로서의 기능 강화

2. 현대사회와 가족의 변화 기출 12회, 16회, 22회

① 다양한 형태의 가족 유형(다문화가족, 동거가족, 동성가족, 팻가족, 1인가족 등)이 등장하고 있다.
② 평균수명의 연장으로 가족의 생애주기가 길어지고 있다.
③ 청년실업이 늘면서 자녀가 독립하는 시기가 늦어지고 있다.
④ 초혼 연령이 높아지면서 가족을 형성하는 시점이 늦어지고 있다.
⑤ 저출산 시대에는 단독가구 및 무자녀가구가 증가하면서 비전통적인 가족 유형이 늘고 있다.
⑥ 단독가구 및 무자녀가구 등의 세대구성이 단순화되면서 양육, 보호, 교육, 부양 등에서 사회 이슈가 발생한다.

3 가족생활주기(Family Life Cycle)

1. 가족생활주기의 개요 기출 14회

① 가족생활주기의 개념
   ㉠ 결혼을 통하여 가족이 결성된 순간부터 자녀의 성장이나 독립, 은퇴, 배우자 사망 등에 이르기까지 가정생활의 변화과정, 즉 가족의 구조와 관계상의 발달 및 변화를 가족생활주기라고 한다.
   ㉡ 가족생활주기는 가족 성원의 연령과 세대를 고려한 발달단계를 의미한다.

② 가족생활주기의 특징
   ㉠ 가족생활주기는 가족의 유형 혹은 사회·문화적 차이에 따라 달라진다. 즉, 한부모가족인지 재혼가족인지에 따라 가족생활주기는 달라지며, 같은 가족 유형이라도 사회·문화적 배경이 다르면 가족의 생활주기도 달라질 수 있다. 예 이혼가족은 부모 자신의 적응과 자녀양육의 과업수행을 병행한다.
   ㉡ 가족생활주기 각 단계의 기간이나 내용은 가족마다 달라지는데, 부부의 결혼연령과 자녀출산 시기, 자녀 수, 독립기간, 부부의 은퇴나 사망 등의 영향을 받는다.
   ㉢ 가족은 가족생활주기에 따라 발달하며, 각 생활주기마다 가족이 수행해야 하는 발달과제와 욕구를 갖는다.

개념 공략 개인생애주기 기출 18회

- 생애주기: 시간의 흐름에 따라 변화해나가는 개인 생애의 일정한 단계별 과정
- 단계: 영아기, 유아기, 아동기, 청소년기, 성년기, 중년기, 노년기로 구분됨.
- 위기: 위기는 각 생애주기에 따라 경험하게 되며, 4가지 유형으로 구분됨.

위기의 유형	내용
발달적 위기	• 성장·발달과정에서 발생하는 위기 • 청소년 정체성 위기, 결혼, 자녀의 출생, 중년의 위기, 노년의 위기 등 개인생애주기상의 위기
상황적 위기	• 예견할 수도 없고, 통제할 수도 없는 이례적 사건에 의한 위기 • 교통사고나 갑작스런 질병, 이혼, 실업 등에 의한 위기
실존적 위기	삶의 목적, 의미, 책임감, 독립성, 자유 등과 관련된 갈등이나 불안을 내포하고 있는 위기
환경적 위기	자연재해나 인재에 의한 위기

2. 가족생활주기와 발달과업(듀발)

① 개인의 발달단계마다 발달과업이 있듯이, 가족도 생활주기에 따라 성취해야 할 발달과업이 있다.
② 듀발의 가족생활주기

가족생활주기의 단계		가족생활 발달과업
1단계	자녀가 없는 부부	• 상호 만족스러운 결혼생활의 확립 • 친족망과 조화 이루기
2단계	자녀 출산 가족 (첫 자녀 출생 ~ 30개월)	• 임신과 부모역할에 대한 적응 • 유아의 발달에 적응 • 부모와 유아가 만족하는 가정의 확립
3단계	취학 전 자녀 가족	• 취학 전 자녀의 주요 욕구와 관심을 격려하고 성장을 증진하도록 적응 • 에너지 고갈과 프라이버시 부족에 대처

4단계	학령기 자녀 가족	• 학령기 가족의 지역사회와의 조화 • 자녀의 교육성취에 대한 격려
5단계	십대 자녀 가족	• 자유와 책임의 조화 • 부모역할을 마친 후의 관심과 진로 확립
6단계	성인 초기 자녀를 독립시키는 가족	• 적절한 의례와 지원으로 초기 성인 독립 • 지지적 가정 기반을 유지
7단계	중년기 부모	• 결혼관계의 재확립 • 노인 세대·젊은 세대와의 관계 유지 • 빈둥지에 적응
8단계	노년가족 성원	• 사별과 혼자 사는 것에 대처 • 은퇴와 노년에 대한 적응

③ 가족생활주기에서는 각 단계에 따라 일정한 발달과업이 수반되며, 새로운 단계로 전환할 때는 일종의 위기를 경험하게 된다.
④ 가족생활주기의 각 단계를 잘 거쳐가기 위해서는 단계별 발달과업을 성공적으로 성취하는 것이 중요하다.
⑤ 가족의 욕구와 문제는 가족생활주기에 따른 발달과업과 관련되는 경우가 많다.

3. 사회변화와 가족생활주기
① 초혼 연령 상승, 출산율 저하, 평균수명 연장 등의 사회적 변화에 따라 가족생활주기에도 변화가 나타나고 있다.
② 첫 자녀부터 막내 자녀까지 독립하는 기간인 '자녀를 독립시키는 단계'는 과거에 비해 단축되고 있으며, 평균수명의 증가로 중년기 부모의 빈둥지 기간이 연장되거나 노년가족단계가 길어지고 있다.

4 가족사정의 내용

1. 가족 구성원 간의 경계 기출 11회
① 밀착된 가족
 ㉠ 가족 구성원 간 독립심과 자율성이 결여된 혼돈된 경계를 가지기 때문에 가족원 간에 밀착된 관계가 형성된다.
 ㉡ 가족응집력이 지나치게 높고 가족원의 획일적인 감정과 생각을 강요한다.
 ㉢ 구성원에게 속박감을 주고 가족 전체를 위한 희생을 요구하여 구성원들의 자립적인 탐구, 활동, 문제해결을 지원하지 못한다.
② 유리된 가족
 ㉠ 가족원 상호 간 경계가 너무 경직되어 가족원 간 상호작용이 이루어지기 어렵다.
 ㉡ 체계 간 상호작용이 이루어지기 어렵기 때문에 의사소통에 융통성이 없다.
 ㉢ 가족원 간 응집력과 결속이 낮기 때문에 다른 가족원에 대해 관심이 없으며, 특히 정서적인 욕구를 잘 알아차리지 못하고 반응하지도 못한다.

개념 공략 가족 내 하위체계 간의 경계 특성에 따른 가족의 특징

밀착된 가족	• 가족원 간 독립심과 자율성 결여 • 가족원의 획일적인 감정과 생각 강요 • 과도한 가족응집력 • 지나친 간섭과 관여
유리된 가족	• 가족원 간 경계가 경직됨. • 가족원 간 상호작용이 적음. • 가족응집력과 결속이 낮음. • 다른 가족원에 대한 관심 결여

정상적인 가족은 혼돈된 경계를 가지는 밀착된 가족과 경직된 경계를 가지는 유리된 가족 사이의 명확한 경계를 가짐.

2. 가족 외부와의 경계

① 가족은 외부체계와 어떤 유형으로든 경계를 형성하면서 살아가며, 주변환경과 다양한 상호작용을 한다.
② 캔터와 레어(Kantor & Lehr): 가족 외부와의 경계는 경계의 침투성 정도에 따라 개방형 가족, 폐쇄형 가족, 방임형 가족으로 구분된다.

개방형 가족	가족 외부와의 경계가 분명하면서도 정보 교환 등이 자유롭게 일어남. ➡ 건강한 가족
폐쇄형 가족	가족 외부와의 경계가 너무 경직되어 있어 에너지와 정보의 교환이 없음. ➡ 건강하지 않은 가족
방임형 가족	가족 외부와의 경계가 불분명하고 가족 경계선의 방어를 중요하지 않게 생각하므로 외부와의 교류에 제한이 없음. ➡ 건강하지 않은 가족

3. 가족원의 의사소통 기출 16회

① 기능적 의사소통
  ㉠ 특징
   • 가족원들이 억압받지 않고 서로 자유롭게 사실이나 감정을 표현하는 긍정적인 의사소통 유형이다.
   • 개방적·직접적이며, 분명하고 정확한 표현을 주고받는다.
   • 의사소통의 명확성이 높다.
   • 언어적 수준, 비언어적 수준, 상황적 수준 간 일치성이 높다.
  ㉡ 나-전달법(I-Message) ➡ 기능적 의사소통 기법
   • '나'를 주어로 하여 자신의 감정을 표현함으로써 상대방을 존중하면서 자신의 주장을 전달할 수 있다.
   • 솔직하고 개방적이어서 상대로 하여금 친밀성과 진지함을 가지게 하여 원만한 관계를 유지할 수 있다.

② 역기능적 의사소통
  ㉠ 특징
   • 서로 눈치를 보면서 주제를 선택하거나 표현을 주저하고 회피하는 태도를 보이는 의사소통 유형이다.
   • 애정어린 표현보다는 비난하는 표현을 더 많이 사용한다.
   • 애매모호하고 간접적인 방식으로 의사소통한다.
   • 의사소통이 원활하게 이루어지지 않는다.
   • 언어적 메시지와 비언어적 메시지의 의미가 일치하지 않는다.
   • 역기능적 의사소통은 심각한 문제를 유발하고 가족 성원에게 고통을 안겨줄 수 있다.

ⓒ 역기능적 의사소통 기법
  • 이중구속 메시지(Double-Bind Message)
    - 언어적 수준과 비언어적 수준이 다른 상호모순적인 메시지이다.
    - 주요한 타인으로부터 다른 수준의 상호모순되는 두 가지 메시지를 동시에 받으면, 듣는 사람은 두 메시지 중 어떤 메시지에도 반응할 수 없는 혼란스러운 상황에 놓이게 된다.
  • 위장(신비화 혹은 거짓 꾸밈): 가족 내에서의 갈등이나 어려움을 드러내지 못하고 오히려 모호하게 하거나 가면을 쓰고 거짓반응을 하는 것을 말한다.
  • 너-전달법(You-Message)
    - 나-전달법과는 반대되는 것으로, '너'가 주어가 되는 대화 형식이다.
    - 일반화시키거나 지시·명령·비난을 섞어서 표현하고, 상대방에 대한 평가를 담은 표현을 많이 한다.

개념 / 공략 가족원의 의사소통

1. 의사소통의 유형

기능적 의사소통	역기능적 의사소통
• 자유로운 감정표현 • 의사소통의 명확성 • 의사소통의 일치성 • 나-전달법	• 회피적 의사소통 • 애매한 의사소통 • 의사소통의 불일치 • 너-전달법, 이중구속 메시지, 위장(신비화)

2. 나-전달법과 너-전달법의 비교

[상황] 친구와 만나기로 약속을 한 뒤 약속장소에서 기다리는데 한 시간을 기다려도 친구가 나타나지 않았다. 전화를 해도 받지 않아 속상하고 화가 난 채로 집으로 돌아왔다. 다음날 학교에서 그 친구를 만났다.

나-전달법	너-전달법
'나'를 주어로 하여 상대방을 존중하면서도 자신의 감정을 정확하게 전달할 수 있다. 예 "약속을 했는데 연락도 없고 오지도 않아서 무슨 일이 생기지 않았나 걱정했어. 내가 기다린다는 거 알면서 연락도 안 하니까 섭섭하고 화도 나더라."	상대방인 '너'를 주어로 하여 불쾌한 자신의 감정을 드러내고 상대방을 비난하여 부정적인 의사소통으로 이어진다. 예 "너는 아무 말도 안 하고 약속 장소에 안 나타니니?", "너하고 이제 약속하나 봐라.", "네가 하는 게 다 그렇지 뭐……."

③ 사티어(Satir)의 의사소통 유형 **기출** 11회, 12회, 16회, 20회, 22회
  ㉠ 기능적 의사소통

일치형 의사소통	• 언어적 메시지와 비언어적 메시지가 일치하는 의사소통 유형 • 친근하고 원만하며 책임감 있고 현실적인 문제해결능력이 있는 사람이 많이 사용함. • 메시지가 분명하고 직접적이며, 상대방을 비난하지 않으면서 행위를 평가하고 방향제시를 할 수 있음.

  ㉡ 역기능적 의사소통

비난형 의사소통	• 자기주장이 강하고 독선적·명령적이고 지시적인 사람들이 많이 사용하는 의사소통 유형 • 잘못을 남의 탓으로 돌리며 자신에게 충성과 복종을 요구함. • 자신의 욕구를 숨기고 타인에게 공포를 유발하여 스스로 강한 자로 군림하고 싶어함. • 상대방의 결점을 지적하고, 목소리는 딱딱하고 긴장되어 있으며, 큰소리를 지름.

회유형(아첨형) 의사소통	• 상대방의 의견에 무조건 동의하고 상대방이 원하는 대로 행동하며, 자기 탓을 많이 하여 상대방에게 죄의식을 갖게 함으로써 상대방으로부터 거부당하는 것을 방어하는 의사소통 유형 • 회유형 의사소통을 많이 사용하는 사람들은 자신의 욕구를 분명히 표현하지 못하며 희생적으로 행동함.
초이성형(계산형) 의사소통	• 매사에 비판적이고 분석적이며, 평가하는 반응을 많이 하는 의사소통 유형 • 지나치게 이성적이고 잘 따지며 부정적인 측면을 잘 지적함. • 자신의 감정을 잘 표현하지 않으며 실수하지 않으려고 노력함.
혼란형(주의산만형) 의사소통	• 타인의 말이나 행동과는 상관없는 의사소통을 함. • 상황을 제대로 파악하여 적절하게 반응하지 못하고, 의사표현에 초점·요점이 없음.

5 가족사정도구

1. 가계도(Genogram) 11회, 13회, 17~19회

① 가계도의 개념과 특징
  ㉠ 2~3세대 이상에 걸친 가족 성원에 관한 정보와 가족 성원들 간의 관계를 도표화한 가족 사정도구이다.
  ㉡ 결혼이나 별거, 이혼, 재혼, 질병, 사망 등 중요한 생활사건이나 인종, 민족, 종교, 직업 등 인구사회학적 특성이 표시되어 있어 각 세대의 가족에 대한 중요한 정보를 얻을 수 있고, 가족 내에서 반복되는 정서적·행동적 패턴, 여러 세대에 걸쳐 발전된 가족역할, 유형, 관계 등을 알아볼 수 있다.
  ㉢ 가족에 관한 정보가 그림으로 표시되어 있기 때문에 복잡한 가족 유형의 형태를 한눈에 볼 수 있다.

② 가계도를 통해 알 수 있는 정보
  ㉠ 가족 구성원의 상세하고 객관적인 정보(성별, 나이, 출생 및 사망시기, 직업, 교육수준, 결혼관계, 병력 등)
  ㉡ 인종집단, 사회계층, 종교와 같은 사회적 정보
  ㉢ 가족관계(혈연 또는 인위적 관계)
  ㉣ 각 구성원 간의 관계(유리, 밀착 등)
  ㉤ 가족의 역할 및 유형
  ㉥ 세대를 통해 반복되는 패턴
  ㉦ 가족기능의 불균형과 그것에 관계하는 요인
  ㉧ 가족 구성원별 인생의 중요사건과 이에 대한 다른 가족 구성원의 역할
  ㉨ 가족 내 반복적으로 나타나고 있는 사건의 연결성

③ 가계도 작성법
  ㉠ 보통 클라이언트와 사회복지사가 함께 작성한다. 가족 성원이 가계도 작성에 거부감을 보일 경우 그를 존중해 주어야 한다.
  ㉡ 여성은 원으로 표시하고, 남성은 네모로 표시한다.
  ㉢ 네모나 동그라미 밖의 이중 테두리는 개인 클라이언트를 표시한다.
  ㉣ 동일 세대의 가족 구성원은 수평선으로 그린다. 즉, 수평선은 결혼이나 관습법적 관계를 표시한다.
  ㉤ 결혼하여 생긴 자녀는 부모의 수평선 바로 밑에 수직선으로 연결한다.
  ㉥ 자녀는 연장자부터 연소자로 나이 순서에 따라 왼쪽에서 오른쪽으로 서열화한다.
  ㉦ 각 개인은 현재 그 가정에서 살고 있는지나 사망 여부와 무관하게 가계도상에서 명확히 필요한 지점에 표시되어야 한다.

◎ 가족 구성원의 이름과 연령은 네모나 원 안에 표시한다. 그 바깥쪽에는 중요한 정보를 문자로 기록한다.
  ⓔ '잦은 이동' 혹은 '학교 중퇴' 등
ⓩ 사망한 가족 구성원에는 대각선을 표시하고, 사망연도, 사망연령, 사망원인을 기록한다.
ⓩ 사망, 이혼 및 재혼 등과 같은 중대한 사건을 표시하고 재발된 행동양식을 나타내기 위한 다른 기호 또는 문자 해설을 포함한다.

▶ 가계도 예시

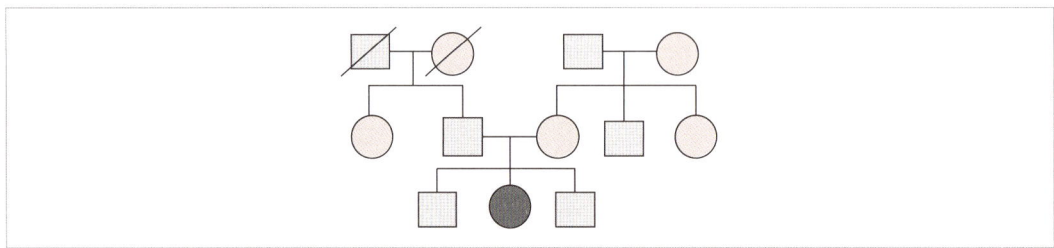

2. 생태도(Ecomap)

① 생태도의 개념과 특징
   ㉠ 1970년대에 하트만이 개발한 것으로서 개인 및 가족의 사회적 맥락과 개인 및 가족을 둘러싼 사회체계들과의 상호작용 상태를 하나의 그림으로 나타낸 사정도구이다.
   ㉡ 개인 또는 가족의 삶의 공간에 존재하는 생태체계들, 개인 및 가족과 그들 체계와의 관계, 개인 및 가족을 둘러싼 자원 또는 에너지의 유입과 유출을 표시함으로써 클라이언트(개인이나 가족)에게 유용한 자원이나 환경이 무엇인지 등을 알 수 있다.
   ㉢ 환경 속의 인간에 초점을 두기 때문에 클라이언트를 생태학적 관점에서 이해하는 데 도움이 된다.
   ㉣ 개입 초기에 가족을 사정하는 도구로 활용할 뿐 아니라 변화를 확인하는 도구로도 반복해서 사용할 수 있는데, 이를 연속생태지도라고 한다.
   ㉤ 생태도를 그린 후 사회복지사와 클라이언트는 클라이언트체계의 적용과 대처능력을 향상시킬 수 있는 외부요인을 찾고, 조정되어야 할 갈등요소, 연결 및 동원되어야 할 자원들을 확인해야 한다.

② 생태도의 기능 및 활용
   ㉠ 가족생활 및 가족이 집단, 단체, 조직, 다른 가족, 개인들과 맺는 관계의 본질에 대하여 전체적인 시각 또는 생태학적 시각을 가지도록 돕는다.
   ㉡ 결혼 및 가족상담, 입양과 위탁가정 연구 등의 다양한 상황에 활용된다.
   ㉢ 생태도는 기본적인 사회적 정보를 간편하게 기록하는 방법이므로 전통적인 사회력과 사례기록을 보완하는 역할을 한다.
   ㉣ 생태도는 클라이언트와 실천가 모두에게 클라이언트의 문제에 대한 통찰력을 얻고, 건설적인 변화를 더 잘 모색할 수 있도록 해준다.
   ㉤ 생태도는 특정 기간 동안 중요하게 일어난 상호작용에 대한 '스냅사진'의 역할을 한다.

③ 생태도 작성법
   ㉠ 가족을 표현하는 원을 중앙에 그려 클라이언트와 그 가족을 표시한다.
   ㉡ 가족이 일상적으로 상호작용하는 주변 환경체계는 중심원 주변에 각각의 원으로 표시한다.
   ㉢ 생태도 사용자는 나름의 약어와 기호를 만들어낼 수 있다.
   ㉣ 가족과 환경체계의 관계(교류상황 및 상호교류 성격)를 다양한 선으로 표현한다.

ⓜ 가족 및 관련체계 사이의 자원 및 의사소통 교환인 에너지의 직접적인 흐름의 방향은 화살표로 나타낸다.
ⓑ 외부체계가 가족 내 특정 개인과만 연결되어 있으면 그 개인과 외부체계를 선으로 연결하고, 외부체계가 가족 전체와 연결되어 있으면 외부체계와 큰 원을 선으로 연결한다.

▶ 생태도 예시

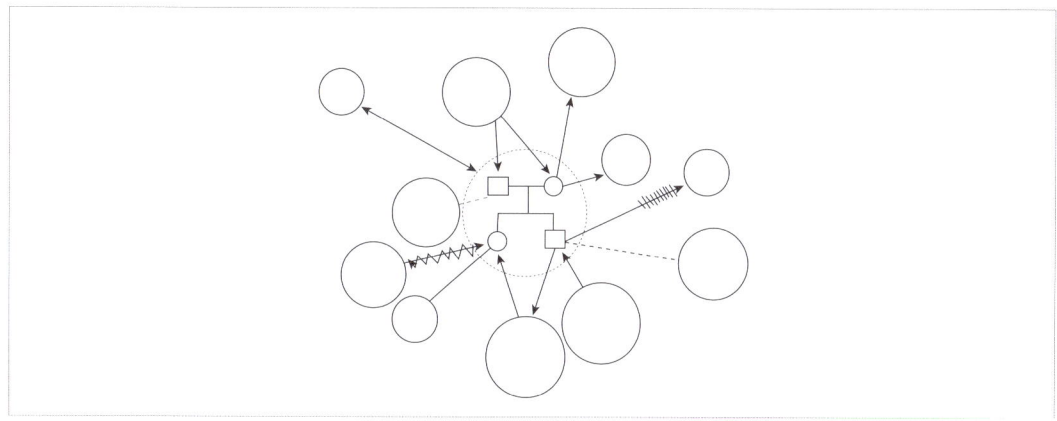

개념 / 공략 가계도와 생태도의 공통점과 차이점

구분	가계도	생태도
공통점	가족역동을 통찰하게 해줌.	
차이점	한 가족의 여러 세대에 걸친 가족패턴, 특히 문제가 되거나 역기능적인 가족패턴에 초점을 둠.	한 가족이 집단, 자원, 조직, 단체, 다른 가족 및 개인과 맺는 상호작용에 초점을 둠.

개념 / 공략 상호작용차트

가계도, 생태도, 사회도 등을 통해 개인과 개인, 개인과 집단 간의 친밀, 적대, 융합 등을 표기하는 상징기법

3. 사회적 관계망표(Social Network Grid) 기출 14회

① 사회적 관계망표의 개념과 특징
  ㉠ 사회적 관계망표(사회적 관계망 격자, 사회적 관계망 그리드)는 개인, 가족의 사회적 관계망 혹은 사회적 지지를 사정하는 도구이다.
  ㉡ 표시되는 내용
    • 클라이언트의 사회적 관계망 내에 있는 사람들과 클라이언트와의 관계
    • 관계망 구성원들이 클라이언트에게 주는 물질적·정서적·정보적 지지의 정도와 도움의 방향(일방적인지 쌍방적인지)
    • 관계망 구성원과의 근접성, 접촉빈도, 최초 접촉시기 등
② 사회적 관계망표의 기능 및 활용: 효과적인 사회적 지지를 통해 자신의 문제나 어려운 상황을 극복할 수 있도록 돕기 위해서 사회복지사는 클라이언트와 함께 잠재적인 사회적 관계망과 그들로부터 받는 사회적 지지를 확인해야 하는데, 이를 확인하기 위해 사회적 관계망표가 사용된다.

③ 사회적 관계망표에서 알 수 있는 정보
  ㉠ 가족의 사회적 관계망에서 중요한 인물
  ㉡ 가족이 지지를 받는 생활영역
  ㉢ 사회적 관계망에서 지지를 제공하는 각각의 지지 유형
  ㉣ 제공되는 지지 정도의 중요성
  ㉤ 지지 방향이 상호적인지 또는 일방적인지
  ㉥ 개인적 친밀감 정도, 접촉빈도
  ㉦ 알고 지낸 기간(관계의 기간)

④ 사회적 관계망표 작성법
  ㉠ 클라이언트가 중요하다고 생각하는 사람, 즉 사회적 관계망 구성원을 선택한다. 여기에는 가족, 친척, 직장동료나 친구, 자신이 속한 단체나 동아리, 이웃, 전문가 등이 포함된다.
  ㉡ 사회적 관계망 구성원의 이름을 표의 맨 왼쪽에 한 사람씩 적는다.
  ㉢ 각각의 사람들을 삶의 어떤 영역에서 접촉하게 되는지에 따라 '생활영역'에 해당 번호를 기입한다(예 가족원이면 ①을 기입). 그 사람이 제공한 물질적·정서적·정보적 지지, 원조의 방향, 친밀감, 만나는 빈도, 알고 지낸 기간 등을 적는다.
  ㉣ 표를 다 작성하면 사회복지사는 클라이언트가 활용 가능한 중요한 지지망을 문제해결이나 대처자원으로 활용할 수 있도록 도와준다.

▶ 사회적 관계망표 예시

• 클라이언트 이름: 심○○   • 작성 일자: 20○○년 3월 19일

구분	생활 영역	물질적 지지	정서적 지지	정보적 지지 (조언 등)	비판	원조 방향	친밀감	접촉 빈도	알고 지낸 기간
사회적 관계망에서 중요한 인물(지지 제공자)	① 동거가족 ② 다른 가족 ③ 직장/학교 ④ 조직 ⑤ 친구 ⑥ 이웃 ⑦ 전문가 ⑧ 기타	① 거의 없음. ② 가끔 ③ 자주	① 거의 없음. ② 가끔 ③ 자주	① 거의 없음. ② 가끔 ③ 자주	① 거의 없음. ② 가끔 ③ 자주	① 양방향 ② 그들에게만 ③ 그들이 당신에게만	① 거의 친하지 않음. ② 가까운 정도 ③ 매우 친함.	① 1년에 서너 번 ② 한 달에 서너 번 ③ 매주 ④ 매일	① 1년 이하 ② 1년에서 5년 사이 ③ 5년 이상
박○○	①	③	②	③	③	③	③	④	③
정○○	⑤	②	②	②	②	②	②	②	②
손○○	⑦	②	②	③	③	①	①	②	①
옆집 아주머니	⑥	②	②	②	②	②	②	②	②
어머니	②	①	②	②	②	①	②	①	②
할머니	②	②	②	①	①	②	②	②	②

4. 생활력도표(Life History Grid) 기출 12회

① 생활력도표의 개념과 특징
  ㉠ 생활력도표는 클라이언트의 삶에서 중요한 사건이나 문제를 시기별로 전개해 표로 나타낸 사정도구이다.
  ㉡ 클라이언트나 가족이 겪고 있는 문제의 발생시점과 촉발사건 등을 파악할 수 있으며, 사건들의 양상이나 관계를 파악할 수 있다.
  ㉢ 클라이언트의 생애 동안 발생한 사건이나 문제의 진행과정을 알 수 있다.
  ㉣ 생태도나 가계도처럼 원이나 선, 화살표 등 기호를 사용하지 않고 표를 이용한다.

② 생활력도표의 기능 및 활용
  ㉠ 특정 발달단계의 생활경험을 이해하는 데 도움이 된다.
  ㉡ 아동과 청소년을 대상으로 하는 활동에서 유용하게 사용된다.
  ㉢ 가족의 다양한 시기의 자료를 조직화하여 표현한다.
  ㉣ 출생부터 개입시점까지 클라이언트 삶의 다양한 시기에 관련된 여러 가지 특징들을 조사하여 다른 자료와 종합함으로써 클라이언트의 현재를 이해하는 데 도움이 된다.

▶ 생활력도표 예시

• 클라이언트: 심○○(여, 51세)

연도	당시 나이	장소	가족	주요 사건	문제
1998	27	안양	첫째 자녀	출생	미숙아로 출생
2003	32	안양	남편	실직과 별거	심한 빚 독촉으로 남편과 별거
2007	36	안양	둘째 자녀	출생	극심한 생활고
2011	40	성남	독립	이혼, 여동생네로 이사	남자 문제, 알코올의존증

5. 맥마스터의 가족사정척도(FAD; Family Assessment Device)

① 가족사정척도의 개념과 특징
  ㉠ 가족의 기초과업, 발달과업, 힘든 과업을 포함하여 현재의 가족기능을 검사한다.
  ㉡ 총 60문항에 일곱 개의 하위범주로 구성되어 있으며, 하위범주는 각각 문제해결, 의사소통, 역할, 정서적 반응성, 정서적 관여, 행동통제, 전반적 기능으로 구성된다.

② 채점방법과 해석
  ㉠ 각 항목의 점수를 채점해서 합산한다.
  ㉡ 건강하지 않은 기능을 기술하는 문항은 역으로 채점해서 합산한다.
  ㉢ 총점이 높을수록 가족기능이 건강한 것이다.

▶ 가족사정척도 예시

다음은 당신의 가족생활 일반에 대한 질문입니다. 당신이 가족에 대해 느끼는 감정이 가장 잘 맞는다고 생각되는 칸에 ✓표를 해주십시오.

번호	문항 내용	① 매우 그렇다 (1점)	② 그렇다 (2점)	③ 그렇지 않다 (3점)	④ 전혀 그렇지 않다(4점)
1	서로를 잘 이해하지 못하기 때문에 가족모임을 계획하기 어렵다.				
2	집안에서 생기는 문제들을 대부분 해결한다.*				
3	가족 중에 누군가가 기분이 나쁘면 가족들은 그(그녀)가 왜 그런지를 안다.*				
중략					
11	슬픈 일이 있어도 서로에게 이유를 말할 수 없다.				
12	대부분 문제에 관해 내려진 가족의 의사결정을 따른다.*				
중략					
35	종종 우리가 생각하는 바를 말하지 않는다.				
36	각자의 모습을 그대로 인정받고 있다고 느낀다.*				
37	나에게 얻는 것이 있다고 생각할 때 서로에게 관심을 갖는다.*				
중략					
40	집안일을 누가 할 것인가에 대해 이야기한다.*				
41	의사결정이 우리 가족의 문제이다.				
중략					
58	어떤 가족이 행동을 실행할 경우 그것을 이야기한다.*				
59	적절한 감정 표현 수단이 없다.				
60	문제를 해결하려고 할 때 여러 가지 방법을 생각해본다.*				

* 표시된 문항은 역채점 문항이며, 총점이 높을수록 가족기능이 좋은 것임.

6. 그 밖의 가족사정방법

① 면담(면접)
  ㉠ 면담은 가족을 사정하는 데 있어 가장 기본적이며 중요한 방법이다.
  ㉡ 부모나 자녀, 확대가족 혹은 가족에 대해 잘 알고 있는 이웃 등을 대상으로 실시할 수 있다.
  ㉢ 면담을 하기 전에 가족에 관한 기록 등을 미리 살펴보는 것이 중요하다.

② 관찰
  ㉠ 면담 중에는 가족조각이나 실연(Enactment) 기법 등을 통해 가족의 상호작용을 관찰하여 가족의 역기능적 상호작용 형태나 의사소통 방식, 내용 등을 발견한다.
  ㉡ 필요한 경우 가족원의 집을 방문하여 가족원이 생활하는 모습 그대로를 관찰하기도 한다. 물론 가족의 동의와 협조가 필요하다.

③ 생활주기표
  ㉠ 가족 내 각 성원은 각각 다른 발달단계에 있기 때문에, 클라이언트 및 가족 구성원의 생활주기와 발달단계별 주요 과업을 하나의 표로 정리한 것이다.
  ㉡ 생활주기표를 이용하면 가족 내 개별 성원의 현재 발달단계와 과업, 위기 등을 한눈에 볼 수 있다.

▶ 생활주기표 예시

가족 성원	발달단계 및 연령							
할아버지	0~1	2~4	5~7	8~12	13~17	18~22	23~34	35~60	61
할머니									
아버지									
어머니									
클라이언트									

④ 소시오그램(Sociogram) 기출 20회
  ㉠ 소시오메트리에서 서로 좋아하거나 싫어하는 사람을 선택하게 하여 그 관계를 그린 그림이다.
  ㉡ 소시오그램에서 관계는 다음과 같은 화살표로 표시된다.
    • 양방향 화살표: 상호선택   • 일방향 화살표: 일방적 선택
    • 무화살표: 고립형   • 점선: 무관심형
  ㉢ 가족이나 집단 내에서의 인간관계를 알아보기 위한 방법이다.

▶ 소시오그램 예시

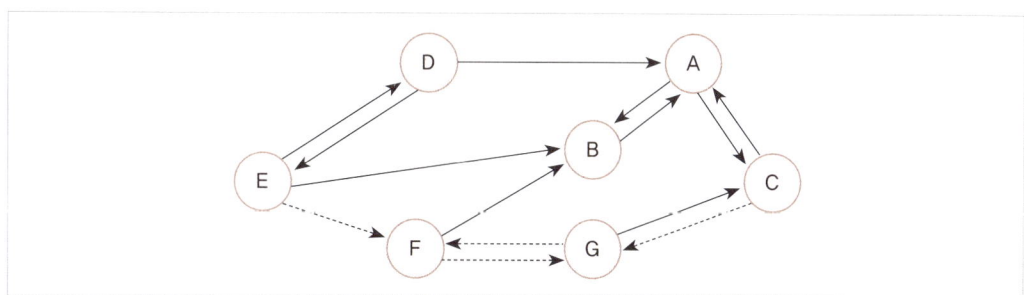

⑤ 가족조각 기출 14회
  ㉠ 공간 속에서 가족 구성원들의 몸을 이용해 가족의 상호작용 양상을 표현함으로써 가족에 대한 이해를 돕는 기법이다.
  ㉡ 가족조각은 역기능적 가족연합을 보여주고 관계를 재조정해야 함을 인식시켜야 할 때 매우 효과적이다.

⑥ 원가족 척도: 개인의 원가족에 대한 전반적인 불만족도를 측정하여 자신의 원가족에 대해 전반적으로 파악할 수 있도록 한 척도이다.

⑦ PIE척도: 횡단적 생활사건을 한눈에 파악할 수 있는 방법이다.

> **합격 가이드**
>
> 가족의 역기능 종류에는 이중구속 메시지, 위장, 대칭적 관계, 보완적 관계, 밀착된 가족, 유리된 가족, 속죄양, 지속적 가족신화 등이 있습니다.

개념 공략 1인 가구의 가족사정 기출 18회

• 원가족 생활주기 파악
• 구조적 관점으로 미분화된 경계 파악
• 원가족 스트레스와 레질리언스(유연성, 회복력 등) 탐색
• 역사적 관점으로 미해결된 과거관계의 잔재 확인

CHAPTER 03

가족 대상 실천기법 Ⅱ

핵심 Tag #보웬의 세대 간 가족치료 #미누친의 구조적 가족치료 #사티어의 경험적 가족치료
#드 세이저의 해결중심 단기가족치료 #헤일리의 전략적 가족치료

1 가족 실천 초기과정 기출 19회, 21회

접수 ➡ 자료수집 ➡ 사정 ➡ 계획

1. 접수
① 가족 실천과정을 시작하는 단계이다.
② 사례의 적격 여부를 판별하여 접수를 결정한다.
③ 서비스 제공이 불가능하다고 판단되면 다른 기관에 의뢰한다.
④ 접수된 사례에 대해서는 클라이언트와 긍정적인 원조관계를 수립함으로써 클라이언트의 참여를 유도한다.

2. 자료수집
① 클라이언트의 문제를 이해하고 분석·해결하는 데 필요한 자료를 마련한다.
② 클라이언트는 일차적인 정보제공자로서 가장 중요하다.

- 클라이언트의 진술·이야기, 비언어적 행동
- 초기 면접지 자료
- 관련 인물들(예 가족, 이웃, 친구, 다른 기관 등)의 면접을 통한 부수적인 정보
- 각종 검사결과(예 심리·신체검사)와 기록(예 학교·병원 기록)
- 관찰과 가정방문
- 직접 상호작용하면서 느끼는 사회복지사의 개인적 경험

3. 사정
① 자료해석, 의미부여, 문제규정, 개입방향과 개입방법 결정을 모두 포함한다.
② 가족체계가 어떻게 기능하는지 발견하는 것이 목적이다.
③ 사정은 자료수집과 동시에 진행되며 순환적이다.
④ 가족이 제시하는 문제, 생태학적 사정, 세대 간 사정, 가족 내부 사정으로 이루어진다.
⑤ 가계도, 생태도, 생활력도표 등이 사정도구로 활용된다.

4. 계획

① 사회복지사와 클라이언트가 목표달성 전략, 각자의 역할, 개입방법, 평가방법 등을 기술한 내용에 대해 동의하는 과정이다.
② 상호계약을 공식화하고, 원조과정에서 클라이언트가 무엇을 기대하는지, 실제로 무엇을 받을 수 있는지 명확히 한다.

5. 초기과정의 기술 및 태도 기출 13회, 18회

① 초기과정의 기술 – 합류하기(Joining)
   ㉠ 합류하기는 가족치료 혹은 가족대상 사회복지실천 초기단계의 일정 회기 동안 사회복지사 혹은 치료자가 가족 성원들과 신뢰감을 수립하는 것이다.
   ㉡ 초기에 사회복지사가 가족 성원에 제대로 합류하지 못하면 실천과정에서 가족원들이 사회복지사의 개입을 거부하거나 개입이 실패할 가능성이 높다.
② 초기과정에서 필요한 태도
   ㉠ 가족의 조직과 유형이 역기능일지라도 먼저 받아들인다.
   ㉡ 가족의 상호교류양식과 그 장점을 경험한다.
   ㉢ 배척되거나 속죄양이 된 가족 성원의 고통을 느끼고 공감한다.
   ㉣ 가족 성원들과 함께 문제 탐색과정에 참여하여 가족 성원들이 가장 중요시하는 문제를 알아야 한다.
   ㉤ 의사소통의 방식(예 속도, 언어 스타일 등)을 알고 따른다.
   ㉥ 클라이언트의 자율성을 존중한다.
   ㉦ 의존 조성을 피하고 전문적인 거리를 유지한다.
   ㉧ 클라이언트의 저항을 재사정한다.

> **개념 공략** 초기면접을 위한 준비
> - 면접목적을 잠정적으로 설정함.
> - 슈퍼바이저나 동료에게 미리 조언을 구함.
> - 클라이언트 특성을 고려하여 시설환경을 준비함.
> - 의뢰서에 있는 클라이언트의 문제와 관련한 전문 지식을 보완함.

2 가족실천 중간과정

개입 ➡ 점검

1. 가족실천 중간과정의 특징

① 가족실천 중간과정은 치료과정에서 핵심적인 과정이다(Framo, 1965).
② 가족실천 중간과정에서의 첫 면접이나 몇 번의 간단한 면접을 바탕으로 사회복지사와 가족은 정기적으로 만나는 날짜와 시간 등을 정한다.
③ 거부, 수치에 대한 공포, 치료자에 대한 불신 등의 의식적 저항과 침묵 또는 지나친 재잘거림, 감정(Affection)의 결여나 지나친 표현, 상투적인 대답, 행동화, 퇴행 등의 무의식적인 저항이 일어날 수 있다.

④ 정신분석 가족치료, 보웬의 세대 간 가족치료, 미누친의 구조적 가족치료, 사티어의 경험적 가족치료, 헤일리의 전략적 가족치료 등 다양한 가족치료기법을 활용한다.

2. 보웬의 세대 간 가족치료 기출 11~14회, 22회, 23회

① 세대 간 가족치료의 특징
  ㉠ 가족을 다세대적 현상으로 보아 다세대적 분석을 통해 현재의 가족문제를 파악하려고 한다.
  ㉡ 대부분의 가족문제는 가족 성원이 원가족에서 심리적으로 분리되지 못한 데서 비롯된다고 본다.
  ㉢ 가족 성원이 원가족과 맺는 관계를 통찰하고, 해결되지 못한 감정적 애착을 해결할 것을 강조한다.
② 세대 간 가족치료의 주요 개념
  ㉠ 자아분화 기출 14회, 15회, 17회, 20회
    • 한 가족의 정서적 혼란으로부터 자신이 자유로워지는 과정으로, 여러 세대에 걸쳐 전수될 수 있다.
    • 정신 내적 개념과 외부(대인)관계적 개념을 모두 포함하는 개념으로서, 정신 내적 개념이면서 외부관계적 개념이기도 하다.
      – 정신 내적 개념: 자신의 지적 측면과 정서적 측면의 분리 또는 구분을 의미한다.
      – 외부관계적 개념: 타인과 친밀하면서도 독립성을 유지하는 능력을 의미한다.
    • 자아분화 수준이 높으면 생각과 감정이 적절히 분리되어 있고, 사고와 감정이 균형을 이룬다.
    • 자아분화 수준이 높을수록 가족체계의 정서로부터 분화되고, 적응력과 자율성이 커진다.
    • 가족 내에 자아분화 정도가 낮은 성원이 존재하면 그를 중심으로 삼각관계가 형성될 수 있다.
    • 자아분화 수준이 낮은 부모는 미분화에서 오는 자신들의 불안을 삼각관계를 통해 회피하려고 한다.
  ㉡ 삼각관계
    • 삼각관계는 두 사람 사이에서 스트레스나 긴장관계가 발생했을 때 제3자를 두 사람의 상호작용체계로 끌어들여 긴장의 수준을 완화하려는 것이다.
    • 가족의 분화수준이 낮을수록 삼각관계를 형성하려는 경향이 있다.
    • 삼각관계는 문제를 해결하는 데 도움이 되지 못하고 오히려 문제를 은폐하거나 분산시키게 한다.
    • 보웬은 삼각관계가 불안이나 긴장, 스트레스를 일시적으로 감소시킬 수는 있으나 가족의 정서체계를 더욱 혼란스럽게 만들어 증상을 악화시킨다고 주장하였다.
      예 남편과의 정서적 거리 문제가 있는 아내가 아들에게 과도한 관심을 보이는 경우

    ▶ 삼각관계 형성과정

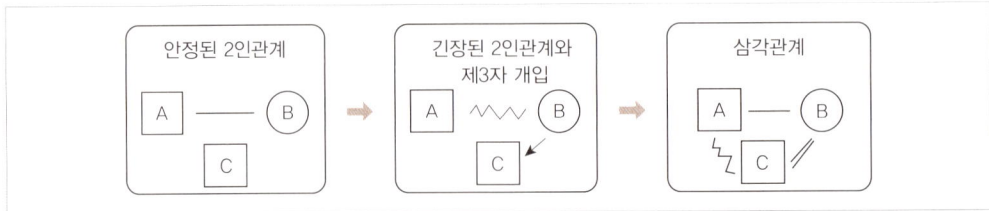

  ㉢ 핵가족 정서과정
    • 핵가족은 하나의 정서체계로서 긴장과 불안이 발생하면 그것을 다루는 독특한 기제를 나타내게 된다.
    • 핵가족 정서과정이란 해소되지 못한 불안들이 개인에게서 가족에게로 투사되는 것을 말한다.
  ㉣ 가족 투사과정: 부부가 불안이 증가될 때 자신의 미분화된 정서문제를 자녀에게 투사하는 과정을 말한다.
  ㉤ 다세대 전수과정: 가족 정서과정(자아분화 수준, 삼각관계, 융합 등)이 그 세대에서 그치는 것이 아니라 대를 이어 전개되는 것이다.

ⓑ 정서적 단절
- 세대 간의 불안을 처리하는 방법으로서 해결되지 못한 정서적 애착으로부터 도피하는 것을 의미한다.
- 극심한 정서적 분리의 양상을 의미한다.

③ 세대 간 가족치료의 대표적 기법
  ㉠ 탈삼각화: 삼각관계의 제3자를 두 사람의 관계에서 분리시켜 삼각관계를 벗어나게 함으로써 가족원들이 자아분화를 하도록 하는 방법이다. 예 나-입장 취하기(I-Position)
  ㉡ 가계도
    - 가족의 문제를 사정하기 위해 그린 가계도를 치료 용도로도 활용한다.
    - 다세대에 걸쳐 내려오는 가족체계의 문제, 가족역할, 유형, 갈등, 단절, 삼각관계 등을 알아볼 수 있다.

3. 미누친의 구조적 가족치료 기출 11~14회, 17~21회, 23회

① 구조적 가족치료의 특징
  ㉠ 가족을 재구조화함으로써 가족이 적절한 기능을 수행할 수 있도록 돕는 가족치료기법이다.
  ㉡ 가족구조의 불균형(경계가 불분명하거나 지나치게 밀착되어 있는 것, 위계질서의 모호함, 체계 간 경직성 등)으로 인해 가족문제가 발생한다고 보고, 가족구조의 변화(가족의 재구조화)를 목표로 한다.
  ㉢ 변화는 하위체계들의 역할과 책임이 명확해지고 이것을 가족 구성원 모두가 수용할 때 일어난다고 본다.

② 구조적 가족치료의 주요 개념
  ㉠ 경계
    - 체계와 체계를 구분하는 보이지 않는 선이다.
    - 가족의 상호작용과정에 구성원 누군가가 어떠한 방법으로 참가할 수 있는가에 대한 규약이다.
    - 하위체계 간의 상호역동은 경계가 명확한지, 밀착되었는지, 경직되었는지에 따라서 명확한 경계, 밀착된 경계, 경직된 경계로 구분한다.
  ㉡ 하위체계(제휴): 가족체계에서 한 개인이 다른 구성원의 활동에 협력 또는 반대하는 등의 관계를 가지는 것을 말한다.
  ㉢ 세력(권력): 가족 개개인이 상호작용을 통해 다른 사람에게 미치는 영향력을 의미하는 것으로, 절대적인 것은 아니다.
  ㉣ 가족구조: 구조적 가족치료에서 구조란 '보이지 않는 일련의 기능적 요구'이다. 가족원끼리 상호작용 방법과 연속성, 반복, 예측되는 가족행동 등을 조직한다면 가족은 고유의 구조를 가지고 있다고 볼 수 있다.

③ 구조적 가족치료의 대표적 기법
  ㉠ 경계 만들기: 가족 내 하위체계 간의 경계선이 모호하거나 너무 경직된 경우 이를 수정하는 개입이 필요한데, 경계 만들기는 가족 성원 각자가 체계 내에서 적절한 위치에 있도록 하위체계 간 경계를 분명히 유지하게 하는 기법이다.

밀착된 가족에 대한 개입	하위체계 간 경계선을 강화시키고 각 개인의 독립성을 키워줌.
분리된 가족에 대한 개입	가족 성원 간 교류를 촉진시키고 경직된 경계선을 완화시킴.
부부연합을 강화하는 개입	부모연합이 약한 가족인 경우 부부관계를 강화하고 아이들과의 상호작용으로 연합전선을 형성할 수 있도록 도움.

  ㉡ 합류하기
    - 사회복지사가 가족의 현실적 상황에 들어가 함께 경험하거나 가족 성원들의 스타일에 맞추어 언어적·비언어적 의사소통을 하는 것이다.

- 사회복지사가 개입장면에서 가족의 분위기를 파악하여 그에 맞추어 행동하거나 감정을 표현하는 기법이다.
- 가족과 사회복지사의 거리를 좁혀주는 역할을 한다.
- 일반적으로 개입 초기단계에 많이 사용한다.
- **추적하기**: 가족이 어떻게 행동하는지, 어떤 방식으로 이야기하는지 주의깊게 관찰하고 그를 따르면서 정보를 수집한다.

> **사례** 은옥 씨는 심각한 호흡기 질환을 앓고 있으며, 28세 아들은 고교 졸업 후 게임에만 몰두하며 집에만 있다. 아들은 쓰레기를 건드리지도 못하게 하여 집은 쓰레기로 넘쳐나고, 이는 은옥 씨의 건강에 치명적인 위협이 되고 있다. 은옥 씨는 과거 자신의 잘못과 아들에 대한 죄책감을 호소하고 있으나, 서비스를 거부하며 특히 아들에 대한 접근을 막고 있다. ➡ 사회복지사는 가족과 합류할 수 있는 방법 탐색을 우선적으로 계획할 수 있다.

ⓒ 실연
- 치료면담 중에 가족에게 역기능적인 가족 성원 간의 교류를 실제로 재현시키는 기법이다.
- 가족의 갈등을 '지금-여기(Here and Now)'로 가져오는 기법이다.
- 가족 성원들은 치료자 앞에서 가족의 문제나 갈등상황을 직접 재현한다.

> **사례** 아무리 대화를 시도해 봐도 말이 안 통한다고 하는 부부에게 그 자리에서 바로 대화하도록 한다.

ⓔ 긴장 고조시키기
- 가족 내의 긴장을 고조시킴으로써 대안적인 갈등 해결방법을 사용하도록 돕는 기법이다.
- 가족 성원 간의 의사소통 통로를 차단함으로써 가족원 간 긴장을 고조시킬 수 있다.

ⓜ **과제부여**: 가족 상호교류에서 자연스럽게 발전하기 어려운 행위를 실연해 보도록 한 후, 가족이 해야 할 분야를 개발시킬 수 있는 과제를 주는 기법이다.

ⓗ 균형 깨뜨리기
- 하위체계 간의 관계를 재배치함으로써 가족 내 하위체계들 간의 역기능적 균형을 깨뜨리는 기법이다.
- 사회복지사는 의도적으로 일부 가족 성원의 편을 들기도 한다.

> **사례** 권위적이고 지배적인 남편과 자기주장을 하기 시작한 아내 사이에서 사회복지사가 의도적으로 부인의 편을 들어줌으로써 역기능적 균형을 깨뜨리고자 한다.

4. 사티어의 경험적 가족치료 - 성장모델 기출 13회, 14회, 16회, 18회, 19회, 21~23회

① 경험적 가족치료의 특징
  ㉠ 가족의 특유한 갈등과 행동양식에 맞는 경험을 제공하려고 노력한다.
  ㉡ 가족이 보이는 역기능적 양상이 다양한 만큼 경험적 가족치료자들이 가족에게 주려는 경험도 다양하다. 경험적 가족치료자들이 제공하는 '경험'이란 가족 성원이 자발적으로 자신을 열어보일 수 있는 기회, 표현의 자유, 개인의 성장 등을 의미한다.
  ㉢ 가족관계의 병리적 측면보다는 긍정적 측면에 초점을 둔다.
  ㉣ 가족과 개인의 상호작용이나 경험 등을 변화시킴으로써 성장할 수 있는 경험을 하게 하는 것을 목표로 한다.

② 경험적 가족치료의 주요 개념
  ㉠ 자아존중감
    - 자아존중감은 사티어의 경험적 모델의 핵심이자 치료의 결과적 목적이 되는 개념이다.

- 자아존중감의 형성은 가족구조와 부모와의 관계가 중요하게 부각되는 생애초기에 자녀가 어떠한 관계를 경험했는가가 중요하다.
    - 사티어의 모델은 개인의 낮은 자아존중감을 회복시켜 자신의 가치를 인정하고, 보유하고 있는 장점과 자원을 발견하고 활용함으로써 문제상황에 잘 대처할 수 있게 한다.
  ⓒ 의사소통: 사티어의 가족치료에서는 가족의 역기능적 의사소통 맥락을 확인하고, 그러한 의사소통방법을 교정하는 것을 중시한다.
③ 경험적 가족치료의 대표적 기법
  ㉠ 가족조각
    - 공간 속에서 가족 구성원들이 몸을 이용해 가족의 상호작용 양상을 표현하게 함으로써 가족에 대한 이해를 돕는 기법이다.
    - 가족원들은 다른 성원들의 조각을 보는 과정에서 통찰력, 이해, 공감, 동정, 후회, 사과, 친밀감 등의 감정을 경험하고 가족규칙을 알 수 있다.
    - 주어진 공간에서 구체적으로 관계 유형을 파악하고 경험할 수 있다.
    - 대화 없이도 다른 사람의 관점을 이해하는 수단을 제공하므로, 말이 서툰 가족원에게 유용한 기법이다.
  ㉡ 역할극·역할연습: 정상적인 생활에서의 역할과는 다른 역할을 해보는 기법이다.
  ㉢ 역할반전: 가족의 두 성원들이 서로의 역할을 바꿔보는 기법이다.

  > **사례** 아버지는 딸의 역할을, 딸은 아버지의 역할을 연기함으로써 서로에 대해 공감하고 이해할 수 있는 경험을 갖도록 한다.

  ㉣ 가족그림
    - 가족 성원이 각각 자신이 느끼는 대로 자유롭게 가족에 대해 그림을 그려보도록 하는 기법이다.
    - 가족그림을 통해 가족원 자신이 가족에 대해 어떻게 느끼는지, 가족관계에 어떤 문제가 있는지 등을 이해할 수 있다.
  ㉤ 비유
    - 주제나 생각이 유사한 다른 상황과 연결시켜 표현하는 기법이다.
    - 가족이 자신의 문제를 밝히기 부끄러워하거나 언급하기를 원하지 않을 때 사용한다.
    예 부부의 성생활을 식사에 비유해서 표현하기
  ㉥ 빙산치료
    - 겉으로 보이는 인간의 행동은 수면 위에 드러난 빙산에 불과하다고 보고, 수면 아래를 탐색하여 부적응적인 내담자의 경험을 표면화하고 변형하도록 함으로써 수면 아래의 변화를 목표로 한다.
    - 개인의 행동, 감정, 지각, 기대, 열망, 자기에 대해 탐색함으로써 개인의 내적 과정을 이끌어낸다.

1차 수준	• 행동(표현되는 행동과 삶의 이야기) • 대처방식(회유, 비난, 산만, 초이성, 일치)
2차 수준	• 감정, 감정에 대한 판단(기쁨, 흥분, 매혹, 분노, 상처, 두려움, 슬픔) • 지각(신념, 가정, 사고방식, 주관적 현실) • 기대(자신에 대한 기대, 타인에 대한 기대, 자신에 대한 타인의 기대) • 열망(사랑, 수용, 인정, 성취, 안정과 자유에 대한 열망)
3차 수준	자기(self)(나의 생명력, 영성, 정신, 핵심, 본질과의 만남)

  ㉦ 원가족 도표: 원가족의 맥락 속에서 개인 심리의 내적 과정뿐만 아니라 가족과의 상호작용 및 가족 역동성을 이해하고 평가하게 해준다.
  ㉧ 은유: 치료자가 직접적으로 지시하거나 평가하기보다 간접적이고 비유적인 표현을 사용하는 것이다.

5. 드 세이저의 해결중심 단기가족치료 기출 11~14회, 17~19회, 21회

> **합격 가이드**
> CHAPTER 01에서 다룬 해결중심모델과 이어지는 개념입니다.

① 해결중심 단기가족치료의 특징
- ㉠ 단기치료의 대표적인 개입방법으로, 가족의 문제가 무엇인가를 파악하기보다는 가족이 원하는 해결이 무엇인가에 초점을 두어 가족을 도우려 한다.
- ㉡ 클라이언트의 힘과 이전의 성공, 장점에 초점을 두는 레질리언스(Resilience)가 기초가 된다. 즉, 병리적인 것 대신 건강한 것에 초점을 둔다.
- ㉢ 클라이언트를 문제해결의 주체로 인식한다.
- ㉣ 문제의 원인규명 등 문제중심적 사고방식을 지양하고 문제보다는 해결을 강조함으로써 실용성을 추구한다.
- ㉤ 클라이언트의 이해와 관심, 클라이언트가 달라지고 싶은 상황에 초점을 두며, 클라이언트의 관점을 중시한다.

② 해결중심 단기가족치료의 주요 개념
- ㉠ 사회복지사와 클라이언트의 관계 유형

유형	특징	개입방법(고객형으로 전환시키기)
불평형	• 문제를 객관적으로 인지하고 있지만 다른 사람의 책임으로 돌림. • 자신을 희생자라고 생각함. • 이해받기를 원함.	• '치료를 위한 자원'으로 생각함. • 긍정적인 면에서 바라봄. • 해결중심적인 대화, 칭찬, 문제의 예외상황을 발견하도록 하는 과제를 부여함. • 문제를 다른 관점에서 관찰하고 깊게 생각할 수 있는 과제가 효과적임.
방문형	• 비자발적·비협조적 클라이언트 • 자신의 고민, 갈등, 문제만 있고, 변화와 해결에 대한 동기가 약함.	• 클라이언트가 문제와 동기에 대한 인식을 스스로 할 수 있도록 협조함. • 동의하지 않은 상태에서도 치료를 받으러 온 클라이언트의 용기를 칭찬함. • 의뢰한 사람의 관점을 물음. • 클라이언트의 상황을 이해하고 수용하며 지지함. • 클라이언트의 의사결정과 자율성을 존중함.
고객형	• 문제를 객관적으로 인지함. • 자발적이고 적극적인 클라이언트 • 가장 이상적인 유형으로, 실제 비율은 낮음.	–

- ㉡ '알지 못함'의 자세
  - '알지 못함'의 자세란 사회복지사 혹은 가족치료자가 언어적·비언어적 행동을 통해 클라이언트에게 풍부하고 진실한 호기심을 전달하는 것을 말한다.
  - 사회복지사는 클라이언트가 변화되어야 한다는 기대나 생각보다는, 클라이언트에 대해 좀 더 많이 '알고 싶어 하는 자세'를 보여야 한다.

③ 해결중심 단기가족치료의 대표적 기법 기출 19회, 21회
- ㉠ 치료면담 전의 변화에 대한 질문: 클라이언트에게 계속적으로 변화가 일어난다는 것을 전제하고, 클라이언트가 면담을 예약한 후 현재 이곳에 오기까지 달라진 것이 무엇인지 질문한다.
  - 예 "전화로 예약을 한 뒤 일주일이 지났는데요. 그동안 어떤 변화가 있었나요?"

ⓒ 예외질문
- 문제해결을 위해 우연적이며 성공적으로 실시한 방법을 발견하는 기법이다.
- 문제시되는 실패경험보다는 성공경험을 찾아내어 그것을 의도적으로 계속 실시함으로써 성공의 경험을 확장하고 강화한다.
  예 "상우가 엄마에게 지나치게 짜증을 내고 소리를 지르지 않을 때는 언제인가요?"

ⓒ 기적질문
- 기적이 일어나서 문제가 해결되었다고 상상하게 하여 기적이 일어났을 때 달라질 수 있는 일들을 실제 행동으로 옮겨보게 하는 것이다.
- 기적에 관한 질문을 한 후 클라이언트가 자기 자신의 미래를 이끌어갈 책임이 있다는 생각을 할 수 있도록 질문을 계속한다.
  예 "이 기적이 앞으로 더 자주 일어나려면 어떻게 해야 할까요?"

ⓔ 척도질문: 구체적인 숫자를 이용하여 가족 성원에게 자신의 문제의 정도, 변화 정도, 변화에 대한 의지 등을 표현해 보게 하는 질문이다.
  예 "1부터 10까지 숫자에서 1은 문제가 없는 상태이고 10은 문제가 가장 심각한 상태라 한다면, 오늘 생각하기에 당신의 문제는 몇 점 정도에 해당하나요?"

ⓜ 대처·극복질문: 클라이언트가 절망적인 상황에서도 잘 견뎌내어 상황이 나빠지지 않은 것을 강조하고, 위기에서 살아남기 위해 적용한 방법을 파악하는 질문이다.
  예 "그렇게 힘든 상황에서도 모든 것을 포기하지 않고 어떻게 오늘까지 지탱해 왔나요?"

ⓗ 관계성질문: 클라이언트가 문제해결의 상황을 자기중심적 생각에서 벗어나 중요한 타인의 시각으로 보면서 문제해결에 관한 새로운 가능성을 찾는 데 도움을 주는 질문이다.
  예 "보경 씨의 아버지가 여기 계시다고 가정했을 때 제가 아버지께 보경 씨 문제가 해결된다면 무엇이 달라지겠느냐고 묻는다면 아버지는 뭐라고 말씀하실까요?"

ⓢ 보람질문: 클라이언트가 상담의 결과로서 어떠한 긍정적 변화를 원하고 있는지를 묻는 질문이다. 보람질문을 통해 클라이언트는 문제가 해결된 상황을 구체적으로 생각해 볼 수 있고, 상담사는 클라이언트의 기대와 욕구를 명확하게 파악할 수 있게 되어 상담목표를 구체적으로 설정할 수 있다.
  예 "상담의 결과로서 무엇이 좋아지면 여기 온 것이 보람 있었다고 말할 수 있을까요?"

ⓞ 호기심 갖기: 클라이언트를 진단하거나 특정한 어떤 것을 하도록 강요하는 것이 아니라, 클라이언트가 원하는 것과 그것을 성취하기 위해 어떻게 해야 하는가를 명확히 하도록 질문하고, 그에 대한 반응에 호기심을 갖는다.

ⓩ 초대하기: 클라이언트가 상담으로부터 기대하는 바가 무엇인지, 클라이언트의 목적이 성취되고 문제가 해결되는 것 또는 발전을 나타내는 징조가 무엇인지에 대해 대화하도록 초대하는 기법이다.

ⓐ 메시지 전달과 과제 부여하기: 해결중심치료는 치료자가 클라이언트와 상담을 하는 동안 관찰실에서 치료팀이 상담과정을 지켜보면서 메시지를 작성한다.

최다빈출

6. 헤일리의 전략적 가족치료 기출 11회, 13회, 14회, 16회, 17회, 22회, 23회

① 전략적 가족치료의 특징
  ㉠ 인간의 행동이 일어난 이유보다는 행동의 변화에 관심을 가지며, 이론보다는 문제해결에 초점을 두고 다양한 전략을 시도하는 접근방법이다.
  ㉡ 전략적 가족치료는 여러 가지 형태가 있지만 기본적으로는 치료자가 가족의 문제를 해결하기 위한 전략을 고안하는 데 관심을 둔다.
  ㉢ 정교하게 계획된 전략적 개입을 통해 역기능적 가족의 상호작용을 변화시키려고 한다.

ⓔ 가족구성원들 사이 힘의 우위에 따라 대칭적이거나 보완적 관계가 형성된다.
ⓜ 비언어적 의사소통이 가족의 욕구를 나타내므로 메타 의사소통이 중요하다.
ⓑ 가족이 문제행동을 유지하도록 지시함으로써 클라이언트가 통제력을 발휘한다.
ⓢ 다양한 전략을 활용하여 이론보다는 문제해결에 초점을 둔다.

② 전략적 가족치료의 주요 개념
  ㉠ 전략적 가족치료학파의 3가지 기초적 가정

가정	세부 내용

사이버네틱스이다	사이버네틱스(Cybernetics)의 이론에 의하면 가족치료란 치료자가 피드백 정보를 바꾸는 데 개입함으로써 가족의 비정상적인 행동패턴을 보다 바람직한 패턴으로 바꿔주는 것임.
	• 1차 사이버네틱스
	  – 초기 가족치료(일반체계이론)
	  – 가족체계의 밖에 존재하면서 문제를 진단하고 해결하는 모형
	  – 개인의 병리를 가족과의 관계성 안에서 전체적으로 보는 관점이 핵심
	  – 가족치료자는 관찰자로서 가족체계에 거리를 두고, 객관적으로 관찰하고 의도적으로 개입하여 변화를 시도함.
	• 2차 사이버네틱스
	  – 후기 가족치료(사회구성주의, 후기 근대주의)
	  – 가족체계의 안에 존재하면서 가족과 가족치료자가 공동으로 문제를 진단하고 해결하는 모형
	  – 가족치료자가 가족의 상호작용의 문제를 온전히 알 수 없다는 입장
	  – 가족은 스스로 창조하고 독립된 실제이며, 가족치료자를 가족과 완전히 분리된 사람으로 보지 않는다는 입장
	  – 해결중심 가족치료와 이야기 가족치료는 2차 사이버네틱스와 관련됨.

구조적인 것이다	문제는 가족권력이나 가족경계에 연합이 일어난 결과임.
기능적인 것이다	한 개인이 다른 누군가를 보호하거나 통제할 때 나타나는 문제는 전체 가족체계의 기능을 도움.

  ㉡ 가족항상성과 증상: 가족은 안정을 유지하고자 하는 기능뿐만 아니라 변화하고자 하는 기능을 동시에 갖고 있는 체계이다. 그런데 병리적인 가족은 변화보다 가족 항상성을 유지하기 위해 기존의 방식을 엄격하고 완고하게 고집하여 융통성이 없다.
  ㉢ 이중구속: 동시에 서로 다른 수준에서 상호모순되는 메시지를 보냄으로써 듣는 사람이 어떠한 메시지에도 선택적으로 반응할 수 없는 혼란스러운 상황에 놓이게 되는 것을 말한다.
  ㉣ 환류고리(피드백고리): 가족 내의 가족규칙을 유리하거나 조정하는 수단이 된다. 가족은 피드백을 통해 서로 정보를 교환하면서 서로의 행동을 제한하거나 넓힌다.

③ 전략적 가족치료의 대표적 기법 기출 11회, 13회, 16회, 19회
  ㉠ 역설적 개입
    • 문제행동을 변화시키는 전략들에 초점을 맞춘다.
    • 문제에 대한 이해보다는 치료와 변화에 초점을 맞추는 것이다.
    • 전략적 치료에서 핵심적인 지시기법은 직접적 지시와 역설적 지시로 나뉜다. 그중 역설적 지시란 역설적 개입방법을 의미하는 것으로, 문제를 유지하는 연쇄를 변화시키기 위해서 가족이 역설적이라고 생각하는 행동, 즉 문제행동을 유지하거나 강화하는 행동을 수행하도록 지시하는 기법이다.

- 개입방법

증상처방	일부러 문제행동을 더 하라고 지시함으로써 이런 사회복지사의 지시에 대한 클라이언트의 저항을 유도하여 반대로 그런 행동을 하지 않도록 하는 기법 예 컴퓨터게임 중독의 문제를 겪는 자녀가 새벽까지 게임을 하다가 중단하려고 할 때. 　어머니: "(진지하게) 조금 더 하지 그러니. 그만두지 말고 계속해." 　자녀: "아니에요."
변화제지	저항 심리로 일어난 클라이언트의 변화행동에 대해 사회복지사가 그만하거나 천천히 하라고 말하는 등의 역설적인 태도를 취하는 것으로, 클라이언트의 저항 심리를 자극해 더욱 변화에 속도를 붙이게 하는 기법
시련	클라이언트가 가진 증상보다 더 고된 체험을 하도록 과제를 주어 증상을 포기하도록 하는 기법

ⓒ **재정의**(재구조화, 재구성, 재명명)
- 가족 성원의 문제를 다른 관점에서 보거나 다른 방법으로 이해하도록 돕는 기법이다.
- 가족 내 한 성원이 다른 성원에 대해 가지고 있는 생각이 새로운 시각으로 변화하도록 돕는다.
  예 산만하고 부주의한 태수 ➡ 적극적이고 도전적인 태수
  　자녀에 대한 어머니의 간섭 ➡ 자녀에 대한 어머니의 관심과 배려

ⓒ **순환적 질문**: 가족 성원들이 문제에 대해 제한적이고 단선적인 시각에서 벗어나 문제의 순환성을 깨닫도록 돕는 질문을 연속적으로 던지는 기법이다.
  예 "아내가 당신에게 화가 났다고 말했을 때 당신은 어떻게 반응했나요?"
  　"남편이 아이들에게 고함을 지르면 당신은 어떤 기분이 드나요?"

ⓔ **긍정적 의미부여**: 가족응집력을 향상시키고 치료에 대한 저항을 줄이기 위해 가족의 문제나 행동을 긍정적으로 재해석하는 기법이다.
  예 • 자녀의 출산 이후 소원해진 부부관계를 가족의 생애주기에 따른 정상적인 변화로 재해석하는 경우
  　• 부모에게 반항하는 자녀의 행동을 부모 사이의 갈등을 우회하기 위한 행동으로 재해석하는 경우

7. 다양한 실천기법 기출 17회, 18회, 21회

① 가족중재
  ㉠ 사회복지사가 가족에게 감정적으로 깊이 관여하기보다는 중립적 입장에서 단순히 구조화된 과정을 안내하는 것이다.
  ㉡ 부모와 자녀 간 갈등이 심한 경우, 사회복지사는 부모의 권위를 존중하는 한편, 자녀의 주장도 존중되고 수용되도록 지원한다.

② 가족옹호
  ㉠ 가족이 정당한 권리를 가졌음에도 불구하고 권리보장이 이루어지지 않거나 서비스가 확대되어야 할 필요가 있는 경우, 가족의 권리를 대변하고 서비스를 확충하도록 노력하는 것이다.
  ㉡ 가족욕구에 대한 직접적이고 전문적인 지식을 이용하여 가족의 생활조건을 향상시키도록 계획하는 전문적 서비스이다.
  ㉢ 가족에 직접적으로 영향을 미치는 체계나 제도가 가족을 위하여 존재하도록 하는 것을 목표로 한다.
  ㉣ 현존하는 공적·사적 서비스와 전달체계의 향상뿐만 아니라 새로운(변화된) 형태의 사회적 서비스의 개발을 지향한다.

③ 문제의 외현화(외재화)
　㉠ 가족문제를 다룰 때 개별 성원 혹은 가족을 문제로 보지 않고 문제만을 문제로 보는 것이다. 일반적으로는 가족의 어떤 특성 등을 문제로 보지만 이야기치료에서는 문제가 개인의 속성이나 내부에 존재하는 것이 아니라 외부에 존재하는 것으로 보며, 가족문제를 가족을 괴롭히는 존재로 보고 이야기한다.
　㉡ 문제의 외현화는 자신을 병리적이라고 생각하는 것으로부터 자유롭게 하기 때문에 인간이 지닌 잠재력과 가능성을 인식하고 인정하게 하며, 강점을 개발할 수 있도록 촉진한다.
④ **시연(행동시연)**: 클라이언트가 습득한 행동기술을 현실세계에서 직접 실행하기 전에 사회복지사 앞에서 반복적으로 연습하는 것이다.

3 가족실천 종결과정

종결 ➡ 평가

1. 종결시기를 판단할 때의 고려사항
① 개입목표의 달성 정도
② 클라이언트의 문제상황의 해결 정도
③ 서비스 시간 내 제공 완료 여부
④ 사회복지사와 기관의 투자 노력
⑤ 이득 체감(더 이상의 만남이 큰 도움이 되지 않으리라는 것)에 대한 합의
⑥ 클라이언트의 의존성
⑦ 클라이언트에 대한 새로운 서비스 필요성의 여부

2. 종결과정의 과업 기출 23회
① **종결시기 결정하기**: 종결하기에 적당한 때인지를 판단하여 종결시기를 결정한다.
② 클라이언트와 사회복지사의 정서적 반응 다루기
　㉠ 분리과정 동안 경험하는 정서적 반응을 서로 해결한다.
　㉡ 클라이언트에게 종결은 감정적인 욕구를 만족시켜 온 관계가 사라지는 고통스러운 과정을 의미한다. 따라서 심리적인 스트레스를 최소화하면서 효과적으로 종결하기 위해 클라이언트의 정서적인 반응을 다루어야 한다.
③ 개입효과의 유지와 강화
　㉠ 개입을 통해 획득된 성과를 유지·일반화하고, 클라이언트가 계속 발전할 수 있도록 계획한다.
　㉡ **사후관리**: 종결 후 일정기간(1~6개월)이 지나서 클라이언트가 잘 적응하고 있는지 변화의 유지 정도를 확인한다.
④ **의뢰하기**: 클라이언트에 대한 새로운 서비스의 필요 여부를 확인하여 새로운 서비스가 필요할 경우 의뢰한다.
⑤ 평가하기
　㉠ 원조과정의 결과를 평가하고, 개입의 효과성과 효율성을 측정한다.
　㉡ 무엇이 클라이언트에게 도움이 되었고, 어떤 것들이 다르게 진행되었어야 했는지를 알 수 있다.
⑥ **환류하기**: 욕구를 재확인하여 서비스 계획이나 개입전략을 수정하는 과정이다.

CHAPTER 04

집단 대상 실천기법

핵심 Tag #집단 구성과 유형 #토스랜드와 리바스의 집단 유형 #치료적 효과 #집단 사회복지실천
#집단역동성과 집단응집력 #집단발달단계별 사회복지실천 #사정단계

1 집단 대상 실천기법 기출 11회

1. 집단의 개념
① 공동의 관심을 지닌 두 명 이상의 사람들이 공동의 목표달성을 위해 지속적으로 상호작용하는 집합이다.
② 집단 성원은 집단에 대한 소속감과 공통의 목적, 관심사를 가지며, 정서적으로 결속되어 상호의존이다.

2. 집단의 특성 기출 22회
① 집단 성원들의 자발적인 자기표출 및 모든 집단성원의 토론 참여가 가능하다.
② 집단 성원 간 직접적인 의사소통이 가능하며, 집단 사회복지사를 존중한다.
③ 성원들은 상호 의존적이고 직·간접적으로 상호 영향을 미친다.
④ 한 가지 이상의 목적을 가지고 형성된다.
⑤ 다양성과 공통성 사이에 균형을 이루도록 노아방주의 원칙(Noah's ark principle)에 따라 성원을 모집한다. 성원이 동질적일수록 빠르게 집단이 형성되지만, 이질적일 경우 집단형성 및 기능이 어려울 수 있다.
⑥ 집단의 역기능적 특성
  ㉠ 서로 지속적으로 만나기를 기대할 수도 그렇지 않을 수도 있다.
  ㉡ 집단을 운영하는 기관의 견해나 기능에 일치할 수도 그렇지 않을 수도 있다.
  ㉢ 집단은 그 구성원의 순응과 성원 간 집단 희생양을 만들어 낼 수 있다
  ㉣ 집단 내 성원 간의 갈등, 불화, 불신 등이 발생하면 문제 해결을 위한 노력이 부족하다.

3. 집단의 유형 기출 11~13회
① 상호작용과 정서적 결속 정도에 따른 구분

1차집단	• 아주 친밀하면서 자주, 긴밀하게, 개인적으로 접촉하면서 관계를 맺는 가족, 친구, 소규모집단 등 • 공통의 규범을 가지고 있고, 광범위한 영역에 걸쳐 지속적으로 상호 영향을 미치는 사람들로 구성됨.
2차집단	• 목적을 달성하기 위하여 인위적인 계약에 의하여 형성된 집단 • 직접 대면해서 접촉하는 경우가 드물게 있으나 직접 접촉하지 않는 경우도 있음. • 공식적으로 연관되어 있고 약간의 관심만 공유함.

② 구성방법에 따른 구분

자연발생적 집단	자연적으로 발생한 사건이나 인간관계상의 매력 또는 성원의 욕구 등을 기초로 하여 자연발생적으로 구성된 집단 예 가족, 또래집단, 친구들, 갱 집단 등
인위적 형성 집단	외부의 영향이나 개입을 통하여 의도적으로 만들어진 집단 예 치료집단, 위원회 등

개념 공략 집단체계의 유형

퇴니스의 구분	• 혈연집단(게마인샤프트) • 자연발생적 집단	• 이익집단(게젤샤프트) • 인위적 집단
쿨리의 구분	1차집단(원초집단)	2차집단
구성동기에 따른 구분	자연적 집단	형성된 집단

참고 게마인샤프트(Gemeinschaft)는 '공동사회'라는 뜻이고, 게젤샤프트(Gesellschaft)는 '이익사회'라는 뜻이다.

③ 집단의 목적에 따른 구분 - 토스랜드와 리바스(Toseland & Rivas, 1984) 기출 12회, 14회, 18~20회, 22회, 23회
  ㉠ 치료집단과 과업집단

구분	치료집단	과업집단
집단의 목적	성원의 사회적·정서적 욕구에 대한 만족 증가, 행동 변화 및 재활	• 과업달성, 성과물 산출, 명령수행 • 조직구조의 영향력 최대화
결속동기	집단 성원의 개별적 욕구	수행해야 할 과업
구성	정서적·개인적 문제를 가진 성원들의 공동 관심사, 문제, 특성 등에 따라 구성	필요한 재능, 전문성, 노동분화에 따라 구성
실천방식	공개적인 의사소통과 적극적인 상호작용을 위해 성원을 격려	특정 과업에 관한 의사소통에 집중
성원의 역할	성원의 상호작용을 통해 결정	각 성원에게 과업을 할당
집단과정(절차)	집단에 따라 유연하거나 형식적·공식적임.	형식적인 일정과 규칙, 공식적인 안건이 있음.
특성	• 진행과정은 집단 내에서만 이루어짐. • 집단과정의 성공 여부는 성원들의 치료목표가 성공적으로 충족되었는가에 달려 있음. • 자기노출의 정도가 높은 편 • 집단 지도자는 권위적인 인물의 역할을 수행	• 진행과정은 은밀할 수도 있고 공개적일 수도 있음. • 집단과정의 성공 여부는 성원들이 과업이나 명령을 달성하였는가 또는 성과물을 산출하였는가에 달려 있음. • 자기노출의 정도가 낮음.
집단 예시	알코올중독자집단, 금연집단, 이혼가정집단, 참만남집단 등	팀, 치료위원회, 처리위원회, 직원발전집단, 자문위원회, 이사회, 사회행동집단, 연합체, 대표위원회 등이 있음.

개념 공략 치료집단의 세부 유형

종류	특징	목표	자기노출 정도	집단 예시
지지집단	• 삶에서 장차 일어날 사건에 좀 더 효과적으로 적응하기 위하여 대처기술을 발전시킴으로써 삶의 위기에 대처하도록 돕는 집단 • 유대감 형성이 용이하며, 자기개방 정도가 높음.	스트레스 대처능력 향상	높음.	한부모집단, 이혼집단
교육집단	• 집단 성원들의 지식과 정보 및 기술향상이 목적 • 주로 강의나 토론 형태 • 성원 간 자기노출의 정도는 높지 않음.	지식과 정보 제공	가장 낮음.	청소년 성교육집단, 부모역할 훈련집단, 위탁부모집단
성장집단	• 성원들의 자기인식 증진과 사고의 변화가 목적 • 질병의 치료보다는 사회적·정서적 건강증진 중시	• 자기인식 증진 • 사고 변화	아주 높음.	참만남집단, 퇴직을 준비하는 집단, 잠재력 개발집단 등
치유집단	• 집단 성원의 행동변화와 개인적인 문제의 완화나 제거가 목적 • 사회복지사는 권위적 인물의 역할을 함. • 자기노출 정도가 높음.	• 문제행동 변화 • 상실된 기능 회복	지지집단보다 낮지만, 비교적 높음.	외래환자를 대상으로 한 정신치료집단, 금연집단, 약물중독자집단
사회화집단	• 사회적 관계에서 어려움을 겪는 경우 사회적 기술을 습득하고 사회생활에 효과적으로 기능할 수 있도록 원조하는 것이 목적 • 사회기술훈련집단, 자치집단, 여가집단	사회적 기술 습득	보통	주의력 결핍 및 과잉행동장애아동을 대상으로 하는 활동집단, 퇴원한 정신장애인을 위한 사교집단
감수성 훈련집단	• 대인관계를 통한 자기인식 • 교육계획을 통한 대상자들의 태도, 가치관, 신념 등 각종 변화 시도 • 집단이 상호작용을 하는 동안 상대방을 통하여 자기 자신을 인식하고, 타인의 입장이나 태도를 이해함.	• 문제해결능력 강화 • 환경적응능력 함양 • 경쟁력 강화	높음.	심리적·정신적 장애를 해결하기보다는 의식화 또는 일정한 훈련을 목적으로 조직된 집단(10명 내외의 단위로 여러 개의 훈련집단을 구성하고 훈련지도자를 배치)

참고 무기명 질문목록카드로 도출된 문제에 대해 토론하는 것은 자신이 누구인지 직접적으로 밝히지 않아도 되기 때문에 자기노출 정도가 낮은 집단(예 자살유가족 지지집단 참여자 등)에 효과적이며, 간접적 자기노출을 활용한 기법에 해당한다.

참고 집단 성원의 주도성이 높은 순서대로 나열하면 자조집단 > 성장집단 > 교육집단 > 치유집단이다.

개념 공략 과업집단의 유형

• 조직적 욕구해결 수행집단 예 위원회, 행정집단, 협의체 등
• 성원의 욕구충족 수행집단 예 팀, 치료회의, 사회행동집단 등

ⓛ 자조집단 기출 14회
- 문제상황에 대처할 수 있는 능력을 고양하도록 집단 성원 상호 간 돕는 것을 목적으로 하는 집단이다.
- 성원 간 서로 도움을 주고받음으로써 스스로에 대하여 긍정적으로 느끼게 되고, 자신의 삶에 대하여 적극적으로 대처하고 통제한다는 장점이 있다.
- 리더십과 통제는 집단 구성원들에게 주어진다. 전문가의 도움보다는 집단 성원의 경험에 기초하여 서로 도움을 주고받는다.
- 대인 간의 상호지지, 자신의 삶을 책임질 수 있는 능력 개발과 향상에 초점을 둔다.
- 자조집단의 유형
  - 소규모로 구성되어 상호지지를 제공하는 유형 예 단주모임, 한부모모임 등
  - 외부활동이나 정치적인 활동을 주로 하는 전국적 기구 유형
    예 인간교육실현 학부모 연대, 소비자 문제를 연구하는 시민의 모임, 환경을 살리는 여성들의 모임 등

개념 공략 자조집단과 지지집단의 비교
- 자조집단은 비슷한 관심사를 공유한다는 점에서 지지집단과 유사함.
- 자조집단의 지도자는 지지집단에 비하여 주도적 역할을 하지 않음.
- 자조집단은 치료집단에 포함된 지지집단의 한 유형으로 보기도 하고, 치료집단에 포함되지 않는 별개의 집단으로 보기도 함.

4. 집단 사회복지실천(Group Work)

① 집단 사회복지실천의 개념 기출 11회, 14회, 21회
  ㉠ 집단을 매개수단으로, 목표지향적 활동을 통하여 개인이 가진 문제를 해결하거나 개인의 강점을 더욱 강화시키고 집단이나 지역사회가 당면한 문제에 효과적으로 대처해 나가도록 돕는 사회복지실천방법이다.
  ㉡ 의도적인 집단경험을 통하여 개인의 욕구를 충족시키고 심리사회적 기능을 향상시키며, 개인이나 집단이 당면한 문제를 해결할 수 있도록 한다.
  ㉢ 특정한 문제나 욕구가 있는 사람들로 구성된 집단을 대상으로 개인, 집단, 환경의 수준에서 전문적인 집단 지도자의 지식과 기술을 기반으로 개입한다.
  ㉣ 장점: 상호지지, 일반화, 희망 증진, 이타성 향상, 새로운 지식 및 정보 습득, 집단의 성장 및 소속감

개념 공략 집단 사회복지실천의 기본요소
- 집단과 집단역동
- 집단 성원
- 사회복지사 또는 집단 지도자
- 프로그램 활동

② 집단 사회복지실천의 원칙 기출 14회, 17회, 18회
  ㉠ 집단활동에 필요한 최소한의 규범을 설정한다.
  ㉡ 집단이 직면하는 어려움을 해결하기 위해 개입한다.
  ㉢ 집단 성원들 간 의사소통을 사회복지사와의 의사소통보다 중시해야 한다.
  ㉣ 집단과정의 명료화기술은 성원들이 어떻게 상호작용하고 있는지를 인식하도록 돕는 기술이다.
  ㉤ 집단의 목표는 집단의 목적을 성취하기 위한 기준으로 처음부터 설명되어야 한다. 그 기준은 상호작용, 구조(집단 성원들의 역할, 규범, 지위 등), 집단응집력, 크기 등으로 구성되어 있다.

③ 집단이론
  ㉠ 장이론 기출 11회
    • 상호의존적이며 공존하고 있는 모든 사실들의 총합을 강조하고, 장의 부분들이 즉각적인 관계를 맺고 있어 서로 영향을 주고받는 관계적인 특성을 지니고 있다고 설명한다.
    • 집단에는 역동적 상호작용이 있기 때문에 집단은 구성원들 간의 상호작용이 연속적으로 발생하는 과정이다.
  ㉡ 소시오메트리 기출 12회, 18회
    • 집단에서 상호 간의 관심을 서술하고 측정하기 위한 방법이다.
    • 집단 성원 간 관심의 정도를 측정하기 위한 방법으로, 각 성원에 대한 호감도를 1점(가장 싫어함)에서 5점(가장 좋아함)으로 평가한다.
  ㉢ 집단 상호작용
    • 집단은 집단 성원이 특정 문제를 해결할 목적으로 상호작용하는 하나의 체계이다.
    • 집단 성원의 사회적·정서적 문제를 다룬다.

개념 공략 소시오메트리와 소시오그램

소시오메트리	소시오그램
• 성원 간 친소관계나 상호작용관계를 파악하는 사회성 측정도구 • 행렬표로 그린 것 • 대규모집단에서 활용	• 사회집단에서 개인 사이의 대인관계를 나타낸 그림 • 그림으로 시각화시킨 것 • 소규모집단에서 활용

④ 집단 사회복지실천모델 기출 21회, 22회

구분	사회적 목표모델	상호작용모델	치료모델
집단의 목적	• 자원개발에 대한 과제 • 민주주의와 지역사회의 정의 유지 및 개발 • 구성원의 사회의식과 사회적 책임 향상 • 지역사회 내 문제 해결	• 집단 지도자와 성원의 상호작용을 통하여 목표 형성 • 개인과 집단 간의 상호 또는 공생 관계	집단을 통한 개인의 치료
활동의 초점	• 개인의 성숙과 민주시민으로서의 역량 개발 • 성원 간 소속감과 결속력	• 성원 간의 자조 • 상호원조체계 개발 • 인본주의모델 바탕	개인적인 역기능 변화
집단 지도자의 역할	영향을 끼치는 자, 촉진자(바람직한 역할모델 제시)	중재자, 조력자	변화매개자
집단 성원의 이미지	시민이나 이웃	공동의 목표를 달성하기 위해 협력하는 구성원	문제해결을 원하는 자
활동의 장	지역복지관, 시민조직	사회복지관, 상담소	사회복지관, 사회복지시설, 병원 등
대표적 집단 및 조직	청소년 유해환경 감시단, 지역사회 환경감시단	지지집단, 가정폭력 피해자 집단	치유집단, 정신치료를 위한 집단

⑤ 집단을 대상으로 한 사회기술훈련 기출 12회, 21회
  ㉠ 모델링: 사회복지사나 집단 성원이 특정 상황에서의 행동을 시범해 보임으로써 다른 성원들이 따라 할 수 있게 한다.
  ㉡ 역할극·역할연습: 집단 성원이 특정 상황을 연기해 보는 것으로, 성원의 기능을 평가하고 대인관계에 필요한 기술을 인식하게 하며, 다른 성원들의 피드백을 통하여 개인의 행동 변화에 도움이 되도록 한다.
  ㉢ 예행연습: 역할연습에 대한 피드백에 근거하여 개선해야 할 행동을 연습해 보는 것이다.
  ㉣ 지도(코치): 대인관계에서 반응하는 방법에 대하여 자세하게 알려주고 시범을 보여서 교육하는 것이다.
  참고 사회기술훈련의 단계: 사회기술훈련의 필요성 등 설명 → 표적사회기술의 구성요소 설명 → 사회기술 시연 → 역할극을 통해 각 요소 연습 → 평가 실시 → 역할극에 기술요소 결합 → 실제 상황에 사회기술 적용

⑥ 집단에서 사회복지사의 역할
  ㉠ 조력자: 성원들이 자신의 장점과 자원을 발견하고, 이를 활성화시킬 수 있도록 원조한다.
  ㉡ 중개자: 성원들이 목표를 달성하는 데 이용할 수 있는 지역사회의 자원을 파악하여 집단 성원에게 알려주며, 서비스 이용 자격이나 조건 등에 대해서도 정보를 제공한다.
  ㉢ 중재자: 집단 내 성원들 간에 갈등이나 조직 간에 분쟁이 발생했을 경우 원조하는 역할을 한다.
  ㉣ 옹호자: 특정 서비스에 대하여 클라이언트가 거부당했을 때 서비스를 확보 및 확대할 수 있도록 원조한다.
  ㉤ 교육자: 인간행동 변화에 대한 지식과 기술이 있어야 하며, 다양한 시청각 교육방법을 활용하면 더욱 효과적이다.

5. 집단치료 기출 17회, 19회, 22회, 23회

① 집단치료의 개념과 특징
  ㉠ 집단요법이라고도 하며, 한 사람의 치료자가 동시에 4명 또는 5명 이상의 클라이언트들을 상대로 심리적 갈등을 명료화하며 문제행동을 수정해가는 일련의 집단면접이다.
  ㉡ 집단상담 대상자보다 더 심한 장애를 가진 클라이언트를 대상으로 하며 성격의 깊은 문제를 다루는 것이 특징이다.

② 집단치료의 목적
  ㉠ 집단 내에서 구성원 간의 상호작용을 통해 변화와 성숙을 이끌어낸다.
  ㉡ 치료자는 다양한 이론의 기술들을 사용하여 집단적 행동을 도와주고 통제하는 역할을 한다.

③ 얄롬(Yalom)의 11가지 집단치료의 효과
  ㉠ 희망의 고취
    • 집단상담을 통해 자신에게 변화가 일어날 것이며 문제가 해결될 수 있다는 희망을 가지게 된다.
    • 클라이언트는 자신의 성장 및 변화를 위해서 집단상담에 참여하기로 결정한 순간부터 희망감을 경험하게 된다.
  ㉡ 보편성
    • 집단상담에서 자신의 고민과 생각을 이야기함으로써 다른 사람도 자신과 유사한 생각과 고민을 가지고 있음을 알게 된다. 즉, 자신이 그렇게 이상하거나 유별나지만은 않다는 것을 알게 된다.
    • 클라이언트들은 자신의 문제에 골몰하는 경향이 있는데, 이로 인해 자신의 어려움을 극대화하여 경험하고 스스로에 대한 객관적 시각을 잃게 된다. 그러나 집단상담을 통해 클라이언트는 자신의 문제에만 몰입하는 데서 벗어나 다른 사람에게도 주의를 기울일 수 있게 된다.
    • 대인관계가 약한 클라이언트는 타인과 이야기를 나눈 경험이 적기 때문에 집단상담을 통해 인간 삶에 대한 학습이 이루어질 수 있다.

- ⓒ 정보전달: 유사한 문제에 대해 다른 집단 성원들은 어떤 방식으로 그 문제를 극복했는지, 도움을 받을 곳은 어디인지 등에 대한 정보를 주고받게 된다.
- ㉣ 이타주의(이타심): 각 집단 성원은 다른 집단 성원에게 도움을 주고 있는 자신을 발견하게 되고, 남에게 도움을 주는 경험은 개인의 자긍심을 고양시킨다.
- ㉤ 초기가족의 교정적 재현
  - 클라이언트는 집단 성원과 집단 리더로부터 초기가족 구성원에게 가졌던 감정을 다시 경험하게 되는 경우가 많다. 이와 같은 전이 현상이 일어나게 되면 초기가족 구성원에게 가졌던 감정과 부정적인 대인관계 패턴을 해결할 기회를 갖게 된다.
  - 전이가 집단 안에서 명료화되고 이에 대한 이해가 이루어지면서 집단 구성원을 그 사람만으로 경험하게 되는 것을 초기가족의 교정적 재현이라고 한다.
- ㉥ 사회화기술의 발달: 다른 집단 성원과 사회적 관계를 맺으면서 다양한 사회화기술을 습득한다.
- ㉦ 모방행동: 다른 집단 성원이나 집단 리더를 모방하여 바람직한 사고, 행동, 감정을 습득하게 된다.
- ㉧ 대인관계 학습: 집단 성원들과의 관계에서 클라이언트가 가지고 있는 일상의 대인관계 문제를 해결하고 새로운 대인관계의 패턴을 습득하게 된다.
- ㉨ 집단응집력: 집단 성원이 집단에 계속 참여하도록 하는 신뢰, 따뜻함, 공감적 이해, 수용과 같은 모든 요인의 합을 집단응집력이라 한다. 이는 클라이언트에게 소속감과 안정감을 제공한다.
- ㉩ 정화(카타르시스): 내면에 억압되어 있는 다양한 감정과 생각을 집단상담을 통해서 노출하고, 이러한 감정과 생각이 다른 집단 성원에게 수용되면서 클라이언트는 감정의 정화(카타르시스)를 경험한다.
- ㉪ 실존적 요인: 인간으로서 가지는 삶의 실존적 문제와 한계, 자신의 삶에 대한 책임감을 새롭게 인식하게 된다.

④ 말레코프(Malekoff)의 9가지 집단치료의 효과
- ㉠ 상호지지: 서로에 대한 지지를 통해 집단 성원 간에 도움을 주고받는 것이 가능하다.
- ㉡ 일반화: 공통된 관심사에 대해 이야기하며 이를 일반화시킬 수 있고, 하나의 공동체에 속한 느낌을 가질 수 있다.
- ㉢ 희망 증진: 여러 문제에 봉착되어 있다는 한계를 느낄 때 집단을 통해 문제의 해결점을 찾을 수 있고, 자신들이 문제를 해결할 수 있는 능력이 있음을 깨닫는다.
- ㉣ 이타성 향상: 자기중심적인 상황에서 벗어나 타인에게 도움을 준다는 점에서 이타심을 기를 수 있고, 타인에게 의존하던 스스로를 보다 독립적인 존재로 성장시킬 수 있다.
- ㉤ 새로운 지식과 기술 습득: 집단 내에서 금기시되었던 주제나 문제 혹은 잘못된 정보를 다룰 수 있고, 이에 대한 올바른 정보를 공유하거나 금기시된 주제를 보다 안전하다고 생각되는 집단에서 편안하게 공유할 수 있다.
- ㉥ 집단의 통제감 및 소속감: 집단 성원 모두에게 동등한 기회를 제공하고 비슷한 문제를 공유하며, 집단의 성장을 위해 공헌하게 되어 훌륭한 집단으로 성장할 수 있는 기회를 제공한다.
- ㉦ 정화의 기능: 집단 성원은 자신의 문제에 대한 불안, 감정, 생각, 희망, 꿈 등을 공유하며 공통의 목적을 성취해가기 때문에 자신의 문제를 보다 객관적으로 해결할 수 있는 기회를 제공한다.
- ㉧ 재경험 기회 제공: 이전의 역기능적인 경험을 집단 내에서 재현할 뿐만 아니라 집단 성원 간의 역동 속에서 역기능을 경험하기도 하면서 성장할 수 있는 기회를 갖는다.
- ㉨ 현실감 테스트 효과: 집단 성원들이 서로의 잘못된 생각이나 가치를 집단 성원에게 던져봄으로써 잘못된 생각을 고쳐나갈 수 있는 기회를 갖는다.

6. 집단역동성 기출 19회

① 집단역동성(집단역학, 집단역동)의 개념
  ㉠ 집단 성원 간 또는 집단 성원과 집단 지도자가 함께 만들어 내는 역동적 상호작용을 집단과정(Group Process)이라고 한다.
  ㉡ 집단과정은 개별 집단 성원뿐만 아니라 전체로서의 집단에 영향을 미치는 독특한 힘을 만들어내는데, 집단과정에서 만들어진 이러한 힘을 집단역동성이라고 한다.

② 집단역동의 구성요소: 집단규범, 지위와 역할, 집단응집력, 집단 의사소통과 상호작용(정서적 유대, 하위집단, 집단의 크기와 물리적 환경), 집단문화, 피드백

③ 집단역동의 증진방안 기출 11회
  ㉠ 성원 간 솔직한 의사소통이 이루어지도록 한다.
  ㉡ 어느 정도의 긴장과 갈등은 집단을 역동적이게 한다.
  ㉢ 성원이 다양한 지위와 역할을 경험하도록 해야 한다.
  ㉣ 집단의 규칙과 규범을 제정하고 준수하도록 해야 한다.
  ㉤ 성원이 집단중심적인 생각과 행동을 보이도록 촉진해야 한다.

④ 집단문화 기출 23회
  ㉠ 집단 구성원들이 공유하는 가치, 신념, 관습, 전통 등을 의미한다.
  ㉡ 구성원들의 가치관이 섞이면서 타 집단과 구분되는 고유의 스타일이 만들어진다.
  ㉢ 구성원들이 동질적이고 유사한 폐쇄형 집단에서 빠르게 형성되며, 이질적이며 다양한 성원들이 참여하는 개방형 집단에서 느리게 형성된다.
  ㉣ 구성원들의 고정관념이나 편견은 집단문화 형성을 방해한다.
  ㉤ 집단응집력은 집단문화 형성에 영향을 미치는 요인이다.

7. 집단응집력 기출 19회, 20회

① 집단응집력의 개념과 특징
  ㉠ 집단응집력은 개별 성원이 집단에 대하여 갖는 소속감과 매력을 표현한 집단의 특성으로서, 집단 성원이 다른 성원에 대하여 갖는 매력과 집단 전체에 대하여 갖는 매력을 의미한다.
  ㉡ 집단 성원들은 집단에서 얻는 것이 많을 때, 즉 집단에 매력을 느낄 때 집단응집력(결속력)이 생긴다.
  ㉢ 집단 성원 간 신뢰감이 높을수록 집단 응집력이 높으며, 자기노출의 정도도 높아진다.
  ㉣ 집단응집력이 높을수록 집단의 목표를 달성하는 데 효과적이며 결과도 만족스럽다.

② 집단응집력 향상을 위한 원칙 기출 12회
  ㉠ 집단토의와 프로그램 활동을 적극적으로 활용하여 성원 간 상호작용을 촉진시킨다.
  ㉡ 집단 성원이 집단과정에 적극적으로 참여하고 목표를 달성할 수 있는 유능한 존재임을 인식하게 한다.
  ㉢ 집단 성원의 욕구가 집단 내에서 충족될 방법들을 파악할 수 있도록 돕는다.
  ㉣ 목표달성에 초점을 두고 목표를 달성할 수 있도록 돕는다.
  ㉤ 집단 성원 간 상이한 인식과 관점을 서로 인정하고 비경쟁적인 관계를 형성하면서, 집단응집력을 높이기 위해 집단 성원이 협력관계를 형성할 수 있도록 돕는다.
  ㉥ 집단의 규모가 크면 참여도가 낮아지고 집단응집력이 약화되므로 적절한 규모의 집단크기를 형성한다.
  ㉦ 집단 성원이 기대하는 바를 명확히 하고 집단 성원의 기대와 집단의 목적을 일치시키도록 한다.
  ㉧ 집단 성원이 현재 참여하고 있는 집단에 자부심을 느끼도록 돕는다.
  ㉨ 집단 성원으로서 집단의 내용과 방향에 책임이 있음을 인식하도록 한다.

2 집단발달단계

1. 집단발달의 개요

① 집단발달의 개념과 특징
  ㉠ 집단은 시간의 경과에 따라 집단 내부구조가 확립되고 문화가 형성되며 조직과 집단의 진행과정 변화를 경험하게 된다. 이러한 집단의 변화를 집단발달이라고 한다.
  ㉡ 모든 집단이 동일한 발달단계를 거치는 것은 아니며, 발달이 반드시 순차적으로 진행되는 것도 아니다.
  ㉢ 일반적인 발달단계를 따르지만 이전 단계로 되돌아가거나 특정 단계를 뛰어넘기도 하며, 어느 한 단계에 정체할 수도 있다.
  ㉣ 집단의 시작부터 종결까지 동일한 성원으로 유지되는 폐쇄집단은 비교적 쉽게 집단발달단계를 구분하고 예측할 수 있으나, 집단이 시작된 후에도 새로운 성원이 참여할 수 있는 개방집단은 성원들이 자주 교체되기 때문에 발달단계를 예측하기가 어렵다.

② 학자별 집단발달단계 구분

구분	노던(Northen)	트렉커(Trecker)	갈랜드, 존스와 콜로드니 (Garland, Jones & Kolodny)
초기(시작) 단계	• 준비(계획) • 오리엔테이션	집단에 속한 개인이 프로그램 활동을 통해 감정 출현	• 친밀 전 단계 • 권력과 통제
중간단계	• 탐색과 시험 • 문제해결	• 유대감과 응집력 발달 • 집단에 대한 신뢰감이 강할수록 집단의식 증가 • 집단에 대한 불안감과 저항감이 강할수록 집단의식 감소	• 친밀감 • 분화(차별화)
종결단계	종결	종결	이별

③ 집단발달단계의 일반적 특징
  ㉠ 초기단계
    • 집단을 계획하고 조직하며 집단 성원을 모으는 단계이다.
    • 집단 성원이 신뢰감을 갖고 참여할 수 있는 분위기를 조성한다.
    • 집단 성원들은 자신의 자율성을 유지한 채, 집단의 성원이 되려 하거나 집단 압력에 저항을 나타낸다.
    • 집단의 규범과 규칙이 차별화되면서 성원들은 집단 내에서 자신이 맡을 역할을 탐색하고 시험하는데, 이러한 과정에서 갈등이 생기기도 한다.
  ㉡ 중간단계 기출 13회
    • 집단의 목적과 목표를 달성하기 위해 사회복지사와 집단 성원 모두가 집중적인 노력을 기울인다.
    • 집단 성원 간의 상호작용과 관계가 발달하고 집단응집력도 높아진다.
    • 문제해결, 형성, 친밀감, 성숙함 등이 나타난다.
  ㉢ 종결단계
    • 그동안 집단이 해온 노력을 정리하고 이에 대해 평가하고 정리하는 단계이다.
    • 이별의 과정이 시작되며 집단감정과 집단응집력이 약화된다.
    • 집단이 성취한 것을 정리하고 함께 축하하는 것으로 종결되기도 하지만, 집단이 성공적인 종결을 이루지 못한 경우에는 집단 성원들이 부정적인 감정이나 태도를 나타내기도 한다.

개념 공략 노던(Northen)의 종결의 원인과 종결단계의 활동

종결의 원인	• 목적의 달성 • 회원의 탈퇴나 이동 • 응집력의 약화	• 종결기한의 도래 • 전문가의 전출 • 내·외적 압력으로 인한 부적응
종결단계의 활동	• 집단활동의 평가 • 종결 통보 • 성원들의 종결에 대한 감정처리 원조 • 변화 노력의 유지 및 일반화	• 불만족스러운 종결의 경우 원인 분석 • 성원들의 준비 원조 • 필요시 다른 기관에 클라이언트 의뢰 • 미래계획 수립

2. 집단발달단계별 사회복지실천 기출 12~14회, 17회, 19회, 21회, 22회

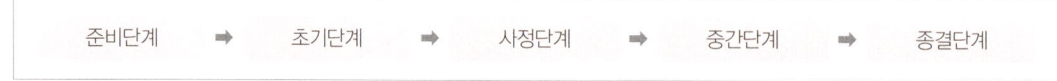

① 준비단계(계획단계) 기출 22회

㉠ 집단이 형성되기 이전에 사회복지사가 집단에 대해 계획하고 구성하는 단계이다.

㉡ 과업
- 집단의 목적 설정
  - 집단의 목적은 집단과 집단 성원들에게 방향과 지침을 제공하며 집단 성원들이 비생산적인 경험을 하거나 좌절을 느끼지 않도록 도와주는 역할을 한다.
  - 집단 지도자와 집단 성원들의 토론을 통해서 타협 및 수정될 수 있다.
- 집단 구성
- 잠재적 성원 모집과 집단 성원 선별
- 집단의 지속기간과 회합빈도(예 횟수, 시간 등) 결정
- 집단 환경(물리적·재정적 환경 등) 준비

㉢ 집단 구성 시 고려사항
- 집단의 응집력을 높이기 위해 참여동기가 유사한 성원을 모집한다.
- 집단의 정서적 안정감을 높이기 위해 쾌적한 장소를 선정한다.
- 집단의 동질성, 개방성, 크기를 고려하여 집단을 구성한다.

이질성과 동질성	• 성원의 인성적 특징이나 목표가 유사하면 의사소통이 촉진될 수 있고, 성원들이 서로의 관심과 문제 및 과업을 규명할 수 있게 됨. • 동질성을 높이기 위해서 사전에 욕구수준을 파악함. • 단, 너무 동질적이거나 너무 이질적인 것은 좋지 않으며, 균형을 이루어야 함.
개방집단과 폐쇄집단	• 개방집단: 집단 프로그램이 진행되는 중간에 새로운 성원이 들어올 수 있는 집단으로, 다양한 집단 성원의 참여를 유도하기 위해서는 개방집단으로 구성함. 　예 거주시설, 병원 등에서 운영하는 치료집단, AA모임(자조집단) 등 • 폐쇄집단: 처음에 구성된 성원 이외에 새로운 성원이 들어올 수 없는 집단 　예 교육집단(집단 성원들의 성과를 강화할 필요가 있을 경우), 10대 미혼모집단, 심리치료집단 등
집단의 크기	• 집단의 크기는 집단 성원의 수를 의미함. • 집단의 목표에 따라 집단의 크기를 융통성 있게 고려함. • 집단의 크기는 구성원의 만족도, 구성원 간의 상호작용, 집단 개입결과에 영향을 미침.

> **참고**
> - 패턴화된 집단행동을 확인하고 성장을 지원하는 것은 집단 프로그램이 진행된 이후에 가능하다.
> - 기타 고려사항: 집단의 목적, 잠재적 성원의 모집과 사정, 집단의 지속기간과 회합빈도, 물리적 환경, 기관의 승인 등

개념 공략 폐쇄형 집단과 개방형 집단 기출 22회

구분	폐쇄형 집단	개방형 집단
개념	집단 프로그램이 진행되는 동안 새로운 성원을 받아들이지 않는 집단	집단 프로그램이 진행되는 동안 새로운 성원이 참여할 수 있는 집단
장점	• 집단 성원의 역할과 집단규범이 안정적임. • 집단응집력이 강함. • 기존 성원으로 집단 프로그램이 진행되므로 집단발달단계 예측이 가능함.	• 새로운 집단 성원의 참여가 집단과 성원들에게 자극이 될 수 있음. • 가입과 탈퇴 조건 및 중도가입이 유연함.
단점	• 다수의 성원이 탈퇴할 경우 나머지 집단 성원에게 미치는 영향이 큼. • 신규 성원의 중도가입이 어렵기 때문에 새로운 정보나 내용이 없을 경우 지루해질 수 있음.	• 성원이 자주 교체될 경우 집단규범이 불안정하고, 집단응집력이 약화될 수 있음. • 신규 성원이 소속감을 갖는 데 어려움이 있을 수 있고, 집단발달단계 예측이 어려움.

개념 공략 집단의 크기가 클 때의 장단점

장점	단점
• 아이디어, 기술, 자원 등을 상대적으로 더 많이 확보할 수 있음. • 성원 간 상호학습 기회가 커지고 서로 지지, 피드백, 우정 등을 위한 기회가 많아짐. • 더욱 복잡한 과업을 나눌 수 있음. • 말을 하거나 행동하는 데 대한 압력을 덜 받음. • 한두 명 정도 빠져도 큰 문제가 생기지 않음. • 의미 있는 상호작용을 위해 필요한 최소한의 수준 이하로 떨어질 위험이 적음.	• 개별 성원들이 주목받을 수 있는 확률이 떨어짐. • 상호작용이 어려움. • 집단을 저해하는 하부(하위)집단이 생길 위험이 있음. 　> **참고** 모든 하위집단이 반드시 부정적인 것은 아니다. • 침묵하는 성원이 많이 생길 수 있음. • 성원이 빠지는 것을 상대적으로 덜 의식하게 됨. • 사회복지사가 관리하기 어려움. • 응집력 형성과 의견 일치가 어려움.

② 초기단계
  ㉠ 특징
    - 성원들은 다른 집단의 경험, 이전의 관계, 역할기대와 상호작용에 기초한 기대 등을 가지고 있다.
    - 집단의 구체적인 목적에 대해서는 완전하게 알지 못할 수도 있다.
    - 성원들은 첫 만남에서부터 서로를 탐색하며, 서로 친숙해지기 위한 전형적인 대화를 나누게 된다.
    - 첫 모임을 할 때 집단 성원은 다른 성원과 사회복지사에게 접근하는 동시에 회피하려는 성향을 가지고 있다.
  ㉡ 과업
    - 사회복지사는 첫 모임에서 집단 성원들에게 자신과 개별 성원들을 소개한다.
    - 첫 모임에서 집단의 목적을 분명히 해야 한다.
    - 자신의 문제를 해결하기 위해 집단 성원들이 집단 내에서 해야 할 역할을 소개한다.
    - 개별 성원마다 집단에 참여함으로써 달성하고자 하는 목표가 있으므로, 각 성원들은 자신의 욕구에 따라 개별적인 목표를 수립한다.

- 사회복지사는 아래와 같은 집단 규칙을 세우고 성원들에게 이를 설명한다.
  - 집단 내·외부에서의 집단 성원들의 행동과 관련된 규칙을 정한다.
  - 비밀공개의 정도와 원칙에 대해 논의하고, 사회복지사는 비밀 보장의 한계에 대하여 안내한다.
- 집단 성원들에게 집단 참여에 대한 동기를 부여 및 확인하며 문제해결과 목표달성의 능력이 그들에게 있음을 격려한다.
- 불안과 저항을 다루어 신뢰감을 조성한다.
- 집단의 목적이나 목표, 과업에 대한 설정 및 계약 시에는 집단 성원의 의견을 수렴하고, 목적, 행동주체, 성취평가 또는 측정방법에 대해서 구체적으로 명시하는 것이 바람직하다.
- 특정 과제를 수행하는 과정에서 성원들 상호 간 중요한 정보를 공유한다.
- 집단활동에 대한 참여 동기를 확인한다.

③ 사정단계 기출 16회, 22회

㉠ 개별 성원에 대한 사정, 전체 집단의 기능에 대한 사정, 집단환경에 대한 사정을 하는 단계이다.

㉡ 사정의 개념
- 사정에는 집단 사회복지사의 관찰, 집단 성원의 자기관찰, 표준화된 사정도구 활용, 외부 전문가의 보고 등도 활용된다.
- 절차로서의 사정은 정보를 수집하고 조직하며 판단하는 것을 말하고, 결과로서의 사정은 집단과 성원의 기능에 대해 언어 또는 문서로 진술하는 것이다.
- 집단에 따라 사정의 초점이나 내용이 달라진다.
  > 예 치료집단에서는 개별 성원이 경험하는 문제가, 과업집단에서는 집단의 생산성이 사정의 초점이 된다.

㉢ 집단발달단계별 사정의 특징
- 사정은 특정단계에서만 이루어지는 것이 아니라 연속적으로 이루어진다.
- 각 단계마다 사정이 이루어지며, 단계별로 내용이 조금씩 다르다.

초기단계	집단 및 성원의 기능 수행에 대한 체계적 사정
중기단계	초기사정 내용에 대한 타당성을 검토하고, 그 성공 여부에 기반하여 개입계획 수정
말기단계	집단 및 성원의 기능달성 정도를 사정하고, 추가적인 개입이 필요한 영역에 주목

개념 공략 집단에 대한 사정 기출 17회

- **개별 성원에 대한 사정**: 집단 성원 개개인을 관찰하면서 개별 성원에게서 나타나는 반복적인 행동과 그 행동과 관련되어 있는 인식에 초점
- **전체 집단에 대한 사정**: 집단행동양식, 하위집단, 집단규범 확인, 집단 내 상호작용 방식
- **집단 환경에 대한 사정**: 집단을 인가하고 지원하는 기관에 대한 사정, 상호조직 간의 환경 사정, 지역사회 환경 사정

㉣ 집단사정의 방법 기출 11회, 12회
- **성원의 자기관찰**: 자기 모니터링, 도표, 기록지, 일지
- **사회복지사의 관찰**: 일상 관찰, 역할극, 소시오드라마, 사이코드라마, 모의 검증
- **외부 전문가의 보고**: 집단 외부의 사람들이 쓴 보고서나 정보를 활용하는 방법

㉤ 사정도구 기출 11회, 23회
- **소시오메트리**: 집단 내 개인 상호간의 매력을 기술하고 측정하는 사정도구이다.
- **소시오그램**: 집단성원 간 수용·거부, 집단 내 소외자, 하위집단 형성 등을 알 수 있는 사정도구이다.
- **의의차별척도**: 5~7개의 응답범주를 가지고 2개의 상반된 입장에서 하나를 선택하는 집단사정도구이다.

- **상호작용차트**: 집단성원들 간의 상호작용 또는 집단성원과 사회복지사 간의 상호작용 빈도를 기록하는 그림이다.
- **기타**: 우울증 진단척도, 스트레스 척도, 부모-자녀 관계 측정척도 등 표준화된 척도

개념 공략 | 집단과정을 촉진하기 위한 사회복지실천기술 기출 16회, 18회, 19회

자기노출	• 의미: 언어적·비언어적 표현을 통해서 사회복지사가 자신에 대한 정보를 의도적·의식적으로 누설하는 것
	• 목적: 사회복지사가 자신의 생각과 감정, 삶의 경험을 적절하게 노출함으로써 클라이언트의 표현을 촉진시키고, 클라이언트와의 상호이해를 증진시킴.
	• 유형
	  - 사회복지사가 집단에서 현재 일어나고 있는 것에 관해 자신의 생각과 감정을 집단 성원에게 공개하는 유형
	  - 사회복지사가 자신의 과거 경험 등을 집단 성원에게 제시하는 유형

직면	• 의미: 클라이언트가 보이는 불일치를 알아차리고 주의집중기술을 활용하여 이에 대한 피드백을 클라이언트에게 제공하는 것
	• 집단 성원이 말과 행동 간의 불일치를 보이는 경우 혹은 집단 성원이 전달하는 메시지의 내용 사이에 불일치를 보이는 경우 사회복지사는 집단 성원을 직면함.
	• 직면을 위한 3단계
	  - 1단계: 집단 성원의 말과 행동 간의 불일치 또는 집단 성원이 전달하는 메시지 내용 간의 불일치 밝혀내기
	  - 2단계: 불일치가 발견되면 불일치의 내용을 집단 성원에게 명확히 지적해 주고, 이를 해결할 수 있도록 집단 성원을 원조하기
	  - 3단계: 집단 성원을 직면하는 것이 그들의 성장과 변화에 어떤 영향을 주었는지 평가하기

피드백 활용	• 의미: 집단 성원들에게 그들의 역할수행이나 서로를 어떻게 바라보는지에 대해서 명확한 정보를 제공하는 것
	• 효과적인 피드백
	  - 클라이언트의 요청이 있을 때 피드백을 제공하는 것이 가장 효과적임.
	  - 피드백에 있어 클라이언트의 장점에 초점을 두는 것이 좋음.
	  - 구체적이되 지나치게 많은 피드백을 동시에 제공하지 않아야 함.
	  - 사회복지사는 클라이언트가 피드백을 이해했는지, 그리고 어떻게 받아들였는지 확인함.

④ **중간단계** 기출 18회, 22회

㉠ 집단 프로그램이 실제로 이루어지는 단계이다.

㉡ 과업 기출 20회

- 과제나 의제 준비, 역할극 개발, 프로그램 활동 선정, 지난 회합의 검토 및 평가, 다음 회합의 일정제시 및 사전연습 등 집단모임(회합)을 준비한다.
- 집단을 구조화한다.
  - 구조화란 집단과 성원들이 애초에 설정한 목표를 향하여 바람직한 방향으로 변화하도록 돕기 위해 계획적이고 체계적이며 시간제한적으로 개입하는 것을 의미한다.
  - 집단 구조화의 예로서 정해진 시간에 시작해서 정해진 시간에 끝난다는 것을 알리거나 모임의 의제를 분명히 제시하여 토론이나 집단진행에 초점을 유지하게 하는 방법 등이 있다.
- 집단 성원이 집단에 완전히 참가하게 하고 집단 내·외부에서의 자신의 삶에 대해 책임을 질 수 있도록 능력을 고취시킨다.
  - 집단 성원 간의 공통점과 차이점, 집단의 상호작용, 갈등, 진행상황, 협조체계 등을 파악한다.
  - 집단 성원이 다양한 경험을 할 수 있도록 돕는다.
  - 개별 성원의 태도, 관계, 행동, 동기, 목표 등을 평가한다.
  - 하위집단의 의사소통과 상호작용 빈도를 평가한다.

- 성원들의 목표달성을 원조한다.
  - 성원들에게 자신의 목표를 계속 인식시킨다.
  - 치료계획을 실행에 옮기려는 의지를 향상시키고, 치료계획을 실행에 옮길 수 있도록 원조한다.
  - 구체적인 치료계획을 발전시킨다.
- 저항하는 집단 성원을 독려한다.
  - 목표설정을 꺼리면서 집단에 저항하는 성원: 자신의 문제에 대처하지 않음으로써 발생하는 결과에 초점을 맞추어 성원들 간에 건설적인 직면을 하게 한다.
  - 집단에 적극적으로 참여하기를 꺼리는 성원: 신념체계를 변화시키거나 외부환경을 이용한다.
- 각 회합이 끝날 때마다 혹은 2~3회의 회합 후에 평가서를 작성하거나 이야기를 나눈다.

ⓒ 개입방법

개인 내적 수준의 개입방법	• 개별 성원의 사고, 행동, 감정 등의 파악과 분별 • 사고와 감정과 행동 사이의 연관성 파악 • 사고와 신념의 비합리성 분석 • 인지적 재구조화, 인지적 자기지시, 사고 중단, 재정의, 인지적 심상기법, 점진적 이완기법, 체계적 둔감화 등을 이용하여 사고·신념·감정상태의 변화 유도
대인관계 변화를 위한 개입방법	• 모델관찰 및 역할극을 통한 학습 • 사회기술훈련을 통한 대인관계기술 향상
환경 수준의 개입방법	• 성원이 필요로 하는 특별한 자원 연결 • 성원의 사회적 관계망 확대, 물리적 환경의 변화 유도 • 지역사회의 인식 증진 및 후원기관의 지원 확대 요청 • 기관 간 연계망 형성

⑤ 종결단계 기출 22회, 23회

㉠ 특징
- 집단과정에서 일어난 일들이 통합되는 단계이다.
- 성원들과 집단이 목표를 달성했을 때 종결하는 것이 이상적이지만, 집단 성원이 중도 탈락하거나 집단 혹은 성원의 목적을 달성하지 못한 채 종결하기도 한다.
- 집단과정을 통해서 획득된 변화나 기술, 기법 등이 집단이 종결된 이후에도 유지될 수 있도록 계획을 수립해야 한다.

▼ 합격 가이드
집단의 종결시기는 미리 정해질 수도 있고, 정해지지 않을 수도 있습니다.

㉡ 계획되지 않은 종결
- 집단 성원의 중도 탈락에 의한 종결
  - 집단 성원이 다양한 이유 때문에 집단 참여를 중단하는 경우이다.
  - 부득이한 경우도 있지만 집단 참여가 만족스럽지 않거나 저항의 형태로 그만두는 경우도 있다.
  - 중도에 그만두더라도 실패한 것이 아님을 인지시키고 집단에 기여한 바를 알려주는 것이 좋다.
- 사회복지사의 사정에 의한 종결
  - 집단을 지도하던 실습생이 기관을 떠나거나 사회복지사의 이직이나 퇴직 등으로 더 이상 집단을 운영하지 못하게 되는 경우이다.
  - 다음 단계에 따라 준비함으로써 집단의 종결을 대비 또는 막을 수 있다.

- 사회복지사가 떠난 이후에 집단을 운영할 수 있는 다른 지도자를 고려한다.
- 집단 성원에게 집단이 종결될 수 있음을 미리 알린다.
- 집단 종결에 대한 성원들의 감정을 충분히 공유하고 솔직하게 이야기해 보도록 한다.
- 마무리해야 하는 일들을 수행한다.
- 사회복지사가 떠나기 이전에 가능하면 얼마간은 새로운 사회복지사와 공동으로 진행한다.

ⓒ 계획된 종결
- 계획에 따라 집단이 종결되는 경우이다.
- 목적과 목표를 성취하여 더 이상 서비스를 받지 않아도 되는 성공적인 종결을 맞게 되기도 하고 그렇지 않을 수도 있다.
- 정해진 횟수와 기간이 지났음에도 불구하고 목표달성이 되지 않았거나 결과의 수준이 낮고 불만족스러운 경우에는 성공적이지 않은 종결이라고 할 수 있다.

성공적인 종결	• 집단과 집단 성원들이 목표를 성취한 경우. 성원은 성취에 만족감을 느끼며 자존감이 향상됨. • 이별에 대한 상실감을 겪기도 함. • 남아 있는 문제에 대한 계획을 성원들이 수립할 수 있도록 원조
성공적이지 않은 종결	• 집단과 집단 성원들 목표의 대부분 또는 모두를 이루지 못한 경우. 성원은 결과에 대해 우울·분노하거나 좌절, 실망, 절망, 죄책감, 책임전가, 비난 등을 할 가능성이 있음. • 성공하지 못했다 하더라도 성공적인 집단처럼 종결의 의식이나 형식을 잘 계획해야 하고, 목표를 달성하지 못한 이유나 목표달성의 대안 등을 토론하는 것이 좋음.

ⓔ 종결단계에서 사회복지사의 역할 기출 17회, 18회, 20회
- 성취된 변화를 유지하고 일반화하기
- 개별 성원의 독립적 기능을 촉진하고 집단에 대한 의존성을 감소시키기 위해 모임주기 조절하기
- 성원들의 종결에 대한 감정을 다루기
- 미래에 대한 계획 세우기
- 추가적인 서비스나 자원이 필요한 경우, 그 기관의 다른 서비스 혹은 다른 기관에 성원들을 의뢰하기
- 집단활동을 평가하기
- 불만족스러운 종결의 원인 분석하기
- 종결 통보하기
- 성원들의 준비 원조하기(사후관리)

CHAPTER 05

사회복지실천 기록과 평가

핵심 Tag #기록의 목적 #기록의 용도 #기록의 종류 #좋은 기록의 특징 #사회복지실천 평가

1 사회복지실천 기록

1. 사회복지실천 기록의 필요성
① 사회복지사로서 서비스의 모든 단계를 기록하고 이를 보관해야 하는 의무가 있다.
② 초기 면접지 작성, 탐색과정 동안 수집한 정보 기록, 사정과 계약을 위한 기록 등 사회복지실천의 전 과정과 내용을 기록하여야 한다.

2. 사회복지실천 기록의 목적 기출 13회, 14회, 16회, 19회
① **책임성**: 사회복지사는 기관과 지역사회 그리고 클라이언트에 대해 법적·윤리적 책임을 가지고 있다.
② **정보 제공**: 클라이언트의 알 권리를 위해 정보를 개방하고 공유하며, 치료 목적으로 활용한다.
③ **서비스 개입 및 과정의 점검과 평가**: 기록은 개입이나 서비스과정을 점검하고 평가하려는 목적을 가진다.
④ **클라이언트에 대한 이해 증진**: 클라이언트의 욕구파악과 이에 근거한 개입을 용이하게 하고, 자신이 기록에 참여함으로써 원활한 의사소통이 가능하다.
⑤ **지도·감독 및 교육의 활성화**: 실천가를 지도하고 교육하는 것은 물론 학생이나 실습생, 초보 사회복지사를 지도·감독하기에 유익하다.
⑥ **근거자료로 활용**: 기관의 승인과 정책에 대한 증명, 서비스 관리와 연구조사를 위한 근거자료가 된다.
⑦ **효과적 사례관리**: 클라이언트가 다른 전문가에게 의뢰될 경우, 기록은 서비스의 중복이나 단절을 막아 효과적 사례관리에 도움이 된다.
⑧ **다른 전문직과의 의사소통**: 클라이언트에 대한 동료 전문가나 다른 직종의 전문가와의 원활한 의사소통은 협력을 원활하게 하기 때문에 사례관리에 유익하다.
⑨ **자료화**: 사회복지실천 활동을 모두 자료로 남긴다.

3. 사회복지실천 기록의 용도 기출 13회, 19회
① 클라이언트의 욕구를 파악하고 개입을 위한 기초자료를 얻는다.
② 서비스 수급자격을 입증할 문서로 사용한다.
③ 클라이언트와 서비스에 관한 정보가 필요할 때 이용할 수 있도록 보관한다.
④ 사회복지사 교체 시 사례관리의 지속성을 보장한다.
⑤ 정보를 공유하여 의사소통을 촉진시킨다.
⑥ 슈퍼비전, 자문 등 검토를 위한 근거를 제공한다.
⑦ 교육훈련 및 연구조사의 자료로 활용한다.

⑧ 서비스의 효율성, 효과성, 질을 평가하는 데 사용한다.
⑨ 행정절차상의 규정이나 기준을 준수하고 있는지 아닌지를 확인할 수 있다.

4. 사회복지실천 기록의 내용

① 클라이언트의 인구학적 특성
② 클라이언트의 현재 및 과거의 문제나 욕구
③ 클라이언트의 사회력(클라이언트를 이해하는 데 필요한 개인적·대인적·사회적·환경적 정보에 집중)
④ 서비스를 제공하게 된 사유
⑤ 사회복지사의 소견과 사정
⑥ 서비스의 목적과 계획
⑦ 제공된 서비스의 특성
⑧ 서비스 종결방법과 사유
⑨ 서비스 활동과 결과에 대한 요약
⑩ 사후지도

개념 공략 클라이언트의 개인정보 보호를 위한 기록 방법 **기출** 23회

- 가족배경과 현재 가족의 구성
- 건강상태, 장애 여부, 의료상태
- 대인관계
- 최종학력, 지적기능
- 교통수단
- 대처방식, 문제해결능력
- 소득, 직업, 환경, 기술
- 심리적·정서적 기능
- 현재와 최근의 지역사회와 전문적 서비스 이용 현황
- 주택, 지역사회, 이웃
- 정확한 정보를 기록하고 부정확한 정보는 삭제하거나 수정할 수 있다.
- 개인정보가 담긴 사례정보를 방치하는 것은 위법 행위이다.
- 클라이언트의 비밀·사생활은 일반적인 용어로 바꾸어 기록한다.
- 전산화된 기록에 대한 접근을 제한하기 위해 암호화한다.
- 서비스 신청에 필요하다면, 민감한 사적 정보도 동의를 받아 포함해야 한다.

5. 사회복지실천 기록의 방법

① **시작단계에서의 기록**: 사회복지서비스를 요청하게 된 이유, 클라이언트의 특성, 이용가능한 자원과 서비스 등에 초점을 두어 기록한다.
② **사정단계에서의 기록**
  ㉠ 클라이언트의 문제에 영향을 주고 문제를 유지시키는 다양한 요인을 기록한다.
  ㉡ 문제해결에 유용한 클라이언트의 강점, 능력, 자원을 기록한다.
  ㉢ 개입을 위한 문제를 기록한다.
  ㉣ 개입과정에 포함될 수 있는 사람과 체계를 기록한다.
  ㉤ 변화를 위한 잠재적 대상과 대상이 변화되지 않을 경우 가능한 결과를 기록한다.
  ㉥ 문제상황의 심각성과 개입시기, 개입방법, 전략, 평가수단, 개입기간을 기록한다.
③ **계약단계에서의 기록(4가지 요소)**
  ㉠ 사회복지사와 클라이언트가 함께 달성하고자 하는 목표를 기록해야 한다.
  ㉡ 사회복지사와 클라이언트의 책임을 구체적으로 기록해야 한다.
  ㉢ 목표를 달성하기 위해 사용할 기법과 방법을 기록해야 한다.
  ㉣ 면접을 위한 시간, 장소와 같은 행정적 절차를 기록해야 한다.
④ **개입단계에서의 기록**
  ㉠ 클라이언트와의 활동 또는 클라이언트를 대신한 활동을 기록한다.
  ㉡ 토의 주제, 결정 내용, 날짜, 장소, 참석자, 가족 성원, 다른 서비스 제공자들과의 면접 내용도 기록한다.
  ㉢ 클라이언트와 문제상황에 관한 새로운 정보를 기록한다.

ⓔ 중요한 사건은 즉시 기록해야 하며, 동시에 슈퍼바이저나 다른 관리책임자에게 보고해야 한다.
⑤ 종결단계에서의 기록: 종결 또는 의뢰의 이유, 클라이언트와 문제에 대한 재검토, 개입효과에 대한 평가, 향후 서비스를 위한 계획, 추후관리 등을 기록한다.

6. 사회복지실천 기록의 종류

① 이야기체기록
  ㉠ 개념
   - 클라이언트의 상황과 서비스, 사례의 진행사항을 이야기하듯이 요약한 보고 형태의 기록이다.
   - 주제와 시간에 따라서 조직되고 재구성된 총괄적 기록이다.
   - 사회력이나 사정과 같은 특정 내용을 문서화하기에 유용하여 사회복지관에서 많이 활용되고 있다.
   - 기록할 만한 중요내용을 선택하여 조직적·논리적으로 요약할 수 있는 능력이 있어야 한다.
  ㉡ 장단점

장점	임상실무를 문서화하는 데 적합하며, 중요하다고 판단하는 내용을 포괄적으로 기록할 수 있음.
단점	• 사회복지사의 재량에 많이 의존하기 때문에 기록 내용이 너무 단순하거나 필요 이상으로 길거나 초점이 명확하지 않을 수 있음. • 구성이 개별적으로 자유롭기 때문에 원하는 정보를 찾아내기가 어려움. • 기록하는 데 시간이 많이 들어 기록 시기가 늦어지거나 부정확할 수 있음.

② 문제중심기록(SOAP) 기출 17회, 18회
  ㉠ 개념
   - 단순히 기록하는 차원을 넘어서, 문제해결 접근방법을 반영하는 기록이다.
   - 기록을 표준화하고 수행 정도를 검토하여 문제해결에 도움을 주기 위해 만든 기록형식이다.
  ㉡ 특징
   - 자료수집을 통한 데이터베이스를 구축한다. 이때 데이터베이스에는 클라이언트가 제시하는 문제, 클라이언트 일상에 대한 서술, 사회 심리적 정보, 현재 질병 및 과거력, 주변 환경에 대한 검토, 신체검사 및 각종 검사결과의 내용 등이 포함된다.
   - 문제목록은 문제를 나열하고 각 문제마다 번호를 붙여 목록화한 것이다.
   - 초기계획의 내용이다.
   - 사례를 진행하면서 서비스 내용과 변화에 대해 목록에 기재된 내용에 따라 SOAP 방식으로 기록한다.

S (Subjective Information)	주관적 정보	클라이언트가 자신의 상황과 문제에 대해 어떻게 생각하고 느끼고 있는지에 대한 사고, 감정, 기분 등 주관적 정보를 기술함.
O (Objective Information)	객관적 정보	사회복지사가 클라이언트의 행동이나 외모를 관찰하여 주거상태, 건강상태, 경제상태 등의 사실적이고 객관적인 정보를 기술함.
A (Assessment)	사정	사회복지사가 주관적 정보와 객관적 정보를 기반으로 확인된 문제에 대한 견해·해석을 기술함.
P (Plan)	계획	사회복지사가 특정 문제를 제거하거나 해결하기 위한 방법 또는 계획을 기술함.

▶ SOAP기록 예시

S	허구한 날 술만 마시고…. 남편 구실을 해야지요. 돈 한번 제대로 벌어온 적이 없어요. 만날 잔소리 해봐야 먹히지도 않고, 죽는다, 헤어지자…. 그래도 들은 척 만 척이에요. 애들 때문에 살지….
O	문제성 음주, 사회적 역할수행 기능 약화, 가족 대응기제 결핍
A	알코올의존증, 가족 대처기술의 결핍, 질병에 대한 이해 부족
P	① 주 1회 알코올중독 치료집단 참여 ② 가족교육(질병의 이해, 대처기술)

ⓒ 장단점

장점	• 서로 다른 전문직 간의 의사소통을 촉진하여 여러 분야의 협력적 공조를 원활히 함. • 책무성을 향상시키고, 질 높은 기록검토가 가능함.
단점	• 클라이언트의 욕구나 자원, 강점보다 문제에 초점을 두기 때문에 실천의 폭이 한정됨. • 개인과 환경의 상호작용보다 개인을 강조하므로 현상의 복잡성을 단순화시킬 수 있음. • 부분화를 강조하기 때문에 통합적이고 체계적인 쟁점들을 왜곡시킬 수 있음.

③ 과정기록 기출 12회, 21회

㉠ 개념
- 과정기록은 사회복지실천 기록 중 가장 오래된 기록방법이다.
- 사회복지사와 클라이언트의 상호작용을 시간의 흐름에 따라 있는 그대로 기록하는 방법으로, 클라이언트와의 면접에서 일어난 내용을 그대로 대화체로 옮기는 기록이다.
- 과정기록을 작성하는 데는 시간이 많이 소요되므로, 오늘날의 실천에서는 거의 사용되지 않는다.

㉡ 특징

구분	내용	사용기술	핵심반응	분석
사회복지사	사회복지사가 말한 내용을 기록	사회복지사가 사용한 실천기술을 기록	사회복지사가 말한 내용에 대한 사회복지사 자신의 주관적 반응을 기술	사회복지사가 사용한 기술과 수행능력을 객관적으로 평가
클라이언트	클라이언트가 말한 내용을 기록	–	클라이언트의 말과 행동에 대한 사회복지사 자신의 주관적 반응을 기술	교류를 하는 동안 클라이언트의 언어와 행동을 가능한 한 객관적으로 분석

ⓒ 장단점

장점	• 사회복지 실습이나 교육방법으로 유용하게 쓰이며, 자문의 근거자료로 유용함. • 기록을 통해 과정을 자세히 파악할 수 있기 때문에 잘못된 개입을 예방할 수 있음. • 사회복지사 자신의 행동분석을 통해 사례에 대한 개입능력 향상에 도움을 줌.
단점	• 시간이 많이 소요됨. • 엄밀한 의미에서 완벽하게 모든 것을 기록하기는 불가능함.

④ 요약기록 기출 20회

㉠ 개념
- 클라이언트의 문제, 클라이언트에게 제공된 서비스, 클라이언트의 진전과정에 대한 요약 혹은 초록이다.
- 클라이언트를 원조하는 사회복지실천 과정 중 일정기간마다 혹은 서비스 중반부나 종결 시에 사용될 수 있는 기록형식이지만, 사회복지사의 면접에 대한 과정기록의 대안으로 사용되기도 한다.

ⓒ 내용
- 시간의 경과에 따라 변화된 상황, 개입활동, 중요한 정보 등을 요약하여 기록한다.
- 시간의 경과에 따라 일정한 기간의 간격을 정하여 기록하는 것으로 사례가 장기간 지속될 경우 유용하며, 주로 클라이언트에게 일어난 변화에 초점을 두어 기록한다.
- 사회복지기관이나 상담장면에서 많이 활용되며, 시간이 경과함에 따라 변화한 정보를 요약하여 기록하므로 장기간에 걸친 사례에 유용하다.

ⓒ 장단점

장점	사례가 장기간 지속될 경우 유용하고, 전체 서비스의 과정을 고려하면서 쉽고 짧게 사용할 수 있음.
단점	클라이언트의 언어적 표현이나 비언어적 표현 등이 사실적으로 전달되지 않거나 클라이언트나 사회복지사의 생각이나 느낌이 잘 드러나지 않을 수 있음.

7. 기록을 위한 지침

① 좋은 기록의 특징 기출 15회
  ㉠ 서비스의 결정과 행동에 초점을 둔다.
  ㉡ 사정, 개입, 평가의 기초가 되는 클라이언트와 상황에 관한 정보가 들어 있다.
  ㉢ 각 단계에서 목적, 목표, 계획, 과정과 진행을 포함하여 서비스 전달에 관한 정보가 들어 있다.
  ㉣ 상황묘사와 사회복지사의 견해가 명확하게 분리되어 있어 열람하는 사람들이 사회복지사의 관찰사항과 해석을 구분하여 이해할 수 있다.
  ㉤ 구조화되어 있어 정보를 효과적으로 문서화할 수 있고, 쉽게 색출해 낼 수 있다.
  ㉥ 서비스 전달이 잘 묘사되고, 모든 문서가 정확하여 유용하다.
  ㉦ 사실을 근거로 하며, 구체적·논리적이고 의미 있고 시기적절하다.
  ㉧ 전문가적 윤리를 바탕으로 한다.
  ㉨ 전문가의 견해를 담으면서도 클라이언트의 관점을 무시하지 않는다.

② 좋지 않은 기록의 특징
  ㉠ 부정확한 사정, 잘못된 판단, 비윤리적 행동, 부적절한 개입, 편견이 발생할 수 있다.
  ㉡ 정보가 너무 많거나 적고, 조직화되어 있지 않아 필요한 정보를 제대로 제공하지 못한다.
  ㉢ 뒷받침이 되는 관찰과 평가 없이 결론을 내려 기록상 과잉 단순화가 나타난다.
  ㉣ 초점이 없고 모호하며, 추리에 의존하게 되어 정확하지 않다.
  ㉤ 맞춤법상의 오류가 있다.
  ㉥ 반복된 표현, 부정확한 표현, 진부한 용어를 사용한다.
  ㉦ 의미가 없고 비판적이며, 과장되게 표현한다.
  ㉧ 클라이언트와 상황에 대한 독단적인 견해의 표현, 특히 클라이언트에 대한 비난 또는 부정적인 낙인을 붙이기도 한다.

③ 좋은 기록을 위한 사회복지사의 자세
  ㉠ 사회복지사는 좋은 기록을 위해서 체계적으로 준비하고 문장력을 향상시켜야 한다.
  ㉡ 클라이언트를 만나는 동안이나 만난 이후에는 얻은 것과 밝혀진 정보에 대하여 짧게 메모해 두는 것이 좋다. 중요한 단어와 문장은 필요한 정보를 기억하는 데 큰 도움이 될 수 있다.

2 사회복지실천 평가 기출 11회, 21회

1. 사회복지실천 평가의 개요
① 사회복지실천 평가를 하는 이유
  ㉠ 클라이언트에 대한 특정 개입의 효과성에 관한 정보를 통하여 클라이언트를 최대한 돕기 위함이다.
  ㉡ 서로 다른 문제, 특성, 환경을 가진 클라이언트들에게 상대적으로 효과적인 개입방법을 선정하기 위함이다.
  ㉢ 기관, 클라이언트, 전문가 그리고 지역사회에 대한 책무성을 향상시키기 위함이다.
② 사회복지실천 평가의 기준
  ㉠ 사회복지실천 평가는 사회복지실천 서비스의 효과성을 측정하는 것이며, 효과적인 서비스 실천을 가능하게 하는 보다 구체적이고 기본적인 요소들에 대한 지식과 정보파악 및 활용이 목적이다.
  ㉡ 사회복지실천 평가에서 파악해야 하는 문제들은 집단활동이 클라이언트에게 미치는 영향, 실천과정에 영향을 주는 구성원 또는 사회복지사의 특징, 실천 서비스과정을 통해 향상될 수 있는 개인의 능력, 개인에게 좋은 영향을 미치는 실천과정이다.
  ㉢ 사회복지실천의 공통된 평가의 기준은 사회복지 수준의 향상에 사회복지실천이 기여하는 정도이다.
  ㉣ 사회복지실천 평가의 일반적 기준은 사회복지실천의 효과성, 능률성, 적절성, 적합성, 감응성 등이다.
③ 사회복지실천 평가의 변수
  ㉠ 사회복지실천 평가의 변수는 독립변수와 종속변수로 구분한다.
  ㉡ 변수들은 상호독립적이기도 하고, 평가의 용도에 따라 바뀔 수도 있다.
④ 사회복지실천 평가의 유형

평가자의 소속에 따른 분류	자체평가, 내부평가, 외부평가
평가의 효과에 따른 분류	산출평가, 성과평가, 영향평가
평가시기에 따른 분류	과정평가, 총괄평가

⑤ 사회복지실천 평가의 문제점
  ㉠ 가장 기본적인 평가모델인 통제집단이 없는 사전·사후평가이다.
  ㉡ 문제점의 보완방안으로 가장 기본적인 내용들을 사전에 파악하는 기초선 측정을 고려해 볼 수 있다.

2. 사회복지실천 평가의 과정
① **목표식별**: 평가를 위한 조사의 경우, 평가자가 예측해야 하는 변수인 독립변수를 먼저 다루고, 이를 기초로 목표에 미치는 영향인 종속변수를 평가한다.
② **영향모형 작성**: 목표를 식별한 후, 평가자는 서비스가 달성하고자 하는 목표를 어느 정도 달성했는지를 평가할 수 있는 실증적 영향모형을 작성한다.
③ **평가연구 설계**: 영향모형 작성 후, 평가연구자는 자료의 수집, 분석 그리고 해석과정을 거쳐 모형을 구성하는 작업에 들어가며, 이는 또한 평가연구의 목표가 되기도 한다.
④ **측정과 표준화**: 사회복지서비스 제공으로 당초 의도한 목표달성 정도를 결정할 수 있는 척도가 마련되어야 한다.
⑤ **자료분석과 해석**: 사용할 자료분석과 해석의 기법은 평가설계에 따라 달라진다.

3. 사회복지실천 평가의 기법

① 단일사례(연구)설계 기출 12~14회, 16~18회, 20~23회

㉠ 개념
- 개인 및 가족, 소집단 등을 대상으로 문제를 해결하기 위한 개입의 효과를 과학적으로 입증하는 조사 설계방법이다.
- 둘 이상의 문제에 대해 개입할 때는 다중기초선설계를 활용한다.
- 클라이언트에 대한 개입 및 결과의 인과관계를 살펴보기 위해 통제된 환경에서 개입 전후의 변화를 시계열적으로 반복해서 측정하여 평가한다.
- 일반적으로 평가의 대상은 개인, 하나의 집단, 하나의 가족, 하나의 기관이지만, 한 명 이상의 클라이언트를 대상으로 하는 경우에도 적용된다.
- 개입의 효과성을 파악하기 위해 반복측정을 한다.
- 기초선 자료수집은 개입 이전이나 이후에도 가능하다.
- 개입과정에서 개입의 강도나 방식을 바꿀 수 있다.
- 조사대상은 개인 뿐 아니라 가족, 집단, 기관도 가능하다.

㉡ 특징

개입의 효과성 분석	단일사례설계의 일차적인 목적은 가설의 검증이 아니라 어떤 표적행동에 대한 개입의 효과성을 분석하는 데 있음.
표본의 크기=1, 분석 단위=1, N=1	• 단일한 대상(예 개인, 집단, 조직, 지역사회 등), 즉 하나의 대상 또는 사례를 대상으로 함. • 조사의 대상이 되는 사례는 개인 또는 집단 • 가족이나 집단도 대상이 될 수 있음. 단, 가족 또는 집단 전체를 하나의 사례로 봄. • 집단 구성원들의 정보는 개별적으로 취급되는 것이 아니라 집단 전체의 평균이나 빈도 등으로 요약되어 하나의 사례로 취급함.
반복적인 관찰	• 경향과 변화 정도를 알 수 있도록 반복적으로 관찰함. • 통제집단이 없는 대신 하나의 사례를 반복적으로 측정함으로써 개입의 효과를 파악함.
즉각적인 환류	• 반복적·연속적으로 자료를 수집하기 때문에 개입으로 인한 조사대상의 변화를 주기적으로 파악할 수 있음. • 사례를 진행하는 도중에 도출되는 정보는 환류-수정의 반복적인 과정을 통해 새로운 개입방법을 수립하거나 수정함으로써 개입효과를 높임.
통제집단 없음	• 클라이언트 스스로가 통제집단이 되기 때문에 별도의 통제집단이 없음. • 클라이언트의 문제, 상황, 목적과 관련하여 개별화된 기초선은 개입과정 동안 변화를 측정하는 기준이 됨.
개입 전후 비교	개입 전을 통제상태로 보고, 개입 중 또는 개입 후의 상태를 실험처치 후의 상태로 보아 개입 전후를 비교함.

ⓒ 단계 기출 14회

기초선단계	• 변화의 정도를 측정하기 위하여 개입시점에서 설정하는 기준선으로, 개입하기 이전의 단계(A)
	• 대개 며칠 또는 몇 주간 표적행동의 빈도, 강도, 지속시간을 관찰함으로써 설정함.
	• 개입 전에 관찰이 허용되지 않으면 이전의 행동패턴에 초점을 둔 클라이언트 또는 클라이언트의 가족, 중요한 타인과의 면접 또는 기관의 기록 등의 정보를 통해 회고적으로 기초선을 설정할 수 있음.
	• 기초선 상태는 아래의 세 가지 목적으로 사용됨.
	  – 개입이 적용되기 전 실험자의 수행에 대한 데이터 제공
	  – 개입의 부재 시 실험자의 향후성과를 예측할 수 있는 근거 제공
	  – 실험자의 수행에서 정규 변동성 확인

개입단계	실험설계에서 실험집단의 역할을 하며, 개입이 시작된 후 표적문제에 대한 자료를 수집하는 단계(B)

개념 공략 단일사례설계의 종류 기출 20회, 21회

- AB설계: 기초선 → 개입
- ABA설계: 기초선 → 개입 → 제2기초선
- BAB설계: 개입 → 기초선 → 개입
- ABCD설계(복수요소설계): 하나의 기초선 자료에 대해 여러 개의 각기 다른 개입방법들을 연속적으로 도입
- 복수기초선설계(다중기초선설계): AB설계를 여러 문제, 여러 상황, 여러 사람에게 적용

개념 공략 단일사례(연구)설계와 집단연구설계의 비교

구분	단일사례(연구)설계	집단연구설계
연구대상	개인, 가족, 소집단	모집단으로부터 무작위로 표본추출
연구목적	표적행동에 대한 개입의 효과성 규명	가설의 검증
실험처치	하나의 사례를 반복측정함으로써 실험집단과 통제집단 간 집단비교의 효과	실험집단과 통제집단으로 나누어 사전·사후검사 값을 비교하여 실험한 후 치치의 효과를 평가

② 기타 평가기법
  ㉠ 과제성취척도(과업성취척도, TAS)
    • 사회복지사와 클라이언트가 합의한 개입과제를 성취한 정도를 평가하는 방법이다.
    • 사례에 대한 개입활동이 기초선을 설정하거나 단일사례설계를 이용하기 어려울 때 유용하게 활용된다.
    • 특히 기초선의 설정이나 단일사례설계의 적용이 어려울 때 또는 단기서비스 상황에 적용되는 것으로, 과제중심 실천에서 개발되었다.
  ㉡ 목표달성척도(목적성취척도, GAS)
    • 클라이언트가 개별화된 목표에 도달한 정도를 측정하는 평가도구이다.
    • 표준화된 척도와는 달리 측정을 위한 내용이 미리 정해져 있지 않고 클라이언트 개인의 목표에 따라 자유롭게 정할 수 있는 장점이 있다(개별화의 원리).

TEST 1 사회복지실천기술론

01 정신역동모델에 관한 설명으로 옳지 않은 것은?

① 클라이언트의 무의식적 충동을 강조한다.
② 자기분석이 가능한 클라이언트에게 적합하다.
③ 저항, 방어기제, 전이에 대한 이해가 필요하다.
④ 훈습, 꿈 분석의 기술을 사용한다.
⑤ 사회구성주의적 관점에 근거한다.

02 사회복지사가 비자발적 클라이언트와 공감하는 기술로 옳은 것을 모두 고른 것은? [22회]

> ㉠ 원하지 않는 면담이 클라이언트에게 힘들다는 것을 이해한다.
> ㉡ 클라이언트의 행동을 사회복지사의 가치관에 맞추어 평가한다.
> ㉢ 클라이언트의 어려움을 사회복지사가 도울 수 있다는 것을 알려준다.
> ㉣ 클라이언트의 저항을 온화한 태도로 수용한다.

① ㉠, ㉢
② ㉡, ㉣
③ ㉠, ㉡, ㉣
④ ㉠, ㉢, ㉣
⑤ ㉡, ㉢, ㉣

03 인지행동모델에 관한 설명으로 옳은 것은? [17회]

① 탈이론적이다.
② 비구조화된 접근을 강조한다.
③ 주관적 경험과 인식을 중시한다.
④ 클라이언트가 수동적으로 참여한다.
⑤ 클라이언트의 무의식적 언행에 초점을 맞춘다.

04 사회복지실천모델의 특성과 해당 모델의 연결이 옳지 않은 것은? [15회]

① 단기개입을 강조 - 위기개입모델
② 클라이언트의 자기결정권을 강조 - 과제중심모델
③ 환경에 대한 개입을 강조 - 생태체계모델
④ 클라이언트의 강점을 강조 - 인지행동모델
⑤ 클라이언트와의 협력적 관계를 강조 - 클라이언트중심모델

합격을 여는 만능해설

01 ⑤ 정신역동모델은 심리적 결정론에 근거한다. 사회구성주의적 관점은 주관적 견해를 강조하는 것으로 해결중심 가족치료, 이야기치료모델과 관련이 있다.

02 오답 해설
㉡ 비자발적 클라이언트의 경우에는 클라이언트의 행동을 사회복지사의 가치관이 아닌, 클라이언트의 변화속도에 맞추어 평가해야 한다.

03 오답 해설
① 인지행동모델은 인지이론, 행동주의이론, 사회학습이론 등의 개념들을 토대로 한다. 탈이론적은 해결중심모델의 특징이다.
② 인지행동모델은 구조화된 접근을 강조한다.
④ 인지행동모델은 클라이언트가 적극적으로 참여할수록 좋은 결과를 낳을 수 있기 때문에 지적 수준이 낮거나 현실감이 부족한 클라이언트에게는 적용하기 어렵다.
⑤ 인지행동모델은 과거의 경험이나 무의식 등을 탐색하거나 강조하지 않으며, 현재가 중심이 된다. 클라이언트의 무의식적 언행에 초점을 맞추는 것은 정신역동모델에 대한 설명이다.

04 ④ 클라이언트의 강점을 강조하는 모델은 역량강화모델, 해결중심 단기가족치료 등이 있다. 인지행동모델은 클라이언트의 주관적 경험을 강조한다.

05 클라이언트를 문제 중심으로 보지 않고, 필요한 자원을 활용하거나 문제에 대처할 수 있도록 지지하여 자립을 가능하게 하는 실천모델은? 18회

① 과제중심모델
② 심리사회모델
③ 역량강화모델
④ 위기개입모델
⑤ 인지행동모델

06 다음 대화에서 사회복지사 B가 클라이언트 A에게 사용한 기법에 해당하는 것은? 17회

> A: "저는 조그마한 어려움이 있어도 쉽게 좌절하는 사람이에요."
> B: "좌절감이 당신으로 하여금 새로운 일을 하는 것을 방해하네요."

① 문제의 외현화
② 재보증
③ 코칭(Coaching)
④ 가족지도
⑤ 체험기법

07 다음 사례에 해당하는 집단의 유형은?

> 알코올중독 치료를 받은 후 퇴원한 A씨는 지역 알코올 상담기관에서 매주 운영하는 알코올중독 회복자 자조모임에서 만난 동료들의 도움으로 단주를 유지하며 회복에 대한 희망을 갖게 되었다.

① 과업집단
② 지지집단
③ 교육집단
④ 사회화집단
⑤ 감수성 훈련집단

08 집단응집력을 향상하는 요인이 아닌 것은? 19회

① 이질적 집단으로 구성
② 집단에 대한 자부심 고취
③ 집단 성원 간의 다른 인식과 관점의 인정
④ 집단 성원 간 공개적이고 활발한 상호작용
⑤ 집단의 참여를 통해 얻게 되는 보상, 자원 제공

---

05 ③ 역량강화모델은 사회복지사와 클라이언트의 동반자적 관계를 강조하는 실천모델이다. 클라이언트의 문제를 클라이언트의 결함으로 보지 않고 클라이언트의 개인적 역량과 환경적 요구 사이의 불일치로 인해 발생한 것으로 본다. 따라서 클라이언트의 역량과 환경적 자원에 초점을 두며, 의사결정 과정에서 클라이언트의 적극적·능동적 참여와 자기결정권을 강조한다.

06 ① 문제의 외현화는 자신을 병리적이라고 생각하는 것으로부터 클라이언트를 자유롭게 하기 때문에 인간이 지닌 잠재력과 가능성을 인식하고 인정하게 하며, 강점을 개발할 수 있도록 촉진한다.

07 ② 제시된 사례에 해당하는 집단의 유형은 자조집단 또는 지지집단이다.

08 ① 집단응집력(결속력)은 동질적 집단으로 구성될 때 향상된다.

정답 01 ⑤ 02 ④ 03 ③ 04 ③ 05 ③ 06 ① 07 ② 08 ①

09 다음 사례에 적용한 실천모델은? 〔18회〕

성폭력 피해 대학생인 A씨는 심적 고통을 받고 있으며 서비스 제공자와의 만남도 거부하고 있다. 이에 사회복지사는 A씨가 절망감에 극단적인 선택을 할 가능성이 높다고 생각하여 안전 확보를 위한 지지체계를 구성하였다.

① 과제중심모델 ② 심리사회모델
③ 해결중심모델 ④ 위기개입모델
⑤ 역량강화모델

10 집단 구성에 관한 설명으로 옳지 않은 것은? 〔19회〕

① 집단이 커질수록 구성원의 참여의식이 증가하고 통제와 개입이 쉽다.
② 집단 상담을 위해 가능하면 원형으로 서로 잘 볼 수 있는 공간을 만들 수 있는 장소가 바람직하다.
③ 집단 성원의 유사함은 집단 소속감을 증가시킨다.
④ 개방 집단은 새로운 정보와 자원의 유입을 허용한다.
⑤ 비구조화된 집단에서는 집단 성원의 자발성이 더욱 요구된다.

11 집단 프로그램 유형별 지도자의 역할로 옳지 않은 것은? 〔15회〕

① 한부모가족 자조모임 – 감정이입적 이해와 상호원조의 촉진자
② 중간관리자 역량강화 프로그램 – 집단토의를 위한 구조 제공자
③ 에니어그램을 통한 자기인식 향상 프로그램 – 통찰력 발달의 촉진자
④ 우울증 인지행동집단 치료 프로그램 – 무력감 극복을 위한 옹호자
⑤ 중도입국 자녀들의 한국사회 적응 프로그램 – 프로그램 디렉터

12 집단 회기를 마무리하는 방식으로 옳은 것을 모두 고른 것은? 〔17회〕

㉠ 회기에 대한 사회복지사의 관찰과 생각을 전달한다.
㉡ 회기 중 제기된 이슈를 다 마무리하지 않고 회기를 마쳐도 된다.
㉢ 회기에서 다룬 내용을 집단 밖에서 어떻게 적용할지에 대한 계획을 묻는다.
㉣ 다음 회기에 다루기 원하는 주제나 문제를 질문한다.

① ㉠, ㉢   ② ㉠, ㉣
③ ㉢, ㉣   ④ ㉠, ㉢, ㉣
⑤ ㉠, ㉡, ㉢, ㉣

합격을 여는 만능해설

09 ④ 위기개입모델은 위기에 처해 있는 개인, 가족을 초기에 발견하여 위기로 인한 불균형 상태를 회복하기 위해 일정한 원조 수단을 초기단계부터 제공하는 모형으로, 위기상황에 즉각적으로 개입한다. 제시된 사례에서 사회복지사가 A씨의 안전 확보를 위해 지지체계를 구성하여 즉각적으로 개입하였다.

10 오답 해설
① 집단의 크기가 작을수록 구성원의 참여의식이 증가하고 통제와 개입이 쉽다.

11 ④ 해당 프로그램의 지도자는 무력감을 치료할 수 있는 치료자의 역할을 수행해야 한다.

12 ⑤ ㉠, ㉡, ㉢, ㉣ 모두 옳은 설명이다.

13 다음 설명에 해당하는 사정도구는? `14회`

> 사회적 지지의 유형을 구분하고 가족의 환경과 필요한 자원을 파악하는 데 유용하다.

① 소시오그램(Sociogram)
② 생활력도표(Life History Grid)
③ 가족그림(Family Drawing)
④ 사회적 관계망표(Social Network Grid)
⑤ 가계도(Genogram)

14 집단 사회복지실천과정에서의 개입기술로 옳지 않은 것은? `14회`

① 자료수집 – 요약하기
② 초기사정 – 재구조화
③ 과제수행 – 코칭
④ 집단과정 촉진 – 초점화
⑤ 종결 – 집단경험 평가하기

15 가족 개입을 위한 전제조건에 관한 설명으로 옳지 않은 것은? `21회`

① 한 사람의 문제는 가족성원 모두에게 영향을 미친다.
② 한 가족성원의 개입노력은 가족 전체에 영향을 준다.
③ 가족성원의 행동은 순환적 인과성의 특성을 갖는다.
④ 가족문제의 원인은 단선적 관점으로 파악한다.
⑤ 한 가족성원이 보이는 증상은 가족의 문제를 대신해서 호소하는 것으로 본다.

16 현대사회 가족의 변화에 해당하지 않는 것은? `16회`

① 규모의 축소
② 권력 구조의 불평등 심화
③ 생활주기의 변화
④ 기능의 축소
⑤ 형태의 다양화

---

13 ④ 사회적 관계망표는 사회적 지지의 유형을 구분하고 가족의 환경과 필요한 자원을 파악하는 데 유용하다. 또한 관계망 내의 사람들이 클라이언트 혹은 가족과 어떤 관계에 있고 이들이 주고받는 물질적·정서적·정보적 지원은 어느 정도이며 도움의 방향은 어떠한지, 그리고 근접성과 접근의 빈도는 어느 정도인지 등을 종합적으로 파악할 수 있다.

14 ② 재구조화 및 재정의는 사정과 관련된 기술이 아니라 행동기술이다.

15 ④ 가족 개입을 할 때는 가족 문제의 원인을 순환적 관점과 유기체적인 관점으로 파악해야 한다. 가족사회복지실천은 인간과 환경이 상호작용의 시스템 속에서 영향을 받고, 영향을 주기도 한다는 시각으로 접근한다.

16 ② 가부장제도의 약화, 양성평등 의식 고취 등으로 권력구조의 불평등은 완화되고 있는 추세이다

17 청소년의 정체성 위기, 결혼, 자녀의 출산, 중년기의 직업 변화, 은퇴 등 개인의 생애 주기에 따른 위기는? `18회`

① 실존적 위기 ② 상황적 위기
③ 발달적 위기 ④ 부정적 위기
⑤ 환경적 위기

18 부인이나 자녀의 의견을 존중하지 않고 자신의 방식을 강요하는 아버지로 인해 대화가 단절된 가족이 의뢰되었다. 타인을 무시하고 탓하는 비난형 의사소통 유형을 가진 것으로 파악된 아버지의 의사소통 유형을 일치형으로 변화시키는 데 적합한 방법은? `12회`

① 전략적 접근 ② 구조적 접근
③ 경험적 접근 ④ 이야기치료
⑤ 해결중심모델

19 해결중심모델의 질문기법 예시로 옳지 않은 것은? `20회`

① 관계성 질문: 두 분이 싸우지 않을 때는 어떠세요?
② 예외질문: 매일 싸운다고 하셨는데, 안 싸운 날은 없었나요?
③ 대처질문: 자녀에게 잔소리하는 횟수를 어떻게 줄일 수 있었나요?
④ 첫 상담 이전의 변화에 대한 질문: 상담신청 후 지금까지 어떤 변화가 있었나요?
⑤ 기적질문: 밤새 기적이 일어나서 문제가 다 해결됐는데, 자느라고 기적이 일어난 걸 몰라요. 아침에 뭘 보면 기적이 일어났다는 걸 알 수 있을까요?

합격을 여는 만능해설

17 오답 해설
① 실존적 위기는 삶의 목적이나 중요한 삶의 이슈 등과 관련된 갈등이나 불안을 내포하고 있는 위기를 말한다.
② 상황적 위기는 예견할 수도 없고 통제할 수도 없는 이례적 사건으로 인한 위기로, 교통사고나 갑작스런 질병, 실업 등으로 인한 위기를 말한다.
⑤ 환경적 위기는 태풍 등의 자연재해나 전쟁과 같은 재앙으로 인한 위기를 말한다.

18 ③ 비난형 의사소통을 하는 클라이언트의 의사소통 유형을 일치형(기능적 의사소통 유형)으로 변화시키는 데 적합한 방법은 사티어의 경험적 접근이다.

19 ① 우연적·성공적으로 실시한 방법을 발견하려는 예외질문의 예시이다. 관계성 질문은 클라이언트가 자기중심적 생각에서 벗어나 클라이언트에게 중요한 타인의 시각으로 문제상황을 보게 하여 문제해결에 대한 새로운 가능성을 찾는데 도움을 주는 질문이다.

20 가족사정기법 중 가족조각을 통해 파악할 수 있는 것을 모두 고른 것은? [14회]

> ㉠ 가족 간의 친밀도
> ㉡ 가족규칙
> ㉢ 가족 성원들의 감정
> ㉣ 가족의 교육수준

① ㉠, ㉡, ㉢
② ㉠, ㉢
③ ㉡, ㉣
④ ㉣
⑤ ㉠, ㉡, ㉢, ㉣

21 다음 사례에서 사회복지사가 가족사정을 위해 활용한 개입기법은?

> 가족 사정단계에서 아내는 자신에게서 멀어지는 남편을 대신하여 아들(15세)에게 지나치게 관여해 왔고, 아들은 부모의 관계회복을 위해 문제행동을 나타내는 것으로 파악되었다. 어머니는 아들의 문제행동 해결을 위해 몇 차례 자녀훈육 기술교육을 받았으나 별 효과가 없었다고 한다. 따라서 사회복지사는 아들의 문제행동을 주요 개입 대상으로 삼는 대신 아내가 남편과의 갈등을 직접 해결하도록 돕는 노력을 하기로 했다.

① 탈삼각화
② 균형 깨뜨리기
③ 재구성
④ 문제의 외현화
⑤ 경계 만들기

22 다음 사례에서 사회복지사가 민수에게 준 과제에 해당하는 개입기법은? [13회]

> 결혼 후 분가한 민수는 부모의 지나친 간섭에 시달려왔다. 사회복지사는 민수에게 자신의 느낌과 주장을 부모 앞에서 당당히 말하게 하고, 부모에게는 자녀의 이야기를 경청하고 수용하도록 하였으나 문제는 지속되었다. 사회복지사는 대안으로 민수에게 다음과 같은 과제를 주었다. "지금부터는 부모에게 사사건건 의논하며 조그마한 도움이라도 모두 요청해 보세요."

① 실연
② 균형깨기
③ 경계 만들기
④ 역설적 지시
⑤ 문제의 외재화

23 자아분화에 관한 설명으로 옳은 것은? [14회]

① 자아분화 수준이 낮을수록 사고와 감정이 균형을 이룬다.
② 자아분화 수준이 높을수록 가족체계의 정서로부터 분화된다.
③ 자아분화 수준이 낮을수록 타인과 융합하려는 경향이 줄어든다.
④ 자아분화 수준이 높을수록 삼각관계가 형성될 가능성이 높다.
⑤ 자아분화 수준이 낮을수록 적응력과 자율성이 커진다.

---

20 ① 가족조각은 공간 속에서 가족 구성원들의 몸을 이용해 가족의 상호작용 양상을 표현해 내는, 움직이는 형상의 조각을 의미한다. 가족조각을 통해 가족 간의 친밀도(㉠), 가족규칙(㉡), 가족 성원들의 감정(㉢)을 파악할 수 있다.

오답 해설
㉣ 가족의 교육수준은 가계도를 통해 파악할 수 있다.

21 ① 제시된 사례에서 사회복지사는 아들의 문제행동 교정보다 아내가 남편과의 갈등을 직접 해결하도록 돕는 것에 집중하고 있다. 이는 제3자인 아들을 분리하기 위한 것으로 탈삼각화(보웬)에 해당한다.

22 ④ 사회복지사는 부모의 지나친 간섭에 시달려온 민수의 문제행동을 더욱 조장하고 있다. 이는 전략적 가족치료의 역설적 지시에 해당한다.

23 오답 해설
① 자아분화 수준이 높을수록 사고와 감정이 균형을 이룬다.
③ 자아분화 수준이 높을수록 타인과 융합하려는 경향이 줄어든다.
④ 자아분화 수준이 낮을수록 삼각관계가 형성될 가능성이 높다.
⑤ 자아분화 수준이 높을수록 적응력과 자율성이 커진다.

17 ③ 18 ③ 19 ① 20 ① 21 ① 22 ④ 23 ②

24 다음 설명에 해당하는 기록방법은? [20회]

- 날짜와 클라이언트의 기본사항을 기입하고 개입 내용과 변화를 간단히 기록함.
- 시간 흐름에 따라 변화된 상황, 개입 활동, 주요 정보 등의 요점을 기록함.

① 과정기록 ② 요약기록
③ 이야기체기록 ④ 문제중심기록
⑤ 최소기본기록

25 도벽습관이 있는 아동에 대한 행동치료 평가 시 활용한 단일사례설계의 유형은?

- 아동의 도벽행동에 대한 치료를 먼저 시행한 후, 문제행동 변화를 측정한다.
- 개입효과를 확인하기 위해 치료를 잠시 중단한다.
- 다시 치료를 시행하면서 아동의 행동 변화를 관찰한다.

① AB설계 ② ABA설계
③ BAB설계 ④ ABC설계
⑤ ABAB설계

---

24 오답 해설
① 과정기록은 클라이언트가 실제로 말한 것을 정확하게 상기할 수 있도록 사회복지사와 클라이언트의 의사소통을 있는 그대로 기록하는 방식이다.
③ 이야기체기록은 이야기하듯이 서술하는 기록방식으로, 면담 내용 혹은 서비스 제공 과정에서 이야기한 것을 재정리(재구성)하여 서술한다.
④ 문제중심기록은 현재 제시된 문제를 중심으로 문제 영역을 규명하고 사정하여 그 문제에 대해 무엇을 할 것인지를 기록하는 방식이다.
⑤ 최소기본기록은 가장 단순하고 경제적인 기록양식으로, 기본적인 신상정보, 면담 날짜, 주요한 클라이언트 문제, 목적, 개입계획 등을 기록하는 방식이다.

25 ③ BAB설계는 기초선을 측정하지 않고 바로 개입(B, 도벽행동에 대한 치료)으로 들어간 후 개입중단(A, 치료 중단), 다시 개입을 재개(B, 다시 치료를 시행하며 아동의 행동 변화 관찰)하는 것이다. BAB설계는 클라이언트가 위기에 처해 있거나 기초선을 측정할 수 없는 상황에서 사용한다.

TEST 2 사회복지실천기술론

01 가정폭력 가해자를 대상으로 다음의 훈련을 실시하였다. 평가 시 '암시적 행동에 대한 개별 측정척도'를 활용하지 <u>않는</u> 것은? [15회]

① 폭력을 유발하는 단서를 식별하는 훈련
② 긴장고조 상황에서 타임아웃하는 훈련
③ 분노를 피하는 자기대화훈련
④ 시각적 현상화훈련
⑤ 사회기술훈련

02 과제중심모델에 관한 설명으로 옳지 <u>않은</u> 것은? [14회]

① 클라이언트의 자기결정권을 존중한다.
② 계약내용에 사회복지사의 과제를 포함한다.
③ 클라이언트와 사회복지사의 관계는 협력적 관계이다.
④ 단기치료의 기본원리를 강조한 비구조화된 접근이다.
⑤ 클라이언트의 문제의식을 반영하여 표적문제를 설정한다.

03 행동수정모델에 대한 설명으로 옳지 <u>않은</u> 것은?

① 행동변화의 핵심은 의지의 문제가 아니라 기술의 문제이다.
② 부적 처벌은 반응 후에 불쾌 자극이 제거되는 것으로 행동의 발생 가능성이 증가한다.
③ 정적 강화는 행동의 발생빈도와 정도를 증가시킨다.
④ 강화된 반응이 강화되지 않을 때 형성된 조작행동은 줄어들거나 나타나지 않는다.
⑤ 정적 처벌은 불쾌 자극을 제공함으로써 부정적인 행동을 감소시킨다.

합격을 여는 만능해설

01 ⑤ 사회기술훈련은 직접적 행동에 대한 개별 측정척도로 적합하다.
02 ④ 과제중심모델은 단기치료의 기본원리를 강조한 구조화된 접근이다.
03 ② 부적 처벌은 반응 후에 매력적인 자극을 제거하여 행동의 발생 가능성을 감소시킨다. 불쾌 자극을 제거하여 행동의 발생빈도를 증가시키는 것은 부적 강화이다.

정답 01 ⑤ 02 ④ 03 ②

04 초등학교 2학년 철수가 몇 개월 동안 친구들과 어울리지 못하고 외톨이로 지내는 문제로 학교사회복지사에게 의뢰되었다. 적용 가능한 실천모델에 관한 설명으로 옳은 것을 모두 고른 것은? 12회

> ㉠ 행동수정모델 – 친구와 다정하게 이야기하는 장면을 보여주고 역할연습을 한다.
> ㉡ 인지행동모델 – 친구에 대한 부정적인 생각을 변화시키고 친구와 사귀는 방법을 학습하도록 한다.
> ㉢ 심리사회모델 – 철수의 성장과정에서 형성된 가족관계 양상을 파악한다.
> ㉣ 해결중심모델 – 철수가 수행해야 할 행동과제를 준다.

① ㉠, ㉡, ㉢
② ㉠, ㉢
③ ㉡, ㉣
④ ㉣
⑤ ㉠, ㉡, ㉢, ㉣

05 다음 사례에서 활용한 개입기법에 해당하지 않는 것은? 13회

> 고등학생인 영수는 과체중, 자기주장 부족 등의 문제를 호소하고 있다. 또한 담배가게를 지나칠 때마다 흡연욕구를 참지 못해 간헐적 흡연을 하고 있다. 사회복지사는 영수를 돕기 위해 음식에 대한 인식을 수정하게 하였고, 자기주장능력을 개발하기 위해 하기 쉬운 것부터 어려운 것의 순서로 자기주장 행동을 수행하게 하였다. 아울러 등하교 때 담배가게가 있는 골목을 피해 다니도록 했다. 그리고 흡연욕구를 참지 못할 때는 껌을 씹게 하였다.

① 선행조건의 회피
② 선행조건의 소거
③ 선행조건의 재인식
④ 대체행동의 사용
⑤ 행동형성

합격을 여는 만능해설

04 ⑤ ㉠, ㉡, ㉢, ㉣ 모두 옳은 내용이다.
- ㉠ 행동수정모델 – 행동적 기술을 활용하므로 친구와 다정하게 이야기하는 역할연습(역할극)을 하는 것은 옳다.
- ㉡ 인지행동모델 – 인지적·행동적·정서적 기법을 활용하므로 부정적인 생각을 변화(인지)시키고 친구와 사귀는 방법을 학습(행동)하도록 하는 것은 옳다.
- ㉢ 심리사회모델 – 발달적 고찰을 통해 철수의 성장과정에서 형성된 가족관계 양상을 파악할 수 있다.
- ㉣ 해결중심모델 – 해결중심 접근의 기법으로서, 철수가 수행해야 할 행동과제를 부여하는 것은 옳다.

05 ② 소거는 문제행동을 유지시키는 요인을 제거하여 문제행동을 감소시키는 방법으로, 제시된 사례에는 나타나 있지 않다.

오답 해설
① 등하교 때 담배가게가 있는 골목을 피해 다니도록 했다.
③ 영수를 돕기 위해 음식에 대한 인식을 수정하게 하였다.
④ 흡연욕구를 참지 못할 때는 껌을 씹게 하였다.
⑤ 자기주장능력을 개발하기 위해 하기 쉬운 것부터 어려운 것의 순서로 자기주장 행동을 수행하게 하였다.

06 사회복지실천모델에 관한 설명으로 옳은 것을 모두 고른 것은? 〔21회〕

> ㉠ 위기개입모델에서는 사건에 대한 클라이언트의 주관적인 인식보다 사건 자체를 중시한다.
> ㉡ 클라이언트중심모델에서는 현재 직면한 문제와 앞으로의 문제를 극복할 수 있도록 성장 과정을 도와준다.
> ㉢ 임파워먼트모델에서는 클라이언트가 자신의 삶을 스스로 통제할 수 있도록 원조한다.
> ㉣ 과제중심모델에서는 클라이언트가 인식한 문제에 초점을 두고, 클라이언트의 욕구를 최대한 반영한다.

① ㉠
② ㉡, ㉢
③ ㉠, ㉡, ㉢
④ ㉡, ㉢, ㉣
⑤ ㉠, ㉡, ㉢, ㉣

07 다음 사례에 해당하는 집단의 유형은? 〔13회〕

> 장애인복지관에서 발달장애아동의 비장애 형제를 대상으로 주 1회 8회기 집단을 운영하였다. 집단의 목적은 비장애 형제의 장애 형제와 관련한 부적응적 사고와 신념의 변화였다. 이를 위해 자기 모니터링, 인지 재구성, 의사소통 훈련, 문제해결 훈련을 활용하였다.

① 성장집단 ② 치료집단
③ 지지집단 ④ 과업집단
⑤ 참만남집단

08 자살 유가족 지지집단 참여자의 자기개방 수준이 낮아 효과적인 개입이 이루어지지 않고 있다. 간접적 자기노출을 활용하는 기법은? 〔15회〕

① 무기명 질문목록 카드로 도출된 문제에 대해 토론한다.
② 이야기막대를 잡은 사람의 자기표현을 독려하고 다른 구성원들은 이에 집중하도록 한다.
③ 감정목록표로 자신의 감정과 유사한 표현을 활용하여 구체적으로 어려움을 표현하도록 한다.
④ 위기카드를 활용하여 반복되는 문제상황의 재발을 방지한다.
⑤ 재구성하기 기법으로 현 상황에 대한 다른 해석을 촉진한다.

오답 해설

06 ㉠ 같은 사건을 경험하더라도 그 사건을 위기로 인식하는가는 사람마다 다를 수 있기 때문에 위기개입모델에서는 사건 자체보다는 클라이언트의 주관적인 인식을 중시한다.

07 ② 사회복지사는 부적응적 사고와 신념의 변화를 위해 자기 모니터링, 인지 재구성, 의사소통 훈련, 문제해결 훈련을 활용하였으므로, 이는 인지행동모델을 적용한 치료집단(치유집단)의 사례이다.

오답 해설

08 ⑤ 참만남집단(T-집단)은 감수성 훈련집단, 개인성장집단, 인간잠재력집단, 인간개별집단 등으로 불리기도 하며 개인적 삶의 성장을 지향하는 집단상담의 한 형태이다.

08 ① 무기명 질문목록 카드로 도출된 문제에 대해 토론하는 것은 자신이 누구인지 직접적으로 밝히지 않아도 되기 때문에 자기개방 수준이 낮은 집단에 효과적이며, 간접적 자기노출을 활용한 기법에 해당한다.

09 집단 유형별 특성에 관한 설명으로 옳지 않은 것은? 15회

① 치료집단은 자기노출 정도가 높아서 비밀보장이 중요하다.
② 과업집단은 구성원의 발달과업 완수를 위해 조직구조의 영향을 최소화한다.
③ 자발적 형성집단은 구성원들이 설정한 목적을 보호하는 것이 중요하다.
④ 자조집단에서 사회복지사의 역할은 공유된 문제에 대해 지지하는 것이다.
⑤ 비자발적 집단에서는 협상 불가능 영역이 있음을 분명히 한다.

10 다음 설명에 해당되는 집단사정도구는? 12회

> 집단 성원 간 관심정도를 측정하기 위한 방법으로 각 성원에 대한 호감도를 1점(가장 싫어함)에서 5점(가장 좋아함)으로 평가한다.

① 소시오메트리 ② 상호작용차트
③ 목표달성척도 ④ 소시오그램
⑤ 사회관계망표

합격을 여는 만능해설

09 ② 과업집단은 의무사항의 수행, 조직 또는 집단의 과업을 달성하기 위해 구성된 집단으로, 조직구조의 영향을 최대화한다.
- 조직적 욕구해결 수행집단: 위원회, 행정집단, 협의체 등
- 성원의 욕구충족 수행집단: 팀, 치료회의, 사회행동집단 등

10 ① 제시된 설명에 해당하는 집단사정도구는 소시오메트리이다. 소시오메트리는 사회적 선호도를 측정하는 것으로서, 집단 성원들이 서로 간의 관계에 대해 인식하고 있는 정도를 사정하는 도구이다.
- 사회복지사는 특정 활동과 관련하여 다른 성원과 상호작용하기를 원하는 정도를 평가하도록 집단 성원들에게 요청할 수 있다.
- 집단 성원에게 타 성원의 이름을 적은 후, 각 성원에 대한 호감도를 평가하도록 요청한다.
- 호감도는 5점 척도를 활용하여 평가할 수 있는데, 예를 들면 1점에 '가장 선호하지 않는다'를, 5점에 '가장 선호한다'를 부여하도록 한다.
- 집단 성원이 집단으로부터 얻은 총점을 획득 가능한 최고점수로 나누어 집단 성원의 호감도를 계산하기 때문에, 집단응집력 또는 매력이 높은 집단의 성원들이 집단응집력이 낮은 집단의 성원들보다 높은 점수를 얻게 된다.

오답 해설
② 상호작용차트: 집단 성원 간 상호작용 또는 집단 성원과 사회복지사의 상호작용 빈도를 기록한다.

11 사회복지사가 다음의 과업을 수행하는 집단발달 단계는? [13회]

- 집단 성원 간의 공통점과 차이점을 파악한다.
- 집단 성원이 다양한 경험을 할 수 있도록 돕는다.
- 집단의 상호작용, 갈등, 진행상황, 협조체계 등을 파악한다.
- 개별 성원의 태도, 관계, 행동, 동기, 목표 등을 평가한다.

① 계획단계
② 초기단계
③ 사정단계
④ 중간단계
⑤ 종결단계

12 집단의 종결단계에서 집중적으로 수행해야 하는 과업으로 적절하지 않은 것은? [17회]

① 집단 의존성 감소
② 의뢰의 필요성 검토
③ 변화노력의 일반화
④ 구성원 간 피드백 교환
⑤ 집단 성원 간 공통점과 차이점 파악

13 가족생활주기에 관한 설명으로 옳은 것을 모두 고른 것은?

㉠ 가족은 동일한 단계를 거쳐 발달한다.
㉡ 이혼가족은 부모 자신의 적응과 자녀양육의 과업수행을 병행한다.
㉢ 청소년기 자녀를 둔 부모는 자녀의 성적 향상을 위해 훈육을 통해 강화해야 한다.
㉣ 재혼가족은 새로운 관계에 대한 적응 및 재조정 과업을 수행해야 한다.

① ㉠, ㉡, ㉢
② ㉠, ㉢
③ ㉡, ㉣
④ ㉣
⑤ ㉠, ㉡, ㉢, ㉣

14 가족 내부의 역동성에 관한 설명으로 옳은 것은? [13회]

① 이중구속(Double Binds)은 가족의 응집 정도를 나타내는 것이다.
② 일치형 의사소통은 객관적 사실과 정확한 논리에 기초한 의사소통 행위이다.
③ 가족 하위체계 간 경계가 모호하면 그 관계가 소원해진다.
④ 전문가의 가족 개입과정에서 가족의 항상성이 작동될 수 있다.
⑤ 부적 피드백은 가정 내 일탈행동을 증폭시킨다.

---

11 ④ 중간단계의 과업에 해당한다. 집단발달단계는 '준비단계 → 초기단계 → 사정단계 → 중간단계 → 종결단계'로 이루어지며, 중간단계에서는 문제해결활동이 왕성하게 나타난다.
12 ⑤ 집단 성원 간 공통점과 차이점 파악은 중간단계의 과업에 해당한다.
13 오답 해설
㉠ 가족은 동일한 단계를 거쳐 발달하지 않는다.
㉢ 청소년기 자녀를 둔 부모는 훈육보다는 또래집단과의 관계 형성을 독려하고 독립심을 길러주는 것이 좋다.

14 오답 해설
① 이중구속은 가족의 의사소통 문제와 관련된다.
② 초이성형 의사소통은 객관적 사실과 정확한 논리에 기초한 의사소통 행위이다.
③ 가족 하위체계 간 경계가 모호하다는 것은 관계가 밀착되어 있다는 의미로서 가족 성원 간 간섭이 심해진다.
⑤ 부적 피드백(환류)은 가정 내 일탈행동을 감소시킨다.

15 알코올중독자 당사자는 치료에 거부적이다. 우선적으로 동기화되어 있는 가족들을 알코올중독자 가족모임이나 자녀모임에 참여하도록 하였다. 이때 사회복지사가 개입 시 고려한 내용으로 옳은 것은? 18회

① 가족항상성 ② 가족모델링
③ 가족 재구조화 ④ 다세대 간 연합
⑤ 순환적 인과성

16 다음 사례를 분석한 내용에 해당하지 않는 것은? 13회

> 철수 어머니는 남편의 늦은 귀가에 대해 잔소리를 하고, 철수 아버지는 아내의 잔소리 때문에 집에 늦게 들어와 부부갈등이 지속되고 있다. 평소에 아버지는 철수에게 소신 있는 발언을 하라고 하다가 가족 식사시간에 철수가 간혹 소신발언을 하면 "밥이나 먹어!"라고 언성을 높인다. 어머니와 철수는 이러한 아버지의 행동에 대해 참지 못하고 함께 아버지에게 대항한다.

① 세대 간 연합
② 순환적 인과관계
③ 의사소통상 구두점(Punctuation)
④ 가족 구성원의 의미체계(Meaning System)
⑤ 병리적 이중구속(Pathological Double Binds)

합격을 여는 만능해설

15 ⑤ 알코올중독자의 다른 가족 성원들을 관련 모임에 참여시키는 것은 알코올중독의 원인이 다변성을 가지고 있음을 가족 성원들이 함께 느낄 수 있도록 순환적 인과성을 고려한 것이다.

오답 해설
① 가족항상성은 균형 및 현상을 유지하려는 가족체계의 속성을 말한다.
② 가족모델링은 행동을 모방하게 하는 것을 말한다.
③ 가족 재구조화는 가족구조를 변화시키는 것을 말한다.
④ 다세대 간 연합은 가족 내 한 구성원에게 대항하기 위해 두 세대 이상의 구성원들이 협력하는 것을 말한다.

16 ④ 가족 구성원의 의미체계는 클라이언트의 태도 유형과 태도에 대한 문제해결 대응으로 사례와는 관련이 없다.

오답 해설
① 세대 간 연합: 어머니와 철수는 이러한 아버지의 행동에 대해 참지 못하고 함께 아버지에게 대항한다.
② 순환적 인과관계: 남편의 늦은 귀가가 가족의 여러 성원에게 부정적 영향을 미친다.
③ 의사소통상 구두점: 어머니는 늦은 귀가에 잔소리를 하고, 아버지는 잔소리 때문에 늦게 귀가하므로 어디에 구두점을 두어야 할지 고민해야 한다.
⑤ 병리적 이중구속: 평소에 소신 있는 발언을 하라고 하면서 철수가 간혹 소신 있는 발언을 하면 "밥이나 먹어!"라고 언성을 높인 부분에서 알 수 있다.

17 사티어(V. Satir)의 의사소통 유형에 관한 설명으로 옳은 것을 모두 고른 것은? [19회]

> ㉠ 일치형 의사소통 유형이 치료의 목표다.
> ㉡ 의사소통 유형은 자존감과 연관하여 설명한다.
> ㉢ 가족생활주기는 역기능적 의사소통 유형에 영향을 미친다.
> ㉣ 역기능적 의사소통 유형에서 공통적으로 발견되는 것은 언어적 메시지와 비언어적 메시지의 불일치다.

① ㉠, ㉡
② ㉢, ㉣
③ ㉠, ㉡, ㉢
④ ㉠, ㉡, ㉣
⑤ ㉠, ㉢, ㉣

18 다음 사례에서 활용한 해결중심모델의 질문기법은?

> "아버지가 술만 마시면 심하게 때리고, 그게 너무 고통스럽고 견디기 어려워 그 수준이 10점인 날들의 연속이라고 했지? 그런데 혹시 때리지 않는 날도 있니?"

① 기적질문
② 예외질문
③ 척도질문
④ 대처질문
⑤ 관계성질문

19 다음에서 설명하는 집단의 치료적 효과는? [19회]

> 집단 내 상호작용 과정에서 그동안 해결되지 않은 원가족과의 갈등에 대해 탐색하고 행동패턴을 수정할 기회를 갖게 된다.

① 정화
② 일반화
③ 희망증진
④ 이타성 향상
⑤ 재경험의 기회 제공

---

17 오답 해설

㉢ 사티어는 가족의 의사소통체계가 가족이 기능적으로 움직이는지 혹은 병리적 가족인지를 결정하는 중요한 요인이라고 보았다. 가족생활주기와 그에 따른 발달과업을 구체적으로 제시한 학자는 듀발이다.

18 ② 제시된 사례에서 '혹시 때리지 않는 날도 있니?'가 결정적인 힌트이다. 이는 해결중심모델의 예외질문에 해당한다.

19 ⑤ 집단활동을 통해 집단 성원 간의 역동 속에서 역기능을 재현·경험하여 재경험의 기회를 얻음으로써 성장할 수 있는 치료적 효과를 갖게 된다.

오답 해설

① 내면에 억압된 여러 가지 감정과 생각을 집단활동을 통해서 노출하여, 노출된 감정과 생각들이 다른 집단 구성원들에게 수용되면 클라이언트에게 감정의 정화(카타르시스)가 일어난다.
② 자신과 비슷한 문제를 지닌 집단 성원을 보며 누구에게나 일어날 수 있는 문제라고 일반화시킬 수 있고, 공동체성을 가질 수 있다.
③ 집단 성원들의 문제가 해결되는 것을 보며 클라이언트 자신의 문제도 개선되고 해결될 수 있다는 희망을 갖게 된다.
④ 자기중심적인 상황에서 벗어나 타인에게 도움을 준다는 점에서 이타성을 기를 수 있고, 이로 인해 타인에게 의존하던 것에서 벗어나 보다 독립적으로 성장할 수 있다.

20 다음의 사례에서 활용한 개입기법은? 13회

> 어머니는 권위적인 아버지와 마찰이 있을 때마다 신경증 증상을 호소하며 분가한 4명의 자녀들을 집으로 불러들인다. 이때 가장 민감한 반응을 보이며 달려가는 것이 막내 경수이다. 사회복지사는 경수에게 어머니의 신경증에 자동반사적으로 반응하지 않도록 하면서 자신의 생각과 감정을 명확히 하도록 했다.

① 합류
② 재구성
③ 탈삼각화
④ 균형 깨기
⑤ 경계 만들기

21 가족치료모델의 개입 목표에 관한 설명으로 옳지 않은 것은? 22회

① 이야기 가족치료: 문제중심 이야기에서 벗어나 새롭고 건설적인 가족 이야기 작성
② 구조적 가족치료: 가족관계 역기능을 유발하는 가족 위계와 경계의 변화 도모
③ 경험적 가족치료: 가족이 미분화에서 벗어나 가족체계의 변화를 달성
④ 전략적 가족치료: 의사소통과 행동 문제의 순환 고리를 끊고 연쇄작용 변화
⑤ 해결중심 가족치료: 문제가 일어나지 않는 예외상황을 찾아서 확대

22 보웬(M. Bowen)의 세대 간 가족치료에 관한 설명으로 옳은 것을 모두 고른 것은?

> ㉠ 자아분화 수준이 낮은 부모는 미분화에서 오는 자신들의 불안이나 갈등을 삼각관계를 통해 회피하려 한다.
> ㉡ 나-입장 취하기(I-Position)는 타인을 비난하는 대신 자신이 생각하고 느낀 바를 말하며 탈삼각화를 촉진한다.
> ㉢ 가족조각으로 가족에 대한 인식을 시각적으로 표현하고 이해하도록 돕는다.
> ㉣ 가계도를 작성하고 해석하면서 가족의 정서적 과정을 가족과 함께 이야기한다.

① ㉠
② ㉡, ㉢
③ ㉠, ㉡, ㉣
④ ㉡, ㉢, ㉣
⑤ ㉠, ㉡, ㉢, ㉣

23 토스랜드와 리바스(R. Toseland & R. Rivas)가 분류한 집단 유형 중 다음 설명에 해당하는 것은? 14회

> • 비슷한 문제를 경험한 사람들로 집단을 구성한다.
> • 유대감 형성이 쉽고 자기개방성이 높다.
> • 상호원조하면서 대처기술을 형성하도록 돕는다.

① 교육집단(Educational Group)
② 치료집단(Therapy Group)
③ 과업집단(Task Group)
④ 지지집단(Support Group)
⑤ 사회화집단(Socialization Group)

합격을 여는 만능해설

20 ③ 사회복지사는 엄마에게 민감한 반응을 보이며 삼각관계에 빠져 있는 경수가 어머니의 신경증에 자동반사적으로 반응하지 않도록 하면서 자신의 생각과 감정을 명확히 하도록 했다. 이는 삼각관계에서 벗어나는 탈삼각화 기법이다.

21 ③ 사티어의 경험적 가족치료는 가족관계를 긍정적 측면에 초점을 두고, 가족의 특유한 갈등과 행동양식에 맞는 경험을 제공하려고 노력한다. 반면, 보웬의 세대 간 가족치료는 가족이 미분화에서 벗어나 가족체계의 변화를 달성하기 위해 노력한다.

22 오답 해설
㉢ 사티어의 경험적 가족치료기법에 관한 설명이다.

23 오답 해설
① 교육집단은 지식과 정보 제공, 기술향상과 관련이 있다.
② 치료집단은 행동 변화 및 재활과 관련이 있다.
③ 과업집단은 과업달성(성과물 산출)과 관련이 있다.
⑤ 사회화집단은 대인관계 향상, 사회적 기술 습득과 관련이 있다.

24 다음에 해당되는 기록방법은? `21회`

- 교육과 훈련의 중요한 수단이며, 자문의 근거자료로 유용
- 면담전개 과정을 시간의 흐름에 따라 기술하는 방식
- 사회복지사 자신의 행동분석을 통해 사례에 대한 개입능력 향상에 도움

① 과정기록
② 문제중심기록
③ 이야기체기록
④ 정보시스템을 이용한 기록
⑤ 요약기록

25 단일사례설계에 관한 설명으로 옳은 것을 모두 고른 것은?

㉠ 개입과정의 변화 정보를 제공한다.
㉡ 주로 하나의 클라이언트체계 변화를 측정한다.
㉢ 기초선은 안정화될 때까지 반복적으로 측정해야 한다.
㉣ 둘 이상의 문제에 대해 개입할 때 다중기초선설계를 활용한다.

① ㉣
② ㉠, ㉢
③ ㉡, ㉣
④ ㉠, ㉡, ㉢
⑤ ㉠, ㉡, ㉢, ㉣

---

24 ① 과정기록은 사회복지사가 클라이언트와 나눈 이야기뿐만 아니라 클라이언트의 행동, 사회복지사와의 상호작용 등을 있는 그대로 세밀하게 기록하는 방식이다. 클라이언트와의 면접에서 일어난 모든 내용을 기록하기 때문에 기록에 걸리는 시간이 너무 많이 소요된다는 단점이 있지만, 모든 내용을 담고 있기 때문에 사회복지실습이나 교육방법 등에서는 유용한 자료가 될 수 있다.

오답 해설
② 문제중심기록(SOAP기록): 현재 문제를 중심으로 문제영역을 규정하고 사정하고 목록화해서 각각 문제에 대해 무엇을 할 것인지 계획하고 그 진행사항을 기록한다. S(주관적 정보), O(객관적 정보), A(사정), P(계획) 방법으로 기록한다.
③ 이야기체기록: 클라이언트의 상황과 서비스, 사례의 진행사항을 이야기하듯이 요약한 보고 형태의 기록으로, 주제와 시간에 따라서 조직되고 재구성된 총괄적 기록이다.
⑤ 요약기록: 클라이언트의 문제, 클라이언트에게 제공된 서비스, 그리고 클라이언트의 진전과정에 대한 요약 혹은 초록(abstract)이다.

25 ⑤ ㉠, ㉡, ㉢, ㉣ 모두 단일사례설계에 관한 설명이다. 단일사례설계는 개입과정의 변화 정보를 제공하며 주로 하나의 클라이언트체계 변화를 측정하는 설계이다. 기초선은 안정화될 때까지 반복적으로 측정해야 하며, 둘 이상의 문제에 대해 개입할 때는 다중기초선설계(복수기초선설계)를 활용한다.

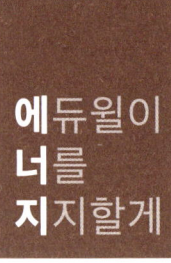

내를 건너서 숲으로
고개를 넘어서 마을로

어제도 가고 오늘도 갈
나의 길 새로운 길

― 윤동주, '새로운 길'

2교시 | 제5영역

지역사회
복지론

CHAPTER 01   지역사회복지의 개념과 정의

CHAPTER 02   지역사회복지의 역사

CHAPTER 03   지역사회복지 이론과 실천모델

CHAPTER 04   지역사회복지 실천과정과 전략 및 전술

CHAPTER 05   사회복지 추진체계 및 지역사회운동

TEST 1 ✚ TEST 2

영역별 10개년 출제 현황

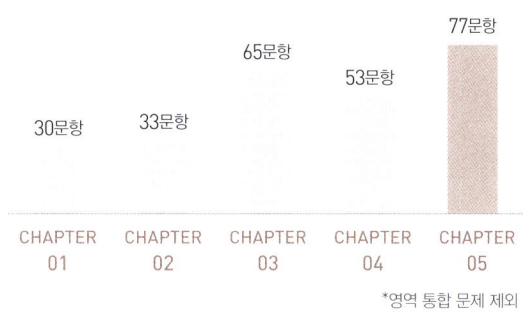

- 지역사회복지론에서는 영국, 미국, 한국의 지역사회복지 역사와 지역사회복지 실천이론, 실천기술 등을 묻는 문제가 많이 출제되고 있다.
- 지역사회복지서비스 전달조직 등에 관해서는 그 특징과 주요 연혁, 기능, 원칙 등을 중심으로 출제된다.
- 매회 난이도에 따라 생소한 내용을 묻는 문항도 출제되니, 자주 출제되는 기본 개념은 완벽하게 학습하자.

출제 키워드 BEST 3

지역사회복지 실천
10년간 19번 언급된 키워드
가치, 과정, 원칙, 실천모델까지 숙지!

지역사회보장계획
10년간 19번 언급된 키워드
내용과 절차, 특징을 기억하자.

네트워크
10년간 13번 언급된 키워드
이외에도 다양한 실천기술을 알아두자.

CHAPTER 01

지역사회복지의 개념과 정의

핵심 Tag #지역사회의 구분 #길버트와 스펙트의 지역사회 기능과 제도 #로스의 지역사회실천의 원칙

1 지역사회의 이해 기출 11~19회, 23회

1. 지역사회의 개념
① 일정한 지리적 범위 내의 사람들이 개인 또는 공동의 가치, 문화, 동질성, 상호작용, 이해관계에 기초하여 형성한 사회적 단위를 말한다.
② 오늘날에는 사이버 공동체, 네트워크 공동체와 같이 지리적 공간을 뛰어넘은 새로운 개념이 도입되어 사용되기도 한다.

2. 지역사회의 구분(로스, Ross)
① 지리적 의미의 지역사회 ➡ 공간 중심의 지역사회
   ㉠ 지리적 공간을 공유하며, 밀접한 상호작용을 하는 사람들의 집단을 말한다.
   ㉡ 지역사회는 주민 간의 공동체 의식을 형성할 수 있는 지리적·공간적 영역을 공유한다.
      예 이웃, 마을, 도시, 행정단위인 특별시, 광역시·도, 시·군·구, 읍·면·동, 근린지역사회, 대단위 아파트 단지 등
② 기능적 의미의 지역사회 ➡ 사회관계 중심의 지역사회
   ㉠ 공간과 관계없이 공동의 관심 또는 이익을 추구하거나 이해관계를 함께하는 사람들의 집단을 말한다.
   ㉡ 복지, 농업, 교육, 종교 등의 영역에서 관심과 기능을 공유하는 사람들의 집단을 말한다.
   ㉢ 종교, 인종, 민족, 언어, 학연, 지연, 생활방식, 직업, 관심, 기호, 취미 등 사회적 또는 문화적 동질성을 기반으로 형성된다.

3. 지역사회의 변화 기출 18회, 19회
① 현대사회에서는 전통적·지리적 의미의 지역사회 개념이 허물어지고, 사이버 공동체(온라인 커뮤니티)와 같은 새로운 개념의 지역사회 형태가 나타나고 있다. 이러한 지역사회는 국가를 비롯한 공간의 제약에서 자유롭다는 특징이 있다.
② 지리적(공간적) 의미의 지역사회 이상으로 특정한 가치를 공유하고 상호작용하며, 공동의 관심사를 가진 집단이나 조직체까지도 지역사회에 포함된다.
   예 변호사회, 사회복지단체, 협의체, 사이버 공간에서의 모임, 네트워크 공유자

③ 지역사회 개념의 변화
  ㉠ 지리적 의미의 지역사회: 일정한 지역을 중심으로 공통적 생활기반을 가지는 공동생활집단이다.
  ㉡ 사회적 동질성을 띤 지역사회
    • 지역주민 공동의 관심과 상호 유대감으로 이루어진 사회의 단위이다.
    • 같은 지역에서 생활하더라도 상호교류 없이 단절되어 있고 공동체 의식이 형성되지 않으면 지역사회라 할 수 없다.
  ㉢ 지리적·사회적 동질성을 강조하는 지역사회: 지역사회를 지리적·공간적 개념 이상으로 인식하여 특정 가치를 공유하고 상호작용한다.
  ㉣ 가상 지역사회
    • 인터넷 등을 활용하여 공간적 한계를 넘나드는 사이버 공동체이다.
    • 가상공간에서 이루어지는 사이버 공동체는 기존의 공동체와는 근본적으로 다른 함의를 지니며, 새롭게 접근하여야 하는 지역사회의 새로운 형태이다.
      ◉ 인터넷 포털사이트, SNS 등

4. 학자별 지역사회의 개념

① 파크와 버제스(Park & Burgess)
  ㉠ 지리적(공간적) 의미의 지역사회를 강조한다.
  ㉡ 지역사회는 한 지역을 구성하는 사람들과 조직들의 지리적 분포라는 견지에서 고려될 수 있는 사회집단에 적용되는 것이라고 본다.
  ㉢ 모든 지역사회는 사회이지만, 모든 사회가 지역사회는 아니라고 강조한다.
  ㉣ 지역사회의 생활이 사회를 움직이는 원동력이라고 본다.

개념 공략 파크와 버제스의 동심원 구조 모델

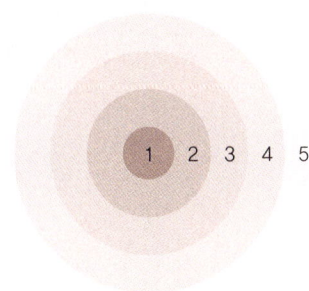

1. 중심업무지역
2. 점이지대
3. 노동자 주택지대
4. 중·고급 주택지대
5. 통근자 지대

➡ 도시는 중심업무지역, 점이지대, 노동자 주택지대, 중·고급 주택지대, 통근자 지대가 동심원적으로 확대 및 분화하는 과정으로 성장·발전해 나간다고 봄.

② 메키버(MacIver)
  ㉠ 사회적 동질성을 띤 지역사회를 강조한다.
  ㉡ 인간의 공동생활이 영위되는 일정한 지역을 '공동생활권'으로 설명한다.
  ㉢ 협동, 공동생활 등 감정적 측면을 강조한다.
  ㉣ 지역사회란 모든 형태의 공동생활지역으로 부락, 읍, 시, 도, 국가 혹은 더 넓은 지역까지도 포함되는 것이라고 본다.
  ㉤ 어느 지역이 지역사회로 인정받기 위해서는 다른 지역과 구별되는 자체적인 특성을 지녀야 한다고 주장한다.

③ 워렌(Warren)
  ㉠ 지리적·사회적 동질성을 가지는 지역사회를 강조한다.
  ㉡ 지역사회를 작은 부분체계로 이루어진 하나의 전체적 체계로 보고, 지역적 접합성을 가지는 주요한 사회적 기능 수행의 단위와 체계의 결합으로 설명한다.
④ 힐러리(Hillery)
  ㉠ 지리적·사회적 동질성을 강조한다.
  ㉡ 지역사회의 본질적 의미는 인간관계를 통해 형성된다고 보고, 사회관계의 공간적인 영역이 아무리 확대되어도 그 의미는 그대로 존속된다고 본다.
  ㉢ 지리적 영역, 사회적 상호작용, 공동의 연대를 지역사회의 3요소로 제시한다.
    - **지리적 영역(Area)**: 주민들의 정신적인 연대가 이루어질 수 있는 공동의 생활터전을 구축하는 데 반드시 필요한 공간적 단위이다.
    - **사회적 상호작용(Social Interaction)**: 지역사회는 일정한 지리적 영역 내에서 함께 생활하는 주민들 간의 상호 교류 작용을 통하여 이루어진다.
    - **공동의 연대(Common Tie)**: 지역사회는 주민들이 심리적인 공동의 유대감을 가지고 서로 이해하고 동료의식을 가질 때 구축된다.
⑤ 젠트너(Zentner)
  ㉠ 지역사회를 거주공간에서 주민들이 공유하는 직업과, 거주공간에서 유용한 활용과정으로부터 나오는 목표에 대한 통합적인 집단구조로 보았다.
  ㉡ 지역사회의 구성원들은 일정한 거주공간에서 집단적인 동일성을 어느 정도 가지고 있어야 한다고 설명한다.
⑥ 뒤르켐(Durkheim)
  ㉠ 지역사회를 구조적인 관점으로 바라보았다.
  ㉡ 국가는 개인으로부터 너무나 분리되어 있기 때문에 지역사회의 도움 없이는 사회화 기능을 성공적으로 수행할 수 없다고 하며 지역사회를 강조한다.

> **개념 공략** 지역사회가 새롭게 주목받는 이유
> - 급격한 경제성장이 가져온 부정적인 사회현상에 대한 비판
> - 환경운동과 생태주의의 확산으로 획일적이고 거대한 중앙집권체제에 대한 비판
> - 지역사회 수준에서의 지속가능한 삶에 대한 관심 증대
> - 지방자치제도의 실시
> - 복지국가의 재편과정에서 확산된 복지다원주의

5. 지역사회를 위한 요건

① 좋은 지역사회의 기준(워렌, Warren)
  ㉠ 다양한 소득집단, 인종집단, 종교집단, 이익집단을 포용해야 한다.
  ㉡ 의사결정 및 정책 형성과정에서 협력을 극대화하고 갈등을 최소화하여야 한다.
  ㉢ 구성원 사이에 인격적인 관계가 이루어져야 한다. 인간적인 기초 위에서 서로 존중해야 한다.
  ㉣ 지역사회 내에서 권력의 폭넓은 분산과 배분이 이루어져야 한다.
  ㉤ 높은 수준의 지역적 통제가 이루어져야 한다(지역사회 내에서 규칙 준수 및 질서 유지).
  ㉥ 주민들의 자율권이 충분히 보장되어야 한다.

> **개념 공략** 좋은 지역사회의 이미지
>
> - 주민들이 지역사회에 대한 깊은 애정이 있음.
> - 치안과 안전이 보장됨.
> - 기능적인 생활환경과 이웃관계를 유지함.
> - 심각한 사회문제가 없음.
> - 교육과 고용의 기회가 충분함.
> - 쾌적한 공간적·문화적 환경이 유지됨.
> ➡ 좋은 지역사회를 '살기 좋은 곳', '일하기 좋은 곳', '자녀를 교육하기 좋은 곳', '은퇴하여 지내기에 좋은 곳' 등으로 표현함.

② 역량 있는 지역사회의 기준(펠린, Fellin)
  ㉠ 구성원은 지역사회에 헌신하고 협력해야 한다.
  ㉡ 지역사회 내 다양한 집단들은 자신의 가치와 이익을 자각해야 한다.
  ㉢ 합의된 목표를 달성하기 위해 효과적인 의사소통이 이루어져야 하고, 수단과 방법에 대한 의견이 일치되어야 한다.
  ㉣ 구성원들은 목표를 확인하고, 달성하기 위한 활동에 참여해야 한다.
  ㉤ 지역사회 내 집단들 간에 발생하는 갈등을 조정하기 위한 절차가 있어야 한다.
  ㉥ 적당한 수준의 자율성이 지켜질 수 있도록 해야 하며, 외부사회와의 관계를 조정할 수 있어야 한다.

③ 이상적인 지역사회의 기준(린데만, Lindeman)
  ㉠ 효율적인 정부라는 매개체를 통해 질서(생명과 재산의 안전)를 도모한다.
  ㉡ 효율적인 생산체계를 통해 경제적 안녕(소득)을 보장한다.
  ㉢ 공공의 보건기관을 통해 육체적 안녕(보건과 위생)을 보장한다.
  ㉣ 조직적이고 잘 마련된 놀이를 통해 여가시간을 건설적으로 활용하게 한다.
  ㉤ 조직화된 지역사회에 의해 지지받을 수 있는 윤리적 기준(도덕체계)을 제공한다.
  ㉥ 모든 사람이 쉽게 접근할 수 있는 공공기관을 통해 지식(교육)을 보급한다.
  ㉦ 자유롭게 의사표현을 할 수 있는 수단을 제공한다.
  ㉧ 모든 주민이 자신의 의사가 표현되고 반영된다고 느낄 수 있는 민주적 형태의 조직을 제공한다.
  ㉨ 신앙적 동기를 제공한다.

6. 지역사회의 유형 기출 16회

① 퇴니스(Tönnies)의 분류: 퇴니스는 인간이 서로 연관되는 경로에 관심을 가지고, 지역사회를 공동사회와 이익사회로 구분하였다.
  ㉠ 공동사회
    - 혈연, 지연, 우정과 감정에 기초한 정서적 결합으로 이루어진 지역사회 형태로, 가족, 마을, 작은 지역적 단위에서 다수를 차지한다.
    - 전통적, 정서적 관계에 기초한다.
    - 소규모의 대면적 관계를 강조한다.
  ㉡ 이익사회
    - 개인주의와 객관적 계약, 합리적 이익 추구에 기초한 지역사회의 형태이다.
    - 조합, 정당, 국가 등이 해당된다.
    - 대규모의 비대면적 관계를 강조한다.
    - 개인 간의 긴장관계가 발생한다.

> **개념 공략** 퇴니스의 지역사회 발전단계
>
> 공동사회와 이익사회의 개념은 사회변동에 따른 사회형태의 변화를 제시하며, 다음과 같은 순서로 지역사회가 발전한다고 봄.
>
> | 공동사회의 연합체 | 가족 등 혈연관계, 이웃, 친구(비공식적 복지) |
> |---|---|
> | ↓ | |
> | 공동사회의 협의체 | 공동의 노동이나 직업적 소명에 따른 관계(길드, 교회 등 초기 형태의 공식 복지) |
> | ↓ | |
> | 이익사회의 협의체 | 대기업 조직, 국가 관료 조직(민간에 의한 자선적 복지 강조) |
> | ↓ | |
> | 이익사회의 연합체 | 사회연대성의 관계를 통한 인간관계의 회복 시도(공동사회의 특성을 재도입, 사회보험, 공공부조, 사회복지서비스 등 공식적 사회복지의 발전) |

② 던햄(Dunham)의 분류 **기출** 19회, 23회
  ㉠ 인구 크기에 의한 분류: 지역 내 인구수를 기준으로 지역사회를 분류하는 형태이다.

대도시	인구 100만이 넘는 도시
중·소도시	인구 30만 이상 100만 미만의 도시
읍	인구 30만 미만의 도시와 농촌이 병존하는 지역
자연부락	가구 수 100호 미만의 자연부락

  ㉡ 산업구조 및 경제적 기반에 의한 분류: 주민들의 경제생활뿐만 아니라 사회·문화적 특성을 파악할 수 있는 분류형태이다. **예** 농촌, 광산촌, 어촌, 산촌, 산업단지, 경제특구 등
  ㉢ 행정구역에 의한 분류: 정부가 정한 행정구역에 따른 분류형태이다. 행정구역을 나눌 때 인구의 크기가 고려되기는 하지만 반드시 인구의 크기에 비례하여 구분하는 것은 아니다.
    예 특별시, 광역시·도, 시·군·구(기초지방자치단체), 읍·면·동
  ㉣ 인구구성의 사회적 특수성에 의한 분류: 지역사회 구성원 대다수가 가지는 사회적 특성을 중심으로 지역을 분류한 형태이다.
    예 노인 밀집지역, 외국인 집단 거주지역, 코리안타운, 차이나타운, 도시 저소득층 지역(쪽방촌) 등 문화적·인종적 특성에 의한 분류

최다빈출

7. 지역사회의 기능과 제도(길버트와 스펙트, Gilbert & Specht) **기출** 14회, 16회, 18회, 20회, 21회, 23회
  ① 생산·분배·소비의 기능 ➡ 경제제도
    ㉠ 의식주와 같이 일상생활을 하는 데 필요한 재화와 서비스를 생산하고, 분배하고, 소비하는 1차적 분배의 기능이 이에 해당한다.
    ㉡ 현대사회에서는 의식주뿐만 아니라 보건, 교통, 고용, 여가생활 등과 관련된 다양한 영역에서 재화나 서비스 등 기본적인 욕구를 충족시키기 위한 활동을 포함하고 있다.
  ② 사회화 기능 ➡ 가족제도: 사회를 구성하는 가족, 집단, 조직 등을 통해 사회가 향유하고 있는 일반적 지식, 사회적 가치, 행동 양태(사회적 기대, 관습, 가치, 신념, 역할, 태도 등)를 구성원들에게 전달하는 기능이다.
    예 자녀들이 노인을 공경하도록 가정교육을 실시하는 것, 식사예절을 교육하는 것 등
  ③ 사회통제의 기능 ➡ 정치제도
    ㉠ 지역사회가 구성원들에게 사회의 규범(법, 도덕, 규칙 등)을 지키도록 하는 기능이다.
    ㉡ 지역사회 내 경찰과 사법권을 통해 그 구성원들에게 순응하도록 강제력을 발휘한다.

④ 사회통합의 기능 ➡ 종교제도
  ㉠ 사회참여의 기능이라고도 하며, 지역사회 구성원들의 상호간 협력, 결속력 등을 강조하는 기능이다.
  ㉡ 구성원 간의 신뢰를 바탕으로 상호 존중하고 사회봉사의 참여 등을 강조한다.
  ㉢ 구성원 스스로 규범을 준수하여 바람직한 행동을 하도록 하는 기능을 의미한다.
⑤ 상부상조의 기능 ➡ 사회복지제도
  ㉠ 사회 구성원들이 주요 사회제도에 의해 자기들의 욕구를 충족할 수 없는 경우, 서로의 안녕을 위하여 도움을 주고받는 과정의 기능이다.
  ㉡ 질병, 사망, 실업, 사고 등의 개인적인 이유 또는 경제적 제도의 부적절한 운영에 의해 자립할 수 없는 상황에 놓일 경우 외부의 도움이 필요한데, 이전에는 가족이나 친척, 친구, 이웃 등이 이를 담당했으나 사회가 다양화되면서 정부, 민간복지조직 등 전문적 사회복지제도로 이양되고 있다.

8. 지역사회 기능의 비교척도(워렌, Warren) 기출 20회

① 지역적 자치성
  ㉠ 지역사회가 제 기능을 수행하는 데 있어 다른 지역에 어느 정도 의존하는가?
  ㉡ 개방체계로서의 지역사회가 어느 정도의 자립도와 의존도를 가지는지 파악하기 위한 척도이다.
② 서비스 영역의 일치성
  ㉠ 상점, 학교, 공공시설, 교회 등의 서비스 영역이 어느 정도 같은 지역 내에서 이루어지고 있는가?
  ㉡ 주민들이 서비스에 얼마나 쉽게 접근할 수 있는지를 확인하기 위한 척도이다.
③ 지역에 대한 주민들의 심리적 동일시: 지역사회 주민들이 자기 지역을 어느 정도로 중요한 준거집단으로 생각하며, 어느 정도로 소속감이 있는가?
④ 수평적 유형
  ㉠ 지역사회 내에 있는 상이한 단위조직(개인, 사회조직)들이 구조적·기능적으로 얼마나 강한 관련성을 갖고 있는가?
  ㉡ 단위조직들이 기능적으로 얼마나 상호 대등한 관계를 가지고 있는지를 확인하기 위한 척도이다.

9. 지역사회에 관한 이론적 관점 기출 14회

① 지역사회 상실이론
  ㉠ 산업화 이후 개인주의 경향과 인간관계 단절 등으로 지역사회의 가족을 비롯한 1차집단이 해체되었다고 보는 관점이다.
  ㉡ 지역공동체의 쇠퇴, 산업사회의 비인간적인 사회관계 발전 등 상실된 지역사회의 기능을 대체할 수 있는 새로운 제도적 장치(국가의 사회복지제도)가 필요함을 강조한다.
  ㉢ 과거의 지역사회 공동체는 이상적인 것으로, 복구될 수 없는 잃어버린 세계로 간주한다.
② 지역사회 보존이론
  ㉠ 현대사회의 산업화된 도시에 살고 있는 도시인들도 농촌사회와 비슷한 혈연, 이웃, 친구들에 의한 사회적 관계망을 여전히 갖고 있다고 본다. 전통사회가 가지고 있던 지역사회의 기능을 보존할 수 있다고 보는 관점으로, 지역사회 상실이론에 반론을 제기한다.
  ㉡ 국가적 차원의 복지제도보다 가족이나 지역사회를 통한 상호부조 기능을 강조한다.
③ 지역사회 개방이론
  ㉠ 지역사회 상실이론과 지역사회 보존이론의 대안적 이론이다.
  ㉡ 지역사회 상실이론과 지역사회 보존이론이 지역성의 상실과 보존에 초점을 둔 반면, 지역사회 개방이론은 지역성의 의미를 벗어나 새로운 사회적 지지망으로 비공식적 연계를 강조한다.

ⓒ 지역사회 개방이론의 특징
- 지역사회를 바라보는 시각이 개방적이다.
- 지역사회를 개방체계로 간주한다.
- 지역사회 상실론자, 지역사회 보존론자들의 주장에 각각 부분적으로 동의한다.
- 지역사회의 성장 발전을 위해 내·외부 자원을 적극적으로 활용할 것을 강조한다.
- 비공식 자원(가족, 친지, 이웃 등)뿐만 아니라 공식 자원(공공기관, 민간기관 등)의 활용을 강조한다.
- 공식부문과 비공식부문의 네트워크를 강조한다.

2 지역사회복지의 이해

1. 지역사회복지의 개요

① 지역사회복지의 개념
  ㉠ 협의의 개념: 시설보호와 대치되는 개념으로, 대인서비스와 밀접히 관련된다.
  ㉡ 광의의 개념
   - 전문 혹은 비전문 인력이 개입하여 지역사회를 중심으로 지역사회 주민에 대한 사회제반의 문제를 예방하고 해결하고자 하는 일체의 사회적 노력을 의미한다.
   - 지역사회의 복지를 향상시키려는 노력은 사회복지사의 전문적 활동에 국한되지 않고, 다양한 전문적·비전문적 활동을 포함한다.
   - 자연발생적인 민간활동(예 두레, 향약, 품앗이 등)부터 오늘날 민간 자선활동, 지역사회개발운동, 전문적 지역사회조직사업 등까지 포괄한다.
   - 여성, 아동, 노인 등 대상 중심 활동이 아닌 지역성이 강조된다.

② 지역사회복지의 의의 및 속성
  ㉠ 지역성과 기능성을 포함하는 일정한 지역사회 내에서 이루어진다.
  ㉡ 지역주민의 삶의 질 향상에 목표를 둔다.
  ㉢ 지역사회의 문제해결능력을 향상시키고 주민의 복지욕구를 충족시키는 기능을 한다.
  ㉣ 정부와 민간기관의 상호 협력이 강화되는 추세로 발전하고 있다.
  ㉤ 조직적인 활동을 강조하는 전문적 서비스와 방법을 활용하지만, 전문가와 비전문가 집단 간 연계가 이루어진다.
  ㉥ 개인, 가족 등 미시적 수준의 사회체계와 연속선상에서 활동이 이루어진다.
  ㉦ 지역 내 존재하는 각종 제도에 영향을 미친다.

2. 지역사회복지의 이념 및 특성 기출 11회, 14회, 21회, 23회

① 지역사회복지의 이념
  ㉠ 정상화
   - 1950년대 덴마크를 비롯한 북유럽에서 시작된 이념이다.
   - 특별한 장애나 욕구를 가진 사람도 강제적·폐쇄적·집권적인 시설보호를 벗어나 일상적인 삶을 유지하면서 자신의 삶을 선택할 수 있는 자유를 가질 수 있도록 인간의 존엄성을 지키고자 하는 이념이다.
  ㉡ 사회통합
   - 장애인, 노인 등 지역사회의 보호대상자들을 위해 그들이 성장한 지역사회에서 지역사회 주민들과 함께 생활해 나갈 수 있는 조건을 확보하는 데 관심을 갖는다.

- 계층 간의 격차와 지역 간의 차이에서 발생하는 갈등의 가능성을 줄이고 사회의 전반적인 불평등을 감소시킴으로써 삶의 질을 향상시켜 나가야 한다는 이념이다.

ⓒ 탈시설화
- 폐쇄적인 대규모 보호시설의 형태에서 벗어나 그룹홈, 주간보호시설, 단기보호시설 등 소규모의 다양한 형태로 전환함으로써 지역사회의 적극적 참여가 이루어지는 개방적 체제로의 전환을 지향해 나가야 한다는 이념이다.
- 시설의 폐쇄성과 입소의 장기화를 반대하는 개념이다.

> **합격 가이드**
>
> 탈시설화가 시설의 폐쇄성을 반대하기는 하지만, 시설보호의 폐쇄를 의미하는 것은 아닙니다.

ⓔ 주민참여
- 지방자치제도 실시로 더욱 강조되는 이념으로, 주민을 지역사회 욕구 및 문제해결의 주체로 보고, 주민의 주체성을 강조한다.
- 지역주민은 지역사회복지서비스의 이용자임과 동시에 공급자로서 양면성을 가진 존재로, 주민참여는 주민과 지방자치단체의 동등한 파트너십을 형성하기 위한 방법이다.

ⓜ 네트워크(네트워크화)
- 다양한 욕구를 지닌 이용자들에게 원하는 서비스를 제공하기 위해 서비스 공급체계의 네트워크 및 관련 기관과의 연계, 이용자의 조직화 등 다양한 네트워크체계를 구축해야 함을 강조한다.
- 지역사회복지에서의 네트워크 원리란 수요자의 복지증진을 위해 지역사회 주민의 조직화, 보건의료·복지의 연계, 사회복지기관·시설의 연계 등을 포함한 포괄적 원리를 의미한다.
- 민간협력 강화, 사례관리의 강화로 강조되고 있는 이념이다.

개념 공략 지역사회복지 네트워크의 성공 요인 **기출** 14회

- 조직의 힘이 균등하여야 함.
- 네트워크 관리자의 역할이 중요함.
- 협력의 목적과 비전이 공유되어야 함.
- 자원이 풍부해야 참여가 원활할 수 있음.
- 조직의 자발성이 인정되고, 협력성·통합성이 우선되어야 함.

개념 공략 가족주의와 국가주의(집합주의)

가족주의와 국가주의(집합주의)는 사회복지의 실천 주체와 비용부담의 문제에 있어 가족의 일차적인 책임을 강조해야 하는가, 정부의 역할을 확대·강화해 나가야 하는가에 대한 관점의 차이가 있음.

가족주의	국가주의(집합주의)
• 가족의 보호가 최선의 방법이라는 기본적인 규범을 기초로 함. • 보호의 의무는 혈연관계로 이루어진 가족에게 있다고 보고, 여성이 보호의 일차적인 책임을 지게 됨.	• 사회의 모든 구성원에 대한 사회적 책임을 강조함(책임성). • 이러한 사회적 책임이 강조되는 영역은 공적·사적 영역을 모두 포괄함(포괄성).

② 지역사회복지(실천)의 특성 **기출** 11회

㉠ 예방성: 지역사회 내의 사회복지 욕구나 해결되지 못한 생활문제를 주민참여를 통해 조기 발견하여 이에 대응할 수 있는 네트워크를 형성한다.

㉡ 통합성
- 서비스 제공 기관 간의 네트워크 구축을 통해 지역사회 주민들에게 종합적으로 서비스를 제공하는 것을 의미한다.

- 서비스의 중복과 누락 방지에 관심을 가진다.
- 서비스 공급자의 관점을 강조한다.
- 원스톱 서비스, 서비스의 패키지화 등으로 나타난다.

ⓒ 포괄성
- 지역주민의 다양한 욕구충족을 위해 보건의료, 고용, 교육, 문화, 환경 등 생활의 전반적인 영역을 다각도에서 포괄적으로 다루어야 하는 것을 의미한다.
- 서비스 이용자의 관점을 강조한다.

ⓔ 연대성 및 공동성
- 지역사회 내 문제를 해결하기 위해 지역주민들이 연대를 형성하고 공동의 행동을 통해 해결하려는 특성을 의미한다(공동의 관심사에 따라 연대).
- 대내적으로는 상호 부조활동을 하고, 대외적으로는 주민운동을 통해 연대하여 개인적 문제를 공동으로 해결하고자 하는 모습으로 표현된다.

ⓜ 지역성
- 주민들의 생활권역을 기초로 지역사회복지가 전개된다. 생활권역은 주민생활의 장이면서 사회참여의 장으로서 의미를 갖는다.
- 주민의 생활권역의 기준은 다양할 수 있지만 물리적·심리적 거리를 모두 포함하여 고려해야 한다.

3. 지역사회복지 관련 개념 <기출> 16회, 18회

① 지역사회조직(로스, Ross)
ⓐ 전통적인 전문 사회사업실천의 한 방법이며, 공공 및 민간 사회복지기관에서 전문 사회복지사에 의해 수행된다.
ⓑ 지역사회조직은 보다 조직적이고 의도적인 실천방법이며, 과학적인 지식과 기술을 계획적으로 사용하여 이루어진다는 점에서 다른 지역사회복지활동과 구분된다.
ⓒ 지역사회를 구성하는 개인, 집단, 이웃의 사회적 복리를 향상시키기 위해 지역사회 수준에서 전개되는 일련의 활동으로 사회사업의 전통적인 분류방법인 개별지도, 집단지도, 지역사회조직이라는 3대 방법에서 나온 것이다.

② 시설보호
ⓐ 보호가 필요한 사람에게 일정한 시설에서 의식주와 보호서비스를 제공해 주어 장·단기적으로 거주하게 하는 형태의 사회적 보호로, 주거 개념이 포함된다.
ⓑ 폐쇄적이며 엄격한 규율과 절차가 있어 개인의 자유와 선택이 제한된다.

③ 지역사회보호
ⓐ 영국을 중심으로 1950년대 말 이후에 발전한 개념으로, 기존의 시설보호 위주의 서비스에서 탈피하여 지역사회와 상호 보완하여 서비스를 개선하고자 등장하였다.
ⓑ 사회적 보호가 필요한 사람들의 가정 또는 그와 유사한 지역사회 내의 환경에서 일상적인 삶을 유지하면서 살아갈 수 있도록 사회복지서비스를 제공한다.
ⓒ 특징
- 가정 또는 가정과 유사한 환경을 제공한다.
- 외부 직원이나 자원봉사자의 방문을 통해 서비스가 제공된다.
- 일상적인 생활은 자율적으로 이루어진다.
- 통원치료기관, 그룹홈 등과 같은 보호의 장이 전개된다.

④ 재가보호(재가복지)
  ㉠ 보호를 필요로 하는 사람들을 시설에 수용하지 않고 민간과 공공의 협력에 의해 가정에서 보호서비스를 제공하는 사회복지활동이다.
  ㉡ 서비스 제공자가 서비스 대상자의 집에 찾아가 서비스를 제공하는 방문서비스(예 가정봉사원 파견 등)와 이용자가 시설에서 서비스를 받는 통원서비스(예 단기보호 등)가 모두 포함된다.

> **합격 가이드**
> 지역사회보호와 재가보호는 가정이라는 환경을 강조한다는 점에서 유사하지만, 지역사회보호의 경우 지역사회 내의 환경에서의 보호를 포함한다는 차이가 있습니다.

⑤ 지역사회개발
  ㉠ 지역주민들의 삶의 질 향상을 위해 주민들이 스스로에 대한 확신을 가지고 대처기술을 획득하도록 지원하는 활동이다.
  ㉡ 지역사회 구성원 사이의 연대감, 상호 신뢰, 공동체 의식 등을 통해 지역사회의 문제해결과정에 구성원들의 참여가 확대되는 현상을 말한다.
  ㉢ 외부의 자원은 보조적인 역할을 담당하고 주민 스스로가 주체적으로 지역사회의 생활조건을 향상시켜 나간다.
  ㉣ 전문가의 주도적인 개입을 지양한다.
  ㉤ 지역사회개발의 원칙(국제연합, UN)
    • 지역사회개발사업은 주민의 기본적 욕구에 기초해야 한다.
    • 지역사회개발은 합의된 행동과 다목적 계획을 통해 균형 있게 수행해야 한다.
    • 시작단계에서는 주민의 태도변화에 대해 유의해야 한다.
    • 지역사회개발과정에서는 주민참여와 지방정부의 개혁과 그에 따른 효과적 변화가 따라야 한다.
    • 지역사회개발의 계획 수립, 기초 확립에 도움이 되고 장기적 수행을 하는 데에도 중요하므로, 청년과 여성층이 적극적으로 참여할 수 있도록 해야 한다.
    • 지역사회 스스로 벌이는 사업성과를 위해서는 정부기관으로부터의 적절한 보조가 필요하다.
    • 지역사회개발계획이 국가적 규모일 경우 일관성이 필요하다.
    • 지역사회개발수행에서는 민간조직의 자원을 지방·국가 및 국제적 수준의 계획에서 효율적으로 활용해야 한다.
    • 지방 차원의 경제적·사회적 발전은 국가 차원의 발전과 형평을 유지해야 한다.

⑥ 지역사회 만들기(마을 공동체)
  ㉠ 지역사회의 사회적 자본(Social Capital)을 효과적으로 동원하여 지역사회문제를 해결할 수 있도록 건전한 공동체를 구축하는 것을 목표로 삼는다.
  ㉡ 지역사회의 잠재된 자산을 응집할 수 있는 다원적인 전략과 활동이 필요하다.
  ㉢ 근린집단, 공공조직, 종교단체, 사회복지, 보건, 주택 등 지역사회복지 관련 조직 간의 체계적인 연계를 구축함으로써 이루어진다.

⑦ 시설의 사회화
  ㉠ 지역사회의 복지욕구를 충족·발전시키기 위해 시설이 소유한 장소, 설비, 기능, 인적 자원 등을 지역사회에 개방·제공한다.
  ㉡ 공공성을 강조하고, 지역사회 복지시설 및 서비스의 개방과 제공, 지역사회와의 교류를 지향하는 점에서 탈시설화 이념과 맥락을 같이한다.

3 지역사회복지 실천의 이해

1. 지역사회복지 실천의 개념과 내용

① 지역사회복지 실천의 개념 기출 16회
  ㉠ 지역사회를 대상으로 하는 사회복지실천의 포괄적 개념이다. 지역사회복지 실천은 지역사회의 복지증진을 위한 모든 전문적·비전문적 활동을 포함한다.
  ㉡ 지역사회복지 실천에 있어서 지역사회는 그 대상인 동시에 수단이 될 수 있다.
  ㉢ 지역사회복지 실천은 반드시 전문가에 의해서만 수행되는 활동이라 할 수 없으며, 타 영역의 전문가 또는 민간단체나 정치단체의 자원봉사자들에 의해 광범위하게 수행된다.
  ㉣ 조직화, 계획활동, 개발활동, 변화의 각 과정에서 실천기술을 응용하는 것을 포함한다.
  ㉤ 지역사회 구성원들이 공유하는 문제와 관련된 지역사회의 변화를 위해 요구되는 개입기술을 활용한다.

② 지역사회복지 실천의 내용(웨일과 갬블, Weil & Gamble)
  ㉠ 지역사회를 사회복지실천의 클라이언트로 간주한다.
  ㉡ 사회복지사의 개입목표는 지역사회가 가진 욕구 충족이나 문제의 예방과 해결에 있다.
  ㉢ 지역사회복지 실천에서는 전문지식과 기술을 기반으로 다른 분야의 지식과 기술을 응용하고 활용한다.

2. 지역사회복지 실천의 원칙 기출 17회, 18회, 20회, 21회

① 맥닐(McNeil)의 지역사회복지 실천의 원칙
  ㉠ 사람들과 그들의 욕구에 관심을 가져야 한다. 지역복지활동의 목표는 사회복지 자원과 사회복지 욕구 간의 효과적인 적응을 창조하고 유지함으로써 인간생활을 풍요롭게 하는 것이다.
  ㉡ 일차적 클라이언트는 지역사회여야 한다.
  ㉢ 지역사회를 있는 그대로 이해하고 수용해야 하며, 지역복지활동이 전개되는 환경을 이해해야만 그 과정이 성과를 거둘 수 있다.
  ㉣ 지역사회의 모든 사람은 보건과 복지서비스에 관심을 가지므로 각 계층의 이익을 대표하는 이들의 적극적인 참여를 목표로 하고 이를 실천하고자 노력하여야 한다.
  ㉤ 지역사회 주민의 욕구(욕구의 가변성)와 집단 간의 관계가 계속 변화함을 인식해야 한다.
  ㉥ 지역사회 내의 사회복지기관과 단체는 서로 협력하고 기능을 분담하도록 한다. 모든 사회복지기관 및 단체는 상호 의존적으로 맡은 바 기능을 수행한다.
  ㉦ 지역사회복지 실천과정은 사회복지실천의 한 분야임을 인식해야 한다.

② 로스(Ross)의 지역사회복지 실천의 원칙
  ㉠ 지역사회에 존재하는 불만으로 인한 문제를 해결하기 위해 자발적으로 추진회가 결성된다.
  ㉡ 불만은 특정 문제에 관한 계획을 세우고 실천에 옮길 수 있도록 집약되어야 한다(집약, 구체화, 특정화, 현재화).
  ㉢ 집약된 불만은 지역사회 내에서 공유되어야 하며, 모든 주민이 인식하도록 한다(합의와 참여).
  ㉣ 지역사회 내 지도자(풀뿌리 지도자)를 참여시켜 하위집단의 수용과 변화를 모색한다(추진회와 주민의 연결고리 역할).
  ㉤ 지역사회 주민으로부터 지지를 받을 수 있는 목표와 운영방법을 가져야 한다(절차의 성문화).

> **합격 가이드**
> 로스는 지역사회복지 실천을 지역사회문제 해결을 위한 추진회(Association)의 역할로 설명합니다.

ⓑ 추진회의 사업은 정서적·문화적 활동이 포함되어야 한다(협동심과 유대감 고취).
ⓢ 지역사회 주민의 잠재력을 활용해야 한다.
ⓞ 주민 간 효과적인 의사소통을 할 수 있는 대화 통로를 건설한다.

③ 존스와 디마치(Johns & Demarche)의 지역사회복지 실천의 원칙
㉠ 지역사회복지 실천에서 이익은 목적이 아니라 수단일 뿐이고, 인간의 복지와 성장이 궁극적 목적이다.
㉡ 지역사회도 개인과 집단처럼 특유의 성격과 문제를 가지고 있으므로 개별화하여야 한다.
㉢ 지역사회는 자기결정권을 가지고 있다. 따라서 강요에 의한 사업추진은 거부해야 한다.
㉣ 지역복지활동의 토대는 개인적 욕구를 넘어서는 사회적 욕구이다.
㉤ 기관의 이익보다 지역사회의 욕구를 우선시해야 한다.
㉥ 조정은 공동의 이익과 목표에 대한 인식에서 이루어져야 한다.
㉦ 지역복지활동을 수행하기 위한 구조는 가능한 한 단순해야 한다.
㉧ 지역사회의 서비스는 공평하게 분배되어 모든 사람이 차별 없이 평등하게 이용할 수 있어야 한다.
㉨ 문제해결의 접근방법에 있어서 다양성이 존중되어야 한다.
㉩ 복지기관 협의체에는 광범위한 집단의 이익이 반영되어야 한다.
㉪ 지역사회복지관의 효과적 운영과 사업을 위해서는 집중과 분산의 균형이 필요하다.
㉫ 지역사회 내에 존재하는 집단 간의 의사소통을 가로막는 장애는 제거되어야 한다.
㉬ 전문가에 의한 지역사회복지 실천의 수행이 필요하다.

개념 공략 지역사회복지 실천의 다섯 가지 핵심원칙

- **클라이언트와의 협력적 관계 구축**: 주민 중심 서비스, 클라이언트의 자기결정권을 보장해야 함.
- **지역사회 구성원 중심의 목표형성과 평가**: 프로젝트의 목표는 참여자의 관심·욕구·관점을 반영하고, 수요자 중심의 프로그램을 개발해야 함.
- **문제의 사회구조적 요인을 반영한 개입전략**: 지역사회가 지닌 문제의 다층적이고 체계적인 본질을 반영해야 함. 지역사회문제를 항상적으로 유지시키는 제도 및 사회적 구조를 포함함.
- **전략적 성공을 위한 전술적 승리의 활용**: 거시적 변화의 전망을 유지하면서 체계의 다중적 수준에서 전술적으로 소규모 승리를 거두기 위한 계획을 수립함.
- **소규모 지역사회 수준에서의 지속가능성**: 지역사회의 능력을 꾸준히 구축하고 증진시키기 위한 개입의 지속성을 확보함.

3. 지역사회복지 실천의 목적

펄만과 구린(Perlman & Gurin)은 지역사회복지 실천이 추구하는 목적에 따라 지역사회복지 실천에 관한 견해를 네 가지로 분류하여 설명하였다.

① **지역사회 참여와 통합의 강화**
㉠ 지역사회에 있는 모든 집단이 자신들의 의사를 표현하도록 격려하고, 효과적 상호작용을 통해 자신들의 사회환경을 개선하는 방안을 합의하도록 하는 것이다.
㉡ 집단 간의 적응과 협동적인 관계가 중요한 목표가 된다.
② **문제 대처능력의 고양**: 지역사회 또는 지역사회의 일부가 환경과 변화에 대처할 수 있는 능력을 갖추도록 소통과 상호작용의 수단을 향상시키는 데 중점을 둔다.
③ **사회조건과 서비스의 향상**: 지역사회 내의 욕구와 문제점을 찾아내고 사회문제를 해결하거나 예방하기 위해 효과적 서비스와 방법을 개발하는 것이 중요한 목표가 된다. 이때 특정한 목표의 설정과 목표를 달성하기 위한 자원의 동원이 포함된다.

④ 불이익집단의 이익 증대: 불이익집단(예 하위계층, 소수집단, 도시슬럼 지역사회 주민 등)이 받아야 할 물질적 재화와 서비스의 몫을 증대시키거나 지역사회의 주요 결정에서 그들의 역량과 참여를 증대시킴으로써 그들의 이익을 증진하는 데 목표를 둔다.

4. 지역사회복지 실천의 가치 기출 13회

① 다양성 및 문화적 이해
  ㉠ 문화의 기능 및 문화의 다양성을 인지하는 것은 인간의 행동과 사회의 기능을 이해하는 데 필수적이다.
  ㉡ 다양한 문화집단들에 관한 지식을 쌓고, 문화적 동질성 개념을 이해하고, 상이한 관점을 수용하면서 서로 대화할 수 있어야 한다.
② 자기결정과 임파워먼트(역량강화)
  ㉠ 자기결정
    • 클라이언트(지역사회)가 전문가의 개입 여부를 스스로 결정하고, 개입의 방법과 그것이 가져올 결과에 대해서도 선택할 수 있도록 하는 것을 말한다.
    • 궁극적으로는 지역주민들이 스스로 문제를 해결할 수 있는 힘을 강화하는 것을 중요하게 생각한다.
    • 지역사회 혹은 지역사회복지 실천에 참여하는 기관들이 의사결정에 참여해야 한다는 것을 당연하게 생각한다.
  ㉡ 임파워먼트(역량강화)
    • 자신의 삶과 환경에 대해 아무런 영향력을 행사할 수 없는 무력한 상태를 벗어나 자신이 원하는 바에 따라 삶과 환경을 적절하게 통제할 수 있는 상태로 전환하는 과정을 말한다.
    • 지역주민의 자치능력 또는 자율능력을 강화하여 주체의식을 키우고, 개인이 지역사회 자원을 효율적으로 이용할 수 있도록 함으로써 사회적으로 각기 다른 집단 사이에서 재원과 권력의 분배가 더욱 공평하게 이루어질 수 있도록 한다.
  ㉢ 자기결정과 임파워먼트에 초점을 둔 실천은 개인 스스로가 환경을 이해하고, 자신들의 선택에 대한 책임을 지고, 조직화와 옹호를 통해 개인의 능력을 발전시키는 것을 말한다.
③ 비판의식의 개발
  ㉠ 사회가 어떻게 억압을 조장하는가에 대한 인식뿐만 아니라 그러한 억압적 구조와 의사결정과정을 주시하고 이해하는 것을 말한다.
  ㉡ 서비스 대상자들과 사회적·경제적 제도의 억압적 본질에 대한 인식을 공유하고, 개인의 행동을 유발하여 사회의 변화를 추구하도록 한다.
  ㉢ 사회 구성원의 대한 비판의식을 제고해 나가는 과정을 통해 더욱 인간적이고 개인들의 욕구가 반영된 사회구조로의 변화를 이끈다.
④ 상호학습
  ㉠ 지역사회복지 실천과정에서 지역사회 주민들 사이에 평등한 관계를 유지하기 위해 개발되는 기술이다.
  ㉡ 지역사회복지 실천가는 지역주민들의 문화적 배경에 대해 배우고자 하는 적극적인 학습자가 되어야 한다.
  ㉢ 지역사회 주민들은 클라이언트의 입장을 뛰어넘어 교육자이자 파트너로서의 역할을 수행하기 위한 동기부여를 해야 한다.
  ㉣ 지역사회복지 실천가와 지역사회 주민은 사회변화과정에서 동등한 파트너임을 인식할 수 있도록 하며, 지역주민의 개인적인 견해가 무시되지 않도록 하고 권위와 지배를 거부하는 것이 필요하다.
⑤ 사회정의와 균등한 자원배분: 억압적이거나, 정의롭지 못하거나, 불평등한 사회 현실을 개혁하기 위한 노력으로, 한정된 사회복지 자원의 균등한 분배에 관한 배분적 정의가 필요하다.

5. 지역사회복지 실천의 윤리

① 사회의 개혁·변혁이 개입의 일차적 목표이다.
② 사회복지사는 억압받는 집단을 주변화시키는 사회적·경제적 조건들에 대해 비판의식을 발전시켜야 한다.
③ 주민들의 비판의식을 키우도록 한다.
④ 클라이언트란 주로 대상자집단의 구성원, 표적이 되는 지역사회의 주민, 억압받는 구성원 등이기 때문에, 사회복지사들은 이러한 클라이언트 집단의 모든 구성원들과 직접 접촉하지 않는 경우가 많다.
⑤ 대개의 개입은 대상자집단의 구성원들과 제휴하는 가운데 이루어지고, 경우에 따라서 대상자집단이 사회복지사를 고용하기도 한다.
⑥ 실천활동의 목적은 불이익을 받고 있는 주변화된 집단들의 역량 증대에 있기 때문에 지역사회복지 실천이 억압적 체제를 유지하는 데 이용되어서는 안 된다.

6. 지역사회복지 실천의 주요 관점

① 결핍 관점
  ㉠ 지역사회의 부족한 점이나 결핍요소에 초점을 맞추며, 지역사회를 문제와 욕구 중심으로 생각한다.
  ㉡ 지역사회의 근본적인 변화나 지역사회 발전에는 상대적으로 관심을 기울이지 않는다.

② 임파워먼트 관점
  ㉠ 지역사회의 근본적인 문제가 자원 배분과 의사결정에서의 불평등한 권력관계로부터 시작된다고 보고, 사회적 약자나 소수계층이 지배문화로부터 느끼는 소외감을 줄이는 데 초점을 둔다.
  ㉡ 권력관계를 중심으로 지역사회에 접근하며, 권력관계의 불평등을 해소하거나 완화시키는 것에 관심을 갖는다.

③ 강점 관점
  ㉠ 강점 관점의 기본전제는 저소득층 및 소외계층이 가지고 있는 자산, 기술, 자원 등의 긍정적 강점을 활용하여 그들의 삶을 변화시키는 데 있다.
  ㉡ 낙후되었거나 자체 조직이 취약하다고 생각되는 지역사회 역시 그 자체의 강점과 긍정적 자산을 가지고 있으며, 이것들을 활용하여 지역사회 스스로 발전을 도모할 수 있다고 본다.
  ㉢ 한계: 개인과 지역사회의 역량에 초점을 두다 보면 지역사회 내부 역량을 과대평가하고 문제를 간과하게 되어 자조와 자기책임만을 강조하는 결과를 초래할 가능성이 크다.

CHAPTER 02

지역사회복지의 역사

핵심 Tag #영국의 지역사회복지 #한국의 지역사회복지 발전기의 주요 흐름

1 초기 지역사회복지의 역사

1. 지역사회조직 이념의 태동
① 영국은 산업사회로의 변화에 따라 지방의 농노들이 도시로 유입되면서 부랑인이 증가하고, 종교개혁으로 인해 수도원들이 폐쇄되면서 병자나 장애인 등 실질적으로 노동능력이 없는 빈민이 방치되었다. 이러한 빈민이 구걸을 하거나 거리를 떠돌게 되면서 심각한 사회문제가 발생하였다.
② 부랑인의 이동을 억제하고, 노동자들에게 노동을 강제하며 노동자들의 임금을 통제하기 위해 정부의 개입이 불가피하게 됨에 따라 엘리자베스 구빈법(1601, 구빈민법)과 신구빈법(1834)이 제정되었다.
③ 열등처우의 원칙에 입각한 엘리자베스 구빈법과 더불어 구빈행정 수정의 필요성이 대두되면서 빈민의 자조와 정신적인 원조, 생활 개선을 강조한 사회운동이 전개되었다.
④ 산업혁명 이후 실업자, 빈곤자, 부랑인 등이 증가하면서 단체별·개인별 독자적 활동으로 구호의 중복 및 누락 현상이 빈번하게 발생하였고, 체계적인 구호활동의 필요성이 제기되었다.

> **합격 가이드**
> '열등처우의 원칙'이란 구제를 받는 빈민의 생활수준이 최하층 독립 노동자의 생활수준보다 낮아야 한다는 원칙입니다.

2. 자선조직협회(COS; Charity Organization Societies) 기출 11회, 12회
① 등장 배경 및 설립
  ㉠ 산업혁명과 산업화로 인해 많은 인구가 도시로 유입되면서 도시 빈민이 발생하였다.
  ㉡ 1800년대 초부터 많은 수의 민간 자선단체가 조직되어 구빈활동을 시작하였다. 다양한 민간 자선단체의 구빈활동이 비계획적·무차별적·비조직적·비전문적으로 이루어지면서 다양한 문제점이 노출되었다.
  ㉢ 보다 효율적이고 조직적이며 전문적인 자선사업을 위한 연합체를 결성하고자 런던에서 세계 최초의 자선조직협회(1869)가 설립되었다.
② 자선조직협회의 활동원칙
  ㉠ 협력과 조직화를 바탕으로 활동한다.
  ㉡ 원조대상을 가치가 있는 빈곤자에 한정한다.
  ㉢ 빈곤자 욕구조사 실시를 통해 원조를 제공할 클라이언트를 한정적으로 선별한다(전문적인 사회복지서비스 제공의 시작).
  ㉣ 금액과 시기의 적정성을 유지한다.

③ 자선조직협회의 특징
  ㉠ 빈곤의 책임을 개인에게 두고, 구호를 받는다는 것을 자기존중을 파괴하는 것으로 생각하였다.
  ㉡ 직업적인 클라이언트들이 여러 자선단체로부터 중복 구제를 받으려고 하는 것을 방지하고자 하였으며, 클라이언트를 자선단체에 등록시키고 연락기관을 설치하였다.
  ㉢ 환경조사를 통한 적절한 원조를 제공하여 빈곤자가 자력으로 빈곤을 탈피할 수 있도록 하는 데 목적을 두었으며, 적절한 지원을 제공하기 전에 우애방문원이 호별 방문을 통해 조사, 등록, 협력, 조정 등을 실시하였다.
  ㉣ 우애방문원이 역할모델로서 활동하며 빈민의 삶을 변화시키는 데 주력했다. 우애방문원의 활동은 개별 사회사업(Casework)으로 발전하였다.
  ㉤ 가난한 사람을 가치가 있는 사람(예 일할 능력이 있는 걸인)과 가치가 없는 사람(예 알코올 중독자, 매춘부 등)으로 구별하여 가치가 있는 사람만을 구제하였다.
  ㉥ 사회진화론, 적자생존 원리의 영향을 받았다.

> ▼ **합격 가이드**
> 가치 있는 사람만을 구제한 것은 도덕적 의무를 강조한 면으로 볼 수 있습니다.

개념 공략 우애방문원(Friendly Visitor)
- 19세기 말~20세기 초 영국과 미국의 자선조직협회는 빈곤자에 대한 개별 방문지도를 펼쳤고, 이를 우애방문원이라고 함.
- 우애방문원은 당시 독지가들로 이루어져 무보수로 활동하였다가 훗날 유급의 사회사업가가 되었음.
- 활동 중에 여러 가지 과학적 지식을 도입하여 오늘날 개별사회사업으로 발전하였음.

3. 인보관운동(Settlement Movement) 기출 11회, 13회, 14회

① 등장 배경 및 전개
  ㉠ 1854년 영국의 데니슨 목사가 주축이 되어 빈민굴에 거주하면서 빈민의 자조와 정신적인 원조, 생활 개선을 강조한 사회 이상주의 운동으로부터 시작되었다.
  ㉡ 1884년 바네트 목사가 런던 동부 빈민 지역에 토인비 홀을 설립하여 세계 최초의 인보관운동을 시작하였다.

② 인보관운동의 특징
  ㉠ 빈곤을 개인의 책임으로 돌리지 않고 산업화·도시화로 인해 나타난 각종 사회문제의 산물로 인식하였다.
  ㉡ 대학생, 성직자, 지식인들이 직접 빈민들과 함께 빈곤 주민의 거주지역에서 생활하면서, 빈민 자조조직의 결성을 도우며 지역 노동자들과 함께 노사문제를 상담·협의하였고, 글과 예술을 가르치는 일 등을 담당하였다.
  ㉢ 아동 위생, 보건, 기술, 문맹 퇴치 등 다양한 교육활동 및 문화활동을 진행하여 주민들의 잠재력 개발에 노력을 기울였다.
  ㉣ 빈곤·주택·노동 착취·공공위생 문제 등 각종 사회문제에 관심을 두고 이를 해결하기 위한 사회개혁 활동 및 입법활동을 펼쳤다.
  ㉤ 다양한 계급과 계층 간의 거리를 좁히기 위해 노력하며, 빈민과의 동등한 관계형성을 강조하였다.
  ㉥ 자유주의, 급진주의, 계몽주의 이념에 영향을 받았다.

4. 자선조직협회와 인보관운동의 비교

구분	자선조직협회	인보관운동
사회문제의 원인	개인적 요인	환경적 요인(예 사회구조 등)
인력 참여 형태	우애방문원	빈민들과 거주하는 자원봉사자
참여자	사회 상류층	대학생, 교수, 성직자, 교육을 받은 중류층
이데올로기	사회진화론	자유주의, 급진주의, 계몽주의
문제 접근 및 해결방법	• 빈민 개조와 상황의 역기능적인 면을 수정 • 가치 있는 빈민과 가치 없는 빈민으로 구분하여 원조	• 빈민과 거주하며 환경을 개량, 빈민 생활에 동참 • 기존 사회질서 비판 • 실용주의적·개혁주의적 노력
도움 제공 유형	단기간 자선 구호활동으로 도덕심 함양	상부상조, 자조 사회 및 정치적인 활동
서비스 제공 시의 역점	• 우애방문원이 멘토의 역할을 하면서 빈민에 대한 생활 지도 등의 서비스 제공 • 기관·단체들 간의 서비스 조정	• 다양한 사회문화적·교육적 서비스 제공 예 유치원, 아동을 위한 클럽, 오락 프로그램, 야간 성인학교, 공중목욕탕, 전시회 등 • 서비스 자체에 역점을 둠.
활동	• 우애방문원의 가정방문 • 자선기관들과 협력적 계획 모색 • 새로운 복지기관 설립, 낡은 기관 개혁 • 빈민구호와 관련된 입법활동 전개	• 주민과 함께 생활하면서 입법·행정적 혁신까지 포함하여 환경과 제도를 개혁하고자 함. • 기존 서비스의 향상 및 새로운 서비스 강구 • 잠재능력을 발휘하도록 하는 교육에 역점을 둠. • 아동노동 반대 • 참여와 민주주의 강조
영향	• 지역사회조직 실천방법에 영향 예 공동모금, 사회복지협의회 • 개별사회사업, 사례관리의 모태 • 지역사회계획 전문기관 탄생 • 사회조사 기술 발전	• 사회복지관 형성 • 집단사회사업의 모태

2 영국의 지역사회복지 역사

1. 근대 지역사회복지의 시작(1800년대 후반~1950년대 초반)

① 1800년대 말 산업혁명의 영향으로 도시화·산업화가 이루어진 사회적 격동기에 자선조직협회와 인보관운동이 등장하였다.
② 민간 차원의 지역사회복지는 1920년대 정신장애인 치료와 서비스를 위한 지역사회보호(Community Care) 사업으로 전환되기 시작하였다.

> 참고 1920년대 영국에서는 구빈정책의 일환인 시설수용방식(열등처우와 격리주의)에 대한 반성으로 약물요법의 발전과 함께 지역사회 내에서의 치료와 서비스가 강조되었다.

③ 1942년 베버리지(Beveridge) 보고서에 기초하여 전체 국민의 복지욕구충족에 대한 1차적 책임을 국가가 담당하고, 지역사회복지의 책임은 지방정부가 관할하는 국가책임 하의 지역사회복지로 전환되었다.
④ 1948년 국민부조법이 제정되었으며, 구빈법의 잔재를 완전히 청산하고 최저생활보장의 이념을 실현하였다.

개념 공략 베버리지 보고서(1942)

사회문제를 5대 악(결핍, 질병, 불결, 무지, 태만)으로 규정하고 사회보험의 성공을 위한 전제로 완전고용, 포괄적 보건서비스 및 가족수당의 필요성을 강조하였음.

2. 지역사회복지의 태동기(1950년대 초반~1960년대 후반)

① 지방정부의 책임하에 장애인, 빈민 등 요보호계층을 시설에 수용하면서 폐쇄적 운영으로 인한 인권문제가 제기되었고, 지방정부의 재정적 부담이 커지면서 지역사회가 새로운 실천현장이 되었다.
② 정신보건법(1959)의 제정을 통해 정신장애인의 지역사회보호가 공식화되었다.
③ 노인과 정신장애인을 대상으로 한 새로운 접근방법과 지역사회보호 프로그램들이 개발되고 확대되어 새로운 지역사회복지 실천이 시도되었다.
④ 1960년대 이후 대규모 정신병원이 폐쇄되기 시작하였으며, 이러한 변화는 재가복지서비스 중심의 지역사회복지정책이 전개될 수 있는 기틀을 만드는 계기가 되었다.
⑤ 1962년 탈시설화와 지역사회보호가 발표되었고, 1963년에 지방정부가 관할하는 주민에 대한 보건 및 복지서비스 상황보고서가 제출된 것을 계기로 최초의 지역사회보호계획이 수립되었다.

3. 지역사회복지의 형성기(1960년대 후반~1980년대 후반) 기출 14~17회, 20회, 21회, 23회

① 특징
  ㉠ 지역사회보호를 위한 실질적인 전환의 계기를 맞이하였으며, 지역주민들의 다양한 욕구충족을 위하여 비공식 보호서비스가 강조되었다.
  ㉡ 각 연방정부 산하에 사회서비스 담당 지방위원회가 설치되었고, 이를 기반으로 하여 지방행정 당국을 중심으로 공공과 민간의 다양한 서비스가 제공되었다.
  ㉢ 공공과 민간의 다양한 조직을 포함하여 지역사회보호의 다원화를 촉진하는 계기가 되었다.

② 시봄(Seebohm) 보고서(1968)
  ㉠ 지방정부에 사회서비스국이 창설되어 홈헬퍼 서비스 업무를 담당함으로써 대인 사회복지서비스가 지방자치단체의 의무로 정착되었다.
  ㉡ 지역사회를 사회서비스의 수혜자이자 제공자로 정의하였다.
  ㉢ 공공과 민간의 다양한 조직에 의한 공식서비스뿐만 아니라 가족, 이웃 등에 의한 비공식서비스와 지역사회 주민참여에 의한 지역사회보호를 강조하였다.
  ㉣ 여러 부서에 산재된 서비스를 통합하여 가족의 총체적 욕구에 대응하는 통합서비스의 중요성과 지방행정 당국의 서비스를 중심으로 하는 포괄적 서비스의 중요성을 강조하였다.
  ㉤ 국민보건서비스의 개편, 의료보건·복지시스템의 전환, 정부의 사회복지행정 개혁, 대인 사회서비스 부문의 중요한 정책적 근거가 되었다.

③ 하버트(Harbert) 보고서(1971)
  ㉠ 지역주민의 복잡하고 다양한 모든 욕구를 공공의 법적 서비스로는 해결할 수 없으며, 자조집단의 서비스에도 한계가 있기 때문에 재정적인 원조와 지원이 필요하다고 보았고, 가족체계와 지역사회의 근린에 초점을 둔 비공식서비스가 중요하다고 보았다.
  ㉡ 공공과 민간서비스의 주요 과업은 친구와 친척 등에 의하여 제공되는 비공식 보호를 지원함으로써 클라이언트의 긴급한 욕구를 충족시켜 주는 것이라고 보았다.

> **합격 가이드**
> 하버트 보고서는 『지역사회에 기초한 사회적 보호(Community-based Social Care)』라는 제명으로 출판되었습니다.

④ 바클레이(Barclay) 보고서(1982)
  ㉠ 지역사회복지 전달은 사회적 보호계획과 함께 공식적·비공식적 복지서비스가 긴밀하게 유지되어야 하고, 비공식 보호서비스와 공식 보호서비스 간 파트너십의 개발이 필요함을 강조하였다.
  ㉡ 대부분의 지역사회보호가 주민들의 인간관계망인 비공식 보호에 의해 제공된다고 보았다.

4. 지역사회복지의 발전기(1980년대 후반~현재)

① 특징
  ㉠ 1980년대에는 복지재정 압박으로 지역사회보호에 투입되는 공공재정에 대한 재검토가 이루어졌다.
  ㉡ 집권 중이던 보수당 정부에서 지역사회보호와 서비스 분야에 대한 복지국가 개혁의 내용이 마련되었다.
  ㉢ 신보수주의 경향하에서 지역사회보호 실천 주체의 다양화를 강조하는 케어의 혼합경제 혹은 복지다원주의 논리를 따랐다.
  ㉣ 1990년 '국민보건서비스 및 지역사회보호법'이 제정되었다.
② 그리피스(Griffiths) 보고서(1988) 기출 15회, 16회, 19회
  ㉠ 지방정부의 역할을 축소하고 민간부문의 활성화를 강조하였다.
  ㉡ 지역사회보호의 권한과 재정의 1차적 책임을 지방정부에 이양할 것을 주장하였다.
  ㉢ 지방정부는 직접적인 대인서비스 제공보다는 서비스 구매·조정자로서의 역할을 수행할 것을 주장하였다.
  ㉣ 케어 매니지먼트(돌봄계획 수립, 욕구 판단, 민간서비스 간 경쟁 유도, 서비스 감독 강화)의 도입을 강조하며 소비자의 선택과 서비스 제공자 간의 경쟁으로 지역사회서비스 수준이 향상될 것이라고 보았다.
  ㉤ 혼합경제 혹은 복지다원주의 논리에 기반을 두어 지역사회보호 실천 주체의 다양화를 강조하였다.
③ 최근의 동향
  ㉠ 돌봄서비스 제공 기관을 주축으로 한 개인과 자원 조직에 대한 모니터링이 확대되고, 복지서비스에 대한 감독제도가 강화되었다.
  ㉡ 서비스 이용자 욕구 중심 서비스를 추구한다.
  ㉢ 케어서비스의 질을 향상시키기 위해 민간부문도 관리·감독에 참여할 수 있는 법적 근거가 마련되었다.
  ㉣ 중앙정부에서 지방정부로 권력이 이양되면서 지역사회에 더 많은 권한이 부여되었다.

3 미국의 지역사회복지 역사

1. 지역사회복지의 태동기(1865년~1914년)

① 특징
  ㉠ 산업화에 따라 농촌인구가 도시로 이동하면서 도시 빈곤문제, 남북전쟁 후 흑인의 처우, 주택문제, 질병 등의 사회문제를 개선하려는 노력의 필요성이 강조되었다.
  ㉡ 국가의 역할은 국민의 재산권 보호와 자유 수호, 인권 보장에 한정되어야 한다는 주장과 함께 사회적으로 불이익을 받는 사람의 권익 보호를 위한 사회제도 개혁, 사회복지정책 개선의 필요성이 제기되었다.
  ㉢ 사회문제 해결을 위한 활동이 영국의 자선조직협회와 인보관운동의 영향을 받아 추진되었다.
  ㉣ 사회진화론, 급진주의, 실용주의, 자유주의 사상의 영향을 받았다.

    참고
    • 사회진화론: 적자생존의 원리 강조
    • 급진주의: 사회적 약자의 권익 옹호 강조
    • 실용주의: 사회개선 강조
    • 자유주의: 시장의 역할 강조

② 자선조직협회와 인보관운동
  ㉠ 자선단체의 난립 및 빈민구호의 중복, 빈민구호 의존의 심각성에 대한 반성과 비판이 제기되었다.
  ㉡ **자선조직협회**: 1877년 영국의 거틴 목사가 버팔로 시에 미국 최초의 자선조직협회를 설립하였다.
  ㉢ **인보관운동**: 코이트가 뉴욕에 미국 최초의 인보관인 근린길드(Neighborhood Guild, 1886)를 설립하였고, 제인 애덤스가 시카고 빈민가에 설립한 헐 하우스(Hull House, 1889)는 미국의 대표적 인보관이 되었다.

2. 지역사회복지의 형성기(1920년대~1950년대) 기출 12회, 14회, 16회

① 특징
  ㉠ 제1차 세계대전(1914~1918)과 대공황(1929)을 겪고 산업화 및 도시화 현상이 가속화되면서 도시 빈민문제, 인종갈등이 심화되었다. 도시 빈민문제를 해결하기 위해 사회복지기관이 급속히 증가하였는데, 사회복지기관들의 모금활동에 대해 논란이 발생하였고 재정적 어려움을 겪게 되었다.
  ㉡ 전문가들과 자선가들에 의해 모금활동 및 구호방법이 논의되었고, 기관 간 업무조정을 위한 지역복지협의회와 기부자(자선가)들의 지역공동모금제도가 마련되었다.
  ㉢ 인보관 사업은 제1차 세계대전과 함께 쇠퇴하였다가 대공황을 거치면서 지역사회센터(근린지역센터 운동)를 중심으로 새로운 변화를 시도하게 되었다.
  ㉣ 정신분석학의 발달과 더불어 사회가 충분한 기회를 제공함에도 불구하고 개인이 실패하는 것은 결국 개인의 잘못이라는 관점이 강조되었다.

② 지역공동모금제도
  ㉠ 자선보증기구를 통해 사회복지기관의 기준을 설정하고 이를 충족하는 기관에게만 지원하는 지역공동모금제도를 시행하였다.
  ㉡ 제1차 세계대전 중 전시모금기구를 설립하여 공동모금이 전시모금과 혼합되며 확산되었다.
  ㉢ 사회운동과 사회복지기관이 증가하며 모금창구의 난립과 회계의 불투명성이 문제점으로 인식되었다.

③ 사회복지기관협의회
  ㉠ 사회사업을 합리적으로 조직화하고 지역공동모금회의 모금능력을 강화하여 사회복지기관협의회와 사회사업기관의 자치성을 보호하기 위해 조직되었다.
  ㉡ 점차 전문화됨에 따라 참여대상이 전문가, 시민 등으로 확대되어 현대의 협의회 형태를 띠게 되었다.

개념 공략 지역공동모금제도와 사회복지기관협의회

구분	지역공동모금제도	사회복지기관협의회
필요성	• 사회복지기관의 난립에 따라 모금활동에 대한 논란과 재정난 발생 • 자선가들은 지원금의 효율적인 사용을 원하고, 끊임없는 지원 요청에서 벗어나기를 희망	• 사회복지사업을 합리적으로 조직화할 필요성 대두 • 지역공동모금회의 모금능력 강화 • 사회사업기관의 자치성 확보
목적	사회복지재원 모금의 효율적 수행과 모금 재원의 투명한 배분	지역사회문제를 해결하고 욕구를 충족하기 위해 복지사업을 계획하고 조정
활동내용	• 사회복지재원의 모금 • 모금 재원의 배분	• 지역사회문제에 대한 연구 • 시범사업의 전개 • 여론의 환기 및 정부 조직의 촉구 • 전문가와 자원봉사자의 선발 및 단체 명부 발간
발전	• 자선보증기구 • 자선연합회 창설(1913, 기부자, 모금활동을 돕는 자, 자원봉사자로 구성) • 제1차 세계대전을 계기로 전시모금회 활성화 • 디트로이트 공동기금(1949)을 시작으로 1950년대에 전국적 공동모금 조직 결성	지역복지협의회(시민들의 협의체로 구성)

④ 지역사회 조직화
  ㉠ 사회문제나 빈곤문제의 해결방법을 개인이 아닌 지역사회 조직화로부터 찾으려 한다.
  ㉡ 앨린스키(Alinsky)에 의해 비(非)이데올로기적인 지역사회 주민조직 형성, 지역사회 구성원의 자발적 조직화를 통해 지역사회문제를 해결해 나가려는 지역사회 조직운동이 시도되었다.
  ㉢ 앨린스키모델로 불리는 주민 동원 방식은 주민을 일대일로 접촉하지 않고 지역사회 내의 기존 조직으로 묶어 지역사회의 다양한 문제와 싸우도록 하며, 조직가는 조언자의 역할을 맡는다.

개념 / 공략 앨린스키의 지역사회 조직화모델

- 1930년대 말부터 시작된 모델로, 기존 조직들과 지도자들을 중심으로 지역사회를 조직해 나가는 방식
- 지역사회 조직화의 핵심 전략
  - 조직체는 민주적 의사결정과 토착적 지도력을 소중히 생각해야 함.
  - 조직체는 모든 구성원에게 개방되어야 함.
  - 조직가는 그 지역의 전통적 지도자와 조직체로부터 지지를 확보해야 함.
  - 싸우지 않고는 권력층을 움직일 수 없고, 갈등전략을 사용할 때 가장 큰 것을 취할 수 있음.
  - 가시적인 승리를 위해 싸움.

⑤ 공공복지사업의 마련(1929~1954)
  ㉠ 대공황으로 급증한 복지 수요를 민간이 담당하기에는 역부족이라는 인식에 따라 연방정부의 개입이 확산되었다. 지역사회사업들도 정부기관으로 이양되거나 연방정부 단위의 사업으로 확대되었다.
  ㉡ 사회보장법(1935), 와그너법(1935), 뉴딜정책, 공공부조제도가 시행되었다.

> **합격 가이드**
> 와그너법은 노동자들의 단체교섭을 인정한 노동법입니다.

개념 / 공략 사회보장법

미국 최초의 연방정부 차원의 복지 프로그램. 미국 사회보장제도의 근간이 됨.
- **노령보험**: 연방정부 관장
- **실업보험**: 주정부 관장, 연방정부 재정 보조
- **공적부조**: 주정부 관장, 연방정부 재정 보조
- **사회복지서비스**: 주정부 관장, 연방정부 재정 보조

3. 지역사회복지의 정착기(발전기, 1960년대 이후) 기출 12회, 16회

① 1960년대 지역사회복지의 특징
  ㉠ 미국을 비롯한 서구사회가 사회혁명을 경험한 시기로, 민권, 인종, 학생, 성소수자, 여성 등의 사회운동이 활발히 일어났다. 빈곤문제가 인종문제와 결부되면서 사회적 쟁점으로 부각되었다.
  ㉡ 존슨 대통령이 1960년대 '빈곤과의 전쟁'을 선포하면서 사회문제에 대한 연방정부의 책임이 증가하였고, 대규모 재정과 인력을 투입한 사회개발 프로젝트가 진행되면서 지역사회 주민의 참여를 강조하게 되었다.
  ㉢ 로스만의 실천모델(지역사회개발, 사회계획, 사회행동)이 제시되었고, 이에 대한 논의가 진행되었다.
  ㉣ **헤드스타트 프로그램(Head Start Program)**: 정부는 1965년 대도시 빈민가의 미취학 아동에게 조기교육의 기회를 제공하여, 환경적 요인과 관계없이 균등한 교육기회를 제공함으로써 빈부격차를 최소화하고 빈곤의 악순환을 막고자 하였다.
  ㉤ **지역사회 행동프로그램(CAP; Community Action Program)**: 지역사회 토착주민들(풀뿌리 대중)을 조직화하여 당면한 문제를 자신들이 직접 해결하도록 유도하는 프로그램이다.

ⓗ 지역사회개발공사(CDC; Community Development Corporation): 저소득층 밀집지역의 주거환경 개선을 위해 설립되었다.
ⓢ 1969년 닉슨 행정부가 자유방임주의 원리를 내세우며 이전의 평등정책과 복지정책 등을 폐지·축소하였다. 이 시기에는 인종차별 철폐 운동이 활발하게 전개되기도 하였다.

② 1970년대 이후 지역사회복지의 특징
㉠ 사회복지에 대한 정부지원 축소 시기이다.
㉡ 석유파동, 심각한 인플레이션, 신자유주의 이념의 확산, 반(反)복지적 물결의 등장으로 사회복지예산이 삭감되고, 복지프로그램이 축소되었다.
㉢ 다양한 형태의 대안적 원조 채널(예 주정부나 자치단체의 기부금, 기금 모금운동, 노동조합, 교회, 사업체 등)을 확보함으로써 예산을 마련하였다.
㉣ 복지국가에 대한 도전이 일어났던 시기로, 사회복지에 대한 연방정부의 책임을 지방, 민간기업, 가족에 두는 방향으로 전환되었다.
㉤ 1981년 레이건 행정부가 '작은 정부'를 지향하면서(레이거노믹스) 공공 사회복지서비스의 위축과 함께 민영화가 본격화되었다. 지역사회복지 실천에서도 자조집단 형성 및 자원봉사 조직화를 통한 활동이 활발히 전개되었다.
㉥ 1990년대 클린턴 행정부는 '근로연계복지(Workfare)'를 내세우고 고용을 강조하였다.
ⓢ 2000년 공화당 부시 대통령 당선 이후 공공부조 수급자와 급여 액수를 줄이기 위해 복지 축소를 추진하였다.
ⓞ 2008년 오바마 행정부는 정부 역할의 확대를 통한 사회복지정책 강화와 균등 분배, 환경문제에 대한 정책 강화 등을 강조하며 기존 미국 복지정책의 극적인 변화를 가져왔다.
ⓩ 개인주의 문화가 강한 사회적 배경과 신보수주의자들의 연대에 의하여 현재도 연방정부를 통한 국가 개입보다는 주정부 또는 민간부문을 통한 지역사회복지를 지향하고 있다.

4 일본의 지역사회복지 역사

1. 지역사회복지의 태동기(1880년대 말~1945년 이전)
1897년 도쿄 간다(神田) 지역에 설치된 킹스레이관이 최초의 인보관으로 인정되고 있다.

2. 지역사회복지의 형성기(1945년 이후~1970년대)
① 사회복지협의회가 중심이 되어 지역사회복지를 지향하였다.
② 시설보호 중심 서비스에서 재가보호 중심 서비스로 전환되기 시작하였다.
③ 지역사회복지정책이 등장하였다.

3. 지역사회복지의 발전기(1970년대~1980년대 초반)
① 정부와 지방자치단체가 재가복지서비스를 확대하기 시작하였다.
② 자원봉사보험제도의 도입으로 자원봉사정책의 중요성을 강조하였다.
③ 광역자치단체, 기초지방자치단체, 사회복지협의회가 상호 협의하여 지역사회복지계획을 수립하였다.

4. 지역사회복지의 정착기(1980년대~현재)
2000년대에 들어 사회복지법이 개정되면서 지역사회복지계획 수립과 그 원칙이 법제화되고, 지역사회복지 추진을 위한 주민참여가 강화되었다.

5 한국의 지역사회복지 역사

1. 근대 이전의 지역사회복지 기출 13회

① 민속적인 부락의 협동 관행: 촌락 단위의 복지활동

두레	농민들의 상호 협동체로, 농사일을 협력하기 위한 상호 부조, 공동오락, 협동 노동을 목적으로 마을 단위로 조직됨.
계	지출에 대비하기 위한 경제적·조합적 성격을 띠는 자연발생적 조직
품앗이	부락 내 농민들의 노동력 차용 또는 교환조직
향약	공동체적 결속 강화, 지역민의 순화·덕화·교화를 목적으로 지역 체제 안정을 도모하고자 마을 단위로 모인 지식인들 간의 자치적 협동조직
사창	미리 곡식을 징수 또는 기증받아 저장해 두었다가 재앙이나 흉년 등이 발생했을 때 곡식을 대여해주는 민간 자치적 성격을 띤 구호제도
공굴	중병자, 불구자, 과부, 초상을 당한 사람 등의 농사를 도와주는 공동 노동
부근(울력)	농가에 일손이 모자랄 때, 집을 신축할 때, 10세 미만 아이의 장례가 있을 때 등에 도와주는 봉사적 성격의 노동
고지	궁핍한 마을 사람들이 연대 책임으로 춘궁기에 양식을 선불로 받고, 농번기에 계약된 노동을 제공하는 것
향도	마을에 흉사가 있을 때 무보수로 봉사하는 것
부조	오늘날 금품 공여와 같은 부조로, 마을에 집을 지을 때 도구와 점심을 들고 가서 도와주는 것

② 정부에 의한 지역사회복지

㉠ 오가작통법(오가통법): 정부에 의한 인보제도로, 강제적 성격을 띤다. 인보상조와 연대책임을 가지고 지역 내 치안을 유지하고 복리와 교화를 증진시키는 역할을 담당하는 일종의 지방자치제도이다.

㉡ 국가 단위의 상설 복지기구

의창	• 고려와 조선 시대, 흉년 시 굶주린 백성을 구제하기 위해 양곡을 보관·저장한 제도 • 빈민에게 무상구제를 실시함.
상평창	조선 시대, 빈민에게 곡물을 대여·상환하게 한 제도
진휼청	흉년에 빈민을 구제하는 기관
동서대비원	고려와 조선 시대, 빈민의 치료를 목적으로 설치한 의료기관
혜민서	조선 시대, 빈민을 무료로 치료하고 여자들에게 침술을 가르치는 일을 맡아보던 관청

> **합격 가이드**
> 의창과 상평창은 국가가 실시한 구휼 창고였고, 사창은 민간에서 행해진 구휼제도라는 차이가 있습니다. 다만, 사창은 민간에서 행해졌으나 국가의 지도·감독을 받았습니다.

㉢ 애민육조(愛民六條)
- 양로(養老): 어른을 공경하라.
- 자유(慈幼): 어린이를 사랑하라.
- 진궁(振窮): 가난한 사람을 구제하라.
- 애상(哀喪): 상을 애도하라.
- 관질(寬疾): 환자를 구호하라.
- 구재(救災): 재난을 구제하라.

2. 근대화 시기의 지역사회복지

① 근대적인 복지 이념에 의해 시행되었다기보다는 일제 식민정책의 일부로서 정치적인 목적을 갖는 시혜와 자선의 의미의 사회복지 경향을 보였다.
② 전통적인 자생적 복지활동은 위축·해체되었고, 본격적 지역사회복지는 일본의 구호법(1929년 제정, 1932년 실시)을 바탕으로 하여 조선구호령(1944)이 실시되면서 이루어졌다.
③ 태화사회복지관(태화여자관, 1921): 최초의 인보관운동으로, 미국의 마이어스 선교사에 의해 설립되었다.
④ 조선사회사업협회(1929): 조선사회사업연구회(1921)가 확대·개칭된 것이다. 사회사업 상호 연락, 조사연구, 강습·강연회 실시, 지식 교환 등의 활동을 진행하였다.
⑤ 인보관: 중일전쟁(1937)이 시작되자 상부상조와 국민 지각을 향상시킨다는 명목으로 다수의 인보관이 개설되었다.
⑥ 방면위원제도 전면 개편(1941): 요보호자에 대한 보호, 구제 및 사례관리를 시도하였다. 각종 문헌 발간, 강습회 실시, 사회사업협회 설치 등 지역복지에 대한 활발한 연구가 이루어지게 되었다.
⑦ 조선구호령(1944): 근대적 공공부조제도의 기본이 된 법이다. 이 법을 기초로 1961년에 생활보호법이 제정된 이후 폐지되었다.

> **합격 가이드**
>
> 이 시기 일본은 자국의 이익을 위하여 토지조사사업, 산미증식계획 등을 실시하였습니다.

3. 해방 이후~1960년대 지역사회복지 기출 12회

① 해방 이후 사회적 혼란과 한국전쟁 발발에 따라 빈민들을 위한 생활시설사업이 주로 실시되었고, 지역사회복지사업은 외국 민간원조기관에 의한 운영 형태로 1970년대까지 진행되면서 기초적 기틀이 마련되었다.
② 사회복지공동모금
  ㉠ 해방 이후 빈민과 빈곤아동에 대한 구호활동을 목적으로 하는 자선기금 마련을 위한 공동모금 행위들이 산발적으로 일어났다.
  ㉡ 모금 행위에 다양한 문제점이 발생하면서 규제를 위해 1951년 기부금품모집금지법이 제정되었다.
③ 외국민간원조단체 한국연합회(KAVA; Korea Association Voluntary Agencies, 1952)
  ㉠ 국내에서 보건사업, 교육사업, 생활보호, 새해구호 또는 지역사회개발 등 사회복지사업을 했던 비영리 사회사업기관으로, 본부를 외국에 두고 사업의 재원을 외국에서 마련하였으며, 외국인에 의해 운영되었다.
  ㉡ KAVA의 활동은 지역사회조직사업 등 전문화된 사회복지사업을 보여주는 모델이 되었으며, 상호간 정보를 교환함으로써 원조의 중복 금지와 동시에 전문적 지식을 얻을 수 있는 기회를 제공하였다.
  ㉢ 외원기관의 도움으로 수용시설사업이 1970년대 초반까지 지속되었다가 1970년대 후반부터 철수가 시작되었다.
④ 지역사회개발사업
  ㉠ UN에 의해 1955년 후진국의 경제·사회발전을 도모하기 위해 주창되었다.
  ㉡ 한국에서는 지역사회개발위원회 규정이 1958년에 공포되면서 본격적인 체계를 갖추기 시작하였다.
  ㉢ 1970년대 새마을사업으로 전환되어 지역사회복지 실천을 위한 기반을 마련하였으나, 관 주도의 반강제적 운동이라는 측면에서 지역사회복지의 자발성 원칙에는 다소 위배되는 한계를 갖는다.
  ㉣ 우리나라 최초의 대학 부설 사회복지관인 이화여대 부설 사회복지관(1956)이 설립되었다.

4. 1970년대~1980년대의 지역사회복지

① 새마을운동 기출 11회, 14회
  ㉠ 지역사회개발사업의 형태로 근면·자조·협동을 기본정신으로 삼고, 농한기 농촌마을 가꾸기 시범사업 형태로 시작하여 소득증대사업으로 확대되었으며, 도시에서는 의식 개선 운동으로 전개되었다.
  ㉡ 1980년대에는 관 주도에서 민간 주도로 전환되어 '새마을운동 중앙본부'가 창립되었다.
  ㉢ 1988년 제6공화국이 출범하면서 본래의 이념 및 목표와 달리 정치적 목적과 연관되거나 관변 운동이라는 비판을 받았다.

개념 공략 새마을운동
- 1970년대의 새마을운동 기록물은 유네스코 세계기록유산에 등재됨.
- 새마을의 날: 4월 22일
- 새마을운동의 변천
  - 1970년대(농촌생활환경 개선): 정부의 주도하에 농촌의 마을 단위 중심으로 생활환경을 개선하자는 차원으로 시작됨.
  - 1980년대(국민의식 계몽): 급격한 산업화의 부작용으로 나타난 사회문제를 해결하기 위해 국민의식 계몽의 일환으로 추진함.
    예 실생활 개선, 재활용품 모으기, 근검절약 운동 등
  - 1990년대(국민의식 개혁): 선진국으로서의 기틀이 다져짐에 따라, 건강한 사회건설을 위한 국민의식 개혁운동으로 추진함.
    예 농어촌 가꾸기 운동, 쓰레기 분리수거, 음식물 안 남기기 등
  - 2000년대(ODA, 선진국에서 개도국이나 국제기관에 원조): 국내 새마을운동을 개발도상국과 물부족국가에 전파함.

② 정부 주도하 추진된 복지시책
  ㉠ 제5공화국의 국정 지표인 복지사회 건설을 추진하기 위해 생활보호법을 전면 개정하였다.
  ㉡ 지역사회복지관의 설립
    - 1983년 사회복지사업법 개정에 따라 공식적으로 국가적 지원을 받게 되었다.
    - 1989년 영구 임대아파트 단지 내 건립 법제화, 사회복지관 설치·운영규정을 제정하였다.
  ㉢ 재가복지서비스의 도입
    - 1980년대 초 한국노인복지회의 가정봉사원 파견사업으로 확대 실시되었다.
    - 구호에 비중을 두던 기존 방식을 탈피하여 대인 사회복지서비스의 제공이라는 원조내용의 변화, 자원봉사자의 활용, 정기적인 서비스 제공 등과 같은 특징을 갖는 점에서 주목받았다.
  ㉣ 1987년 사회복지전문요원(이후 사회복지전담공무원으로 변경)제도가 도입되었다.
  ㉤ 지역사회 중심 재활사업을 실시하였다.

③ 1980년대 후반 복지 이슈와 관련된 사회운동
  ㉠ 각 민간단체들을 중심으로 하는 바른 삶 실천운동(YMCA), 공해추방운동, 경제정의 실천운동, 복지권 실천운동(참여연대) 등의 사회운동이 이루어졌다. 그러나 이러한 운동들은 이슈 중심적 접근이었기 때문에 지역사회와 구체적으로 연계되지 못하는 한계가 있었다. 이후 빈민지역의 철거반대 투쟁, 핵 발전소 설치반대 등 지역사회의 문제해결을 위해 기존의 지역사회개발모델을 넘어서 사회행동모델로 점차 확대되는 경향을 보여주었다.
  ㉡ 지역조직화사업, 주민운동 전개, 자조집단의 출현 등이 있었다.

5. 지역사회복지의 발전기(1990년대~현재)

① 1990년대
  ㉠ 지방자치제도로 지역 중심성과 전문성을 강화하고, 재가복지서비스가 정부의 지원을 받으면서 종합적 프로그램으로 발전하였다.

ⓒ 사회통합과 정상화 등의 이념이 반영된 재가복지서비스가 확대되면서 지역사회복지 실천 주체의 전문화 및 다양화가 이루어졌다.
ⓒ 지역사회 중심의 사회복지 강화
- 1990년대 IMF 외환위기 속에 늘어난 노숙인에 대한 사회서비스 확대의 일환으로 지역 중심의 자활사업이 실시되었다.
- 지방자치제도의 실시로 사회복지재정의 지방 분권화, 마을 만들기 등이 실시되었다.
ⓔ 보호 대상자별 보호계획 수립을 위한 사례관리가 공공영역에 등장하였다.

② 2000년대
ⓐ 능동적 복지와 고령자 친화적 복지를 지향하였다.
ⓑ 보편적 서비스 제공을 위해 국가의 역할이 증대되었다.

6. 한국의 지역사회복지 주요 흐름 기출 10~21회

연도	내용
1921년	• 최초의 인보관운동인 태화사회복지관(태화여자관) 설립 • 조선사회사업연구회 설립 ➡ 1929년 조선사회사업협회로 확대·개칭
1941년	조선 방면위원제도 전면 개편
1944년	조선구호령 실시 ➡ 1961년 생활보호법 제정으로 폐지
1951년	기부금품모집금지법 제정
1952년	외국민간원조단체 한국연합회(KAVA) 조직
1956년	이화여대 부설 사회복지관 설립
1970년	• 새마을운동 전개 • 사회복지사업법에 공동모금 설립을 규정하여 민간 주도의 공공모금사업 진행
1983년	• 사회복지사업법 개정으로 사회복지관 설립 및 운영규정 마련 • 사회복지사 자격제도 도입 • 사회복지협의회가 법정 단체로 인정
1987년	사회복지전문요원제도 실시
1989년	주택건설촉진법 등에 의해 영구 임대아파트 단지 내 사회복지관 건립 의무화
1992년	재가복지봉사센터 설치 및 운영
1995년	보건복지사무소 시범사업 실시(1995년 7월~1999년 12월)
1997년	• 사회복지공동모금법 제정 ➡ 1999년 사회복지공동모금회법으로 개정·시행 • 생활보호법 개정으로 자활후견기관 지정 도입 • 사회복지사업법 개정 및 1998년 시행규칙 개정으로 사회복지시설 평가 법제화 ➡ 지역사회복지기관 평가로 사회복지서비스의 책임성 강화. 1999년부터 모든 사회복지시설이 3년마다 최소 1회 이상 평가를 받도록 함.
1998년	• 사회복지공동모금법에 의해 전국 16개 광역시·도에 사회복지공동모금회가 설립되어 공동모금제도 시행 • 사회복지협의회의 독립 법인화 ➡ 지역사회 중심의 사회복지 강화
2000년	• 국민기초생활 보장제도 시행 • 지역 중심의 자활사업 본격화
2003년	사회복지사업법 개정으로 지역사회복지계획(현재의 지역사회보장계획) 수립 의무화 및 시·군·구 계획의 심의기관인 지역사회복지협의체(현재의 지역사회보장협의체) 설치 근거 마련

연도	내용
2004년	• 한시적 분권교부세 도입 ➡ 2015년부터 보통교부세로 통합 • 아동복지법 개정으로 지역아동센터 법제화 • 국고보조사업을 지방으로 이양하는 국고보조금 정비 방안 확정 • 사회복지사무소 시범사업 실시(2004년 7월~2006년 6월) • 건강가정지원센터 시범사업 실시(2005년 1월부터 본격적으로 사업 시작)
2005년	• 지역사회복지협의체 설치 및 운영 • 제1기 지역사회복지계획 수립(4년 단위)
2006년	• 자원봉사활동 기본법 시행(2005년 8월 제정) • 주민생활지원서비스 전달체계 실시(2007년 3단계 완성) • 자활후견기관을 지역자활센터로 개칭 ➡ 2006년 국민기초생활 보장법 개정에 따라 2008년 중앙자활센터(현재의 한국자활복지개발원) 설립
2007년	• 제1기 지역사회복지계획 시행(2007~2010년) • 사회적기업 육성법 제정 • 희망스타트 시범사업 실시 • 아동발달 지원 계좌(디딤씨앗통장) 개설 • 동사무소를 동주민센터로 명칭 변경 • 전자바우처 사회서비스 사업 시행
2008년	• 희망스타트 사업이 드림스타트 사업으로 변경되어 실시 • 노인장기요양보험제도 시행
2009년	희망리본 프로젝트 시범사업 실시
2010년	사회복지통합관리망(행복e음) 개통, 희망키움통장 사업 실시
2011년	• 8월 사회서비스 이용 및 이용권 관리에 관한 법률 제정·공포 ➡ 2012년 2월 지역사회서비스투자사업 시행 • 제2기 지역사회복지계획 시행(2011~2014년)
2012년	• 사회복지기관의 3대 기능 중심 개편 • 협동조합 기본법 제정 • 사회보장기본법상의 '사회복지서비스'를 '사회서비스'로 변경 • 사회서비스 이용 및 이용권 관리에 관한 법률 시행 • 시·군·구 희망복지지원단 운영으로 통합사례관리 시행 • 사회보장정보시스템의 단계별 개통
2013년	• 사회보장정보시스템 완전 개통 • 지방재정 건전화를 위한 재원조정 방안에 따라 노인양로시설, 장애인주거시설, 정신요양시설사업을 중앙정부로 환원(아동복지시설 사업 제외)
2015년	• 사회보장급여의 이용·제공 및 수급권자 발굴에 관한 법률의 시행으로 '지역사회복지계획'을 '지역사회보장계획'으로 변경, '지역사회복지협의체'에서 '지역사회보장협의체'로 변경 • 국민기초생활 보장제도가 맞춤형 급여체계로 개편 ➡ 수급자 선정기준을 최저생계비에서 기준 중위소득으로 변경 • 제3기 지역사회보장계획 시행(2015~2018년)
2016년	• 읍·면·동 복지허브화 사업 실시 • 동주민센터를 행정복지센터로 명칭 변경(일부 지역) • 동 단위의 지역사회보장협의체 발족
2018년	• 민관 공동사례관리를 위해 3대 사회복지관(종합사회복지관, 노인복지관, 장애인복지관)과 행복e음 시스템 공유 • 중증치매 독거노인 공공후견제도 시행 • 시·군·구 보건소에 치매안심센터 설치 • 아동수당 도입 • 동주민센터를 행정복지센터로 명칭 변경(전국적 시행)

2019년	• 커뮤니티케어 추진 • 지역사회 통합돌봄사업 추진 • 사회서비스원 4개 지역(서울, 경기, 경남, 대구)에서 시범사업 시행 • 제4기 지역사회보장계획 시행(2019~2022년) • 장애등급제 폐지
2020년	사회서비스원 서울·대구·광주·세종·경기·경남 등 6개 시·도로 확대 ➡ 2022년 전국으로 확대
2021년	탈시설 장애인 지역사회 자립 지원 로드맵 확정 및 발표
2023년	제5기 지역사회보장계획 시행(2023~2026년)
2024년	'복지 온(On)' 플랫폼 시행

개념 / 공략 사회서비스

국가·지방자치단체 및 민간부문의 도움이 필요한 모든 국민에게 복지, 보건의료, 교육, 고용, 주거, 문화, 환경 등의 분야에서 인간다운 생활을 보장하고 상담, 재활, 돌봄, 정보의 제공, 관련 시설의 이용, 역량개발, 사회참여 지원 등을 통해 국민의 삶의 질이 향상되도록 지원하는 제도

개념 / 공략 사회서비스원

- 사회서비스 공공성 강화 및 서비스 품질 향상을 위해 사회서비스원 설립·시범사업 실시
- 시·도지사가 공익법인으로 설립한 뒤 지방자치단체로부터 사회서비스시설을 위탁받아 운영
- 긴급돌봄, 민간제공기관 지원, 재가서비스 제공, 국·공립시설 수탁·운영 등의 기능 수행
- 시설 중심의 기존 돌봄체계가 가진 취약성을 극복하기 위해 지역사회 통합돌봄 정착을 위한 법적 근거를 마련하고 스마트홈 등 재가서비스를 확충하는 사업 실시

개념 / 공략 장애등급제

- 2019년 의학적 기준에 따른 장애등급(1~6급)이 폐지되고, 장애인 등록을 위한 심사결과를 '장애 정도'에 따라 2단계로 구분
- 서비스지원 종합조사를 통해 수급자격과 급여의 양 결정

단숨에 끝내는

CHAPTER 03

지역사회복지 이론과 실천모델

핵심 Tag #지역사회복지 이론 #테일러와 로버츠의 지역사회복지 실천모델
#지역사회복지 실천모델과 사회복지사의 역할

1 지역사회복지 이론

1. 기능주의이론과 갈등주의이론 기출 14회, 15회

① 기능주의이론
  ㉠ 특징
    - 사회학에서 가장 오래된 전통의 거시적 사회접근으로, 사회체계이론과 생태학이론에 영향을 받았다.
    - 사회가 다수의 체계로 구성되어 있고 체계를 구성하고 있는 부분들은 상호 연관되어 있으며, 합의된 가치와 규범에 따라 조절·조정·통합을 통해 조화·적응·안정·균형을 지향하며 움직인다는 관점이다.
    - 각각의 체계는 생존을 위하여 만족되어야 할 욕구가 있으며, 균형과 안정성을 지니고 있어 균형과 항상성이 깨어지거나 위협을 받으면 원래대로 돌아가려는 경향이 있다고 본다. 따라서 사회변화는 점진적으로 이루어진다고 가정한다.
    - 사회는 경제, 종교, 가족 등과 같이 다수의 상호 연관적·의존적인 부분들로 구성되어 있으며 동시에 각 부분들은 전체가 기능을 성공적으로 발휘하도록 기여한다고 본다.
    - 지역사회를 하나의 사회체계로 간주하고, 지역사회 기능을 생산·분배·소비의 기능, 사회화의 기능, 사회통제의 기능, 사회통합의 기능, 상부상조의 기능으로 구분하였다.
  ㉡ 지역사회복지 실천에의 적용
    - 사회 자체보다는 개인, 가족, 일탈적 하위문화, 부실한 교육제도 등 지역사회 하위체계들의 기능이 제대로 작동하지 못하기 때문에 지역사회문제가 발생한다고 본다. 이에 따라 문제해결은 사회구조의 변화가 아닌 개인 또는 지역사회 구성원들이 체제에 대한 적응력을 향상시켜야 가능하다고 본다.
    - 지역사회 발전을 위해 각 기능체계의 역할 수행과 기능 간 조화에 역점을 둔다.

② 갈등주의이론 기출 21회
  ㉠ 특징
    - 사회의 권력과 자원이 불평등하게 배분된 상황에서 갈등은 불가피하다고 보고, 불평등한 관계에서 발생하는 갈등을 해결하는 과정에서 사회변화가 발생한다고 본다.
    - 사회갈등은 정상적인 것이며, 오히려 평화와 질서의 상태가 비정상적인 것이라고 본다.
    - 외부와의 갈등은 지역사회 내부의 결속력을 높여주기도 한다고 본다.
    - 지역사회복지의 실천을 불평등 관계를 변화시키는 의도적 활동으로 본다.
  ㉡ 지역사회복지 실천에의 적용
    - 지역사회문제나 주민의 욕구를 해결하기 위해서는 지역사회 갈등의 주요 소재인 권력, 경제적 자원,

권위 등의 재분배를 요구하게 되고, 이는 사회행동으로 표출된다고 본다.
- 앨린스키(Alinsky): 지역사회조직의 목표를 경제적 수준과 상관없이 동일한 사회적 혜택을 받는 것이라 주장하며, 지역사회의 문제에 초점을 둔 지역사회행동모델을 발전시켰다.

개념 공략 기능주의이론과 갈등주의이론

구분	기능주의이론	갈등주의이론
주요 내용	체계의 안정을 위한 구조적 적용	갈등이 사회발전의 요인
사회의 형태	안정 지향	집단 간 갈등
각 요소의 관계	조화, 적응, 안정, 균형	경쟁, 대립, 투쟁, 갈등
대상 요인	사회 부적응	사회 불평등
주요 가치 결정	합의에 의한 결정	지배계급의 이데올로기
지위 배분	개인의 성취	지배계급에 유리
변화	점진적, 누진적	급진적, 비약적

2. 사회체계이론과 생태이론(생태체계이론) 기출 11~14회, 16회, 21회

① 사회체계이론
  ㉠ 특징
  - 지역사회를 구성하는 크고 작은 모든 체계는 서로 연결되어 상호작용을 나누는 부분들의 합으로, 하나의 전체로서 살아 있는 개방체계를 이루고 있다. 체계는 내부 구성원들의 관계뿐만 아니라 외부환경과의 상호 교환관계를 통해 유지된다고 본다.
  - 한 체계의 요소들은 상호작용을 통해 영향을 주고받는다.
  - 체계 전체는 일정한 조정과 적응과정을 거치면서 새로운 균형상태에 도달한다.
  - 자신을 환경과 구별하는 동시에 연결하는 경계선(Boundary)이 존재한다. 이러한 경계는 변형성과 항상성을 가진다.
  - 사회제도들을 생산·분배·소비, 사회화, 사회통제, 사회참여, 상호 부조의 기능을 수행하는 위계체계로 간주하고, 각각의 하위체계들을 통해 사회를 유지할 수 있도록 한다고 주장한다.
  ㉡ 지역사회복지 실천에의 적용
  - 지역사회를 하나의 체계로 간주하고 지역사회와 환경의 관계를 설명하므로, 지역사회의 구조와 기능을 이해하는 데 유용하다.
  - 하위체계 내부의 문제뿐만 아니라 각 체계와의 상호작용 과정에서의 문제점을 파악하는 데 유용하다.
  - 지역사회의 구성, 지역사회 구성체 사이의 관계, 지역사회와 외부환경의 관계 등 세 가지 측면에서 지역사회를 이해하고 지역사회가 갖는 욕구 및 문제를 설명한다.
  - 지역사회복지 실천을 통해 개입하려는 지역사회문제와 지역사회 내외의 구성체계들이 어떤 관련성을 가지고 영향을 주고받는지 이해하는 데 유익한 분석틀이 된다.

② 생태이론(생태체계이론)
  ㉠ 특징
  - 인간과 환경의 관계를 독립적이고 일방적인 관계로 보지 않으며, 인간과 환경 사이의 상호작용에 초점을 맞추어 개인, 가족, 집단 조직뿐만 아니라 지역사회의 영향력을 살필 것을 강조한다.

- 인간이 환경의 요소들과 끊임없이 상호 교류하면서 적응과 진화를 반복하는 과정을 통해 사회가 발전해 나간다고 보았다.
- 지역사회가 변화에 순응하면 살고, 순응하지 못하면 도태된다는 자연의 섭리를 강조한다.
- 지역사회의 변화과정을 역동적 진화과정으로 설명하며, 이를 위해 다음의 개념을 사용한다.

경쟁	보다 나은 입지와 위치를 차지하기 위한 적응과정
중심화	지역의 기능과 사회시설 및 서비스가 중심지역으로 몰리는 것
분산	구성원이 중심으로부터 밀도가 더 낮은 외곽으로 빠져나가는 것
집결	개인이 도시 등으로 이주하며 유입되는 것
분리	개인, 집단 등이 배경적 특징에 따라 물리적 지역 내에서 서로 떨어져 유사 배경 및 기능을 중심으로 한데 모이는 것
우세	기능적으로 우위에 있는 것이 다른 단위에 대해 영향력을 행사하는 것
침입	지역사회의 한 집단이 완전히 분리된 다른 집단의 거주지역으로 들어가는 것
계승	침입이 완결된 지역의 상태

ⓒ 지역사회복지 실천에의 적용: 지역사회는 다양한 공간적 분포를 보이고 이주, 인구변화, 사회조직 및 사회계층의 구조적 변동이 발생하는 곳이기 때문에, 분석을 통해 자원의 집중도나 인구의 분포, 저소득층의 밀집과 배제(고립)의 상황, 지역의 성장과 역동성 등을 파악하는 데 용이하다.

3. 자원동원이론과 사회교환이론 기출 12회, 13회, 16회, 20회

① 자원동원이론
  ㉠ 특징
   - 자원에는 돈, 정보, 사람, 조직원 간의 연대, 사회운동의 목적과 방법에 대한 정당성 등이 포함된다고 본다. 즉, 자원동원의 범주를 인적 동원, 물적 동원, 자원개발로 설명하였다.
   - 사회운동조직이 비주류 계층의 권리를 옹호하거나 사회적 약자를 대변하기 위한 사회적 항의활동을 할 때 동원할 수 있는 자원의 정도와 범위에 따라 활동의 역할과 한계가 규정된다는 이론이다.
   - 힘 의존이론(권력의존이론, Power Dependency Theory)의 영향을 받았다.
   - 재정지원에 초점을 두고 있어 사회적 소수자의 권리옹호를 위한 실천에 유용하다.
   - 교환 가능한 자원을 매개로 사회적 행동을 추구하고자 한다.
   - 사회운동의 성패는 조직원 충원, 자금 조달, 적절한 조직구조를 개발할 수 있는 능력에 달려 있다고 보며, 조직 발전을 위해서 구성원 모집, 자금 확충, 직원 고용에 힘쓸 것을 강조한다.
  ㉡ 지역사회복지 실천에의 적용
   - 지역사회 내 사회적 약자의 권익을 옹호하기 위한 활동을 수행하거나, 그들을 대변하고자 할 때 사회운동을 조직하고 이를 행동화하는 데 중요한 이론적 토대가 될 수 있다.
   - 당면한 활동을 수행하기 위해 지역사회 내에서 어떠한 자원이 어디에 있는지, 누구와 함께 정체성을 공유할 것인지, 이것을 어떻게 알릴 것인지 등을 확인하고 만들어 가는 것이 중요하다고 본다.

② 사회교환이론
  ㉠ 특징
   - 호만스(Homans)와 블라우(Blau)가 개발한 이론이다.
   - 힘 의존이론(권력의존이론)의 영향을 받았다.
   - 인간의 행동유형이 자신의 사회적 신분, 비용과 보상의 정도에 따라 다르게 나타난다고 보았다.

- 개인이나 집단이 다른 사람이나 집단에게 무엇인가를 주는 대신 다른 보상을 얻으려고 하거나 얻을 수 있다고 생각할 때 상호작용이 일어난다고 보았다.
- 쌍방 간에 교환행위가 반복될수록 개인이나 집단 간의 사회적 관계는 더욱 강화된다고 보았다.

ⓒ 호만스(Homans)의 교환행동주의
- 미시적 차원의 인간관계나 소집단 간의 교환관계를 말한다.
- 사람들은 교환과정에서 돌아올 보상과 지불해야 할 비용을 면밀히 검토하여 최소의 비용으로 최대의 보상을 얻는 선택을 한다.
- 비용에 비해 보상이 작다면 관계 유지가 어렵다고 본다.

ⓒ 블라우(Blau)의 교환구조주의
- 거시적 차원의 사회조직 간의 교환관계를 말한다.
- 인간의 사회적 행동이 어떠한 경로를 통해 사회적 유대 또는 차별적 지위구조를 만들어내는지에 관심을 가지며, 교환이 평등한 관계를 만들어낼지 혹은 불평등한 관계를 만들어낼지는 교환에서 얻는 이익의 호혜성 여부에 따라 달라진다고 보았다.
- 교환작용이 일어나면서 자원의 소유 여부에 따라 권력과 지위는 분화되고, 집단의 인정을 받기 시작한 권력은 권위로 굳어져 조직의 안정과 균형의 기본을 이룬다고 본다.

ⓔ 하드캐슬(Hardcastle)의 권력균형전략

경쟁	교환에 참여하는 대신 유사한 다른 자원을 찾아 기존에 있던 자원과 새로 찾은 자원이 경쟁하도록 하는 전략 ⑩ B의 지배 예상 시 A가 필요한 자원을 B와의 교환을 통해서가 아니라, 제3자인 C와의 교환을 통해서 찾는다.
재평가	자원에 대한 재평가를 통해 종속관계에서 벗어나고자 하는 전략 ⑩ B의 자원에 대한 관심이 높았지만 A의 가치관이나 목표가 변화함에 따라 B가 가진 자원에 대한 관심이 낮아질 경우 발생한다. B는 A에 대한 권력관계를 유지하기 위해 자원을 보강하거나 또 다른 유인책을 사용함으로써 A의 낮아진 관심도를 되돌리기 위해 노력할 수 있다. A의 입장에서는 B의 자원을 재평가하고 B의 지배를 회피하여 권력의 균형을 이루고자 한다.
호혜성	자원 교환을 통해 상호 동등한 관계로 개선하고자 하는 전략 ⑩ A가 B의 자원을 얻기만 한다면 불균형이 발생할 수밖에 없기 때문에 A 역시 B가 필요한 자원을 생산하고자 노력한다. 이를 통해 A와 B가 서로에게 필요한 교환관계임을 인식하도록 하는 것이다.
연합	또 다른 종속관계에 놓인 집단과 연합하여 자원을 가진 조직에 대항하는 전략 ⑩ A는 B에 비해 부족한 힘을 키우기 위해 B에 종속된 다른 세력들과 교환관계를 수립하여 B의 권력에 대응할 수 있다.
강제(강압)	물리적인 힘으로 자원을 장악하는 전략 ⑩ B가 가진 자원을 얻을 수 없을 때 A가 물리적인 강제력을 동원하여 강제로 접수하는 것이다.

ⓜ 지역사회복지 실천에의 적용
- 지역사회에 내재한 자원의 균형적인 교환을 통해서 개인이나 집단, 조직, 지역사회 전체가 발전할 수 있음을 강조하므로, 비영리조직의 마케팅이나 네트워킹 활동을 설명하는 데 유용하다.
- 지역사회 차원에서의 중요한 교환자원으로는 상담, 지역중심 서비스, 기부금, 재정지원, 정보, 정치적 권력, 힘 등이 포함된다.
- 지역사회문제는 교환관계의 단절이나 불균형, 교환자원의 부족이나 고갈, 가치저하 현상을 보일 때 발생한다고 본다.

4. 엘리트이론과 다원주의이론 기출 15회, 16회, 23회

① 엘리트이론
  ㉠ 특징
    - 소수 엘리트에 의한 주도적 가치판단을 중시한다. 소수의 지배 엘리트집단이 국가의 정책을 좌우하는 권력을 장악하고 있다고 주장한다.
    - 엘리트들은 체제 유지를 위한 보수주의적 성향을 갖는다. 정책의 변화 역시 점진적 변화를 지향한다. 정책의 설정 및 대안을 수립할 때도 소수 엘리트들의 가치가 반영된 것을 선택한다.
  ㉡ 지역사회복지 실천에의 적용
    - 지역사회 실천가로 하여금 지역사회 수준에서 소수의 기업인, 관료, 정치인 등의 권력구성 및 권력관계, 영향력을 평가하여 지역사회문제 해결을 위한 의제 선정과 정책결정과정을 준비하도록 만든다.
    - 엘리트집단과 주민의 기본욕구 사이에는 중개자가 필요하고, 주로 공공관료나 전문가 집단이 중개자로서의 역할을 수행한다.
    - 엘리트들이 자신의 이익을 위해 사회복지정책을 도입한다.

> **합격 가이드**
> 엘리트이론과 다원주의이론은 미국사회에서 지역사회 권력구조에 대한 연구결과로 탄생하였습니다.

② 다원주의이론
  ㉠ 특징
    - 다양한 이익집단들이 사회를 이끌어가고 있다고 본다.
    - 정책결정에 있어 대중의 참여와 경쟁을 강조한다. 개인과 집단이 한정된 사회적 재화와 가치를 더 많이 획득하려는 과정에서 대립과 타협이 작용함으로써 공공정책이 만들어진다는 입장이다.
    - 개인과 집단의 이익은 자유주의 경제의 시장원리에 의하여 자동적으로 여과되고 조화를 이룸으로써 사회 구성원 모두의 이익이 골고루 반영된다고 보는 낙관론에 기초한다.
  ㉡ 지역사회복지 실천에의 적용
    - 다양한 이해관계를 대표하는 지도자들을 의회나 정부에 보냄으로써 자신들의 이해관계를 정책에 반영하게 된다. 사회복지정책은 개인 및 집단의 이익 대결과 갈등을 정부가 공정하고 종합적인 입장에서 조정한 결과로 본다.
    - 지역사회에서 주요 의사결정이 이익집단들의 경쟁과정을 통해 최종 정책으로 결정되는 점을 전제로 한다. 지방자치단체나 지방의회의 주요 역할은 이익집단들 간의 경쟁이나 갈등을 중재하는 것이라 주장한다.

개념 공략 정치적 의사결정모델

다원주의 의사결정모델	• 지역사회에서 주요 의사결정이 이익집단들의 경쟁과정을 통해 최종 정책으로 결정되는 점을 전제로 함. • 지방자치단체나 지방의회의 주요 역할을 이익집단들 간의 경쟁이나 갈등을 중재하는 것으로 봄.
엘리트주의 의사결정모델	소수의 지배 엘리트집단이 국가의 정책을 좌우하는 권력을 장악하고 있다고 봄.
신엘리트주의 의사결정모델	엘리트집단과 지역사회의 다양한 이익집단들이 연대함으로써 정책이 실현된다고 봄.
공공선택 의사결정모델	공공재의 경우 배분의 결정이 정치적 표결에 의하여 이루어지며, 합리적인 선택과 방법론적 개인주의라는 두 가지 가정을 바탕으로 이루어진다고 봄.
시민선택 의사결정모델	주요 의사결정이 투표와 같은 시민의 선택에 의해 이루어진다고 봄.

5. 사회구성주의이론과 권력의존이론 기출 15~17회, 19회, 20회, 23회

① 사회구성주의이론
  ㉠ 특징
  - 지역사회문제를 객관적 사실로 인정하지 않고, 특정 집단(다수의 권력을 가진 사람들)에 의해 규정된다고 본다.
  - 한 사회를 지배하는 주류 이데올로기가 어떻게 만들어지고, 유지되고, 내재화되는지에 초점을 맞춘다.
  - 사회체계는 상호 역동적 관계에 있는 개인들 사이에서 창조되고 건설된다고 본다.
  - 사회복지사와 클라이언트와의 만남은 새로운 현실을 창조하는 맥락이며, 본질적으로 개방적이고, 언어나 상징적 행위들에 의해 만남의 성격이 결정된다고 본다.
  - 지식은 인간의 경험세계로부터 주관적으로 구성된다고 보고, 지식의 객관성을 강조하는 전통적인 실증주의를 비판한다.
  - 가치, 규범, 신념, 태도 등은 다양한 문화적 집단에 따라 다르게 구성된다.
  - 포스트모더니즘과 상징적 상호작용주의의 영향을 받았다.

  ㉡ 지역사회복지 실천에의 적용
  - 사회복지사 활동은 개인의 활동을 통제하고 규제하려는 사회적 욕구해결 기능을 담당한다.
  - 사회복지사는 클라이언트와 관계된 정치, 문화, 개인적 역사에 대해 통찰하고, 이것이 전문적 개입에 미치는 영향에 대한 민감성을 갖게 한다.
  - 사회복지사는 지역사회 구성원이나 클라이언트와 처음 만나는 순간부터 그들의 사회적 구성에 참여하게 되므로 적극적으로 현실문제에 대해 공동 구성이 가능하도록 한다.
  - 사회복지사는 클라이언트의 행동에 영향을 끼치는 사회와 경제 및 정치적 구조에 대한 이해를 가지고 클라이언트의 문화적 가치와 규범에 대한 의미를 해석한다.

② 권력의존이론 기출 21회
  ㉠ 특징
  - 지역주민이나 집단 또는 조직의 힘(Power)의 소유 여부가 지역사회 발전에 영향을 미친다는 것을 강조한다.
  - 권력은 자원을 가진 개인이나 집단과, 자원을 가지지 못한 개인이나 집단 간의 관계에서 형성된다. 또한 권력은 자원이 풍부한 사람들과 자원이 부족해 도움을 받아야 하는 사람들 사이에 내재해 있다.
  - 지역사회의 집단이나 조직들이 힘을 얻고 분산시키면서 지역사회가 발전한다는 점을 강조한다. 지역사회의 발전은 권력의 소유 여부에 달려 있다고 본다.
  - 지역 안에 존재하는 조직들이 어떻게 힘을 얻고 분산시키는지를 이해하는 데 사용될 수 있다.

> **합격 가이드**
> 힘에는 물리적·정치적·경제적인 힘이 모두 포함됩니다.

  ㉡ 지역사회복지 실천에의 적용
  - 지역사회조직들은 생존을 위한 자원을 외부의 재정지원에 의존할 수밖에 없다는 전제에서 출발한다.
  - 외부 재정지원자에 대한 지나친 의존은 조직의 목적 상실, 자율성 제한 등 부정적인 영향을 주기도 한다. 따라서 특정 지원자에 대한 의존성에서 탈피할 필요가 있다.
  - 서로 다른 자원의 크기로 인해 지방자치단체가 중앙정부에 의존적일 수 있다고 본다.

6. 사회자본이론 기출 13회, 15회, 19회

① 개인이나 조직 및 지역사회의 연결과 참여를 구축하는 행위가 지역사회의 협조와 협력을 토대로 형성된다고 본다.
② 지역사회 내 사회관계에 내재된 자원을 사회자본이라고 하고, 신뢰(보상에 대한 믿음), 호혜성, 네트워크, 공유된 인지 등을 강조한다.
③ 사회자본은 한 개인이 소유한 특성이라기보다는 사람들 간의 관계에서 형성되고 집단에 의해 공유되기 때문에 사용하면 할수록 총량이 늘어나며, 사용하지 않으면 감소하는 독특한 특성을 가진 자본이다.
④ 사회자본은 관습이나 문화의 영향을 받는다. 사회자본은 집단 간 혹은 집단 내에서 협동을 촉진하는 공유된 규범으로서 가치, 신뢰 및 상호 이해를 수반하는 네트워크라고 합의된 것이다.

7. 사회학습이론

① 인간행동이론의 영향을 받은 이론으로, 지역주민에게 영향을 주는 지역사회 및 주변환경에 대한 학습을 통해 지역주민이나 집단 구성원들의 역량이 강화되고 지역사회도 발전한다고 본다.
② 개개인의 경험적 행동이나 인식이 소속 집단이나 단체, 조직 등의 지역사회복지 실천 영역에 영향을 미치며, 지역사회복지 실천과 개개인의 높은 자기 확신이 필요하다고 보는 이론이다.

2 지역사회복지 실천모델 (최다빈출)

1. 로스만(Rothman)의 지역사회복지 실천모델 기출 11~17회, 20회, 21회, 23회

① 지역사회개발모델
  ㉠ 특징
   • 지역사회의 문제나 욕구를 해결할 때 지역사회 주민이 스스로 해결할 수 있는 자조 정신을 강조하며, 문제 파악 및 해결과정에서 지역사회 주민의 광범위하고 자발적인 참여를 장려한다.
   • 전체적인 조화를 강조한다.
   • 지역사회 주민들이 최대의 주도권을 가지고 전 지역사회의 경제적·사회적 조건을 향상시키기 위한 과정으로 민주적인 절차, 자발적 협동, 토착적 지도자의 개발, 교육 등이 강조된다.
   • 지역사회의 문제해결을 위해 지역사회의 역량을 강화하고 사회통합을 증진시키는 데 초점을 둔다.
   • 지역사회 내의 입장 차이는 협상과 합의를 통해 해결할 수 있다고 본다. 지역사회의 여러 집단이나 이익단체 간의 상호 교류, 집단 토의를 사용한다.
   • 과정중심의 목표를 강조하는 모델이다. 하지만 변화를 위한 매개체인 소집단은 과업중심적 성격을 갖는다. 이는 소집단이 특정 문제를 해결하고자 하는 목표를 가지고 구성되기 때문이다.
   • 지역사회 내 다양한 집단을 잠재적 파트너로 간주하며, 권력을 가진 사람들도 지역사회의 향상 및 발전을 위해 공동의 노력을 기울일 수 있다고 본다.
   • 지리적 측면에서 지역사회 전체를 대상집단으로 본다.
   • 클라이언트를 문제해결과정의 참여자로 본다.
   • 클라이언트를 아직 완전히 개발되지 않은 잠재력을 가진 정상인으로 간주한다.
   • 산업화로 인해 도덕체계가 붕괴되면서 나타난 아노미 상태에서 구성원 간의 무관심을 해결하려는 모델로, 구성원 간의 공동체 의식과 문제해결능력의 배양에 역점을 두고 있다.
   • 새마을운동, 지역복지관의 지역개발사업, 자원봉사운동, 성인교육 및 리더십 훈련 등이 해당된다.

ⓒ 한계와 문제점
- 변화를 위해 지역사회의 관련 집단 전체의 합의와 협력을 이끌어내는 것이 쉽지 않다.
- 지역사회 구성원의 다양성으로 인해 공통의 이해관계를 갖기 어렵다.
- 안정을 중시하는 기득권이나 권력층이 정책결정의 변화를 거부하거나 방해할 가능성이 있다.

② 사회계획모델(사회계획 및 정책모델)
ⓐ 특징
- 비행, 주택, 정신건강, 소득, 교육, 빈곤, 노인, 복지 등과 같은 사회문제를 해결하고자 하는 기술적 과정을 강조한다.
- 지역사회문제 해결을 위해 전문가에 의한 합리적인 계획수립과 기술적 과정, 계획된 변화를 강조하기 때문에 기술적 합리성과 전문성을 지닌 전문가, 계획가에 의한 해결방식에 의존한다.
- 과업중심 목표를 설정하는 모델이다.
- 대부분의 지역사회복지 실천에서 사용하는 모델이다.
- 문제해결을 위해 공식적 계획과 정책을 개발하고, 이에 대한 효과성과 효율성을 강조하기 때문에 과학적이고 합리적인 계획을 수립하는 것을 중요시한다.
- 지역주민의 역량 강화나 근본적인 사회변혁을 추구하지 않는다.
- 사회계획과정은 문제의 발견 및 분석, 의사전달 및 활동체계 구축, 사회적 목표와 정책의 결정, 계획의 실행, 실행에 대한 평가 및 피드백 등 조사와 분석 기술을 주로 사용하고, 구체적인 사회문제를 예방·통제·해결하려는 기술적 과정을 중시한다.
- 위로부터 접근하는 하향식 접근 방식이다.
- 정부 관련 부서, 도시계획국, 지역사회복지협의회 등이 해당된다.

ⓒ 한계와 문제점
- 관료조직과 같은 공식조직을 변화의 매개체로서 중요하게 여기지만 실제 문제를 해결하는 과정에서 작용하는 정치적인 영향력 등을 고려하지 못한다.
- 시간과 자원에 제한이 있다. 계획가·전문가가 합리적이고 포괄적인 대안을 마련하고 계획을 수립하기 위해 충분한 시간과 자원을 확보하지 못한다면 한계에 봉착하고 만다.

③ 사회행동모델
ⓐ 특징
- 지역사회에는 권력과 자원의 불평등한 관계가 존재한다는 갈등론적 입장을 기반으로 한다. 따라서 권력관계의 변화, 자원의 이동, 제도 개혁을 강조한다.
- 지역사회는 소수의 엘리트에 의해 지배된다고 보고, 권력을 가진 사람들이 자신의 목적을 달성하기 위해 취약계층을 억압하고 있다고 간주한다.
- 지역사회에서 불우한 처지에 있거나 불이익을 받는 집단이 사회정의와 민주주의에 입각해 사회·경제적으로 보다 나은 서비스를 받을 수 있도록 요구하는 모델이다.
- 사회복지사는 지역사회의 기존 제도와 현실에 대한 근본적인 변화를 추구하며, 지역주민들이 집합적 행동에 나설 수 있도록 인적·물적 자원을 조직하고 동원한다.
- 과정중심 목표와 과업중심 목표를 양면에 두고 지역사회의 문제해결을 위해 지역정책의 변화에 초점을 둔 과업달성뿐만 아니라 지역사회 주민의 정치적 영향력을 증대시키는 과정 수행에도 역점을 둔다.
- 지역사회의 변화를 위해 협의의 문제에 관심을 두지만 주로 조직적 대항, 입법 로비활동, 대중조직 개발, 정치적 캠페인 등을 포함하여 사회정책과 법률적 변화에 영향을 미치는 광의의 과업을 수행한다.
- 사회적으로 배제되고 억압받는 집단을 조직화하는 것이 중요하다고 강조한다.

- 항의, 시위 등 갈등이나 대결 전술을 활용한다.
- 아래로부터 접근하는 상향식 접근 방식이다.
- 환경보호운동, 인권운동, 노동조합, 여권신장운동 등이 해당된다.

ⓒ 한계와 문제점
- 대항전략에 대해 거부감을 가진 사회 구성원이 있을 수 있다.
- 기본적으로 과업중심 목표와 과정중심 목표 모두를 중시하지만 때로는 과정중심 목표가 무시되기도 한다.
- 극단적인 전략과 전술로 인해 참여 구성원들이 위험한 상황에 놓일 수 있다.
- 수단의 불법성이 논란을 일으킬 수 있고, 윤리적으로 문제가 될 수 있다.

④ 실천모델별 지역사회문제 해결을 위한 13가지 실천변수

구분	지역사회개발모델	사회계획모델	사회행동모델
지역사회활동 목표	과정중심 목표: 지역사회의 기능적 통합, 자조적으로 문제해결에 참여, 민주적인 절차를 이용하도록 하는 능력의 향상	과업중심 목표: 실제적 지역사회문제 해결	• 과업중심 목표: 특정 입법이나 복지 혜택 추구, 공공기관의 정책 변경 등 • 과정중심 목표: 구성원의 정치적 영향력 증대 • 소규모적이고 단기적인 문제상황을 해결하는 것보다 체제 변화에 따른 결과 중시
지역사회구조와 문제상황에 관한 가정	• 지역사회의 상실, 아노미, 관계 및 민주적 문제해결능력 결여 • 개발도상국의 지역사회는 소수 엘리트집단이 좌우하며, 일반 대중은 교육을 제대로 받지 못해 문제해결기술이나 민주적 방법에 대한 이해가 부족함.	실질적인 사회문제, 정신적·신체적 건강문제, 주택 등 지역사회문제가 산재되어 있음.	• 불리한 상황에 있는 인구집단, 사회적 불공평, 박탈, 불평등이 존재함. • 혜택과 권한의 분배에 따른 지역사회 계층을 유지하고 있음.
변화의 기본 전략	"함께 모여 이야기해 보자." ➡ 광범위한 다수의 주민들이 참여하여 자신들의 욕구를 결정하고 문제를 해결하자는 것	"진상을 파악해서 논리적인 조치를 강구하자." ➡ 문제에 관한 자료수집과 최적의 합리적 행동조치를 결정하자는 것	"우리들의 억압자를 분쇄하기 위해 규합하자." ➡ 불리한 처지에 놓여 있는 주민들의 합법적인 적이 누구인가를 찾아내고, 집단행동을 조직하여 선택된 적대집단에 압력을 가하자는 것
변화전술과 기법	• 합의 • 지역사회의 모든 집단 간의 의사교환과 토의	• 사실발견과 분석상의 기술이 중요 • 상황에 따라 갈등이나 합의를 사용	갈등, 대결, 직접행동, 협상, 시위, 협력거부, 보이콧 등 다수의 대중을 규합
사회복지사의 역할	• 조력자, 격려자, 조정자, 교육자(문제해결기술 훈련) • 능력부여자, 촉진자(촉매자)	• 전문가, 계획가 • 사실발견수집가, 분석가 • 프로그램 기획·평가자	• 옹호자, 행동가 • 매개자, 중재자, 대변가 • 조직가
변화의 매개체	과업지향적인 소집단 활용	공식조직과 객관적 자료 활용	대중조직과 정치과정 활용

권력구조에 대한 견해	• 권력을 쥔 사람도 지역을 향상시키기 위해 공동으로 노력함. • 주민들은 협력자로서 권력구조의 구성원에 포함.	후원자 또는 고용기관	• 대중조직, 정치과정 • 공격·파괴되어야 하는 억압세력, 반대세력
대상 지역사회의 범위	지리적 측면에서 지역사회 전체	지역사회 전체 또는 특수지역이나 일부 계층	• 억압을 받고 있는 지역사회 일부 • 전문가의 특수한 지원을 요하는 집단
지역사회 하위부분의 이해관계에 대한 전제	• 상이한 집단·계층의 이해관계가 상호 조화를 이룰 수 있음. • 합리적인 설득, 대화, 상호 간의 호의로 쉽게 합의할 수 있음.	지역사회 내 집단 간의 갈등적인 이해에 크게 개의치 않고, 실용적이며 특정 문제의 해결에만 관심을 가짐.	구성집단 간의 이해관계가 상충되며, 서로 조화를 이룰 수 없다고 봄.
공공의 이익에 대한 개념	• 합리주의적·중앙집권적 개념으로, 협동적인 결정과정을 이용해서 주민의 일반적인 복지를 위해 여러 지역사회 집단의 이익을 반영 • 목적과 의사 주체의 단일성	• 이상주의적·중앙집권적 개념으로, 계획전문가는 사회과학자들과 협의를 통해 지식, 사실, 이론에 입각해서 공익을 대변하며, 개인의 정치적 이익이나 일반의 인기에 좌우되지 않음. • 목적과 의사 주체의 단일성	• 현실주의적·개인주의적 개념으로, 공공의 이익은 경쟁하는 수많은 이익집단들이나 갈등상태에 있는 주민들 간 힘의 균형을 반영한 것이고, 이들 집단 간의 갈등을 해소함에 따라 나타나는 과도적인 타협으로서만 존재함. • 목적과 의사 주체의 다양성
클라이언트 집단에 대한 견해	• 지역주민, 아직 완전히 개발되지 않은 상당한 잠재력을 지닌 정상인으로서의 클라이언트 • 잠재력을 발휘하기 위해서는 전문가의 도움이 필요	• 서비스의 혜택을 받는 소비자 • 사회계획의 결과로 나오는 프로그램 또는 서비스를 이용하거나 받은 자	• 체제의 희생자(고통받는 집단) • 특정 불이익집단
클라이언트의 역할에 대한 견해	• 지역사회문제 해결과정에 적극적으로 참여함. • 클라이언트는 자신들의 욕구를 표현하고, 바람직한 목표를 결정하며, 적절한 조치를 강구하는 데 참여함.	소비자 혹은 수령자	• 혜택을 받는 자 • 적극적으로 참여하는 경우도 있음.
임파워먼트 활용	• 협동적이고 의사결정을 할 수 있는 지역사회의 능력 구축 • 주민의 개인적 주인의식 고취	• 소비자의 서비스 욕구 규명 • 소비자의 서비스 선택의 정보 제공	• 수급자체계(지역사회)를 위한 객관적 권력 • 지역사회 의사결정에 영향을 미치는 권리와 수단의 획득 • 참여자의 주인의식 고취

⑤ 로스만의 혼합모델
　㉠ **지역사회개발·사회행동모델**
　　• 과정은 지역사회개발모델의 특성을 갖고, 목적은 사회행동모델을 따른다.
　　• 지역사회 주민의 자발적이고 적극적인 참여로 사회구조적 모순을 해결하고자 한다.
　　• 지역사회 내 공동의 문제를 확인하기 위해 여러 집단 간의 합의가 필요하고, 동시에 문제의 근원이 되는 권력집단에 대항하는 행동이 필요할 때 적용된다.
　　• 지역주민 역량강화와 개혁을 통한 사회변화를 강조한다.
　㉡ **사회행동·사회계획모델**
　　• 실증적 연구를 바탕으로 문제해결방법을 계획하면서 동시에 대중에게 문제의 심각성 및 변화의 중요성을 알리고 대중의 참여를 도모한다.
　　• 다양한 형태의 사회행동과 문제해결을 위한 과학적 조사와 연구도 병행한다.
　㉢ **사회계획·지역사회개발모델**
　　• 전문가의 실증적 조사와 객관적 자료분석, 주민참여의 민주성·주체성을 강조한다.
　　• 지역사회보장계획은 사회계획·지역사회개발모델에 의한 실천이라고 할 수 있다.

> **합격 가이드**
> 로스만은 지역사회 고유의 특징의 다양성 및 사회문제의 다양성으로 인해 실제 지역사회실천 개입을 위해서는 혼합형 모델이 활용될 수 있다고 강조합니다.

최다빈출

2. 웨일과 갬블(Weil & Gamble)의 지역사회복지 실천모델 기출 11~13회, 15~17회, 19~21회, 23회

① 근린지역사회조직모델
　㉠ 지역사회개발모델의 영향을 받았다. 대면 접촉이 이루어지는 지리적으로 가까운 지역사회 조직화에 초점을 두고, 지역사회 주민의 삶의 질 향상에 관심을 둔다.
　㉡ 주요 전략은 지역사회 변화를 유도하기 위한 지역사회 주민의 능력개발 및 외부개발자들이 지역에 미칠 영향을 조절하는 것이다.
　㉢ 변화를 위한 표적체계는 지방정부, 외부개발자, 지역사회 주민이며, 사회복지사는 조직가, 교사, 감독(코치), 촉진자의 역할을 수행한다.
② 기능적 지역사회조직모델
　㉠ 기능적 지역사회에 초점을 둔다. 동일한 정체성이나 이해관계를 가진 집단의 문제해결에 관심을 둔다.
　㉡ 학교폭력 추방, 아동학대 근절 등 특정 집단의 권익을 추구하는 공동체의 역량을 강화하며, 이해당사자들을 조직화하여 특정 관심사에 대한 사회적 변화를 유도한다.
　㉢ 주요 전략은 특정 이슈나 집단에 대한 정책, 행위 및 인식의 변화에 초점을 두고 옹호를 이끌어낼 수 있는 행동이다.
　㉣ 변화를 위한 표적체계는 일반 대중과 정부기관이며, 사회복지사는 옹호자, 조직가, 촉진자, 정보전달자의 역할을 수행한다.
③ **지역사회의 사회·경제적 개발모델**
　㉠ 지역사회개발모델의 영향을 받았다. 지역사회 개발과 경제개발이 동시에 진행되어야 하는데, 이를 위해 필요한 내적·외적 자원의 개발과 활용을 강조한다.
　㉡ 주민의 삶의 질 향상을 목적으로 시민참여를 통한 사회·경제적 발전을 도모한다.
　㉢ 주민 입장에서 발전계획을 마련하고, 개인과 집단의 소득 향상을 추구한다. 주민들이 투자된 자원을 이용할 수 있도록 조직과 능력을 배양하는 것에 초점을 맞춘다.

ⓔ 변화를 위한 표적체계는 금융기관, 재단, 외부개발자, 주민이며, 사회복지사는 교사, 계획가, 관리자, 협상가 등의 역할을 수행한다.
　　ⓜ 빈민구제 목적으로 설립된 소액대출 은행인 방글라데시의 그라민 뱅크(Grameen Bank)가 대표적인 사례이다.
④ 사회계획모델
　ⓐ 객관성과 합리성에 기반을 두고 지역사회문제를 해결하고자 한다.
　ⓑ 주요 전략은 지역사회의 사회적 욕구 통합과 사회서비스 관계망을 조정하는 것이다.
　ⓒ 변화를 위한 표적체계는 지역사회 지도자의 관점과 휴먼(인간)서비스 지도자의 관점이며, 사회복지사는 조사자, 프로포절 작성자, 관리자 등의 역할을 수행한다.
⑤ 프로그램개발과 지역사회연계모델
　ⓐ 사회계획모델에서 추가적으로 세분화된 모델이다.
　ⓑ 지역사회 주민들의 욕구를 충족시키기 위한 서비스 개발과정에서 지역주민, 잠재적 클라이언트, 기관의 직원, 전문가 집단과 연계된 다양한 수준의 프로그램을 개발하고 확대한다. 지역사회서비스의 효과성을 향상시키기 위해 기관프로그램의 확대, 새로운 서비스의 기획 등을 수행한다.
　ⓒ 변화를 위한 표적체계는 프로그램 개발에 재정을 지원하는 사람과 프로그램을 이용하는 수혜자이며, 사회복지사는 대변자, 계획가, 관리자, 프로포절 제안자로서의 역할을 수행한다.
⑥ 정치·사회행동모델
　ⓐ 정책 또는 정책 결정자의 변화, 기업체의 행동변화와 사회정의 실현에 초점을 둔다.
　ⓑ 기회불평등과 부당한 결정에 도전하고 주민의 능력에 대한 믿음을 강화시킨다.
　ⓒ 변화를 위한 표적체계는 선거권자와 선출직 공무원이며, 사회복지사는 옹호자, 조직가, 조사자, 조정자의 역할을 수행한다.
⑦ 연합(연대활동)모델
　ⓐ 지역사회가 처한 문제는 한 조직의 노력만으로 해결되기 어려우며, 분리된 집단 및 조직을 연합하여 사회변화에 동참시키는 것을 강조한다.
　ⓑ 연합의 공동 이해관계에 대응할 수 있는 자원동원의 잠재력을 증진시키고, 사회적 프로그램의 방향에 영향을 미칠 수 있는 다조직적 권력 기반을 구축하는 것을 목표로 한다.
　ⓒ 자원을 동원할 수 있는 잠재력을 가진 연대조직체를 형성하여 집합적으로 문제를 해결하고자 한다.
　ⓓ 다양한 조직의 독립성을 유지하면서 공동의 목표를 위해 새로운 조직을 구성하거나 연대하는 것에 초점을 맞춘다.
　ⓔ 변화를 위한 표적체계는 선출직 공무원, 재단, 정부기관 등이며, 사회복지사는 중개자, 협상가, 대변자의 역할을 수행한다.

> **합격 가이드**
>
> 연합모델에서는 공동의 관심사가 발견될 때에는 하나의 조직처럼 행동하지만 공동의 관심사가 아닌 경우에는 각 조직이 모든 행동에 참여할 필요는 없습니다.

⑧ 사회운동모델
　ⓐ 바람직한 사회변화 추구를 강조한다.
　ⓑ 인간의 존엄성과 보편적 가치(⑩ 인간의 화합, 폭력의 최소화, 환경보호, 평등, 다양성의 인정)를 강조하면서 사회정의를 실현시키기 위해 사회 전체의 변화를 이루는 행동을 한다.
　ⓒ 생태학, 반전, 반핵, 인권운동, 여성운동 등 지역사회 차원에서부터 세계적 차원에 이르기까지 광범위하게 개입하는 모델이다.
　ⓓ 변화를 위한 표적체계는 일반 대중, 정치제도이며, 사회복지사는 옹호자, 촉진자의 역할을 수행한다.

⑨ 웨일과 갬블(Weil & Gamble)의 모델 비교
  ㉠ 근린지역사회조직모델

특징	• 지역사회개발모델에 영향을 받음. • 지역사회 조직화, 삶의 질 향상
변화전략 및 목표	• 지역사회 주민의 조직능력 개발 • 외부개발자들이 지역에 미칠 영향을 조절
표적체계	지방정부, 외부개발자, 지역사회 주민
주요 관심영역	지역사회 주민의 삶의 질
일차적인 구성원	지리적 의미의 지역사회 주민
사회복지사의 역할	조직가, 교사, 감독(코치), 촉진자

  ㉡ 기능적 지역사회조직모델

특징	• 구성원의 역량강화 • 특정 관심사의 사회적 변화 유도
변화전략 및 목표	• 각 조직이 선택한 이슈에 대한 옹호 및 개발 • 사람들의 태도를 변화시키는 데 초점을 둔 사회정의를 위한 활동
표적체계	• 기능적 지역사회의 삶과 관련된 사회적 제도 형성에 영향을 주는 일반 대중 • 정책을 결정하고 집행하는 정부기관 등
주요 관심영역	기능적 지역사회 구성원을 교육시켜 스스로 문제에 대처하도록 역량강화, 옹호
일차적인 구성원	공동의 관심과 이해를 가진 동호인
사회복지사의 역할	옹호자, 조직가, 촉진자, 정보전달자(정보제공자)

  ㉢ 지역사회의 사회·경제적 개발모델

특징	지역사회의 경제개발과 사회개발이 동시에 이루어짐.
변화전략 및 목표	• 주민의 관점에서 개발계획 시작 • 주민의 자원 활용 역량 제고
표적체계	금융기관, 재단, 외부개발자, 지역사회 주민
주요 관심영역	주민의 소득 향상, 자원·사회적 지원개발, 교육과 리더십 기술 향상
일차적인 구성원	저소득층, 불이익을 받는 집단
사회복지사의 역할	교사, 계획가, 관리자, 협상가

  ㉣ 사회계획모델

특징	전문가의 지식과 기술, 객관적 조사와 자료분석 기초
변화전략 및 목표	선출직 공무원, 선출된 기관 또는 휴먼(인간)서비스를 계획하는 협의회가 행동을 위한 도시 또는 지역적 제안
표적체계	지역사회 지도자의 관점, 휴먼(인간)서비스 지도자의 관점
주요 관심영역	사회적 욕구 통합, 사회서비스 연계망 구축 및 조정
일차적인 구성원	선출직 공무원, 기관책임자, 기관 간의 조직
사회복지사의 역할	조사자, 프로포절 작성자, 관리자

⑩ 프로그램개발과 지역사회연계모델

특징	지역사회와 연계된 다양한 수준의 프로그램 개발 및 확대
변화전략 및 목표	지역사회서비스의 효과성 증진을 위한 새로운 프로그램 개발 및 기존 프로그램의 확대·재조명
표적체계	기관프로그램의 자금 지원자, 기관 서비스 혜택을 받는 사람
주요 관심영역	특정 대상이나 지역사회를 위한 서비스 개발
일차적인 구성원	프로그램 개발에 관여하는 서비스 제공기관의 이사회, 지역사회 대표
사회복지사의 역할	대변자, 계획가, 관리자, 프로포절 제안자

⑪ 정치·사회행동모델

특징	정치권력 강화, 평등한 힘의 균형
변화전략 및 목표	정책, 정책결정자 등의 변화에 초점을 둔 사회정의를 위한 활동 전개
표적체계	선거권자, 선출직 공무원, 잠재적 참여자
주요 관심영역	정치적 권력 형성 및 확립, 제도적 변화
일차적인 구성원	정치적 권한이 있는 시민
사회복지사의 역할	옹호자, 조직가, 조사자, 조정자

⑫ 연합(연대활동)모델

특징	한 집단으로 인한 변화는 어렵기 때문에 분리된 집단을 사회변화에 집합
변화전략 및 목표	공통의 이해관계에 대응할 수 있는 자원동원, 복합적인 권력 기반 구축
표적체계	선출직 공무원, 재단, 정부기관
주요 관심영역	사회적 욕구, 사회적 관심과 관련된 특정 이슈
일차적인 구성원	특정 이슈에 이해관계가 있는 조직, 집단
사회복지사의 역할	중개자, 협상가, 대변자

⑬ 사회운동모델

특징	인간의 존엄성과 보편적 가치 강조
변화전략 및 목표	특정 집단 또는 이슈에 대하여 새로운 패러다임에 입각한 사회정의를 위한 행동
표적체계	일반 대중, 정치제도
주요 관심영역	사회정의
일차적인 구성원	새로운 비전을 제시할 수 있는 조직, 지도자
사회복지사의 역할	옹호자, 촉진자

3. 테일러와 로버츠(Taylor & Roberts)의 지역사회복지 실천모델 기출 12~14회, 16회, 20회, 21회, 23회

① 프로그램개발 및 조정모델
　㉠ 지역사회복지의 모체인 자선조직협회와 인보관운동에 근거한다.
　㉡ 공공기관, 지리적 지역사회를 대상으로 서비스를 제공하는 민간기관, 기능적 지역사회, 기관협의회 등을 중심으로 프로그램을 개발하고 조정해 나가는 모델이다. 예 사회복지협의회, 지역사회복지 공동모금회

ⓒ 지역사회 주민이 원하는 서비스를 기획·개발·실행하는 데 초점을 둔다.
　　ⓔ 후원자가 결정권한의 100%의 영향력을 행사하는 후원자중심모델이다.
② 계획모델
　　㉠ 조사연구와 객관적 분석 등을 통해 지역사회문제를 해결하고자 하는 로스만의 사회계획모델 중 인간지향적인 측면을 강조한 모델이다. 의사결정에 있어 상호 교류의 노력을 강조한다.
　　ⓛ 계획 시 사람들과 교류하여 옹호적·진보적인 정치적 접근을 시도하며, 조직과정의 관리, 대인관계를 중요시하는 과정지향적 기술을 강조하지만, 조사전략 및 기술, 설계 및 실행, 객관적 분석 등과 같은 과업지향적인 측면도 강조한다.
　　ⓒ 후원자중심모델로, 후원자가 7/8의 의사결정 권한을 가진다.
③ 지역사회연계모델
　　㉠ 클라이언트 개인의 문제를 지역사회와 연계하여 지역사회의 문제를 해결하고자 한다.
　　ⓛ 사회복지기관의 사회복지사나 행정가들에 의해 수행되는 기능으로 클라이언트의 문제해결을 위해 필요한 연계활동, 즉 조직 간 관계형성, 관계조정, 관계개발을 통해 지역사회 지지 및 자원을 확보하고자 한다.
　　ⓒ 클라이언트와 후원자는 1:1의 의사결정 권한을 가진다.
④ 지역사회개발모델
　　㉠ 시민참여와 교육과정을 매우 중요하게 생각하고, 지역사회 자체의 역량을 개발하여 지역사회문제를 주민 스스로 해결할 수 있도록 지지하고 지원하는 것에 초점을 둔다.
　　ⓛ 자체적 리더십 개발, 자조적 활동, 상호 부조, 지역성, 시민역량 개발에 바탕을 둔 지역사회 연구 및 문제해결을 강조한다. 사회복지사는 조력자의 역할을 담당한다.
　　ⓒ 로스만의 지역사회개발모델과 밀접한 연관이 있다.
　　ⓔ 클라이언트중심모델로, 클라이언트가 7/8의 의사결정 권한을 가진다.
⑤ 정치적 역량(권력)강화모델
　　㉠ 로스만의 사회행동모델과 밀접히 관련된 것으로, 갈등주의이론과 다원주의 사회에서 나타나는 다양한 이익집단의 경쟁 원리에 기초하고 있다.
　　ⓛ 사회적으로 배제된 집단의 사회참여를 지지하여 스스로 권리를 찾을 수 있도록 도우며, 집단의 역량을 강화하는 데 관심이 많다.
　　ⓒ 사회적으로 소외된 집단과 그 구성원들에 초점을 두면서 소외된 구성원의 사회참여 노력을 확대시키는 것에 중점을 두는 지역사회문제 접근방식이다.
　　ⓔ 클라이언트중심모델로, 클라이언트가 100%의 의사결정 권한을 가진다.

> **개념 공략** 학자별 유사한 지역사회복지 실천모델 정리

- 로스만 & 웨일과 갬블

로스만의 지역사회복지 실천모델	웨일과 갬블의 지역사회복지 실천모델
지역사회개발모델	근린지역사회조직모델, 기능적 지역사회조직모델, 지역사회의 사회·경제적 개발모델
사회계획모델	사회계획모델, 프로그램개발과 지역사회연계모델
사회행동모델	정치·사회행동모델, 연합(연대활동)모델, 사회운동모델

• 로스만 & 테일러와 로버츠

로스만의 지역사회복지 실천모델	테일러와 로버츠의 지역사회복지 실천모델
지역사회개발모델	지역사회개발모델
사회계획모델	계획모델, 프로그램개발 및 조정모델
사회행동모델	정치적 역량(권력)강화모델, 지역사회연계모델

4. 포플(Popple)의 지역사회복지 실천모델 기출 19회

- 로스만, 웨일과 갬블, 테일러와 로버츠의 지역사회복지 실천모델은 미국의 경험을 기초로 만들어졌으나, 포플의 모델은 영국의 경험을 기초로 하여 보호(Care)와 행동(Action)의 연속선을 기준으로 지역사회복지 실천모델을 8가지로 유형화한다.
- 포플의 모델은 기법 등에서 중복되기는 하지만, 각기 다른 전통과 이데올로기를 바탕으로 한다.

① **지역사회보호(Community Care)**
  ㉠ 노인, 장애인, 아동 등 지역주민의 복지를 위한 사회적 관계망과 자발적 서비스를 증진하는 데 목적이 있으며, 복지욕구를 충족시키기 위한 자조개념을 개발하는 데 집중한다.
  ㉡ 사회복지사는 지역사회 주민이 자원봉사활동의 주도자가 되고 보호를 필요로 하는 주민에게 보호를 제공할 수 있도록 격려해 주는 조직가, 자원봉사자로서의 역할을 수행한다.

② **지역사회조직(Community Organization)**
  ㉠ 복지기관 간의 상호 협력을 증진시키는 수단으로 사용되고 있다. 사회복지기관의 상호 협력 및 조정은 서비스 중복을 방지할 수 있으며, 자원의 부재현상을 극복하여 복지전달의 효율성과 효과성을 높이는 데 일조한다.
  ㉡ 사회복지사는 조직가, 촉매자, 관리자로서의 역할을 수행한다.

③ **지역사회개발(Community Development)**
  ㉠ 지역사회 구성원의 삶의 질을 향상시키기 위한 기술과 신뢰를 습득할 수 있도록 집단을 원조하는 데 중점을 둔다.
  ㉡ 교육을 통해 자조개념을 증진시켜 지역사회의 독자성을 반영하도록 돕는다.
  ㉢ 사회복지사는 조력자, 촉진자, 지역사회 활동가로서의 역할을 수행한다.

④ **사회·지역계획(Social·Community Planning)**
  ㉠ 사회적 상황, 사회정책과 사회복지기관의 서비스 분석, 주요 목표 및 우선순위의 설정, 서비스 프로그램의 기획과 적절한 자원의 동원, 서비스와 프로그램의 집행 및 평가 등에 중점을 둔다.
  ㉡ 사회복지사는 조력자, 촉진자로서의 역할을 수행한다.

⑤ **지역사회교육(Community Education)**
  ㉠ 교육과 지역사회 간의 관계가 보다 밀접하고 동등해지는 방향을 모색한다. 비판적 사고와 담론을 통해 억압적 조건이나 상황을 변화시키는 행동양식을 고양시키는 데 중점을 둔다.
  ㉡ 사회복지사는 교육자, 촉진자로서의 역할을 수행한다.

⑥ **지역사회행동(Community Action)**
  ㉠ 전통적으로 계급에 기초한 모델로 갈등과 직접적인 행동을 활용하며, 권력이 없는 집단이 자신들의 효과성을 증가시킬 수 있는 대응이다. 지역사회행동모델은 특정 이슈에 대해 권력자와의 협상을 위한 직접행동을 선호한다.

ⓒ 사회복지사는 행동가로서의 역할을 수행한다.
　⑦ 여권주의적 지역사회사업(Feminist Community Work)
　　㉠ 지역사회복지 실천에 페미니즘을 적용하는 것으로, 여성에게 불평등한 사회적 요인에 대한 집합적 대응을 통해 여성의 복지를 향상시키는 데 초점을 둔다.
　　ⓒ 사회복지사는 행동가, 조력자, 촉진자로서의 역할을 수행한다.
　⑧ 인종차별철폐 지역사회사업(Black and Anti-racist Community Work)
　　㉠ 지역사회복지 실천에 있어서 인종차별에 저항하거나 차별받는 이의 권리보호를 위한 상호 원조와 조직화에 초점을 두고 있다.
　　ⓒ 교육, 주택, 건강, 고용 등의 영역에서 차별을 시정하는 데 목적이 있으며, 캠페인, 자조집단 형성, 직접행동, 보충적인 급여 제공 등 다양한 방식으로 전개되고 있다.
　　ⓒ 사회복지사는 행동가, 자원봉사자로서의 역할을 수행한다.

3 지역사회복지 실천모델별 사회복지사의 역할 기출 11~13회

실천모델	학자	사회복지사의 역할
지역사회개발모델	로스	안내자, 조력자, 전문가, 치료자
사회계획모델	모리스와 빈스톡	계획가
	샌더스	분석가, 계획가, 조직가, 행정가
사회행동모델	그로서	조력자, 중개자, 옹호자, 행동가
	그로스만	행동조직가

1. 지역사회개발모델에서 사회복지사의 역할
① 안내자(Guide)의 역할
　㉠ 문제해결과정에 있어 주도적인 능력 발휘
　　• 자유방임적이며 수동적인 자세여서는 안 된다.
　　• 지역사회에 현존하는 문제를 알아야 하며, 주민들에게 이익이 되는 대안들을 제시해야 한다.
　ⓒ 지역사회의 조건에 대한 객관적 입장
　　• 사회복지사는 지역사회의 '있는 그대로(As it is)'의 상태를 수용해야 한다.
　　• 자신이 우월한 위치에 있는 지역사회나 집단에서 온 것처럼 비판하거나, 타 지역사회와 비교함으로써 지역사회의 사기를 저하시켜서는 안 된다.
　ⓒ 지역사회 전체와의 동일시
　　• 지역사회 내의 일부 계층이나 특수 그룹과만 일해서는 안 되며, 전체와 함께 일해야 한다.
　　• 언제나 지역사회 전체와 함께하며, 민주적인 토의방법을 사용하고 지역사회조직 추진위원회가 동의한 문제나 사업에 집중해야 한다.
　　• 특정 사업에 대해서 지지하거나 반대하는 의사를 표현하면 안 된다. 주민들이 협력적인 결정을 내릴 수 있도록 하는 과정들을 찾아내고, 이를 활용할 수 있도록 도움을 주어야 한다.
　㉣ 역할 수용
　　• 특정한 행동방향을 제시하거나 강요해서는 안 되며, 주민들이 스스로 판단할 수 있도록 기초자료를 제시해 주거나, 또는 여러 견해에 대해서 요약하고 설명해 주어야 한다.
　　• 지역사회를 위한 해결책을 제시하지 않는다.

ⓜ 역할에 대한 설명 및 수행능력 배양
- 자신의 역할을 주민들에게 명확하게 설명해야 한다.
- 타인의 의견을 존중하여 자기의 의견과 다를지라도 행동을 자제할 수 있어야 하며, 맡은 임무를 원만하게 수행할 수 있는 능력을 길러야 한다.

② 조력자(Enabler)의 역할

> **합격 가이드**
>
> 조력자로서 사회복지사의 역할은 지역사회조직사업의 과정을 원활하게 하는 것입니다.

㉠ 불만을 집약하는 일
- 사회복지사는 그들이 가진 불만을 말로 표현하도록 도와주어야 한다.
- 개인이 겪는 문제가 지역사회의 문제인지 확인하며, 지역사회 주민들이 공동의 노력으로 지역사회문제를 해결할 수 있음을 인식하도록 도와주어야 한다.
- 사회복지사는 지역주민들이 자신들을 성찰하면서 그들의 불만을 표출하고, 이를 해결하는 데 주민 모두가 힘을 합해 노력할 수 있도록 하여야 한다.

㉡ 조직화를 격려하는 일
- 조력자로서 사회복지사의 가장 중요한 과제는 지역주민들이 공통적으로 예민하게 느끼는 불만을 찾아내는 과정이 고통스럽게 진행된다는 것을 인정하는 것이다.
- 사회복지사는 지역주민들이 불만에 대해 서로 논의하도록 하고, 불만을 해결하기 위한 조직을 결성하는 데 도움을 주어야 한다.

㉢ 좋은 인간관계를 조성하는 일
- 사회복지사는 주민들을 따뜻하고 친절하게 대하고, 사람들의 감정에 민감해야 한다.
- 사회복지사는 물리적·심리적 조건이 편안하도록 조건을 조성하여야 한다.
- 사회복지사는 협력적인 활동에 장애가 되는 요인을 제거하는 데 도움을 주어야 한다.
- 주민 상호간에 신뢰와 협력을 기반으로 한 관계가 수립될 수 있도록 해야 한다.
- 협력적인 노력에 저해되는 그룹 간의 긴장상태나 갈등, 기득권, 계급적 차별에 대한 이해관계를 이해하고 이를 해결하도록 노력하여야 한다.

㉣ 공동목표를 강조하는 일: 지역사회의 역량을 개발하고 강화한다는 궁극적인 목표를 잃지 않도록 관심을 촉구하고 환기하는 역할을 해야 한다.

> **사례** A 복지관은 저소득층 밀집지역에 있다. 사회복지사는 지역주민들과 마을의 문제에 대해 이야기하다가 어린이 놀이터가 방치되어 우범지대화되어 있다는 것과 놀이터를 개량하기를 원하는 주민들이 있다는 것을 알게 되었다. 사회복지사는 주민들을 조직하여 놀이터 개량사업을 추진하기로 하였다.
> ➡ 주민들의 불만을 집약한 후, 주민들을 조직하여 놀이터 개량사업이라는 공동의 목표를 강조하고 있다.

③ 전문가(Expert)의 역할
㉠ 자료를 제공하고 직접적인 충고를 한다.
㉡ 지역사회 단체가 사업을 운영하는 데 요구되는 자료조사, 기술적인 경험, 자원에 대한 자료, 방법상의 조언 등을 다음과 같은 방식으로 제공한다.
- 지역사회를 진단하고 분석한다.
- 조사방법에 대한 지식과 기술을 활용하여, 지역사회 자체 조사에 참여한다.
- 타 지역사회에서 진행된 조사, 연구, 시범사업 등에 대한 정보를 제공한다.
- 지역주민들이 조직을 결성하는 방법 및 절차 등에 대한 조언을 제공한다.
- 기술적인 방안에 대한 자료를 제공하고 자료를 확보할 수 있는 방법을 숙지하여 필요할 때 제공한다.
- 해당 사업에 대한 평가 및 과정에 대해 설명한다.

④ 치료자(Therapist)의 역할
   ㉠ 다양한 문화가 공존하는 지역에서 적절한 진단과 치료를 병행하여 상호 이해를 증진시켜 갈등을 예방하고 해결하는 역할이다.
      • **진단**: 적절한 진단을 통해 규명된 문제의 성격과 특성을 주민들에게 제시하여 이해를 돕는다.
      • **치료**: 지역사회 주민들에게 문제의 성격을 이해시키고, 긴장을 해소하도록 도우며, 협력적인 관계를 방해하는 요인을 제거한다.
   ㉡ 지역사회의 기원과 역사, 현재의 관습과 믿음 등의 사회적 기원, 권력구조, 지역사회 내의 역할과, 그 역할 간의 관계에 대해 알아야 한다.
   ㉢ 금기적 사고, 전통적인 태도가 지역사회의 공동 노력을 저해하고 집단 내 긴장상태를 조성하여 불화를 일으키는 경우, 이를 변화시키기 위한 활동을 전개한다.

> **사례** 사회복지사는 낙후된 도시지역을 대상으로 지역 진단을 실시하고, 해당 지역주민들의 이해를 높였다. 그리고 주민 간의 협력을 방해하는 요인을 제거하도록 돕기 시작했다.
> ➡ 낙후된 도시지역을 대상으로 지역 진단을 실시하였고, 지역사회문제의 특성을 주민들에게 제시하고 지역 내 긴장을 해소하였으며, 협력을 방해하는 요인을 제거하는 치료를 제공하였다.

2. 사회계획모델에서 사회복지사의 역할

① 모리스와 빈스톡(Morris & Binstock)의 사회복지사의 역할 유형
   ㉠ 계획가의 역할
      • 사회적 서비스를 개선하고 사회문제를 완화시키는 주요 수단은 공공기관의 정책을 고치는 것이며, 사회복지사는 이러한 목적을 달성하기 위해서 노력하는 역할을 수행한다.
      • 계획가의 자원은 돈과 신용, 개인적 열정, 전문성, 인기, 사회적 기반과 정치적 기반, 정보의 통제, 적법성이다.
      • 역할수행단계
         – 인과관계에 관한 지식을 활용한다. 즉, 사회복지사의 영향력과 변화시키고자 하는 정책기관의 저항과의 관계를 분석하고 이를 계측한다.
         – 대상기관 지배세력의 주요 관심사를 파악한다.
         – 지배세력집단을 찾아내고, 이들에게 영향력을 행사할 수 있는 수단을 탐색하고 검토한다.
         – 자신이 영향력을 발휘할 수 있는 자원 중에서 주어진 상황에 가장 적절한 것을 선택한다.
         – 자신이 당면하고 있는 문제에 대한 분석을 토대로 자신의 영향력을 알맞게 활용한다. 만약 잘 맞지 않으면 목표를 바꾸거나, 대상기관을 바꾸거나, 자신이 사용하는 자원을 늘리는 등의 해결책을 찾는다.

② 샌더스(Sanders)의 사회복지사의 역할 유형
   ㉠ 분석가의 역할
      • 사실발견과 분석에 초점을 두며, 지역사회 사정방법으로 활용된다.
      • 사회문제와 사회문제에 영향을 미치는 요인들에 관하여 조사한다. 즉, 사회문제 개선에 초점을 둔다.
      • 사회변화를 위한 프로그램의 과정을 분석한다. 예 클라이언트와 변화 매개자, 프로그램에 대한 분석 등
      • 계획을 수립하는 과정을 분석한다. 예 프로그램 결정과정
      • 유도된 변화를 평가한다. 예 프로그램 성과에 대한 평가

ⓒ 계획가의 역할
- 계획수립단계에서 철학적인 면을 중시한다. 철학은 목표를 성취하기 위한 수단에도 반영되며, 계획에 관한 행정에서 얼마나 중앙집권적 혹은 분권적 결정에 의존할 것인지를 판단하는 데 영향을 준다.
- 물리적이고 물질적인 것보다 인간적인 면을 중시한다.
- 복지적인 목표를 설정 및 강조한다.
- 목표를 달성하기 위한 수단을 검토한다.
- 문제해결을 위한 합리적 계획수립과 통제된 변화를 강조한다.

ⓒ 조직가의 역할
- 사업의 계획과 실천과정에 지역사회 주민과 행정체계를 참여시킨다.
- 지역사회의 집단 및 단체의 역할을 분명히 하고, 효과적인 수행을 위해 훈련시킨다.
- 지역사회가 수립된 계획을 제도화하여 스스로 추진해 나갈 수 있게 사기와 능력을 북돋아 준다.

ⓔ 행정가의 역할
- 계획에서 설정한 목표의 효율적·효과적 달성을 위해 인적·물적 자원을 적절히 준비하고 관리한다.
- 계획을 수립하고 지역사회가 이를 수용하게 하거나, 프로그램을 실제로 운영하거나, 주민들이 이를 알고 반응을 보이는 단계에서 역할이 발휘된다.
- 규칙과 절차를 적용함에 있어서 항상 그것이 달성하고자 하는 목표를 기억하며, 형식적인 면을 지나치게 강조하지 말고 융통성을 발휘해야 한다.

3. 사회행동모델에서 사회복지사의 역할

① 그로서(Grosser)의 사회복지사의 역할 유형

> **합격 가이드**
> 조력자 < 중개자 < 옹호자 < 행동가 순으로 적극성이 강합니다.

ⓐ 조력자의 역할
- 서비스 제공자의 입장, 즉 기관의 입장에서 일하는 경향을 비판하고 불우계층의 입장에서 활동을 전개해야 함을 강조한다.
- 지역사회 주민의 자체 욕구 분석을 토대로 선정하여 추진한 사업이 외부에 의한 사업보다 가치 있고 지속성이 있으므로, 이러한 사업이 진행될 수 있도록 중립적 입장에서 간접적으로 개입해야 한다.
- 제한된 소극적 역할로 지적된다.

ⓑ 중개자의 역할
- 주민들이 필요한 자원에 접근할 수 있도록 자원이 어디에 있는지(자원의 소재)를 알려주는 역할이다.
- 주민들이 스스로 자원의 소재를 파악하도록 돕는 전문가의 역할(지역사회개발모델)보다 직접적으로 개입한다는 측면에서 훨씬 적극적인 역할이다.

ⓒ 옹호자(대변자)의 역할 기출 21회
- 중개자의 역할에서 더 나아가 클라이언트나 지역사회에 필요한 정보를 직접 수집한다.
- 주민의 입장에서 정당성을 주장하고, 기관 입장에 도전할 수 있는 지도력과 자원을 제공한다.
- 사회복지사는 자신의 전문적 역량을 오로지 클라이언트의 이익을 위해 사용한다.

ⓔ 행동가의 역할: 갈등이 있는 상황에서 중립적이거나 수동적인 자세를 거부하고, 강한 행동가의 역할을 수행하며 클라이언트의 행동을 조직화한다.

> **사례** 가스 공급을 제대로 받지 못하는 공영주택의 임대주민들이 월세의 납부를 거부하도록 권고하는 등 당연한 혜택을 받지 못하는 주민들이 정부의 잘못을 시정하게 하기 위한 수단으로 합법적인 가두시위를 하도록 권고한다.

② 그로스만(Grossman)의 사회복지사의 역할 유형
  ㉠ 행동조직가의 역할
    • 사회행동 프로그램을 성취하기 위한 행동조직가의 과업으로는 기술적인 과업과 이데올로기적 성격을 지닌 과업이 있다.
    • 기술적인 과업은 대부분의 사회복지사가 수행하는 역할이다.
    • 이데올로기적 성격을 지닌 과업은 주로 이데올로기상의 대립이 첨예한 흑인집단 거주지역과 가난한 여러 인종집단이 함께 거주하는 지역 등에서 행해진다.
    • 행동조직가의 기술적인 과업
      - 문제가 있는 집단과 진지한 토의를 하고, 사람들이 화합하도록 한다.
      - 집단행동을 조직화한다.
      - 빠른 승리를 얻어내려 한다.
      - 사람들로 하여금 장기간에 걸쳐 관심을 잃지 않도록 한다.
      - 사람들의 조직상의 기술과 자신감을 증대시킨다.
      - 주민들로 하여금 사회복지기관에 대해 동일시하도록 한다.
      - 주민들의 조직적인 행동을 장기적인 프로그램에 포함되게 한다.
      - 유사한 변화를 추구하고자 하는 다른 집단과의 관계를 용이하게 한다.
      - 국가적인 사회행동 노력이 목적을 성취할 수 있도록 돕는다.
      - 주민들이 그들의 관심사라고 말하는 바를 달성하기 위해 투쟁하도록 한다.
      - 집단 구성원들의 생활에 괄목할 만한 변화가 일어나도록 한다.
      - 사회행동을 통해서 주민들에게 정치적인 기술을 가르친다.
    • 행동조직가의 이데올로기적 성격을 지닌 과업
      - 엘리트의 지배 등이 계속적으로 노출되게 유도하여 체제의 실상을 드러나게 한다.
      - 주민들이 사회행동 참여를 스스로 유익하게 받아들이도록 한다.
      - 기존의 권력구조를 해치고 불안정하게 한다.
      - 정부 재정에 부담을 주어 예산이 과다하게 책정되게 하고 자본주의가 붕괴되도록 한다.
      - 지역사회에 계속적인 긴장을 조성한다.
      - 주민들이 체제에 대해서 분노를 갖도록 체제의 운영을 실패하게 한다.
      - 주민들의 정치적 의식을 증대시킨다.
      - 주민들이 각자의 생활에 관한 통제능력을 스스로 키우도록 한다.
      - 사회복지기관의 힘을 키운다.

CHAPTER 04

지역사회복지 실천과정과 전략 및 전술

핵심 Tag #지역사회복지 실천과정 #지역사회복지 실천기술 #정치적 압력 전술

1 지역사회복지 실천과정의 이해

1. 지역사회복지 실천과정의 개념
① 지역사회복지 실천과정은 사회복지실천과 유사하다.
② 지역사회복지 실천과정에 있어서 지역 내의 자산과 자원을 강조하는 경향이 있다.
③ 실천이란 도움이 필요한 개인과 가족 및 집단에 대해 전문적 지식과 기술을 갖춘 사회복지사가 계획된 원조를 제공하는 일련의 과정으로 볼 수 있으며, 지역사회복지 실천에 있어서는 지역을 단위로 한 접근이 강조된다.

2. 지역사회복지 실천과정의 주요 원칙
① 지역사회복지 실천의 목표를 분명하게 밝히는 것이 중요하다.
② 지역사회 사정을 효과적으로 진행하기 위하여 지역주민의 참여가 우선되어야 한다.
③ 지역사회 내 구체적인 쟁점에 대하여 구체적이고 세부적인 문제에 초점을 두어야 한다.
④ 지역사회 내의 다양한 관점에 대해 민감한 반응과 인정이 필요하다.

2 지역사회복지 실천과정의 단계 기출 11~13회

1. 문제발견단계(문제분석단계, 문제확인단계) 기출 20회
① 특징
  ㉠ 지역사회에 바람직하지 못한 사회적 조건이 무엇인지, 그 사회적 조건이 어느 인구집단의 욕구로 존재하는지를 조사함으로써 문제(이슈)의 특성을 알아내는 것이다.
  ㉡ 문제가 왜 생기게 되었으며, 어떤 역동성을 가지고 있고, 어떤 의미를 가지고 있는가를 명확하게 밝혀내는 과정이다. 이 과정에서 문제와 관련된 다양한 가치관을 고려한다.
  ㉢ 공공기관, 민간단체를 구분하여, 행정·교육·사법·경찰 등 공공 지도자층과 종교·문화·체육 민간 지도자층을 파악한다.
  ㉣ 지역사회에서 발생하고 있지만 충족되지 않은 욕구나 문제를 인지하여 해결방안을 마련하고, 이를 실천에 옮길 수 있도록 집약시켜 문제의 핵심을 분명하게 규명한다.
② 지역사회문제에 대한 진단
  ㉠ 문제를 확인하기 위해 지역사회의 상황과 지역사회문제 간의 차이를 인식한다.

ⓒ 사회조사, 문헌 검토 등 객관적이고 실증적인 자료를 수집하고 분석한다.
ⓒ 지역사회의 문제를 입증하는 다양한 형태의 자료를 수집한다. 조사자의 가치판단에 따라 상황이 다르게 인식될 수 있으므로 개방적인 태도를 가지고 관련자들과 폭넓은 대화를 해야 한다.
② 문제의 원인, 과거의 노력, 문제해결에 있어서의 장애요인, 아직까지 해결되지 않은 이유 등 변화 노력의 신뢰성 향상을 위해 과거 사건들을 확인한다.
⑩ 주민들이 그 문제를 바라보는 시각, 합의의 여부, 문제해결에 관련된 기득권층과 사회적 약자 계층, 이익을 보는 집단과 손해를 보는 집단 등 정치적인 지형을 파악한다.
ⓗ 문제를 공식적으로 인정하고 지역사회 행동을 위한 아젠다(Agenda)로 채택한다.
ⓢ 공직자, 토착주민, 지역운동가 등의 인식을 참고하기 위해 인터뷰나 토의를 통해 자료를 수집한다.
③ 표적집단에 대한 이해
  ㉠ 지역사회문제를 해결하기 위해서는 표적집단의 욕구 및 관심에 대한 충분한 이해가 선행되어야 한다.
  ㉡ 표적집단은 문제상황에 처한 가족·개인·집단을 의미하며, 이들에 대한 개입은 곧 지역사회의 변화를 가져온다.
  ㉢ 표적집단의 인구학적 특성, 사회·경제적 상태 등과 같은 개인적인 요인과 지역사회의 환경과 같은 사회환경적 요인 등을 동시에 고려해야 한다.
  ㉣ 표적집단과 지역사회 대표기관 간의 상호작용을 탐색하여, 과거에 변화를 위한 노력이 있었는지 파악한다.

> **합격 가이드**
> 표적집단이란 실천의 대상인 동시에 문제를 내포하고 있어 변화가 필요하다고 생각되는 집단을 말합니다.

2. 지역사회 사정단계

① 특징
  ㉠ 문제발견단계를 통해 선정된 문제를 구체적으로 진단하는 과정이며, 지역사회의 욕구와 자원을 파악하는 과정이다.
  ㉡ 지역사회가 걸어온 발전과정, 지역사회의 정치·사회구조, 경제상황(예 재정자립도, 산업구조 등), 사회문화(예 주민들이 살아가고 있는 삶의 형태 파악) 등을 고려해야 한다.

② 지역사회 사정의 주요 원칙
  ㉠ 지역사회 사정은 지역의 문제나 욕구를 확인하는 차원을 넘어서, 욕구를 충족시킬 수 있는 서비스나 프로그램의 개발에 활용하기 위한 것이다.
  ㉡ 지역사회의 다양한 이슈와 문제를 포괄해야 한다.
  ㉢ 표적집단(예 지역사회 전체, 특정 지역사회 집단, 지역사회 주민, 서비스 전문가, 지도자 등)의 대상이 다양하므로, 지역사회의 다양한 문화, 관점, 특성에 대한 이해가 필요하다.
  ㉣ 지역사회에 영향을 미치는 사회문제를 확인하고, 여러 문제 중 무엇을 우선으로 채택할 것인지에 대한 판단과 함께 이를 자료수집과 분석을 통해 공식적이고 체계적으로 접근하는 것이 필요하다.
  ㉤ 사정의 목표와 초점을 명확히 해야 한다.
  ㉥ 지역주민의 참여를 중요하게 고려해야 한다.

③ 지역사회 사정의 유형 기출 19회
  ㉠ 포괄적 사정
    • 지역사회 전반을 대상으로 행하는 사정으로, 대략적 욕구만 파악이 가능하다.
    • 지역사회의 전반적인 복지욕구에 대한 자료가 마련되어 있지 않은 경우 공공기관에서 실시할 수 있다.
    • 1차적 자료의 생성을 주요 목적으로 한다. 예 장애인에 관한 의식 조사

- ⓒ **탐색적 사정**: 지역사회의 상태를 개괄적으로 살펴보기 위해서 실행되는 초보적 단계의 사정으로, 다른 사정들의 기본정보가 된다.
- ⓒ **문제중심 사정**: 지역사회에서 우선적으로 해결해야 할 문제에 초점을 두고 사정이 실시되는 경우에 사용한다. ◎ 아동학대, 노인학대, 성폭력 등
- ⓔ **하위체계 사정**: 전체 지역이 아닌 하위체계의 욕구를 중심으로 이루어지며, 하위체계의 역동성을 고려한다. ◎ 종교기관, 장애인 시설 등
- ⓜ **자원 사정**: 권력, 전문기술, 재정, 서비스 등 인적·물적 자원 영역을 검토한다. 주로 클라이언트의 욕구충족을 위한 사정에 속한다. ◎ 관할 구청, 아동복지예산, 지역아동센터, 바우처 등
- ⓗ **협력 사정**: 지역사회 참여자들이 완전한 파트너로서 조사계획, 참여관찰, 분석과 실행국면 등에 관계되면서 지역사회에 의해 수행되는 사정을 의미한다. ◎ 노인 관련 모든 시설·기관이 함께 사정

④ 지역사회 욕구사정을 위한 자료수집방법 **기출** 16회, 18회, 20회, 21회, 23회

비공식적 인터뷰	• 지역주민이나 토착 지도자와의 자연스러운 만남을 통해 조사의 방향이나 기본요소 등에 대해 판단 • 자유로운 의견 교환으로 조사대상자의 특정 입장에 관계없이 정보수집 가능
공식적 인터뷰	• 지역사회 쟁점에 대한 전문적 지식을 가진 주요 정보제공자와 사전 약속을 통해 전화 혹은 대면 인터뷰를 실시하는 방법 • 조사대상자의 답변을 보다 폭넓게 들을 수 있는 개방형 질문이 좋고, 사전에 질문들을 구성해야 함. • 표준화된 인터뷰 도구를 사용하므로 자료수집과정에서 신뢰도와 일관성을 높여줌. **참고** 주요 정보제공자 조사: 지역 조건이나 특정 사회문제에 관한 전문적 지식을 가진 주요 정보제공자, 즉 지역사회 구성원을 포함한 이해집단, 기업가, 정치가, 사회복지 및 보건 관련 전문가, 지역의 지도자 등과 대화를 통해 지역사회 욕구를 파악하는 방법
초점집단기법	• 어떤 문제나 관심 또는 욕구를 가장 잘 나타낼 수 있는 12~15명 내외의 사람(유사한 배경과 경험을 가진 사람들을 동질적으로 구성)을 선정해 어떤 문제에 대한 의견을 개진하게 하고, 심도 있게 듣는 방법 • 소수의 사람들에게 조사자가 제공한 주제에 대해 적극적으로 토론을 시켜 의견을 도출함. • 구성원 간의 합의를 이루는 것이 목적이 아니라 관심 주제에 대한 관점을 심층적으로 파악하는 기법으로, 관심, 이슈, 서비스, 아이디어에 대해 사람들이 어떻게 느끼고 생각하는지 활발한 상호작용이 이루어짐. • 대상자: 주요 정보제공자, 관련 서비스 제공 단체 대표, 수혜자(서비스 조정자), 잠정적 수혜자, 지역사회 주민 등
명목집단기법	• 다양한 배경을 가진 지역사회 내 집단의 이익을 수렴하여 욕구를 조사하고 우선순위를 결정하는 방법 • 의견을 무기명으로 적어 제출하며, 유사한 의견들을 정리하여 발표한 후 논의가 진행됨. 각 참가자들이 발표된 의견에 우선순위를 매기고 진행자가 취합하여 평균점수를 계산한 뒤 최종 우선순위를 결정함. • 참석자들로 하여금 한자리에 있되, 서로 대화를 통한 의사소통을 못하도록 하여 집단의 각 구성원들이 진실로 마음속에 생각하고 있는 바를 끄집어내고자 함. • 참가자가 다른 사람과 이야기하지 않고 주제에 대한 자신의 생각을 정리할 수 있도록 일정한 시간을 부여함. • 구성원들이 토론 없이 의사결정을 한다는 점에서 초점집단기법과 다름.
델파이기법	• 특정 주제나 문제에 대해 전문가를 대상으로 익명 처리된 설문조사를 수차례 반복하여 전문가 간의 합의점을 찾는 방식 • 전문가들이 한자리에 모이지 않음.

민속학적 조사방법 (참여관찰기법)	• 사회적 약자 계층의 문화적 규범과 실천행위를 규명하는 데 활용할 수 있는 방법으로, 지배문화로부터 벗어난 사람들의 삶의 양식을 조사하는 데 사용됨. • 조사자가 직접적으로 대상자를 관찰하면서 조사대상 지역주민의 삶, 행동, 문화, 가치, 의식 등을 수집하는 방법 • 조사자가 지역주민과 함께 생활하면서 관찰한다는 특징이 있음. • 현지 관찰을 통해 지역주민이 지역문제를 어떻게 인식하고 어떤 해결방법을 사용하는지에 대한 통찰력을 얻을 수 있음.
지역사회포럼	• 찬반 의견을 가진 토론자들이 먼저 토론을 진행한 후 방청한 지역주민들이 그에 대한 질의응답과 의견 개진 등을 하는 것 • 지역주민의 가치, 태도, 의견 등을 주민들로부터 직접 청취하여 자료를 수집하는 방법 • 지역사회주민 모두 또는 지역사회의 대표성을 지닌 사람을 초대하여 특정 문제에 대해 의견이나 피드백을 요청함. • 구조화된 접근에서 이루어지며, 지역사회 현안에 대해 참석자의 인식을 공유하거나 문제의 해결방안을 모색하고자 개최됨. • 지역주민의 욕구나 문제에 대한 주민인식을 알 수 있음. • 모든 사람에게 공개되어 있음. • 참석자들은 지역사회문제를 확인하고, 그 문제의 해결에 관하여 제안할 수 있음.
공청회	• 국회, 행정기관, 공공단체가 중요한 정책의 결정이나 법령 등의 제정 또는 개정안을 심의하기 전에 이해관계자나 해당 분야의 전문가로부터 공식 석상에서 의견을 듣는 방법 • 참석자들의 견해가 전체 지역주민을 대표하는지 판단하기 어려우며, 통제가 어렵다는 한계가 있음.
서베이	욕구조사에서 가장 많이 활용하는 기법으로, 질문지를 통해 설문조사를 진행하여 응답을 받는 방법
사회지표분석 및 2차자료의 이용	• 서비스 이용자 실태조사 자료 등과 같이 직접 조사하지 않은 2차자료를 활용하여 자료를 수집하는 방법 • 통계청이나 보건복지 관련 기관, 정부에서 이미 발표한 통계나 수치화된 자료 등을 활용하여 욕구조사를 실시하는 방법 • 타 지역과 비교 가능함.
커뮤니티 프로파일링	• 지역주민들이 자신의 의견을 제시할 수 있는 장을 만들고, 의견과 관련된 목록을 작성하여 정책이나 행정에 반영하고자 하는 지역조사 가이드 • 지역사회 주민의 삶의 질 향상을 목표로 하여 지역주민의 욕구나 지역자원에 대한 분석 또는 추적조사(포괄적 분석)가 가능함. • 지역사회 지도 그리기: 지역주민들의 욕구를 조사하는 방법과 지역사회 내 사회복지와 관련된 자원(예 사회복지 관련 기관, 시민단체, 자원봉사단, 편의시설, 사회복지 프로그램 등)을 한눈에 알아볼 수 있도록 제시하는 방법

3. 실행계획수립 및 자원동원단계

① **특징**: 실행단계 전 단계로, 변화 노력을 위한 자원을 어디에서 구할 것이며, 어떤 방법을 통해 보다 효과적이고 효율적으로 연결을 이루어낼 것인가를 결정하는 단계이다.

② **계획의 수립 및 홍보**

㉠ 조사에 따라 발견된 문제에 관해 토의하고 문제해결을 위한 우선순위를 결정한다.

㉡ 우선순위로 선택된 문제의 구체적 대책이나 활동계획을 수립한다.

㉢ 홍보활동 추진을 통해 관심을 환기시키고, 문제해결과정에 자주적으로 참여하게 한다.

㉣ 연차적 계획 및 종합적 계획수립이 필요하다.

㉤ 문제해결을 위해 도움이 되는 사람이나 단체 대표자들의 참여를 당부한다(주민조직화 필요).

③ 지역사회의 자원동원과 조직화
  ㉠ 홍보활동을 통해 재정을 확보하고 주민들을 조직화하는 활동이다.
  ㉡ 구체적인 전략으로는 개인 및 단체 대표자와의 협력, 주민들에게 과정과 결과를 전달하는 일 등이 있다.
  ㉢ 사회자원의 동원 및 지역주민 조직화가 필요한 단계이다.
    참고 사회자원: 복지욕구 충족을 위한 것들의 총괄적 지칭. 보건, 복지시설, 각종 기관이나 단체, 개인이나 그룹, 전문직원이나 자원봉사자, 후원금, 법률, 지도력 등과 같이 유·무형의 사회자원이 있다.

개념 공략 목적 및 목표설정단계 기출 20회
- 실행계획수립 및 자원동원단계 이전에 이루어지는 과정으로, 실천계획의 목표를 수립하는 단계
- 변화 기회에 대한 개입 방향과 수준을 정하는 과정으로, 변화 노력의 성공 여부를 결정하는 중요한 요소임.
- 목적과 목표를 설정하고 난 후 활동계획을 구성해야 하며, 활동계획서는 대표적으로 간트 차트를 활용함.

4. 실행단계 기출 20회, 21회

① 특징: 행정 및 관리 측면에서 계획을 진행해 나가고, 실제 변화를 위해 업무에 착수하는 것을 말한다.
② 실행단계에서 중요한 실천적 과제
  ㉠ 참여자 적응시키기: 오리엔테이션 등의 기본교육을 통해 변화에 대한 가치와 의도, 철학에 대한 명확한 메시지를 전달함으로써 달성이 가능하다.
  ㉡ 활동 조정하기: 활동들을 통합하고 조화시키는 행위를 말한다. 성원 통합이나 보상체계와 같은 것을 통해 각 요소들 간의 일관성을 유지하도록 한다.
  ㉢ 적응과 조정 촉진하기: 계획이 제대로 실행되도록 적응하고, 필요시 계획을 조정하는 것을 말한다. 계획 상 어느 한 부분 혹은 근본적으로 결함이 있을 경우 필요하다.
③ 재원의 확보
  ㉠ 정부보조금이나 공동모금, 기타 기업이나 모금운동을 통해 재원 확보가 가능하다.
  ㉡ 확보된 재원은 여러 홍보 채널을 통해 주민들에게 알려 투명성을 확보한다.
④ 추진인력의 확보
  ㉠ 풀뿌리 지도자(토착적이 지도자) 등 지역사회 중심인물을 발굴한다.
  ㉡ 다양한 훈련 프로그램을 통해 지속적으로 교육을 한다.
⑤ 추진기관의 리더십 확보
  ㉠ 추진기관: 사회복지협의회, 종합사회복지관, 사회복지공동모금회, 자원봉사센터, 복지 관련 시민단체
  ㉡ 리더십: 지역사회복지기관에서 일하는 전문 사회복지사와 지역문제에 관심을 가진 리더의 활동을 말한다.

5. 평가단계 기출 23회

① 특징
  ㉠ 변화의 장점이나 가치에 대해 판단을 내리는 사회적 과정으로, 점검의 과정에서 모은 투입, 처리, 산출 그리고 결과에 대한 내용을 파악하는 것이다.
  ㉡ 평가의 영역에는 결과(성과)뿐만 아니라 노력 및 활동, 성과의 적절성, 효율성, 실행과정이 있다. 실행과정 평가에는 총괄평가와 형성평가가 있다.
  ㉢ 평가는 프로그램이나 서비스가 최선의 방법으로 수행되었는가를 판단하는 것이므로 평가를 통해 사업 담당자의 책임성을 높이고, 피드백을 통해 프로그램 및 서비스 향상에 기여한다.
  ㉣ 평가과정에서 사업에 내재된 변수들 간의 인과관계를 검증하여 이론 형성에 기여하기도 한다. 형성된 이론은 장기적으로 사회문제 해결의 밑거름이 된다.

② 양적평가와 질적평가
　㉠ 양적평가: 수량화된 자료나 증거를 활용하여 자료 및 결과를 분석하는 방법이다.
　　• 목표달성평가: 실행계획수립단계에서 세웠던 목표가 어느 정도 달성되었는지를 평가한다.
　　• 사회지표평가: 기준으로 삼았던 지표가 프로그램 진행 후 얼마나 변동되었는지를 평가한다.
　㉡ 질적평가: 관찰, 인터뷰 등 수량화되지 않은 다양한 형태로 자료를 수집하여 평가한다.
　　• 현장 인터뷰평가: 참여자들의 경험과 반응 등을 수집하여 평가한다.
　　• 주요 사건 분석평가: 실천 중 발생한 주요 사건에 대한 평가를 수집하여 평가하는 방법으로, 특정 전략과 전술, 전략적 행동에 대한 대응, 목표물, 지역주민 및 참여자들에 의해 표출된 느낌과 가치, 집단행동, 협조적 관계의 강도, 지도자의 질, 결과 등을 분석한다.

③ 총괄평가와 형성평가
　㉠ 총괄평가
　　• 프로그램이 수행된 이후에 목적을 효과적으로 달성하였는지를 평가하는 방법으로, 결과나 성과가 주요 평가대상이기 때문에 결과평가라고도 한다.
　　• 프로그램이 의도했던 결과나 변화를 산출했는지 여부를 판단하기 위해 양적인 평가방법을 사용한다.
　　• 정책결정자 및 기획자에게 프로그램의 결과와 영향에 대한 피드백을 제공한다.
　㉡ 형성평가
　　• 프로그램 수행과정 중에 행하는 평가방법으로, 과정평가라고도 한다.
　　• 프로그램이 의도된 방향으로 수행되고 있는지, 의도된 방향으로 수행되고 있지 않다면 어떤 일이 발생하였는지, 장애요인은 있는지, 자원들이 프로그램 실행에 유용한지 등에 대한 평가를 통하여 프로그램의 조정에 도움을 준다.
　　• 기관 관리자에게 프로그램 운영에 관하여 피드백을 제공한다.

3 지역사회복지 실천기술

1. 옹호(대변) 기술 기출 11회, 12회, 14회, 15회, 19회, 20회, 23회

① 특징
　㉠ 클라이언트가 정당한 처우나 서비스를 받지 못하는 경우 지역주민이나 지역사회의 입장에서 직접적으로 전문적인 대변, 보호, 개입, 지지를 하는 기술을 말한다.
　㉡ 표적집단이 정당한 처우나 서비스를 받지 못하는 경우 강력한 영향력이나 압력을 행사하여 사회정의를 지키고 유지하는 기술이다.
　㉢ 지역주민, 특히 소외되고 억압된 집단의 입장에 대한 정당성을 주장하고 지도력과 자원을 제공해야 한다는 점에서 매우 중요하다. 다양한 수준의 클라이언트로 하여금 문제해결에 적극적으로 참여할 수 있도록 돕고, 그들의 이익을 대변하는 핵심기술이라고 할 수 있다.
　㉣ 클라이언트의 문제해결을 위한 서비스나 프로그램을 제공하는 것은 아니기 때문에 간접적 개입기술이다.
　㉤ 구성원의 심리적·정서적 자립을 강조한다.

② 옹호의 원칙
　㉠ 옹호활동은 합리적 수준을 유지하는 것이 좋다. 즉, 클라이언트의 수준에 맞아야 한다.
　㉡ 가능하면 팀워크에 의존한다. 개별적인 옹호활동이 더 좋은 결과를 가져올 때도 있지만 집단적인 옹호활동은 동원 가능한 자원이나 다양한 진술을 활용할 수 있다는 점에서 유리하다.

> **합격 가이드**
>
> 사회복지사는 지역사회복지 실천과정에서 다양한 실천기술을 활용합니다. 이러한 기술 중에서 옹호 기술, 연계 기술, 조직화 기술, 자원개발 및 동원 기술, 임파워먼트 기술 등 실천모델과 상관없이 공통적으로 활용할 수 있는 기술을 중심으로 알아둡시다.

ⓒ 옹호활동은 종종 적극적이고 단호한 태도를 요구하기도 한다. 옹호활동의 상대가 되는 기득권을 가진 조직 혹은 개인에게 타협적이거나 양보하는 태도를 취하게 되기 쉬우나, 클라이언트의 이익을 지속적으로 알리고 상대방의 변화를 유도하기 위해서는 적극적인 태도를 견지해야 한다.
ⓔ 유연성을 강점으로 인식할 필요가 있다. 단호한 태도가 요구된다고 해서 모든 일에 경직된 태도를 유지해야 하는 것은 아니다.

③ 옹호의 유형

유형	개념	사회복지사의 기술
자기옹호	클라이언트 개인 및 집단이 스스로 자신을 옹호하는 활동	• 행정적·기술적 지원 • 격려, 정보제공
개인옹호	• 사회복지사가 개인이나 가족을 대신하여 옹호하는 활동 • 클라이언트가 사회복지사에게 의존하지 않도록 주의해야 함.	• 개인 및 가족의 욕구파악 • 사정 기술
집단옹호	유사한 문제를 경험하는 클라이언트들로 구성된 집단의 공동문제를 해결하기 위한 활동	• 집단사회복지 실천기술 • 의사소통 개입기술
지역사회옹호	공동의 문제를 경험하는 지역주민들을 위한 옹호활동	주민을 모으고 조직화하는 기술
정책적 옹호	사회정의와 복지를 증진시키기 위해서 다양한 형태로 전개되는 조직활동	• 특정 법안의 통과를 제안하거나 지지하기 위한 로비 기술 • 클라이언트 보호 및 정보제공 기술
체제변환적 옹호	근본적인 제도상의 변화를 위해 구성원인 시민들과 사회체제 전체에 영향을 미치려는 옹호활동	• 캠페인 기술 • 조직화 기술 • 홍보 기술

④ 옹호의 전술
ⓐ 설득: 추가적인 정보를 제공하거나 잘못된 정보를 바로잡아 표적체계가 기존의 결정과는 다른 결정을 내릴 수 있도록 한다. 어떤 경우에는 표적체계의 결정을 이해할 수 있지만 사회복지사가 제시한 입장에도 일리가 있음을 알려 해당 문제의 논쟁이 재검토되도록 이끈다.
ⓑ 공청회 또는 증언 청취: 클라이언트가 의사결정자의 행위에 관한 의견을 듣고 싶다고 행정기관에 신청함으로써 이루어진다.
　예 클라이언트가 국가정책에 따라 받을 수 있는 급여를 신청했지만 받지 못한 경우, 이에 대한 문제를 제기하면 제3의 심사관이 심사를 진행한다.
ⓒ 표적을 난처하게 하기: 해당 기관 앞에서 시위를 하는 활동(피케팅), 해당 기관의 잘못을 밝히는 전단지를 배포하거나 언론을 통해 알리는 활동 등이다.
ⓓ 정치적 압력: 정치적 권력을 이용하여 변화를 이끌어내는 방법이다. 클라이언트는 유권자이기 때문에 시·도 의원을 만나 지역사회에서 발생한 문제에 대해 논의할 수 있다. 선출직 공무원인 국회의원을 통해 해당 기관에 압력을 행사할 수 있다.
ⓔ 탄원서 서명: 유동인구가 많은 지역에서 탄원서에 서명을 받아 해당 문제를 지지하거나 공감하는 사람이 많음을 알리는 방법이다. 탄원서는 시의회의 정기회의에 제출하거나 공청회에서 제시하는 것이 효과적이다.
ⓕ 청원: 국가기관에 대하여 의견 등을 개진한다.
　예 A 지방자치단체가 별도의 조치를 해줄 것을 요청하기 위해 다수인의 서명지를 전달하는 활동 등

개념 공략 설득의 구성요소 **기출** 14회

전달자	신뢰성, 전문성, 동질성, 비언어적 감정의 덕목을 가진 사람이어야 함.
전달 형식	• 믿을 만한 전달자의 호소를 면전에서 거절하기 쉽지 않으므로, 메시지는 상대방과 직접 대면하여 전달하는 것이 좋음. • 직접전달이 여의치 않으면 차선으로 전화로 전달하는 방법이 있음. • 직접전달이나 전화전달 방식은 실제로 가능하지 않은 경우가 많음. • 관련된 많은 사람들을 한 번에 접촉하기 어려운 단점이 있음.
메시지	• 반복적이면서 전달대상에게 이익과 보상을 가져다주는 것일수록 설득력을 지님. • 지역사회에서 신망이 높은 사람이나 권위를 지닌 사람의 지지를 받는 메시지가 전달 효과를 높일 수 있음.
대상	• 전달자를 알거나 좋아하거나 존경하면 설득이 용이함. • 메시지를 이미 신뢰하고 있으면 설득이 용이함. • 과거 유사한 명분에 동조한 경험이 있으면 설득이 용이함. • 소기의 행동을 취할 시간과 자원을 가지고 있으면 설득이 용이함.

2. 네트워크(연계) 기술 **기출** 15회, 17회, 19회, 21회

① 특징
  ㉠ 사회복지사가 클라이언트를 적절한 지역사회 자원과 연계하는 기술로서, 관련 기관들 간의 상호 신뢰와 호혜성의 원칙에 의해 유지된다. 상호 의존관계를 가지면서도 수평적인 관계가 강조된다.
  ㉡ 서비스의 누락과 중복을 방지하고 자원을 효율적으로 관리하기 위해 정기적인 모임 및 회의를 통하여 서비스 계획을 공동으로 수립한 후 각각의 개별 기관들이 서비스를 제공하도록 한다. 개별 기관의 정체성은 유지하되 서비스 제공에 있어서 팀 접근을 시도한다.
  ㉢ 지역사회복지에서 지역문제를 공동으로 대응하고 협력하기 위해 지역사회 내 자원을 동원하고 의사소통을 원활하게 수행할 수 있도록 하는 연계 기술이 강조되고 있다.
  ㉣ 사회적 연계망은 개인 간의 접촉 통로 또는 연결망으로서 교회, 부모, 교사회, 동료, 이웃 등 다양한 조직과 관련되어 있는데, 이는 조직화 기술의 효과로서 나타난다.
  ㉤ 네트워크를 통해 사회자본을 획득하고 동원할 수 있다.
  ㉥ 대부분 자발적으로 형성되지만, 지역사회보장협의체와 같이 정부나 공공기관이 결성의 주체가 되기도 한다.
  ㉦ 다수의 시민을 사회복지실천에 참여시킴으로써 시민의 연대의식을 강화시킬 수 있다.

② 네트워크(연계)의 수준

연락	낮은 수준의 연계·협력으로, 개별 기관이 서비스 제공에 필요한 정보를 교환하고 공유하는 것
조정	서비스의 중복 방지와 자원 활용의 효율성을 위해 조직의 정체성을 유지하며, 정기 모임이나 회의를 통해 활동이 이루어지도록 조력하는 것
협력	분리된 각 조직이 단일한 프로그램이나 서비스를 결합하여 함께 제공하기 위한 목적을 가지고 연계하되, 조직의 정체성을 유지하면서 자원을 공유하는 것
통합	개별 기관들이 각자의 정체성을 유지하지 않고 서비스 제공을 위해 하나의 조직체로 통합, 새로운 조직체로의 정체성을 갖는 것

③ 네트워크(연계)의 구성 원칙
  ㉠ **자발성**: 네트워크는 자발적인 참여를 통해 구성되어야 한다.
  ㉡ **분권성**: 네트워크에 참여하는 조직들 사이에 권력과 자원이 분산되도록 분권화 구조를 취해야 한다. 조직들 사이의 분권화뿐만 아니라 개별 조직 내부에서도 분권화 구조를 형성하여 각 조직의 실무자들이 운영의 중심이 되도록 한다.
  ㉢ **평등성**: 네트워크를 구성하는 사람들 사이에 권한, 참여, 자원분배 등이 평등하게 이루어질 수 있도록 해야 한다.
  ㉣ **유연성**: 참여와 마찬가지로 탈퇴도 자유롭게 선택할 수 있어야 하며, 하나의 네트워크에 참여하는 조직이 다른 네트워크에 참여하는 데 제약이 있어서는 안 된다.
④ 네트워크(연계) 기술의 적용 원칙
  ㉠ 개입하고자 하는 사례의 특성에 합당한 연계의 목표를 분명히 설정해야 한다. 사회복지사 자신의 의욕을 앞세우기보다는 자신의 능력과 자원을 정확히 인지하여 클라이언트에게 필요한 연계를 구축하도록 노력해야 한다.
  ㉡ 연계체계의 원활한 구축과 활용을 위해 평소에 특정 주요 인물, 기관, 조직과 긴밀한 관계를 형성하고 있어야 한다. 특히 연계는 참여하고 있는 성원 간의 상호 신뢰가 관건이기 때문에 상호 교류와 화합이 이루어지도록 해야 한다.
  ㉢ 성원들이 연계체계가 추구하는 목표에 따른 역할과 책임을 완수하도록 유도해야 하며, 자발적이고 적극적인 참여를 호소할 수 있는 명분을 가져야 한다.
  ㉣ 연계체계의 목표, 자원, 성원들의 특성에 따라 융통성을 발휘해야 한다.
  ㉤ 기존 연계체계를 활용한 다른 사회복지사와의 지속적인 정보 공유와 자원 교류활동이 필수적이다.
⑤ 사회자본과 네트워크 기출 19회
  ㉠ 사회자본은 사회공동체 구성원 사이의 협조, 협동을 가능하게 해 주는 네트워크, 규범, 신뢰 등을 통해 구성된다.
  ㉡ 사회자본은 네트워크의 형성을 통해 동원될 수 있다. 즉, 네트워크는 사회자본을 위한 필요조건이다.
  ㉢ 사회자본은 양적 차원뿐만 아니라 질적 차원도 확보되거나, 구성원 간의 연대성이 높거나, 네트워크 밀도가 높아야 사용 가능하며, 사용할수록 그 총량이 증가하는 특성을 갖는다.
  ㉣ 사회자본은 그 이익이 공유된다. 사회자본은 한번 획득했다고 해서 유지되는 것이 아니기 때문에 소유주체인 구성원이 그 자본을 지속적으로 유지하려는 노력을 투입해야 한다.
  ㉤ 네트워크의 구성원들은 그 네트워크 안에 있기 때문에 보상을 원할 수 있다. 하지만 사회자본은 그 안에 있다고 해서 당연히 보상을 받을 수 있는 것이 아니다. 따라서 지속적인 관계 확인과 교환이 이루어져야 사회자본이 유지·재생산될 수 있다.

3. 조직화 기술 기출 14회, 15회, 17회, 20회, 23회
① 특징
  ㉠ 지역사회복지에서 조직화는 클라이언트의 문제를 해결하기 위해 필요로 하는 인력이나 서비스를 규합하고, 나아가 조직의 목표를 성취하도록 합당하게 운영해 나가는 과정이다.
  ㉡ 사회복지사는 지역사회가 당면한 문제를 해결하기 위해 목표를 세우고, 전체 주민을 대표하는 일정 수의 주민을 선정하여 모임을 구성한다. 이렇게 구성된 조직이 지역사회의 욕구나 문제를 스스로 해결해 나가도록 돕는다.

ⓒ 지역주민들이 다양한 지역사회 활동에 자발적으로 참여하도록 독려하고, 지역사회에 소속감을 가지도록 유도한다. 사회적 약자를 동등한 인격체로 인식할 수 있도록 돕고, 지역사회의 잠재력에 중점을 두어 그들의 역량을 최대화하여 지역사회문제의 예방 및 해결활동에 적극적으로 참여할 수 있도록 지원한다.
ⓔ 조직화의 목적은 사회적 약자가 지역사회의 다른 주민들과 동등한 구성원으로 사회에 참가하고, 자립·자활을 모색하도록 하는 데 있다. 따라서 주민을 통제하지 않는다.
ⓜ 조직화는 구체적인 쟁점을 중심으로 이루어진다.
ⓗ 사회복지사는 사실 발견과 조사를 통한 지역문제 이슈(쟁점) 설정 기술, 집단 회의를 위한 회의 기술, 위원회 활동에 의한 지역사회 지도자 발굴 기술, 갈등 해결을 위한 협상 기술 등을 활용한다.
ⓢ 조직화는 사익과 공익의 공통 영역이 존재한다는 사실을 가르치는 과정이다. 사적 이익에 대한 관심을 조직화에 활용하기 때문에 모든 일에 솔직하고 근면해야 한다.

② 효과적인 조직화를 이루기 위한 원칙
㉠ 조직화는 지속적인 관심과 노력을 요구하는 동적인 과정으로, 이 과정을 통해 지역주민들은 협력의 필요성과 효과적인 실천을 배우게 된다.
㉡ 갈등과 대결에 익숙해지는 법을 배워야 한다.
㉢ 쟁점은 명확해야 한다. 즉, 시급한 문제로 표현되어야 하며, 구체적이고, 실현 가능한 내용이어야 한다.
㉣ 집단의 역동성을 불러일으키며, 사적 이익에 대한 관심과 갈등을 활용한다.
㉤ 사회적 불만을 공통된 불만으로 집약한다.

③ 지역사회 조직화과정에서 사회복지사가 지켜야 할 주요 원칙
㉠ 지역사회는 여러 갈등을 가지고 있음을 알아야 한다.
㉡ 지역사회의 내적 능력에 우선 중점을 두어야 한다.
㉢ 행사에 참여하여 운영과정을 이해해야 한다.
㉣ 지역사회 관련 법, 제도, 규칙 등을 알아야 한다.
㉤ 정기적인 주민 모임의 일정을 변경하거나 걸러서는 안 된다.
㉥ 주민 모임에 임원을 참여시키지 않는다.
㉦ 모임의 구성원을 처음부터 신중하게 선정해야 한다.
㉧ 주민 모임을 위한 기금을 확보해야 한다.
㉨ 사회적 쟁점과 관련하여 지역주민의 입장과 반대될 수 있음을 염두에 두어야 한다.
㉩ 지역주민에 대한 이해와 수용이 필요하고, 성공할 수 있다는 신념을 가져야 한다.

④ 조직화의 단계

준비단계	• 기관 내부에서 조직화 사업을 전개하기 위한 준비 작업도 포함됨. • 기관 내외의 자원동원방법과 계획화 혹은 조직화 전략이 개괄적으로 소개되어야 함.
계획화단계	지역사회 및 주민욕구 사정, 지역사회 자원 사정, 프로그램 개발과 평가계획 등이 이루어짐.
조직화단계	• 계획화단계에서 설계된 내용을 기초로 하여 주민 모집 • 정서 강화형 소집단 구성단계와 문제해결형 소집단 구성단계 등이 전개됨.
지역활동 및 복지운동단계	• 주민의 역량강화를 도모하는 과정에서 주민들의 주체적 합의에 의해 지역활동을 실시하고 지역주민의 힘을 규합하며 다양한 세력의 연대활동을 추진함. • 제도적 불합리를 개선하는 활동, 약자에 대한 옹호활동, 주민 계몽활동 등을 전개함.
평가 및 과제전환단계	• 평가단계: 지역사회조직사업의 성과를 공론화하기 위해서 양적·질적 방법으로 효과성 및 효율성을 객관적이고 체계적으로 평가함. • 과제전환단계: 사업을 종료함으로써 새로운 과제를 선정 및 기획하고, 독자적 조직운영을 유지하기 위해 조직의 역량을 강화하는 것 등이 포함됨.

4. 자원개발·동원 기술 기출 12~14회, 19회, 21회

① 특징
   ㉠ 지역주민의 욕구충족과 문제해결을 위해 자원이 필요한 경우 자원을 발굴하고 동원하는 기술이다.
   ㉡ 지역사회문제를 해결하는 데 있어 자원이 부족하여 외부의 도움이 필요할 때 사용한다.
   ㉢ 자원은 사회복지실천에서 클라이언트의 변화를 촉구하거나 그들의 생활을 향상시킨다. 자원의 유형은 개인, 현금, 물품, 시설, 조직, 기관, 정보 등으로 구분되는데, 이 중에서 실제적으로 지역사회복지에서 가장 핵심이 되는 자원은 인적 자원과 물적 자원이다.

인적 자원	• 인적 자원의 개발 및 동원에서 가장 우선적으로 추진해야 할 작업은 주요 인적 자원의 소재를 파악하고 접촉하는 것임. • 주요 인적 자원은 토착지도자, 사회복지조직을 이용하는 소집단 지도자, 주변 공공조직 지도자, 잠재적 참여인물(예 오랜 기간 사회활동을 했거나 혹은 자발적 참여 의지가 높은 개인, 사회복지관의 자원봉사자) 등으로 구분할 수 있음.
물적 자원	• 대부분의 사회복지실천기관은 비영리기관이기 때문에 조직 운영이나 서비스 경비에 필요한 현금 및 물품을 자체적으로 조달하지 못함. 이러한 자원들은 사회복지사의 모금이나 후원 혹은 사업제안서 제출에 의해 마련됨. • 후원자에 대한 조직의 신뢰성을 유지하는 것이 중요하며, 이를 위해 현금이나 물품의 사용에 대한 투명성을 확보하고 조직 구성원에 대한 꾸준한 교육과 책임성을 확보하려는 노력으로 바람직한 결과를 보여주어야 함.

개념 공략 인적 자원을 동원하는 기술

1. 인적 자원을 동원하는 기술 유형

기존 조직의 활용	지역사회의 여러 조직들을 면밀히 조사한 뒤에 참여 가능성이 높은 조직이나 집단의 지도자들과 접촉하여 지역사회복지 실천에 동참할 것을 권유하는 것. 조직의 자율성을 지키면서 동등한 자격으로 참여시켜야 하며, 조직 간 갈등이 발생하지 않도록 공동의 목표를 강조하는 것이 중요함.
개별적 접촉	호별 방문, 우편물 발송, 사랑방 좌담회, 동네 미용실에서의 대화 등의 방법으로 지역사회의 주민들을 직접적으로 접촉하여 지역사회복지 실천에 동참하도록 권유하는 것. 잠재적 참여자를 실질적 참여자로 바꾸는 작업을 통하여 그들의 힘을 토대로 변화를 가져올 수 있다는 확신을 강조하는 것이 효과적임
사회·경제적 네트워크의 활용	네트워크에 속해 있는 사람은 직접적으로 접촉하는 것보다는 내부의 동료를 통해 접촉하는 것이 더 효과적임. 사회복지조직을 이용하는 소집단의 지도자를 찾아내어 회원들을 동원할 수 있는 기반을 쌓는 것이 포함됨.

2. 인적 자원을 개발하고 동원하기 위해 사회복지사가 고려해야 할 원칙
   • 기존 조직이나 네트워크에 편입된 자원일수록 지역사회조직의 성원이 되기 쉬움.
   • 개인의 지역사회조직 참여는 그가 제공하는 비용과 받는 이득에 의해 영향을 받음. 개인의 이득은 조직 전체의 참여 성원이 공통적으로 받는 이득(집합적 유인)과 참여 정도에 따라 다르게 받는 이득(선택적 유인)으로 구분되며, 이 두 가지 유인이 적절히 조절되어야 참여가 활발해짐.
   • 기존 조직들은 지역사회복지 실천의 중요한 자원이며, 참여자들의 비용을 줄일 수 있고, 실천활동의 성공 가능성을 높이는 데 기여함. 또한 참여자들이 지니는 성공 가능성에 대한 기대는 지역사회복지 실천활동을 성공적으로 이끌어가는 데 매우 중요한 요인이 됨.
   • 대체로 통합의 정도가 높고 참여자 간 응집력이 높은 집단과 네트워크에 의한 동원을 통해 집합행동이 발생하고 활성화되며, 이를 위해 기존의 의사소통 네트워크가 있어야 하고, 이 네트워크가 집합행동의 이념과 목표를 수용해야 함.
   • 최소한의 분업이 가능한 소규모 비공식 집단이 다양한 전술을 사용할 수 있고 외부의 방해에도 효과적으로 대응할 수 있음.

② 자원개발방법
  ㉠ 지역사회 내 다양한 잠재적 자원을 적극적으로 개발하는 과정에서 전개된다.
  ㉡ 지역사회의 문제를 수집·사정하여 인적·물적 자원을 파악하며, 이를 토대로 구체적 대책 및 활동계획을 수립한다.
  ㉢ 이벤트, 대중매체, 광고 등의 홍보, 자원의 모집 및 면접, 교육훈련, 자원연결 또는 배치, 자원관리, 평가 등이 포함된다.
③ 장점
  ㉠ 기부능력이 있는 잠재적 기부자를 발굴하고, 기부할 수 있는 동기를 부여한다.
  ㉡ 홍보를 통해 기관의 목적과 사업을 적극적으로 알리는 등 기관에 대한 신뢰성을 높인다.
  ㉢ 기업의 기부 또는 봉사활동을 사회복지와 연계하여 기업 이윤의 사회 환원을 통한 긍정적인 기업 이미지를 확보하고 사회복지조직의 자원개발에 기여한다.

5. 임파워먼트 기술 기출 13회, 15회, 19회

① 특징
  ㉠ 현상을 타파할 수 있는 개인의 능력을 향상시키고자 할 때 또는 지역사회의 집합적 목표달성을 위하여 지역사회 집단의 능력을 향상시키고자 할 때 활용하는 기술이다.
  ㉡ 사회적·조직적 환경에 대한 클라이언트의 통제력을 증가시키고자 하는 개입기술을 의미한다. 지역주민의 삶의 질이나 능력을 향상시키는 데 있어서 억압요소나 방해요소를 제거하기 위한 과정이다.
  ㉢ 지역주민의 강점을 인정하고 스스로 삶을 결정할 수 있도록 역량을 강화하며, 지역 구성원의 능력에 대한 신념을 중요시한다.
  ㉣ 지역주민이 자신의 문제를 객관적으로 인식하고, 자신과 환경의 변화를 통해 주체적으로 문제를 해결해 나가는 것을 지향한다.
  ㉤ 지역사회의 억압이나 불합리한 제도에 맞서 지역사회 또는 지역주민이 처해 있는 어려움을 해결하는 방법은 치료가 아니라 역량강화라고 본다.
② 과정으로서의 임파워먼트와 결과로서의 임파워먼트
  ㉠ 과정으로서의 임파워먼트: 지역사회 주민들이 자신의 삶에 대해 자주적 통제력을 획득하고, 삶의 질을 높이는 데 필요한 자원에 접근하려는 시도이다.
  ㉡ 결과로서의 임파워먼트: 주민들의 노력과 지역사회 실천가들의 개입의 효과로 나타난 지역사회에 대한 주민들의 더 많은 통제력과 자원 접근성이다.
③ 임파워먼트를 높이기 위한 구체적 기술

의식 제고	• 무력감을 느끼는 개인들을 한데 모아 문제의 원인이 자신들에게 있는 것이 아니라는 점을 알게 하는 것 • 이 과정을 통하여 자신들을 억압하는 사회구조에 대해 비판적 의식을 갖게 함.
자기 주장	• 문제의 원인과 소재를 파악한 다음 공개적으로 자기의 목소리를 내어 자신의 주장을 전개하게 하는 것 • 사회복지사는 이들이 공개적으로 자신의 주장을 전개하는 것에 대해 두려움을 갖거나 위축되지 않도록 도와줌.
공공의제의 틀 갖추기	• 쟁점이 공공의제가 될 수 있도록 쟁점을 정리하고 대중의 관심을 확보할 수 있도록 의제화함. • 이 과정에서 시위나 대중매체 캠페인은 대중들의 관심을 유도할 수 있는 좋은 수단이 됨.

권력 키우기	• 자원동원과 조직화를 통해 주민들의 권력을 키우는 과정 • 사람의 수, 열정, 법적 행동, 전문성, 힘의 위협 등은 중요한 힘의 원천이 됨.
역량 건설	클라이언트의 역량강화를 위한 조직을 설립하고 자신들의 주장을 효과적으로 표명하기 위한 캠페인을 전개하는 과정으로, 이를 통해 목표 완수라는 성공을 이루고 무력감을 극복하도록 함.
사회자본의 창출	사회자본은 지역사회 구성원의 사회적 관계에 바탕을 둔 자원으로서 물리적 자본과는 상대적 개념으로, 구성원 간의 협력과 연대감을 높이는 데 기여함.

④ 임파워먼트 실천의 원칙
  ㉠ 모든 억압은 삶에 파괴적이며, 사회복지사와 클라이언트는 억압에 도전한다.
  ㉡ 사회복지사는 억압적인 상황에 대해서 총체적 시각을 유지한다.
  ㉢ 클라이언트는 스스로 역량을 강화하고, 사회복지사는 원조할 뿐이다.
  ㉣ 공통기반을 공유하는 사람들은 역량강화를 위해서 서로를 필요로 한다.
  ㉤ 사회복지사는 클라이언트와 일대일의 관계를 정립하고, 클라이언트가 자신의 말로 이야기하도록 격려해야 한다.
  ㉥ 사회복지사는 개인을 희생자가 아니라 승리자(생존자)로 보고, 사회변화의 초점을 유지해야 한다.

6. 지역사회교육 기술

① 지역주민의 관심사와 관련된 행사를 계획·시행하여 지역사회의 실정에 맞는 교육과정을 제공하는 기술이다.
② 지역주민에 대한 상담 기능을 수행하며, 의사소통을 잘 하는 것이 중요하다.
③ 교육 기술은 다양한 프로그램으로 지역주민의 능력을 개발하고 지역사회의 문제해결이 가능하다는 신념을 갖게 한다.
④ 주민 상호간 대화를 촉진시키고 지역 연대감을 향상시킨다.

4 사회행동의 전략과 전술

1. 사회행동의 전략

• 1980년대 후반부터 우리나라의 지역사회복지사업에 있어서 사회행동이 크게 확산되고 변화하였다.
• 1987년의 6월 민주항쟁으로 인한 6·29 선언으로 과거 모든 사회행동 노력에 대한 정부 당국의 탄압과 통제가 크게 완화되었고, 세계적으로 소련과 동구의 사회주의체제 붕괴, 독일의 통일 등은 과거 이데올로기 중심의 사회행동에 대한 이념적 기반을 약화시켰다. 또한 지방자치제도의 도입이 과거의 계급·계층 집단 중심의 사회행동으로부터 지역사회 중심의 사회행동으로 변화하는 계기가 되었다.
• 지역사회에 있어서 사회행동이란 지역사회 주민들의 생활에 영향을 미치는 중요한 결정에 대해 주민들의 통제력을 향상시키기 위한 집단적인 노력을 말한다.

① 효과적인 사회행동을 전개하기 위해 지역사회조직이 결정해야 할 전략상의 문제
  ㉠ 지역사회조직이 그들의 대상집단 혹은 반대집단을 이겨내기 위해 필요한 힘을 어디에서 얻을 것인가를 결정해야 한다.
  ㉡ 사회행동집단이 전개하는 운동이 집단 구성원들과 일반 지역주민들에게 합법적인 것으로 보이도록 하기 위해 목적을 어떻게 표현할 것인가 혹은 어떤 전술을 선택할 것인가를 결정해야 한다.
  ㉢ 지역사회 내의 다른 조직으로부터 협력을 구할 것인가 혹은 단독으로 운동을 전개할 것인가를 결정해야 한다.
  ㉣ 압력전술, 법적전술 혹은 시위활동 등 어떤 전술에 주로 의존할 것인가를 결정해야 한다.
  ㉤ 의미 있는 승리를 최대한으로 거두기 위해 어떠한 협상을 할 것인가를 결정해야 한다.

② 사회행동의 효과적 전개를 위한 기본전략
  ㉠ 대상집단을 이기기 위한 힘을 가질 수 있는 전략
    • 일반적으로 사회행동이란 평등과 정의와 같은 추상적인 주제에 대한 철학적인 논쟁이 아니고, 사회행동집단과 대상(반대)집단 간의 힘겨루기라고 할 수 있다.
    • 사회행동은 시위나 집회 등을 통해 일반인들에게 문제에 대해 알리고, 정부 당국이나 국회, 지방의회 등에서 이 문제를 논의하여 적절한 결정을 내릴 수 있도록 하는 것이다.
    • 어떠한 힘의 원천에 의존할 것인지를 결정하는 것이 중요하다.
    • 사회행동의 토대가 될 수 있는 힘의 원천

정보력	현재 일어나고 있는 사태에 관한 지식을 정부 당국, 특히 정치인들에게 제공할 수 있는 힘 ⑩ 사회적 약자의 생활실태를 시위나 집회 등을 통해 일반인들에게 알리고, 정치인들을 자극하여 국회 및 정부 당국의 적절한 결정을 이끌어냄.
힘의 과시 (힘의 행사)	사회행동집단은 자기들의 활동과 결정에 반대하는 집단에 대해 불편과 손해를 증가시킴으로써 힘을 과시할 수 있음. ⑩ 원하지 않는 건물이나 시설의 건축현장에서 시위를 전개하거나 법원에 건축 중지 요청을 하는 행동
피해를 입힐 수 있는 잠재력	실제로 피해를 입히지 않고 메시지를 통해 피해를 줄 수 있다는 암시를 전달할 수 있음.
수치심 자극	• 상대방의 약점을 들추어내어 수치심을 느끼게 하거나 괴롭히는 것도 힘의 원천이 될 수 있음. • 업무의 결정과 시행에 힘을 가지고 있는 공무원, 정치인 혹은 기업인들의 약점을 언론에 노출시키는 행동 등을 통해 상황을 유리하게 만들 수 있음.
동원능력	집단행동에 많은 사람을 동원할 수 있는 능력은 사회행동에서 가장 중요한 힘의 원천이 됨.

  ㉡ 사회행동의 합법성 확보 전략
    • 사회행동을 실행할 때는 자체 조직원과 일반 주민은 물론, 때로는 대상 조직이 일반적으로 수용할 수 있는 전술을 선택해야 한다. 즉, 보편적으로 수용 가능한 전술을 선택하고, 행동집단(조직) 외의 다른 집단이 그 행동집단의 행동에 대해 합법성을 인정해야 한다.
    • 사회행동조직이 사회적인 합법성을 확보하기 위해서는 그 조직의 목적에 맞는 전술을 선택해야 한다.
    • 사회행동이 힘을 과시하는 것이라도 결코 폭력을 행사해서는 안 된다.
    • 사회행동조직이 성공을 거두기 위해서는 상대방이 자신들보다 더 강한 위치에 있는 힘을 사용해서는 안 되고, 상대방의 약점을 공략해야 한다.
  ㉢ 지역사회의 타 조직과 협력하는 전략: 사회행동조직이 수적으로 힘을 얻기 위해서는 지역사회 내에 있는 다른 조직들과 함께 일하는 것이 필요할 수 있다.

협조 (Cooperation)	• 최소한의 협력을 유지하는 유형이며, 필요에 따라 일시적인 협력을 하는 것 • 참여하는 조직의 기존 목표나 계획은 바꾸지 않고, 사안에 따라 임시적 계획이 만들어지고 언제든지 중단될 수 있음.
연합 (Coalition)	• 연합의 다른 표현으로 조정(Coordination)을 사용하기도 함. • 참여하는 조직들이 이슈와 전략을 함께 선택하는, 보다 조직적인 협력관계를 말함. • 참여하는 조직들은 각각 대표자를 선정하여 운영위원회와 같은 조직을 구성하고, 회의를 소집하여 공동의 관심사에 합의하게 됨. • 공동의 관심사가 발견될 때는 하나의 조직처럼 활동하지만 공동의 관심사가 아닌 경우에는 각 조직이 모든 행동에 참여할 필요는 없음.

동맹 (Alliance)	• 가장 고도의 조직적인 협력관계를 맺는 경우로, 전문가를 둔 영속적인 조직구조를 가지며, 회원으로부터 승인이 필요함. • 결정권한은 장기적 활동을 수행하는 중앙위원회나 전문직원이 가짐.

2. 사회행동의 전술

① 정치적 압력 전술
  ㉠ 특징
  - 정치적 압력 전술은 정부가 변화의 요구에 대해서 비교적 개방적이며, 주민참여에 대해 비교적 공평한 기회를 보장한다는 전제에서 출발한다.
  - 정부가 내린 어떤 행정조치에 대해 시행 또는 포기하게 하거나, 새로운 정책을 강구하게 하려는 핵심적인 전술이다.

  ㉡ 과정
  - 이슈를 논의대상으로 삼는 단계: 어떤 이슈가 정치적으로 부각될 수 있도록 하거나 공청회에서 의견을 개진할 기회를 갖는 활동 등을 말한다. 이슈를 정책의제(Policy Agenda)로 삼는다.
  - 해결대안을 설계하는 단계: 어떤 문제가 법안으로 제출되기 전에 자신들의 견해를 정치인들이나 정부 관료들에게 알린다. 국회의원, 지방의회 의원과 이들의 보좌관들은 물론 중앙 및 지방정부의 관리들도 문제에 대한 해결방안을 강구하게 된다.
  - 법안의 통과를 추진하는 단계: 법이나 규정이 통과되도록 압력을 넣는 단계이다.
  - 실천을 하도록 영향력을 행사하는 단계: 법이나 규정을 실천하도록 영향력을 행사하는 단계이다.

  ㉢ 기술 유형
  - 적재적소에 압력을 가하는 기술
    - 어디에 압력을 가할 것인가의 문제이다.
    - 사회행동조직이 압력을 가하는 캠페인을 준비하면서 가장 먼저 갖추어야 할 기술은 정책결정과정에서 문제해결에 관한 재량권이 어디에 있는가를 파악하는 것이다.
    - 주민조직이 해야 할 일은 그들이 제기하는 문제를 담당하는 정부부서가 어디인지를 정확히 파악하는 것이다.
  - 정치인과 정부 관리를 상대로 한 논쟁의 기술
    - 어떻게 정치인과 정부 관리의 목표에 맞는 논쟁을 전개할 것인가, 특수한 상황에 맞는 적절한 압력 대상이 누구인가의 문제이다.
    - 정부에 압력을 가하는 경우에 주민조직은 정치인과 정부 관리를 모두 상대하게 된다.

정치인	• 선거에 의해 선출된 자와 이들에 의해 임명된 자 • 호의나 예외적인 요청에 대해 반응하는 경향이 있음.
정부 관리	• 일상의 업무를 취급하는 직업공무원 • 학위나 시험 등 자격을 토대로 임명되고 정치적인 이유로 해임되지 않도록 법으로부터 보호를 받음. • 평등한 집행과 선례를 만드는 것에 대해 신경을 쓰는 경향이 있음.

  - 정치인과 정부 관리에게 접근하는 기술은 그들이 현직을 유지하기 위해 무엇을 원하는가를 파악하여 그들의 요구를 충족시켜 주는 것이다.

- 압력 전술을 선택하는 기술
  - 어떠한 구체적인 전술을 사용할 것인가의 문제이다.
  - 선택할 수 있는 정치적 압력 전술의 구체적인 행동들은 다음과 같다.

> - 공청회에 군중을 동원하는 행동
> - 공청회에서 의견을 제시하는 행동
> - 탄원서(Signed Petition)를 제출하는 행동
> - 선출된 관리들과 일대일로 로비를 하는 행동
> - 편지 보내기
> - 전화나 전보의 이용
> - 법안의 내용을 제안하는 행동
> - 법안을 심의하는 회의에 참여하는 행동

② 법적 행동과 사회적 대결
  ㉠ 특징
   - 법적 행동과 사회적 대결은 모두 공정하지 못한 법과 규칙에 대해 주의를 환기시키고 개선을 요구하는 것으로, 정치적 압력보다 강력한 전술이다. 기업과 정부를 포함한 다양한 상대를 선택할 수 있다.
   - 법적 행동은 규칙을 존중하며, 상대방이 자신들의 규칙을 지키지 않는다고 주장한다. 사회적 대결은 기존 체제에 대한 도전을 의미한다.
   - 사회적 대결 상황에서 주민조직의 회원들은 그들의 주장에 대한 관심을 환기시키기 위해 게임(잘못된 조치)의 규칙을 무시하고 정부나 기업이 그들의 요구에 승복할 것을 요구한다.
   - 힘(Power)을 사용하는 전술이다. 이때의 힘은 참여하는 사람들의 수와 결의의 정도에서 나온다. 결의가 강하면 강할수록 사회적 대결에서 큰 힘이 나타날 수 있다.
   - 로비활동과 같은 온건하고 간접적인 방법이 효과를 거두지 못할 때 사용하는 대결 전술의 하나이다.
   - 표적에 대해 직접적인 타격을 가하는 동시에 사회행동조직의 내부적 결속력을 높이는 수단이다.
  ㉡ 법적 행동
   - 제한된 수의 사람들이 참여하며, 참여자의 행동은 냉정하고 심각하다.
   - 사회행동조직이 취할 수 있는 방법

금지명령 요구	사실이 확정될 때까지 해를 가할 수 있다고 여겨지는 조치를 중지시키는 법원의 명령 요구 ⑩ 환경보호단체들이 생태계를 파괴할 수 있는 대규모 댐 건설의 중지를 요구하는 것
고소	손해를 보상받기 위해서 혹은 당국으로 하여금 법대로 조치를 취하게 하기 위해 취하는 행동 ⑩ 환경오염에 의해 피해를 입은 주민들이 집단으로 고소를 하는 것

   - 장점
     - 사회행동조직의 활동을 공식적으로 합법화시킬 수 있다.
     - 상대방의 급작스러운 조치에 대해 공격을 위한 시간을 얻어낼 수 있다.
     - 상대방이 주민조직을 향해 활용하려고 하는 정보를 얻어낼 수 있다.
     - 법적 행동은 많은 비용이 들기 때문에 고소를 하겠다는 위협만으로도 이슈에 대한 논의를 끌어낼 수 있다.
     - 이슈와 관련된 주요 법령과 규칙을 명확히 할 수 있는 기회를 준다.

- 문제점
  - 시간과 비용이 많이 든다.
  - 법적 행동의 승리가 잠정적일 수 있다. 설령 주민조직이 승소한다 할지라도 상대방이 법 자체를 개정하려는 시도를 할 수 있다.
  - 시일이 오래 걸리기 때문에 주민조직의 회원들을 지루하게 만들 수 있다.
  - 변호사와 같은 전문가에게 의존할 수밖에 없기 때문에 주민조직 스스로가 무엇인가를 이룩한다는 성취감을 상실할 수 있다.
  - 실질적인 승리를 가져다주지 못할 수 있다. 권리는 얻지만 때로 개선책은 무시되는 경우도 있다.

ⓒ 사회적 대결(직접 행동)
- 사회질서를 해칠 수 있다는 것에 대해 상대 당국이 두려움을 가질 때 성공할 수 있는 전술로, 참여하는 사람이 많고 그들의 결의가 강할수록 사회적 대결에서 큰 힘이 나타난다.
- 전술 유형

시위 전술	• 목적: 대중을 동원하여 세력을 과시하고 기득권층의 일상을 교란하는 것 • 폭력과 파괴의 위험을 내포하고 있음. • 행진, 집회, 피케팅, 농성 등의 방법을 활용
교육홍보 전술	• 표적집단을 향해 대규모의 교육과 선전을 펼치는 것 • 문제를 드러내고 해결책을 제시함. • 상대방과의 면담 또는 공청회, 대중매체의 광고를 통해 사안의 성격과 내용을 알림.
불평 전술	• 문제의 존재를 표적집단에게 알리는 방법 • 상대방에게 비공개로 불평을 전달, 청원 등의 방법을 활용
경제 전술	• 반대자·상대방의 경제적 여건에 타격을 가하기 위해 사용하는 전술 • 불매운동(Boycott), 파업 등의 방법을 활용

- 선택기준: 사회적 대결(직접 행동)은 성공적인 자원동원을 전제하며, 때로는 상당한 위험부담을 감수해야 하므로 다음을 검토해야 한다.
  - 사용하려는 직접 행동의 효과와 비용에 대해 분석한다.
  - 직접 행동이 조직의 명분에 도움이 되는 방향으로 쟁점을 정리해 줄 것인지 고려한다.
  - 사용하려는 직접 행동의 전술이 조직의 가치와 대중의 윤리적 정서에 부합하는지 고려한다.
- 문제점
  - 폭력의 위험이 있다.
  - 조직의 세력을 유지시키지 못할 위험이 있다.
  - 실천을 보장하지는 못하고, 불법적이거나 비윤리적일 수 있다.
- 앨린스키의 사회적 대결 전술에 적합한 지침
  - 주민조직 내부로부터 지지를 받아야 한다. 특히 주민의 지속적인 참여를 위해서는 참가자들에게 동기를 부여할 수 있도록 전술을 계획해야 한다.
  - 주민조직이 가지고 있는 힘을 과시할 수 있도록 사용해야 한다. 그러나 위협을 실천에 옮기는 것은 적에게 자신의 약점을 노출시키는 행위라는 점을 알아야 한다.
  - 현재 제도에 대한 대안을 제기하기보다는 게임의 규칙과 그 규칙을 시행하는 책임을 맡은 사람들을 공격함으로써 규칙에 대해 알고 있음을 보여주어야 한다.
  - 항의활동을 지속적으로 전개함으로써 상대방이 주민조직과 협상을 원할 정도까지 이르게 해야 한다.
  - 제도와 싸우는 것보다 제도 속에서 일하는 특정 개인을 공격 대상으로 삼아야 한다. 이는 적진을 분열시키기도 쉽고, 동조를 얻어내기도 용이하기 때문이다.

- 상대방이 요구를 인정하지 않을 수 없는 실수를 범할 때까지 인내해야 한다.
- 상대방의 대응을 예상해야 한다. 상대방이 흔히 사용하는 전술은 주민조직의 회원들이 당면한 문제가 현실적이라고 시인하고 주민조직에게 해결방안을 제시하라고 요구하는 것이다. 사회행동조직에 대한 법적 제재, 사회적 비난, 해고위협, 손해배상 청구 등 다양한 형태의 대응을 예상하고 적절하게 준비해야 한다.

- 앨린스키의 항의 전술에 관한 규칙
  - 조직원의 경험에서 벗어나는 행동을 하지 말라.
  - 너무 오래 끄는 전술을 사용하지 말라.
  - 좋은 전술은 조직원들이 즐기는 것이어야 한다.
  - 힘이란 내가 갖고 있을 뿐 아니라 적이 갖고 있는 것이기도 하다.
  - 위협이란 일반적으로 그 자체보다 더 무서운 힘이 있다.
  - 가능하면 적이 경험하지 않은 바를 시도하라.
  - 적으로 하여금 자신들이 만든 규칙에 따라 행동하도록 하라.
  - 조롱은 인간의 가장 막강한 무기이다.
  - 계속 압력을 가하라.
  - 전술의 주요 전제는 상대방에게 계속 압력을 가할 수 있는 행동을 개발하는 것이다.
  - 대상을 선정하고, 개별화하고, 극단화시켜라.
  - 상대방의 부정적인 것을 강력히 밀고 나가면 상대방을 굴복시킬 수 있다.
  - 성공적인 공격의 대가는 건설적인 대안이다.

개념 공략 법적 행동과 사회적 대결

구분	법적 행동	사회적 대결(직접 행동)
특징	• 극적이지 않고 제한된 수의 사람이 참여 • 참여자 행동이 냉정하고 심각함.	• 참여하는 사람이 많음. • 결의가 강할수록 큰 힘이 나타남.
방법	금지명령 요구, 고소	시위 전술, 교육홍보 전술, 불평 전술, 경제 전술
장점	• 지역사회행동조직의 활동을 공식적으로 합법화 • 상대방의 급작스러운 조치에 공격할 수 있는 시간을 얻어냄. • 상대방이 주민조직을 향해 활용하려고 하는 정보를 얻어냄. • 많은 비용이 들기 때문에 고소하겠다는 위협만으로도 이슈에 대한 논의를 끌어냄. • 이슈 관련 주요 법령과 규칙을 명확히 얻는 기회를 줌.	• 로비활동과 같은 온건하고 간접적인 방법이 비효과적일 때 사용 가능함. • 표적에 대해 직접적인 타격을 가하는 동시에 사회행동조직의 내부적 결속력을 높이는 수단이 됨.
문제점	• 시간과 비용이 많이 듦. • 법적 행동의 승리가 잠정적일 수 있음. • 시일이 오래 걸려 주민조직을 지루하게 만들기도 함. • 변호사 같은 전문가에 의존하기 때문에 주민조직 스스로의 성취감이 상실될 가능성이 있음. • 실질적인 승리를 가져다주지 못하기도 함.	• 폭력을 사용할 수 있음. • 조직의 세력을 유지시키지 못할 수 있음. • 실천을 보장하지 못함. • 불법적이거나 비윤리적일 수 있음.

③ 언론의 활용(홍보)과 협상 전술
  ㉠ 특징
    • 협상(Negotiation)은 이슈와 관련된 소수의 사람들이 관여하는 반면에, 홍보(Publicity)는 다수의 지지와 참여를 얻어내기 위한 것이다.
    • 홍보와 협상에 관한 기술은 사회행동 캠페인을 전개하는 기술 이상으로 중요하다.
  ㉡ 언론의 활용(홍보)
    • 중요성
      - 조직의 영향력을 증대시킬 수 있다.
      - 주민조직의 실천의지를 나타낸다.
      - 주민조직의 참여를 늘릴 수 있다.
      - 간접적인 압력을 가할 수 있다.
    • 종류

간단한 홍보활동	개인적인 방문과 접촉을 통해 참여를 권고하거나 전화 홍보, 공공장소 벽보 게시, 홍보 스티커 부착, 전시 개최 등을 통해 조직의 활동을 홍보할 수 있음.
언론 캠페인	주민조직이 언론을 상대할 때에는 언론인들이 일하는 방법, 즉 언론이 뉴스로서의 가치가 있다고 생각하는 것이 무엇인지, 언론계의 리듬(언론에 채택될 수 있는 타이밍), 기자들과 좋은 관계를 맺기 위한 방법 등을 알아야 함.
기자회견과 보도자료	• 언론을 통한 캠페인에서 고도의 기술을 필요로 하는 활동 • 실속이 있는 뉴스가 있을 때 기자회견을 개최하고 이슈화하며, 기자회견에서는 주민조직 캠페인의 인간적인 면을 강조하는 것도 중요함.

  ㉢ 협상 전술
    • 협상의 상황
      - 홍보활동으로 인해 캠페인의 목적에 대한 주의가 환기되어, 주민조직의 요구에 대해 상대방이 압력을 받아 협상을 해야 하는 상황이 생길 수 있다.
      - 일반적으로 사회행동에서는 협상을 해야 하는 상황이 형성되는데, 이러한 상황에서 쌍방은 상대가 취하는 조치에 대해 영향을 미치려고 한다.
      - 자신의 결정이 상대방이 취할 수 있는 선택권에 어떤 효과를 주는지 분석하는 것이 중요하다.
    • 주민조직에 대한 상대방의 의존성을 증가시키는 방법
      - 자원(힘)을 갖는다.
      - 집단의 상대적인 응집력과 집단의 결속력에 대한 인상을 키운다.
      - 한정된 자원을 가진 주민조직은 조직원들이 조직의 구체적인 행동 노선에 전념하도록 한다.
      - 조직원들의 응집력, 힘의 과시, 위협적인 행동 등이 중요하다.

> **합격 가이드**
> '의존성'이란 협상을 하는 관계에 있어서 쌍방이 갖는 힘의 정도를 말하는데, 힘이 강한 측이 협상관계를 유지하는 데 유리합니다.

    • 프루이트(Pruitt)의 협상의 전술
      - 협상에 시한을 두어야 한다.
      - 요구하는 입장을 확고히 해야 한다.
      - 언제, 어떻게 양보를 해야 할 것인지를 배워야 한다.
      - 상대방의 제안에 대응함에 있어서 신중해야 한다.
      - 협상이 계속 진행되도록 해야 한다.
      - 중재자를 개입시킬 필요가 있는지를 고려해야 한다.

3. 정치적 의사결정

① 권력의 유형

보상적 권력	• 권력자가 보상을 제공할 수 있는 능력을 가짐. • 권력자가 자신의 뜻을 따르는 개인이나 집단에 대해 가치 있는 보상을 제공하거나 부정적인 결과를 제거해 줌.
강압적 권력	• 권력자가 처벌을 통제한다고 믿음. • 권력자가 자신에게 동조하지 않는 개인이나 집단에 대해 제재를 가함으로써 자신의 지시를 따르도록 함.
합법적 권력	공인·인정된 권리를 가지고 사람들은 그를 따를 의무가 있다고 생각함.
전문성 권력	권력자가 특수한 지식을 가지고 있다고 믿음.
준거성 권력	• 권력자를 찬양하고, 권력자에게 인정받기를 원함. • 권력자에 대한 조직 구성원들의 개인적인 존경을 바탕으로 자기 자신을 권력자와 동일시하려는 열망에서 비롯됨.
정보 권력	사람들이 자신이 가지지 못한 정보를 권력자가 소유하고 있다고 믿음.
배경 권력	권력자가 유력 인사와 연결되어 있다고 믿음.

② 정치적 의사결정모델

엘리트주의 의사결정모델	• 지역사회 내 엘리트집단에 의해 이루어짐. • 엘리트들은 지역사회를 구성하는 다양한 집단들과 직접적으로 소통하지 않기 때문에 주민들이 어떤 욕구를 가지고 있는지를 파악하기 어려우므로 엘리트집단과 주민집단 사이에 가교 역할을 하는 중개자집단이 존재함. 공공관료나 전문가집단이 이러한 중개자의 역할을 수행하게 됨.
다원주의 의사결정모델	• 이익집단들의 경쟁과정을 통해 결정되는 점을 전제로 함. • 지역사회에는 다양한 이익집단이 있으며, 각기 자신들의 입장이 관철될 수 있도록 경쟁하는 과정을 통해 의사결정이 이루어진다고 봄. • 지방자치단체나 지방의회의 주요 역할은 이익집단 간의 경쟁이나 갈등을 중재하는 것으로 봄.
공공선택 의사결정모델	• 이익집단들이 정치가에게 제공할 수 있는 자원의 크기에 영향을 받음. • 인적·물적 자원이 확보된 이익집단들은 정치가들을 대상으로 로비활동을 벌이거나 언론을 통해 홍보활동을 진행할 수 있지만, 자원이 없는 이익집단들은 이 과정에서 배제됨. • 자원의 크기에 따른 영향력의 차이를 비판하는 것이 아니고, 자원 확대를 위해 노력해야 함을 강조함.
신엘리트 의사결정모델	• 이익집단들이 엘리트집단에 일정한 수단을 지원함으로써 의사결정의 영향력을 높일 수 있다고 봄. • 의사결정권이 있는 정치가 등 엘리트집단과 이익집단이 연대함으로써 이익집단은 엘리트집단을 통해 접근성을 확보하여 원하는 정책이 실현될 수 있도록 함. • 엘리트집단은 이익집단을 통해 투표수를 확보하거나 기부금을 통해 활동자금을 확보할 수 있음.

CHAPTER 05

사회복지 추진체계 및 지역사회운동

핵심 Tag #지역사회보장계획 #지역사회보장협의체 #지역사회서비스 투자사업 #읍·면·동 복지허브화
#사회복지관 #자활사업 참여대상 #사회적 경제 #주민복지운동의 의의 #아른스테인의 주민참여단계

1 지역사회복지 네트워크

1. 지역사회보장계획 기출 14~21회, 23회

- 복지사각지대의 적극적인 발굴과 지원체계를 구축하기 위한 목적으로 2003년 7월 사회복지사업법을 개정하여 지역사회복지계획 수립과 평가에 대한 법적 추진 근거가 마련되었다.
- 2015년 7월부터 시행된 사회보장급여의 이용·제공 및 수급권자 발굴에 관한 법률에 의거하여 명칭을 지역사회보장계획으로 변경하여 시·도지사 및 시장·군수·구청장은 4년마다 지역사회보장계획을 수립하고, 매년 연차별 시행계획을 수립하여야 한다.
- 지역사회복지서비스의 수요 파악 및 공급역량을 통해 지역의 복지과제를 종합적으로 계획하여 추진하기 위한 제도이다.

① 지역사회보장계획의 개요
  ㉠ 개념
    - 협의의 개념: 일정한 지역을 기반으로 지역사회 주민이 필요로 하는 보장서비스를 일정한 목표에 따라 종합적이고 체계적으로 제공하기 위한 행정계획이다.
    - 광의의 개념: 지역 차원에서 주민이 필요로 하는 사회, 경제, 문화 등 일상생활과 관련된 다양한 사회복지욕구를 충족시키기 위해 일정한 목표에 따라 지방정부, 민간조직, 지역사회 주민의 차원에서 시책과 활동을 개발하여 종합적이고 체계적으로 제공하기 위한 활동이다.
  ㉡ 의의: 지역사회복지 자원동원과 주민참여의 촉진, 자치단체 수준에서 지역의 특성, 주민의 복지욕구 등을 반영함으로써 지역사회보장 발전을 가능하게 하는 동력으로 작용한다.
  ㉢ 목적
    - 지역사회 주민의 복지욕구를 충족하기 위해 지역의 복지환경과 활용 가능한 복지자원을 고려하여, 시·군·구 단위에서 실시해야 할 복지사업의 우선순위와 목표를 지역사회의 다양한 주체의 참여를 통해 결정한다.
    - 중앙정부와 시·도로부터 시작되는 상위계획 사업들을 고려하여 지역 차원에서 통합성이 이루어지는 실행계획을 수립한다(통합성).
    - 계획의 수립·시행·평가 등에서 주민의 참여 및 민간의 참여를 유도한다(참여성).
    - 공공기관과 민간기관의 연계·협력을 비롯한 다양한 복지 주체 간의 네트워크를 구축한다(협력성).
  ㉣ 시행에 따른 변화
    - 지역의 여건과 현황에 적합한 복지정책의 실현이 가능해졌다.
    - 사회보장에 관한 중앙정부와 지방자치단체의 연계가 용이해졌다.

- 지역사회 내 공공과 민간의 연계를 모색하는 기틀이 마련되었다.
- 수요자(이용자) 중심의 실천이 강화되었다.
- 보다 지속적이고 장기적인 복지정책의 구현이 가능해졌다.
- 사회복지 관련 조직과 인력 사이의 상호 조정과 연계를 원활하게 할 수 있게 되었다.
- 사회복지와 보건의료를 연계할 수 있는 토대가 마련되었다.

⑩ 기본원칙

구체성	기획과정, 현안 및 과제, 비전 및 방향 설정, 부문별 사업계획을 구체적으로 제시해야 함(실효성).
참여성	다양한 집단의 의사가 반영되어야 하고, 이를 통해 실질적이고 효과적인 계획으로 진행되어야 함. 계획의 수립·시행, 평가 등의 과정에 주민을 비롯한 실천 주체들의 참여가 필수적임.
지역성	각 개별 지역의 특징이 우선적으로 고려되어야 하며, 지역과 지역주민의 문제와 욕구를 이해하여 다른 지역과 차별화되는 고유한 계획을 수립해야 함.
과학성·객관성	주민의 복지욕구, 주어진 환경 및 자원에 대한 과학적 자료에 근거하여 계획을 수립해야 함. 자료 성격에 적합한 조사방법을 사용하고, 조사방법의 오류를 줄이려는 노력 등이 필요함.
연속성·일관성	지역사회보장계획 및 실행에 대한 평가 및 피드백을 실시하여 사업의 타당성과 적절성을 점검함으로써 사업의 연속성을 확보해야 함. 상위 계획이나 타 부문과의 일관성을 유지해야 함.
실천성 (실현 가능성)	지역사회보장계획에 관여하는 모든 사업 주체의 역할 및 기능을 명확하게 하여 실현 가능성을 확보함. 관련 조직, 재정 확보 등이 수반되어야 함.
연계와 조정	유관계획(예 보건계획 등)의 면밀한 검토로 상호 연계와 조정을 유지하면서 실행해야 함.

ⓗ 수립·시행의 취지 및 기대효과
- 지방자치단체 단위의 사회보장 수준과 변화 목표를 지역주민 등 관계자가 모두 확인할 수 있어 지방자치단체의 주도성이 향상될 수 있다.
- 다양한 기관과 주민이 함께 지역에서 필요로 하는 복지를 창출하기 위해 노력함으로써 합리적인 사회보장사업 운영 기반을 마련할 수 있다.
- 지방자치단체의 특수성을 기초로 국가정책의 방향을 반영하는 지역정책을 설계하여 국가 사회보장사업 운영의 효율화를 꾀할 수 있다.
- 계획의 기본 틀을 공유하여 지방자치단체 간의 상호 이해와 벤치마킹 등이 이루어져 전국의 균형적인 사회보장정책 추진이 이루어지는 토대를 마련할 수 있다.

개념 공략 지역사회보장계획의 연혁
- 2003년: 지역사회복지계획 수립 의무화 및 지역사회복지협의체 설치 근거 마련(2년의 경과기간을 두었음)
- 2005년: 7월 각 시·군·구에 지역사회복지협의체 설치 운영
- **지역사회보장계획(4년 주기)**: 1기(2007년~2010년), 2기(2011년~2014년), 3기(2015년~2018년), 4기(2019년~2022년), 5기(2023년~2026년)

② **지역사회보장에 관한 계획의 수립(사회보장급여법 제35조)** 기출 19회, 23회
   ㉠ 특별시장·광역시장·특별자치시장·도지사·특별자치도지사(이하 시·도지사) 및 시장·군수·구청장은 지역사회보장에 관한 계획(이하 지역사회보장계획)을 4년마다 수립하고, 매년 지역사회보장계획에 따라 연차별 시행계획을 수립하여야 한다. 이 경우 사회보장기본법에 따른 사회보장에 관한 기본계획과 연계되도록 하여야 한다.
   ㉡ 시장·군수·구청장은 해당 시·군·구의 지역사회보장계획을 지역주민 등 이해관계인의 의견을 들은 후 수립하고, 지역사회보장협의체의 심의와 해당 시·군·구 의회의 보고를 거쳐 시·도지사에게 제출하여야 한다.

ⓒ 시·도지사는 제출받은 시·군·구의 지역사회보장계획을 지원하는 내용 등을 포함한 해당 특별시·광역시·도·특별자치도의 지역사회보장계획을 수립하여야 한다.
ⓔ 특별자치시장은 지역주민 등 이해관계인의 의견을 들어 지역사회보장계획을 수립하여야 한다.
ⓜ 시·도지사는 지역사회보장계획을 시·도 사회보장위원회의 심의와 해당 시·도 의회의 보고를 거쳐 보건복지부장관에게 제출하여야 한다. 이 경우 보건복지부장관은 제출된 계획을 사회보장위원회에 보고하여야 한다.
ⓑ 시·도지사 또는 시장·군수·구청장은 지역사회보장계획을 수립할 때 필요하다고 인정하는 경우에는 사회보장 관련 기관·법인·단체·시설에 자료 또는 정보의 제공과 협력을 요청할 수 있다.
ⓢ 보장기관(사회보장급여를 제공하는 국가기관과 지방자치단체)의 장은 지역사회보장계획의 수립 및 지원 등을 위하여 지역 내 사회보장 관련 실태와 지역주민의 사회보장에 관한 인식 등에 관하여 필요한 조사(이하 지역사회보장조사)를 실시할 수 있으며, 시·도지사 및 시장·군수·구청장은 지역사회보장계획 수립 시 지역사회보장조사 결과를 반영할 수 있다.

③ 지역사회보장계획의 특징
ⓐ **실천계획과 집행계획**: 지역사회보장계획은 지방자치단체에서 실제 집행을 목적으로 하는 계획으로, 내용은 구체적이어야 하며, 분야별 목표설정부터 인력·재정계획 등을 포함한 실천적 성격을 지향한다.
ⓛ **중·단기 계획**: 거시적인 분석을 하려면 10년 단위의 장기 전망이 필요하지만, 지방자치단체의 실행력을 담보하기 위해서는 민선단체장의 재임기간인 4년을 단위로 단기적인 계획을 짜는 것이 현실적이다.
ⓒ **종합계획**: 지역주민 전체 및 개별복지대상 집단별 계획을 모두 포함해야 하고, 지역사회복지 및 지역주민과 밀접한 관계가 있는 분야를 포함시켜 종합계획의 성격을 갖도록 해야 한다.
ⓔ **고유사업의 개발과 추진계획**: 지역특성을 반영한 사회복지서비스를 공급하기 위해서 보다 적극적으로 자치단체를 위한 고유사업을 개발하고, 이를 실천하기 위한 계획을 수립해야 한다.
ⓜ **이용자 중심의 계획**: 지역사회의 모든 주체의 의견을 수렴하는 이용자 중심의 계획이 되도록 주민을 비롯한 여러 지역사회복지 활동 주체들의 참여와 중심적 역할이 필수적이다.
ⓑ **사회적 자원의 배분수단으로서의 계획**: 사회자원을 조달하고 배분하기 위해 각 지역의 특성, 주민의 복지욕구, 사회자원의 양, 정책 현황 등을 파악하여 필요한 사회자원을 적정하게 배분해야 한다.
ⓢ **지방자치의 지표로서의 계획**: 지역사회보장계획은 지역사회의 조직화과정인 동시에 재가복지서비스의 정비·확충, 재원 및 인력 조달 등을 통한 지방자치의 사회지표이다.

④ 지역사회보장계획의 추진과정

1기 (2007~2010)	최초의 지역사회복지계획을 수립 및 이행한 단계 → 지방자치단체의 지역사회복지계획 수립을 의무화하고, 사회복지사업 주체로서의 지방자치단체의 책임성과 경쟁력을 강화하는 방향으로 수립
2기 (2011~2014)	• 지역사회복지협의체 중심으로 지역사회복지계획을 수립·이행하는 지방자치단체가 증가한 단계 • 이전 지방자치단체의 계획에 비해 민간영역의 역할이 중요한 비중을 차지 • 지역 주력 사업과 일반 사업을 구분하여 작성. 지방자치단체에서 사회복지 영역이 발전되면서 지역사회복지계획이 지역사회복지 종합계획으로서의 위상을 정립하고 지역사회복지협의체의 역할과 정체성을 확인하는 계기가 됨.
3기 (2015~2018)	• 지역주민이 참여하는 지역사회보장계획의 비전과 전략을 수립하고 사회보장급여법 시행에 따라 지역사회보장계획을 확대하고 지표를 활용한 단계 • 핵심 과제별 세부사업을 제시하는 방식으로 변경됨. • 지역의 문제를 이해하고 해결하는 방법으로 계획을 구성하고, 지자체 주도로 지역의 고유한 특성을 사업계획 수립에 반영하는 통합적이고 포괄적인 계획수립이 자리매김함. • 복지사업의 수요·공급 분석을 통해 지역사회 내 당면 문제들에 보다 체계적으로 접근하게 됨.

4기 (2019~2022)	• 지역 자체 사업 중심의 사회보장계획을 수립하고, 체계적인 평가체계를 마련한 단계 • 지방자치단체의 재량 영역을 확대하고 상향식 의사반영 구조를 강화하고자 함. • 중앙정부의 정책 방향을 고려하되, 지역 역량 및 여건을 감안한 주도적 계획수립이 부각되도록 함. • 체계적이고 합리적인 성과관리 및 평가체계를 마련하여 연차별 시행 결과에 따른 환류를 제고함. • 계획 구성의 간소화 및 합리화를 통해 계획의 실효성을 제고하고자 함.
5기 (2023~2026)	• 지난 4기 기본계획의 틀은 유지하되, 구성의 논리성, 체계성, 이행력을 제고하는 단계 • 지역사회보장 균형발전 관점에서 지자체 노력과 변화를 강조함. • 사회보장급여법에 충실한 지역사회보장계획 수립 • 지역사회보장계획의 관리체계 강화 및 행정업무 부담 완화

개념 공략 3차 사회보장 기본계획(2024~2028)

- '약자부터 촘촘하게, 지속 가능한 복지국가'를 비전으로 내세움.
- 약자부터 두터운 복지, 전 생애 사회서비스 고도화, 사회보장 체계 혁신을 전략으로 선정함.
- 노인 기초연금·장애인연금 단계적 확대, 장애인 활동지원 확대 및 최중증 발달장애인 맞춤형 1:1 돌봄체계 구축
- 치매노인, 발달장애인, 정신질환자, 학대피해아동 등 공공후견제도 활성화
- 저상버스·특별교통수단·BF 인증·통합문화이용권 확대, 장애인 개인 예산제 도입 등 이용자 중심 사회서비스 전달체계 구축
- 온라인 서비스 신청 간소화 등 사회보장급여 신청주의 보완
- 생계급여와 의료급여 등의 공공부조 보장성을 확대 – 생계급여 선정기준은 기준 중위소득 32%에서 35%로, 주거급여 선정 기준도 47%에서 50%까지 상향, 의료급여 부양의무자 기준을 완화하고 교육급여 보장 수준 강화
- 한부모·청소년부모 양육비 지원, 재난적 의료비·희귀질환 의료비 지원, 국가장학금·학자금 대출 지원 강화, 에너지 바우처 대상·단가 확대, 농식품바우처 지원 확대
- 고독사 예방 및 관리 시범사업을 통해 사회적으로 고립된 취약 중장년 발굴 및 지원
- 전 국민 위기 알림 서비스 등으로 위기가구 선제적 발굴 및 긴급복지·긴급돌봄을 통한 신속 지원 강화

⑤ 시·도 지역사회보장계획의 수립
  ㉠ 시·도 자체계획(시·군·구 계획의 상위계획으로서, 시·도가 자체적으로 역점을 두고 추진할 전략사업에 대한 계획)은 개별 시·군·구에서 재원이나 인력 부족으로 추진하기 어려운 사업이나 사업의 효과가 여러 지역에 걸쳐 나타나는 경우에 시·도 차원에서 추진하는 것이 적절하기 때문에 필요하다.
  ㉡ 사회복지시설의 신설·확대, 인력확충 등과 같은 복지인프라 구축은 시·도 차원에서 추진하는 것이 중복투자 방지와 규모의 경제를 실현하는 데 유리하다.
  ㉢ 시·도는 시·군·구 차원에서 주민의 복지욕구가 타당하게 주장되고, 이에 대응하기 위한 계획이 적절하게 이루어졌는지를 분석해야 한다.
  ㉣ 시·도는 시·군·구의 사업을 복지사업의 핵심대상 또는 사업영역에 따라 취합한 후, 필요 여부를 판단하여 필요한 지원에 대한 계획을 작성해야 한다.
  ㉤ 지원계획은 시·군·구별로 작성할 수 있으며, 경우에 따라 몇 개의 시·군·구를 묶어서 권역별로 지원계획을 수립하는 것도 가능하다.
  ㉥ 시·도 계획에서 중요한 비중을 차지하는 것은 시·도 차원의 복지자원 수급 분석 및 지원계획수립이다.
  ㉦ 시·도의 핵심역할 중 하나는 지역별 형평성을 고려한 복지자원의 공급인데, 시·군·구 계획의 점검을 토대로 시·군·구별로 복지자원의 부족, 누락 및 중복 여부를 파악해야 한다.
  ㉧ 시·도 차원의 복지자원 계획내용은 시·도 및 시·군·구 차원의 복지자원 현황 파악, 복지서비스의 공급과 수요 격차 분석, 시·군·구별 복지자원의 배경, 복지시설·기관의 신설 및 확충, 인력조정, 예산배분의 조정 등으로 구성된다.
  ㉩ 시·군·구와는 별도로 시·도 차원의 복지자원 확충, 복지시설·기관의 신설과 확충, 인력 및 재원 확충 등에 대한 계획을 수립할 필요가 있다.

ⓒ 시·도 지역사회보장계획의 내용
- 사회보장이 균형적이고 효과적으로 추진될 수 있도록 지원하기 위한 목표 및 전략
- 지역사회보장지표의 설정 및 목표 / • 사회보장급여의 효과적 이용 및 제공을 위한 기반 구축 방안
- 담당 인력의 양성 및 전문성 제고 방안 / • 통계자료의 수집 및 관리 방안
- 부정수급 방지대책을 지원하기 위한 방안 / • 그 밖의 지역사회보장 추진에 필요한 사항

개념 공략 시·도 지역사회보장계획의 수립절차

지역사회보장조사 실시(수요조사, 자원조사) → 지역사회보장계획(안) 마련 → 사회보장위원회(시·도)에서 계획 심의·확정 → 시·도지사에게 보고 → 보건복지부장관에게 계획 제출 → 권고·조정사항 반영 후 계획안 확정

⑥ 시·군·구 지역사회보장계획의 수립 **기출** 18회, 20회
  ㉠ 시·군·구 지역사회보장계획에 대한 절차와 내용을 숙지하고, 이를 기초로 시·도 차원에서 지원이 필요한 내용을 작성한다.
  ㉡ 시·군·구의 사업을 복지사업의 핵심대상(예 노인, 장애인, 아동, 여성, 가족 등) 또는 사업영역(예 공공부조, 주거, 교육, 고용, 보건, 요양 등)에 따라 취합한 후, 시·도 차원에서 시·군·구에 대한 복지자원과 정책적 지원의 필요 여부를 판단하여 필요한 지원에 대한 계획을 작성한다.
  ㉢ 시·군·구 지역사회보장계획의 내용
    - 지역사회보장 수요의 측정, 목표 및 추진전략
    - 지역사회보장의 목표를 점검할 수 있는 지표의 설정 및 목표
    - 지역사회보장의 분야별 추진전략, 중점 추진사업 및 연계협력 방안
    - 지역사회보장 전달체계의 조직과 운영 / • 사회보장급여의 사각지대 발굴 및 지원 방안
    - 지역사회보장에 필요한 재원의 규모와 조달 방안 / • 지역사회보장에 관련한 통계 수집 및 관리 방안
    - 지역 내 부정수급 발생 현황 및 방지대책 / • 그 밖에 대통령령으로 정하는 사항

개념 공략 시·군·구 지역사회보장계획의 수립절차

지역사회보장조사 실시(수요조사, 자원조사) → 지역사회보장계획(안) 마련 → 지역주민 의견 수렴 → 지역사회보장협의체(시·군·구)에서 계획 심의·확정 → 시·군·구 의회에 보고 → 시·도지사에게 계획 제출 → 권고·조정사항 반영 후 계획안 확정

⑦ 지역사회보장계획의 활성화 방안
  ㉠ 지역사회보장계획의 실효성을 제고해야 한다.
  ㉡ 지역사회보장계획과 지방자치단체의 예산 간 연계성을 강화해야 한다.
  ㉢ 지역사회보장계획에 대한 관심도를 제고해야 한다.
  ㉣ 지역사회보장계획의 수립과 시행에서 광역자치단체와 기초자치단체의 역할을 명확히 해야 한다.
  ㉤ 지역사회보장계획의 실천을 위한 인프라를 구축해야 한다.

2. 지역사회보장협의체 **기출** 12회, 13회, 15~21회

- **지역사회복지협의체**: 사회복지사업법을 근거로 전국의 시·군·구 단위로 지역 내 사회복지사업의 중요사항과 지역사회복지계획 심의·건의, 사회복지·보건의료 관련 기관·단체 제공 사회복지서비스 및 보건의료서비스 연계·협력을 목적으로 설치된 지역복지활성화를 위한 민관 협력 기구이다.
- **지역사회보장협의체**: 2015년 7월 사회보장급여의 이용·제공 및 수급권자 발굴에 관한 법률이 시행됨에 따라 지역사회복지협의체는 지역사회보장협의체로 명칭을 변경하고 확대 개편되었다. 이로 인해 기존 보건·복지 외에 고용·주거·문화 등 참여 범위를 사회보장 전 분야로 확장하여 연계·협력 기반을 마련하고 그 기능도 강화되었다.

① 설립목적
  ㉠ 시장·군수·구청장은 지역의 사회보장을 증진하고, 사회보장과 관련된 서비스를 제공하는 관계기관·법인·단체·시설과의 연계 및 협력을 강화하기 위하여 해당 시·군·구에 지역사회보장협의체를 둔다.
  ㉡ 지역사회 내 복지문제를 해결하기 위한 민주적 의사소통 구조를 확립한다.
  ㉢ 서비스 중복 및 누락이 발생하는 것을 방지하기 위해 수요자(이용자) 중심의 통합적 사회보장급여 제공 기반을 마련한다.
  ㉣ 공공과 민간 분야의 네트워크를 강화하고, 서비스 제공기관 간 연계와 협력으로 지역복지자원의 효율적 활용체계를 조성한다.
  ㉤ 지역사회 내의 사회보장급여 제공기관·법인·단체·시설 간 연계·협력을 통해 지역복지자원의 효율적 활용체계를 조성한다.

> **합격 가이드**
> 지역사회보장협의체는 시·군·구의 희망복지지원단 또는 읍·면·동 행정복지센터의 통합사례관리를 효율적으로 지원할 수 있습니다.

② **지역사회보장협의체의 구성** 기출 20회, 23회
  ㉠ **대표협의체**: 대표성, 포괄성, 민주성의 원칙으로 공공부문, 민간부문, 이용자부문 대표와 기타 연계 영역 위원을 선출하며, 위원장 포함 10인 이상 40인 이하로 구성한다. 실무협의체에서 발의된 쟁점에 대해 논의한다.
  ㉡ **실무협의체**: 포괄성, 전문성의 원칙으로 공공부문, 지역사회보장협의체의 업무를 효율적으로 수행하기 위하여 구성·운영된다. 실무분과에서 발의된 쟁점에 대해 논의한다.
  ㉢ **실무분과**: 지역 특성 및 여건에 따라 대상별, 지역별, 기능별 다양한 형태로 구성한다.
  ㉣ **읍·면·동 단위 지역사회보장협의체**: 읍·면·동 단위 지역사회보장협의체와 시·군·구 지역사회보장협의체는 수평적인 관계에서 기능을 수행한다.

구분	기능 및 역할
대표협의체	다음 업무에 대한 심의·자문 역할 수행 • 지역사회보장계획 수립·시행 및 평가에 관한 사항 • 지역사회보장조사 및 지역사회보장지표에 관한 사항 • 사회보장급여 제공에 관한 사항, 사회보장 추진에 관한 사항 • 읍·면·동 단위 지역사회보장협의체의 구성 및 운영에 관한 사항 • 그 밖에 위원장이 필요하다고 인정하는 사항
실무협의체	• 대표협의체 심의(건의) 안건 사전 논의 및 검토 • 시·군·구 사회보장 관련 시책 개발 협의 및 제안서 마련 • 실무분과, 읍·면·동 지역사회보장협의체 현안 과제 검토 • 실무분과 공동사업 검토, 실무분과 간 역할 조정에 대한 수행
실무분과	• 분과별 자체사업 계획·시행·평가 • 지역사회보장(분야별)과 관련된 현안 논의 및 안건 도출 • 지역사회보장계획 시행과정 모니터링, 대상자별 사례회의 및 서비스 제공 및 연계
읍·면·동 단위 지역사회보장협의체	• 관할 지역의 지역사회보장 대상자 발굴 업무 지원, 사회보장 자원 발굴 및 연계 업무 지원 • 지역사회보호체계 구축 및 운영 업무 지원 • 그 밖에 관할 지역주민의 사회보장 증진을 위하여 필요한 업무 지원

③ 지역사회보장협의체 위원의 임명
  ㉠ 지역사회보장협의체 위원의 임기는 2년으로 한다. 위원장은 한 차례만 연임할 수 있다. 공무원 위원의 임기는 그 직위의 재직기간으로 한다.
  ㉡ 지역사회보장협의체의 위원은 다음 사람 중 시장·군수·구청장이 임명 또는 위촉한다.
    • 사회보장에 관한 학식과 경험이 풍부한 사람
    • 지역의 사회보장활동을 수행하거나 서비스를 제공하는 기관·법인·단체·시설의 대표자
    • 비영리민간단체에서 추천한 사람
    • 읍·면·동 단위 지역사회보장협의체의 위원장
    • 사회보장에 관한 업무를 담당하는 공무원

④ 지역사회보장협의체의 운영원칙

지역성	지역주민의 생활권역을 중심으로 조직·운영하며, 지역주민의 복지욕구, 복지자원 총량 등을 고려하여 현장 밀착형 서비스 제공기반을 마련
참여성	법적 제도나 규제에 앞서 복지문제해결을 위해 지역주민이 적극적이고 자발적으로 참여
협력성	네트워크형 조직구조를 통해 당면한 지역사회복지문제 등의 현안을 민관이 협력하여 해결
통합성	지역사회 내 복지자원을 발굴하고 유기적인 연계와 협력을 통하여 수요자의 다양하고 복잡한 욕구에 부응하는 서비스를 통합적으로 제공
연대성	자체적으로 해결이 곤란한 복지문제는 지역주민 간 연대하여 해결하거나 인근 지역과 연계, 협력하여 복지자원을 공유함으로써 해결
예방성	지역주민의 복합적인 복지문제를 조기에 발견하여 예방할 수 있도록 노력

개념 공략 시·도 사회보장위원회

1. 시·도지사는 시·도의 사회보장 증진을 위하여 시·도 사회보장위원회를 둠.
2. 시·도 사회보장위원회는 다음의 업무를 심의·자문함.
   • 시·도의 지역사회보장계획 수립·시행 및 평가에 관한 사항
   • 시·도의 지역사회보장조사 및 지역사회보장지표에 관한 사항
   • 시·도의 사회보장급여 제공에 관한 사항
   • 시·도이 사회보장 추진과 관련한 중요 사항
   • 읍·면·동 단위 지역사회보장협의체의 구성 및 운영에 관한 사항(특별자치시에 한정)
   • 사회보장과 관련된 서비스를 제공하는 관계 기관·법인·단체·시설과의 연계·협력 강화에 관한 사항(특별자치시에 한정)
   • 그 밖에 위원장이 필요하다고 인정되는 사항
3. 시·도 사회보장위원회는 다음 사람 중 시·도지사가 임명 또는 위촉한 사람으로 구성함.
   • 사회보장에 관한 전문적 지식이나 경험을 가진 사람
   • 사회보장 관련 기관 및 단체의 대표자
   • 사회보장을 필요로 하는 사람의 이익 등을 대표하는 사람
   • 지역사회보장협의체의 대표자
   • 비영리민간단체에서 추천한 사람
   • 사회복지공동모금지회에서 추천한 사람
   • 읍·면·동 단위 지역사회보장협의체의 위원장(특별자치시에 한정하며, 공동위원장이 있는 경우에는 민간위원 중에서 선출된 공동위원장을 말함)
   • 사회보장에 관한 업무를 담당하는 공무원

개념 공략 지역사회보장 균형발전지원센터

- 보건복지부장관은 시·도 및 시·군·구의 사회보장 추진 현황 분석, 지역사회보장계획의 평가, 지역 간 사회보장의 균형발전 지원 등의 업무를 효과적으로 수행하기 위하여 지역사회보장 균형발전지원센터를 설치·운영할 수 있음.
- 보건복지부장관은 지역사회보장 균형발전지원센터의 운영을 관련 전문기관에 위탁할 수 있음.

3. 사회복지협의회 기출 11회, 12회, 14회, 18~20회

① 사회복지협의회의 개요
  ㉠ 지역사회의 여러 기관, 단체, 시설들이 함께 모여 지역사회의 사회복지문제를 함께 협의하고 조정하는 주민 주체의 운동단체이다.
  ㉡ 비영리 공익법인으로 민간 사회복지 증진을 위한 협의·조정, 정책개발, 조사연구, 교육훈련, 자원봉사활동의 진흥, 정보화 사업, 사회적 취약계층을 위한 사업을 수행하는 기관이다.
  ㉢ 사회복지에 관한 조사연구와 각종 복지사업을 조성하고, 사회복지사업과 활동을 조직적으로 협의·조정하며, 사회복지에 대한 국민의 참여를 촉진시킴으로써 우리나라의 사회복지 증진과 발전에 기여하는 것을 목적으로 한다.
  ㉣ 지역사회복지 실천기관 중 조사연구, 협력체계 구축 등 간접서비스를 제공하는 기관이다. 네트워크를 위한 민간기구로 직접적 서비스를 제공하지는 않는다.
  ㉤ 지역사회의 문제와 사회적 약자들에 대한 지원체계 간 네트워크 문제 등의 지역사회문제를 해결하기 위해 민간기관의 연계, 협력, 조정을 기초로 한 협력기관의 필요성에 의해 설립되었다.
  ㉥ 중앙협의회, 지방협의회(시·도 협의회 및 시·군·구 협의회)로 구성되어 있으며, 사회복지사업법에 따른 사회복지법인의 형태로 운영된다. 중앙협의회와 시·도 협의회, 시·군·구 협의회는 의무규정으로 반드시 설치·운영되어야 한다.
  ㉦ 중앙협의회와 지방협의회는 서로 독립법인으로 운영된다. 따라서 지회의 성격을 가지지 않는다.

② 사회복지협의회의 유형
  ㉠ 한국사회복지협의회(중앙협의회)
    • 사회복지사업법에 설립과 관련된 규정이 마련되어 있는 사회복지 공익법인으로, 민간기관이다. 2009년부터 기타 공공기관으로 지정되어 운영되고 있다.
    • 역할: 협의·조정, 정책개발, 조사연구, 교육훈련, 자원봉사활동의 진흥, 정보화 사업, 사회적 취약계층을 위한 사업수행을 통해 우리나라의 사회복지증진과 발전에 기여하고 있다.
    • 주요 업무

    > - 사회복지에 관한 조사연구 및 정책 건의
    > - 사회복지 관련 기관·단체 간의 연계·협력·조정
    > - 사회복지 소외계층 발굴 및 민간 사회복지자원과의 연계·협력
    > - 사회복지 종사자에 대한 교육훈련, 복지증진
    > - 사회복지에 관한 자료수집, 각종 간행물 발간 및 홍보
    > - 시·도 사회복지협의회 업무지원 및 협력증진
    > - 사회복지에 관한 학술 도입과 국제사회복지단체와의 교류
    > - 자원봉사활동의 진흥
    > - 사회복지 자원개발 및 정보화사업의 진흥
    > - 보건복지부장관이 위탁하는 사회복지에 관한 업무 등
    > **참고** 기타: 식품자원 기부촉진 기반 조성, 사랑나눔실천 '1인 1나눔 계좌 갖기 운동' 전개, 소아암·백혈병 및 희귀난치성 질환 환아 진료비지원사업, 사회공헌 문화주도 및 종합정보 제공

- ⓒ 시·도 사회복지협의회
  - 1984년에 조직되었으며, 현재 17개 지역에 설치되어 있다.
  - 1998년 사회복지사업법의 개정과 함께 사회복지법인으로 인정되어 한국사회복지협의회의 지원 없이 지방사회복지협의회로 독립되어 운영하는 체제로 변화되었고 기능이 강화되었다.
- ⓒ 시·군·구 사회복지협의회
  - 2003년 사회복지사업법의 개정에 따라 사회복지법인으로 설치 근거를 마련하였으며, 2005년 7월부터 시·군·구 사회복지협의회 설치에 관한 규정이 시행되고 있다.
  - 기능
    - 지역사회복지 활동 기능: 지역주민의 욕구 및 지역사회문제를 파악하고 주민의 자발적인 참여를 유도하며, 주민의 복지권리를 옹호한다.
    - 연락·조정·협의 기능: 지역사회복지기관 및 단체들 간의 상호 연계·협력을 통해 민간복지 역량을 강화하고, 중복적으로 진행되는 사업을 조정하여 민간자원의 효율적인 활용을 도모한다.
    - 지원·유지 기능: 조사연구, 정책개발 및 제안, 교육훈련, 정보제공 및 출판·홍보, 자원 조성 및 배분, 국제교류의 전개 등을 지원하고 유지한다.

4. 지방분권화 기출 12회, 14회, 19~21회

① 지방분권화의 의의
  - ⓐ 지방정부의 권력 강화로 복지예산이 확대되는 경우도 있으나 대부분의 경우 복지예산은 삭감되며, 대신 민간의 참여가 확대되어 지방정부의 역할을 보완한다.
  - ⓑ 중앙정부의 권한을 지방정부로 이양함으로써 지방정부의 자율성을 강화하고, 지역 특성에 맞는 정책 수립이 가능하다.
  - ⓒ 사회복지서비스 공급 측면에서 지방자치단체의 역할과 책임을 강화하고 지역 간 균형발전을 도모한다.
  - ⓓ 지역주민의 참여기회가 확대된다.
② 지역사회복지환경의 변화에 따라 민간 사회복지부문에 요구되는 역할
  - ⓐ 공공부문의 서비스를 보완하는 혁신적인 서비스를 개발하고 강화한다.
  - ⓑ 사회복지 종사자들의 직무능력을 개발하고 책임성을 강화시킨다.
  - ⓒ 복지 관련 연계망 구축의 기반을 마련한다.
  - ⓓ 공공부문에 대한 견제와 협력을 강화한다.
  - ⓔ 지역사회의 종교, 시민단체 등과의 상호 협조를 강화한다.
③ 지방분권화가 지역사회복지에 미치는 영향 기출 18회
  - ⓐ 긍정적 영향
    - 지방정부의 자율성을 확대시키고, 지역주민의 새로운 욕구나 변화된 욕구에 민감하게 반응할 수 있다. 따라서 지역 특성에 맞는 효율적인 복지 집행체계의 구축이 용이해진다.
    - 지방정부의 지역복지에 대한 권한이 강화되어 지역주민의 복지욕구에 적극적으로 대응할 수 있다.
    - 지역의 다양성, 특수성이 고려되어 지역사회 주민들에게 밀착된 서비스, 적합한 서비스를 제공할 수 있으며, 실제적 욕구에 기반을 둔 독자적이고 차별화된 복지정책을 추진할 수 있다.
    - 지방정부의 역할을 강화하고 비정부조직(NGO)의 자원을 활용하여 분권형 복지사회를 실현할 수 있다.
    - 지방정부 간 경쟁으로 복지프로그램의 이전 및 확산이 이루어진다.
    - 지역사회복지에 대한 주민의 주체적 참여기회가 제공된다.

○ 부정적 영향
- 사회복지행정 업무와 재정을 지방에 이양함으로써 중앙정부의 사회적 책임성이 약화되고, 사회복지서비스 공급이 축소될 우려가 있다. 즉, 중앙정부가 맡아야 하는 사회복지의 역할이 축소될 수 있다.
- 지방정부가 사회개발정책에 우선순위를 둔다면 지방정부의 복지예산이 감소될 수 있다.
- 지방정부 간 재정 격차로 인해 복지수준 및 복지서비스의 지역 간 불균형이 심화될 수 있다.
- 지방정부 간 경쟁심화에 따른 지역 이기주의가 확대될 수 있다.

④ 지방분권화에 따른 과제
㉠ 공공부문의 서비스를 보완하는 서비스 개발 및 강화가 필요하다.
㉡ 복지재정의 불평등과 복지수준의 격차를 줄일 수 있는 정책이 필요하다.
㉢ 중앙정부와 지방정부 간의 유기적인 관계유지 및 명확한 역할분담이 필요하다.
㉣ 공공부문에 대한 견제와 협력의 강화를 위한 노력이 필요하다.
㉤ 사회복지재정 확대 및 확보를 위한 중앙정부의 지원과 노력이 필요하다.
㉥ 지역사회의 종교 및 시민단체 등과의 상호 협조 강화를 위한 노력이 필요하다.
㉦ 지역복지 교육훈련 및 연구활동의 강화를 통해 사회복지 종사자들의 직무능력 개발 및 책임성 강화를 위한 노력이 필요하다.
㉧ 지역사회복지와 관련된 연계망 강화와 적극적인 주민참여, 민간부문의 역량강화가 필요하다.
㉨ 지역사회복지 활동가들의 조직화와 연대활동의 강화를 통해 지역사회 수준에서 사회복지를 주도적으로 기획하고 집행할 수 있는 다양한 제도적 장치와 환경을 마련할 필요가 있다.

개념 공략 최근 지역사회복지에서 해결해야 할 과제

- 지역사회보장계획의 실효성 제고
- 민간복지 전달체계의 네트워크 강화
- 중앙정부와 지방정부의 연계 강화
- 복지재정 분권화로 인한 지역 간 사회복지재정의 불균형 해소
- 지방정부를 중심으로 한 공공과 민간의 통합적 서비스체계 구축

개념 공략 지역사회서비스 투자사업

- 중앙정부가 전국을 대상으로 일괄 실시하는 국가 주도형 서비스 제공방식에서 탈피하여 지방자치단체가 지역 특성 및 수요에 맞는 사회서비스를 발굴·기획하여 실시하는 사업을 말함.
- 사업목적
  - 지역별, 가구별로 다양한 특성과 수요에 부합하는 차별적인 서비스를 지방자치단체가 주도적으로 발굴·집행함으로써 지역주민이 체감하고 만족하는 사회서비스를 제공
  - 시장 가능성이 높은 분야를 발굴하고 수요자의 구매력을 보전함으로써, 지속가능한 사회서비스 시장 형성 및 일자리 창출
  - 인적자본 형성, 건강투자, 고령근로 촉진 등 사회투자적 성격의 사업을 집중 지원
  - 미래 성장 동력 확보 및 사회·경제적 자립기반 확충

2 지역사회복지의 추진체계

1. 공공 사회복지 추진체계 기출 11회, 15회

① 공공 사회복지 추진체계의 개편
㉠ 사회서비스 전달의 중복 및 누락 문제를 방지하고, 복합적인 욕구에 대한 포괄적 대응 및 통합적 서비스 연계를 위한 공공 기능 강화를 목적으로 공공 사회복지 추진체계가 개편되었다.

ⓒ 희망복지지원단 (2012년)
- 복합적 욕구를 가진 대상자에게 통합사례관리를 제공하고, 지역 내 자원 및 방문형 서비스 사업 등을 총괄관리함으로써 지역 단위 통합서비스 제공의 중추적 역할을 수행하는 전담조직을 말한다.
- 민관 협력을 통해 지역 단위 통합서비스 제공체계를 구축·운영함으로써 맞춤형 서비스 제공 및 지역주민의 복지체감도 향상, 차상위계층이 빈곤층이 되는 것을 예방, 자활대상자 등의 탈빈곤·빈곤예방을 주요 목표로 하며, 전체 지역주민의 다양한 복지수요에도 능동적으로 대응한다.
- 업무 수행체계
  - 통합사례관리사업: 복합적 욕구를 가진 대상자에게 통합사례관리를 지원하여 공공·민간의 급여 서비스, 자원 등을 맞춤형으로 연계 및 제공하는 것이다.
  - 자원관리
    - 지역사회의 공식·비공식 자원 현황에 대한 총괄관리
    - 자원조사 및 자원개발을 통해 통합사례관리의 원활한 지원
    - 지속적인 자원현황 업데이트로 지역 내 주민 및 관련 기관에 정보 공유
    - 나눔문화 활성화 등 지역 내 주민 및 관련 기관에 정보 공유
  - 방문형 서비스 사업 협력체계 운영
    - 지역 단위 방문형 서비스 사업 간 현황 공유 및 연계·협력체계 마련, 방문형 서비스를 공공에서 직접 수행하는 읍·면·동 행정복지센터와 보건소 간 협력체계 구축
    - 방문형 서비스 수행 인력의 공동(팀) 방문 추진 및 개별 방문 시 필요한 정보를 상호 공유할 수 있는 체계 마련
  - 읍·면·동 복지업무 지원 및 관리: 읍·면·동 종합상담, 정보제공, 방문상담, 통합사례관리 의뢰 및 사후관리 등 복지업무에 대한 총괄관리를 수행한다.

개념 공략 통합사례관리사업 및 통합사례관리사

1. 통합사례관리 중점 대상자
   - 통합사례관리를 통해 탈빈곤·자활지원이 가능한 가구(기초생활 수급자 중 특히 신규수급자, 기초수급 탈락자 등)
   - 차상위 빈곤가구, 특히 긴급지원 대상가구 및 국민기초생활 수급자자격 탈락 가구 중 통합사례관리를 통해 빈곤예방지원이 가능한 가구
   - 지자체 복지사각지대 조사를 통해 발굴된 위기가구 중 통합사례관리가 필요한 가구
     참고 위기가구: 청중장년 1인가구, 돌봄위기가구, 저소득 한부모 및 청소년 한부모가구, 휴·폐업자, 실직자, 자살 고위험군 등
2. 통합사례관리사의 역할
   - 찾아가는 보건·복지서비스 추진, 읍·면·동의 사례관리 교육, 슈퍼비전 제공, 역량강화 수행
   - 통합사례관리 업무 전담·전문인력으로서, 희망복지지원단의 기능 수행을 저해하지 않는 범위(최소 1인 이상 시·군·구 배치) 내에서 지자체의 탄력적 운영 가능
3. 통합사례관리사의 업무
   - 지원대상자에 대한 상담·지도 및 사회보장에 대한 욕구 조사
   - 서비스 제공계획의 수립과 그에 따른 사회보장급여 및 서비스의 연계
   - 보장기관과 민간 법인, 단체, 시설 등이 제공하는 서비스의 관리·점검
   - 그 밖에 통합사례관리에 필요한 사항으로서 보건복지부장관이 정하는 사항

ⓒ 읍·면·동 복지허브화
- 읍·면·동 주민센터를 행정복지센터로 변경하면서 복지공무원이 먼저 주민을 찾아가 복지대상자를 발굴·상담하고, 주민 개개인의 욕구에 따른 맞춤형 통합서비스를 지원하는 사업이다.
- 장애인, 독거노인, 한부모가정 등이 편리하고 신속하게 복지서비스를 받을 수 있는 제도로, 복지사각지대에서 벗어나 누구나 도움을 받을 수 있게 지원하는 제도이다.
- 복지허브화의 목표는 맞춤형 복지업무 강화이다.
  - 찾아가는 복지서비스 활성화: 노인, 장애인 등 거동이 불편한 대상을 집중 방문상담 등의 방법으로 모니터링한다.
  - 통합서비스 지원: 대상자별 욕구에 따라 다양한 서비스를 맞춤형으로 제공하되, 가구별 서비스를 제공하는 데 있어서 통합사례관리를 실시한다.
  - 민간조직, 자원 적극 활용: 복지통장 및 지역사회보장협의체, 다양한 복지기관과 협력·연계하여 지원대상 및 자원 발굴·확대, 민간자원 연계 활성화 등을 도모한다.
- 읍·면·동 복지허브화는 '행복마을 만들기 사업'과 연계되기도 한다.
- 2014년부터 15개 주민센터에 복지전담팀 시범사업을 진행하였다. 2016년에 주민센터 중 700여 곳을 행정복지센터로 바꾸고 복지전담팀을 구성하였으며, 2018년까지 전국 주민센터로 확대·개편하였다.
- 복지전담팀을 구성하여 방문상담을 통한 사각지대 발굴 및 사례관리 기능을 강화하였다.
- 민간 전문인력 투입을 통한 민관 협력을 도모하고자 하였다.

ⓔ 지역사회통합돌봄(커뮤니티 케어)
- 돌봄이 필요한 주민이 살던 곳(자신의 집이나 그룹홈, 공동생활가정 등)에서 개개인의 욕구에 맞는 서비스를 누리고 지역사회와 함께 어울려 살아갈 수 있도록 주거, 보건의료, 요양, 돌봄, 독립생활 지원 등을 통합적으로 지원하는 지역주도형 사회서비스이다.
- 지역사회 통합돌봄의 4대 핵심요소

주거지원 인프라 확충	어르신 맞춤형 케어 안심주택, 집수리 사업, 커뮤니티케어형 도시 재생뉴딜
방문건강 및 방문의료	집중형 방문건강서비스, 방문의료, 어르신 만성질환 전담 예방관리, 병원에 '지역연계실' 운영
재가돌봄 및 장기요양	차세대 노인 장기요양 보험 구축, 재가의료급여 신설, 식사배달 등 다양한 신규 재가서비스(회복·재활서비스)
지역자율형 전달체계 구축	케어 안내창구 신설(읍·면·동), 지역케어회의 등 지역사회 민관서비스 연계·협력(시·군·구)

- 지역사회 통합돌봄의 단계적 계획

1단계 (2018~2022)	선도사업 실시 및 핵심 인프라 확충단계	• 선도사업 실시: 커뮤니티케어모델 개발 • 생활SOC 투자: 케어 안심주택, 주민건강센터, 커뮤니티케어 도시재생 뉴딜 참고 생활SOC(Social Overhead Capital): 일상생활에 필요한 필수 인프라 • 법·제도 정비: 의료·요양 등 지역 돌봄의 통합지원에 관한 법률 제정(2024. 3. 26.) – 시행령과 시행규칙 제정 중
2단계 (2023~2025)	제공 기반 구축단계	• 장기요양 등 재가서비스 대대적 확충 • 인력 양성, 케어매니지먼트 시스템 및 품질관리체계 구축 • 재정 전략 마련
3단계 (2026년 이후)	보편화단계	• 케어가 필요한 사람 누구에게나 욕구에 맞게 보편적 케어 제공 • 지역사회 중심으로 자율적 실행

② 사회복지전담공무원 기출 15회, 16회, 18회
  ㉠ 개요
    - 지방자치단체에서 사회복지업무를 수행하는 공무원을 사회복지전담공무원이라고 한다.
    - 1987년 저소득 취약계층에게 전문적인 복지서비스를 제공하기 위해 사회복지전문요원이라는 이름으로 배치되었다.
    - 1992년 사회복지사업법 개정을 통해 사회복지전담공무원에 대한 법적 근거가 마련되었다.
      참고 현재는 사회보장급여의 이용·제공 및 수급권자 발굴에 관한 법률에서 법적 근거를 찾을 수 있다.
    - 1999년 사회복지전문요원의 일반직 전환 지침을 마련하여 2000년부터 사회복지전문요원의 직렬이 별정직에서 일반직으로 전환되었다.
  ㉡ 사회복지전담공무원 담당 업무
    - 취약계층 발굴 및 상담과 지도, 사회복지에 대한 욕구조사, 서비스 제공계획의 수립, 서비스 제공 및 점검, 사후관리 등 통합사례관리에 관한 업무
    - 사회복지사업 수행을 위한 취약계층의 소득·재산 등 생활실태의 조사 및 가정환경 등 파악업무
    - 사회복지에 대한 종합적인 정보제공, 안내, 상담업무
  ㉢ 사회복지전담공무원의 역할

조직가	실천활동과정에 지역주민들을 참여시켜 스스로 역할을 다할 수 있도록 지지와 훈련 제공
교육자	클라이언트의 사회적 기능이나 문제해결능력이 향상될 수 있도록 프로그램이나 정보를 제공하고 기술을 가르침.
옹호자	• 사회적 갈등상황에 직면했을 때 전문적인 역량을 오직 클라이언트의 이익을 위해 사용함. • 불이익을 받는 클라이언트를 위하여 그들의 입장을 직접 나서서 대변하고 보호하며 개입함.
협상가	• 갈등상황에 놓인 사람들 사이에서 상호 합의를 이끌어 내기 위해 타협함. • 중립을 지키는 것이 아니라 어느 한쪽과 동맹을 맺는다는 특징이 있음.
자원연결자	클라이언트에게 필요한 자원을 소개해 주고 이용할 수 있도록 지원
자문가	전문적이고 기술적인 자문을 제공하며, 관심 있는 쟁점을 효과적으로 다룰 수 있도록 지원
조력자	불만 집약, 조직화 격려, 좋은 인간관계 조성, 공동의 목표 창조의 역할을 수행
상담가	도움을 필요로 하는 사람의 행동 및 심리상태를 이해하고 이를 토대로 문제를 해결하도록 원조

개념 공략 사회복지전담공무원의 업무
- 사회복지시설 관리
- 저소득층 복지지원 관리
- 국민기초생활 보장수급 관리
- 사회복지를 필요로 하는 지역주민에 대한 상담
- 노인복지·아동복지·장애인복지·긴급복지지원 등 공공부조 및 사회서비스와 관련된 업무
- 실태조사 및 가정환경 파악
- 자활지원 관리
- 의료급여 관리

2. 민간 지역사회복지 추진체계 `기출` 11회, 12회, 14~16회, 18~21회

① 사회복지관의 개요
   ㉠ 사회복지관은 지역사회를 기반으로 일정한 시설과 전문인력을 갖추고 지역주민의 참여와 협력을 통하여 지역사회의 복지문제를 예방하고 해결하기 위하여 종합적인 복지서비스를 제공하는 시설을 말한다.
   ㉡ 사회복지관의 설치운영 주체는 지방자치단체, 사회복지법인 및 기타 비영리법인이며, 사회복지관의 사업계획 수립 시에는 지역사회 구성원들의 의견을 충분히 수렴하여 반영하여야 한다.
   ㉢ 사회복지관은 사회복지서비스 욕구를 가지고 있는 모든 지역주민을 대상으로 보호서비스, 자립능력배양을 위한 교육훈련 등 필요한 복지서비스를 제공하고, 가족기능 강화 및 주민 상호간 연대감 조성을 통한 각종 지역사회문제를 예방·치료하는 종합적인 복지서비스 전달기구로서 지역주민의 복지증진을 위한 중심 역할을 수행해야 한다.

② **사회복지관의 발전과정**: 우리나라 사회복지관은 100년에 이르는 역사를 갖고 있는데, 1970년대까지 초기의 사회복지관사업은 외원단체와 민간기관이 중심이 되어 빈곤층과 소외계층을 위한 치료적 사업을 중점으로 이루어졌다.

1906년	원산 인보관운동을 통해 사회복지관사업 태동
1921년	태화여자관 설립(우리나라 최초의 사회복지관)
1922년	개성 고려여자관 설립
1926년	원산 보혜여자관 설립
1930년	조선총독부에 의해 서울(4곳)에 인보관 설치
1962년	목포 사회복지관 – 캐나다 유니테리언 한국봉사회(1977년 한국사업 종료, 이후 사회복지법인 한국봉사회로 개칭하여 남부사회복지관, 중앙사회복지관 설립)
1976년	한국사회복지관연합회 설립(22개 사회복지관)
1983년	사회복지사업법 개정으로 사회복지관 운영 국고보조금 지원 시작
1988년	사회복지관 운영·국고보조 사업 지침 수립
1989년	• 주택건설촉진법 등에 의해 영구 임대주택 건립 시 사회복지관 건립 의무화 • 사회복지법인 한국사회복지관협회 설립
2012년	사회복지사업법 개정으로 사회복지관의 설치 등에 관한 규정 신설

③ 사회복지관의 기능
   ㉠ 지역사회의 실정과 주민의 욕구파악 및 평가를 통해 전문적인 지역사회복지서비스를 제공한다.
   ㉡ 지역사회통합의 매개역할을 하여 관할 지역의 서비스 조정·통합의 기능을 담당한다.
   ㉢ 지역사회 잠재자원의 발굴 및 활용을 통해 주민참여 및 조직의 기능과 지역사회복지 계획자로서의 기능을 담당한다.
   ㉣ 주민을 위한 지역사회교육의 매체를 제공한다.
   ㉤ 주민의 성장과 자립을 위한 종합복지서비스를 제공한다.

④ 사회복지관 운영의 기본원칙

지역성	지역사회의 특성과 주민의 욕구를 반영하여 지역사회의 문제를 해결하고, 이에 따른 서비스를 제공하여야 하며, 주민참여를 유도하여 주민의 역할을 강조하고 책임감을 고취시킴.
전문성	다양한 사회문제에 전문적으로 대처하기 위한 지식과 기술을 보유한 전문인력이 사업을 수행하고, 지속적인 재교육을 통해 전문성 증진을 위한 노력을 해야 함.

책임성	서비스 이용자의 욕구를 충족하고 지역사회문제를 해결함에 있어 효과성을 극대화하기 위해 최선의 노력을 기울여야 함.
자율성	다양한 복지서비스를 효율적으로 제공하기 위해 복지관의 능력과 전문성이 최대한 발휘될 수 있도록 자율적으로 운영해야 함.
통합성	지역사회 내 공공 및 민간복지기관과 연계함.
자원활용	지역주민의 다양한 욕구해결을 위해 지역사회 내 복지자원을 최대한 동원·활용해야 함.
중립성	정치, 영리, 종교 활동에 대한 중립성을 유지해야 함.
투명성	자원의 효율적 활용과 운영과정의 투명성을 유지해야 함.

⑤ 사회복지관의 사업 내용
  ㉠ 사례관리 기능
  • 사례관리 기능은 파편화되고 분절화된 지역사회복지서비스의 제한점을 극복하고, 보다 통합적인 서비스 전달체계로 나아가기 위해 지역사회 내의 민관을 아우르는 서비스 네트워크 구축 및 다양한 지역주민의 복지욕구를 연결시켜 맞춤형 서비스를 제공하는 기능이다.
  • 사례관리 기능은 사례 발굴, 사례 개입, 서비스 연계의 순으로 이루어진다.

사례 발굴	지역 내 보호가 필요한 대상자 및 위기개입 대상자를 발굴하여 개입계획 수립
사례 개입	지역 내 보호가 필요한 대상자 및 위기개입 대상자의 문제와 욕구에 대한 맞춤형 서비스가 제공될 수 있도록 사례 개입
서비스 연계	사례 개입에 필요한 지역 내 민간 및 공공의 가용자원과 서비스에 대한 정보제공 및 연계, 의뢰

  ㉡ 서비스 제공 기능: 클라이언트에게 직접적인 서비스가 제공되는 영역이다.

가족 기능 강화사업	가족관계 증진사업	가족 구성원 간의 의사소통을 원활히 하고 각자의 역할을 수행함으로써 이상적인 가족관계를 유지함과 동시에 가족의 능력을 개발·강화하는 사업
	가족기능 보완사업	사회구조 변화로 부족한 가족 기능, 특히 부모의 역할을 보완하기 위하여 주로 아동·청소년을 대상으로 실시하는 사업
	가정문제 해결·치료사업	문제가 발생한 가족을 대상으로 실시되는 진단·치료·사회복귀 지원사업
	부양가족 지원사업	보호대상 가족을 돌보는 가족원의 부양 부담을 줄여주고 관련 정보를 공유하는 등의 부양가족대상 지원사업
	기타	다문화가정, 북한이탈주민 등 지역 내 이용자 특성을 반영한 사업
지역사회 보호사업	급식서비스	지역사회에 거주하는 요보호노인이나 결식아동 등을 위한 식사제공서비스
	보건의료서비스	노인, 장애인, 저소득층 등 재가복지사업 대상자들을 위한 보건·의료 관련 서비스
	경제적 지원	경제적으로 어려운 지역사회 주민들을 대상으로 생활에 필요한 현금 및 물품 등을 지원하는 사업
	일상생활 지원	독립적인 생활능력이 떨어지는 요보호대상자들이 시설이 아닌 지역사회에 거주하기 위해서 필요한 기초적인 일상생활 지원서비스
	정서서비스	지역사회에 거주하는 독거노인이나 소년소녀가장 등 부양가족이 없는 요보호대상자들을 위한 비물질적인 지원서비스
	일시보호서비스	독립적인 생활이 불가능한 노인이나 장애인 또는 일시적인 보호가 필요한 실직자, 노숙자 등을 위한 보호서비스

	재가복지 봉사서비스	가정에서 보호를 요하는 장애인, 노인, 소년소녀가장, 한부모가족 등 가족 기능이 취약한 저소득 소외계층과 국가유공자, 지역사회 내에서 재가복지봉사서비스를 원하는 사람들에게 제공되는 다양한 서비스
교육문화사업	아동·청소년 사회교육	주거환경이 열악하여 가정에서 학습하기 곤란하거나 경제적 이유 등으로 학원 등 다른 기관의 활용이 어려운 아동·청소년을 대상으로 하는 기능교실 운영사업
	성인기능교실	기능 습득을 목적으로 하는 성인 사회교육사업
	노인 여가·문화	노인을 대상으로 제공하는 각종 사회교육 및 취미교실 운영사업
	문화복지사업	일반 주민을 위한 여가·오락프로그램, 문화 소외집단을 위한 문화프로그램, 그 밖에 각종 지역문화행사사업
자활지원사업 등 기타	직업기능훈련	저소득층의 자립능력 배양과 가계소득에 기여할 수 있는 기능훈련을 실시하여 창업 또는 취업을 지원하는 사업
	취업알선	직업훈련 이수자 및 기타 취업희망자들을 대상으로 하는 취업에 관한 정보 제공 및 취업알선사업
	직업능력개발	근로의욕 및 동기가 낮은 주민의 취업욕구 증대와 재취업을 위한 심리·사회적인 지원프로그램 실시사업
	자활공동체 육성	비슷한 경험과 능력을 소지한 저소득층이 공동창업방식을 통해 서비스 또는 제품을 생산하여 자립할 수 있도록 지원하는 사업

ⓒ **지역조직화 기능**: 주민조직화, 자원개발 및 관리, 복지네트워크 구축 등의 활동을 통해 지역사회를 조직화하는 기능이다. 기출 23회

복지네트워크 구축	• 지역 내 복지기관·시설들과 네트워크를 구축함으로써 복지서비스 공급의 효율성을 제고하고, 지역복지의 중심으로서 사회복지관의 역할을 강화하는 사업 • 지역사회연계사업, 지역욕구조사, 실습지도 등이 있음.
주민조직화	• 주민이 지역사회문제에 스스로 참여하고 공동체 의식을 갖도록 주민조직의 육성을 지원하며, 이러한 주민협력 강화에 필요한 주민의식을 높이기 위하여 교육을 실시하는 사업 • 주민복지증진사업, 주민조직화사업, 주민교육 등이 있음.
자원개발 및 관리	• 지역주민의 다양한 욕구충족 및 문제해결을 위해 필요한 인력과 재원 등을 발굴하여 연계 및 지원하는 사업 • 자원봉사자 개발·관리, 후원자 개발·관리 등이 있음.

개념 공략 사회복지관의 재가복지봉사서비스

• 1992년부터 설치·운영되어 오던 재가복지봉사센터가 2010년부터 종합사회복지관의 재가복지봉사서비스로 흡수·통합됨.
• 사회통합, 정상화 이념에 입각한 사회복지서비스 조직화의 일환으로, 비화폐적 욕구 증대에 대응하기 위한 사회서비스

⑥ 사회복지관의 설치
  ㉠ **시설의 설치·운영계획**: 시·도지사 및 시장·군수·구청장은 관내의 저소득층 밀집지역, 요보호대상자 및 인구수, 기타 지역의 특성 등을 고려하여 사회복지관의 설치·운영에 관한 중·장기 육성계획을 수립하고, 동 계획에 의하여 설치·운영되도록 한다.
  ㉡ **설치의 우선순위**: 저소득층 밀집지역에 우선 설치하되, 일부 지역에 편중되지 않도록 한다.
  ㉢ **설치·운영주체**: 지방자치단체, 사회복지법인 및 기타 비영리법인이 설치·운영할 수 있으며, 지방자치단체는 사회복지관을 설치한 후 사업의 전문성을 향상시키기 위해 운영능력이 있는 사회복지법인 등에 위탁·운영할 수 있다.

⑦ 사회복지시설의 평가
　㉠ 3년마다 1회로 사회복지시설에 대한 평가를 의무화한다.
　㉡ 사회복지시설평가를 전문기관에 위탁할 수 있는 법적 근거를 마련하여 실시한다.
　㉢ 시설의 평가기준은 서비스 최저기준을 고려하여 보건복지부장관이 정한다.
　㉣ 전체 사회복지시설에 대한 평가지표를 개발하여 실시하고 있다.
　㉤ 1999년 제1기 시설평가를 시작으로 제9기(2023~2025년) 시설평가가 진행되고 있다.
　㉥ 보건복지부장관과 시·도지사는 평가결과를 해당 기관의 홈페이지 등에 게시하여야 한다.
⑧ **지역사회복지관 설치 관련 규정(사업의 대상)**: 사회복지사업법에 의하여 사회복지관은 모든 지역주민을 대상으로 사회복지서비스를 실시하되, 다음 주민을 우선적인 사업대상으로 한다. 기출 18회

> - 국민기초생활 보장 수급자, 차상위계층
> - 장애인, 노인, 한부모가족 및 다문화가족
> - 직업 및 취업알선이 필요한 사람
> - 보호와 교육이 필요한 유아·아동 및 청소년
> - 그 밖에 사회복지관의 사회복지서비스를 우선 제공할 필요가 있다고 인정되는 사람

3. 공동모금 기출 11~16회, 19회, 20회

① 공동모금기관의 필요성
　㉠ 무분별한 자선사업을 막고 지역주민이 신뢰할 수 있는 민간모금단체를 조직할 필요성이 인식되었다.
　㉡ 지역주민에게 참여기회를 제공하여 자원봉사 정신을 함양시킬 수 있다.
　㉢ 사회복지서비스 프로그램의 전문성 제고에 기여할 수 있다.
　㉣ 민간차원의 자율성과 효율성을 높여 공익적인 사업을 독자적으로 기획하고 수행할 수 있다.
　㉤ 복지자원 분배의 기회를 제공하고, 사회복지체계의 전반적인 서비스 수준 향상에 도움을 제공한다.
　㉥ 다양한 홍보와 모금활동을 통해 사회복지에 대한 국민의 인식을 개선할 수 있다.
　㉦ 정부와 민간의 동반자적 관계를 형성한다.
② 공동모금의 특성
　㉠ 사회복지공동모금회의 설립은 사회복지공동모금회법에 근거한다. 사회복지공동모금회법은 1997년 사회복지공동모금법 제정, 1998년 전국 16개 광역시·도에 사회복지공동모금회 설립, 1998년 사회복지공동모금법 시행, 1999년 사회복지공동모금법에서 현재의 사회복지공동모금회법으로 개정의 과정을 거치면서 발전하였다.
　㉡ **봉사활동으로서 민간운동의 특성**: 기부금 등을 민간복지 부분을 위해 활용하고, 사회연대, 상부상조의 정신을 바탕으로 지역주민의 자율적 봉사활동으로 전개되는 민간운동이다.
　㉢ **지역사회 중심 기반**: 사회복지공동모금은 지역사회 중심으로 주민들이 주체가 되어 설립되며, 지역사회의 거주자, 기부자, 수혜자 등은 물론 민간 사회복지조직 간의 협력에 의해 그 지역사회의 특성에 맞추어 지역사회복지의 증진에 기여하고, 지역주민의 참여를 통해 지역사회의 문제를 해결한다.
　㉣ **효율성 강화 및 모금 일원화**: 기부자의 선의를 효율적으로 활용하기 위하여 모금운동을 일원화하고 있다. 지역사회의 기부자를 대신하여 면밀한 조사와 적절한 평가를 통해 배분함으로써 기부금을 효율적으로 활용해야 한다. 사회복지공동모금의 관리와 배분 등을 구분하여 통합적인 조정을 도모하고, 이에 따른 효율성도 기대할 수 있어야 한다.
　㉤ **공표(공개)**: 모금운동에 앞서 각 회원시설 및 단체가 신청한 요구액을 심사하여 배분계획을 세워 모금목표액을 결정하며, 모금에 관한 모든 내용을 공개한다. 모든 기부금에 대한 배분이 종료된 후에도 그 결

과를 공개해야 한다. 모든 사항을 공개하고 운영한다는 원칙은 공동모금제도의 성격상 바람직한 것이며, 공동모금을 위한 투명성뿐만 아니라 지역사회복지사업의 공개성 확보를 위해서도 매우 중요하다.
- ⓑ **전국적인 협조 도모**: 지역성을 특성으로 하지만 전국적으로 일제히 전개하는 것이 바람직하다. 지역 이기주의로 전락할 경우 상부상조 정신과는 모순되기 때문에 지역의 자주적 활동을 상호 협조하여 전개할 때 사회연대정신 고양이라는 사명감을 이룰 수 있다.

③ **공동모금의 사회적 기능**
- ㉠ 합리적인 기부금 모금을 통한 사회복지자금 조성
- ㉡ 국민의 상부상조 정신 고양
- ㉢ 사회복지에 관한 이해의 보급과 여론 형성
- ㉣ 민주시민으로서 권리와 책무 수행

④ **공동모금의 장단점**

장점	• 효율적인 모금, 합리적이고 형평성 있는 배분이 가능함. • 사회복지사업에 많은 사람이 참여함. • 사회복지기관의 모금활동에 투자하는 경비가 절약됨. • 기부자에게 계속적인 관심을 갖게 함. • 기부자에게 지역사회에 대한 책임감을 부여하고 기부금이 유용하게 사용된다는 확신을 줌. • 적절한 예산과 결산은 사회복지사업계획의 효율을 높임. • 광범위한 교육선전활동은 사회복지에 대한 지식과 관심을 널리 보급함. • 협동의 계획과 활동·조정·기준의 개선, 지역사회복지계획의 건전한 발전을 실제적으로 장려함.
단점	• 금전에만 관심이 기울어 사회복지정신과 동기가 퇴색할 수 있음. • 가입기관의 계획, 정책 및 운영이 독선적으로 되거나, 간섭의 가능성이 발생함. • 기업가 등 고액 기부자와의 관계로 인해 사회행동의 어려움이 발생함.

⑤ **공동모금의 종류**
- ㉠ 모금원
  - **개별형**: 개인이나 가정을 대상으로 하는 모금방법으로, 가장 기본적인 방법이다. 모든 주민의 관심과 참여가 가능하다는 장점이 있지만, 많은 시간과 경비가 소요되며 단기간 많은 금액을 모금할 때에는 적절하지 않다.
  - **기업중심형**: 회사, 공장 등 사업체와 그 근로자를 대상으로 모금하는 방법이다. 노력과 시간에 비해 일시적으로 많은 금액의 모금이 가능하다는 장점이 있지만, 자율성 및 자발성을 해칠 수 있는 단점이 있다.
  - **단체형**: 재단, 협회 등의 단체가 대상이 되는 모금형태이다. 손쉽게 많은 액수의 모금이 가능하다는 장점이 있지만, 많은 주민의 직접적인 참여가 어렵다는 단점이 있다.
  - **특별사업형**: 자선골프대회, 공연 등 일시적인 행사나 특별한 프로그램, 사업 등을 통해 모금하는 방법으로, 사회복지공동모금의 필요성과 중요성을 홍보하면서 재원을 확보하는 방법이다. 기부자에게 흥미를 제공하기 때문에 호응도와 홍보효과가 높다는 장점이 있지만 모금의 안정성 확보문제, 사치성과 낭비성의 문제, 프로그램의 지속적 개발의 어려움 등의 한계가 있다.
- ㉡ 모금기간
  - **집중모금**: 1년 중 일정 기간을 모금기간으로 정해 놓고, 방송, 신문, ARS, 지로모금, 사랑의 열매 등의 방법을 통해 실시한다. 주로 연말에 진행된다.
  - **연중모금**: 기간을 정하지 않고 연중 계속해서 모금을 하는 유형으로 기업모금, 직장모금, 인터넷모금, 기타 기획모금 등을 통해 실시한다.

⑥ 공동모금의 배분방법
  ⊙ **기관 배분형**: 사회복지시설이나 기관별로 재원을 배분하는 방식으로, 가장 어려운 사람에게 지속적인 배분이 이루어진다는 장점과 지역별 불균형이 발생할 수 있는 단점이 있다.
  ⓒ **문제 및 프로그램 배분형**: 문제 해결을 위하여 구체적인 프로그램에 따라 재원을 배분하는 방식이다.
  ⓒ **지역 배분형**: 지역을 단위로 배분하는 방식으로, 지역별 특수한 문제의 해결 및 지역복지의 증진을 목적으로 한다.
⑦ 사회복지공동모금회의 주요 배분사업

종류	개념
신청사업	• 자유주제 공모형태로 신청을 받아 배분하는 사업 • 프로그램사업과 기능보강사업으로 구분
기획사업	• 모금회가 그 주제를 정하여 배분하는 사업 또는 배분대상자로부터 제안받은 내용 중에 선정하여 배분하는 시범적이고 전문적인 사업 • 제안기획사업과 테마기획사업이 있음.
지정기탁사업	기부자가 기부금품의 배분지역, 배분대상 또는 사용용도를 지정한 기부에 대하여 그 지정 취지에 따라 배분
긴급지원사업	• 재난재해지원: 재해 및 재난으로 인해 피해를 입은 개인 및 단체에 대한 의식주, 의료지원 등 긴급한 사회복지지원에 자원을 배분 • 개인긴급지원: 재해 및 재난에 준하는 사회복지서비스 지원이 필요한 개인을 대상으로 하는 배분(저소득층 응급지원 등)

4. 자활사업 기출 12회, 15회, 16회

① 자활사업의 내용
  ⊙ 자활사업은 절대빈곤층의 기초생활을 보장하되 종합적 자립자활서비스 제공으로 생산적 복지를 구현하는 데 목적이 있다.
  ⓒ 근로능력자의 기초생활을 보장하는 국민기초생활 보장제도를 도입하면서 근로역량 배양 및 일자리 제공을 통한 탈빈곤 및 빈곤예방을 지원한다.
  ⓒ 자활사업 지원체계 중 지역자활센터는 1996년 자활지원센터 시범사업 실시를 시작으로 2000년에는 국민기초생활 보장법에 근거하여 자활후견기관으로 명칭이 변경되었으며, 2007년 7월 국민기초생활 보장법의 개정으로 지금의 지역자활센터가 되었다.

② 자활사업 참여대상
  ⊙ **조건부수급자**: 자활사업 참여를 조건으로 생계급여를 지급받는 수급자
  ⓒ **자활급여특례자**: 의료급여 수급자가 자활근로, 자활기업 등 자활사업 또는 국민취업지원제도에 참가하여 발생한 소득으로 인하여 소득인정액이 기준 중위소득의 40%를 초과한 자
  참고 급여 기준 초과 시점부터 참여 잔여기간 동안 자활사업 참여 자격 인정
  ⓒ **일반수급자**: 지역 및 개인 여건(예산·자원, 참여자·대기자 규모 및 대기기간, 근로능력 등)을 종합적으로 고려하여 시·군·구청장의 판단하에 참여 가능
  ⓔ **특례수급가구의 가구원**: 의료급여특례, 이행급여특례가구의 근로능력 있는 가구원 중 자활사업 참여를 희망하는 자

> **합격 가이드**
> • 의무참여대상: ⊙
> • 희망참여대상: ⓒ~ⓔ

- ⑩ **차상위자**: 근로능력이 있고, 소득인정액이 기준 중위소득 50% 이하인 사람 중 비수급권자
    > 참고
    > • 만 65세 이상의 경우, 지역 및 개인 여건을 종합적으로 고려하여 시·군·구청장 판단에 따라 참여 가능
    > • 사회보장급여법 제5조제1항. 주소지 외 실거주지 관할 보장기관에도 차상위 자활 신청 가능
- ⑭ 근로능력이 있는 시설수급자
    - 시설수급자 중 생계·의료급여 수급자(행복e음 보장결정 필수)
    - 일반시설생활자(주거·교육급여 수급자 및 기타)

③ 자활사업 지원체계
  ㉠ 지역자활센터
    - 국민기초생활 보장법에 의거하여 보건복지부로부터 지정받은 센터로, 2000년부터 시작된 보건복지부 주관사업이다.
    - 일자리, 기술, 자금부족 등의 이유로 일할 기회를 찾기 어려운 취약계층에게 일할 기회를 제공하고 안정된 경제활동을 할 수 있는 조건들을 지원함으로써 참여자들이 일하는 성취감을 경험하고 삶의 희망을 가지고 스스로 자활할 수 있도록 돕는다.
    - 지역자활센터의 목적은 근로능력이 있는 저소득층에게 집중적·체계적 자활지원 서비스를 제공함으로써 자활의욕 고취 및 자립능력 향상을 도모하고, 국민기초생활수급자 및 차상위계층의 자활촉진에 필요한 사업을 수행하는 핵심 인프라 역할을 수행하는 데 있다.
    - 자활의욕 고취를 위한 교육, 자활을 위한 정보제공, 상담 및 직업교육, 취업알선, 자영창업지원 및 기술경영지도, 자활기업의 설립·운영지원, 사회서비스 지원사업, 기타 자활을 위한 각종 사업을 수행한다.
    - 참여주민의 고유성과 존엄성의 원칙, 주민 자발성의 원칙, 독립성의 원칙, 기준시설 확보의 원칙, 전문가에 의한 사업수행의 원칙, 지역사회 제반자원 활용의 원칙, 사업실행평가의 원칙을 바탕으로 운영된다.

    > ✓ **합격 가이드**
    > 정부의 대부분의 계획이 4년 중기계획인 데 비해, 지역자활센터의 계획은 '매년' 수립합니다.

  ㉡ 광역자활센터
    - 기초생활수급자 및 차상위계층 등 저소득층의 자활촉진을 위해 참여자들의 역량을 강화하여 지속적이고 안정적인 소득을 보장하기 위해 운영되고 있다.
    - 광역 단위의 공동사업을 추진하고, 자활사업 네트워크 구축 등을 통해 지역 내 자활사업 활성화를 위해 다각적인 사업을 추진한다.
    - 중앙 → 광역 → 지역으로 이루어지는 효율적인 자활지원 인프라를 통한 자활사업을 내실화하고 자활지원 정책의 효과적인 전달체계를 형성하는 데 목적이 있다.
    - 시·도 단위의 자활기업 창업지원, 시·도 단위의 수급자 및 차상위자에 대한 취업·창업지원 및 알선, 지역자활센터 종사자 및 참여자에 대한 교육훈련 및 지원, 지역특화형 자활 프로그램 개발·보급 및 사업개발 지원, 지역자활센터 및 자활기업에 대한 기술·경영지도, 그 밖에 자활촉진에 필요한 사업으로서 보건복지부장관이 정하는 사업을 수행한다.

  ㉢ 한국자활복지개발원
    - 한국자활복지개발원의 전신인 중앙자활센터는 2006년 국민기초생활 보장법 개정에 따라 2008년 설립되었다. 이후 2019년 법령 개정에 따라 한국자활복지개발원이 설립되었다.
    - 자활지원체계의 총괄 조정 및 자활사업의 직·간접 참여기관 간의 협력 네트워크 구축을 통하여 자활지원사업의 전문성과 효율성을 높이려는 목적을 갖는다.

- 자활지원을 위한 조사·연구·교육 및 홍보사업, 자활 관련 기관 간의 협력체계 및 정보 네트워크 구축·운영, 자활지원을 위한 사업의 개발 및 평가, 광역자활센터·지역자활센터 및 자활기업의 기술·경영지도 및 평가, 취업·창업을 위한 자활촉진 프로그램 개발 및 지원, 고용지원서비스 및 사회복지서비스 대상자 관리, 그 밖에 자활촉진에 필요한 사업으로서 보건복지부장관이 정하는 사업을 수행한다.
  ㉣ 자활기관 협의체
    - 기초자치단체장이 지역자활사업의 조건부 수급자에 대한 자활사업의 효율적 추진을 위하여 직업안정기관, 자활사업 실시기관 및 사회복지시설 등의 장으로 구성한 상시적 협의체를 말한다.
    - 자활기관 협의체의 목적은 조건부 수급자의 자활을 위한 사업의뢰 및 사후관리체제를 구축함으로써 자활사업을 효율적으로 추진하고, 지역자활사업의 활성화를 위한 공공 민간자원의 총체적 활용을 도모하며, 수급자의 자활 및 복지욕구 충족을 위한 지역사회 중심의 복지서비스 연계시스템을 마련하여 실질적 사례관리체계를 구축하는 데 있다.

④ 자활근로사업과 창업지원사업
  ㉠ 자활근로사업
    - 국민기초생활 보장법에 의한 저소득층에게 근로의 기회를 제공하여 자활기반을 조성하는 사업이다.
    - 저소득층의 자활촉진을 위하여 공동체 창업 등을 위한 기초능력 배양에 중점을 둔다.
    - 사업 유형

사업 유형	개요	분야
시장진입형 자활근로	매출액이 총사업비의 30% 이상 발생하고, 일정기간 내에 자활기업 창업을 통한 시장진입을 지향하는 사업	간병, 집수리, 청소, 폐자원재활용, 음식물재활용, 영농, 도시락, 세차, 환경정비 등 특화사업 개발
사회서비스형 자활근로	사회적으로 유용한 일자리 제공으로 참여자의 자활능력 개발과 의지를 고취하여 향후 시장진입을 준비하는 사업	무료간병서비스, 장애인통합보조교육 및 농촌형 지역자활센터의 정부양곡 배송, 무료 집수리, 무료 빨래방 등
인턴·도우미형 자활근로	지자체, 지역자활센터, 사회복지시설 및 일반기업체 등에서 자활사업대상자가 자활인턴사원으로 근로를 하면서 기술·경력을 쌓은 후 취업을 통한 자활을 도모하는 취업유도형 자활근로사업	• 인턴형: 전기, 용접, 이발, 미용, 조리, 정비, 운전, 제과·제빵 등 • 도우미형: 복지도우미, 자활도우미
근로유지형 자활근로	현재의 근로능력 및 자활의지를 유지하면서 향후 상위 자활사업 참여를 준비하는 형태의 사업	간병, 양육

참고 그 밖에도 시간제 자활근로, 청소년자립도전자활사업단 등의 사업 유형이 있다.

  ㉡ 창업지원사업
    - 저소득층 생업자금융자, 자활기금, 자활공동체 창업자금 지원사업 등을 통해 창업을 지원하는 사업이다.
    - 자활기업
      - 자활기업(자활공동체)은 2인 이상의 수급자 또는 차상위자가 상호 협력하여 조합 또는 공동사업자의 형태로 탈빈곤을 위한 자활사업을 운영하는 업체를 말한다.
      - 자활근로사업단을 통해 근로여건과 의지가 충분하게 높아진 취약계층이 참여하는 형태의 공동창업 모델이다.
      - 국민기초생활 보장법에 의한 자활기업 요건을 갖추고 보장기관으로부터 인정을 받으면 지원대상 자활기업이 된다.

- 모든 구성원에 대해 시장진입형 표준소득액 이상의 수익금 배분이 가능하다.
- 자활근로사업단의 자활기업 전환 시 사업의 동일성이 유지된다.
- 자활기업 설립요건

> • 설립·운영주체가 2인 이상의 수급자 또는 차상위자로 구성되어야 한다.
> • 조합 또는 부가가치세법상 1인 이상 사업자로 설립되어야 한다.

5. 지역아동센터 기출 15회, 16회

① **지역아동센터의 목적**: 지역사회 아동의 보호·교육·건전한 놀이와 오락의 제공, 보호자와 지역사회의 연계, 아동의 건전한 육성을 위하여 종합적인 복지서비스를 제공한다.

② **지역아동센터의 기능**
  ㉠ **취약계층 아동 지역사회보호 실현**: 지역사회 안에서 아동의 권리보장과 안전한 보호, 급식지원으로 결식을 예방한다.
  ㉡ **교육적 기능**: 아동의 학습능력 제고, 학교 부적응 해소, 일상생활 지도, 학교생활 유지 및 적응력을 강화한다.
  ㉢ **정서적 지원 기능**: 아동의 심리·정서적 안정 및 건강한 신체발달 기능을 강화한다.
  ㉣ **문화서비스 제공 기능**: 문화적으로 소외된 아동에 대해 문화체험 및 다양한 문화경험의 장을 제공한다.
  ㉤ **지역사회 연계 기능**: 지역사회 자원 발굴 및 지원 강화, 지역사회 내 아동문제에 대한 사전 예방적 기능 및 사후연계 기능을 담당한다.

③ **지역아동센터의 프로그램**

보호프로그램	빈곤 및 방임 아동보호, 일상생활 지도, 급식제공 등
교육프로그램	학교생활 준비, 숙제지도, 예체능교육, 안전교육, 독서지도 등
문화프로그램	문화체험, 견학, 캠프, 공동체 활동, 놀이활동 지원, 특기적성 등
복지프로그램	사례관리, 상담 및 정서적 지원, 부모교육, 가정방문 등
지역사회연계프로그램	지역 내 인적·물적 자원을 연계, 결연후원, 지역복지활동 등

④ **지역아동센터의 대상**
  ㉠ 국민기초생활 보장 수급권자 가정의 아동
  ㉡ 차상위계층 가정, 조손가정, 다문화가정, 장애인부모가정, 한부모가정의 아동
  ㉢ 기타 지역사회보호와 지원이 필요하다고 판단되는 아동 예 취약계층, 맞벌이 등

⑤ **지역아동센터의 의의**
  ㉠ 아동의 권리보호 및 사례관리가 가능하다.
  ㉡ 교육과 복지의 통합적 접근이 가능하다.
  ㉢ 소규모 가정형태의 이용시설로서, 정서적·심리적 안정감을 제공할 수 있다.
  ㉣ 지역사회 내 접근성이 용이하다.
  ㉤ 지역사회 내 인적·물적 자원의 연계를 통한 통합적 아동지원체계 구축이 가능하다.

6. 자원봉사센터 기출 12회, 16회, 21회

① 자원봉사의 개념
  ㉠ 과거에는 주로 어려운 이웃을 돕는 행위로 자원봉사를 이해했지만, 오늘날에는 돌봄과 연대의 정신을 통해 사회문제를 해결하는 활동으로 이해한다.
  ㉡ 지역사회문제나 국가의 공익사업에 자발적으로 참여해 공동체 문제를 함께 해결하는 활동이다.
  ㉢ 통합화와 정상화 노력의 일환이다.
  ㉣ 산업화 및 경제성장과 함께 파생되는 사회문제들을 정부와 민간이 효율적으로 대처하는 데 있어 자원봉사가 필요하다.
  ㉤ 여가만족·자아실현 등과 같은 인간의 기본적 욕구를 충족시켜 정신적 안정, 자기 충실감, 희망 등을 느낄 수 있으며, 동시에 여가를 건전하게 사용하여 여러 가지 사회문제를 예방할 수 있다.

② 자원봉사활동의 원칙

• 자발성	• 복지성(공익성)	• 무급성	• 지속성	• 이타성
• 자아실현성	• 학습성	• 헌신성	• 협동성	• 전문성

③ 자원봉사센터의 설립목적
  ㉠ 지역사회의 자원봉사를 활성화하려는 중심기관으로서 지역사회문제 해결을 위해 다양한 자원봉사자의 참여를 촉진하고 자원봉사자를 개발·육성한다.
  ㉡ 자원봉사자를 필요로 하는 기관과 단체의 자원봉사자 수급관리를 지원한다.
  ㉢ 지역사회 자원의 조직화와 소통, 조정, 연계를 통해 지역사회의 문제해결을 돕는 과정에서 자원봉사에 대한 인식을 증진하고, 자원봉사자의 위상을 제고하여 활동을 증진시킨다.

④ 자원봉사센터의 법적 근거
  ㉠ 자원봉사활동 기본법의 주요 내용
    • 자원봉사활동 기본법은 2005년에 제정되어 2006년부터 시행 중이다.
    • 국가기관 및 지방자치단체는 자원봉사센터를 설치할 수 있다(법인으로 운영하거나 비영리법인에 위탁하여 운영하여야 함).
    • 지원을 받는 자원봉사단체 및 자원봉사센터는 그 명의 또는 그 대표의 명의로 특정 정당이나 특정인의 선거운동을 하여서는 안 된다.
    • 국가와 지방자치단체는 자원봉사활동의 진흥을 위해 자원봉사단체 및 자원봉사센터가 대통령령으로 정하는 특정한 사업을 수행하기 위해 국·공유 재산이 필요하다고 인정되면 이를 무상으로 대여하거나 사용하게 할 수 있다.
  ㉡ 한국자원봉사협의회
    • 자원봉사단체는 전국 단위의 자원봉사활동을 진흥·촉진하기 위한 활동을 하기 위하여 한국자원봉사협의회를 설립할 수 있다.
    • 한국자원봉사협의회는 정관을 작성하여 행정안전부장관의 인가를 받아 등기함으로써 설립된다.
    • **한국자원봉사협의회의 업무 내용**
      - 회원단체 간의 협력 및 사업지원
      - 자원봉사활동의 진흥을 위한 대국민 홍보 및 국제교류
      - 자원봉사활동과 관련된 정책의 개발 및 조사·연구
      - 자원봉사활동과 관련된 정책의 건의
      - 자원봉사활동과 관련된 정보의 연계 및 지원
      - 그 밖에 자원봉사활동의 진흥과 관련하여 국가 및 지방자치단체로부터 위탁받은 사업

⑤ 자원봉사센터의 조직
  ㉠ 특별시·광역시·도 자원봉사센터의 업무 내용

  - 특별시·광역시·도 지역의 기관·단체들과의 상시협력체계 구축
  - 자원봉사 관리자 및 지도자의 교육 훈련
  - 자원봉사 프로그램의 개발 및 보급
  - 자원봉사 조사 및 연구
  - 자원봉사 정보자료실 운영
  - 시·군·자치구 자원봉사센터 간의 정보 및 사업의 협력·조정·지원
  - 그 밖에 특별시·광역시·도 지역의 자원봉사 진흥에 기여할 수 있는 사업

  ㉡ 시·군·자치구 자원봉사센터의 업무 내용

  - 시·군·자치구 지역의 기관·단체들과의 상시협력체계 구축
  - 자원봉사자의 모집 및 교육·홍보
  - 자원봉사 수요기관 및 단체에 자원봉사자 배치
  - 자원봉사 프로그램의 개발·보급 및 시범운영
  - 자원봉사 관련 정보의 수집 및 제공
  - 그 밖에 시·군·자치구 지역의 자원봉사 진흥에 기여할 수 있는 사업

7. 재가복지봉사센터 기출 11회

① 재가복지봉사센터의 개요
  ㉠ 지역사회에서 일정한 시설과 전문인력 및 자원봉사자를 갖추고 필요한 재가복지서비스를 제공하는 사회복지시설을 말한다.
  ㉡ 가정에서 보호를 요하는 노인, 장애인, 소년소녀가장, 한부모가정 등 가족 기능이 취약한 저소득층과 복지욕구를 가진 자를 대상으로 다양한 사회적 서비스(예 가사, 간병, 정서, 의료, 결연)를 제공한다.

② 재가복지봉사센터 운영의 기본원칙

적극성	찾아가는 서비스를 제공하고, 서비스 대상자를 발굴
능률성	최소 비용으로 최대 효과를 내기 위해 인적·물적 자원을 효율적으로 운영
연계성	다양한 서비스 욕구충족을 위해 각 기관과의 연계체계를 구성
자립성	보호대상자의 자립 및 자활에 초점

③ 재가복지봉사센터의 역할
  ㉠ **조사 진단의 역할**: 대상자 및 가정의 욕구조사와 문제 진단을 통해 필요한 서비스 종류 선정
  ㉡ **서비스 제공의 역할**: (진단 결과에 따라) 직·간접적 서비스 제공
  ㉢ **자원동원 및 활용의 역할**: 지역사회의 인적·물적 자원을 동원 및 활용
  ㉣ **교육기관의 역할**: 사회복지사업 및 취미, 교양 등에 관한 교육
  ㉤ **지역사회 연대의식 고취의 역할**: 지역사회 내 인적·물적 자원 연계를 통한 계층 간 연대감 고취
  ㉥ **사업평가의 역할**: 서비스 기능, 분야별 효과, 자원동원 및 활용효과 자체 평가(피드백)

④ 재가복지봉사센터 서비스의 내용

가사서비스	청소, 식사준비 및 취사, 세탁 등
간병서비스	간호, 병원안내 및 동행, 통원차량 지원 등
정서지원	말벗, 상담, 학업지도, 여가지도 등
결연서비스	생활용품 및 재정적 지원 알선 등
의료서비스	지역의료기관, 보건기관과의 연계·결연, 정기·수시 방문진료 등
자립지원	탁아, 직업보도, 기능훈련, 취업알선 등
주민교육	재가보호서비스 요령 및 방법에 대한 교육
기타	사회복지관 내부의 시설을 활용한 서비스

8. 사회적 경제 기출 15회, 17~21회, 23회

- 공동이익과 사회적 가치의 실현을 위해 사회적 경제조직이 상호협력과 사회연대를 바탕으로 사업체를 통해 수행하는 모든 경제적 활동을 말한다.
- 고용·복지 ↔ 성장 간 선순환적 구조를 통한 지속가능성을 추구한다.
- 교육 및 일자리 창출을 통한 경제성장에 기여한다.
- 취약계층의 일자리 창출을 통해 복지 부담을 감소한다.
- 일반기업 대비 높은 고용 창출력과 생존 가능성을 지닌다.
- 사회적 경제조직에는 사회적기업, 마을기업, 협동조합, 자활기업, 농어촌공동체회사 등이 있다.
- 사회적 경제는 1800년대 초 유럽과 미국에서 처음 등장하였으며, 한국에서는 1920년대 농민협동조합 등의 형태로 시작되었다.
- 사회적 경제는 지역 공동체를 기반으로 하는 만큼 경제활동이 지역사회와 생태계에 미치는 영향력을 고려하여 지속 가능한 발전을 지향하는 경우가 많다.
- 우리나라에서는 1997년 외환위기 전후로 크게 발전했는데 이는 당시 높은 실업률과 고용 불안정, 빈부격차 심화 등의 문제로 사회적 경제가 대안으로 등장했기 때문이다.
- 경제적 불평등 외에도 환경오염, 교육문제 등 사회적 문제를 해결하기 위한 노력을 게을리 하지 않으며, 이러한 문제를 해결하기 위한 노력의 하나로 등장하게 되었다. 그렇기 때문에 환경보호, 사람과 분배 등에 가치를 둔다.

① 사회적기업

　㉠ 사회적기업이란 취약계층에게 사회서비스 또는 일자리를 제공하거나 지역사회에 공헌함으로써 지역주민의 삶의 질을 높이는 등의 사회적 목적을 추구하면서 재화 및 서비스의 생산·판매 등 영업활동을 수행하는 기업을 말한다(사회적기업 육성법 제2조).
　㉡ 사회서비스의 제공 및 취약계층 일자리 창출을 목적으로 하는 점에서 영리기업과 차이가 있다.
　㉢ 취약계층에 일자리 및 사회서비스 제공 등의 사회적 목적 추구, 영업활동 수행 및 수익의 사회적 목적 재투자, 민주적인 의사결정구조 구비 등의 특징을 갖는다.
　㉣ 사회적기업은 이윤창출이 제한되어 있지 않으며, 이윤활용은 제한되어 있다. 배분 가능한 이윤이 발생한 경우 2/3 이상 사회적 목적을 위해 사용해야 한다.
　㉤ 사회적기업은 고용노동부장관이 인증한다.
　㉥ 영리기업과 비영리기업의 중간 형태이다.
　㉦ 사회적기업의 조직형태는 민법에 따른 법인조합, 상법에 따른 회사, 합자조합, 특별법에 따라 설립된 법인 또는 비영리 기관 등이다.

② 마을기업
　㉠ 지역주민 또는 단체가 해당 지역의 인력, 향토, 문화, 자연자원 등 각종 자원을 활용하여 생활환경을 개선하고 지역공동체를 활성화하며, 소득 및 일자리를 창출하기 위하여 운영하는 마을 단위의 기업이다.
　㉡ 시·도에서 추천한 기업을 대상으로 행정안전부에서 지정한다.
　㉢ 마을기업의 유형에는 지역사회 특산품·지역자원 활용사업, 전통시장·상가활성화사업, 공공부문 위탁사업, 녹색에너지 실천사업, 기술기반형 마을기업 육성사업이 있다.
　㉣ 추후 사회적기업 등으로 전환할 수 없다.
　㉤ 마을기업의 선정요건

선정요건	내용
지역성	마을이 보유한 자원(예 특산품, 장소, 기술력)을 활용하고 동일한 생활권(읍·면·동)을 기반으로 거주하는 주민들이 참여하여야 함.
공공성	마을기업의 전체적 이익과 함께 지역 전체의 이익을 실현해야 하며, 지역사회 공헌활동을 반드시 이행해야 함.
기업성	• 지속가능한 수익구조를 갖추어 정부 및 자치단체의 재정지원이 종료된 후에도 자립 운영할 수 있어야 함. • 기업으로서 경쟁력을 갖춰야 하고, 조직 형태는 법인이어야 함.
공동체성	• 공동체가 주도하고 출자하여 기업을 설립하여야 하며, 기업 설립 및 운영에 공동체가 참여하고 결정하여야 함. • 출자자는 5인 이상, 공동체성을 보장할 만큼 충분한 수의 출자자를 갖추도록 노력해야 함.

③ 협동조합
　㉠ 재화 또는 용역의 구매·생산·판매·제공 등을 협동으로 영위함으로써 조합원의 권익을 향상하고 지역사회에 공헌하고자 하는 사업조직으로, 조합원의 권익 향상과 지역사회 공헌을 목적으로 한다.
　㉡ 협동조합은 기획재정부장관이 인증한다.
　㉢ 공동의 소유 방식과 민주적으로 운영되는 사업체를 통해 공통의 경제사회, 문화적 필요와 욕구를 충족시키고자 하는 사람들이 자발적으로 만든 자율적 조직이다.
　㉣ 협동조합을 설립하려는 경우 5인 이상의 조합원 자격을 가진 자가 발기인이 되어 정관을 작성하고, 창립총회의 의결을 거친 후 시·도지사에게 신고해야 한다.
　㉤ **사회적 협동조합**: 협동조합 중 지역주민들의 권익, 복리 증진과 관련된 사업을 수행하거나 취약계층에게 사회서비스 또는 일자리를 제공하는 등 영리를 목적으로 하지 않는 협동조합이다.
④ **공정무역**: 생산자들이 경제적으로 불이익을 받지 않도록 노동조건이나 가격, 환경보호 등의 여러 측면에서 더 나은 조건을 제공하는 국제무역을 말한다.
⑤ 지역화폐
　㉠ 특정 지역의 공동체에서만 쓰이는 화폐다. 지역교환 거래체계(Local Exchange Trading System)의 약자로 흔히 레츠(LETS)라 부른다.
　㉡ 품앗이와 유사한 개념으로 공동체 회원들은 지역화폐를 통해 해당 지역 내에서 노동과 물건을 거래할 수 있다.
⑥ 사회적 경제 아이템
　㉠ 자본주의 경제체계가 생산과 소비를 통해 발생된 이윤을 극대화하는 것이라면 사회적 경제체계는 발생된 이윤을 공정하게 배분하는 것이며, 이와 관련된 모든 것이 아이템이 될 수 있다.
　㉡ 취업 취약계층에게 일자리 제공, 서비스 취약계층이 이용할 수 있는 서비스 제공, 공동구매를 통해 생산자와 소비자가 공정하게 배분하는 방법 등이 이에 해당한다.

협동조합
공동소유, 민주적 운영을 통하여 경제적·사회적·문화적 필요와 욕구를 이루기 위해 사람들이 자발적으로 결성한 조직(조합원의 공익 옹호와 권익 향상 목적)

사회적기업
공공의 이익에 부합하는 사회적 가치를 추구하면서 영업활동을 하는 기업(일자리 창출 목적)

사회적 경제
사회적 목적과 민주적 운영 원리를 가진 호혜적 경제활동조직의 집합

자활기업
경제적 자활(자립)을 돕는 활동으로 일자리 창출이 가장 큰 목표인 국민기초생활 보장법에 따른 기업(탈빈곤 목적)

마을기업
마을 공동체에 기반을 두고 주민의 자발적 참여와 협동적 관계망에 기초해 주민욕구와 지역문제 해결을 추구하는 기업(지역공동체 회복 목적)

개념 공략 | 사회적 경제의 주요 주체와 역할

구분	사회적기업	마을기업	협동조합	자활기업
부처	고용노동부	행정안전부	기획재정부	보건복지부
법적 근거	사회적기업 육성법	도시재생활성화 및 지원에 관한 특별법	협동조합 기본법	국민기초생활 보장법
주참여자	취약계층	지역주민	이해당사자	저소득층(기초생활보장 수급자 및 차상위계층)
역할	취약계층에게 사회서비스 또는 일자리를 제공하거나 지역사회에 공헌함으로써 지역주민의 삶의 질을 높이는 등의 사회적 목적을 추구하면서 재화 및 서비스의 생산·판매 등 영리활동을 하는 기업	지역주민 또는 단체가 해당 지역의 인력, 향토, 문화, 자연자원 등 각종 자원을 활용하여 생활환경을 개선하고 지역공동체를 활성화하며 소득 및 일자리를 창출하기 위하여 운영하는 기업	재화 또는 용역의 구매·생산·판매·제공 등을 협동으로 영위함으로써 조합원의 권익을 향상하고 지역사회에 공헌하고자 하는 사업조직	2인 이상의 수급자 또는 차상위자가 상호 협력하여 조합 또는 사업자의 형태로 탈빈곤을 위한 자활사업을 운영하는 기업
시작연도	2007년	2010년	2012년	2012년
지원사업 내용	• 사회적기업 공공구매 지원 • 사회보험료 일부 지원 • 사회적기업 인건비, 기관운영비, 사업개발 등 재정지원 • 사회적기업가 육성, 경영컨설팅, 판로 등 경영지원 • 통합정보시스템 구축 등	• 마을기업사업비, 컨설팅 지원 등 • 마을기업 설립 전 교육 및 신규모델발굴·확산 • 경영컨설팅 • 멘토링 • 판로개척 및 지역네트워크 구축 등 지원	• 협동조합 설립지원 및 인큐베이팅 • 교육·홍보사업 • 판로개척지원 • 사회적협동조합 공공구매 지원 • 협동조합정보시스템 운영 등	• 자활기업 창업자금, 전세자금, 자활근로 참여수급자 인건비, 자활기업 운영비, 사업비 등 재정지원 • 자활지원을 위한 조사연구, 교육 및 홍보 • 사업개발 및 평가 • 기술·경영지도 및 창업지원 등

3 지역사회복지운동

1. 지역사회복지운동 기출 19~21회, 23회

① 지역사회복지운동의 개요
  ㉠ 의의
   - 지역사회 주민의 주체성과 역량을 강화하고, 지역사회의 변화를 주도하는 조직운동이다.
   - 주민참여를 활성화하여 복지권리의식과 시민의식을 배양하는 사회권 확립운동이다.
   - 지역사회 주민의 삶의 질과 관련된 생활영역이 주된 관심사로, 지역사회복지의 확산과 발전을 위한 생활운동이다.
   - 지역사회의 다양한 자원 활용 및 관련 조직 간의 유기적인 협력이 이루어지는 동원운동이다.
  ㉡ 필요성
   - **사회복지정책 결정에의 영향**: 참여자들은 이슈화 과정에 참여함으로써 새로운 사회문제를 정의하고 정책대안 형성에 영향을 미칠 수 있다.
   - **지역사회조직의 활성화**: 생활현장에 뿌리를 두고 있는 기존 조직을 활용함으로써 가능하다.
   - **주민의 권리의식 제고**: 국가나 공공단체에 의한 개인의 권리에 대한 침해나 방해에 강력하게 항의하고, 시민의 실질적인 권리를 확보하기 위한 노력이 필요하다. 이를 통해 지역주민들의 권리의식 확산을 도모할 수 있다.
  ㉢ 특성
   - **의도적인 조직적 활동**: 주민들의 주체적인 참여와 행동을 통해 지역사회의 변화 목표와 사회복지를 달성하기 위하여 의도적으로 추진하는 사회운동의 성격을 가진다.
   - **시민운동과 같은 맥락**: 시민사회의 성장 및 사회변화와 함께 사회적 관심의 초점으로 부각된다.
   - **지역사회 주민 전체 기반**: 지역주민 전체를 기반으로 하여 대상자가 포괄적이다.

② 지역사회복지운동의 유형
  ㉠ 지역사회 주민 중심(지역사회 중심의 사회복지운동 ➡ 주민운동)
   - 주민의 생활근거지로서 지역사회를 기반으로 한다.
   - 운동 주체로서 주민을 설정하고 있다.
   - 지역사회문제를 해결하고자 하는 목적지향적인 운동이다.
   - 집단적 참여 형태를 전제로 비제도적 참여 형태를 가진다.
   - 지역사회 주민조직화에 따른 지역사회복지 실천의 형태 및 장단점

구분	형태 및 장단점
외부 자극을 통한 조직화	• 사안을 관철시키기 위한 집단 동원 • 장점: 대중적 정치력 형성 • 단점: 일시적
프로그램 중심의 일상활동	• 주민, 대중과 함께 할 수 있는 다양한 프로그램의 개발 및 운용 • 장점: 일상활동 유지 용이, 다양한 주민교육 가능 • 단점: 지역현안에 대한 구성원의 대처 미흡, 주민 주체의 세력화 미흡
공동체 형성과 마을 만들기	• 뜻이 맞는 이들끼리 모임 운영 • 장점: 주민공동체의 대안 제시, 주민참여의 활성화 전제 • 단점: 고립의 위험, 대중적인 참여 어려움, 지역세력화 미흡
제도변화를 위한 노력	• 제도 개선을 통해 지역사회 변화 추구 • 장점: 효율적인 성과 달성, 성과의 지속성 • 단점: 주민들의 소외와 전문가 중심의 활동, 주민참여와는 무관

- ⓒ 이슈 중심
  - 특정 사회복지문제나 사회복지와 관련된 이슈를 중심으로 시민운동 차원에서 접근하는 지역사회복지 운동이다.
  - 1990년대 이후 다양한 방향에서 발전하였다.
  - 정책지향의 근본적 개혁, 사회복지정책 관련 개정 실현 요구, 연대활동 구체화, 직접적인 복지문제의 제기 및 대안 마련, 관련 조례 제정 운동 등 대상자 중심의 운동이다.
- ③ 지역사회복지운동 관련 단체의 활동 사례
  - ㉠ 서비스 제공활동
    - 직접서비스 제공: 사회적 약자들에게 직접서비스를 제공하거나 각종 교육훈련 프로그램을 제공한다.
      - 예 실직자 생계비 지원, 의료서비스 지원, 음식나눔(푸드뱅크) 사업, 방과후교육 사업, 지적장애인주간보호시설 등
    - 사회복지이벤트 사업: 지역사회의 사회복지에 대한 관심을 제고시킬 수 있는 기회 및 지역사회의 다양한 단체들로 하여금 지역사회문제를 다룰 수 있는 기회를 제공한다. 예 노인복지주간 사업
    - 사회복지교육 사업: 지역의 사회복지 실천가를 비롯한 지역주민 대상의 다양한 사회복지교육을 실시한다.
    - 지역사회 내 다양한 지역운동단체 간의 관계망을 형성할 수 있는 사업을 실시한다.
  - ㉡ 옹호활동
    - 지역사회단체와의 연대활동과 지방자치단체·지방의회와의 관계 및 조례 제정·개정 운동이 있다.
    - 지역자치단체와의 연대활동의 예
      - 우리복지시민연합: 대학생자원모임, 사회복지학과 학생모임
      - 관악사회복지: 여성, 청소년, 직장인, 가족 모임
  - ㉢ 기타: 지역사회에 대한 조사연구를 진행하고, 이를 바탕으로 지역복지정책을 개발하기도 한다.

2. 주민참여 기출 12회, 14~16회, 20회, 21회

- ① 주민참여의 개요
  - ㉠ 개념: 지역주민들이 공식적인 정부의 의사결정과정에 관여하여 주민들의 욕구가 정책이나 계획에 반영되도록 하는 적극적인 노력을 말한다.
  - ㉡ 주민참여의 요소
    - 참여의 주체인 주민
    - 공식적인 정부의 정책 또는 계획의 작성·결정
    - 집행에 관여하는 행위
    - 주민의 욕구나 열망이 정책이나 계획에 반영되도록 하기 위한 적극적 노력 등
- ② 주민참여의 방법
  - ㉠ 일반적인 방법

전시회	계획안이나 정책안에 대해 단순하고 보기 쉽게 제시함으로써 주민과 소통하기 위한 수단으로 많이 사용되는 방법
공청회	모든 주민을 대상으로 공개 초청하여 진행하는 방법과 대중 주민을 제한하여 운영하는 방법 등이 있음.
설문조사	계획된 자료의 수집방법으로서, 현상의 기술과 예측, 변수 간의 관계분석과 의사결정에 도움을 줌.
대중매체	매스미디어를 통해 각종 정책과 계획에 대해 홍보하는 방법

ⓒ 해당 주민과의 대화유도를 통한 방법: 평균 이상의 지적 수준을 갖춘 참여자의 유의적인 선택이 요구되고, 주민의 욕구를 밀도 있게 파악할 수 있다.

델파이기법	• 다양한 전문가 집단의 지식과 능력을 결합하여 정책과 계획의 내용에 반영하기 위해 설문조사를 실시 • 익명성을 보장하고 통제된 피드백 방식을 활용하는 방법 • 문제의 확인, 목표와 우선순위의 결정, 대안의 확인평가에 유용함. • 절차: 전문가 선정 → 주요 관심사에 대한 설문지 작성 → 설문지 우송 → 회수된 설문분석 → 1차 분석결과 합의도가 낮을 경우 분석결과의 자료를 응답자에 재우송하여 1차 분석 결과를 참조한 의견 묻기 → 회수된 응답에 대한 재분석 → 합의점에 도달할 때까지 반복응답
명목집단기법	• 개인이 타인 앞에서 행동을 하되 상호작용은 이루어지지 않는 상황을 조성하여 해결해야 할 문제에 대해 개별적으로 해결방안을 나열하고 이를 우선순위, 중요성에 따라 등급화하여 정리·제시하는 방법 • 전통적인 집단회합이 상대방의 의견에 의해 직·간접적인 영향을 받기 때문에 충분하게 자신의 견해를 피력할 기회를 갖지 못한다는 한계를 극복하기 위한 방법
샤레트 방법	• 지역주민과 관료, 정치가들이 함께 모여 서로 배우는 비공식적 분위기를 조성하여 지역사회에서 느끼고 있는 문제점들과 관료 또는 정치가들이 인지하고 있는 문제에 대한 시각을 개진하고 상호 이해를 통해 일정 시간 내에 합의된 제안을 작성하는 방법 • 준비 → 발견 → 통합 → 제안 작성의 단계로 진행됨.
브레인스토밍	• 여러 명이 한 가지 문제를 놓고 아이디어를 무작위로 개진하여 최선책을 찾아내는 방법 • 타인의 아이디어에 대해 비판하지 않고 자유롭게 아이디어를 개진하되, 가능한 한 많은 아이디어를 개진하는 것이 좋음. • 개진된 아이디어를 통합하고 발전시켜 나감.

③ 주민참여의 효과
㉠ 긍정적 측면
- 지방정부의 의사결정 효율성 제고: 지역주민이 선호하고 요구하는 사항을 정책결정자에게 효과적으로 전달함으로써 지방정부의 한정된 자원을 효과적으로 할당하고 투입하는 데 기여할 수 있다.
- 지방행정의 불평등 완화: 관할 구역 내의 서비스 또는 분배의 재정력이 취약한 지방의 경우, 한정된 재원을 개발사업에 치중하여 투입하게 되는데, 주민참여를 통해 지방정부로 하여금 형평성을 추구하도록 압박을 가함으로써 불평등을 완화시킬 수 있다.
- 지방정부와 공공기관 간의 갈등 중재 및 해결: 주민투표, 주민발의, 주민소환과 같은 주민참여의 제도적 방안을 통해 지방정부기관 간의 갈등을 주민이 중립적인 입장에서 직접해결을 도모할 수 있다.

㉡ 부정적 측면
- 행정비용 증가: 정보제공, 공청회 개최, 주민투표 실시 등으로 인해 추가적인 비용이 소요된다.
- 계획입안이나 집행의 시간상 지연 가능성: 계획사업의 전문적 측면에 대한 판단능력이 결여되어 있는 일반 주민을 이해시키는 과정과 주민들의 추가요구에 따라 계획이 지연될 수 있다.
- 주민들 간의 갈등 유발: 주민들의 시각은 자신들의 이익이나 이데올로기에 따라 편협하거나 국지적인 경우가 많아 자신이 살고 있는 지역과 지역사회 전체에 대해 이해의 충돌이 발생할 수 있다.
- 참여자들의 대표성 문제: 주민참여에 능동적으로 참여하는 사람이 해당 지역 전체의 의사를 반영하는지에 대한 문제가 발생할 수 있다.

④ 주민참여의 단계(아른스테인, Arnstein) 기출 12회, 14회, 17회, 19회
  ㉠ 8단계

단계		내용	범주
1	조작	행정과 주민이 서로 간의 관계를 확인하는 것에서 의의를 찾을 수 있으며, 공무원이 일방적으로 교육·설득하고 주민은 단순히 참석하는 수준에 그침.	비참여
2	치료	주민의 욕구불만을 일정한 사업에 분출시켜서 치료하는 단계로서 행정의 일반적인 지도에 그침.	
3	정보제공	행정기관이 주민에게 일방적으로 정보를 제공하며 환류는 잘 일어나지 않음.	형식적 참여
4	상담	공청회나 집회 등의 방법으로 행정에 참여하기를 유도하고 있으나 형식적인 단계에 그침.	
5	회유	각종 위원회 등을 통해 주민의 참여범위가 확대되지만 최종적인 판단은 행정기관이 한다는 점에서 제한적임.	
6	협동관계	행정기관이 최종결정권을 가지고 있지만, 필요한 경우 주민들이 그들의 주장을 협상으로 유도할 수 있음.	주민권력
7	권한위임	주민들이 특정한 계획에 관해서 우월한 결정권을 행사하고 집행단계에 있어서도 강력한 권한을 행사함.	
8	주민통제	주민이 스스로 입안하고, 결정에서 집행 그리고 평가단계까지 통제함.	

  ㉡ 3가지 범주

비참여	• 가장 낮은 수준의 참여 형태로, 주민을 의사결정에 참여시키지 않음. • 참여의 형식을 흉내 내는 조작과 형식적인 참여를 인정하지만 실질적인 효과가 없는 치료의 2단계까지 속함.
형식적 참여	주민은 정보를 제공받고 상담을 받으며, 회유를 통해 참여가 이루어지고 있으나 주민의 영향력은 매우 미약함.
주민권력	• 마지막 단계로, 기존의 권력관계의 변화와 권력의 재분배가 가능함. • 주민이 의사결정에 있어 주도권을 획득함.

TEST 1 지역사회복지론

01 다음에서 설명하는 지역사회복지 실천의 목적에 따른 견해는?

> 하위계층, 소수집단, 도시슬럼 지역사회 주민 등이 받아야 할 물질적 재화와 서비스의 몫을 증대시키거나 지역사회의 주요 결정에서 그들의 역량과 참여를 증대시킴으로써 그들의 이익을 증대시키는 데 목표를 둔다.

① 지역사회 참여와 통합의 강화
② 문제대처능력의 고양
③ 사회 조건과 서비스의 향상
④ 불이익집단의 이익 증대
⑤ 집중과 분산 간의 균형

02 지역사회복지 관련 개념에 관한 설명으로 옳지 않은 것은? 16회

① 지역사회조직은 전통적인 전문 사회복지실천 방법 중 하나이다.
② 지역사회개발은 지역사회문제를 해결하기 위해 전문가에 의한 주도적 개입을 강조한다.
③ 지역사회보호는 가정 또는 그와 유사한 지역사회 내의 환경에서 서비스를 제공하는 사회적 돌봄의 형태이다.
④ 지역사회복지 실천은 지역사회를 대상으로 하는 사회복지실천을 포괄적으로 일컫는 개념이다.
⑤ 재가보호는 대상자의 가정에서 서비스를 받는 것을 말한다.

03 지역사회의 역량을 향상시키는 요소로 옳은 것은? 17회

> ㉠ 다양성 존중과 사회가치의 공유
> ㉡ 하위집단의 집합적인 동질성 강조
> ㉢ 구성원의 자율성 유지와 공동이익의 극대화
> ㉣ 법적 테두리 내에서 공동선의 추구와 조정

① ㉠, ㉡
② ㉠, ㉣
③ ㉡, ㉢
④ ㉠, ㉢, ㉣
⑤ ㉡, ㉢, ㉣

합격을 여는 만능해설

01 ④ 펄만(Perlman)과 구린(Gurin)에 따르면 하위계층, 소수집단, 도시슬럼 지역사회 주민 등은 불이익집단에 해당하므로, 이들이 받아야 할 물질적 재화와 서비스의 몫을 증대시키거나 지역사회의 주요 결정에서 그들의 역량과 참여를 증대시키는 것은 지역사회복지 실천의 목적 중 불이익집단의 이익 증대 목적에 해당한다.

02 ② 지역사회개발은 지역사회 변화를 위한 목표설정과 실천행동 등에 주민참여를 강조하는 방법이며, 전문가의 주도적인 개입을 지양한다.

03 ④ 지역사회의 역량을 향상시키기 위해서는 지역사회 내 다양성을 존중하며 사회적 가치를 공유(㉠)하고, 구성원의 자율성 유지와 공동이익 극대화(㉢)를 위해 구성원을 참여시켜야 한다. 또한 법적 테두리 안에서 공동선의 추구와 조정(㉣)을 위해 구성원들의 공통된 목표를 확인하는 과정을 거쳐야 한다.

오답 해설
㉡ 하위집단의 집합적인 동질성을 강조하는 것은 사회통합을 저해할 수 있으므로 지역사회의 역량 향상 요소로 옳지 않다.

04 지역사회복지 이념에 관한 설명으로 옳은 것은? 14회

① 정상화는 1950년대 덴마크를 비롯한 북유럽에서 시작된 이념이다.
② 탈시설화는 무시설주의를 지향하는 것이다.
③ 네트워크를 통하여 지역 구성원의 개인정보를 누구나 공유할 수 있다.
④ 주민참여 이념은 주민자치, 주민복지로 설명되며 지역 유일주의를 지향한다.
⑤ 사회통합은 세대 간, 지역 간 발생하는 경제적 우위를 추구하기 위해 노력한다.

05 다음의 설명에 해당하는 지역사회복지 이념은? 21회

- 개인의 자유와 권리 증진의 순기능이 있다.
- 의견수렴과정을 통해 합리적 의사결정을 할 수 있다.
- 지역주민의 공동체의식을 강화한다.

① 정상화 ② 주민참여
③ 네트워크 ④ 전문화
⑤ 탈시설화

06 우리나라 지역사회복지의 역사적 흐름에 관한 설명으로 옳지 않은 것은? 16회

① 1950년대 외국 원조기관은 구호 및 생활보호 등에 기여하였다.
② 1970년대 사회복지관 국고보조금 지침이 마련되었다.
③ 1980년대 민주화 운동으로 전개된 지역사회 생활보장권 보장을 위한 활동은 사회행동모델에서 비롯되었다.
④ 1990년대 재가복지서비스의 확대가 이루어졌다.
⑤ 2000년대 도입된 지역사회서비스투자사업의 사회서비스이용 비용 지급·정산은 사회보장정보원이 담당한다.

07 우리나라의 지역사회복지 역사에 관한 설명으로 옳지 않은 것은? 22회

① 향약은 주민 교화 등을 목적으로 한 지식인 간의 자치적인 협동조직이다.
② 오가통 제도는 일제강점기 최초의 인보제도이다.
③ 메리 놀스(M. Knowles)에 의해 반열방이 설립되었다.
④ 태화여자관은 메리 마이어스(M. D. Myers)에 의해 설립되었다.
⑤ 농촌 새마을운동에서 도시 새마을운동으로 확대되었다.

---

04 오답 해설
② 탈시설화는 무시설주의가 아닌 시설의 지역사회 개방화와 지역사회 내 보호를 지향하는 것이다.
③ 네트워크는 지역연계의 방법이지 개인정보의 공유수단이 아니다.
④ 주민참여 이념은 지역 유일주의가 아닌 지역의 개방성을 지향한다.
⑤ 사회통합은 세대 간, 지역 간 발생하는 사회 전반적인 불평등을 감소시키기 위해 노력한다.

05 ② 주민참여는 지방자치의 실시로 더욱 강조되는 원리이다. 주민의 욕구 및 문제를 해결하기 위한 주체로서 주민의 주체성을 강조하는 것이다. 지방자치단체와의 동등한 파트너십을 형성하는 방법이기도 하며, 주민들의 자원봉사활동과도 밀접한 관계가 있다.

06 ② 사회복지관 국고보조금 지침은 1983년 개정된 사회복지사업법에 근거한다.

07 ② 오가통 제도(오가작통법, 오가통법)는 조선 시대에 다섯 집을 하나의 통(統)으로 묶어 연대책임을 지게 한 행정자치조직이다. 오가통 제도가 언제부터 실시되었는지는 확실하지 않으나, 최초의 기록은 1428년(세종 10년)의 『세종실록』에서 찾아볼 수 있다.

정답 01 ④ 02 ② 03 ④ 04 ① 05 ② 06 ② 07 ②

08 한국의 지역사회복지 역사에 관한 설명으로 옳은 것은? 21회

① 1960년대 - 지역자활센터 설치·운영
② 1970년대 - 사회복지관 운영 국고보조금 지원
③ 1980년대 - 희망복지지원단 설치·운영
④ 1990년대 - 재가복지봉사센터 설치·운영
⑤ 2010년대 - 사회복지사무소 시범 설치·운영

09 우리나라 지역사회복지의 역사를 과거부터 순서대로 옳게 나열한 것은? 20회

> ㉠ 영구임대주택단지 내에 사회복지관 건립이 의무화되었다.
> ㉡ 지역사회복지협의체가 지역사회보장협의체로 명칭이 변경되었다.
> ㉢ 국민기초생활 보장법 제정으로 공공의 책임성이 강화되었다.

① ㉠ → ㉡ → ㉢
② ㉠ → ㉢ → ㉡
③ ㉡ → ㉠ → ㉢
④ ㉡ → ㉢ → ㉠
⑤ ㉢ → ㉠ → ㉡

10 로스만(J. Rothman)의 지역사회개발모델에 관한 설명으로 옳지 않은 것은? 16회

① 지역사회 주민의 광범위한 참여를 전제한다.
② 조력자, 촉매자, 조정자로서의 사회복지사 역할을 강조한다.
③ 과업의 성취보다는 과정중심 목표에 중점을 둔다.
④ 변화의 매개체로 과업지향적인 소집단을 활용한다.
⑤ 변화전략은 표적대상에 대한 조치를 취할 수 있도록 주민을 동원하는 것이다.

합격을 여는 만능해설

08 오답 해설
① 2000년대 - 지역자활센터 설치·운영(2006년 자활후견기관을 지역자활센터로 명칭 변경)
② 1980년대 - 사회복지관 운영 국고보조금 지원(1983년)
③ 2010년대 - 희망복지지원단 설치·운영(2012년)
⑤ 2000년대 - 사회복지사무소 시범 설치·운영(2004년)

09 ② ㉠은 1989년, ㉡은 2015년, ㉢은 1999년에 해당하는 내용이다.

10 ⑤ 지역사회개발모델은 지역주민들의 참여를 통해 자신들의 욕구를 제시하고, 문제를 해결하는 방안을 모색해 나가는 것을 변화전략으로 한다. 표적대상에 대한 조치를 취할 수 있도록 주민을 동원하는 것은 사회행동모델에서의 변화전략이다.

11 길버트와 스펙트(N. Gilbert & H. Specht)가 제시한 지역사회의 기능으로 옳은 것은? [20회]

- (㉠) 기능: 지역주민들이 필요한 재화와 서비스를 어느 정도 제공받을 수 있느냐를 결정하는 것
- (㉡) 기능: 구성원들이 사회의 규범에 순응하게 하는 것

① ㉠: 생산·분배·소비 ㉡: 사회통제
② ㉠: 사회통합   ㉡: 상부상조
③ ㉠: 사회통제   ㉡: 사회통합
④ ㉠: 생산·분배·소비 ㉡: 상부상조
⑤ ㉠: 상부상조   ㉡: 생산·분배·소비

12 다음에서 설명하는 웨일과 갬블(M. Weil & D. Gamble)의 지역사회실천모델은? [15회]

- 목표는 프로그램의 방향 또는 자원을 최대한 끌어 낼 수 있는 조직기반
- 변화의 표적체계는 선출된 공무원, 재단, 정부기관
- 일차적 구성원은 특정 이슈에 이해관계가 있는 조직
- 사회복지사의 역할은 중재자, 협상가, 대변인

① 연합
② 정치적 권력 강화
③ 근린지역사회조직
④ 기능적인 지역사회조직
⑤ 프로그램의 개발과 조정

13 다음에서 설명하는 지역사회실천모델은?

지역사회는 혜택과 권한의 분배에 따른 계층이 유지되고 있다고 보며, 권력관계의 변화, 자원의 이동, 제도개혁을 강조한다.

① 지역사회개발모델
② 지역사회행동모델
③ 근린지역사회조직모델
④ 기능적인 지역사회조직모델
⑤ 프로그램개발모델

14 다음에서 설명하는 포플(Popple)의 지역사회실천모델은?

- 복지기관 간의 상호 협력을 증진시키는 수단으로 사용되고 있다.
- 사회복지기관의 상호 협력 및 조정은 중복 서비스를 방지할 수 있으며, 자원의 부재현상을 극복하여 복지전달의 효율성과 효과성을 높이는 데 일조하고 있다.
- 사회복지사는 조직가, 촉매자, 관리자로서 역할을 수행한다.

① 지역사회보호   ② 지역사회조직
③ 지역사회개발   ④ 사회·지역계획
⑤ 지역사회교육

---

11 ① ㉠ 생산·분배·소비 기능은 의식주뿐만 아니라 보건, 교통, 고용, 여가생활 등과 관련된 다양한 영역에서 재화나 서비스 등 기본적인 욕구를 충족시키기 위한 활동을 포함하고 있다.
㉡ 사회통제 기능은 구성원들에게 사회의 규범을 지키도록 하는 기능을 말한다. 사회적으로 법률, 규칙 등을 만들고 이를 집행함으로써 지역사회의 질서를 지키고 사회 해체를 막는 기능이다.

12 오답 해설
② 정치적 권력(역량) 강화는 테일러와 로버츠가 제안한 모델로, 사회적으로 소외된 집단과 그 구성원의 역량 강화에 초점을 둔다.
③ 근린지역사회조직은 지리적 접근성, 즉 지리적으로 가까운 지역사회의 조직화에 초점을 두며, 이 모델에서 사회복지사의 역할은 조직가, 교사, 감독, 촉진자이다.
④ 기능적인 지역사회조직은 동일한 정체성이나 이해관계가 있는 집단의 문제해결에 초점을 두며, 이 모델에서 사회복지사의 역할은 옹호자, 조직가, 촉진자, 정보전달자이다.
⑤ 프로그램의 개발과 조정은 테일러와 로버츠가 제안한 모델로, 지역사회 주민이 원하는 서비스를 기획, 개발, 실행하는 데 초점을 둔다.

13 ② 지역사회행동모델에 대한 설명이다.

14 ② 포플의 지역사회복지 실천모델 중 지역사회조직모델에 대한 설명이다.

15 다음에서 설명하는 사회복지사의 활동방법은?
[18회]

- 업무 설계 기재
- 구체적인 실행방법 명시
- 개별사회복지기관이 다룰 수 있는 영역과 범위 안에 있는 이슈를 해결하기 위함.

① 사회지표 분석
② 프로그램 기획
③ 커뮤니티 프로파일링(Community Profiling)
④ 지역사회 지도 그리기
⑤ 청원

16 다음에서 설명하는 욕구사정 자료수집방법으로 옳은 것은?
[16회]

- 욕구의 배경이나 결정과정보다 욕구내용 결정에 초점을 둔다.
- 모든 참여자가 직접 만나서 욕구에 대한 우선순위를 결정한다.
- 욕구순위에 대한 합의의 과정이 반복시행을 거쳐 이루어질 수 있다.

① 초점집단기법   ② 델파이기법
③ 지역사회포럼   ④ 명목집단기법
⑤ 민속학적 조사방법

17 옹호의 전술에 해당하지 않는 것은?

① 설득
② 공청회
③ 표적 난처하게 하기
④ 정치적 압력
⑤ 지역사회조직

합격을 여는 만능해설

15 오답 해설
① 사회지표 분석은 정부기관이나 사회복지 관련 조직이 수집한 기존 자료를 이용하여 지역사회 구성원의 욕구를 알아내는 방법이다.
③ 커뮤니티 프로파일링은 지역사회 주민들의 의견이 정책이나 행정에 반영될 수 있도록 의견을 제시할 수 있는 장을 만들고, 이에 대한 목록을 작성하는 것이다.
④ 지역사회 지도 그리기는 지역사회 주민들의 욕구를 조사하는 방법과 지역사회 내 사회복지와 관련된 자원을 한눈에 알아볼 수 있도록 제시한 것이다.
⑤ 청원은 유동인구가 많은 지역에서 서명지에 서명을 받아 해당 문제를 지지하거나 공감하는 사람이 많음을 알리는 방법이다.

16 ④ 명목집단기법은 참여자가 직접 만나지만 토론 등의 의사소통 없이 의사결정을 한다.
오답 해설
① 초점집단기법은 문제와 관련된 소수의 사람들이 한자리에 모여 토론하는 방식이다.
② 델파이기법은 우편이나 이메일을 통해 전문가의 의견을 묻는 방식이다.
③ 지역사회포럼은 전문가의 발제 후 지역사회 주민들의 발언 기회를 통해 의견을 묻고 답하는 방식이다.
⑤ 민속학적 조사방법은 조사자의 현지관찰을 통해 이루어지는 방식이다.

17 ⑤ 옹호의 전술에는 설득, 공청회(증언 청취), 표적 난처하게 하기, 정치적 압력, 탄원서 서명, 청원 등이 있다. 지역사회조직은 해당하지 않는다.

18 실행단계에서 중요한 실천적 과제에 관한 설명으로 옳지 않은 것은?

① 기본교육을 통해 변화에 대한 가치와 의도, 철학에 대한 명확한 메시지 전달하기
② 활동들을 통합하고 조화시키기
③ 성원통합이나 보상체계와 같은 것을 통해 각 요소들의 개성 유지하기
④ 계획이 제대로 실행되도록 적응하고 필요 시 계획을 조정하기
⑤ 계획상 어느 한 부분이나 근본적인 결함이 있을 때 적응과 조정을 촉진하기

19 다음은 지역사회복지실천과정 중 어느 단계에 관한 설명인가? [13회]

> 주거 빈곤의 어려움을 호소하는 클라이언트에 대해 사회복지사는 해당 지역에 대한 조사를 실시한 후 이를 개인의 경제적 문제, 지역사회의 불량주택문제, 공공임대주택 정책의 문제 중 어느 문제로 볼 것인지를 결정하였다.

① 자원계획 및 동원단계
② 목적 및 목표설정단계
③ 문제발견 및 분석단계
④ 실행단계
⑤ 평가단계

20 지역사회보장계획의 수립과정을 순서대로 옳게 나열한 것은? [17회]

> ㉠ 세부사업계획 수립
> ㉡ 지역사회보장협의체 심의
> ㉢ 지역사회보장조사
> ㉣ 행·재정계획 수립
> ㉤ 의회 보고
> ㉥ 추진 비전 및 목표 수립

① ㉠ - ㉡ - ㉤ - ㉣ - ㉥ - ㉢
② ㉡ - ㉣ - ㉠ - ㉥ - ㉤ - ㉢
③ ㉢ - ㉠ - ㉥ - ㉣ - ㉤ - ㉡
④ ㉢ - ㉥ - ㉣ - ㉠ - ㉡ - ㉤
⑤ ㉢ - ㉥ - ㉠ - ㉣ - ㉡ - ㉤

21 사회적 경제의 주체에 관한 설명으로 옳은 것을 모두 고른 것은? [15회]

> ㉠ 마을기업은 지역공동체 이익을 추구하고 지역 자원을 활용한다.
> ㉡ 사회적기업은 사회적 목적을 추구하며, 영업 활동을 하는 기업은 아니다.
> ㉢ 협동조합은 조합원의 권익향상과 지역사회 공헌을 목적으로 한다.
> ㉣ 지역자활센터는 수급자와 차상위계층의 자활을 촉진하며, 사회복지법인만이 신청할 수 있다.

① ㉠, ㉢
② ㉡, ㉢
③ ㉡, ㉣
④ ㉠, ㉡, ㉢
⑤ ㉠, ㉡, ㉢, ㉣

---

18 ③ 실행단계에서 중요한 실천적 과제는 참여자 적응시키기, 활동 조정하기, 적응과 조정 촉진하기로 설명된다. 성원통합이나 보상체계와 같은 것을 통해 각 요소들 간의 일관성을 유지하도록 하는 것이 중요한 과제이다.

19 ③ 사회복지사가 클라이언트의 문제를 발견하고, 이를 해결하는 과정에서 지역사회에 대한 조사를 실시한 후 정책분석을 통해 문제의 핵심이 무엇인지에 대해 명확하게 규정하고 있으므로 문제발견 및 분석단계에 해당한다.

20 ⑤ 지역사회보장계획을 수립하기 위해서는 먼저 지역에서 실시하고 있는 사회보장 내용에 대한 조사를 실시하고(㉢), 조사된 내용에 대한 문제를 정확히 규정한 후 추진 비전과 목표를 수립한다(㉥). 수립된 목표에 대한 세부사업계획을 수립한 후(㉠) 사업에 필요한 재정과 인력배치 등 행·재정계획을 수립하고(㉣), 지역사회보장협의체 심의를 거쳐(㉡) 의회에 보고(㉤)한다.

21 **오답 해설**
㉡ 사회적기업은 사회적 목적을 추구하면서 재화 및 서비스의 생산·판매 등 영업활동을 수행하는 기업을 말한다.
㉣ 지역자활센터는 사회복지법인 등 비영리법인이 없거나 이 법인이 자활사업 수행이 어렵다고 판단되는 지역의 경우 지방자치단체에서 지역자활센터를 직접 신청(운영)할 수 있다.

15 ② 16 ④ 17 ⑤ 18 ③ 19 ③ 20 ⑤ 21 ①

22 지역사회보장협의체에 관한 설명으로 옳지 않은 것은? [16회]

① 사회보장 관련 서비스 제공기관과의 연계·협력을 강화할 목적으로 운영된다.
② 공공과 민간의 적극적이고 자발적인 참여가 전제되어야 한다.
③ 2015년 지역사회복지협의체가 지역사회보장협의체로 명칭이 변경되었다.
④ 실무협의체는 시·군·구의 사회보장급여 제공에 관한 사항을 심의·자문한다.
⑤ 사회보장 관련 기관·법인·단체·시설 간 연계와 협력 강화를 위해 실무분과를 운영한다.

23 사회복지공동모금회법상 사회복지공동모금회에 관한 설명으로 옳지 않은 것은? [22회]

① 사회복지공동모금회는 사회복지법인이다.
② 특별시·광역시·특별자치시·도·특별자치도 단위 사회복지공동모금지회를 둔다.
③ 임원의 임기는 2년으로 하며, 한 차례만 연임할 수 있다.
④ 모금회가 아닌 자는 사회복지공동모금 또는 이와 유사한 명칭을 사용하지 못한다.
⑤ 사회복지활동 등을 지원하기 위한 재원을 조성하기 위하여 복권을 발행할 수 있다.

24 아른스테인(S. Arnstein)이 분류한 주민참여단계에 해당하지 않는 것은? [22회]

① 협동관계
② 정보제공
③ 주민회유
④ 주민동원
⑤ 권한위임

25 주민참여의 부정적 측면에 관한 설명 중 옳지 않은 것은?

① 정보제공, 공청회 개최, 주민투표의 실시 등으로 인해 추가적인 비용이 소요된다.
② 계획사업의 전문적 측면에 대한 판단능력이 결여되어 있는 일반 주민을 이해시키는 과정과 주민들의 추가요구에 따라 계획이 지연될 수 있다.
③ 주민투표, 주민발의, 주민소환과 같은 주민참여의 제도적 방안을 통해 지방정부기관 간의 갈등을 주민이 중립적인 입장에서 직접해결을 도모할 수 있다.
④ 주민들의 시각은 자신들의 이익이나 이데올로기에 편협하거나 국지적인 경우가 많아 자신이 살고 있는 지역과 지역사회 전체에 대한 이해에서 충돌이 발생할 수 있다.
⑤ 주민참여에 능동적으로 참여하는 사람이 해당 지역 전체의 의사를 반영하는지에 대한 문제가 발생할 수 있다.

합격을 여는 만능해설

22 ④ 대표협의체가 시·군·구의 사회보장급여 제공에 관한 사항을 심의·자문한다. 실무협의체는 지역사회보장협의체의 업무를 효율적으로 수행하기 위해 구성된다.

23 ③ 사회복지공동모금회 임원의 임기는 3년으로 하며, 한 차례만 연임할 수 있다.

24 ④ 주민동원은 아른스테인이 분류한 주민참여 8단계에 해당하지 않는다. 아른스테인의 주민참여 8단계는 '1단계: 조작 - 2단계: 치료 - 3단계: 정보제공 - 4단계: 상담 - 5단계: 회유 - 6단계: 협동관계 - 7단계: 권한위임 - 8단계: 주민통제'로 이루어져 있다.

25 ③ 주민참여의 긍정적 측면에 대한 설명이다.

정답 22 ④ 23 ③ 24 ④ 25 ③

TEST 2 지역사회복지론

01 지역사회(Community)에 관한 설명으로 옳지 않은 것은? 〔16회〕

① 기능적 지역사회는 이념, 사회계층, 직업 유형 등을 중심으로 이루어진다.
② 지리적 지역사회는 이웃, 마을, 도시 등을 예로 들 수 있다.
③ 던햄(A. Dunham)은 지역사회를 인구 크기, 경제적 기반, 행정구역, 사회적 특수성으로 유형화했다.
④ 퇴니스(F. Tönnies)는 지역사회를 공동사회와 이익사회로 구분했다.
⑤ 길버트와 스펙트(N. Gilbert & H. Specht)는 지역사회의 사회통합의 기능이 현대의 사회복지제도로 정착되었다고 했다.

02 다음 사례를 해결하기 위한 지역사회복지 실천의 원칙은? 〔15회〕

> A 사회복지사는 공동사업 수행을 위해 특별 추진회를 구성하였다. 그러나 주민들이 자유롭게 의견을 제시할 수 있는 기회를 제공하지 못한 채 사업추진을 진행하였다.

① 기관들 간의 역할 분담
② 효과적인 의사소통 개발과 유지
③ 인간 욕구의 가변성 수용
④ 집중과 분산 간의 균형
⑤ 전문가의 역할 강화

03 지역사회복지 실천의 원칙으로 옳지 않은 것은? 〔17회〕

① 지역주민 간의 협력관계 구축
② 지역사회 구성원 중심의 목표 형성과 평가
③ 지역사회의 특성과 문제의 일반화
④ 사회문제의 구조적 요인을 반영한 개입방안 마련
⑤ 지역사회 변화에 초점을 둔 단계적 개입

합격을 여는 만능해설

01 ⑤ 길버트와 스펙트는 지역사회기능 중 사회통합의 기능이 현대의 종교제도로 정착되었다고 설명하였다. 현대의 사회복지제도로 정착된 지역사회의 기능은 상부상조의 기능이다.

02 ② 특별 추진회에 참여하는 사람들이 안정감을 가지고 자유롭게 의견을 발표할 수 있는 분위기가 형성되어 있지 않은 사례이다. 따라서 효과적인 의사소통 개발과 유지의 원칙이 필요하다.

03 ③ 지역사회복지 실천의 원칙은 지역사회 주민 간의 협력관계 구축, 지역사회 구성원 중심의 목표 형성과 평가, 지역사회의 특성과 지역사회문제의 다층적이고 체계적인 본질 반영, 사회문제의 구조적 요인을 반영한 개입방안 마련, 지역사회 변화에 초점을 둔 단계적 개입 등이 있다. 지역사회는 고유한 특성과 문제를 가지고 있으므로 개별화된 접근이 필요하다.

04 지역사회복지실천의 원칙으로 옳지 않은 것은? 21회

① 지역사회 기관 간 협력관계 구축
② 지역사회 특성을 반영한 계획 수립
③ 지역사회 문제 인식의 획일화
④ 욕구 가변성에 따른 실천과정의 변화 이해
⑤ 지역사회 변화에 초점을 둔 개입

05 다음 설명에 해당하는 지역사회복지 실천이론은? 17회

> A 사회복지사는 결혼이주여성들을 지원하는 과정에서 그들의 행동에 영향을 미쳤던 자국의 사회, 경제 및 정치적 구조를 이해하고 그들의 문화적 가치와 규범에 대한 의미를 해석해야 한다.

① 사회연결망이론
② 사회교환이론
③ 사회구성론
④ 권력의존이론
⑤ 갈등이론

06 영국의 그리피스 보고서(Griffiths Report, 1988)에서 강조하는 지역사회보호에 관한 설명으로 옳은 것을 모두 고른 것은? 16회

> ㉠ 지역사회보호를 위한 권한과 재정을 지방정부에 이양할 것을 주장하였다.
> ㉡ 지역사회보호를 위한 지방정부의 서비스 공급자 역할을 강조하였다.
> ㉢ 서비스 적절성 확보를 위한 케어 매니지먼트(Care Management)를 강조하였다.
> ㉣ 지역사회보호 실천 주체 다양화를 추구하였다.

① ㉠, ㉡
② ㉠, ㉣
③ ㉡, ㉢
④ ㉠, ㉢, ㉣
⑤ ㉡, ㉢, ㉣

07 영국의 지역사회복지 역사에 관한 설명으로 옳지 않은 것은? 21회

① 중복구호 방지를 위해 자선조직협회가 설립되었다.
② 1884년에 토인비홀(Toynbee Hall)이 설립되었다.
③ 정신보건법 제정에 따라 지역사회보호가 법률적으로 규정되었다.
④ 하버트(Harbert) 보고서는 헐 하우스(Hull House) 건립의 기초가 되었다.
⑤ 그리피스(Griffiths) 보고서는 지역사회보호의 일차적 책임주체가 지방정부임을 강조하였다.

합격을 여는 만능해설

04 ③ 지역사회의 문제를 인식하는 데 있어서 다층적이고 체계적인 시각을 가져야 한다. 참여대상자의 선택과 개입방안의 선택은 지역사회가 지닌 문제의 다층적이고 체계적인 본질을 반드시 반영하여야 하며, 문제해결을 위한 접근방법에 있어서도 다양성을 존중하도록 해야 한다.

05 ③ 사회구성론은 한 사회를 지배하는 주류 이데올로기가 어떻게 만들어지고 유지되며 내재화되는지에 초점을 맞추며, 사회체계는 상호 역동적 관계에 있는 개인들 사이에서 창조되고 건설된다고 본다. 이에 따라 사회복지사는 클라이언트와 관계된 정치·문화·개인적 역사에 대해 통찰하고, 그 문화적 가치와 규범에 대한 의미를 해석해야 한다.

06 **오답 해설**
㉡ 그리피스 보고서에서는 지방정부의 서비스 구매·조정자로서의 역할을 강조하였다.

07 ④ 영국의 지역사회복지 역사에서 하버트 보고서(1971년)는 공공서비스와 민간서비스 외에 가족체계와 지역사회의 근린에 초점을 둔 비공식 서비스의 중요성을 강조한다. 한편, 미국의 지역사회복지 역사에서 헐 하우스는 영국의 인보관 운동의 영향을 받아 1889년에 시카고에 설립된 것으로, 1884년 영국 런던에 최초로 설립된 토인비홀의 정신과 이념에 기초하여 설립되었다.

08 영국의 지역사회복지 역사에 관한 설명으로 옳지 않은 것은? 20회

① 시설보호로부터 지역사회보호로 전환이 이루어졌다.
② 자선조직협회는 사회진화론의 영향을 받았다.
③ 지역사회보호가 강조되면서 민간서비스, 비공식서비스의 역할은 점차 감소하였다.
④ 1959년 정신보건법(Mental Health Act) 제정으로 지역사회보호가 법률적으로 규정되었다.
⑤ 그리피스 보고서(Griffiths report)에서 지역사회보호의 권한과 재정을 지방정부로 이양할 것을 권고하였다.

09 우리나라 새마을운동에 관한 설명으로 옳지 않은 것은?

① 1980년대는 민간 주도로 전환되어 '새마을운동 중앙본부'를 창립하였다.
② 농촌생활환경 개선운동으로 시작되었으나 소득증대운동으로 발전하였다.
③ 지역사회조직사업과 관련되어 있다.
④ 1970년대의 새마을운동 기록물은 유네스코 세계기록유산에 등재되어 있다.
⑤ 근면·자조·협동을 정신으로 규정하였다.

10 시·군·구 지역사회보장계획에 관한 설명으로 옳은 것을 모두 고른 것은? 21회

㉠ 시·군·구 지역사회보장협의체의 보고와 의회의 심의를 거쳐야 한다.
㉡ 사회보장급여의 이용·제공 및 수급권자 발굴에 관한 법률에 의거한다.
㉢ 시행연도의 전년도 11월 30일까지 수립하여 제출하여야 한다.
㉣ 4년마다 수립하고 매년 연차별 시행계획을 수립해야 한다.

① ㉠, ㉡
② ㉠, ㉢
③ ㉡, ㉣
④ ㉠, ㉡, ㉣
⑤ ㉡, ㉢, ㉣

11 이론과 관련 내용의 연결이 옳은 것은? 20회

① 지역사회상실이론 – 전통사회가 가지고 있는 지역사회의 사회적 기능을 보존할 수 있다.
② 사회구성(주의)이론 – 가치나 규범, 신념, 태도 등은 다양한 문화적 집단에 따라 다르게 구성된다.
③ 자원동원이론 – 자원이 집단행동의 성패에 영향을 미치지 않는다.
④ 다원주의이론 – 집단 간 발생하는 갈등을 활용한다.
⑤ 권력의존이론 – 사회의 주류 이데올로기가 어떻게 만들어지고 있는지에 관심을 갖는다.

08 ③ 지역사회보호가 강조되면서 민간서비스, 비공식서비스의 역할은 점차 증가하였다.
09 ③ 우리나라 새마을운동은 지역사회개발사업과 관련 있다.
10 **오답 해설**
㉠ 시·군·구 지역사회보장계획은 지역사회보장협의체의 심의와 해당 시·군·구 의회의 보고를 거쳐야 한다.
㉢ 시·군·구 지역사회보장계획은 시행연도의 전년도 9월 30일까지, 그 연차별 시행계획은 시행연도의 전년도 11월 30일까지 각각 제출해야 한다.

11 **오답 해설**
① 지역사회상실이론 – 상실된 지역사회의 기능을 대체할 수 있는 새로운 장치가 필요함을 강조한다.
③ 자원동원이론 – 동원할 수 있는 자원의 정도와 범위에 따라 활동의 역할과 한계가 규정된다는 이론이다.
④ 다원주의이론 – 정책 결정에 있어 대중의 참여와 경쟁을 강조한다.
⑤ 권력의존이론 – 지역주민이나 집단 또는 조직의 힘의 소유 여부가 지역사회 발전에 영향을 미친다는 것을 강조한다.

12 사회적 경제 영역에 관한 설명으로 옳지 않은 것은? [17회]

① 협동조합은 협동조합 기본법에 따라 조합원의 권익옹호와 지역사회에 공헌하는 사업조직을 말한다.
② 마을기업은 주민이 지역자원을 활용한 수익사업을 통해 지역공동체를 활성화한다.
③ 사회적기업은 취약계층에게 일자리를 제공하며 사회적기업 육성법에 따라 영리를 추구하지 않는다.
④ 자활기업은 저소득층이 상호 협력하여 공동사업자의 형태로 탈빈곤을 도모한다.
⑤ 사회적 경제는 사회적 목적과 민주적 운영원리를 가진 호혜적 경제활동조직이다.

13 지역사회복지 이론에 관한 설명으로 옳은 것은?

① 교환이론 – 자원의 교환을 통한 지역사회 발전 강조
② 자원동원이론 – 이익집단들 간의 갈등과 타협 강조
③ 다원주의이론 – 소수 엘리트에 의한 지역사회 발전 강조
④ 기능주의이론 – 지역사회 변화의 원동력을 갈등으로 간주
⑤ 사회자본이론 – 지역사회 하위체계의 기능과 역할 강조

14 다음 설명과 관련된 지역사회복지 이론은? [15회]

- 다양한 집단과 조직이 이익을 표출함으로써 정책과정에 영향을 미칠 수 있다.
- 지역사회복지정책은 이익집단들 간의 갈등과 타협의 산물로 간주된다.
- 지역사회복지정책 결정은 이익집단들의 상대적 영향력 정도에 따라 달라진다.

① 구조기능론
② 교환이론
③ 상호작용론
④ 역할이론
⑤ 다원주의이론

15 사회자본이론 내용에 관한 설명으로 옳지 않은 것은? [15회]

① 사회적 교환관계에 내재된 자본이다.
② 수평적 관계에서 형성된다.
③ 자본의 총량은 고정적이다.
④ 구성원 일부가 아닌 모두에게 공유된다.
⑤ 호혜성 문화를 기초로 형성된다.

합격을 여는 만능해설

12 ③ 사회적기업이란 취약계층에게 사회서비스 또는 일자리를 제공하거나 지역사회에 공헌함으로써 지역주민의 삶의 질을 높이는 등의 사회적 목적을 추구하면서, 재화 및 서비스의 생산·판매 등 영업활동을 하는 기업을 말한다. 즉, 영리를 추구하는 기업이다.

13 오답 해설
② 다원주의이론에 관한 설명이다.
③ 엘리트이론에 관한 설명이다.
④ 갈등주의이론에 관한 설명이다.
⑤ 기능주의이론에 관한 설명이다.

14 ⑤ 다원주의 이론은 지역사회 내 권력 분산과 다양한 집단의 참여를 강조하는 이론이다. 지역사회를 다양한 이해관계를 가진 집단들이 경쟁하고 협력하는 공간으로 바라본다.

15 ③ 사회자본이론은 사회자본을 사용하면 사용할수록 자본의 총량은 늘어나는 특성을 가진다고 보았으며, 사용하지 않으면 감소한다고 보았다.

16 다음 기관의 사회복지사가 자원개발을 위해 활용한 기술은? `16회`

> 최근 개관한 사회복지관은 바자회를 개최하는 과정에서 지역의 다양한 후원단체를 발굴하고, 자원봉사자를 모집하였다.

① 근본적인 제도의 변화추구
② 지역사회실정에 맞는 교육진행
③ 기관의 신뢰성 형성·유지를 위한 노력
④ 주민들의 지도력 강화지원
⑤ 정치적 지지기반의 구축

17 지역사회복지 실천과정과 실행 내용의 연결로 옳지 않은 것은? `16회`

① 문제와 표적집단의 이해: 지역사회상황 확인과 인구집단에 대한 이해
② 지역사회문제 분석: 인과관계에 근거한 개입가설 개발
③ 개입전략 개발: 개입목적과 목표의 설정
④ 지역사회 개입: 프로그램 기획과 실행
⑤ 평가: 효율성 및 효과성 평가

18 다음에서 사회복지관이 사회복지서비스를 우선 제공하여야 할 대상을 모두 고른 것은? `18회`

> A씨는 국민기초생활 보장법에 따른 수급자로서, 75세인 어머니와 보호가 필요한 유아 자녀, 교육이 필요한 청소년 자녀, 취업을 희망하는 배우자와 함께 살고 있다.

① A씨
② A씨, 배우자
③ 어머니, 배우자
④ 배우자, 자녀
⑤ A씨, 어머니, 배우자, 자녀

19 옹호의 유형과 내용에 관한 설명으로 옳지 않은 것은?

① 자기옹호: 클라이언트 개인 및 집단이 스스로 자신을 옹호하는 활동으로, 때로는 자조집단 및 지지집단을 구성해서 활동한다.
② 개인옹호: 사회복지사는 스스로 돌볼 수 없는 클라이언트 개인이나 가족에 대한 욕구파악 및 사정의 활동을 한다.
③ 집단옹호: 희생자 집단 등에 대한 옹호 활동이 이에 해당한다.
④ 정치 또는 정책적 옹호: 사회정의와 복지를 증진시키기 위해 입법, 행정, 사법 영역에서 다양한 형태로 전개되는 활동이다.
⑤ 체제변환적 옹호: 지역주민들이 스스로 지역사회를 옹호하기도 하고, 지역사회를 대신하여 다른 사람들이 옹호하기도 한다.

---

16 ③ 제시된 사례에서 최근 개관한 사회복지기관은 지역사회 주민들에 대한 아무런 정보가 없다. 그렇기 때문에 바자회 등 이벤트를 진행하면서 지역사회의 인적·물적 자원을 동원해야 하는데, 이는 기관의 신뢰성 형성·유지를 위한 노력이다.

17 ② 지역사회문제 분석은 지역사회 내 충족되지 않은 욕구나 문제를 인지하여 문제의 핵심을 명확하게 규정하는 단계이다. 인과관계에 근거한 개입가설의 개발은 실행계획 수립단계에서 이루어진다.

18 ⑤ A씨는 국민기초생활 보장법에 따른 수급자이고, 어머니는 75세 노인이며, 배우자는 직업 및 취업알선이 필요한 자이고, 자녀는 보호와 교육이 필요한 유아·아동 및 청소년이다. 따라서 이들 모두 사회복지관의 사회복지서비스를 우선적으로 제공받아야 할 대상자에 해당한다.

19 ⑤ 지역사회옹호에 관한 설명이다. 체제변환적 옹호는 근본적인 제도상의 변화를 위해 구성원인 시민들과 사회체제 전체에 영향을 미치려는 활동으로, 양성평등을 위한 여성운동, 장애인 이동권 보장을 위한 옹호활동 등이 이에 해당한다.

20 지역사회 사정에 해당하지 <u>않은</u> 것은?

① 지역사회의 욕구를 파악한다.
② 협력·조정을 위한 네트워크를 구축한다.
③ 지역 공청회를 통해 주민 의견을 수렴한다.
④ 명목집단 등을 활용한 욕구의 우선순위를 결정할 수 있다.
⑤ 서베이, 델파이기법 등을 활용하여 자료를 수집한다.

21 지역사회보장계획에 관한 설명으로 옳지 <u>않은</u> 것은? 〔16회〕

① 지역사회보장서비스의 수급조정과 안정적 공급을 위해 필요하다.
② 시·군·구 및 시·도는 4년마다 지역사회보장계획을 수립해야 한다.
③ 시·군·구 지역사회보장계획은 시·군·구 의회의 심의와 지역사회보장협의체의 보고를 거쳐야 한다.
④ 사회보장급여의 이용·제공 및 수급권자 발굴에 관한 법률에 근거한다.
⑤ 시·군·구 지역사회보장계획은 시행연도의 전년도 9월 30일까지 시·도지사에게 제출되어야 한다.

22 지역사회복지 추진기관에 관한 설명으로 옳은 것은? 〔15회〕

① 빈곤 아동의 통합사례관리를 하는 드림스타트 사업은 민간영역의 사업이다.
② 희망복지지원단은 지역주민 맞춤형 통합서비스체계 구축을 목적으로 지역사회가 보유한 자원과 서비스를 총괄적으로 조정한다.
③ 사회복지공동모금회의 지정기탁사업은 개별 사회복지기관이나 시설에서 공모사업에 신청함으로써 배분된다.
④ 지역사회 아동의 돌봄서비스를 제공하는 지역아동센터는 보호프로그램만 제공한다.
⑤ 지역주민 맞춤형 가족지원서비스를 제공하는 건강가정지원센터는 읍·면·동에 설치되어 있다.

합격을 여는 만능해설

20 ② 협력·조정을 위한 네트워크를 구축하는 것은 실행단계의 과업이다.
21 ③ 시·군·구 지역사회보장계획은 지역사회보장협의체의 심의와 해당 시·군·구 의회의 보고를 거쳐 시·도지사에게 제출해야 한다(사회보장급여법 제35조 제2항).

22 오답 해설
① 보건복지부가 총괄하고 시·군·구에서 운영하는 드림스타트 사업은 공공영역의 사업이다.
③ 사회복지공동모금회의 지정기탁사업은 기부자가 기부금품의 배분지역, 배분대상 또는 사용용도를 지정한 기부에 대하여 그 지정 취지에 따라 배분한다.
④ 지역사회 아동의 돌봄서비스를 제공하는 지역아동센터는 보호프로그램, 교육·오락, 문화, 복지, 지역사회연계프로그램을 제공한다.
⑤ 지역주민 맞춤형 가족지원서비스를 제공하는 건강가정지원센터는 중앙, 시·도 및 시·군·구에 설치되어 있다.

23 지역사회보장에 관한 계획(이하 '지역사회보장계획'이라 한다)에 관한 설명으로 옳은 것은? 22회

① 시장·군수·구청장은 4년마다 지역사회보장계획을 수립한 후 보건복지부장관에게 제출한다.
② 시·군·구의 지역사회보장계획은 시·도사회보장위원회의 심의를 거친다.
③ 지역사회보장계획은 사회복지사업법에 의거 매년 연차별 시행계획을 수립한다.
④ 시·도의 지역사회보장계획은 지역사회보장협의체의 심의를 거친다.
⑤ 지역사회보장계획의 수립 및 지역사회보장조사의 시기·방법 등에 필요한 사항은 대통령령으로 정한다.

24 사회복지공동모금회법상 사회복지공동모금회에 관한 설명으로 옳지 않은 것은? 20회

① 회장, 부회장 및 이사의 임기는 3년으로 하며, 한 차례만 연임할 수 있다.
② 사회복지공동모금사업을 수행한다.
③ 모금회의 업무를 처리하기 위하여 사무총장 1명과 필요한 직원 및 기구를 둔다.
④ 특별시·광역시·특별자치시·도·특별자치도 단위 사회복지공동모금지회를 둔다.
⑤ 사회복지사업이나 그 밖의 사회복지활동 등을 지원하기 위한 재원을 조성하기 위하여 기획재정부장관의 승인을 받아 복권을 발행할 수 있다.

25 다음 ( )에 들어갈 내용은? 22회

> 사회복지사는 자신이 가지고 있는 가치와 신념, 행동과 관습 등이 참여자보다 상위에 있는 전문가라고 생각할 수 있기 때문에 ( )을/를 통하여 참여자들의 문화적 배경에 대해 배우고자 하는 자세가 필요하다.

① 상호학습
② 의사동세
③ 우월의식
④ 지역의 자치성
⑤ 서비스 영역의 일치성

---

23 오답 해설
① 시장·군수·구청장은 4년마다 지역사회보장계획을 수립한 후 시·도지사에게 제출하고, 시·도지사는 지역사회보장계획을 보건복지부장관에게 제출하여야 한다.
② 시·군·구의 지역사회보장계획은 지역사회보장협의체의 심의를 거친다.
③ 지역사회보장계획은 사회보장급여법에 의거하여 4년마다 수립하고, 매년 연차별 시행계획을 의무적으로 수립한다.
④ 시·도의 지역사회보장계획은 시·도 사회보장위원회의 심의를 거친다.

24 ⑤ 사회복지공동모금회에서는 보건복지부장관의 승인을 받아 복권을 발행할 수 있다.

25 ① 상호학습은 지역사회복지 실천과정에서 지역사회 주민들 사이에 관계를 평등하게 유지하기 위해 개발되는 기술이다. 사회복지사는 지역주민들의 문화적 배경에 대해 배우고자 하는 적극적인 학습자가 되어야 한다.

삶의 순간순간이
아름다운 마무리이며
새로운 시작이어야 한다.

– 법정 스님

업계 최초 대통령상 3관왕, 정부기관상 19관왕 달성!

2010 대통령상 2019 대통령상 2019 대통령상

대한민국 브랜드대상 국무총리상 / 국무총리상 / 문화체육관광부 장관상 / 농림축산식품부 장관상 / 과학기술정보통신부 장관상 / 여성가족부장관상

서울특별시장상 / 과학기술부장관상 / 정보통신부장관상 / 산업자원부장관상 / 고용노동부장관상 / 미래창조과학부장관상 / 법무부장관상

- **2004**
  서울특별시장상 우수벤처기업 대상
- **2006**
  부총리 겸 과학기술부장관 표창 국가 과학 기술 발전 유공
- **2007**
  정보통신부장관상 디지털콘텐츠 대상
  산업자원부장관 표창 대한민국 e비즈니스대상
- **2010**
  대통령 표창 대한민국 IT 이노베이션 대상
- **2013**
  고용노동부장관 표창 일자리 창출 공로
- **2014**
  미래창조과학부장관 표창 ICT Innovation 대상
- **2015**
  법무부장관 표창 사회공헌 유공
- **2017**
  여성가족부장관상 사회공헌 유공
  2016 합격자 수 최고 기록 KRI 한국기록원 공식 인증
- **2018**
  2017 합격자 수 최고 기록 KRI 한국기록원 공식 인증
- **2019**
  대통령 표창 범죄예방대상
  대통령 표창 일자리 창출 유공
  과학기술정보통신부장관상 대한민국 ICT 대상
- **2020**
  국무총리상 대한민국 브랜드대상
  2019 합격자 수 최고 기록 KRI 한국기록원 공식 인증
- **2021**
  고용노동부장관상 일·생활 균형 우수 기업 공모전 대상
  문화체육관광부장관 표창 근로자휴가지원사업 우수 참여 기업
  농림축산식품부장관상 대한민국 사회공헌 대상
  문화체육관광부장관 표창 여가친화기업 인증 우수 기업
- **2022**
  국무총리 표창 일자리 창출 유공
  농림축산식품부장관상 대한민국 ESG 대상

베스트셀러 1위 / 5년 연속 1위 / 누적판매 19만부 돌파

YES24 수험서 자격증 법/인문/사회 사회복지사 베스트셀러 1위
(2018년 5월~6월, 2019년 4월~8월, 2020년 5월~6월, 2021년 5월~6월,
2022년 6월, 2023년 3월, 2023년 5월~6월, 2024년 5월 월별 베스트)
2023, 2022, 2021 대한민국 브랜드만족도 사회복지사1급 교육 1위(한경비즈니스)
2020, 2019 한국브랜드만족지수 사회복지사 교육 1위(주간동아, G밸리뉴스)
2016년 1월~2025년 1월 사회복지사 시리즈 출고 기준

2026 에듀윌 사회복지사 1급
통합이론서 +무료특강

1 사회복지사 1급 입문특강(8강) + 7개년 기출족보특강(8강)
　이용경로　에듀윌 도서몰 로그인(book.eduwill.net) ▶ 동영상강의실 ▶ '사회복지사' 검색

2 2025년 제23회 최신 기출문제 + 상세해설 + 자동채점&성적분석 서비스
　이용경로　교재 내 수록

3 '핵심이론 + 기출OX'로 빈출만 공략하는 〈빠른공략노트〉
　이용경로　교재 내 수록

4 3회독 플래너
　이용경로　교재 내 수록

고객의 꿈, 직원의 꿈, 지역사회의 꿈을 실현한다

에듀윌 도서몰
book.eduwill.net
- 부가학습자료 및 정오표: 에듀윌 도서몰 > 도서자료실
- 교재 문의: 에듀윌 도서몰 > 문의하기 > 교재(내용, 출간) / 주문 및 배송

2026 최신판

에듀윌 사회복지사 1급 통합이론서 +무료특강

합격자 수가 선택의 기준!

최신 기출이론 및 개정 법률 반영
영역별 이론+기출문제+기출OX

❷권 | 3교시 + 2025년 최신 기출&해설

손용근, 최승희, 강혜원, 신경안, 임화영 저

YES24 24년 5월
월별 베스트 기준
베스트셀러 1위

YES24 수험서 자격증
법/인문/사회 사회복지사
베스트셀러 1위

특별제공
입문특강+
7개년 기출
족보특강

16개월 베스트셀러 1위 산출근거 후면표기
8영역 단권화 교재로 한 번에 합격!

- 사회복지사 1급 입문특강(8강)+7개년 기출족보특강(8강) 제공
- 11개년 기출(2025~2015)에서 뽑아낸 영역별 기출문제+2025년 최신 기출&해설
- '핵심이론+기출OX'로 빈출만 공략하는 <빠른공략노트> 제공

eduwill

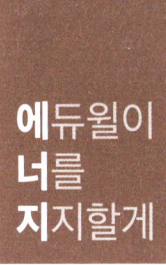

세상을 움직이려면
먼저 나 자신을 움직여야 한다.

– 소크라테스(Socrates)

에듀윌
사회복지사 1급
통합이론서 +무료특강

❷권 | 3교시+2025년 최신 기출&해설

본서의 목차와 해당 페이지를 안내합니다.

이 책의 차례

1교시

제1영역 인간행동과 사회환경

		page
CHAPTER 01	인간발달과 사회복지	14
CHAPTER 02	인간의 성장발달단계	18
CHAPTER 03	정신역동이론	44
CHAPTER 04	인지발달이론 및 행동이론	59
CHAPTER 05	사회환경과 사회복지	73
TEST 1	인간행동과 사회환경	86
TEST 2	인간행동과 사회환경	93

제2영역 사회복지조사론

CHAPTER 01	사회복지조사의 기초	102
CHAPTER 02	측정과 척도	113
CHAPTER 03	표본추출(표집)	121
CHAPTER 04	사회복지조사의 유형	127
CHAPTER 05	다양한 자료수집방법	146
TEST 1	사회복지조사론	155
TEST 2	사회복지조사론	162

2교시

제3영역 사회복지실천론

CHAPTER 01	사회복지실천의 개관	172
CHAPTER 02	사회복지실천의 발달	186
CHAPTER 03	사회복지실천현장과 사회복지사의 역할	197
CHAPTER 04	사회복지의 통합적 실천	203
CHAPTER 05	사회복지실천의 방법과 실천과정	210
TEST 1	사회복지실천론	234
TEST 2	사회복지실천론	241

제4영역 사회복지실천기술론

CHAPTER 01	개인 대상 실천기법	250
CHAPTER 02	가족 대상 실천기법 Ⅰ	273
CHAPTER 03	가족 대상 실천기법 Ⅱ	288
CHAPTER 04	집단 대상 실천기법	299
CHAPTER 05	사회복지실천 기록과 평가	314
TEST 1	사회복지실천기술론	322
TEST 2	사회복지실천기술론	329

3교시

제5영역 지역사회복지론

		page
CHAPTER 01	지역사회복지의 개념과 정의	342
CHAPTER 02	지역사회복지의 역사	356
CHAPTER 03	지역사회복지 이론과 실천모델	370
CHAPTER 04	지역사회복지 실천과정과 전략 및 전술	391
CHAPTER 05	사회복지 추진체계 및 지역사회운동	411
TEST 1	지역사회복지론	442
TEST 2	지역사회복지론	449

제6영역 사회복지정책론

CHAPTER 01	사회복지정책 발달이론과 제 학자 모형	8
CHAPTER 02	사회복지정책의 전개과정	20
CHAPTER 03	사회복지정책의 분석틀과 정책과정	33
CHAPTER 04	사회보장	46
CHAPTER 05	사회보험제도와 공공부조제도	57
TEST 1	사회복지정책론	88
TEST 2	사회복지정책론	94

제7영역 사회복지행정론

CHAPTER 01	사회복지행정의 개념과 역사 및 전달체계	104
CHAPTER 02	사회복지행정의 조직이론, 구조·유형 및 환경	113
CHAPTER 03	인사관리와 재정관리 및 정보관리시스템	131
CHAPTER 04	기획과 의사결정 및 마케팅	151
CHAPTER 05	프로그램 설계와 욕구 및 평가조사	157
TEST 1	사회복지행정론	164
TEST 2	사회복지행정론	171

제8영역 사회복지법제론

CHAPTER 01	사회복지법의 개념과 발달과정	180
CHAPTER 02	사회복지법의 체계 및 사회복지의 권리성	187
CHAPTER 03	사회보장기본법, 사회보장급여법, 사회복지사업법	190
CHAPTER 04	사회보험법	215
CHAPTER 05	공공부조법	250
CHAPTER 06	사회복지서비스법	271
CHAPTER 07	판례	307
TEST 1	사회복지법제론	310
TEST 2	사회복지법제론	317

3교시 | 제6영역

사회복지 정책론

CHAPTER 01 사회복지정책 발달이론과 제 학자 모형
CHAPTER 02 사회복지정책의 전개과정
CHAPTER 03 사회복지정책의 분석틀과 정책과정
CHAPTER 04 사회보장
CHAPTER 05 사회보험제도와 공공부조제도

TEST 1 ⊕ TEST 2

영역별 10개년 출제 현황

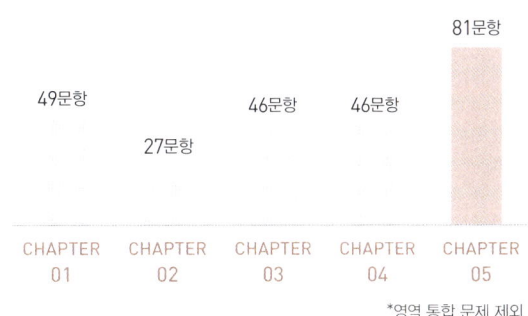

- 사회복지정책의 발달이론과 발달과정, 학자별 모형, 사회보장이론에서 주로 출제되었다.
- 최근 사회보험제도와 공공부조제도가 집중적으로 출제되고 있으므로 해당 내용을 주의 깊게 살펴보아야 한다.
- 사회복지법제론과도 연계하여 학습하면 보다 효율적으로 학습할 수 있다.

출제 키워드 BEST 3

사회보험
10년간 24번 언급된 키워드
공공부조와의 차이점을 알아두자.

국민기초생활 보장제도
10년간 20번 언급된 키워드
급여의 기준을 중심으로 학습하자.

고용보험제도
10년간 25번 언급된 키워드
구직급여, 실업급여가 단골 주제!

CHAPTER 01

사회복지정책 발달이론과 제 학자 모형

핵심 Tag #사회복지정책의 가치 #사회복지정책의 이념 #사회복지정책의 발달이론 #제 학자의 사회복지모형

1 사회복지정책의 개념과 가치

1. 사회복지정책의 개념과 종류

① 개념: 사회생활을 영위하는 데 필요한 인간의 기본적 욕구를 충족시키고 각종 사회문제를 해결하기 위한 정부의 지침, 계획, 과정이다. 사회복지정책의 개념은 소극적 개념과 적극적 개념으로 나눌 수 있다.

   ㉠ 소극적 개념
   - 잔여적 또는 보완·보충·선별적 개념이다.
   - 사회적 약자에게 소득이나 사회복지서비스를 제공하는 것이다.

   ㉡ 적극적 개념
   - 제도적 또는 보편적 개념이다.
   - 사회를 유지하는 데 필수적인 기능을 사회복지가 1차적으로 수행하여 모든 사람들을 대상으로 소득이나 사회복지서비스를 제공하는 것이다.

② 사회복지정책의 종류

사회보험제도	노후의 소득보장과 빈곤 예방, 산업재해나 실업, 질병예방 등을 위한 제도
공공부조제도	저소득층의 기초생활 보장을 위한 제도
사회복지서비스	사회적으로 열세에 있는 사람들을 위한 제도

> **합격 가이드**
>
> 사회복지정책의 주요 관심은 빈민, 고령자, 장애인, 여성, 아동 등 사회적 약자에게 소득이나 서비스를 직접 제공하는 문제로 이어집니다.

2. 사회복지정책의 목적 및 필요성 기출 13회, 21회, 23회

① **생존권 보장**: 생활 수준이 최저한도 수준에 미달하는 경우, 생활유지에 필요한 지원을 통하여 인간다운 생활 수준으로 끌어올린다.
② **빈곤의 경감**: 소득의 재분배를 목적으로 하는 사회복지정책을 통하여 빈곤을 경감시키기 위해 노력한다.
③ **평등의 증진**: 국가가 사회복지정책을 통해 사회에 개입하여 보다 더 평등한 사회, 즉 복지공동체를 만든다.
④ **사회통합의 증진**: 사회적 배제와 반대개념으로, 사회구조와 경제구조의 정책변화를 추진하여 건전한 구성원이 되어 화합하는 것이다.
⑤ **사회안정의 증진**: 사회문제로 인한 사회 구성원의 고통과 불만을 해소시킴으로써 사회적 안정에 기여한다.
⑥ **개인의 자립성 증진**: 모든 사회 구성원이 각각 능력에 따라 성장 및 발달할 수 있도록 그 가능성을 개발하고 돕는다.

개념 공략 사회복지정책의 순기능과 역기능

사회복지정책의 순기능	사회복지정책의 역기능
• 사회통합과 질서 유지 • 경제성장과 자본축적 • 개인의 자립과 성장 • 소득 재분배 • 사회문제 해결과 사회적 욕구 충족	• 관리 운영상의 비효율성 초래 • 빈곤의 덫 발생 • 실업의 함정 • 도덕적 해이

3. 사회복지정책의 가치 기출 11~18회, 20회, 23회

① 평등
  ㉠ 수량적 평등
    • 개인의 욕구나 능력의 차이에 관계없이 모든 사람을 대상으로 사회적 자원을 재분배하는 것이다.
      예 부모의 소득과 관계없이 모든 학생을 대상으로 실시하는 무상급식
    • 세금을 재원으로 취약계층에게 필요한 급여나 서비스를 지급함으로써 불평등한 소득구조를 개선하고 모두가 최소한의 인간다운 생활을 영위할 수 있게 한다.
    • 사회적 약자에게 가장 유리한 형태의 평등이다.
    • 평등의 개념 가운데 가장 적극적인 것으로, '산술적 평등' 또는 '결과의 평등'이라고 불린다.
  ㉡ 비례적 평등
    • 개인의 욕구, 노력, 능력, 기여에 따라 사회적 자원을 상이하게 배분하는 것이다.
      예 국민연금 보험료 기여 수준에 따라 급여액이 달라지는 사회보험
    • 비례적 평등은 공평한 처우를 말하며, '형평' 또는 '공평(Equity)'이라고 불린다.
  ㉢ 기회의 평등: 가장 소극적인 성격의 평등으로, 결과의 평등 여부는 완전히 무시한 채 과정상의 기회만을 똑같이 주는 것을 말한다. 예 취업 훈련 프로그램
  ㉣ 조건의 평등: 기회의 평등과 연결되는 것으로, 사회적 기회를 획득하려는 자유 경쟁의 출발 조건을 평등하게 정비하고자 노력하는 것이다.

개념 공략 적극적 우대조치 기출 11회
• 사회적 약자에게 호의적 조치를 취함으로써 실질적 평등을 이루려는 것
• 인종, 성별, 종교, 나이, 혼인 여부, 성적 지향성 등 다양한 이유로 차별 받는 사회적 약자에게 특혜를 주는 것
• '긍정적 차별'이라고도 함.
  예 남녀고용평등제, 장애인의무고용제 등

② 자유
  ㉠ 소극적 자유
    • 원하지 않는 것을 하지 않을 자유, 타인이나 사회 또는 국가로부터 간섭을 받지 않을 자유이다.
    • 기회의 측면을 강조하며 국가의 개입을 자유의 침해로 간주한다.
    • 전통적 자유주의(자유방임주의; 이사야 벌린, 로버트 노직), 신자유주의자(하이예크, 프리드먼)가 선호한다.
  ㉡ 적극적 자유
    • 불평등한 사회구조 속에서 국가의 시장 통제 및 규제 등으로 특정계층이 누렸던 특혜를 모든 국민이 누리며 원하는 것을 할 수 있는 자유, 즉 복지혜택을 누릴 수 있는 자유(사회적 권리)이다.

- 능력의 측면을 강조한다.
- 사회민주주의, 마르크스주의자가 선호한다.
- 복지국가의 실현은 적극적 자유를 증진시킨다.

ⓒ 사회복지정책을 통한 국가의 개입은 특정계층(예 부유층)의 소극적 자유를 줄이는 반면, 그 외 계층(예 사회적 약자)의 적극적 자유를 증진시킨다.

③ 효율
㉠ 개념: 최소한의 자원 투입으로 최대한의 결과를 얻는 것을 의미한다.
㉡ 수단으로서의 효율: 사회복지정책의 목표를 효율적으로 달성하는 수단으로서 의미가 있으며, 목표 효율성, 운영 효율성, 대상 효율성 등으로 세분화할 수 있다.
㉢ 배분으로서의 효율(파레토 효율)
- 다른 사람의 효용을 저해하지 않고서는 특정 사람의 효용을 높이는 것이 불가능한 상태라 보고, 시장에서 결정된 배분을 수정하여 평등의 가치를 구현하는 것을 사회복지정책의 목표로 한다.
- 사회적 자원의 배분이 평등하면서도 동시에 최적의 효율성(파레토 효율성)을 갖지 않는 한, 사회복지정책이 추구하는 평등과 효율의 관계는 상충적일 수밖에 없다.

④ 사회적 적절성
㉠ 사회복지정책의 급여 수준이 인간다운 생활을 할 수 있도록 적절한 수준의 급여를 제공해야 함을 의미하며, 그 기준은 시대와 사회적·경제적 환경에 따라 변한다.
예 국민기초생활보장제도의 급여기준(기준 중위소득), 최저임금제도
㉡ 적절성 실현 가능성은 급여수준이 올라갈수록 높아진다.

⑤ 사회적 연대
㉠ 사회나 집단 속 사람들이 보이는 통합을 의미하며, 이해관계가 다를지라도 서로 의무감과 책임감을 느끼며 타협과 단결을 통해 힘을 얻기 위한 관계이다.
㉡ 이질성과 개인화가 강조되는 상태에서 유지되는 연대를 유기적 연대라고 한다.
참고 뒤르켐은 연대를 기계적 연대(전통사회, 변화속도 완만, 동질성)와 유기적 연대(현대사회, 변화속도 급격, 이질성)로 구분한다.
㉢ 장애인의무고용은 연대를 제도화한 것이다.

2 사회복지정책의 이념 기출 11회, 13회, 14회

1. 자유주의

① 대표적 학자: 이사야 벌린, 로버트 노직, 밀턴 프리드먼
② 국가의 최소개입과 개인주의를 바탕으로 능력에 따른 배분을 강조하는 자유방임주의와 마찬가지로 개인이나 가족의 욕구는 개인의 비용과 자유 선택으로 충족시켜야 한다고 주장한다. 다만, 자신의 욕구를 스스로 충족시킬 수 없는 환경에 놓인 사람은 국가가 최저생계비나 최저생활 수준을 보장해주어야 한다고 본다.
③ 시장을 기회와 소득의 배분자로 인정하면서도 국가의 최소한의 복지 기능을 인정하고 있다.

2. 마르크스주의

복지국가의 근본적 기능이 자본주의적 생산관계의 유지와 재생산이기 때문에 사회정책을 통해 사회통합과 이타주의라는 근본적 변화를 가져오기는 힘들다고 본다.

3. 신마르크스주의

① 전통적 마르크스주의에 이론적 기초를 둔 갈등주의적 시각으로, 복지국가의 발전을 독점자본주의의 속성과 관련지어 분석하였다.
② 복지정책은 자본 축적의 위기나 정치적 도전을 수정하기 위한 수단이며, 국가의 자율성 정도에 따라 도구주의 관점과 구조주의 관점으로 나뉜다.

4. 신자유주의

① 1970년대 후반 이후 경제 불황이 발생하면서 도래한 자본 축적 위기의 원인을 복지국가의 확대에서 찾고, 국가의 복지서비스를 축소하여 시장의 경쟁 원리를 다시 복원시켜야 한다고 보았다.
② 작은 정부, 효율적 경쟁시장의 조성, 노동시장의 유연화, 규제 완화, 자유무역을 정책으로 삼는다. 비대해진 정부 기능과 조직, 시장 개입을 최대한 축소하며 민간부문에 공공서비스사업을 이양해야 한다고 본다.
③ 복지재정 지출의 확대가 생산부문의 투자를 위축시켜 경제성장을 저해하고, 재화와 서비스의 배분을 비효율적으로 만든다고 본다.
④ 복지급여 수급은 개인의 저축 동기를 약화시키고, 대체효과보다 소득효과가 커짐으로써 근로 동기가 줄어든다고 본다.
⑤ 세금이나 사회보험의 부담이 증가하면 이를 회피하기 위한 지하경제가 확대될 수 있다고 본다.
⑥ 노동 무능력자에 대한 국가 책임은 잔여적·선별적 개입으로 인정한다.

5. 신보수주의

① 정부의 개입을 최대한 배제하고 시장이나 기업 활동에 대한 규제를 철폐하는 경향이 강하다. 대기업이나 부유층에 대한 감세를 통해 시장에 자금을 돌리거나, 민영화나 규제 완화를 통해 정부가 담당하던 기능을 시장에 맡기는 것을 목표로 한다.
② 정치적 측면을 강조하는 이념으로 1970년대에 등장했으며, 미국에서 1980년대에 팽배했던 정치 조류이다.
③ 뉴딜정책과 거대정부에 반대한 미국의 신보수주의자들이 자유방임주의를 옹호하였다.

6. 수정자본주의

① 자본주의 체제 자체의 본질적인 변혁을 거치지 않고 일부 원리를 수정 또는 개량한 자본주의를 말한다.
② 자본주의 발전에 따른 모순을 해결하고자 하는 노선 변경이라고 할 수 있다.

7. 사회민주주의

① 평등, 개인의 복지권, 자유 등을 중요한 가치로 보며, 모든 국민에게 차별 없는 복지서비스를 제공하는 보편적 복지국가모형을 강조한다.
② 사회민주주의 이념에서는 사회통합과 더불어 평등한 사회를 만들기 위해서 개인의 권리와 부의 축적만을 조장해온 자유 시장 체제를 국가가 대신 수행하여야 한다고 주장한다.

개념 공략 사회복지정책과 경제정책과의 관계 **기출** 15회

- 사회복지정책과 경제정책은 서로 상생적 영향을 주고받음.
- 자본주의 경제 체제 유지를 위하여 사회복지정책이 필요하다고 설명하기도 함.

3 사회복지정책의 발달이론 기출 12~14회, 16회, 18회, 20~22회

1. 산업화이론·수렴이론
① 대표적 학자: 윌렌스키(Wilensky), 르보(Lebeaux)
② 산업화로 인한 사회경제적 변화는 가족구조의 변화를 가져오고 지역사회의 기능을 약화시킨다.
③ 산업화가 심화되면 복지 요구가 증가해 복지정책이 발달하고 국가의 역할이 증대된다. 따라서 산업화가 촉발시킨 사회문제에 대한 대응으로 사회복지제도가 확대되었다고 본다.
④ 복지국가 발전은 산업화로 인한 경제성장으로 재정적 능력이 향상되어 가능해졌다(산업화이론).
⑤ 서로 다른 유형의 복지국가라도 시간이 지날수록 유사한 유형으로 수렴한다고 보며, 산업화와 이로 인한 인구구조 변화에 주목한다(수렴이론).

2. 사회양심이론
① 대표적 학자: 베이커(Baker)
② 인도주의 사상에 기초한 이타주의와 사회적 책임의 관점에서 사회복지정책의 형성과 변화를 설명한다.
③ 개인의 사회적 양심이 성장하고 빈곤층의 열악한 경제적·사회적 상황이 드러나면서 사회복지제도가 발전하였다고 가정한다.
④ 일반 국민들의 집단적 양심은 정부의 도덕적인 반응을 불러일으키고, 그 결과 사회복지제도의 발전이 이루어진다고 본다. 즉, 사회복지정책을 정부의 자선활동으로 간주한다.

3. 시민권이론 기출 22회
① 대표적 학자: 마샬(Marshall)
② 누구나 사회복지를 누릴 권리를 가지고 있다는 주장이 보편적 복지를 행하게 하는 논리적 근거가 된다.
③ 시민권의 변천을 진화론적 입장에서 분석한다.
④ 시민권의 요소를 공민권(18세기, 자유권), 정치권(19세기, 참정권), 사회권(20세기, 복지권)으로 구분한다.
⑤ 자본주의 사회는 불평등한 체제이지만 시민권의 확대가 이러한 불평등을 완화시킬 수 있다고 보고, 불평등한 계급구조와 평등주의적 시민권이 양립할 수 있다고 하였다.
⑥ 20세기 사회권이 시민의 권리로 확장되면서 사회복지정책이 확대되었다.

4. 확산이론(전파이론·근대화론)
① 대표적 학자: 타이라(Taira), 콜리어(Collier)
② 한 국가의 사회복지정책이 다른 국가에 영향을 미친다는 이론이다.
③ 확산 유형
　㉠ 위계적 확산
　　• 위로부터의 확산(전파): 기술혁신이나 새로운 제도가 선진국에서 후진국으로 확산되는 것이다.
　　　예 2차 세계대전 이후, 영국의 사회보장제도가 후진국으로 전파된 경우
　　• 아래로부터의 확산(모방): 비교적 덜 발전한 국가에서 기술적·제도적으로 발전한 국가의 것을 모방·보완하여 확산되는 것이다.
　　　예 영국의 로이드 조지가 독일 비스마르크의 사회보험제도를 모방하여 1911년 국민보험법(사회보험제도)을 도입
　㉡ 공간적 확산: 지리적으로 인접한 국가 간에 제도나 정책이 확산되는 것이다.
　　　예 유럽 대륙에서 발달한 사회복지제도가 지리적으로 인접한 남유럽과 동유럽에 전파·보급되는 현상

5. 음모이론
① 사회복지정책을 사회통제와 질서 유지를 목적으로 지배계층이 사용하는 수단으로 본다.
② 사회적·경제적 침체로 사회적 위험이 커질 때 사회 변화로써 위기를 전환하고자 사회복지정책이 발달한다.

6. 구조기능주의이론(합의이론, 균형이론)
① 사회를 유기체에 비유한다.
② 사회는 항상 안정을 유지하려는 속성이 있고 중요한 가치 등에 대해 이미 합의가 이루어져 있는 것으로 보며, 부분 간 우열은 존재하지 않고 기능상의 차이만 있다고 본다.

7. 종속이론
개발도상국의 후진성이나 그 원인을 설명한 이론으로, 선진국의 영향으로 제3세계가 발전하지 않는다고 본다.

8. 이익집단정치이론(다원주의이론)
① 다양한 이익집단 간의 합의 등으로 이익집단이나 노동자계급의 정치적인 힘이 국가차원에서 결합될 때 복지국가로 발전한다고 본다.
② 고령화사회의 노인복지 확대 현상을 설명하는 데 유용하다.

9. 독점자본이론 기출 16회
① 신마르크스주의 이론으로서, 전통적인 마르크스주의에 이론적 근원을 두고 고도로 발전한 독점자본주의 사회 현상에 대한 분석으로 복지국가의 발전을 설명한다.
② 자본주의의 문제(⑩ 계급문제, 노동력 재생산문제 등)를 분석하여 계급갈등의 정치적 과정을 중요시한다.
③ 자본가들이 이익을 추구하려 하는 갈등의 정치화로 복지국가가 발전했다고 본다.

10. 권력자원이론(사회민주주의이론)
① 독점자본이론과 같이 자본주의의 계급갈등에 초점을 맞추었지만, 의회민주주의의 정착과 노동자 계급의 조직화된 힘을 강조했다.
② 노동자 계급의 정치세력화(좌파정당과 노동조합의 영향)로 복지정책이 발달한다고 본다.
③ 사회복지정책의 확대과정에서 정당정치의 역할을 우선시한다.

11. 사회정의론(공정으로서의 정의) 기출 13~15회, 21회
① 대표적 학자: 롤스(Rawls)
② 정의의 원칙 속에 자유주의적 전통의 가치인 '자유'와 사회주의적 전통의 가치인 '평등'의 통합을 시도한다.
③ 정의의 원칙
  ㉠ 제1원칙(평등한 자유의 원칙)
   • 기울어진 운동장에서 서로 다른 사회적 자원을 소유하고 있기 때문에, 사회 구성원들에게 동일한 조건을 제시하기 위해 이해관계에 영향을 미칠 수 있는 조건(⑩ 재능, 지위 등)을 알지 못하게 하는 무지의 베일 및 원초적 입장(상황)을 전제한다.
   • 사회 구성원 각자는 평등한 기본권과 자유가 충분히 적절한 체계에 대해 동등한 권리 주장을 갖는 바, 이 체계는 모두를 위한 동일한 체계와 양립 가능하다. 또한 이 체계에서는 평등한 정치적 자유, 오로지 그 자유들만이 가치를 보장받는다.

- 자본주의적 시장의 자유라 할 수 있는 생산재의 사유 및 생산물의 점유, 소유물의 상속 및 증여의 자유는 제외된다.
ⓒ 제2원칙(차등의 원칙): 불평등은 다음 두 가지 조건을 만족하도록 조정되어야 한다.
- 기회 균등의 원칙
  - 불평등의 계기가 되는 사회적 지위에 접근할 기회가 누구에게나 주어져야 한다는 것이다(기회의 공정한 평등).
  - 단지 직업이나 직책의 기회뿐만 아니라 삶의 기회들까지 평등화하자는 원리이다.
  - 유사한 능력과 기능을 가진 사람이라면 누구나 그들이 타고난 사회적 지위와 무관하게 유사한 삶의 기회를 보장받아야 한다고 본다.
- 최소 수혜자 우선성의 원칙(최소 극대화의 원칙): 불평등은 사회의 최소 수혜 성원들의 최대 이익이 되어야만 한다.
④ 제1원칙에 따르면 특정 개인에게 많은 이익을 주는 것은 기본적 자유에 대한 침해로, 정당화될 수 없다. 제2원칙에서는 기회 균등의 원칙이 최소 수혜자 우선성의 원칙에 우선한다.

> **개념 / 공략** 원초적 입장
> - 롤스는 모든 사람이 기본적인 자유를 평등하게 누리며, 사회적 약자(최소 수혜자)가 우선 배려받는 사회를 정의로운 사회의 모습으로 봄.
> - 원초적 입장은 일종의 사고 실험 장치이며 사회 구성원이 정의의 원칙(사회 구성원 간의 사회적 계약의 원칙)에 합의하기 위해 수용해야 할 도덕적 관점이라고 할 수 있음.

12. 엘리트이론
사회복지정책은 소수의 엘리트가 집행하며, 대중의 요구는 수용되지 않는다고 본다.

13. 국가중심이론
① 사회복지정책을 국가가 스스로 문제를 인식하고 해결하려고 하는 노력의 산물로 본다.
② 사회복지정책에서 적극적인 행위자로서 국가를 강조한다.

4 제 학자의 사회복지모형

1. 윌렌스키와 르보(Wilensky & Lebeaux)의 사회복지모형 기출 13회, 16회, 22회
① 보충적 모형(잔여적 개념)
  ㉠ 국가의 책임을 축소하고, 빈곤의 책임을 개인에게 묻는다.
  ㉡ 개인이 가진 자원을 모두 소진하면 사회복지를 제공한다. 즉, 사회복지는 최후에 기댈 수 있는 자선이나 시혜로 문제를 일시적으로 완화시킬 뿐이고 가급적 단기간에 종결된다.
  ㉢ 간섭받지 않을 자유, 개인주의, 시장 경제 원칙을 기본가치로 하여 자본주의 정신에 입각한다.
② 제도적 모형(제도적 개념)
  ㉠ 사회복지를 가족, 시장과 동등한 위상으로 보며 빈곤에 대한 사회적 책임을 강하게 인식한다.
  ㉡ 시장·가족제도의 불완전성과 개인의 욕구 발생은 필연적임을 전제하여, 사회문제가 심각해지기 전에 사회복지가 사전적·예방적으로 기능할 수 있게 한다.

ⓒ 사회복지는 사회를 유지하기 위해 구성원간의 서로 돕고 돕는 상부상조로서, 다른 사회제도가 수행하는 기능과 구별되며 독립적으로 수행할 수 있게 한다.
ⓔ 사회복지는 그 사회의 '제일선의 기능(first line function)'을 수행한다.

개념 공략 윌렌스키와 르보의 사회복지모형

구분	보충적 모형	제도적 모형
지향점	개인주의, 간섭받지 않을 자유, 시장 경제 원칙을 기본 가치로 하여 자본주의 정신에 충실함.	집합주의, 평등의 구현, 빈곤으로부터의 자유, 우애를 기본가치로 함.
빈곤의 책임	개인에게 돌림.	사회구조에 돌림.
국가의 책임	축소(또는 최소화)	확대
원칙	선별주의	보편주의
낙인	낙인이 발생함.	낙인과는 거리가 멂.
성격	보완적·선별적·잔여적·선택적·한정적·제한적·임시적·응급조치적·사후적·소극적	보편적·일반적·사전적·예방적·적극적

2. 티트머스(Titmuss)의 사회복지모형 기출 13회, 16회

① 보충적 모형(잔여적 모형)
  ㉠ 윌렌스키와 르보의 보충적 모형과 매우 유사하며, 공공부조 프로그램을 강조한다.
  ㉡ 개인의 욕구를 적절히 충족시키는 시장과 가족이라는 두 개의 통로가 있다는 전제에 입각한다.
  ㉢ 사회복지제도는 시장과 가족이 붕괴될 때에만 활동을 시작하지만, 이는 어디까지나 잠정적인 것이다.

② 산업적 업적달성모형(업적성취모형, 업적수행모형)
  ㉠ 사회복지제도의 중요한 역할을 경제의 부속물로서 통합화·구체화하는 모형으로, 사회보험 프로그램을 강조한다.
  ㉡ 사회복지의 제공이 시장에서의 업적과 밀접한 관계가 있다. 즉, 사회복지와 급여가 시장에서의 직무 수행 정도 및 생산성의 정도에 따라 차등적으로 제공되어야 함을 강조한다.
  ㉢ 인센티브, 노력, 보상, 사기, 충성 등 다양한 경제이론 및 심리학적 이론과 연관된다.
  ㉣ 사회복지를 경제성장의 수단으로 활용하기 때문에 '시녀모형'이라고도 한다.

③ 제도적 재분배모형
  ㉠ 윌렌스키와 르보의 제도적 모형과 매우 유사하며, 보편적 사회복지 프로그램을 강조한다.
  ㉡ 제도적 재분배모형에서의 사회복지는 욕구의 원리를 기반으로 하여 시장 경제 메커니즘 밖에서 보편적 서비스를 제공하는 기본적이고 통합적인 제도이다.
  ㉢ 사회복지가 적극적인 역할을 수행하는 것으로 본다.

개념 공략 티트머스의 3분법

구분	보충적 모형	산업적 업적달성모형	제도적 재분배모형
주요 영역	가족, 시장	업적, 성취도, 생산성	사회복지제도
강조점	공공부조 프로그램	사회보험 프로그램	보편적 사회복지 프로그램

3. 에스핑-앤더슨(Esping-Andersen)의 사회복지모형 기출 11~16회, 20~22회

에스핑-앤더슨은 탈상품화의 정도, 국가와 사회계층제의 형태(계층화), 시장 및 가족과의 관계(탈가족화)의 세 가지 기준을 가지고 복지국가를 자유주의적 복지국가, 조합주의적 복지국가, 사회민주주의적 복지국가라는 세 가지 유형으로 구분하였다.

참고 탈상품화: 복지국가가 급여를 제공하여 개인이 시장에 의존하지 않고도 기본적인 삶을 유지할 수 있는 상태를 의미한다.

① 자유주의적 복지국가
  ㉠ 시장 메커니즘의 기본적 역할을 인정하며, 보호대상을 가장 취약한 계층에 한정하는 엄격한 선별주의 원칙이 적용된다. 따라서 자산조사에 의한 공공부조 프로그램이 상대적으로 중시된다.
  ㉡ 자격 기준이 까다롭고 엄격하며, 결과적으로 낙인감(stigma)과 밀접한 관계를 갖는다.
  ㉢ 국가의 사회복지는 시장 또는 민간단체들의 복지활동에 대한 보조역할 수준 이상으로 확대되기 어렵다.
  ㉣ 탈상품화 효과는 미약하고 사회계층은 다원화되면서, 불평등이 심하게 나타나며 계층 간에 대립적 관계가 형성된다.

② 조합주의적 복지국가
  ㉠ 자유주의적 복지국가에서 관심을 가지는 시장의 효율성과 노동력의 상품화 문제는 중요하지 않다.
  ㉡ 국가가 주된 사회복지 제공자 역할을 하며, 민간보험이나 기업 복지의 역할이 상대적으로 덜 강조된다. 그러나 교회의 역할이 크고 전통적 가족의 기능을 유지하는 데 중점을 둔다는 점에서 '보수 조합주의적 복지국가'라고도 불린다.
  ㉢ 사회복지 대상자는 공직자, 사무직, 노동자와 같은 직업 범주에 따라 구분되며, 국가는 이들이 교육과 직업 훈련을 통하여 해당 분야의 경력을 쌓을 수 있도록 지원한다. 이들의 소득 보장은 주로 사회보험에 크게 의존하며 그 혜택은 시장에서의 계층과 지위에 따라 차이가 있다.
  ㉣ 국가 복지의 재분배 효과는 거의 없으며, 탈상품화 효과에도 한계가 있다.

③ 사회민주주의적 복지국가
  ㉠ 보편주의 원칙과 사회권을 통한 탈상품화 효과가 가장 크다.
  ㉡ 국가 대 시장, 노동 계급 대 중간 계급 사이의 이중성을 피하고 가능한 한 최대한의 수준에서의 평등을 추구한다. 따라서 사회의 모든 계층이 하나의 보편적·포괄적인 복지체계에 통합된다.
  ㉢ 모든 사람이 급여를 받고 국가에 의존하며, 모든 사람이 지불해야 할 의무를 가진다.
  ㉣ 가족의 복지 능력이 약화되는 시점까지 기다리지 않고 미래 가족생활의 비용을 사회화한다.
  ㉤ 복지와 일을 적절히 배합하는 것을 중시한다. 완전고용정책은 일할 권리와 소득 보장의 권리를 밀접히 연결시킨다. 이는 연대와 보편성, 탈상품화를 지향하는 복지국가의 높은 비용 문제를 해결하고 사회문제를 최소화하며 수입원을 극대화하기 위한 것이다.

개념 공략 에스핑-앤더슨 복지국가의 가족 복지

구분	탈상품화	가족주의	계층화	해당 국가
자유주의적 복지체계	미약	가족주의	높음(강화, 대립)	미국, 캐나다, 호주, 영국 등
조합주의적 복지체계	미약/중간	이원적 가족주의	중간	독일, 프랑스, 오스트리아 등
사회민주주의적 복지체계	강력	탈가족주의	낮음(완화, 통합)	덴마크, 스웨덴, 노르웨이 등

4. 조지와 윌딩(George & Wilding)의 사회복지모형 기출 11회, 12회, 14회, 16회, 17회, 20회, 21회

구분	자본주의 옹호	사회주의 옹호
복지정책에 긍정적	소극적 집합주의(중도 노선)	페이비언 사회주의(사회민주주의)
복지정책에 부정적	반집합주의(신우파)	마르크스주의

① 반집합주의
  ㉠ 기본적인 사회적 가치를 자유, 개인주의, 불평등으로 두고, 복지국가는 자유시장 경제를 왜곡하므로 정부의 복지 제공을 최소화하자는 입장이다.
  ㉡ 자유방임주의에 기반하여 소극적 자유와 국가 권위의 회복을 강조하고, 시장 경제를 적극적으로 옹호한다.
  ㉢ 노동 무능력자에 대한 국가의 책임을 선별적 개입으로 인정한다.

② 소극적 집합주의
  ㉠ 개인주의와 사적 기업, 자조를 강조하며, 반집합주의와 마찬가지로 소극적 자유를 강조한다.
  ㉡ 시장 경제 체제의 문제점(시장의 실패)을 해결하기 위한 정부의 개입을 어느 정도 인정한다. 그러나 정부의 개입에는 한계가 있기 때문에 공공부문과 병행하는 민간부문의 역할을 강조한다.
  ㉢ 수정자본주의라고도 하며, 자유주의, 개인주의, 실용주의 등으로도 표현할 수 있다.
  ㉣ 시장 경제의 보완을 통하여 생산 활동이 이루어진다고 본다.

③ 페이비언 사회주의
  ㉠ 적극적 자유를 강조한다.
  ㉡ 복지국가를 사회주의(궁극적으로 도달해야 하는 곳)로 가는 과정의 한 단계로 본다. 복지국가의 확대는 자본주의를 변화시킬 수 있기 때문에 경제성장, 평등, 사회통합을 위하여 필요하다고 보는 입장이다.
  ㉢ 사회복지에서 공공부문의 역할이 절대적으로 강조되고 개인이나 가족 등 민간부문의 역할은 극소화된다.

④ 마르크스주의
  ㉠ 적극적 자유를 강조한다.
  ㉡ 복지국가는 자본주의의 모순을 해결하려는 것으로, 자본주의를 살리고자 하는 자본가의 이익을 위하여 존재한다고 본다.
  ㉢ 페이비언 사회주의와는 달리, 복지국가를 사회주의로 가는 길 중 하나의 단계로 생각하지 않는다.

개념 공략 조지와 윌딩의 수정된 이데올로기 6분법

조지와 윌딩은 네 가지 사회복지모형을 제시한 이후 사회복지에 영향을 미치는 이데올로기를 새롭게 여섯 가지로 분류하여 소개하였다.

이념		복지국가	복지국가에 대한 입장	특징
우파	신우파	반대	자유시장의 걸림돌	자유시장 경제
	중도 노선	제한적 지지	사회 안정, 질서 유지	자유시장 경제 체제 보완, 관리·통제와 보완, 실용주의
좌파	사회민주주의	적극 지지	사회 조화, 평등 사회 실현	포괄주의, 평등과 재분배
	마르크스주의	반대	자본주의 체제 강화	노동자들의 투쟁이 복지국가를 만듦.
페미니즘		제한적 지지	여성의 평등 지위 보장	여성의 경험을 바탕으로 사회복지정책을 만듦.
녹색주의(생태주의)		반대	환경문제 야기	• 환경적 관심 • 공존과 공생, 상호보완성, 연대성 • 평등, 자율성

5. 안토넨과 시필라(Antonnen & Sipila)의 사회복지모형 기출 16회

① 공공서비스모델
  ㉠ 사회서비스의 공급, 전달, 규제, 제정 등 모든 분야에서 공공부문이 압도적으로 우위를 점하고 있다.
  ㉡ 비영리조직이나 영리조직의 역할은 미미하며, 지방정부가 개인 사회서비스의 생산 및 계획에서 중심 역할을 담당한다.

② 보충주의모델
  ㉠ 공공사회 지출은 높은 수준이지만 사회서비스 지출은 상대적으로 낮은 국가들에서 주로 행해진다.
  ㉡ 적극적인 노동-복지 연계정책이라기보다는 주로 교회에 뿌리를 둔 비영리부문이 공급하는 전통적 지역사회서비스에 머무르고 있다.
  ㉢ 정부가 재원을 조달하고 비영리집단이 서비스를 제공하는 방식을 취한다.

③ 자산조사 – 시장의존모델
  ㉠ 개인 또는 가족 등의 비공식 영역에서 사회서비스를 제공하는 유형이다.
  ㉡ 비영리부문도 일정한 역할을 담당하지만 그 비중이 크지 않고, 보편적인 사회서비스 시장이 광범위하게 형성되어 있다.

④ 가족주의모델
  ㉠ 사회서비스가 전통적으로 비공식 영역인 가족의 책임으로 인식된다.
  ㉡ 가톨릭 전통에 따라 노인과 아동에 대한 보살핌은 가족의 책임이므로, 사회서비스 접근에서의 보편적 권리는 정립되어 있지 않다.
  ㉢ 비영리부문은 국가나 시장에 비해서 활성화되어 있긴 하지만 공공부문과의 연계 없이 분절적으로 제공된다.

개념 공략 안토넨과 시필라의 사회복지모형

구분	공공서비스모델	보충주의모델	자산조사 – 시장의존 모델	가족주의모델
국가	스웨덴, 덴마크	프랑스, 벨기에	독일, 네덜란드	영국, 미국	스페인, 이탈리아
복지혼합	공공 우위	공공 우위	비영리 우위	영리 우위	가족
복지원칙	보편주의	보편주의, 보충주의	보충주의	선별주의	선별주의
중앙–지방 관계	지방정부 기획·제공	중앙 집중	• 분권화(독일) • 중앙집중(네덜란드)	중앙–지방 이중체계	탈집중화
재원조달 중 조세 비중	매우 높음.	높음.	높음.	낮음.	낮음.
지출 우선대상	아동	아동	노인	노인	노인
일–가정 양립도	높음.	높음.	낮음.	낮음.	낮음.
사회서비스 계층화	낮음.	• 아동: 높음. • 노인: 낮음.	높음.	낮음.	• 남유럽형: 높음. • 동아시아형: 낮음.

6. 기타 학자별 사회복지모형 기출 16회

학자	사회복지모형(이념)
파커 (Parker)	• 자유방임주의형: 국가의 최소 개입, 개인주의에 기초하여 능력에 따른 배분 강조 • 자유주의형: 기회의 평등과 개인의 자유 중시 • 사회주의형: 국가의 적극적 개입, 소득 재분배·사회적 형평성 중시
퍼니스와 틸톤 (Furniss & Tilton)	• 적극적 국가: 자유와 경제적 효율이 우선적 가치(미국) • 사회보장국가: 사회복지로 국민의 최저생활을 보장하는 데 중점을 두며, 최저 수준 보장은 기본적으로 사회보험에서 충당한 후 부족한 부분만 국가가 보조하는 방식(영국) • 사회복지국가: 정부와 노동조합 간의 협동을 강조하며, 평등, 협동·연대 의식에 기초하여 국민 최저 수준의 보장을 넘어 전반적인 삶의 질의 평등 추구(스웨덴)
미쉬라 (Mishra)	• 다원적 복지국가(분화된 복지국가): 사회복지는 경제와 구분되면서 대립됨. 사회복지는 경제에 나쁜 영향을 주기 때문에 제한 잔여적 역할을 한다고 봄. • 조합주의적 복지국가(통합된 복지국가): 사회복지와 경제는 상호연관되며 상호의존적인 관계로, 즉 사회복지정책과 경제정책의 밀접한 관계를 인정함.
써본 (Therborn)	• 프롤레타리아 복지국가 • 부르주아 복지국가 → • 정부 개입이 강력한 복지국가 • 보상적 복지국가 • 완전고용 지향적인 작은 복지국가 • 시장중심적 복지국가

개념 공략 마이클 샌델(M. Sandel) 기출 23회

• 정의를 위해 필요한 요소?
 – 도덕에 기초하는 정치: 상호존중을 바탕으로 한 도덕적인 참여 정치가 시민에게 더 많은 이상을 불어 넣는다고 주장
 – 불평등 해소 방법: 시민의 연대와 미덕을 강조하면서 시민 의식 함양과 희생, 봉사를 장려할 것을 제안
 – 강한 공동체 의식: 시민들이 사회와 공동선을 위해 헌신하는 태도를 키울 방법을 찾아야 한다고 주장
 – 시장의 도덕적 한계 인정
• 정의를 판단하는 3가지 기준
 – 공리주의(복지, 행복)
 – 자유주의(자유손숭)
 – 공동체주의(시민의식의 성숙)

단숨에 끝내는

CHAPTER
02

사회복지정책의 전개과정

핵심 Tag #복지국가 #제3의 길

1 영국의 사회복지

1. 영국의 사회복지 발달과정 기출 11회, 12회, 18회, 20~23회

① 엘리자베스 구빈법(1601)
  ㉠ 빈민을 속성에 따라 분류하여 각각에 맞는 대책을 세우기 위한 대상자 선정기준을 법제화하였고, 구빈세에 의한 구빈 대책을 강구하였다.
  ㉡ 제2차 세계대전 이후 국민부조법 등으로 대체되었다.
  ㉢ 의의: 최초로 빈민 구제의 책임을 교회가 아닌 정부가 졌다는 점에서 공공부조의 효시가 되었으며, 사회복지 역사상 큰 의의를 가진다.

> **합격 가이드**
>
> 엘리자베스 구빈법은 목적세의 성격을 지닌 별도의 세금인 구빈세를 활용했습니다.

개념 공략 엘리자베스 구빈법의 체계

대상	• 노동능력이 있는 빈민: 작업장에 입소하여 노동을 하는 자에게 최소한의 구호를 제공하고, 입소를 거부하는 자는 교정원 혹은 감옥으로 보냄. • 노동능력이 없는 빈민: 구빈원에 수용하거나 원외구제를 실시함. • 빈곤아동: 위탁가정이나 도제(徒弟)로 보냄. ➡ 원칙적으로 원내구제(원내구호, 시설 내 구제) 적용. 예외적으로 원외구제(원외구호, 시설 외 구제, 거택보호) 적용
행정	전국적 행정구조를 마련하고 지방행정의 책임을 강화 • 추밀원: 행정적 통제와 감시 • 치안 판사: 구빈 감독관 임명 • 구빈 감독관: 구호접수, 자격 심사, 급여 조치, 구빈세 징수
재원	교구 단위의 구빈세

개념 공략 중상주의(15C~18C)

유럽의 절대왕정 국가들이 채택했던 경제사상으로 국가의 부를 늘리기 위해 무역정책을 펼치고 식민지를 개척함
• 자국 산업 보호를 위해 수입품에 높은 관세 부과
• 자원 및 시장 확보를 위해 적극적으로 식민지 개척
• 국제 무역을 제로섬 게임으로 간주해 주변국을 궁핍화 시킴

② 정주법(1662) 참고 거주지 제한법, 이주 금지법이라고도 한다.
  ㉠ 배경: 각 교구는 교구 내 빈민 보호를 책임지고 있었는데, 일자리를 찾으려는 빈민들이 부유한 교구로 이동하면서 부랑인이 많이 발생하여 구빈 비용이 계속 증가하였다. 이에 따라 빈민의 자유로운 이동을 금지하고자 하는 교구와 귀족들의 압력으로 제정되었다.
  ㉡ 빈민의 주거선택의 자유 및 주거이전의 자유를 침해하여 비판을 받았다.
③ 작업장법(1722) 참고 작업장 테스트법, 작업장 시험법, 강제 노역장법, 나치블법이라고도 한다.
  ㉠ 18세기 중상주의의 영향을 받아 제정되었다.
  ㉡ 노동능력이 있는 빈민을 고용하여 작업장에서 노동을 시킴으로써 그들의 근로 의욕을 강화시키는 데 초점을 맞추어, 구빈세 납부자들의 부담을 줄이고 국가적인 부의 증대에 기여하는 것을 목적으로 한다.
  ㉢ 구빈 감독관과 교회 집사들의 작업장을 건립할 수 있는 권한과 빈민을 고용하여 작업장에 수용하도록 민간업자와 계약할 수 있는 권한을 법으로 구체화하였다.
④ 길버트법(1782)
  ㉠ 작업장의 열악한 환경과 빈민을 대상으로 한 노동력 착취를 개선할 목적으로 제정되었다.
  ㉡ 작업장법에서 계약제도를 활용할 수 있도록 한 독소 조항을 폐지하여 빈민 착취를 개선하였다.
  ㉢ 구빈 행정을 합리화하여 몇 개의 교구 연합이 공동으로 구빈원을 설립 및 운영할 수 있도록 허용하였다.
  ㉣ 감독이나 구제 위원과 같은 유급 구빈 전문 관리(최초의 유급 구빈 사무원)로 하여금 구빈 행정을 수행하도록 하였다.
  ㉤ 의의
    • 작업장을 중심으로 한 공공부조 체계로부터 최초의 일탈이었다.
    • 원외구제(시설 외 구제, 거택보호)로 눈을 돌리기 시작한 최초의 시도였다.

> **합격 가이드**
> 길버트법은 치안 판사이자 하원의원이었던 토마스 길버트가 제안하여 통과된 법안입니다.

⑤ 스핀햄랜드법(1795) 참고 버크셔 빵법이라고도 한다.
  ㉠ 한 가정의 생계에 필요한 그 지역의 음식(빵) 가격에 기초해서 구호의 양을 결정하는 방법이다. 음식물 척도라고도 부르는 이 방법은 빵의 가격과 부양가족의 수에 대응하여 지방세에서 임금을 보조하여 최저 생계비를 보장하는 것이다.
  ㉡ 의의
    • 노인, 허약자, 장애인을 위한 원외구호로 광범위하게 활용되었다.
    • 오늘날의 가족수당이나 최저생활 보장의 기반을 이루었다.
⑥ 공장법(1833)
  ㉠ 최초의 아동 노동복지법으로, 면방직 산업에 9세 미만의 아동을 고용하지 못하게 하고 9~13세 아동의 노동 시간에는 제한을 두었다.
  ㉡ 공장 검열관 제도 아래 감독관들을 파견하여 공장들이 규정을 제대로 이행하는지 감독하도록 하였다.
  ㉢ 한계: 면방직 사업자들이 빈곤아동의 부모로부터 직접 아동을 고용함으로써 아무런 제약 없이 아동에 대한 착취가 계속되었다.
⑦ 개정 구빈법(1834) 참고 개정 구민법, 신빈민법, 신구빈법이라고도 한다.
  ㉠ 구빈법 개정의 1차 목적은 구빈 비용의 감소에 있었다.
  ㉡ 빈곤을 사회적인 문제가 아닌 개인적인 문제로 보았다.
  ㉢ 1832년에 발족된 왕립위원회가 2년에 걸쳐 실시한 조사 결과를 토대로 1834년에 제정되었다.

ⓔ 개정 구빈법의 원칙

전국 균일 처우의 원칙	• 구빈법을 보다 효율적으로 운영하기 위한 원칙 • 빈민의 처우를 전국적으로 통일하기 위해 중앙통제기관을 설치하였음. • 빈민이 보다 나은 구제를 찾아 여러 교구를 돌아다니는 것을 방지하기 위함.
열등 처우의 원칙	• 국가의 부조를 받는 자에 대한 처우는 부조를 받지 않고 자활하는 최하급 노동자의 처우보다 낮아야 한다는 것 • 노동능력자를 일하게 하고 수급 억제를 도모하기 위함. 참고 열등 처우의 원칙은 오늘날의 공공부조제도에서도 일반적으로 적용되는 원칙으로, '보충급여 방식의 생계급여' 등에서 나타난다.
작업장 수용의 원칙	• 노동능력자 및 그 가족에 대한 구제는 기본적으로 작업장 내에 한정시키는 원내구제 원칙 • 노인, 환자 등 자립의 수단이나 희망이 없다고 인정되는 자는 예외로 함.

개념 / 공략 원내구제와 원외구제

원내구제	• 빈민을 작업장이나 구빈원과 같은 시설에 입소시켜 구제를 행하는 것 • 구제의 대가로 시설 입소 및 노동을 강제하므로 빈민 통제의 성격을 강하게 지님. • 관련 법률: 엘리자베스 구빈법, 작업장법, 개정 구빈법 등
원외구제	• 빈민을 시설에 입소시키지 않고 구제를 행하는 것 • 관련 법률: 정주법, 길버트법, 스핀햄랜드법 등

⑧ 왕립빈민법위원회(1905)
  ㉠ 다수파보고서(빈곤원인: 개인)는 구빈법의 폐지보다는 구빈법의 개혁을 주장하였고, 소수파보고서(빈곤원인: 사회구조)는 구빈법의 완전한 폐지를 주장하였다.
  ㉡ 다수파보고서와 소수파보고서 비교

구분	다수파보고서	소수파보고서
빈곤 원인	• 개인의 생활태도 • 빈민의 나태와 무책임	개인문제가 아닌, 불합리하고 불건전한 사회구조(질서)
정책 방향	빈민에게 관대한 동정보다는 가혹한 조치가 필요	빈곤해결을 위해 공공지출 필요
행정 운영	구빈법 개혁을 통한 유지(존속) 주장	구빈법의 완전한 폐지 주장

2. 자선조직협회(COS)

① 배경
  ㉠ 18세기 중엽, 산업화 및 도시화로 많은 인구가 도시로 유입되면서 도시 빈민이 생겨났다. 이러한 도시 빈민 문제를 해결하고자 조직된 많은 민간 자선단체가 구빈활동을 벌였다.
  ㉡ 민간 자선단체의 활동이 무계획적·무차별적·비조직적·비전문적으로 이루어지면서 나타난 많은 문제점 때문에 효율적·조직적·전문적인 자선사업을 위한 연합체의 필요성이 제기되었다.
② 1869년 런던에서 민간 사회복지기관들의 활동을 조정하기 위한 목적으로 세계 최초의 자선조직협회가 설립되었다. 참고 미국 최초의 자선조직협회는 1877년 뉴욕 버펄로에서 설립되었다.
③ 빈곤에 대한 책임은 궁극적으로 개인에게 있다고 보았다.
④ 구제의 가치가 있는 빈민과 구제의 가치가 없는 빈민을 나누었다.

3. 인보관운동

① 배경: 실업자가 증가하고 인구가 도시에 집중되면서 슬럼 지역이 형성되는 등 사회가 새로운 도시문제에 시달리게 되었다.
② 도시문제를 해결하기 위하여 일어난 운동으로, 그룹활동과 조직화를 위한 활동을 전개하였다.
③ 1884년 세계 최초의 인보관인 '토인비홀'이 바네트 목사 부부의 주도로 런던 동부의 빈민 지구에서 문을 열었다.
④ 빈곤의 원인은 개인이 아니라 사회구조에 있다고 보았다.
⑤ 빈민 지역을 실제로 조사하여 빈민들의 생활 실태를 파악하였다.

개념 공략 자선조직협회와 인보관운동

구분	자선조직협회	인보관운동
주도적 인물	로크, 옥타비아 힐	바네트, 토인비
주된 활동층	신흥 자본가들(주로 상류층)	엘리트 청년들(주로 중류층)
이념	보수주의, 전통적 자유주의(사회진화론)	급진주의(사회제도의 개혁 주장)
최초	• 영국 런던 자선조직협회(1869) • 미국 뉴욕 버펄로(1877)	• 영국 런던 토인비홀(1884) • 미국 근린길드(1886)
빈곤의 책임	개인(빈민의 책임)	사회구조(국가의 책임)
목적	개인의 변화, 빈민 개조와 역기능의 수정	사회의 개혁, 사회 질서 비판
사회문제해결	자선기관들의 서비스 조정	서비스의 직접 제공
활동	• 중복 구호 방지를 위한 자선활동의 조정 • 환경조사(사례조사)와 적절한 원조의 제공	• 빈민과 거주, 빈민의 교육과 문화 발전 • 빈민의 생활환경에 관한 정보와 사회적 욕구 파악 • 사회·건강문제 및 사회 입법에 대한 국민 관심 촉구
영향	전문 사회복지, 개별 실천(개별 사회사업)	일반 사회복지, 집단 실천(집단 사회사업)

4. 국민보험법(1911)

① 이념적 배경: 사회보험 시대에 이루어진 입법으로, 1911년 자유당 정부의 개혁을 주도했던 조지와 처칠이 추진하였다. 당시 아스퀴드 내각의 재무상인 로이드가 기안하였으며, 건강보험(로이드 조지)과 실업보험(윈스턴 처칠)으로 구성되어 있다.
② 사회·경제적 배경
  ㉠ 건강보험 기금은 피보험자(노동자)·고용주·국가의 3자가 갹출하기로 하였고, 이러한 방법은 실업보험에서도 일부 사업체에 한해 실험적으로 실시되었다. **참고** 갹출: 같은 목적을 위하여 여러 사람이 돈을 나누어 냄.
  ㉡ 1906년 이후 자유당 내각에 의한 사회정책 중에서 가장 중요한 입법이며, 사회보장제도의 확대와 정비를 위한 기초가 되었다.
  ㉢ 갹출 방법을 보면 노동자의 부담이 명목상으로는 수령액의 절반도 되지 않지만 고용주 측의 갹출액이 생산가의 일부를 이루고 있다. 따라서 전체적으로 보면 주로 건강한 취업 노동자가 질병자와 실업자를 위해 갹출한 것이다.

5. 베버리지 보고서(1942) 기출 11회, 12회, 15회, 18회, 21회

① 특징
  ㉠ 베버리지는 1941년 당시의 사회적 서비스의 구조와 그 효율성을 조사한 뒤 필요한 개혁을 실시하기 위해 위원회를 구성하고 1942년에 개혁 내용이 담긴 보고서를 발표하였다.
  ㉡ 강제성을 띠는 사회보험을 국민최저선 달성을 위한 가장 중요한 제도로 보는 개혁안이 담긴 보고서이다.

> **합격 가이드**
>
> 윌리엄 베버리지는 1941년 구성된 '사회보험 및 관련 사업에 관한 각 부처 연락위원회'의 위원장이었습니다.

② 사회문제의 5대 악과 그 해결 방안

5대 악	해결 방안
결핍(궁핍·빈곤, Want)	소득 보장 정책 실시
질병(Disease)	의료 보장 정책 실시
무지(Ignorance)	교육 보장 정책 실시
불결(Squalor)	주택 보장 정책 또는 공중위생 개선 실시
나태(무위, Idleness)	고용 보장 정책 또는 정신 교육 실시

③ 사회보장(소득 보장)을 위한 3대 전제 조건: 완전고용, 포괄적 보건서비스(포괄적 의료 및 재활서비스·국민 의료서비스), 아동수당(가족수당)

④ 5대 프로그램: 사회보험, 공공부조, 아동수당, 포괄적 의료(건강) 및 재활서비스, 완전고용

> **합격 가이드**
>
> 사회보장이란 실업, 질병 및 재해(장애)로 인한 소득의 중단 또는 노령(은퇴), 사망, 출산, 결혼 등의 예외적 지출에 대비할 수 있는 일정 소득의 보장을 의미합니다.

⑤ 3대 원리
  ㉠ **포괄성의 원리**: 사회보험 대상의 위험을 포괄하고 사회보험의 조직 형태를 일원화하는 것과 함께 이를 전 국민에게 적용하는 보편주의를 채택하는 것이다.
  ㉡ **평등성의 원리**: 모든 국민에게 동일 갹출과 동일 급여를 적용하는 것이다.
  ㉢ **국민 최저수준의 원리**: 다른 자산이 없어도 최저생활을 보장하는 급여 수준을 설정하는 것이다.

⑥ 6대 원칙
  ㉠ **정액 기여의 원칙**: 보편주의 원칙 아래 소득에 관계없이 동일한 액수의 보험료를 부담해야 한다.
  ㉡ **정액 급여의 원칙**: 급여는 사회적·경제적 수준 및 인구학적 특징에 관계없이 동일해야 한다.
  ㉢ **행정 통합의 원칙**: 기존의 복잡하고 산만한 사회보험을 하나의 통일된 체계로 통합하여 행정 운영비의 낭비를 최소화한다.
  ㉣ **적절성의 원칙**: 수급자의 기본적인 욕구를 충족시킬 정도의 적절한 급여를 적절한 지급기간 동안 지급한다.
  ㉤ **포괄성의 원칙**: 사회보험의 적용 대상층이나 적용 욕구의 범위가 포괄적이어야 한다고 보았다. 따라서 전 국민을 대상으로 하는 포괄적인 사회보험을 제안하였다.
  ㉥ **피보험자 구분의 원칙**: 피보험자(대상)를 피용자, 자영인, 가정주부, 기타 노동인구, 취업 전 청소년, 노동불능 고령자 6가지로 분류하였다.

> **합격 가이드**
>
> 베버리지는 '사회보험에 가입할 수 있는 자격을 갖추지 못했거나 능력이 없는 자는 공공부조의 혜택을 받게 한다.'라고 주장하기도 하였습니다. 이는 공공부조가 사회보험 제외자에 대한 안전망의 기능을 수행할 것을 기대한 것이라 볼 수 있습니다.

개념 공략 베버리지 보고서 이후 제정된 주요 법률

- 가족수당법(1945)
- 국민보험법(1946)
- 산업재해법(1946)
- 국민보건서비스법(1946)
- 국민부조법(1948)

2 미국의 사회복지 기출 12회, 14회, 22회

1. 1870년대 이후

① 자선조직협회(1877): 민간 단체에서 자선활동의 주도적 역할을 담당하였으며, 1877년 뉴욕 버펄로에 미국 최초의 자선조직협회가 설립되었다.

② 근린길드(근린조합, 1886): 토인비홀을 경험한 코이트와 선교사 스토버가 1886년 뉴욕에 설립한 미국 최초의 인보관이다.

> 참고 근린길드는 1886년 코이트가 설계하고, 1887년 스토버와 함께 문을 열었다.

③ 헐 하우스(1889): 1889년 제인 아담스가 시카고에 세운 인보관이다.

④ 뉴딜정책(1933)
  ⊙ 1929년 세계 경제 대공황으로 야기된 대량 실업과 빈곤은 국민들의 생존권을 심각하게 위협하였다.
  ⊙ 대공황은 빈곤의 원인을 개인적 성격의 결함에서 찾는 자유방임주의가 크게 흔들리는 계기가 되었다.
  ⓒ 루스벨트 대통령은 3R 정책, 즉 구제(Relief), 부흥(Recovery), 개혁(Reform)의 과업을 목적으로 하는 뉴딜정책을 실시하였다.
  ⓔ 실업자를 위한 정부 지출과 공공구호 사업을 추진하였으며, 적절한 소득 보장을 위해 노력하였다.

2. 사회보장법(1935)

① 1935년 8월에 제정·공포된 사회보장법은 연방정부 차원에서 시행된 최초의 전국적인 사회복지 프로그램으로서 미국 사회보장제도의 역사적 근간이 되었다.

② 광의의 사회보장 용어와 범위가 최초로 제시되었다.

③ 사회보장법의 프로그램

사회보험 프로그램	• 실업보험, 노령·유족 및 장애보험 • 노령연금은 연방정부가 관장 • 실업보험은 주정부가 관장하고 연방정부가 재정 보조
공공부조 프로그램	• 노령 부조, 요보호 맹인 부조, 요보호 아동 부조 • 주정부가 관장하고 연방정부가 재정 보조
보건 및 복지 서비스 프로그램	• 모자보건서비스, 지체장애 아동을 위한 서비스, 아동복지서비스, 직업재활 및 공중보건서비스 • 주정부가 관장하고 연방정부가 재정 보조

3. 빈곤과의 전쟁(1960년대)

① 1964년에 존슨 대통령이 선언하고 실시한 여러 가지 활동을 일컫는다.

② 연방정부 차원에서 사회복지에 관한 다양한 법령을 새로 제정 및 개정하였다.

③ 관련 프로그램

헤드 스타트(Head Start)	취학 전 빈곤아동을 대상으로 실시한 조기 교육 프로그램
메디케이드(Medicaid)	장애인 및 저소득층을 대상으로 실시한 의료보장 프로그램
메디케어(Medicare)	65세 이상 고령자 또는 장애인을 대상으로 실시한 의료보장 프로그램
AFDC	부양아동이 있는 가족을 위한 원조

4. 레이거노믹스(1980년대)

① 경제의 재활성화를 통하여 '힘에 의한 위대한 미국'의 재건을 기한다는 국가 정책이다.
② 신자유주의를 바탕으로 복지 프로그램의 감축과 신연방주의를 표방하였다.
③ 정책
   ㉠ 정부의 복지 비용을 최소화한다.
   ㉡ 연방정부의 권한을 주정부로 이양(신연방주의), 연방세금의 감면 등 연방정부의 역할을 최소화한다.
   ㉢ 절실한 욕구결핍자만이 복지부조 혜택을 받고, 혜택은 가능한 한 단기간 제공한다.

5. 1990년대 기출 22회

1997년 AFDC제도를 폐지하고 빈곤가구를 위한 한시부조 프로그램(빈곤가족한시지원, TANF)을 실시하였다. 이는 미국의 공공부조제도로서 부양아동이 있는 한부모가족에 대해 급여를 제공하는 제도이다. 한부모가족에게 제공하는 급여는 평생 5년에 한하며, 임시적·일시적·한시적이라는 특성을 가진다.

6. 2000년대 이후

① 미국의 건강보험은 국가가 아닌 기업이 운영하기 때문에 일정 조건을 충족해야 가입할 수 있으며 보험료 역시 다르게 책정된다.
② 오바마 정부는 건강보험 개혁안을 추진하여 건강보험 수혜율을 95%까지 끌어올리고자 하였다.

> **합격 가이드**
>
> 오바마 정부의 미국 건강보험 개혁은 루스벨트 대통령이 도입한 이후 약 100년 만의 개혁이었습니다.

3 독일 비스마르크 사회입법 기출 11회, 12회, 20회

1. 사회입법의 도입 배경

① 독일의 산업화는 국가의 주도 아래 1830년대 중반에서 1870년대 중반 사이에 압축적으로 진행되었다. 당시 재상이었던 비스마르크는 산업화과정에서 발생한 노동자 계급과 시민 계급 사이의 긴장 완화를 목적으로 노동자 계급을 회유하기 위한 사회복지정책을 제시하였다.
② 사회복지정책으로 사회보험을 도입하여 노동자 계급을 기존의 정치 질서 내에 포섭시켜 안정된 사회 기반을 구축하는 것에 초점을 두었다.
③ 사회주의자들은 사회보험을 국가의 노동자 통제수단으로 보아 반대하였다.

2. 사회입법의 내용

① 비스마르크가 주도하여 질병보험법, 산재(재해)보험법, 노령폐질보험법 등 일련의 사회입법을 제정하였다.

질병보험 (1883)	• 세계 최초의 사회보험 • 지역별 또는 직장별로 운영하도록 하고 이를 국가가 감독함.
산재(재해)보험 (1884)	• 사용자가 부담하는 보험료로 운영 • 육체 노동자와 저임금 화이트칼라 종사자를 대상으로 함.
노령폐질보험 (1889)	• 노동자와 사용자가 보험료를 절반씩 부담 • 육체 노동자와 저임금 화이트칼라 종사자를 주 대상으로 함.

② 비스마르크 이후 독일의 사회복지정책에서 사회보험이 차지하는 비중이 공공부조보다 훨씬 커지게 되었다.

4 복지국가 기출 11회, 12회, 17회, 18회, 20~22회

1. 복지국가의 이해

① 복지국가의 의미: 국민의 복지가 가족 또는 시장이 아니라 국가의 막중한 책임하에 제공되는 국가이다.
② 복지국가의 공통적 요소
  ㉠ 경제제도: 수정자본주의 경제 체제
  ㉡ 정치제도: 민주주의
  ㉢ 보장 수준: 국민 최저 수준(최소한의 전국적 수준) 강조
  ㉣ 국가 책임: 국민 개개인의 복지에 대한 국가의 강한 책임
③ 복지국가의 특징
  ㉠ 빈곤의 소멸 혹은 현저한 감소
  ㉡ 소득의 분배와 재분배에 대한 평등화 지향
  ㉢ 완전고용의 실현
  ㉣ 사회보장의 충실
  ㉤ 혼합경제
  ㉥ 궁극적으로 비례의 평등 추구
④ 복지국가의 필요성 기출 22회, 23회

> **합격 가이드**
> 복지국가의 필요성은 시장의 실패와 관련이 있습니다.

  ㉠ 사회복지 재화의 공공재적 성격
    • 공공재(사회재 · 집합재)는 사유재와 달리 비경쟁적이고 비배타적인 성격을 갖는다.
    • 공공재는 재화를 소비하는 데 비용이 필요하지 않고, 사람들이 재화를 사용하는 것을 막기도 어렵다(예 등대). 즉, 공공재가 제공되면 사람들은 무료로 혜택을 누릴 수 있다.
  ㉡ 외부효과
    • 어떤 사람의 행동이 시장 기제 밖에서 다른 사람의 복지에 영향을 주는 것을 말한다.

긍정적인 외부효과	부정적인 외부효과
어떤 사람의 행위를 통하여 다른 사람들이 어떤 대가를 지불하지 않고도 이득을 보는 것	어떤 사람의 행위가 다른 사람들에게 해로움을 주는데도 아무런 대가를 지불하지 않는 것
예 가로등, 도로, 녹지 시설	예 공공재 남용, 수질 오염, 대기 오염

    • 외부효과가 크면 클수록 시장 기제에서는 사발적인 수급이 이루어지기 어렵기 때문에 국가가 개입을 필요로 한다.
  ㉢ 불완전한 정보(정보의 비대칭성)
    • 일반적으로 어떤 재화가 시장 기제에서 효율적인 배분이 이루어지기 위해서는 수요자와 공급자 모두 그 재화에 대한 충분한 정보를 갖고 효용을 극대화하는 합리적 선택을 해야 한다.
    • 재화에 대한 충분한 정보가 없다면 수요자가 원하는 재화를 제공하더라도 비효율적인 선택이 이루어질 가능성이 높기 때문에, 국가가 주도해서 재화나 정보를 제공하는 것이 더 유리하다.
    • 정보의 비대칭성은 역선택과 도덕적 해이를 초래한다.
      – 역선택: 정보의 비대칭 때문에 불리한 선택을 하는 것이다.
        예 중고차 시장에서 중고차에 대해 잘 모르는 사람에게 중고차의 심각한 문제를 숨기고 판매하는 것
      – 도덕적 해이: 보험계약이 가입자들의 행동에 영향을 미치는 현상으로 보험에 가입한 사람들이 가입 전보다 위험 발생을 예방하는 행위를 적게 하여 위험 발생이 높아지는 현상을 말한다. 건강보험 진료비 본인 부담을 정당화하는 논리로 사용되며, 도덕적 해이가 심각해지면 보험료 상승으로 이어질 수 있다.

ⓔ **위험발생의 상호의존**: 어떤 위험의 발생이 상호의존적이라는 것은 어떤 사람의 위험발생이 다른 사람의 위험발생과 관련되어 있다는 의미이다. 이 경우 재정 안정이 이루어지기 어렵기 때문에 민간 시장에서는 위험에 대한 보험 상품을 제공하기 어렵다.
ⓜ **소득분배의 불공정성(불평등)**: 자유시장 경쟁에 의존하면 부의 편중에 따른 빈부격차가 심해진다.
ⓗ **불완전 경쟁시장(독과점)**: 하나의 공급자(독점) 또는 소수의 공급자(과점) 같은 불완전 경쟁시장에서는 공급자가 생산량과 가격을 좌지우지할 수 있다. 이윤을 극대화하기 위해서 값을 올리기 때문에 균형 가격만큼 거래가 되지 않아 총 잉여가 감소한다.
ⓢ **규모의 경제**
- 재화가 효율적으로 배분되기 위해서는 어떤 경제 주체도 시장 가격에 영향을 주어서는 안 된다.
- 규모의 경제가 존재하게 될 경우 큰 경제 주체는 재화를 단위당 저렴한 가격에 제작·판매할 수 있기 때문에 시장을 지배하게 되고 결과적으로 비효율적인 자원 배분이 이루어지게 된다.

개념 공략 분수효과와 낙수효과

분수효과(시장의 실패)	낙수효과(정부의 실패)
• 경제적 지원이 아래에서 위로 올라가는 것이 효율적인지에 대한 개념 • 저소득층의 소비증대가 생산, 투자, 고용의 활성화로 이어져 경기를 부양시키는 효과 • 저소득층의 소득증대 및 소비증대의 효과가 점차 상위의 계층으로 확산된다고 봄. • 고소득층에 세금을 많이 매기고 저소득층과 중산층의 소득을 먼저 늘려 주면, 이들의 경제활동이 살아나고 이러한 저소득층과 중산층의 경제활성화가 고소득층으로 이어진다는 주장	• 경제적 지원이 위에서 아래로 떨어지는 것이 효율적인지에 대한 개념 • 고소득층의 소득 증대가 전체 경기를 활성화시켜 저소득층의 소득과 소비에 기여한다는 이론 • 정부가 재정 정책을 통해 대기업과 고소득층의 소득과 부를 늘려주면, 이들의 소비와 투자의 증대가 경기를 부양시켜 중소기업 및 저소득층에게 혜택이 돌아감은 물론, 국가 전반적인 경제발전을 이루는 데 도움이 된다고 봄. • 이론적으로는 가능하나, 현실적으로 틀린 이론이라 폐기되었음.

2. 케인즈주의 기출 17회, 23회

① 유효수요를 증가시키기 위해 금리 인하(통화 정책), 정부의 인프라 투자(재정 정책)를 제시하였다.
  ㉠ **금리 인하**: 저축의 매력도를 떨어뜨려 인출을 유도하고, 투자를 활성화시켜 소비가 촉진될 수 있다.
  ㉡ **정부의 인프라 투자**: 실업의 감소를 통해 경기를 회복시키고자 생산물 총수요를 증대시키고, 정부지출의 증대와 조세 감면을 위해 공공사업을 실시하였다.
② 저소득층의 소득과 소비수준을 높여 유효수요를 창출함으로써 국민경제의 내수기반을 안정화시키는 것이다. 즉, 소득수준이 높아질수록 한계소비성향을 체감한다.
  ㉠ **고소득층**: 이미 기본적인 소비재를 충분히 소비하고 있는 상태이기 때문에 추가소득은 저축한다.
  ㉡ **저소득층**: 기본적인 소비재도 충분히 소비하지 못하는 상태로, 증가한 소득의 대부분을 지출하게 된다.
③ 소득수준이 높아짐에 따라 소득이 한 단위 증가하면 소비지출로 나가는 부문의 비중이 줄어든다.
④ 영국은 제2차 세계대전 이후 경제공황을 벗어나기 위해 케인즈주의를 채택, 국가의 적극적인 시장개입을 추구하게 되었다. 정부는 소비를 살리고, 완전 고용 실현과 임금의 경직성을 완화하고자 적극적인 수요 확장 정책을 실시하였다.

3. 복지국가의 특징

① 빈곤층을 감소시키고 평등한 사회를 만들기 위해 국가가 사회적 불평등에 개입한다.
② 비례적 평등, 소득 재분배에 의한 평등화를 추구하는 경향이 있다.
③ 빈곤층 감소에 필수적인 정책인 완전고용을 실현하고자 한다.
④ 사회보장에 충실한 정책을 펼친다.
⑤ 완전고용의 증대, 높은 수준의 사회복지서비스 실시, 소득 재분배 등 정부가 경제활동 분야에 개입하는 혼합경제 체제의 형태를 보인다.

4. 복지국가의 변천과정 기출 18회

① 복지국가의 정착기(1920년대~1945년)
  ㉠ 세계대전과 세계대공황이 복지국가 발전의 가장 중요한 요인이 되었다.
  ㉡ 복지국가의 발전은 유럽과 미국 각국에서 새로운 복지제도의 확충, 복지 수혜자의 범위 확대, 사회복지를 위한 국가의 재정 지출 대폭 증가라는 세 가지 측면에서 진행되었다.

② 복지국가의 팽창기(1945년~1970년대 중반)
  ㉠ 제2차 세계대전이 종결된 1945년부터 1970년대 중반까지의 시기로, 복지국가의 황금기이다.
  ㉡ 복지국가 정착 이후 약 30년간 경제적 번영과 함께 복지국가의 발전이 모든 측면에서 극대화되었다.
  ㉢ 복지제도의 포괄성(다양화), 복지 수혜자의 보편성, 복지 혜택의 적절성이라는 세 가지 측면에서 복지국가 발전의 절정기라고 할 수 있다.

③ 복지국가의 위기와 재편(정부의 실패) 기출 13회, 16회, 23회
  ㉠ 1973년 오일 쇼크 이후 물가 상승, 경제성장률 하락, 실업률 증가로 인한 관료 및 행정기구의 팽창과 비효율성, 독점자본주의의 자본 축적과 정당화 기능 간의 모순, 포디즘적 생산방식의 비효율성이 축적되면서 복지국가의 위기가 발생하였다.
  ㉡ 오일 쇼크로 케인즈주의가 붕괴되었고, 오늘날까지 구미의 복지국가들은 재편기에 접어들게 되었다.
  ㉢ 1979년 영국에서는 보수당의 대처(대처리즘)가, 1980년 미국에서는 공화당의 레이건(레이거노믹스)이 집권하였다.
  ㉣ 길버트와 터렐(Gilbert & Terrell)은 권능부여국가를 복지국가 재편의 핵심으로 주장하였다.

복지국가	권능부여국가
노동자 보호: 사회적 지원, 노동의 탈상품화, 무조건적 급여	근로촉진: 사회적 포섭, 노동의 재상품화, 유인과 제재의 활용
보편적 권리: 낙인 방지	선별주의: 사회적 형평성 회복
공공의 복지 제공: 공공기관을 통한 서비스 전달, 서비스 형태의 이전, 직접 지출에 중점	민영화: 민간기관을 통한 전달, 현금이나 증서 형태의 이전, 간접지출에 중점
사회권으로서의 급여: 공유된 권리라는 연대의식	의무를 동반한 급여: 공유된 가치와 시민의 의무

  ㉤ 신자유주의(신보수주의·신고전주의·신우파)
    • 1970년대 중반 이후의 경제 위기가 외적 요인(오일 쇼크)에만 의한 것이 아니라, 국가의 경제 개입과 복지 개입이라는 내적 요인에서부터 비롯되었다고 주장하였다.
    • 스태그플레이션(경제불황 상태에서도 물가가 지속적으로 상승되는 상태)의 극복을 위해서는 케인즈주의에 입각하는 경제·사회 정책을 포기하고, 화폐 공급을 억제하여(통화주의 정책) 경제의 자율성을 회복시키는 방법밖에 없다고 보았다.

- ⓑ 민영화
  - 자유시장 경제 체제를 의미하는 것으로(소극적 자유), 1980년대 등장한 신자유주의와 관련이 있다.
  - 정부가 공급하는 재화와 서비스 비용을 절감하기 위해 도입되었다.
  - 소비자의 선호와 선택을 중시하며, 공급자 간 경쟁을 통해 서비스 품질을 향상시키고자 한다.
  - 구매능력 및 지불능력이 부족하거나 없는 취약계층의 서비스 접근성은 낮아졌다.
- ④ 자유시장 경제원리의 필요성(정부의 실패)
  - ㉠ 정부조직의 내부성(내부 목표와 사회 목표의 괴리): 사회적(공익적) 목표보다는 고위관료 개인이나 소속 정당의 이익을 우선적으로 고려하게 되는 경우, 조직 내부 목표와 사회 목표 간 괴리가 발생하는 것을 말한다. 예 법규나 절차 등에 대한 수단적 집착
  - ㉡ X-비효율성(비용체증): 경영 효율성을 추구하기 위한 노력이나 유인의 감소로 조직 구성원의 활동이 나태해지거나 방만해짐으로써 발생하는 비효율성을 말한다. 예 자원의 낭비 및 원가상승, 생산성 저하
  - ㉢ 비용과 수익의 절연(수익자 부담주의가 미적용): 생산 자체의 총량을 늘리는 것에만 관심을 가지고 있는 것을 말한다. 예 과잉생산, 과잉소비 또는 가외적 비용 발생
  - ㉣ 파생적 외부효과(부작용): 시장실패를 바로잡기 위한 정부의 개입의 결과로 나타나는 잠재적·비의도적 확산효과나 부작용을 말한다. 파생효과를 정확히 예측하기란 불가능하여, 그 발생요인을 미리 통제할 수도 없기 때문이다.
  - ㉤ 권력의 편재(권력과 특혜에 따른 분배적 불평등): 권력과 특혜의 남용으로, 공공서비스의 제공과정에서 특정집단에는 권력을 부여하는 반면 상대 집단의 기회나 권력은 박탈하는 것을 말한다.
    예 보조금 및 세제상의 우대조치, 특정산업의 보호 및 육성 등의 포획현상, 지대추구 발생
  - ㉥ 경쟁의 결여(독점성): 정부의 독점적 생산구조로 인한 경쟁결여로, 경쟁자 부재와 무사안일에 의한 X의 비효율성 및 소비자의 선호 여부가 반영되기 어렵다는 것이다.

5. 앤서니 기든스(Anthony Giddens)의 제3의 길 기출 11회

① 제3의 길의 배경: 사회주의 국가가 붕괴된 이후, 1990년대에 집권한 유럽의 좌파 정권들은 좌파의 이념과 신자유주의적 요소를 접목한 앤서니 기든스의 이론을 근거로 하여 사회민주주의와 신자유주의를 대신할 새로운 정치 이념인 '제3의 길'을 제시하였다.

제1의 길	'요람에서 무덤까지'로 대표되는 복지국가를 목표로 한 사회민주주의적 기획(사회적 평등)
제2의 길	시장의 자유를 극대화하고 국가의 개입을 최소화하려는 신자유주의적 기획(시장의 효율성)
제3의 길	• 정책 목표는 '사회적 배제 방지'로, 이를 위해 시장 경제를 수용하면서도 능동적인 정부의 역할을 강조함. 또한 정부의 역할을 인정하면서도 활력 있는 시민사회를 강조하며, 정부, 기업(시장 경제), 시민사회 간의 공생과 협력 관계를 중시함. • 제3의 길 프로그램: 새로운 민주국가(적이 없는 국가), 활발한 시민사회, 민주적 가족, 신혼합경제, 통합으로서의 평등, 사회투자국가, 적극적 복지사회, 세계주의적 민족, 세계적 민주주의

② 제3의 길의 특징
  - ㉠ 사회보장과 재분배에 관심을 기울이는 동시에 경제적 부의 산출에도 관심을 기울이고 있다.
  - ㉡ 경쟁력과 부의 산출을 중시하는 '신혼합경제'를 옹호하며, 베버리지 시대의 소극적 복지수급자와는 대조적으로 적극적인 복지시민의 위상 정립에 정책의 초점을 맞추고 있다.
  - ㉢ 경제적 부양비를 직접 제공하기보다는 가급적 인적 자본에 투자할 것과 적극적인 복지사회의 맥락에서 작동하는 사회투자국가의 건설을 강조한다.

ⓔ 복지제도의 근본적인 책임은 정부에 두면서 민간부문과 개인의 노력을 최대한 유도하여 정부의 개입을 축소하는 효율성을 가져오는 것이 정책의 기조이다.
ⓜ 혜택의 하향식 배분은 좀 더 지방적인 차원에서의 분배제도로 바뀌어야 하며, 더욱 일반적으로는 복지 제공의 개선이 시민사회의 적극적인 발전을 위한 프로그램과 통합되어야 함을 인식해야 한다고 본다.
ⓗ 제3의 길의 적극적 복지(active welfare)

사회투자국가	• 인적 자본 등에 투자하여 국민들의 경제활동 참여기회를 확대하고 더 나은 일자리를 제공함으로써 경제 성장과 사회통합을 동시에 추구하는 국가를 의미 • 노령 및 실업 대책 등의 정책을 실시함.
복지다원주의 (혼합경제)	주로 중앙정부에서 담당했던 복지서비스를 기업, 시민단체, 지역사회, 지방정부 등으로 다원화하여 복지국가의 비효율성을 줄이자는 것
발상의 전환 (의식의 전환)	• 개인의 책임을 상대적으로 강조하면서 복지국가에 대한 의존 성향을 줄여야 한다는 것 • 자원보다는 위험을 공동 부담하는 데에 초점 • 복지를 개혁하기 위해서는 위험성을 분명히 인식해야 함 • 위험성의 긍정적·활력적 측면을 이용하고 위험 감수에 대한 자원을 제공함 • 시장경제 논리를 무조건 앞세우는 자세에서 벗어나 사회에 대한 대기업의 책임을 강조 • 기업운영이 투명하게 이루어질 수 있도록 대안을 제시

개념 공략 제3의 길 프로그램 **기출** 14회

구분	내용
새로운 민주국가 (적이 없는 국가)	권력의 지방 이양, 공공 영역의 쇄신(투명성), 행정적 효율성, 직접 민주주의 메커니즘, 위험성 관리자로서의 정부
활발한 시민사회	정부와 시민사회의 동반자 관계, 지방 주도를 통한 공동체 쇄신, 제3부문의 관여, 지방 공공 영역의 보호, 공동체에 기반한 범죄 예방
민주적 가족	정서적·성적 평등, 관계에서의 상호권리와 책임, 공동 양육·평생 양육 계약, 아이들에 대한 타협적 권위, 부모에 대한 아이들의 책무, 사회적으로 통합된 가족
신혼합경제	공공부문과 민간부문의 상승효과, 공익을 염두에 둔 시장의 역동성 이용, 규제와 탈규제 사이의 균형, 사회생활의 균형
통합으로서의 평등	포용으로서의 평등, 제한적인 능력 지배, 공적 영역(시민 자유주의)의 부흥, 적극적인 복지(복지국가 대신에 적극적 복지사회 맥락에서 작동하는 사회투자국가 건설)
사회투자국가	인적 자본에 투자, 평생 교육 강조, 가족 친화적 정책, 복지 재정을 국가뿐만 아니라 기업·여러 기관들과 결합하여 조달·분배
적극적 복지사회	시민사회의 적극적 발전을 위하여 제3부문(자원 부문)의 적극적 역할을 통한 복지서비스 제공·개선
세계주의적 민족	안정화 세력으로서 민족의 역할 재정립
세계적 민주주의	범세계적 규모로 작동하는 민주주의, 범세계적 경제 불평등 해소, 생태적 위험성을 통제하기 위한 조건

6. 사회투자국가 기출 14회, 15회, 20회

① 과세와 지출 대신 사회투자를 강조하고, 사회투자의 핵심을 인적 자본 및 사회적 자본의 투자로 본다.

인적 자본 투자	중요 대상을 아동으로 보고 아동에 대한 투자를 강조함.
사회적 자본 투자	좋은 인적 자원을 만들어내는 사회적 맥락으로, 경제활동의 포괄적 기반이 됨.

② 사회 지출의 구분

소비적 지출	소득보장에 사용되는 소비적 지출은 가능한 한 억제함.
투자적 지출	특정한 목표집단을 찾아 자산조사를 통해 투자함.

③ 시장 실패자에 대한 사후 소득 보장보다는 새로운 지식 기반 경제에 적응해 시장에서 승리자가 될 수 있게 도와주는 인적 자원 개발 투자에 주력한다.
④ 경제정책과 사회정책의 통합성을 강조하면서도, 경제정책이 사회정책보다 우선순위를 차지한다.
⑤ 시민의 권리는 의무와 균형에 있다고 본다.
⑥ 불평등의 해소보다는 사회적 포섭에 더 관심을 두며, 결과의 평등보다는 기회의 평등을 중시한다.

7. 혼합경제와 복지혼합경제(복지다원주의) 기출 14회, 22회

① **혼합경제**: 경제활동을 민간부문이 전적으로 담당하는 자유방임주의와 달리 정부가 적극적으로 경제에 관여함으로써 사적 경제와 공적 경제가 병존하는 경제 체제이다.
② 복지혼합경제 또는 복지다원주의
  ㉠ 복지국가는 미시적 수준에서 개인의 경제활동 동기를 떨어뜨려 복지 의존성을 높이고, 거시적 수준에서 하위계층을 형성하며 경제성장을 저해하므로 복지의 주체를 다원화(다양화)해야 한다고 보았다.
  ㉡ 사회복지에 대한 국가(중앙정부)의 책임과 역할을 지방정부, 민간영역, 비영리부문(제3섹터), 기업, 지역사회, 개인 등 다른 다양한 공급주체들이 대체해야 한다고 주장한다.
  참고 제3섹터란 국가나 시장의 영역이 아닌 시민사회의 공간을 말한다.
  ㉢ 복지혼합의 유형 중 서비스 이용자 선택권에는 계약, 증서(이용권), 세제 혜택 등이 있다.

개념 / 공략 서비스 이용자 선택권 기출 18회

선택권의 범위는 '계약 → 증서 → 세제 혜택' 순으로 커진다.

계약	공급자와 서비스 이용자 간의 의사표시(권리와 의무의 발생, 변경 및 소멸)
증서(이용권)	사용 용도와 비용을 제한해두고 서비스 이용자는 그 범위에서 자유롭게 선택하는 것
세제 혜택	서비스 이용자의 일정 한도 내에서 세액공제를 해주거나 조세를 감면해주는 것

CHAPTER 03

사회복지정책의 분석틀과 정책과정

핵심 Tag #사회복지정책의 분석 유형 #사회복지정책의 분석 기본틀 #할당체계 #급여체계
#재원체계 #전달체계 #사회복지정책의 결정 #사회복지정책의 평가

1 길버트와 스펙트의 사회복지정책 분석 유형(3P)   기출 11회, 12회, 14회, 15회, 18회, 19회, 21회

1. 과정분석(Studies of Process) – 형성과정분석

① 정책이 형성되는 사회적·정치적·경제적 맥락을 고찰한다.
② 정책사정(Policy Assessment)이 어떻게 이루어지는지를 이해하는 것이 목적이다.
③ 사회복지정책 형성의 역동성에 주목하여 사회복지정책의 형성과정이나 정책계획과 관련된 각종 정보와 다양한 정치조직, 정부기관, 기타 조직들 간의 관계 및 상호작용이 정책형성에 어떻게 영향을 미치는가를 분석한다.
④ 정책형성에 영향을 미치는 사회 정치적·기술적·방법적 변수를 중심으로 분석하는 접근이다.
　예 국민기초생활 보장제도의 형성과정 분석, 노인장기요양보험법 제정과 이익집단과의 관계 분석

> **합격 가이드**
> 사회복지정책의 분석 유형 3P는 상호연관성을 가집니다.

2. 산출분석(산물분석, Studies of Product) – 내용분석(할당, 급여, 재원, 전달체계)

① 정책기획과정을 거쳐 이끌어낸 여러 정책대안을 분석한다.
② 정책결정이라는 정책활동의 결과물에 대한 내용을 분석하는 것이다.
③ 프로그램이나 법률의 형태로 만들어진 일련의 정책선택에 관련된 여러 가지 쟁점을 분석한다. 이때 정책 분석틀을 할당, 급여, 재정, 전달체계로 구분한다.
　예 기초연금과 국민연금의 대상자 선정기준(할당체계) 분석
④ 산출(산물)분석 결과는 기존의 사회주류적 입장을 대변할 가능성이 높다.
⑤ 사회복지정책의 핵심 내용, 프로그램안이나 법률안에 대한 여러 가지 쟁점, 정책 선택의 형태와 내용 등을 분석한다.

3. 성과분석(효과분석, Studies of Performance) – 집행결과에 대한 평가분석

① 특정 정책이 실행된 이후 그 결과를 분석·평가하는 데 관심을 둔다.
② 실현된 프로그램이 만들어낸 결과를 기술하고 평가한다.
　예 자활사업 참여자의 비경제적 효과로 일자리를 받으로 한 가정경제에 미치는 효과 등을 정량적으로 분석
③ 조사방법론의 이론적 지식에 가장 밀접하게 연관된다.
④ 정책 프로그램이 실행된 결과나 영향을 평가하는 것으로, 과정분석이나 산출분석보다 더 객관적이고 체계적인 분석을 요구한다.

2 사회복지정책의 분석 기본틀(길버트와 테렐) 기출 18회, 20회

1. 할당체계 기출 13회, 17회, 20회, 21회

① 사회적 급여를 받을 자격을 가진 사람이 누구인가를 결정한다.
② 할당의 세부 원칙
  ㉠ **귀속적 욕구**: 시장에 존재하는 기존의 제도로는 충족되지 않는 공통적인 욕구를 가진 집단에 속하는 사람에게 급여를 제공하는 것이다. 보편주의에 입각한 규범적 기준에 의하여 정해진다.
  ㉡ **보상**: 공헌자(예 국가유공자, 사회보험 기여자) 또는 피해집단(예 사회의 부당한 행위로 피해를 입은 사람들)에 해당하는가에 따라 형평성에 입각한 규범적 기준에 기초한다.
  ㉢ **진단적 구분**: 개인을 대상으로 신체적 또는 정신적 결함에 대해 특별한 재화 혹은 서비스가 필요한지를 전문가가 판단하여 그 정도에 따라 지급한다.
  ㉣ **자산조사**: 욕구에 기초한 수급자격은 재화나 서비스를 살 수 없는 개인을 대상으로 주어지며, 개인적 할당과 욕구의 경제적 기준에 기초한다.
③ 할당의 세부 원칙에 따른 선정기준

구분	귀속적 욕구	보상	진단적 구분	자산조사
대상자	집단 지향적 할당		개인적 할당	
욕구 판단 기준	욕구의 규범적 판단	형평성에 입각한 규범적 판단	욕구의 기술적 등급 분류	욕구의 경제적 기준
자격 조건	보편주의(제도적 복지) ←――――――――――→ 선별주의(잔여적, 제한적 복지)			
예	의무교육	국민연금	장애인연금	공공부조

개념 / 공략 선별주의와 보편주의의 비교 기출 13회, 17회, 22회, 23회

구분	선별주의	보편주의
이념	개인주의	집합주의
대상	문제를 가진 소수	전 국민
대상자 선정	자산조사에 의거	욕구·자산조사 불필요
성격	치료적, 사후적, 소극적, 선택적	예방적, 사전적, 적극적
장점	• 높은 목표, 비용 효과성 • 요보호자에 집중된 서비스 • 자원의 낭비 방지 • 낮은 수준의 의존성 • 높은 수준의 소득 재분배 • 민간부문의 복지 참여 유도	• 최저소득 보장(빈곤 예방) • 낙인감 제거 • 간편한 행정 절차 • 급여의 공정성(사례의 균일성 유지) • 모든 시민의 구매력을 일정 수준으로 유지 • 경제적 안정과 성장에 기여 • 사회통합(정치적 지지 확보 용이)
단점	• 복잡한 행정 절차 • 낙인감 발생(자격을 가진 빈자의 신청 기피) • 수급자와 비수급자 간의 갈등 야기 • 급여의 불공정성(사회 분열) • 정치적 지지 기반 협소 • 빈곤의 덫(함정) 발생	• 목표 대상의 효율성이 낮음. • 한정된 자원에 대한 낮은 효율성 • 높은 수준의 의존성 • 낮은 수준의 소득 재분배 • 민간부문의 복지 참여 범위 협소
예	자활사업, 기초연금, 의료급여, 장애인연금	산재보험, 고용보험, 국민연금, 건강보험, 무상보육, 아동수당 등

2. 급여체계 기출 11회, 12회, 15~17회, 20~22회

① 선정된 수혜자에게 어떤 형태의 급여를 제공할 것인지를 결정한다.
② 급여에는 현금, 현물, 바우처, 기회, 권력, 서비스, 상품 등이 있다.
③ 현금과 현물의 형태가 일반적이며 점차 바우처의 형태가 증가하고 있다.
④ 급여 수급조건
  ㉠ 귀속적 욕구
    - 기존의 사회·경제제도에서 충족되지 않는 공통적 욕구를 가진 집단의 소속 여부를 판단한다.
    - 귀속되는 범위를 광범위하게 규정할 때 기본이 되는 기준은 거주 여부와 거주시간 및 시민권으로, 거주 여부가 유일한 자격요건인 경우와 거주 여부 및 다른 자격조건이 더불어 필요한 경우로 나눌 수 있다.
  ㉡ 인구학적 조건
    - 인구학적 조건(거주조건 포함)만 갖추면 급여를 받을 수 있는 경우와 인구학적 조건과 다른 조건도 갖추어야 하는 경우로 구분된다.
    - 인구학적 조건에서 가장 중요하게 고려되는 것은 연령이지만, 일정한 가족 수 이상이어야 하거나 결혼 여부, 특정 인구학적 집단에 속해있어야 함을 자격조건으로 삼는 경우도 있다.
  ㉢ 기여의 조건
    - 보험료 납부 형태의 기여: 사회보험은 보험료를 납부해야 급여를 받을 수 있으며, 피보험자 개인의 능력에 따라 기여금을 내고, 개인적인 욕구에 따라 급여를 받게 된다.
    - 사회에 대한 사회적·경제적 기여

사회적 기여	사회나 국가에 대한 공로와 헌신을 기준으로 수급자가 선정됨.
경제적 기여	국가의 기간산업 발전에 기여한 사람들(예 농어민, 광업 종사자 등)은 일반적인 사회보험 대상자에 비해 유리한 적용을 받게 됨.

  ㉣ 근로능력의 조건
    - 가장 먼저, 가장 널리 사용되며, 구빈법에서 가장 중요하게 여기던 사회복지급여 자격조건이었다.
    - 어떤 사회복지 프로그램은 근로능력이 없는 것을 전제로 사회복지급여의 자격을 부여하지만, 실업급여나 각종 고용·훈련 프로그램과 같이 근로능력을 갖춰야 사회복지급여의 자격을 부여하는 경우도 있다.
  ㉤ 자산조사: 공공부조 프로그램의 자격을 결정하는 가장 중요한 기준으로, 생활능력이 없거나 생활유지가 어려운 취약계층이 누구인지를 확인하기 위하여 자산조사를 실시한다.
  ㉥ 전문가의 진단
    - 자산조사(소득조사)와 같은 조건뿐만 아니라 사회복지사, 의사, 공무원과 같은 전문가나 행정관료의 판단을 필요로 하기도 한다.
    - 수급자 선정에 필요한 객관적인 기준을 정하기 곤란한 경우에 전문가의 판단에 의존한다.
  ㉦ 급여의 적절성: 사회보험 또는 공공부조의 급여는 매년 소비자물가변동률, 국민의 인식수준, 경제적 수준을 고려한다.

> **합격 가이드**
> 급여는 사회복지정책을 통해 제공되는 물질적·비물질적 자원을 말합니다.

개념 공략 우리나라 사회복지제도의 급여 수급조건 기출 11회, 13회

사회보험	산업재해보상보험	근로자의 업무상 재해(업무상 사고, 업무상 질병, 출퇴근 재해)를 고려함.
	국민연금	가입기간이 10년인지 여부를 고려함.
	고용보험	이직일 이전 18개월간 피보험 단위기간이 통산하여 180일 이상인지 여부, 비자발적 실업, 재취업을 위한 노력, 취업하지 못한 상태를 고려함.
	노인장기요양보험	가입자 또는 피부양자로서 노인성질병을 고려함.

공공부조	국민기초생활 보장	자산조사를 통해 소득인정액과 부양의무자(조건에 따라 예외 있음) 기준을 고려함.
	기초연금	인구학적 기준(65세 이상)과 경제적 조건(소득인정액)을 고려함.
	장애인연금	인구학적 기준(18세 이상)과 진단적 구분(중증장애), 경제적 조건(소득인정액)을 고려함.

⑤ 급여의 종류 기출 22회, 23회

㉠ 현금급여와 현물급여

구분	현금급여	현물급여

내용	• 복지서비스가 현금의 형태로 전달되는 것
	• 개인의 자유와 소비자의 선택 중시
	  예 사회보험: 산재보험(휴업급여, 장해급여, 상병보상연금, 유족급여), 국민연금(노령연금, 장애연금, 유족연금, 반환일시금), 건강보험(요양비, 장애인 보장구급여비, 상병급여), 고용보험(실업급여)
	  예 공공부조: 국민기초생활보장(생계, 해산, 장제, 자활급여), 장애인연금, 기초연금
		• 복지서비스가 현물의 형태로 전달되는 것
		• 사회 통제와 집합적 선(善)을 중시
		• 소비자 선택권이 성숙하지 못한 사회에서는 현금급여보다 효율적
		  예 사회보험: 산재보험(요양급여, 직업재활급여), 건강보험(요양급여, 건강검진), 노인장기요양보험(재가급여, 시설급여)
		  예 공공부조: 국민기초생활보장(의료급여)

장점	• 선택의 자유 극대화(수급자의 자기결정 권리 보장) • 운영 효율성↑(행정관리비용↓)	• 필요 대상자만 분배, 낭비 적음(대상효율성↑) • 용도 외 사용 막을 수 있음(목표 효율성↑)
단점	• 불필요 대상자까지 분배, 낭비발생(대상 효율성↓) • 용도 외 사용 막을 수 없음(목표 효율성↓)	• 선택의 자유 제한, 수급자에게 낙인감 부여 • 운영효율성↓(행정관리비용↑)

㉡ 바우처(증서)

개념	• 금액이나 수량이 기재된 이용권 • 현금급여와 현물급여의 중간적 성격을 가진 급여 방식 • 일정한 용도 내에서 수급자가 원하는 재화나 서비스를 자유롭게 선택할 수 있게 함.
특징	• 상품을 이용할 수 있는 구매력을 제공함. • 수요자와 공급자에게 별도의 자격 기준을 설정할 수 있음. • 정책의 목적이나 취지에 따라 선택권을 조정 및 통제할 수 있음.
전자바우처	• 서비스 신청, 이용, 비용 지불·정산 등의 전 과정을 전산시스템으로 처리하는 전달 수단 • 우리나라는 2007년 장애인활동보조(장애인활동지원), 지역사회서비스투자사업으로 처음 실시

㉢ 기회
 • 사회의 불이익집단(예 소수 인종, 소수 민족, 노인, 장애인 등)에게 진학, 취업, 진급 등에서 유리한 조건을 제시하여 시장의 경쟁에서 평등을 추구하는 형태이다.
 • 긍정적 차별과 관련이 있다.
㉣ 권력: 재화와 자원의 통제에 영향을 미칠 수 있는 힘을 재분배하는 것을 말한다.

개념 공략 현금급여, 현물급여, 바우처의 비교 기출 16회

• 운영 효율성: 현금 > 바우처 > 현물
• 소비 통제의 정도: 현물 > 바우처 > 현금
• 목표 효율성: 현물 > 바우처 > 현금
• 오용 및 남용의 정도: 현금 > 바우처 > 현물
• 소비자 선택권: 현금 > 바우처 > 현물
• 정치적 선호도: 현물 > 바우처 > 현금

3. 재원체계 기출 11회, 14회, 16회, 18회, 22회, 23회

① 공공재원
  ㉠ 일반 예산(조세)
    • 조세
      - 재원의 안전성이나 지속성이 더 강한 특성이 있다.
      - 대상자의 보편적 확대나 보편적 급여의 제공에서 유리하다.
      - 소득세는 누진성이 높을수록 재분배 효과가 크다.
      - 재산세는 부동산을 소유하고 있지 않은 사람은 납부하지 않기 때문에 계층 간 소득 재분배 효과가 크지 않다.
    • 직접세: 일반적으로 누진적인 방식으로 부과된다(소득이 높을수록 더 높은 세율 적용). 예 소득세
    • 간접세: 조세 저항이 적어 징수가 용이하지만, 비중이 높을수록 소득 재분배 기능은 약화된다(역진성). 주로 상품이나 서비스 가격에 포함되기 때문에 최종적으로 상품 등을 소비하는 소비자가 부담한다.
      예 부가가치세, 개별소비세
      참고 조세의 역진성이란 소비자의 경제적 능력에 관계없이 간접세는 동일하므로, 소득이 높을수록 세율이 낮아지는 것이다.
  ㉡ 사회보험료 기출 18회, 22회
    • 사회보험료(정률제, 소득상한선)는 조세(소득세, 누진세)와 비교해 상대적으로 재분배 효과가 약하다. 그러나 상대적으로 조세저항성은 약하다.
    • 일종의 목적성을 갖는 목적세로, 특별한 목적으로 징수하는 세금이기에 일반 조세보다 사용처가 분명하고 투명하다는 점에서 저항이 적은 경향이 있다.
  ㉢ 조세 비용(조세 지출)
    • 내야 하는 세금을 걷지 않거나 되돌려주는 방식이다. 예 소득 공제, 세액 공제
    • 저소득층은 과세 대상에서 제외되어 조세 감면 혜택을 누리지 못하는 경우가 많고 소득이 높을수록 공제 대상 지출이 높기 때문에 고소득층이 유리하다.
      참고 부의 소득세는 정부가 국민으로부터 걷은 세금을 저소득층에게 돌려주는 방식이다.

개념 공략 사회보험료와 조세와의 관계 기출 18회, 22회

• 사회보험료는 소득상한선이 있어 소득세에 비해 역진적임.
• 사회보험료는 재산권적 성격이 있어 조세에 비해 징수에 대한 저항이 적음.
• 소득세 또는 사회보험료는 정률제의 형태로 납부하기 때문에 소득이 높은 사람이 더 많이 부담함.
• 경제활동 등으로 지불 및 구매 능력이 있는 사람이 조세(직접세, 간접세)를 납부하고 있으며, 지불 및 구매 능력이 없는 취약계층은 납부하지 않음.

② 민간재원 기출 22회
  ㉠ 사용자 부담
    • 사회복지서비스를 받는 사람이 비용의 일부를 부담하는 것이다.
    • 서비스 이용자가 서비스를 남용하는 것을 억제하는 효과가 있다.
    • 역진성이 나타날 수 있고 저소득층의 서비스 접근성을 떨어뜨린다는 문제가 있다. 이를 해결하기 위하여 일정 소득 이하의 이용자에게는 비용을 부과하지 않거나 수준을 낮추기도 한다.
  ㉡ 자발적 기여
    • 개인, 기업 등이 사회복지를 위해 제공한 자발적 기여금이다.
    • 제공자의 자발적 의사에 의존하기 때문에 예측가능성이 낮고, 재원의 안정성이 약하다.
  ㉢ 기업 복지: 기업의 사용자가 피고용자에게 주는 임금 이외의 사회복지적인 혜택이다.

4. 전달체계 기출 11회, 13회, 20회, 23회

① 사회복지전달체계의 운영 주체는 크게 공공과 민간으로 나눌 수 있다.
② 사회복지서비스의 제공자들 사이 또는 공급자와 수급자 사이를 연결하기 위한 조직적, 구조적, 기능적 장치이다.
③ 사회복지전달체계가 발전하기 위해서는 서비스의 분열성, 불연속성, 무책임성, 비접근성을 배제해야 한다.
④ 비영리 민간사회복지기관은 공공부문과 연계하여 서비스를 제공하기도 한다.
⑤ 공적 전달체계
  ㉠ 중앙정부

필요성	• 모든 국민을 대상으로 하는 의료서비스나 교육서비스 등은 공공재적 성격을 가짐. • 어떤 재화는 대상자가 많을수록 기술적인 측면에서 유리함(보편성 추구). • 사회복지정책의 목표인 평등(소득 재분배)과 사회적 적절성을 구현하여야 함. • 지속적이고 안정적으로 유지하는 데 유리함.
문제점	• 자원의 비효율적 배분의 문제가 발생할 수 있음. • 정부가 공급을 독점하기 때문에 재화의 가격과 질이 수급자에게 불리함. • 특수한 욕구에 대한 대응에서 융통성이 발휘되지 않음. • 사회복지 전문인력이 완전히 갖추어진 상태가 아니기 때문에 전문인력이 부족할 수 있음.

  ㉡ 지방정부

필요성	• 중앙정부보다 지역 주민의 욕구를 신속하고 효율적으로 해결할 수 있음. • 지방정부들 간의 경쟁이 유발될 경우 서비스의 질과 가격 측면에서 수급자에게 유리함. • 수급자의 정책 참여 기회의 확대로 욕구 수렴 가능성을 제고함.
문제점	• 지역 간 급여의 차이가 불평등의 문제를 야기할 수 있음(사회통합의 저해요인). • 중앙정부에 비하여 규모의 경제 효과가 낮음. • 프로그램의 안정성과 지속성 측면에서 중앙정부보다 불리함. • 사회복지 전문인력이 부족할 수 있음.

개념 공략 범주적 보조금, 포괄적 보조금, 일반 교부세 기출 16회

지방정부의 재량권은 '범주적 보조금 → 포괄적 보조금 → 일반 교부세' 순으로 높다.

범주적 보조금	재원의 사용목적이 상세히 규정되어 있고 제약 조건이 부여됨.
포괄적 보조금	지원대상이 되는 활동의 범주가 넓으며 특정 사업이나 정책에 사용되기보다는 일반적 영역을 대상으로 지급
일반 교부세	국가가 예산의 일부를 지방정부에게 일정 비율로 배분

⑥ 사적 전달체계

필요성	• 공적 전달체계의 혜택을 받지 못하는 대상자에게 필요한 서비스를 제공함. • 정부의 사회복지 예산 절감에 기여함. • 정부가 제공할 수 없거나 제공하지 못하는 개별 서비스를 제공할 수 있음. • 이용자의 다양한 선택권을 보장하는 데 유리함 • 기관 간 경쟁의 과정에서 양질의 프로그램을 개발할 수 있음. • 정부의 사회복지활동에 대한 압력 단체로서의 역할을 수행함.
문제점	• 프로그램의 안정성과 지속성 측면에서 가장 불리함. • 기관 간 연계 부족으로 통합적인 서비스를 제공하는 데 한계가 있음. • 각종 협의회 또는 협의체의 역할이 미미함. • 사실상 클라이언트를 위한 사회행동가로서의 역할을 수행하기 어려운 부분이 있음. • 사회통합을 저해 할 우려가 있고 규모의 경제 실현이 어려움

⑦ 민영화
  ㉠ 사회복지서비스의 생산과 전달을 공공부문에서 민간부문으로 이양하는 것이다.
  ㉡ 공공부문은 재원 조달, 민간부문은 사회복지서비스 전달을 담당하는 경우가 많다.

⑧ 우리나라의 복지 전달체계
  ㉠ 사회보험의 관리·감독은 중앙집권적이다.
  ㉡ 지방자치단체는 사회복지시설 위탁 및 지도·감독의 주체가 될 수 있다.
  ㉢ 분권화 이후 지방자치단체의 역할이 과거에 비해 확대되고 있다.
  ㉣ 사회보장정보시스템에는 보건복지부 외 타 부처 복지사업도 포함되어 있다.
  ㉤ 최근 서비스 생산 및 전달에서 지방정부와 민간기관의 역할이 증대되고 있다.
  ㉥ 사회복지서비스의 생산과 전달을 민간부문으로 이양하는 민영화 경향이 확대되고 있다.

⑨ 사회복지전달체계의 개선전략(길버트와 테렐) 기출 21회, 22회
  ㉠ 의사결정의 권한 및 통제의 재구조화 전략
    • 조정 및 협조체제의 구축: 사회복지서비스를 통합적이고 포괄적으로 발전시키기 위한 전략이다.

중앙 집중화	각종 업무 부서를 하나로 통합하여 새로운 부서를 만드는 것
연합화	• 서비스 조직 간 그들의 기술, 자원, 인력 등을 협조체제로 활용하는 것 • 서로 다른 기관들의 자원을 지리적으로 집중화하되 기관을 행정적으로 통합하지 않는 것
사례수준의 협력	전술한 조정체계가 잘 구축되지 않을 때 각 기관의 최일선 사회복지사들 간 원조 네트워크를 필요로 하는데, 이러한 아래로부터의 조정을 말함.

    • 시민 참여제 도입: 의사결정 권한을 기관과 클라이언트에게 재분배하는 전략이다.

비배분적 참여	• 시민들이 교육이나 치료의 형태로 참여하거나, 단지 명목적으로만 참여하는 것으로 '유사참여'라고도 함. • 기존의 의사결정 권한에 실질적인 변화가 없음.
정상적인 참여	• 의사결정과정에 시민이 정상적으로 참여하는 것 • 의사결정에 결정적인 변화가 일어나지 않음.
재배분적 참여	• 시민이 의사결정과 서비스 전달체계에 실질적인 영향을 미치는 경우 • 클라이언트의 욕구에 더 잘 반응할 수 있으나 대표성의 문제 발생

ⓒ 업무부담의 재조직화 전략: 업무를 누가 담당할 것인가의 질문에 대한 전략이다.

전문가 역할 부여	수급자와 전문가 사이에 상호이해나 접근이 용이하지 않고 서비스 전달이 어려운 경우, 중개역할을 할 수 있는 비전문가(토착적인 사람)에게 전문가 역할의 일부를 부여하는 것
전문가를 조직적 상황에서 분리	서비스 전달조직이 관료제적인 특성이 강하여 전문성 발휘가 곤란한 경우, 전문가 조직을 떠나 개업함으로써 전문성을 발휘할 수 있는 조건을 만드는 것

ⓒ 전달체계 조직 구성의 변화전략: 전달체계 조직의 단위 및 수를 어떻게 할 것인가에 관한 전략이다.

전문화된 접근구조	서비스에 대한 접근성 자체를 중요하게 간주하여 독자적인 서비스를 제공함.
의도적인 중복	• 의도적으로 같은 서비스 전달체계를 중복시키는 방법을 말함. • 즉, 지리적 장애나 교통상의 장애가 있을 때 서비스 조직을 지리적으로 접근하기 쉬운 곳에 새로 설치하는 방법을 말함.

ⓔ 전달체계의 운영 주체에 관한 전략: 전달체계를 누가 운영할 것인가에 관한 전략이다.

공공조직	사회보험, 공공부조 등
민간조직	사회복지서비스

ⓜ 서비스 배분방법에 관한 전략

공급억제 전략	• 클라이언트에 대한 제한 강화(클라이언트의 수를 줄임) • 서비스의 희석화(서비스 양과 질을 감소시킴)
수요억제 전략	서비스 접근에 물리적, 시간적 및 사회적 장애를 제거하지 않거나 장애를 생기게 하여 서비스에 대한 접근을 어렵게 하는 것

3 사회복지정책의 과정

문제 형성 ➡ 어젠다(의제) 형성 ➡ 대안 형성 ➡ 정책결정 ➡ 집행 ➡ 평가

1. 사회복지정책의 문제 형성 기출 11회, 13회

① 새로운 사회복지정책이 형성되거나 기존 정책을 변경하기 위해서는 사회에 정책의 성립과 변화를 요구할 만한 어떠한 문제들이 선행되어야 한다.
② 사회복지정책 문제 이슈화
  ㉠ 이슈화 과정: 문제나 요구가 일반 국민이나 정책결정자들의 관심을 끌게 되는 과정이다. 이슈화 과정은 문제와 직접적으로 관계되지 않은 사람도 문제를 인식하도록 하는 기능을 한다.
  ㉡ 이슈의 크기: 이슈에 관여하는 사람이나 집단의 수, 이슈를 둘러싼 이해 당사자들의 관여 정도, 이슈에 대한 일반 국민의 인식 등을 파악함으로써 이슈의 크기를 측정할 수 있다. 일반적으로 이슈의 크기가 클수록 정책 어젠다에 오르기 쉽다.

③ 이슈 제기자와 이슈 유발 장치: 사회문제가 이슈화되기 위한 조건이다. 이슈 제기자의 의도적인 노력이나 이슈 유발 장치를 통해 문제가 이슈화된다.

이슈 제기자	어떤 문제를 해결하기 위하여 문제를 제기하고 국민에게 널리 인식시키려는 사람들
이슈 유발 장치	문제가 이슈로 전환되는 과정에 도움을 주는 예기치 못한 사건들

④ 이슈화에 영향을 미치는 요인
  ㉠ 사회복지문제의 정의: 문제를 둘러싼 이해관계자들이 문제를 정의·재정의하면서 문제에 대한 시각과 관련한 다툼이 그 문제를 이슈화시키는 것이다.
  ㉡ 이슈 갈등: 이해관계자들 사이의 논쟁과 의견이 불일치하는 것이다.
  ㉢ 정치적 과정: 이슈화 과정은 사회세력들 사이의 권력관계를 반영한다.
  ㉣ 이슈의 변화: 이슈는 재정의되는 역동적 상황 속에서 여러 가지 세부 이슈들로 구체화되거나 다양화·모호화된다.

2. 사회복지정책의 어젠다 형성

① 어젠다 형성과정의 특징
  ㉠ 이슈를 둘러싼 갈등상황 속에서 이해집단들 사이에 타협, 흥정, 조정이 이루어지는 정치적 과정이다.
  ㉡ 문제가 어젠다(정책 의제)로 형성되어야 이에 대한 정책적 해결책(대안)을 모색하고, 적절한 정책을 선택하여 시행할 수 있다.
② 어젠다 형성에 영향을 미치는 요인: 주도집단, 참여자, 정치적 요소, 문제의 특성

3. 사회복지정책의 대안 형성 기출 15회

① 사회복지정책의 대안의 탐색 및 개발
  ㉠ 과거의 정책 검토
  ㉡ 외국의 정책사례 검토
  ㉢ 사회과학적 지식이나 이론모형 적용
  ㉣ 직관적 방법(주관적 판단으로 정책을 만들어내는 것으로, 신뢰나 전문지식 및 상황에 대한 정보가 부족한 경우에 활용)
② 정책대안의 비교분석 기준

능률성(효율성)	투입이 일정하면 산출을 최대한으로 만드는 것이 능률적인 것이고, 산출이 일정하다면 투입을 최소화하는 것이 능률적인 것
효과성	문제해결에 동원되는 자원과 이로부터 나타나는 복지서비스의 관계, 즉 투입-산출 관계에서 투입에 상관없이 산출을 최대한으로 만드는 것
사회적 효과성	다른 분야에서는 능률성이나 효과성이 가장 큰 목표일 수 있지만, 사회복지정책은 인간의 존엄성을 전제로 하기 때문에 사회적 효과성을 더 중요시하는 경우가 많음.
사회적 형평성	사회복지정책이 시행되면 사회계층 사이의 불평등을 바로잡을 수 있는가에 관한 것
기술적 실현가능성	엄격한 의미에서는 정책대안이 가지고 있는 기술적 문제점들에 관한 것을 뜻할 때 사용되지만, 보통은 좁은 의미의 기술적 문제뿐만 아니라 집행가능성을 포함하여 정책대안이 제대로 시행될 수 있는가에 관한 것
정치적 실현가능성	정책대안이 정치적으로 반대와 반발 없이 받아들여질 수 있는가에 관한 것

4. 사회복지정책의 결정 기출 12~14회, 16회, 17회, 20회, 21회, 23회

① 합리모형
  ㉠ 특징
   - **인간의 이성과 합리성**: 정책결정에 관여하는 인간이 이성적이고 합리적이라고 가정한다.
   - **인간의 능력에 대한 신뢰**: 주어진 조건하에서 최선의 정책대안을 만들어낼 수 있는 인간의 능력을 암묵적으로 전제한다.
   - **주어진 목표와 상황**: 주어진 상황 속에서 주어진 목표를 해결하기 위하여 최선의 정책대안을 찾을 수 있다고 가정한다.
   - **대안의 비교 기준**: 각 정책대안들을 비교평가하는 데 필요한 판단 기준이 명백히 존재한다고 가정한다.
   - **최선의 정책대안 선택**: 문제를 해결할 최선의 정책대안을 찾아냄으로써 정책결정이 이루어진다고 본다.
  ㉡ 한계 및 문제점
   - 인간이 항상 이성적이고 합리적이지는 않다. 비합리적인 정책결정과정이나 행태는 합리모형으로 설명할 수 없다.
   - 정책목표라는 것은 정책결정과정에 참여하는 관계자들 간의 타협과 협상으로 형성되며, 정책상황에 따라 바뀔 수 있으므로 가장 합리적인 정책대안이란 존재할 수 없다.
   - 정책문제 탐색 및 그 해결에 대한 정보나 시간적 여유가 늘 충분한 것은 아니다.
   - 정책대안을 비교평가하는 기준이 항상 뚜렷하게 존재하는 것은 아니다.
   - 최선의 정책대안을 마련하였더라도 시행 중인 정책에 이미 많은 자원이 투입되어 있는 경우 즉시 새로운 대안으로 바꿀 수 없는 경우도 있다(매몰 비용의 문제).

② 만족모형
  ㉠ 특징
   - **제한된 합리성(주관적 합리성)**: 인간이 합리적이기는 하지만, 그것이 완전한 합리성이라고 여기지는 않는다.
   - **정책목표 및 기준의 불확정성**: 정책목표는 물론 정책대안들 중 우선순위를 평가할 수 있는 기준도 명백하지는 않다고 본다.
   - **제한된 대안의 탐색**: 정책결정과정에서 모든 정책대안이 전부 고려되지도 않고 고려될 수도 없으며, 고려될 필요도 없다고 본다.
   - **만족스러운 대안의 선택**: 만족할 만한 정책대안을 찾으면 그 대안을 선택함으로써 대안의 탐색이 중단되고 정책결정이 이루어진다고 본다.
  ㉡ 한계 및 문제점
   - 어느 정도의 수준이 만족할 만한 수준인지에 대한 객관적 판단 기준이 없다.
   - 크게 중요하지 않은 사안의 정책결정에는 이 모형이 적용될 수도 있겠지만, 매우 중대한 사안에는 합리모형과 같은 형태가 더 바람직하다.
   - 만족할 만한 정책대안이 나타나면 그 이상의 대안 탐색이 중단되는데, 이 경우 더 훌륭한 정책대안이 있어도 그대로 사장될 수밖에 없다. 즉, 반쇄신적·보수적 경향이 있다.

③ 점증모형(점진모형)
  ㉠ 특징
    - **점증적 성격**: 정책결정과정은 점증적(점진적)으로 수정·개선된다고 본다.
    - **비합리성**: 합리모형과 정반대로 인간의 비합리성을 전제로 한다.
    - **정책목표와 수단의 조정**: 항상 수단을 목적에 맞추는 것이 아니라 목적을 수단에 맞추기도 하는, 이른바 수단과 목적 사이에 서로 조정이 이루어진다.
    - **정치적 성격**: 정책대안의 선택에는 다른 조직과의 상호작용 및 다양한 이해 당사자들에 대한 고려 등 정치적인 배려가 포함된다.
    - **보수적 성격**: 이전의 정책과 전혀 다른 정책을 선택하는 것은 현재까지의 정책이 잘못된 것임을 인정하는 것이라고 보기 때문에 있을 수 없는 일이라고 본다.
  ㉡ 한계 및 문제점
    - '점증'에 대한 확고한 기준이 없다.
    - 정치적으로 실현가능한 임기응변적 정책을 모색하는 데 치중하게 되므로 강자에게 유리하고 약자에게는 불리하게 작용할 수 있다(형평성의 문제).
    - 보수적 성격을 가지기 때문에 쇄신이 강력히 요구되는 사회에는 적합하지 않다.
    - 위기 상황에서의 정책결정 시 적합한 지침을 제시할 수 없으므로 대처능력에 한계가 있다.

④ 혼합모형
  ㉠ 특징
    - **종합적 합리성**: 큰 범위에서의 기본적인 결정은 합리적으로 이루어지지만, 세부적인 결정은 기본적 결정을 보완·수정하여 점증적으로 이루어진다고 주장한다. 특히, 기본적 결정은 전체적인 방향 설정을 위해 중요한 대안을 탐색한 후에 이루어진다.
    - **결정의 구분**: 정책결정과정을 기본적 결정(합리모형)과 세부적 결정(점증모형)으로 구분한다.
    - **사회의 조직 원리**: 합리모형은 개발도상국가의 계획지향적인 정책결정에 적합하고, 점증모형은 다원주의 사회의 정책결정에 적합하고, 혼합모형은 능동적 사회에 적합한 모형이라고 주장한다.
  ㉡ 한계 및 문제점
    - 합리모형과 점증모형, 즉 대립되는 극단의 두 모형을 혼합·절충한 것에 지나지 않는다는 비판이 있다.
    - 현실적으로 적용될 수 있는 모형인가에 관한 비판이 있다.

⑤ 최적모형
  ㉠ 특징
    - **질적 모형**: 합리적 요소와 초합리적 요소, 즉 경제적 합리성과 초합리성을 바탕으로 하는 모형이다.
    - **경제적 합리성과 초합리성**: 현실 여건이 합리성을 제약하므로 경제적 합리성과 함께 직관이나 판단력, 창의력과 같은 초합리성을 고려한다.
  ㉡ 한계 및 문제점
    - 정책결정에서 사회적 과정에 대한 고찰이 불충분하다.
    - 초합리적 요소가 실제 정책결정과정에서 사용되고 있음을 밝혀내는 데는 이바지하였으나, 초합리성의 구체적인 달성방법이 명확하지 않다.
    - 초합리적 요소를 강조할 경우 신비주의에 빠질 가능성이 있고, 주먹구구식 정책결정에 대한 변명거리로 사용될 수 있다.

⑥ 쓰레기통모형
  ㉠ 특징
    - 킹돈(Kingdon)은 정책결정과정이 쓰레기통처럼 불규칙하고 독립적으로 이루어진다고 본다.
    - 4가지 요소(문제, 해결책, 선택 기회, 참여자)와 3가지 흐름(정치적 흐름, 문제의 흐름, 정책대안의 흐름)이 통 안에서 각자 떠다니다가 우연히 동시에 한 곳에서 모일 때 비로소 결정이 이루어진다.

흐름의 결합 1	정치의 흐름, 문제의 흐름, 정책대안의 흐름 각각에 의하여 또는 이들의 결합에 의하여 정책어젠다가 형성됨.
흐름의 결합 2	세 가지 흐름이 결합되면 '정책의 창문'이 열리는데, 이것이 정책결정의 기회임.

    - 복잡하고 혼란한 상황 속에서 조직이 어떠한 의사결정 형태를 나타내는가에 연구의 초점을 두기 때문에 복합적이고 급변하는 상황 속에서 일어나는 의사결정을 설명하는 데 적합하다.
  ㉡ 한계 및 문제점: 복잡하고 혼란한 상황이 조직의 모든 의사결정 형태에서 발견되는 것은 아니므로, 일부분의 조직에서 일시적으로 나타나는 의사결정 형태를 설명하는 데 적합할 뿐이다.

개념 공략 사회복지정책결정에 영향을 미치는 요인들
- 정책과정의 참여자
- 정책결정 구조
- 정책대안의 존재 여부
- 다른 정책과의 관계
- 정치·경제·사회적 상황

5. 사회복지정책의 집행
① 정책집행의 중요성
  ㉠ 정책 의도를 구현하는 활동이다.
  ㉡ 결정의 수정과 보완과정으로 활용된다.
  ㉢ 정치적 갈등과 타협이 현실화되는 과정이다.
  ㉣ 비용집단과 편익집단에게 직접적인 영향이 발생하여 국민 생활과 직결되는 정부활동이다.
② 정책집행에 영향을 미치는 요인들
  ㉠ 환경적 요인: 정치적 상황의 변화, 경제적 상황의 변화, 사회적 상황의 변화 등
  ㉡ 내재적 요인
    - **정책문제의 정의와 관련된 변수**: 정책목표의 타당성과 구체성 등
    - **정책수단 및 절차의 확보와 관련된 변수**: 재원의 확보, 사회복지서비스 전달체계 및 전달방법 등
    - **정책산물에 관한 변수**: 사회복지서비스의 형태 등
    - **정책행태적 요인**: 정치기관의 지지, 정책 집행자와 집행기관의 가치와 이해관계, 상급 관청 및 경쟁 부서의 태도, 클라이언트의 가치 및 태도, 이익집단의 활동, 지역사회 주민 및 일반 국민의 행태 등

6. 사회복지정책의 평가 `기출` 11~15회, 17회, 21회

① 정책평가의 의미
  ㉠ 좁은 의미의 평가: 정책집행의 결과에 대한 평가, 즉 정책이 원래 의도한 문제의 해결에 얼마나 영향을 미쳤는가에 대한 평가이다.
  ㉡ 넓은 의미의 평가: 정책활동 전반에 걸친 평가, 즉 정책결정 이전부터 정책집행 이후까지의 모든 정책과정에서 이루어지는 정책활동에 대한 평가이다.

② 정책평가의 필요성
  ㉠ 사회복지정책의 효과성 증진: 사회복지정책의 개선을 위하여 정책에 대한 평가가 필요하다.
  ㉡ 책임성 및 정당성의 확보: 정책평가를 통하여 사회복지정책의 목표를 얼마나 달성하였는지 파악할 수 있을 뿐만 아니라 그에 대한 책임 소재도 찾아낼 수 있고, 정책의 정당성 근거를 확보할 수 있다.
  ㉢ 정책이론의 발전: 사회복지정책에 대한 평가 자료는 기존의 정책을 수정·보완하거나 새로운 정책을 연구하는 데 중요한 자료가 되며, 이는 실제적인 정책의 발전과 함께 이론의 형성 및 발전에도 기여한다.

③ 정책평가의 특징
  ㉠ 정치적: 정책결정자 등은 현실적으로 정책평가가 가치중립적인 입장을 보이지 않도록 노력한다.
  ㉡ 실용적: 응용연구로서 정책결정에 유용하게 적용하는 것을 목표로 한다.
  ㉢ 종합학문적: 정책결정은 현재의 정치, 사회, 문화 등 현실의 다양성을 반영하며, 통계기법과 같은 실질적 지식은 물론 정책문제에 대한 다양한 이론적 지식까지 요구된다.
  ㉣ 기술적: 정책평가를 위해서 평가기법 등의 기술과 통계기법 및 과학적 분석기법 등이 요구된다.
  ㉤ 개별사례적: 구체적인 정책 프로그램이나 그 프로그램이 적용된 개별사례를 연구 대상으로 한다.
  ㉥ 가치지향적: 사회복지정책 평가는 결정된 정책 프로그램의 무엇이 잘되고 무엇이 잘못되었는지 또는 앞으로 어떻게 하는 것이 바람직한지를 포함하고 있다.

④ 정책평가의 유형
  ㉠ 과정평가: 정책집행과정의 문제점을 찾는 데 효율적이다.
  ㉡ 총괄평가: 정책집행 이후 정책의 효과 및 영향 등을 평가하는 것이다.
  ㉢ 효과성평가: 최초의 정책목표 달성 여부를 평가하는 것이다.
  ㉣ 효율성평가: 정책목표 달성을 위한 비용 대비 편익을 비교하는 것이다.

비용 효과 분석	정책목표의 달성 여부를 비용 측면에서 평가
비용 편익 분석	정책성과를 화폐 단위로 환산하여 평가

⑤ 정책평가에 영향을 미치는 요인들
  ㉠ 인적 요인: 정책 평가자·담당자, 클라이언트, 이해관계자, 일반 국민 등이 평가에 영향을 미친다.
  ㉡ 시간적 요인: 평가를 위한 시간이 불충분할 경우 정확한 평가가 이루어질 수 없고, 시간적 여유가 많을 때는 피드백의 시점을 놓치는 경우가 있다.
  ㉢ 기술적 요인: 수집된 자료들을 적절히 분석할 수 있는 기법이 있어야 한다.
  ㉣ 제도적 요인: 정책평가에 필요한 정보나 자료의 획득이 보장되어야 하고 원활한 평가활동을 지지할만한 행정적인 뒷받침이 있어야 하며, 평가결과가 실제 활용될 수 있는 법적·제도적 장치가 마련되어야 한다.
  ㉤ 정책 자체 요인: 평가대상이 되는 정책 프로그램의 목표가 뚜렷해야 하고 평가 기준이 제시되어야 하며, 그 내용을 측정할 수 있어야 한다.

> **합격 가이드**
> 정책평가는 가치판단을 요구하는 가치지향적인 성격을 가집니다.

> **합격 가이드**
> 주로 효과성이나 효율성을 보는 총괄평가는 양적 평가방법을 활용하고, 모니터링의 성격을 가진 과정평가는 질적 평가방법을 활용하지만 양적 평가방법과 병행하기도 합니다.

단숨에 끝내는
CHAPTER
04

사회보장

핵심 Tag #사회보장급여의 종류 #사회보험, 공공부조, 민영보험의 비교 #소득 재분배 #빈곤과 소득 불평등

1 사회보장의 이해

1. 사회보장의 개념 기출 12회
① 사회보장이란 출산, 양육, 실업, 노령, 장애, 질병, 빈곤 및 사망 등의 사회적 위험으로부터 모든 국민을 보호하고 국민 삶의 질을 향상시키는 데 필요한 소득·서비스를 보장하는 사회보험, 공공부조, 사회서비스를 말한다(사회보장기본법 제3조 제1호).
② 사회보장은 자동안전장치 기능을 통해 경기 불안정을 조정한다.

> **합격 가이드**
> 사회보장제도는 전반적으로 사회복지법제론과 긴밀하게 연결되어 있으므로 함께 학습하여야 합니다.

2. 사회보장제도의 운영 원칙(사회보장기본법 제25조) 기출 14회, 17회, 20회
① **보편성**: 국가와 지방자치단체가 사회보장제도를 운영할 때에는 이 제도를 필요로 하는 모든 국민에게 적용하여야 한다.
② **형평성**: 국가와 지방자치단체는 사회보장제도의 급여 수준과 비용 부담 등에서 형평성을 유지하여야 한다.
③ **민주성**: 국가와 지방자치단체는 사회보장제도의 정책결정 및 시행과정에 공익의 대표자 및 이해관계인 등을 참여시켜 이를 민주적으로 결정하고 시행하여야 한다.
④ **효율성·연계성·전문성**: 국가와 지방자치단체가 사회보장제도를 운영할 때에는 국민의 다양한 복지 욕구를 효율적으로 충족시키기 위하여 연계성과 전문성을 높여야 한다.
⑤ **책임성**: 사회보험은 국가의 책임으로 시행하고, 공공부조와 사회서비스는 국가와 지방자치단체의 책임으로 시행하는 것을 원칙으로 한다. 다만, 국가와 지방자치단체의 재정 형편 등을 고려하여 이를 협의·조정할 수 있다.

3. 사회안전망 기출 15회
① **1차적 사회안전망**: 개인의 노력과 능력으로 확보할 수 있는 안전망으로, 주로 사회보험제도로 구성되어 있다.
② **2차적 사회안전망**: 빈곤계층의 기본적 욕구를 충족시켜 주기 위한 목적으로 운영된다. 주로 공공부조제도로 구성되어 있다.
③ **3차적 사회안전망**: 긴급구호가 필요한 자에게 최소한의 생계 및 건강 유지, 각종 차상위계층 지원사업, 의료 지원을 위한 목적으로 운영된다. 근로능력 유무로 구분하여 지원하며 자립을 목적으로 한다.

4. 사회보장의 주요 형태 기출 12회, 17회, 20회, 22회

① **사회보험**(방빈제도)
  ㉠ 국민에게 발생하는 사회적 위험을 보험의 방식으로 대처함으로써 국민의 건강과 소득을 보장하는 제도를 말한다(사회보장기본법 제3조 제2호).
  ㉡ 세계적으로는 건강보험, 연금보험, 실업보험(고용보험), 산재보험이 있다(4대 사회보험).
  ㉢ 우리나라는 세계 4대보험에 노인장기요양보험을 포함하여 5대 사회보험제도가 운영되고 있다.

② **공공부조**(구빈제도)
  ㉠ 국가와 지방자치단체의 책임하에 생활유지능력이 없거나 생활이 어려운 국민의 최저생활을 보장하고 자립을 지원하는 제도를 말한다(사회보장기본법 제3조 제3호).
  ㉡ 빈민을 대상으로 하는 현금급여 및 기타 서비스로, 빈민 여부를 가리기 위해 자산조사를 실시한다.
  ㉢ 급여의 혜택은 대상자의 재정 상태와 욕구에 따라 결정되고, 재정은 정부의 일반 세입에서 충당된다.
  ㉣ 주로 사회보험 비적용자가 대상이 되며, 사회보험을 보완하는 역할을 한다.

③ **사회수당**(보편적 복지제도)
  ㉠ 수급자의 소득, 고용, 재산과 관계없이 인구학적 조건만 갖추면 일정액의 급여를 제공하거나 국가나 사회에 대한 기여가 인정될 때 수급 요건이 충족되는 급여이다.
  ㉡ 재정은 공공부조와 마찬가지로 조세로 충당되며, '보편주의 수당'이라고도 한다.

④ **사회서비스**
  ㉠ 국가·지방자치단체 및 민간부문의 도움이 필요한 모든 국민에게 복지, 보건의료, 교육, 고용, 주거, 문화, 환경 등의 분야에서 인간다운 생활을 보장하고 상담, 재활, 돌봄, 정보의 제공, 관련 시설의 이용, 역량 개발, 사회 참여 지원 등을 통하여 국민의 삶의 질이 향상되도록 지원하는 제도를 말한다(사회보장기본법 제3조 제4호).
  ㉡ 사회보험, 공공부조와 함께 우리나라 사회보장제도의 3대 범주의 하나이다.

개념 공략 사회보험, 공공부조, 사회수당 기출 18회, 22회

구분	사회보험	공공부조	사회수당
주 대상	소득 능력자(피용자, 사용자, 자영업자)	소득 무능력자 또는 소득이 불충분한 자	인구학적 조건을 갖춘 자(소득 능력과 관계없음)
수급 요건	보험료 납부, 보험 사고 발생	불충분한 소득 또는 욕구의 발견	국가나 사회에 대한 기여 및 공인된 욕구
급여 수준	이전 소득과 연계된 수준 또는 높은 수준의 정액 급여	최저 생계를 위한 낮은 수준의 보충 급여	일반적으로 낮은 수준의 정액 급여
재정 부담	피용자, 사용자, 자영업자, 국가	국가 및 지방자치단체	일반적으로 국가
전달체계	국가	국가 및 지방자치단체	일반적으로 국가
수급 절차	사고 발생의 확인	자산조사	인구학적 조건, 사회적 기여의 확인
낙인 유무	없음.	있음.	없음.
제도	연금보험, 건강보험, 산재보험, 고용보험(실업급여), 노인장기요양보험	국민기초생활 보장, 의료급여, 긴급복지지원, 기초연금, 장애인연금 등	아동수당, 부모급여, 국가 유공자 예우 등

2 사회보장의 기능

1. 사회보장의 다양한 기능
① 사회보장의 기능은 사회보장의 개념이나 목적에 직간접적으로 포함되어 있다.
② 주요 기능에는 경제적 기능, 사회적 기능, 정치적 기능이 있는데, 사회적 기능과 정치적 기능은 중복되는 경우가 많다. 또한 새로운 기능을 추가로 제시할 수도 있다.

2. 사회보장의 경제적 기능
① 경제적 안정 제공 기능: 개인과 가족에게 경제적 안정을 제공한다.
  예) 연금제도
② 경제제도 발전 기능
  ㉠ 사회보장 급여는 금융시장과 일반시장에 다시 투자되어, 결국에는 경제가 잘 돌아가게 만든다.
  ㉡ 사회보장 급여는 근로자의 질과 생산성의 측면에서 유리하게 작용하며, 결과적으로 경제제도에 긍정적으로 이바지한다.
③ 소득 재분배 기능 기출 13회, 15회, 16회, 20회, 22회, 23회
  ㉠ 소득 재분배의 방향: 고소득자로부터 저소득자로, 건강한 사람으로부터 질병이 있는 사람으로, 근로자로부터 실업자 및 퇴직자로 소득을 이전하는 형태를 취할 수 있다.
  ㉡ 소득 재분배의 형태: 시간이나 세대를 중심으로 세대 간 재분배와 세대 내 재분배로 구분할 수 있으며, 세대 내 재분배는 다시 소득과 위험 발생 여부에 따라 수직적 재분배와 수평적 재분배로 나눌 수 있다.

> **합격 가이드**
> 사회보장의 경제적 기능 중에서 소득 재분배 기능이 가장 중요한 기능입니다.

세대 간 재분배		현 근로세대와 노령(퇴직)세대, 또는 미래세대와 현재세대 간의 소득 재분배 형태
세대 내 재분배	수직적 재분배	• 소득계층들 간의 재분배 형태로서 누진적이거나 역진적인 형태를 취할 수 있음. • 수직적 재분배는 소득이 높은 계층으로부터 낮은 계층으로 재분배되는 형태를 의미함. 따라서 정부의 일반 세입(조세)을 재원으로 하는 공공부조제도(예) 국민기초생활 보장, 의료급여 등)의 경우 수직적 재분배 효과가 가장 큼.
	수평적 재분배	• 동일한 소득계층 내에서의 위험 발생에 따른 재분배 형태 • 건강한 사람으로부터 질병이 있는 사람에게로, 자녀가 없는 계층으로부터 자녀가 있는 계층으로, 취업자로부터 실업자에게로, 사고를 당하지 않은 사람으로부터 사고를 당한 사람에게로 소득이 재분배됨. • 따라서 일반적인 사회보험제도들이 수평적 재분배 효과가 크다고 할 수 있음.
시간적 재분배	단기적 재분배	사회적 욕구의 충족을 위해 현재의 자원을 사용하여 소득을 재분배함. 예) 공공부조
	장기적 재분배	생애와 세대에 걸쳐 이루어지는 소득 재분배 예) 적립 방식의 노령연금

개념 공략 소득 재분배의 형태

구분		소득 재분배 방향	대표 제도
세대 간 재분배		• 근로세대 → 노령(퇴직)세대 • 미래세대 → 현재세대	부과 방식의 연금제도
세대 내 재분배	수직적 재분배	소득계층 간 재분배(고소득층 → 저소득층)	공공부조제도, 적립 방식의 연금제도
	수평적 재분배	위험 미발생 집단 → 위험 발생 집단	일반적인 사회보험제도

3. 소득 재분배의 효과 기출 18회

① **정액제**: 소득자의 소득과 관계없이 정해진 금액을 기여하는 것을 말한다.
  ⓔ 베버리지 보고서의 정액기여, 정액급여의 원칙

② **정률제**: 소득자의 소득 수준에 따라 일정한 비율로 기여하는 것을 말한다.
  ⓔ 우리나라 사회보험제도의 소득비례원칙

③ **연동제**
  ㉠ 국민연금(적립 방식)은 해마다 전년 대비 전국 소비자 물가변동률을 연금액에 반영한다. 이는 시간이 지날수록 화폐의 가치는 떨어지며 물가가 꾸준히 오르는 상황에서 연금액의 가치가 점점 떨어지게 되는 것을 방지하고 연금액의 실질적인 가치를 보장하기 위함이다.
  ㉡ 민영보험은 계약 권리(정액제)에 따라 물가상승 및 화폐가치의 하락을 반영하지 않지만, 사회보험(국민연금)은 법적 권리(정률제)에 따라 소비자 물가변동률을 반영하여 실질적인 가치를 보장한다.

4. 사회보장의 사회적 기능 기출 17회

① **사회안정에 대한 일반적 기능**: 국민의 최저생활을 확보해 줌으로써 사회안정을 가져오는 기능을 말한다.

> **사례** 생활이 불안해지면서 증가하는 사회적 긴장을 낮추고, 산업화 · 도시화가 야기하는 여러 가지 사회문제를 예방하기 위해서는 최소한의 사회보장 조치를 도입하여야 한다.

② **사회연대 기능**
  ㉠ 성원 간 서로 지지하고 책임지는 네트워크를 통해 사회연대를 높이고자 한다.
  ㉡ 사회연대의 유형

세대 내 연대	현 세대 또는 같은 세대 내에서 형성되는 연대
세대 간 연대	다양한 세대 또는 근로세대와 노령세대 사이에 형성되는 연대

  ㉢ 사회연대 관련 프로그램

사회보험 프로그램	공적연금
공공부조 프로그램	자산조사식 프로그램으로 급여 제공
사회수당 프로그램	모든 거주자나 특정 조건에 해당하는 사람에게 국가가 정기적으로 급여 제공

5. 사회보장의 정치적 기능

① **체제유지 및 안정의 기능**: 사회주의자들은 자본주의 체제의 사회보장이 자본주의의 모순을 감추면서 체제를 안정시키는 장치라고 주장한다.

> **사례** 독일 비스마르크 사회보험 도입 당시 노동자에게 사회보험 프로그램을 제공함으로써, 국가는 노동자의 복지에 관심을 가지고 있다는 사실을 노동자에게 보여 주려고 하였다.

② **긍정적 정치안정의 기능**: 체제유지 및 안정의 기능이 사회보장을 비판적으로 바라본 것이라면, 긍정적 정치안정의 기능은 사회보장을 긍정적으로 본 것이다.

3 사회보험

1. 사회보험의 특징 기출 11회, 21회, 22회

① 사회보험의 급여는 법으로 규정되며, 강제적 프로그램이다. 사회보험은 노령, 장애, 질병 등과 같은 사회적 위험으로부터 모든 국민을 보호하기 위한 보편적·의무적 제도이다.
② 사회보험 수급권은 수급자와 보험자(정부) 간에 법으로 규정한 권리이며 수급자가 수급에 필요한 제반 요건을 다 충족시켰기 때문에 지급하는 것이다. 따라서 자산조사가 필요하지 않고, 권리로서 수급권을 보장받는다.
③ 빈곤을 예방하고 사회적 위험을 대비하기 위한 최저소득 보장 수단이며, 저축성(예 연금제도)이 있다.
④ 개인적 형평성보다는 사회적 적절성(충분성)을 중시한다.
> 참고
> • 개인적 형평성: 자신이 낸 보험료에 비례하여 급여를 받는 것
> • 사회적 적절성: 모든 가입자들에게 최저 생계 수준 이상을 유지하도록 급여를 제공하는 것

⑤ 재정의 완전 적립이 불필요하다. 민간보험은 완전 적립을 반드시 요구하지만, 사회보험은 그렇지 않다.
⑥ 사회보험의 재정은 피용자, 사용자, 자영업자가 책임진다[수익자 재정 책임(부담)의 원칙]. 또한 국가는 매년 관리·운영하는 데 필요한 비용의 전부 또는 일부를 부담한다.
⑦ 사회보험은 비영리적 국가사업이다. 사회보험은 사회정책상의 동기로 운영되기 때문에 국가가 운영비와 갹출금의 일부 부담, 적자액 보조 등 국가의 책임하에서 운영되는 비영리적 강제 보험이다.
⑧ 급여 수준은 불평등 완화와 소득 재분배의 효과를 갖기 위하여 기여 수준에 단순 비례하지 않아야 하며, 저소득 피보험자에게 유리하도록 설계되어야 한다. 하지만 소득계층 간 소득 재분배 기능, 즉 고소득층으로부터 저소득층에게로의 소득 재분배 기능은 사회보험보다 공공부조가 더욱 크다.
⑨ 능력에 따라 차등 기여가 적용된다는 점과 기여를 많이 한 사람이 정비례하는 것은 아니지만 보다 많은 급여를 제공받는다는 점에서 응능주의적 성격과 응익주의적 성격을 가진다.

응능주의	조세 부담을 공평하게 하기 위하여 과세의 표준을 각 개인의 부담능력에 두어야 한다는 것
응익주의	조세 부담을 공평하게 하기 위하여 과세의 표준을 각 개인이 국가나 지방공공단체로부터 받는 이익에 두어야 한다는 것

⑩ 공적연금이 은퇴 준비 필요성을 인식시켜 자발적 저축이 증가하는 효과가 발생할 수 있지만, 반대로 공적연금이 미래자산으로 인식되어 자발적 저축이 감소할 수도 있다.
⑪ 적립 방식의 공적연금은 자본축적 효과가 있다.
⑫ 국민건강보험의 직장가입자 보험료는 노사가 1/2씩 각각 부담하지만, 사립학교 교원은 직장가입자 본인이 50%, 학교(법인)가 30%, 국가가 20%를 각각 부담한다. 다만, 사립학교 직원은 일반 직장가입자와 동일하게 본인이 50%, 학교(법인)가 50%를 각각 부담한다. 지역가입자의 보험료는 그 가입자가 속한 세대의 지역가입자 전원이 연대하여 납부한다.
⑬ 고용보험제도에서 실업급여 보험료는 노사가 1/2씩 각각 부담한다. 고용안정 및 직업능력개발사업의 보험료는 사업주가 전액 부담한다.
⑭ 기여방식 공적연금은 국민연금, 특수직역연금(공무원연금, 군인연금, 사립학교 교직원연금, 별정우체국직원연금)으로 구분되어 운영된다. 반면 기초연금, 장애인연금과 같은 공공부조는 무기여방식이므로 공적연금에는 포함되지 않는다.

개념 공략 사회보험 주관(관장) 및 보험자의 종류 기출 22회

2. 사회보험과 민영보험 기출 17회, 20회, 23회

사회보험	민영보험
• 강제적 가입(의무) • 최저 수준의 소득 보장 • 법적 권리(가변성) • 사회적 적절성(충분성) – 복지 • 정부 독점 • 비용 지출 예측 곤란 • 재정의 완전 적립 불필요 • 목적·결과에 대한 의견 다양 • 물가 상승에 적절히 대응 • 평균적 위험 또는 소득 수준에 따른 차등 보험료 부과 • 중앙정부의 통제하에 투자	• 자발적 가입(임의) • 개인의 의사와 지불능력에 좌우 • 계약 권리(계약 준수) • 개인적 공평성 – 형평 • 자유 경쟁 • 비용 지출 예측 가능 • 재정의 완전 적립 필요 • 목적·결과에 대한 의견 일치 • 물가 상승에 대응 곤란 • 개별적 위험 또는 급여 수준에 따른 차등 보험료 부과 • 사적 경로를 통해 투자

3. 사회보험과 공공부조 기출 16회, 17회, 21회, 23회

구분	사회보험	공공부조
대상	모든 국민(보편주의)	빈곤층(선별주의)
재원	기여금, 부담금(일부는 조세로 충당)	조세
자산조사	실시하지 않음.	실시함.
대상 효율성	(공공부조에 비하여) 낮음.	(다른 제도에 비하여) 높음.
소득 재분배 효과	수직적·수평적 재분배 효과가 모두 있지만 공공부조에 비하여 수직적 재분배 효과가 낮음.	수직적 재분배 효과가 큼.
사회보장급여	• 국민연금: 노령연금, 장애연금, 유족연금 등 • 건강보험: 요양급여, 요양비, 건강검진 등 • 고용보험: 실업급여(구직급여), 육아휴직 급여 등 • 산재보험: 요양급여, 휴업급여, 간병급여 등 • 노인장기요양보험: 재가급여(방문요양 등), 시설급여 등	• 국민기초생활 보장: 생계급여, 주거급여, 의료급여, 교육급여, 자활급여 등 • 기초연금 • 장애인연금(기초급여, 부가급여) • 긴급복지지원: 생계지원, 의료지원, 주거지원, 사회복지시설 이용지원 등

4. 공적연금의 운영 방식 기출 13회, 15회, 21회

① 적립 방식
  ㉠ 개념: 가입자의 근로기간 중 보수의 일부를 갹출하여 그 원금과 운용수입을 적립하여 이를 급여재원으로 하는 방식이다. 이 방식은 가입자 각자에게 개별 계정이 설정되어 장래의 보험료가 적립된다.
  ㉡ 장점
    • 가입기간 중 납부한 보험료에 대한 이자가 가산되어 보험료 총액보다 높은 연금액을 지급받을 수 있다.
    • 장래의 보험료 부담이 줄어들고, 인구 변동으로 인한 위험이 적다.
    • 적립된 기금이 적절히 활용되는 경우 경제 발전에 기여할 수 있고, 재정의 안정적 운영이 가능하다.
  ㉢ 단점
    • 인플레이션이 발생하면 연금의 실질가치를 보호받지 못한다.
    • 수급자의 생활 수준의 향상과는 무관하게 일정 금액을 지급받게 된다.
    • 일정 기준 이상의 적립 기간이 요구되며, 투자 위험이 존재한다.

② 부과 방식
  ㉠ 개념: 노령세대에게 지급하여야 할 연금에 소요되는 재원을 당시의 경제활동세대가 부담하는 방식으로, 매년 지급될 연금액만큼 당해 연도에 보험료를 납부하게 된다(수지균형 원리 적용).
  ㉡ 장점
    • 연금 수지차가 거의 없어 연금의 실질가치 대책이나 연금수리의 장기추계를 필요로 하지 않는다.
    • 인플레이션에 따른 영향이 크지 않다.
  ㉢ 단점
    • 인구구조의 변화에 영향을 많이 받으며, 장기적인 측면에서는 재정 운영이 불안정해진다.
    • 사회적·경제적 환경의 변화를 반영하여 정부가 연금의 급여 수준 및 보험료율을 변화시키는 정치적 위험이 적립 방식보다 크다.

③ 수정 적립 방식
  ㉠ 초기에 낮은 보험료로 출발하여 보험료를 단계적으로 인상함으로써 다음 세대에 일정한 부담을 전가한다.
  ㉡ 적립 방식과 부과 방식을 절충한 방식으로, 우리나라 국민연금제도의 형태이다.

> **합격 가이드**
> 부과 방식은 제도 도입과 동시에 실시할 수 있습니다.

4 빈곤 기출 11회, 12회, 16회, 18회, 20회, 22회

1. 빈곤의 개념

① 객관적 빈곤

절대적 빈곤	• 개인 및 가족이 최저생활을 유지할 수 없는 수준 • 최소한의 신체적 능률을 유지하는 데 필요한 의식주 등 생활상 필요한 자원을 가지지 못한 수준
상대적 빈곤	• 한 사회의 평균 또는 일정한 생활 수준과 비교하여 상대적으로 적게 가지고 있는 상태 • OECD나 우리나라의 국민기초생활 보장제도가 주로 사용하는 개념

② 주관적 빈곤: 객관적 기준 없이 주관적 판단에 의하여 정의되는 빈곤을 의미한다.

2. 빈곤 관련 개념 기출 18회, 22회, 23회

① **빈곤율**: 빈곤선 이하 빈곤가구의 숫자를 전체 인구로 나눈 값으로, 빈곤층의 규모를 파악할 수 있다.
② **빈곤 갭**: 모든 빈곤층의 소득을 빈곤선 수준으로 끌어올리는 데 필요한 총소득, 즉 빈곤선 이하의 사람들을 빈곤선 이상으로 올리는 데 드는 총비용이다.
③ **빈곤의 덫(빈곤의 함정)**: 공공부조 대상자(수급자)가 근로활동으로 소득이 발생했을 때 공공부조의 급여 감소율이 크거나, 빈곤선보다 약간 높은 소득이 발생하여 수급자에서 제외될 것이 예상되는 경우 근로활동을 통한 시장 소득을 빈곤선 이상으로 끌어올리기를 기피하는 경향이다.
④ **사회적 배제**
  ㉠ 사회통합의 반대개념으로 빈곤·불평등부터 전반적인 사회문제까지, 단순히 소득의 적음을 넘어 다차원적인 불리함을 포함한다.
  ㉡ 빈곤에 이르는 과정에 초점을 두며 다른 구성원들이 일반적으로 누리고 있는 사회적 관계망, 권리·기회로부터 배제되어 있는 상태를 말한다.
  ㉢ 생활수준은 소득이나 재화뿐 아니라 개인 역량의 실현을 중심으로 판단되어야 한다.
⑤ **신 사회적 위험**
  ㉠ 후기 산업사회로의 이행과 연관된 경제·사회변동, 가족구조의 변화 등과 연관된 결과로서 생애기간에 직면하게 되는 새로운 위험들이다.
  ㉡ 일과 가정생활의 양립, 노동시장의 유연화, 민영화 영역에서의 사회적 취약계층 발생 등으로 새로운 사회적 위험에 노출될 가능성이 높은 것이다.

3. 소득 분배의 불평등도 측정방법 기출 13회, 15~18회, 20회

① **로렌츠 곡선**: 소득분포의 불평등도를 측정하는 방법으로, 대각선에 가까울수록 평등하고, 대각선에서 멀수록(우하향으로 볼록할수록) 불평등한 것으로 본다.
② **지니 계수**
  ㉠ 지니 계수는 로렌츠 곡선에서 산출한 값으로, 절대적 빈곤선을 기초로 만들어진다.
  ㉡ 0에 가까울수록, 즉 지니 계수의 값이 작을수록 소득 분포가 '평등'하다고 보며, 반대로 1에 가까울수록, 즉 지니 계수의 값이 클수록 '불평등'하다고 본다.

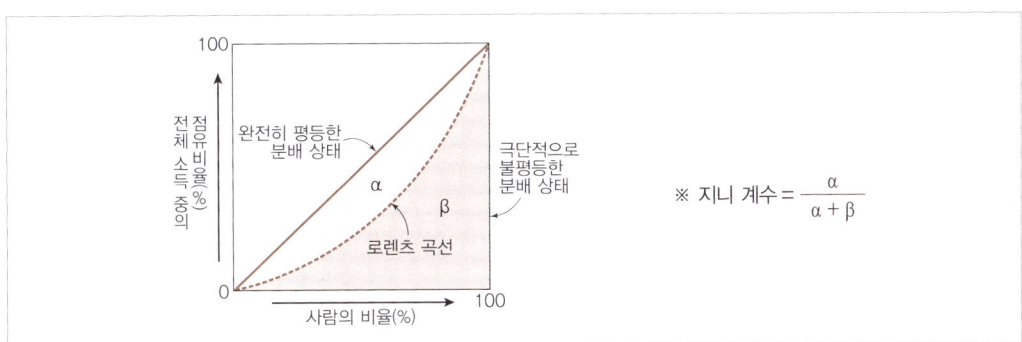

※ 지니 계수 = $\dfrac{\alpha}{\alpha + \beta}$

③ 5분위 분배율

소득하위계층				소득상위계층
1분위	2분위	3분위	4분위	5분위

※ 5분위 분배율 = 최상위 20%의 소득 합 ÷ 최하위 20%의 소득 합

㉠ 모든 가구를 소득 순으로 5개 집단으로 나눈 다음, 소득 수준이 가장 높은 5분위(상위 20%)의 평균 소득을 소득이 가장 낮은 1분위(하위 20%)의 평균 소득으로 나눈 값을 말한다.
㉡ 5분위 분배율이 1(평등)일 때 소득 격차가 가장 작고, 값이 클수록(불평등) 소득 격차가 큰 상태이다.

④ 10분위 분배율

소득하위계층									소득상위계층
1분위	2분위	3분위	4분위	5분위	6분위	7분위	8분위	9분위	10분위

※ 10분위 분배율 = 최하위 40%의 소득 합 ÷ 최상위 20%의 소득 합

㉠ 상위 20% 계층 소득에 대한 하위 40% 계층 소득의 비율을 나타낸다.
㉡ 10분위 분배율의 최댓값은 2(평등, 소득 격차가 가장 작은 상태)이며, 최솟값은 0(불평등, 소득 격차가 가장 큰 상태)이다.
㉢ 소득이 완전히 평등한 국가라면 하위 40%가 받는 소득의 합은 전체 소득의 40%가 되고 상위 20% 계층이 받는 소득의 합은 전체 소득의 20%가 되므로 10분위 분배율은 2가 된다.
㉣ 소득이 완전히 불평등한 국가라면 한 사람만이 전체 소득을 모두 가지고 나머지는 소득이 없으므로 이때 10분위 분배율은 0이 된다.

⑤ 센(Sen) 지수: 빈곤율, 빈곤 갭, 빈민 소득의 지니 계수 등 기존 지표들의 불평등 정도를 재구성한 종합 지표로, 0(평등)과 1(불평등) 사이의 값을 가진다.

4. 빈곤선(최저생계비) 측정방법 기출 21회, 22회

객관적 방식	절대적 방식	• 전물량 방식: 빈곤층의 전체 소비 지출을 감안하는 방식으로, 라운트리 방식, 마켓 바스켓 방식, 예산 기준 방식 등이 있음. 예 생활보호법(최저생계비) • 반물량 방식: 식품비의 비중에 의한 빈곤선 측정 방식으로, 엥겔 방식, 오샨스키 방식 등이 있음.
	상대적 방식	평균 또는 중위소득의 비율, 소득 분배상의 일정 비율로 측정하는 방식으로, 타운센드 방식, 박탈 지표 방법 등이 있음. 예 국민기초생활 보장법(기준 중위소득)
주관적 방식		여론조사(사회조사), 라이덴 방식, 창의적 접근 방법 등

개념 공략 박탈 지표 방법

- 개념: 특정 재화나 서비스를 공급받지 못한 경험에 대한 질문을 통해 빈곤을 측정하는 것으로, 식생활, 주거, 교육, 사회보장, 직업, 의료 등의 영역으로 구성하는 것이 일반적이다.
- '집에 먹을 것이 없었던 경험', '집세 체납으로 이사해야 했던 경험', '겨울에 난방을 하지 못한 경험', '등록금 등 교육비를 제때 내지 못한 경험', '공적연금이나 건강보험료를 미납한 경험', '일자리를 찾지 못해 실업상태에 있었던 경험', '가족관계나 사회적 관계의 만족도가 낮았던 경험', '돈이 없어서 병원에 가지 못한 경험' 등을 지표로 활용한다.

5. 우리나라의 소득 불평등
① 1997년 외환위기 이전에 비해 소득 불평등이 심화되었다.
② 공적 이전소득의 소득 불평등 완화 효과는 OECD 평균보다 낮은 수준으로, 불평등의 정도가 심한 편이다.

5 공공부조

1. 공공부조의 특징 기출 14회, 15회
① 헌법에 보장된 인간다운 생활을 할 권리를 구체화하는 방법 중 하나로서, 그 주체가 국가나 지방자치단체인 공적부조 프로그램이다.
② 정부의 일반 조세 수입을 재원으로 하면서, 급여대상자의 기여는 없으므로(무기여, 무갹출) 수직적 소득 재분배 기능을 수행한다.
③ 소득 재분배 기능으로 빈부의 격차를 완화시키고, 빈곤층의 기초적인 삶을 보장해줌으로써 계층 간의 갈등을 해소시켜 사회를 안정화하는 기능을 수행한다.
④ 급여대상자가 자신의 자산과 근로능력을 최대한 활용하고 부양의무자의 부양을 우선적으로 받도록 하며 다른 법의 보호를 받은 후에도 생활이 어려운 경우에 비로소 행해지는 보충적 프로그램이다.
⑤ 생활유지능력이 없거나 생활이 어려운 국민을 대상으로 한다. 따라서 빈곤 여부 및 그 정도를 확인하기 위하여 반드시 자산조사를 수행한다.
⑥ 자산조사를 통하여 선정된 대상자(예 국민기초생활 보장 수급자 등)에게만 급여가 지급되므로 선별적(선택적) 프로그램이자 제한적(한정적) 프로그램이다.
⑦ 사회보장제도의 핵심인 사회보험의 적용을 받지 못하는 사람들을 주된 대상으로 하는 보완적 프로그램이며, 2차적 사회안전망 역할을 수행한다.
⑧ 빈곤의 발생을 사전에 예방하는 측면보다는 이미 발생한 빈곤상황에서 파생되는 물질적·신체적·정신적·교육적 문제들을 해결하려는 사후적·소극적 특성을 가진다.
⑨ 사후적·소극적 특성이 강하지만 직업 훈련, 생업 자금 융자 등과 같은 자활지원사업을 통하여 빈곤층의 자립능력을 강화함으로써 지속적인 빈곤을 예방하는 기능도 수행한다.
⑩ 사회적·경제적 불안기에는 그 대상자를 확대하여 불만계층의 욕구를 해소시킴으로써 사회적 혼란을 막고 지배계층의 세력을 유지하는 사회통제적 기능을 수행한다.
⑪ 사회적 형평을 도모한다. 같은 처지에 있는 대상자들은 모두 똑같이 대우하는 수평적 형평을, 서로 다른 처지에 있는 대상자들은 서로 다르게 대우하는 수직적 형평을 기하고 있다.
⑫ 대상자가 공공부조 혜택을 받기 위해서는 공공기관이 행하는 조사에 응해야 하므로 소극적 자유를 침해받을 수 있다.

2. 공공부조의 기본원리

① **생존권 보장의 원리**: 국가가 생활이 곤궁한 모든 국민에 대하여 그 곤궁의 정도에 따라 필요한 급여를 행하며, 생존권 보장이라는 이념을 실현하여 국민의 보호받을 권리를 보장한다.
② **국가 책임의 원리**: 생활이 곤궁한 모든 국민에 대하여 공공부조를 통해서 생존권의 실현을 기하는 것을 국가의 책임으로 하는 원리로, 공공부조제도의 실시에 대한 궁극적인 책임을 국가가 진다.
③ **최저생활 보장의 원리**: 공공부조제도를 통하여 보장해야 하는 생활의 내용을 말하는 것으로서, 보호를 받는 자의 최저 수준의 생활을 보장해야 한다.
④ **무차별 평등의 원리(평등 보장의 원리)**: 모든 국민은 공공부조의 법적 요건을 충족하는 한, 요보호 상태에 빠지게 된 원인이나 인종, 성별, 종교, 지역, 사회적 신분 및 지위 등을 불문하고 제도의 적용에 차별대우를 받지 않는다.
⑤ **보충성의 원리**: 급여대상자가 자신의 생활 유지 및 향상을 위하여 그의 자산, 근로능력 및 그 밖의 모든 것을 활용하여 최대한 노력하는 것을 전제로 하며, 그럼에도 불구하고 발생하는 부족한 부분을 보충해준다.
⑥ **자립 조장의 원리**: 공공부조 수급자의 가능성을 끌어내어 육성함으로써 그 보호 대상자가 혼자의 힘으로 사회생활에 적응해나갈 수 있도록 한다.

6 사회복지서비스 기출 17회

1. 사회복지시설의 설치(사회복지사업법 제34조)

① 국가나 지방자치단체는 사회복지시설을 설치·운영할 수 있다.
② 국가 또는 지방자치단체 외의 자가 시설을 설치·운영하려는 경우에는 보건복지부령으로 정하는 바에 따라 시장·군수·구청장에게 신고하여야 한다.
③ 시장·군수·구청장은 ②에 따른 신고를 받은 경우 그 내용을 검토하여 이 법에 적합하면 신고를 수리하여야 한다.
④ 시설을 설치·운영하는 자는 보건복지부령으로 정하는 재무·회계에 관한 기준에 따라 시설을 투명하게 운영하여야 한다.
⑤ 국가나 지방자치단체가 설치한 시설은 필요한 경우 사회복지법인이나 비영리법인에 위탁하여 운영하게 할 수 있다.

2. 복지와 인권증진의 책임(사회복지사업법 제4조)

① 국가와 지방자치단체는 민간부문의 사회복지 증진활동이 활성화되고 국가 및 지방자치단체의 사회복지사업과 민간부문의 사회복지 증진활동이 원활하게 연계될 수 있도록 노력하여야 한다.
② 국가와 지방자치단체는 사회복지를 필요로 하는 사람의 인권이 충분히 존중되는 방식으로 사회복지서비스를 제공하고 사회복지와 관련된 인권교육을 강화하여야 한다.

3. 서비스의 최저기준(사회복지사업법 제43조)

① 보건복지부장관은 사회복지시설에서 제공하는 사회복지서비스의 최저기준을 마련하여야 한다.
② 시설 운영자는 서비스 최저기준 이상으로 서비스 수준을 유지하여야 한다.

CHAPTER 05

사회보험제도와 공공부조제도

핵심 Tag #사회보험제도 #국민기초생활 보장제도 #우리나라 사회복지서비스 정책

1 사회보험제도

1. 국민연금제도 기출 23회

① 국민연금제도의 주요 연혁

연도	내용
1973년	국민복지연금법 제정·공포(석유파동으로 시행 연기)
1986년	국민연금법 공포
1987년	국민연금관리공단 설립
1988년	국민연금제도 실시(상시 근로자 10인 이상 사업장)
1992년	당연적용 사업장 확대(상시 근로자 5인 이상 사업장)
1993년	특례노령연금 지급 개시
1995년	농어촌지역 연금 확대 적용
1999년	도시지역 자영업자 연금 확대 적용(전 국민 연금 실현)
2000년	농어촌지역 특례노령연금 지급 개시
2003년	당연적용 사업장 확대(근로자 5인 미만 사업장 중 법인·전문직종 사업장, 5인 이상 사업장의 비정규직 근로자)
2006년	당연적용 사업장 확대 완료(근로자 1인 이상 사업장 전체)
2008년	• 완전노령연금(가입기간 20년 이상) 지급 개시 • 군복무 크레딧, 출산 크레딧 시행
2009년	국민연금과 4개 직역연금 가입기간 연계사업 시행
2011년	장애인복지법상 장애 전(全) 등급 심사 개시
2012년	10인 미만 사업장 저소득 근로자에 대한 국민연금 보험료 지원사업 시행(두루누리 사업)
2014년	기초연금 지급 개시
2016년	• 실업 크레딧 시행 • 경력단절 여성을 대상으로 추후 납부를 확대하여 1국민 1연금 시대 개막

② 연금 급여액의 소득 연계 여부에 따른 구분

정액연금	• 과거 소득에 관계없이 모든 연금 수급자에게 동일한 금액을 지급하는 연금 형태 • 확정 금액을 받을 수 있다는 면에서는 안정적이지만, 물가 변동 등 화폐 가치의 변동을 반영하지 못한다는 단점이 있음.
소득비례연금	• 퇴직 전 일정 기간 동안의 평균 소득 또는 생애 근로기간 동안의 평균 소득에 비례하여 연금급여액을 지급하는 연금제도 • 반드시 연금급여액이 소득에 정비례하는 것은 아님.

③ 급여 산정 방식에 따른 구분

확정급여식 연금	• 가입기간만으로 급여를 지급하는 것이 아니라 전체 가입자의 평균소득, 가입기간 동안의 평균소득, 전국소비자물가 변동률 등을 고려함. • 통상 임금이나 소득의 일정 비율 또는 일정한 금액으로 급여 산정 공식에 의하여 미리 확정되어 있지만 원칙적으로 가입자의 가입 기간, 전체 가입자 평균소득, 전국소비자물가변동률 등에 따라 기여금은 확정될 수 없음.
확정기여식 연금	기여금만 확정될 뿐 급여액은 확정되지 않음. 즉, 적립한 기여금과 기여금의 투자 수익에 의해서만 결정되기 때문에 사전에 급여액이 얼마가 될지 알 수 없음.

④ 재정 구조에 따른 구분

적립 방식	어떤 기준 시점에서 그때까지 기여한 사회보험료와 그 투자 수익을 합한 총액이 미래에 발생할 급여 총액을 지불하는 데 충분한 수준의 기금을 축적하는 방식
부과 방식	현재 근로세대의 퇴직 후 연금급여 지출에 필요한 재원은 미래의 근로세대가 부담할 것이라는 기대하에서 현재의 근로세대가 현재 퇴직세대의 연금급여 지출에 필요한 재원을 부담하는 방식

⑤ 우리나라 국민연금의 형태
  ㉠ 우리나라는 적립 방식과 부과 방식의 중간 형태인 수정 적립 방식을 취하고 있다. 제도 초기에는 비교적 낮은 보험료율로 시작하지만 사회·경제적인 사정(예 인플레이션, 임금 상승, 슬라이드제 등)에 따라 단계적으로 보험료율을 인상한다.
  ㉡ 우리나라는 확정급여식 연금 방식을 취하고 있으며, 연금급여액의 소득연계 여부의 구분에 따라 소득비례연금 방식을 적용하고 있다.

⑥ 소득 상한선과 소득 하한선 기출 15회
  ㉠ **소득 상한선**: 일정 수준에서 국민연금 가입자들 상호간 연금급여의 편차를 제한하는 기능이 있으며, 소득 상한선 이상의 소득에 대해서도 더 이상 보험료가 부과되지 않는다. 따라서 소득 상한선을 낮추면 오히려 고소득계층의 부담이 줄어들 수 있다.
  ㉡ **소득 하한선**: 제도의 적용에 일정 수준 이하의 저소득층을 제외시키는 기능이 있으며, 소득 하한선을 높게 설정할 경우 국민연금 가입자 규모가 감소할 수 있다.

> **개념 공략** 우리나라 국민연금의 기준소득월액 상한액과 하한액
>
> • 기준소득월액 상한액과 하한액은 국민연금 사업장가입자와 지역가입자 전원(납부예외자 제외)의 평균소득월액의 3년간 평균액이 변동하는 비율을 반영하여 매년 3월 말까지 보건복지부장관이 고시하며 해당연도 7월부터 1년간 적용함.
> • 소득하한선 39만 원~소득상한선 617만 원(2024. 7. 1.~2025. 6.30.)에서 소득하한선 40만 원~소득상한선 637만 원(2025. 7. 1.~2026. 6.30.)으로 물가상승분을 반영하여 고시함.

⑦ 소득대체율과 비례상수 기출 13회, 15회
  ㉠ 소득대체율
    • '가입자 개인의 가입기간 중 기준소득월액의 평균액'의 몇 %를 연금으로 받을 수 있는지를 말한다. 즉, 본인의 가입기간 중 평균소득 대비 받을 수 있는 연금월액의 비율을 말하는 것이다.
      참고 우리나라 국민연금 급여의 소득대체율은 가입기간 40년을 전제로 한다.
    • 소득대체율이 정확히 70%, 60%, 50% 등이 된다면 A값과 B값이 같은 경우이다.

A값	연금 수령 직전 3년간 전체 가입자의 평균소득월액의 평균액
B값	가입자 본인의 가입기간 중 기준소득월액의 평균액

개념 공략 국민연금 기본연금액 산정식

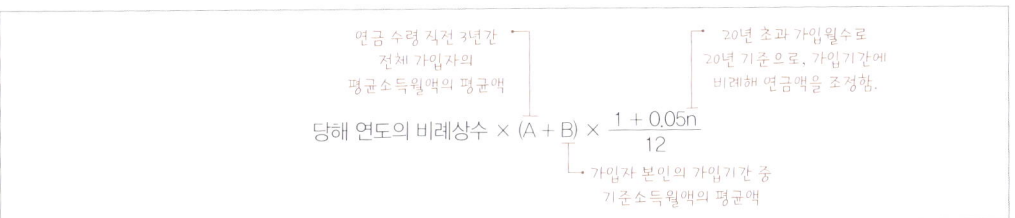

당해 연도의 비례상수 × (A + B) × $\frac{1 + 0.05n}{12}$

  ㉡ 비례상수
    • 소득대체율의 설정에 따라 달라지는, 계산을 맞추기 위한 상수이다.
    • 비례상수는 2.4(1988년 국민연금제도 실시~1998년 1차 연금개혁)에서 1.5(2008년 2차 연금개혁)로, 그리고 매년 0.015씩 낮아져 2028년 이후부터 1.2로 적용된다.

구분	1988~1998년	1999~2007년	2008~2027년	2028년 이후
소득대체율	70%	60%	50% (2008년, 그 이후 매년 0.5%씩 감소)	40%
	* 2015년 46.5%, 2016년 46%, 2017년 45.5%, 2018년 45%, 2019년 44.5%, 2020년 44%, 2021년 43.5%, 2022년 43%, 2023년 42.5%, 2024년 42%, 2025년 41.5% … 2027년 40.5%			
비례상수	2.4	1.8	1.5 (2008년, 그 이후 매년 0.015씩 감소)	1.2
	* 2015년 1.395, 2016년 1.38, 2017년 1.365, 2018년 1.35, 2019년 1.335, 2020년 1.32, 2021년 1.305, 2022년 1.29, 2023년 1.275, 2024년 1.26, 2025년 1.245 … 2027년 1.215			

⑧ 국민연금 가입기간 인정제도(연금 크레딧제도): 군복무, 출산 및 실업에 대해 연금 가입기간을 추가 인정해주는 크레딧제도의 실시로 노령연금의 수급기회를 확대하였다. 기출 17회, 20회
  ㉠ 군복무 크레딧제도: 육군 18개월·해군 20개월·공군 21개월 등 현역 복무 기간 전체를 가입기간에 추가로 인정하고 소요되는 비용은 국가에서 전부를 부담한다(2008. 1. 1. 이후 군에 입대한 자부터 인정).
  ㉡ 출산 크레딧제도: 첫째 아이부터 12개월씩 추가 가입 기간을 인정하고 소요되는 비용은 국가에서 전부 또는 일부를 부담한다(2008. 1. 1. 이후 출생한 자녀부터 인정).
  ㉢ 실업 크레딧: 구직급여 수급자가 연금보험료(인정소득의 9%, 이때 인정소득은 실업 전 평균소득의 50%로 하되, 상한은 70만 원으로 함)의 납부를 희망하고 본인부담분 연금보험료(25%)를 납부하는 경우, 국가에서 보험료(75%)를 지원하고 그 기간을 최대 12개월까지 가입기간으로 추가 산입한다.

2. 국민건강보험제도 기출 22회

① 건강보험제도의 주요 연혁

연도	내용
1963년	의료보험법 제정
1964년	의료보험법 시행 ➡ 임의 적용 방식으로 유명무실
1970년	의료보험법 전문 개정 ➡ 의료보험 시행을 강제적으로 하지 못해 실질적인 시행은 못함
1976년	의료보험법 전문 개정 ➡ 강제 적용의 범위(사업장 규모) 규정
1977년	500인 이상 사업장 근로자 의료보험 실시
1979년	공무원 및 사립학교 교직원 의료보험 실시
1981년	100인 이상 사업장 의료보험 적용 범위 확대
1988년	• 농어촌지역 의료보험 확대 실시 • 5인 이상 사업장으로 당연적용 범위 확대
1989년	도시 자영업자 의료보험 실시 ➡ 전 국민 의료보험 실현(특별법의 보호를 받는 사람 제외)
1997년	국민의료보험법 제정
1998년	공무원 및 사립학교 교직원 의료보험과 지역 의료보험 통합 ➡ 국민의료보험관리공단 출범
1999년	국민건강보험법 제정(2000년 7월 시행)
2000년	국민의료보험관리공단과 직장의료보험조합 통합 ➡ 국민건강보험공단 출범(의료보험 완전 통합)
2001년	5인 미만 사업장 근로자 직장가입자 편입
2002년	국민건강보험재정건전화 특별법 제정(2006년 12월 31일까지의 한시법)
2003년	지역재정과 직장재정 통합 운영(실질적인 건강보험 통합)
2007년	노인장기요양보험법 제정
2008년	노인장기요양보험 실시
2011년	사회보험 징수통합(건강보험, 국민연금, 고용보험, 산재보험)
2012년	포괄수가제 병·의원급 의료기관 당연적용(7개 질병군 입원환자)
2015년	간호·간병통합서비스 보험급여 적용 ➡ 2015년 12월 의료법 개정으로 기존 포괄간호서비스에서 간호·간병통합서비스로 명칭 변경
2019년	외국인 지역가입자 당연적용 실시

② 건강보험제도의 특징 기출 16회, 18회

㉠ **가입의 강제성**: 일정한 법적 요건이 충족되면 본인 의사에 관계없이 가입이 강제된다.

㉡ **보험료 납부의 강제성**: 강제보험제도의 실효성을 확보하기 위하여 피보험자에게는 보험료 납부의 의무가 주어지며, 보험자에게는 보험료 징수가 강제된다.

㉢ **보험료 차등 부과**: 사회보험 방식인 건강보험의 목적은 사회적인 연대를 통한 의료비 문제해결이므로 소득 수준 등 부담능력에 따라 차등적으로 보험료를 부과한다.

㉣ **보험급여의 균등한 수혜**: 보험료 부담 수준과 관계없이 관계 법령에 의하여 균등하게 보험급여가 이루어진다.

㉤ **단기보험**: 장기적으로 보험료를 수탁하는 연금보험과는 달리, 1년 단위의 회계연도를 기준으로 수입과 지출을 예정하여 보험료를 계산한다. 지급조건과 지급액도 보험료 납입기간과는 상관이 없고 지급기간이 단기이다. 이때 국민건강보험공단의 회계연도는 정부의 회계연도에 따른다.

ⓗ 사립학교 교직원: 교원의 경우 본인 : 학교(법인) : 국가가 5 : 3 : 2 비율로 부담하고, 직원의 경우에는 본인과 학교가 5 : 5 비율로 부담한다.

③ 의료보장제도로서의 건강보험: 우리나라 의료보장제도의 유형은 사회보험(SHI)을 취하면서 전 국민을 대상으로 단일한 보험사가 운영하는 국민건강보험(NHI)이다.

㉠ 사회보험(SHI)
- 국가가 기본적으로 의료보장에 대한 책임을 지지만 의료비에 대한 국민의 자기 책임을 일정 부분 인정하는 체계로, 정부기관이 아닌 보험자가 보험료를 통해 재원을 마련하여 의료를 보장한다.
- 정부에 대해 상대적으로 자율성을 지닌 기구를 통한 자치적 운영을 근간으로 하며 의료공급자가 국민과 보험자 간에 보험급여를 대행하는 방식이다.
- 독일, 프랑스 등이 사회보험 방식으로 의료보장을 제공하는 대표적인 국가이다.

㉡ 국민건강보험(NHI)
- 사회보험과 마찬가지로 사회연대성을 기반으로 보험의 원리를 도입한 의료보장체계이지만, 다수 보험자를 통해 운영되는 전통적인 사회보험 방식과 달리 단일한 보험자가 국가 전체의 건강보험을 관리·운영한다.
- 한국과 대만 등이 국민건강보험 방식으로 의료보장을 제공하는 대표적인 국가이다.

㉢ 국가보건서비스(NHS)
- 국민의 의료문제는 국가가 모두 책임져야 한다는 관점에서 정부가 일반 조세로 재원을 마련하고 모든 국민에게 무상으로 의료를 제공하여 국가가 직접적으로 의료를 관장하는 방식이다.
- 의료기관의 상당부분이 사회화 내지 국유화되어 있다.
- 영국의 베버리지가 제안한 이래 스웨덴, 이탈리아 등의 유럽에 확산되었다.

④ 건강보험제도의 기능
㉠ 의료보장 기능: 건강보험은 피보험대상자 모두에게 필요한 기본적 의료를 적정한 수준까지 보장함으로써 그들의 의료문제를 해결하고 누구에게나 균등하게 적정 수준의 급여를 제공한다.
㉡ 사회연대 기능: 건강보험은 사회보험으로서 건강에 대한 사회공동의 책임을 강조하여 비용(보험료)은 소득과 능력에 따라 부담하고 가입자 모두에게 균등한 급여를 제공함으로써 사회적 연대를 강화하고 사회통합을 이루는 기능을 가지고 있다.
㉢ 소득 재분배 기능: 질병은 개인의 경제생활에 지장을 주어 소득을 떨어뜨리고 다시 건강을 악화시키는 악순환을 초래한다. 따라서 건강보험은 각 개인의 경제적 능력에 따른 일정한 부담으로 재원을 조성하고, 개별부담과 관계없이 필요에 따라 균등한 급여를 제공하여 질병의 치료부담을 경감시키는 소득 재분배 기능을 수행한다.

최다빈출

⑤ 건강보험 진료비 지불제도(수가제도) 기출 11회, 12회, 16회, 20회, 21회, 23회

㉠ 행위별 수가제
- 진료에 소요되는 약재 또는 재료비를 별도로 산정하고 의료인이 제공하는 진료 행위에 항목별로 가격을 책정하여 진료비를 지불하는 제도로서, 현재 우리나라에서 운영하고 있는 방식이다.
- 시장의 거래 관행에 가장 가까운 방식이자, 의료인이 가장 선호하는 방식이다. 의료인이 제공하는 시술에 따라 값을 정하여 의료비를 지급하기 때문에 전문의 진료 방식에 적합하다.
- 과잉 진료의 문제가 있고 진료비 지불제도 중 비용 절감 효과가 가장 낮으며, 청구된 심사비를 일일이 심사해야 하기 때문에 관리가 어렵고 관리 비용도 많이 든다는 단점이 있다.

> **합격 가이드**
>
> 진료비 상승 억제 효과는 '행위별 수가제 → 총액 계약제 → 포괄 수가제'의 순서로 큽니다.

- ⓒ 질병군별 포괄수가제
  - 진료 행위 하나하나를 기준으로 두지 않고, 환자가 어떤 질병의 진료를 위하여 의료서비스를 받는가에 따라 'DRG'라는 질병군(환자군)별로 미리 책정된 일정액의 진료비를 지급하는 제도이다.
  - 질병군별 포괄수가제는 행위별 수가제 적용 시 환자가 별도로 부담하던 대부분의 비급여 항목을 보험급여 대상으로 포함시켜 환자의 본인부담금 수준을 경감시키고, 나아가 항생제 사용 감소 등 적정 진료의 제공으로 국민 의료비의 상승을 억제하는 데 효과가 있다.
- ⓒ 총액 계약제(일괄 계약제)
  - 의료기관의 1년간 운영비를 포괄적으로 지불하는 제도이다.
  - 보험자 측과 의사 단체 간에 국민에게 제공되는 의료서비스에 대한 진료비 총액을 추계하고 협의한 후, 사전에 결정된 진료비 총액을 지급하는 방식이다.
  - 총액 계약제는 의료서비스 제공자가 과소 진료를 하거나 건강 상태가 좋지 않은 환자를 기피하는 현상이 발생할 수 있다.
- ⓔ 인두제: 의사가 담당하는 환자 수에 비례하여 일정 금액을 지급하는 방식이다.

⑥ 건강보험료의 산정 기출 12회, 15회

- ⓐ 직장가입자 보수월액 보험료(2025년 기준)
  - 건강보험료 = 보수월액 × 건강보험료율(7.09%)
  - 보수월액: 직장가입자가 당해 연도에 받은 보수총액을 근무월수로 나눈 금액이다.

월별 보험료 상한액	9,008,340원
	참고 월별 보수월액 상한액: 127,056,982원(월별 보험료 상한액을 역산한 금액)
월별 보험료 하한액	19,780원
	참고 월별 보수월액 하한액: 279,266원(월별 보험료 하한액을 역산한 금액)

  - 직장가입자의 보수월액은 직장가입자가 지급받는 보수를 기준으로 하여 산정한다.
  - 직장가입자의 보험료율은 건강보험정책심의위원회에서 심의·의결한다.
- ⓑ 직장가입자 소득월액 보험료(2025년 기준)
  - 보수월액에 포함된 보수를 제외한 소득이 연간 2,000만 원을 초과하는 직장가입자는 소득월액보험료 부과대상자이다.
  - 소득월액보험료는 이자, 배당, 사업, 근로, 연금, 기타소득을 합산한 후 2,000만 원을 공제한 금액을 12로 나누어 소득종류에 따라 소득평가율을 곱한 금액이다(근로소득, 연금소득은 50% 적용, 나머지는 전액 적용).
  - 소득월액 보험료의 상한액은 4,504,170원이며 하한선은 없다.
- ⓒ 지역가입자 건강보험료(2025년 기준)
  - 지역가입자의 월별 보험료액은 세대 단위로 산정하며, "보험료액 = 보험료 부과점수 × 보험료 부과점수당 금액"이다. 부과점수는 지역가입자의 소득 및 재산을 기준으로 산정하며, 점수 당 금액은 208.4원이다.
  - **소득부문 보험료**: 소득세법상 종합소득을 말하며, 소득당 부과점수는 "기본점수 95.259 + (소득 − 336만 원) × 0.283509"이다.
  - **재산부문 보험료**: 주택, 토지, 선박, 전세금, 월세 등을 말한다. 2024년 기준, 재산의 기본공제 금액은 1억 원으로 확대되었다.

관련법령 국민건강보험법에 명시된 건강보험료의 경감대상

- 65세 이상인 사람
- 섬·벽지·농어촌 등 대통령령으로 정하는 지역에 거주하는 사람
- 국가유공자 등 예우 및 지원에 관한 법률에 따른 국가유공자
- 장애인복지법에 따라 등록한 장애인
- 휴직자
- 그 밖에 생활이 어렵거나 천재지변 등의 사유로 보험료를 경감할 필요가 있다고 보건복지부장관이 정하여 고시하는 사람

3. 산업재해보상보험제도

① 산업재해보상보험제도의 주요 연혁

연도	내용
1953년	근로기준법 제정(사업주의 개별보상책임제 시행)
1963년	산업재해보상보험법 제정·공포
1964년	산업재해보상보험제도 실시
1995년	근로복지공단 설립(산업재해보상보험법 운영)
1999년	근로복지공단에 고용보험 적용 징수 업무 이관
2000년	산업재해보상보험 5인 미만 사업장, 즉 모든 사업장으로 적용 확대
2004년	산업재해보상보험·고용보험 인터넷 포털 서비스 시행
2005년	고용보험 및 산업재해보상보험의 보험료 징수 등에 관한 법률 시행
2011년	산업재해보상보험, 건강보험, 국민연금, 고용보험의 4대 사회보험 보험료 별도 고지, 국민건강보험공단에서 통합 징수
2012년	예술인 산재보험 가입 확대
2018년	통상의 출퇴근재해 보상범위 확대

② 산업재해보상보험제도의 특성 **기출** 21회, 23회

㉠ 사용자가 근로자의 업무상 재해에 대해 과실이 있는지 여부에 대해 묻지 않고 보험급여를 지급한다.
㉡ 근로자가 업무상 사고, 업무상 질병, 출퇴근 재해 중, 어느 하나에 해당하는 사유로 부상·질병 또는 장해가 발생하거나 사망하면 업무상의 재해로 본다. 단, 업무와 재해 사이에 상당인과관계가 없는 경우는 제외한다.
㉢ 근로자의 고의·자해 행위나 범죄 행위 또는 그것이 원인이 되어 발생한 부상·질병·장해 또는 사망은 업무상 재해로 보지 않는다.
㉣ 사업장 중심으로 관리한다. 즉, 다른 사회보험제도와 달리 사업장 단위로만 가입이 이루어지고 개별 근로자의 관리는 별도로 이루어지지 않는다.
㉤ 산재보험료율은 사업 종류별로 재해 발생의 위험성과 경제활동의 동질성 등을 고려하여 결정된다.
㉥ 근로자 1인 이상을 사용하는 모든 사업장을 대상으로 하며, 보험료는 전액 사업주가 부담한다.
㉦ 보험급여는 업무상 재해에 대한 손해 전체가 아닌 평균임금을 기초로 하여 산정된 금액만 보상한다.
㉧ 산재 근로자가 받는 급여에는 요양급여, 휴업급여, 장해급여, 간병급여, 유족급여, 상병보상연금, 장례비, 직업재활급여 등이 있다.
㉨ 국민건강보험공단이 보험료를 징수하고, 근로복지공단은 보험급여를 결정하고 지급한다.
㉩ 업무상 질병의 인정 여부를 심의하기 위하여 근로복지공단 소속 기관에 업무상질병판정위원회를 둔다.

③ 산재보험급여의 종류

구분	내용	급여 유형
요양급여	• 근로자가 업무상의 사유로 부상을 당하거나 질병에 걸린 경우에 그 근로자에게 지급함. • 부상 또는 질병이 3일 이내의 요양으로 치유될 수 있으면 지급하지 아니함. • 본인부담금이 없음.	현물급여
휴업급여	업무상 사유로 부상을 당하거나 질병에 걸린 근로자에게 요양으로 취업하지 못한 기간에 대하여 지급하되, 1일당 지급액은 평균임금의 100분의 70에 상당하는 금액으로 함. 참고 취업하지 못한 기간이 3일 이내이면 지급하지 아니함.	현금급여
장해급여	• 근로자가 업무상의 사유로 부상을 당하거나 질병에 걸려 치유된 후 신체 등에 장해가 있는 경우에 그 근로자에게 지급함. • 장해1~3급(연금 지급), 장해4~7급(일시금과 연금 중 선택하여 지급), 장해 8~14급(일시금 지급)	현금급여
간병급여	요양급여를 받은 사람 중 치유 후 의학적으로 상시 또는 수시로 간병이 필요하여 실제로 간병을 받는 사람에게 지급함.	현금급여
유족급여	• 근로자가 업무상의 사유로 사망한 경우에 유족에게 지급함(독점적 지위). • 유족보상연금으로 지급하는 것을 원칙으로 함. 참고 유족보상일시금은 근로자가 사망할 당시 유족보상연금을 받을 수 있는 자격이 있는 사람이 없는 경우에 지급함.	현금급여
상병보상연금	요양급여를 받는 근로자가 요양을 시작한 지 2년이 지난 날 이후 요건 모두에 해당하는 상태가 계속되면 휴업급여 대신 상병보상연금을 그 근로자에게 지급함.	현금급여
장례비	근로자가 업무상의 사유로 사망한 경우에 지급하되, 평균임금의 120일분에 상당하는 금액을 그 장례를 지낸 유족에게 지급함.	현금급여
직업재활급여	직업훈련에 드는 비용 및 직업훈련수당, 직장복귀지원금, 직장적응훈련비 및 재활운동비	현물급여 현금급여

4. 고용보험제도

① 고용보험제도의 주요 연혁

연도	내용
1993년	고용보험법 제정
1995년	고용보험제도 시행
1998년	• 실업급여, 고용안정사업, 직업능력개발사업 5인 이상 사업장으로 확대 • 1인 이상 전 사업장으로 고용보험 확대
2001년	고용보험을 통하여 모성보호급여(육아휴직·산전후휴가급여) 지급
2002년	일용 근로자 고용보험 적용 등 고용보험법 개정(2004년 1월 시행)
2003년	고용보험 및 산업재해보상보험의 보험료 징수 등에 관한 법률 제정(2005년 1월 시행)
2006년	고용안정사업과 직업능력개발사업 통합 운영
2011년	산업재해보상보험, 건강보험, 국민연금, 고용보험의 4대 사회보험의 보험료 별도 고지, 국민건강보험공단에서 통합 징수

2012년	• 자영업자 고용보험(실업급여) 적용 • 두루누리 사회보험 지원제도 시행
2013년	65세 이상자 고용보험(실업급여) 적용
2016년	실업 크레딧제도 도입
2017년	고용장려금제도 개편(통합지원금서비스 시행)
2020년	예술인 고용보험 적용(문화예술용역 관련 계약) 및 시행
2022년	퀵서비스, 대리운전기사 고용보험 적용

② 고용보험제도의 의의

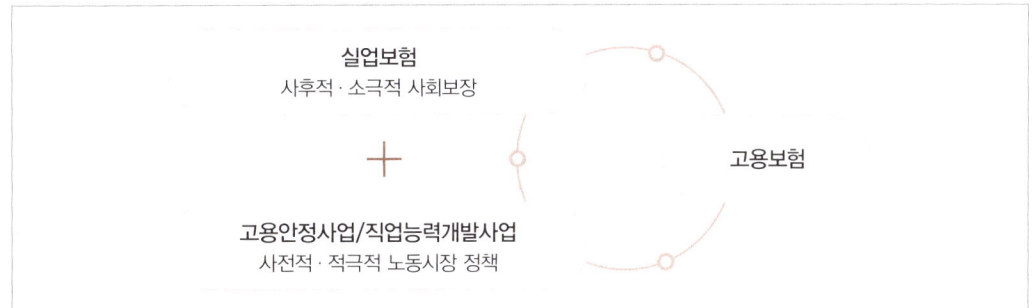

㉠ 우리나라의 고용보험은 실직한 근로자에게 실업급여를 지급하는 소극적 노동시장 정책과 함께 직업소개 또는 직업훈련지원을 통하여 재취업을 촉진하고 실업의 예방, 취업 기회의 확대, 근로자의 직업능력 향상 및 기타 근로자의 복지 증진을 목적으로 하는 적극적 노동시장 정책이 결합된 형태이다.
㉡ 고용보험은 실직 근로자에게 실업급여를 지급하는 전통적인 의미의 실업보험사업(사후적·소극적 사회보장)과 고용안정사업, 직업능력개발사업(사전적·적극적 노동시장 정책)을 상호연계하여 통합적으로 실시하는 사회보장보험이다.
㉢ 실업보험이 실직자의 생계를 지원하는 사후적·소극적인 사회보장제도인 반면, 고용보험은 실직자에 대한 생계 지원은 물론 재취업을 촉진하고 더 나아가 실업의 예방, 노동 시장의 구조 개편, 직업 훈련 등의 강화를 위한 사전적·적극적 차원의 종합적인 인력 정책 수난이라고 할 수 있다.

③ 고용보험제도의 기능
㉠ 빈곤 방지 기능: 고용보험제도는 근로자가 실직했을 때 실직자 및 그 가족에 대한 실업급여를 지급함으로써 사회적 빈곤의 증대를 완화시키는 사회보장적 기능을 담당한다.
㉡ 사회적 연대 증진 기능: 고용보험제도는 고용주가 고용 안정을 유지하도록 하여 실업문제를 둘러싼 노사 간 긴장과 갈등을 완화시키는 역할을 수행함으로써 사회 구성원 간의 일체감을 높여 정치적 안정과 사회적 연대를 증진시키는 정치적 기능을 담당한다.
㉢ 소득 재분배 기능: 실업 발생 확률이 높은 계층에 주로 지원이 이루어져 소득 재분배 기능을 담당한다. 실업의 발생이 주로 저소득층에서 많이 나타나는 현상이라고 할 때, 고용보험제도는 사회적 불평등의 심화를 예방하는 사회적 기능을 수행한다.
㉣ 기업 경쟁력 강화 기능: 고용보험제도는 직업능력개발사업을 통한 교육훈련을 활성화함으로써 근로자의 노동 생산성 향상은 물론 기업의 경쟁력 강화에도 도움을 준다.
㉤ 경기 조절 기능: 실업급여 지급은 경기 불황 시 근로자의 구매력을 일정 수준으로 유지하여 유효 수요의 하락을 방지함으로써 경기에 대한 조절 기능을 수행한다.

④ **고용보험제도의 특징** 기출 12회, 15회, 18회, 20~22회
　㉠ 실업급여 보험료는 노동자와 사업주가 절반(1/2)씩 각각 부담하고, 고용안정 및 직업능력개발사업의 보험료는 사업주가 전액 부담한다.
　㉡ 구직급여의 소정급여일수는 연령 및 가입기간에 따라 120일에서 270일까지이다.
　㉢ 구직급여의 소정급여일수의 연령은 '50세 미만'과 '50세 이상 및 장애인'으로, 2개 구간이다.
　㉣ 구직급여를 수급하기 위해서는 이직일 이전 18개월간(기준기간) 피보험 단위기간이 통산하여 180일 이상일 것 등의 요건을 충족하여야 한다. 단, 임금체불 등이 있으면 수급자격이 제한되지 않는 이직 사유에 해당한다.
　　참고 자영업자는 구직급여, 직업능력개발수당, 광역구직활동비, 이주비가 적용되며, 연장급여, 조기재취업수당은 제외됨.
　㉤ 구직급여는 퇴직 다음 날로부터 12개월이 경과하면 소정급여일수가 남아 있더라도 받을 수 없다.
　㉥ 실업급여를 받을 권리는 양도 또는 압류하거나 담보로 제공할 수 없다.
　㉦ 실업의 신고일부터 계산하기 시작하여 7일간은 대기기간으로 보아 구직급여를 지급하지 아니한다.
　㉧ 65세 이후에 고용(65세 전부터 피보험 자격을 유지하던 사람이 65세 이후에 계속하여 고용된 경우는 제외)되거나 자영업을 개시한 사람에게는 실업급여, 육아휴직 급여는 적용하지 아니한다.
　㉨ 육아휴직 급여는 육아휴직 시작일로부터 3개월까지는 월 통상임금의 100분의 80에 해당하는 금액을 지급한다.
　㉩ 근로자가 아니면서 예술인 등 대통령령으로 정하는 사람 중 문화예술용역 관련 계약을 체결하고 다른 사람을 사용하지 아니하고 자신이 직접 노무를 제공하는 사람과 이들을 상대방으로 하여 문화예술용역 관련 계약을 체결한 사업에 대해서는 고용보험 피보험자로 적용한다.

5. 노인장기요양보험제도

① 노인장기요양보험제도의 주요 연혁

연도	내용
2007년	노인장기요양보험법 제정
2008년	노인장기요양보험제도 시행
2014년	노인장기요양등급체계 개편 ➡ 5등급(치매특별등급) 신설 등 3등급 체계에서 5등급 체계로 개편
2016년	치매전담형 장기요양기관 도입
2018년	인지지원등급 신설 ➡ 신체적 기능 상태와 관계없이 모든 치매질환노인까지 장기요양서비스 대상자가 되도록 개편

② **노인장기요양보험제도의 특징** 기출 11회, 16회, 18회, 20회, 23회
　㉠ 장기요양보험사업은 보건복지부장관이 관장하며, 국민건강보험공단이 보험자다.
　㉡ 장기요양보험료는 국민건강보험법에 따른 건강보험료와 통합하여 징수한다. 국민건강보험공단은 장기요양보험료와 건강보험료를 구분하여 고지해야 한다.
　㉢ 노인장기요양보험급여 신청자격에 별도의 소득 기준은 없다.
　㉣ 비영리법인만 노인장기요양서비스를 제공할 수 있는 것은 아니다.
　㉤ 장기요양등급판정위원회는 특별자치시·특별자치도·시·군·구 단위로 설치하는 것을 원칙으로 한다. 다만, 인구수 등을 고려하여 예외적으로 설치·운영할 수 있다.
　㉥ 장기요양인정의 유효기간은 최소 1년 이상으로서 대통령령으로 정한다(법률). 장기요양인정의 갱신 결과 직전 등급과 같은 경우에는 등급에 따라 2~4년 이상으로 한다(명령).

ⓐ 수급자는 재가급여, 시설급여 및 특별현금급여를 중복하여 받을 수 없다.
ⓞ 재가급여로 분류되는 단기보호의 급여기간은 월 9일 이내를 원칙으로 하되, 특별한 사유가 있으면 연장 가능하다.
㉦ 특별현금급여 중 가족요양비는 신체·정신 등의 사유로 가족에게 요양을 받아야 하는 자에게 지급할 수 있다.
㉧ 노인요양 공동생활가정은 5인 이상 9인 이하로 구성된다.(입소 정원 1명 당 연 면적 $20.5m^2$ 이상의 공간을 확보)

③ 장기요양급여 제공의 기본원칙
㉠ 노인 등의 심신 상태·생활 환경과 노인 등 및 그 가족의 욕구·선택을 종합적으로 고려하여 필요한 범위 안에서 이를 적정하게 제공하여야 한다.
㉡ 노인 등이 가족과 함께 생활하면서 장기요양을 받는 재가급여를 우선적으로 제공하여야 한다.
㉢ 노인 등의 심신 상태나 건강 등이 악화되지 아니하도록 의료서비스와 연계하여 이를 제공하여야 한다.

④ **장기요양급여의 종류** 기출 15회
㉠ 재가급여: 방문요양, 방문목욕, 방문간호, 주·야간보호, 단기보호, 기타 재가급여
㉡ 시설급여: 장기요양기관에 장기간 입소한 수급자에게 신체활동 지원 및 심신기능의 유지·향상을 위한 교육·훈련 등을 제공하는 장기요양급여
㉢ 특별현금급여: 가족요양비, 특례요양비, 요양병원간병비

개념 공략 사회복지사업법, 노인복지법, 노인장기요양보험법의 재가서비스(재가급여)

사회복지사업법	가정봉사서비스, 주간보호서비스, 단기보호서비스
노인복지법	방문요양서비스, 주·야간보호서비스, 단기보호서비스, 방문목욕서비스 등
노인장기요양보험법	방문요양·방문목욕·방문간호서비스, 주·야간보호·단기보호서비스, 기타 재가급여

개념 공략 장기요양기관의 종류 및 기준(노인장기요양보험법 시행령 제10조) 기출 17회, 22회

- 재가급여를 제공할 수 있는 장기요양기관: 노인복지법에 따른 재가노인복지시설로서 지정받은 장기요양기관
- 시설급여를 제공할 수 있는 장기요양기관
  - 노인복지법에 따른 노인요양시설로서 지정받은 장기요양기관
  - 노인복지법에 따른 노인요양공동생활가정으로서 지정받은 장기요양기관

⑤ 장기요양인정
㉠ 누구나 장기요양급여를 받을 수 있는 것은 아니며, 장기요양신청부터 일련의 절차를 거친다.

국민건강보험공단	➡	등급판정위원회	➡	국민건강보험공단	➡	장기요양기관
장기요양인정 신청 및 방문조사		장기요양인정 및 장기요양등급 판정		장기요양인정서·개인별 장기요양이용계획서 송부		장기요양급여이용계약 및 장기요양급여 제공

㉡ 장기요양인정조사표
- 장기요양인정 신청 후 공단 소속 장기요양 담당 직원이 직접 방문하여 장기요양인정조사표에 따라 장기요양인정점수를 산정하고 등급판정위원회의 심의·판정을 받는다.
- 신체기능, 사회생활기능, 인지기능, 행동변화, 간호처치, 재활 영역 등의 세부 항목을 조사한 결과를 입력하여 장기요양인정점수를 산정한다.

⑥ 재원 조달 방식
  ㉠ 장기요양보험료
    • 노인장기요양보험 가입자는 국민건강보험 가입자와 동일하며 건강보험료와 통합 징수한다.
    • 장기요양보험료율은 보건복지부장관 소속 장기요양위원회의 심의를 거쳐 대통령령으로 정한다.
  ㉡ 국가의 부담
    • 매년 장기요양보험료 예상수입액의 20%에 상당하는 금액을 국민건강보험공단에 지원한다.
    • 국가와 지방자치단체는 의료급여 수급권자의 장기요양급여 비용, 의사 소견서 발급 비용, 방문간호 지시서 발급 비용 중 공단이 부담하여야 할 비용 및 관리운영비의 전액을 부담한다.
  ㉢ 본인부담금
    • 장기요양급여(특별현금급여 제외)를 받는 자는 대통령령으로 정하는 바에 따라 비용의 일부를 본인이 부담한다. 이 경우 장기요양급여를 받는 수급자의 장기요양등급, 이용하는 장기요양급여의 종류 및 수준 등에 따라 본인부담의 수준을 달리 정할 수 있다.
    • 의료급여법에 따른 수급자는 본인부담금을 부담하지 아니한다.
    • 다음 중 어느 하나에 해당하는 자에 대해서는 본인부담금의 100분의 60의 범위에서 차등하여 감경할 수 있다.
      – 의료급여법에 따른 수급권자
      – 소득·재산 등이 보건복지부장관이 정하여 고시하는 일정 금액 이하인 자
        참고 도서·벽지·농어촌 등의 지역에 거주하는 자에 대하여 따로 금액을 정할 수 있음.
      – 천재지변 등 보건복지부령으로 정하는 사유로 인하여 생계가 곤란한 자

2 공공부조제도

1. 국민기초생활 보장제도

① 국민기초생활 보장제도의 주요 연혁

시기	내용
1998년	• 45개 시민 단체가 '국민기초생활보장법 제정 추진 연대 회의' 구성, 제정 청원 • 국민기초생활 보장법 발의
1999년	• 김대중 정부, 생산적 복지를 새로운 국정 이념으로 채택하고 국민기초생활 보장법의 제정 방침을 밝힘. • 국민기초생활 보장법 제정·공포
2000년	국민기초생활 보장법 시행
2003년	소득인정액 기준 도입
2015년	최저생계비 방식에서 기준 중위소득 방식으로 변경, 부양의무자 기준 완화
2017년	행정기관의 처분에 대한 이의신청 기간을 60일에서 90일로 연장

② 국민기초생활 보장제도의 원칙 기출 11회, 16회
  ㉠ 보충성의 원칙
  ㉡ 자립 조장의 원칙
  ㉢ 타급여 우선의 원칙
  ㉣ 생존권 보장의 원칙
  ㉤ 가족 부양 우선의 원칙

③ 국민기초생활 보장제도의 특징 기출 17회, 18회, 20~22회

㉠ 생활이 어려운 가구에게 국가가 생계급여와 의료급여, 주거급여(국토교통부), 교육급여(교육부) 등의 급여를 제공하여 기본적 생활을 보장해주는 제도이다.
㉡ 근로능력이 있는 자에게는 체계적인 자활지원서비스를 제공하여 자활·자립을 지원해 주는 제도로, 법령이 정하는 바에 따라 외국인도 혜택을 받을 수 있다.
㉢ 보험료 납부 등의 기여를 전제하지 않고, 정부가 일반 조세를 통해 그 비용을 부담하는 복지제도이다.
㉣ 자산조사를 통해 지원대상을 엄격하게 선정하는 잔여적(선별적) 복지제도이다.
㉤ 빈곤층의 모든 자구적 노력을 전제로 최종적으로 도움을 호소할 수 있는 복지제도로, 2차적 사회안전망이다.
㉥ 급여는 개별가구 단위로 실시하되, 특히 필요하다고 인정하는 경우에는 개인 단위로 실시할 수 있다.
㉦ 수급권자와 그 친족, 그 밖의 관계인은 관할 시장·군수·구청장에게 수급권자에 대한 급여를 신청할 수 있다.
㉧ 생계급여는 수급자의 소득인정액 등을 고려하여 차등 지급할 수 있다.
㉨ 북한이탈주민과 그 가족은 의료급여 1종 수급권자에 속한다.
㉩ 차상위계층이란 수급권자가 아닌 계층으로, 소득인정액이 기준 중위소득의 100분의 50 이하인 사람을 말한다.

④ 수급자 선정기준 기출 13회, 15회

㉠ 가구 소득인정액(소득평가액+재산의 소득환산액)이 급여별 수급자 선정기준(기준 중위소득의 일정 비율) 이하인 자

> 참고 수급자의 선정기준은 기준 중위소득 이상, 지급기준은 기준 중위소득 이하이다. 예를 들어, 생계급여의 수급권자 선정기준은 기준 중위소득의 100분의 30 이상이며 2025년 지급기준은 기준 중위소득의 100분의 32 이하이다.

㉡ 부양의무자(1촌의 직계혈족 및 그 배우자)가 없는 자, 부양의무자가 있어도 부양 능력이 없거나 또는 부양을 받을 수 없는 자
㉢ 생계급여는 2021년 10월부터 전체 가구에 대한 부양의무자 기준이 조건부로 폐지되었다(단, 연 소득이 1억 원 초과 고소득·9억 원 초과 고 재산자는 제외).
㉣ 의료급여만이 소득인정액과 부양의무자 기준을 모두 적용하며, 주거급여(2018년 10월), 교육급여(2015년 7월)는 부양의무자 기준이 폐지되어 소득인정액민으로 산정한다.

⑤ 급여의 지급

㉠ 급여의 지급방식에 따라 현금급여와 현물급여로 구분할 수 있다.
㉡ 현행 제도에서는 생계급여와 주거급여가 주로 현금으로 수급가구에 직접 지급되며, 의료급여(현물급여), 교육급여(바우처)의 형태로 급여 및 서비스 공급자에게 비용을 지급하고 있다.
㉢ 현금급여는 이론적으로 기준 중위소득에서 해당 가구의 소득인정액을 제외하고 남은 금액만큼을 보장하는 보충급여 방식을 취하고 있다. 보충급여 방식은 수급가구의 소득이 증가하면, 그만큼 현금급여가 감소한다.

⑥ 급여의 종류 기출 14회, 15회, 22회

㉠ **생계급여(기준 중위소득 32% 이하)**
  - 급여내용: 의복·음식물 및 연료비, 기타 일상생활에 기본적으로 필요한 금품을 지급한다(보충급여).
  - 급여액: 생계급여 최저보장수준(기준 중위소득의 32%)에서 가구의 소득인정액을 차감한 금액을 지급한다.

㉡ **주거급여(기준 중위소득 48% 이하)**
  - 급여내용: 국토교통부장관이 정하는 기준에 따라 거주지, 거주 유형, 가구 규모 등을 고려하여 주거 안정에 필요한 임차료(임차가구), 수선유지비(자가가구)를 지급한다.

- 급여액: 임차가구에게는 기준 임대료를 상한선으로 하여 실질 임대료를 지급하고, 자가가구에게는 주택의 보수 범위별 수선 유지 비용을 지원한다.
  ⓒ 의료급여(기준 중위소득 40% 이하): 수급자가 건강한 생활을 유지하는 데 필요한 각종 검사 및 치료 등을 지급하는 것으로, 근로능력 유무에 따라 1종, 2종으로 구분한다.
  ② 교육급여(기준 중위소득 50% 이하): 시·도교육청이 교육부장관이 정하는 기준에 따라 초·중·고등학생을 대상으로 교육활동지원비(바우처) 등을 지원한다.
  ⑩ 해산급여: 생계·주거·의료급여 수급자가 출산(출산예정 포함) 시 출생영아 1인당 70만 원(쌍둥이 출산시 140만 원 지급)을 현금으로 지급한다(교육급여만 받는 수급자 제외).
  ⑪ 장제급여: 생계·주거·의료급여 수급자 및 의사자 사망 시 장례 비용에 보탤 수 있도록 1구당 80만 원을 지급한다.
  ⊙ 자활급여: 수급자의 자활을 돕기 위하여 필요한 급여·근로능력 향상을 위한 지원·근로기회 등을 제공한다.

⑦ 급여의 중지
  ⊙ 수급자의 소득인정액이 각 급여의 선정기준을 초과한 때
  ⓒ 부양능력이 있는 부양의무자의 부양 사실이 확인된 경우
  ⓒ 교육급여 대상자 중 휴학·자퇴·졸업 등의 학적변동이 있는 경우
  ② 거주 실태의 변동이 있는 경우
  ⑩ 수급자가 급여의 중지를 요청한 때
  ⑪ 생업자금을 대여신청 당시의 사업계획서대로 집행하지 않은 경우에 보장기관의 시정요구에 응하지 아니한 때
  ⊙ 기타 보장기관이 수급자가 급여의 전부 또는 일부를 거부한 경우로 확인한 경우
  ⊙ 조건부 수급자가 조건을 불이행하여 생계급여 중지를 결정한 경우 등

⑧ 중위소득과 선정기준 기출 18회
  ⊙ 중위소득: 전체 가구의 순위를 소득 순으로 매겼을 때 정확히 가운데를 차지하는 가구의 소득 수준을 말한다. 중위소득은 보통 사람들의 생활 수준을 잘 반영할 수 있다는 장점이 있다.
  ⓒ 2023, 2024년 중위소득(단위: 원/월)

구분	1인 가구	2인 가구	3인 가구	4인 가구	5인 가구	6인 가구
2025년	2,392,013	3,932,658	5,025,353	6,097,773	7,108,192	8,064,805
2024년	2,228,445	3,682,609	4,714,657	5,729,913	6,695,735	7,618,369

  ⓒ 2024년 급여별 선정기준(단위: 원/월)

구분	1인 가구	2인 가구	3인 가구	4인 가구	5인 가구	6인 가구
생계급여(32%)	765,444	1,258,451	1,608,113	1,951,287	2,274,621	2,580,738
의료급여(40%)	956,805	1,573,063	2,010,141	2,439,109	2,843,277	3,225,922
주거급여(48%)	1,148,166	1,887,676	2,412,169	2,926,931	3,411,932	3,871,106
교육급여(50%)	1,196,007	1,966,329	2,512,677	3,048,887	3,554,096	4,032,403

⑨ 자활지원사업 기출 14회
  ⊙ 목적: 근로빈곤층의 일을 통한 적극적 자립과 성공을 위하여 안정적 일자리 확대, 근로인센티브 강화, 자활프로세스 개편, 자활인프라 확충을 목표로 한다.

ⓒ 자활지원사업의 역할과 기능
- 자활급여는 기초생활보장수급자의 자활을 돕기 위하여 실시되는 급여이다.
- 자활기업은 조합 또는 부가가치세법상의 사업자로 한다.
- 자활기관협의체의 구성 및 운영 등에 필요한 사항은 보건복지부령으로 정한다.
- 지역자활센터는 근로능력이 있는 저소득층에게 집중적·체계적인 자활지원서비스를 제공함으로써 자활의욕 고취 및 자립능력 향상을 지원한다.
- 자산형성지원 프로그램으로 형성된 자산은 소득환산액 산정 시 포함되지 않는다.

ⓒ 자활사업기관
- 한국자활복지개발원

역할	• 국민기초생활 보장법에 따라 설립된 재단법인 • 보건복지부장관은 자활복지개발원을 지도·감독하며 자활복지개발원에 대하여 업무·회계 및 재산에 관하여 필요한 사항을 보고하게 하거나 소속 공무원에게 자활복지개발원에 출입하여 장부, 서류, 그 밖의 물건을 검사하게 함.
업무	• 자활지원을 위한 사업의 개발 및 평가와 조사·연구 및 홍보 • 광역자활센터, 지역자활센터 및 자활기업의 기술·경영 지도 및 평가 • 자활 관련 기관 간의 협력체계 및 정보네트워크 구축·운영 • 취업·창업을 위한 자활촉진 프로그램 개발 및 지원 • 고용지원서비스의 연계 및 사회복지서비스의 지원대상자 관리 • 수급자 및 차상위자의 자활촉진을 위한 교육·훈련, 광역자활센터 등 자활 관련 기관의 종사자 및 참여자에 대한 교육·훈련 및 지원 • 국가 또는 지방자치단체로부터 위탁받은 자활 관련 사업 • 그 밖에 자활촉진에 필요한 사업으로서 보건복지부장관이 정하는 사업

- 광역자활센터

역할	• 사회복지법인, 사회적 협동조합 등 비영리법인과 단체의 신청을 받아 특별시·광역시·특별자치시·도·특별자치도 단위로 지정 • 보장기관은 광역자활센터의 설치 및 운영에 필요한 경비의 전부 또는 일부를 보조
업무	• 시·도 단위의 자활기업 창업 지원 • 시·도 단위의 수급자 및 차상위자에 대한 취업·창업 지원 및 알선 • 지역자활센터 종사자 및 참여자에 대한 교육훈련 및 지원 • 지역특화형 자활프로그램 개발·보급 및 사업개발 지원 • 지역자활센터 및 자활기업에 대한 기술·경영 지도 • 그 밖에 자활촉진에 필요한 사업으로서 보건복지부장관이 정하는 사업

- 지역자활센터

역할	• 사회복지법인, 사회적 협동조합 등 비영리법인과 단체의 신청을 받아 지정 • 지역자활센터의 설립·운영 비용 및 사업수행 비용의 전부 또는 일부 지원 • 국유·공유 재산의 무상 임대 • 보장기관이 실시하는 사업의 우선 위탁
업무	• 자활을 위한 정보제공, 상담, 직업교육 및 취업알선 • 생업을 위한 자금 융자 알선 • 자영창업 지원 및 기술·경영 지도 • 자활기업의 설립·운영 지원 • 그 밖에 자활을 위한 각종 사업

2. 기초연금제도 기출 18회

① 기초연금제도의 특징
  ㉠ 만 65세 이상, 대한민국 국적을 가지고 있는 소득 하위 70% 이하 노인에게 지급하는 무기여 방식의 노후 소득보장제도이다.
  ㉡ 기초연금액은 가구 유형(단독가구, 부부가구)과 소득(선정기준액 100분의 70)에 따라 차등 지급된다.
  ㉢ 기초연금액은 기준연금액과 국민연금 급여액 등을 고려하여 산정한다.
  ㉣ 만 65세 이상의 부부가 모두 기초연금 수급자인 경우, 각각의 기초연금액에서 기초연금액의 20%에 해당하는 금액을 감액한다.

② 기초연금 지급의 정지: 특별자치시장·특별자치도지사·시장·군수·구청장은 기초연금 수급자가 다음 어느 하나의 경우에 해당하면 그 사유가 발생한 날이 속하는 달의 다음 달부터 그 사유가 소멸한 날이 속하는 달까지는 기초연금의 지급을 정지한다.

> - 기초연금 수급자가 금고 이상의 형을 선고받고 교정시설 또는 치료감호시설에 수용되어 있는 경우
> - 기초연금 수급자가 행방불명되거나 실종되는 등 대통령령으로 정하는 바에 따라 사망한 것으로 추정되는 경우
> - 기초연금 수급자의 국외 체류기간이 60일 이상 지속되는 경우. 이 경우 국외 체류 60일이 되는 날을 지급 정지의 사유가 발생한 날로 봄.
> - 그 밖에 기초연금 수급자가 행방불명, 실종 또는 가출, 거주불명자로 등록된 경우 등

③ 기초연금 수급권의 상실: 기초연금 수급권자가 사망한 때, 국적을 상실하거나 국외로 이주한 때, 기초연금 수급권자에 해당하지 아니하게 된 때 기초연금 수급권을 상실한다.

④ 기초연금 수급권자의 권리 보호
  ㉠ 기초연금 수급권은 양도하거나 담보로 제공할 수 없으며, 압류 대상으로 할 수 없다.
  ㉡ 이의신청
    - 기초연금 지급 결정이나 그 밖의 처분에 이의가 있는 사람은 특별자치시장·특별자치도지사·시장·군수·구청장에게 이의신청을 할 수 있다.
    - 이의신청은 그 처분이 있음을 안 날부터 90일 이내에 서면으로 하여야 한다. 다만, 정당한 사유로 인하여 기간 이내에 이의신청을 할 수 없었음을 증명한 때에는 그 사유가 소멸한 때부터 60일 이내에 이의신청을 할 수 있다.

⑤ 시효: 환수금을 환수할 권리와 기초연금 수급권자의 권리는 5년간 행사하지 아니하면 시효의 완성으로 소멸한다.

⑥ 비용의 분담: 국가는 지방자치단체의 노인인구 비율 및 재정 여건 등을 고려하여 기초연금의 지급에 드는 비용 중 40%~90%의 범위에서 대통령령으로 정하는 비율에 해당하는 비용을 부담한다.

3. 의료급여제도 기출 20회

① 의료급여는 저소득계층의 의료비 부담을 국가가 지원하는 제도이다.
② 국민건강보험 요양급여 기준에 근거하여 급여대상 항목에 대한 의료비 지원을 원칙으로 한다.
③ 의료급여기관은 수급권자에 대한 진료·조제 또는 투약 등을 담당하는 의료기관 및 약국 등을 말한다.
④ 적용대상

구분	내용	비고
취약계층	• 국민기초생활 보장법에 따른 의료급여 수급자(보장시설의 급여자는 1종 수급권자) • 그 밖에 생활유지능력이 없거나 생활이 어려운 사람으로서 대통령령으로 정하는 사람	2종 수급권자

국가 또는 사회에 공헌, 기여자	• 의상자 및 의사자 • 국가무형문화재보유자	• 국가유공자 • 5·18 민주화운동 관련자	1종 수급권자
사회적 약자	• 국내에 입양된 18세 미만의 아동 • 북한이탈주민(새터민)	• 이재민 • 노숙인	

⑤ 의료급여 내용
  ㉠ 진찰·검사
  ㉡ 약제·치료재료의 지급
  ㉢ 처치·수술과 그 밖의 치료
  ㉣ 예방·재활
  ㉤ 입원
  ㉥ 간호
  ㉦ 이송과 그 밖의 의료목적 달성을 위한 조치

4. 긴급복지지원제도 기출 22회

① 기본원칙
  ㉠ **선지원 후심사(후처리)의 원칙**: 위기상황에 처한 자 등의 지원요청 또는 신고가 있는 경우 긴급지원담당 공무원 등의 현장확인(1일 이내)을 통해 긴급한 지원의 필요성을 포괄적으로 판단하여 우선 지원(추가 1일 이내, 총 48시간 이내)을 신속하게 실시하고 추후에 소득, 재산 등을 조사하여 지원의 적정성을 심사한다.
  ㉡ **단기 지원의 원칙**: 시·군·구청장은 위기상황에 처한 사람에게 일시적으로 신속하게 지원하는 것을 원칙으로 하며, 지원이 종료되면 동일한 사유로 인하여는 다시 지원할 수 없다. 다만, 지원이 종료된 때부터 2년이 경과한 후에는 동일한 위기사유로 다시 지원받을 수 있다.
  ㉢ **다른 법률 지원 우선의 원칙**: 재해구호법·피해자보호 등에 관한 법률 등 다른 법률에 의하여 긴급지원의 내용과 동일한 내용의 구호·보호나 지원을 받고 있는 경우에는 긴급지원에서 제외된다.
  ㉣ **가구단위 지원의 원칙**: 가구단위로 산정하여 지원하는 것을 원칙으로 한다. 다만, 의료·교육지원 등의 경우 필요한 가구 구성원에 한하여 지원한다(개인단위 지원).

② 긴급지원 종류 및 내용

종류			지원내용	최대 횟수
금전·현물 지원	위기상황 주지원	생계	식료품비, 의복비, 냉방비 등 3개월 생계유지비 지원	6개월
		의료	각종 검사, 치료 등 의료서비스 지원	2회
		주거	국가·지방자치단체 소유 임시 거소 제공 또는 타인 소유의 임시 거소 1개월 제공	12개월
		복지시설 이용	사회복지시설 입소 또는 이용서비스 1개월 제공	6개월
	부가 지원	교육	초·중·고등학생의 수업료, 입학금, 학교운영지원비 및 학용품비 등 필요한 비용을 분기 단위로 해당 분기분 1회 지원	4회
		그 밖의 지원	위기사유 발생으로 생계유지가 곤란한 자에게 1개월 지원	연료비 6개월
민간기관·단체 연계지원 등			사회복지공동모금회, 대한적십자사 등 민간의 긴급지원프로그램으로 연계, 상담·정보제공 등 기타 지원	횟수 제한 없음.

3 우리나라의 사회복지서비스 정책

1. 근로장려세제 기출 12~14회, 16회, 18회, 21회, 22회

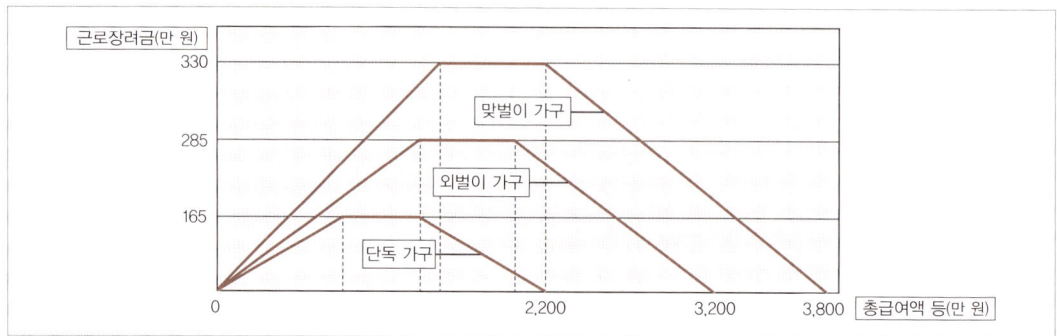

① **근로장려세제의 목적**: 일은 하지만 소득이 적어 생활이 어려운 근로자, 사업자(전문직 제외) 가구에 대하여 가구원 구성과 근로소득, 사업소득 또는 종교인소득에 따라 산정된 근로장려금을 지급함으로써 근로를 장려하고 실질소득을 지원하는 근로연계형 소득지원 제도이다.

② **근로장려세제의 특징**
  ㉠ 주무 부처는 국세청이며, 관련 법령은 조세특례제한법이다.
  ㉡ 미국의 EITC제도를 모델로 하였다.
  ㉢ 저소득자의 근로를 장려하고 소득을 지원하기 위해 실시한다.
  ㉣ 자녀 수별로 급여액, 급여의 증가율과 감소율 등을 차등화하였다.
  ㉤ 가구별 총급여액에 따라 모형은 점증 구간·평탄 구간·점감 구간으로 이루어진다.
  ㉥ 소득과 재산보유상태 등을 반영하여 지급하며, 소득재분배 효과를 기대할 수 있다.
  ㉦ 열심히 일은 하지만 소득이 적어 생활이 어려운 근로자, 사업자(전문직 제외) 또는 종교인 가구에 대하여 가구원 구성과 근로소득, 사업소득 또는 종교인소득에 따라 산정된 근로장려금을 지급함으로써 근로를 장려하고 실질소득을 지원하는 근로연계형 소득지원 제도이다.

③ **선정기준**
  ㉠ 가구요건

단독 가구	배우자(사실혼 제외)와 부양자녀, 70세 이상 직계존속이 없는 가구
외벌이(홀벌이) 가구	배우자 또는 부양자녀 또는 70세 이상 직계존속이 있는 가구(배우자가 있는 경우에는 신청인 또는 배우자의 총급여액 등이 300만 원 미만이어야 함)
맞벌이 가구	신청인과 배우자 각각의 총급여액 등이 300만 원 이상인 가구

  ㉡ **재산요건**: 가구당 재산합계액 2억 4천만 원 미만
  ㉢ **소득요건**: 단독 가구(연 소득 2,200만 원 미만), 외벌이 가구(연 소득 3,200만 원 미만), 맞벌이 가구(연 소득 3,800만 원 미만)
  ㉣ **최대지급액(2024년 기준)**: 단독 가구는 최대 165만 원, 외벌이 가구는 최대 285만 원, 맞벌이 가구는 최대 330만 원까지 지급한다.
  ㉤ **지급 방식**: 근로소득자는 정기신청 또는 반기신청 중 선택하여 신청하며, 정기신청은 연 1회, 반기신청은 연 2회 지급된다.

개념 공략 자녀장려금

- 저소득 가구의 자녀양육 부담을 경감하기 위하여 총소득 4,000만 원 미만이면서 부양자녀(18세 미만)가 있는 경우 1명당 최대 80만 원을 지급하는 제도로, 총소득 기준을 제외한 나머지 수급요건은 근로장려금과 동일하며, 단독가구의 경우에는 자녀장려금이 지급되지 않음.
- 평탄구간-점감구간으로 이루어짐. 자녀장려금은 점증 구간이 없는 점을 제외하고 근로장려금의 구조와 같음.

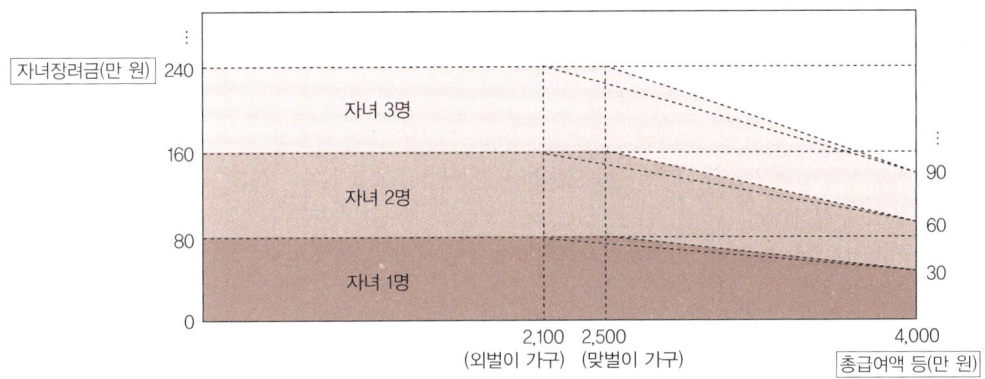

2. 드림스타트사업(2008년)

① 목적: 취약계층 아동에게 맞춤형 통합 서비스를 제공하여 아동의 건강한 성장과 발달을 도모하고 공평한 출발기회를 보장함으로써 건강하고 행복한 사회구성원으로 성장할 수 있도록 지원하는 사업이다.

② 사업 운영
  ㉠ 사업지역: 시·군·구
  ㉡ 사업대상: 0세(임산부) 이상 만 12세 이하(초등학생 이하) 취약계층 아동 및 가족을 대상으로 한다. 국민기초수급 및 차상위계층 가정, 법정 한부모가정(조손가정 포함), 학대 및 성폭력 피해아동 등을 우선 지원한다.
  ㉢ 추신체계: 시·군·구가 설치한 아동통합서비스 지원기관에서 드림스타트를 운영하며 전담공무원 및 아동통합사례관리사로 인력을 구성한다.
  ㉣ 지원 내용: 가정방문을 통해 인적조사, 욕구조사, 양육환경 및 아동발달 사정을 실시한다. 사례관리 대상 아동과 그 가족에게 지역자원과 연계한 맞춤형 통합서비스 지원, 주기적 재사정 및 지속적인 모니터링 등 통합사례관리를 실시한다.

3. 희망복지지원단(2012년)

① 목적
  ㉠ 지역주민의 다양한 욕구에 맞춤형 서비스를 연계·제공함으로써 지역주민의 삶을 안정적으로 지원 및 지지하고, 복지제도의 효과성과 효율성을 향상시킨다.
  ㉡ 일반적으로 지역주민을 대상으로 하나, 복지욕구 및 경제적 여건을 고려하여 빈곤계층의 탈빈곤·빈곤 예방을 중점 목표로 설정하여 실시한다.

② 서비스 대상
  ㉠ 지원대상
    - 통합사례관리 사업을 통해 통해 탈빈곤, 자활지원이 가능한 가구(기초수급자 중에서도 특히 신규 수급자, 기초수급 탈락자 등)

- 차상위 빈곤가구, 특히 긴급지원 대상가구 및 국민기초생활수급자 탈락가구 중 통합사례관리를 통해 빈곤예방 지원이 가능한 가구
- 지자체 복지사각지대 조사를 통해 발굴된 위기가구 중 통합사례관리가 필요한 가구

ⓒ **선정기준**: 통합사례관리 대상가구를 선정하며 접수된 대상자는 욕구조사 결과를 토대로 사례회의를 통해 대상자와 개입기간을 결정한다.

③ **서비스 내용**
ⓐ 대상가구의 자활·자립을 위한 서비스로 공공·민간서비스 제공기관이 제공하는 서비스 전반이 해당된다.
ⓑ **공공서비스**: 통합사례관리 대상 발굴 후 서비스 연계 전까지 필요한 복지서비스를 지원한다. 1가구당 의료비, 생활지원비, 교육훈련비 등은 최대 50만 원 내에서 현물서비스로 지원한다.
ⓒ **민간서비스**: 대상가구의 욕구조사 결과에 따라 필요한 맞춤형 서비스를 제공한다.

> **합격 가이드**
> 희망복지지원단 서비스에서 수익자 부담은 없습니다.

4. 읍·면·동 복지허브화(2016)

① **목적**
ⓐ 선제적으로 사각지대를 발굴한다.
ⓑ 대상자에게 필요한 서비스를 맞춤형으로 제공한다.
ⓒ 민관이 연계하여 종합적으로 서비스를 제공한다.

② **주요 내용**
ⓐ **찾아가는 복지서비스 활성화**: 노인·장애인 등 거동이 불편한 대상을 집중 방문하며 상담을 진행하는 등의 모니터링을 실시한다.
ⓑ **통합서비스 지원**: 대상자별 욕구에 따라 다양한 서비스를 맞춤형으로 제공하되, '가구별' 서비스를 제공할 때는 통합사례관리를 실시한다.
ⓒ **민간조직·자원 적극 활용**: 복지통장 및 지역사회보장협의체, 다양한 복지기관과 협력·연계하여 지원 대상 및 자원 발굴을 확대하고, 민간자원과의 연계를 활성화한다.

> **합격 가이드**
> 주민들이 직접 내방하여 신청하는 민원을 위주로 복지서비스가 지원되던 것에서 벗어난 읍·면·동 복지허브화로 복지전달체계 개편사업이 시작되었습니다.

5. 자산형성지원사업

① **희망저축계좌 Ⅰ**
ⓐ **지원대상**: 총 근로(사업)소득이 기준 중위소득 40%의 60% 이상인 생계·의료급여 수급가구
ⓑ **지원내용**: 본인 월 10만 원 이상 저축 시 정부지원금 30만 원 매칭

② **희망저축계좌 Ⅱ**
ⓐ **지원대상**: 총 근로(사업)소득이 기준 중위소득 50% 이하인 주거·교육급여 수급 가구 및 차상위 가구
ⓑ **지원내용**: 본인 월 10만 원 이상 저축 시 정부지원금 10만 원 매칭

> **합격 가이드**
> ①~③의 사업은 국민기초생활보장제도상 자활지원사업의 일환입니다.

③ 청년내일저축계좌
  ㉠ 지원대상: 연령·소득기준·가구소득·가구재산 4가지 모두 충족한 청년

가입연령	신청 당시 만 19~34세 청년(단, 수급자·차상위자·기준 중위소득 50% 이하는 만 15~39세까지 허용)
소득기준	• 기준 중위소득 50% 초과 100% 이하일 경우: 근로·사업소득이 월 50만원 초과 월 220만 원 이하인 청년 • 수급자·차상위자·기준 중위소득 50% 이하: 현재 근로활동 중이며 근로·사업소득이 월 10만원 이상인 청년(월 50만 원 이하의 소득 가능)
가구소득	소득인정액이 기준 중위소득 100% 이하
가구재산	대도시 3.5억 원, 중소도시 2억 원, 농어촌 1.7억 원 이하

  ㉡ 지원내용
    • 본인 저축 납입자에 한하여 매월 본인저축액 10만 원 이상인 경우, 소득에 따라 정부지원금 지원
      - 기준 중위소득 50% 이하: 30만 원 정액 매칭
      - 기준 중위소득 50% 초과 100% 이하: 10만 원 정액 매칭
    • 자격요건: 3년간 통장유지, 근로활동 지속, 교육이수, 자금 사용계획서 제출 시 적립금 전액 지급

  개념 공략 청년도약계좌
  • 지원대상: 직전 과세기간의 총급여액 7,500만 원(종합소득 6,300만 원) 이하, 가구소득 중위 180% 이하, 가입일이 속한 과세기간의 직전 3개 과세기간 중 1회 이상 금융소득종합과세 대상에 해당하지 않음, 만 19~34세 → 조건을 모두 충족하는 소득이 있는 청년
  • 지원내용: 2023년 6월부터 2025년 말까지 가입 가능하며, 월 최대 70만원 저축 가능, 5년 의무 가입하여 '5,000만 원 모으기' 실현(이율 최대 6%)
  • 근거법령: 조세특례제한법 제91조의 22

④ 디딤씨앗통장
  ㉠ 지원대상
    • **요보호아동**: 아동양육시설보호 아동, 가정위탁보호 아동, 소년소녀가정 아동, 공동생활가정(그룹홈) 아동, 장애인 생활시설보호 아동 중 만 18세 미만 아동
    • 기초생활수급가구(생계·의료급여) 중 만 12~17세 아동
  ㉡ 지원내용: 저소득층 아동(보호자, 후원자)이 매월 일정 금액을 저축하면 국가(지방자치단체)가 1 : 2 정부 매칭 지원금으로 월 10만 원까지 같은 금액을 지원

6. 사회서비스(전자바우처) 기출 14회, 22회, 23회

① 개념: 이용 가능한 서비스의 금액이나 수량이 기재된 증표(이용권)로서, 전자바우처는 서비스 신청, 이용, 비용 지불 및 정산 등의 전 과정을 전산시스템으로 처리하는 전달 수단을 말한다.

주체	국가·지방자치단체 및 민간부문
목적	국민의 인간다운 생활 보장과 삶의 질 향상
대상	도움이 필요한 국민
분야	복지·보건의료·고용·교육·주거·문화·환경 등 7개 분야

② 추진배경
  ㉠ 양극화 심화가 상대적 취약계층이 증가시키고 사회서비스 수요를 가속화
  ㉡ 새로운 사회적 위험 등 환경변화에 대한 전략적 대응 필요
  ㉢ 취약계층 보호 외에도 인적자본 형성을 통한 예방적 복지 필요
  ㉣ 괜찮은 일자리 창출을 통한 능동적 복지 구현
  ㉤ 사회서비스 일자리 비중은 최근 증가세에 있지만, 외국에 비해 아직 크게 낮은 수준
③ 바우처의 특징
  ㉠ 수요자 중심의 직접지원 또는 직접지불 방식으로, 상품을 이용할 수 있는 구매력을 제공한다.
  ㉡ 국가·지방자치단체 및 민간부문이 국민 삶의 질 향상을 위해 다양한 서비스를 공급하고, 모든 국민이 사회서비스 수급대상이다.
  ㉢ 정책 목적이나 취지에 따라 선택권을 조정하고 통제할 수 있다.
    • 구매하는 상품의 종류, 양, 범위 등을 제한할 수 있다.
    • 이용의 합리성 제고를 위한 자부담(본인부담금)을 도입할 수 있다.
  ㉣ 수요자와 공급자에게 별도의 자격 기준 설정이 가능하다.
    • 수요자 측면: 소득, 장애인, 외국인, 연령에 대한 기준 등을 설정할 수 있다.
    • 공급자 측면: 자격이나 면허, 품질 인증에 대한 기준 등을 설정할 수 있다.
④ 이해 당사자의 역할

구분	내용
대상자	시·군·구에서 사회서비스 수혜자로 인정을 받은 대상자
보건복지부	대상자 선정기준, 서비스 유형 및 바우처 지급 방법, 사회서비스 본부의 조직과 운영에 관한 내용, 기준·방법·절차에 대한 기반 마련
시·군·구	대상자 및 제공기관 신청 접수·선정·통지
사회보장정보원	서비스 결제 승인, 자금 관리(비용 지급 및 정산) 및 결제 매체(카드 혹은 단말기) 등의 사업 관리
제공기관	보건복지부에서 사회서비스 제공기관으로 인정받아 대상자들에게 사회서비스 제공

개념 / 공략 노인맞춤돌봄서비스
• 기존 전자바우처에서 노인돌봄종합서비스를 제공하였으나, 2020년 1월부터 기존의 6개 노인 대상 서비스를 통합·개편하여 개인 맞춤형 '노인맞춤돌봄서비스'가 시행되고 있다.
• **신청자격**: 만 65세 이상 국민기초생활수급자, 차상위계층 또는 기초연금수급자로서 유사중복사업 자격에 해당되지 않는 자

7. 맞춤형 급여 안내(복지멤버십)

① 개념: 복지수급을 희망하는 개인이나 가구의 연령, 가구구성, 경제 상황을 기준으로 받을 수 있는 복지서비스를 맞춤형으로 찾아서 안내해주는 제도이다.
② 법적 근거: 사회보장급여의 이용·제공 및 수급권자 발굴에 관한 법률 제22조의2(맞춤형 급여 안내)
③ 제공 대상
  ㉠ 기초생활 보장(생계, 의료, 주거, 교육급여), 차상위(자활, 계층확인, 자산형성지원), 한부모가족, 기초연금, 장애인연금, 장애(아동)수당 신규 신청 중 맞춤형 급여 안내 가입에 동의한 자(동시신청)
  ㉡ 대한민국 국적을 가진 자로서 맞춤형 급여 안내를 신청한 자(단독신청)

④ 복지사업
  ㉠ 아동·보육: 시간제 보육, 아이돌봄서비스, 가정양육수당 지원, 0~5세 보육료 지원 등
  ㉡ 생활지원: 기초생활 보장사업, 장애인연금, 기초연금 등
  ㉢ 교육비 지원: 초·중·고 교육비 지원, 청소년 한부모 고교생 교육비 지원 등
  ㉣ 의료비 지원: 차상위 본인부담 경감대상자 지원, 재난적 의료비 지원, 암환자 의료비 지원 등
  ㉤ 임신·출산: 산모·신생아 건강관리 지원, 난임부부 시술비 지원, 저소득층 기저귀·조제분유 지원 등
  ㉥ 감면서비스: 에너지 바우처, 저소득층 요금할인(전기, 가스, 이동통신 등) 등

8. 사회서비스원(2019)

① 개념: 공공부문이 사회서비스를 직접 제공하고 지역사회 내 선도적 제공기관 역할을 수행함으로써 사회서비스 공공성 강화 및 서비스 품질 향상을 위해 설립된 기관이다.
② 기능
  ㉠ 국·공립 사회복지시설 운영
    • 장기요양시설: 신규 또는 위탁이 끝나는 시립 및 구립 장기요양시설을 위탁받아 직접 운영하여 서비스의 품질을 높인다.
    • 국·공립 어린이집: 국·공립 어린이집 및 시설 등을 위탁받아 직접 운영하고, 서비스 종사자들을 직접 고용한다.
  ㉡ 종합재가센터 설치·운영: 지역사회 통합 돌봄(커뮤니티 케어) 체계의 하나로, 장기요양, 장애인 활동지원 등 각종 지역사회 돌봄서비스를 통합 연계하여 제공한다.

9. 사회적 경제 기출 14회, 17회

① 사회적 기업
  ㉠ 개념: 취약계층에게 사회서비스 또는 일자리를 제공하거나 지역사회에 공헌함으로써 지역주민의 삶의 질을 높이는 등의 사회적 목적을 추구하면서 재화 및 서비스의 생산·판매 등 영업활동을 하는 기업을 말한다(사회적기업 육성법 제2조 제1호).
  ㉡ 의의 및 역할
    • **지속가능한 일자리 제공**: 취약계층을 노동시장으로 통합하고, 보람되고 좋은 일자리를 확대한다.
    • **지역사회 활성화**: 지역사회를 통합하고 사회적 투자 확충을 통해 지역경제를 발전시킨다.
    • **사회서비스 확충**: 새로운 공공서비스에 대한 수요를 충족하고, 공공서비스를 혁신한다.
    • **윤리적 시장 확산**: 기업의 사회공헌과 윤리적 경영문화를 확산시키고, 착한 소비문화를 조성한다.
  ㉢ 목적에 따른 유형: 일자리제공형, 사회서비스제공형, 지역사회공헌형(인적·물적자원을 활용하여 소득창출과 일자리 제공), 혼합형(일자리제공형+사회서비스제공형), 창의·혁신형
  ㉣ 인증 절차: 사전상담 및 컨설팅(권역별 통합지원기관) → 인증 신청 및 접수(한국사회적기업진흥원) → 서류 검토 및 신청기관 심사(진흥원 및 권역별 통합지원기관) → 인증심사 소위원회 사전검토(고용노동부) → 사회적 기업 육성 전문위원회 심의(고용노동부) → 고용노동부장관 인증(고용노동부)

② 협동조합
　㉠ 개념: 재화 또는 용역의 구매·생산·판매·제공 등을 협동으로 영위함으로써 조합원의 권익을 향상하고 지역사회에 공헌하고자 하는 사업조직을 말한다(협동조합 기본법 제2조 제1호).
　㉡ 협동조합 기본법이 제정되면서 사업을 하기 위해서 선택할 수 있는 법인은 기존 상법상 회사, 민법상 비영리법인, 협동조합으로 확대되었다.
　㉢ 특징
　　• 사업 범위: 공동의 목적을 가진 5인 이상이 모여 조직한 사업체로서 그 사업의 종류에 제한이 없다(금융 및 보험 제외).
　　• 의결권: 출자규모와 무관하게 1인당 1표씩 행사할 수 있다.
　　• 가입 및 탈퇴: 가입과 탈퇴가 자유롭다.
　　• 책임범위: 조합원은 출자자산에 한정한 유한 책임을 진다.
　　• 배당: 투자금액이 아닌 이용실적 등에 따른 배당이 이루어진다.
　㉣ 7대 원칙
　　• 자발적이고 개방적인 가입: 자격제한 없음, 가입과 탈퇴의 자유
　　• 조합원에 의한 민주적 관리: 1인 1표, 총회(대의원회) 의결
　　• 조합원의 경제적 참여: 출자(출자제한), 잉여금 배당
　　• 자율과 독립: 국가에 의한 자율성 침해 금지
　　• 교육, 훈련 및 정보제공: 조합 교육, 운영 공개
　　• 협동조합 간의 협동: 업종, 지역, 연합회 간 협력
　　• 지역사회에 대한 기여: 지역사회의 지속가능한 발전을 위한 노력
　㉤ 유형

소비자 협동조합	조합원의 소비생활 향상을 위한 물품의 구매 또는 서비스의 이용을 목적으로 하는 협동조합
사업자 협동조합	개별 사업자들이 수익창출을 위해 공동판매, 공동자재구매, 공동브랜드 사용 등을 목적으로 하는 협동조합
직원 협동조합	직원이 함께 조합을 소유하고 관리하며 안정적인 일자리를 늘려나가는 것을 목적으로 하는 협동조합
다중 이해관계자 협동조합	둘 이상의 유형에 해당하는 조합원들의 경영개선 및 생활향상을 목적으로 하는 협동조합

　㉥ 설립절차: 발기인 모집 → 정관 작성 → 설립동의자 모집 → 창립 총회 → 설립 신고 → 사무 인수인계 → 출자금 납입 → 설립 등기 → 협동조합 법인격 부여

③ 마을기업
　㉠ 개념: 지역주민 또는 단체가 해당 지역의 인력, 향토, 문화, 자연자원 등 각종 자원을 활용하여 생활환경을 개선하고 지역공동체를 활성화하며 소득 및 일자리를 창출하기 위하여 운영하는 기업을 말한다(도시재생 활성화 및 지원에 관한 특별법 제2조 제9호).
　㉡ 설립요건: 지역주민 5인 이상이 출자한 법인이어야 한다.
　㉢ 3대 특성
　　• 필연성: 지역에서 필요로 하고 해결을 요하는 문제를 다룬다.
　　• 자립성: 사업초기 안정화 이후 지원규모가 축소되어도 자립할 수 있어야 한다.
　　• 공공성: 사회적 가치의 실현과 공공의 이익을 지향하는 서비스와 관계되어야 한다.

ⓔ 마을기업의 요건(2023년 마을기업 육성사업 시행지침)

기업성	지속가능한 수익구조를 갖추어 정부 및 자치단체의 재정지원 종료 후에도 자립 운영 가능
공동체성	공동체가 주도하고 출자하여 설립, 설립과 운영에 공동체가 참여하고 결정
공공성	지역문제를 해결하고 지역사회에 공헌 및 상생
지역성	지역의 자원을 활용하고 동일한 생활권을 기반으로 거주하는 주민 참여

ⓜ **사업 유형**: 지역자원 활용형 공동체사업, 친환경 녹색에너지 공동체사업, 생활자원복지형 공동체사업

ⓑ **신청방법 및 지원 내용**
- 해당 시·군에 접수하면 이후 시·도 심사를 거쳐 행정안전부에서 지정하게 된다.
- 마을기업으로 선정되면 최대 3년간 1억 원을 지원받을 수 있으며, 마을기업 지정 이전 준비과정을 지원하는 예비 마을기업 시기에는 1천만 원을 지원받는다.

ⓢ **신청절차**: 교육 프로그램 신청자 공모(시) → 필수 및 전문교육 운영(지원기관) → 사업공모(시) 및 신청 접수(구) → 신청 단체 현지조사 및 적격 검토(구) → 심사위원회 구성 및 2차 선정(시) → 사업단체 최종 선정(행정안전부) → 사업시행 약정체결 및 사업수행(구·단체)

④ 자활기업

㉠ **개념**: 지역자활센터의 자활근로사업을 통해 습득된 기술을 바탕으로 2인 이상의 수급자 또는 저소득층 주민이 생산자 협동조합이나 공동사업자 형태로 운영하는 기업이다.

㉡ **목적**
- 일자리 창출과 소득 증대
- 지역사회에 공익서비스 제공
- 사회공동체 실현에 기여

㉢ **법적 근거**: 국민기초생활 보장법

㉣ **성립요건**
- 자활기업 구성원 중 수급자 및 차상위자가 1/3이상이어야 한다(단, 기초생활보장 수급자는 반드시 1/5 이상이어야 함).
- 조합 또는 부가가치세법상 1인 이상 사업자로 설립한다.
- 모든 구성원에 대해 최저임금 이상의 임금 지급이 가능해야 한다.
- 자활근로사업단의 자활기업 전환 시 사업의 동일성을 유지해야 한다.

㉤ **지원 내용**
- 자활기업 창업지원
- 전문 컨설턴트와 연계한 창업 컨설팅
- 사업자금 융자
- 국유지·공유지 우선 임대
- 국가 또는 지방자치단체 실시사업 우선 위탁
- 조달 구매 시 자활기업 생산품 우선 구매
- 기초생활 보장 수급자 채용 시 인건비 지원
- 기타 수급자의 자활촉진을 위한 각종 사업 지원

개념 공략 협동조합과 주식회사

구분	협동조합	주식회사(상장회사)
근거법령	협동조합 기본법	상법
소유자	조합원	주주(주식 소유자)
투자한도	출자 한도 제한 30%	원칙적으로 제한 없음.
의결권	1인 1표	1주 1표
경영기구	조합원에 의해 선출된 이사회	주주에 의해 선출된 이사회
배당	• 이용실적 및 기여에 따른 배당 우선 • 출자배당 비율 제한 또는 미실시	투자 액수에 따른 출자배당

10. 치매 국가책임제(2017년)

① 의료지원 강화
  ㉠ 중증치매진료 본인부담률 완화: 기존에는 입원진료비 20%, 외래진료비 30~60%를 지원했으나, 입원·외래 상관없이 본인부담률 10%로 완화되었다.
  ㉡ 치매치료관리비 지원: 만 60세 이상 치매치료제 복용 중인 기준 중위소득 120% 이하 노인에게 월 최대 3만 원(연 36만 원)까지 약제비와 진료비를 실비로 지원한다.
  ㉢ 고비용 치매검사 건강보험 적용
    • 종합 신경인지검사 20~40만 원 → 6.5~15만 원
    • MRI 약 60만 원 → 14~33만 원
    > **참고** 신경인지검사는 인지기능을 평가해 치매 여부를 진단하는 검사로, 기준 중위소득 120% 이하일 경우에는 치매안심센터에서 무료로 지원한다.

② 치매안심센터 설치: 치매선별검사 등 통합서비스 제공, 치매쉼터 운영, 비대면 프로그램 활성화
③ 장기요양서비스 강화
  ㉠ 인지지원등급 신설: 경증 치매환자도 주야간보호기관 단기보호서비스 등 장기요양보험 혜택을 부여한다.
  ㉡ 장기요양보험 본인부담 완화
    • 기존 건강보험료 순위 25~50%는 100% 본인부담 → 60% 본인부담
    • 기존 건강보험료 순위 25% 이하는 50% 본인부담 → 40% 본인부담
④ 치매 친화적 환경 조성: 치매안심마을을 운영하고 치매공공후견제도를 실시한다.

11. 우리나라의 사회문제 **기출** 17회, 18회, 20회

① 저출산문제
  ㉠ 의미: 저출산이란 합계 출산율이 2.1명 이하로 지속되는 현상이고, 초저출산은 합계 출산율이 1.3명 이하인 현상을 말한다. 우리나라는 저출산 사회를 넘어 2001년부터 초저출산 사회에 들어섰다.
  ㉡ 원인: 자녀 양육에 대한 경제적 부담 증가, 여성의 사회참여 증가, 의료 기술의 발달, 결혼 연령 상승 및 미혼 인구 증가 등 사회·경제적 요인, 결혼과 가족에 대한 가치관 변화 등이 복합적으로 작용한다.
  ㉢ 문제점: 생산 인구의 감소와 경제 위축, 국가 재정 지출 증가 등의 문제가 심각해질 수 있다.

ⓔ **저출산 관련 정책**: 보육 시설 확충, 출산비 지원, 육아휴직 확대 및 자녀 교육비 지원, 부모급여, 아동수당 등 자녀를 낳고 키우는 데 어려움이 없는 환경을 만들기 위한 사회복지정책들을 만들고 있다.

부모급여	• 출생~11개월의 모든 아동: 월 100만 원 • 12~23개월의 모든 아동: 월 50만 원
아동수당	8세 미만의 모든 아동에게 월 10만 원

② 고령화문제
　㉠ 노인의 비율이 높아지면서 2000년에는 전체 인구 중 65세 노인 인구가 차지하는 비율이 7%를 초과하여 '고령화 사회'에 들어섰다. 2017년에는 14%를 초과하여 '고령 사회'에 진입하였고, 이후 2026년에는 '초고령 사회'에 진입할 것으로 예상된다.
　㉡ 고령화 관련 정책
　　• 노인들의 경제적 기반을 마련하기 위해 평생 교육, 재취업 기회 확대, 정년 연장 등을 실시하고 있다.
　　• 건강하고 안정적인 노후 생활 보장을 위해 노인복지정책이나 노인편의시설과 실버산업 확대 등 고령화 사회에서 삶의 질을 향상시킬 수 있는 사회 환경을 마련하고자 노력하고 있다.
　　• 소득보장: 국민연금(노령연금), 기초연금
　　• 건강보장: 노인장기요양보험, 치매 국가책임제, 독거노인·중증장애인 응급안전알림서비스
　　• 고용보장: 노인일자리 및 사회활동 지원사업
　　• 생계보장: 국민기초생활 보장(생계급여)
　　• 바우처: 노인맞춤돌봄서비스(독거노인, 지역사회 자원 연계, 단기 가사서비스 등)

③ 청년문제
　㉠ 시민단체
　　• 청년유니온: 2010년 창립된 대한민국 최초의 세대별 노동조합으로, 만 15세~39세의 비정규직, 정규직, 구직자, 일시적 실업자 등 청년 노동자가 구성원이다.
　　• 민달팽이 유니온: 청년세대 전반이 한국사회에서 겪는 주거권 문제 해결을 위해 결성된 시민단체이다.
　　• 복지국가 청년네트워크: 청년세대 운동조직이 출현한 사례에 해당한다.
　㉡ 청년기본법(2020년 제정)
　　• 목적: 청년의 권리 및 책임과 국가와 지방자치단체의 청년에 대한 책무를 정하고 청년정책의 수립·소정 및 청년지원 등에 관한 기본적인 사항의 규정을 목적으로 한다.
　　• 청년: 19세 이상 34세 이하인 사람을 말한다.
　　• 청년정책 기본계획: 국무총리는 5년마다 청년정책에 관한 기본계획을 수립·시행하여야 한다.
　　• 청년 실태조사: 관계 중앙행정기관의 장은 2년마다 실태조사를 실시하여야 한다.
　　• 청년의 날: 매년 9월 셋째 주 토요일

④ 소득문제
　㉠ 기본소득: 재산·노동의 유무와 상관없이 모든 국민에게 개별적으로 무조건 지급하는 소득으로, 국민 모두에게 조건 없이 빈곤선 이상으로 살기에 충분한 월간 생계비를 지급하는 것이다. 중앙정부 차원에서는 핀란드가 전 세계 최초로 2017년부터 2년간 시행한 바 있다.
　㉡ 우리나라 국민연금 방식 ➡ 확정급여식(DB)
　　• 국민연금공단에서 기여금을 관리·운영하며, 지급받을 급여(액수)는 가입기간, 본인의 평균소득, 전체 가입자의 평균소득, 전국소비자물가변동률 등에 따라 결정되므로, 본인이 연금액을 지정할 수 없다.
　　• 소득이 많아 기여금(보험료)을 많이 납부하였다면, 65세 이후 노령연금 지급액이 높아진다.

ⓒ 퇴직연금 방식

확정급여형(DB) 퇴직연금	• 금융회사 운용, 완전적립 방식에서 부과 방식까지 다양하게 재정 운용 • 물가상승, 경기침체 등의 사회변화에 분산대응할 수 있음.
확정기여형(DC) 퇴직연금	• 가입자 운용, 연금의 급여액은 기본적으로 적립한 기여금과 기여금의 투자수익에 의해서 결정 • 투자위험의 책임은 전적으로 개인에게 있음.

⑤ 실업문제
  ㉠ 비정규직
    • 비정규직 고용은 노동자의 인적자본 형성 기회를 줄인다.
    • 정규직과 비정규직 노동자의 사회보험 가입률에는 차이가 있다.
    • 비정규직의 증가 원인에는 기업 규제완화를 통한 노동의 유연성 증가가 포함된다.
  ㉡ 청년실업
    • 청년실업률: 15~29세의 경제활동인구 중 실업자의 비율이다.
      참고 국제 기준은 15~24세의 경제활동인구 중 실업자 비율이다.
    • 청년실업지원금: 취업을 준비하는 만 18~34세에게 월 50만 원씩 최대 6개월간 취업준비 비용과 창업을 지원한다.
  ㉢ 국민취업지원제도
    • 저소득 구직자, 청년, 경력단절여성 등 취업 취약계층을 대상으로 취업지원서비스와 생계지원을 함께 제공하는 고용노동부 소관 제도이다.
    • 한국형 실업부조이자 2차 고용안전망으로, 지역사회의 다양한 취업 취약계층을 적극적으로 발굴하고 이들이 필요로 하는 고용복지서비스를 개별 특성에 맞게 제공한다.
    • 지역 수요에 맞는 구인기업 및 다양한 복지서비스 자원을 확보하고 있는 지방자치단체 일자리센터와 연계·협업체계를 구축한다. 2022년에 조기취업성공수당이 신설되었다.

12. 우리나라의 사회복지정책 등 기출 15회, 17회, 19~21회, 23회

① 아동복지정책

아동 입양	• 국가 및 지방자치단체는 입양의뢰된 아동의 양친될 사람을 국내에서 찾기 위한 시책을 최우선적으로 시행하여야 함(국내입양에 관한 특별법 제7조 제1항). • 국가와 지방자치단체는 건전한 입양문화를 조성하고 요보호아동의 국내입양을 활성화하며, 아동이 입양 후의 가정생활에 원만하게 적응할 수 있도록 하여야 함.
보호대상아동	• 보호자가 없거나 보호자로부터 이탈된 아동 또는 보호자가 아동을 학대하는 경우 등 보호자가 아동을 양육하기에 적당하지 않거나 양육 능력이 없는 경우의 아동 • 시·도지사 또는 시장·군수·구청장은 그 관할 구역에서 보호대상아동을 발견하거나 보호자의 의뢰를 받은 때에는 아동의 최상의 이익을 위하여 보호조치를 하여야 함.
지원대상아동	• 아동이 건강하게 성장하는 데에 필요한 기초적인 조건이 갖추어지지 아니하여 사회적·경제적·정서적 지원이 필요한 아동 • 국가 및 지방자치단체는 빈곤아동과 그 보호자 및 가정을 지원하기 위한 정책을 수립·시행하여야 함.
무상보육	영유아에 대한 보육의 내용 및 범위를 정하여 국가와 지방자치단체는 보육을 무상으로 함.
장기결석아동	교육부장관 또는 교육감은 아동학대의 조기 발견과 신속한 보호조치를 위하여 장기결석 학생의 정보 등을 보건복지부장관과 공유하여야 함.

② 가족복지정책

고용보험제도	• 육아휴직: 만 8세 이하 또는 초등학교 2학년 이하의 자녀를 가진 근로자에게 1년 이내의 휴직 허용 ※ 2024년부터 부모 모두 3개월 이상 육아휴직 사용 시 부모 각각 6개월 유급기간 연장(12개월 → 18개월) • 6+6 육아휴직제: 생후 18개월 내 부모 모두 육아휴직 6개월 사용 시 각각 월 최대 450만원 지급 • 출산전후 휴가: 임신 중인 근로자가 출산전후에 유급출산휴가를 사용하는 것을 말하며, 임신 중인 여성 근로자가 90일의 출산전후 휴가를 부여받은 경우 휴가 기간은 출산 후 45일 이상 확보되어야 함.
자녀돌봄 제도	• 부모급여: 2세 미만의 아동에게는 차등하여 지급함(아동수당법). ※ 0~1세 미만(0~11개월)은 매월 100만원, 1~2세 미만(12~23개월) 매월 50만원 지급 • 아동수당: 비(무)기여-비자산조사 프로그램에 해당하며, 8세 미만의 아동에게 매월 10만원을 지급(아동수당법) • 양육수당: 국가와 지방자치단체는 양육수당을 지원하기로 결정한 경우 결정한 날이 속하는 달부터 영유아가 6세가 된 날이 속하는 해의 다음 해 2월까지 매월 정기적으로 양육수당을 지원함(영유아보육법 시행령). ※ 양육수당: 0~86개월 미만까지 지원 • 아이돌봄서비스: 맞벌이가정, 다문화가족 등 양육 부담 가정에 아이돌보미가 돌봄 제공

구분	부모급여	양육수당	아동수당
0~11개월	월 100만원(0~1세 미만)	월 20만원	월 10만원 (8세 미만)
12~23개월	월 50만원(1~2세 미만)	월 15만원	
24~86개월	–	월 10만원	
~95개월	–	–	

③ 소득보장정책

사회보험	• 사회보험은 급여액이 수급자가 낸 사회보험료에 비례하여 재분배 기능을 함. • 국민연금제도의 가입대상은 국내 거주하는 18세 이상 60세 미만인 자로, 노령·장애·사망에 대하여 연금급여가 지급되므로 은퇴뿐만 아니라 국민 생활안정에 기여하는 목적을 가짐[기여 – 비자산조사 프로그램에 해당. 다만 특수직역연금 대상자(공무원, 군인, 사립학교 교직원, 별정우체국 직원)는 제외].
공공부조	• 국민기초생활보장제도: 수급자 특성에 따라 맞춤형급여를 제공하므로 재분배 기능이 강함. 비(무)기여로 수급요건을 갖출 경우 급여를 지급하는 공공부조로 수직적 소득 재분배가 가장 큼. • 기초연금제도: 노인의 생활안정 지원을 목적으로 하며, 기초노령연금법(2007년)이 폐지된 후 기초연금법(2014년)이 시행되고 있음(기초연금 수급권자 선정기준: 65세 이상 노인 중 소득과 재산이 적은 하위 70%). • 장애인연금제도: 18세 이상 중증장애인으로 소득하위 70% 이하에 해당하는 사람에게 기초급여와 부가급여로 구분하여 지급(장애정도가 심하지 않으면 장애인연금 수급 불가) • 장애수당: 장애인복지법상의 등록장애인, 국민기초생활보장제도에 따른 생계급여, 의료급여를 수급받는 장애인에게는 반드시 장애수당을 지급하도록 하여 장애로 인해 발생하는 추가비용을 보전하기 위해 도입됨.

④ 기업복지
  ㉠ 기업복지의 특징
    • 회사의 발전에 밑거름이 되는 복리후생을 가능하게 하며, 좋은 복지제도는 경영자의 경영철학이 구체화된 결과이다.
    • 인간 중심 경영으로 사원에게 동기부여가 될 때 기업은 성장과 발전을 이룰 수 있다.
  ㉡ 기업복지 프로그램

사내근로복지기금 (EWF)	사업주가 사업 이익의 일부를 재원으로 사내근로복지 기금을 설치하고 이를 효율적으로 관리·운영하게 함으로써 근로자의 생활안정과 복지증진에 이바지하게 하는 제도
우리사주	우리사주조합을 통하여 근로자가 자사주를 취득·보유하게 됨으로써, 근로자의 경제·사회적 지위 향상과 노사협력 증진을 도모할 수 있는 제도
퇴직연금	퇴직 시 일시금으로 받는 퇴직금을 일정연령(55세)에 달한 때부터 연금으로 받을 수 있도록 하는 제도
선택적 복지	사전 설계된 다양한 복지 메뉴 중 일정 금액 한도 내에서 직원의 요구에 맞춰 항목 및 수혜 수준을 선택할 수 있도록 한 제도로, 직원 본인이 복지항목을 선택하는 제도
근로자지원프로그램 (EAP)	근로자의 개인·가정·직장·재무 등의 문제를 관련 전문가를 통해 해결토록 지원함으로써 직장과 가정의 균형을 이룰 수 있도록 지원하는 제도

⑤ 최저임금법
  ㉠ 1986년 제정 및 시행되었다.
  ㉡ 정신장애가 있어 근로능력이 현저히 낮은 사람에게는 적용되지 않는다.
  ㉢ 근로자에게 최소한의 생계를 유지할 수 있는 수준의 임금을 보장하기 위한 제도이다.
  ㉣ 저임금 근로자의 증가를 억제하는 장치로 작용할 수 있다.
  ㉤ 사회보장 급여체계에 영향을 미칠 수 있다.

⑥ 사회복지운동
- 민간이 사회복지에 대한 특정 견해를 가지고 이를 관철시키려는 실천이다.
- 노동·시민·여성운동 단체 등 다양한 주체들이 관심과 역량을 투여하는 사회운동의 한 분야이다.
- 사회복지종사자들의 전문성을 실현하는 중요한 통로의 하나이다.
- 현재 우리나라는 지방자치제가 발달하고 국민의 의식수준, 복지마인드가 높아지면서 과거에 비해 사회복지운동단체의 의견수용률이 높아졌지만, 모두 수용되는 것은 아니다.

⑦ 기타
 ㉠ 고용 불안정의 심화로 사회보험제도의 재정상태가 취약해지고 있다.
 ㉡ 다양한 문화적 배경을 가진 사회 구성원(예 다문화가족, 한부모가족, 새터민 등)이 증가하였다.
 ㉢ 새로운 사회문제가 증가하면서 사회복지정책의 총 지출이 증가하는 추세에 있다.
 ㉣ 근로장려세제(EITC)를 통해 근로빈곤층 지원제도가 증가하고 있다.
 ㉤ 지방자치단체의 자체적인 복지사업이 증가하는 추세에 있다.
 ㉥ 시설보호에서 나아가 지역사회의 힘으로 돌봄이 필요한 사람이 자신이 살던 곳에서 어울려 살아갈 수 있도록 하는 돌봄시스템인 커뮤니티케어(지역사회 통합돌봄)가 증가하는 추세에 있다.
 ㉦ 취약계층 취업지원을 위한 취업성공패키지 등을 통해 취업알선 서비스, 채용지원 서비스, 직업지도 서비스 등이 운영되고 있다.

TEST 1 사회복지정책론

01 개인의 기여, 능력, 욕구에 따라 사회적 자원을 다르게 분배하는 것은?

① 수량적 평등 ② 기회의 평등
③ 비례적 평등 ④ 결과의 평등
⑤ 조건의 평등

02 사회적 연대(Social Solidarity)에 관한 설명으로 옳지 않은 것은? [17회]

① 개인과 사회 간 이해의 대립현상이 발생할 경우 개인은 전체를 위하여 희생하여야 한다.
② 사회문제의 해결과정에서 조직 구성원 간 이타적 정신을 필요로 한다.
③ 특정한 사회적 위험으로 피해를 입은 소수를 위하여 다수가 그 비용을 공동으로 부담한다.
④ 사회문제에 대한 집단적 대처수단으로서 상부상조의 정신을 바탕으로 한다.
⑤ 공동체에 대한 개인의 연대 참여는 당사자의 자유의지에 달려 있다.

03 다음에서 설명하는 이념은? [14회]

- 자본주의에 대해서는 긍정적
- 사회복지정책에 대해서는 부정적
- 시장개방, 노동의 유연성, 탈규제, 민영화 등의 정책을 선호

① 신자유주의 ② 마르크스주의
③ 사회민주주의 ④ 국가 개입주의
⑤ 페이비언 사회주의

04 사회복지정책의 발달이론에 관한 설명으로 옳지 않은 것은? [20회]

① 산업화론 - 농경사회에서 산업사회로 변화하면서 사회문제가 발생하였고, 그 대책으로 사회복지정책이 발달하였다.
② 권력자원론 - 복지국가 발전의 중요 변수들은 노동조합의 중앙집중화 정도, 노동자 정당의 영향력 등이다.
③ 수렴이론 - 사회적 양심과 이타주의의 확대에 따라 모든 국가는 복지국가로 수렴한다.
④ 시민권론 - 마샬(T. H. Marshall)에 따르면 시민권은 공민권, 참정권, 사회권 순서로 발전하였고, 사회복지정책은 사회권이 발달한 결과이다.
⑤ 국가중심적 이론 - 적극적 행위자로서 국가를 강조하고 사회복지정책의 발전을 국가 관료제의 영향으로 설명한다.

합격을 여는 만능해설

01 ③ 개인의 기여, 능력, 욕구에 따라 사회적 자원을 다르게 분배하는 것을 '비례적 평등'이라 한다.

02 ① 사회적 연대는 개인의 희생을 원하지 않는다. 공적 이익을 위한 소수 및 개인의 희생은 벤담이 주장한 양적 공리주의와 관련이 있다.

03 ① 신자유주의는 복지국가 위기 이후 등장한 자유시장 경제 논리를 주장한 이념으로, 조지와 윌딩의 6분법 중 신우파(반집합주의, 신보수주의)와도 유사하다.

04 ③ 수렴이론은 서로 다른 유형의 복지국가라도 시간이 지날수록 유사한 유형으로 수렴한다고 본다. 모든 국가가 복지국가로 수렴한다는 설명과는 초점이 다르다.

05 사회복지정책 관련 원칙과 가치를 연결한 것으로 옳지 않은 것은? [14회]

① 보충성 원칙 - 자력구제 우선
② 열등처우의 원칙 - 비례적 평등
③ 보험수리 원칙 - 개인적 형평성
④ 소득 재분배 원칙 - 능력에 따른 부담
⑤ 최소 극대화(Maximin) 원칙 - 개인적 자유

06 조지와 윌딩(V. George & R. Wilding, 1976; 1994)의 사회복지모형에서 복지국가의 확대를 가장 지지하는 이념은? [20회]

① 신우파
② 반집합주의
③ 마르크스주의
④ 페이비언 사회주의
⑤ 녹색주의

07 개정 구빈법에 대한 설명으로 옳지 않은 것은?

① 열등처우의 원칙
② 노동 능력자는 원칙적으로 원내구제
③ 전국 균일 처우의 원칙
④ 작업장 수용의 원칙
⑤ 빈곤의 원인을 사회적인 문제로 인식

08 1942년 베버리지 보고서에서 구상한 복지국가 모형의 특징이 아닌 것은? [15회]

① 빈곤계층을 대상으로 하는 선별적 복지를 강조한다.
② 정액부담과 정액급여의 원리를 바탕으로 한다.
③ 베버리지는 결핍(궁핍), 질병, 무지, 불결, 나태를 5대 악으로 규정한다.
④ 정액부담의 원칙은 보험료의 징수와 관련한 행정 비용을 절감할 수 있는 효과가 있다.
⑤ 노령, 장애, 실업, 질병 등과 같은 사회적 위험들을 하나의 국민보험에서 통합적으로 운영한다.

09 사회복지 재원에 관한 설명으로 옳지 않은 것은? [18회]

① 일반세 중 재산세의 계층 간 소득 재분배 효과가 가장 크다.
② 목적세는 사용목적이 정해져 있어 재원 안정성이 높다.
③ 이용료는 저소득층의 서비스 이용을 저해할 수 있다.
④ 고용주가 부담하는 사회보험료는 수직적 소득재분배 성격을 지닌다.
⑤ 기업이 직원들에게 제공하는 기업복지는 소득역진적 성격이 강하다.

---

05 ⑤ 롤스가 제시한 정의의 원칙인 '최소 극대화의 원칙'은 최소 수혜자(사회적 약자)의 복지를 우선적으로 배려해야 한다는 것이다.

06 ④ 페이비언 사회주의는 혁명적인 변화보다는 점진적인 제도 개혁과 인간의 육성을 동시에 수행해 나갈 때 사회주의라는 목표에 도달할 수 있다는 사회개혁 전략이다. 복지국가의 확대로 자본주의를 변화시킬 수 있다고 보며, 사회가 바람직한 상태일 때 개인도 행복할 수 있다고 본다.

오답 해설
①, ② 신우파(6분법)와 반집합주의(4분법)는 정부의 복지 제공을 최소화하자는 입장이다.
③ 마르크스주의는 자본가의 이익을 위하여 복지국가가 존재한다고 보아 복지국가에 반대하는 입장이다.
⑤ 녹색주의는 복지국가가 환경문제를 야기하기 때문에 복지국가를 반대하는 입장이다.

07 ⑤ 개정 구빈법에서는 빈곤을 사회적인 문제가 아닌 개인적 결함으로 인한 문제로 인식하였다.

08 ① 베버리지 보고서에서는 사회보험 대상의 위험을 포괄하고 사회보험의 조직 형태를 일원화하는 것과 함께 이를 전국민에게 적용하는 보편주의를 채택하였다.

09 ① 일반세 중 계층 간 소득 재분배 효과가 가장 큰 것은 소득세이다. 일반적으로 재산세는 부동산을 소유하고 있는 사람만이 납부하며, 부동산을 소유하지 않은 사람은 납부하지 않기 때문에 계층 간 소득 재분배 효과는 크지 않다.

10 사회투자전략에 관한 설명으로 옳은 것은? [20회]

① 인적자원에 대한 투자는 결과의 평등을 목적으로 한다.
② 사회적 약자 집단에 대한 현금이전을 중시한다.
③ 현재 아동세대에 대한 선제적 투자를 중시한다.
④ 사회정책과 경제정책을 분리한 전략이다.
⑤ 소득 재분배와 소비 지원을 강조한다.

11 다음 중 보편주의에 기초한 프로그램이 아닌 것은?

① 산재보험　② 고용보험
③ 국민연금　④ 기초연금
⑤ 건강보험

12 급여에 관한 설명으로 옳지 않은 것은?

① 시장에서 소비자 선택권이 성숙되지 못하였다면 현물급여가 낫다.
② 현금급여는 운영 효율성이 높다.
③ 현물급여는 목표 효율성이 높다.
④ 현물급여가 현금급여보다 비용이 적게 든다.
⑤ 증서나 현물급여보다 현금급여가 수급자 선택의 폭이 넓다.

13 공적 전달체계와 사적 전달체계에 관한 설명으로 옳은 것은?

① 공사협동의 개념에서 공사분리의 개념으로 변화하고 있다.
② 공적 전달체계는 융통성이나 민감성이 장점이다.
③ 법인, 단체 등은 공적 전달체계의 대표적인 예이다.
④ 사적 전달체계는 재정에 취약하지만 지속성이 장점이다.
⑤ 최근에는 공적 전달체계와 사적 전달체계의 혼합경제를 강조하고 있다.

14 정책결정이론 모형에 관한 설명으로 옳은 것은? [12회]

① 합리모형 - 인간의 제한적 합리성을 전제로 하여 정책대안을 선택한다.
② 만족모형 - 주어진 상황에서 목표 달성을 극대화하는 최선의 정책대안을 찾아낼 수 있다.
③ 점증모형 - 과거의 정책을 약간 수정한 정책결정이 이루어지고, 여론의 반응에 따라 정책 수정을 반복한다.
④ 최적모형 - '조직화된 무정부 상태' 속에서 정책이 우연히 결정된다.
⑤ 쓰레기통모형 - 합리적 요소와 초합리적 요소를 바탕으로 한 질적 모형이다.

합격을 여는 만능해설

10 오답 해설
① 인적자원에 대한 투자는 기회의 평등을 목적으로 한다.
② 사회적 약자 집단에 대한 현금이전보다는 새로운 지식 기반 경제에 적응시키는 것을 중시한다.
④ 사회정책과 경제정책을 통합한 전략이다.
⑤ 소득 재분배와 사회투자(투자적 지출)를 강조한다.

11 ④ 보편주의는 평등주의에 기초해 전 국민을 대상으로 한다. 그러나 기초연금은 65세 이상의 노인 중 소득 하위 70%를 적용 대상으로 하며, 이 중 특수직역연금(공무원, 군인, 사립학교교직원, 별정우체국) 대상자는 제외된다. 즉, 기초연금은 선별주의에 기초한 공공부조 방식이다.

12 ④ 현물급여는 현물을 보관, 관리, 전달하는 데 많은 운영 비용이 든다. 오늘날과 같이 상품의 유통 비용이 높은 상황에서는 더욱 그렇다.

13 오답 해설
① 공사협동의 개념으로 변화하고 있다.
② 사적 전달체계는 융통성이나 민감성이 장점이다.
③ 법인, 단체 등은 사적 전달체계의 대표적인 예이다.
④ 사적 전달체계는 재정에 취약하며 지속성을 기대하기 어렵다.

14 오답 해설
① 만족모형에 관한 설명이다.
② 합리모형에 관한 설명이다.
④ 쓰레기통모형에 관한 설명이다.
⑤ 최적모형에 관한 설명이다.

15 복지국가의 이론적 기초가 되는 케인즈(J. M. Keynes) 경제이론에 관한 설명으로 옳지 <u>않은</u> 것은? 〔17회〕

① 고용이 증가하면 소득이 증가하고, 소득이 증가하면 유효수요가 증가한다.
② 유효수요가 감소하면 경기불황을 가져오고, 소득이 감소한다.
③ 저축이 증가하면 투자가 감소하고, 고용의 감소로 이어진다.
④ 유효수요가 증가하면 경기호황을 가져와 투자의 증가로 이어진다.
⑤ 소득이 증가하면 저축이 감소하고, 투자의 감소로 이어진다.

16 소득 재분배의 유형과 관계집단을 연결한 것으로 옳은 것을 모두 고른 것은? 〔13회〕

㉠ 수직적 재분배 – 고소득층 대(對) 저소득층
㉡ 수평적 재분배 – 고위험 집단 대(對) 저위험 집단
㉢ 세대 간 재분배 – 현세대 대(對) 미래세대
㉣ 세대 내 재분배 – 노령세대 대(對) 근로세대

① ㉠, ㉡, ㉢
② ㉠, ㉢
③ ㉡, ㉣
④ ㉣
⑤ ㉠, ㉡, ㉢, ㉣

17 빈곤 또는 불평등의 측정에 관한 설명으로 옳지 <u>않은</u> 것은? 〔17회〕

① 로렌츠 곡선은 가로축에는 소득이 낮은 인구로부터 가장 높은 순으로 비율을 누적하여 표시하고, 세로축에는 각 인구의 소득 수준을 누적한 비율을 표시한 후 그 대응점을 나타낸 곡선이다.
② 지니 계수가 1에 가까울수록 평등한 상태를 의미한다.
③ 10분위 분배율에서는 수치가 클수록 평등한 상태를 의미한다.
④ 5분위 분배율에서는 수치가 작을수록 평등한 상태를 의미한다.
⑤ 빈곤율은 빈곤인구가 전체 인구에서 차지하는 비율로 정의된다.

18 노인장기요양보험제도에 관한 설명으로 옳지 <u>않은</u> 것은? 〔11회〕

① 단기보호는 시설급여에 속한다.
② 장기요양인정의 유효기간은 최소 1년 이상으로 한다.
③ 노인요양공동생활가정도 시설급여를 제공할 수 있다.
④ 장기요양기관을 설치·운영하고자 하는 자는 시장·군수·구청장의 지정을 받아야 한다.
⑤ 65세 이상의 노인 또는 65세 미만으로 특정 노인성 질병을 가진 자로 6개월 이상 장기요양을 요하는 자가 대상이 된다.

---

15 ⑤ 케인즈는 세계대공황의 원인을 유효수요의 부족으로 판단하였으며, 소득 증가는 소비 증가와 투자 활성화로 이어진다고 보았다.

16 **오답 해설**
㉣ 노령세대 대 근로세대는 세대 간 재분배 유형과 관련이 있다.

17 ② 지니 계수는 0에 가까울수록(값이 작을수록) 평등한 상태를, 1에 가까울수록(값이 클수록) 불평등한 상태를 의미한다.

18 ① 단기보호는 재가급여에 속한다. 노인장기요양보험의 재가급여로는 방문요양, 방문목욕, 방문간호, 주·야간보호, 단기보호, 기타 재가급여가 있다.

19 국민건강보험제도에 관한 설명으로 옳은 것은?
[13회]

① 적용대상은 국내외에 거주하는 모든 국민이다.
② 보험자는 국민건강보험공단이다.
③ 현금급여로는 요양급여, 요양비 및 장제비가 있다.
④ 피부양자는 소득 수준과 무관하게 직장가입자에 의해 생계를 유지하는 자이다.
⑤ 사립학교 교원의 경우 보험료는 가입자 30%, 사용자 30%, 국가 40%를 각각 부담한다.

20 우리나라 산업재해보상보험제도의 특징이 아닌 것은?
[15회]

① 보험료는 업종별로 상이한 보험료율을 적용하고 있다.
② 보험료는 개별 사업장의 산재사고 실적에 따라 보험료를 증감한다.
③ 당연적용사업장 중 미가입 사업장에서 발생한 산재사고에 대해서는 보상받을 수 없다.
④ 보험료는 개산보험료와 확정보험료로 구성되어 있다.
⑤ 산업재해보상보험에서는 근로자의 과실 여부에 상관없이 산재사고에 대한 보상이 이루어진다.

21 국민기초생활 보장제도의 특징이 아닌 것은?

① 잔여적 복지제도
② 자활 우선
③ 개인단위 차원
④ 기준 중위소득 적용
⑤ 부양의무자 부양 우선

22 국민기초생활 보장제도에 관한 설명으로 옳은 것은?
[17회]

① 차상위계층이란 수급권자(급여의 특례에 해당하는 수급권자로 보는 사람은 제외)에 해당하지 아니하는 계층으로서 소득인정액이 기준 중위소득의 100분의 50 이하인 사람이다.
② 생계급여 수급권자의 선정기준은 기준 중위소득의 100분의 40 이상으로 한다.
③ 주거급여는 보건복지부가 주관한다.
④ 교육급여 수급권자의 선정기준은 기준 중위소득의 100분의 30 이상으로 한다.
⑤ 생계급여는 타인의 가정에 위탁하여 실시할 수 없다.

합격을 여는 만능해설

19 오답 해설
① 국외에 거주하는 국민과 국내에 거주하는 의료급여 대상자(1종, 2종)는 적용대상이 아니다.
③ 현금급여로는 요양비, 장애인 보조기기 구입비 등이 있다. 장제비는 2008년에 폐지되었다.
④ 피부양자는 직장가입자에 의해 생계를 유지하는 자이지만, 소득이 있으면 지역가입자나 직장가입자가 될 수 있다.
⑤ 사립학교 교원의 경우 보험료는 가입자(본인) 50%, 사용자(학교) 30%, 국가 20%를 각각 부담한다. 다만, 사립학교 직원의 경우는 일반 직장가입자와 동일하게 가입자 50%, 사용자 50%를 부담한다.

20 ③ 당연적용사업장 중 미가입 사업장이라도 산재사고가 발생하면 근로자는 그에 대한 보상을 받을 수 있다.

21 ③ 국민기초생활 보장제도는 가구단위 보장을 원칙으로 한다.

22 오답 해설
② 생계급여 수급권자의 선정기준은 기준 중위소득의 100분의 30 이상으로 한다.
③ 주거급여는 국토교통부가 주관한다.
④ 교육급여 수급권자의 선정기준은 기준 중위소득의 100분의 50 이상으로 한다.
⑤ 생계급여는 수급자를 보장시설이나 타인의 가정에 위탁하여 실시할 수 있다(국민기초생활 보장법 제10조 제1항).

23 기초연금제도에 관한 설명으로 옳은 것은? 18회

① 65세 이상 모든 고령자에게 제공하는 사회수당이다.
② 무기여 방식의 노후 소득보장제도이다.
③ 기초연금액의 산정 시 국민연금급여액을 고려하지 않는다.
④ 기초연금액은 가구 유형, 소득과 상관없이 동일하다.
⑤ 기초연금의 수급권자가 사망하면 유족급여를 지급한다.

24 우리나라의 근로장려세제에 관한 설명으로 옳지 않은 것은? 12회

① 단독가구, 외벌이 가족가구, 맞벌이 가족가구 외벌이 가족가구별로 급여액, 급여의 증가율, 급여의 감소율 등을 차등화하였다.
② 고용노동부가 주무 부처이다.
③ 저소득층의 소득 증대와 근로유인을 목표로 한다.
④ 미국의 EITC제도를 모델로 하였다.
⑤ 우리나라 근로장려세제의 모형은 점증 구간·평탄 구간·점감 구간으로 되어 있다.

25 우리나라의 사회복지정책 중 대상을 빈곤층으로 한정하는 정책이 아닌 것은? 15회

① 보육급여 ② 생계급여
③ 주거급여 ④ 의료급여
⑤ 교육급여

---

23 오답 해설
① 기초연금은 65세 이상인 사람으로서 소득인정액이 선정기준액 이하인 사람에게 지급하는 공공부조이다(기초연금법 제3조 제1항).
③ 기초연금액은 기준연금액과 국민연금 급여액 등을 고려하여 산정한다(기초연금법 제5조 제1항).
④ 기초연금액은 가구 유형(단독가구, 부부가구), 소득에 따라 다르다.
⑤ 기초연금의 수급권자가 사망하면 별도의 유족급여는 지급하지 않는다.

24 ② 근로장려세제의 주무 부처는 국세청이다.

25 ① 보육급여는 보편주의 원칙에 따라 연령별로 모든 아동에게 지급한다.

TEST 2 사회복지정책론

01 다음 중 사회복지정책이 필요한 이유를 모두 고른 것은? 〈21회〉

> ㉠ 국민의 생존권 보장
> ㉡ 사회통합의 증진
> ㉢ 개인의 자립성 증진
> ㉣ 능력에 따른 분배

① ㉠, ㉡
② ㉡, ㉢
③ ㉡, ㉣
④ ㉠, ㉡, ㉢
⑤ ㉠, ㉢, ㉣

02 존 롤스(J. Rawls)의 사회정의를 구성하는 요소가 아닌 것은? 〈15회〉

① 무지의 베일
② 원초적 상황
③ 차등의 원칙
④ 획일적 평등사회
⑤ 최소 극대화의 원칙

03 사회복지정책의 가치에 관한 설명으로 옳지 않은 것은? 〈20회〉

① 소극적 자유는 자신이 원하는 것을 할 수 있는 자유를 강조한다.
② 평등을 추구하는 사회복지정책은 선택의 자유를 제한한다는 비판이 있다.
③ 형평성이 신빈민법의 열등처우 원칙에 적용되었다.
④ 적절성은 일정한 수준의 신체적·정신적 복리를 제공하는 것을 의미한다.
⑤ 기회의 평등의 예로 사회적으로 취약한 아동을 위한 적극적 교육 지원을 들 수 있다.

합격을 여는 만능해설

01 오답 해설

㉣ 능력에 따른 분배는 사회적 자원이 능력에 따라 상이하게 배분되므로 자본주의 시장에 의한 분배라고 볼 수 있다. 사회복지정책은 시장에서 배분된 소득(1차적 분배)을 다양한 방향으로 재분배하는 기능을 수행한다.

02 ④ 존 롤스는 분배를 사회윤리적인 관점에서 바라보았고, 궁극적으로 평등주의를 분배의 목표로 삼았다. 그러나 이 입장이 획일적인 평등사회를 의미하는 것은 아니다.

03 ① 자신이 원하는 것을 할 수 있는 자유는 적극적 자유이다. 소극적 자유는 원하지 않는 것을 하지 않을 자유이다. 타인의 간섭 혹은 의지로부터의 자유, 즉 기회의 측면을 강조한다.

04 에스핑-앤더슨(G. Esping-Andersen)의 세 가지 복지체제에 관한 설명으로 옳지 않은 것은? 20회

① 보수주의 복지체제 국가는 가족의 중요성을 강조한다.
② 자유주의 복지체제 국가에서 탈상품화 정도가 가장 높다.
③ 사회민주주의 복지체제 국가는 보편주의를 강조한다.
④ 보수주의 복지체제 국가의 예로 독일, 프랑스, 이탈리아가 있다.
⑤ 자유주의 복지체제 국가의 사회보장급여는 잔여적 특성이 강하다.

05 선별주의 정책과 보편주의 정책의 특징을 옳게 연결한 것은? 13회

① 선별주의 - 모든 국민 대상
② 선별주의 - 간편한 행정 업무
③ 보편주의 - 빈곤의 덫 유발
④ 보편주의 - 사회적 통합 효과
⑤ 보편주의 - 사회적 낙인 유발

06 영국 사회복지의 역사에 관한 설명으로 옳은 것을 모두 고른 것은? 12회

㉠ 스핀햄랜드법은 가족수당제도의 시초로 불린다.
㉡ 공장법은 아동의 노동 여건을 개선하였다.
㉢ 1834년 신구빈법은 전국적으로 구빈 행정 구조를 통일하였다.
㉣ 1911년 국민보험법은 건강보험과 실업보험으로 구성되었다.

① ㉠, ㉡, ㉢   ② ㉠, ㉢
③ ㉡, ㉣   ④ ㉣
⑤ ㉠, ㉡, ㉢, ㉣

07 21세기 복지국가의 사회환경 변화로 옳은 것을 모두 고른 것은?

㉠ 신규 노동자의 공급 감소
㉡ 여성의 사회진출 증대
㉢ 고령화의 진행
㉣ 국가 간 노동인구의 교류 감소

① ㉠, ㉡, ㉢   ② ㉠, ㉢
③ ㉡, ㉣   ④ ㉣
⑤ ㉠, ㉡, ㉢, ㉣

---

04 ② 에스핑-앤더슨의 세 가지 복지체제에서 자유주의 복지체제 국가는 탈상품화 정도가 가장 낮다.

05 **오답 해설**
① 보편주의는 모든 국민을 대상으로 한다.
② 보편주의는 자산조사 절차를 거치지 않으므로 행정업무가 간편하다.
③ 선별주의는 빈곤의 덫을 유발한다.
⑤ 선별주의는 자산조사 절차를 거침으로써 사회적 낙인을 유발한다.

06 ⑤ 스핀햄랜드법은 가족수당제도의 시초이며(㉠), 공장법은 아동의 노동 여건을 개선한 법률이다(㉡). 1834년 신구빈법은 전국적으로 구빈 행정 구조를 통일하여 전국 균일처우의 원칙을 적용하였으며(㉢), 1911년 국민보험법은 건강보험과 실업보험으로 구성된 사회보험 법률이다(㉣).

07 **오답 해설**
㉣ 현대사회에서는 국제관계가 긴밀하게 이루어져 국가 간 노동인구의 교류가 점점 증가하는 추세이다.

정답 01 ④ 02 ④ 03 ① 04 ② 05 ④ 06 ⑤ 07 ①

08 사회보험과 공공부조의 차이에 관한 설명으로 옳지 <u>않은</u> 것을 모두 고른 것은? [17회]

	구분	사회보험	공공부조
㉠	재원	사회보험료	조세
㉡	대상자 범주	보편주의	선별주의
㉢	권리성	추상적이고 약함.	구체적이고 강함.
㉣	수급자격	기여금	자산조사
㉤	특징	사후적	사전적

① ㉠, ㉡
② ㉢, ㉤
③ ㉠, ㉡, ㉢
④ ㉡, ㉢, ㉣
⑤ ㉢, ㉣, ㉤

10 급여 할당의 원칙으로서 선별주의와 보편주의에 관한 설명으로 옳은 것을 모두 고른 것은? [11회]

㉠ 선별주의는 목표 효율성을 강조한다.
㉡ 선별주의는 욕구를 스스로의 능력으로 해결할 수 없는 사람으로 정책 대상을 제한한다.
㉢ 일반적으로 선별주의 자격 기준에 비해 보편주의 자격 기준의 설정이 용이하다.
㉣ 보편주의는 재분배 기능을 중요하게 고려하지만 효과성은 고려하지 않는다.

① ㉠, ㉡, ㉢
② ㉠, ㉢
③ ㉡, ㉣
④ ㉣
⑤ ㉠, ㉡, ㉢, ㉣

09 정책분석의 3P(과정분석, 산물분석, 성과분석) 중 과정분석의 사례에 해당하는 것은? [14회]

① 근로장려세제(EITC)의 근로유인효과 분석
② 자활사업 참여자의 공공부조 탈수급효과 분석
③ 노인장기요양보험법 제정에서 이익집단의 영향 분석
④ 노숙인에 대한 공공임대주택 정책의 탈노숙 효과 분석
⑤ 보육서비스 정책이 출산율 증가에 미치는 영향 분석

합격을 여는 만능해설

08 ㉢ 권리성 측면에서 사회보험은 구체적이고 강하며, 공공부조는 추상적이고 약하다.
㉤ 사회보험은 사전적, 예방적, 적극적, 보편적 성격을 가지며, 공공부조는 사후적, 치료적, 소극적, 선별적, 보충적, 제한적 성격을 가진다.

09 ③ 과정분석은 사회복지정책 형성의 역동성, 계획에 관련된 각종 정보와 조직들의 관계, 상호작용 등을 분석하는 것으로, 이익집단의 영향을 분석하는 것은 과정분석의 사례에 해당한다.

10 오답 해설
㉣ 보편주의는 재분배 기능과 함께 효과성(사회적 효과성)도 고려한다.

11 사회복지 급여 형태에 관한 설명으로 옳은 것은? [12회]

① 현금급여는 선택권을 제한하는 단점이 있다.
② 현물급여는 대상 효율성이 높다.
③ 현금급여는 인간의 존엄성을 유지하는 데 취약하다.
④ 현물급여는 '규모의 경제' 효과에 취약하다.
⑤ 증서(Voucher)는 현금급여에 비해 소비자 선택권이 높은 반면, 현물급여에 비해서는 낮다.

12 복지공급 주체 중 비영리기관의 재원으로 옳은 것을 모두 고른 것은?

> ㉠ 사회보험료 ㉡ 민간기부금
> ㉢ 사적 이전   ㉣ 정부보조금

① ㉠, ㉡, ㉢
② ㉠, ㉢
③ ㉡, ㉣
④ ㉣
⑤ ㉠, ㉡, ㉢, ㉣

13 현재의 우리나라 복지전달체계에 관한 설명으로 옳은 것을 모두 고른 것은? [13회]

> ㉠ 사회보험의 관리·감독은 중앙집권적이다.
> ㉡ 지방자치단체는 사회복지시설 위탁 및 지도·감독의 주체가 될 수 있다.
> ㉢ 분권화 이후 지방자치단체의 역할이 과거에 비해 확대되고 있다.
> ㉣ 사회보장정보시스템에는 보건복지부 외 타 부처 복지사업도 포함되어 있다.

① ㉠, ㉡, ㉢
② ㉠, ㉢
③ ㉡, ㉣
④ ㉣
⑤ ㉠, ㉡, ㉢, ㉣

14 사회복지정책의 대안을 개발할 때, 활용할 수 있는 방법을 모두 고른 것은? [15회]

> ㉠ 과거의 정책을 검토한다.
> ㉡ 해외 정책 사례를 검토한다.
> ㉢ 사회과학적 지식을 활용한다.
> ㉣ 직관적 방법을 활용한다.

① ㉠
② ㉡, ㉢
③ ㉢, ㉣
④ ㉠, ㉡, ㉢
⑤ ㉠, ㉡, ㉢, ㉣

---

11 오답 해설
① 현물급여는 선택권을 제한하는 단점이 있다.
③ 현물급여는 인간의 존엄성을 유지하는 데 취약하다.
④ 현물급여로 인한 물품의 대량생산은 평균 생산 비용을 줄어들게 하여 '규모의 경제' 효과가 높다.
⑤ 증서(바우처)는 소비자 선택권이 현금급여에 비해 낮은 반면, 현물급여에 비해서는 높다.

12 ③ 비영리기관의 재원, 예를 들어 사회복지법인의 재원으로 생각한다면, 민간기부금(㉡), 정부보조금(㉣), 일부 실비 비용 등의 재원이 포함된다.

오답 해설
㉠ 사회보험료는 국가의 사회보장세로서 공공재원이다.
㉢ 사적 이전(가족 간 이전)은 민간재원이다.

13 ⑤ ㉠, ㉡, ㉢, ㉣ 모두 옳은 내용이다.
㉠ 사회보험의 관리·감독은 보건복지부, 고용노동부가 관장하므로 중앙집권적이다.
㉡ 지방자치단체(시·도, 시·군·구)는 사회복지시설 위탁 및 지도·감독의 주체가 될 수 있다.
㉢ 분권화(지방분권화) 이후 지방자치단체의 역할이 과거에 비해 확대되고 있다.
㉣ 사회보장정보시스템에는 보건복지부 외 타 부처 복지사업(고용노동부, 여성가족부, 국토교통부 등)도 포함되어 있다.

14 ⑤ ㉠, ㉡, ㉢, ㉣ 모두 사회복지정책의 대안 탐색 및 개발에 활용할 수 있다.

15 사회복지정책 평가유형에 관한 설명으로 옳은 것은? 〔19회〕

① 과정평가는 정책집행 후에 평가하는 활동을 말한다.
② 결과평가는 정책집행 중간의 평가로 전략 설계의 수정보완을 하지 못한다.
③ 총괄평가는 정책이 집행되고 난 후 정책이 사회에 미친 영향을 평가하는 것이다.
④ 효율성평가는 정책집행의 결과에 따라 정책의 목적이 달성되었는지를 평가하는 것이다.
⑤ 효과성평가는 정책의 효과를 투입된 자원과 대비하는 평가이다.

16 소득 빈곤 및 소득 불평등의 측정에 관한 설명으로 옳지 않은 것은? 〔15회〕

① 지니 계수는 그 값이 클수록 더 불평등한 수준을 의미한다.
② 상대적 빈곤은 소득 불평등과 관계가 있다.
③ 소득 빈곤의 측정만으로 삶의 다양한 문제를 모두 포착하기는 어렵다.
④ 소득 불평등 수준이 같은 국가라도 계층이동성의 수준이 상이할 수 있다.
⑤ 로렌츠 곡선에서 수직선은 모든 개인이 동일한 수준의 소득을 가지고 있다는 것을 의미한다.

17 사회안전망에 관한 설명으로 옳지 않은 것은? 〔15회〕

① 이차적 사회안전망은 빈곤계층의 기본적 욕구를 충족시켜주기 위한 목적으로 운영된다.
② 일차적 사회안전망과 이차적 사회안전망은 각자의 목표에 따라 엄격하게 구분하여 운영된다.
③ 일차적 사회안전망은 개인의 노력과 능력으로 확보하게 되는 안전망이다.
④ 이차적 사회안전망은 주로 공공부조제도로 구성되어 있다.
⑤ 일차적 사회안전망은 주로 사회보험제도로 구성되어 있다.

합격을 여는 만능해설

15 오답 해설
① 과정평가는 정책집행 과정에서 이루어지는 활동이다. 정책집행의 과정 중에 나타난 활동을 분석하여 관리하고, 전략을 수정·보완할 목적으로 진행한다.
② 결과평가는 정책집행 후에 정책에 따른 결과를 평가하는 것이다.
④ 효율성평가는 동일한 정책 산출물에 대해 비용을 최소화하였는지 또는 동일한 비용으로 산출을 극대화하였는지에 대한 평가를 수행한다. 정책의 효과를 투입된 자원과 대비하는 평가이다.
⑤ 효과성평가는 사회복지정책 목표를 얼마나 달성하였는지에 대한 평가를 수행한다. 정책집행의 결과에 따라 정책의 목적이 달성되었는지를 평가하는 것이다.

16 ⑤ 소득 빈곤 및 소득 불평등 측정의 대표적인 방법은 로렌츠 곡선과 지니 계수 및 5분위 분배율과 10분위 분배율이다. 로렌츠 곡선이 대각선에 가까울수록 평등하고, 대각선에서 멀수록(우하향으로 볼록할수록) 불평등한 것으로 본다. 따라서 수직선은 극단적으로 불평등한 상태를 의미한다.

17 ② 사회안전망은 1차, 2차로 구분하고 있기는 하지만, 국민들의 인간다운 생활과 행복을 추구한다는 궁극적인 공통의 목표를 갖는다.

18 우리나라의 국민건강보험제도에 관한 설명으로 옳지 않은 것은? [16회]

① 본인부담상한액은 가입자의 소득 수준 등에 따라 정한다.
② 월별 보험료의 총 체납횟수가 6회 이상일 경우 급여가 제한될 수 있다.
③ 외래의 본인부담금은 의료기관 및 질병의 종류에 따라 달라진다.
④ 직종조합, 지역조합 등이 통합되어 운영되고 있다.
⑤ 진료비 지불방식 중 포괄수가제는 2012년 7개 질병군으로 병·의원급에 당연 적용되었다.

19 노인장기요양보험의 급여에 관한 설명으로 옳은 것을 모두 고른 것은? [15회]

> ㄱ. 시설급여 제공기관에는 노인의료복지시설인 노인전문요양병원이 포함된다.
> ㄴ. 노인장기요양보험에서는 재가급여를 시설급여에 우선한다.
> ㄷ. 재가급여에는 방문요양, 방문목욕 등이 있다.
> ㄹ. 특별현금급여에는 가족요양비 등이 있다.

① ㄱ, ㄹ
② ㄴ, ㄹ
③ ㄱ, ㄴ, ㄷ
④ ㄴ, ㄷ, ㄹ
⑤ ㄱ, ㄴ, ㄷ, ㄹ

20 우리나라 고용보험제도에 관한 설명으로 옳지 않은 것은?

① 고용안정사업, 직업능력개발사업의 보험료는 근로자와 사업주가 절반씩 부담한다.
② 구직급여의 소정급여일수는 보험가입 기간과 연령에 따라 120일에서 270일까지이다.
③ '실업의 인정'이란 근로의 의사와 능력을 가지고 적극적으로 구직 노력을 했음을 인정받는 것이다.
④ 구직급여를 받기 위해서는 이직일 이전 18개월 동안 피보험 단위기간이 180일 이상이어야 한다.
⑤ 65세 이후에 고용(65세 전부터 피보험 자격을 유지하던 사람이 계속하여 고용된 경우는 제외)되거나 자영업을 개시한 사람에게는 실업급여 및 육아휴직급여 등을 적용하지 않는다.

---

18 ③ 국민건강보험제도의 본인부담금은 의료기관별로 부담률에 차등을 두고 있으나, 질병의 종류에 따라 달라지는 않는다.

오답 해설
⑤ 포괄수가제는 1997년 시범 도입 이후 2002년부터 8개 질병군으로 선택 적용, 2012년 7개 질병군으로 병·의원급에 당연 적용되었다. 포괄수가제는 정부가 책정한 진료비 외에 비용을 지불하지 않기 때문에 국민 의료비 상승을 억제하는 데 효과가 있다.

19 오답 해설
ㄱ. 노인장기요양보험법상 노인전문요양병원은 노인의료복지시설에 포함되지 않는다. 시설급여를 제공하는 노인의료복지시설에는 노인요양시설, 노인요양공동생활가정이 있다.

20 ① 고용안정사업과 직업능력개발사업의 보험료는 사업주가 전액(100%) 부담한다.

21 우리나라의 산업재해보상보험에 관한 설명으로 옳은 것은? [15회]

① 장해급여는 등급에 따라 연금이나 일시금으로 지급된다.
② 업무와 재해 사이의 인과관계와 상관없이 보상한다.
③ 산업재해보상보험 급여수급권은 퇴직하면 소멸한다.
④ 산업재해보상보험은 보건복지부장관이 관장한다.
⑤ 각종 민간 사회단체는 산업재해보상보험의 임의적용사업장으로 분류된다.

22 국가가 시장에 개입하는 근거로 옳은 것을 모두 고른 것은? [17회]

ㄱ. 긍정적 외부효과
ㄴ. 부정적 외부효과
ㄷ. 비대칭적 정보
ㄹ. 역선택

① ㄱ, ㄷ
② ㄴ, ㄹ
③ ㄱ, ㄷ, ㄹ
④ ㄴ, ㄷ, ㄹ
⑤ ㄱ, ㄴ, ㄷ, ㄹ

23 최근 10년간 국민기초생활보장제도의 변화에 관한 설명으로 옳은 것을 모두 고른 것은? [21회]

ㄱ. 수급자격 중 부양의무자 기준은 완화되었다.
ㄴ. 기준중위소득은 2015년 이후 지속적으로 인상되었다.
ㄷ. 교육급여가 신설되었다.
ㄹ. 근로능력평가 방식이 변화되었다.

① ㄱ, ㄴ
② ㄱ, ㄷ
③ ㄱ, ㄹ
④ ㄴ, ㄹ
⑤ ㄱ, ㄴ, ㄹ

합격을 여는 만능해설

21 오답 해설
② 업무와 재해 사이의 인과관계에 따라 보상 유무가 결정된다.
③ 산업재해보상보험 급여수급권은 대상자의 퇴직 유무와는 상관없이 유지된다.
④ 산업재해보상보험은 고용노동부장관이 관장한다.
⑤ 근로자 1인 이상을 사용하는 모든 사업장은 당연적용사업장이다.

22 ⑤ ㄱ, ㄴ, ㄷ, ㄹ 모두 옳은 설명이다.
국가가 시장에 개입하는 근거는 시장 실패로, 1929년 세계대공황이 대표적이다. 세계대공황은 미국 뉴욕 주식시장의 주가 대폭락으로 시작되어 자본주의 국가 전체에 파급된 세계적인 경제공황으로, 4년간 지속되었다. 이에 따라 자유시장 경제 체제로는 국민의 복지를 책임질 수 없다는 기조 아래, 복지국가가 등장하였다. 국가의 시장 개입의 근거로 사회복지재화의 공공재적 성격, 긍정적·부정적 외부효과(ㄱ, ㄴ), 정보의 비대칭(ㄷ), 위험발생의 상호의존, 역선택(ㄹ), 규모의 경제가 있다.

23 오답 해설
ㄷ. 교육급여는 국민기초생활보장제도로 개정되기 이전인 1961년 생활보호제도 때부터 있었던 급여이다(생활보호제도 당시의 명칭은 교육보호). 교육급여는 2015년 7월 개정으로 교육부 소관으로 변경되어 운영 중에 있다.

24 우리나라에서 시행 중인 소득보장제도에 관한 설명으로 옳지 않은 것은? 21회

① 기초연금은 노인의 생활안정 지원을 목적으로 한다.
② 장애정도가 심하지 않은 장애인은 장애인 연금을 받을 수 없다.
③ 장애수당은 장애로 인해 발생하는 추가비용을 보전하기 위해 도입되었다.
④ 만 10세 아동은 아동수당을 받을 수 있다.
⑤ 저소득 한부모가족에게는 아동양육비가 지급될 수 있다.

25 최근 20년간 우리나라 사회복지정책의 환경변화에 관한 설명으로 옳지 않은 것은? 15회

① 전 인구 중 노인의 비율이 높아졌다.
② 고용안정성에 대한 정책적 대응의 필요성이 높아졌다.
③ 다양한 문화적 배경의 사회구성원이 증가하였다.
④ 저출산 현상이 주요 사회문제로 등장하게 되었다.
⑤ 높은 수준의 경제성장이 지속됨에 따라 복지 재원마련이 용이해졌다.

---

24 ④ 아동수당은 만 8세 미만 아동의 양육 부담을 덜고 아동의 기본적인 권리와 복지 증진을 돕기 위해 지급되는 급여이다. 만 8세 미만 아동 1인당 월 10만 원이 지급된다.

25 ⑤ 높은 수준의 경제성장이 지속되면서 새로운 사회문제(저출산, 고령화 등)가 등장함으로써 복지 재원 마련이 점점 어려워지고 있는 실정이다.

3교시 | 제7영역

사회복지 행정론

CHAPTER 01 사회복지행정의 개념과 역사 및 전달체계
CHAPTER 02 사회복지행정의 조직이론, 구조·유형 및 환경
CHAPTER 03 인사관리와 재정관리 및 정보관리시스템
CHAPTER 04 기획과 의사결정 및 마케팅
CHAPTER 05 프로그램 설계와 욕구 및 평가조사

TEST 1 ⊕ TEST 2

영역별 10개년 출제 현황

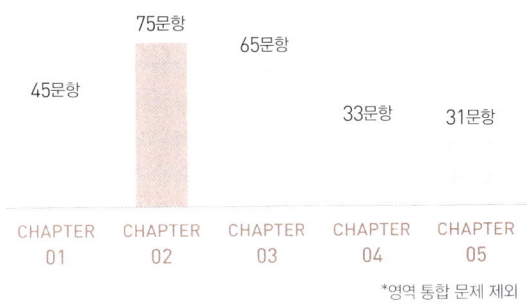

- 45문항
- 75문항
- 65문항
- 33문항
- 31문항

CHAPTER 01 | CHAPTER 02 | CHAPTER 03 | CHAPTER 04 | CHAPTER 05

*영역 통합 문제 제외

- 사회복지행정론은 사회복지행정의 역사를 되돌아보는 문제와 전달체계와 환경관리 전략, 기획 등의 영역에서 출제가 되고 있다.
- 오늘날 우리 사회의 사회복지행정의 특성을 알고 전반적인 내용을 학습하면 좋은 결과를 거둘 수 있을 것이다.

출제 키워드 BEST 3

평가
10년간 50번 언급된 키워드
평가를 종류별로 구분할 수 있도록 하자.

리더십
10년간 27번 언급된 키워드
다양한 종류의 리더십 알아두자.

마케팅
10년간 31번 언급된 키워드
마케팅 믹스와 방법을 기억하자.

단숨에 끝내는

CHAPTER 01

사회복지행정의 개념과 역사 및 전달체계

핵심 Tag #사회복지행정의 특성과 역사 #사회복지서비스 전달체계의 원칙 #사회복지서비스 전달체계 운영주체
#품질관리, 위험관리, 서비스 질 관리

1 사회복지행정의 이해 기출 18회, 23회

1. 사회복지행정의 개념 및 특징

① 협의의 개념
  ㉠ 요보호 대상자를 주요 고객으로 하는 사회복지시설의 행정이다.
  ㉡ 개별사회사업(개인 대상 실천), 집단사회사업(집단 대상 실천), 지역사회 조직사업(지역사회 대상 실천)이 해당된다.
  ㉢ 사회복지조직의 서비스 대상인 클라이언트의 문제해결에 초점을 두면서 전문적인 해결방법을 모색하거나 개입하고, 사회복지조직 자체의 과제수행에 역점을 둔다.

② 광의의 개념
  ㉠ 공사의 모든 사회복지행정을 포함하여 사회복지조직의 활동과정에 기여하는 모든 조직 구성원의 협동적이고 조직적인 활동이다.
  ㉡ 사회복지정책을 사회복지서비스로 전환시키는 데 필요한 사회복지조직의 총체적 활동이다.

③ 사회복지행정의 특징
  ㉠ 사회복지행정은 사회복지정책을 개별적이고 구체적인 서비스로 전환시키는 과정이다.
  ㉡ 사회서비스 활동은 공공조직과 민간조직이 각각 수행하고 있으며, 이들 조직은 필요에 따라 협력체계를 구축하여 활동한다.
  ㉢ 관리자가 조직목표를 달성하기 위해서 수행하는 과정, 기능, 활동이다.
  ㉣ 사회복지 과업수행을 위해서 인적·물적 자원을 체계적으로 결합·운영하는 합리적 행동이다.
  ㉤ 사회복지제도와 정책을 서비스 급여 및 프로그램으로 전환시키기 위한 전달체계이다.

개념 공략 사회복지행정의 개념

구분	활동	주체	대상
협의의 사회복지행정	사회사업시설 및 기관 행정	민간 복지기관	요보호자
광의의 사회복지행정	공공 복지기관 행정	국가 및 지방자치단체	전 국민

2. 사회복지행정과 일반행정의 비교

① 일반행정과의 공통점
  ㉠ 상호 관련이 있고 상호작용하는 부분들이 모여서 이루어진 체계이다.
  ㉡ 대안 선택 시 가치 판단과 창의적인 지식을 활용한다.
  ㉢ 개인 및 집단이 보다 효과적으로 기능하도록 하는 과정으로 간주된다.
  ㉣ 상당 부분이 미래와 관련이 있다.
  ㉤ 인적·물적 자원을 동원하고 이를 조직화하는 기능을 한다.
  ㉥ 규모와 상관없이 공공의 의지를 실행에 옮기는 것과 관련이 있다. 사회복지조직은 사회적 필요성으로 설립·유지되며, 정부가 공공자원을 사회복지기관의 운영이나 프로그램에 지원하는 것도 공공의 의지를 간접적으로 실현시키는 것이라고 할 수 있다.
  ㉦ 관리 운영의 객관화와 인적 자원의 활용 사이에 적절한 균형을 유지한다.
  ㉧ 직원 개인의 지위와 인정에 관심을 가지며 조직의 목표 및 가치에 직원들이 적극적으로 일체감을 가질 필요성을 강조한다.
  ㉨ 의사소통, 직원 간의 집단 관계, 참여 등이 중요하다.

② 일반행정과의 차이점
  ㉠ 사회복지조직에서 행정은 지역사회 내의 인지된 욕구 충족을 돕기 위해 존재한다.
  ㉡ 행정을 통해 사회복지조직에서 제공하는 서비스는 손상된 사회적 기능의 회복, 보다 효과적인 사회적 기능을 위한 사회적·개인적 자원의 제공, 사회적 역기능의 예방 등으로 분류된다.
  ㉢ 사회복지행정이 이루어지는 사회복지조직은 일반적으로 지역사회를 대표하는 이사회를 가진다.
  ㉣ 사회복지조직의 크기, 범위, 구조 및 프로그램 형태는 광범위하고 다양하다.
  ㉤ 사회복지행정가는 사회복지조직의 내부 운영을 지역사회와 관련지을 책임이 있다.
  ㉥ 사회복지행정은 자원의 활용에 대해 지속적으로 선택을 내릴 필요성이 있다.
  ㉦ 모든 직원이 행정과정에 참여하고 어느 정도까지는 전체 조직사업에 영향을 미친다.
  ㉧ 사회복지행정은 일반행정과 관리에 관한 지식을 초월하는 범위를 가진다.
  ㉨ 사회복지조직이 산출하는 서비스는 독특한 성격을 가지고 있는 사회복지서비스이다.

3. 사회복지행정 조직의 특성(하센펠트) 기출 12회, 14회, 16~18회, 21회, 22회

① 사람을 대하기 때문에 도덕적 정당성이 요구되며, 도덕적 모호성이 존재하여 윤리적 딜레마가 발생한다.
② 핵심적인 활동은 기관 직원(사회복지사)과 클라이언트의 상호작용으로 이루어지며, 일선 조직 성원들의 활동이 중요하다.
③ 사회복지조직에서 사용하는 기술은 다양하며 불확실하다. 주로 전문가와 사회적 환경에 의존한다.
④ 목표가 모호하고 애매하며 효과성·효율성 척도가 거의 없기 때문에 결과 평가에 논란이 많다.
⑤ 사회복지행정 조직은 변화와 혁신에 대한 저항이 다른 조직보다 크다.
⑥ 사회복지서비스는 조직적 과정을 통해 전달된다.
⑦ 공공의 이익을 위해서 사회적·물질적·비물질적 후원을 받으며, 사회적 책임성이 요구된다.
⑧ 자원의 외부 의존도가 높기 때문에 가치와 이해관계에서 갈등을 일으킬 수 있고, 환경과의 관계에 많은 어려움이 야기된다.

개념 공략 사회복지행정의 특성을 결정하는 요소 기출 13회

- 환경에의 의존성
- 대립적 가치의 상존성
- 조직 간 연계의 중요성
- 인본주의적 가치 지향성

4. 사회복지행정의 실천원칙 기출 15회

- 사회사업 가치의 원칙
- 문화적 장의 원칙
- 전문적 책임의 원칙
- 지도력의 원칙
- 권한 위임의 원칙
- 변화의 원칙
- 지역사회와 클라이언트 욕구의 원칙
- 의도적 관계의 원칙
- 참여의 원칙
- 계획의 원칙
- 조정의 원칙
- 평가의 원칙
- 기관 목적의 원칙
- 기관 전체성의 원칙
- 커뮤니케이션의 원칙
- 조직의 원칙
- 자원 활용의 원칙
- 성장의 원칙

5. 사회복지행정가 기출 20회

① 사회복지행정가는 지식, 기술, 경험을 겸비한 3차원적인 능력과 책임을 가진 사람을 말한다.
② 효과적인 행정가는 문제를 사전에 예견하고 적절히 통제하며 업무성과를 위한 환경을 제공한다. 또한 일관성 있는 태도와 기준으로 직무의 향상을 위한 개선방향을 제시하고 강화와 처벌의 행동법칙을 적절히 활용해야 한다.
③ 사회복지행정가의 기본요소
  ㉠ 수용과 관심
  ㉡ 창의성과 민주성
  ㉢ 신뢰와 인정
  ㉣ 기획과 조직화
  ㉤ 우선순위 설정
  ㉥ 권한의 위임과 실행
  ㉦ 의사결정과 의사전달
  ㉧ 동기부여와 촉진
  ㉨ 조직이론 이해

2 미국과 한국의 사회복지행정의 역사

1. 미국의 사회복지행정 기출 12회

형성기 (1870~1920년대)	• 자선조직협회(COS) 및 인보관 등장 • 지역공동모금회 조직 • 지역사회복지기관 협의회 조직 • 사회복지행정 교과목 신설
발전기 (1930~1960년대)	• 공공 사회복지행정의 확대 • 사회복지행정 교육이 활발해짐. • 존슨 대통령의 '빈곤과의 전쟁'에 따른 정부의 민간지원 확대 ➡ 서비스의 효율성·효과성에 대한 비판과 의문 제기로 사회복지행정의 발달이 다소 주춤하기도 함.
확립기 (1970~1990년대)	• 사회복지행정가의 역할 증대 • 사례관리를 통한 서비스의 통합화 강조 • 사회복지행정의 학문적 체계 확립 • '작은 정부' 정책으로 국가 역할 축소 ➡ 민영화 확대로 이어짐.
도전과 모색기 (1990년대 이후)	• 신자유주의적 기조에 맞춰 사회복지부문의 민영화 • 재정관리와 마케팅 강조 • 외부 환경의 중요성 부각 • 인적 자원 관리, 리더십 등에 대한 관심 증대 • 전자 정부: 사회복지행정 정보시스템 구축 • 공공 복지기관과 민간 복지기관의 경계가 모호해짐.

2. 한국의 사회복지행정

① 연도별 주요 사회복지행정 기출 11~15회, 18~20회, 22회, 23회

구분	주요 내용
1950년대	1952년 외국민간원조기관협의회(KAVA) 설립 - 구호물자의 배분을 중심으로 사회복지행정 활동을 함. - 외원기관들이 정보를 교환하고, 사업내용을 상호 조정하며, 합동조사 등을 통해 단체교섭을 하고, 정부 건의활동을 함.
1980년대	• 1982년 한국사회사업가협회가 사회복지사 윤리강령을 채택, 사회복지 영역에서 전문가의 책임과 역할을 크게 인식하기 시작함. • 1983년 사회복지관 운영 국고보조금 지원 시작 • 1985년 사회복지관의 양적 팽창 • 1987년 사회복지전문요원제도가 시행되어 공공 복지행정의 체계 마련
1990년대	• 1992년 사회복지사업법 개정을 통해 사회복지전담공무원과 복지사무전담기구(사회복지사무소)를 설치할 수 있는 법적 근거 마련 • 1995년 전국 5개 지역에서 보건소에 사회복지 기능을 통합한 보건복지사무소 시범 운영 • 1997년 사회복지시설의 설치를 허가제에서 신고제로 변경, 시설평가제 법제화 • 1998년 사회복지공동모금회 설립 • 1999년 사회복지시설 평가위탁기관 선정에 따른 시설평가제 실시
2000년대	• 2000년 국민기초생활 보장법 시행(제정은 1999년) • 2003년 제1회 사회복지사 1급 국가시험 시행 • 2004년 사회복지사무소 시범 실시 ➡ 접근성 문제로 실패 • 2005년 시·군·구에서 지역사회복지협의체 운영 시작, 분권교부세 시작 • 2006년 7월~2007년 7월 주민생활지원서비스 전달체계 3단계 실시 　참고 기존의 동사무소에 사회복지기능을 추가하여 동주민센터로 명칭 변경 • 2008년 7월 드림스타트 사업(아동통합서비스지원 사업) 실시
2010년대	• 2010년 1월 사회복지통합관리망(행복e음) 시행 • 2012년 5월 희망복지지원단 실시 • 2013년 2월 사회보장정보시스템 개통 • 2015년 분권교부세 폐지, 사회보장급여법 제정에 따른 지역사회보장협의체 운영 • 2016년 찾아가는 보건복지사무소 ➡ 읍·면·동 복지허브화(동 행정복지센터) 　참고 기존의 동주민센터에 찾아가는 보건복지서비스가 추가되어 동 행정복지센터로 명칭 변경 • 2018년 8월 사회복지통합관리망(행복e음)과 사회보장정보시스템을 통합한 사회보장정보시스템(행복e음) 개통 • 2019년 6월 지역사회 통합돌봄(커뮤니티 케어)
2020년대	• 2021년 맞춤형급여(복지멤버십) 시행(아동·보육, 생활지원, 교육비지원, 의료비지원, 임신·출산, 감면서비스) • 2022년 영아수당 지원(최대 24개월 미만의 모든 영유아) ➡ 2023년 부모급여로 변경 • 2022년 첫만남 이용권 도입(출생 아동에게 바우처로 200만 원 지급)

② 제도별 주요 사회복지행정 기출 11회, 19회, 21회, 22회

사회복지전담 공무원	• 1987년 사회복지전문요원제도 실시(전국 5개 직할시에 49명 배치) • 1992년 사회복지사업법 개정으로 사회복지전담공무원에 대한 법적 근거 마련 • 2000년 사회복지전문요원의 직렬이 별정직에서 일반직(사회복지직)으로 전환

지역사회복지 (보장)계획 (4년마다)	• 2003년 사회복지사업법 개정에 따라 지역사회복지계획 수립 의무화 • 2005년 지역사회복지계획 수립 ➡ 2007년 1기 지역사회복지계획 시행 • 2015년 사회복지사업법에서 사회보장급여법(2014년 제정)으로 근거법령 변경, 지역사회보장계획으로 명칭 변경
지역사회복지 (보장)협의체	• 2003년 시·군·구 지역사회복지계획의 심의기관인 지역사회복지협의체 설치 근거 마련 • 2005년 지역사회복지협의체 설치·운영 시작 • 2015년 사회복지사업법에서 사회보장급여법(2014년 제정)으로 근거법령 변경, 지역사회보장협의체로 명칭 변경
사회복지 사무소	• 1992년 사회복지사업법 개정에 따라 사회복지사무소를 설치할 수 있는 법적 근거 마련 • 1995년 보건복지사무소 시범사업 실시(1995년 7월~1999년 12월) • 2004년 사회복지사무소 시범사업 실시(2004년 7월~2006년 6월) ➡ 접근성 문제로 실패 • 2006년 주민생활지원서비스 전달체계 실시(2007년 3단계 완성) • 2007년 기존의 동사무소에 사회복지기능이 추가되면서 동주민센터로 명칭 변경 • 2016년 찾아가는 보건복지서비스로 재편, 읍·면·동 복지허브화 시범사업 실시, 기존의 동주민센터에서 찾아가는 보건복지서비스를 실시하면서 동행정복지센터로 명칭 변경 • 2018년 읍·면·동 복지허브화 전국적으로 시행
시설평가제 (3년마다, 전수조사)	• 1997년 사회복지사업법 개정으로 사회복지시설 평가 법제화, 사회복지시설 설치를 허가제에서 신고제로 변경 • 1998년 사회복지사업법 시행규칙 개정으로 사회복지시설평가 세부기준 마련 • 1999년 평가 위탁기관 선정 및 본격 시행(보건사회연구원 → 한국사회복지협의회 → 한국사회보장정보원 → 중앙사회서비스원)
사회복지관 설립	• 1983년 사회복지사업법 개정에 따라 사회복지관 운영 국고보조 • 1988년 사회복지관 운영·국고보조사업지침 수립 • 1989년 주택건설촉진법 등에 따라 영구 임대아파트 단지 내 건립 법제화, 사회복지관 설치·운영규정 제정 • 1998년 사회복지사업법 시행규칙 개정으로 사회복지시설 평가 및 세부기준 마련 법제화(책임성 강화 목적) • 2012년 사회복지관의 3대 기능(사례관리, 서비스 제공, 지역조직화 기능) 중심 개편

3 사회복지서비스 전달체계의 이해 기출 15회, 20회, 23회

1. 전달체계의 개념과 구분

① 개념: 서비스 제공자와 클라이언트 사이를 연결하는 체계적 장치이다.

② 구분

㉠ 구조·기능별

행정체계	서비스 기획, 지시, 지원, 관리 ⓔ 보건복지부, 특별시·광역시·도, 시·군·구
집행체계	서비스 전달 기능을 주로 수행, 행정 기능도 수행 ⓔ 읍·면·동, 민간 복지기관 및 시설 등

㉡ 운영주체별

공공 전달체계	정부 및 공공기관이 직접 관리 운영 ⓔ 보건복지부, 지방자치단체, 국민연금공단 등
민간 전달체계	민간이 직접 관리 운영 ⓔ 복지재단, 자원봉사단체, 지역사회복지협의회, 이용 및 생활시설, 개인 등

2. 전달체계 구축을 위한 주요 원칙 기출 11~15회, 17~20회, 22회, 23회

① 전문성
　㉠ 사회복지서비스의 핵심 업무는 반드시 전문가가 담당해야 하며 그 수를 충분히 확보해야 한다.
　㉡ 사회복지 분야에 사회복지사, 의사, 간호사, 보육교사, 물리치료사, 영양사 등 여러 전문가가 참여하는데, 그중에서 사회복지사가 가장 보편적인 전문가이다.

② 적절성(충분성): 사회복지서비스는 그 양과 질, 제공기간이 서비스의 목표를 달성하기에 충분해야 한다.

③ 포괄성
　㉠ 인간의 욕구와 문제는 다양하고 복잡하기 때문에 이러한 욕구들을 동시에 접근하고 순차적으로 해결하기 위해서는 다양한 서비스를 제공해야 한다.
　㉡ 욕구 접근방법
　　• 일반화 접근방법: 서비스의 포괄성을 달성하기 위해서 한 사람의 전문가가 여러 문제를 다룬다.
　　• 전문화 접근방법: 각 분야의 전문가가 한 명의 클라이언트가 지니고 있는 각각의 문제를 다룬다.
　　• 집단 접근방법: 여러 전문가가 한 팀이 되어 문제를 해결한다.
　　• 사례관리방법: 한 명의 전문가가 클라이언트의 다양하고 복잡한 문제를 해결하기 위해 책임감을 갖고 적절한 서비스와 연결시킨다. 예 드림스타트 사업

④ 통합성
　㉠ 클라이언트의 문제는 대부분 복합적이고 서로 연관되어 있기 때문에 문제해결을 위해 서비스들도 서로 연관되어야 한다.
　㉡ 서비스가 통합적으로 제공되기 위해서는 한 명의 행정 책임자를 두어야 하고, 제공 장소(조직)들이 지리적으로 상호 근접해 있어야 하며, 프로그램 또는 서비스를 전달하는 조직 간에 유기적인 연계와 협조 체제가 갖추어져 있어야 한다.
　㉢ 단편적이고 비연속적인 서비스 문제를 해결한 대표적인 예로, 원스톱 서비스를 제공하는 지역사회통합돌봄(커뮤니티케어)가 있다.

⑤ 지속성
　㉠ 문제가 해결되는 동안 필요한 서비스를 일정 기간 계속해서 제공해야 한다.
　㉡ 문제해결과정에서는 필요한 서비스의 종류와 질이 달라져야 하는 경우가 많은데, 개인이 서로 다른 종류의 서비스들을 지역사회 내에서 계속하여 받을 수 있도록 서비스가 상호 연계되어야 한다.

⑥ 접근성
　㉠ 사회복지서비스는 누구나 쉽게 이용할 수 있어야 하므로 클라이언트가 접근하기에 용이해야 한다.
　㉡ 사회복지서비스 전달체계 구축을 위한 요소로서의 접근성은 클라이언트가 서비스를 이용하는 데 장애가 되는 다양한 요인들을 제거하는 것이다.
　㉢ 사회복지서비스 접근성 장애 요인

홍보의 부족	서비스에 대한 정보의 결여 또는 부족
지리적·시간적 장애	원거리, 교통 불편, 서비스(프로그램) 제공 시간 등
심리적 장애	낙인감, 부정적 사실을 표출하는 것에 대한 두려움 등
절차상의 장애	공공부조 또는 서비스 대상자 선정기준의 까다로움, 긴 처리 기간 등
자원의 부족	서비스 제공 인력 또는 물적 자원의 부족 등

⑦ 평등성: 연령이나 소득 수준 등으로 자격을 제한하는 특별한 경우 외에, 사회복지서비스는 기본적으로 개인의 성별, 연령, 근로능력, 소득, 재산, 종교, 지위 등에 관계없이 모든 국민에게 제공되어야 한다.

⑧ 책임성
  ㉠ 서비스가 클라이언트의 욕구에 적절히 대응했는지, 전달절차가 적합했는지, 서비스의 효율성 및 효과성 여부, 서비스 전달과정에서의 불편과 불만의 수렴장치가 적합했는지 등에 관해 책임을 진다.
  ㉡ 업무수행 결과에 대한 책임뿐만 아니라 업무과정에 대한 정당성을 의미한다.
  ㉢ 사회복지조직의 책임성에 영향을 미치는 요인
    • 내부적 요인: 서비스의 다양성, 기술의 복합성, 목표의 불확실성 등
    • 외부적 요인: 공급주체의 다원화, 민영화 경향, 사회복지사업법 등 평가 관련 법률 등
  ㉣ 사회복지조직의 책임성 확보를 위한 노력
    • 사회복지사업법에 따른 사회복지법인 이사회 구성
    • 사회복지법인 및 사회복지시설 재무·회계규칙에 근거한 예산 편성
    • 개인정보 보호를 위해 사회복지조직 후원금 사용 정보 공개
    • 배분사업 공모를 통한 사회복지 프로그램 재정지원 시행
    • 사회복지예산 수립을 위한 주민참여제도 시행

개념 공략 사회복지서비스 전달체계의 원칙 **기출** 15~18회

구축의 원칙	행정적 측면의 원칙	서비스 제공 측면의 원칙
• 전문성의 원칙 • 적절성의 원칙 • 포괄성의 원칙 • 통합성의 원칙 • 지속성의 원칙 • 접근성의 원칙 • 평등성의 원칙 • 책임성의 원칙	• 체계적 기능분담의 원칙 • 전문적 업무분담의 원칙 • 책임성의 원칙 • 접근 용이성의 원칙 • 통합·조정의 원칙 • 지역사회 참여의 원칙 • 조사와 연구의 원칙	• 평등성의 원칙 • 재활과 자활 목표의 원칙 • 적절성의 원칙 • 포괄성의 원칙 • 지속성의 원칙 • 가족 중심의 원칙

4 운영주체별 서비스 전달체계 기출 13~15회, 17회, 21회

분류	주체	적용	특징
공공 전달체계	정부나 공공기관	보건복지부 → 특별시·광역시·도 → 시·군·구 → 읍·면·동 → 대상자	• 재정 안정 • 관료적, 복잡성 • 외적 요인에 다소 둔감
민간 전달체계	민간(민간단체)	복지재단, 자원봉사단체, 사회복지시설, 개인 등	• 재정 취약 • 융통성, 창의성, 유연성 • 사회변화와 요구에 민감

1. 중앙정부에 의한 전달체계
① 의료나 교육서비스 등은 공공재적 성격이 강하여 모든 국민을 대상으로 하는 것이 유리하다.
② 급여 대상자가 많을수록 중앙정부에서 제공하는 것이 기술적인 측면에서 유리하다.
③ 사회복지정책이 추구하는 가장 중요한 목표인 평등과 사회적 적절성의 두 가치를 구현하는 데 유리하다.
④ 급여를 지속적이고 안정적으로 유지하는 데 유리하다.
⑤ 대상자를 선정하는 과정에서 강한 엄격성과 책임성이 보증된다.

2. 지방정부에 의한 전달체계

① 지방자치제도가 정착됨에 따라 그 역할과 중요성이 강조되었다.
② 중앙정부에 비하여 지역주민들의 욕구에 보다 신속히 접근하여 효율적인 해결을 도모한다.
③ 지방정부 간 경쟁으로 서비스의 개발이 활발히 이루어질 경우 서비스의 양과 질을 향상시킬 수 있다.
④ 주민들이 정책 결정에 직접 참여하거나 간접적으로 영향을 미칠 수 있는 기회를 제공한다.

3. 민간에 의한 전달체계

① 필요성 기출 11회, 14회
  ㉠ 정부가 제공하는 서비스가 미치지 못하는 자에게 서비스를 제공한다.
  ㉡ 정부가 제공할 수 없는 서비스를 제공한다.
  ㉢ 동일한 종류의 서비스에 대한 선택의 기회를 제공한다.
  ㉣ 사회복지서비스의 선도적 개발 및 보급이 가능하다.
  ㉤ 민간의 사회복지 참여 욕구를 수렴한다.
  ㉥ 정부의 사회복지 활동에 대한 압력단체 역할을 한다.
  ㉦ 국가의 사회복지 비용을 절약한다.
  ㉧ 특정 영역에서는 고도로 전문화된 서비스를 제공한다.

② 문제점
  ㉠ 정부에 높은 의존도를 가진 사회복지법인의 소극적인 자세가 지속되고 있다.
  ㉡ 정부의 지나친 개입으로 자율적인 운영에 어려움이 있고, 클라이언트를 위한 서비스보다는 예산을 지원해주는 공공기관의 평가틀이나 지시에만 맞추는 경향이 있다.
  ㉢ 각종 협의회 및 협의체의 역할이 매우 미미하고 유명무실한 경우가 많다.
  ㉣ 서비스 또는 기관 간 연계가 부족하여 통합적인 서비스가 제공되기 힘들다.
  ㉤ 유관 기관들 간의 분절화가 생기고, 복잡하고 분산된 서비스체계가 발생한다.

개념 공략 주요 서비스 전달체계의 구성 기출 13회

노인장기요양서비스	보건복지부 → 국민건강보험공단 → 서비스 기관 → 이용자
장애인 활동지원서비스	보건복지부 → 국민연금공단 → 서비스 기관 → 이용자
보육서비스	보건복지부 → 지방자치단체 → 서비스 기관 → 이용자
자활급여	보건복지부 → 지방자치단체 → 보장기관 및 서비스 기관 → 이용자

4. 중앙정부와 민간부문의 역할분담 기출 14회

① 중앙정부가 사회복지서비스를 제공하는 것이 바람직한 경우
  ㉠ 서비스의 공공재적 성격과 외부효과가 강한 경우
  ㉡ 서비스에 대한 정보를 사람들이 많이 갖고 있지 않거나 혹은 정보를 갖는 데 비용이 많이 드는 경우
  ㉢ 서비스의 속성상 대규모로 혹은 강제적으로 제공하는 것이 바람직한 경우
  ㉣ 서비스 제공이 추구하는 중요 가치가 평등인 경우
  ㉤ 서비스를 지속적이고 안정적으로 제공해야 할 경우

② 민간부문이 사회복지서비스를 제공하는 것이 바람직한 경우
　㉠ 어떤 서비스가 추구하는 중요한 가치가 개별적으로 공평성을 지닌 경우
　㉡ 시간이 지나면서 변화하는 사회복지 욕구 형태에 대하여 신속하고 융통성 있는 대응이 필요한 경우
　㉢ 서비스 이용자의 선택 기회를 넓힘과 동시에 다양한 서비스 제공이 필요한 경우
　㉣ 특정 영역에서 고도의 전문화된 서비스 제공이 필요한 경우

5 사회복지조직 구조의 변화

① **지역복지 거버넌스 구축**: 지역복지 서비스 공급에 대해 지방정부와 지역기업, 학계, 비정부기구(NGO), 언론 등 지역사회 구성인자 간 협력적 네트워크 구축을 의미한다.
② **지역사회 통합돌봄(커뮤니티 케어)**: 돌봄이 필요한 주민(예 노인, 장애인 등)이 자신이 거주하는 지역에서 개개인의 욕구에 맞는 복지서비스를 누리고, 지역사회와 함께 어울려 살아갈 수 있도록 주거, 보건의료, 요양, 돌봄, 일상생활의 지원이 통합적으로 확보되는 지역주도형 정책이다.

개념 공략 사회복지서비스의 파편화와 단절을 줄이는 방법 **기출** 14회
사회복지 제공자의 네트워크 구축, 사례관리 강화, 욕구의 종합적 파악, 서비스 연계 기제 마련

6 서비스의 품질관리와 위험관리

1. 품질관리 기출 16회, 17회, 19~23회

① 소비자가 요구하는 품질의 제품과 서비스를 경제적으로 생산할 수 있도록 조직 구성원 전체의 적극적 참여가 뒷받침된 품질을 유지·개선하는 관리활동을 말한다.
② 서비스의 품질관리는 리더의 강력한 의지로 주도되어야 하는 한편, 조직 내 다양한 구성원의 협력적 활동의 결과로 나타나기 때문에 직원들의 적극적인 참여가 전제되어야 한다.
③ **총체적 품질관리(TQM)**: 서비스의 품질은 궁극적으로 고객이 결정한다고 본다. 고객중심관리라고도 한다.
④ **서브퀄(SERVQUAL)**: 패러슈라만·자이사믈·베리는 서비스의 질을 측정하는 차원을 아래와 같이 제시하였다.

구분	내용
유형성(Tangibles)	물리적인 시설(건물, 매장, 인테리어 등), 장비, 직원들의 외양(서비스 제공자의 용모)
신뢰성(Reliability)	약속한 서비스를 믿을 수 있고, 정확히 수행할 수 있는 종업원들의 능력
반응성(Responsiveness)	즉각적으로 서비스를 제공해줄 수 있는 종업원들의 능력
확신성(Assurance)	종업원들의 지식, 예절, 고객에게 신뢰와 자신감을 심어줄 수 있는 능력
공감성(Empathy)	고객 각각에 대한 개인적 관심과 배려

2. 위험관리 기출 16회

① 사업의 지속과 안정적 발전을 확보해 나가는 경영상의 기법으로, 위험을 확인(발견), 분석, 평가하여 최적의 위험 처리 방도를 선택하는 것이다. 이용자에 대한 서비스관리 측면과 조직관리 측면을 모두 포함한다.
② 사고방지활동 등을 통해 조직의 손실을 최소로 억제하고, 서비스의 질을 보증하는 데 목적이 있다.

CHAPTER 02

사회복지행정의 조직이론, 구조·유형 및 환경

핵심 Tag #사회복지행정 조직이론 #사회복지조직 #사회복지행정조직의 환경

1 사회복지행정의 조직이론

1. 고전이론

① 관료제이론 기출 16회, 17회, 23회

㉠ 베버(Weber)는 지배의 유형을 전통적 지배, 합법적·합리적 지배, 카리스마적 지배로 나누었다.
㉡ 관료제란 전통적인 권위나 카리스마적 인물에 의한 지배가 아닌 합법성·합리성에 의한 지배의 전형적 형태라고 파악하였다.
㉢ 관료제 유형

구분	전통적 관료제(전근대적 사회)	이상적 관료제(근대사회)
지배유형	• 봉건영주(군주) • 절대주의 체제	• 시민사회(공화정) • 민주주의 체제
특징	• 전통적 권위에 의한 조직 통제 • 권한 행사의 자의성 • 기능의 미분화 • 공사 구분의 결여 • 상사-부하관계의 전인격적 지배	• 공식적 위계와 업무처리 구조 • 전문성에 근거한 분업구조 • 직무 범위와 권한의 명확화 • 조직의 기능은 규칙에 의해 제한
지배수단	가산관료제	근대관료제

㉣ 관료제의 특성
• 공적인 지위에 기반을 둔 위계적인 권위 구조
• 고도로 전문화된 명확한 분업
• 실적과 지식에 의한 신분 보장과 관료의 충원
• 합리화와 효율성 증대
• 비인간적 인간관계
• 표준화된 운영 절차

개념 공략 관료제적 병폐 기출 11회, 17회, 18회, 21회, 22회

매너리즘	• 항상 틀에 박힌 일정한 방식이나 태도를 취하면서 신선함과 생기를 잃는 것 • 틀에 박힌 방식에 익숙해지면 새로운 변화에 대한 저항이 있을 수 있음.
크리밍	• 목표달성 가능성이 가장 높아 보이는 사람들에게 사회서비스 혜택이 집중되는 것으로, 비협조적이거나 목표달성 가능성이 낮으리라 생각되는 클라이언트는 배척됨. • 성과 우선주의는 서비스의 도움이 가장 절실한 이들에게 혜택이 돌아가는 것에 걸림돌이 될 수 있음.

레드 테이프	• 관공서의 번거로운 형식주의를 뜻함. • 형식주의 때문에 시간이 지체되어 서비스 대상에게 적절한 시기에 적절한 수준의 서비스를 제공하는 것이 어려움.
목적 전치	조직의 목적이 리더의 개인적 목적에 의해 전치되어 오히려 수단화 되어가는 현상

최다빈출

② **과학적 관리론** 기출 12회, 15회, 19회, 20회, 22회

㉠ 테일러(F. W. Taylor)가 개발한 과학적 관리론은 관리자에게만 조직의 목표를 설정할 수 있는 책임을 부여하기 때문에 직원의 의사결정 참여를 지향하는 사회복지조직에 적용하는 데는 한계가 있을 수 있다.

㉡ 최소의 비용으로 최대의 생산효과를 낸다는 원칙하에 개개인의 과업기준을 산출하고 이를 바탕으로 과학적 관점에서 관리를 시도하였다.

㉢ 조직의 목적은 상하의 일치성에 기반을 두고 있다.

㉣ 과학적 관리론에서 사회복지조직에 적용할 수 있는 분야는 업무분담과 과업분석이다.

㉤ 특성
- 합리화와 효율성 증대를 위한 노동 분업 실시
- 각각의 업무 동작에 대한 소요시간 표준화(조직 구성원의 업무를 과학적으로 분석)
- 과업의 달성 정도에 따라 임금 및 성과급 차등 지급(경제적 보상을 통한 생산성의 극대화)
- 행정 간부에게만 권한과 책임성 부여

③ **행정 관리론(공공 행정학파이론)** 기출 20회, 21회

㉠ 귤릭과 어윅(Gulick & Urwick)은 행정의 능률을 위해 행정의 관리적 기능을 강조하였다.

㉡ 귤릭은 사회복지행정의 과정을 다음 순서로 구분하였다.

ⅰ) 기획(Planning): 행정가(행정 책임자)에 의한 첫 번째 과정으로서 목적과 목표를 설정하고, 그것의 달성을 위한 과업이나 활동, 과업수행을 위한 방법을 결정한다.

ⅱ) 조직(Organizing): 공식적인 구조를 설정하고 과업을 할당, 조정한다.

ⅲ) 인사(Staffing): 직원의 채용과 승진, 해고, 교육과 훈련, 협력적인 근무 조건의 유지 등을 위한 활동을 한다.

ⅳ) 지시(Directing): 행정가가 기관을 효과적·효율적으로 운영하기 위하여 하위 직원에게 업무를 부과하는 활동이다.

ⅴ) 조정(Coordinating): 조직 운영 시 다양한 부분들을 상호 연결해주는 활동이다.

ⅵ) 보고(Reporting): 행정가가 사회복지조직의 구성원과 이사회, 지역사회, 재원을 제공하는 기관 등에 조직에서 일어나는 상황을 알리는 활동이다.

ⅶ) 예산(Budgeting): 재정 행동의 3요소(건전한 조직 계획, 재정 계획, 재정 운영의 통제)로 구분한다.

ⅷ) 평가(Evaluating): 조직의 목표에 따라 효과성과 효율성 등 전반적인 활동 결과를 사정하는 과정이다.

> **합격 가이드**
>
> 사회복지행정의 과정은 각각의 앞글자를 따서 POSDCoRBE 방식이라고도 합니다.

개념 공략 고전이론 기출 17회, 18회

관료제이론	• 장점: 효율성, 위계, 권위, 규칙, 통제, 분업, 안정성 • 단점: 경직성, 비인간적, 레드 테이프(형식주의, 번문욕례), 집단 사고(과잉 동조), 목적 전치, 할거주의(파벌주의), 무사안일주의, 엽관주의
과학적 관리론	• 합리성, 효율성, 동작에 따른 소요 시간의 표준화 • 과업에 따른 임금 지급
행정 관리론	• 분업(전문화): 가장 단순한 형태의 과업 분류를 강조 • 통제의 통일: 소단위 과업 성과를 감독·조정하기 위한 집권화된 통제를 강조

2. 인간관계이론 기출 17회, 22회

① 메이요의 호손실험
  ㉠ 근로자의 작업 능률은 물리적 환경 조건이 아니라, 집단 내의 동료 또는 윗사람과의 관계에 좌우된다.
  ㉡ 조직 내 존재하는 비공식 집단이 개인의 태도와 생산성에 강력한 영향을 미친다.
  ㉢ 사회복지조직에 적합하다.

② 맥그리거의 X · Y이론 기출 13회
  ㉠ X이론: 인간은 일하는 것을 좋아하지 않으니 타인의 통제가 필요하다고 보며, 보상과 제재에 의한 관리를 중시한다.
  ㉡ Y이론: 인간은 일하는 것을 좋아하므로 잠재력을 인정하고 상상력, 창의력을 발휘할 수 있는 환경을 제공해야 한다고 본다. 인간의 심리적·정서적 요인과 같은 비합리적 측면을 중시하고 사회적 능률성(민주성)을 강조한다.

③ 룬트슈테트의 Z이론: 과학자, 학자들에 관한 관리이론으로, 관리자는 구성원의 자유 의지를 존중하여 자유 방임적인 행동을 하도록 분위기만 조성하는 역할을 한다. X · Y이론에 포함되지 않는 측면을 부각시킨다.

개념 공략 인간관계이론의 특징 기출 21회
- 인간의 사회적, 심리적, 정서적 욕구를 강조한다.
- 조직 내 비공식집단의 중요성을 인식한다.
- 조직 내 개인은 감정적이며 비물질적인 보상에 민감하게 반응한다.

3. 체계이론 기출 13회, 15회

① 고전이론, 인간관계이론, 구조주의이론 등이 하나로 통합될 수 있다는 가정에 기초를 둔다. 사회복지 관점에서 볼 때 사회복지조직의 문제를 진단하는 포괄적인 도구를 제공했다는 점에서 중요하다.
② 조직의 각 하위체계들이 어떤 기능, 역동성, 기제를 수행하는가의 표준을 제시함으로써 특정한 조직의 성과를 표준과 비교하고 평가한다.
③ 하위체계

생산 하위체계	클라이언트에게 서비스를 제공하는 것
유지 하위체계	조직의 계속성을 확보하고 조직을 안정 상태로 유지하는 것 예 보상, 교육
경계 하위체계	외부 환경의 변화에 대한 적절한 반응과 대응을 목표로 하는 것
적응 하위체계	실제 조직변화를 위한 최적의 대안을 찾기 위해 연구하고 평가하는 것
관리 하위체계	네 가지(생산, 유지, 경계, 적응) 하위체계를 조정하고 통합하는 것 예 갈등의 해결과 조정, 적절한 업무환경의 제공, 외부 환경의 영향에 대한 조직의 대응책 모색

4. 조직환경이론 기출 12회, 13회, 16회, 18~20회, 22회

① 상황이론
  ㉠ 조직의 환경적 요인을 강조하면서 고도의 불확실성 아래 어느 경우에나 적용되는 최선의 조직관리방법이란 있을 수 없고, 효과적인 방법만이 있을 뿐이라는 점을 강조하는 입장이다.
  ㉡ 조직 내 개인이나 집단이 아닌 조직 그 자체를 분석 단위로 삼고, 원인보다는 객관적 결과를 중시한다.
  ㉢ 사회복지 관리자는 사회복지조직을 둘러싸고 있는 사회, 정치, 경제, 문화 변수 등을 고려해야 한다.

② **자원의존이론**: 조직의 생존을 위해 필요한 인적·물적·무형적 자원에 초점을 두면서 조직과 환경의 관계를 설명하고자 하는 이론이다.

③ **(신)제도이론**
  ㉠ 개방체계적 관점에서 조직에 대한 환경의 영향력을 설명한다.
  ㉡ 사회복지조직과 관련된 법적 규범이나 가치체계를 주요 설명 요인으로 다룬다.
  ㉢ 유사 조직 간의 동형화 현상을 모범 사례에 대한 모방과 전이 행동으로 설명한다.

④ **정치경제이론**
  ㉠ 업무환경(과업환경)의 중요성을 강조한다. 생존을 위해서 환경으로부터 합법성을 부여받아야 한다.
  ㉡ 조직의 내·외부 환경의 역학 관계가 서비스 전달체계에 영향을 미친다.
  ㉢ 사회복지조직이 외부 환경에 매우 의존적이라는 사실을 감안하면, 환경에 적응하는 과정에서 채택하는 조직 전략들이 사회복지조직의 구조와 과정들에 어떻게 영향을 미치는지를 설득력 있게 나타낼 수 있다.

⑤ **조직군 생태학이론**: 환경의 조직 선택이라는 환경결정론적 시각으로, 환경적 욕구에 부합하는 조직만이 생존한다는 이론이다.

> **합격 가이드**
> 학자에 따라 자원의존이론이 정치경제이론에 속해 있다고 보기도 합니다.

개념 공략 조직환경이론 기출 22회

상황이론	• 조직내부의 상황(조직의 목적, 과업의 종류, 조직의 기술, 조직의 규모)에 따라 적절히 조직 • 조직을 개방체계로 봄.
자원의존이론	• 환경에 수동적이지 않음. • 적극적으로 대처하고 조직에 유리하도록 환경을 관리
(신)제도이론	• 지원과 정당성을 얻기 위해 제도(사회 규범, 가치, 규칙)에 순응 • 강제, 모방, 규범적 동형화
정치경제이론	정치적 자원(합법성, 세력)과 경제적 자원(물적 자원, 클라이언트, 인력)이 조직의 생존에 필수적임.
조직군 생태학이론	• 환경결정론적인 시각으로, 다윈의 진화론(적자생존)으로부터 영향을 받음. • 개별 조직이 아닌 조직군에 관심을 가짐. • 장기적 변동을 설명할 수 있음. • 구조적 관성(변이, 선택, 보전)의 과정을 거침.

5. 현대 조직이론

① **목표 관리제(MBO)**
  ㉠ 드러커(Drucker)가 주창한 이론이다.
  ㉡ 조직 구성원의 활발한 참여를 통해 명확한 목표를 설정하고, 그에 따른 생산활동을 수행하도록 한 뒤 업적을 측정·평가함으로써 관리의 효율화를 기하려는 포괄적 조직관리 체제이다.

② **학습조직이론** 기출 20회
  ㉠ 학습조직이란 조직의 내·외적 정보를 개발하여 전 구성원이 공유하면서 업무활동에 적용하여 새로운 지식을 창출하고, 이를 조직에 전파하여 급변하는 환경에 대처할 수 있는 능력과 경쟁력을 향상시킴으로써 조직이 성장하고 발전할 수 있도록 학습활동을 지속적으로 전개하는 조직을 말한다.
  ㉡ 학습조직이론은 사회복지사도 고객과의 관계에서 지속적으로 학습하고, 다른 기관의 업무기술 또는 업무과정을 벤치마킹하는 등의 학습이 필요하다고 보는 관점이다.

ⓒ 학습조직의 구축요인 기출 20회
- 자기숙련: 개인이 지향하는 본질적 가치 추구를 위해 스스로 능력을 심화시켜 나가는 것이다.
- 공유비전: 조직이 추구하는 방향성과 중요성에 대해 구성원들이 공감대를 형성한다.
- 사고모형: 경험하는 현상들을 이해하는 준거틀로서, 개인과 조직의 사고체계 및 행동 양식에 영향을 미친다.
- 시스템사고: 현상의 전체를 보고, 전체에 포함된 부분들의 순환적·동태적 인과관계를 이해하는 것이다.
- 팀학습: 팀 구성원들이 바람직한 결과를 얻기 위해 의도적·체계적으로 지속하는 학습이다.

③ 총체적 품질관리(TQM) 기출 11회, 13회, 15회, 16회, 18회, 20회
   ㉠ 서비스의 품질은 궁극적으로 고객이 결정하며, 이는 초기단계부터 계획된다.
   ㉡ 초기과정에서는 조직 리더의 주도성이 중요하다.
   ㉢ 서비스의 품질이 떨어지는 변이 가능성을 사전에 방지하는 것이 고품질 서비스 산출에 중요하다.
   ㉣ 개인의 노력보다는 조직의 다양한 직원들의 협력적 활동이 품질 향상에 더 기여한다.
   ㉤ 투입과 과정에 대한 지속적인 개선 노력이 질적 우월성을 가져온다.
   ㉥ 품질은 전체 조직의 헌신과 사명감을 필요로 하며, 직원들의 적극적인 참여로 품질 개선이 이루어진다.

④ 애드호크라시(adhocracy)
   ㉠ 새로운 프로젝트 위주로 임시로 팀을 구성하여 운영되며, 각 프로젝트는 그것이 요구하는 지식·기술·경험 등에 따라 조직 내에서 가장 적절한 사람들로 구성되어 추진된다.
   ㉡ 문제해결을 위해 다양한 지식과 기술을 가진 비교적 이질적인 전문가 집단으로 구성된 탄력적이고 적응적이며 일시적인 시스템으로서, 매트릭스 구조, 태스크포스(Task Force), 위원회 구조를 취한다.

⑤ 벤치마킹(benchmarking): 지속적인 개선을 달성하기 위해 조직 내부의 활동과 기능, 관리능력 등을 외부의 조직과 비교·평가하고 판단하여 자기 혁신을 추구하는 기법이다.

⑥ 다운사이징(downsizing): 조직의 관료화에 따른 불필요한 낭비 조직을 제거하는 것으로, 직원의 해고와 합병 등의 방법을 통한 기구 축소 또는 감원을 의미한다. 즉, 효율성 달성을 위해 조직을 축소하는 것이다.

⑦ 리스트럭처링(restructuring): 사업 구조조정 전략 또는 사업 재구축이라고도 하며, 기업의 비전을 설정하고 구체화하기 위하여 어떤 사업은 핵심 사업으로 하고, 어떤 사업은 축소·철수하고, 어떤 사업은 새로 진입하고, 중복사업은 통합함으로써 사업구조를 조정하는 것이다.

⑧ 리엔지니어링(reengineering): 생산공정이나 업무의 프로세스를 근본적으로 새로운 개념으로 재설계하기 위해 기업의 핵심적 성과(비용, 품질, 서비스, 신속성 등)에서 혁신적인 개선을 추구하는 것이다.

⑨ 아웃소싱(outsourcing): 기업의 생존전략으로 비용 절감, 서비스 수준 향상 등의 이유로 기업에서 제공하는 일부 서비스를 외부에 위탁하는 것이다.

   참고 아웃소싱은 조직의 유연성과 민첩성을 제고하려는 경우, 조직 내부 갈등을 해결하기 위해 제3자에게 문제를 위임하는 경우, 내부에 전문가가 없는 상황에서 당장 그 기능이 필요한 경우 등에 사용한다.

⑩ 신공공관리론(New Public Management) 기출 21회, 23회
   ㉠ 신자유주의의 영향으로 공공부문 조직운영에 경쟁 원리 도입을 강조한다.
   ㉡ 정부가 서비스를 독점적으로 제공하는 방식을 지양하고 시장 체제를 모방해 행정의 효율성과 고객 대응성을 높이고자 한다.
   ㉢ 주요 정책 수단으로 인력감축, 민영화, 재정지출 억제, 책임운영기관, 규제완화를 중시한다.
   ㉣ 시민과 고객을 중심으로 서비스의 질적 수준 제고에 중점을 둔다.

2 사회복지조직의 구조와 유형

1. 사회복지조직의 구성 기출 11회, 21회, 23회

① 사회복지조직은 법인과 시설의 관계로 구성되어 있으며, 법인과 시설은 분리된 책임과 권한을 가지는 것이 바람직하다.
② 시설의 책임자는 법인의 이사회가 임명한다.
③ 비영리 민간 사회복지조직
　㉠ 국가와 시장이 공급하기 어려운 서비스를 제공할 수 있으며, 정부조직에 비해 상대적으로 관료화 정도가 낮다.
　㉡ 시장과 정부 실패를 보완할 수 있다.
　㉢ 최소한의 조직 구조와 운영 공식성을 가지며, 지방자치단체 보조금을 받을 수 있다.
　㉣ 비영리조직 회원은 자발적으로 가입한다.
　㉤ 개입대상 선정 및 방법을 특화할 수 있다.
　㉥ 특정 이익집단을 위한 서비스를 제공할 수 있다.
　㉦ 서비스 질을 고려하여 조직을 운영한다.

2. 조직의 구조적 요소

① 분업(분화)
　㉠ 특정한 업무를 수행하기 위해 기능을 분담하는 것과, 어떤 특정한 기능을 한 사람이나 한 부문이 담당하고 다른 사람이나 부문은 그 기능을 담당하지 않는 전문화가 있다.
　㉡ 작업계선(Assembly Line) 제도는 전문화된 업무분화의 극단적 형태로, 각 작업자가 조립의 일부 작업을 분담하여 순차적으로 작업을 진행하는 생산방식이다. 이는 인간소외문제를 야기할 수 있어 작업 순환제, 의사결정 참여 등으로 완화시키기 위해 노력한다.
② 위계질서
　㉠ 계층적(위계적) 과정: 위계질서를 갖는 명령 계통의 존재(상부에서 하부로 진행되는 명령의 흐름), 명령(지휘)의 통일성, 권한의 위임(하부 조직 또는 부하 직원에게 권한을 위임·분배) 등이 포함된다.
　㉡ 상부 부서가 하부 부서를 지휘·통솔할 수 있는 명확한 권한을 가지고 계열별로 각 부서를 배열함으로써 조직의 효율성이 증대된다.
③ 조직의 구조
　㉠ 조직의 기능을 수행하기 위해 만들어진 권력, 권한, 책임, 체계의 실질적인 배열과 위상을 말한다.
　㉡ 기관의 기능은 보통 관리 부문과 서비스 부문으로 나뉜다.
④ 통제 범위
　㉠ 통제가 미치는 계통의 길이를 말하며, 한 지도자 밑에 부서의 수를 얼마나 두며 이들 간의 관계를 어떻게 규정할 것이냐에 관한 것이다.
　㉡ 적정 수준의 통제 범위를 정하기 위해서는 직무의 성질, 시간적·공간적 요인, 감독과 부하의 능력과 성격, 의사소통의 기술 등을 고려해야 한다.

개념 공략 조직의 구조적 차원(조직구조의 구성 요소) **기출** 12회, 14회, 22회, 23회

공식화 (표준화)		• 조직 내 직무, 규칙, 절차, 지시 및 의사전달이 명세화(명문화·표준화)된 정도 • 조직이 어떤 일을 누가, 언제, 어떻게 수행할 것인가를 구체적으로 지시한 규칙과 규정의 정도 • 공식화 정도가 높을수록 수평적 전문화(분업) 감소
	장점	• 예측성(공식화 정도가 높을수록 조직 내 행동의 유형과 결과를 예측하기 쉬워짐) • 안정성(조직구성원들의 행동을 정형화하여 통제를 용이하게 하는 것이 가능함), 지속성
	단점	• 공식화 정도가 높을수록 조직구성원들의 자율성이 낮아짐. • 공식화 정도 ↑ → 업무 표준화 ↑ → 직원의 자율성 ↓ • 조직의 정체성 정도가 높아져 외부 변화에 적절히 대처하지 못할 수 있고, 관료제의 병리현상이 만연할 수 있음.
전문화		• 직무가 개별업무로 세분화된 정도 • 업무를 과업단위로 구분하여 생산의 효율성을 높임(수직적 분화).
통제범위		한 감독자가 직접 감독할 수 있는 구성원의 수. 최근 통제 범위가 넓어짐.
집권화		• 권한의 배분 정도 • 의사결정 권한이 조직의 상위기관(위)에 집중되어 있는 정도(공식화되면 높아짐) • 형성: 조직의 규모가 작을수록, 조직이 특정 개인의 리더십에 의존할수록 정도가 높아짐.
	장점	• 조직의 통일성과 업무 전문화 촉진, 신속한 의사결정 • 조직기능의 중복과 혼란 방지, 분열 억제
	단점	• 조직의 경직화, 조직의 관료주의화 성향 및 권위주의적 성격 초래 • 조직구성원의 창의성과 적극적 노력 저해 • 획일주의로 변질되어 조직이 탄력성을 잃을 수 있음.
분권화		• 의사결정 권한이 하급기관(아래)에 분산된 정도 • 형성: 조직이 장기계획이나 정책문제에 더 많은 노력을 들이고자 할 때 높아짐.
	장점	• 규모가 비대한 대규모 조직에 효용성 높음. • 구성원의 업무숙달을 용이하게 하여 업무능률을 높여줌(생산성 증가).
	단점	• 중앙의 지휘 및 감독이 약화되어 업무중복 초래 • 구성원들의 힘이 분산되어 협동심이 감소되어 조정이 어려울 수 있음. • 구성원 자신의 작업이 최종산출물에 미치는 영향이 미미하여 구성원이 무력감을 느끼게 함. • 특정 업무의 전문화가 어려움, 구성원 간 갈등, 의사소통 지연, 관리비용 증가 등
명령체계		조직 권한 라인(누가 누구에게 보고할 것인가?)
부문화 (집단화)		전체의 목표 달성을 위해 전문화된 직무를 부문단위로 통합하는 과정
복잡성 (분화)		• 조직(과업)의 분화 정도. 즉 조직이 여러 하위단위로 세분화되는 과정이나 상태 • 조직구조가 복잡할수록, 규모가 커질수록 복잡성 정도가 높아짐. • 분화 정도가 높을수록 작업자의 숙련도와 훈련 정도는 덜 중요함.
	수평적 분화	• 전문화, 부문화 • 조직에 의해서 수행되는 과업이 하부단위로 세분화된 상태 • 과업분화가 많을수록 수평적 분화가 더 이루어짐.
	수직적 분화	• 계층화, 서열화 • 최고관리층부터 말단직 사이에 있는 의사결정의 계층 수가 많을수록 수직적 분화가 많은 편임(조직이 복잡해짐). • 과업분화가 적을수록 수직적 분화가 더 이루어짐.

3. 조직구조의 형태 기출 11회, 12회, 14회, 18회, 21~23회

① 공식조직과 비공식조직
  ㉠ 공식조직
    • 조직목표를 달성하기 위하여 법령 등에 의해 인위적으로 만들어진 조직이다.
    • 공식적으로 업무와 역할을 할당하고 권한과 책임을 부여한다(관료적 접근방법).
  ㉡ 비공식조직
    • 공식조직 내에서 인간관계에 따라 자연적으로 만들어진 조직이다.
    • 구성원 간의 관계로 형성되기 때문에 구조가 명확하지 않다(민주적 접근방법).
    • 비공식조직의 장단점

장점	• 의사소통의 원활화 • 공식조직의 능력 보완과 쇄신적 분위기 조성 • 공식조직의 경직성 완화와 적응성 증진	• 심리적 안정감 충족 • 구성원 간 협조와 지식·경험의 공유
단점	• 연고 등에 의한 정실주의의 만연 가능성 • 공식적 권위 약화 • 정보의 공식적 이용 곤란	• 비생산적 규범 형성 • 파벌 조성 • 비공식적 의사소통의 역기능(소문 등의 만연)

② 수직조직과 수평조직
  ㉠ 수직조직: 조직의 목표달성에 직접적으로 기여하며, 결정권과 집행권을 가지고 최고 행정 책임자를 정점으로 수직적인 구조를 이룬다(계선조직).
  ㉡ 수평조직
    • 수직조직이 원활하게 기능을 수행할 수 있도록 간접적으로 조력하는 조직이다.
    • 자문, 권고, 협의·조정, 정보수집, 기획, 인사, 회계, 법무, 홍보, 조달, 연구 등의 기능을 수행한다(막료조직, 참모조직).
  ㉢ 수직조직과 수평조직의 장단점

구분	수직조직	수평조직
장점	• 업무에 대한 책임의 한계가 명백하며 통제력을 발휘할 수 있음. • 업무수행이 능률적이고 정책 결정이 신속함. • 조직의 안정성이 확보됨.	• 책임자의 통솔 범위가 확대되어 업무가 효율적임. • 전문적인 지식과 경험을 활용하여 보다 합리적으로 지시하고 명령하는 것이 가능함. • 참여적이고 객관적인 의사결정을 가능하게 하고 융통성이 있어 대규모조직에 유리함. • 수평적인 업무의 조정과 협조가 가능함.
단점	• 업무량이 과중하며 독단적인 면이 존재함. • 결정권이 있는 책임자가 주관적인 의사결정을 내릴 우려가 있음. • 각 부문 간의 효과적인 조정이 곤란하여 조직 운영의 비능률성을 초래할 우려가 있음. • 조직의 경직성이 생길 우려가 있음.	• 조직 내 인사관계의 복잡성으로 알력과 불화가 생길 수 있음. • 경비가 증가함. • 운영과 행정이 지연될 수 있음. • 책임 전가 가능성이 있음. • 의사 전달의 혼란이 발생할 수 있음.

③ 집권형 조직과 분권형 조직 기출 17회
  ㉠ 집권형 조직: 중요한 의사결정 권한이 상부에 집중되어 있는 조직이다.
  ㉡ 분권형 조직: 의사결정 권한이 각 계층에 위임되어 있는 조직이다.

ⓒ 집권형 조직과 분권형 조직의 장단점

구분	집권형 조직	분권형 조직
장점	• 단순하고 반복적이며 획일적인 업무에 유리함. • 조직 전체의 차원에서 볼 때, 위기 상황에 유리함.	• 각 계층의 수준에서 볼 때에는 환경에 대한 반응성과 유연성이 높음. • 신속한 행동이 가능함. • 정보수집에 유리함. • 교육 기회 제공 등 구성원들의 동기부여에 관심
단점	• 자율성과 창의성이 저해될 수 있음. • 일상적인 환경 변화에 대한 적응이 어려움.	• 조직 전체의 계획을 짜고 조정하는 것이 어려움. • 의사결정과정에 대한 통제력이 약함.

④ 계층제 조직: 전통적 조직구조의 대표적인 형태이다.

기능조직	• 기능조직은 분업의 조합방식에 따라 구분함. • 조직에서 이루어지는 활동의 기능에 따라 과업을 나누는 구조 • 마치 공장에서 부품을 조립하여 완성품을 만드는 것과 같이 관리자 아래 각각의 업무단위를 병렬로 나열한 조직구조를 말함.
라인-스태프 조직	• 라인은 수직조직을, 스태프는 수평조직을 의미함. • 수직조직은 상하명령 복종관계가 조직의 중심 구조를 이룸. 예 관장-부장-팀장-사회복지사 등으로 연결되는 구조

⑤ 위원회 조직: 조직의 목표를 달성하는 데 있어 특별한 과업이나 문제를 해결하기 위하여 조직의 일상적인 업무를 수행하는 기구와는 별도로 구성한 전문가 또는 업무관계자들의 활동조직이다.

인사위원회	조직에서 발생하는 특별업무처리
임시위원회	예산위원회와 같은 상임위원회와 특별업무처리

⑥ 사업부제 조직: 대규모 조직에서 사업부 단위로 조직을 편성하고, 각 사업부 단위의 독자적 생산·마케팅·관리 등의 권한을 부여하는 형태이다.
  ㉠ 제품별·지역별·시장별로 이익 중심점을 설정하여 독립채산제를 실시하고, 각 사업부가 모든 과업의 계획·집행·성과분석을 하나의 개별 조직처럼 운용하는 구조이다.
  ㉡ 조직 내 자주성을 가진 통일적인 행정관리 단위를 형성하기 위한 조직형태로 분권화, 다양화, 조직혁신 등에 힘입어 개발되어 왔다.
  ㉢ 사회복지조직 본부와 개별 사업팀들이 계약관계를 맺고 책임자는 모두 대표자로 구성되어 독립적인 책임이 부과된다. 분기별로 1회 정도 보고하며, 상담센터 등 지원조직만 존재하는 경우라 할 수 있다.

⑦ 동태적 조직: 전통적 계층제 조직이 환경변화에 적응하는 과정을 거치면서 사업부제 조직, 프로젝트 조직, 행렬(매트릭스) 조직, 태스크포스(Tf: Task Force) 등과 같이 역동적으로 변화하였다. 기출 17회, 20회
  ㉠ 프로젝트 조직: 특정한 과업에 따라 관련 부서에서 프로젝트 수행을 위해 인력을 파견하고, 수평적 접촉을 통해 프로젝트를 해결한 후 원래 자신의 부서로 복귀하는 조직을 말한다.
  ㉡ 행렬 조직(매트릭스 조직)
    • 전통적 기능조직과 프로젝트 조직이 결합된 구조로, 임시조직이었던 프로젝트 조직이 공식조직으로 전환된 경우가 해당된다.
    • 계급이 아닌 전문성을 기초로 조직이 구성되며, 민주적 의사결정에 의해 운영된다.

구분	프로젝트 조직	행렬(매트릭스) 조직
장점	• 목적, 고객 지향 증대 • 분권화와 기동성의 촉진 • 책임·평가의 명확성 • 후계자 육성이 용이함.	• 전문화의 원리(효율)와 시장적응의 동시 달성 • 인재의 유동적인 이동활동이 용이함. • 지식·기술의 전사적 이전 및 활용이 용이함.
단점	• 자원이 중복되기 쉬움. • 섹셔널리즘의 확대(인사의 경직화 등) • 단기 지향의 증가 • 스트레스가 발생하기 쉬움.	• 명령계통 간의 권력다툼이 발생하기 쉬움. • 조정을 위한 의사결정이 지연되기 쉬움. • 책임과 권한이 애매함. • 스트레스가 발생하기 쉬움.

　　ⓒ 태스크포스(TF; Task Force)
　　　• 정규조직이 수행하기 어려운 일을 제한된 시일 내 효율적으로 해결하기 위해 임시로 편성되는 조직이다.
　　　• 환경의 변화에 적극적으로 대응하기 위해 꾸려진 조직이며 유동적인 성격이다.
　　　• 특정 목표달성을 위해 각 분야의 전문적인 지식이나 능력을 갖춘 전문가를 배치한다.
　　　• 여러 분야에서 인원을 선발하여 팀 형태로 운영하는데, 이는 때때로 새로운 조직을 구성하는 근원이 되기도 한다.
　⑧ 기타
　　ⓐ 위계(hierarchy)조직: 의사결정권이 상위 직급에 집중되어 있는 조직 구조를 의미한다.
　　ⓑ 감사(audit)조직: 특정조직의 비리 등을 감사하기 위해 의사결정 기구의 직속이거나 특별한 수준의 독립성을 보장받으며, 감사유형에 따라 외부·내부감사로 구분된다.
　　ⓒ 거버넌스(governance)조직: 조직의 전략적 방향과 의사 결정을 체계적으로 관리하는 구조와 프로세스를 의미하며, 다양한 문제와 해결방법을 포함한다.

3 사회복지조직의 유형 기출 16회

1. 수혜자의 종류에 따른 분류(블라우와 스콧)
① 상호수혜조직: 조직의 회원들에게 1차적인 혜택을 주는 조직이다. 예 정당, 종교단체, 노동조합 등
② 사업조직: 그 사업체의 소유자에게 1차적인 혜택을 주는 조직이다. 예 주식회사, 은행, 기타 상업적인 회사 등
③ 서비스조직: 클라이언트에게 1차적인 서비스를 제공하는 조직이다. 예 사회복지조직, 병원 등
④ 공공조직: 일반 대중에게 혜택을 주는 조직이다. 예 행정기관, 군대, 경찰조직 등

2. 권력의 형태와 관여의 형태에 따른 분류(에치오니)
① 권력의 형태
　ⓐ 강제적 권력: 위협이나 신체적 탄압에 근거한다.
　ⓑ 보상적 권력: 금전과 같은 물질적 보상에 근거한다.
　ⓒ 규범적 권력: 지위의 상징, 존엄이나 위신의 징표와 같은 상징성에 근거한다.
② 관여의 형태
　ⓐ 소외적 관여: 권력 행사자를 강하게 부정하므로 강제적 권력이 필요하다.
　ⓑ 타산적 관여: 획득된 보강에 따라 권력에 비교적 무관심하다.
　ⓒ 도덕적 관여: 권력 행사자에 대한 강한 인정을 보이므로 규범적 권력이 필요하다.

③ 권력 및 관여의 형태에 따른 조직 유형
　㉠ 강제적 조직: 강제적 권력 + 소외적 관여 **예** 강제 수용소, 교도소, 정신병원 등
　㉡ 공리적 조직: 보상적 권력 + 타산적 관여 **예** 산업 조직(기업체) 등
　㉢ 규범적 조직: 규범적 권력 + 도덕적 관여 **예** 종교, 정치 조직, 병원, 학교, 사회복지조직 등

3. 업무의 통제성에 따른 분류(스미스)

구분	특징
관료조직	• 공식적인 조직과 규정 • 문서에 의한 업무 처리 • 위계적인 권위구조 • 기술적 자격에 기초한 신분 보장 • 명확하고 전문화된 분업 • 합리적인 통치체계
일선조직	• 일선 업무자들에게 주도권이 주어진 조직 • 각 업무단위가 독립적으로 상호 업무수행 • 업무단위의 직접적인 통제가 어려움.
전면적 통제조직	관리자가 전면적으로 강한 통제를 하는 조직 **예** 정신병원, 기숙사, 교도소, 요양시설 등
투과성 조직	• 조직 구성원, 클라이언트의 자발적인 참여 **예** 자원봉사활동조직 • 업무와 사적 활동을 명확하고 분명하게 구분하고 있어 가정과 사생활을 침해하지 않음. • 영역 유지구조는 매우 약하고 역할구조는 복잡함. • 조직의 통제가 약하며 조직의 활동이 노출됨.

4. 수혜자의 상태와 조직의 기술에 따른 분류(하센펠트)

① 수혜자의 상태
　㉠ 정상 기능: 정상적인 사회적 기능을 수행한다고 인정되는 개인의 복리를 유지·강화하는 것이 주된 임무인 조직이다.
　㉡ 비정상 기능: 사회적으로 역기능을 한다고 판정된 행위를 하는 사람들을 통제·개선 또는 치료하는 것이 주요 임무인 조직이다.
② 조직의 기술
　㉠ 인간 식별 기술: 개인의 속성을 변화시키기보다는 다른 사회집단의 바람직한 반응을 야기시킨다. 사회적 명칭과 공식적인 지위를 부여함으로써 클라이언트의 변화를 시도하는 것이다.
　㉡ 인간 유지 기술: 개인의 상태 악화를 예방 또는 완화하거나 현 상태를 유지하도록 하는 것을 말한다.
　㉢ 인간 변화 기술: 클라이언트의 개인적 속성에 변화를 가져오는 개입방법이다.
③ 수혜자의 상태와 조직의 기술에 따른 조직 유형

조직의 기술 수혜자의 상태	인간 식별·배치 기술	인간 유지 기술	인간 변화 기술
정상 기능	**유형 1** • 대학(신입생 선발) • 신용카드 회사	**유형 3** • 사회보장청 • 양로시설 • 휴양시설	**유형 5** • 국·공립학교 • YMCA
비정상 기능	**유형 2** • 소년법원 • 진료소	**유형 4** • 공적부조사무소 • 요양시설	**유형 6** • 공공병원 • 수용치료센터

5. 운영주체에 따른 분류(지벨만)

구분		특징
공공조직		법에 의거해 설립되고 운영됨. 예 국가 및 지방자치단체
하이브리드 모델	준공공조직	• 공기업, 준정부기관, 기타 공공기관으로 구분 • 사익이 아닌 공익을 목적으로 정부 또는 지자체가 출자하여 특수법인으로 운영
	준민간조직	• 정부보조형 비영리단체(관변단체)와 민간주도형 비영리단체(NGO)로 구분 • 정부실패, 시장실패, 계약실패, 국가권력의 견제 등에 기인하여 등장
민간조직	민간 비영리기관	사회복지서비스 또는 휴먼서비스를 제공하는 조직
	민간 영리기관	민간조직이지만 영리를 목적으로 하는 기업으로 파트너십, 소유자 개인 등 법적 실체에 의한 조직

참고 공공조직과 민간조직은 운영주체, 사명, 거버넌스, 운용방식 등에서 차이가 나지만 그 경계가 점차 모호해지고 있다.

개념 / 공략 민간 비영리 사회복지조직

- 국가와 시장이 공급하기 어려운 서비스를 제공할 수 있으며, 정부와 시장 실패를 보완할 수 있음.
- 최소한의 조직 구조와 운영 공식성을 가지며, 지방자치단체 보조금을 받을 수 있음.
- 개입 대상 선정과 개입 방법을 특화할 수 있음.
- 특정 이익집단을 위한 서비스를 제공할 수 있음.

4 사회복지조직화의 원리

① **계층제의 원리**: 구성원 간 권한과 책임을 배분하고, 명령, 지휘, 복종의 관계를 명시화한다.
② **명령 통일의 원리**: 조직원은 직속상관에게만 명령을 받아야 한다.
③ **통솔 범위의 원리**: 상관, 감독자의 통솔대상자의 수가 한정되어야 한다.
④ **분업·전문화의 원리**: 분야별로 업무를 분담시키는 것으로, 규모와 전문성이 커질수록 필요하다.
⑤ **조정의 원리**: 조직원의 행동을 유도하기 위한 원리이다.
⑥ **권한에 준하는 책임의 원리**: 권한 행사에는 책임이 수반된다.
⑦ **부문화·부서화의 원리**: 수평적 조정을 효율적으로 수행하기 위해, 수·시간·기능 등에 따라 재조직한다.

5 사회복지조직의 부문화 방법 기출 15회

① 수 기준
  ㉠ 같은 역할을 하는 사람들을 한 명의 슈퍼바이저 밑에 소속시키는 방법이다.
  ㉡ 한 사람이 담당하는 슈퍼바이지의 수가 너무 많으면 둘 이상의 비슷한 단위를 만들 수 있다.
② 시간 기준
  ㉠ 업무 시간을 2교대 또는 3교대 등으로 나누어 조직의 업무를 부문화하는 방법이다.
  ㉡ 24시간 서비스를 제공하는 조직에서 활용할 수 있다.
③ 지리적 영역 기준
  ㉠ (잠재적) 클라이언트의 거주 지역에 따라 조직을 부문화하는 방법이다.
  ㉡ 서비스의 효율성을 높이고 클라이언트에게 제공하는 서비스 책임자를 분명히 할 수 있다.

④ 서비스 기준
  ㉠ 서비스 방법에 따라 조직의 업무를 부문화하는 방법이다. 예 개별사회사업, 집단사회사업, 지역사회복지
  ㉡ 전문화를 촉진화할 수 있다는 장점이 있다.
⑤ **기능 기준**: 직원의 능력, 선호도, 관심 등에 근거하여 직무 적성에 맞는 분야에 사람을 배치하는 방법이다.
⑥ **고객 기준**: 클라이언트의 종류 또는 문제에 따라 조직의 업무를 부문화하는 방법이다.
  예 노인, 아동, 장애인 또는 실업문제, 빈곤문제, 가족문제
⑦ **서비스 접근 통로 기준**: 서비스의 접근성과 관련된 것으로, 클라이언트가 접근할 수 있는 서비스 통로별로 업무를 부문화하는 방법이다.

6 사회복지서비스 활용 전략 기출 11~14회, 17회, 22회

1. 사회복지서비스의 전략
① 사회복지서비스 전문직에서는 클라이언트를 서비스 수혜자로만 간주하여, 그들은 혜택을 받는 자로서 서비스 활용에 따른 비용을 부담하지 않는다고 생각하는 경향이 있다. 그러나 사회복지 클라이언트도 서비스 활용에 따르는 장애를 극복하는 과정에서 발생하는 비용(예 기회비용)을 부담하고 있다.
② 서비스 활용 시 드는 비용 때문에 서비스 활용에 대한 욕구가 절제되기도 한다.
③ 서비스 활용의 극대화를 위하여 클라이언트가 부담하는 서비스 활용 비용을 줄이려는 노력이 필요하다.
④ 서비스의 접근성을 증진시키는 것 자체만으로도 일종의 중요한 사회서비스가 될 수 있다.
⑤ **서비스의 과활용**: 관련 욕구를 가지지 않은 사람들이 서비스를 이용하는 것이다.
⑥ **서비스의 접근성**: 적절한 서비스를 적절한 시기에 적절한 사람에게 주선하기 위한 시도로, 개인의 서비스 활용에 대한 의도적인 활동이다.

2. 사회복지서비스의 접근성을 증진시키는 전략
① **아웃리치(outreach)**: 서비스 이용자들이 찾아오기를 기다리기만 하는 것이 아니라, 서비스 기관이나 담당자들이 적극적으로 클라이언트를 찾아 나서는 것을 말한다.
② **정보 및 의뢰**: 기관이나 프로그램이 자신의 서비스와 일치하지 않는 클라이언트를 접촉했을 때 그에게 적절한 서비스의 종류와 소재를 파악하여 의뢰해주는 시스템을 말한다.
③ **홍보**: 기관이나 프로그램이 제공하는 사회복지서비스와 그 자격 요건을 해당 지역사회에 널리 알리는 것이다.
④ **서비스 조직의 개선**: 클라이언트의 발굴과 확보만으로는 서비스 활용 증대에 한계가 있기 때문에 클라이언트를 대하는 서비스 조직의 개선이 필요하다.
⑤ **신뢰관계 형성**: 인테이크(접수) 과정의 적절성, 사회복지사의 전문적 재량권, 클라이언트의 자율권 등이 있다.

7 조직문화 `기출` 12회, 13회, 18회, 22회

1. 조직문화의 특징
① 실체가 없는 무형적인 관념체계이다.
② 조직이 대내외 환경과의 부단한 적응과정을 통해 역사적으로 형성된다.
③ 조직과 조직 구성원들에 의해 학습되며 조직 내에서 자연적으로 생길 수 있다.

2. 조직문화의 기능
① 일상적인 업무 관행이나 의사결정 관행에 영향을 미친다.
② 조직의 정책이나 전략 선택에 영향을 미친다.
③ 조직이 처한 내·외부적 환경에 대해 대처하거나 조직에 적합한 기술을 선택하는 데에 영향을 미쳐 조직의 성과를 극대화할 수 있도록 한다.
④ 조직 내에 성격이 다른 소집단을 통합하거나 합병 등 상이한 두 조직을 통합하는 데 결정적인 요소가 된다.

3. 조직문화이론
① 조직 내의 문화적 규범, 가치, 신념 등이 조직의 요소들을 인도하고 조직이 기능하는 데에 영향을 미친다.
② 조직 구성원의 소속감 및 정체성 형성에 영향을 미치는 요인으로 설명되고 있다.
③ 조직 구성원의 내적 통합과 변화된 환경에 대한 외적 적응의 관계를 주로 다룬다.
④ 새로운 기술 도입에 따른 조직의 유연성 정도를 설명한다.
⑤ 최근에는 이직의 원인을 설명하는 이론으로도 활용된다.

8 사회복지조직과 환경 변화

1. 사회복지조직과 환경 `기출` 16회, 17회, 21회

① 일반환경 `기출` 19회
  ㉠ 사회복지조직의 경제적, 사회인구학적, 문화적, 정치적·법적, 기술적 조건들을 의미한다.
  ㉡ 모든 조직에 영향을 미치며 특별한 경우를 제외하고는 조직이 변경시킬 수 없는, 주어진 조건으로 본다.
  ㉢ 일반환경의 조건

구분	세부 내용
경제적 조건	자원 공급의 절대량과 서비스 수요에 영향을 줌. 예 경기 불황 및 호황, 중앙정부 및 지방자치단체의 재정, 고용률 및 실업률, 경제성장률 등
사회인구학적 조건	장기적인 서비스의 수요 변동과 예측에 영향을 줌. 예 연령별·성별·지역별 소득 계층별 인구 분포, 노인 및 유년 인구 비율, 가구 형태 등
문화적 조건	사회의 가치와 규범, 사회복지조직의 목표와 기술에 영향을 줌. 예 가족주의 가치, 빈곤에 대한 사회적 인식 변화 등
정치적·법적 조건	자원의 흐름에 대한 통제에 영향을 줌. 예 사회복지 관련 법령의 제정·개정·폐지, 정부의 정책 등
기술적 조건	사회의 기술적 발전 혹은 변화가 초래하는 영향 예 컴퓨터와 인터넷의 발달로 인한 관리방법의 변화, 신경안정제의 개발로 인한 탈시설화 등

② 과업환경 기출 15회
  ㉠ 특정 사회복지조직이 자원과 서비스를 교환하고 특별한 상호작용을 하는 집단들을 의미한다.
  ㉡ 조직활동에 대한 인허가 기관, 감독 기관, 재정이나 자원을 제공하는 기관, 클라이언트를 의뢰해오는 기관, 보조 서비스 제공 기관 등이 여기에 해당된다.
  ㉢ 일반환경의 영향을 받는 것이 일반적이며, 특정 사회복지조직에 영향을 미치기도 하고, 받기도 한다.
  ㉣ 사회복지조직과의 관계
    • 재정자원의 제공자: 정부, 기업체, 개인, 서비스 이용자 등
    • 합법성(정당성)과 권위의 제공자: 클라이언트 집단, 지역사회, 국회, 정부기관 등
    • 클라이언트 제공자: 클라이언트 자신, 가족, 지역사회, 국가 등
    • 보충적 서비스 제공자: 조직의 업무수행을 위해 보충적으로 필요한 서비스 제공
    • 조직 산출물의 소비·인수자: 정부, 국회, 전문가 단체, 운영 법인, 클라이언트 옹호단체 등
    • 경쟁조직: 자원과 클라이언트들을 두고 경쟁관계에 있는 다른 조직들

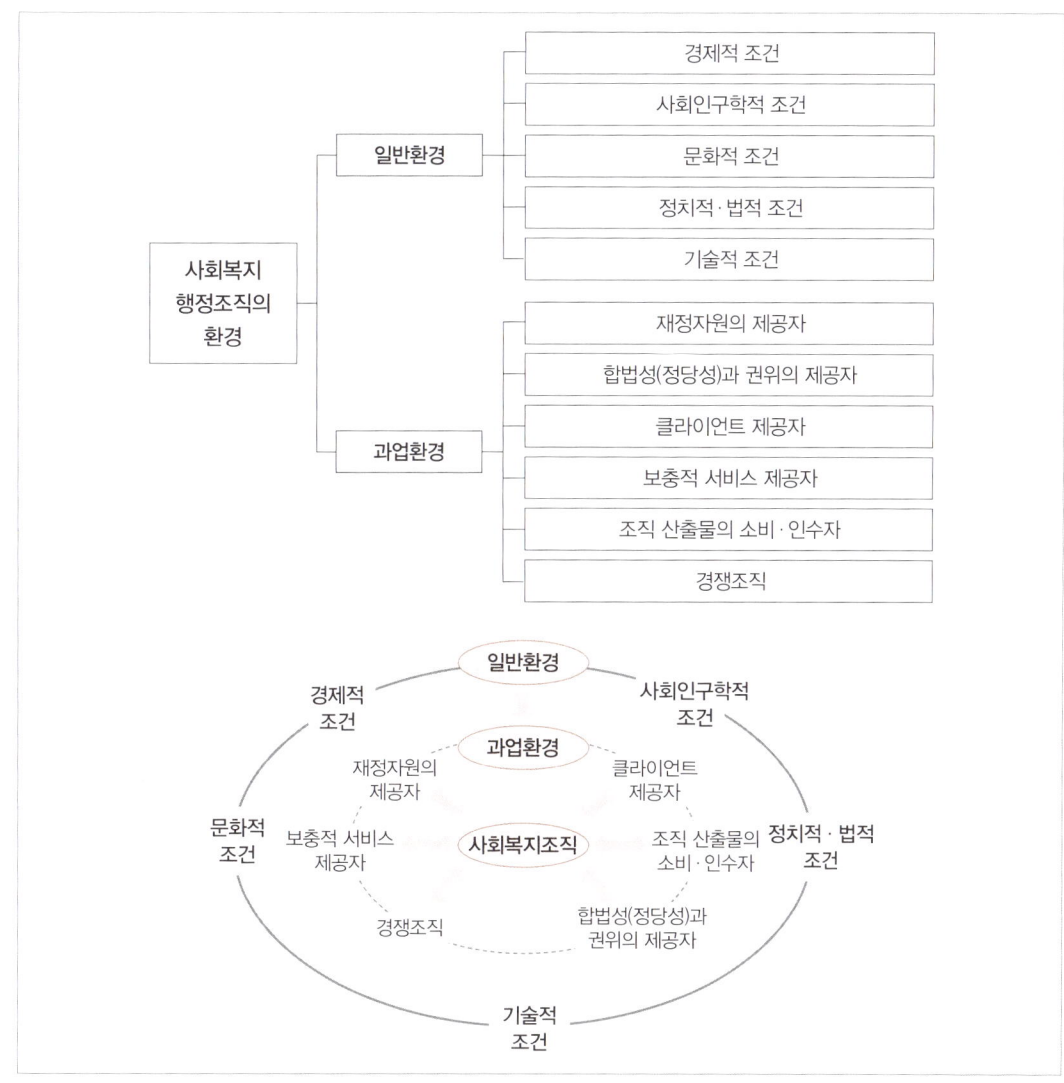

2. 사회복지조직의 환경 변화 [기출] 15회, 23회

① 변화 동향
- ㉠ 복지국가의 위기 및 재편의 여파로, 1980년대 중반 이후부터 국가는 작은 정부를 지향하고 있다.
- ㉡ 세계적으로 자격이 있는 비영리법인들이 사회복지사업을 위탁운영하는 추세이다.
- ㉢ 부족한 정부 보조금과 지자체의 통제 등으로 비영리법인이 영리법인화를 하거나 기업의 사회 공헌 활동이 증가하는 등 사회서비스 공급에서 영리 부문의 참여가 증가하는 추세이다.

② 공공부문
- ㉠ **서비스의 통합**: 전달체계를 개편함으로써 각 정부 부처에 흩어져 있는 사회복지 관련 서비스를 통합적으로 제공하여 서비스의 누락 및 중복을 방지할 수 있는 기틀을 마련한다.
- ㉡ **지방분권화**: 지역사회보장협의체를 구성하여 지역사회보장계획을 수립하도록 하고, 사회보장에 관한 기본계획 아래 지역계획이 마련될 수 있도록 법제화하는 등 지역별 실정에 적합한 사회복지서비스를 위한 법적 체계를 마련한다.
- ㉢ **민관 협력**: 공공의 책임성을 다하는 동시에 민간의 전문성을 확보할 수 있도록 민간 위탁, 민관 협력 등 다양한 방식을 모색한다.

③ 민간부문
- ㉠ **지역 중심 강화(탈시설화)**: 시설복지에서 지역복지로 전환하여 지역사회 내의 다양한 자원을 활용하기 위한 노력이 증가하고 있다.
- ㉡ **소비자 주권**: 서비스가 공급자 중심에서 클라이언트 중심으로 전환되고, 소비자 주권에 대한 인식이 높아지고 있다.
- ㉢ **수요 중심**: 욕구 충족을 위한 복지에서 수요 충족을 위한 복지 제공이라는 관점이 나타나고 있다.
- ㉣ **기관의 투명화 및 개방화**: 사회복지시설과 기관 운영의 투명화와 개방화 요구가 높아지고 있으며, 사회복지조직은 이러한 사회의 요구를 수용하고자 노력하고 있다.
- ㉤ **자립 중심**: 원조 중심에서 자립 및 자활 중심으로의 전환이 강조되고 있으며, 다양한 사회문제 및 클라이언트의 욕구를 충족시키기 위해 창의적인 프로그램을 개발하려는 노력이 증가하고 있다.
- ㉥ **민영화**: 사회복지서비스 분야에서의 민영화와 경쟁력 강화를 위한 노력이 증가하고 있다.
- ㉦ **기업경영론의 확산**: 사회복지조직의 운영 시 기업경영적 관리기법 도입, 마케팅 활성화, 품질관리 강화, 산출 강조 등의 시장의 경쟁적 구조에 적합한 조직 운영을 모색하고 있다.

> **합격 가이드**
> 사회복지조직은 제도적·사회적 테두리 안에 존재하기 때문에 다양한 환경 변화에 발맞춰 변화를 모색해야 합니다.

3. 사회복지조직의 환경관리 전략(하센펠트) 기출 16회, 18회

① **권위주의 전략**: 조직이 자금과 권위를 충분히 획득하면 다른 조직과의 교환관계와 조건 사이에서 유리한 위치에 설 수 있으며, 이와 같이 권력을 사용하여 다른 조직의 행동을 이끌고 명령을 내리는 전략이다.

② **경쟁 전략**: 다른 조직들과 경쟁하면서 세력을 증가시켜 서비스의 질 등을 매력적으로 만드는 전략이다.

③ **협동 전략**: 다른 조직들에게 필요한 서비스를 제공하여 상호 불안감을 해소시키고 이에 대한 보답으로 권력을 증가시키는 전략이다. 계약, 연합, 흡수 3가지 형태로 구분된다.

계약	두 조직 간 자원 혹은 서비스의 교환을 통해 협상된 공식적·비공식적 합의
연합	여러 조직들이 사업을 위해 협력적으로 자원을 합하는 전략
흡수	과업환경 내 주요 조직의 대표자들을 조직의 정책수립기구에 참여시키는 전략

④ **방해 전략**: 경쟁적 위치에 있는 다른 조직의 활동을 방해하거나 세력을 약화시키는 전략이다.

4. 사회복지조직 변화의 외부 요인과 경향 기출 15회, 19회

① 외부 요인과 변화 경향

외부 요인	변화 경향
• 사회복지 공급 주체의 다원화 • 사회복지서비스의 민영화 경향 • 기업의 경영관리기법 도입 • 사회복지기관·시설의 평가제도 • 책임성과 전문성에 대한 요구 증대 • 급격한 사회변화와 다양한 사회문제 대두	• 소비자 주권 인식 • 사회복지조직의 개방화 • 창의적 프로그램 개발 • 혁신적인 사회복지조직모델 개발 • 전문성과 전문직 강화 • 관련 기관과 협력체계 구축

② 변화에 대한 수용과 저항 기출 11회, 13회

㉠ **과거 경험**: 과거 비슷한 프로그램을 수행하였을 때 겪은 좋지 않았던 경험은 표면적인 동의는 얻을 수 있으나 내면적으로 변화에 대한 저항을 가져온다.

㉡ **매몰비용**: 업무를 개발하고 유지하는 데 드는 비용, 시간, 노력 등을 의미한다. 매몰비용이 클수록 변화에 대한 직원들의 저항이 크다.

㉢ **사회관계**: 소속감이나 정서적 지지 등 집단 내 사회적 관계를 통해 비공식적 규범이 발생하여, 변화가 비공식적 규범들에 어긋나면 저항을 유발할 수 있다.

㉣ **권력과 자원 분배**: 권력이나 자원의 불공평한 배분을 초래하는 변화에는 개인과 집단의 이익을 위해 저항하게 된다.

㉤ **의사소통**: 변화에 대한 협조 요청과 정보 제공, 의사소통이 충분히 이루어지지 않은 상태에서 오는 변화는 소외감을 느끼게 하여 강한 저항을 불러온다.

> **개념 공략** 사회복지조직과 외부 환경과의 관계 기출 11회
> • 사회복지조직은 외부 환경에 의존적임.
> • 시장 상황에서 활동하는 사회복지조직은 경쟁조직을 중요한 환경 요소로 다룸.
> • 우리나라 민간 사회복지조직은 정부 재정요소의 비중이 상대적으로 높은 편에 속함.
> • 사회복지사업법은 사회복지조직의 정당성과 권위를 제공하는 외부 환경 중 하나임.

5. 사회복지조직 혁신

① 사회복지행정체계를 서비스 욕구와 수요의 변화에 적절히 대응하도록 개선함으로써 목표를 보다 더 효과적으로 달성하기 위한 인위적이고 계획적인 활동이다.

② 혁신에 영향을 주는 선행요인

개인적 차원	구성원 자신의 업무에 대한 능력과 혁신에 대한 태도, 조직 리더가 지닌 특성 등
조직적 차원	조직구조의 특성, 조직의 나이, 조직문화, 조직의 보상체계, 조직전략, 조직규모 등

③ 혁신을 방해하는 요인 [기출 22회]
  ㉠ 지나치게 무사안일한 경우
  ㉡ 충분히 영향력 있는 지도력 연합을 형성하지 못한 경우
  ㉢ 비전의 힘을 과소평가하는 경우
  ㉣ 비전에 대해 충분히 의사소통을 하지 못한 경우
  ㉤ 새로운 비전을 차단하는 장애물을 허용하는 경우
  ㉥ 단기간의 승리를 이루어 내지 못하는 경우
  ㉦ 너무 일찍 승리를 선언하는 경우
  ㉧ 변화가 있으나 이를 조직문화에 확실하게 정착시키는 것을 무시하는 경우

6. 최근 한국 사회복지행정의 추세 [기출 15회, 17회, 18회, 20회]

① 복지다원주의 패러다임 등장으로 민간부문과 공공부문의 협력이 강조된다.
② 생활시설보다는 이용시설 중심의 보호가 강조된다.
③ 공공성 강화 방향으로 전달체계 개편이 이루어진다.
④ 영리기관의 전달체계 참여가 증가한다.
⑤ 지역사회를 중심으로 서비스를 통합한다.
⑥ 지역사회 주민운동이 활성화된다.
⑦ 지역사회보장협의체를 통한 민관 협력체계를 구축한다.
⑧ 사회적 경제에 의한 비영리조직의 시장경쟁력 강화가 필요하다.
⑨ 기업의 경영관리기법이 도입되고, 성과를 강조하며 마케팅을 활성화한다.

CHAPTER 03

인사관리와 재정관리 및 정보관리시스템

핵심 Tag #리더십이론 #인사관리의 구성 요소와 슈퍼비전 #동기부여이론 #재정관리

1 사회복지조직의 리더십이론 기출 11회, 12회, 14회, 18회

1. 특성이론(1940~1950년대)
① 효과적인 리더에게는 비효과적인 리더와 구별되는 보편적인 특성이 존재할 것이라고 보는 이론이다.
② 리더십은 타고나는 것이며, 어떤 특정한 특성들을 갖추게 되면 효과적인 리더가 될 수 있다고 본다.

2. 행동이론(1950~1960년대)
① 1950년대 행동과학자들은 특성이론에 대한 불만으로 실제 리더의 행동에 관심을 두기 시작하였다.
② 리더십에서 중요한 것은 리더의 특성이 아니라 다양한 상황에서의 행동이며, 효과적인 리더는 특별한 리더십 행동에 의해 비효과적인 리더와 구별된다는 이론이다.
③ 바람직한 리더십 행동은 훈련을 통해 개발된다고 본다.
④ 관련 연구

오하이오연구	리더의 행동을 '구조 주도 행동'과 '배려 행동'이라는 두 가지 차원으로 요약하고, 특정 차원에 치우치지 않은 리더가 하위자들의 성과와 만족을 가져오는 경향이 있음을 발견함.
미시간연구	리더십 유형을 '직무 중심적 리더십'과 '구성원 중심적 리더십'으로 구분하고, 구성원 중심적 리더가 더 높은 집단 생산성을 보이며, 더 높은 직무 만족도와 관련되어 있다는 것을 발견함.
관리격자이론	오하이오연구와 미시간연구에서 제시한 리더십 행동의 두 가지 차원(인간, 생산성)에 기초하여 블레이크와 모튼(Blake & Mouton)이 제시

개념 공략 관리격자이론의 리더십 유형 기출 19회, 23회

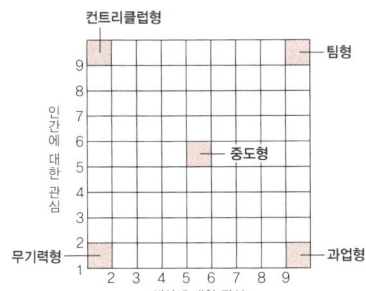

- 인간(구성원)과 생산성(과업)에 대한 관심을 교차하여 유형화함.
- 격자의 네 모퉁이와 중앙 등 기본적인 5개의 리더십 유형을 각각 무기력형(무관심형), 컨트리클럽형(호인형), 과업형(강제형), 중도형, 팀형으로 봄.
- 팀형(9,9) 리더가 이끄는 집단이 가장 높은 성과를 보임.
- 중도형(5,5)은 인간적 요소와 조직 성과 간의 타협과 균형을 추구함.
- 무기력형(1,1)은 인간과 생산성 모두 관심이 낮은 유형임.
- 컨트리클럽형(1,9)은 인간에 대한 관심은 높지만, 생산성에 대한 관심은 낮으며 과업형은 그 반대 유형이다.

3. 상황이론(개연성이론, 1970년대) 기출 11회, 14~16회, 20회

① 리더의 효과성은 그 자신의 행동 유형에 의해 결정될 뿐만 아니라 리더십의 환경을 둘러싸고 있는 복합적인 상황에 의해 결정된다고 보는 이론이다.
② 리더는 상황의 산물이기 때문에 상황에 따라 효과적인 리더십 유형이 다르다는 것이다.
③ 상황이론
  ㉠ 허시와 블랜차드(Hersey & Blanchard)는 상황변수로 구성원의 성숙도(능력과 의지)에 따라 4가지로 리더십 유형을 분류하였다.
  ㉡ 지시형 리더십, 설득형 리더십, 참여형 리더십, 위임형 리더십 순으로 성숙도가 높아진다.

지시형 리더십	설득형 리더십	참여형 리더십	위임형 리더십
• 능력: 낮음. • 의지: 낮음.	• 능력: 낮음. • 의지: 높음.	• 능력: 높음. • 의지: 낮음.	• 능력: 높음. • 의지: 높음.

④ 상황(적합)이론
  ㉠ 피들러(Fiedler)와 그의 동료들이 개발한 상황(적합)이론은 리더의 유형과 상황적 조건을 결합시키려는 이론으로, 리더의 유형을 관계 지향적 리더와 과업 지향적 리더로 분류하였다.
  ㉡ 리더들에게 호의적인 정도를 결정하는 리더십 상황요소 3가지를 제시하였다.

리더 – 구성원 관계	구성원들이 리더에 대해 갖고 있는 신뢰와 존경의 정도
과업구조	직무가 절차화된 정도(구조화된 정도 또는 비구조화된 정도)
직위 권력	리더가 채용, 해고, 징계, 승진, 임금 인상과 같은 권력 변수들에 대해 행사하는 영향력의 정도

  ㉢ 결과: 과업 지향적 리더는 매우 호의적이거나 매우 비호의적인 상황에서 더 좋은 성과를 올리는 경향이 있으며, 관계 지향적 리더는 호의성이 중간 정도일 때 더 높은 성과를 올릴 수 있다.

⑤ 경로–목표이론
  ㉠ 하우스(House)가 리더십에 관한 오하이오연구와 동기부여의 기대이론을 결합하여 제시한 이론이다.
  ㉡ 조직의 목표 성취에서 가장 중요한 요인은 하위자의 동기라는 가설을 기초로 한다. 리더의 핵심 역할은 하위자의 동기를 높이는 데 있으며, 강한 예측력을 가지고 하위자의 만족을 예측한다.
  ㉢ 상황적 특성에 따라 하위자의 동기를 높이기 위해 필요한 리더십 유형을 4가지로 구분하였다.

지시적(수단적) 리더십	과업이 비구조화되어 있어 복잡하고 과업의 공식화가 미비한 상황이거나, 과업수행 시 하위자가 자신의 역할을 파악하기 어려운 상황일 때 효과적임.
지지적(지원적) 리더십	과업이 구조화되어 있으나 과업 스트레스가 심하고 지루한 상황이거나, 하위자가 과업수행에 대한 자신감을 갖지 못하는 상황일 때 효과적임.
참여적 리더십	과업이 구조화되어 있고, 하위자의 업무 성취 욕구와 자율성의 욕구가 강한 상황일 때 효과적임.
성취 지향적 리더십	과업이 비구조화되어 있으나 하위자에게 도전해 볼 만한 목표를 갖게 해주는 상황일 때 효과적임.

4. 변혁이론(변혁적 리더십, 1980~1990년대) 기출 11회, 14회, 18회, 20회, 21회

① 변혁적 리더십은 조직의 문화와 노선을 변화시키고자 노력하는 개혁적 리더십이다.
② 리더십은 지도자와 추종자가 협력하는 과정에서 형성된다고 본다.
③ 변혁적 리더십의 요소
  ㉠ 카리스마
    • 타인에게 영향력을 행사하려는 욕구가 강하다.
    • 구성원들이 효과적인 목표달성을 할 수 있도록 목표를 명확히 제시함으로써 동기부여를 한다.
    • 카리스마의 속성을 지닌 리더는 구성원들이 스스로 혁신할 수 있도록 비전과 사명감을 제시하고 자긍심을 심어주며, 존경과 신뢰를 받는다.
  ㉡ 개별적 배려: 조직의 구성원들을 각각 하나의 독특한 개인으로 처우하고, 각각의 관계에서 조언과 지도를 아끼지 않는다.
  ㉢ 지적 자극: 조직의 구성원들이 해결해야 할 문제에 창의적으로 접근할 수 있도록 원조한다.

개념 공략 거래적 리더십과 변혁적 리더십 비교

거래적 리더십	변혁적 리더십
• 구성원의 이기적이며 개인적인 관심에 호소	• 보다 높은 차원의 도덕적 가치와 이상에 호소
• 보상과 같은 교환관계를 중요시	• 구성원들에 대한 동기부여와 자아실현을 중요시
• 안정 지향적이고 내부 지향적	• 변화 지향적이고 외부 지향적
• 조직의 목적달성을 위한 구성원의 역할과 임무를 명확히 제시하고 순종을 강조하며, 성과에 따른 적절한 보상을 강조	• 구성원에 대한 권한 부여를 강조하여 그들의 변화를 도모하며, 궁극적으로 조직의 목적달성을 위한 과업 수준의 향상을 지향
• 규정 또는 규칙에 의거하여 활동	• 규정 또는 규칙의 변화를 추구
• 리더와 구성원의 관계는 상호 의존적	• 리더와 구성원의 관계는 상호 독립적

5. 서번트(섬김) 리더십 기출 20회, 22회

① 부하에게 목표를 공유하고 부하들의 성장을 도모하면서 리더와 부하 간의 신뢰를 형성하여 궁극적으로 조직의 성과를 달성하는 리더십으로, 사회복지조직 관리에 적합하다.
② 리더가 부하를 섬기는 자세로 봉사하며 부하의 성장 및 발전을 돕고 조직의 목표달성에 부하 스스로 기여하도록 만들기 때문에 생산성 측면에서 부하직원의 자발적 행동의 정도를 중시한다.
③ 경청은 서번트(섬김) 리더의 가장 기본적인 자질로, 구성원에게 관심을 가지고 무엇을 말하고자 하는지 파악하며, 그들에게 공감하는 수용적인 태도를 가져야 한다.
④ 구성원의 역량을 개발하고, 창의적 행동을 증대시키기 위한 수단으로 임파워먼트를 강조한다.

개념 공략 변혁적 리더십과 서번트(섬김) 리더십의 특성 비교

구분	변혁적 리더십	서번트(섬김) 리더십
기대 결과	목표와의 일치, 노력의 증가, 만족, 조직이 얻는 생산성 등 역동적인 문화를 형성	구성원의 만족, 성장, 봉사의 몰입, 사회적 개선 등 정신적인 것을 생성하는 문화
동기부여	조직에 선을 제공, 조직의 사명을 수행하기 위한 의지와 열정	구성원에게 선을 제공, 최선인 것을 실행하므로 공동선 추구
배경	개조와 변화	정적인 외부 환경

카리스마의 원천	리더 훈련과 기술	겸손, 정신적인 통찰력
부하들의 반응	고양된 동기, 추가적인 노력	리더의 섬김에 대한 모방
카리스마의 결과	리더 혹은 조직의 비전과 가치 추구, 목표달성, 구성원의 개인적 발전	구성원의 자율성 향상과 도덕적 발전, 구성원과 조직의 공동선 강화

6. 경쟁가치 리더십 기출 17회

① 퀸(Quinn)은 특정한 리더십 스타일의 선택을 강조하는 것이 아니라, 여러 경영이론을 정리하여 포괄적 리더십모델을 제안하였다.
② 리더십의 초점을 '외부 지향, 내부 지향'으로 구분한 축과 '통제성 위주, 유연성 위주'로 구분한 또 하나의 축을 바탕으로, 이를 조합한 4가지 영역을 제시하였다.

개념 공략 퀸(Quinn)의 경쟁가치모형 기출 16회, 17회

구분	외부 지향	내부 지향
통제성	합리적 목표모형 • 목적: 생산성, 능률성 • 수단: 기획, 목표설정, 합리적 통제	내부과정모형 • 목적: 안정성, 통제와 감독 • 수단: 정보관리, 의사소통
유연성	개방체계모형 • 목적: 성장, 자원획득, 환경적응 • 수단: 유연성, 용이성	인간관계모형 • 목적: 인적 자원 발달, 능력 발휘, 구성원 만족 • 수단: 응집력, 사기

- 경쟁가치모형은 모순적이고 배타적인 다양한 조직문화의 가치요소들을 포괄적으로 분석할 수 있는 틀을 제공함.
- 조직 자체의 안녕과 발전, 목표달성을 중시하느냐, 구성원의 복지와 안녕을 중시하느냐의 문제로, 이를 외부와 내부로 대비시키기도 함.
- 통제성은 안정성과 질서, 유연성(신축성)은 혁신·변화 및 적응과 연관됨.
- 조직의 성장단계별 적용

창업단계	혁신·창의성 및 자원의 집결이 강조되므로 개방체계모형으로 효과성을 평가
집단 공동체단계	인간관계모형 적용
공식화단계	내부과정모형 및 합리적 목표모형이 적합
정교화단계	개방체계모형이 적합

2 리더십의 수준과 유형

1. 리더십의 수준

① 최고 관리층이 가져야 할 리더십 기술
  ㉠ 조직의 기본적인 임무를 설정한다.
  ㉡ 외부의 이해관계 집단과 교섭하고 중재하여 조직의 정체성을 확립한다.
  ㉢ 임무수행을 위한 서비스 기술을 선정한다.
  ㉣ 내부 구조를 발전시키고 유지한다.
  ㉤ 변화를 주도하고 수행한다.

② 중간 관리층이 가져야 할 리더십 기술
  ㉠ 수직적·수평적 연결자로서의 기술을 지닌다.
  ㉡ 직원들의 욕구를 조직의 목표에 통합시키는 인간관계 기술을 지닌다.
③ 하위 관리층이 가져야 할 리더십 기술
  ㉠ **전문적 기술**: 슈퍼바이저가 직원과 자원을 효율적으로 사용하도록 도움을 주는 기술로, 일선 요원들의 업무를 조직화하고 조정하는 데 도움을 준다.
  ㉡ **공평에 대한 관심**: 승진과 보상을 위해 윗사람에게 아첨이나 비난을 하지 않음으로써 공평을 가져오려는 슈퍼바이저의 태도는 일선 요원들의 동기부여 및 조직의 일체감을 발전시키는 데 필요하다.

2. 리더십의 유형(칼리슬) 기출 15회, 16회, 19회, 20회
① **지시적 리더십**: 명령과 복종을 강조하는 유형으로, 리더는 조직 구성원들을 보상과 처벌로 통제한다.
② **참여적 리더십**: 민주적 리더십으로서 구성원들을 의사결정 과정에 참여시킨다. 구성원들의 지식과 기술 활용이 용이하며 참여 동기와 사명감이 향상될 수 있으나 책임 분산으로 무기력하게 될 수 있다.
③ **자율적 리더십**: 방임적(위임적) 리더십으로서 대부분의 의사결정권을 부하 직원에게 위임한다.

3 인사관리와 슈퍼비전

1. 인사관리 기출 14회, 15회, 17회, 19회, 20회, 22회
① 조직의 목표를 달성하는 데 가장 도움이 되는 방향으로 직원을 채용하고 능력을 개발하며, 근무 의욕을 갖고 조직에 헌신할 수 있도록 동기를 부여하고 유지하는 관리활동이다.
② 성과관리·개발관리·보상관리 등이 포함된다.
③ 조직 구성원의 혁신적 사고와 행동이 곧 조직의 경쟁력이라는 전제하에, 조직 구성원의 능력과 성향이 조직 성과에 주는 영향이 크기 때문에 중요하다.
④ 인사관리의 구성 요소별 순서 기출 17회, 21회, 23회

| 직무분석 | ➡ | 직무기술서 작성 | ➡ | 직무명세서 (채용 공고문) 작성 | ➡ | 모집과 선발 |

㉠ 직무분석
  • 한 사람의 조직 구성원이 수행하는 일을 직무라고 하고, 인사관리나 조직관리의 기초를 세우기 위하여 직무내용을 분석하는 것을 직무분석이라 한다.
  • 직무분석의 결과는 직무기술서나 직무명세서로 종합·정리되어 조직관리에 필요한 자료로 제공된다.
㉡ 직무기술서 작성
  • 직무분석의 결과 직무의 능률적인 수행을 위하여 직무의 특성이 강조된다.
  • 직무의 명칭 및 개요, 직무내용, 직무수행방법, 핵심과업, 장비, 환경, 직무활동 등이 내용에 포함된다.
㉢ 직무명세서(채용 공고문) 작성
  • 직무명세는 특정 직무수행을 위해 필요한 지식과 기능, 능력 등을 작성하는 것이다.
  • 직무의 명칭, 소속 및 직종, 교육 수준, 기능·기술 수준, 정신적 특성(창의력·판단력 등), 육체적 능력, 직무 경험 등이 내용에 포함된다.
  • 인적 요건이 강조되며 주로 모집과 선발에 사용된다.
㉣ **모집과 선발**: 직무명세서를 활용해 조직 구성원을 모집하고, 조직의 특성에 맞는 사람을 선발한다.

개념 공략 인적자원관리 구성요소
- **기본**: 직무관리와 인적자원 계획
- **확보**: 채용관리(모집, 선발, 채용, 배치)와 인사행정(인사이동)
- **개발**: 인사평가(인사고과)와 교육훈련, 직원훈련, 지도, 감독, 경력관리
- **보상**: 임금관리, 복리후생관리
- **유지**: 안전보건관리, 이직관리, 노사관계관리

2. 직무수행평가 기출 18회, 22회

① 개념
  ㉠ 조직의 구성원이 평가 위치에 있는 사람에게 자신의 특정 직무에 대한 실적, 업적 또는 성과를 평가받는 활동이다.
  ㉡ 직무평가에서는 조직의 목표달성에 대한 구성원의 기여도를 고려한다. 직무수행의 결과치 중 업적을 나타내는 성과, 현재의 전문성과 미래의 잠재적 능력을 말하는 능력, 성실성과 일에 대한 노력 등을 나타내는 태도가 가장 중요한 평가 요소이다.
  ㉢ 직무수행평가는 '직무수행 기준 확립 → 직무수행 기대치를 직원에게 전달 → 평가도구를 사용하여 직원의 실제 직무수행을 측정 → 실제 직무수행을 직무수행 평가기준과 비교 → 직원과 평가결과 회의 진행'의 순서로 이루어진다.

② 목적
  ㉠ 임금 인상, 승진, 전보, 해임 등의 인사조치와 관련된 관리목적이 있다.
  ㉡ 개별 구성원이 직무를 수행할 때의 약점을 보완하고 능력을 향상시키기 위해 사용되는 각종 상담, 코칭 등의 구성원 개발을 위한 목적이 있다.
  ㉢ 인사선발과 교육훈련 절차의 타당성을 평가하는 준거로 사용되는 조사목적이 있다.

③ 종류
  ㉠ **객관적 직무수행평가**: 다양한 행동(예 결근, 지각, 생산성 등)과 직무행동의 결과치(예 실적, 성과, 판매량 등)로 평가하는 것이다.
  ㉡ **주관적 직무수행평가**
    - 평가자가 조직 구성원의 직무수행 결과를 '아주 잘했다, 잘했다, 못했다, 아주 못했다' 등으로 평가하는 것이다.
    - 조직에서 사용되는 것으로는 인사고과를 위한 5점 척도의 평정척도, 단순한 척도로서 서술식으로 기술하는 형태, 상대평가 및 절대평가 등이 있다.
    - 유형
      – **도식평가법(GRS)**: 직무수행평가에서 가장 널리 사용되는 방법으로 개인의 여러 특성이나 요인들을 평가하는데, 평가자는 개인이 각 요인을 얼마만큼 수행하였는지를 평가한다.
      – **행동기준척도(BARS)**: 어떤 직무를 수행할 때 중요한 사건에서 반드시 행해야 하는 행동을 기록해 두었다가 이를 5점 척도로 평가한다.
      – **혼합표준척도(MSS)**: 효율적인 직무수행과 비효율적인 직무수행을 변별해주는 문항들을 감독자로부터 얻어내고 이를 평가한다.
      – **행동관찰척도(BOS)**: 최근에 개발된 직무수행평가 방법으로, 평가자가 평소 종업원의 행동을 관찰하면서 얼마나 자주 발생하는지 기록해 둠으로써 중요한 사건에서 종업원의 행동을 평가한다(특수한 행동사건들의 발생빈도를 평가).

④ 평가자: 하나의 조직에서 직무수행평가를 할 때, 그 조직은 적어도 다음의 5가지 방식으로 활용 가능한 정보를 얻어낼 수 있다.
  ㉠ 상사평가: 직속상사의 평가는 그 상사도 과거에 같은 업무를 수행한 경험이 있다는 측면에서 아주 유용하나, 직업에 따라 부하를 직접 관찰하기 어려울 수 있다.
  ㉡ 동료평가
    • 한 집단에 속한 동료들이 주변의 동료를 평가하는 것이다.
    • 동료지명법(수행상 가장 우수한 동료를 지명), 동료평가법(평가할 동료에 대하여 평가척도를 사용), 동료서열법(최상에서 최하까지 서열을 매김)이 있다.
  ㉢ 자기평가: 자기 자신을 제일 잘 아는 사람은 자신일 것이라는 사실에 입각하여 자기의 직무수행을 스스로 직접 평가하는 것이다.
  ㉣ 부하평가
    • 조직 내 관리자를 평가하기 위해 부하를 평가자로 이용한다.
    • 부하들이 상사의 리더십 스타일, 의사결정 스타일, 관리자로서의 능력과 소양 등을 제대로 파악하고 있는 경우가 많다.
  ㉤ 고객평가
    • 조직 구성원이 아닌 조직 외부에 있는 사람이 직무수행에 대해 새로운 관점과 시각으로 평가를 내리는 것이다.
    • 고객과 상호작용이 빈번한 부서나 개인의 직무수행은 그들 스스로 판단하기보다는 그들과 접촉하는 고객이 서비스 요원의 친절도, 서비스 정신, 직무몰입도 등으로 평가한다.

3. 직원능력 개발관리 기출 18회, 19회, 22회

① 개념: 직원들의 소양 및 능력 개발과 직무수행에 필요한 지식 및 기술 향상, 가치관과 태도를 바람직한 방향으로 변화시키기 위한 교육과 훈련을 하는 활동이다.
② 목적: 지속적인 교육과 훈련을 통해 전문 지식과 기술, 태도의 수준을 향상시켜 사회복지조직이 제공하는 서비스의 효과성, 즉 목적달성 정도를 높이는 것이다.
③ 방법
  ㉠ 계속교육: 학교 교육이 끝난 사회복지조직의 직원들을 대상으로 그들의 전문성을 유지하고 향상시키기 위해 계속적으로 필요에 맞게 교육하는 것을 의미한다.
  ㉡ 사례발표: 직원 개발의 공통적인 방법으로 직원들이 순서를 정해 진행하며, 직원들의 이해와 능력 개선 외에도 사례를 계획하고 개입하는 기법을 배우는 데 도움을 준다.
  ㉢ 역할연기: 한 사례를 두고 직원들이 직접 연기를 하고 그 사례에 대해 평가하고 토론한 후 사회자가 토론의 결과를 설명하는 것이다.
  ㉣ 현장훈련(직무를 통한 연수, OJT): 실제로 직무를 수행하는 과정에서 감독자 또는 선임자가 피훈련자에게 업무수행에 관한 지식과 기술을 학습시키는 방법이다. 직무의 성격이 고도의 기술, 전문성, 정밀성을 요구하는 경우에 적합한 방법으로 직장훈련, 인턴십, 멘토링, 코칭 등이 있다.
  ㉤ 직장외 교육훈련(Off-JT): 교육훈련을 담당하는 전문스태프의 책임하에 이루어지는 것으로, 현장훈련 이외 모든 교육훈련을 말한다. 교육담당자가 교육훈련에만 몰두할 수 있어서 학습효과가 높고, 다수의 교육생에게 통일적이고 조직적인 교육이 가능한 방법으로 시뮬레이션, 미디어교육, 감수성훈련 등이 있다.
  ㉥ 신디케이트(분임 토의): 직원을 10명 내외의 소집단으로 나눠 동일한 문제에 대해 토의하여 해결 방안을 작성하고, 다시 전체가 모인 자리에서 각 집단별로 문제해결 방안을 발표 및 토론하며 하나의 합리적인 문제해결 방안을 모색하는 방법이다.

- ⓐ 포럼(Forum): 토의법의 하나로, 특정 주제에 관하여 새로운 자료와 견해를 제공하여 관심을 높이고 나아가 필요한 정보를 제공하여 문제를 명확하게 한 후, 각자의 의견을 표명하도록 촉진하는 것이다. 주로 사람들이 잘 모르는 주제에 대해 전문가 정보를 제공하고 그에 대한 의견을 교환한다.
- ⓔ 순환보직: 일정 시일의 간격을 두고 다른 직위, 직급 등으로 전보시킴으로써 시야와 경험을 넓히는 방법으로, 전문성과 능률성을 저하시킬 우려가 있다.

4. 슈퍼비전 기출 11~13회, 23회

① 슈퍼비전의 기능(카두신)
  ㉠ 교육적 기능
    - 교육적 슈퍼비전의 핵심은 사회복지사의 지식과 기술의 향상에 있다.
    - 슈퍼바이저는 기관의 기본 가치, 임무, 목적에 대한 내용과 함께 다양한 서비스 실천이론 및 모델에 관한 교육을 통해 사회복지사의 문제해결능력과 실천기술 향상을 도모한다.
    - 슈퍼비전의 기능은 결국 하나의 전문인으로서 사회복지사의 능력을 향상시키는 데 초점을 둔다.
  ㉡ 행정적(관리적) 기능
    - 관리자로서 슈퍼바이저의 역할은 기관의 규정과 절차에 맞는 서비스를 제공하는 것에 초점을 둔다.
    - 특정한 클라이언트의 사례를 가장 적합한 사회복지사에게 위임하는 것을 비롯하여 사회복지사의 사례관리 및 서비스 제공 행위를 감독하고 평가하는 역할을 수행한다.
    - 기관 관리자들과 일선 사회복지사의 의사소통을 촉진하는 역할과 함께 전반적인 기관 활동을 조정 및 통제한다.
  ㉢ 지지적 기능
    - 슈퍼비전의 교육적 및 행정적(관리적) 기능은 사회복지사의 수단적 욕구에 관심을 두지만, 지지적 기능은 사회복지사의 개별적 욕구에 관심을 갖고 정신적·심리적 부담을 완화한다.
    - 다수의 경험적 연구에서 사회복지사의 직무 만족에 가장 큰 영향력을 갖는 것으로 분석되었다.

② 슈퍼비전의 모델(왓슨) 기출 21회
  ㉠ 개인교사모델: 슈퍼바이저와 사회복지사의 일대일 관계를 통해 이루어진 슈퍼비전이다.
  ㉡ 집단 슈퍼비전(슈퍼비전 집단): 개인교사모델을 확대시킨 형태로, 한 명의 슈퍼바이저와 다수의 사회복지사로 구성된다.
  ㉢ 동료집단 슈퍼비전: 동료 사회복지사들이 동등한 자격으로 서로에게 슈퍼바이저 역할을 수행한다.
  ㉣ 직렬 슈퍼비전(동료 2인 슈퍼비전): 동료집단 슈퍼비전과 비슷한 형태로, 두 명의 사회복지사가 서로에게 슈퍼비전 역할을 수행한다.
  ㉤ 팀 슈퍼비전: 가능한 한 다양한 구성원으로 팀을 형성하여 그 구성원들이 의사결정 일정(그날 회의할 안건을 미리 정해 놓은 사례)을 사전에 제안하고 구성원들의 상호작용을 통해 한 사례에 대한 결론을 도출한다.
  ㉥ 사례 컨설테이션(Case Consultation): 사회복지사와 컨설턴트의 일대일 관계 또는 일 대 다수의 관계를 통해 사회복지사에게 할당된 사례에 대한 슈퍼비전이다.

4 동기부여

1. 내용이론 기출 12회, 15~17회, 20회, 22회, 23회

① 매슬로우의 욕구계층이론(욕구위계이론)
　㉠ 인간은 자신의 삶에서 생리적 욕구, 안전 욕구, 소속과 사랑의 욕구, 존중의 욕구, 자아실현의 욕구의 5가지 계층적 욕구를 만족시키고자 하는 존재이다.
　㉡ 욕구의 충족은 단계적으로 이루어지는데, 사람들은 충족되지 않은 욕구를 충족하기 위해 노력하게 되므로 충족되지 못한 상위 욕구 자체가 노력의 동기로 작용한다.
　　　예 '안전의 욕구'가 일정 수준 충족되어 '소속과 사랑의 욕구'에 대한 동기가 부여된다.
　㉢ 생리적 욕구, 안전 욕구, 소속과 사랑의 욕구, 존중의 욕구 등 1단계에서 4단계까지를 결핍단계라고 하며, 자아실현의 욕구인 5단계를 성장단계로 구분하고 있다.
　㉣ 하위단계 욕구가 충족될 경우 더 이상의 욕구의 발현은 사라지고, 상위단계 욕구의 강도가 강하게 나타난다. 예 '소속과 사랑의 욕구'가 충족될 경우 더 이상의 욕구의 발현은 사라지고, 상위단계인 '존중의 욕구'의 강도가 강하게 나타난다.
　㉤ 하위단계 욕구가 상위단계 욕구보다 강도가 더 강하다.
　　　예 '안전의 욕구'가 '자아실현의 욕구'보다 강도가 더 강하다.

② 알더퍼의 ERG이론
　㉠ **존재(Existence)의 욕구**: 배고픔, 갈증, 수면, 주거 등과 같은 생리적·물리적 욕구로, 매슬로우의 생리적 욕구나 안전 욕구와 관련된다.
　㉡ **관계(Relationship)의 욕구**: 직무의 내외적인 인간관계에 관한 모든 욕구를 포함하는 것으로, 다른 사람과의 감정 교류와 상호 의존성에서 만족감을 얻고자 하는 욕구를 말한다. 매슬로우의 사회적 욕구(사랑·소속의 욕구, 존중 욕구의 일부)와 유사하다.
　㉢ **성장(Growth)의 욕구**: 개인과 직무에 대한 계속적인 성장과 발전에 대한 욕구로, 잠재능력의 개발 및 확장과 이에 따른 개인적 성장과 관련된 욕구를 말한다. 매슬로우의 자아실현의 욕구와 본질적으로 같다.
　㉣ 상위 욕구가 충족되지 못하면 하위 욕구를 더욱 원하게 된다는 좌절퇴행 개념을 제시하였다.

③ 허즈버그의 동기-위생 이론
　㉠ **위생 요인**: 충분히 작용할 때는 사람들이 불만족스럽지 않게 느끼고, 충분히 작용하지 않을 때는 불만족하게 되는 요인이다. 예 소극적 동기부여 요소: 조직의 정책·행정·규정, 근로(작업) 조건, 지위, 기술적 슈퍼비전(감독), 동료·상사·부하 직원과의 관계, 봉급, 일에 대한 안정감, 개인적인 생활 등
　㉡ **동기 요인**: 충분히 작용할 때는 사람들이 만족하게 되고, 충분히 작용하지 않을 때는 만족스럽지 않게 되는 요인이다(심리적인 성장과 성취의 욕구). 예 적극적인 면에서 진정한 동기부여 요소: 성취(달성), 책임(증대되는 책임성), 인정, 향상(승진), 일(직무) 그 자체, 성장(발전) 가능성 등

④ 맥클리랜드의 성취욕구이론(성취동기이론) 기출 17회
　㉠ **권력 욕구**: 다른 구성원에게 통제력을 행사하거나 행동에 영향을 미치고자 하는 욕구 또는 다른 구성원에 대한 책임을 지거나 그들 위에 권위로 군림하려는 욕구를 말한다.
　㉡ **친화 욕구**: 다른 사람과 우호적이고 따뜻한 관계를 유지하려는 욕구를 말하며, 이 욕구가 강한 구성원은 사회적 관계를 유지하는 데 관심을 갖고 친밀감과 이해를 증진시킨다.
　㉢ **성취 욕구**: 우수한 결과를 얻기 위해 높은 기준을 설정하고 이를 달성하고자 하는 욕구를 말한다. 즉, 어려운 과제를 해결하고, 일을 보다 효율적으로 처리하며, 복잡한 직무를 숙달하고자 하는 욕구이다.

개념 / 공략 매슬로우의 욕구계층이론을 기준으로 비교한 동기부여이론

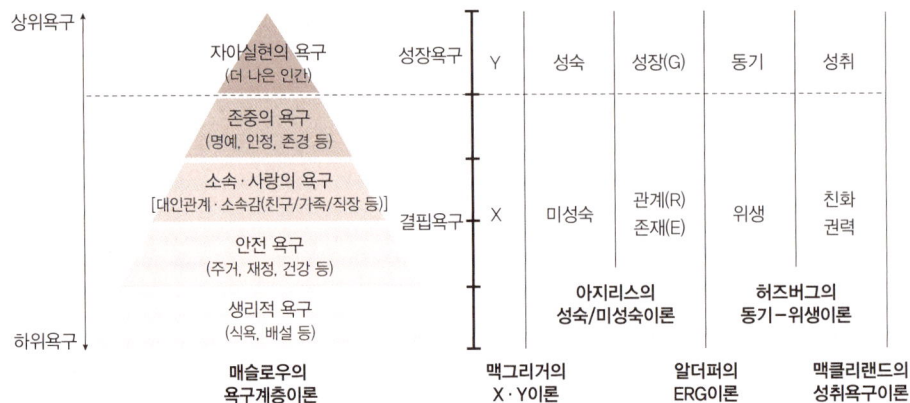

2. 과정이론 기출 18회, 22회

① 아담스의 공정성이론(형평성·공평성이론)
　㉠ 일종의 사회적 비교이론으로서 한 개인이 다른 사람에 비해 어느 정도 공정하게 대우를 받고 있는가에 관한 지각의 중요성을 강조한다.
　㉡ 사람들은 항상 투입 대비 결과(보상)가 어느 정도인가를 보고 이것을 다른 사람과 비교한다는 것에 주목하여, 사람들의 인지과정에서 만들어지는 형평성이 사람들의 동기에 영향을 미친다고 보는 견해이다.

② 브룸의 기대이론
　㉠ 사람의 동기는 그것이 적극적이든 소극적이든 간에 자신이 노력한 결과에 대하여 스스로 부여하는 가치에 의해 결정된다는 이론이다.
　㉡ 자신의 노력이 목표를 성취하는 데 실질적으로 도움을 줄 것이라는 확신을 가졌을 때 더욱 크게 동기 부여가 된다고 본다.

③ 로크의 목표설정이론
　㉠ 최근 조직 경영에서 실제적으로 적용되는 이론 중 하나이다.
　㉡ 인간의 행위는 두 가지 인지, 즉 가치와 의도에 의해 결정된다고 본다.
　㉢ 가치와 판단 기준 → 욕망과 정서 → 의도 또는 목표 → 실제 행위 또는 성과의 과정으로 진행된다.
　㉣ 인간이 가진 가치가 바탕이 되어 정서와 욕망이 형성되고, 이를 토대로 의도나 목표가 설정되면 이것이 실제 행위나 성과의 결정 요인으로 작용한다.

개념 / 공략 내용이론과 과정이론의 비교

내용이론	과정이론
• 동기를 부여하는 실제적인 내용이 무엇인가에 초점을 둠. • 무엇이 인간의 행동을 일으키는가와 관련이 됨. • 개인의 욕구에만 주목하여 조직 구성원들의 동기를 어떻게 유발할 수 있는지에 대해서는 설명하지 못함. • 개인의 욕구 충족을 위해 동기가 발생하는 것으로 보기 때문에 욕구이론이라고도 함.	• 조직 구성원이 조직의 목표달성과정에서 어떤 요인에 의해 행동하는지에 초점을 둠. • 인간의 욕구에 기초함. • 행위의 선택을 유발하는 요인이 무엇인지에 대해 추가적으로 설명함.

3. 직무소진 기출 17회, 18회

① 직무소진의 개념
  ㉠ 직무와 관련된 스트레스를 효과적으로 대처하지 못함으로써 표출되는 정서적·육체적·태도적 고갈 상태를 말한다.
  ㉡ 직업에 대한 이상, 열정, 목적의식이나 관심을 상실하는 과정이다.
  ㉢ 감정이입이 업무의 주요 기술인 직무현장에서 발생하는 현상이다.
② 소진의 단계: 열성의 단계 → 침체의 단계 → 좌절의 단계 → 무관심의 단계
③ 직무소진의 측정도구
  ㉠ 정서적 고갈: 과도한 접촉, 과중한 업무로 정서적으로 지치고 탈진한 상태이다.
  ㉡ 비인격화: 상대방에게 냉정한 태도를 취하고 무감각해지는 것이다.
  ㉢ 성취감 감소: 집중력 상실로 만족감, 성취감을 느끼지 못하는 현상이다.
④ 직무소진 방지를 위한 전략: 조직의 사명 및 목표 공유, 워크숍, 정서적 지지 분위기 조성, 지속적 슈퍼비전 등

5 재정자원관리

1. 재정관리의 개념

① 재정관리는 재무관리 또는 재무행정이라는 말과 혼용되고 있으며, 조직이 목표달성을 위해 필요한 재정자원을 합리적이고 계획적으로 동원하고 배분하며 효율적으로 사용하고 관리하는 과정을 의미한다.
② 재정관리는 예산을 수립하고 예산상의 수입(세입)과 지출(세출) 활동을 관리하며, 재정자원의 수입과 지출에 관한 사항을 기록·정리하고 재정관리의 전반적인 과정을 평가하는 절차로 이루어진다.

2. 예산수립의 원칙 기출 17회

① 공개성
② 회계연도 독립성
③ 건전재정 운영성
④ 예산의 목적 외 사용금지
⑤ 예산 총세주의
⑥ 예산 사전의결
⑦ 예산 한정성
⑧ 예산 사전절차 이행

3. 사회복지조직의 재정관리 기출 14회, 16회, 19회, 22회, 23회

① 사회복지조직은 자원의 외부 의존성이 높으며, 재원 조달에 대한 직접적인 통제력이 약하다.
② 재정 확보 및 관리의 구조와 과정은 사회복지조직의 구조 및 의사결정 과정에도 상당한 영향을 미친다.
③ 재정관리는 일반적으로 기관의 목표달성을 촉진하고, 재원과 기타 관련 자원을 법적 사회복지 윤리성에 근거하여 통제하며, 계획적으로 사용하는 데 관계하는 것이다.

목적적 측면	사회복지조직에서 재정관리는 예산, 교부금 신청, 인건비, 세금 및 여비 지급 등과 관련된 기술적이며 부차적인 문제임.
수단적 측면	재정관리는 사회복지기관의 근본적인 활동에 광범위하게 관계하고 있음.

④ 공익을 추구하는 사회복지조직은 비영리조직으로, 국가와 지방자치단체의 보조금이 재원에 포함된다.
⑤ 사회복지조직의 재원은 국가보조금뿐만 아니라, 기부금, 후원금, 수익사업, 수익자부담인 서비스 이용료로도 충당한다.

⑥ 재원 확보를 위한 모금전략으로 다이렉트 마케팅, 데이터베이스 마케팅, 인터넷 마케팅 등이 필요하다.
⑦ 사회복지법인이 지자체에서 위탁을 받아 비영리시설을 운영할 시 사회복지법인이 비영리시설에 내려보내는 법인 전입금은 민간 재원이다.
⑧ 사회복지시설은 「사회복지법인 및 사회복지시설 재무·회계규칙」을 적용한다.
⑨ 사회복지법인의 회계연도는 정부의 회계연도를 따르며, 사회복지법인과 시설은 매년 1회 이상 감사를 실시한다.
⑩ 사회복지법인이 설치·운영하는 시설의 경우 시설운영위원회에 보고하고 법인 이사회의 의결을 통해 예산편성을 확정한다.
⑪ 사회복지법인 회계는 법인회계, 시설회계, 수익사업회계로 구분한다.
⑫ 법인회계와 수익사업회계는 필요시 복식부기를 할 수 있다.
⑬ 시설운영 사회복지법인인 경우 시설회계와 법인회계는 각각 구분하여 관리한다.

4. 사회복지조직 재정관리의 특성(하센펠트)

① 사회복지조직은 일반적으로 재정자원의 지속적인 조달을 직접적으로 통제할 수 없으며, 통제하려고 하지도 않는다.
② 사회복지조직은 합법적으로 위임된 서비스라 할지라도 재정 할당 정도를 스스로 정할 수 없고, 입법 기관이 정해주어야 한다. 이는 사회복지조직이 예산과 관련된 정책 결정과정에 참여할 수 있는 권한을 제한당하고 있음을 의미한다.
③ 재정자원의 유형은 다양하고, 사회복지조직의 특성에 따라 그 중요성의 비중이 다르다.
　예) 정부보조금, 재단지원금, 협찬후원금, 기부금, 서비스 요금, 대여, 상품 판매 등의 수익
④ 다양한 재정자원을 확보하기 위해 특별한 업무를 수행해야 한다.
　예) 재단에 사업 제안서 제출, 정부와의 계약관계, 기부자에게 후원금 요청, 사회복지서비스 대상자들에게 이용료 부과, 기부금품 모집, 특별 행사 조직 등

5. 바우처의 특성

① 사회서비스의 방식 중 하나로, 사회서비스 이용 및 이용권 관리에 관한 법률에서 사회서비스 이용권 제도를 규정하고 있다.
② 주로 소득을 기준으로 적용 대상을 특정 계층(주로 사회보장제도의 대상자)으로 한정하여 서비스 이용권을 부여한다.
③ 공급자 중심이 아닌 소비자 중심의 제도로, 소비자의 선택권을 보장한다.
④ 기본적으로 제한된 특정 상품이나 서비스에 대한 보조 지원제도를 말한다. 현금을 지급한다면 '보조금'이라고 하는 반면, 바우처는 '현물' 내지 '특정 현물로만 교환이 가능한 상품권' 등의 지원방식이다.
⑤ 특정 상품의 거래 활성화를 유도할 수도 있기 때문에 지원대상자에 대한 전반적인 지원보다 반드시 특정 상품을 소비하도록 하는 것이 목적일 경우 주로 활용된다.
⑥ 공급업체의 선정은 시장원리에 의하기 때문에 자연스럽게 공급업체 간의 경쟁을 유도할 수 있고, 전문성도 더욱 확보할 수 있다.

6. 사회복지조직의 예산과정 [기출] 13회

① 일반적으로 '예산의 편성 → 예산의 심의 및 의결 → 예산의 집행 → 결산 및 회계 감사'의 과정으로 이루어진다.
② 예산은 공공 자금이므로 법률이 정하는 일정한 절차와 과정을 거쳐 성립되고 집행된다.

6 예산 편성 방식

1. 품목별 예산(LIB) [기출] 18회, 19회, 21회

① 개념: 사업의 목적보다 지출 항목을 강조하며 수입과 지출을 항목별로 명시하여 수립하는 예산 편성 방식이다(투입 중심 예산).
② 특징
  ㉠ 전년도 예산이 주요 근거가 된다.
  ㉡ 회계 계정별, 구입 품목별로 편성한다.
  ㉢ 통제적 기능이 강하다.
  ㉣ 예산이 품목별로 정리되어 회계자에게 유리한 예산이다.
③ 품목별 예산의 장단점

장점	단점
• 지출 근거를 명확하게 하므로 예산 통제에 효과적임. • 회계가 용이함. • 점증식으로 평가됨.	• 예산의 신축성을 저해할 우려가 있음. • 예산 증대에 대한 정당성 부여의 근거가 희박함. • 결과나 목표달성에 대한 고려가 부족함. • 프로그램 내용을 알기 어려움. • 효율성을 무시함.

예시 품목별 예산의 예

[출처: M요양원의 세입·세출표의 일부를 재구성함]

지출 항목	2023년도 예산	2024년도 예산
급여	8,650만 원	9,082만 원
임차료	2,500만 원	2,500만 원
공과금 및 관리비	1,000만 원	1,100만 원
식품비	5,000만 원	5,300만 원
소모품비	500만 원	525만 원
교통비 및 여비	40만 원	42만 원
홍보비	30만 원	33만 원
잡비	20만 원	25만 원
계	1억 7,740만 원	1억 8,607만 원

2. 성과주의 예산(PBS) 기출 14회, 15회, 23회

① 개념
  ㉠ 활동을 기능별 또는 프로그램별(업무)로 구분한 후에 이를 다시 세부 프로그램으로 나누고, 각 프로그램의 단위 원가당 업무량을 계산하여 편성하는 예산이다(과정 중심 예산).
  ㉡ 사업별로 예산을 편성하는 예산제도로, 성과를 지향하는 체계를 구축하기 위해 도입되었다.
  ㉢ 우리나라는 '프로그램 예산제도' 또는 '사업별 예산제도'라는 이름으로 함께 사용하고 있으며, 2022회계연도부터 프로그램별 성과목표 및 성과지표를 설정하여 활용하고 있다.

② 특징
  ㉠ '단위 원가 × 업무량 = 예산'으로 계산하여 합리적 자금배분이 가능하다.
  ㉡ 효율적이고 관리 기능이 강하여 관리자에게 유리하다.
  ㉢ 장기적 계획을 고려하지 않아 단기적으로 성과가 드러나는 사업에 예산이 치중될 수 있다.
  ㉣ 중앙정부의 기능을 중심으로 프로그램별, 분야별 등의 상하구조에 따라 예산을 편성한다.
  ㉤ 비용정보를 기초로 예산집행의 다양한 성과를 측정한다.

③ 성과주의 예산의 장단점

장점	단점
• 목표와 프로그램을 분명히 이해할 수 있음. • 예산 집행에 신축성을 부여함. • 프로그램별 통제가 가능함. • 프로그램의 효율성을 기할 수 있음.	• 기본적으로 예산 통제가 어려움 (단, 사업별 예산 통제는 가능). • 비용 지출의 단위 설정과 비용 책정이 어려움. • 효과성을 무시함.

예시 성과주의 예산의 예

부서		세부 사업	예산
상담 기획부	집단 상담	프로그램 진행 비용: 2만 원×4회×18개 = 144만 원	144만 원
	문화 체험	견학 비용: 2만 원×15명×3회×18개 = 1,620만 원	1,620만 원
	자원봉사자 활동비	15만 원×10개월×18개 = 2,700만 원	2,700만 원
	가족 집단 활동 및 교육	활동 및 교육 비용: 3만 원×4회×18개 = 216만 원	216만 원
	사례관리자 공동 교육	다과 비용: 5만 원×4회×1팀 = 20만 원	20만 원
	워크숍	• 0.7만 원×2식×180명 = 252만 원 • 기타 운영비 = 150만 원	402만 원
소계			5,102만 원

3. 계획(기획) 예산(PPBS) 기출 12회

① 개념: 목표달성을 위한 장기적 기본 계획을 수립하고 기본 계획을 연차적으로 실행하기 위해 프로그램별로 편성하는 예산이다(산출 중심 예산).

② 특징
  ㉠ 장기적 계획과 단기적 예산 편성을 구체적인 프로그램 실행 계획을 통해 유기적으로 연결한다.
  ㉡ 장기적 계획을 전제로 한다. 계획 기능이 강하며, 계획자에게 유리한 예산이다.
  ㉢ 목표를 분명히 하고, 목표달성을 강조한다.

③ 계획 예산의 장단점

장점	단점
• 목표와 프로그램을 분명히 이해할 수 있음. • 자금 분배를 합리적으로 할 수 있음. • 장기적 프로그램 계획을 신뢰할 수 있음. • 프로그램 계획과 예산 수립의 괴리를 막을 수 있음.	• 목표설정이 어려움. • 결과에만 치중하고 과정은 상대적으로 무시되는 경향이 있음. • 권력과 의사결정이 중앙 집중화되는 경향이 있음.

예시 계획 예산의 예

[출처: 허영만(2004), 사회복지행정론]

사업 목표		형평 사회 구현			
1차연도 탈빈곤 기반 구축	사업	최저 생계비 확립	차등 보호 도입	준빈곤층 보호	의료보호 확립
	예산	6,000억 원	2,000억 원	6,000억 원	4,000억 원
2차연도 노령 빈곤 해결	사업	비연금 노인 지원	양로시설 확충	요양시설 확충	장기요양보험 도입
	예산	5,000억 원	6,000억 원	6,000억 원	3,000억 원
3차연도 농어촌 빈곤 해결	사업	농어민 정년제 도입	농촌형 양로 보호	농촌형 요양 보호	자연재해보험 도입
	예산	5,000억 원	5,000억 원	5,000억 원	5,000억 원
4차연도 도시 빈곤 해결	사업	비정규직 지원	빈곤 근로자 지원	빈곤 영세상인 지원	
	예산	6,000억 원	7,000억 원	7,000억 원	
5차연도 형평 조세 개혁	사업	조세 개혁	소득 공제 확립	재분배구조	
	예산	7,000억 원	7,000억 원	6,000억 원	

4. 영기준 예산(ZBB)

① 개념: 전년도 예산을 전혀 고려하지 않고 기존 프로그램 또는 신규 프로그램의 정당성을 매년 새로이 마련하고, 다른 프로그램과의 경쟁적 기반 위에서 우선순위를 정하여 편성하는 예산이다.

② 특징
  ㉠ 매년 새롭게 프로그램 목표와 수행능력을 고려한다.
  ㉡ 목표달성을 위한 다양한 프로그램을 고려한다.
  ㉢ 사업의 비교 평가에 기초하여 우선순위를 정하고 프로그램을 선택한다.
  ㉣ 성과(결과)의 한계 증가량에 관심을 둔다.
  ㉤ 의사결정 기능이 강하다.
  ㉥ 소비자에게 유리한 예산이다.

③ 영기준 예산의 장단점

장점	단점
• 예산 절약과 프로그램의 쇄신에 기여함. • 재정 운영과 자금 배분의 탄력성을 기할 수 있음. • 관리에의 참여를 확대할 수 있음. • 자금의 배분을 합리화할 수 있음. • 프로그램의 효율성과 효과성을 기할 수 있음.	• 효과적 의사소통, 의사결정, 프로그램 평가에 대한 관리자의 훈련이 필요함. • 정치적·심리적 요인을 무시함. • 장기 계획에 의한 프로그램 수행이 곤란함.

예시 영기준 예산의 예

구분	복지 프로그램	투자액	우선순위(중요도)	채택 여부
청소년 복지	청소년증 발급	30억 원	1위	○
	청소년 문제 보호	25억 원	5위	○
	청소년 성 보호	20억 원	6위	×
노인 복지	노인 일자리 창출	15억 원	2위	○
	노인 보호	15억 원	7위	×
	노인 의료지원	10억 원	9위	×
장애인 복지	장애인 기초 수급 혜택	15억 원	8위	×
	장애인 카드 지급	10억 원	3위	○
	장애인 세금 감면	25억 원	4위	○

7 예산 통제(집행)의 원칙 _기출_ 13회, 15회, 20회, 22회

① **개별성의 원칙**: 예산(재정) 통제는 개별 기관 그 자체의 제약 조건, 요구 사항 및 기대 사항에 맞게 고안해야 한다.
② **강제의 원칙**: 예산 집행의 통제에는 강제성이 있는 명시적인 규정이 있어야 한다. 강제성이 없으면 효과가 없기 때문이다.
③ 예외의 원칙: 규칙은 반드시 예외 사항을 고려하고, 예외 사항에 적용되는 다른 규칙도 명시해야 한다.
④ **보고의 원칙**: 통제체제는 보고의 규정을 두어야 한다. 집행에 대한 보고의 원칙이 없다면 관련 행위를 감시, 평가, 통제할 수 없기 때문이다.
⑤ 개정의 원칙: 규칙은 일정 기간 동안만 적용할 수 있도록 제한되어야 한다. 또한 적용 시 부작용에 대비해 일정한 기간이 지난 후에는 규칙을 개정할 수 있어야 한다.
⑥ 효율성의 원칙: 예산 집행을 통제하는 데 시간과 비용이 많이 들어서는 안 된다(통제비용의 최소화).
⑦ 환류의 원칙: 예산 통제에 관한 규칙, 기준, 의사소통, 계약 등을 적용할 때 발생할 수 있는 여러 가지 부작용 및 장단점 등을 관련자들로부터 듣고 개정과 개선활동에 반영할 수 있어야 한다.
⑧ 의미의 원칙: 규칙, 기준, 의사소통, 계약 등은 모든 사람이 잘 이해할 수 있도록 전달되어야 한다. 예산 통제에 관한 자료는 쉽게 얻을 수 있어야 하며, 규칙이나 절차의 분류와 해석을 위한 설명도 명확해야 한다.
⑨ 생산성의 원칙: 예산 통제는 서비스가 효과적이고 효율적으로 전달되도록 하기 위한 수단이므로, 서비스 전달 생산성에 장애와 갈등이 발생하지 않도록 유의해야 한다.

> ✓ **합격 가이드**
> 예산 통제는 재정 통제라고도 합니다.

8 사회복지법인 및 사회복지시설 재무·회계규칙

1. 회계

① 회계연도: 법인 및 시설의 회계연도는 정부의 회계연도에 따른다. 다만, 「영유아보육법」에 따른 어린이집의 회계연도는 매년 3월 1일에 시작하여 다음 연도 2월 말일에 종료한다.
② 회계의 구분
  ㉠ 이 규칙에서의 회계는 법인의 업무전반에 관한 회계(법인회계), 시설의 운영에 관한 회계(시설회계) 및 법인이 수행하는 수익사업에 관한 회계(수익사업회계)로 구분한다.

ⓒ 법인의 회계는 법인회계, 해당 법인이 설치·운영하는 시설의 시설회계 및 수익사업회계로 구분하여야 하며, 시설의 회계는 해당 시설의 시설회계로 한다.
③ **회계의 방법**: 회계는 단식부기에 의한다. 다만, 법인회계와 수익사업회계에 있어서 복식부기의 필요가 있는 경우에는 복식부기에 의한다.
④ **회계장부의 종류**: 현금출납부, 총계정원장, 재산대장, 비품관리대장

2. 예산 기출 16회, 17회, 23회

① **세입·세출의 정의**: 1회계연도의 모든 수입을 세입으로 하고, 모든 지출을 세출로 한다.
② **예산총계주의 원칙**: 세입과 세출은 모두 예산에 계상하여야 한다.
③ **예산편성지침**
  ㉠ 법인의 대표이사는 매 회계연도 개시 1월 전까지 그 법인과 해당 법인이 설치·운영하는 시설의 예산편성 지침을 정하여야 한다.
  ㉡ 법인 또는 시설의 소재지를 관할하는 시장·군수·구청장은 특히 필요하다고 인정되는 사항에 관하여는 예산편성지침을 정하여 매 회계연도 개시 2월 전까지 법인 및 시설에 통보할 수 있다.
  ㉢ 절차: 예산편성 → 시설운영위원회 보고 → 이사회 의결 → 회계연도 개시 5일 전까지 관할 시장·군수·구청장에게 제출 → 예산 공고
④ **예산에 첨부하여야 할 서류** 기출 20회
  - 예산총칙
  - 세입·세출명세서
  - 추정재무상태표
  - 추정수지계산서
  - 임직원 보수 일람표
  - 예산을 의결한 이사회 회의록 또는 예산을 보고받은 시설운영위원회 회의록 사본
⑤ 단식부기로 회계를 처리하는 경우에는 예산총칙, 세입·세출명세서, 임직원 보수 일람표, 예산을 의결한 이사회 회의록 또는 해당 예산을 보고받은 시설운영위원회 회의록 사본만을 첨부한다.
⑥ 국가·지방자치단체·법인 외의 자가 설치·운영하는 시설로서 거주자 정원 또는 일일평균 이용자가 20명 이하인 시설은 세입·세출명세서 및 예산을 의결한 이사회 회의록 또는 예산을 보고받은 시설운영위원회 회의록 사본만을 첨부한다(노인장기요양기관의 경우 임직원 보수 일람표도 포함).
⑦ **예산 전용**
  ㉠ 법인의 대표이사 및 시설의 장은 관·항·목간의 예산을 전용할 수 있다.
  ㉡ 다만, 법인 및 시설(소규모 시설은 제외)의 관간 전용 또는 동일 관내의 항간 전용을 하려면 이사회의 의결 또는 시설운영위원회에 보고를 거쳐야 하되, 법인이 설치·운영하는 시설인 경우에는 시설운영위원회에 보고한 후 법인 이사회의 의결을 거쳐야 한다.
  ㉢ 예산 전용 시 시·군·구청장에게 결산보고서를 제출할 때 과목 전용 조서를 첨부하여야 한다.
⑧ **준예산**: 회계연도 개시 전까지 법인 및 시설의 예산이 성립되지 아니한 때에는 법인의 대표이사 및 시설의 장은 시장·군수·구청장에게 그 사유를 보고하고 예산이 성립될 때까지 임직원의 보수, 법인 및 시설운영에 직접 사용되는 필수적인 경비, 법령상 지급의무가 있는 경비를 전년도 예산에 준하여 집행할 수 있다.
⑨ **예산의 목적 외 사용금지**: 법인회계 및 시설회계의 예산은 세출예산이 정한 목적 외에 이를 사용하지 못한다.
⑩ **세출예산의 이월**: 법인의 대표이사 및 시설의 장은 법인회계와 시설회계의 세출예산 중 경비의 성질상 당해 회계연도 안에 지출을 마치지 못할 것으로 예측되는 경비와 연도 내에 지출원인행위를 하고 불가피한 사유로 인하여 연도 내에 지출하지 못한 경비를 각각 이사회의 의결 및 시설운영위원회에의 보고를 거쳐 다음 연도에 이월하여 사용할 수 있다.

3. 결산 기출 18회

① 결산서의 작성 및 제출
  ㉠ 법인의 대표이사 및 시설의 장은 법인회계와 시설회계의 세입·세출 결산보고서를 작성하여 각각 이사회의 의결 및 시설운영위원회에의 보고를 거친 후 다음 연도 3월 31일까지 시장·군수·구청장에게 제출하여야 한다. 다만, 법인이 설치·운영하는 시설인 경우에는 시설운영위원회에 보고한 후 법인 이사회의 의결을 거쳐 제출하여야 한다.
  > 참고 영유아보육법에 따른 어린이집의 경우에는 5월 31일까지 시장·군수·구청장에게 제출하여야 한다.
  ㉡ 시장·군수·구청장은 결산보고서를 제출받은 때에는 20일 이내에 법인 및 시설의 세입·세출결산서를 시·군·구의 게시판과 인터넷 홈페이지에 20일 이상 공고하고, 법인의 대표이사 및 시설의 장으로 하여금 해당 법인 및 시설의 게시판과 인터넷 홈페이지에 20일 이상 공고하도록 하여야 한다.

② 결산보고서에 첨부해야 할 서류
  - 세입·세출결산서
  - 예비비 사용조서
  - 수지계산서
  - 현금 및 예금명세서
  - 미수금명세서
  - 과목 전용조서
  - 재무상태표
  - 유가증권명세서
  - 재고자산명세서
  - 기타 유동자산명세서(현금 및 예금명세서, 유가증권명세서, 미수금명세서, 재고자산명세서 외의 유동자산)
  - 고정자산(토지·건물·차량운반구·비품·전화가입권)명세서
  - 부채명세서(차입금·미지급금 포함)
  - 각종 충당금 명세서
  - 기본재산수입명세서(법인만 해당)
  - 사업수입명세서
  - 정부보조금명세서
  - 후원금수입 및 사용결과보고서(전산파일 포함)
  - 후원금 전용계좌의 입출금내역
  - 인건비명세서
  - 사업비명세서
  - 기타 비용명세서(인건비 및 사업비를 제외한 비용)
  - 감사보고서
  - 법인세 신고서(수익사업이 있는 경우만 해당)

③ 단식부기로 회계를 처리하는 경우에는 세입·세출결산서, 과목 전용조서, 예비비 사용조서, 기본재산수입명세서, 사업수입명세서, 정부보조금명세서, 후원금수입 및 사용결과보고서, 후원금 전용계좌의 입출금내역, 인건비명세서, 사업비명세서, 그 밖의 비용명세서, 감사보고서, 법인세 신고서만을 첨부한다.

④ 소규모 시설의 경우에는 세입·세출결산서, 후원금수입 및 사용결과보고서를 첨부한다.

4. 후원금의 관리

① 후원금의 범위
  ㉠ 법인의 대표이사와 시설의 장은 사회복지사업법에 따른 후원금의 수입·지출내용과 관리에 명확성이 확보되도록 하여야 한다.
  ㉡ 시설거주자가 받은 개인결연후원금을 당해인이 정신질환 기타 이에 준하는 사유로 관리능력이 없어 시설의 장이 이를 관리하게 되는 경우에도 또한 같다.

② **후원금의 영수증 발급 등**: 법인의 대표이사와 시설의 장은 후원금을 받은 때에는 소득세법 시행규칙 또는 법인세법 시행규칙에 따른 기부금영수증 서식에 따라 후원금 영수증을 발급하여야 하며, 영수증 발급목록을 별도의 장부로 작성·비치하여야 한다.

③ **후원금의 용도 외 사용금지**: 법인의 대표이사와 시설의 장은 후원금을 후원자가 지정한 사용용도 외의 용도로 사용하지 못한다.

9 정보관리시스템(MIS)

1. 정보관리시스템의 의의 기출 13회, 21회
① 사회복지서비스와 관련한 방대한 자료를 효율적으로 관리할 수 있을 뿐만 아니라 사회복지서비스조직의 책임성 검증도구로도 활용이 가능하다.
② 업무를 단시간에 처리함으로써 비용을 절감하여 조직의 업무 효율성을 증대시킨다.
③ 시간과 장소의 구별 없이 클라이언트의 요구에 신속히 대응할 수 있도록 한다.
④ 사회복지서비스 업무를 표준화하여 사회복지서비스의 정확성, 객관성, 타당성을 확보하는 데 도움이 된다.
⑤ 사회복지서비스 제공에 대한 지속적인 모니터링이 가능하다.
⑥ 기관 간 사회복지서비스 정보를 연계하여 질 높은 서비스를 신속하게 제공하는 통합 창구 역할을 한다.

> **개념 공략** 사회복지기관에서 정보관리시스템이 중요해지게 된 배경
> - 기관의 책임성 증대
> - 사회복지서비스의 확대
> - 적절한 정보체계 구축
> - 업무 효율성 및 비용절약
> - 조직간 의사소통과 서비스 연계
> - 종사자들의 전문성 강화
> - 정보의 중요성 증대
> - 사회복지조직의 효과성 향상
> - 신속한 서비스 제공
> - 사회복지서비스의 정확성, 객관성, 타당성 확보

2. 사회보장정보시스템(행복e음, 2018)
① 각종 사회복지 급여 및 서비스 지원대상자의 자격과 이력에 관한 정보를 통합 관리하고, 지방자치단체의 복지업무 처리를 지원하기 위해 기존 시·군·구별 새올행정시스템의 업무 지원시스템 중 복지 분야를 분리하여 개인별, 가구별 DB를 통합 구축한 정보시스템이다.
② 사회보장정보시스템(행복e음)은 복지대상자 선정·사후관리를 위해 소득·재산자료 및 서비스 이력정보를 연계하여 지자체에 제공함으로써 수급자 선정의 정확성을 제고하고, 사회복지전담 공무원의 업무수행 편의성을 높인다.
③ 2010년 '사회복지통합관리망(행복e음)'으로 개통·운영되어 오다가, 2018년 전면 개편된 시스템인 '사회보장정보시스템(행복e음)'으로 변경되었다.
④ 주요 서비스

아동·청소년	디딤씨앗통장, 청소년증 발급 등
자활지원	지방자치단체 직접 및 민간 위탁 참여, 노동부 위탁사업 참여, 대상자별 자활 의뢰 및 관리
사회서비스이용권(바우처)	대상자 관리, 제공기관 등록 관리, 바우처 변동현황 등
사례관리	사례관리 업무지원
드림스타트	지역서비스 제공방법과 자원 등록
행복e음 임대주택	청년주택, 신혼희망타운, 어르신 공공임대에 따른 신청서 작성 및 통합 조사표의 조사 절차 등
차세대 장애인 복지	장애인 등록 및 장애인 서비스 관리
시설 및 법인	복지시설대장 등록 및 종사자 입·퇴소자 관리, 보조금 교부 관리 등
통합업무 처리	상담, 신청, 조사, 결정, 급여, 사후관리 등

> **개념 공략** 사회보장정보시스템(범정부, 2013)
> - 각 부처 및 정보보유기관에서 제공하고 있는 사회복지사업 정보와 지원대상자의 자격 정보, 수급이력 정보 등을 통합 관리하는 시스템이다.
> - 복지업무 담당자가 관리 정보를 기반으로 민원 대응, 업무 처리, 복지사업 설계 등 효율적인 복지행정업무를 수행하고, 복지대상자에게 꼭 필요한 복지서비스를 맞춤형으로 제공할 수 있도록 지원한다.
> - 대상자의 소득, 재산, 인적 자료, 수급이력정보 등을 연계하여 정확한 사회복지대상자 선정 및 효율적 복지업무 처리를 지원한다.

3. 기타 복지 정보시스템

① **지역보건의료정보시스템**: 전국 보건기관(보건의료원, 보건소·지소, 보건진료소)의 업무를 통합 운영하도록 구축한 정보시스템이다.
② **사회서비스 전자바우처**: 정부와 지방자치단체가 사회로부터 도움을 필요로 하는 사람에게 돌봄, 일상생활 지원, 사회적응 지원, 문화 체험 등의 서비스 제공 과정을 전산으로 처리하는 정보시스템이다.
③ **보육통합정보시스템**: 보육료의 지불, 정산, 자금관리와 어린이집·유관기관 및 지방자치단체의 제반 행정업무를 지원하는 정보시스템이다.
④ **사회복지시설 정보시스템**: 사회복지시설 업무의 표준화, 투명화 및 사회복지업무의 전자화를 위한 사회복지시설 통합 업무관리시스템이다.
⑤ **취약노인지원시스템**: 독거노인과 장애인 가정에 화재 등 발생 시 신속하게 대처할 수 있도록 응급상황 모니터링, 안전 확인 및 대응조치 등 독거노인과 장애인의 안전생활을 지원하기 위한 운영시스템이다.
⑥ **노인맞춤돌봄시스템**: 취약노인에게 맞춤형 돌봄서비스를 적절하고 안정적으로 제공하기 위해 방문조사와 대상자 자격 결정, 서비스 제공 등의 기능을 제공하는 시스템이다.
⑦ **복지로**: 보건복지부가 운영하는 복지포털 사이트로, 각 부처의 복지서비스 정보 제공, 맞춤 검색, 온라인 신청, 복지 소식 등 실생활 중심의 복지정보와 서비스를 제공한다.

4. 사회복지기관의 정보체계 설계를 위한 정보 유형

지역사회 정보	사회·경제적 특성에 관한 자료, 인구통계학 자료, 서비스 대상자의 신원 정보, 실제로 활용되고 있는 서비스와 재원 정보 등
클라이언트 정보	사회·경제적 특성, 고용 상태, 현존 문제, 서비스 수혜 유형과 기간 등
서비스 정보	기관에서 관리하는 클라이언트의 수 또는 제공하는 서비스와 관련된 활동에 관한 자료 등
직원 정보	사업 수행에 참여한 시간, 제공된 서비스의 양, 근무연수, 서비스를 제공한 클라이언트의 수 등
자원할당 정보	서비스를 수행하는 데 사용된 제반 비용, 예산 및 결산 보고서를 작성하기 위한 자료 등

CHAPTER 04

기획과 의사결정 및 마케팅

핵심 Tag #기획 #프로그램 기획기법 #의사결정 #마케팅기법

1 기획

1. 기획의 특성 13회, 16회

① 요크(York): 기획은 미래 지향적이고 계속적인 과정이며, 의사결정과 연결되어 있다. 또한 목표 지향적이며 목표를 위한 수단이다.
② 페리와 로젠탈(Perry & Rosenthal): 기획은 미래 지향적, 과정 지향적, 적응 지향적 과정이다.
③ 전문화된 지식체계를 기반으로 한다.

개념 공략 기획의 특성

- 미래 지향적인 과정
- 전문화된 지식체계에 기반함.
- 의사결정과 연결됨.
- 계속적인 과정
- 과정 지향적
- 목표 지향적이며, 목표를 위한 수단

2. 사회복지조직에서 기획의 필요성 12회, 14회

① **효율성과 효과성의 증진**: 사회복지 인력과 자원은 제한적이므로 투입되는 인력과 비용을 사전에 고려해야 자원 낭비를 줄일 수 있다. 따라서 과업 달성을 위한 적합한 수단과 방법을 결정하고 계획성 있게 대상자에게 서비스를 제공하여 문제해결에 효과성을 기해야 한다.
② **책임성의 증진**: 사회복지행정은 사회의 인가를 받아 국고와 개인의 기부금을 사용하므로 목표하는 서비스를 효과적이고 효율적으로 제공할 책임이 있으며, 외부에 그에 대한 자료나 증빙을 제시할 수 있어야 한다.
③ **동기부여와 사기 진작**: 기획과정에서 조직 성원의 의견을 수렴하여 의사결정이 이루어지므로 조직 성원의 사기가 올라간다.
④ **사회복지조직 목표의 모호성 감소**: 기획을 통해 급변하는 사회복지조직의 환경으로 유발되는 미래의 불확실성을 감소시키고 조직의 목표를 재확인할 수 있다.
⑤ **문제해결을 위한 합리성 증진**: 기획은 문제해결과 의사결정을 위해 타당하게 적용될 수 있으므로 합리성을 향상시킨다.

> **합격 가이드**
>
> 사회복지조직은 통제가 어렵고 불확실성이 높은 '사람'의 특성을 고려하여 행동 지향적인 의사결정 사항들을 기획해야 합니다.

3. 기획과정의 위계 수준 기출 15회

① **최고 관리층**: 조직 전체 기획, 장기적 기획, 전략적 기획을 한다.
② **중간 관리층**: 부문·부서별 기획, 운영 기획을 한다.
> 참고 운영 기획이란 조직 목표의 효과적 달성을 위해 획득한 자원이 사용되도록 하는 과정으로, 자원 관리에 관한 기획이다.

③ **감독 관리층**: 구체적 프로그램 기획, 운영 기획을 한다.
④ **관리 실무자**: 일상적 업무 및 사소한 절차에 한정되어 있다.

4. 기획의 과정 기출 13회, 14회, 16회, 20회

① **스키드모어(Skidmore)**: 목표 설정 → 자원 고려 → 대안 모색 → 결과 예측 → 계획 결정 → 구체적 프로그램 수립 → 개방성 유지
② **드러커(Drucker)**: 목표 설정 → 목표의 우선순위 선정 → 자원의 식별 → 프로그램 실행 → 통합유지
③ **요크(York)**: '문제 확인 → 목표 설정 → 프로그램 설계 → 평가 → 문제 확인'으로 연결(순환적 관계)

5. 프로그램 기획기법 기출 16회, 17회, 19회, 22회, 23회

① **간트 도표(시간별 활동계획 도표, Gantt Chart)** 기출 18회, 22회
  ㉠ 세로에는 사업(행사)을 위한 주요 세부 목표 및 관련 활동을 기입하고 가로에는 월별 또는 주별, 일별 시간을 기입한 도표에, 사업의 시작 또는 완료 시까지의 기간 동안 계획된 세부 목표 및 활동 기간과 그것의 실제 수행현황을 병행하여 막대 모양으로 나타낸 도표이다.
  ㉡ 근로자의 생산활동과 시간을 통제할 수 있는 도구이다.
  ㉢ 작업 단위와 작업 시간을 분석하여 하나의 작업이 완성된 후에 다음 단계로 넘어갈 수 있는 작업, 하나의 작업이 진행되는 중간에 시작되는 작업, 동시에 시작할 수 있는 작업으로 구분하여 시간을 통제함으로써 하나의 프로젝트가 정해진 시간 안에 완성될 수 있도록 하는 관리기법이다.
  ㉣ 간트 도표의 장단점

장점	• 여러 가지 활동 간의 선후관계를 확인할 수 있음. • 기획된 활동이 일정대로 진행되고 있는지를 쉽게 파악할 수 있음.
단점	• 총 소요시간 및 작업의 연관성을 파악하는 데 어려움이 있음. • 다양한 활동을 필요로 하는 복잡한 기획 활동은 도표 작성이 쉽지 않음.

② **프로그램 평가 검토기법(PERT)** 기출 11회, 13회, 15회
  ㉠ 목표달성의 기한을 정해 놓고 활동 간 관계와 소요 시간 등을 연결시켜 도표로 나타낸다.
  ㉡ **통로**: 시작에서 종료에 이르기까지의 과정에 있는 일련의 연결된 활동들의 집합을 말한다.
  ㉢ **임계통로(주경로)**: 시작에서 종료에 이르기까지 가장 많은 시간을 요구하는 통로를 말한다.
  ㉣ 프로그램 평가 검토기법의 장단점

장점	• 기획된 활동을 실행하기 위해 필요한 과업의 선후 병행 관계 및 소요 시간 등을 도표로 나타내어 전체 과정을 쉽게 파악할 수 있음. • 실행과정에서 일정변경 등의 상황에 대처하기 편하며, 대안 경로 제시가 가능함 • 실행과정 중 문제점을 예상하고 이를 토대로 체계적인 평가가 가능함
단점	• 완성된 도표가 복잡하면 이해하기 어려우며 도표 작성에 많은 시간이 소요됨. • 기획된 활동의 실행과정에서 불확실성이 너무 많은 경우에는 활용이 어려움.

③ 월별 활동 계획 카드(Shed-U Graph)
  ㉠ 간트 도표와 비슷한 성격을 가지고 있으며, 바탕 종이(24×42)의 위쪽 가로에 월별을 기록하고, 특정 활동이나 업무를 작은 카드(3×5)에 기입하여 월별 아래 공간에 삽입하거나 붙인다.
  ㉡ 업무의 시간에 따라 변경 및 이동시키는 데는 편하지만, 과업과 완성된 행사들 간(업무 간)의 상관관계를 파악하기는 어렵다.
④ 방침 관리 기획(PDCA)
  ㉠ PDCA(Plan-Do-Check-Act)에 따른 프로그램 기획방법이다.
  ㉡ 조직의 문제를 해결하고 핵심 목표를 달성하기 위해 조직의 자원을 동원시키는 데 중점을 둔다.
  ㉢ 공통된 목표달성을 위한 전체 조직원의 노력을 적절하게 조정하려는 목적으로 사용된다.
⑤ 책임행렬표
  ㉠ 책임할당모델이라고도 하며, 프로젝트 혹은 비즈니스 프로세스에서 업무를 수행하기 위한 구성원별 책임과 역할을 식별하는 방법으로 RACI(Responsible, Accountable, Consulted, Informed)차트를 이용하여 목표·활동·책임 유형을 구성원별로 제시한다.
  ㉡ RACI모델을 적용하기 위해서는 과업, 중요한 단계, 핵심 의사결정 등 모든 것을 목록화하고, 누가 책임을 지며 누가 책무를 다하고 누가 적절한 곳에서 컨설팅 또는 정보를 필요로 하는지 명확히 해야 한다.
⑥ SWOT 분석: 강점(Strength), 약점(Weakness), 기회(Opportunity), 위협(Threat)을 토대로 조직환경을 분석하여 가장 적합한 목표 및 전략을 추구하는데 활용한다.

내부환경 (역량)	강점(S)과 약점(W)을 분석 단위로 구분하며, 조직 내부의 조직 구조, 인적 자원, 시설이나 장비 등 물적 자원, 시스템 등을 중심으로 상황에 맞게 작성함.
외부환경	기회(O)와 위협(T)을 분석 단위로 구분하며, 정치적·경제적·사회적·문화적·기술적 조건 등 일반 환경과 재정 자원의 공급자, 클라이언트 공급자, 서비스 소비자, 보완적 서비스 제공자, 경쟁조직 등 과업 환경을 상황에 맞게 작성함.

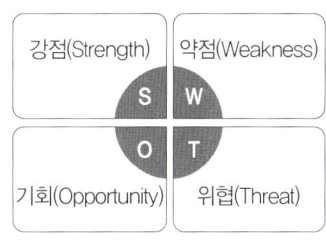

2 의사결정

1. 의사결정 방법 기출 14회

① 직관적 결정: 합리성보다는 감정이나 육감에 근거하여 결정한다.
② 문제해결적 결정: 정보수집, 연구, 분석과 같은 합리적인 절차를 통해 결정한다.
③ 판단적 결정: 개인이 가지고 있는 지식과 경험에 의하여 결정한다.
④ 정형적 의사결정: 절차, 규정, 방침에 따라 규칙적인 의사결정 행위가 전개된다.
⑤ 비정형적 의사결정: 사전에 결정된 기준 없이 이루어지며, 일반적으로 단발적이고 예상하지 못한 상황에 대한 결정이다.

2. 의사결정 모형 기출 21회, 23회

① 합리모형(객관적 합리성): 인간의 이성과 완전한 합리성을 통해 주어진 목표와 상황에서 인간의 능력에 대한 신뢰를 전제로 최선의 정책대안을 선택할 수 있다고 본다.
② 만족모형(주관적 합리성): 인간의 제한된 합리성으로 정책목표 및 기준의 불확정성이 있으며, 제한된 대안 내에서 탐색하고, 만족스러운 대안을 선택하게 되지만 선택의 기준이 모호하다고 본다.

③ 최적모형(경제적 합리성, 초합리성): 질적 모형으로 경제적 합리성과 초합리성을 바탕으로 한다.
④ 점증모형(정치적 합리성): 비합리성으로 정책의 목표는 개혁이 아닌 수단으로 수정·보완한다는 점에서 정치적(보수적) 성격이 있다.
⑤ 혼합모형(종합적 합리성): 기본적 결정(합리모형)과 세부적 결정(점증모형)으로 구분하여, 사회의 조직원리를 찾는다.
⑥ 쓰레기통 모형: 조직화된 무정부(혼란) 상태에서 4가지 흐름(문제, 해결책, 선택 기회, 참여자)에 의해 정책과정을 구성한다.

3. 의사결정 기술 기출 22회

① 개인 의사결정 기술
  ㉠ 의사결정나무 분석
    • 개인이 여러 가지 대안을 나열하여 각각의 대안을 선택했을 경우와 그렇지 않은 경우의 결과를 그림으로 그려서 생각하는 방법이다.
    • 그림의 모양이 나무와 같아 의사결정나무 분석이라고 부른다.
  ㉡ 대안선택 흐름도표: 목표가 분명하고 예상 가능한 사항의 선택에 적용하며, 어떤 사항의 연속적 진행과정에서 '예'와 '아니요'로 답변할 수 있는 질문을 이어가며 예상되는 결과를 보고 대안을 결정하는 도표이다.

② 집단 의사결정 기술 기출 22회
  ㉠ 델파이기법
    • 여러 명의 전문가 또는 관련자로부터 우편으로 의견이나 정보를 수집하여 그 결과를 분석한 후, 그것을 다시 응답자들에게 보내어 의견을 묻는 식으로 만족스러운 결과를 얻을 때까지 반복하는 방법이다.
    • 선례가 없거나 어떤 불확실한 사항에 대한 전문가들의 합의를 얻으려고 할 때 활용한다.
  ㉡ 명목집단기법(소집단 투표 의사결정법)
    • 전문가 또는 관련자들을 한 장소에 모아 각자의 의견을 적어낸 것을 가지고 종합하여 정리한 후, 만족스러운 수준의 합의가 이루어질 때까지 민주적 방식으로 최종 의사결정을 하는 방법이다.
    • 참여한 사람 모두의 의사가 고루 반영될 수 있고, 감정이나 분위기상의 왜곡을 피할 수 있다.
    • 소수 엘리트 집단의 독단에 의한 의사결정 가능성을 최소화할 수 있다.
  ㉢ 초점집단기법
    • 유사한 배경과 경험을 가진 소수의 사람들(6~12명)을 선정하여 의견을 개진하기 위해 적극적인 토론을 시켜 의견을 도출하는 방식이다.
    • 조사대상 집단 중에서 중요한 정보를 얻을 수 있는 사람을 추출하여 심층적으로 면접하는 방법이다.
  ㉣ 브레인스토밍(집단 토의)
    • 어떤 한 가지 주제에 관해 관계된 사람들이 모여 집단의 효과로 아이디어의 연쇄반응을 일으키게 함으로써 자유분방하게 아이디어를 내는 방법이다.
    • 주제와 다소 무관한 의견이라도 새로운 아이디어로 연결될 수 있다는 점을 감안하기 때문에 제약 없이 의견을 제시할 수 있다.
    • 제시된 의견들을 잘 취합해야 하고, 특정 몇몇 사람들에게 발언권이 편중되지 않도록 유의해야 한다.
  ㉤ 변증법적 토의: '정(正) - 반(反) - 합(合)'이라는 헤겔의 변증법적 사고방식에 기초한 토의 방법이다. 토의가 진행되기 전에 미리 참여자들에게 쟁점 및 관련 정보를 알리면 참여자들은 각자 정보를 검토하여 찬성 혹은 반대를 미리 선택한다.

3 사회복지조직의 마케팅

1. 사회복지조직 마케팅의 필요성 기출 11회, 19회, 23회

① **재정의 확보**: 목표를 달성하기 위해 필요한 재정자원을 동원하고 확보하기 위해서 마케팅이 필요하다.
② **비영리조직들의 증가와 경쟁**: 다양한 서비스를 제공할 수 있는 비영리조직이 증가하여, 질 높은 서비스를 제공하는 조직 간의 경쟁을 유도하는 마케팅 기법이 필요하다.
③ **서비스 개발**: 사회복지조직은 외부 환경의 변화에 민감하기 때문에 환경 분석과 함께 서비스를 개발하기 위해 마케팅이 필요하다.
④ **책임성 측면**: 사회복지조직은 외부 재원에 의존하기 때문에 서비스 제공에서 효율성과 효과성을 달성할 수 있도록 최선의 노력을 다해야 한다.

2. 사회복지조직 마케팅의 특징 기출 21회

① **서비스의 무형성**: 현물이 아니기 때문에 이용하기 전에 먼저 확인할 수가 없으며, 홍보·특허 등이 어렵다.
② **서비스의 다양성과 복잡성**: 클라이언트가 각각 가지고 있는 다양하고 복잡한 욕구를 개별적으로 다루기 때문에 사회복지서비스 역시 표준화하기 어려운 문제가 있다. 이로 인해 대량생산이 불가능하고 단위 비용이 높아진다.
③ **생산과 소비의 동시 발생**: 일반적으로 영리부문의 상품은 생산 후에 소비가 이루어지지만, 사회복지서비스는 생산과 소비가 동시에 발생한다.
④ **서비스의 소멸성**: 사회복지서비스는 형태가 없기 때문에 쌓아 두거나 저장할 수 없고, 반환할 수도 없다.
⑤ **목표달성과 측정 척도 부재**: 비영리조직(사회복지조직)에서 제공하는 서비스는 클라이언트의 변화를 목표로 하므로 결과에 대한 측정이 어렵고, 다양한 환경변화의 변수로 목표달성이 용이하지 않다.

3. 마케팅 전략 기출 22회, 23회

① 생산과 소비의 동시성을 고려하여 마케팅 목표를 체계적이고 조직적으로 달성하는 최적의 방법을 말한다.

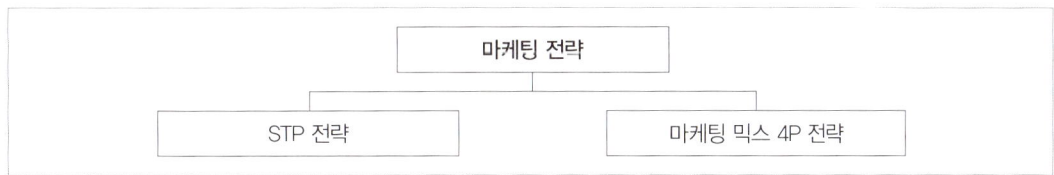

② 마케팅 과정은 '고객 및 시장 조사 → STP 전략 설계 → 마케팅 믹스 → 마케팅기법 활용'의 순서로 진행된다.
③ STP 전략
  ㉠ 마케팅 목표를 달성하기 위한 마케팅 전략이다.
  ㉡ 잠재고객의 다양한 욕구를 발견하기 위해서는 먼저 시장을 세분화하여 예상 고객층이 존재하는 표적시장을 선정하고, 선정된 표적시장 및 고객의 특징이 파악되면 기관의 서비스 등을 포지셔닝하는 과정이다.

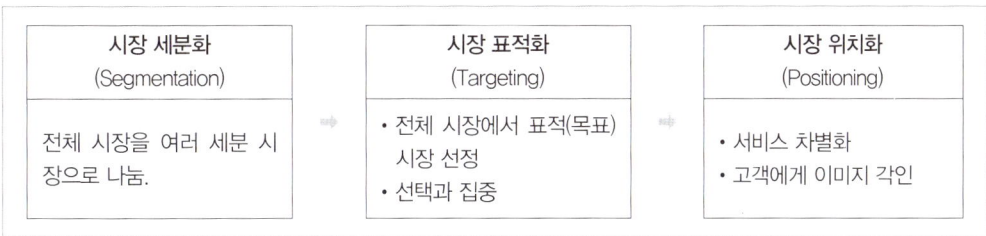

④ 마케팅 믹스 4P 전략 기출 14회, 16회, 17회, 19회, 21회

> **합격 가이드**
> 마케팅 믹스란, 마케팅 목표를 달성하기 위하여 전략적으로 사용되는 도구들의 묶음 또는 통합적으로 사용되는 2개 이상의 마케팅 도구들입니다.

㉠ STP 전략을 실행에 옮기는 전략이다.

상품 (제품, Product)	• 어떤 상품(서비스)을 제공할 것인가? • 클라이언트의 욕구를 충족시키기 위한 결과물로서, 서비스를 개발할 때에는 클라이언트가 이용하려는 것이 무엇인가를 이해하고 파악하는 것이 중요함.
가격 (Price)	• 가격(서비스 비용)을 어떻게 결정할 것인가? • 클라이언트가 그 서비스를 받기 위해 지불하고자 하는 대가로서, 서비스 제공자는 비용을 결정하기 전에 사람들이 그 서비스에 어떤 가치를 부여하고 있는지를 알아야 함.
유통 (장소, Place)	• 얼마나 쉽게 클라이언트가 조직을 찾을 수 있는가? • 서비스의 접근성과 관계되는 것으로, 클라이언트뿐만 아니라 후원자들이 사회복지조직을 쉽게 찾고 편리하게 후원할 수 있도록 여러 가지 후원방법을 개발하는 것과도 관련 있음.
촉진 (판촉, Promotion)	• 서비스의 유용성을 어떻게 전달할 것인가? • 서비스에 대한 클라이언트의 관심을 자극하려고 활용되는 모든 홍보, 의사소통 및 촉진 기술

4. 마케팅기법 기출 12회, 15회, 18회, 20회, 22회

① **다이렉트 마케팅(DM)**: 잠재적 후원자들에게 우편으로 후원을 요청하는 편지를 발송하여 후원자를 개발하는, 가장 전통적인 마케팅 방법이다.
② **데이터베이스 마케팅**: 고객의 지리적·인구 통계적·심리적 특성, 생활양식, 행동양식이나 구매 기록뿐만 아니라 경쟁사 정보, 산업 정보 등 시장에 관한 각종 정보를 직접 수집·분석하고 이를 데이터베이스화하여 마케팅 전략을 수립하는 마케팅 방법이다.
③ **인터넷 마케팅**: 정보화 시대에 적합한 마케팅 기법으로, 메일링 서비스를 통한 개별적인 고객관리, 배너 교환이나 인터넷 홈페이지를 통하여 기관을 홍보하고 모금활동을 하는 마케팅 방법이다.
④ **고객관계관리 마케팅**: 고객과 관련된 자료를 분석하고 그들의 욕구를 파악하여 이른바 '맞춤 서비스'를 지속적으로 제공함으로써 모금 효과를 극대화하며, 후원자 관리에 유용한 마케팅 방법이다.
   예 A초등학교의 학부모들이 사회복지사에게 본인들의 자녀와 연령대가 비슷한 아이들을 돕고 싶다고 하여 사회복지사가 월 1회 아동문화체험 프로그램을 기획한 후 이들이 후원자로 참여할 수 있도록 요청하였다.
⑤ **기업(공익) 연계 마케팅**: 기업의 이미지를 높여주어 기업의 상품 판매에 긍정적 영향을 미치면서 동시에 사회복지기관의 후원자 개발에도 기여하는 방식으로, 사회복지조직도 좋고 기업도 좋은 '윈윈(win-win) 전략'으로 활용될 수 있다.
⑥ **사회 마케팅**: 정부나 지방자치단체, 시민과 지역사회를 위한 대중의 행동 변화를 도모하는 것을 목적으로 사회문제에서 도출된 사회적 목표를 달성하기 위하여 사회적 아이디어를 개발하여 공익을 실현하기 위한 집단적이고 조직적인 노력이다.
⑦ **소셜 마케팅**: 기업이 이익 추구뿐만 아니라 사회적 책임을 다하기 위해 행하는 마케팅 활동이다.
⑧ **크라우드 펀딩**: 웹이나 모바일 네트워크 등을 통해 다수의 개인으로부터 자금을 모으는 행위이다.

CHAPTER 05

프로그램 설계와 욕구 및 평가조사

핵심 Tag #논리모델 #사회복지 프로그램 #욕구조사 #평가 #사회복지법인 및 사회복지시설 재무·회계규칙

1 프로그램 설계

1. 프로그램 설계의 개념
① 프로그램 설계란 목표체계가 제시하는 지침에 따라 실행방법 및 자원을 연결하여 명확하고 일관된 틀을 만드는 작업이다.
② 산출물(Product)로서의 프로그램 설계: 특정한 목표를 달성하기 위해 프로그램 수행자들이 할 수 있는 최소한의 행동양식들을 규정하는 도구이다.
③ 방법(Method)으로서의 프로그램 설계: 프로그램 진행 시 중요한 결정을 내리는 데 필수적인 기준이다. 프로그램 진행에 필요한 직원 채용과 같은 진행상의 여러 가지 결정을 내리는 데 수단과 지침이 되는 분석적인 도구이다.

2. 프로그램 설계 시 고려 요소(5P)

Purpose (합목적성 및 목표의 일관성)	프로그램의 내용은 목적이 제시하는 바로 그 내용에 적합해야 함.
Person (능력 수준과 흥미의 적합성)	프로그램은 대상자의 필요와 흥미 또는 능력 수준을 고려하여 내용과 방법이 적합하고 친밀감이 있는 것으로 선정해야 함.
Problem (프로그램의 통합성)	목표달성을 위하여 단편적인 프로그램을 제공하는 것이 아니라, 인간의 경제적·사회적·심리적·문화적 제반 문제들을 통합적으로 고려하는 프로그램을 제공해야 함.
Process (프로그램의 지속성과 네트워크화)	프로그램은 일시적이고 일회적인 접근으로 이루어져서는 안 되며, 체계화된 일정 계획 아래 지속적인 프로그램이 되도록 해야 함.
Place (지역성)	프로그램을 실시하는 기관의 지역적·문화적 상황에 따라 그 지역의 독특한 특성을 살릴 수 있어야 함.

3. 프로그램 설계의 중요성
① 명확한 목표 설정: 잘된 설계는 목표가 명확하게 설정된다.
② 효율성 향상: 잘된 설계는 투입과 산출의 비율인 효율성을 증가시킨다.
③ 효과성 증진: 잘된 설계는 프로그램의 목표달성 정도가 높다.

④ 외부의 지지도 향상: 잘된 설계는 외부 자원들의 지지를 높인다.
⑤ 구성원의 직무 만족도 향상: 잘된 설계는 조직 성원의 만족도를 높인다.
⑥ 대상자의 역량 강화: 잘된 설계는 서비스 이용자의 역량과 잠재능력을 향상시킨다.

4. 논리모델 기출 11~14회, 16회, 17회, 19회

① 사회복지 프로그램 개발과정에서 체계이론의 개념을 적용한다.
② '투입 → 전환 → 산출 → 성과 → 영향 또는 환류'의 관계를 논리적으로 설명하는 도식을 활용하여 프로그램의 성과를 체계적으로 평가하는 모델이다.
③ 논리모델의 과정

> **합격 가이드**
>
> 프로그램 기획의 합리적인 논리 순서는 '문제 확인 → 목적 설정 → 프로그래밍 → 실행 → 평가'입니다.

투입 (Inputs)	• 프로그램에 투여되거나 프로그램에 의해 소비된 자원 • 클라이언트와 관련된 요소, 직원과 관련된 요소, 물리적 자원 및 장비 등이 포함됨. 예 이용자, 직원, 봉사자, 자금, 예산, 시설, 장비, 소모품 등
전환·활동 (Throughputs)	• 임무를 수행하기 위해 프로그램에서 투입으로 활동하는 것 • 서비스의 정의, 서비스 과업, 개입방법 등이 포함됨. 예 상담, 직업훈련, 치료 및 교육, 보호, 클라이언트 대인관계 지도, 사회적응훈련, 재가서비스, 정보 제공 및 의뢰 등
산출 (Outputs)	프로그램 활동의 직접적 결과물 및 실적 등을 말함(서비스 종료). 예 상담 건수, 서비스 참여자 수, 서비스 제공 시간, 식사 배달 횟수, 배포된 교육 자료 및 홍보지의 수, 교육 시행 횟수, 지도한 집단의 수 등
성과 (Outcomes)	프로그램 활동 중 또는 활동 이후 참여자들이 얻은 이익 및 혜택 등을 말함(측정 가능한 변화). 예 클라이언트의 지식, 태도, 기술, 가치, 행동의 변화, 행동의 수정, 향상된 조건, 변화된 지위 등
영향 또는 환류 (Impact; Feedback)	의도했던 문제의 해결에 영향을 미친 정도(장기적 성과) 예 장기적으로 나타나는 사회적 효과

5. 사회복지 프로그램 설계 기출 17회

① 대상자 구분: 일반인구 → 위험인구(위기인구) → 표적인구 → 클라이언트인구

일반인구	대상지역의 전체 인구 예 ○○구에 거주하는 65세 이상 노인 전체 41,300명
위험인구 (위기인구)	• 일반인구의 하위집단으로 특정 사회문제에 노출된 인구 • 프로그램이 해결하려는 문제에 취약성이 있는 인구 예 ○○구에 거주하는 65세 이상 노인 중 치매 노인 2,100명
표적인구	위험인구의 하위집단으로 프로그램 수급 자격을 갖춘 인구 예 ○○구에 거주하는 65세 이상 치매 노인 중 국민기초생활보장 수급자 가구에 해당하는 340명
클라이언트 인구	표적인구의 하위집단으로, 서비스 참여인구 예 ○○구에 거주하는 국민기초생활보장 수급자 가구의 65세 이상 치매 노인 중 주간보호센터 이용자 20명

② 일반적으로 표적인구가 일반인구보다 적으며, 자원이 부족하면 표적인구가 클라이언트인구보다 많아진다.

6. 목표들의 위계 기출 18회

① 소비자 목표(제공받게 될 사람의 수): '얼마나 많은 소비자들이 서비스를 받게 될 것인가'와 관련된 것이다.
② 활동 목표(시간): 공급자 입장에서 '얼마나 많은 서비스가 제공될 것인가'와 관련된 것이다.
③ 산출 목표(제공받은 사람 수): 서비스를 제공받은 사람들의 수로 표시한다.
④ 성과 목표(변화, 효과): 서비스를 제공받은 클라이언트의 변화 양상을 나타내는 것이다.
⑤ 영향 목표(지역사회): '얼마나 많은 영향을 끼칠 수 있는가'와 관련된 것이다.

2 욕구조사

1. 욕구이론

① 폰시오엔(Ponsioen): 사회의 우선적인 책임을 구성원의 생물학적·사회적·정서적 요소를 포함한 기본적인 생존의 욕구를 충족시키는 것으로 보았다.
② 매슬로우(Maslow)의 욕구계층이론
  ㉠ 욕구를 계층구조로 정의하고, 하위단계의 욕구가 충족된 후에만 상위단계의 욕구가 발생한다고 보았다.
  ㉡ 욕구 5단계: 생리적 욕구(1단계) → 안전 욕구(2단계) → 소속과 사랑의 욕구(3단계) → 존중의 욕구(4단계) → 자아실현의 욕구(5단계)
③ 브래드쇼(Bradshaw)의 사회적 욕구이론 기출 13회
  ㉠ 규범적 욕구
    • 기존의 자료나 유사한 지역사회 조사로 전문가들이 판단하여 제안한 욕구이다.
    • 장점: 계량화가 쉽고 구체적인 변화의 표적을 만들어낼 수 있다.
    • 단점: 여러 욕구단계가 지식, 기술, 가치변화에 따라 변화하기 쉽다.
  ㉡ 인지적 욕구
    • 개개인이 느끼는 욕구이다.
    • 사람들이 욕구로 생각하는 것 또는 선호하는 것이다.
    • 주로 사회조사를 통해 응답자에게 그들이 선호하는 것을 물어보는 방식으로 욕구를 파악한다.
    • 사람의 기대에 따라 각각 기준이 불안정하며 수시로 변경될 수 있다.
  ㉢ 표출적 욕구
    • 서비스의 수요에 기초한 욕구이다.
    • 사회복지서비스에서 가장 많이 이용되는 욕구의 개념이다.
    • 수요에 기초한 욕구가 행동으로 표출된 것이다.
    • 인지한 욕구를 실제로 행동에 옮기게 되는 상황을 강조하지만, 욕구를 가진 모든 사람이 서비스를 원하는 것은 아니다.
  ㉣ 상대적 욕구
    • 다른 사람이나 타 지역과 비교해서 정해지는 욕구이다.
    • 욕구는 특정한 기준에 따라 발생하는 것이 아니고 한 지역의 욕구와 유사한 서비스가 다른 지역에만 존재할 때 그 차이에서 측정되는 비교욕구이다.

> **합격 가이드**
>
> 욕구가 중첩될수록 프로그램화의 필요성이 증가합니다.

2. 욕구조사의 접근 방법

클라이언트 중심	• 특정 인구집단을 위하여 서비스나 프로그램을 제공하는 기관이 시행하는 조사 • 특정 인구집단이 가지고 있는 문제와 서비스의 수준을 조사
서비스 중심	• 특수한 서비스를 제공하고 있는 기관이 시행하는 조사 • 특정한 문제를 해결할 수 있는 서비스 기술이 있는 것을 전제로 함.
지역사회 중심	• 클라이언트 중심의 욕구조사와 서비스 중심의 욕구조사를 통합한 것 • 지역사회 전반의 문제를 확인하여 문제해결의 우선순위, 적절한 개입 대상 인구 및 적절한 서비스 수준 등을 파악

3. 욕구조사에 포함되어야 할 내용

① **기초 자료(기본적인 정보)**: 지역사회 또는 클라이언트에 관한 일반적 정보로 연령 분포, 결혼 상태 분포, 가족 수, 거주 기간, 직업 구성, 소득 수준, 빈곤 인구 비율, 범죄율, 공공부조 수급자 수 등이다.
② **기존 서비스 평가를 위한 자료**: 클라이언트가 참여했던 서비스(프로그램)의 자격 조건, 이용 상황, 만족도, 장점과 단점 등이다.
③ **새로운 서비스 개발에 필요한 자료**: 현재 클라이언트의 욕구와 이에 관련된 서비스를 파악하여 새로운 서비스를 개발하는 데 사용되는 자료 등이다.
④ **지역사회 활용 자원에 관한 자료**: 지역사회 정보체계, 서비스 자원, 정치적 자원 등이다.

4. 욕구조사의 자료수집 방법 기출 11~13회, 18회

① **사회지표조사(지표분석 방법)**: 정부기관이나 사회복지 관련 조직의 기존 자료를 분석하여 욕구를 알아내는 방법이다. 예 각종 인구 통계, 경제 통계, 노동 통계, 복지 대상별 통계 등
② **사회조사방법**: 전화조사, 면접조사, 설문지조사 등 다양한 방법으로 지역사회 내에서 충족되지 않은 욕구에 대한 정보를 수집하는 방법이다.
③ **이차적 자료분석**: 지역주민 및 전문가들로부터 직접 자료를 수집하는 방법이 아니라 지역사회 내의 사회복지기관의 서비스 수혜자에 관련된 기록을 검토하여 욕구를 파악하는 방법이다.
④ **델파이기법**: 필요한 정보를 가지고 있을 것이라고 판단되는 전문가들로부터 몇 차례의 우편조사를 통해 자료를 수집하여 욕구조사를 실행하는 방법이다.
⑤ **명목집단기법**: 전문가 및 관련자 집단이 한 장소에 모여 각자의 의견을 적어낸 것을 가지고 종합하여 정리한 후, 만족스러운 수준의 합의가 이루어질 때까지 민주적 방식으로 최종 의사결정하는 방법이다.
⑥ **주요 정보 제공자 기법**: 지역사회 내의 지식인, 영향력 있는 개인을 대상으로 한다. 지도자나 정치가가 보는 문제는 정치적일 수 있고, 대표자나 지도자 선정기준이 모호할 수 있다.
⑦ **초점집단조사(포커스 그룹 인터뷰)**: 소수의 응답자와 집중적인 대화를 통해서 정보를 찾아내는 면접조사 방법이다.
⑧ **지역사회 포럼**: 지역사회 내의 다양한 구성원들을 대상으로 지역사회의 욕구나 문제를 파악하는 방법이다.
⑨ **서베이**: 전체를 대표할 수 있는 표본을 선정하여 이들로부터 설문지 또는 면접을 통하여 자료를 수집하는 방법이다.
⑩ **패널조사**: 조사 대상을 고정시켜 동일한 조사 대상에 대하여 동일 질문을 반복하는 방법이다.

3 평가

1. 프로그램 평가의 목적 기출 15회, 22회
① 프로그램의 계획이나 과정상의 환류적 정보를 제공하여 효과성을 검증하기 위함이다.
② 기관 운영의 책임성을 이행하기 위함이다.
③ 프로그램 기획 및 개발에 필요한 지식과 정보를 획득하기 위함이다.
④ 이론의 형성에 기여하기 위함이다.
⑤ 서비스 전달체계를 개선하기 위함이다.
⑥ 합리적인 자원을 배분하기 위함이다.

2. 프로그램 평가의 중요성 기출 23회
① 프로그램 평가는 사회복지의 책임성에 대한 사회적 요구가 심각히 제기되는 시기에 중요하다.
② 프로그램 평가는 사회복지기관이 기관의 정체성을 확립하게 한다.
③ 프로그램 평가는 사회복지기관이 내부적인 기관 운영을 효과적이고 효율적으로 수행하게 하기 위한 평가 방법이다.
④ 프로그램 평가는 사회복지기관의 전문성을 형성한다.
⑤ 프로그램 운영을 클라이언트 친화적 또는 클라이언트 중심적으로 운영하는 데 평가가 중요하게 작용한다.
⑥ 프로그램의 운영 방향을 일관성 있게 설정해 주고, 혼란을 방지하는 데 평가가 중요한 역할을 한다.
⑦ 사회복지 프로그램과 관련하여 객관적인 이론을 정립하는 데 프로그램 평가가 필요하다.

3. 평가의 종류 기출 11회, 12회, 15회, 17회
① 평가 목적(평가 시점)에 따른 분류

형성평가	• 프로그램을 개발하거나 시행 중인 프로그램을 개선하기 위한 목적으로 프로그램 운영 도중에 이루어지는 평가 • 서비스 전달체계를 향상시키거나 서비스의 효율성을 증진시키기 위해 실시
총괄평가	• 프로그램이 종결된 이후에 행해지는 평가 • 목표달성이 얼마나 효과적으로 이루어졌는지에 중점을 두므로 목표 지향적임. • 어느 프로그램을 지속할 것인지, 종결할 것인지, 또는 여러 개의 대안적인 프로그램들 가운데 어느 것을 택해야 하는지 등 성과에 대한 총괄적인 의사결정을 할 경우 실시
통합평가	• 형성평가와 총괄평가를 통합한 평가 • 통상적으로는 총괄평가적 접근으로 평가를 한 후 형성평가적 접근을 통해 프로그램 운영과정의 타당성과 인과관계를 정밀하게 검사함으로써 총괄평가에서 얻은 정보의 타당성과 신뢰도 평가 ◎ 단일사례연구

② 평가 주체에 따른 분류

자체평가	• 프로그램 담당자가 스스로 행하는 평가 • 평가 비용을 절약하고 장기적으로 계속할 수 있는 장점이 있는 반면, 공정성을 확보하기 어려운 단점이 있음.
내부평가	프로그램을 직접 담당한 사람을 제외한 기관 내부의 다른 사람, 즉 책임자나 상급자 혹은 동료에 의해 이루어지는 평가
외부평가 (고문평가)	프로그램을 담당하는 기관 외부에 속한 사람에 의해 이루어지는 평가

③ 평가 시점에 따른 분류

사전평가	프로그램 종료 이전에 행해지는 평가로, 적극적 평가라고도 함.
사후평가	프로그램 종료 이후에 행해지는 평가로, 소극적 평가라고도 함.

④ 평가 규범에 따른 분류

효과성평가	프로그램의 목적달성도에 대한 평가, 즉 프로그램이 의도한 목적을 얼마나 달성하였는가를 평가
효율성평가	투입 대비 산출(산출 극대화) 또는 산출 대비 투입(투입 최소화)에 대해 평가
공정성평가	프로그램의 효과와 비용이 사회 집단 간 또는 지역 간에 얼마나 공평하게 배분되었는가를 평가

4. 프로그램 평가의 기준 기출 11회, 12회, 14~17회, 19~21회, 23회

① **노력성**: 프로그램을 위한 활동의 양이다. 프로그램과 관련된 사람들이 그 프로그램을 위해 얼마나 열심히 일하였는가를 평가한다.
   - 예 프로그램 목표달성을 위해 투입된 시간 및 자원의 양, 프로그램 운영을 위한 공간이나 장비, 서비스를 제공받은 클라이언트의 수, 위탁사업의 수, 지역사회 공개 토론회 개최 횟수, 소식지 발간 횟수 및 배포한 부수 등

② **효과성**: 프로그램의 목표달성 정도이다. 프로그램의 목적(목표)을 얼마나 달성하였는가를 평가한다.
   - 예 학습 동기화 프로그램: 학습 부진 아동의 학습 흥미 유발, 아동의 스트레스 감소, 학업에 장애가 되는 대인 관계 개선 등

③ **효율성**: 투입과 산출의 비율이다. 프로그램에 투입된 시간, 비용, 노력 등 자원과 산출물의 비율(투입 대비 산출량)을 평가한다.
   - 예 효율성 평가 척도: 편익 분석과 비용 효과 분석 기출 13회, 19회

비용 편익 분석	• 정책 대안의 집행 비용과 그 대안이 가져오게 될 예상 편익을 비교하는 방법으로, 모든 비용과 편익을 화폐 가치로 환산함. • 경제적 합리성을 중시하므로 능률성 기준을 만족시킬 수 있으나, 비화폐적 요소의 측정에 제약이 있고 사회적 형평 등의 기준은 적용이 어려움.
비용 효과 분석	• 비용 편익 분석과 기본 논리는 유사하나, 비용과 편익을 모두 화폐 가치로 측정하지 않고 두 개의 각각 다른 가치 단위를 사용함. 즉, 비용은 화폐 단위로, 효과는 재화 단위나 용역 단위 등으로 측정 • 효과를 화폐 단위로 환산하기 어려운 경우에도 활용할 수 있음. • 비용과 효과가 서로 다른 단위로 측정되므로 총효과가 총비용을 초과하는지의 여부에 대한 직접적 증거를 제시하기 어려움.

④ **사회적 형평성**: 프로그램 배분의 공평성이다. 프로그램 활동과 관련된 배분이 균등하였는지를 평가한다.

⑤ **영향성**: 사회문제나 클라이언트의 변화에 미친 영향이다. 프로그램이 사회문제나 클라이언트가 변화하는데 얼마나 영향을 미쳤는가에 대해 평가한다.
   - 예 프로그램 노력과 사회적 지표 변화 간의 관계: 위기집단과 표적집단 내에서의 변화 정도, 사회 지표상의 변화에 대한 실증적 기대 정도 등

⑥ **프로그램의 질(서비스의 질)**: 프로그램의 전문성이다. 프로그램의 질적인 측면을 평가한다.
   - 예 서비스 제공자의 전문성: 서비스 제공 인력의 전문 자격 소유 여부와 정도, 프로그램에서 활용하고 있는 전문 지식과 기술의 발전 상태 등

⑦ **접근성**: 프로그램을 필요로 하는 모든 사람들이 시간적·장소적·비용적·심리적·절차적으로 손쉽게 서비스에 접근할 수 있는지의 정도를 평가한다.

개념 공략 사회복지시설의 서비스 평가 기준 기출 13회, 16회, 18~20회

- 사회복지시설 평가는 이용시설, 거주시설(생활시설)과 상관없이 3년마다 전수조사를 실시함.
- 사회복지시설 평가지표는 2년마다 수정·보완함.
- 평가지표 영역은 시설 및 환경, 재정 및 조직운영, 프로그램 및 서비스, 이용자의 권리, 지역사회 관계, 시설운영 전반 등이 있음.
- 보건복지부장관은 시설의 서비스 최저기준을 고려하여 평가기준을 마련해야 함.
- **사회복지시설의 서비스 최저기준(사회복지사업법 시행규칙 제27조)**: 시설 이용자의 인권, 시설의 환경, 시설의 운영, 시설의 안전관리, 시설의 인력관리, 지역사회 연계, 서비스의 과정 및 결과, 그 밖에 서비스 최저기준 유지에 필요한 사항

개념 공략 수직적 형평성과 수평적 형평성

수직적 형평성	서로 다른 처지에 있는 사람들을 상이하게 대우해주는 것 ⑩ 어떤 프로그램을 제공할 때 일반 주민에게는 정해진 금액을 다 받고, 국민기초생활보장 수급자인 주민에게는 일정 금액을 면제해주거나 무료로 해주는 경우
수평적 형평성	서로 같은 처지에 있는 사람들을 똑같이 대우해주는 것 ⑩ 가족의 수와 소득 인정액이 모두 같은 국민기초생활보장 수급자 가구에 대하여 동일 금액의 생계, 주거급여를 지급하는 경우

TEST 1 사회복지행정론

01 사회복지행정의 특성에 따른 행정 원리로 옳지 않은 것은?

① 가치중립적 행정기술을 적용해야 한다.
② 역동적 환경 변화에 대응하는 조직관리를 실행해야 한다.
③ 대립적인 가치로 인한 갈등을 조정해야 한다.
④ 서비스 이용자와 제공자 간 공동생산(co-production)의 가치를 높여야 한다.
⑤ 조직 간 상호연계망을 구축해야 한다.

02 사회복지행정의 실천원칙에 관한 설명으로 옳지 않은 것은? [15회]

① 기관 목적의 원칙: 기관의 사회적 목적을 명확하게 설정
② 기관 전체성의 원칙: 기관을 하나의 유기체로 인식
③ 조직화의 원칙: 직무에 대한 조직의 연대책임 강조
④ 변화의 원칙: 기관은 지속적 변화과정을 추구
⑤ 평가의 원칙: 기관 목표성취를 위한 지속적 평가

03 사회복지서비스 전달체계의 도입을 시대 순으로 나열한 것은? [18회]

㉠ 사회복지사무소 시범사업
㉡ 희망복지지원단
㉢ 사회복지전문요원
㉣ 보건복지사무소 시범사업
㉤ 지역사회보장협의체

① ㉣ → ㉢ → ㉡ → ㉠ → ㉤
② ㉢ → ㉣ → ㉠ → ㉡ → ㉤
③ ㉣ → ㉠ → ㉢ → ㉡ → ㉤
④ ㉠ → ㉢ → ㉣ → ㉤ → ㉡
⑤ ㉢ → ㉣ → ㉠ → ㉡ → ㉤

04 사회복지서비스들 사이의 파편화와 단절을 줄이는 방법에 해당하지 않는 것은? [14회]

① 사회복지 제공자 네트워크 구축
② 사례관리 강화
③ 서비스 분화
④ 욕구를 종합적으로 파악
⑤ 서비스 연계 기제 마련

합격을 여는 만능해설

01 ① 가치중립적 행정기술이 아니라 가치지향적 행정기술을 적용해야 한다.

02 ③ 직무에 대한 조직의 연대책임을 강조하는 것은 사회복지행정의 실천원칙 중 '조직의 원칙'에 해당한다. 조직화는 스키드모어가 제시한 사회복지행정가의 관리 행동과 관련된다.

03 ② 사회복지서비스 전달체계 도입의 순서는 다음과 같다.
㉢ 사회복지전문요원(1987) → ㉣ 보건복지사무소 시범사업(1995) → ㉠ 사회복지사무소 시범사업(2004) → ㉡ 희망복지지원단(2012) → ㉤ 지역사회보장협의체(2015)

04 ③ 사회복지서비스의 파편화는 사회복지서비스가 대상별·욕구별·서비스 공급 주체별과 같이 세부적으로 이루어지는 것을 말한다. 서비스 분화는 사회복지서비스 사이에서 파편화와 단절을 줄이는 방법과는 거리가 멀다.

05 다음 ( )에 들어갈 사회복지서비스 전달체계 구축 원칙의 연결이 옳은 것은? 15회

> (㉠): 클라이언트의 욕구와 문제해결을 위해 다양한 서비스를 제공해야 한다.
> (㉡): 서비스의 양과 질이 욕구와 목표달성에 충분해야 한다.
> (㉢): 핵심적인 업무는 반드시 객관적으로 자격이 인정된 사람이 담당해야 한다.
> (㉣): 서비스를 필요로 하는 사람은 누구나 쉽게 받을 수 있어야 한다.

① ㉠: 전문성, ㉡: 접근성, ㉢: 포괄성, ㉣: 적절성
② ㉠: 포괄성, ㉡: 적절성, ㉢: 전문성, ㉣: 접근성
③ ㉠: 포괄성, ㉡: 전문성, ㉢: 적절성, ㉣: 접근성
④ ㉠: 전문성, ㉡: 포괄성, ㉢: 접근성, ㉣: 적절성
⑤ ㉠: 포괄성, ㉡: 접근성, ㉢: 적절성, ㉣: 전문성

06 한국의 민간 사회복지조직에 관한 설명으로 옳지 않은 것은? 17회

① 사회적 기업은 사회서비스 공급에 참여할 수 없다.
② 사회서비스 공급에 영리기관도 참여하고 있다.
③ 사회복지법인 이외에도 사회복지시설을 운영할 수 있다.
④ 지방자치단체와의 위·수탁 계약을 통해 서비스를 제공하는 경우가 있다.
⑤ 정부보조금, 후원금, 이용료 등 재원이 다양하다.

05 ② 사회복지서비스 전달체계 구축 원칙은 다음과 같다.
㉠ 포괄성: 클라이언트의 욕구와 문제해결을 위해 다양한 서비스를 제공해야 한다.
㉡ 적절성: 서비스의 양과 질이 욕구와 목표달성에 충분해야 한다.
㉢ 전문성: 핵심적인 업무는 반드시 객관적으로 자격이 인정된 사람이 담당해야 한다.
㉣ 접근성: 서비스를 필요로 하는 사람은 누구나 쉽게 받을 수 있어야 한다.

06 ① 사회적 기업은 취약계층에게 사회서비스 또는 일자리를 제공하거나 지역사회에 공헌함으로써 지역주민의 삶의 질을 높이는 등의 사회적 목적을 추구하면서 재화 및 서비스의 생산·판매 등 영업활동을 하는 기업으로, 사회서비스 공급에 적극 참여하고 있다.

07 사회복지조직이론과 그 특징의 연결이 옳은 것은? 14회

① 상황이론: 모든 조직의 이상적 관리방법은 같다.
② 제도이론: 조직의 생존을 위한 적응기제를 주목한다.
③ 정치·경제이론: 외부 자원에 의존이 강한 사회복지조직에는 설명력이 약하다.
④ 행정적 관리이론: 조직 내 인간적 요소를 강조한다.
⑤ 동기·위생이론: 오직 외부 환경의 영향을 중요하게 인식한다.

08 총체적 품질관리(TQM)에 관한 설명으로 옳지 않은 것은? 20회

① 지속적인 품질개선을 강조하는 일련의 과정이다.
② 자료와 사실에 기반한 의사결정을 중시한다.
③ 좋은 품질이 무엇인지는 고객이 결정한다.
④ 집단의 노력보다는 개인의 노력이 품질 향상에 더 기여한다고 본다.
⑤ 조직 구성원에 대한 훈련을 강조한다.

09 사회복지조직의 부문화(Departmentation)에 관한 설명으로 옳은 것을 모두 고른 것은? 15회

㉠ 서비스 기준: 서비스 제공, 사례관리, 지역사회 조직 등으로 구분
㉡ 지리적 기준: 클라이언트 거주지역에 따라 구분
㉢ 기능 기준: 개별사회사업, 집단사회사업, 지역사회 조직사업 등으로 구분
㉣ 시간 기준: 업무시간에 따라 2교대 혹은 3교대로 구분

① ㉠, ㉡
② ㉠, ㉢
③ ㉡, ㉣
④ ㉠, ㉡, ㉣
⑤ ㉡, ㉢, ㉣

합격을 여는 만능해설

07 ② 제도이론은 사회복지조직을 대표하는 서비스 조직들의 성격이 제도적인 규범이나 규칙에 의해서 결정된다고 주장하며 제도 환경에 대한 순응을 강조한다.

오답 해설
① 상황이론: 최선의 관리방법이란 있을 수 없다는 것을 강조한다.
③ 정치·경제이론: 정치적·경제적 자원이 조직의 생존에 필수적이라고 주장하며, 외부 자원에 의존이 강한 사회복지조직에 대해 설명하는 이론이다.
④ 행정적 관리이론: 단순한 형태로 과업을 분류하여 집권화된 통제를 강조한다.
⑤ 동기·위생이론: 조직 내부에서 조직 구성원의 만족(동기)과 불만족(위생)이 상호 독립적임을 밝혔다.

08 ④ 고품질의 서비스는 조직의 다양한 직원들의 협력적 활동의 결과로 나타난다. 따라서 집단의 노력보다는 개인의 노력이 품질 향상에 더 기여한다고 보는 것은 옳지 않다.

09 오답 해설
㉠ 서비스 기준 부문화: 개별사회사업, 집단사회사업, 지역사회조직사업 등의 서비스 방법에 따라 조직의 업무를 부문화하는 방법으로, 전문화를 촉진화할 수 있다는 장점이 있다.
㉢ 기능 기준 부문화: 직원의 능력, 선호도, 관심 등에 근거하여 직무상 적성에 맞는 분야에 배치하는 방법이다.

10 최근 사회복지행정의 환경 변화에 관한 설명으로 옳지 <u>않은</u> 것은? 15회

① 사회서비스 공급에서 영리부문의 참여가 감소되고 있다.
② 사회복지조직관리에 기업경영기법이 도입되고 있다.
③ 품질관리를 통한 이용자 중심 서비스가 요구되고 있다.
④ 사회서비스의 시장화 경향성이 뚜렷해지고 있다.
⑤ 서비스 이용자의 권리가 강조되고 있다.

11 조직구조에 관한 설명으로 옳은 것은? 21회

① 조직규모가 커질수록 공식화 정도가 낮아진다.
② 공식화 정도가 높을수록 직원의 재량권이 줄어든다.
③ 과업의 종류가 많을수록 수직적 분화가 늘어난다.
④ 분권화 정도가 높을수록 최고관리자에게 조직 통제권한이 집중된다.
⑤ 집권화 정도가 높을수록 직원의 권한과 책임의 범위가 모호해진다.

12 사회복지서비스 기관에서의 슈퍼비전에 관한 설명으로 옳지 <u>않은</u> 것은? 13회

① 카두신(A. Kadushin)은 슈퍼비전을 행정적, 지지적, 교육적 기능으로 설명한다.
② 긍정적 슈퍼비전은 사회복지사의 소진 예방에 도움을 준다.
③ 슈퍼바이지(Supervisee) 간 동료 슈퍼비전은 인정되지 않는다.
④ 사회복지사의 관리 및 통제의 수단으로도 활용된다.
⑤ 슈퍼비전의 질은 슈퍼바이저의 역량에 좌우된다.

13 리더십 이론에 관한 설명으로 옳지 <u>않은</u> 것은? 21회

① 상황이론에 의하면 상황에 따라 적합하게 대응하는 리더십이 효과적이다.
② 행동이론에서 컨트리클럽형(country club management)은 사람에 대한 관심과 일에 대한 관심이 모두 높은 리더이다.
③ 행동이론에서 과업형은 일에만 관심이 있고 사람에 대해서는 전혀 관심이 없는 리더이다.
④ 서번트 리더십(servant leadership)은 사회복지조직 관리에 적합한 리더십이 될 수 있다.
⑤ 생산성 측면에서 서번트 리더십은 자발적 행동의 정도를 중시한다.

---

10 ① 최근 복지국가 위기 및 재편의 여파로, 국가는 1980년대 중반 이후부터 작은 정부를 지향하는 세계적 추세에 따라 우리나라 역시 자격이 있는 비영리법인들이 사회복지사업을 위탁운영하고 있다. 부족한 정부보조금과 지자체의 통제 등으로 자원이 풍부한 기관이나 기업들이 영리법인화를 통해 과거에 비해 그 참여가 증가하는 추세에 있다.

11 오답 해설
① 조직규모가 커질수록 공식화 정도가 높아진다.
③ 과업의 종류가 많을수록 부서의 단위가 나누어져 수평적 분화가 늘어난다.
④ 분권화 정도가 높을수록 최고관리자에서 중간관리자 계층으로 조직 통제권한이 분산된다.
⑤ 집권화 정도가 높을수록 직원의 권한과 책임의 범위가 뚜렷해진다.

12 ③ 슈퍼바이지 간 동료 슈퍼비전 역시 인정되며, 이는 직렬 슈퍼비전모델에 해당한다.

13 ② 행동이론에서 팀형 리더가 사람에 대한 관심과 일에 대한 관심이 모두 높은 리더이다. 컨트리클럽형은 일에 대한 관심은 없고, 사람에 대한 관심만 높은 리더이다.

14 동기부여이론에 관한 설명으로 옳지 않은 것은?
15회

① 인간관계이론: 구성원들 간에 호의적인 태도를 가지는 조직은 생산성이 높다.
② 동기-위생이론: 책임성이나 성취에 대한 인정은 동기유발 요인에 해당된다.
③ Z이론: 인간은 통제와 강제의 대상이다.
④ Y이론: 인간은 자율성과 창조성을 지닌다.
⑤ 성취동기이론: 인간의 동기부여 욕구를 권력욕구, 친화욕구, 성취욕구로 구분하였다.

15 사회복지조직 재원의 특징으로 옳지 않은 것은?
14회

① 재원 조달에 대한 직접적인 통제력이 약하다.
② 정부보조금, 재단지원금, 기부금, 상품판매 등의 다양한 재원을 가지고 있다.
③ 재원 확보를 위해서 사업제안서, 모금행사, 정부와 계약 맺기 등의 활동을 한다.
④ 재원 확보를 위해서 의도적 연계를 한다.
⑤ 법적으로 위탁받은 서비스를 제공할 때는 그 재정을 전적으로 임의 할당할 수 있다.

16 예산에 관한 설명으로 옳은 것은?
21회

① 영기준 예산(Zero Based Budgeting)은 전년도 예산 내역을 반영하여 수립한다.
② 계획 예산(Planning Programming Budgeting System)은 국가의 단기적 계획 수립을 위한 장기적 예산편성 방식이다.
③ 영기준 예산(Zero Based Budgeting)은 비용-편익분석, 비용-효과분석을 거치지 않고 수립한다.
④ 성과주의 예산(Performance Budgeting)은 전년도 사업의 성과를 고려하지 않고 수립한다.
⑤ 품목별 예산(Line Item Budgeting)은 수입과 지출을 항목별로 명시하여 수립한다.

17 기획에 관한 설명으로 옳지 않은 것은?
12회

① 미래에 일어날 일을 예측하며 과거 오류의 재발을 방지한다.
② 프로그램 수행의 책임성을 높이는 데 도움이 된다.
③ 프로그램의 효율성, 효과성 및 합리성을 증진시킨다.
④ 프로그램 수행과정의 불확실성이 증가된다.
⑤ 전문화된 지식체계에 기반을 둔다.

합격을 여는 만능해설

14 ③ 맥그리거의 X이론은 인간은 일을 싫어한다는 가정에서 출발하여, 조직원을 통제와 강제의 대상으로 본다.
룬트슈테트의 Z이론은 X·Y이론의 결함을 보완하기 위해 제시된 이론이다. 과학자 등 특수 분야에 종사하는 사람에 대한 이론으로, 관리자는 구성원이 자유 의지에 따라 자유방임적인 행동을 하도록 분위기만 조성한다.

15 ⑤ 사회복지조직에서 재정관리는 사회복지서비스 제공에 필요한 재정적 자원을 합리적이고 계획적으로 동원하고, 예산을 수립하여 효율적으로 집행하는 과정으로 구성된다. 재정관리는 일반적으로 기관의 목표달성을 촉진하고, 재원과 기타 관련 자원을 법적 사회복지 윤리성에 근거하여 통제하며, 계획적으로 사용하는 데 관계하는 것이다. 따라서 지방정부로부터 할당받은 정부보조금의 항목에 맞춰 집행하여야 하며, 임의적으로 할당할 수 없다.

16 오답 해설
① 영기준 예산은 전년도 예산을 전혀 고려하지 않고 프로그램의 정당성을 매년 새롭게 마련한다.
② 계획 예산은 국가의 장기적 계획을 수립하고 기본계획을 연차적으로 실행하기 위해 프로그램별로 예산을 편성하는 방식이다.
③ 영기준 예산은 최적의 대안을 선택하기 위해 비용-편익분석, 비용-효과분석 등을 거쳐 수립한다.
④ 성과주의 예산은 산출물 또는 성과를 중심으로 예산을 운용하는 제도로, 전년도 사업의 성과를 고려하여 수립한다.

17 ④ 기획을 통해 프로그램 수행과정의 불확실성이 감소된다.

18. 다음은 스키드모어(Skidmore)의 기획과정을 열거한 것이다. ( )에 들어갈 내용을 순서대로 연결한 것은? 14회

목표 설정 – 자원 고려 – ( ) – ( ) – ( ) – ( ) – 개방성 유지

① 대안 모색 – 구체적 프로그램 수립 – 결과 예측 – 계획 결정
② 대안 모색 – 결과 예측 – 계획 결정 – 구체적 프로그램 수립
③ 계획 결정 – 구체적 프로그램 수립 – 결과 예측 – 대안모색
④ 결과 예측 – 대안모색 – 계획 결정 – 구체적 프로그램 수립
⑤ 결과 예측 – 구체적 프로그램 수립 – 대안 모색 – 계획 결정

19. 사회복지 마케팅 믹스(Marketing Mix)의 4P에 해당하는 것은? 14회

① 기획(Plan)
② 사람(Person)
③ 과정(Process)
④ 촉진(Promotion)
⑤ 성과(Performance)

20. 의사결정 방법에 관한 설명으로 옳지 않은 것은? 14회

① 브레인스토밍은 아이디어의 양보다 질이 중요하며 능동적 참여가 중요하다.
② 변증법적 토의는 사안의 찬성과 반대를 이해함을 기본으로 한다.
③ 델파이기법은 전문가로부터 정보를 수집하여 합의를 얻으려 할 때 적용할 수 있다.
④ 대안선택 흐름도표는 '예'와 '아니요'로 답할 수 있는 연속적 질문을 통해 예상되는 결과를 결정한다.
⑤ 명목집단기법은 감정이나 분위기상의 왜곡현상을 피할 수 있다.

21. 결혼이주여성의 사회·경제적 자립을 목적으로 하는 프로그램에서 성과 목표로 설정하기에 적절한 것은? 11회

① 참여자의 직업훈련 프로그램 수료율을 70% 이상으로 한다.
② 전문강사를 위한 교육을 주 4시간 실시한다.
③ 프로그램 참여 만족도를 80% 이상으로 한다.
④ 참여자의 취업률을 50% 이상으로 한다.
⑤ 프로그램 운영 기간 중 참여자 자녀를 위한 놀이방을 운영한다.

---

18 ② 스키드모어의 기획과정 7단계는 다음과 같다.
목표 설정 → 자원 고려 → 대안 모색 → 결과 예측 → 계획 결정 → 구체적 프로그램 수립 → 개방성 유지

19 ④ 마케팅 믹스 4P는 다음과 같다.
- 상품(제품, Product): 어떤 상품(서비스)을 제공할 것인가?
- 가격(Price): 가격(서비스 비용)을 어떻게 결정할 것인가?
- 촉진(판촉, Promotion): 서비스의 유용성을 어떻게 전달할 것인가?
- 유통(장소, Place): 얼마나 쉽게 클라이언트가 조직을 찾을 수 있는가?

20 ① 브레인스토밍에서는 아이디어의 질보다는 양이 중요하며 능동적이고 자유로운 의사 교환이 중요하다.

21 ④ 성과 목표는 서비스를 제공받은 클라이언트의 변화 양상을 나타낸 것으로, 결혼이주여성의 사회·경제적 자립을 목적으로 하는 프로그램에서 성과 목표는 취업률이 된다.

오답 해설
① 산출 목표에 해당한다.
② 활동(전환) 목표에 해당한다.

22 문제해결을 위해 선택 가능한 대안들을 놓고, 각 대안별로 선택할 경우와 선택하지 않을 경우에 나타날 결과를 분석하여, 각 대안들의 장단점에 대해 균형된 시각을 갖도록 돕는 의사결정 기법은?

① 의사결정나무 분석
② 대안선택 흐름도표
③ 델파이기법
④ 명목집단기법
⑤ 동의달력

23 사회복지조직 평가방법에 관한 설명으로 옳은 것은?

① 형성평가는 성과의 발생 여부에 초점을 둔다.
② 총괄평가는 프로그램 개발과정에서 이루어진다.
③ 형성평가는 프로그램이 종결된 이후에 수행된다.
④ 총괄평가는 목표 지향적인 평가이다.
⑤ 총괄평가는 형성평가에 비해 융통성이 요구된다.

24 다음 중 효과성을 평가하는 평가방법 또는 도구에 해당하는 것을 모두 고른 것은? [12회]

> ㉠ 비용-편익 분석(Cost-Benefit Analysis)
> ㉡ 노력의 양 측정
> ㉢ 서비스 단위당 비용
> ㉣ 목표달성 척도(Goal Attainment Scale)

① ㉠, ㉡, ㉢
② ㉠, ㉢
③ ㉡, ㉣
④ ㉣
⑤ ㉠, ㉡, ㉢, ㉣

25 다음에 해당하는 사회복지조직화의 원리는 무엇인가?

> 수평적 조정을 효율적이고 독립적으로 수행·운영하기 위해 재조직한다.

① 계층제의 원리
② 명령통일의 원리
③ 분업의 원리
④ 조정의 원리
⑤ 부문화의 원리

합격을 여는 만능해설

22 오답 해설
② 대안선택 흐름도표는 목표가 분명하고 예상 가능한 사항의 선택에 적용할 수 있으며, 어떤 사항의 진행과정에서 '예'와 '아니요'로 답변할 수 있는 질문을 연속적으로 하여 예상되는 결과를 결정하도록 하는 도표 방법이다.
③ 델파이기법은 전문가들이 의견을 모으고 교환하며 발전시킴으로써 미래를 예측하고 미래에 대한 광범위한 지식을 얻을 수 있는 방법이다. 전문가들로부터 합의점을 도출하는 과정에서 연구자의 주관적 편견을 배제할 수 있지만 시간과 비용이 많이 든다는 단점이 있다.
④ 명목집단기법은 전문가들을 한 장소에 모아 의견을 적어낸 것을 종합하여 정리하며 합의가 이루어질 때까지 의견검토를 하는 방법이다.
⑤ 동의달력은 제안 기획과정에서 사용하는 것으로, 응답자를 통해 충분히 논의를 한다.

23 오답 해설
① 총괄평가는 성과 발생 여부에 초점을 둔다.
② 형성평가는 프로그램 개발과정에서 이루어진다.
③ 총괄평가는 프로그램이 종결된 이후에 수행된다.
⑤ 형성평가는 총괄평가에 비해 융통성이 요구된다.

24 오답 해설
㉠ 비용-편익 분석으로 효율성을 평가할 수 있다.
㉡ 노력의 양 측정으로 노력성을 평가할 수 있다.
㉢ 서비스 단위당 비용으로 효율성을 평가할 수 있다.

25 오답 해설
① 계층제의 원리는 명령 관계를 명시화한다.
② 명령통일의 원리는 조직원은 직속 상관에게만 명령을 받아야 한다는 것이다.
③ 분업의 원리는 분야별로 업무를 분담시키는 것이다.
④ 조정의 원리는 조직원의 행동을 유도하기 위한 원리이다.

정답 22 ① 23 ④ 24 ④ 25 ⑤

TEST 2 사회복지행정론

01 사회복지행정이 지향하는 바가 아닌 것은? 14회

① 사회복지 전문가를 행정 업무로부터 면제해준다.
② 서비스의 효과성을 높인다.
③ 조직 운영의 실패 원인을 확인하고 실패를 줄인다.
④ 조직 운영의 비일관성을 줄인다.
⑤ 조직 운영에서 책임성을 향상시킨다.

02 한국의 사회복지전달체계 개편 순서를 올바르게 나열한 것은? 21회

┌─────────────────────────────┐
│ ㉠ 주민생활지원서비스 전달체계 │
│ ㉡ 사회복지통합관리망(행복e음) 개통 │
│ ㉢ 읍·면·동 복지허브화 │
│ ㉣ 지역사회 통합돌봄 │
└─────────────────────────────┘

① ㉠ - ㉡ - ㉢ - ㉣
② ㉠ - ㉡ - ㉣ - ㉢
③ ㉠ - ㉢ - ㉡ - ㉣
④ ㉡ - ㉠ - ㉢ - ㉣
⑤ ㉡ - ㉢ - ㉠ - ㉣

03 사회복지서비스 전달체계의 원칙에 관한 설명으로 옳지 않은 것은? 12회

① 통합성 – 상호 연관된 서비스를 종합적으로 고려한다.
② 책임성 – 핵심 업무는 반드시 전문가가 담당한다.
③ 지속성 – 필요한 여러 서비스를 중단 없이 제공한다.
④ 적절성 – 서비스의 양과 질이 욕구 충족을 위한 수준이어야 한다.
⑤ 평등성 – 소득이나 지위에 관계없이 평등하게 서비스를 제공한다.

04 사회복지 전달체계 주체로서 공공과 비교하여 민간의 강점으로 옳지 않은 것은? 14회

① 정부 제공 서비스의 비해당자를 지원
② 서비스 선택의 기회 확대
③ 대상자 선정과정의 강한 엄격성과 책임성 보증
④ 특정 영역에서 고도로 전문화된 서비스 제공
⑤ 환경 변화에 대응하여 서비스 선도

만능해설

01 ① 사회복지행정이 지향하는 것은 사회복지조직의 가치, 즉 이념과 관련된다. 사회복지조직은 휴먼서비스를 제공하기 때문에 사회복지 전문가는 고객(클라이언트)과의 접점에서 서비스를 제공한다. 그렇다고 하여 사회복지 전문가가 행정 업무로부터 면제되는 것은 아니다.

02 ① '㉠ 주민생활지원서비스 전달체계(2006년) → ㉡ 사회복지통합관리망(행복e음) 개통(2010년) → ㉢ 읍·면·동 복지허브화(2016년) → ㉣ 지역사회 통합돌봄(2019년)'의 순서이다.

03 ② 핵심 업무를 반드시 전문가가 담당한다는 원칙은 '전문성'이다.

04 ③ 대상자 선정과정의 강한 엄격성과 책임성 보증은 중앙정부에 의한 전달체계와 관련이 있다.

정답 01 ① 02 ① 03 ② 04 ③

05 사회서비스 이용권(바우처)에 관한 설명으로 옳지 않은 것은? 14회

① 사용 범위가 제한된 선택 허용
② 현물과 비교하여 이용자의 높은 선택권 보장
③ 이용자에게 이용권 지원
④ 영리기관으로 서비스 제공자 제한
⑤ 서비스 제공자에 관한 정보 접근성 필요

06 다음을 공통적으로 중요시하는 조직이론은? 13회

- 개방체계적 관점에서 조직에 대한 환경의 영향력을 설명한다.
- 사회복지조직과 관련된 법적 규범이나 가치 체계를 주요 설명 요인으로 다룬다.
- 유사 조직 간의 동형화(isomorphism) 현상을 모범사례에 대한 모방과 전이 행동으로 설명한다.

① 제도이론
② 관료제이론
③ 정치경제이론
④ 자원의존이론
⑤ 조직군 생태학이론

07 사회복지조직의 서비스 질 관리에 관한 설명으로 옳은 것은? 21회

① 서비스 질 관리를 위하여 위험관리가 필요하다.
② 총체적 품질관리(TQM)는 기업의 소비자 만족을 극대화하기 위한 기법이므로 사회복지기관에 적용하기에는 적합하지 않다.
③ 총체적 품질관리는 지속적인 개선보다는 현상유지에 초점을 둔다.
④ 서브퀄(SERVQUAL)의 요소에 확신성(assurance)은 포함되지 않는다.
⑤ 서브퀄에서 유형성(tangible)은 고객 요청에 대한 즉각적 반응을 말한다.

08 사회복지조직의 외부 환경에 관한 설명으로 옳지 않은 것은? 11회

① 사회복지조직은 외부 환경에 의존적이다.
② 시장 상황에서 활동하는 사회복지조직은 경쟁 조직을 중요한 환경 요소로 다룬다.
③ 우리나라 민간 사회복지조직은 정부 재정 요소의 비중이 상대적으로 낮은 편이다.
④ 사회복지조직이 직접 상호작용하는 외부 집단들을 과업환경(Task Environment)이라 한다.
⑤ 사회복지사업법은 사회복지조직의 정당성과 권위를 제공하는 외부 환경 중 하나이다.

합격을 여는 만능해설

05 ④ 사회서비스 이용권(바우처)은 서비스를 필요로 하는 사람에게 일종의 교환권(이용권)을 발급해주고, 서비스의 비용을 교환권으로 지불하는 방식이다. 이는 영리기관과 비영리기관이 모두 제공할 수 있다.

06 ① 제도이론은 개방체계적 관점의 이론으로, 사회복지조직과 관련된 법적 규범이나 가치체계를 중요시한다.

07 **오답 해설**
② 사회복지조직에서는 다양한 경영기법을 도입하고 있다. 총체적 품질관리는 서비스의 질은 궁극적으로 고객이 결정한다는 고객중심관리로, 사회복지기관에 적합한 품질관리기법이다.
③ 총체적 품질관리는 현상유지가 아닌 전체 과정에서 지속적인 개선을 통한 고품질 확보·유지에 초점을 둔다.
④, ⑤ 서브퀄의 요소에는 유형성, 신뢰성, 반응성, 확신성, 공감성이 있다. 확신성은 종업원들의 지식, 예절, 고객들에게 신뢰와 자신감을 심어줄 수 있는 능력을 말하며, 유형성은 물리적인 시설, 장비, 종업원들의 외양과 관련된다. 반응성은 고객 요청에 대한 즉각적 반응을 말한다.

08 ③ 우리나라 민간 사회복지조직은 정부 재정 요소의 비중이 상대적으로 큰 편이다. 특히, 비영리조직은 정부보조금 비중이 크다.

09 우리나라 사회복지행정의 변화과정과 주요 정책에 관한 설명으로 옳지 않은 것은? 15회

① 사회복지시설평가제 도입은 자원의 효율적 운영에 대한 관심을 확대시키는 계기가 되었다.
② 주로 지방정부에서 운영되는 사회복지사업이 국고보조사업으로 이양되었다.
③ '읍면동 복지허브화' 전략은 맞춤형 통합서비스를 제공하기 위한 민·관 협력을 기반으로 한다.
④ 희망복지지원단은 공공영역에서의 사례관리 기능을 담당한다.
⑤ 국민기초생활 보장제도는 복지가 국민의 권리로서 인정받기 시작했다는 의미를 갖는다.

10 참여적 리더십에 관한 설명으로 옳지 않은 것은? 15회

① 직원들의 지식과 기술 활용이 용이하다.
② 직원들의 사명감이 증진될 수 있다.
③ 책임 분산으로 인해 조직이 무기력하게 될 수 있다.
④ 하급자들이 의사결정을 적극적으로 주도한다.
⑤ 리더 – 직원들 간의 양방향 의사소통이 가능하다.

11 인사관리에 관한 설명으로 옳지 않은 것은? 15회

① 직무분석 이전에 직무명세서와 직무기술서를 작성한다.
② 직무기술서는 직무 자체에 대한 기술이다.
③ 직무명세서는 직무수행자의 요건에 대한 기술이다.
④ 인사관리는 성과관리, 개발관리, 보상관리 등을 포함한다.
⑤ OJT(On the Job Training)는 일상업무를 수행하면서 훈련을 실시한다.

12 동기부여이론과 주요 학자의 연결이 옳은 것은? 15회

① 인간관계이론 – 매슬로우(Maslow)
② ERG이론 – 허즈버그(Herzberg)
③ 성취동기이론 – 맥클리랜드(McClelland)
④ 욕구계층이론 – 맥그리거(McGregor)
⑤ X·Y이론 – 알더퍼(Alderfer)

09 ② 지방자치제가 시행되면서 국고보조사업이 주로 지방정부로 이양되었고, 지방정부에서 사회복지사업을 운영하고 있다.

10 ④ 하급자들이 의사결정을 적극적으로 주도하는 것은 대부분의 의사결정을 하급자에게 위임하는 자율적 리더십에 해당한다.

11 ① 인사관리에서 직무분석은 가장 먼저 실시해야 한다. 직무분석을 토대로 직무기술서를 작성하며, 이후 직무명세서(채용공고문)를 바탕으로 모집과 선발을 시작한다.

12 **오답 해설**
① 인간관계이론은 메이요(Mayo)의 호손실험과 관련이 있다.
② ERG이론은 알더퍼(Alderfer)와 관련이 있다.
④ 욕구계층이론은 매슬로우(Maslow)와 관련이 있다.
⑤ X·Y이론은 맥그리거(McGregor)와 관련이 있다.

13 전략적 기획에서 기관의 장단점에 대한 내부분석과 현재와 미래의 기관 활동에 영향을 줄 수 있는 외부 환경에 대한 분석을 할 때 유용한 기법은?

① PERT
② SWOT
③ Gantt Chart
④ Shed-U Graph
⑤ MBO

14 예산 통제의 원칙에 관한 로만(R. Lohmann)의 설명으로 옳은 것을 모두 고른 것은? 13회

> ㉠ 강제의 원칙 – 재정통제는 명시적 강제 규정에 근거해야 한다.
> ㉡ 개별화의 원칙 – 예외적인 상황에 적용할 수 있는 예외적 규칙이 있어야 한다.
> ㉢ 환류의 원칙 – 재정통제의 결과를 환류받아 개정의 기초로 사용해야 한다.
> ㉣ 보편성의 원칙 – 비용과 활동을 최적화할 수 있도록 통제해야 한다.

① ㉠, ㉡, ㉢
② ㉠, ㉢
③ ㉡, ㉣
④ ㉣
⑤ ㉠, ㉡, ㉢, ㉣

15 기획(Planning)에 관한 설명으로 옳지 않은 것은? 14회

① 사회복지조직의 불확실성을 감소시킨다.
② 사업에 대한 연속적인 의사결정으로서 정적인 개념이다.
③ 서비스의 효과적 달성을 위해 필요하다.
④ 구성원의 사기 진작을 위해 필요하다.
⑤ 목표달성을 위한 미래 활동을 준비하는 과정이다.

16 프로그램 평가 검토기법(PERT)에 관한 설명으로 옳지 않은 것은? 15회

① 목표달성의 기한을 정해 놓고 진행한다.
② 과업별 소요 시간을 계산하여 추정한다.
③ 최종 목표를 달성하는 데 있어 필요한 최단 기간을 제시할 수 있는 기법이다.
④ 주요 세부 목표 또는 활동의 상호관계와 시간 계획을 연결시켜 나타낸 것이다.
⑤ 간트 차트(Gantt Chart)에 비해 활동 간의 상관관계를 파악하는 데 유용하지 않다.

합격을 여는 만능해설

13 오답 해설
① PERT는 프로그램 평가 검토기법이다.
③ Gantt Chart는 시간별 활동 계획 도표이다.
④ Shed-U Graph는 월별 활동 계획 카드이다.
⑤ MBO는 목표관리제이다.

14 오답 해설
㉡ 예외의 원칙: 예외적인 상황에 적용할 수 있는 예외적 규칙이 있어야 한다.
㉣ 효율성의 원칙: 비용과 활동을 최적화할 수 있도록 통제해야 한다.

15 ② 목표를 위한 수단으로서의 기획은 동태적이며 역동적인 과정으로, 사업에 대한 연속적인 의사결정이다.

16 ⑤ 간트 차트에는 활동은 있으나 과업은 나타나 있지 않다. 따라서 활동과 과업 사이의 상관관계를 알 수 없어 전반적인 계획을 이해하기 어렵다. 반면, 프로그램 평가 검토기법은 이러한 단점을 해결하고 과업수행의 기대시간까지 나타내기 때문에 매우 유용하다.

17 변혁적 리더십에 관한 설명으로 옳은 것을 모두 고른 것은? 〔18회〕

> ㉠ 새로운 비전제시 및 지적 자극, 조직 문화 창출을 지향한다.
> ㉡ 성과에 대한 금전적인 보상이 구성원의 높은 헌신을 가능하게 한다.
> ㉢ 조직목표 중 개인의 사적 이익을 가장 우선시 한다.

① ㉠
② ㉡
③ ㉠, ㉢
④ ㉡, ㉢
⑤ ㉠, ㉡, ㉢

18 다음 ( )에 해당하는 마케팅기법은? 〔15회〕

> ( )은 고객들이 A기업의 물품을 구입할 경우 A기업이 그 수입의 일정비율을 B복지관에 기부하는 방식이다.

① 공익연계 마케팅
② 고객관계관리 마케팅
③ 다이렉트 마케팅
④ 데이터베이스 마케팅
⑤ 사회마케팅

19 논리모델(Logic Model)을 적용한 '독거노인 사회관계 형성프로그램'의 내용으로 옳지 않은 것은? 〔15회〕

① 투입: 독거노인 20명, 사회복지사 2명
② 활동: 자원봉사자 모집, 사회성 향상 프로그램 실시
③ 산출: 교육시간, 출석률
④ 성과: 노인의 자살률 감소, 노인 부양의식 향상
⑤ 영향: 지역의 독거노인 관심도 향상

20 소수의 이해관계자(12~15명 정도)를 모아 자유롭게 의견을 개진하고 토론하게 하여 문제를 깊이 파악할 수 있는 욕구조사 방법은? 〔12회〕

① 델파이
② 지역사회 공개토론회
③ 명목집단기법
④ 서베이조사
⑤ 초점집단조사

---

17 오답 해설
㉡, ㉢ 거래적 리더십에 관한 설명이다.

18 ① 기업(공익)연계 마케팅(CRM)은 기업의 이미지를 높여주어 기업의 상품 판매에 긍정적 영향을 미치면서 동시에 사회복지기관의 후원자 개발에도 기여하는 방식으로, 사회복지조직도 좋고 기업도 좋은 원원(win-win) 전략으로 활용될 수 있다.

19 ④ 논리모델은 프로그램의 목표와 결과 사이의 인과관계, 즉 각 단계 사이의 인과관계가 설명될 수 있어야 한다. 프로그램의 목적과 성과 간의 연관성, 프로그램을 통한 클라이언트의 변화 등 프로그램의 영향력이나 효과성 등이 프로그램과의 인과관계를 통해 드러난다.

'독거노인 사회관계 형성프로그램'은 성과인 '노인의 자살률 감소'와는 인과관계가 있지만, '노인 부양의식 향상'과는 직접적인 인과관계가 드러나지 않는다.

20 오답 해설
① 델파이기법은 전문가, 우편조사, 반복, 통제된 환류, 합의점 도출 등의 특징이 있다.
② 지역사회 공개토론회(포럼)는 조사자가 공개적인 모임을 주선해 주민들을 한자리에 모아 욕구를 조사하는 것이다.
③ 명목집단기법은 자유롭게 토론하지 않은 상태에서 다수결의 원리에 따라 투표하여 결정하는 것이다.
④ 서베이조사는 다수를 대상으로 표본조사를 하는 것이다.

13 ② 14 ② 15 ② 16 ④ 17 ① 18 ① 19 ④ 20 ⑤

21 프로그램의 평가방법에 관한 설명으로 옳은 것은? 〔11회〕

① 성과평가 – 프로그램에 투입된 자원의 양을 평가함.
② 모니터링 평가 – 평가방법을 평가함.
③ 정성평가 – 프로그램 운영을 목표에 비추어 감시하고, 운영과정에 피드백
④ 메타평가 – 프로그램 종료 후 목표달성 정도를 평가함.
⑤ 형성평가 – 프로그램 운영과정 중 개선이나 변화 필요성에 대한 결정을 도움.

22 다음에서 설명하는 프로그램 평가의 기준은? 〔20회〕

- 서비스를 받은 클라이언트 수
- 목표달성을 위해 투입된 시간 및 자원의 양
- 프로그램 담당자의 제반활동

① 노력
② 영향
③ 효과성
④ 효율성
⑤ 서비스의 질

23 프로그램 평가에 관한 설명으로 옳은 것을 모두 고른 것은? 〔21회〕

㉠ 비용 – 효과분석은 프로그램의 비용과 결과의 금전적 가치를 고려하지 않는다.
㉡ 비용 – 편익분석은 프로그램의 비용과 결과를 금전적 가치로 환산하여 평가한다.
㉢ 노력성 평가는 프로그램 수행에 투입된 인적·물적 자원 등을 기준으로 평가한다.
㉣ 효과성 평가는 프로그램의 목표 달성 정도를 평가한다.

① ㉠, ㉡
② ㉠, ㉢
③ ㉡, ㉣
④ ㉡, ㉢, ㉣
⑤ ㉠, ㉡, ㉢, ㉣

합격을 여는 만능해설

21 오답 해설
① 프로그램에 투입된 자원의 양을 평가하는 것은 노력성 평가이다. 자원에는 인력, 비용 등이 있다.
② 평가방법을 평가하는 것은 메타평가이다.
③ 프로그램 운영을 목표에 비추어 감시하고, 운영과정에 대한 피드백을 하는 것은 모니터링 평가이다.
④ 프로그램 종료 후 목표달성 정도를 평가하는 것은 효과성 평가이다.

22 오답 해설
② 영향은 사회문제나 클라이언트의 변화에 미친 영향이다. 사회문제나 클라이언트가 변화하는 데 프로그램이 얼마나 영향을 미쳤는가를 평가한다.
③ 효과성은 프로그램의 목표달성 정도이다. 프로그램의 목적(목표)을 얼마나 달성하였는가를 평가한다.
④ 효율성은 투입과 산출의 비율이다. 프로그램에 투입된 시간, 비용, 노력 등의 자원과 산출물의 비율(투입 대비 산출량)을 평가한다.
⑤ 서비스의 질은 전문적인 지식과 기술을 가진 직원들이 서비스를 제공하였는지 여부와 클라이언트의 신체적·정서적·인지적·사회적·경제적 욕구를 충족시킬 수 있는 수준으로 제공되었는가를 평가한다.

23 오답 해설
㉠ 비용 – 효과분석은 결과의 금전적 가치를 고려하지 않는 것이 아니라, 편익 또는 산출을 금전적 가치로 환산하지 않고 산출물 그대로 분석에 활용하는 것이다. 즉, 투입(비용)은 화폐가치, 결과(효과)는 비화폐적 가치로 분석한다.

24 사회복지조직 변화의 외부 요인으로 옳지 않은 것은?

① 사회복지 공급 주체의 다원화
② 사회복지서비스의 민영화 경향
③ 사회복지기관 및 시설의 평가제도 시행
④ 급격한 사회변화와 다양한 사회문제 대두
⑤ 책임성과 전문성에 대한 요구 감소

25 다음과 관련된 프로그램 목표의 위계로 옳은 것은?

| 얼마나 많은 소비자들이 서비스를 받게 될 것인가? |

① 활동 목표　　② 성과 목표
③ 산출 목표　　④ 영향 목표
⑤ 소비자 목표

---

24 ⑤ 책임성과 전문성에 대한 요구는 증가하는 추세이다.
25 ⑤ 소비자 목표는 서비스를 받게 될 사람의 수로 표시한다.
　오답 해설
　① 활동 목표는 공급자 입장에서 얼마나 많은 서비스가 제공될 것인가를 보는 것이다.
　② 성과 목표는 서비스를 제공받은 클라이언트의 변화 양상을 나타내는 것이다.
　③ 산출 목표는 서비스를 받은 사람들의 수로 표시한다.
　④ 영향 목표는 얼마나 많은 영향을 끼칠 수 있는지로 표시한다.

3교시 | 제8영역

사회복지 법제론

CHAPTER 01 사회복지법의 개념과 발달과정

CHAPTER 02 사회복지법의 체계 및 사회복지의 권리성

CHAPTER 03 사회보장기본법, 사회보장급여법, 사회복지사업법

CHAPTER 04 사회보험법

CHAPTER 05 공공부조법

CHAPTER 06 사회복지서비스법

CHAPTER 07 판례

TEST 1 ✚ TEST 2

영역별 10개년 출제 현황

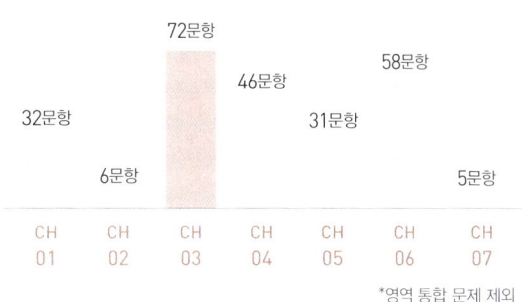

- 사회복지법제론은 헌법과 지방자치법규, 사회보장기본법, 사회복지사업법, 사회보험법, 공공부조법 등 전 영역에서 골고루 출제되고 있어 넓은 범위의 학습이 필요하다.
- 생소한 법 용어나 방대한 내용에 부담감이 느껴지겠지만, 체계적으로 하나하나씩 정리하면서 꼼꼼하게 학습한다면 좋은 결과를 거둘 수 있다.

출제 키워드 BEST 3

사회복지사업법
10년간 35번 언급된 키워드
전반적인 내용을 잘 알아두자!

사회보장기본법
10년간 32번 언급된 키워드
용어의 정의, 사회보장수급권은 꼼꼼히!

국민기초생활 보장법
10년간 22번 언급된 키워드
연혁, 급여의 종류는 눈여겨볼 것!

CHAPTER 01

사회복지법의 개념과 발달과정

핵심 Tag #법률 성립과정 #사회복지법의 체계 #조례 및 규칙 #한국 사회복지법의 발달과정

1 사회복지법의 이해 기출 13회

1. 사회복지법의 개념
① 일반적 정의: 인간다운 생활을 보장하고 사회적 정의를 실현하기 위한 공적·사적 제도와 정책 등을 규율하기 위한 제반 법규이다.
② 이념적 의미
  ㉠ 생존권을 구체적으로 실현하기 위한 법이다.
  ㉡ 생활권적 기본권, 사회권적 기본권이 포함된다.

> **합격 가이드**
> 생존권은 국민이 인간다운 생활을 하기 위해 필요한 제반 조건을 국가 권력이 형성해 줄 것을 요청할 수 있는 권리입니다.

최다 빈출

관련법령 헌법에 명시된 생존권 보장에 관한 규정 기출 13회, 14회, 18회, 21회, 22회

제10조 모든 국민은 인간으로서의 존엄과 가치를 가지며, 행복을 추구할 권리를 가진다. 국가는 개인이 가지는 불가침의 기본적 인권을 확인하고 이를 보장할 의무를 진다.
제34조 ① 모든 국민은 인간다운 생활을 할 권리를 가진다.
② 국가는 사회보장·사회복지의 증진에 노력할 의무를 진다.
③ 국가는 여자의 복지와 권익의 향상을 위하여 노력하여야 한다.
④ 국가는 노인과 청소년의 복지 향상을 위한 정책을 실시할 의무를 진다.
⑤ 신체 장애자 및 질병·노령 기타의 사유로 생활 능력이 없는 국민은 법률이 정하는 바에 의하여 국가의 보호를 받는다.
⑥ 국가는 재해를 예방하고 그 위험으로부터 국민을 보호하기 위하여 노력하여야 한다.

2. 사회복지법의 목적
① 모든 국민의 인간다운 생활을 보장하고 능력의 개발을 원조함으로써 건강하고 문화적인 생활을 영위하도록 한다.
② 소득 재분배를 통하여 사회적 약자의 자립을 지원하고 복지를 증진하여 사회 통합 또는 사회 연대를 이룬다.

3. 사회복지법의 분류
① 사회복지법은 공·사법의 성격이 혼재된 사회법 영역에 속한다.
② 사회법
  ㉠ 개념: 공법과 사법의 중간 영역이다.
  ㉡ 공법: 국가·지방자치단체와 국민 간의 법률관계를 규율한다.

ⓒ **사법**: 국민과 국민 간의 법률관계를 규율한다.
ⓔ **발달 배경**: 자본주의 발달에 따라 발생한 사회적 불균형으로 인하여 자유주의적 국가관에 대한 반성과 개인의 생존 보장에 대한 필요성이 대두하면서 사회법이 발달하였다.

개념 공략 사회복지법의 수정 원리

근대법	사회법(현대법)
• 사유 재산권 존중의 원칙(소유권 절대의 원칙) • 사적 자치의 원칙(계약 자유의 원칙) • 과실 책임의 원칙(자기 책임의 원칙)	• 소유권 제한의 원칙 • 계약 공정의 원칙 • 무과실 책임의 원칙

4. 사회복지법의 법원(法源) 기출 11회, 12회, 14회, 16회, 17회, 19회, 20회, 22회, 23회

① 성문법의 체계

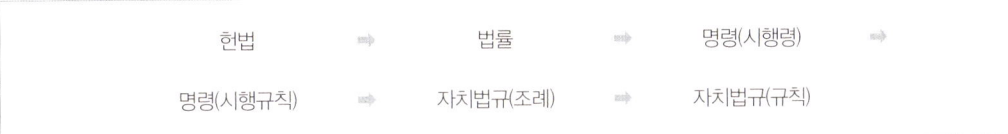

ⓐ **헌법** 기출 20회
- 국가의 기본 조직, 통치 작용, 국민의 기본권 등을 정한 나라의 기본법이다.
- 헌법은 최상위법이므로 하위법인 법률, 명령, 규칙 등은 헌법에 저촉되어서는 안 된다.
- 생존권(복지권)에 관한 최초의 헌법적 규정은 독일의 바이마르 헌법(1919)에서 찾을 수 있다.
- 우리나라는 헌법 제10조, 제23조, 제30조, 제31~36조(사회적 기본권), 제119조를 통해 사회복지에 관한 내용을 규정하고 있다.
- **사회권적 기본권**: 교육을 받을 권리(제31조), 근로의 권리(제32조), 노동3권(제33조), 인간다운 생활권(제34조 제1항), 사회보장수급권(제34조 제2항·제6항), 환경권(제35조), 보건권(제36조 제3항)

개념 공략 헌법의 개정 절차

국회 재적 의원 과반수 또는 대통령의 발의로 제안 → 대통령이 20일 이상 공고 → 헌법 개정안이 공고된 날로부터 60일 이내에 국회 의결, 재적 의원 3분의 2 이상의 찬성을 요함. → 국회가 의결한 후 30일 이내에 국민 투표에 부침. 국회의원 선거권자 과반수의 투표와 투표자 과반수의 찬성을 요함. → 투표자 과반수 찬성 시 헌법 개정 확정, 대통령 즉시 공포

참고	헌법상의 사회권적 기본권 중, 노동3권(제33조)에서 공무원 노동조합에 가입 조건		
가입 가능	1. 일반직 공무원 2. 특정직 공무원 중 외무영사직렬·외교정보기술직렬 외무공무원, 소방공무원 및 교육공무원(단, 교원 제외) 3. 별정직 공무원
가입 불가	1. 다른 공무원에 대하여 지휘·감독권을 행사하거나 다른 공무원의 업무를 총괄하는 업무에 종사하는 공무원 2. 인사·보수에 관한 업무를 수행하는 공무원 등 노동조합과의 관계에서 행정기관의 입장에서 업무를 수행하는 공무원 3. 교정·수사 등 공공의 안녕과 국가안전보장에 관한 업무에 종사하는 공무원 4. 노동관계의 조정·감독 등 노동조합의 조합원 지위를 가지고 수행하기에 적절하지 아니하다고 인정되는 업무에 종사하는 공무원

ⓛ 법률 기출 22회

- 법률은 국회의 의결을 거쳐서 대통령이 서명·공포함으로써 성립하는 법이다.
- 법률은 헌법의 하위에 있는 법이므로 헌법에 위배되면 법적 효력이 없으며, 헌법에 위배되는 법률은 제정할 수 없다. 마찬가지로, 명령이나 규칙 등에 대하여는 법률이 상위의 지위를 갖는 법이므로 명령이나 규칙은 법률에 위배되는 내용을 가질 수 없다.
- 법률의 제정권은 국회에 속하고, 국회 또는 정부에 의하여 제출된 법률안이 국회의 의결을 거쳐 대통령이 공포함으로써 성립한다.
- 헌법은 국민의 권리나 의무에 관한 사항, 기타 중요한 사항을 법률로써 규정할 것을 요구하고 있다. 사회복지법은 국민의 기본권 가운데 주로 생존권에 관한 사항을 구체적으로 규정하고 있다.

개념 공략 법률의 성립과정 기출 14회, 18회

법률은 '제안 → 심의 → 의결 → 이송 → 공포'의 과정을 거쳐 성립되고 시행됨.

제안	• 법률안 제안권은 10인 이상 국회의원과 정부에 있음. • 정부가 법률안을 제출하고자 할 경우 국무회의의 심의를 거쳐 국무총리와 관계 국무위원의 부서를 받은 후, 대통령이 국회의장에게 제출함.
심의	• 법률안이 제출되면 국회의장은 이를 인쇄하여 의원들에게 배부하고 본회의에 보고함. • 법률안의 내용과 성질에 따라 소관 상임 위원회에 회부 또는 심의하며, 상임 위원회에서는 의원들에게 충분한 검토 시간을 주기 위해 법률안이 의원에게 배부된 후 원칙적으로 15일 또는 20일이 지난 후에야 이를 상정할 수 있음. • 상임 위원회에서 심의·채택된 법률안은 법제사법위원회에 넘겨 체계와 문자, 어구 수정을 거쳐 본회의에 부의함.
의결	• 본회의에서는 소관 상임 위원장의 심사 보고를 듣고 질의와 토론을 거쳐 표결 처리함. • 법률안이 본회의를 통과하려면 재적 의원 과반수의 출석과 출석 의원 과반수의 찬성이 있어야 함.
이송	표결을 거친 법률안을 정부로 옮겨 보냄.
공포	• 국회에서 의결된 법률안이 정부에 이송되면 15일 이내에 대통령이 서명·공포함. 대통령의 서명·공포에는 국무회의 심의와 국무총리 및 관계 국무위원의 부서가 있어야 함. • 15일 이내에 공포나 재의의 요구를 하지 아니한 때에도 법률로 확정됨.

참고 대통령의 법률안 거부권(재의 요구권): 대통령은 이송된 법률안에 이의가 있을 경우 거부권을 행사할 수 있음(이송된 날로부터 15일 이내에 이의서를 붙여 국회로 환부하고 그 재의를 요구). 법률안이 환부·거부되면 국회는 재의에 부치고 재적 의원 과반수의 출석과 출석 의원 3분의 2 이상의 찬성으로 재의결하면 법률로서 확정됨. 이와 같이 확정된 법률은 다시 정부로 이송되어 5일 이내에 대통령이 공포하지 않으면 국회의장이 이를 공포함. 공포된 법률은 특별한 규정이 없는 한 공포한 날로부터 20일을 경과함으로써 효력이 발생함.

ⓒ 명령 기출 22회

- 국회의 의결을 거치지 아니하고 권한 있는 행정기관이 단독으로 정하는 법규로서 자치법규에 속하지 않는 성문법원이다.
- 국회의 의결을 거치지 아니하고 행정기관이 제정하는 것이므로 형식적 효력에 있어서 국회가 제정한 법률보다 하위에 속하며, 명령으로 법률을 개정하거나 폐지하지 못한다. 다만, 긴급 명령의 경우 예외적으로 법률과 같은 효력을 가진다.
- **시행령**: 법률에서 구체적인 범위를 정하여 위임받은 사항과 법률의 집행을 위하여 필요한 사항에 관하여 대통령이 발할 수 있는 명령이다(대통령령).
- **시행규칙**: 국무총리나 행정 각 부의 장관이 소관 사무에 대하여 발하는 명령이다(총리령, 부령).

> **합격 가이드**
> 법률과 명령을 합하여 '법령'이라고 부릅니다.

개념 공략 대통령령과 부령의 차이점

한국의 법체계는 법률에서 위임한 사항을 대통령에게 위임하면 대통령령으로, 장관에게 위임하면 부령(장관령)으로 제정함. 이때 대통령령은 시행령과 같은 의미이고, 부령은 시행규칙과 같은 의미임.
예 노인복지법에서 대통령에게 위임한 사항은 대통령령인 '노인복지법 시행령'에, 장관에게 위임한 사항은 부령인 '노인복지법 시행규칙'에 규정된다.

ⓔ 자치법규
- 지방자치단체가 법률에 의하여 인정된 자치권의 범위 내에서 자기 사무 및 주민의 권리와 의무에 관하여 제정한 자치에 관한 규칙이다.
- 조례: 지방자치단체가 법령의 범위 내에서 지방의회의 의결을 거쳐 그 사무에 관하여 제정한 법이다.
- 규칙: 지방자치단체의 장이 법령 또는 조례가 위임한 범위 내에서 그 권한에 속하는 사무에 관하여 제정한 법이다.

> **합격 가이드**
> 조례 및 규칙 제정에 관한 법적 근거는 640쪽에서 확인하세요.

ⓜ 국제법 기출 22회
- 국제법상 주체인 국가 간에 국제적 권리·의무의 발생을 목적으로 체결하는 것이다.
- 조약·협약·협정·의정·약정·규약·헌장·선언·합의서 등으로 불리며, 조약의 당사자인 국가들의 비준에 의해 효력이 발생한다.
- **국제법과 국내법의 관계**: 우리 헌법은 전문에서 '밖으로는 항구적인 세계 평화와 인류 공영에 이바지'한다고 하였고, 헌법 제6조 제1항은 '헌법에 의하여 체결·공포된 조약과 일반적으로 승인된 국제법규는 국내법과 같은 효력을 가진다.'라고 규정함으로써 국제 평화주의와 국제법 존중주의를 선언하고 있다.
- 국민연금법은 제127조를 통해 외국과의 사회보장협정 규정을 두고 있다. 동등한 대우, 이중 가입 배제, 가입기간 합산, 급여 송금 보장 등이 체결의 목적이다.

개념 공략 외국과의 사회보장협정

1. 사회보장협정의 의의
   - 상호주의에 입각하여 사회보장에 관해 체결한 조약
   - 우리나라는 일본, 독일, 네덜란드, 미국, 영국, 캐나다, 이란, 중국 등과 사회보장협정을 체결하였음.
   - 인간다운 생활 보장의 보편화, 근로자의 국제적 이동, 국제적 노동조합의 사회복지 운동, 국제적 사회복지 기준 설정의 필요성 등으로 사회복지법이 국제화됨.

2. 사회복지에 관한 국제적 선언

세계 인권 선언(1948)	인권에 대한 상징적 기준 및 보편적 사회보장의 권리를 담고 있음.
사회보장 최저 기준 조약(1952)	1941년 대서양 헌장의 사회보장원칙을 확인하는 의미를 가짐. ➡ 조약상 급여: 의료·질병·실업·노령·업무상 재해·가족·모성·폐질·유족 급여
사회보장에 관한 내·외국인 균등 처우 조약(1962)	국제 노동 기구에서 채택
국제 인권 규약(1966)	• A규약: 경제적·사회적·문화적 권리에 관한 규약(행복추구권, 자결권, 소유권, 노동권, 교육권) • B규약: 시민적·정치적 권리에 관한 규약(생명권, 평등권, 자유권, 참정권, 여성권)
장애인의 직업재활 및 고용에 관한 협약(1985)	국제 노동 기구에서 채택
아동의 권리에 관한 국제 협약(1989)	• 아동 권리 협약의 일반 원칙: 무차별의 원칙, 아동의 최선의 이익의 원칙, 아동의 생명 존중 및 발달 보장의 원칙, 아동의 의견 존중의 원칙 • 아동 권리 협약의 4대 기본권: 생존권, 발달권, 보호권, 참여권

② 불문법 기출 22회
  ㉠ 관습법: 사회적으로 자연스럽게 형성된 관행이 사회 일반으로부터 법적 확신을 얻음으로써 법적 의미가 생긴 것으로, 관습법은 성문법에 대하여 보충적 효력으로만 인정된다.
  ㉡ 판례법: 유사한 사건에 대하여 법원이 동일한 취지의 판결을 반복하여 판례의 방향이 확정됨으로써, 동종의 사건에 대한 사실상의 구속력을 갖게 되어 형성되는 법이다.
  ㉢ 조리: 대부분의 사회 구성원들이 타당하다고 인정하는 도리, 사회 정의, 사회 형평, 공서양속, 사회 통념, 사회 상규, 신의 성실 등으로서, 실정법이나 관습법이 존재하지 않아 재판 시 다른 법원에 의한 법을 발견할 수 없는 경우에 법원(法源)으로 채용되는 경우가 많다.

2 한국 사회복지법의 발달과정

1. 연대별 사회복지법의 발달 기출 12~14회, 16~23회

구분	법률	제정	비고
1940년대	조선구호령	1944년	1962년 생활보호법 시행으로 폐지
1950년대	근로기준법	1953년	
1960년대	공무원연금법	1960년	
	생활보호법	1961년	• 1962년 시행 • 2000년 국민기초생활 보장법으로 대체
	아동복리법		• 1962년 시행 • 1981년 아동복지법으로 법명 변경
	재해구호법	1962년	
	국가유공자 및 월남귀순자 특별원호법		
	군인연금법		
	사회보장에 관한 법률	1963년	1996년 사회보장기본법 시행으로 폐지
	산업재해보상보험법		1964년 시행
	의료보험법		2000년부터 국민건강보험법으로 시행
1970년대	사회복지사업법	1970년	
	사립학교교원연금법	1973년	• 1974년 시행 • 2000년 사립학교교직원 연금법으로 개정 시행
	국민복지연금법		• 1986년 전문 개정되면서 국민연금법으로 법명 변경 • 1988년부터 국민연금제도 시행
	공무원 및 사립학교교직원의 의료보험법	1977년	• 1997년 국민의료보험법이 제정되면서 폐지 • 2000년부터 국민건강보험법으로 시행
	의료보호법		2001년 전문 개정되면서 의료급여법으로 법명 변경
1980년대	아동복지법	1981년	
	심신장애자복지법		1989년 전문 개정되면서 장애인복지법으로 법명 변경
	노인복지법		

연대	법명	제정연도	비고
	국민연금법	1986년	• 1988년 시행 • 1999년 전 국민 연금 시대를 맞이함.
	모자복지법	1989년	• 2002년 일부 개정되면서 모·부자복지법으로 법명 변경 • 2007년 일부 개정되면서 한부모가족지원법으로 법명 변경
	장애인복지법		
1990년대	장애인고용촉진 등에 관한 법률	1990년	• 1991년 시행 • 2000년 전문 개정되면서 장애인고용촉진 및 직업재활법으로 법명 변경
	영유아보육법	1991년	
	고령자고용촉진법		• 1992년 시행 • 2008년 일부 개정되어 고용상 연령차별금지 및 고령자고용촉진에 관한 법률로 법명 변경
	고용보험법	1993년	1995년 시행
	정신보건법	1995년	2016년 정신건강증진 및 정신질환자 복지서비스 지원에 관한 법률로 법명 변경
	여성발전기본법		2014년 전문 개정되면서 양성평등기본법으로 법명 변경
	사회보장기본법		1996년 시행
	청소년 보호법	1997년	
	가정폭력방지 및 피해자 보호 등에 관한 법률		1998년 시행
	사회복지공동모금법		• 1998년 시행 • 1999년 사회복지공동모금회법으로 법명 변경
	국민기초생활 보장법	1999년	2000년 시행
	국민건강보험법		2000년 시행
2000년대	의료급여법	2001년	
	모·부자복지법	2002년	2007년 일부 개정되면서 한부모가족지원법으로 법명 변경
	청소년복지 지원법	2004년	2005년 시행
	자원봉사활동 기본법	2005년	2006년 시행
	긴급복지지원법		2006년 시행
	저출산·고령사회기본법		
	노인장기요양보험법	2007년	• 2007년 1단계 시행령·시행규칙 시행 • 2008년 전면 시행
	기초노령연금법		• 2008년 시행 • 2014년 기초연금법 제정으로 폐지
	장애인차별금지 및 권리구제 등에 관한 법률		2008년 시행
	한부모가족지원법		
	다문화가족지원법	2008년	
	국민연금과 직역연금의 연계에 관한 법률	2009년	

2010년대	장애인연금법	2010년	2011년 시행
	성폭력방지 및 피해자보호 등에 관한 법률		2011년 시행
	사회서비스 이용 및 이용권 관리에 관한 법률	2011년	2012년 시행
	장애인활동 지원에 관한 법률		
	사회복지사 등의 처우 및 지위 향상을 위한 법률		2012년 시행
	노숙인 등의 복지 및 자립지원에 관한 법률		2012년 시행
	장애아동 복지지원법		2012년 시행
	아이돌봄 지원법	2012년	
	기초연금법	2014년	
	발달장애인 권리보장 및 지원에 관한 법률		2015년 시행
	주거급여법		
	사회보장급여의 이용·제공 및 수급권자 발굴에 관한 법률		2015년 시행
	정신건강증진 및 정신질환자 복지서비스 지원에 관한 법률	2016년	• 2016년 정신보건법에서 법명 변경 • 2017년 시행
	아동수당법	2018년	
2020년대	청년기본법	2020년	

2. 연도별 폐지된 사회복지법과 신법 기출 21회, 23회

구분	폐지된 법	신법
1960년대	아동복리법(1961)	아동복지법(1981)
	생활보호법(1961)	국민기초생활 보장법(1999)
	사회보장에 관한 법률(1963)	사회보장기본법(1995)
	의료보험법(1963)	국민의료보험법(1997, 폐지)
1970년대	사립학교교원연금법(1973)	사립학교교직원 연금법(2000)
	국민복지연금법(1973)	국민연금법(1986)
	의료보호법(1977)	의료급여법(2001)
1980년대	심신장애자복지법(1981)	장애인복지법(1989)
	모자복지법(1989)	모·부자복지법(2002, 폐지)
1990년대	정신보건법(1995)	정신건강증진 및 정신질환자 복지서비스 지원에 관한 법률(2016)
	사회복지공동모금법(1997)	사회복지공동모금회법(1999)
	국민의료보험법(1997)	국민건강보험법(1999)
2000년대	모·부자복지법(2002)	한부모가족지원법(2007)
	기초노령연금법(2007)	기초연금법(2014)

단숨에 끝내는
CHAPTER
02

사회복지법의 체계 및 사회복지의 권리성

핵심 Tag #법률 간의 효력 #권리구제

1 사회복지법의 체계 기출 13회, 16회

1. 법 체계의 개관
① **상위법 우선의 원칙**: 하위법은 상위법에 위배되어서는 안 된다.
② **특별법 우선의 원칙**: 특정한 목적의 달성을 위하여 제정된 특별법이 일반법에 우선한다.
③ **신법 우선의 원칙**: 신법은 구법을 폐지한다.
④ **일사부재리의 원칙**: 판결이 확정된 사건은 재차 처벌하지 않는다.
⑤ **법률 불소급의 원칙**: 법률 시행 이전에 발생한 사항에 대하여는 소급하여 적용하지 않는다.

> **합격 가이드**
> 구법인 특별법과 신법인 일반법 간에 충돌이 있으면 구법인 특별법이 우선 적용됩니다.

2. 사회복지 관련 법률
① **사회보장기본법**
　㉠ **사회보장**: 사회적 위험으로부터 모든 국민을 보호하고 국민 삶의 질을 향상시키는 데 필요한 소득·서비스를 보장하는 사회보험, 공공부조, 사회서비스를 말한다.
　㉡ 사회보상에 관한 국민의 권리와 국가 및 지방자치단체의 책임을 정하고 사회보장제도에 관한 기본적인 사항을 규정함으로써 국민의 복지증진에 이바지하는 것을 목적으로 한다.
② **사회보험법**
　㉠ **사회보험**: 국민에게 발생하는 사회적 위험을 보험의 방식으로 대처함으로써 국민의 건강과 소득을 보장하는 제도를 말한다.
　㉡ **관련 법률**: 국민연금법, 국민건강보험법, 고용보험법, 산업재해보상보험법, 노인장기요양보험법 등
③ **공공부조법**
　㉠ **공공부조**: 국가와 지방자치단체의 책임하에 생활 유지 능력이 없거나 생활이 어려운 국민의 최저 생활을 보장하고 자립을 지원하는 제도를 말한다.
　㉡ **관련 법률**: 국민기초생활 보장법, 의료급여법, 긴급복지지원법, 기초연금법, 장애인연금법 등
④ **사회복지서비스법**
　㉠ **사회복지서비스**: 국가·지방자치단체 및 민간부문의 도움이 필요한 모든 국민에게 인간다운 생활을 보장하고 상담·재활·정보제공·관련 시설 이용 등을 통하여 국민의 삶의 질이 향상되도록 지원하는 제도를 말한다.
　㉡ **관련 법률**: 장애인복지법, 노인복지법, 아동복지법, 한부모가족지원법 등

3. 사회복지 관련 조례 및 규칙(자치 입법) 기출 11~14회, 19회, 21회, 23회

① **자치 입법권 인정**: 지방자치단체는 주민의 복리에 관한 사무를 처리하고 재산을 관리하며, 법령의 범위 안에서 자치에 관한 규정을 제정할 수 있다(헌법 제117조 제1항).

② **조례 제정에 대한 근거 및 제한**
   ㉠ 근거: 지방자치단체는 법령의 범위에서 그 사무에 관하여 조례를 제정할 수 있다(지방자치법 제28조 제1항).
   ㉡ 제한
   - 조례는 해당 지방자치단체가 관할하는 지역 안에서만 효력을 가진다.
   - 상위 법령(헌법, 법률, 시행령, 시행규칙)에 모순되거나 위배되어서는 안 된다.
   - 주민의 권리 제한 또는 의무 부과에 관한 사항이나 벌칙을 정할 때에는 법률의 위임이 있어야 한다.

③ **규칙 제정에 대한 근거**: 지방자치단체의 장은 법령 또는 조례의 범위에서 그 권한에 속하는 사무에 관하여 규칙을 제정할 수 있다(지방자치법 제29조).

> **합격 가이드**
> - 조례는 규칙보다 상위 법규범이다.
> - 시·도의 규칙은 시·군 및 자치구의 규칙보다 상위 법규범이다.

2 사회복지의 권리성

1. 사회보장수급권(사회복지급여 수급권)

① **의의**
   ㉠ 생존권적 기본권이 법률이나 행정 입법의 수준에서 구체적으로 규정된 것이다.
   ㉡ 개개인의 국민이 법규에 근거하여 사회보장과 관련된 급여 등을 청구할 수 있는 권리이다.

② **사회보장수급권의 보호**
   ㉠ 양도·압류 등의 제한: 사회보장수급권은 수급자 개인의 일신 전속적 권리로서 최소한의 인간다운 생활을 보장받기 위한 수단이기 때문에 타인에게 양도하거나 담보로 제공할 수 없으며, 이를 압류할 수 없다.
   ㉡ 급여의 변경 제한: 사회보장급여는 정당한 사유 없이 수급권자에게 불리하게 변경할 수 없다.
   ㉢ 조세 등의 부과 제한: 사회보장급여로 제공된 급여에 대하여는 원칙적으로 조세를 부과하지 않는다.

③ **사회보장수급권의 제한과 포기**
   ㉠ 제한: 사회보장수급권은 제한되거나 정지될 수 없다. 다만, 관계 법령에서 따로 정하고 있는 경우에는 그러하지 아니하다. 단, 사회보장수급권이 제한되거나 정지되는 경우에는 제한 또는 정지하는 목적에 필요한 최소한의 범위에 그쳐야 한다(사회보장기본법 제13조).
   ㉡ 포기: 사회보장수급권은 정당한 권한이 있는 기관에 서면으로 통지하여 포기할 수 있으며, 사회보장수급권의 포기는 취소할 수 있다. 단, 사회보장수급권을 포기하는 것이 타인에게 피해를 주거나 사회보장에 관한 관계 법령에 위반되는 경우에는 포기할 수 없다(동법 제14조).

2. 권리구제 기출 11~13회, 19회

① **정의**: 사회복지급여의 수급권자가 보험료, 수급자격, 급여내용 등과 관련하여 당해 처분에 이의가 있거나 불복이 있는 경우, 사회복지 관계 법령에서 규정하고 있는 각종 심사위원회나 법원에 그 처분의 시정을 구할 수 있는 절차이다.

② **의의**: 사회복지법에서 이의신청이나 심사청구, 재심사청구 등의 권리구제 장치를 마련하는 가장 큰 목적은 급여대상자인 사회적 약자의 생존권을 신속하게 확보함으로써 인간다운 생활을 보장하려는 데 있다.

③ 절차
  ㉠ 이의신청과 심사(심판)청구

구분	이의신청	심사(심판)청구
국민건강보험법	이의신청위원회 (국민건강보험공단 또는 건강보험심사평가원)	건강보험분쟁조정위원회 (보건복지부)
의료급여법	시장·군수·구청장 또는 급여비용심사기관	건강보험분쟁조정위원회 (보건복지부)

  ㉡ 심사청구와 재심사청구

구분	심사청구	재심사청구
국민연금법	국민연금심사위원회(국민연금공단) 또는 징수심사위원회(국민건강보험공단)	국민연금재심사위원회 (보건복지부)
산업재해보상보험법	산업재해보상보험심사위원회 (근로복지공단)	산업재해보상보험재심사위원회 (고용노동부)
고용보험법	고용보험심사관 (고용노동부 소속 공무원)	고용보험심사위원회 (고용노동부)
노인장기요양보험법	장기요양심사위원회 (국민건강보험공단)	장기요양재심사위원회 (보건복지부)

  ㉢ **국민기초생활 보장법**: 하급 기관과 상급 기관에 대한 2차에 걸친 이의신청 제도를 두고 있다. 먼저, 시장·군수·구청장의 처분에 대하여 이의가 있는 경우에는 해당 보장 기관을 거쳐 시·도지사에게 이의신청을 할 수 있고, 이에 대하여 이의가 있는 자는 시·도지사를 거쳐 보건복지부장관에게 이의신청을 할 수 있다.
  ㉣ **기초연금법, 장애인연금법**: 특별자치시장·특별자치도지사·시장·군수·구청장에게 이의신청을 할 수 있다. 이때 이의신청은 처분이 있음을 안 날로부터 90일 이내에 서면으로 하여야 한다.
  ㉤ **긴급복지지원법**: 시장·군수·구청장을 거쳐 특별시장·광역시장·도지사·특별자치도지사에게 처분을 고지받은 날로부터 30일 이내에 서면으로 이의신청을 할 수 있다.

단숨에 끝내는
CHAPTER
03

사회보장기본법, 사회보장급여법, 사회복지사업법

핵심 Tag #사회보장기본법 #사회보장급여법 #사회복지사업법

1 사회보장기본법

1. 사회보장기본법의 개요 기출 14회, 16회, 19회, 20회, 23회

① **목적(제1조)**: 사회보장에 관한 국민의 권리와 국가 및 지방자치단체의 책임을 정하고 사회보장정책의 수립·추진과 관련 제도에 관한 기본적인 사항을 규정함으로써 국민의 복지증진에 이바지한다.

② **기본이념(제2조)**
   ㉠ 모든 국민이 다양한 사회적 위험으로부터 벗어나 행복하고 인간다운 생활을 향유할 수 있도록 자립을 지원한다.
   ㉡ 사회참여·자아실현에 필요한 제도와 여건을 조성하여 사회통합과 행복한 복지사회를 실현한다.

③ **용어의 정의(제3조)**

사회보장	출산, 양육, 실업, 노령, 장애, 질병, 빈곤 및 사망 등의 사회적 위험으로부터 모든 국민을 보호하고 국민 삶의 질을 향상시키는 데 필요한 소득·서비스를 보장하는 사회보험, 공공부조, 사회서비스
사회보험	국민에게 발생하는 사회적 위험을 보험의 방식으로 대처함으로써 국민의 건강과 소득을 보장하는 제도
공공부조	국가와 지방자치단체의 책임하에 생활 유지 능력이 없거나 생활이 어려운 국민의 최저 생활을 보장하고 자립을 지원하는 제도
사회서비스	국가·지방자치단체 및 민간부문의 도움이 필요한 모든 국민에게 복지, 보건 의료, 교육, 고용, 주거, 문화, 환경 등의 분야에서 인간다운 생활을 보장하고 상담, 재활, 돌봄, 정보의 제공, 관련 시설의 이용, 역량 개발, 사회참여 지원 등을 통하여 국민의 삶의 질이 향상되도록 지원하는 제도
평생사회안전망	생애 주기에 걸쳐 보편적으로 충족되어야 하는 기본 욕구와 특정한 사회 위험에 의하여 발생하는 특수 욕구를 동시에 고려하여 소득·서비스를 보장하는 맞춤형 사회보장제도
사회보장 행정데이터	국가, 지방자치단체, 공공기관 및 법인이 법령에 따라 생성 또는 취득하여 관리하고 있는 자료 또는 정보로서 사회보장정책 수행에 필요한 자료 또는 정보

④ **국가와 지방자치단체의 책임(제5조)** 기출 20회
   ㉠ 국가와 지방자치단체는 모든 국민의 인간다운 생활을 유지·증진하는 책임을 가진다.
   ㉡ 국가와 지방자치단체는 사회보장에 관한 책임과 역할을 합리적으로 분담하여야 한다.
   ㉢ 국가와 지방자치단체는 국가 발전 수준에 부응하고 사회 환경의 변화에 선제적으로 대응하며 지속 가능한 사회보장제도를 확립하고 매년 이에 필요한 재원을 조달하여야 한다.

⑤ 국민의 책임(제7조)
  ㉠ 모든 국민은 자신의 능력을 최대한 발휘하여 자립·자활할 수 있도록 노력하여야 한다.
  ㉡ 모든 국민은 경제적·사회적·문화적·정신적·신체적으로 보호가 필요하다고 인정되는 사람에게 지속적인 관심을 가지고, 이들이 보다 나은 삶을 누릴 수 있는 사회 환경 조성에 서로 협력하고 노력하여야 한다.
  ㉢ 모든 국민은 관계 법령에서 정하는 바에 따라 사회보장급여에 필요한 비용의 부담, 정보의 제공 등 국가의 사회보장정책에 협력하여야 한다.
⑥ 외국인에 대한 적용(제8조): 국내에 거주하는 외국인에게 사회보장제도를 적용할 때에는 상호주의의 원칙에 따르되, 관계 법령에서 정하는 바에 따른다.

2. 사회보장수급권 기출 12~17회, 19회, 21회~23회

① 정의 및 수급권자
  ㉠ 사회보장기본법에 의한 복지권으로, 국민이 사회보장급여를 받을 권리를 말한다.
  ㉡ 모든 국민은 사회보장 관계 법령에서 정하는 바에 따라 사회보장급여를 받을 권리(사회보장수급권)를 가진다(제9조).
② 사회보장급여의 수준(제10조)
  ㉠ 국가와 지방자치단체는 모든 국민이 건강하고 문화적인 생활을 유지할 수 있도록 사회보장급여의 수준 향상을 위하여 노력하여야 한다.
  ㉡ 국가는 관계 법령에서 정하는 바에 따라 최저보장수준과 최저임금을 매년 공표하여야 한다.
  ㉢ 국가와 지방자치단체는 최저보장수준과 최저임금 등을 고려하여 사회보장급여의 수준을 결정하여야 한다.
③ 사회보장급여의 신청(제11조)
  ㉠ 사회보장급여를 받으려는 사람은 관계 법령에서 정하는 바에 따라 국가나 지방자치단체에 신청하여야 한다. 다만, 관계 법령에서 따로 정하는 경우에는 국가나 지방자치단체가 신청을 대신할 수 있다.
  ㉡ 사회보장급여를 신청하는 사람이 담당 기관이 아닌 다른 기관에 신청한 경우, 해당 기관은 지체 없이 이를 정당한 권한이 있는 기관에 이송하여야 한다. 이 경우 정당한 권한이 있는 기관에 이송된 날을 사회보장급여의 신청일로 본다.
④ 사회보장수급권의 보호(제12조): 사회보장수급권은 관계 법령에서 정하는 바에 따라 다른 사람에게 양도하거나 담보로 제공할 수 없으며, 이를 압류할 수 없다.
⑤ 사회보장수급권의 제한(제13조)
  ㉠ 사회보장수급권은 제한되거나 정지될 수 없다. 다만, 관계 법령에서 따로 정하고 있는 경우에는 그러하지 아니하다.
  ㉡ 사회보장수급권이 제한되거나 정지되는 경우에는 제한 또는 정지하는 목적에 필요한 최소한의 범위에 그쳐야 한다.
⑥ 사회보장수급권의 포기(제14조)
  ㉠ 사회보장수급권은 정당한 권한이 있는 기관에 서면으로 통지하여 포기할 수 있다.
  ㉡ 사회보장수급권의 포기는 취소할 수 있다.
  ㉢ 사회보장수급권을 포기하는 것이 다른 사람에게 피해를 주거나 사회보장에 관한 관계 법령에 위반되는 경우에는 사회보장수급권을 포기할 수 없다.

⑦ **권리구제(제39조)**: 위법 또는 부당한 처분을 받거나 필요한 처분을 받지 못함으로써 권리 또는 이익을 침해받은 국민은 행정심판법에 따른 행정심판을 청구하거나 행정소송법에 따른 행정소송을 제기하여 그 처분의 취소 또는 변경 등을 청구할 수 있다.

⑧ **불법행위에 대한 구상(제15조)**: 제3자의 불법행위로 피해를 입은 국민이 그로 인하여 사회보장수급권을 가지게 된 경우, 사회보장제도를 운영하는 자는 그 불법행위의 책임이 있는 자에 대하여 관계 법령에서 정하는 바에 따라 구상권을 행사할 수 있다.

> **합격 가이드**
> '구상권'이란 타인의 채무를 갚아준 사람이 그 사람에 대하여 갖는 반환청구의 권리로, 여기서는 사회보장제도를 운영하는 자가 제3자에게 반환청구 권리를 행사할 수 있다는 뜻입니다.

3. 사회보장제도의 운영 기출 11회, 20~22회

① **운영 원칙(제25조)**
  ㉠ **보편성**: 국가와 지방자치단체가 사회보장제도를 운영할 때에는 모든 국민에게 적용하여야 한다.
  ㉡ **형평성**: 국가와 지방자치단체는 사회보장제도의 급여 수준과 비용 부담 등에서 형평성을 유지하여야 한다.
  ㉢ **민주성**: 국가와 지방자치단체는 사회보장제도의 정책 결정 및 시행 과정에 공익의 대표자 및 이해관계인 등을 참여시켜 이를 민주적으로 결정하고 시행하여야 한다.
  ㉣ **효율성, 연계성, 전문성**: 국가와 지방자치단체가 사회보장제도를 운영할 때에는 국민의 다양한 복지욕구를 효율적으로 충족시키기 위하여 연계성과 전문성을 높여야 한다.
  ㉤ 사회보험은 국가의 책임으로 시행하고, 공공부조와 사회서비스는 국가와 지방자치단체의 책임으로 시행하는 것을 원칙으로 한다. 다만, 국가와 지자체의 재정 등을 고려하여 이를 협의·조정할 수 있다.

② **협의 및 조정(제26조)** 기출 18회
  ㉠ 국가와 지방자치단체는 사회보장제도를 신설하거나 변경할 경우 기존 제도와의 관계, 사회보장 전달체계에 미치는 영향, 재원의 규모·조달방안을 포함한 재정에 미치는 영향 및 지역별 특성 등을 사전에 충분히 검토하고 상호협력하여 사회보장급여가 중복 또는 누락되지 아니하도록 하여야 한다.
  ㉡ 중앙행정기관의 장과 지방자치단체의 장은 사회보장제도를 신설하거나 변경할 경우 신설 또는 변경의 타당성, 기존 제도와의 관계, 사회보장 전달체계에 미치는 영향, 지역복지 활성화에 미치는 영향 및 운영방안 등에 대하여 대통령령으로 정하는 바에 따라 보건복지부장관과 협의하여야 한다.
  ㉢ 중앙행정기관의 장과 지방자치단체의 장은 업무를 효율적으로 수행하기 위하여 필요하다고 인정하는 경우에는 관련 자료의 수집·조사 및 분석에 관한 업무를 정부출연연구기관, 한국사회보장정보원, 그 밖에 대통령령으로 정하는 전문기관 또는 단체에 위탁할 수 있다.
  ㉣ 중앙행정기관의 장과 지방자치단체의 장은 협의가 이루어지지 아니할 경우 위원회에 조정을 신청할 수 있으며, 위원회는 대통령령으로 정하는 바에 따라 이를 조정한다.
  ㉤ 보건복지부장관은 사회보장급여 관련 업무에 공통적으로 적용되는 기준을 마련할 수 있다.

③ **비용의 부담(제28조)** 기출 23회
  ㉠ 사회보장 비용의 부담은 각각의 사회보장제도의 목적에 따라 국가, 지방자치단체 및 민간부문 간에 합리적으로 조정되어야 한다.
  ㉡ 사회보험에 드는 비용은 사용자, 피용자 및 자영업자가 부담하는 것을 원칙으로 하되, 관계 법령에서 정하는 바에 따라 국가가 그 비용의 일부를 부담할 수 있다.
  ㉢ 공공부조 및 관계 법령에서 정하는 일정 소득 수준 이하의 국민에 대한 사회서비스에 드는 비용의 전부 또는 일부는 국가와 지방자치단체가 부담한다.
  ㉣ 부담 능력이 있는 국민에 대한 사회서비스에 드는 비용은 그 수익자가 부담함을 원칙으로 하되, 관계 법령에서 정하는 바에 따라 국가와 지방자치단체가 그 비용의 일부를 부담할 수 있다.

④ 사회보장급여의 관리(제30조 제1항): 국가와 지방자치단체는 국민의 사회보장수급권의 보장 및 재정의 효율적 운용을 위하여 다음에 관한 사회보장급여의 관리체계를 구축·운영하여야 한다. 기출 17회
  ㉠ 사회보장수급권자 권리구제
  ㉡ 사회보장급여의 사각지대 발굴
  ㉢ 사회보장급여의 부정·오류 관리
  ㉣ 사회보장급여의 과오지급액의 환수 등 관리
⑤ 사회보장통계(제32조)
  ㉠ 국가와 지방자치단체는 효과적인 사회보장정책의 수립·시행을 위하여 사회보장에 관한 통계(이하 사회보장통계라 함)를 작성·관리하여야 한다.
  ㉡ 관계 중앙행정기관의 장과 지방자치단체의 장은 소관 사회보장통계를 대통령령으로 정하는 바에 따라 보건복지부장관에게 제출하여야 한다.
  ㉢ 보건복지부장관은 제출된 사회보장통계를 종합하여 위원회에 제출하여야 한다.

4. 사회보장 기본계획 기출 15회, 23회

① 사회보장 기본계획의 수립(제16조 제1항): 보건복지부장관은 관계 중앙행정기관의 장과 협의하여 사회보장 증진을 위하여 사회보장에 관한 기본계획을 5년마다 수립하여야 한다.
② 연도별 시행계획의 수립·시행(제18조)
  ㉠ 보건복지부장관 및 관계 중앙행정기관의 장은 기본계획에 따라 사회보장과 관련된 소관 주요 시책의 시행계획을 매년 수립·시행하여야 한다.
  ㉡ 관계 중앙행정기관의 장은 소관 시행계획 및 전년도의 시행계획에 따른 추진실적을 매년 보건복지부장관에게 제출하여야 한다.
  ㉢ 보건복지부장관은 관계 중앙행정기관 및 보건복지부 소관의 추진실적을 종합하여 성과를 평가하고, 그 결과를 사회보장위원회에 보고하여야 한다.
③ 사회보장에 관한 지역계획의 수립·시행(제19조)
  ㉠ 특별시장·광역시장·특별자치시장·도지사 또는 특별자치도지사·시장·군수·구청장은 관계 법령으로 정하는 바에 따라 사회보장에 관한 지역계획을 수립·시행하여야 한다.
  ㉡ 지역계획은 기본계획과 연계되어야 한다.
④ 사회보장제도의 평가(제30조의2)
  ㉠ 보건복지부장관은 사회보장제도의 효과성 분석 및 통합 관리를 위하여 장기간 대규모의 예산이 투입되는 사업 등 대통령령으로 정하는 사회보장제도에 대하여 평가를 실시할 수 있다.
  ㉡ 보건복지부장관은 제1항에 따른 사회보장제도의 평가를 위하여 필요한 자료나 정보의 제공을 관계 중앙행정기관의 장, 지방자치단체의 장, 교육감 및 관련 기관 또는 단체 등에 요청할 수 있다. 이 경우 요청을 받은 관계 중앙행정기관의 장 등은 특별한 사유가 없으면 이에 따라야 한다.
  ㉢ 보건복지부장관은 사회보장제도 평가를 실시한 경우에는 그 결과를 위원회에 보고하여야 한다.
⑤ 중장기 사회보장 재정추계(제30조의3)
  ㉠ 보건복지부장관은 사회보장제도의 안정적인 운영을 위하여 중장기 사회보장 재정추계를 적어도 3년마다 실시하고 이를 공표하여야 한다.
  ㉡ 보건복지부장관은 제1항에 따른 중장기 사회보장 재정추계의 실시를 위하여 관계 중앙행정기관의 장, 공공기관 또는 정부출연연구기관의 장에게 중장기 대내외 거시경제전망, 재정전망 및 장래인구추계 등에 관한 자료의 제출을 요청할 수 있다. 이 경우 자료의 제출을 요청 받은 관계 중앙행정기관의 장 등은 특별한 사유가 없으면 이에 따라야 한다.

5. 사회보장위원회 `기출` 16~18회, 20~23회

① 사회보장위원회(제20조)
  ㉠ 사회보장에 관한 주요 시책을 심의·조정하기 위하여 국무총리 소속으로 사회보장위원회를 둔다.
  ㉡ 위원회는 다음 사항을 심의·조정한다.

  - 사회보장 증진을 위한 기본계획
  - 사회보장제도의 평가 및 개선
  - 둘 이상의 중앙행정기관이 관련된 주요 사회보장정책
  - 국가와 지방자치단체의 역할 및 비용 분담
  - 사회보장 전달체계 운영 및 개선
  - 사회보장정보의 보호 및 관리
  - 중앙행정기관의 장과 지방자치단체의 장이 보건복지부장관과 협의가 이루어지지 아니할 경우에 따른 조정
  - 그 밖에 위원장이 심의에 부치는 사항
  - 사회보장 관련 주요 계획
  - 사회보장제도의 신설 또는 변경에 따른 우선순위
  - 사회보장급여 및 비용 부담
  - 사회보장의 재정추계 및 재원조달 방안
  - 사회보장통계

  ㉢ 위원장은 사회보장 기본계획의 수립에 따라 확정된 기본계획이나 심의·조정한 결과를 관계 중앙행정기관의 장과 지방자치단체의 장에게 통지하여야 한다.
  ㉣ 관계 중앙행정기관의 장과 지방자치단체의 장은 위원회의 심의·조정 사항을 반영하여 사회보장제도를 운영 또는 개선해야 한다.

② 위원회의 구성(제21조) `기출` 20회
  ㉠ 위원회는 위원장 1명, 부위원장 3명과 행정안전부장관, 고용노동부장관, 여성가족부장관, 국토교통부장관을 포함한 30명 이내의 위원으로 구성한다.
  ㉡ 위원장은 국무총리가 되고 부위원장은 기획재정부장관, 교육부장관 및 보건복지부장관이 된다.
  ㉢ 위원회의 위원은 다음 어느 하나에 해당하는 사람으로 한다.

  - 대통령령으로 정하는 관계 중앙행정기관의 장
  - 다음의 사람 중에서 대통령이 위촉하는 사람
    - 근로자를 대표하는 사람, 사용자를 대표하는 사람
    - 사회보장에 관한 학식과 경험이 풍부한 사람, 변호사 자격이 있는 사람

  ㉣ 위원의 임기는 2년으로 한다. 다만, 공무원인 위원의 임기는 그 재임 기간으로 하고, 위원회의 위원이 기관·단체의 대표자 자격으로 위촉된 경우에는 그 임기는 대표의 지위를 유지하는 기간으로 한다.
  ㉤ 보궐위원의 임기는 전임자 임기의 남은 기간으로 한다.
  ㉥ 위원회를 효율적으로 운영하고 위원회의 심의·조정 사항을 전문적으로 검토하기 위하여 위원회에 실무위원회를 두며, 실무위원회에 분야별 전문위원회를 둘 수 있다.
  ㉦ 실무위원회에서 의결한 사항은 위원장에게 보고하고 위원회의 심의를 거쳐야 한다. 다만, 대통령령으로 정하는 경미한 사항에 대하여는 실무위원회의 의결로써 위원회의 의결을 갈음할 수 있다.
  ㉧ 위원회의 사무를 효율적으로 처리하기 위하여 보건복지부에 사무국을 둔다.
  ㉨ 이 법에서 규정한 사항 외에 위원회, 실무위원회, 분야별 전문위원회, 사무국의 구성·조직 및 운영 등에 필요한 사항은 대통령령으로 정한다.

③ 사회보장 행정데이터의 제공 요청(제42조)
  ㉠ 위원회는 사회보장정책의 심의·조정 및 연구를 위하여 관계 기관의 장에게 사회보장 행정데이터가 모집단의 대표성을 확보할 수 있는 범위에서 다음에 해당하는 사회보장 행정데이터의 제공을 요청할 수 있다. 이 경우 사회보장 행정데이터의 제공을 요청받은 관계 기관의 장은 특별한 사유가 없으면 이에 따라야 한다.

> - 사회보험, 공공부조 및 사회서비스에 관한 자료 또는 정보
> - 고용·직업에 관한 정보
> - 과세정보로서 소득 및 원천징수, 근로장려금 및 자녀장려금의 결정·환급 내역, 재산세 정보
> - 주민등록전산정보자료
> - 그 밖에 위원회의 업무 수행을 위하여 필요하다고 대통령령으로 정하는 자료 또는 정보

ⓒ 요청할 수 있는 사회보장 행정데이터의 구체적인 내용 및 모집단의 대표성을 확보할 수 있는 범위 등에 관한 사항은 대통령령으로 정한다.
ⓒ 사회보장 행정데이터를 제공하는 경우 개인정보 보호법에 따른 가명정보로 제공하여야 한다.
ⓔ 위원회가 제공받은 사회보장 행정데이터의 처리 및 보호에 관하여는 이 법에서 정하는 사항을 제외하고는 개인정보 보호법에 따른다.

2 사회보장급여법

1. 총칙 기출 19회, 20회

① 목적(제1조)
  ㉠ 사회보장기본법에 따른 사회보장급여의 이용 및 제공에 관한 기준과 절차 등 기본적 사항을 규정하고 지원을 받지 못하는 지원대상자를 발굴하여 지원함으로써 사회보장급여를 필요로 하는 사람의 인간다운 생활을 할 권리를 최대한 보장하기 위함이다.
    참고 사회보장급여법은 '사회보장급여의 이용·제공 및 수급권자 발굴에 관한 법률'의 약칭입니다.
  ㉡ 사회보장급여가 공정하고 효과적으로 제공되도록 하며, 사회보장제도가 지역사회에서 통합적으로 시행될 수 있도록 그 기반을 구축하기 위함이다.

② 용어의 정의(제2조) 기출 17회

사회보장급여	보장기관이 사회보장기본법에 따라 제공하는 현금, 현물, 서비스 및 그 이용권
수급권자	사회보장기본법에 따른 사회보장급여를 제공받을 권리를 가진 사람
수급자	사회보장급여를 받고 있는 사람
보장기관	관계 법령 등에 따라 사회보장급여를 제공하는 국가기관과 지방자치단체

③ 기본원칙(제4조)
  ㉠ 보편성, 충분성: 사회보장급여가 필요한 사람은 누구든지 자신의 의사에 따라 사회보장급여를 신청할 수 있으며, 보장기관은 이에 필요한 안내와 상담 등의 지원을 충분히 제공하여야 한다.
  ㉡ 적절성: 보장기관은 지원이 필요한 국민이 급여대상에서 누락되지 아니하도록 지원대상자를 적극 발굴하여 이들이 필요로 하는 사회보장급여를 적절하게 제공받을 수 있도록 노력하여야 한다.
  ㉢ 공정성, 투명성, 적정성: 보장기관은 국민의 다양한 복지욕구를 충족시키고 생애주기별 필요에 맞는 사회보장급여가 공정·투명·적정하게 제공될 수 있도록 노력하여야 한다.
  ㉣ 연계성: 보장기관은 사회보장급여와 사회복지사업법에 따른 사회복지법인, 사회복지시설 등 사회보장 관련 민간 법인·단체·시설이 제공하는 복지혜택 또는 서비스를 효과적으로 연계하여 제공할 수 있도록 노력하여야 한다.
  ㉤ 편의성: 보장기관은 국민이 사회보장급여를 편리하게 이용할 수 있도록 사회보장정책 및 관련 제도를 수립·시행하기 위하여 노력하여야 한다.
  ㉥ 균일성: 보장기관은 지역의 사회보장 수준이 균등하게 실현될 수 있도록 노력하여야 한다.

2. 사회보장급여 기출 20회, 22회

① 사회보장급여의 신청(제5조) 최신법령
  ㉠ 지원대상자와 그 친족, 민법에 따른 후견인, 청소년기본법에 따른 청소년상담사·청소년지도사, 지원대상자를 사실상 보호하고 있는 자(관련 기관 및 단체의 장을 포함) 등은 지원대상자의 주소지 관할 보장기관에 사회보장급여를 신청할 수 있다. 다만, 지원대상자의 주소지와 실제 거주지가 다른 경우에는 실제 거주지 관할 보장기관에도 신청할 수 있고, 중앙행정기관의 장이 지원대상자의 이용 편의, 사회보장급여의 제공 유형 등을 고려하여 필요하다고 결정한 사회보장급여의 경우에는 지원대상자의 주소지 관할이 아닌 보장기관에도 신청할 수 있다.
  ㉡ 보장기관의 업무담당자는 지원대상자가 누락되지 아니하도록 하기 위하여 관할 지역에 거주하는 지원대상자에 대한 사회보장급여의 제공을 직권으로 신청할 수 있다. 이 경우 지원대상자의 동의를 받아야 하며, 동의를 받은 경우에는 지원대상자가 신청한 것으로 본다.

② 수급자격의 조사(제7조): 보장기관의 장은 사회보장급여의 신청을 받으면 지원대상자와 그 부양의무자(배우자와 1촌의 직계혈족 및 그 배우자)에 대하여 사회보장급여의 수급자격 확인을 위하여 다음 어느 하나에 해당하는 자료 또는 정보를 제공받아 조사하고 처리할 수 있다. 다만, 부양의무자에 대한 조사가 필요하지 아니하거나 그 밖에 대통령령으로 정하는 사유에 해당하는 경우는 제외한다. 기출 20회

- 인적사항 및 가족관계 확인에 관한 사항
- 소득·재산·근로능력 및 취업상태에 관한 사항
- 사회보장급여 수급이력에 관한 사항
- 그 밖에 수급권자를 선정하기 위하여 보장기관의 장이 필요하다고 인정하는 사항

③ 위기가구의 발굴(제9조의2)
  ㉠ 보장기관의 장은 누락된 지원대상자가 적절한 사회보장급여를 제공받을 수 있도록 지원이 필요한 다음의 가구를 발굴하기 위하여 노력하여야 한다.

- 자료 또는 정보의 처리 결과 보장기관의 장이 위기상황에 처하여 있다고 판단한 사람의 가구
- 자살자가 발생한 가구 또는 자살시도자가 발생한 가구로서 대통령령으로 정하는 기준에 해당하는 가구

  ㉡ 보장기관의 장은 발굴한 위기가구의 구성원이 필요로 하는 적절한 사회보장급여를 제공받을 수 있도록 지원하여야 한다.

④ 자료 또는 정보의 처리 등(제12조)
  ㉠ 보건복지부장관은 보장기관이 업무를 효율적으로 수행할 수 있도록 지원하기 위하여 사회보장기본법에 따른 사회보장정보시스템을 통하여 다음의 자료 또는 정보를 처리할 수 있다.

- 전기사업법에 따른 단전(전류제한 포함), 수도법에 따른 단수, 도시가스사업법에 따른 단가스 가구정보(가구정보는 주민등록전산정보·가족관계등록전산정보 포함)
- 초·중등교육법에 따른 학교생활기록 정보 중 담당교원이 위기상황에 처하여 있다고 판단한 사람의 가구정보
- 국민건강보험법에 따른 보험료를 3개월 이상 체납한 사람의 가구정보
- 국민기초생활 보장법 또는 긴급복지지원법에 따른 신청 또는 지원 중 탈락가구의 가구정보
- 사회복지사업법에 따른 시설의 장이 입소 탈락자나 퇴소자 중 위기상황에 처하여 있다고 판단한 사람의 가구정보

- 신용정보의 이용 및 보호에 관한 법률에 따른 종합신용정보집중기관과 개별신용정보집중기관이 보유하고 있는 개인신용정보 중 보건복지부장관이 위기상황에 처하여 있다고 판단한 사람의 대통령령으로 정하는 기준에 해당하는 연체정보(대출금·신용카드대금·통신요금 등) 및 해당 연체정보와 관련된 채무액으로서 금융위원회 위원장과 협의하여 정하는 개인신용정보
- 공공주택 특별법에 따른 공공주택사업자가 보유하고 있는 정보로서 임대료를 3개월 이상 체납한 임차인의 가구정보
- 공동주택관리법에 따른 관리주체가 보유하고 있는 정보로서 관리비를 3개월 이상 체납한 입주자의 가구정보
- 집합건물의 소유 및 관리에 관한 법률에 따라 시·도지사 또는 시장·군수·구청장이 보고 또는 제출 받은 자료로써 관리단의 사무 집행을 위한 비용과 분담금을 3개월 이상 체납한 구분소유자 또는 점유자의 가구정보
- 국민연금법에 따라 국민연금공단에서 실시하는 자금의 대여사업을 이용하는 자의 가구정보
- 기간통신사업자가 보유한 이용자의 정보로서 전기통신사업법에 따른 전자정보시스템을 통하여 제공할 수 있는 정보 중 보건복지부장관이 위기상황에 처하여 있다고 판단한 이용자의 이동전화번호 정보
- 그 밖에 지원대상자의 발굴을 위하여 필요한 정보로서 대통령령으로 정하는 정보

ⓒ 보건복지부장관은 ㉠항 각 호에 해당하는 가구 또는 개인이 위기가구에 포함되는지를 판단하기 위하여 국민건강보험법에 따른 보험료 정보를 처리할 수 있다.

ⓒ 보건복지부장관은 관계 중앙행정기관, 지방자치단체 및 관계 기관·법인·단체·시설의 장에게 자료 또는 정보의 제공을 요청할 수 있다. 이 경우 관계 중앙행정기관의 장 등은 정당한 사유가 없으면 이에 따라야 한다.

ⓔ 보건복지부장관은 자료 또는 정보를 사회보장의 사각지대 해소를 위하여 보장기관의 장 또는 특별시·광역시·특별자치시·도·특별자치도의 교육감에게 제공할 수 있다.

ⓜ 보장기관의 장 또는 시·도의 교육감은 필요한 경우 보건복지부장관으로부터 제공받은 자료 또는 정보를 지원대상자의 동의를 받아 대통령령으로 정하는 법인·단체·시설의 장이 활용할 수 있도록 지원할 수 있다.

ⓑ 시·도의 교육감은 아동복지법에 따른 학생등에 대한 학대 예방 및 지원을 위하여 보건복지부장관으로부터 제공받은 자료 또는 정보를 대통령령으로 정하는 바에 따라 유아교육법에 따른 유치원의 장 또는 초·중등교육법에 따른 학교의 장에게 제공할 수 있다.

ⓢ 자료 또는 정보를 취득한 사람은 학생등에 대한 학대 예방 및 지원을 위한 목적 외로 해당 자료 또는 정보를 사용하거나 다른 사람에게 제공 또는 누설하여서는 아니 된다.

⑤ 발굴조사의 실시 및 실태점검(제12조의2)
㉠ 보장기관의 장은 지원대상자에 대한 발굴조사를 분기마다 정기적으로 실시하여야 한다. 다만, 긴급복지지원법에 따라 발굴조사를 실시한 경우에는 그러하지 아니하다.
㉡ 보건복지부장관은 지원대상자 발굴체계의 운영 실태를 매년 정기적으로 점검하고 개선방안을 마련하여야 한다.
㉢ 발굴조사 및 운영 실태 점검에 관한 구체적인 사항은 보건복지부령으로 정한다.

⑥ 사회보장급여 부정수급 실태조사(제19조의2) 기출 21회
㉠ 보건복지부장관은 속임수 등의 부정한 방법으로 사회보장급여를 받거나 타인으로 하여금 사회보장급여를 받게 한 경우에 대하여 보장기관이 효과적인 대책을 세울 수 있도록 그 발생 현황, 피해사례 등에 관한 실태조사를 3년마다 실시하고, 그 결과를 공개하여야 한다.

ⓛ 보건복지부장관은 실태조사를 위하여 필요한 경우 관계 중앙행정기관의 장, 공공기관의 장, 그 밖에 관련 시설·법인·단체의 장에게 필요한 자료의 제출 또는 의견의 진술 등을 요청할 수 있다. 이 경우 관계 중앙행정기관의 장 등은 특별한 사유가 없으면 그 요청에 따라야 한다.
ⓒ 실태조사의 방법, 내용 및 결과의 공개 등에 필요한 사항은 보건복지부령으로 정한다.

⑦ 맞춤형 급여 안내(제22조의2)
ⓐ 보건복지부장관과 보장기관의 장은 사회보장급여 신청권자의 신청을 받아 주기적으로 사회보장급여의 수급가능성을 확인하여 그 결과를 안내(맞춤형 급여 안내)할 수 있다.
ⓛ 맞춤형 급여 안내를 받고자 하는 자는 보건복지부장관 또는 보장기관의 장에게 신청하여야 한다. 다만, 다음 어느 하나에 해당하는 자는 보건복지부령으로 정하는 바에 따라 신청을 거부하지 아니하는 경우 맞춤형 급여 안내를 신청한 것으로 본다.

- 국민기초생활 보장법, 한부모가족지원법, 기초연금법, 장애인연금법, 장애인복지법, 그 밖에 대통령령으로 정하는 법률에서 정하는 사업의 수급자
- 장애인연금법, 기초연금법, 장애인복지법, 그 밖에 대통령령으로 정하는 법률에서 정하는 사업의 수급희망 이력관리 신청자

ⓒ 보건복지부장관과 보장기관의 장은 맞춤형 급여 안내 신청인과 그 가구원(생계 또는 주거를 함께 하는 사람으로 한정)의 사회보장급여 수급가능성을 확인하기 위하여 신청인과 그 가구원에 대하여 필요한 자료 또는 정보를 제공받아 조사하고 처리할 수 있다. 이 경우 수급가능성 확인을 위한 조사의 범위와 방법은 수급자격의 조사, 금융정보 등의 제공 및 사회보장급여 제공의 결정을 준용한다.
ⓔ 보건복지부장관과 보장기관의 장은 수급가능성을 확인한 결과 신청인과 그 가구원의 사회보장급여 수급가능성이 인정되는 경우에는 지원대상자의 동의를 받아 신청인이 제출한 자료 또는 정보를 활용하여 조치를 할 수 있다.
ⓜ 그 밖에 맞춤형 급여 안내의 신청 및 중지, 조사, 안내 방법과 절차 등에 필요한 사항은 대통령령으로 정한다.

3. 한국사회보장정보원 기출 22회

① 한국사회보장정보원(제29조)
ⓐ 사회보장정보시스템의 운영·지원을 위하여 한국사회보장정보원을 설립한다.
ⓛ 한국사회보장정보원은 법인으로 한다.
ⓒ 한국사회보장정보원은 위탁 등을 받아 다음의 업무를 수행한다.

- 사회보장정보시스템의 구축 및 유지·기능개선·관리·교육·상담 등 운영에 관한 사항
- 자료 또는 정보의 처리 및 사회보장정보의 처리
- 사회보장급여의 수급과 관련된 신청, 접수, 조사, 결정, 환수 등 업무의 전자적 처리지원
- 사회서비스이용권의 이용·지급 및 정산 등에 필요한 정보시스템의 운영, 사회서비스이용권을 통하여 사회서비스를 제공하는 사업의 관리에 관한 사항
- 사회보장 관련 민간 법인·단체·시설에 대한 전자화 지원
- 사회보장제도의 운영에 필요한 정책정보 및 통계정보의 생산·분석, 제공과 사회보장정책 지원을 위한 조사·연구
- 대국민 포털의 운영에 관한 사항
- 그 밖에 이 법 또는 다른 법령에 따라 보건복지부장관, 국가 또는 지방자치단체로부터 위탁받은 업무

ⓔ 정부는 사회보장급여의 이용 및 제공이 원활히 이루어질 수 있도록 한국사회보장정보원의 설립·운영에 필요한 비용을 출연하거나 지원할 수 있다.
ⓜ 한국사회보장정보원에 관하여 이 법에서 규정한 사항 외에는 민법 중 재단법인에 관한 규정을 준용한다.
ⓗ 한국사회보장정보원의 설립 및 운영 등에 필요한 사항은 대통령령으로 정한다.
ⓢ 한국사회보장정보원의 임직원은 형법의 규정을 적용할 때에는 공무원으로 본다.
ⓞ 한국사회보장정보원의 임직원이나 임직원으로 재직하였던 사람은 그 직무상 알게 된 비밀을 누설하거나 다른 용도로 사용하여서는 아니 된다.

② 사회보장정보의 보호대책 수립·시행(제30조)
  ㉠ 보건복지부장관은 사회보장정보시스템의 사회보장정보를 안전하게 보호하기 위하여 물리적·기술적 대책을 포함한 보호대책을 수립·시행하여야 한다.
  ㉡ 한국사회보장정보원의 장은 보호대책을 시행하기 위한 실행계획을 매년 수립하여 보건복지부장관에게 제출하여야 한다.
  ㉢ 사회보장정보시스템을 이용하는 보장기관의 장은 보안에 관한 업무를 총괄하는 자를 지정하여 보건복지부장관에게 통보하여야 하며, 정보보호책임자의 지정 및 업무 등에 필요한 사항은 대통령령으로 정한다.

③ 사회보장정보 침해행위 등의 금지(제31조): 누구든지 사회보장정보를 처리할 때 다음 어느 하나에 해당하는 행위를 하여서는 아니 된다.

- 사회보장정보의 처리업무를 방해할 목적으로 사회보장정보를 위조·변경·훼손하거나 말소하는 행위
- 정당한 사유 없이 사회보장정보를 위조·변경·훼손·말소·유출하거나 그 방법 또는 프로그램을 공개·유포·사용하는 행위
- 정당한 사유 없이 사회보장정보시스템을 위조·변경·훼손하거나 이용하는 행위
- 정당한 권한이 없거나 허용된 권한을 초과하여 사회보장정보를 처리하는 행위
- 업무 외의 목적으로 사회보장정보를 열람하거나 조회하는 행위

④ 사회보장정보 보호 교육(제31조의2)
  ㉠ 보건복지부장관은 사회보장정보를 처리하는 자에게 사회보장정보 보호에 관한 교육을 실시하여야 한다.
  ㉡ 보건복지부장관은 교육을 한국사회보장정보원 또는 한국보건복지인재원법에 따른 한국보건복지인재원에 위탁할 수 있다.
  ㉢ 교육의 내용 및 방법 등에 필요한 사항은 보건복지부령으로 정한다.

⑤ 사회보장정보의 파기(제34조): 보장기관의 장 및 한국사회보장정보원의 장은 사회보장정보를 5년이 지나면 파기하여야 한다. 다만, 대통령령으로 정하는 지원대상자의 보호에 필요한 사회보장정보는 5년을 초과하여 보유할 수 있다.

4. 지역사회보장계획(제35조) 기출 21회

① 특별시장·광역시장·특별자치시장·도지사·특별자치도지사(이하 "시·도지사") 및 시장·군수·구청장은 지역사회보장계획을 4년마다 수립하고, 매년 지역사회보장계획에 따라 연차별 시행계획을 수립하여야 한다. 이 경우 「사회보장기본법」 제16조에 따른 사회보장에 관한 기본계획과 연계되도록 하여야 한다.
② 시장·군수·구청장은 해당 시·군·구의 지역사회보장계획(연차별 시행계획을 포함)을 지역주민 등 이해관계인의 의견을 들은 후 수립하고, 지역사회보장협의체의 심의와 해당 시·군·구 의회의 보고 거쳐 시·도지사에게 제출하여야 한다.
③ 시·도지사(특별자치시장은 제외)는 제출받은 시·군·구의 지역사회보장계획을 지원하는 내용 등을 포함한 해당 특별시·광역시·도·특별자치도의 지역사회보장계획을 수립하여야 한다.
④ 특별자치시장은 지역주민 등 이해관계인의 의견을 들어 지역사회보장계획을 수립하여야 한다.
⑤ 시·도지사는 지역사회보장계획을 시·도사회보장위원회의 심의와 해당 시·도 의회의 보고를 거쳐 보건복지부장관에게 제출하여야 한다. 이 경우 보건복지부장관은 제출된 계획을 사회보장위원회에 보고하여야 한다.
⑥ 시·도지사 또는 시장·군수·구청장은 지역사회보장계획을 수립할 때 필요하다고 인정하는 경우에는 사회보장 관련 기관·법인·단체·시설에 자료 또는 정보의 제공과 협력을 요청할 수 있다.
⑦ 보장기관의 장은 지역사회보장계획의 수립 및 지원 등을 위하여 지역 내 사회보장 관련 실태와 지역주민의 사회보장에 관한 인식 등에 관하여 필요한 조사(이하 "지역사회보장조사"라 한다)를 실시할 수 있으며, 시·도지사 및 시장·군수·구청장은 지역사회보장계획 수립 시 지역사회보장조사 결과를 반영할 수 있다.
⑧ 보건복지부장관 또는 시·도지사는 지역사회보장계획의 내용이 대통령령으로 정하는 사유에 해당하는 경우에는 시·도지사 또는 시장·군수·구청장에게 그 조정을 권고할 수 있다. 이 경우 보건복지부장관은 관계 중앙행정기관의 장의 의견을 들을 수 있다.
⑨ 지역사회보장계획의 수립 및 지역사회보장조사의 시기·방법 등에 필요한 사항은 대통령령으로 정한다.

5. 지역사회보장 운영체계

① 시·도사회보장위원회(제40조)
  ㉠ 시·도지사는 시·도의 사회보장 증진을 위하여 시·도사회보장위원회를 둔다.
  ㉡ 시·도사회보장위원회는 다음의 업무를 심의·자문한다.

> - 시·도의 지역사회보장계획 수립·시행 및 평가에 관한 사항
> - 시·도의 지역사회보장조사 및 지역사회보장지표에 관한 사항
> - 시·도의 사회보장급여 제공에 관한 사항
> - 시·도의 사회보장 추진과 관련한 중요 사항
> - 읍·면·동 단위 지역사회보장협의체의 구성 및 운영에 관한 사항(특별자치시에 한정)
> - 사회보장과 관련된 서비스를 제공하는 관계 기관·법인·단체·시설과의 연계·협력 강화에 관한 사항(특별자치시에 한정)
> - 그 밖에 위원장이 필요하다고 인정되는 사항

ⓒ 시·도사회보장위원회는 다음의 사람 중 시·도지사가 임명 또는 위촉한 사람으로 구성한다.

- 사회보장에 관한 전문적 지식이나 경험을 가진 사람
- 사회보장 관련 기관 및 단체의 대표자
- 사회보장을 필요로 하는 사람의 이익 등을 대표하는 사람
- 지역사회보장협의체의 대표자
- 비영리민간단체지원법의 비영리민간단체에서 추천한 사람
- 사회복지공동모금회법에 따른 사회복지공동모금지회에서 추천한 사람
- 읍·면·동 단위 지역사회보장협의체의 위원장(특별자치시에 한정하며, 공동위원장이 있는 경우에는 민간위원 중에서 선출된 공동위원장)
- 사회보장에 관한 업무를 담당하는 공무원

ⓔ 다음 어느 하나에 해당하는 사람은 시·도사회보장위원회의 위원이 될 수 없다.

- 미성년자
- 피성년후견인
- 파산선고를 받고 복권되지 아니한 사람
- 법원의 판결에 따라 자격이 상실되거나 정지된 사람
- 금고 이상의 실형을 선고받고 그 집행이 끝나거나(집행이 끝난 것으로 보는 경우를 포함) 집행이 면제된 날부터 3년이 지나지 아니한 사람
- 금고 이상의 형의 집행유예를 선고받고 그 유예기간 중에 있는 사람
- 사회복지사업법의 사회복지사업 또는 그 직무와 관련하여 아동복지법, 보조금 관리에 관한 법률 또는 형법의 죄를 범하거나 이 법을 위반하여 다음의 어느 하나에 해당하는 사람
  - 100만 원 이상의 벌금형을 선고받고 그 형이 확정된 후 5년이 지나지 아니한 사람
  - 금고 이상의 형의 집행유예를 선고받고 그 유예기간이 끝난 날부터 7년이 지나지 아니한 사람
  - 금고 이상의 실형을 선고받고 그 집행이 끝나거나(집행이 끝난 것으로 보는 경우를 포함) 집행이 면제된 날부터 7년이 지나지 아니한 사람
- 성폭력범죄 또는 아동·청소년대상 성범죄를 저지른 사람으로서 형 또는 치료감호를 선고받고 확정된 후 그 형 또는 치료감호의 전부 또는 일부의 집행이 끝나거나(집행이 끝난 것으로 보는 경우를 포함) 집행이 면제되거나 집행의 유예기간이 끝난 날부터 10년이 지나지 아니한 사람

ⓜ 보장기관의 장은 시·도사회보장위원회의 효율적 운영을 위하여 필요한 운영비 등 경비를 지원할 수 있다.
ⓗ 시·도사회보장위원회의 조직·운영에 필요한 사항은 보건복지부령으로 정하는 바에 따라 해당 시·도의 조례로 정한다.

② 지역사회보장협의체(제41조)
  ㉠ 시장·군수·구청장은 지역의 사회보장을 증진하고, 사회보장과 관련된 서비스를 제공하는 관계 기관·법인·단체·시설과 연계·협력을 강화하기 위하여 해당 시·군·구에 지역사회보장협의체를 둔다.
  ㉡ 지역사회보장협의체는 다음의 업무를 심의·자문한다.

- 시·군·구의 지역사회보장계획 수립·시행 및 평가에 관한 사항
- 시·군·구의 지역사회보장조사 및 지역사회보장지표에 관한 사항
- 시·군·구의 사회보장급여 제공에 관한 사항
- 시·군·구의 사회보장 추진에 관한 사항
- 읍·면·동 단위 지역사회보장협의체의 구성 및 운영에 관한 사항
- 그 밖에 위원장이 필요하다고 인정하는 사항

ⓒ 지역사회보장협의체의 위원은 다음의 사람 중 시장·군수·구청장이 임명 또는 위촉한다. 다만, 시·도 사회보장위원회의 위원의 결격사유에 해당하는 사람은 위원이 될 수 없다.

> - 사회보장에 관한 학식과 경험이 풍부한 사람
> - 지역의 사회보장 활동을 수행하거나 서비스를 제공하는 기관·법인·단체·시설의 대표자
> - 비영리민간단체지원법의 비영리민간단체에서 추천한 사람
> - 읍·면·동 단위 지역사회보장협의체의 위원장(공동위원장이 있는 경우에는 민간위원 중에서 선출된 공동위원장)
> - 사회보장에 관한 업무를 담당하는 공무원

ⓔ 지역사회보장협의체의 업무를 효율적으로 수행하기 위하여 지역사회보장협의체에 실무협의체를 둔다.
ⓕ 보장기관의 장은 지역사회보장협의체의 효율적인 운영을 위하여 필요한 인력 및 운영비 등 재정을 지원할 수 있다.
ⓑ 지역사회보장협의체 및 실무협의체의 조직·운영에 필요한 사항은 보건복지부령으로 정하는 바에 따라 해당 시·군·구의 조례(제주특별법에 따른 행정시의 경우에는 특별자치도의 조례를 말함)로 정한다.
ⓐ 특별자치시장 및 시장·군수·구청장은 읍·면·동 단위로 읍·면·동의 사회보장 관련 업무의 원활한 수행을 위하여 해당 읍·면·동에 읍·면·동 단위 지역사회보장협의체를 둔다.
ⓞ 읍·면·동 단위 지역사회보장협의체의 조직·운영에 필요한 사항은 보건복지부령으로 정하는 바에 따라 해당 특별자치시 및 시·군·구의 조례로 정한다.

③ **사회보장사무 전담기구(제42조)**
㉠ 특별자치시장 및 시장·군수·구청장은 사회보장에 관한 업무를 효율적으로 수행하기 위하여 관련 조직, 인력, 관계 기관 간 협력체계 등을 마련하여야 하며, 필요한 경우에는 사회보장에 관한 사무를 전담하는 기구를 별도로 설치할 수 있다.
㉡ 사회보장사무 전담기구는 사회보장정보시스템을 활용하여 수급권자에게 필요한 정보를 종합 안내하고, 사회보장급여에 대한 신청 등이 편리하게 이루어질 수 있도록 운영되어야 한다.
㉢ 사회보장사무 전담기구의 사무 범위, 조직 및 운영 등에 필요한 사항은 해당 특별자치시 및 시·군·구의 조례로 정한다.

④ **통합사례관리(제42조의2)**
㉠ 보건복지부장관, 시·도지사 및 시장·군수·구청장은 지원대상자의 사회보장 수준을 높이기 위하여 지원대상자의 다양하고 복합적인 특성에 따른 상담과 지도, 사회보장에 대한 욕구조사, 서비스 제공 계획의 수립을 실시하고, 그 계획에 따라 지원대상자에게 보건·복지·고용·교육 등에 대한 사회보장급여 및 민간 법인·단체·시설 등이 제공하는 서비스를 종합적으로 연계·제공하는 통합사례관리를 실시할 수 있다.
㉡ 통합사례관리를 실시하기 위하여 필요한 경우에는 특별자치시 및 시·군·구에 통합사례관리사를 둘 수 있다.
㉢ 보건복지부장관은 통합사례관리 사업의 전문적인 지원을 위하여 해당 업무를 공공 또는 민간 기관·단체 등에 위탁하여 실시할 수 있다.
㉣ 통합사례관리사의 자격·업무 등 운영에 필요한 사항과 통합사례관리 사업의 지원업무 위탁에 필요한 사항은 보건복지부령으로 정한다.

⑤ 사회복지전담공무원(제43조) 기출 18회
  ㉠ 사회복지사업에 관한 업무를 담당하게 하기 위하여 시·도, 시·군·구, 읍·면·동 또는 사회보장사무 전담기구에 사회복지전담공무원을 둘 수 있다.
  ㉡ 사회복지전담공무원은 사회복지사업법에 따른 사회복지사의 자격을 가진 사람으로 하며, 그 임용 등에 필요한 사항은 대통령령으로 정한다.
  ㉢ 사회복지전담공무원은 사회보장급여에 관한 업무 중 취약계층에 대한 상담과 지도, 생활실태의 조사 등 보건복지부령으로 정하는 사회복지에 관한 전문적 업무를 담당한다.
  ㉣ 국가는 사회복지전담공무원의 보수 등에 드는 비용의 전부 또는 일부를 보조할 수 있다.
  ㉤ 시·도지사 및 시장·군수·구청장은 지방공무원 교육훈련법에 따라 사회복지전담공무원의 교육훈련에 필요한 시책을 수립·시행하여야 한다.

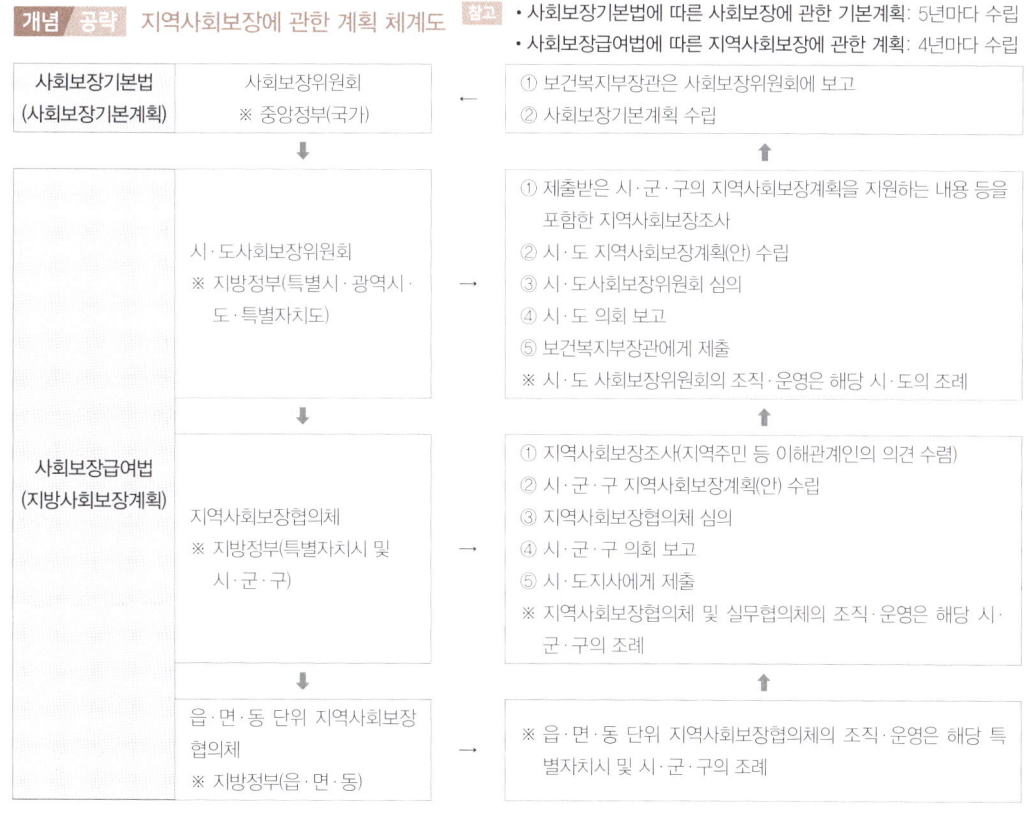

3 사회복지사업법 기출 20회, 22회

1. 사회복지사업법의 개요

① 목적(제1조): 사회복지사업에 관한 기본적 사항을 규정하여 사회복지를 필요로 하는 사람에 대하여 인간의 존엄성과 인간다운 생활을 할 권리를 보장하고 사회복지의 전문성을 높이며, 사회복지사업의 공정·투명·적정을 도모하고, 지역사회복지의 체계를 구축하고 사회복지서비스의 질을 높여 사회복지의 증진에 이바지한다.

② **기본이념(제1조의2)** 기출 12회
　㉠ 사회복지를 필요로 하는 사람은 누구든지 자신의 의사에 따라 서비스를 신청하고 제공받을 수 있다.
　㉡ 사회복지법인 및 사회복지시설은 공공성을 가지며 사회복지사업을 시행하는 데 있어서 공공성을 확보하여야 한다.
　㉢ 사회복지를 제공하는 자는 사회복지를 필요로 하는 사람의 인권을 보장하여야 한다.
　㉣ 사회복지서비스를 제공하는 자는 필요한 정보를 제공하는 등 사회복지서비스를 이용하는 사람의 선택권을 보장하여야 한다.

③ **용어의 정의(제2조)** 기출 13회, 18회, 22회
　㉠ **사회복지사업**: 다음의 법률에 따른 보호·선도 또는 복지에 관한 사업과 사회복지상담, 직업지원, 지역사회복지, 의료복지, 사회복지관 운영, 정신질환자 및 한센병력자의 사회복귀에 관한 사업 등 각종 복지사업과 이와 관련된 자원봉사활동 및 복지시설의 운영 또는 지원을 목적으로 하는 사업을 말한다.

> - 국민기초생활 보장법
> - 노인복지법
> - 한부모가족지원법
> - 성매매방지 및 피해자보호 등에 관한 법률
> - 성폭력방지 및 피해자보호 등에 관한 법률
> - 입양특례법(2025년에 국내입양에 관한 특별법 및 국제입양에 관한 법률 시행 예정)
> - 사회복지공동모금회법
> - 가정폭력방지 및 피해자보호 등에 관한 법률
> - 식품 등 기부 활성화에 관한 법률
> - 기초연금법
> - 다문화가족지원법
> - 장애인활동 지원에 관한 법률
> - 보호관찰 등에 관한 법률
> - 발달장애인 권리보장 및 지원에 관한 법률
> - 아동복지법
> - 장애인복지법
> - 영유아보육법
> - 정신건강증진 및 정신질환자 복지서비스 지원에 관한 법률
> - 장애인·노인·임산부 등의 편의증진 보장에 관한 법률
> - 농어촌주민의 보건복지증진을 위한 특별법
> - 의료급여법
> - 긴급복지지원법
> - 장애인연금법
> - 노숙인 등의 복지 및 자립지원에 관한 법률
> - 장애아동 복지지원법
> - 청소년복지 지원법
> - 일제하 일본군위안부 피해자에 대한 생활안정지원 및 기념사업 등에 관한 법률
> - 그 밖에 대통령령으로 정하는 법률
>   - 건강가정기본법
>   - 북한이탈주민의 보호 및 정착지원에 관한 법률
>   - 자살예방 및 생명존중문화 조성을 위한 법률
>   - 장애인·노인 등을 위한 보조기기 지원 및 활용촉진에 관한 법률

　㉡ **지역사회복지**: 주민의 복지증진과 삶의 질 향상을 위하여 지역사회 차원에서 전개하는 사회복지를 말한다.
　㉢ **사회복지법인**: 사회복지사업을 할 목적으로 설립된 법인을 말한다.
　㉣ **사회복지시설**: 사회복지사업을 할 목적으로 설치된 시설을 말한다.
　㉤ **사회복지관**: 지역사회를 기반으로 일정한 시설과 전문인력을 갖추고 지역주민의 참여와 협력을 통하여 지역사회의 복지문제를 예방하고 해결하기 위하여 종합적인 복지서비스를 제공하는 시설을 말한다.
　㉥ **사회복지서비스**: 국가·지방자치단체 및 민간부문의 도움을 필요로 하는 모든 국민에게 사회보장기본법에 따른 사회서비스 중 사회복지사업을 통한 서비스를 제공하여 삶의 질이 향상되도록 제도적으로 지원하는 것을 말한다.
　㉦ **보건의료서비스**: 국민의 건강을 보호·증진하기 위하여 보건의료인이 하는 모든 활동을 말한다.

④ 사회복지의 날(제15조의2): 매년 9월 7일을 사회복지의 날로 하고, 사회복지의 날부터 1주간을 사회복지주간으로 한다. 기출 16회, 19회

2. 복지의 책임과 원칙

① 복지와 인권증진의 책임(제4조) 기출 12회
  ㉠ 국가와 지방자치단체는 사회복지서비스를 증진하고, 서비스를 이용하는 사람에 대하여 인권침해를 예방하고 차별을 금지하며 인권을 옹호할 책임을 진다.
  ㉡ 국가와 지방자치단체는 사회복지서비스와 보건의료서비스를 함께 필요로 하는 사람에게 이들 서비스가 연계되어 제공되도록 노력하여야 한다.
  ㉢ 국가와 지방자치단체, 그 밖에 사회복지사업을 하는 자는 사회복지를 필요로 하는 사람에 대하여 그 사업과 관련한 상담, 작업치료, 직업훈련 등을 실시하고 필요한 경우에는 주민의 복지욕구를 조사할 수 있다.
  ㉣ 국가와 지방자치단체는 도움을 필요로 하는 국민이 본인의 선호와 필요에 따라 적절한 사회복지서비스를 제공받을 수 있도록 사회복지서비스 수요자 등을 고려하여 사회복지시설이 균형 있게 설치되도록 노력하여야 한다.
  ㉤ 국가와 지방자치단체는 민간부문의 사회복지 증진활동이 활성화되고 국가 및 지방자치단체의 사회복지사업과 민간부문의 사회복지 증진활동이 원활하게 연계될 수 있도록 노력하여야 한다.
  ㉥ 국가와 지방자치단체는 사회복지를 필요로 하는 사람의 인권이 충분히 존중되는 방식으로 사회복지서비스를 제공하고 사회복지와 관련된 인권교육을 강화하여야 한다.
  ㉦ 국가와 지방자치단체는 사회복지서비스를 이용하는 사람이 긴급한 인권침해 상황에 놓인 경우 신속히 대응할 체계를 갖추어야 한다.
  ㉧ 국가와 지방자치단체는 시설 거주자의 희망을 반영하여 지역사회보호체계에서 서비스가 제공될 수 있도록 노력하여야 한다.
  ㉨ 국가와 지방자치단체는 사회복지서비스를 필요로 하는 사람들에게 사회복지서비스의 실시에 대한 정보를 제공하여야 한다.
  ㉩ 국가와 지방자치단체는 사회복지서비스를 제공하는 자로부터 위법 또는 부당한 처분을 받아 권리나 이익을 침해당한 사람을 위하여 간이하고 신속한 구제조치를 마련하여야 한다.

② 사회복지시설 업무의 전자화(제6조의2) 기출 14회
  ㉠ 보건복지부장관은 사회복지법인 및 사회복지시설의 종사자, 거주자 및 이용자에 관한 자료 등 운영에 필요한 정보의 효율적 처리와 기록·관리 업무의 전자화를 위하여 정보시스템을 구축·운영할 수 있다.
  ㉡ 보건복지부장관은 정보시스템을 구축·운영하는 데 필요한 자료를 수집·관리·보유할 수 있으며, 관련 기관 및 단체에 필요한 자료의 제공을 요청할 수 있다. 이 경우 요청을 받은 기관 및 단체는 정당한 사유가 없으면 그 요청에 따라야 한다.
  ㉢ 지방자치단체의 장은 사회복지사업을 수행할 때 관할 복지행정시스템과 정보시스템을 전자적으로 연계하여 활용하여야 한다.
  ㉣ 사회복지법인의 대표이사와 사회복지시설의 장은 국가와 지방자치단체가 실시하는 사회복지업무의 전자화 시책에 협력하여야 한다.
  ㉤ 보건복지부장관은 정보시스템을 효율적으로 운영하기 위하여 사회보장기본법의 사회보장정보시스템의 구축·운영 등 조항에 따른 전담기구에 그 운영에 관한 업무를 위탁할 수 있다.

③ **사회복지서비스 제공의 원칙(제5조의2)** 기출 11회, 15회, 17회, 19회, 21회
　㉠ 사회복지서비스를 필요로 하는 사람(보호대상자)에 대한 사회복지서비스 제공은 현물로 제공하는 것을 원칙으로 한다.
　㉡ 시장·군수·구청장은 국가 또는 지방자치단체 외의 자로 하여금 서비스 제공을 실시하게 하는 경우에는 보호대상자에게 사회복지서비스 이용권을 지급하여 국가 또는 지방자치단체 외의 자로부터 그 이용권으로 서비스 제공을 받게 할 수 있다.
　㉢ 국가와 지방자치단체는 사회복지서비스의 품질 향상과 원활한 제공을 위하여 필요한 시책을 마련하여야 한다.
　㉣ 국가와 지방자치단체는 사회복지서비스의 품질을 관리하기 위하여 사회복지서비스를 제공하는 기관·법인·시설·단체의 서비스 환경, 서비스 제공 인력의 전문성 등을 평가할 수 있다.
　㉤ 보건복지부장관은 평가를 위하여 평가기관을 설치·운영하거나, 평가의 전부 또는 일부를 관계기관 또는 단체에 위탁할 수 있다.
　㉥ 보건복지부장관은 평가를 위탁한 기관 또는 단체에 대하여 그 운영에 필요한 비용을 지원할 수 있다.

> **개념 공략** 시설의 서비스 최저기준(시행규칙 제27조)
> 1. 시설 이용자의 인권　　　　2. 시설의 환경
> 3. 시설의 운영　　　　　　　4. 시설의 안전관리
> 5. 시설의 인력관리　　　　　6. 지역사회 연계
> 7. 서비스의 과정 및 결과　　　8. 그 밖에 서비스 최저기준 유지에 필요한 사항

3. 사회복지사 기출 14~16회, 23회

① **사회복지사 자격증의 발급(제11조)**
　㉠ 보건복지부장관은 사회복지에 관한 전문지식과 기술을 가진 사람에게 사회복지사 자격증을 발급할 수 있다. 다만, 자격증 발급 신청일 기준으로 결격사유에 해당하는 사람에게는 자격증을 발급해서는 아니 된다.
　㉡ 사회복지사의 등급은 1급·2급으로 하되, 정신건강·의료·학교 영역에 대해서는 영역별로 정신건강사회복지사·의료사회복지사·학교사회복지사의 자격을 부여할 수 있다.
　　　참고 사회복지사 3급 자격은 2019년 1월 1일부로 폐지되었습니다.
　㉢ 사회복지사 1급 자격은 국가시험에 합격한 사람에게 부여하고, 정신건강사회복지사·의료사회복지사·학교사회복지사의 자격은 1급 사회복지사의 자격이 있는 사람 중에서 보건복지부령으로 정하는 수련기관에서 수련을 받은 사람에게 부여한다.
　㉣ 사회복지사의 등급별·영역별 자격기준 및 자격증의 발급절차 등은 대통령령으로 정한다.
　㉤ 보건복지부장관은 사회복지사 자격증을 발급받거나 재발급받으려는 사람에게 보건복지부령으로 정하는 바에 따라 수수료를 내게 할 수 있다.
　㉥ 사회복지사 자격증을 발급받은 사람은 다른 사람에게 그 자격증을 빌려주어서는 아니 되고, 누구든지 그 자격증을 빌려서는 아니 된다.
　㉦ 누구든지 자격증 대여 행위를 알선하여서는 아니 된다.
② **사회복지사의 결격사유(제11조의2)**: 다음의 어느 하나에 해당하는 사람은 사회복지사가 될 수 없다.

> - 피성년후견인
> - 금고 이상의 형을 선고받고 그 집행이 끝나지 아니하였거나 그 집행을 받지 아니하기로 확정되지 아니한 사람
> - 법원의 판결에 따라 자격이 상실되거나 정지된 사람

- 마약·대마 또는 향정신성의약품의 중독자
- 정신건강증진 및 정신질환자 복지서비스 지원에 관한 법률에 따른 정신질환자(다만, 전문의가 사회복지사로서 적합하다고 인정하는 사람은 제외)

③ 사회복지사의 자격 취소 및 정지(제11조의3) 기출 21회
  ㉠ 보건복지부장관은 사회복지사가 다음 어느 하나에 해당하는 경우 그 자격을 취소하거나 1년의 범위에서 자격을 정지시킬 수 있다.

  - 거짓이나 그 밖의 부정한 방법으로 자격을 취득한 경우(반드시 자격 취소)
  - 사회복지사의 결격사유의 어느 하나에 해당하게 된 경우(반드시 자격 취소)
  - 자격증을 대여·양도 또는 위조·변조한 경우(반드시 자격 취소)
  - 사회복지사의 업무수행 중 그 자격과 관련하여 고의나 중대한 과실로 다른 사람에게 손해를 입힌 경우(보건복지부장관은 이와 관련해 한국사회복지사협회의 장 등 관계 전문가의 의견을 들을 수 있음.)
  - 자격정지 처분을 3회 이상 받았거나, 정지 기간 종료 후 3년 이내에 다시 자격정지 처분에 해당하는 행위를 한 경우
  - 자격정지 처분 기간에 자격증을 사용하여 자격 관련 업무를 수행한 경우

  ㉡ 자격이 취소된 사람은 취소된 날부터 15일 내에 자격증을 보건복지부장관에게 반납하여야 한다.
  ㉢ 보건복지부장관은 자격이 취소된 사람에게는 그 취소된 날부터 2년 이내에 자격증을 재교부하지 못한다.

④ 사회복지사의 채용 및 교육(제13조)
  ㉠ 사회복지법인 및 사회복지시설을 설치·운영하는 자는 대통령령으로 정하는 바에 따라 사회복지사를 그 종사자로 채용하고, 보고방법·보고주기 등 보건복지부령으로 정하는 바에 따라 특별시장·광역시장·특별자치시장·도지사·특별자치도지사 또는 시장·군수·구청장에게 사회복지사의 임면에 관한 사항을 보고하여야 한다. 다만, 대통령령으로 정하는 사회복지시설은 그러하지 아니하다.
  ㉡ 보건복지부장관은 사회복지사의 자질 향상을 위하여 필요하다고 인정하면 사회복지사에게 교육을 받도록 명할 수 있다. 다만, 사회복지법인 또는 사회복지시설에 종사하는 사회복지사는 정기적으로 인권에 관한 내용이 포함된 보수교육을 받아야 한다.
  ㉢ 사회복지법인 또는 사회복지시설을 운영하는 자는 그 법인 또는 시설에 종사하는 사회복지사에 대하여 교육을 이유로 불리한 처분을 하여서는 아니 된다.
  ㉣ 보건복지부장관은 교육을 보건복지부령으로 정하는 기관 또는 단체에 위탁할 수 있다.
  ㉤ 교육의 기간·방법 및 내용과 위탁 등에 관하여 필요한 사항은 보건복지부령으로 정한다.

⑤ 사회복지사 의무채용 제외 시설(시행령 제6조) 기출 15회

  - 노인복지법에 따른 노인여가복지시설(노인복지관은 제외)
  - 장애인복지법에 따른 장애인 지역사회재활시설 중 수화통역센터, 점자도서관, 점자도서 및 녹음서 출판시설
  - 영유아보육법에 따른 어린이집
  - 성매매방지 및 피해자보호 등에 관한 법률에 따른 성매매피해자 등을 위한 지원시설 및 성매매피해상담소
  - 정신건강증진 및 정신질환자 복지서비스 지원에 관한 법률에 따른 정신요양시설 및 정신재활시설
  - 성폭력방지 및 피해자보호 등에 관한 법률에 따른 성폭력피해상담소

⑥ 한국사회복지사협회(제46조 제1항): 사회복지에 관한 전문지식과 기술의 개발·보급, 사회복지사의 자질 향상을 위한 교육훈련 실시, 사회복지사의 복지증진 도모를 위하여 한국사회복지사협회를 설립한다.

4. 사회복지법인 기출 12~18회, 20회, 22회, 23회

① 법인의 설립허가(제16조)
  ㉠ 사회복지법인을 설립하려는 자는 대통령령으로 정하는 바에 따라 시·도지사의 허가를 받아야 한다.
  ㉡ 허가를 받은 자는 법인의 주된 사무소의 소재지에서 설립등기를 하여야 한다.

② 정관(제17조): 법인의 정관에는 다음의 사항이 포함되어야 한다.

- 목적
- 주된 사무소의 소재지
- 자산 및 회계에 관한 사항
- 회의에 관한 사항
- 정관의 변경에 관한 사항
- 명칭
- 사업의 종류
- 임원의 임면 등에 관한 사항
- 수익을 목적으로 하는 사업이 있는 경우 그에 관한 사항
- 공고 및 공고방법에 관한 사항
- 존립시기와 해산 사유를 정한 경우에는 그 시기와 사유 및 남은 재산의 처리방법

③ 임원의 구성(제18조)
  ㉠ 법인은 대표이사를 포함한 이사 7명 이상과 감사 2명 이상을 두어야 한다.
  ㉡ 법인은 이사 정수의 3분의 1 이상을 시·도 사회보장위원회 또는 지역사회보장협의체에서 3배수로 추천한 사람 중에서 선임하여야 한다.
  ㉢ 이사회의 구성에 있어서 대통령령으로 정하는 특별한 관계에 있는 사람이 이사 현원의 5분의 1을 초과할 수 없다.
  ㉣ 이사의 임기는 3년으로 하고 감사의 임기는 2년으로 하며, 각각 연임할 수 있다.
  ㉤ 외국인인 이사는 이사 현원의 2분의 1 미만이어야 한다.
  ㉥ 법인은 임원을 임면하는 경우 보건복지부령으로 정하는 바에 따라 지체 없이 시·도지사에게 보고하여야 한다.
  ㉦ 감사는 이사와 특별한 관계에 있는 사람이 아니어야 하며, 감사 중 1명은 법률 또는 회계에 관한 지식이 있는 사람 중에서 선임하여야 한다. 다만, 대통령령으로 정하는 일정 규모 이상의 법인은 시·도지사의 추천을 받아 외부감사법에 따른 감사인에 속한 사람을 감사로 선임하여야 한다.
  ㉧ 시·도 사회보장위원회 또는 지역사회보장협의체는 이사를 추천하기 위하여 매년 다음의 어느 하나에 해당하는 사람으로 이사 후보군을 구성하여 공고하여야 한다. 다만, 사회복지법인의 대표자, 사회복지사업을 하는 비영리법인 또는 단체의 대표자, 사회보장급여법에 따른 지역사회보장협의체의 대표자는 제외한다.

- 사회복지 또는 보건의료에 관한 학식과 경험이 풍부한 사람
- 사회복지를 필요로 하는 사람의 이익 등을 대표하는 사람
- 비영리민간단체에서 추천한 사람
- 사회복지공동모금지회에서 추천한 사람

④ 임원의 결격사유(제19조) 최신법령

다음 어느 하나에 해당하는 사람은 임원이 될 수 없으며, 임원이 이 중 어느 하나에 해당하게 되었을 때에는 그 자격을 상실한다.

- 미성년자
- 피성년후견인
- 파산선고를 받고 복권되지 아니한 사람
- 법원의 판결에 따라 자격이 상실되거나 정지된 사람
- 금고 이상의 실형을 선고받고 그 집행이 끝나거나(집행이 끝난 것으로 보는 경우를 포함) 집행이 면제된 날부터 3년이 지나지 아니한 사람
- 금고 이상의 형의 집행유예를 선고받고 그 유예기간 중에 있는 사람
- 사회복지사업 또는 그 직무와 관련하여 아동복지법, 보조금 관리에 관한 법률, 지방재정법, 영유아보육법, 장애아동 복지지원법 또는 형법의 죄를 범하거나 이 법을 위반하여 다음의 어느 하나에 해당하는 사람
  - 100만 원 이상의 벌금형을 선고받고 그 형이 확정된 후 5년이 지나지 아니한 사람
  - 형의 집행유예를 선고받고 그 형이 확정된 후 7년이 지나지 아니한 사람
  - 징역형을 선고받고 그 집행이 끝나거나(집행이 끝난 것으로 보는 경우를 포함) 집행이 면제된 날부터 7년이 지나지 아니한 사람
- 성폭력범죄의 처벌 등에 관한 특례법의 성폭력범죄 또는 아동·청소년의 성보호에 관한 법률의 아동·청소년대상 성범죄를 저지른 사람으로서 형 또는 치료감호를 선고받고 확정된 후 그 형 또는 치료감호의 전부 또는 일부의 집행이 끝나거나(집행이 끝난 것으로 보는 경우를 포함) 집행이 유예·면제된 날부터 10년이 지나지 아니한 사람
- 아동복지법에 따른 아동학대관련범죄를 저지른 사람으로서 다음 어느 하나에 해당하는 사람
  - 금고 이상의 실형을 선고받고 그 집행이 끝나거나(집행이 끝난 것으로 보는 경우를 포함) 집행이 면제된 날부터 10년이 지나지 아니한 사람
  - 금고 이상의 형의 집행유예를 선고받고 그 집행유예가 확정된 날부터 10년이 지나지 아니한 사람
  - 벌금형을 선고받고 그 형이 확정된 날부터 5년이 지나지 아니한 사람
- 임원의 해임명령에 따라 해임된 날부터 5년이 지나지 아니한 사람
- 설립허가가 취소된 사회복지법인의 임원이었던 사람(그 허가의 취소사유 발생에 직접적인 또는 이에 상응하는 책임이 있는 자)으로서 그 설립허가가 취소된 날부터 5년이 지나지 아니한 사람
- 시설의 개선, 사업의 정지, 시설의 폐쇄 등에 따라 시설의 장에서 해임된 사람으로서 해임된 날부터 5년이 지나지 아니한 사람
- 시설의 개선, 사업의 정지, 시설의 폐쇄 등에 따라 폐쇄명령을 받고 3년이 지나지 아니한 사람
- 사회복지분야의 6급 이상 공무원으로 재직하다 퇴직한 지 3년이 경과하지 아니한 사람 중에서 퇴직 전 5년 동안 소속하였던 기초자치단체가 관할하는 법인의 임원이 되고자 하는 사람

⑤ **임원의 보충(제20조)**: 이사 또는 감사 중에 결원이 생겼을 때에는 2개월 이내에 보충하여야 한다.

⑥ **임원의 겸직 금지(제21조)** 기출 20회
　㉠ 이사는 법인이 설치한 사회복지시설의 장을 제외한 그 시설의 직원을 겸할 수 없다.
　㉡ 감사는 법인의 이사, 법인이 설치한 사회복지시설의 장 또는 그 직원을 겸할 수 없다.

⑦ **법인의 재산(제23조)**
　㉠ 법인은 사회복지사업의 운영에 필요한 재산을 소유하여야 한다.
　㉡ 법인의 재산은 보건복지부령으로 정하는 바에 따라 기본재산과 보통재산으로 구분하며, 기본재산은 그 목록과 가액을 정관에 적어야 한다.
　㉢ 법인은 기본재산에 관하여 다음의 어느 하나에 해당하는 경우에는 시·도지사의 허가를 받아야 한다. 다만, 보건복지부령으로 정하는 사항에 대하여는 그러하지 아니하다.

- 매도·증여·교환·임대·담보제공 또는 용도변경을 하려는 경우
- 보건복지부령으로 정하는 금액 이상을 1년 이상 장기차입하려는 경우

　㉣ 재산과 그 회계에 관하여 필요한 사항은 보건복지부령으로 정한다.

⑧ 법인의 설립허가 취소(제26조)
  ㉠ 시·도지사는 법인이 다음 어느 하나에 해당할 때에는 기간을 정하여 시정명령을 하거나 설립허가를 취소할 수 있다.

  - 거짓이나 그 밖의 부정한 방법으로 설립허가를 받았을 때(반드시 취소)
  - 설립허가 조건을 위반하였을 때
  - 목적 달성이 불가능하게 되었을 때
  - 목적사업 외의 사업을 하였을 때
  - 정당한 사유 없이 설립허가를 받은 날부터 6개월 이내에 목적사업을 시작하지 아니하거나 1년 이상 사업실적이 없을 때
  - 법인이 운영하는 시설에서 반복적 또는 집단적 성폭력범죄 및 학대관련범죄가 발생한 때
  - 법인이 운영하는 시설에서 중대하고 반복적인 회계부정이나 불법행위가 발생한 때
  - 법인 설립 후 기본재산을 출연하지 아니한 때(반드시 취소)
  - 이사(7명), 감사(2명)의 임원정수를 위반한 때
  - 이사 정수의 3분의 1 이상을 위반하여 이사를 선임한 때
  - 임원의 해임명령을 이행하지 아니한 때
  - 그 밖에 이 법 또는 이 법에 따른 명령이나 정관을 위반하였을 때

  ㉡ 법인이 위의 어느 하나에 해당하여 설립허가를 취소하는 경우는 다른 방법으로 감독 목적을 달성할 수 없거나 법인에 시정을 명한 후 6개월 이내에 법인이 이를 이행하지 아니한 경우로 한정한다.

⑨ 남은 재산의 처리(제27조)
  ㉠ 해산한 법인의 남은 재산은 정관으로 정하는 바에 따라 국가 또는 지방자치단체에 귀속된다.
  ㉡ 국가 또는 지방자치단체에 귀속된 재산은 사회복지사업에 사용하거나 유사한 목적을 가진 법인에 무상으로 대여하거나 무상으로 사용·수익하게 할 수 있다. 다만, 해산한 법인의 이사 본인 및 그와 대통령령으로 정하는 특별한 관계에 있는 사람이 이사로 있는 법인에 대하여는 그러하지 아니하다.

5. 사회복지시설 기출 12회, 16회, 17회, 20회, 21회, 23회

① 사회복지시설의 설치(제34조)
  ㉠ 국가나 지방자치단체는 사회복지시설을 설치·운영할 수 있다.
  ㉡ 국가 또는 지방자치단체 외의 자가 시설을 설치·운영하려는 경우에는 보건복지부령으로 정하는 바에 따라 시장·군수·구청장에게 신고하여야 한다. 다만, 다음 어느 하나에 해당하는 자는 시설의 설치·운영 신고를 할 수 없다.

  ▼ 합격 가이드
  국가나 지방자치단체가 사회복지시설을 설치할 경우에는 신고의 의무가 없습니다.

  - 시설의 개선, 사업의 정지, 시설의 폐쇄 등에 따라 폐쇄명령을 받고 3년이 지나지 아니한 자
  - 임원의 결격사유에 해당하는 개인 또는 그 개인이 임원인 법인

  ㉢ 시장·군수·구청장은 사회복지시설의 설치·운영 신고를 받은 경우 그 내용을 검토하여 이 법에 적합하면 신고를 수리하여야 한다.
  ㉣ 시설을 설치·운영하는 자는 보건복지부령으로 정하는 재무·회계에 관한 기준에 따라 시설을 투명하게 운영하여야 한다.
  ㉤ 국가나 지방자치단체가 설치한 시설은 필요한 경우 사회복지법인이나 비영리법인에 위탁하여 운영하게 할 수 있다.
  ㉥ 위탁운영의 기준·기간 및 방법 등에 관하여 필요한 사항은 보건복지부령으로 정한다.

② 시설의 통합 설치·운영 등에 관한 특례(제34조의2)
   ㉠ 이 법 또는 사회복지사업에 따른 시설을 설치·운영하려는 경우에는 지역특성과 시설분포의 실태를 고려하여 이 법 또는 사회복지사업에 따른 시설을 통합하여 하나의 시설로 설치·운영하거나 하나의 시설에서 둘 이상의 사회복지사업을 통합하여 수행할 수 있다. 이 경우 국가 또는 지방자치단체 외의 자는 통합하여 설치·운영하려는 각각의 시설이나 사회복지사업에 관하여 해당 관계 법령에 따라 신고하거나 허가 등을 받아야 한다.
   ㉡ ㉠항에 따라 둘 이상의 시설을 통합하여 하나의 시설로 설치·운영하거나 하나의 시설에서 둘 이상의 사회복지사업을 통합하여 수행하는 경우 해당 시설에서 공동으로 이용하거나 배치할 수 있는 시설 및 인력 기준 등은 보건복지부령으로 정한다.
③ 보험가입 의무(제34조의3)
   ㉠ 시설의 운영자는 다음의 손해배상책임을 이행하기 위하여 손해보험회사의 책임보험에 가입하거나 사회복지사 등의 처우 및 지위 향상을 위한 법률에 따른 한국사회복지공제회의 책임공제에 가입하여야 한다.

   - 화재로 인한 손해배상책임
   - 화재 외의 안전사고로 인하여 생명·신체에 피해를 입은 보호대상자에 대한 손해배상책임

   ㉡ 국가나 지방자치단체는 예산의 범위에서 ㉠항에 따른 책임보험 또는 책임공제의 가입에 드는 비용의 전부 또는 일부를 보조할 수 있다.
   ㉢ ㉠항에 따라 책임보험이나 책임공제에 가입하여야 할 시설의 범위는 대통령령으로 정한다.
④ 사회복지관의 설치(제34조의5)
   ㉠ 사회복지시설 중 사회복지관은 지역복지증진을 위하여 다음의 사업을 실시할 수 있다.

   - 지역사회의 특성과 지역주민의 복지욕구를 고려한 서비스 제공 사업
   - 국가·지방자치단체 및 민간부문의 사회복지서비스를 연계·제공하는 사례관리 사업
   - 지역사회 복지공동체 활성화를 위한 복지자원 관리, 주민교육 및 조직화 사업
   - 그 밖에 복지증진을 위한 사업으로서 지역사회에서 요청하는 사업

   ㉡ 사회복지관은 모든 지역주민을 대상으로 사회복지서비스를 실시하되, 다음의 지역주민에게 우선 제공하여야 한다.

   - 국민기초생활 보장법에 따른 수급자 및 차상위계층
   - 장애인, 노인, 한부모가족 및 다문화가족
   - 직업 및 취업 알선이 필요한 사람
   - 보호와 교육이 필요한 유아·아동 및 청소년
   - 그 밖에 사회복지관의 사회복지서비스를 우선 제공할 필요가 있다고 인정되는 사람

   ㉢ 그 밖에 사회복지관의 설치·운영·사업·인력 기준 등에 필요한 사항은 보건복지부령으로 정한다.
⑤ 시설의 장(제35조)
   ㉠ 시설의 장은 상근하여야 한다.
   ㉡ 다음의 어느 하나에 해당하는 사람은 시설의 장이 될 수 없다.

   - 임원의 결격사유(사회복지법인의 임원 결격사유와 동일)의 어느 하나에 해당하는 사람
   - 임원의 해임명령에 따라 해임된 날부터 5년이 지나지 아니한 사람
   - 사회복지분야의 6급 이상 공무원으로 재직하다 퇴직한 지 3년이 경과하지 아니한 사람 중에서 퇴직 전 5년 동안 소속하였던 기초자치단체가 관할하는 시설의 장이 되고자 하는 사람

   ㉢ 시설의 장이 위의 어느 하나에 해당하게 되었을 때에는 그 자격을 상실한다.

⑥ 종사자(제35조의2)
  ㉠ 사회복지법인과 사회복지시설을 설치·운영하는 자는 시설에 근무할 종사자를 채용할 수 있다.
  ㉡ 다음 어느 하나에 해당하는 사람은 사회복지법인 또는 사회복지시설의 종사자가 될 수 없다.

> - 사회복지사업 또는 그 직무와 관련하여 아동복지법, 보조금 관리에 관한 법률, 지방재정법, 영유아보육법, 장애아동 복지지원법 또는 형법의 죄를 범하거나 이 법을 위반하여 다음의 어느 하나에 해당하는 사람
>   - 100만 원 이상의 벌금형을 선고받고 그 형이 확정된 후 5년이 지나지 아니한 사람
>   - 형의 집행유예를 선고받고 그 형이 확정된 후 7년이 지나지 아니한 사람
>   - 징역형을 선고받고 그 집행이 끝나거나(집행이 끝난 것으로 보는 경우를 포함) 집행이 면제된 날부터 7년이 지나지 아니한 사람
> - 성폭력범죄의 처벌 등에 관한 특례법의 성폭력범죄 또는 아동·청소년의 성보호에 관한 법률의 아동·청소년대상 성범죄를 저지른 사람으로서 형 또는 치료감호를 선고받고 확정된 후 그 형 또는 치료감호의 전부 또는 일부의 집행이 끝나거나(집행이 끝난 것으로 보는 경우를 포함) 집행이 유예·면제된 날부터 10년이 지나지 아니한 사람
> - 아동복지법에 따른 아동학대관련범죄를 저지른 사람으로서 다음 어느 하나에 해당하는 사람
>   - 금고 이상의 실형을 선고받고 그 집행이 끝나거나(집행이 끝난 것으로 보는 경우를 포함) 집행이 면제된 날부터 10년이 지나지 아니한 사람
>   - 금고 이상의 형의 집행유예를 선고받고 그 집행유예가 확정된 날부터 10년이 지나지 아니한 사람
>   - 벌금형을 선고받고 그 형이 확정된 날부터 5년이 지나지 아니한 사람
> - 종사자로 재직하는 동안 시설이용자를 대상으로 성폭력범죄의 처벌 등에 관한 특례법에 따른 성폭력범죄 및 아동·청소년의 성보호에 관한 법률에 따른 아동·청소년대상 성범죄를 저질러 금고 이상의 형 또는 치료감호를 선고받고 그 형이 확정된 사람

  ㉢ 종사자가 위의 어느 하나에 해당하게 되었을 때에는 그 자격을 상실한다.
⑦ 종사자 채용 시 준수사항(제35조의3)
  ㉠ 사회복지법인과 사회복지시설을 설치·운영하는 자는 해당 법인 또는 시설의 종사자를 채용할 때 정당한 사유 없이 채용광고의 내용을 종사자가 되려는 사람에게 불리하게 변경하여 채용하여서는 아니 된다.
  ㉡ 사회복지법인과 사회복지시설을 설치·운영하는 자는 종사자를 채용한 후에 정당한 사유 없이 채용광고에서 제시한 근로조건을 종사자에게 불리하게 변경하여 적용하여서는 아니 된다.
⑧ 운영위원회(제36조) 기출 11회, 13회, 18회
  ㉠ 시설의 장은 시설의 운영에 관한 다음의 사항을 심의하기 위하여 시설에 운영위원회를 두어야 한다.

> - 시설운영계획의 수립·평가에 관한 사항
> - 사회복지 프로그램의 개발·평가에 관한 사항
> - 시설 종사자의 근무환경 개선에 관한 사항
> - 시설 거주자의 생활환경 개선 및 고충 처리 등에 관한 사항
> - 시설 종사자와 거주자의 인권보호 및 권익증진에 관한 사항
> - 시설과 지역사회의 협력에 관한 사항
> - 그 밖에 시설의 장이 운영위원회의 회의에 부치는 사항

  ㉡ 운영위원회의 위원은 다음 어느 하나에 해당하는 사람 중에서 관할 시장·군수·구청장이 임명·위촉한다.

> - 시설의 장
> - 시설 거주자 대표
> - 시설 거주자의 보호자 대표
> - 시설 종사자의 대표
> - 해당 시·군·구 소속의 사회복지업무를 담당하는 공무원
> - 후원자 대표 또는 지역주민
> - 공익단체에서 추천한 사람
> - 그 밖에 시설의 운영 또는 사회복지에 관하여 전문적인 지식과 경험이 풍부한 사람

ⓒ 시설의 장은 다음의 사항을 운영위원회에 보고하여야 한다.

- 시설의 회계 및 예산·결산에 관한 사항
- 후원금 조성 및 집행에 관한 사항
- 그 밖에 시설운영과 관련된 사건·사고에 관한 사항

ⓔ 그 밖에 운영위원회의 조직 및 운영에 관한 사항은 보건복지부령으로 정한다.
⑨ **시설의 개선, 사업의 정지, 시설의 폐쇄 등(제40조)**: 보건복지부장관, 시·도지사 또는 시장·군수·구청장은 시설이 다음 각 호의 어느 하나에 해당할 때에는 그 시설의 개선, 사업의 정지, 시설의 장의 교체를 명하거나 시설의 폐쇄를 명할 수 있다.

- 시설이 설치기준에 미달하게 되었을 때
- 사회복지법인 또는 비영리법인이 설치·운영하는 시설의 경우 그 사회복지법인 또는 비영리법인의 설립허가가 취소되었을 때
- 설치 목적이 달성되었거나 그 밖의 사유로 계속하여 운영될 필요가 없다고 인정할 때
- 회계부정이나 불법행위 또는 그 밖의 부당행위 등이 발견되었을 때
- 신고를 하지 아니하고 시설을 설치·운영하였을 때
- 운영위원회를 설치하지 아니하거나 운영하지 아니하였을 때
- 정당한 이유 없이 보고 또는 자료 제출을 하지 아니하거나 거짓으로 하였을 때
- 정당한 이유 없이 검사·질문·회계감사를 거부·방해하거나 기피하였을 때
- 시설에서 다음 각 목의 성폭력범죄 또는 학대관련범죄가 발생한 때
  - 성폭력범죄의 처벌 등에 관한 특례법의 성폭력범죄
  - 아동·청소년의 성보호에 관한 법률의 아동·청소년대상 성폭력범죄
  - 아동복지법의 아동학대관련범죄
  - 노인복지법의 노인학대관련범죄
  - 장애인복지법의 장애인학대관련범죄
  - 그 밖에 대통령령으로 정하는 성폭력범죄 또는 학대관련범죄
- 1년 이상 시설이 휴지상태에 있어 시장·군수·구청장이 재개를 권고하였음에도 불구하고 재개하지 아니한 때

⑩ **시설 수용인원의 제한(제41조)**: 각 시설의 수용인원은 300명을 초과할 수 없다. 다만, 대통령령으로 정하는 경우에는 그러하지 아니하다.

개념 공략 수용인원 300명을 초과할 수 있는 시설(시행령 제19조) **기출** 13회

- 노인복지법에 따른 노인주거복지시설 중 양로시설과 노인복지주택
- 노인복지법에 따른 노인의료복지시설 중 노인요양시설
- 보건복지부장관이 사회복지시설의 종류, 지역별 사회복지시설의 수, 지역별·종류별 사회복지서비스 수요 및 사회복지사업 관련 종사자의 수 등을 고려하여 정하여 고시하는 기준에 적합하다고 시장·군수·구청장이 인정하는 사회복지시설

6. 재가복지서비스(제41조의2)

① 국가나 지방자치단체는 보호대상자가 다음 어느 하나에 해당하는 서비스를 제공받도록 할 수 있다.

가정봉사서비스	가사 및 개인활동을 지원하거나 정서활동을 지원하는 서비스
주간·단기 보호서비스	주간·단기 보호시설에서 급식 및 치료 등 일상생활의 편의를 낮 동안 또는 단기간 동안 제공하거나 가족에 대한 교육 및 상담을 지원하는 서비스

② 시장·군수·구청장은 사회보장급여법에 따른 보호대상자별 서비스 제공 계획에 따라 보호대상자에게 사회복지서비스를 제공하는 경우, 시설 입소에 우선하여 재가복지서비스를 제공하도록 하여야 한다.

개념 공략 각 법령에 따른 단기보호서비스

법령	서비스	내용
사회복지사업법	단기보호서비스	(재가복지) 단기 보호시설에서 급식 및 치료 등 일상생활의 편의를 단기간 동안 제공하거나 가족에 대한 교육 및 상담을 지원하는 서비스
노인복지법	단기보호서비스	부득이한 사유로 가족의 보호를 받을 수 없어 일시적으로 보호가 필요한 심신이 허약한 노인과 장애노인을 보호시설에 단기간 입소시켜 보호함으로써 노인 및 노인가정의 복지증진을 도모하기 위한 서비스
노인장기요양보험법	단기보호	(재가급여) 수급자를 보건복지부령으로 정하는 범위 안에서 일정 기간 동안 장기요양기관에 보호하여 신체활동 지원 및 심신기능의 유지·향상을 위한 교육·훈련 등을 제공하는 장기요양급여

7. 상속인 없는 재산의 처리(제45조의2)

① 시설을 설치·운영하는 자는 그 시설에 입소 중인 사람이 사망하고 그 상속인의 존부가 분명하지 아니한 때에는 민법의 규정에 따라 사망한 사람의 재산을 처리한다. 다만, 사망한 사람의 잔여재산이 500만 원 이하인 경우에는 관할 시장·군수·구청장에게 잔여재산 목록을 작성하여 보고하는 것으로 그 재산의 처리를 갈음할 수 있다.

② 보고를 받은 시장·군수·구청장은 사회복지사업의 대상 법률(복지 31법)에서 정하는 절차에 따라 사망한 사람의 재산을 처리할 수 있다.

8. 벌칙(제54조, 제55조) 기출 22회

1년 이하의 징역 또는 1천만원 이하의 벌금	• 정당한 이유 없이 사회복지시설의 설치를 방해하여서는 안 됨을 위반한 자 • 사회복지사 자격증을 다른 사람에게 빌려주거나 빌린 사람 • 사회복지사 자격증을 빌려주거나 빌리는 것을 알선한 사람 • 금품, 향응 또는 재산상의 이익을 주고받거나 주고받을 것을 약속한 사람 • 법인은 수익사업에서 생긴 수익을 법인 또는 법인이 설치한 사회복지시설의 운영 외의 목적에 사용할 수 없음을 위반한 자 • 보건복지부령으로 정하는 바에 따라 시장·군수·구청장에게 신고를 하지 아니하고 시설을 설치·운영한 자 • 정당한 이유 없이 시설 거주자 권익 보호조치를 기피하거나 거부한 자 • 정당한 이유 없이 보건복지부장관, 시·도지사 또는 시장·군수·구청장이 내리는 시설의 개선, 사업의 정지, 시설의 장의 교체, 시설의 폐쇄 등의 명령을 이행하지 아니한 자 • 사회복지사업 또는 사회복지업무에 종사하였거나 종사하고 있는 사람은 그 업무 수행 과정에서 알게 된 다른 사람의 비밀을 누설하여서는 아니 됨을 위반한 자 • 정당한 이유 없이 보고를 하지 아니하거나 거짓으로 보고한 자, 자료를 제출하지 아니하거나 거짓 자료를 제출한 자, 검사·질문·회계감사를 거부·방해 또는 기피한 자
300만원 이하의 벌금	사회복지사의 채용 및 교육 등 조항을 위반한 자(제13조)

CHAPTER 04

사회보험법

핵심 Tag #산업재해보상보험법 #국민연금법 #고용보험법 #국민건강보험법 #노인장기요양보험법

1 산업재해보상보험법 기출 11~16회, 20회

1. 목적(제1조)
① 산업재해보상보험 사업을 시행하여 근로자의 업무상 재해를 신속하고 공정하게 보상한다.
② 재해근로자의 재활 및 사회 복귀를 촉진하기 위하여 이에 필요한 보험 시설을 설치·운영한다.
③ 재해 예방과 그 밖에 근로자의 복지증진을 위한 사업을 시행하여 근로자의 보호에 이바지한다.

2. 국가의 부담 및 지원(제3조)
① 국가는 회계연도마다 예산의 범위에서 보험사업의 사무 집행에 드는 비용을 일반 회계에서 부담하여야 한다.
② 국가는 회계연도마다 예산의 범위에서 보험사업에 드는 비용의 일부를 지원할 수 있다.

3. 용어의 정의(제5조) 기출 14회, 15회

업무상의 재해	업무상의 사유에 따른 근로자의 부상·질병·장해 또는 사망
근로자 임금· 평균임금·통상임금	• 각각 근로기준법에 따른 근로자·임금·평균임금·통상임금 • 다만, 근로기준법에 따라 임금 또는 평균임금을 결정하기 어렵다고 인정되면 고용노동부장관이 정하여 고시하는 금액을 해당 임금 또는 평균임금으로 함.
유족	사망한 사람의 배우자(사실상 혼인관계에 있는 사람 포함)·자녀·부모·손자녀·조부모 또는 형제자매
치유	부상 또는 질병이 완치되거나 치료의 효과를 더 이상 기대할 수 없고 그 증상이 고정된 상태에 이르게 된 것
장해	부상 또는 질병이 치유되었으나 정신적 또는 육체적 훼손으로 인하여 노동능력이 상실되거나 감소된 상태
중증요양상태	업무상의 부상 또는 질병에 따른 정신적 또는 육체적 훼손으로 노동능력이 상실되거나 감소된 상태로서 그 부상 또는 질병이 치유되지 아니한 상태 참고 이전에는 '폐질'이라고 하였으나, '중증요양상태'로 명칭이 변경되었음.
진폐	분진을 흡입하여 폐에 생기는 섬유증식성 변화를 주된 증상으로 하는 질병
출퇴근	취업과 관련하여 주거와 취업장소 사이의 이동 또는 한 취업장소에서 다른 취업장소로의 이동

4. 업무상의 재해 인정 기준(제37조) 기출 12회, 18회, 19회

① 근로자가 다음 어느 하나에 해당하는 사유로 부상·질병 또는 장해가 발생하거나 사망하면 업무상의 재해로 본다. 단, 업무와 재해 사이에 상당인과관계가 없는 경우는 제외한다.

㉠ 업무상 사고
- 근로자가 근로계약에 따른 업무나 그에 따르는 행위를 하던 중 발생한 사고
- 사업주가 제공한 시설물 등을 이용하던 중 그 시설물 등의 결함이나 관리소홀로 발생한 사고
- 사업주가 주관하거나 사업주의 지시에 따라 참여한 행사나 행사준비 중에 발생한 사고
- 휴게시간 중 사업주의 지배관리하에 있다고 볼 수 있는 행위로 발생한 사고
- 그 밖에 업무와 관련하여 발생한 사고

㉡ 업무상 질병
- 업무수행 과정에서 물리적 인자, 화학물질, 분진, 병원체, 신체에 부담을 주는 업무 등 근로자의 건강에 장해를 일으킬 수 있는 요인을 취급하거나 그에 노출되어 발생한 질병
- 업무상 부상이 원인이 되어 발생한 질병
- 근로기준법에 따른 직장 내 괴롭힘, 고객의 폭언 등으로 인한 업무상 정신적 스트레스가 원인이 되어 발생한 질병
- 그 밖에 업무와 관련하여 발생한 질병

㉢ 출퇴근 재해
- 사업주가 제공한 교통수단이나 그에 준하는 교통수단을 이용하는 등 사업주의 지배관리하에서 출퇴근하는 중 발생한 사고
- 그 밖에 통상적인 경로와 방법으로 출퇴근하는 중 발생한 사고

② 근로자의 고의·자해행위나 범죄행위 또는 그것이 원인이 되어 발생한 부상·질병·장해 또는 사망은 업무상의 재해로 보지 아니한다. 단, 그 부상·질병·장해 또는 사망이 정상적인 인식능력 등이 뚜렷하게 낮아진 상태에서 한 행위로 발생한 경우로서 대통령령으로 정하는 사유가 있으면 업무상의 재해로 본다.

③ 출퇴근 재해 사고 중에서 출퇴근 경로 일탈 또는 중단이 있는 경우에는 해당 일탈 또는 중단 중의 사고 및 그 후의 이동 중의 사고에 대하여는 출퇴근 재해로 보지 아니한다. 단, 일탈 또는 중단이 일상생활에 필요한 행위로서 대통령령으로 정하는 사유가 있는 경우에는 출퇴근 재해로 본다.

④ 출퇴근 경로와 방법이 일정하지 아니한 직종으로 대통령령으로 정하는 경우에는 출퇴근 재해를 적용하지 아니한다.

⑤ 업무상의 재해의 구체적인 인정 기준은 대통령령으로 정한다.

5. 보험급여 기출 13회, 17회, 22회 23회

① 요양급여(제40조)

㉠ 근로자가 업무상의 사유로 부상을 당하거나 질병에 걸린 경우에 그 근로자에게 지급하는 급여이다.

• 진찰 및 검사	• 약제 또는 진료재료와 의지(의수와 의족) 및 그 밖의 보조기의 지급
• 처치, 수술, 그 밖의 치료	• 재활치료
• 입원	• 간호 및 간병
• 이송	• 그 밖에 고용노동부령으로 정하는 사항

㉡ ㉠항에 따른 요양급여는 산재보험 의료기관에서 요양하게 한다. 다만, 부득이한 경우에는 요양을 갈음하여 요양비를 지급할 수 있다.

㉢ 부상 또는 질병이 3일 이내의 요양으로 치유될 수 있으면 요양급여를 지급하지 아니한다.

② 휴업급여(제52조)
  ㉠ 업무상 부상·질병 시 요양으로 취업하지 못한 기간에 대하여, 해당 근로자와 그 가족의 생활보호를 위하여 1일당 평균임금의 70%를 지급하는 급여이다.
  ㉡ 취업하지 못한 기간이 3일 이내이면 지급하지 아니한다.
③ 장해급여(제57조)
  ㉠ 업무상 재해의 치유 후 당해 재해와 인과관계가 있는 장해가 남은 경우 그 장해의 정도에 따라 지급하는 급여이다.
  ㉡ 장해등급(제1~14급)에 따라 장해보상연금 또는 장해보상일시금으로 하되, 그 장해등급의 기준은 대통령령으로 정한다.

> **합격 가이드**
> 장해급여의 결정과 지급은 근로복지공단에서 수행합니다.

④ 간병급여(제61조): 요양급여를 받은 사람 중 치유 후 의학적으로 상시 또는 수시로 간병이 필요하여 실제로 간병을 받는 사람에게 지급하는 급여이다.
⑤ 유족급여(제62조)
  ㉠ 근로자가 업무상의 사유로 사망한 경우에 유족에게 지급하는 급여이다.
  ㉡ 유족보상일시금은 근로자가 사망할 당시 유족보상연금 수급자격자가 없는 경우에 지급한다.
  ㉢ 유족보상연금 수급자격자가 원하면, 유족보상일시금의 50%에 상당하는 금액을 일시금으로 지급하고 유족보상연금은 50%를 감액하여 지급한다.
  ㉣ 유족보상연금의 지급 기준 및 방법, 그 밖에 필요한 사항은 대통령령(수급권자가 2명 이상일 때, 대표자 선임 건)으로 정한다.

개념 공략 유족보상연금 수급자격자의 범위(제63조)

1. 근로자가 사망할 당시 그 근로자와 생계를 같이하고 있던 유족 중 배우자와 다음 어느 하나에 해당하는 사람으로 한다.
   - 부모 또는 조부모로서 각각 60세 이상인 사람
   - 자녀로서 25세 미만인 사람
   - 손자녀로서 25세 미만인 사람
   - 형제자매로서 19세 미만이거나 60세 이상인 사람
   - 장애인복지법에 따른 장애인 중 고용노동부령으로 정한 장애 정도에 해당하는 자녀·부모·손자녀·조부모 또는 형제자매
2. 근로자가 사망할 당시 태아였던 자녀가 출생한 경우에는 출생한 때부터 유족으로 본다.
3. 유족보상연금을 받을 권리의 순위는 배우자 → 자녀 → 부모 → 손자녀 → 조부모 및 형제자매의 순서로 한다.

개념 공략 생계를 같이 하는 유족의 범위(시행령 제61조) 기출 21회

1. 근로자와 주민등록법에 따른 주민등록표상의 세대를 같이 하고 동거하던 유족으로서 근로자의 소득으로 생계의 전부 또는 상당 부분을 유지하고 있던 사람
2. 근로자의 소득으로 생계의 전부 또는 상당 부분을 유지하고 있던 유족으로서 학업·취업·요양, 그 밖에 주거상의 형편 등으로 주민등록을 달리하였거나 동거하지 않았던 사람
3. 제1호 및 제2호에 따른 유족 외의 유족으로서 근로자가 정기적으로 지급하는 금품이나 경제적 지원으로 생계의 전부 또는 대부분을 유지하고 있던 사람

⑥ 상병보상연금(제66조)
  ㉠ 요양급여를 받는 근로자가 요양을 시작한 지 2년이 지난 날 이후에 다음의 요건 모두에 해당하는 상태가 계속되면 휴업급여 대신 상병보상연금을 그 근로자에게 지급한다.

  - 그 부상이나 질병이 치유되지 아니한 상태일 것
  - 그 부상이나 질병에 따른 중증요양상태의 정도가 대통령령으로 정하는 중증요양상태등급 기준에 해당할 것
  - 요양으로 인하여 취업하지 못하였을 것

  ㉡ 상병보상연금은 중증요양상태등급(제1~3급)에 따라 지급한다.

⑦ 장례비(제71조)
   ㉠ 근로자가 업무상의 사유로 사망한 경우에 지급하되, 평균임금의 120일분에 상당하는 금액을 그 장례를 지낸 유족에게 지급한다.
   ㉡ 근로자가 업무상의 사유로 사망하였다고 추정되는 경우에는 장례를 지내기 전이라도 유족의 청구에 따라 최저금액을 장례비로 미리 지급할 수 있다.
   ㉢ 장례비 최저금액: 전년도 장례비 수급권자에게 지급된 1명당 평균 장례비 90일분 + 최저 보상기준 금액의 30일분으로 산정한다(시행령 제66조).

> **개념 공략** 사망의 추정(제39조)
> ① 사고가 발생한 선박 또는 항공기에 있던 근로자의 생사가 밝혀지지 아니하거나 항행 중인 선박 또는 항공기에 있던 근로자가 행방불명 또는 그 밖의 사유로 그 생사가 밝혀지지 아니하면 대통령령으로 정하는 바에 따라 사망한 것으로 추정하고, 유족급여와 장례비에 관한 규정을 적용한다.
> ② 근로복지공단은 사망의 추정으로 보험급여를 지급한 후에 그 근로자의 생존이 확인되면 그 급여를 받은 사람이 선의인 경우에는 받은 금액을, 악의인 경우에는 받은 금액의 2배에 해당하는 금액을 징수하여야 한다.

⑧ 직업재활급여(제72조): 직업재활급여의 종류는 다음과 같다.

> - 장해급여 또는 진폐보상연금을 받은 사람이나 장해급여를 받을 것이 명백한 사람으로서 대통령령으로 정하는 사람 중 취업을 위하여 직업훈련이 필요한 사람에 대하여 실시하는 직업훈련에 드는 비용 및 직업훈련수당
> - 업무상의 재해가 발생할 당시의 사업에 복귀한 장해급여자에 대하여 사업주가 고용을 유지하거나 직장적응훈련 또는 재활운동을 실시하는 경우(직장적응훈련의 경우에는 직장 복귀 전에 실시한 경우도 포함)에 각각 지급하는 직장복귀지원금, 직장적응훈련비 및 재활운동비

2 국민연금법 기출 20회, 22회

1. 목적 및 관장
① 목적(제1조): 국민의 노령, 장애 또는 사망에 대하여 연금급여를 실시함으로써 국민의 생활 안정과 복지 증진에 이바지한다.
② 관장(제2조): 국민연금법에 따른 국민연금사업은 보건복지부장관이 맡아 주관한다.

2. 용어의 정의(제3조) 기출 12회, 13회, 17회

근로자	직업의 종류가 무엇이든 사업장에서 노무를 제공하고 그 대가로 임금을 받아 생활하는 자(법인의 이사와 그 밖의 임원을 포함). 다만, 대통령령으로 정하는 자는 제외
사용자	해당 근로자가 소속되어 있는 사업장의 사업주
소득	• 일정한 기간 근로를 제공하여 얻은 수입에서 대통령령으로 정하는 비과세소득을 제외한 금액 • 사업 및 자산을 운영하여 얻는 수입에서 필요경비를 제외한 금액
평균소득월액	매년 사업장가입자 및 지역가입자 전원의 기준소득월액을 평균한 금액
기준소득월액	연금보험료와 급여를 산정하기 위하여 국민연금가입자의 소득월액을 기준으로 하여 정하는 금액
사업장가입자	사업장에 고용된 근로자 및 사용자로서 국민연금에 가입된 자

지역가입자	사업장가입자가 아닌 자로서 국민연금에 가입된 자
임의가입자	사업장가입자 및 지역가입자 외의 자로서 국민연금에 가입된 자
임의계속가입자	국민연금 가입자 또는 가입자였던 자가 가입자로 된 자
연금보험료	국민연금사업에 필요한 비용 – 사업장가입자: 부담금 및 기여금의 합계액 – 지역가입자, 임의가입자, 임의계속가입자: 본인이 내는 금액
부담금	사업장가입자의 사용자가 부담하는 금액
기여금	사업장가입자가 부담하는 금액
사업장	근로자를 사용하는 사업소 및 사무소
수급권	국민연금법에 따른 급여를 받을 권리

① 이 법을 적용할 때 배우자, 남편 또는 아내에는 사실상의 혼인관계에 있는 자를 포함한다.
② 수급권을 취득할 당시 가입자 또는 가입자였던 자의 태아가 출생하면 그 자녀는 가입자 또는 가입자였던 자에 의하여 생계를 유지하고 있던 자녀로 본다.
③ 가입자의 종류에 따른 소득 범위, 평균소득월액의 산정 방법, 기준소득월액의 결정 방법 및 적용 기간 등은 대통령령으로 정한다.

3. 국민연금 가입 대상(제6조)

① 국내에 거주하는 국민으로서 18세 이상 60세 미만인 자는 국민연금의 가입 대상이 된다.
② 공무원연금법, 군인연금법, 사립학교교직원 연금법 및 별정우체국법을 적용받는 공무원, 군인, 교직원 및 별정우체국 직원, 그 밖에 대통령령으로 정하는 자는 제외한다.

4. 가입자의 종류 기출 13회

① **사업장가입자(제8조)**
  ㉠ 사업의 종류, 근로자의 수 등을 고려하여 대통령령으로 정하는 사업장의 18세 이상 60세 미만인 근로자와 사용자는 당연히 사업장가입자가 된다.
  ㉡ 아래 대상자는 본인의 희망에 따라 사업장가입자가 되지 않을 수 있다.
    • 국민연금에 가입된 사업장에 종사하는 18세 미만 근로자
    • 생계급여 수급자 또는 의료급여 수급자
  ㉢ 적용 제외: 공무원연금법, 공무원 재해보상법, 사립학교교직원 연금법 또는 별정우체국법에 따른 퇴직연금, 장해연금 또는 퇴직연금일시금이나 군인연금법에 따른 퇴역연금, 퇴역연금일시금, 군인 재해보상법에 따른 상이연금을 받을 권리를 얻은 자는 사업장가입자 대상에서 제외한다(다만, 퇴직연금 등 수급권자가 국민연금과 직역연금의 연계에 관한 법률에 따라 연계신청을 한 경우에는 제외).

② **지역가입자(제9조)** 기출 14회
  ㉠ 사업장가입자가 아닌 자로서 18세 이상 60세 미만인 자는 당연히 지역가입자가 된다.
  ㉡ 적용 제외: 다음 어느 하나에 해당하는 자는 지역가입자 대상에서 제외한다.

  > • 다음 어느 하나에 해당하는 자의 배우자로서 별도의 소득이 없는 자
  >   – 국민연금 가입 대상에서 제외되는 자
  >   – 사업장가입자, 지역가입자 및 임의계속가입자
  >   – 노령연금 수급권자 및 퇴직연금 등 수급권자

- 퇴직연금 등 수급권자(단, 퇴직연금 등 수급권자가 국민연금과 직역연금의 연계에 관한 법률에 따라 연계신청을 한 경우는 제외)
- 18세 이상 27세 미만인 자로서 학생이거나 군 복무 등의 이유로 소득이 없는 자(단, 연금보험료를 납부한 사실이 있는 자는 제외)
- 국민기초생활 보장법에 따른 생계급여 수급자 또는 의료급여 수급자
- 1년 이상 행방불명된 자

③ 임의가입자(제10조)
  ㉠ 사업장가입자 또는 지역가입자 외의 자로서 18세 이상 60세 미만인 자는 보건복지부령으로 정하는 바에 따라 국민연금공단에 가입을 신청하면 임의가입자가 될 수 있다.
  ㉡ 임의가입자는 보건복지부령으로 정하는 바에 따라 국민연금공단에 신청하여 탈퇴할 수 있다.

> **개념 / 공략** 국민연금 임의가입 신청 대상 및 신청 제외 대상
>
> 1. 임의가입 신청 대상
>   - 퇴직연금 등 수급권자
>   - 기초생활수급자 중 생계급여 수급자 또는 의료급여 수급자(사업장가입자 제외)
>   - 다른 공적연금가입자, 사업장가입자, 지역가입자 및 임의계속가입자, 노령연금 및 퇴직연금 등 수급권자의 배우자로서 별도의 소득이 없는 자
>   - 노령연금 수급권을 취득한 60세 미만의 특수직종근로자나 조기노령연금 수급권을 취득한 자(단, 소득 있는 업무 종사로 지급이 정지 중인 자 제외)의 배우자로서 별도의 소득이 없는 자
>   - 18세 이상 27세 미만인 자로서 학생이거나 군 복무 등으로 소득이 없는 자(단, 연금보험료를 납부한 사실이 있는 자는 제외)
> 2. 임의가입 신청 제외 대상
>   - 다른 공적연금가입자
>   - 조기노령연금 수급권을 취득한 자(소득 있는 업무 종사로 지급이 정지 중인 자는 제외)
>   - 노령연금 수급권을 취득한 60세 미만의 특수직종근로자
>   - 사업장가입자, 지역가입자, 외국인

④ 임의계속가입자(제13조)
  ㉠ 다음 어느 하나에 해당하는 자는 65세가 될 때까지 보건복지부령으로 정하는 바에 따라 국민연금공단에 가입을 신청하면 임의계속가입자가 될 수 있으며, 가입 신청이 수리된 날에 그 자격을 취득한다.

> - 국민연금 가입자 또는 가입자였던 자로서 60세가 된 자(단, 연금보험료를 납부한 사실이 없는 자, 노령연금 수급권자로서 급여를 지급받고 있는 자, 가입기간이 10년 미만인 자가 60세가 된 때에 해당하는 사유로 반환일시금을 지급받은 자는 제외)
> - 전체 국민연금 가입기간의 5분의 3 이상을 특수직종근로자로 국민연금에 가입하거나 가입하였던 사람으로서, 가입기간이 10년 이상인 가입자 또는 가입자였던 자로 노령연금 수급권을 취득한 사람, 특례노령연금 수급권을 취득한 사람 중 노령연금 급여를 지급받지 않는 사람
>   **참고** 특례노령연금: 국민연금제 첫 실시 때부터 보험료를 납입해도 기본 연수인 10년을 채울 수 없는 사람을 위해 만든 제도

  ㉡ 임의계속가입자는 보건복지부령으로 정하는 바에 따라 국민연금공단에 신청하면 탈퇴할 수 있다.
  ㉢ 다음 어느 하나에 해당할 때에는 사유 발생 다음 날에 임의계속가입자 자격을 상실한다.

> - 사망한 때
> - 국적을 상실하거나 국외로 이주한 때
> - 탈퇴 신청이 수리된 때
> - 대통령령으로 정하는 기간 이상 계속하여 연금보험료를 체납한 때

ⓔ 다만, 탈퇴 신청이 수리된 때의 경우 임의계속가입자가 납부한 마지막 연금보험료에 해당하는 달의 말일이 탈퇴 신청이 수리된 날보다 같거나 빠르고 임의계속가입자가 희망하는 경우에는 임의계속가입자가 납부한 마지막 연금보험료에 해당하는 달의 말일에 그 자격을 상실한다.

5. 가입자 자격의 취득시기와 상실시기(제11조, 제12조)

사업장 가입자	취득시기		• 사업장에 고용된 때 또는 그 사업장의 사용자가 된 때 • 당연적용사업장으로 된 때
	상실시기	다음 날	'사망한 때·국적을 상실하거나 국외로 이주한 때·사용관계가 끝난 때·60세가 된 때'에는 다음 날
		당일	'국민연금 가입 대상 제외자에 해당하게 된 때'에는 그에 해당하게 된 날
지역 가입자	취득시기		• 사업장가입자의 자격을 상실한 때 • 국민연금 가입 대상 제외자에 해당하지 아니하게 된 때 • 배우자가 별도의 소득이 있게 된 때 • 18세 이상 27세 미만인 자가 소득이 있게 된 때 (단, 소득이 있게 된 때를 알 수 없는 경우에는 신고를 한 날에 그 자격을 취득)
	상실시기	다음 날	'사망한 때·국적을 상실하거나 국외로 이주한 때·배우자로서 별도의 소득이 없게 된 때·60세가 된 때'에는 다음 날
		당일	'국민연금 가입 대상 제외자에 해당하게 된 때·사업장가입자의 자격을 취득한 때'에는 그에 해당하게 된 날
임의 가입자	취득시기		가입 신청이 수리된 날
	상실시기	다음 날	'사망한 때·국적을 상실하거나 국외로 이주한 때·탈퇴 신청이 수리된 때·60세가 된 때·대통령령으로 정하는 기간 이상 계속하여 연금보험료를 체납한 때'에는 다음 날
		당일	'사업장가입자 또는 지역가입자의 자격을 취득한 때·국민연금 가입 대상 제외자에 해당하게 된 때'에는 그에 해당하게 된 날

6. 국민연금 가입기간의 계산(제17조) 기출 13회

① 국민연금 가입기간은 월 단위로 계산하되, 가입자의 자격을 취득한 날이 속하는 달의 다음 달부터 자격을 상실한 날의 전날이 속하는 달까지로 한다.
② 다만, 다음 어느 하나에 해당하는 경우에는 자격을 취득한 날이 속하는 달을 가입기간에 산입하되, 가입자가 그 자격을 상실한 날의 전날이 속하는 달에 자격을 다시 취득하면 다시 취득한 달을 중복하여 가입기간에 산입하지 않는다.

> • 가입자가 자격을 취득한 날이 그 속하는 달의 초일인 경우(자격 취득일이 속하는 달에 다시 그 자격을 상실하는 경우는 제외)
> • 임의계속가입자의 자격을 취득한 경우   • 가입자가 희망하는 경우

③ 가입기간을 계산할 때 연금보험료를 내지 아니한 기간은 가입기간에 산입하지 아니한다. 다만, 사용자가 근로자의 임금에서 기여금을 공제하고 연금보험료를 내지 아니한 경우에는 그 내지 아니한 기간의 2분의 1에 해당하는 기간을 근로자의 가입기간으로 산입한다. 이 경우 1개월 미만의 기간은 1개월로 한다.
④ 가입기간의 합산(제20조)
  ㉠ 가입자의 자격을 상실한 후 다시 그 자격을 취득한 자에 대하여는 전후(前後)의 가입기간을 합산한다.
  ㉡ 가입자의 가입 종류가 변동되면 그 가입자의 가입기간은 각 종류별 가입기간을 합산한 기간으로 한다.

7. 국민연금액

① 기본연금액(제51조)
  ㉠ 수급권자의 기본연금액은 다음의 금액을 합한 금액에 1천분의 1,200을 곱한 금액으로 한다.

  > - 다음에 따라 산정한 금액을 합산하여 3으로 나눈 금액
  >   - 연금 수급 3년 전 연도의 평균소득월액을 연금 수급 3년 전 연도와 대비한 연금 수급 전년도의 전국소비자물가변동률(통계청장이 매년 고시하는 전국소비자물가변동률)에 따라 환산한 금액
  >   - 연금 수급 2년 전 연도의 평균소득월액을 연금 수급 2년 전 연도와 대비한 연금 수급 전년도의 전국소비자물가변동률에 따라 환산한 금액
  >   - 연금 수급 전년도의 평균소득월액
  > - 가입자 개인의 가입기간 중 매년 기준소득월액을 대통령령으로 정하는 바에 따라 보건복지부장관이 고시하는 연도별 재평가율에 의하여 연금 수급 전년도의 현재가치로 환산한 후 이를 합산한 금액을 총 가입기간으로 나눈 금액

  ㉡ 다만, 가입기간이 20년을 초과하면 그 초과하는 1년(1년 미만이면 매 1개월을 12분의 1년으로 계산)마다 위 ㉠에 따라 계산한 금액에 1천분의 50을 곱한 금액을 더한다.
  ㉢ 금액을 수급권자에게 적용할 때에는 연금 수급 2년 전 연도와 대비한 전년도의 전국소비자물가변동률을 기준으로 그 변동률에 해당하는 금액을 더하거나 빼되, 미리 국민연금심의위원회의 심의를 거쳐야 한다.
  ㉣ 조정된 금액을 수급권자에게 적용할 때 그 적용 기간은 해당 조정연도 1월부터 12월까지로 한다.

② 부양가족연금액(제52조)
  ㉠ 부양가족연금액은 수급권자(유족연금의 경우에는 사망한 가입자 또는 가입자였던 자)를 기준으로 하는 다음의 자로서 수급권자에 의하여 생계를 유지하고 있는 자에 대하여 아래 규정된 각각의 금액을 지급한다.

  > - 배우자: 연 15만 원
  > - 19세 미만이거나 장애등급 2급 이상인 자녀(배우자가 혼인 전에 얻은 자녀를 포함): 연 10만 원
  > - 60세 이상이거나 장애등급 2급 이상인 부모(부 또는 모의 배우자, 배우자의 부모를 포함): 연 10만 원

  ㉡ 생계유지에 관한 대상자별 인정기준은 대통령령으로 정한다.

8. 급여의 종류 기출 19회, 20회

현금급여	가입기간 10년 이상인 경우	노령연금, 장애연금, 유족연금
	가입기간 10년 미만인 경우	반환일시금(사망일시금)

9. 노령연금 기출 19회

① 노령연금 수급권자(제61조)
  ㉠ 가입기간이 10년 이상인 가입자 또는 가입자였던 자에 대하여는 60세(특수직종근로자는 55세)가 된 때부터 그가 생존하는 동안 노령연금을 지급한다.
  ㉡ 가입기간이 10년 이상인 가입자 또는 가입자였던 자로서 55세 이상인 자가 대통령령으로 정하는 소득이 있는 업무에 종사하지 아니하는 경우, 본인이 희망하면 60세가 되기 전이라도 본인이 청구한 때부터 그가 생존하는 동안 일정한 금액의 연금을 받을 수 있다.

② 노령연금액(제63조)
  ㉠ 노령연금액: 다음 구분에 따른 금액에 부양가족연금액을 더한 금액으로 한다.

  - 가입기간 20년 이상: 기본연금액
  - 가입기간 10년 이상 20년 미만: 기본연금액의 1천분의 500에 해당하는 금액에 가입기간 10년을 초과하는 1년(1년 미만이면 매 1개월을 12분의 1년으로 계산)마다 기본연금액의 1천분의 50에 해당하는 금액을 더한 금액

  ㉡ 조기노령연금액: 위 ㉠의 구분에 따른 금액에 부양가족연금액을 더하기 전, 다음의 수급연령별 지급 비율(청구일이 연령도달일이 속한 달의 다음 달 이후인 경우에는 1개월마다 1천분의 5를 더함)을 곱한 후 부양가족연금액을 더한 금액으로 한다.

  - 55세부터 지급받는 경우: 1천분의 700
  - 56세부터 지급받는 경우: 1천분의 760
  - 57세부터 지급받는 경우: 1천분의 820
  - 58세부터 지급받는 경우: 1천분의 880
  - 59세부터 지급받는 경우: 1천분의 940

③ **분할연금 수급권자**(제64조) 기출 11회
  ㉠ 수급권자
    - 혼인 기간(배우자의 가입기간 중의 혼인 기간으로서, 별거·가출 등의 사유로 인하여 실질적인 혼인관계가 존재하지 않은 기간은 제외)이 5년 이상인 자가 다음 요건을 모두 갖추면 그때부터 그가 생존하는 동안 배우자였던 자의 노령연금을 분할한 일정한 금액의 연금을 받을 수 있다.

    - 배우자와 이혼하였을 것
    - 배우자였던 사람이 노령연금 수급권자일 것
    - 60세가 되었을 것

    - 분할연금 수급권자의 요건을 모두 갖추게 된 때부터 5년 이내에 청구하여야 한다.
  ㉡ 분할연금액: 배우자였던 자의 노령연금액(부양가족연금액은 제외) 중 혼인 기간에 해당하는 연금액을 균등하게 나눈 금액이다.

④ 노령연금 지급 연령: 노령연금의 수급개시연령이 점점 높아져 2033년부터는 65세부터 지급받을 수 있다.

출생연도	수급개시연령		
	노령연금	조기노령연금	분할연금
1952년생 이전	60세	55세	60세
1953~1956년생	61세	56세	61세
1957~1960년생	62세	57세	62세
1961~1964년생	63세	58세	63세
1965~1968년생	64세	59세	64세
1969년생 이후	65세	60세	65세

10. 장애연금

① **장애연금의 수급권자**(제67조): 가입자 또는 가입자였던 자가 질병이나 부상으로 신체상·정신상의 장애가 있고 다음 요건을 모두 충족하는 경우, 장애 정도를 결정하는 기준이 되는 날부터 그 장애가 계속되는 기간 동안 장애 정도에 따라 장애연금을 지급한다.

- 해당 질병 또는 부상의 초진일 당시 연령이 18세(단, 18세 전에 가입한 경우에는 가입자가 된 날) 이상이고 노령연금의 지급 연령 미만일 것
- 해당 질병 또는 부상의 초진일 당시 연금보험료를 낸 기간이 가입 대상 기간의 3분의 1 이상일 것
- 해당 질병 또는 부상의 초진일 5년 전부터 초진일까지의 기간 중 연금보험료를 낸 기간이 3년 이상일 것(단, 가입 대상 기간 중 체납 기간이 3년 이상인 경우는 제외)
- 해당 질병 또는 부상의 초진일 당시 가입기간이 10년 이상일 것

② 장애연금액(제68조)
  ㉠ 장애등급 1급: 기본연금액 + 부양가족연금액
  ㉡ 장애등급 2급: 기본연금액의 1천분의 800에 해당하는 금액 + 부양가족연금액
  ㉢ 장애등급 3급: 기본연금액의 1천분의 600에 해당하는 금액 + 부양가족연금액
  ㉣ 장애등급 4급: 기본연금액의 1천분의 2,250에 해당하는 금액을 일시보상금으로 지급

11. 유족연금 `기출` 12회, 15회

① 유족연금의 수급권자(제72조): 다음 사항 중 어느 하나에 해당하는 사람이면 유족연금을 지급한다.

- 노령연금 수급권자의 유족
- 가입기간이 10년 이상인 가입자 또는 가입자였던 자의 유족
- 연금보험료를 낸 기간이 가입 대상 기간의 3분의 1 이상인 가입자 또는 가입자였던 자의 유족(단, 가입 대상에서 제외되는 기간, 국외이주·국적상실 기간 중 사망한 경우는 지급하지 않음)
- 사망일 5년 전부터 사망일까지의 기간 중 연금보험료를 낸 기간이 3년 이상인 가입자 또는 가입자였던 자의 유족 (다만, 가입 대상에서 제외되는 기간이나 국외이주·국적상실 기간 중 사망한 경우, 가입 대상 기간 중 체납 기간이 3년 이상인 사람인 경우는 지급하지 않음.)
- 장애등급이 2급 이상인 장애연금 수급권자의 유족

② 유족의 범위 등(제73조)
  ㉠ 유족연금을 받을 수 있는 유족은 가입자 또는 가입자였던 자가 사망할 당시 그에 의하여 생계를 유지하고 있던 다음의 사람으로 하고, 그 인정 기준은 대통령령으로 정한다.

- 1순위: 배우자
- 2순위: 자녀, 다만 25세 미만이거나 국민연금법상의 장애등급 1급 또는 2급 및 장애인복지법상의 장애의 정도가 심한 장애인
- 3순위: 부모(배우자의 부모 포함), 다만 60세 이상이거나 국민연금법상의 장애등급 1급 또는 2급 및 장애인복지법상의 장애의 정도가 심한 장애인
- 4순위: 손자녀, 다만 19세 미만이거나 국민연금법상의 장애등급 1급 또는 2급 및 장애인복지법상의 장애의 정도가 심한 장애인
- 5순위: 조부모(배우자의 조부모 포함), 다만 60세 이상이거나 국민연금법상의 장애등급 1급 또는 2급 및 장애인복지법상의 장애의 정도가 심한 장애인

  ㉡ 유족연금은 위의 순위에 따라 최우선 순위자에게만 지급한다. 다만, 1순위인 배우자의 수급권이 소멸되거나 정지되면 2순위인 자녀에게 지급한다.
  ㉢ 같은 순위의 유족이 2명 이상이면 그 유족연금액을 똑같이 나누어 지급하되, 지급 방법은 대통령령으로 정한다.

③ 유족연금액(제74조)
  ㉠ 유족연금액은 가입기간에 따라 다음의 금액에 부양가족연금액을 더한 금액으로 한다.

- 가입기간 10년 미만: 기본연금액의 1천분의 400에 해당하는 금액
- 가입기간 10년 이상 20년 미만: 기본연금액의 1천분의 500에 해당하는 금액
- 가입기간 20년 이상: 기본연금액의 1천분의 600에 해당하는 금액

ⓒ 노령연금 수급권자가 사망한 경우의 유족연금액은 사망한 자가 지급받던 노령연금액을 초과할 수 없다.

④ 유족연금 수급권의 소멸(제75조)
㉠ 유족연금 수급권자가 다음 어느 하나에 해당하게 되면 그 수급권은 소멸한다.

- 수급권자가 사망한 때 • 배우자인 수급권자가 재혼한 때 • 자녀나 손자녀인 수급권자가 파양된 때
- 국민연금법상의 장애등급 1급 또는 2급 및 장애인복지법상의 장애의 정도가 심한 장애인에 해당하지 아니한 자녀인 수급권자가 25세가 된 때 또는 국민연금법상의 장애등급 1급 또는 2급 및 장애인복지법상의 장애의 정도가 심한 장애인에 해당하지 아니한 손자녀인 수급권자가 19세가 된 때

㉡ 부모, 손자녀 또는 조부모인 유족의 유족연금 수급권은 가입자 또는 가입자였던 사람이 사망할 당시에 그 가입자 또는 가입자였던 사람의 태아가 출생하여 수급권을 갖게 되면 소멸한다.

⑤ 유족연금의 지급 정지(제76조)
㉠ 배우자인 수급권자에게는 수급권이 발생한 때부터 3년 동안 유족연금을 지급한 후 55세가 될 때까지 지급을 정지한다. 단, 그 수급권자가 다음 어느 하나에 해당하면 지급을 정지하지 아니한다.

- 국민연금법상의 장애등급 1급 또는 2급 및 장애인복지법상의 장애의 정도가 심한 장애인인 경우
- 가입자 또는 가입자였던 자의 25세 미만인 자녀 또는 국민연금법상의 장애등급 1급 또는 2급 및 장애인복지법상의 장애의 정도가 심한 장애인인 자녀의 생계를 유지하는 경우
- 대통령령으로 정하는 소득이 있는 업무에 종사하지 아니하는 경우

㉡ 배우자인 수급권자의 소재를 1년 이상 알 수 없는 때에는 유족인 자녀의 신청에 의하여 소재 불명의 기간 동안 그에게 지급하여야 할 유족연금을 지급 정지한다.
㉢ 배우자 외 유족연금의 수급권자가 2명 이상인 경우, 수급권자 중에서 1년 이상 소재를 알 수 없는 자가 있으면 다른 수급권자의 신청에 따라 소재 불명의 기간 동안 해당자가 받을 유족연금을 지급 정지한다.
㉣ 유족연금의 지급이 정지된 자의 소재가 확인된 경우에는 본인의 신청에 의하여 지급 정지를 해제한다.
㉤ 자녀나 손자녀인 수급권자가 다른 사람에게 입양된 때에는 입양된 때부터 유족연금의 지급을 정지한다.
㉥ 유족연금의 지급이 정지된 자가 파양된 경우에는 본인의 신청에 의하여 파양된 때부터 지급 정지를 해제한다.
㉦ 장애로 수급권을 취득한 자가 국민연금법상의 장애등급 1급 또는 2급 및 장애인복지법상의 장애의 정도가 심한 장애인에 해당하지 아니하게 된 때에는 그때부터 유족연금의 지급을 정지한다.
㉧ 유족연금의 지급이 정지된 자가 그 질병이나 부상이 악화되어 국민연금법상의 장애등급 1급 또는 2급 및 장애인복지법상의 장애의 정도가 심한 장애인에 해당하게 된 경우에는 본인의 신청에 의하여 국민연금법상의 장애등급 1급 또는 2급 및 장애인복지법상의 장애의 정도가 심한 장애인에 해당하게 된 때부터 지급 정지를 해제한다.
㉨ 유족연금 수급권자가 1년 이상 소재 불명이고 지급 정지를 신청할 사람이 존재하지 아니하는 등 대통령령으로 정하는 경우에는 유족연금의 지급을 정지할 수 있다.
㉩ 지급 정지에 대한 취소 및 그에 따른 지급에 대해서는 소재불명자에 대한 지급의 정지 등을 준용한다.

⑥ 소재불명자에 대한 지급의 정지 등(제86조의2) 최신법령
㉠ 수급권자(유족연금 수급권자는 제외)가 1년 이상 소재 불명인 경우에는 이 법에 따른 급여의 지급을 정지할 수 있다.

ⓒ 급여의 지급을 정지한 후 소재 불명이었던 수급권자의 소재가 확인되거나 사망한 사실이 확인된 경우에는 지급 정지를 취소하여야 한다.
ⓒ 지급 정지를 취소한 경우 지급 정지 기간 동안 지급되지 아니한 급여를 수급권자(수급권자가 사망한 때에는 청구 절차에 따라 미지급 급여를 받을 수 있는 자)에게 지급하여야 한다.

12. 반환일시금

① 반환일시금 수급권자(제77조): 가입자 또는 가입자였던 자가 다음 어느 하나에 해당하게 되면 본인이나 그 유족의 청구에 의하여 반환일시금을 지급받을 수 있다.

- 가입기간이 10년 미만인 자가 60세가 된 때
- 가입자 또는 가입자였던 자가 사망한 때(단, 유족연금이 지급되는 경우는 제외)
- 국적을 상실하거나 국외로 이주한 때

② 반환일시금의 액수: 가입자 또는 가입자였던 자가 납부한 연금보험료(사업장가입자 또는 사업장가입자였던 자의 경우에는 사용자의 부담금 포함) + 대통령령으로 정하는 이자

③ 반납금 납부와 가입기간(제78조)
ⓐ 반환일시금을 받은 자로서 다시 가입자의 자격을 취득한 자는 지급받은 반환일시금에 대통령령으로 정하는 이자를 더한 금액(반납금)을 공단에 낼 수 있다.
ⓑ 반납금은 대통령령으로 정하는 바에 따라 분할하여 납부할 수 있다. 이 경우 대통령령으로 정하는 이자를 더하여야 한다.

④ 반환일시금 수급권의 소멸(제79조): 반환일시금의 수급권은 다음 중 어느 하나에 해당하면 소멸한다.

- 수급권자가 다시 가입자로 된 때
- 수급권자가 노령연금의 수급권을 취득한 때
- 수급권자가 장애연금의 수급권을 취득한 때
- 수급권자의 유족이 유족연금의 수급권을 취득한 때

13. 사망일시금(제80조)

① 다음 어느 하나에 해당하는 사람이 사망한 때에 유족연금을 받을 수 있는 유족이 없으면 그 배우자·자녀·부모·손자녀·조부모·형제자매 또는 4촌 이내 방계혈족에게 사망일시금을 지급한다. 다만, 가출·실종 등 대통령령으로 정하는 경우에 해당하는 사람에게는 지급하지 아니하며, 4촌 이내 방계혈족의 경우에는 대통령령으로 정하는 바에 따라 다음 어느 하나에 해당하는 사람의 사망 당시 그 사람에 의하여 생계를 유지하고 있던 사람에게만 지급한다.

- 가입자 또는 가입자였던 사람
- 노령연금 수급권자
- 장애등급이 3급 이상인 장애연금 수급권자

② 사망일시금의 금액
ⓐ 가입자 또는 가입자였던 사람: 가입자 또는 가입자였던 사람의 반환일시금에 상당하는 금액
ⓑ 노령연금 수급권자, 장애등급이 3급 이상인 장애연금 수급권자: 수급권자가 사망할 때까지 지급받은 연금액이 ⓐ을 준용하여 산정한 금액보다 적은 경우에 그 차액에 해당하는 금액

③ 사망일시금을 받을 자의 순위
ⓐ 배우자 → 자녀 → 부모 → 손자녀 → 조부모 → 형제자매 및 4촌 이내의 방계혈족
ⓑ 순위가 같은 사람이 2명 이상이면 똑같이 나누어 지급하되, 그 지급 방법은 대통령령으로 정한다.

개념 공략 연금의 종류 **기출** 16회

연금급여 (매월 지급)	노령연금	• 노후 소득보장을 위한 급여 • 국민연금의 기초가 되는 급여
	장애연금	장애로 인한 소득감소에 대비한 급여
	유족연금	가입자의 사망으로 인한 유족의 생계 보호를 위한 급여
일시금급여	반환일시금	연금을 받지 못하거나 더 이상 가입할 수 없는 경우 청산적 성격으로 지급하는 급여
	사망일시금	유족연금 또는 반환일시금을 받지 못할 경우 장제보조적·보상적 성격으로 지급하는 급여

14. 급여 제한 및 연금보험료 납부의 예외

① 급여의 제한(제82조)

㉠ 가입자 또는 가입자였던 자가 고의로 질병·부상 또는 그 원인이 되는 사고를 일으켜 그로 인하여 장애를 입은 경우에는 그 장애를 지급 사유로 하는 장애연금을 지급하지 아니할 수 있다.

㉡ 가입자 또는 가입자였던 자가 고의나 중대한 과실로 요양 지시에 따르지 아니하거나 정당한 사유 없이 요양 지시에 따르지 아니하여 다음 어느 하나에 해당하게 되면 대통령령으로 정하는 바에 따라 이를 원인으로 하는 급여의 전부 또는 일부를 지급하지 아니할 수 있다.

- 장애를 입거나 사망한 경우
- 장애나 사망의 원인이 되는 사고를 일으킨 경우
- 장애를 악화시키거나 회복을 방해한 경우

㉢ 다음 어느 하나에 해당하는 사람에게는 사망에 따라 발생되는 유족연금, 미지급급여, 반환일시금 및 사망일시금을 지급하지 아니한다.

- 가입자 또는 가입자였던 자를 고의로 사망하게 한 유족
- 수급권자가 될 수 있는 자를 고의로 사망하게 한 유족
- 다른 수급권자를 고의로 사망하게 한 수급권자

② 연금보험료 납부의 예외(제91조)

㉠ 납부 의무자는 사업장가입자 또는 지역가입자가 다음 어느 하나에 해당하는 사유로 연금보험료를 낼 수 없으면 대통령령으로 정하는 바에 따라 그 사유가 계속되는 기간에는 연금보험료를 내지 아니할 수 있다.

- 사업 중단, 실직 또는 휴직 중인 경우
- 병역의무를 수행하는 경우
- 학교에 재학 중인 경우
- 교정시설에 수용 중인 경우
- 보호감호시설이나 치료감호시설에 수용 중인 경우
- 1년 미만 행방불명된 경우(행방불명의 인정 기준 및 방법은 대통령령으로 정함)
- 재해·사고 등으로 소득이 감소되거나 그 밖에 소득이 있는 업무에 종사하지 아니하는 경우로서 대통령령으로 정하는 경우

㉡ 납부 예외 사유에 따라 연금보험료를 내지 아니한 기간은 가입기간에 산입하지 아니한다.

15. 국민연금기금(제101조)

① 보건복지부장관은 국민연금사업에 필요한 재원을 원활하게 확보하고, 국민연금법에 따른 급여에 충당하기 위한 책임준비금으로서 국민연금기금을 설치한다.
② 기금의 재원: 연금보험료, 기금 운용 수익금, 적립금, 공단의 수입지출 결산상의 잉여금

3 고용보험법 기출 20회, 22회

1. 목적(제1조)

실업 예방, 고용 촉진 및 근로자 등의 직업능력 개발과 향상을 꾀하고, 국가의 직업지도와 직업소개 기능을 강화한다. 근로자 등이 실업한 경우에 생활에 필요한 급여를 실시하여 근로자 등의 생활안정과 구직 활동을 촉진함으로써 경제·사회 발전에 이바지한다.

2. 용어의 정의(제2조) 기출 17회

피보험자	• 고용산재보험료징수법에 따라 보험에 가입되거나 가입된 것으로 보는 근로자, 예술인 또는 노무제공자 • 고용산재보험료징수법에 따라 고용보험에 가입하거나 가입된 것으로 보는 자영업자
이직	피보험자와 사업주 사이의 고용관계가 끝나게 되는 것(예술인 및 노무제공자의 경우에는 문화예술용역 관련 계약 또는 노무제공계약이 끝나는 것)
실업	근로의 의사와 능력이 있음에도 불구하고 취업하지 못한 상태에 있는 것
실업의 인정	직업안정기관의 장이 수급자격의 인정 기준에 따른 수급자격자가 실업한 상태에서 적극적으로 직업을 구하기 위하여 노력하고 있다고 인정하는 것
보수	• 소득세법에 따른 근로소득에서 대통령령으로 정하는 금품을 뺀 금액 • 단, 휴직이나 그 밖에 이와 비슷한 상태에 있는 기간 중에 사업주 외의 자로부터 지급받는 금품 중 고용노동부장관이 정하여 고시하는 금품은 보수로 봄.
일용근로자	1개월 미만 동안 고용되는 사람

> **관련법령** 고용보험법 적용 제외
>
> 제10조 ① 다음 각 호의 어느 하나에 해당하는 자에게는 이 법을 적용하지 아니한다.
> 1. 해당 사업에서 소정근로시간이 대통령령으로 정하는 시간 미만인 근로자
> 2. 국가공무원법과 지방공무원법에 따른 공무원. 다만, 대통령령으로 정하는 바에 따라 별정직공무원, 국가공무원법 및 지방공무원법에 따른 임기제공무원의 경우는 본인의 의사에 따라 고용보험(실업급여에 한정)에 가입할 수 있다.
> 3. 사립학교교직원 연금법의 적용을 받는 사람
> 4. 그 밖에 대통령령으로 정하는 사람
> ② 65세 이후에 고용(65세 전부터 피보험 자격을 유지하던 사람이 65세 이후에 계속하여 고용된 경우는 제외)되거나 자영업을 개시한 사람에게는 실업급여 및 육아휴직급여 등을 적용하지 아니한다.

> **관련법령** 실업의 신고(제42조)
>
> ① 구직급여를 지급받으려는 사람은 이직 후 지체없이 직업안정기관에 출석하여 실업을 신고하여야 한다. 다만, 재난 및 안전관리 기본법의 재난으로 출석하기 어려운 경우 등 고용노동부령으로 정하는 사유가 있는 경우에는 고용정책 기본법에 따른 고용정보시스템을 통하여 신고할 수 있다.
> ② ①에 따른 실업의 신고에는 구직 신청과 제43조에 따른 수급자격의 인정신청을 포함하여야 한다.

③ ①에 따라 구직급여를 지급받기 위하여 실업을 신고하려는 사람은 이직하기 전 사업의 사업주에게 피보험 단위기간, 이직 전 1일 소정근로시간 등을 확인할 수 있는 자료(이하 이직확인서)의 발급을 요청할 수 있다. 이 경우 요청을 받은 사업주는 고용노동부령으로 정하는 바에 따라 이직확인서를 발급하여 주어야 한다.

관련법령 이직사유에 따른 수급자격의 제한(제58조) **기출** 21회

1. 중대한 귀책사유로 해고된 피보험자로서 다음 어느 하나에 해당하는 경우
   - 형법 또는 직무와 관련된 법률을 위반하여 금고 이상의 형을 선고받은 경우
   - 사업에 막대한 지장을 초래하거나 재산상 손해를 끼친 경우로서 고용노동부령으로 정하는 기준에 해당하는 경우
   - 정당한 사유 없이 근로계약 또는 취업규칙 등을 위반하여 장기간 무단 결근한 경우
2. 자기 사정으로 이직한 피보험자로서 다음 어느 하나에 해당하는 경우
   - 전직 또는 자영업을 하기 위하여 이직한 경우
   - 중대한 귀책사유가 있는 사람이 해고되지 아니하고 사업주의 권고로 이직한 경우
   - 그 밖에 고용노동부령으로 정하는 정당한 사유에 해당하지 아니하는 사유로 이직한 경우

관련법령 사업에 막대한 지장을 초래하거나 재산상 손해를 끼친 경우(시행규칙 제101조 제1항 관련)

1. 납품업체로부터 금품이나 향응을 받고 불량품을 납품받아 생산에 차질을 가져온 경우
2. 사업의 기밀이나 그 밖의 정보를 경쟁관계에 있는 다른 사업자 등에게 제공한 경우
3. 거짓 사실을 날조·유포하거나 불법 집단행동을 주도하여 사업에 막대한 지장을 초래하거나 재산상 손해를 끼친 경우
4. 직책을 이용하여 공금을 착복·장기유용·횡령하거나 배임한 경우
5. 제품이나 원료 등을 절취하거나 불법 반출한 경우
6. 인사·경리·회계담당 직원이 근로자의 근무상황 실적을 조작하거나 거짓 서류 등을 작성하여 사업에 막대한 지장을 초래하거나 재산상 손해를 끼친 경우
7. 사업장의 기물을 고의로 파손하여 사업에 막대한 지장을 초래하거나 재산상 손해를 끼친 경우
8. 영업용 차량을 사업주의 위임이나 동의 없이 다른 사람에게 대리운전하게 하여 교통사고를 일으킨 경우

3. 고용보험법의 일반적 사항 기출 18회, 20회, 23회

① 고용보험은 고용노동부장관이 관장한다(제3조).
② 보험의 목적을 이루기 위하여 고용보험사업으로 고용안정·직업능력개발 사업, 실업급여, 육아휴직 급여 및 출산전후휴가 급여 등을 실시하며, 보험사업의 보험연도는 정부의 회계연도에 따른다(제4조).
③ 국가는 매년 보험사업에 드는 비용의 일부를 일반회계에서 부담하여야 하며, 국가는 매년 예산의 범위에서 보험사업의 관리·운영에 드는 비용을 부담할 수 있다(제5조).
④ 고용노동부장관은 보험사업에 대하여 상시적이고 체계적인 평가를 하여야 한다(제11조의2 제1항).
⑤ 근로자인 피보험자는 이 법이 적용되는 사업에 고용된 날에 피보험자격을 취득한다(제13조 제1항).
⑥ 피보험자 또는 피보험자였던 자는 언제든지 고용노동부장관에게 피보험자격의 취득 또는 상실에 관한 확인을 청구할 수 있다(제17조 제1항).
⑦ 근로자가 보험관계가 성립되어 있는 둘 이상의 사업에 동시에 고용되어 있는 경우에는 대통령령으로 정하는 바에 따라 그 중 한 사업의 근로자로서의 피보험자격을 취득한다(제18조 제1항).

4. 보험료(제6조)

① 이 법에 따른 보험사업에 드는 비용을 충당하기 위하여 징수하는 보험료와 그 밖의 징수금에 대하여는 고용산재보험료징수법으로 정하는 바에 따른다.

② 고용산재보험료징수법에 따라 징수된 고용안정·직업능력개발 사업의 보험료 및 실업급여의 보험료는 각각 그 사업에 드는 비용에 충당한다. 다만, 실업급여의 보험료는 국민연금 보험료의 지원(실업 크레딧제도), 육아휴직 급여의 지급, 육아기 근로시간 단축 급여의 지급, 출산전후휴가 급여(기간제 근로자, 파견근로자) 등 및 출산전후급여(예술인, 노무제공자) 등의 지급에 드는 비용에 충당할 수 있다.

③ 자영업자인 피보험자로부터 징수된 고용안정·직업능력개발 사업의 보험료 및 실업급여의 보험료는 각각 자영업자인 피보험자를 위한 그 사업에 드는 비용에 충당한다. 다만, 실업급여의 보험료는 자영업자인 피보험자를 위한 국민연금 보험료의 지원에 드는 비용에 충당할 수 있다.

최다빈출

5. 고용보험의 급여 기출 11~14회, 16회, 18회, 19회, 22회

① **실업급여**: 실업급여는 구직급여와 취업촉진 수당(조기재취업 수당, 직업능력개발 수당, 광역 구직활동비, 이주비)으로 구분한다.

㉠ 구직급여

- 수급 요건(제40조)
  - 이직한 근로자인 피보험자가 다음의 요건을 모두 갖춘 경우 지급한다.

  > - 기준기간(이직일 이전 18개월간) 동안의 피보험 단위기간이 합산하여 180일 이상일 것
  > - 근로의 의사와 능력이 있음에도 불구하고 취업하지 못한 상태에 있을 것
  > - 이직사유가 수급자격의 제한 사유에 해당하지 아니할 것
  > - 재취업을 위한 노력을 적극적으로 할 것
  > - 수급자격 인정신청일이 속한 달의 직전 달 초일부터 수급자격 인정신청일까지의 근로일 수의 합이 같은 기간 동안의 총 일수의 3분의 1 미만이거나, 건설일용근로자로서 수급자격 인정신청일 이전 14일간 연속하여 근로내역이 없을 것(최종 이직 당시 일용근로자였던 자에게만 해당)(2023.7.1. 시행)
  > - 최종 이직 당시의 기준기간 동안의 피보험 단위기간 중 다른 사업에서 수급자격의 제한 사유에 해당하는 사유로 이직한 사실이 있는 경우에는 그 피보험 단위기간 중 90일 이상을 일용근로자로 근로하였을 것(최종 이직 당시 일용근로자였던 자에게만 해당)

  - 기준기간은 이직일 이전 18개월로 하되, 근로자인 피보험자가 다음 어느 하나에 해당하는 경우에는 다음의 구분에 따른 기간을 기준기간으로 한다.

  > - 이직일 이전 18개월 동안에 질병·부상, 그 밖에 대통령령으로 정하는 사유로 계속하여 30일 이상 보수의 지급을 받을 수 없었던 경우: 18개월에 그 사유로 보수를 지급받을 수 없었던 일수를 가산한 기간(3년을 초과할 때에는 3년)
  > - 다음 각 요건에 모두 해당하는 경우: 이직일 이전 24개월
  >   - 이직 당시 1주 소정근로시간이 15시간 미만이고, 1주 소정근로일수가 2일 이하인 근로자로 근로하였을 것
  >   - 이직일 이전 24개월 동안의 피보험 단위기간 중 90일 이상을 위의 요건에 해당하는 근로자로 근로하였을 것

- 소정급여일수(제49조, 제50조 제1항)
  - 실업의 신고일부터 계산하기 시작하여 7일간은 대기기간으로 보아 구직급여를 지급하지 아니한다. 다만, 최종 이직 당시 건설일용근로자였던 사람에 대해서는 실업의 신고일부터 계산하여 구직급여를 지급한다.
  - 수급자격의 인정신청을 한 경우로서 가장 나중에 상실한 피보험자격과 관련된 이직사유가 대통령령으로 정하는 바에 따른 소득감소라고 직업안정기관의 장이 인정하는 경우에는 실업의 신고일부터 계산하기 시작하여 4주의 범위에서 대통령령으로 정하는 기간을 대기기간으로 보아 구직급여를 지급하지 아니한다.

- 하나의 수급자격에 따라 구직급여를 지급받을 수 있는 날(소정급여일수)은 대기기간이 끝난 다음 날부터 계산하기 시작하여 피보험 기간과 연령에 따라 정한 일수가 되는 날까지로 한다.
- 구직급여의 소정급여일수(이직일 현재 연령 기준)

연령 및 가입기간	1년 미만	1년 이상 3년 미만	3년 이상 5년 미만	5년 이상 10년 미만	10년 이상
50세 미만	120일	150일	180일	210일	240일
50세 이상 및 장애인	120일	180일	210일	240일	270일

- 구직급여를 지급받으려는 사람은 이직 후 지체없이 직업안정기관에 출석하여 실업을 신고하여야 한다. 다만, 재난으로 출석하기 어려운 경우 등 고용노동부령으로 정하는 사유가 있는 경우에는 고용정보시스템을 통하여 신고할 수 있다.

개념 공략 자영업자인 피보험자에 대한 실업급여 적용 **기출** 12회

- 자영업자인 피보험자의 실업급여 종류는 구직급여와 취업촉진 수당(직업능력개발 수당, 광역 구직활동비, 이주비)이 있음. 다만, 연장급여와 조기재취업 수당은 제외
- 구직급여는 폐업한 자영업자인 피보험자가 다음의 요건을 모두 갖춘 경우 지급함.
  - 폐업일 이전 24개월간 자영업자인 피보험자로서 갖춘 피보험 단위기간이 합산하여 1년 이상일 것
  - 근로의 의사와 능력이 있음에도 불구하고 취업을 하지 못한 상태에 있을 것
  - 폐업사유가 수급자격의 제한 사유에 해당하지 아니할 것
  - 재취업을 위한 노력을 적극적으로 할 것
- 소정급여일수는 대기기간이 끝난 다음 날부터 계산하기 시작하여 피보험 기간에 따라 아래 표에서 정한 일수가 되는 날까지로 함.

가입기간	1년 이상 3년 미만	3년 이상 5년 미만	5년 이상 10년 미만	10년 이상
소정급여일수	120일	150일	180일	210일

ⓒ 취업촉진 수당 **기출** 11회, 13회

조기재취업 수당	수급자격자가 안정된 직업에 재취직하거나 스스로 영리를 목적으로 하는 사업을 영위하는 경우에 지급함.
직업능력개발 수당	수급자격자가 직업안정기관의 장이 지시한 직업능력개발 훈련 등을 받는 경우에 지급함.
광역 구직활동비	수급자격자가 직업안정기관의 소개에 따라 광범위한 지역에 걸쳐 구직 활동을 하는 경우에 지급함.
이주비	수급자격자가 취업하거나 직업안정기관의 장이 지시한 직업능력개발 훈련 등을 받기 위하여 그 주거를 이전하는 경우에 지급함.

② 육아휴직 급여(제70조) **기출** 14회

㉠ 고용노동부장관은 남녀고용평등과 일·가정 양립 지원에 관한 법률에 따른 육아휴직을 30일(근로기준법에 따른 출산전후휴가 기간과 중복되는 기간은 제외) 이상 부여받은 피보험자 중 육아휴직을 시작한 날 이전에 피보험 단위기간이 합산하여 180일 이상인 피보험자에게 육아휴직 급여를 지급한다.

㉡ 육아휴직 급여는 육아휴직을 시작한 날 이후 1개월부터 육아휴직이 끝난 날 이후 12개월 이내에 신청하여야 한다. 다만, 해당 기간에 대통령령으로 정하는 사유로 육아휴직 급여를 신청할 수 없었던 사람은 그 사유가 끝난 후 30일 이내에 신청하여야 한다.

㉢ 피보험자가 육아휴직 급여 지급신청을 하는 경우 육아휴직 기간 중에 이직하거나 고용노동부령으로 정하는 기준에 해당하는 취업을 한 사실이 있는 경우에는 해당 신청서에 그 사실을 기재하여야 한다.

ⓔ 육아휴직 급여의 지급 제한 등(제73조)
- 피보험자가 육아휴직 기간 중에 그 사업에서 이직한 경우에는 그 이직하였을 때부터 육아휴직 급여를 지급하지 아니한다.
- 피보험자가 육아휴직 기간 중에 취업을 한 경우에는 그 취업한 기간에 대해서는 육아휴직 급여를 지급하지 아니한다.
- 피보험자가 사업주로부터 육아휴직을 이유로 금품을 지급받은 경우 대통령령으로 정하는 바에 따라 급여를 감액하여 지급할 수 있다.
- 거짓이나 그 밖의 부정한 방법으로 육아휴직 급여를 받았거나 받으려 한 사람에게는 그 급여를 받은 날 또는 받으려 한 날부터의 육아휴직 급여를 지급하지 아니한다(단, 그 급여와 관련된 육아휴직 이후에 새로 육아휴직 급여 요건을 갖춘 경우 그 새로운 요건에 따른 육아휴직 급여는 그러하지 아니하다).
- 육아휴직 기간 중 취업한 사실을 기재하지 아니하거나 거짓으로 기재하여 육아휴직 급여를 받았거나 받으려 한 사람에 대해서는 위반횟수 등을 고려하여 고용노동부령으로 정하는 바에 따라 지급이 제한되는 육아휴직 급여의 범위를 달리 정할 수 있다.

③ 육아기 근로시간 단축 급여(제73조의2)
ⓐ 고용노동부장관은 남녀고용평등과 일·가정 양립 지원에 관한 법률에 따른 육아기 근로시간 단축을 30일(근로기준법에 따른 출산전후휴가 기간과 중복되는 기간은 제외) 이상 실시한 피보험자 중 육아기 근로시간 단축을 시작한 날 이전에 피보험 단위기간이 합산하여 180일 이상인 피보험자에게 육아기 근로시간 단축 급여를 지급한다.
ⓑ 육아기 근로시간 단축 급여를 지급받으려는 사람은 육아기 근로시간 단축을 시작한 날 이후 1개월부터 끝난 날 이후 12개월 이내에 신청하여야 한다. 다만, 해당 기간에 대통령령으로 정하는 사유로 육아기 근로시간 단축 급여를 신청할 수 없었던 사람은 그 사유가 끝난 후 30일 이내에 신청하여야 한다.

④ 출산전후휴가 급여(제75조): 고용노동부장관은 남녀고용평등과 일·가정 양립 지원에 관한 법률에 따라 피보험자가 근로기준법에 따른 출산전후휴가 또는 유산·사산휴가를 받은 경우와 배우자 출산휴가를 받은 경우로서 다음의 요건을 모두 갖춘 경우에 출산전후휴가 급여 등을 지급한다.

- 휴가가 끝난 날 이전에 피보험 단위기간이 합산하여 180일 이상일 것
- 휴가를 시작한 날 이후 1개월부터 휴가가 끝난 날 이후 12개월 이내에 신청할 것

6. 예술인인 피보험자에 대한 고용보험 특례

① 예술인인 피보험자에 대한 적용(제77조의2)
ⓐ 근로자가 아니면서 예술인 등 대통령령으로 정하는 사람 중 문화예술용역 관련 계약을 체결하고 다른 사람을 사용하지 아니하고 자신이 직접 노무를 제공하는 사람(예술인)과 이들을 상대방으로 하여 문화예술용역 관련 계약을 체결한 사업에 대해서 적용한다.
ⓑ 예술인이 다음 어느 하나에 해당하는 경우에는 이 법을 적용하지 아니한다.

- 65세 이후에 근로계약, 문화예술용역 관련 계약 또는 노무제공계약(65세 전부터 피보험자격을 유지하던 사람이 65세 이후에 계속하여 근로계약, 문화예술용역 관련 계약 또는 노무제공계약을 체결한 경우는 제외)을 체결하거나 자영업을 개시하는 경우
- 예술인 중 대통령령으로 정하는 소득 기준을 충족하지 못하는 경우(다만, 예술인 중 계약의 기간이 1개월 미만인 사람은 제외)
- 15세 미만인 경우(다만, 15세 미만인 예술인으로서 고용보험 가입을 원하는 사람은 대통령령으로 정하는 바에 따라 고용보험에 가입 가능)

② 예술인인 피보험자에 대한 구직급여(제77조의3)
  ㉠ 예술인의 구직급여는 다음의 요건을 모두 갖춘 경우에 지급한다.

> - 이직일 이전 24개월 동안의 피보험 단위기간이 통산하여 9개월 이상일 것
> - 근로 또는 노무제공의 의사와 능력이 있음에도 불구하고 취업(영리를 목적으로 사업을 영위하는 경우를 포함)하지 못한 상태에 있을 것
> - 이직사유가 수급자격의 제한 사유에 해당하지 아니할 것
> - 이직일 이전 24개월 중 3개월 이상을 예술인인 피보험자로 피보험자격을 유지하였을 것
> - 재취업을 위한 노력을 적극적으로 할 것
> - 다음의 요건을 모두 갖출 것(최종 이직 당시 단기예술인이었던 사람만 해당)
>   - 수급자격의 인정신청일 이전 1개월 동안의 노무제공일수가 10일 미만이거나 수급자격 인정신청일 이전 14일간 연속하여 노무제공내역이 없을 것
>   - 최종 이직일 이전 24개월 동안의 피보험 단위기간 중 다른 사업에서 수급자격의 제한 사유에 해당하는 사유로 이직한 사실이 있는 경우에는 그 피보험 단위기간 중 90일 이상을 단기예술인으로 종사하였을 것

  ㉡ 피보험 단위기간은 그 수급자격과 관련된 이직 당시의 사업에서의 피보험자격 취득일부터 이직일까지의 기간으로 산정하고, 이직일 이전 24개월 동안 근로자, 예술인, 노무제공자 중 둘 이상에 해당하는 사람으로 종사한 경우의 피보험 단위기간은 대통령령으로 정하는 바에 따른다.

③ 예술인인 피보험자의 출산전후급여 등(제77조의4)
  ㉠ 고용노동부장관은 예술인인 피보험자 또는 피보험자였던 사람이 출산 또는 유산·사산을 이유로 노무를 제공할 수 없는 경우에는 출산전후급여 등을 지급한다. 다만, 같은 자녀에 대하여 출산전후휴가 급여(예술인) 및 출산전후급여 등의 지급요건(노무제공자)을 동시에 충족하는 경우 등에 대해서는 대통령령으로 정하는 바에 따라 지급한다.
  ㉡ 출산전후급여 등의 지급요건, 지급수준 및 지급기간 등은 대통령령으로 정하는 바에 따른다.
  ㉢ 출산전후급여 등의 신청 및 지급에 필요한 사항은 고용노동부령으로 정한다.

7. 노무제공자인 피보험자에 대한 고용보험 특례

① 노무제공자인 피보험자에 대한 적용(제77조의6)
  ㉠ 근로자가 아니면서 자신이 아닌 다른 사람의 사업을 위하여 자신이 직접 노무를 제공하고 해당 사업주 또는 노무수령자로부터 일정한 대가를 지급받기로 하는 계약을 체결한 사람 중 대통령령으로 정하는 직종에 종사하는 사람(노무제공자)과 이들을 상대방으로 하여 노무제공계약을 체결한 사업에 대해서 적용한다.
  ㉡ 노무제공자가 다음 어느 하나에 해당하는 경우에는 이 법을 적용하지 아니한다.

> - 65세 이후에 근로계약, 노무제공계약 또는 문화예술용역 관련 계약(65세 전부터 피보험자격을 유지하던 사람이 65세 이후에 계속하여 근로계약, 노무제공계약 또는 문화예술용역 관련 계약을 체결한 경우는 제외)을 체결하거나 자영업을 개시하는 경우
> - 노무제공자 중 대통령령으로 정하는 소득 기준을 충족하지 못하는 경우(다만, 노무제공자 중 계약의 기간이 1개월 미만인 사람은 제외)
> - 15세 미만인 경우(다만, 15세 미만인 노무제공자로서 고용보험 가입을 원하는 사람은 대통령령으로 정하는 바에 따라 고용보험에 가입 가능)

② 노무제공자인 피보험자에 대한 구직급여(제77조의8)
  ㉠ 노무제공자의 구직급여는 다음의 요건을 모두 갖춘 경우에 지급한다.

> - 이직일 이전 24개월 동안의 피보험 단위기간이 통산하여 12개월 이상일 것
> - 근로 또는 노무제공의 의사와 능력이 있음에도 불구하고 취업(영리를 목적으로 사업을 영위하는 경우를 포함) 하지 못한 상태에 있을 것
> - 이직사유가 수급자격의 제한 사유에 해당하지 아니할 것
> - 이직일 이전 24개월 중 3개월 이상을 노무제공자인 피보험자로 피보험자격을 유지하였을 것
> - 재취업을 위한 노력을 적극적으로 할 것
> - 다음의 요건을 모두 갖출 것(최종 이직 당시 단기노무제공자였던 사람만 해당)
>   – 수급자격의 인정신청일 이전 1개월 동안의 노무제공일수가 10일 미만이거나 수급자격 인정신청일 이전 14일간 연속하여 노무제공내역이 없을 것
>   – 최종 이직일 이전 24개월 동안의 피보험 단위기간 중 다른 사업에서 수급자격의 제한 사유에 해당하는 사유로 이직한 사실이 있는 경우에는 그 피보험 단위기간 중 90일 이상을 단기노무제공자로 종사하였을 것

  ㉡ 피보험 단위기간은 그 수급자격과 관련된 이직 당시의 사업에서의 피보험자격 취득일부터 이직일까지의 기간으로 산정하고, 이직 전 24개월 중 근로자·노무제공자·예술인 중 둘 이상에 해당하는 사람으로 종사한 경우의 피보험 단위기간은 대통령령으로 정하는 바에 따른다.

8. 고용보험기금의 용도(제80조)

① 기금은 다음의 용도에 사용하여야 한다.

> - 고용안정·직업능력개발 사업에 필요한 경비
> - 실업급여의 지급
> - 국민연금 보험료의 지원
> - 육아휴직 급여 및 출산전후휴가 급여 등의 지급
> - 보험료의 반환
> - 일시 차입금의 상환금과 이자
> - 고용보험법과 고용산재보험료징수법에 따른 업무를 대행하거나 위탁받은 자에 대한 출연금
> - 그 밖에 이 법의 시행을 위하여 필요한 경비로서 대통령령으로 정하는 경비와 사업의 수행에 딸린 경비

② 기금으로부터 국민건강보험공단에 출연하는 금액은 징수업무(고지·수납·체납 업무)가 차지하는 비율 등을 기준으로 산정한다.

9. 벌칙(제116조)

5년 이하의 징역 또는 5천만 원 이하의 벌금	사업주와 공모하여 거짓이나 그 밖의 부정한 방법으로 고용안정·직업능력개발 사업의 지원금, 실업급여, 육아휴직 급여, 육아기 근로시간 단축 급여 및 출산전후휴가 급여, 구직급여 및 출산전후급여 등에 따른 지원금 또는 급여를 받은 자와 공모한 사업주
3년 이하의 징역 또는 3천만 원 이하의 벌금	• 불이익 처우의 금지를 위반하여 근로자를 해고하거나 그 밖에 근로자에게 불이익한 처우를 한 사업주 • 거짓이나 그 밖의 부정한 방법으로 지원금 또는 급여를 받은 자

4 국민건강보험법

1. 목적(제1조)

국민의 질병·부상에 대한 예방·진단·치료·재활과 출산·사망 및 건강증진에 대하여 보험급여를 실시함으로써 국민보건 향상과 사회보장 증진에 이바지한다.

2. 용어의 정의(제3조)

근로자	직업의 종류와 관계없이 근로의 대가로 보수를 받아 생활하는 사람(법인의 이사와 그 밖의 임원을 포함)으로서 공무원 및 교직원을 제외한 사람
사용자	• 근로자가 소속되어 있는 사업장의 사업주 • 공무원이 소속되어 있는 기관의 장으로서 대통령으로 정하는 사람 • 교직원이 소속되어 있는 사립학교를 설립·운영하는 사람
사업장	사업소나 사무소
공무원	국가나 지방자치단체에서 상시 공무에 종사하는 사람
교직원	사립학교나 사립학교의 경영기관에서 근무하는 교원과 직원

3. 적용 대상(제5조) 기출 14회

① 국내에 거주하는 국민은 건강보험의 가입자 또는 피부양자가 된다. 다만, 다음 어느 하나에 해당하는 사람은 제외한다.

- 의료급여법에 따라 의료급여를 받는 사람
- 독립유공자예우에 관한 법률 및 국가유공자 등 예우 및 지원에 관한 법률에 따라 의료보호를 받는 사람

② 다음 어느 하나에 해당하는 사람은 가입자 또는 피부양자가 된다.

- 유공자 등 의료보호대상자 중 건강보험의 적용을 보험자에게 신청한 사람
- 건강보험을 적용받고 있던 사람이 유공자 등 의료보호대상자로 되었으나 건강보험의 적용배제신청을 보험자에게 하지 아니한 사람

③ 피부양자는 다음 어느 하나에 해당하는 사람 중 직장가입자에게 주로 생계를 의존하는 사람으로서 소득 및 재산이 보건복지부령으로 정하는 기준 이하에 해당하는 사람을 말한다.

- 직장가입자의 배우자
- 직장가입자의 직계존속(배우자의 직계존속 포함)
- 직장가입자의 직계비속(배우자의 직계비속 포함)과 그 배우자
- 직장가입자의 형제·자매

4. 가입자의 종류(제6조)

① 가입자는 직장가입자와 지역가입자로 구분한다.
② 모든 사업장의 근로자, 사용자, 공무원, 교직원은 직장가입자가 된다. 단, 다음 어느 하나에 해당하는 사람은 제외한다.

- 고용 기간이 1개월 미만인 일용근로자
- 병역법에 따른 현역병, 전환복무된 사람 및 군간부 후보생
- 선거에 당선되어 취임하는 공무원으로서 매월 보수 또는 보수에 준하는 급료를 받지 아니하는 사람
- 그 밖에 사업장의 특성, 고용 형태 및 사업의 종류 등을 고려하여 대통령령으로 정하는 사업장의 근로자 및 사용자와 공무원 및 교직원

③ 지역가입자는 직장가입자와 그 피부양자를 제외한 가입자를 말한다.

5. 자격의 취득 시기 및 상실 시기(제8조, 제10조) 기출 13회, 17회, 22회

① 가입자는 국내에 거주하게 된 날에 직장가입자 또는 지역가입자의 자격을 얻는다.
② 자격을 취득하거나 상실했을 경우, 직장가입자의 사용자 및 지역가입자의 세대주는 그 명세를 보건복지부령으로 정하는 바에 따라 자격을 취득한 날부터 14일 이내에 보험자에게 신고하여야 한다.

자격의 취득 시기		• 수급권자였던 사람은 그 대상자에서 제외된 날 • 직장가입자의 피부양자였던 사람은 그 자격을 잃은 날 • 유공자 등 의료보호대상자였던 사람은 그 대상자에서 제외된 날 • 보험자에게 건강보험의 적용을 신청한 유공자 등 의료보호대상자는 그 신청한 날
자격의 상실 시기	다음 날	• 사망한 날의 다음 날 • 국적을 잃은 날의 다음 날 • 국내에 거주하지 아니하게 된 날의 다음 날
	당일	• 직장가입자의 피부양자가 된 날 • 수급권자가 된 날 • 건강보험을 적용받고 있던 사람이 유공자 등 의료보호대상자가 되어 건강보험의 적용배제신청을 한 날

6. 국민건강보험공단과 건강보험심사평가원의 업무 기출 19회, 20회, 23회

① 국민건강보험공단의 업무(제14조)

- 가입자 및 피부양자의 자격 관리
- 보험료와 그 밖에 이 법에 따른 징수금의 부과·징수
- 보험급여의 관리
- 가입자 및 피부양자의 질병의 조기발견·예방 및 건강관리를 위하여 요양급여 실시 현황과 건강검진 결과 등을 활용하여 실시하는 예방사업으로서 대통령령으로 정하는 사업
- 보험급여 비용의 지급
- 자산의 관리·운영 및 증식사업
- 의료시설의 운영
- 건강보험에 관한 교육훈련 및 홍보
- 건강보험에 관한 조사연구 및 국제협력
- 이 법에서 공단의 업무로 정하고 있는 사항
- 국민연금법, 고용보험 및 산업재해보상보험의 보험료징수 등에 관한 법률, 임금채권보장법 및 석면피해구제법에 따라 위탁받은 업무
- 그 밖에 이 법 또는 다른 법령에 따라 위탁받은 업무
- 그 밖에 건강보험과 관련하여 보건복지부장관이 필요하다고 인정한 업무

㉠ 회계(제35조)

- 공단의 회계연도는 정부의 회계연도에 따른다.
- 공단은 직장가입자와 지역가입자의 재정을 통합하여 운영한다.
- 공단은 건강보험사업 및 징수위탁근거법의 위탁에 따른 국민연금사업·고용보험사업·산업재해보상보험사업·임금채권보장사업에 관한 회계를 공단의 다른 회계와 구분하여 각각 회계처리하여야 한다.

㉡ 예산(제36조): 공단은 회계연도마다 예산안을 편성하여 이사회의 의결을 거친 후 보건복지부장관의 승인을 받아야 한다. 예산을 변경할 때에도 또한 같다.

㉢ 차입금(제37조): 공단은 지출할 현금이 부족한 경우에는 차입할 수 있다. 다만, 1년 이상 장기로 차입하려면 보건복지부장관의 승인을 받아야 한다.

② 건강보험심사평가원의 업무(제63조) 기출 20회

- 요양급여비용의 심사 · 요양급여의 적정성 평가 · 심사기준 및 평가기준의 개발 · 업무와 관련된 조사연구 및 국제협력
- 다른 법률에 따라 지급되는 급여비용의 심사 또는 의료의 적정성 평가에 관하여 위탁받은 업무
- 그 밖에 이 법 또는 다른 법령에 따라 위탁받은 업무
- 건강보험과 관련하여 보건복지부장관이 필요하다고 인정한 업무
- 그 밖에 보험급여 비용의 심사와 보험급여의 적정성 평가와 관련하여 대통령령으로 정하는 업무

7. 국민건강보험 급여의 종류

구분		종류
법정급여	현물급여(원칙)	• 요양급여(선별급여, 방문요양급여) • 건강검진
	현금급여	• 요양비 • 장애인 보조기기(장애인에 대한 특례) • 본인부담액 상한제
부가급여	바우처	임신·출산 진료비
	현금급여	상병수당

참고 장제비도 부가급여에 해당되나, 현재는 시행하지 않고 있다.

① 법정급여 기출 18회

㉠ 요양급여(제41조): 가입자와 피부양자의 질병, 부상, 출산 등에 대하여 다음의 요양급여를 실시한다.

- 진찰·검사비 • 약제·치료재료의 지급 • 처치·수술 및 그 밖의 치료비
- 예방·재활비 • 입원비 • 간호비 • 이송비

㉡ 선별급여(제41조의4)

- 요양급여를 결정함에 있어 경제성 또는 치료효과성 등이 불확실하여 그 검증을 위하여 추가적인 근거가 필요하거나, 경제성이 낮아도 가입자와 피부양자의 건강회복에 잠재적 이득이 있는 등 대통령령으로 정하는 경우에는 예비적인 요양급여인 선별급여로 지정하여 실시할 수 있다.
- 보건복지부장관은 대통령령으로 정하는 절차와 방법에 따라 선별급여에 대하여 주기적으로 요양급여의 적합성을 평가하여 요양급여 여부를 다시 결정하고, 요양급여의 기준을 조정하여야 한다.

ⓒ **방문요양급여(제41조의5)**: 가입자 또는 피부양자가 질병이나 부상으로 거동이 불편한 경우 등 보건복지부령으로 정하는 사유에 해당하는 경우에는 가입자 또는 피부양자를 직접 방문하여 요양급여를 실시할 수 있다.

ⓔ **요양기관(제42조)**
- 요양급여(간호와 이송은 제외)는 다음의 요양기관에서 실시한다. 이 경우 보건복지부장관은 공익이나 국가정책에 비추어 요양기관으로 적합하지 아니한 대통령령으로 정하는 의료기관 등은 요양기관에서 제외할 수 있다.

> - 의료법에 따라 개설된 의료기관 · 약사법에 따라 등록된 약국 · 약사법에 따라 설립된 한국희귀·필수의약품센터
> - 지역보건법에 따른 보건소·보건의료원 및 보건지소
> - 농어촌 등 보건의료를 위한 특별조치법에 따라 설치된 보건진료소

- 다음의 의료기관은 요양기관에서 제외된다(시행령 제18조). 기출 12회

> - 의료법에 따라 개설된 부속 의료기관
> - 사회복지사업법에 따른 사회복지시설에 수용된 사람의 진료를 주된 목적으로 개설된 의료기관
> - 본인일부부담금을 받지 아니하거나 경감하여 받는 등의 방법으로 가입자나 피부양자를 유인하는 행위 또는 이와 관련하여 과잉 진료행위를 하거나 부당하게 많은 진료비를 요구하는 행위를 하여 다음 어느 하나에 해당하는 업무정지 처분 등을 받은 의료기관
>   - 업무정지 또는 과징금 처분을 5년 동안 2회 이상 받은 의료기관
>   - 의료법에 따른 면허자격정지 처분을 5년 동안 2회 이상 받은 의료인이 개설·운영하는 의료기관
> - 업무정지 처분 절차가 진행 중이거나 업무정지 처분을 받은 요양기관의 개설자가 개설한 의료기관 또는 약국

ⓜ **요양비(제49조)**: 국민건강보험공단은 가입자나 피부양자가 보건복지부령으로 정하는 긴급하거나 그 밖의 부득이한 사유로 요양기관과 비슷한 기능을 하는 기관에서 질병·부상·출산 등에 대하여 요양을 받거나 요양기관이 아닌 장소에서 출산한 경우에는 그 요양급여에 상당하는 금액을 보건복지부령으로 정하는 바에 따라 가입자나 피부양자에게 요양비로 지급한다.

ⓗ **장애인에 대한 특례(제51조)**: 국민건강보험공단은 장애인복지법에 따라 등록한 장애인인 가입자 및 피부양자에게는 장애인·노인 등을 위한 보조기기 지원 및 활용촉진에 관한 법률에 따른 보조기기에 대하여 보험급여를 지급할 수 있다.

ⓢ **건강검진(제52조)**
- 국민건강보험공단은 가입자와 피부양자에 대하여 질병의 조기 발견과 그에 따른 요양급여를 하기 위하여 건강검진을 실시한다.
- 건강검진의 종류 및 대상은 다음과 같다.

> - 일반건강검진: 직장가입자, 세대주인 지역가입자, 20세 이상인 지역가입자 및 20세 이상인 피부양자
> - 암검진: 암의 종류별 검진주기와 연령 기준 등에 해당하는 사람
> - 영유아건강검진: 6세 미만의 가입자 및 피부양자

- 건강검진의 검진항목은 성별, 연령 등의 특성 및 생애 주기에 맞게 설계되어야 한다.

ⓞ **본인부담액 상한제(제44조)**: 요양급여를 받는 자는 비용의 일부(본인일부부담금)를 본인이 부담한다. 본인이 연간 부담하는 본인일부부담금의 총액이 본인부담상한액을 초과한 경우에는 공단이 그 초과 금액을 부담하여야 한다.

② **임신·출산 진료비(부가급여)**: 임신 기간 동안 지원 신청한 경우 전자바우처(국민행복카드) 형태로 진료비를 일부 지원하는 제도이다.

③ 요양급여의 적정성 평가(제47조의4)
  ㉠ 심사평가원은 요양급여에 대한 의료의 질을 향상시키기 위하여 요양급여의 적정성 평가를 실시할 수 있다.
  ㉡ 심사평가원은 요양기관의 인력·시설·장비, 환자안전 등 요양급여와 관련된 사항을 포함하여 평가할 수 있다.
  ㉢ 심사평가원은 평가 결과를 평가대상 요양기관에 통보하여야 하며, 평가 결과에 따라 요양급여비용을 가산 또는 감산할 경우에는 그 결정사항이 포함된 평가 결과를 가감대상 요양기관 및 공단에 통보하여야 한다.
  ㉣ 평가의 기준·범위·절차·방법 등에 필요한 사항은 보건복지부령으로 정한다.

8. 보험료

① 보험료(제69조)
  ㉠ 공단은 건강보험사업에 드는 비용에 충당하기 위하여 보험료의 납부 의무자로부터 보험료를 징수한다.
  ㉡ 보험료는 가입자의 자격을 취득한 날이 속하는 달의 다음 달부터 가입자의 자격을 잃은 날의 전날이 속하는 달까지 징수한다. 다만, 가입자의 자격을 매월 1일에 취득한 경우 또는 건강보험 적용 신청으로 가입자의 자격을 취득하는 경우에는 그 달부터 징수한다.
  ㉢ 보험료를 징수할 때 가입자의 자격이 변동된 경우에는 변동된 날이 속하는 달의 보험료는 변동되기 전의 자격을 기준으로 징수한다. 다만, 가입자의 자격이 매월 1일에 변동된 경우에는 변동된 자격을 기준으로 징수한다.

② 보수월액(제70조)
  ㉠ 직장가입자의 보수월액은 직장가입자가 지급받는 보수를 기준으로 하여 산정한다.
  ㉡ 휴직이나 그 밖의 사유로 보수의 전부 또는 일부가 지급되지 아니하는 가입자(휴직자 등)의 보수월액보험료는 해당 사유가 생기기 전달의 보수월액을 기준으로 산정한다.
  ㉢ 보수는 근로자 등이 근로를 제공하고 사용자·국가 또는 지방자치단체로부터 지급받는 금품(실비변상적인 성격을 갖는 금품은 제외)으로서 대통령령으로 정하는 것을 말한다. 이 경우 보수 관련 자료가 없거나 불명확한 경우 등 대통령령으로 정하는 사유에 해당하면 보건복지부장관이 정하여 고시하는 금액을 보수로 본다.

- 건강보험료 = 보수월액 × 건강보험료율(2025년 기준 7.09%)
- 장기요양보험료 = 건강보험료 × 장기요양보험료율(2025년 기준 건강보험료 대비 12.95%, 소득 대비 0.92%)

  참고) 보수월액은 동일사업장에서 당해연도에 지급받은 보수총액을 근무월수로 나눈 금액을 의미함.

③ 소득월액(제71조): 소득월액은 보수월액의 산정에 포함된 보수를 제외한 직장가입자의 소득(보수 외 소득)이 대통령령으로 정하는 금액을 초과하는 경우 다음의 계산식에 따라 산정한다.

(연간 보수 외 소득 − 대통령령으로 정하는 금액) × 1/12

개념 공략 월별 보험료액의 상한과 하한(시행령 제32조)

- 월별 보험료액의 상한
  - 직장가입자의 보수월액보험료: 보험료가 부과되는 연도의 전전년도 직장가입자 평균 보수월액보험료의 30배에 해당하는 금액을 고려하여 보건복지부장관이 정하여 고시하는 금액
  - 직장가입자의 소득월액보험료 및 지역가입자의 월별 보험료액: 보험료가 부과되는 연도의 전전년도 평균 보수월액보험료의 15배에 해당하는 금액을 고려하여 보건복지부장관이 정하여 고시하는 금액

- **월별 보험료액의 하한**
  - 직장가입자의 보수월액보험료: 보험료가 부과되는 연도의 전전년도 평균 보수월액보험료의 1천분의 50 이상 1천분의 85 미만의 범위에서 보건복지부장관이 정하여 고시하는 금액
  - 지역가입자의 월별 보험료액: 직장가입자의 보수월액보험료의 100분의 90 이상 100분의 100 이하의 범위에서 보건복지부장관이 정하여 고시하는 금액

④ 보험료의 경감(제75조)
  ㉠ 다음 어느 하나에 해당하는 가입자 중 보건복지부령으로 정하는 가입자에 대하여는 그 가입자 또는 그 가입자가 속한 세대의 보험료의 일부를 경감할 수 있다.

  > - 섬·벽지·농어촌 등 대통령령으로 정하는 지역에 거주하는 사람 • 65세 이상인 사람
  > - 장애인복지법에 따라 등록한 장애인 • 국가유공자 등 예우 및 지원에 관한 법률에 따른 국가유공자 • 휴직자
  > - 그 밖에 생활이 어렵거나 천재지변 등의 사유로 보험료를 경감할 필요가 있다고 보건복지부장관이 정하여 고시하는 사람

  ㉡ 보험료 납부 의무자가 다음 어느 하나에 해당하는 경우에는 대통령령으로 정하는 바에 따라 보험료를 감액하는 등 재산상의 이익을 제공할 수 있다.

  > - 보험료의 납입 고지 또는 독촉을 전자문서로 받는 경우
  > - 보험료를 계좌 또는 신용카드 자동이체의 방법으로 내는 경우

9. 외국인 등에 대한 특례(제109조) 기출 13회

① 정부는 외국 정부가 사용자인 사업장 근로자의 건강보험에 대해 외국 정부와 합의하여 따로 정할 수 있다.
② 국내에 체류하는 재외국민 또는 외국인(국내체류 외국인)이 적용대상사업장의 근로자, 공무원 또는 교직원이고 다음 어느 하나에 해당하는 경우에는 직장가입자가 된다.

  > - 주민등록법에 따라 등록한 사람 • 재외동포의 출입국과 법적 지위에 관한 법률에 따라 국내거소신고를 한 사람
  > - 출입국관리법에 따라 외국인등록을 한 사람

③ 직장가입자에 해당하지 아니하는 국내체류 외국인 등이 다음 요건을 모두 갖춘 경우에는 지역가입자가 된다.

  > - 보건복지부령으로 정하는 기간 동안 국내에 거주하였거나 해당 기간 동안 국내에 지속적으로 거주할 것으로 예상할 수 있는 사유로서 보건복지부령으로 정하는 사유에 해당될 것
  > - 주민등록법에 따라 등록한 사람 • 재외동포의 출입국과 법적 지위에 관한 법률에 따라 국내거소신고를 한 사람
  > - 출입국관리법에 따라 외국인등록을 한 사람으로서 보건복지부령으로 정하는 체류자격이 있는 사람

10. 이의신청 및 심판청구 기출 11회

① 이의신청(제87조)
  ㉠ 가입자 및 피부양자의 자격, 보험료 등, 보험급여, 보험급여 비용에 관한 국민건강보험공단의 처분에 이의가 있는 자는 국민건강보험공단에 이의신청을 할 수 있다.
  ㉡ 요양급여비용 및 요양급여의 적정성 평가 등에 관한 건강보험심사평가원의 처분에 이의가 있는 국민건강보험공단, 요양기관 또는 그 밖의 자는 건강보험심사평가원에 이의신청을 할 수 있다.
  ㉢ 이의신청은 처분이 있음을 안 날부터 90일 이내에 문서(전자문서 포함)로 하여야 하며, 처분이 있은 날부터 180일이 지나면 제기하지 못한다. 다만, 정당한 사유로 그 기간에 이의신청을 할 수 없었음을 소명한 경우에는 그러하지 아니하다.

ⓔ 요양기관이 건강보험심사평가원의 확인에 대하여 이의신청을 하려면 통보받은 날부터 30일 이내에 하여야 한다.
② 심판청구(제88조)
　㉠ 이의신청에 대한 결정에 불복하는 자는 건강보험분쟁조정위원회에 심판청구를 할 수 있다.
　㉡ 심판청구를 하려는 자는 대통령령으로 정하는 심판청구서를 처분을 한 국민건강보험공단 또는 건강보험심사평가원에 제출하거나 건강보험분쟁조정위원회에 제출하여야 한다.

11. 국민건강보험종합계획(제3조의2) 기출 16회

보건복지부장관은 건강보험의 건전한 운영을 위하여 건강보험정책심의위원회의 심의를 거쳐 5년마다 국민건강보험종합계획을 수립하여야 한다. 종합계획에는 다음의 사항이 포함되어야 한다.

- 건강보험정책의 기본목표 및 추진방향   • 건강보험 보장성 강화의 추진계획 및 추진방법
- 건강보험의 중장기 재정 전망 및 운영   • 보험료 부과체계에 관한 사항   • 요양급여비용에 관한 사항
- 건강증진사업에 관한 사항   • 취약계층 지원에 관한 사항   • 건강보험에 관한 통계 및 정보의 관리에 관한 사항
- 그 밖에 건강보험의 개선을 위하여 필요한 사항으로 대통령령으로 정하는 사항

12. 보험재정에 대한 정부지원(제108조의2) 신설조항

① 국가는 매년 예산의 범위에서 해당 연도 보험료 예상 수입액의 100분의 14에 상당하는 금액을 국고에서 공단에 지원한다.
② 공단은 국민건강증진법에서 정하는 바에 따라 같은 법에 따른 국민건강증진기금에서 자금을 지원받을 수 있으며, 지원된 재원을 다음 각 호의 사업에 사용한다.

1. 가입자 및 피부양자에 대한 보험급여   2. 건강보험사업에 대한 운영비
3. 보험료의 경감 등 조항(섬·벽지(僻地)·농어촌 등에 거주하는 사람, 65세 이상인 사람, 장애인복지법에 따라 등록한 장애인, 국가유공자, 휴직자, 기타) 및 실업자에 대한 특례 조항(임의계속가입자)에 따른 보험료 경감에 대한 지원

③ 공단은 지원된 재원을 다음 각 호의 사업에 사용한다.

1. 건강검진 등 건강증진에 관한 사업   2. 가입자와 피부양자의 흡연으로 인한 질병에 대한 보험급여
3. 가입자와 피부양자 중 65세 이상 노인에 대한 보험급여

5 노인장기요양보험법 기출 12회, 20회, 22회

1. 목적(제1조)

고령이나 노인성 질병 등의 사유로 일상생활을 혼자서 수행하기 어려운 노인 등에게 제공하는 신체활동 또는 가사활동 지원 등의 장기요양급여에 관한 사항을 규정하여 노후의 건강증진 및 생활안정을 도모하고 그 가족의 부담을 덜어줌으로써 국민의 삶의 질을 향상시킨다.

2. 용어의 정의(제2조)

노인 등	65세 이상의 노인 또는 65세 미만의 자로서 치매·뇌혈관성 질환 등 노인성 질병을 가진 자
장기요양급여	6개월 이상 동안 혼자서 일상생활을 수행하기 어렵다고 인정되는 자에게 신체활동·가사활동의 지원 또는 간병 등의 서비스나 이에 갈음하여 지급하는 현금 등

장기요양사업	장기요양보험료, 국가 및 지방자치단체의 부담금 등을 재원으로 하여 노인 등에게 장기요양급여를 제공하는 사업
장기요양기관	지정을 받은 기관으로서 장기요양급여를 제공하는 기관
장기요양요원	장기요양기관에 소속되어 노인 등의 신체활동 또는 가사활동 지원 등의 업무를 수행하는 자

개념 공략 장기요양기관의 종류 및 기준(시행령 제10조)

- 재가급여를 제공할 수 있는 장기요양기관: 노인복지법에 따른 재가노인복지시설로서 지정받은 장기요양기관
- 시설급여를 제공할 수 있는 장기요양기관
  - 노인복지법에 따른 노인의료복지시설 중 노인요양시설로서 지정받은 장기요양기관
  - 노인복지법에 따른 노인의료복지시설 중 노인요양공동생활가정으로서 지정받은 장기요양기관

3. 장기요양급여 제공의 기본원칙(제3조) 기출 18회

① 노인 등이 자신의 의사와 능력에 따라 최대한 자립적으로 일상생활을 수행할 수 있도록 제공하여야 한다.
② 노인 등의 심신상태·생활환경과 노인 등 및 그 가족의 욕구·선택을 종합적으로 고려하여 필요한 범위 안에서 적정하게 제공하여야 한다.
③ 노인 등이 가족과 함께 생활하면서 가정에서 장기요양을 받는 재가급여를 우선적으로 제공하여야 한다.
④ 노인 등의 심신상태나 건강 등이 악화되지 아니하도록 의료서비스와 연계하여 제공하여야 한다.

4. 국가 및 지방자치단체의 책무 등(제4조)

① 국가 및 지방자치단체는 노인이 일상생활을 혼자서 수행할 수 있는 온전한 심신상태를 유지하는 데 필요한 사업(노인성질환예방사업)을 실시하여야 한다.
② 국가는 노인성질환예방사업을 수행하는 지방자치단체 또는 국민건강보험공단에 대하여 이에 소요되는 비용을 지원할 수 있다.
③ 국가 및 지방자치단체는 노인인구 및 지역특성 등을 고려하여 장기요양급여가 원활하게 제공될 수 있도록 적정한 수의 장기요양기관을 확충하고 장기요양기관의 설립을 지원하여야 한다.
④ 국가 및 지방자치단체는 장기요양급여가 원활히 제공될 수 있도록 공단에 필요한 행정적 또는 재정적 지원을 할 수 있다.
⑤ 국가 및 지방자치단체는 장기요양요원의 처우를 개선하고 복지를 증진하며 지위를 향상시키기 위하여 적극적으로 노력하여야 한다.
⑥ 국가 및 지방자치단체는 지역의 특성에 맞는 장기요양사업의 표준을 개발·보급할 수 있다.

5. 국가의 부담(제58조)

① 국가는 매년 예산의 범위 안에서 해당 연도 장기요양보험료 예상수입액의 100분의 20에 상당하는 금액을 국민건강보험공단에 지원한다.
② 국가와 지방자치단체는 대통령령으로 정하는 바에 따라 의료급여수급권자의 장기요양급여비용, 의사소견서 발급비용, 방문간호지시서 발급비용 중 국민건강보험공단이 부담하여야 할 비용 및 관리운영비의 전액을 부담한다.
③ 지방자치단체가 부담하는 금액은 보건복지부령으로 정하는 바에 따라 특별시·광역시·특별자치시·도·특별자치도와 시·군·구가 분담한다.
④ 지방자치단체의 부담액 부과, 징수 및 재원관리, 그 밖에 필요한 사항은 대통령령으로 정한다.

6. 장기요양보험(제7조) 기출 16회

① 장기요양보험사업은 보건복지부장관이 관장하며, 장기요양보험사업의 보험자는 국민건강보험공단으로 한다.
② 장기요양보험의 가입자는 국민건강보험법에 따른 가입자로 한다.
③ 외국인근로자의 고용 등에 관한 법률에 따른 외국인근로자 등 대통령령으로 정하는 외국인이 신청하는 경우 보건복지부령으로 정하는 바에 따라 장기요양보험가입자에서 제외할 수 있다.

7. 장기요양보험료의 징수 및 산정(제8조, 제9조)

① 장기요양보험료의 징수(제8조)
  ㉠ 국민건강보험공단은 장기요양사업에 사용되는 비용을 충당하기 위하여 장기요양보험료를 징수한다.
  ㉡ 장기요양보험료는 국민건강보험법에 따른 보험료(건강보험료)와 통합하여 징수한다. 이 경우 공단은 장기요양보험료와 건강보험료를 구분하여 고지하여야 한다.
  ㉢ 공단은 통합 징수한 장기요양보험료와 건강보험료를 각각의 독립회계로 관리하여야 한다.
② 장기요양보험료의 산정(제9조)
  ㉠ 장기요양보험료는 국민건강보험법에 따라 산정한 보험료액에서 경감 또는 면제되는 비용을 공제한 금액에 건강보험료율 대비 장기요양보험료율을 곱하여 산정한 금액으로 한다.
  ㉡ 장기요양보험료율은 장기요양위원회의 심의를 거쳐 대통령령으로 정한다.
  ㉢ 장기요양보험의 특성을 고려하여 국민건강보험법에 따라 경감 또는 면제되는 비용을 달리 적용할 필요가 있는 경우에는 대통령령으로 정하는 바에 따라 경감 또는 면제되는 비용의 공제 수준을 달리 정할 수 있다.

8. 장기요양인정의 신청 기출 11회, 17회, 23회

① 장기요양인정의 신청자격(제12조)
  ㉠ 장기요양보험가입자 또는 그 피부양자
  ㉡ 의료급여법에 따른 수급권자(의료급여 수급자, 이재민, 의사상자, 국내 입양된 18세 미만 아동, 독립유공자, 국가유공자, 보훈보상대상자, 국가무형문화재 보유자, 북한이탈주민, 5·18민주화운동 관련자 및 유족, 노숙인 등)
② 장기요양인정의 신청방법(제13조)
  ㉠ 신청인은 보건복지부령으로 정하는 바에 따라 장기요양인정 신청서에 의사 또는 한의사가 발급하는 소견서를 첨부하여 국민건강보험공단에 제출하여야 한다.
  ㉡ 의사소견서는 국민건강보험공단이 등급판정위원회에 자료를 제출하기 전까지 제출할 수 있다.
  ㉢ 거동이 현저하게 불편하거나 도서·벽지 지역에 거주하여 의료기관을 방문하기 어려운 자 등 대통령령으로 정하는 자는 의사소견서를 제출하지 아니할 수 있다.
  ㉣ 신청자가 직접 신청할 수 없는 사유가 있을 때 본인의 가족이나 친족, 그 밖의 이해관계인(사회복지전담공무원, 치매안심센터의 장, 특별자치시장·특별자치도지사·시장·군수·구청장이 지정하는 자)은 이를 대리할 수 있다(제22조).

9. 장기요양급여의 종류(제23조) 기출 14회, 15회

① 재가급여

방문요양	장기요양요원이 수급자의 가정 등을 방문하여 신체활동 및 가사활동 등을 지원하는 장기요양급여
방문목욕	장기요양요원이 수급자의 가정 등을 방문하여 목욕설비를 갖춘 장비로 목욕을 제공하는 장기요양급여

방문간호	장기요양요원인 간호사 등이 의사, 한의사 또는 치과의사의 지시서에 따라 수급자의 가정 등을 방문하여 간호, 진료의 보조, 요양에 관한 상담 또는 구강위생 등을 제공하는 장기요양급여
주·야간보호	수급자를 하루 중 일정한 시간 동안 장기요양기관에 보호하여 신체활동 지원 및 심신기능의 유지·향상을 위한 교육·훈련 등을 제공하는 장기요양급여
단기보호	수급자를 보건복지부령으로 정하는 범위 안에서 일정 기간 동안 장기요양기관에 보호하여 신체활동 지원 및 심신기능의 유지·향상을 위한 교육·훈련 등을 제공하는 장기요양급여 **참고** 단기보호 급여기간 • 2018년 1월 1일 이후 지정: 월 9일 이내 / • 2017년 12월 31일 이전 지정: 월 15일 이내
기타 재가급여 (대통령령)	수급자의 일상생활·신체활동 지원 및 인지기능의 유지·향상에 필요한 용구를 제공하거나 가정을 방문하여 재활에 관한 지원 등을 제공하는 장기요양급여

관련법령 단기보호 급여기간(시행규칙 제11조)

① 단기보호 급여를 받을 수 있는 기간은 월 9일 이내로 한다(단, 가족의 여행, 병원치료 등의 사유로 수급자를 돌볼 가족이 없는 경우 등 보건복지부장관이 정하여 고시하는 사유에 해당하는 경우에는 1회 9일 이내의 범위에서 연간 4회까지 연장 가능).
② 2017년 12월 31일 이전에 지정을 받은 장기요양기관 또는 설치 신고를 한 재가장기요양기관에서 단기보호 급여를 받을 수 있는 기간을 월 15일 이내로 한다. 단 위 ①의 단서 사유에 해당하는 경우에는 1회 15일 이내의 범위에서 연간 2회까지 그 기간을 연장할 수 있다.

② **시설급여**: 장기요양기관에 장기간 입소한 수급자에게 신체활동 지원 및 심신기능의 유지·향상을 위한 교육·훈련 등을 제공하는 장기요양급여이다.
③ **특별현금급여**: 가족요양비, 특례요양비, 요양병원간병비 지급이 이에 해당된다.

관련법령 가족요양비 지급기준

법 제24조 ① 공단은 다음 각 호의 어느 하나에 해당하는 수급자가 가족 등으로부터 방문요양에 상당한 장기요양급여를 받을 때 대통령령으로 정하는 기준에 따라 해당 수급자에게 가족요양비를 지급할 수 있다.
 1. 도서·벽지 등 장기요양기관이 현저히 부족한 지역으로서 보건복지부장관이 정하여 고시하는 지역에 거주하는 자
 2. 천재지변이나 그 밖에 이와 유사한 사유로 인하여 장기요양기관이 제공하는 장기요양급여를 이용하기가 어렵다고 보건복지부장관이 인정하는 자
 3. 신체·정신 또는 성격 등 대통령령으로 정하는 사유로 인하여 가족 등으로부터 장기요양을 받아야 하는 자
시행령 제12조 ② 신체·정신 또는 성격 등 대통령령으로 정하는 사유란 다음의 어느 하나에 해당하는 경우를 말한다.
 1. 감염병의 예방 및 관리에 관한 법률에 따른 감염병환자로서 감염의 위험성이 있는 경우
 2. 장애인복지법에 따라 등록한 장애인 중 정신장애인인 경우
 3. 신체적 변형 등의 사유로 대인과의 접촉을 기피하는 경우

관련법령 장기요양인정 유효기간

법 제19조(장기요양인정의 유효기간): 최소 요양등급 기간(1년)
 ① 장기요양인정의 유효기간은 최소 1년 이상으로서 대통령령으로 정한다.
 ② 유효기간의 산정방법과 그 밖에 필요한 사항은 보건복지부령으로 정한다.
시행령 제8조(장기요양인정 유효기간): 갱신 시 직전등급 여부(2년~4년)
 ① 장기요양인정 유효기간은 2년으로 한다(단, 장기요양인정의 갱신 결과 직전 등급과 같은 등급으로 판정된 경우에는 그 갱신된 장기요양인정의 유효기간은 다음의 구분에 따른다).
  1. 장기요양 1등급의 경우: 4년 / 2. 장기요양 2등급부터 4등급까지의 경우: 3년 / 3. 장기요양 5등급 및 인지지원등급의 경우: 2년
 ② 장기요양등급판정위원회는 장기요양 신청인의 심신상태 등을 고려하여 장기요양인정 유효기간을 6개월의 범위에서 늘리거나 줄일 수 있다.

④ 재가급여, 시설급여에 따라 장기요양급여를 제공할 수 있는 장기요양기관의 종류 및 기준과 장기요양급여 종류별 장기요양요원의 범위·업무·보수교육 등에 관하여 필요한 사항은 대통령령으로 정한다.
⑤ 장기요양기관은 방문요양, 방문목욕, 방문간호, 주·야간보호, 단기보호까지의 재가급여 전부 또는 일부를 통합하여 제공하는 서비스(이하 통합재가서비스)를 제공할 수 있다. 〈신설 2024. 1. 2.〉
⑥ 통합재가서비스를 제공하는 장기요양기관은 보건복지부령으로 정하는 인력, 시설, 운영 등의 기준을 준수하여야 한다. 〈신설 2024. 1. 2.〉
⑦ 장기요양급여의 제공 기준·절차·방법·범위, 그 밖에 필요한 사항은 보건복지부령으로 정한다. 〈개정 2024. 1. 2.〉

10. 본인부담금(제40조)

① 장기요양급여(특별현금급여는 제외)를 받는 자는 대통령령으로 정하는 바에 따라 비용의 일부를 본인이 부담한다. 이 경우 장기요양급여를 받는 수급자의 장기요양등급, 이용하는 장기요양급여의 종류 및 수준 등에 따라 본인부담의 수준을 달리 정할 수 있다.
② 수급자 중 의료급여법(국민기초생활보장법에 따른 의료급여 수급자)에 따른 수급자는 본인부담금을 부담하지 아니한다.
③ 다음 장기요양급여 비용은 수급자 본인이 전부 부담한다.

- 급여의 범위 및 대상에 포함되지 아니하는 장기요양급여
- 수급자가 장기요양인정서에 기재된 장기요양급여의 종류 및 내용과 다르게 선택하여 장기요양급여를 받은 경우 그 차액
- 장기요양급여의 월 한도액을 초과하는 장기요양급여

④ 다음 어느 하나에 해당하는 자에 대해서는 본인부담금의 100분의 60의 범위에서 보건복지부장관이 정하는 바에 따라 차등하여 감경할 수 있다.

- 의료급여법에 따른 수급권자
  - 재해구호법에 따른 이재민으로서 보건복지부장관이 의료급여가 필요하다고 인정한 사람
  - 의사상자 등 예우 및 지원에 관한 법률에 따라 의료급여를 받는 사람
  - 입양특례법(2025년에 국내입양에 관한 특별법 및 국제입양에 관한 법률 시행 예정)에 따라 국내에 입양된 18세 미만의 아동
  - 독립유공자예우에 관한 법률, 국가유공자 등 예우 및 지원에 관한 법률 및 보훈보상대상자 지원에 관한 법률의 적용을 받고 있는 사람과 그 가족으로서 국가보훈부장관이 의료급여가 필요하다고 추천한 사람 중에서 보건복지부장관이 의료급여가 필요하다고 인정한 사람
  - 무형문화재 보전 및 진흥에 관한 법률에 따라 지정된 국가무형문화재의 보유자(명예보유자를 포함)와 그 가족으로서 문화재청장이 의료급여가 필요하다고 추천한 사람 중에서 보건복지부장관이 의료급여가 필요하다고 인정한 사람
  - 북한이탈주민의 보호 및 정착지원에 관한 법률의 적용을 받고 있는 사람과 그 가족으로서 보건복지부장관이 의료급여가 필요하다고 인정한 사람
  - 5·18민주화운동 관련자 보상 등에 관한 법률에 따라 보상금등을 받은 사람과 그 가족으로서 보건복지부장관이 의료급여가 필요하다고 인정한 사람
  - 노숙인 등의 복지 및 자립지원에 관한 법률에 따른 노숙인 등으로서 보건복지부장관이 의료급여가 필요하다고 인정한 사람
- 소득·재산 등이 보건복지부장관이 정하여 고시하는 일정 금액 이하인 자(단, 도서·벽지·농어촌 등의 지역에 거주하는 자에 대하여 따로 금액을 정할 수 있음)
- 천재지변 등 보건복지부령으로 정하는 사유로 인하여 생계가 곤란한 자

> **개념 공략** 장애인 등에 대한 장기요양보험료의 경감(시행령 제5조)
> - 경감 대상: 장애인복지법에 따라 등록한 장애인 중 장애의 정도가 심한 장애인, 보건복지부장관이 정하여 고시하는 희귀난치 성질환자
> - 경감 내용: 국민건강보험공단은 장애인 등이 장기요양보험가입자 또는 그 피부양자인 경우 수급자로 결정되지 못한 때에는 위 경감 대상에 해당하는지를 확인하여 장기요양보험료의 100분의 30을 경감한다.

11. 장기요양급여의 제공

① 장기요양급여의 제공(제27조)
  ㉠ 수급자는 장기요양인정서와 개인별장기요양이용계획서가 도달한 날부터 장기요양급여를 받을 수 있다.
  ㉡ 수급자는 돌볼 가족이 없는 경우 등 대통령령으로 정하는 사유가 있는 경우 신청서를 제출한 날부터 장기요양인정서가 도달되는 날까지의 기간 중에도 장기요양급여를 받을 수 있다.
  ㉢ 수급자는 장기요양급여를 받으려면 장기요양기관에 장기요양인정서와 개인별장기요양이용계획서를 제시하여야 한다. 다만, 수급자가 장기요양인정서 및 개인별장기요양이용계획서를 제시하지 못하는 경우 장기요양기관은 국민건강보험공단에 전화나 인터넷 등을 통하여 그 자격 등을 확인할 수 있다.
  ㉣ 장기요양기관은 수급자가 제시한 장기요양인정서와 개인별장기요양이용계획서를 바탕으로 장기요양급여 제공 계획서를 작성하고 수급자의 동의를 받아 그 내용을 국민건강보험공단에 통보하여야 한다.
  ㉤ 장기요양급여 인정 범위와 절차, 장기요양급여 제공 계획서 작성 절차에 관한 구체적인 사항 등은 대통령령으로 정한다.

② 급여 외 행위의 제공 금지(제28조의2)
  ㉠ 수급자 또는 장기요양기관은 장기요양급여를 제공받거나 제공할 경우 다음의 행위를 요구하거나 제공하여서는 아니 된다.

  > - 수급자의 가족만을 위한 행위
  > - 수급자 또는 그 가족의 생업을 지원하는 행위
  > - 그 밖에 수급자의 일상생활에 지장이 없는 행위

  ㉡ 그 밖에 급여 외 행위의 범위 등에 관한 구체적인 사항은 보건복지부령으로 정한다.

③ 장기요양급여의 제한(제29조)
  ㉠ 국민건강보험공단은 장기요양급여를 받고 있는 자가 정당한 사유 없이 조사나 자료의 제출 등 요구에 응하지 아니하거나 답변을 거절한 경우 장기요양급여의 전부 또는 일부를 제공하지 아니하게 할 수 있다.
  ㉡ 국민건강보험공단은 장기요양급여를 받고 있거나 받을 수 있는 자가 장기요양기관이 거짓이나 그 밖의 부정한 방법으로 장기요양급여비용을 받는 데에 가담한 경우 장기요양급여를 중단하거나 1년의 범위에서 장기요양급여의 횟수 또는 제공 기간을 제한할 수 있다.
  ㉢ 장기요양급여의 중단 및 제한 기준과 그 밖에 필요한 사항은 보건복지부령으로 정한다.

12. 장기요양기관

① 장기요양기관의 지정(제31조)
  ㉠ 재가급여 또는 시설급여를 제공하는 장기요양기관을 운영하려는 자는 보건복지부령으로 정하는 장기요양에 필요한 시설 및 인력을 갖추어 소재지를 관할 구역으로 하는 특별자치시장·특별자치도지사·시장·군수·구청장으로부터 지정을 받아야 한다.

ⓒ 장기요양기관으로 지정을 받을 수 있는 시설은 노인복지법에 따른 노인복지시설 중 대통령령으로 정하는 시설로 한다.
ⓒ 특별자치시장·특별자치도지사·시장·군수·구청장이 지정을 하려는 경우에는 다음의 사항을 검토하여 장기요양기관을 지정하여야 한다. 이 경우 특별자치시장·특별자치도지사·시장·군수·구청장은 국민건강보험공단에 관련 자료의 제출을 요청하거나 그 의견을 들을 수 있다.

- 장기요양기관을 운영하려는 자의 장기요양급여 제공 이력
- 장기요양기관을 운영하려는 자 및 그 기관에 종사하려는 자가 노인장기요양보험법, 사회복지사업법 또는 노인복지법 등 장기요양기관의 운영과 관련된 법에 따라 받은 행정처분의 내용
- 장기요양기관의 운영 계획
- 해당 지역의 노인인구 수 및 장기요양급여 수요 등 지역 특성
- 그 밖에 특별자치시장·특별자치도지사·시장·군수·구청장이 장기요양기관으로 지정하는 데 필요하다고 인정하여 정하는 사항

ⓔ 특별자치시장·특별자치도지사·시장·군수·구청장은 장기요양기관을 지정한 때 지체 없이 지정 명세를 국민건강보험공단에 통보하여야 한다.
ⓜ 재가급여를 제공하는 장기요양기관 중 의료기관이 아닌 자가 설치·운영하는 장기요양기관이 방문간호를 제공하는 경우에는 방문간호의 관리책임자로서 간호사를 둔다.
ⓑ 장기요양기관의 지정절차와 그 밖에 필요한 사항은 보건복지부령으로 정한다.

② **결격사유(제32조의2)**: 다음의 어느 하나에 해당하는 자는 장기요양기관으로 지정받을 수 없다.

- 미성년자, 피성년후견인 또는 피한정후견인
- 정신질환자(단, 전문의가 장기요양기관 설립·운영 업무에 종사하는 것이 적합하다고 인정하는 사람은 제외)
- 마약류에 중독된 사람   · 파산선고를 받고 복권되지 아니한 사람
- 금고 이상의 실형을 선고받고 그 집행이 종료(집행이 종료된 것으로 보는 경우를 포함)되거나 집행이 면제된 날부터 5년이 경과되지 아니한 사람   · 금고 이상의 형의 집행유예를 선고받고 그 유예기간 중에 있는 사람
- 대표자가 위 6가지 중 어느 하나에 해당하는 법인

③ **장기요양기관 지정의 유효기간(제32조의3)**: 장기요양기관 지정의 유효기간은 지정을 받은 날부터 6년으로 한다.
④ **장기요양기관 지정의 갱신(제32조의4)**
ⓐ 장기요양기관의 장은 지정의 유효기간이 끝난 후에도 계속하여 그 지정을 유지하려는 경우에는 소재지를 관할 구역으로 하는 특별자치시장·특별자치도지사·시장·군수·구청장에게 지정 유효기간이 끝나기 90일 전까지 지정 갱신을 신청하여야 한다.
ⓑ 신청을 받은 특별자치시장·특별자치도지사·시장·군수·구청장은 갱신 심사에 필요하다고 판단되는 경우에는 장기요양기관에 추가자료의 제출을 요구하거나 소속 공무원으로 하여금 현장심사를 하게 할 수 있다.
ⓒ 지정 갱신이 지정 유효기간 내에 완료되지 못한 경우에는 심사 결정이 이루어질 때까지 지정이 유효한 것으로 본다.
ⓓ 특별자치시장·특별자치도지사·시장·군수·구청장은 갱신 심사를 완료한 경우 그 결과를 지체 없이 해당 장기요양기관의 장에게 통보하여야 한다.
ⓔ 특별자치시장·특별자치도지사·시장·군수·구청장이 지정의 갱신을 거부하는 경우 그 내용의 통보 및 수급자의 권익을 보호하기 위한 조치에 관하여는 장기요양기관의 지정취소 또는 업무정지명령에 관한 규정을 준용한다.
ⓕ 그 밖에 지정 갱신의 기준, 절차 및 방법 등에 필요한 사항은 보건복지부령으로 정한다.

⑤ 장기요양요원지원센터의 설치 등(제47조의2) 기출 21회
  ㉠ 국가와 지방자치단체는 장기요양요원의 권리를 보호하기 위하여 장기요양요원지원센터를 설치·운영할 수 있다.
  ㉡ 장기요양요원지원센터는 다음의 업무를 수행한다.

  - 장기요양요원의 권리 침해에 관한 상담 및 지원
  - 장기요양요원의 역량강화를 위한 교육지원
  - 장기요양요원에 대한 건강검진 등 건강관리를 위한 사업
  - 그 밖에 장기요양요원의 업무 등에 필요하여 대통령령으로 정하는 사항

  ㉢ 장기요양요원지원센터의 설치·운영 등에 필요한 사항은 보건복지부령으로 정하는 바에 따라 해당 지방자치단체의 조례로 정한다.

13. 심사청구 및 재심사청구

① 심사청구(제55조)
  ㉠ 장기요양인정·장기요양등급·장기요양급여·부당이득·장기요양급여비용 또는 장기요양보험료 등에 관한 공단의 처분에 이의가 있는 자는 공단에 심사청구를 할 수 있다.
  ㉡ 심사청구는 그 처분이 있음을 안 날부터 90일 이내에 문서(전자문서 포함)로 하여야 하며, 처분이 있은 날부터 180일을 경과하면 이를 제기하지 못한다. 다만, 정당한 사유로 그 기간에 심사청구를 할 수 없었음을 증명하면 그 기간이 지난 후에도 심사청구를 할 수 있다.
  ㉢ 심사청구 사항을 심사하기 위하여 공단에 장기요양심사위원회를 둔다.
  ㉣ 심사위원회의 구성·운영 및 위원의 임기, 그 밖에 필요한 사항은 대통령령으로 정한다.

② 재심사청구(제56조)
  ㉠ 심사청구에 대한 결정에 불복하는 사람은 그 결정통지를 받은 날부터 90일 이내에 장기요양재심사위원회에 재심사를 청구할 수 있다.
  ㉡ 재심사위원회는 보건복지부장관 소속으로 두고, 위원장 1인을 포함한 20인 이내의 위원으로 구성한다.
  ㉢ 재심사위원회의 위원은 관계 공무원, 법학, 그 밖에 장기요양사업 분야의 학식과 경험이 풍부한 자 중에서 보건복지부장관이 임명 또는 위촉한다. 이 경우 공무원이 아닌 위원이 전체 위원의 과반수가 되도록 하여야 한다.
  ㉣ 재심사위원회의 구성·운영 및 위원의 임기, 그 밖에 필요한 사항은 대통령령으로 정한다.

③ 행정심판과의 관계(제56조의2)
  ㉠ 재심사위원회의 재심사에 관한 절차에 관하여는 행정심판법을 준용한다.
  ㉡ 재심사청구 사항에 대한 재심사위원회의 재심사를 거친 경우에는 행정심판법에 따른 행정심판을 청구할 수 없다.

④ 행정소송(제57조): 공단의 처분에 이의가 있는 자와 심사청구 또는 재심사청구에 대한 결정에 불복하는 자는 행정소송법으로 정하는 바에 따라 행정소송을 제기할 수 있다.

⑤ 시정명령(제36조의2): 특별자치시장·특별자치도지사·시장·군수·구청장은 다음의 어느 하나에 해당하는 장기요양기관에 대하여 6개월 이내의 범위에서 일정한 기간을 정하여 시정을 명할 수 있다.

  - 폐쇄회로 텔레비전의 설치·관리 및 영상정보의 보관기준을 위반한 경우
  - 장기요양기관 재무·회계기준을 위반한 경우

14. 벌칙(제67조)

① 다음 어느 하나에 해당하는 자는 3년 이하의 징역 또는 3천만 원 이하의 벌금에 처한다.

- 거짓이나 그 밖의 부정한 방법으로 장기요양급여비용을 청구한 자
- 폐쇄회로 텔레비전의 설치 목적과 다른 목적으로 폐쇄회로 텔레비전을 임의로 조작하거나 다른 곳을 비추는 행위를 한 자
- 녹음기능을 사용하거나 보건복지부령으로 정하는 저장장치 이외의 장치 또는 기기에 영상정보를 저장한 자

② 다음 어느 하나에 해당하는 자는 2년 이하의 징역 또는 2천만 원 이하의 벌금에 처한다.

- 지정받지 아니하고 장기요양기관을 운영하거나 거짓이나 그 밖의 부정한 방법으로 지정받은 자
- 안전성 확보에 필요한 조치를 하지 아니하여 영상정보를 분실·도난·유출·변조 또는 훼손당한 자
- 장기요양기관이 영리를 목적으로 본인부담금을 면제 또는 감경하는 행위를 한 자
- 영리를 목적으로 수급자를 소개, 알선 또는 유인하는 행위를 하거나 이를 조장한 자
- 업무수행 중 알게 된 비밀을 누설한 자

③ 다음 어느 하나에 해당하는 자는 1년 이하의 징역 또는 1천만 원 이하의 벌금에 처한다.

- 정당한 사유 없이 장기요양급여의 제공을 거부한 자
- 거짓이나 그 밖의 부정한 방법으로 장기요양급여를 받거나 다른 사람으로 하여금 장기요양급여를 받게 한 자
- 정당한 사유 없이 수급자의 권익보호조치를 하지 아니한 사람
- 수급자가 부담한 비용을 정산하지 아니한 자

④ 자료제출 명령에 따르지 아니하거나 거짓으로 자료제출을 한 장기요양기관 또는 의료기관이나 질문 또는 검사를 거부·방해 또는 기피하거나 거짓으로 답변한 장기요양기관 또는 의료기관은 1천만 원 이하의 벌금에 처한다.

CHAPTER 05

공공부조법

핵심 Tag #국민기초생활 보장법 #의료급여법 #긴급복지지원법 #기초연금법

1 국민기초생활 보장법 _{기출} 13회, 20회, 21회

1. 목적(제1조)
생활이 어려운 사람에게 필요한 급여를 실시하여 최저생활을 보장하고 자활을 돕는다.

2. 용어의 정의(제2조) _{기출} 11회, 12회, 18회, 20회

수급권자	국민기초생활 보장법에 따른 급여를 받을 수 있는 자격을 가진 사람
수급자	국민기초생활 보장법에 따른 급여를 받는 사람
수급품	국민기초생활 보장법에 따라 수급자에게 지급하거나 대여하는 금전 또는 물품
보장기관	국민기초생활 보장법에 따른 급여를 실시하는 국가 또는 지방자치단체
부양의무자	수급권자를 부양할 책임이 있는 사람으로서 수급권자의 1촌의 직계혈족 및 그 배우자(단, 사망한 1촌의 직계혈족의 배우자는 제외)
최저보장수준	국민의 소득·지출 수준과 수급권자의 가구 유형 등 생활실태, 물가상승률 등을 고려하여 최저보장수준의 결정에 따라 급여의 종류별로 공표하는 금액이나 보장수준
최저생계비	국민이 건강하고 문화적인 생활을 유지하기 위하여 필요한 최소한의 비용으로서 보건복지부장관이 계측하는 금액
개별가구	• 국민기초생활 보장법에 따른 급여를 받거나 해당 법에 따른 자격요건에 부합하는지에 관한 조사를 받는 기본단위로서 수급자 또는 수급권자로 구성된 가구 • 개별가구의 범위 등 구체적인 사항은 대통령령으로 정함.
소득인정액	보장기관이 급여의 결정 및 실시 등에 사용하기 위하여 산출한 개별가구의 소득평가액과 재산의 소득환산액을 합산한 금액
차상위계층	수급권자에 해당하지 아니하는 계층으로서 소득인정액이 대통령령으로 정하는 기준(기준 중위소득의 100분의 50 이하) 이하인 계층
기준 중위소득	보건복지부장관이 급여의 기준 등에 활용하기 위하여 중앙생활보장위원회의 심의·의결을 거쳐 고시하는 국민 가구소득의 중위값

3. 급여의 기본원칙(제3조) 기출 13회, 21회

- 공공 책임의 원칙
- 개별성의 원칙
- 최저 생활 보장의 원칙
- 가족 부양 우선의 원칙
- 보충 급여의 원칙
- 타급여 우선의 원칙
- 자립 지원의 원칙
- 보편성의 원칙

① 국민기초생활 보장법에 따른 급여는 수급자가 자신의 생활의 유지·향상을 위하여 그의 소득, 재산, 근로능력 등을 활용하여 최대한 노력하는 것을 전제로, 이를 보충·발전시키는 것을 기본원칙으로 한다.

② 부양의무자의 부양과 다른 법령에 따른 보호는 이 법에 따른 급여에 우선하여 행하여지는 것으로 한다. 다만, 다른 법령에 따른 보호의 수준이 이 법에서 정하는 수준에 이르지 아니하는 경우에는 나머지 부분에 관하여 이 법에 따른 급여를 받을 권리를 잃지 아니한다.

4. 급여의 기준(제4조) 기출 13회

① 급여는 건강하고 문화적인 최저생활을 유지할 수 있는 것이어야 한다.
② 급여의 기준은 수급자의 연령, 가구규모, 거주지역, 그 밖의 생활여건 등을 고려하여 급여의 종류별로 보건복지부장관이 정하거나 급여를 지급하는 중앙행정기관의 장이 보건복지부장관과 협의하여 정한다.
③ 보장기관은 급여를 개별가구 단위로 실시하되(가구 단위 보장), 장애인복지법에 따라 등록한 장애인 중 장애의 정도가 심한 장애인으로서 보건복지부장관이 정하는 사람에 대한 급여 등 특히 필요하다고 인정하는 경우에는 개인 단위로 실시할 수 있다.

> 참고
> - 국민기초생활 보장제도에서 가구는 수급자 선정, 급여액 결정 및 지급의 기본단위가 됨.
> - 소득평가액 및 재산의 소득환산액을 합한 소득인정액은 가구를 단위로 산정함.

④ 지방자치단체인 보장기관은 해당 지방자치단체의 조례로 정하는 바에 따라 급여의 범위 및 수준을 초과하여 급여를 실시할 수 있다.

개념 공략 국민기초생활 보장법령상 가구 단위 보장의 제외

1. 재외국민은 보장가구에서 제외
   - 재외동포의 출입국과 법적 지위에 관한 법률에 따른 국민(대한민국의 국민으로 외국의 영주권을 취득한 자 또는 영주할 목적으로 외국에 거주하고 있는 자)으로서 해외이주법에 따른 영주 귀국신고를 하지 아니한 사람은 귀국하여 세대별 주민등록표에 등재되더라도 보장가구에 포함하지 않으며 수급자로 신청·접수하지 않는다.
   - 즉, 재외국민은 '개별가구'에 포함되지 않으며, 재외국민이 귀국하여 수급(권)자와 세대별 주민등록표에 같이 등재하고 생계나 주거를 같이하더라도 동일 보장가구원이 아니고 수급권자의 1촌 이내의 직계혈족 및 그 배우자인 경우에는 부양의무자로 판단한다.
2. 개별가구에서 제외되는 사람(시행령 제2조 제2항): 군복무, 외국 체류, 교도소 등 수감, 보장시설 입소, 가출·행방불명·실종, 세대별 주민등록표에 등재된 사람과 생계 및 주거를 달리한다고 시장·군수·구청장이 확인한 사람

5. 외국인에 대한 특례(제5조의2) 기출 19회, 23회

국내에 체류하고 있는 외국인 중 대한민국 국민과 혼인하여 본인 또는 배우자가 임신 중이거나 대한민국 국적의 미성년 자녀를 양육하고 있거나 배우자의 대한민국 국적인 직계존속과 생계나 주거를 같이하고 있는 사람으로서 대통령령으로 정하는 사람이 이 법에 따른 급여를 받을 수 있는 자격을 가진 경우에는 수급권자가 된다.

6. 급여의 종류와 지급 기출 12회, 13회, 17회, 21회, 22회

① **생계급여**: 기준 중위소득의 32%에 해당하는 금액과 가구의 소득인정액과의 차액을 지급한다(2021년 10월부터 부양의무자 기준 조건부 폐지).
- 생계급여는 수급자에게 의복·음식물 및 연료비와 기타 일상생활에 기본적으로 필요한 금품을 지급하여 그 생계를 유지하게 하는 것으로 한다.
- 생계급여 수급권자는 부양의무자가 없거나, 부양의무자가 있어도 부양능력이 없거나 부양을 받을 수 없는 사람으로서 그 소득인정액이 중앙생활보장위원회의 심의·의결을 거쳐 결정하는 금액 이하인 사람으로 한다. 이 경우 생계급여 선정기준은 기준 중위소득의 100분의 30 이상으로 한다.
- 생계급여 최저보장수준은 생계급여와 소득인정액을 포함하여 생계급여 선정기준 이상이 되도록 하여야 한다.

② **주거급여**: 기준 중위소득의 48% 이하로 국토교통부장관이 정하는 기준에 따라 지급한다(부양의무자 기준 폐지).

③ **의료급여**: 기준 중위소득의 40% 이하로 근로능력 유무에 따라 1종, 2종으로 구분하여 지급한다(2024년 1월부터 부양의무자기준 단계적 완화 예정이며 부양의무자 가족 내 중증장애인이 있는 경우 미적용).

④ **교육급여**: 기준 중위소득의 50% 이하로 교육부장관이 정하는 기준에 따라 교육활동지원비 등을 바우처로 지급한다(부양의무자 기준 폐지).

⑤ **해산급여**: 수급자가 출산 시 1인당 70만 원, 쌍둥이 출산 시 140만 원을 지급한다(단, 교육급여만 받는 수급자는 제외).

⑥ **장제급여**: 수급자 사망 및 의사자로 사망한 경우 1구당 80만 원을 장제를 실제 행하는 자에게 지급한다(단, 교육급여만 받는 수급자는 제외).

⑦ **자활급여**: 근로능력이 있는 수급자의 자활을 돕기 위하여 급여를 실시한다.

⑧ 보장기관은 수급자의 소득·재산·근로능력 등이 변동된 경우 직권으로 급여의 종류·방법 등을 변경할 수 있다(제29조 제1항).

개념 공략 급여별 부양의무자의 기준

부양의무자 기준 적용	의료급여 수급자
부양의무자 기준 미적용	교육급여 수급자, 주거급여 수급자, 생계급여 수급자(조건부 폐지)

7. 기준 중위소득의 산정(제6조의2) 기출 14회

기준 중위소득은 통계법에 따라 통계청이 공표하는 통계자료의 가구 경상소득(근로소득, 사업소득, 재산소득, 이전소득을 합산한 소득)의 중간값에 최근 가구소득 평균 증가율, 가구규모에 따른 소득수준의 차이 등을 반영하여 가구규모별로 산정한다.

8. 소득인정액의 산정(제6조의3)

① 개별가구의 소득평가액은 개별가구의 실제소득에도 불구하고 보장기관이 급여의 결정 및 실시 등에 사용하기 위하여 산출한 금액을 말한다.
② 다음의 소득을 합한 개별가구의 실제소득에서 장애·질병·양육 등 가구 특성에 따른 지출요인, 근로를 유인하기 위한 요인, 그 밖에 추가적인 지출요인에 해당하는 금액을 감하여 산정한다.

- 근로소득: 근로의 제공으로 얻는 소득
- 사업소득: 농업소득, 임업소득, 어업소득, 기타사업소득(도매업, 소매업, 제조업 등)
- 재산소득: 임대소득, 이자소득, 연금소득
- 이전소득: 친족 또는 후원자 등으로부터 정기적으로 받는 금품 중 보건복지부장관이 정하는 금액 이상의 금품 또는 정기적으로 지급되는 각종 수당·연금·급여 또는 그 밖의 금품

③ 재산의 소득환산액은 개별가구의 재산가액에서 기본재산액 및 부채를 공제한 금액에 소득환산율을 곱하여 산정한다.
④ 소득환산액 산정 시 소득으로 환산하는 재산의 범위는 일반재산(금융재산 및 자동차를 제외한 재산), 금융재산, 자동차이다.

개념 공략 소득의 범위에 해당하지 않는 것(시행령 제5조 제2항) 기출 15회

- 퇴직금, 현상금, 보상금, 조세특례제한법에 따른 근로장려금 및 자녀장려금 등 정기적으로 지급되는 것으로 볼 수 없는 금품
- 보육·교육 또는 그 밖에 이와 유사한 성질의 서비스 이용을 전제로 받는 보육료, 학자금, 그 밖에 이와 유사한 금품
- 지방자치단체가 지급하는 금품으로서 보건복지부장관이 정하는 금품

9. 부양의무자 기출 11회, 13회

① **범위**: 수급권자의 1촌의 직계혈족 및 그 배우자(단, 사망한 1촌의 직계혈족의 배우자는 제외)가 해당된다.
② 부양능력 판정 기본원칙
  ㉠ **부양능력 없음**: 수급자로 보장이 결정된다.
  ㉡ **부양능력 미약**: 부양비 부과를 조건으로 수급자로 보장이 결정된다(단, 부양비 부과로 수급권자 소득인정액이 급여 종류별 선정기준을 초과하는 경우 급여 종류별 선정 제외).
  ㉢ **부양능력 있음**: 수급자로 보장이 불가하다.
③ 부양의무자의 부양은 국민기초생활 보장법에 따른 급여에 우선하여 행하여진다.

10. 자활 지원 기출 22회, 23회

① 한국자활복지개발원(제15조의2)
  ㉠ 수급자 및 차상위자의 자활촉진에 필요한 사업을 수행하기 위하여 한국자활복지개발원(이하 자활복지개발원)을 설립한다.
  ㉡ 자활복지개발원은 법인으로 한다.
  ㉢ 자활복지개발원은 그 주된 사무소의 소재지에서 설립등기를 함으로써 성립한다.
  ㉣ 보건복지부장관은 자활복지개발원을 지도·감독하며 자활복지개발원에 대하여 업무·회계 및 재산에 관하여 필요한 사항을 보고하게 하거나 소속 공무원에게 자활복지개발원에 출입하여 장부, 서류, 그 밖의 물건을 검사하게 할 수 있다.

② 자활복지개발원의 업무(제15조의3)
  ㉠ 자활복지개발원은 다음의 사업을 수행한다.

  - 자활 지원을 위한 사업의 개발 및 평가
  - 자활 지원을 위한 조사·연구 및 홍보
  - 광역자활센터, 지역자활센터 및 자활기업의 기술·경영 지도 및 평가
  - 자활 관련 기관 간의 협력체계 구축·운영
  - 자활 관련 기관 간의 정보네트워크 구축·운영
  - 취업·창업을 위한 자활촉진 프로그램 개발 및 지원
  - 고용지원서비스의 연계 및 사회복지서비스의 지원 대상자 관리
  - 수급자 및 차상위자의 자활촉진을 위한 교육·훈련, 광역자활센터 등 자활 관련 기관의 종사자 및 참여자에 대한 교육·훈련 및 지원
  - 국가 또는 지방자치단체로부터 위탁받은 자활 관련 사업
  - 그 밖에 자활촉진에 필요한 사업으로서 보건복지부장관이 정하는 사업

  ㉡ 사회복지사업법에 따른 정보시스템 및 사회보장기본법에 따른 사회보장정보시스템과 연계할 수 있다.

③ 광역자활센터(제15조의10)
  ㉠ 보장기관은 수급자 및 차상위자의 자활촉진에 필요한 다음의 사업을 수행하게 하기 위하여 사회복지법인, 사회적협동조합 등 비영리법인과 단체를 법인 등의 신청을 받아 특별시·광역시·특별자치시·도·특별자치도 단위의 광역자활센터로 지정한다.

  - 시·도 단위의 자활기업 창업 지원
  - 시·도 단위의 수급자 및 차상위자에 대한 취업·창업 지원 및 알선
  - 지역자활센터 종사자 및 참여자에 대한 교육훈련 및 지원
  - 지역특화형 자활프로그램 개발·보급 및 사업개발 지원
  - 지역자활센터 및 자활기업에 대한 기술·경영 지도
  - 그 밖에 자활촉진에 필요한 사업으로서 보건복지부장관이 정하는 사업

  ㉡ 이 경우 보장기관은 법인 등의 지역사회복지사업 및 자활지원사업의 수행 능력·경험 등을 고려하여야 한다.
  ㉢ 보장기관은 광역자활센터의 설치 및 운영에 필요한 경비의 전부 또는 일부를 보조할 수 있다.
  ㉣ 보장기관은 광역자활센터에 대하여 정기적으로 사업실적 및 운영실태를 평가하고 수급자의 자활촉진을 달성하지 못하는 광역자활센터에 대해서는 그 지정을 취소할 수 있다.

④ 지역자활센터 등(제16조): 보장기관은 수급자 및 차상위자의 자활촉진에 필요한 다음의 사업을 수행하게 하기 위하여 사회복지법인, 사회적협동조합 등 비영리법인과 단체를 법인 등의 신청을 받아 지역자활센터로 지정할 수 있다.

- 자활의욕 고취를 위한 교육
- 자활을 위한 정보제공, 상담, 직업교육 및 취업알선
- 생업을 위한 자금융자 알선
- 자영창업 지원 및 기술·경영 지도
- 자활기업의 설립·운영 지원
- 그 밖에 자활을 위한 각종 사업

⑤ 자활기관협의체(제17조): 시장·군수·구청장은 자활지원사업의 효율적인 추진을 위하여 지역자활센터, 직업안정법의 직업안정기관, 사회복지사업법의 사회복지시설의 장 등과 상시적인 협의체계를 구축하여야 한다.

⑥ 자활기업(제18조)
  ㉠ 수급자 및 차상위자는 상호 협력하여 자활기업을 설립·운영할 수 있다.
  ㉡ 자활기업을 설립·운영하려는 자는 다음의 요건을 모두 갖추어 보장기관의 인정을 받아야 한다.

- 조합 또는 부가가치세법상 사업자의 형태를 갖출 것
- 설립 및 운영 주체는 수급자 또는 차상위자를 2인 이상 포함하여 구성할 것(단, 설립 당시에는 수급자 또는 차상위자였으나, 설립 이후 수급자 또는 차상위자를 면하게 된 사람이 계속하여 그 구성원으로 있는 경우에는 수급자 또는 차상위자로 산정함)
- 그 밖에 운영기준에 관하여 보건복지부장관이 정하는 사항을 갖출 것

  ㉢ 보장기관은 자활기업에게 직접 또는 자활복지개발원, 광역자활센터 및 지역자활센터를 통하여 다음의 지원을 할 수 있다.

- 자활을 위한 사업자금 융자
- 국유지·공유지 우선 임대
- 국가나 지방자치단체가 실시하는 사업의 우선 위탁
- 자활기업 운영에 필요한 경영·세무 등의 교육 및 컨설팅 지원
- 그 밖에 수급자의 자활촉진을 위한 각종 사업

⑦ 자활기금의 적립(제18조의7)
  ㉠ 보장기관은 국민기초생활 보장법에 따른 자활지원사업의 원활한 추진을 위하여 자활기금을 적립한다.
  ㉡ 보장기관은 자활지원사업의 효율적 추진을 위하여 필요하다고 인정하는 경우에는 자활기금의 관리·운영을 자활복지개발원 또는 자활지원사업을 수행하는 비영리법인에 위탁할 수 있다. 이 경우 그에 드는 비용은 보장기관이 부담한다.

⑧ 자산형성지원(제18조의8)
  ㉠ 보장기관은 수급자 및 차상위자가 자활에 필요한 자산을 형성할 수 있도록 재정적인 지원을 할 수 있다. 다만, 청년기본법의 청년으로서 대통령령으로 정하는 소득·재산 기준을 충족하는 사람은 다른 규정에도 불구하고 이 법에 따른 자산형성지원의 대상으로 본다.
  ㉡ 보장기관은 자산형성지원 대상자가 자활에 필요한 자산을 형성하는 데 필요한 교육을 실시할 수 있다.
  ㉢ ㉠에 따른 지원으로 형성된 자산은 대통령령으로 정하는 바에 따라 수급자의 재산의 소득환산액 산정 시 이를 포함하지 아니한다.
  ㉣ 보장기관은 자산형성지원과 그 교육에 관한 업무의 전부 또는 일부를 자활복지개발원 등의 법인 또는 단체 등에 위탁할 수 있다.
  ㉤ 자산형성지원의 대상과 기준 및 교육의 내용은 대통령령으로 정하고, 자산형성지원의 신청, 방법 및 지원금의 반환절차 등에 필요한 사항은 보건복지부령으로 정한다.

⑨ 자활지원사업 통합정보전산망의 구축·운영 등
  ㉠ 보건복지부장관은 근로능력이 있는 수급자 등 자활지원사업 참여자의 수급이력 및 근로활동 현황 등 자활지원사업의 수행·관리 및 효과분석에 필요한 각종 자료 및 정보를 효율적으로 처리하고 기록·관리하는 자활지원사업 통합정보전산망을 구축·운영할 수 있다.
  ㉡ 보건복지부장관은 통합정보전산망의 구축·운영을 위하여 국가보훈부, 고용노동부, 국세청 등 국가기관과 지방자치단체의 장 및 관련 기관·단체의 장에게 다음 각 호의 자료 제공 및 관계 전산망의 이용을 요청할 수 있다. 이 경우 자료의 제공 등을 요청받은 기관의 장은 정당한 사유가 없으면 그 요청에 따라야 한다.

- 사업자등록부
- 국민건강보험·국민연금·고용보험·산업재해보상보험·보훈급여·공무원연금·군인연금·사립학교교직원연금·별정우체국연금의 가입 여부, 소득정보, 가입종별, 부과액 및 수급액
- 사회보장급여 수급이력
- 국가기술자격 취득 정보

11. 보장시설 기출 20회

① **보장시설의 종류(제32조)**: 급여를 실시하는 사회복지사업법에 따른 사회복지시설로서 다음의 시설 중 보건복지령으로 정하는 시설을 말한다.

- 장애인복지법에 따른 장애인 거주시설
- 노인복지법에 따른 노인주거복지시설 및 노인의료복지시설
- 아동복지법에 따른 아동복지시설 및 통합 시설
- 정신건강증진 및 정신질환자 복지서비스 지원에 관한 법률에 따른 정신요양시설 및 정신재활시설
- 노숙인 등의 복지 및 자립지원에 관한 법률에 따른 노숙인재활시설 및 노숙인요양시설
- 가정폭력방지 및 피해자보호 등에 관한 법률에 따른 가정폭력피해자 보호시설
- 성매매방지 및 피해자보호 등에 관한 법률에 따른 성매매피해자 등을 위한 지원시설
- 성폭력방지 및 피해자보호 등에 관한 법률에 따른 성폭력피해자보호시설
- 한부모가족지원법에 따른 한부모가족복지시설
- 사회복지사업법의 사회복지시설 중 결핵 및 한센병요양시설
- 그 밖에 보건복지부령으로 정하는 시설(청소년복지지원법상의 청소년회복지원시설)

② **보장시설의 장의 의무(제33조)**
  ㉠ 보장시설의 장은 보장기관으로부터 수급자에 대한 급여를 위탁받은 경우에는 정당한 사유 없이 이를 거부하여서는 아니 된다.
  ㉡ 위탁받은 수급자에게 보건복지부장관 및 소관 중앙행정기관의 장이 정하는 최저기준 이상의 급여를 실시하여야 한다.
  ㉢ 위탁받은 수급자에게 급여를 실시할 때 성별·신앙 또는 사회적 신분 등을 이유로 차별대우를 하여서는 아니 된다.
  ㉣ 위탁받은 수급자에게 급여를 실시할 때 수급자의 자유로운 생활을 보장하여야 한다.
  ㉤ 위탁받은 수급자에게 종교상의 행위를 강제하여서는 아니 된다.

③ **보장비용(제42조)**: 보장비용이란 다음의 비용을 말한다.

- 이 법에 따른 보장업무에 드는 인건비와 사무비
- 생활보장위원회의 운영에 드는 비용
- 생계급여의 내용 등, 주거급여, 교육급여, 의료급여, 해산급여, 장제급여, 자활급여, 한국자활복지개발원, 자활복지개발원의 업무, 광역자활센터 및 지역자활센터, 자활기관협의체, 자활기업의 규정에 따른 급여 실시 비용
- 그 밖에 이 법에 따른 보장업무에 드는 비용

12. 벌칙

① 5년 이하의 징역 또는 5천만 원 이하의 벌금: 금융정보 등을 사용·제공 또는 누설한 자
② 3년 이하의 징역 또는 3천만 원 이하의 벌금: 목적 외에 다른 용도로 정보 또는 자료를 사용하거나 제공한 자
③ 1년 이하의 징역, 1천만 원 이하의 벌금, 구류 또는 과료
  ㉠ 거짓이나 그 밖의 부정한 방법으로 급여를 받거나 다른 사람으로 하여금 급여를 받게 한 자
  ㉡ 지급받은 급여를 목적 외의 용도로 사용한 자
④ 1년 이하의 징역 또는 1천만 원 이하의 벌금: 직무상 알게 된 비밀을 누설하거나 다른 용도로 사용한 자
⑤ 300만 원 이하의 벌금, 구류 또는 과료: 수급자의 급여 위탁을 정당한 사유 없이 거부한 자나 종교상의 행위를 강제한 자

2 의료급여법

1. 목적(제1조)
생활이 어려운 사람에게 의료급여를 함으로써 국민보건의 향상과 사회복지의 증진에 이바지한다.

2. 용어의 정의(제2조)

수급권자	의료급여법에 따라 의료급여를 받을 수 있는 자격을 가진 사람
의료급여기관	수급권자에 대한 진료·조제 또는 투약 등을 담당하는 의료기관 및 약국 등
부양의무자	수급권자를 부양할 책임이 있는 사람으로서 수급권자의 1촌 직계혈족 및 그 배우자

3. 수급권자 기출 11회, 13회, 15회, 23회

① 수급권자의 구분(제3조)
  ㉠ 국민기초생활 보장법에 따른 의료급여 수급자(부양의무자가 없거나 부양의무자가 있어도 부양능력이 없는 자 또는 부양을 받을 수 없는 자로서, 소득인정액이 선정기준 이하인 사람)
  ㉡ 재해구호법에 따른 이재민으로서 보건복지부장관이 의료급여가 필요하다고 인정한 사람
  ㉢ 의사상자 등 예우 및 지원에 관한 법률에 따라 의료급여를 받는 사람
  ㉣ 입양특례법에 따라 국내에 입양된 18세 미만의 아동
  ㉤ 독립유공자 예우에 관한 법률, 국가유공자 등 예우 및 지원에 관한 법률 및 보훈보상대상자 지원에 관한 법률의 적용을 받고 있는 사람과 그 가족으로서, 국가보훈부장관이 의료급여가 필요하다고 추천한 사람 중에서 보건복지부장관이 의료급여가 필요하다고 인정한 사람
  ㉥ 무형문화재 보전 및 진흥에 관한 법률에 따라 지정된 국가무형문화재의 보유자(명예보유자 포함)와 그 가족으로서 문화재청장이 의료급여가 필요하다고 추천한 사람 중에서 보건복지부장관이 의료급여가 필요하다고 인정한 사람
  ㉦ 북한이탈주민의 보호 및 정착지원에 관한 법률의 적용을 받고 있는 사람과 그 가족으로서 보건복지부장관이 의료급여가 필요하다고 인정한 사람
  ㉧ 5·18민주화운동 관련자 보상 등에 관한 법률에 따라 보상금 등을 받은 사람과 그 가족으로서 보건복지부장관이 의료급여가 필요하다고 인정한 사람
  ㉨ 노숙인 등으로서 보건복지부장관이 의료급여가 필요하다고 인정한 사람
  ㉩ 그 밖에 생활유지 능력이 없거나 생활이 어려운 사람으로서 대통령령으로 정하는 사람

② 수급권자의 유형(시행령 제3조)
  ㉠ 1종 수급권자
    • 위 ①에서 ㉠ 및 ㉢부터 ㉥에 해당하는 사람 중 다음 어느 하나에 해당하는 사람
      – 다음 어느 하나에 해당하는 사람만으로 구성된 세대의 구성원

      > • 18세 미만인 사람   • 65세 이상인 사람   • 중증장애인
      > • 질병, 부상 또는 그 후유증으로 치료나 요양이 필요한 사람 중에서 근로능력평가를 통하여 특별자치시장·특별자치도지사·시장·군수·구청장이 근로능력이 없다고 판정한 사람
      > • 세대의 구성원을 양육·간병하는 사람 등 근로가 곤란하다고 보건복지부장관이 정하는 사람
      > • 임신 중에 있거나 분만 후 6개월 미만의 여자
      > • 병역의무를 이행 중인 사람

      – 국민기초생활 보장법에 따른 보장시설에서 급여를 받고 있는 사람
      – 결핵질환, 희귀난치성질환 또는 중증질환을 가진 사람
    • 이재민, 노숙인으로서 보건복지부장관이 의료급여가 필요하다고 인정한 사람
    • 일정한 거소가 없는 사람으로서 경찰관서에서 무연고자로 확인된 수급권자
    • 보건복지부장관이 1종의료급여가 필요하다고 인정하는 사람
  ㉡ 2종 수급권자
    • 위 ①에서 ㉠ 및 ㉢부터 ㉥에 해당하는 사람 중 1종 수급권자가 아닌 사람
    • 보건복지부장관이 2종의료급여가 필요하다고 인정하는 사람

③ 적용 배제(제4조)
  ㉠ 수급권자가 업무 또는 공무로 생긴 질병·부상·재해로 다른 법령에 따른 급여나 보상(報償) 또는 보상(補償)을 받게 되는 경우에는 이 법에 따른 의료급여를 하지 아니한다.
  ㉡ 수급권자가 다른 법령에 따라 국가나 지방자치단체 등으로부터 의료급여에 상당하는 급여 또는 비용을 받게 되는 경우에는 그 한도에서 이 법에 따른 의료급여를 하지 아니한다.

4. 의료급여 기출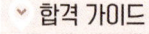

① 급여내용(제7조): 진찰·검사, 약제·치료재료 지급, 처치·수술, 예방·재활, 입원, 간호, 이송 등이다.
② 급여범위 및 급여비용: 건강보험과 유사하다.
③ 급여절차

> **합격 가이드**
> 의료급여의 수가체계는 정신과 등 일부 진료과에 따라 상이합니다.

  ㉠ 의료기관 중복 방문, 약물 오남용 등으로 건강상의 위해가 발생할 위험이 높은 수급권자 및 급여상한일수 초과자는 선택의료급여기관을 지정하고 이용하여야 한다.
  ㉡ 수급권자 본인이 자주 이용하는 의원급 기관을 선택하는 것이 원칙이다.
  ㉢ 선택의료급여기관 이외의 기관 방문 시에는 선택의료급여기관에서 발급한 의료급여의뢰서가 필요하다.
  ㉣ 다른 법령에 따라 의료급여를 받고 있는 경우에는 이 법에 의한 의료급여를 행하지 아니한다.

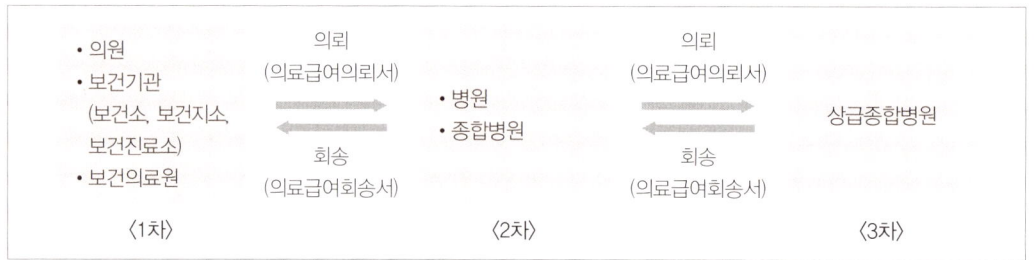

개념 공략 수급권자가 의료급여기관을 이용한 경우 본인이 부담해야 하는 금액

구분	1차 의료급여기관 (의원)	2차 의료급여기관 (병원, 종합병원)	3차 의료급여기관 (상급종합병원)	약국
1종 수급권자 본인부담금	진료비의 4% (최대 1,000원)	진료비의 6%	진료비의 8%	처방전 당 500원
2종 수급권자 본인부담금	진료비의 4% (최대 2,000원)	진료비의 15% (최대 10,000원)	진료비의 20% (최대 15,000원)	약제비의 2% (상한액 5,000원)

참고 진료비 25,000원 이하는 기존 정액제가 유지되며, 약국 부담금은 5,000원을 초과하지 않도록 설계

④ 의료급여증(제8조)
  ㉠ 시장·군수·구청장은 수급권자가 신청하는 경우 의료급여증을 발급하여야 한다. 다만, 부득이한 사유가 있는 경우에는 의료급여증을 갈음하여 의료급여증명서를 발급하거나 보건복지부령으로 정하는 바에 따라 의료급여증을 발급하지 아니할 수 있다.
  ㉡ 수급권자가 의료급여를 받을 때에는 ㉠항의 의료급여증 또는 의료급여증명서를 의료급여기관에 제출하여야 한다. 다만, 천재지변이나 그 밖의 부득이한 사유가 있으면 그러하지 아니하다.
  ㉢ 수급권자는 ㉡항 본문에도 불구하고 주민등록증(모바일 주민등록증을 포함), 운전면허증, 여권, 그 밖에 본인 여부를 확인할 수 있는 보건복지부령으로 정하는 신분증명서로 의료급여기관이 그 자격을 확인할 수 있으면 의료급여증 또는 의료급여증명서를 제출하지 아니할 수 있다.
  ㉣ 누구든지 의료급여증, 의료급여증명서 또는 신분증명서를 다른 사람에게 양도하거나 대여하여 의료급여를 받게 하여서는 아니 된다.
  ㉤ 누구든지 의료급여증, 의료급여증명서 또는 신분증명서를 양도 또는 대여받거나 그 밖에 이를 부정하게 사용하여 의료급여를 받아서는 아니 된다.

⑤ 의료급여의 중지 등(제17조)
  ㉠ 시장·군수·구청장은 수급권자가 다음의 어느 하나에 해당하면 의료급여를 중지하여야 한다.

  - 수급권자에 대한 의료급여가 필요 없게 된 경우
  - 수급권자가 의료급여를 거부한 경우

  ㉡ 시장·군수·구청장은 수급권자가 의료급여를 거부한 경우에는 수급권자가 속한 가구원 전부에 대하여 의료급여를 중지하여야 한다.
  ㉢ 시장·군수·구청장은 ㉠항에 따라 의료급여를 중지하였을 때에는 서면으로 그 이유를 밝혀 수급권자에게 알려야 한다.

⑥ **의료급여기관**(제9조) 기출 14회
  ㉠ 의료급여는 다음의 의료급여기관에서 실시한다. 이 경우 보건복지부장관은 공익상 또는 국가시책상 의료급여기관으로 적합하지 아니하다고 인정할 때에는 대통령령으로 정하는 바에 따라 의료급여기관에서 제외할 수 있다.

  - 의료법에 따라 개설된 의료기관
  - 지역보건법에 따라 설치된 보건소·보건의료원 및 보건지소
  - 농어촌 등 보건의료를 위한 특별조치법에 따라 설치된 보건진료소
  - 약사법에 따라 개설등록된 약국 및 설립된 한국희귀·필수의약품센터

  ㉡ 의료급여기관은 다음과 같이 구분하되, 의료급여기관별 진료범위는 보건복지부령으로 정한다.

제1차 의료급여기관	의료법에 따라 개설신고를 한 의료기관
제2차 의료급여기관	의료법에 따라 개설허가를 받은 의료기관
제3차 의료급여기관	제2차 의료급여기관 중에서 보건복지부장관이 지정하는 의료기관

⑦ 급여비용의 대지급(제20조)
  ㉠ 급여비용의 일부를 의료급여기금에서 부담하는 경우 그 나머지 급여비용(보건복지부장관이 정한 금액으로 한정함)은 수급권자 또는 그 부양의무자의 신청을 받아 의료급여기금에서 대지급(代支給)할 수 있다.
  ㉡ ㉠항에 따른 대지급금의 신청 및 지급방법 등에 필요한 사항은 보건복지부령으로 정한다.

⑧ 대지급금의 상환(제21조)
  ㉠ 대지급금을 받은 사람(그 부양의무자 포함, 이하 상환의무자라 함)은 보건복지부령으로 정하는 바에 따라 대지급금을 그 거주지를 관할하는 시장·군수·구청장에게 상환하여야 한다. 이 경우 대지급금의 상환은 무이자로 한다.
  ㉡ 상환의무자가 그 거주지를 다른 특별자치시·특별자치도·시·군·구로 이전하였을 때에는 대지급금을 새 거주지를 관할하는 시장·군수·구청장에게 상환하여야 한다.
  ㉢ ㉠항 및 ㉡항에 따라 대지급금을 상환받은 시장·군수·구청장은 이를 의료급여기금에 납입하여야 한다.

⑨ 의료급여기금의 설치 및 조성(25조)
  ㉠ 이 법에 따른 급여비용의 재원에 충당하기 위하여 시·도에 의료급여기금(이하 기금이라 함)을 설치한다.
  ㉡ 기금은 다음의 재원으로 조성한다.

  - 국고보조금
  - 지방자치단체의 출연금
  - 상환받은 대지급금
  - 징수한 부당이득금
  - 징수한 과징금
  - 기금의 결산상 잉여금 및 그 밖의 수입금

  ㉢ 국가와 지방자치단체는 기금운영에 필요한 충분한 예산을 확보하여야 한다.
  ㉣ 국고보조금의 비율은 보조금 관리에 관한 법률 및 관계 법령에서 정하는 바에 따른다.

⑩ 의료급여심의위원회(제6조)
  ㉠ 이 법에 따른 의료급여사업의 실시에 관한 사항을 심의하기 위하여 보건복지부, 시·도 및 시·군·구에 각각 의료급여심의위원회를 둔다. 다만, 시·도 및 시·군·구에 두는 의료급여심의위원회의 경우에는 그 기능을 담당하기에 적합한 다른 위원회가 있고 그 위원회의 위원이 제4항에 규정된 자격을 갖춘 경우 시·도 또는 시·군·구의 조례로 각각 정하는 바에 따라 그 위원회로 하여금 의료급여심의위원회의 기능을 수행하게 할 수 있다.
  ㉡ 보건복지부에 두는 의료급여심의위원회(이하 중앙의료급여심의위원회라 함)는 다음의 사항을 심의한다.

  - 의료급여사업의 기본방향 및 대책 수립에 관한 사항
  - 의료급여의 기준 및 수가에 관한 사항
  - 그 밖에 보건복지부장관 또는 위원장이 부의하는 사항

  ㉢ 중앙의료급여심의위원회는 위원장을 포함하여 15명 이내의 위원으로 구성하고 위원은 보건복지부장관이 다음의 어느 하나에 해당하는 사람 중에서 위촉·지명하며 위원장은 보건복지부차관으로 한다.

  - 공익을 대표하는 사람(의료보장에 관한 전문가로서 대학의 조교수 이상인 사람 또는 연구기관의 연구원으로 재직 중인 사람)
  - 의약계를 대표하는 사람 및 사회복지계를 대표하는 사람
  - 관계 행정기관 소속의 3급 이상 공무원

  ㉣ 시·도 및 시·군·구 의료급여심의위원회의 위원은 특별시장·광역시장·도지사 또는 시장·군수·구청장이 다음의 어느 하나에 해당하는 사람 중에서 위촉·지명하며 위원장은 해당 특별시장·광역시장·도지사 또는 시장·군수·구청장으로 한다. 다만, 다른 위원회가 의료급여심의위원회의 기능을 대신하는 경우 위원장은 조례로 정한다.

  - 의료보장에 관한 학식과 경험이 있는 사람
  - 공익을 대표하는 사람
  - 관계 행정기관 소속의 공무원

  ㉤ 의료급여심의위원회는 심의와 관련하여 필요한 경우 보장기관에 대하여 그 소속 공무원의 출석이나 자료의 제출을 요청할 수 있다. 이 경우 해당 보장기관은 정당한 사유가 없는 한 이에 응하여야 한다.
  ㉥ 보건복지부와 시·도 및 시·군·구에 두는 의료급여심의위원회의 기능과 각 의료급여심의위원회의 구성·운영 등에 관하여 필요한 사항은 대통령령으로 정한다.

3 긴급복지지원법

1. 목적(제1조)

생계곤란 등의 위기상황에 처하여 도움이 필요한 사람을 신속하게 지원함으로써 이들이 위기상황에서 벗어나 건강하고 인간다운 생활을 하게 한다.

2. 정의(제2조) 기출 11회, 21회

긴급복지지원법에서 '위기상황'이란 본인 또는 본인과 생계 및 주거를 같이하고 있는 가구 구성원이 다음의 어느 하나에 해당하는 사유로 생계유지 등이 어렵게 된 것을 말한다.

① 주소득자가 사망, 가출, 행방불명, 구금시설에 수용되는 등의 사유로 소득을 상실한 경우
② 중한 질병 또는 부상을 당한 경우
③ 가구 구성원으로부터 방임 또는 유기되거나 학대 등을 당한 경우
④ 가정폭력을 당하여 가구 구성원과 함께 원만한 가정생활을 하기 곤란하거나 가구 구성원으로부터 성폭력을 당한 경우
⑤ 화재 또는 자연재해 등으로 인하여 거주하는 주택 또는 건물에서 생활하기 곤란하게 된 경우
⑥ 주소득자 또는 부소득자의 휴업, 폐업 또는 사업장의 화재 등으로 인하여 실질적인 영업이 곤란하게 된 경우
⑦ 주소득자 또는 부소득자의 실직으로 소득을 상실한 경우
⑧ 보건복지부령으로 정하는 기준에 따라 지방자치단체의 조례로 정한 사유가 발생한 경우
⑨ 그 밖에 보건복지부장관이 정하여 고시하는 사유가 발생한 경우

- 주소득자와 이혼한 때
- 단전된 경우
- 주소득자 또는 부소득자의 휴업·폐업·사업장의 화재 등 실질적인 영업곤란으로 생계가 곤란한 경우
- 주소득자 또는 부소득자의 실직으로 생계가 곤란한 경우
- 교정시설에서 출소한 자가 생계가 곤란한 경우
- 가족으로부터 방임 또는 유기되거나 생계곤란 등으로 노숙을 하는 경우(단, 노숙 기간 6개월 미만)
- 겨울철 복지사각지대 발굴대상자로서 관련 부서로부터 생계가 어렵다고 추천을 받은 경우
- 통합사례관리 대상자로서 관련 부서로부터 생계가 어렵다고 추천을 받은 경우
- 자살한 자의 유족, 자살을 시도한 자 또는 그의 가족, 자살의도자인 자살 고위험군으로서 자살예방센터, 정신건강복지센터 또는 보건소 등으로부터 생계가 어렵다고 추천을 받은 경우
- 주소득자 또는 부소득자가 무급휴직 등으로 소득을 상실한 경우
- 자영업자, 특수형태근로자 또는 프리랜서인 주소득자 또는 부소득자의 소득이 급격히 감소한 경우
- 타인의 범죄로 인하여 피해자가 거주하는 주택 또는 건물에서 생활하기 곤란하여 거주지를 이전하는 경우

3. 기본원칙(제3조) 기출 11회

① 지원은 위기상황에 처한 사람에게 일시적으로 신속하게 지원하는 것을 기본원칙으로 한다.
② 재해구호법, 국민기초생활 보장법, 의료급여법, 사회복지사업법, 가정폭력방지 및 피해자보호 등에 관한 법률, 성폭력방지 및 피해자보호 등에 관한 법률 등 다른 법률에 따라 이 법에 따른 지원 내용과 동일한 내용의 구호·보호 또는 지원을 받고 있는 경우에는 지원을 하지 아니한다.

4. 긴급지원의 원칙 기출 12회, 18회

① 생계지원에 따른 긴급지원은 3개월 간, 주거지원과 사회복지시설 이용지원 및 그 밖의 지원에 따른 긴급지원은 1개월간의 생계유지 등에 필요한 지원으로 한다. 다만, 시장·군수·구청장이 긴급지원대상자의 위기상황이 계속된다고 판단하는 경우에는 1개월씩 두 번의 범위에서 기간을 연장할 수 있다(생계지원에 따른 긴급지원은 제외).

② 의료지원에 따른 지원은 위기상황의 원인이 되는 질병 또는 부상을 검사·치료하기 위한 범위에서 한 번 실시하며, 교육지원에 따른 지원도 한 번 실시한다.

③ 시장·군수·구청장은 ①, ②에 따른 긴급지원에도 불구하고 위기상황이 계속되는 경우에는 긴급지원심의위원회의 심의를 거쳐 지원을 연장할 수 있다.

④ 국내에 체류하고 있는 외국인 중 대통령령으로 정하는 사람에 해당하는 경우에는 긴급지원대상자가 된다.

- 대한민국 국민과 혼인 중인 사람
- 대한민국 국민인 배우자와 이혼하거나 그 배우자가 사망한 사람으로서 대한민국 국적을 가진 직계존비속을 돌보고 있는 사람
- 난민법에 따른 난민으로 인정된 사람
- 본인의 귀책사유 없이 화재, 범죄, 천재지변으로 피해를 입은 사람
- 그 밖에 보건복지부장관이 긴급한 지원이 필요하다고 인정하는 사람

5. 긴급지원의 종류 및 내용 기출 11회, 14회, 17회, 22회

종류			지원내용	최대
금전·현물 지원	위기상황 주지원	생계	식료품비, 의복비, 냉방비 등 3개월 생계유지비 지원	6개월
		의료	각종 검사, 치료 등 의료서비스 지원 참고 300만 원 이내	2회
		주거	국가·지방자치단체 소유 임시 거소 제공 또는 타인 소유의 임시 거소 1개월 제공 참고 지원상한액 내 실비 지원	12개월
		복지시설 이용	사회복지시설 입소 또는 이용서비스 1개월 제공 참고 지원상한액 내 실비 지원	6개월
	부가지원	교육	초·중·고등학생의 수업료, 입학금, 학교운영지원비 및 학용품비 등 필요한 비용을 분기 단위로 해당 분기분 1회 지원	4회
		그 밖의 지원	위기사유 발생으로 생계유지가 곤란한 사람에게 1개월 지원 • 동절기(10월~3월) 연료비: 월 15만 원 • 해산비(70만 원)·장제비(80만 원)·전기요금(50만 원 이내)	연료비 6개월
민간기관·단체 연계지원 등			사회복지공동모금회, 대한적십자사 등 민간의 긴급지원프로그램으로 연계, 상담·정보제공 등 기타 지원	횟수 제한 없음.

① 생계지원, 사회복지시설 이용지원, 그 밖의 지원(연료비)의 기간을 합쳐 총 6개월을 초과할 수 없다.
② 부가지원은 주지원 지원가구를 대상으로 해당사항이 있을 경우 추가적으로 지원한다.
③ 금전 또는 현물 등의 직접지원에는 생계, 의료, 주거, 사회복지시설 이용, 교육, 그 밖의 지원이 있다.

6. 긴급지원대상자 지원요청 및 신고(제7조) 기출 20회

① 긴급지원대상자와 친족, 그 밖의 관계인은 구술 또는 서면 등으로 관할 시장·군수·구청장에게 이 법에 따른 지원을 요청할 수 있다.
② 누구든지 긴급지원대상자를 발견한 경우에는 관할 시장·군수·구청장에게 신고하여야 한다.
③ 다음의 어느 하나에 해당하는 사람은 진료·상담 등 직무수행 과정에서 긴급지원대상자가 있음을 알게 된 경우에는 관할 시장·군수·구청장에게 이를 신고하고, 긴급지원대상자가 신속하게 지원을 받을 수 있도록 노력하여야 한다.

- 의료법에 따른 의료기관의 종사자
- 유아교육법, 초·중등교육법 및 고등교육법에 따른 교원, 직원, 산학겸임교사, 강사
- 사회복지사업법에 따른 사회복지시설의 종사자
- 국가공무원법 및 지방공무원법에 따른 공무원
- 장애인활동 지원에 관한 법률에 따른 활동지원기관의 장 및 그 종사자와 활동지원인력
- 학원의 설립·운영 및 과외교습에 관한 법률에 따른 학원의 운영자·강사·직원 및 교습소의 교습자·직원
- 건강가정기본법에 따른 건강가정지원센터의 장과 그 종사자
- 청소년 기본법에 따른 청소년시설 및 청소년단체의 장과 그 종사자
- 청소년 보호법에 따른 청소년 보호·재활센터의 장과 그 종사자
- 평생교육법에 따른 평생교육기관의 장과 그 종사자
- 그 밖에 긴급지원대상자를 발견할 수 있는 자로서 보건복지부령으로 정하는 자

④ 시장·군수·구청장이 지정한 법인·단체·시설·기관 등은 긴급지원대상자의 요청에 따라 지원요청을 지원할 수 있다.
⑤ 관계 중앙행정기관의 장은 ③에 해당하는 사람의 자격취득 또는 보수교육 과정에 긴급지원사업의 신고와 관련된 교육 내용을 포함하도록 하여야 하며, 긴급복지 신고의무자가 소속된 기관·시설 등의 장은 소속 긴급복지 신고의무자에게 신고의무 교육을 실시하고, 그 결과를 관계 중앙행정기관의 장에게 제출하여야 한다.

4 장애인연금법

1. 목적(제1조)

장애로 인하여 생활이 어려운 중증장애인에게 장애인연금을 지급함으로써 중증장애인의 생활 안정 지원과 복지증진 및 사회 통합을 도모하는 데 이바지한다.

2. 용어의 정의(제2조)

중증장애인	장애인복지법에 따라 등록한 장애인 중 근로능력이 상실되거나 현저하게 감소되는 등 장애 정도가 중증인 사람으로서 대통령령으로 정하는 사람
수급권자	장애인연금법에 따라 장애인연금을 받을 수 있는 자격을 가진 사람
수급자	장애인연금법에 따라 장애인연금을 받는 사람

소득인정액	수급권자와 그 배우자의 소득평가액과 재산의 소득환산액을 합산한 금액
수급권자와 그 배우자의 소득평가액	• 수급권자와 그 배우자의 실제 소득에도 불구하고 장애인연금의 지급 결정 및 실시 등에 사용하기 위하여 산출한 금액 • 소득평가액 산출의 기초가 되는 소득의 범위는 대통령령으로 정하고, 구체적인 산정방식은 보건복지부령으로 정함.
재산의 소득환산액	• 수급권자와 그 배우자의 재산가액에 재산의 소득환산율을 곱하여 산출한 금액 • 수급권자와 그 배우자의 재산 범위, 재산가액의 산정기준, 재산의 소득환산율, 그 밖에 재산의 소득환산액 산정방식에 필요한 사항은 보건복지부령으로 정함.

3. 국가 및 지방자치단체의 책무(제3조)

① 국가 및 지방자치단체는 장애인연금이 중증장애인의 생활 안정을 지원하고 복지를 증진하는 데 필요한 수준이 되도록 최대한 노력하여야 하며, 매년 필요한 재원을 조달하여야 한다.
② 국가 및 지방자치단체는 장애인연금의 지급에 따라 계층 간 소득역전 현상이 발생하지 않고 근로의욕 저하 및 저축유인 저하가 발생하지 않도록 최대한 노력하여야 한다.

4. 수급권자의 범위(제4조)

① 수급권자는 18세 이상의 중증장애인으로서 소득인정액이 그 중증장애인의 소득·재산·생활수준과 물가상승률 등을 고려하여 보건복지부장관이 정하여 고시하는 선정기준액 이하인 사람으로 한다.
② 보건복지부장관은 선정기준액을 정하는 경우에 18세 이상의 중증장애인 중 수급자가 100분의 70 수준이 되도록 한다.
③ 다음 어느 하나에 해당하는 연금을 받을 자격이 있는 사람과 그 배우자, 또는 다음의 어느 하나에 해당하는 연금을 받은 사람 중 대통령령으로 정하는 사람과 그 배우자에게는 장애인연금을 지급하지 아니한다.

> • 공무원연금법, 공무원 재해보상법 또는 사립학교교직원 연금법에 따른 퇴직연금, 퇴직연금일시금, 퇴직연금공제일시금, 장해연금, 비공무상 장해연금, 비직무상 장해연금, 장해일시금, 비공무상 장해일시금, 비직무상 장해일시금, 퇴직유족연금, 장해유족연금, 순직유족연금, 직무상유족연금, 위험직무순직유족연금, 퇴직유족연금일시금 또는 퇴직유족일시금(퇴직유족일시금의 경우에는 공무원 재해보상법에 따라 순직유족연금의 수급권자가 순직유족연금을 갈음하여 선택한 경우 및 위험직무순직유족연금의 수급권자가 위험직무순직유족연금을 갈음하여 선택한 경우로 한정)
> • 군인연금법에 따른 퇴역연금, 퇴역연금일시금, 퇴역연금공제일시금, 퇴역유족연금, 퇴역유족연금일시금 또는 군인 재해보상법에 따른 상이연금, 상이유족연금, 순직유족연금, 순직유족연금일시금
> • 별정우체국법에 따른 퇴직연금, 퇴직연금일시금, 퇴직연금공제일시금, 유족연금 또는 유족연금일시금
> • 국민연금과 직역연금의 연계에 관한 법률에 따른 연계퇴직연금 또는 연계퇴직유족연금 중 직역재직 기간이 10년 이상인 경우의 연계퇴직연금 또는 연계퇴직유족연금

5. 장애인연금의 종류 및 내용(제5조)

① **기초급여**: 근로능력의 상실 또는 현저한 감소로 인하여 줄어드는 소득을 보전하여 주기 위하여 지급하는 급여이다.

② **부가급여**: 장애로 인하여 추가로 드는 비용의 전부 또는 일부를 보전하여 주기 위하여 지급하는 급여이다.

> **개념 공략** 기초급여액과 부가급여액

기초급여액	• 보건복지부장관이 그 전년도 기초급여액에 대통령령으로 정하는 바에 따라 전국소비자물가변동률을 반영하여 매년 고시 • 기초연금법에 따라 기준연금액을 고시한 경우 그 기준연금액을 기초급여액으로 함. • 수급권자와 그 배우자가 모두 기초급여를 받는 경우에는 각각의 기초급여액에서 기초급여액의 100분의 20에 해당하는 금액을 감액 • 소득인정액과 기초급여액을 합한 금액이 선정기준액 이상인 경우에는 대통령령으로 정하는 바에 따라 기초급여액의 일부를 감액하여 지급할 수 있음. • 수급권자 중 기초연금법에 따른 기초연금 수급권자에게는 기초급여를 지급하지 아니함. • 기초급여액의 적용기간은 해당 조정연도 1월부터 12월까지로 함.
부가급여액	부가급여액은 월정액으로 하며, 수급권자와 그 배우자의 소득 수준 및 장애로 인한 추가비용 등을 고려하여 대통령령으로 정함.

6. 장애인연금의 신청(제8조)

① 장애인연금을 지급받으려는 사람은 특별자치시장·특별자치도지사·시장·군수·구청장에게 장애인연금의 지급을 신청할 수 있다.

② 특별자치시·특별자치도·시·군·구 소속 공무원은 이 법에 따른 장애인연금을 필요로 하는 사람이 누락되지 아니하도록 하기 위하여 관할 지역에 거주하는 수급희망자 또는 수급권자에 대한 장애인연금의 지급을 신청할 수 있다. 이 경우 그 수급희망자 또는 수급권자의 동의를 받아야 하며, 그 동의는 수급희망자 또는 수급권자의 신청으로 본다.

7. 수급권의 소멸과 지급 정지(제15조)

① 소멸
  ㉠ 사망한 경우
  ㉡ 국적을 상실하거나 외국으로 이주하기 위하여 출국하는 경우
  ㉢ 수급권자의 범위에 해당하지 아니하게 된 경우(단, 소득·재산 상태 등의 변동수준, 수급기간 등을 고려하여 보건복지부장관이 정하는 기준에 해당하는 경우 제외)
  ㉣ 장애 정도의 변경 등으로 중증장애인에 해당하지 아니하게 된 경우

② 지급 정지
  ㉠ 수급자가 금고 이상의 실형을 선고받고 형의 집행 및 수용자의 처우에 관한 법률 또는 치료감호법에 따른 교정시설 또는 치료감호시설에 수용 중인 경우
  ㉡ 수급자가 행방불명 또는 실종 등의 사유로 사망한 것으로 추정되는 경우
  ㉢ 수급자의 국외 체류기간이 60일 이상 지속되는 경우(이 경우 국외 체류 60일이 되는 날을 지급 정지의 사유가 발생한 날로 봄)

5 기초연금법

1. 목적(제1조)

노인에게 기초연금을 지급하여 안정적인 소득기반을 제공함으로써 노인의 생활안정을 지원하고 복지를 증진한다.

2. 용어의 정의(제2조) 기출 17회

수급권자	기초연금법에 따른 기초연금을 받을 자격을 가진 사람
수급자	기초연금법에 따라 기초연금을 지급받고 있는 사람
소득인정액	본인 및 배우자의 소득평가액과 재산의 소득환산액을 합산한 금액

3. 수급권자의 범위(제3조) 기출 18회, 19회

① 기초연금은 65세 이상인 사람으로서 소득인정액이 보건복지부장관이 정하여 고시하는 금액(이하 선정기준액) 이하인 사람에게 지급한다.
② 보건복지부장관은 선정기준액을 정하는 경우 65세 이상인 사람 중 기초연금 수급자가 100분의 70 수준이 되도록 한다.
③ 다음 어느 하나에 해당하는 연금의 수급권자와 그 배우자나, 다음의 어느 하나에 해당하는 연금을 받은 사람 중 대통령령으로 정하는 사람과 그 배우자에게는 기초연금을 지급하지 아니한다.

> - 공무원연금법, 공무원 재해보상법 또는 사립학교직원 연금법에 따른 퇴직연금, 퇴직연금일시금, 퇴직연금공제일시금, 장해연금, 비공무상 장해연금, 비직무상 장해연금, 장해일시금, 비공무상 장해일시금, 비직무상 장해일시금, 퇴직유족연금, 장해유족연금, 순직유족연금, 직무상유족연금, 위험직무순직유족연금, 퇴직유족연금일시금 또는 퇴직유족일시금(퇴직유족일시금의 경우에는 공무원 재해보상법에 따라 순직유족연금의 수급권자가 순직유족연금을 갈음하여 선택한 경우 및 위험직무순직유족연금의 수급권자가 위험직무순직유족연금을 갈음하여 선택한 경우로 한정)
> - 군인연금법에 따른 퇴역연금, 퇴역연금일시금, 퇴역연금공제일시금, 퇴역유족연금, 퇴역유족연금일시금 또는 군인 재해보상법에 따른 상이연금, 상이유족연금, 순직유족연금, 순직유족연금일시금
> - 별정우체국법에 따른 퇴직연금, 퇴직연금일시금, 퇴직연금공제일시금, 유족연금 또는 유족연금일시금
> - 국민연금과 직역연금의 연계에 관한 법률에 따른 연계퇴직연금 또는 연계퇴직유족연금 중 직역재직 기간이 10년 이상인 경우의 연계퇴직연금 또는 연계퇴직유족연금

4. 국가와 지방자치단체의 책무(제4조) 기출 11회

① 국가와 지방자치단체는 기초연금이 노인의 생활안정을 지원하고 복지를 증진하는 데 필요한 수준이 되도록 최대한 노력하여야 한다.
② 국가와 지방자치단체는 필요한 비용을 부담할 수 있도록 재원을 조성하여야 한다. 이 경우 국민연금법에 따라 설치된 국민연금기금은 기초연금 지급을 위한 재원으로 사용할 수 없다.
③ 국가와 지방자치단체는 기초연금의 지급에 따라 계층 간 소득역전 현상이 발생하지 않고 근로의욕 저하 및 저축유인 저하가 발생하지 않도록 최대한 노력하여야 한다.

5. 기초연금액의 산정(제5조) 기출 15회, 20회, 22회, 23회

① 기초연금 수급권자에 대한 기초연금의 금액은 기준연금액과 국민연금 급여액 등을 고려하여 산정한다.
② 기준연금액은 보건복지부장관이 그 전년도의 기준연금액에 대통령령으로 정하는 바에 따라 전국소비자물가변동률(통계청장이 매년 고시하는 전국소비자물가변동률)을 반영하여 매년 고시한다. 이 경우 그 고시한 기준연금액의 적용기간은 해당 조정연도 1월부터 12월까지로 한다.
③ 기초연금 수급권자 중 다음의 연금 수급권자(이하 국민연금 수급권자)에게 지급하는 기초연금액은 기초연금법 제5항에 따라 산정한 금액으로 한다.

- 국민연금법에 따른 노령연금 수급권자 또는 분할연금 수급권자
- 북한이탈주민의 보호 및 정착지원에 관한 법률에 따른 국민연금 수급권자

④ 기초연금 선정기준액

구분	단독가구	부부가구
2024년	2,130,000원	3,408,000원
2025년	2,280,000원	3,648,000원

⑤ 2025년 기초연금액(단위: 원, 부부가구의 경우 20% 감액)

구분	단독가구 또는 부부(1인 가구)	부부가구(2인 수급)
일반수급자 및 저소득 수급자	342,510원	548,000원

참고 부부가구(2인 수급)는 각 342,510원씩 총 685,020원에서 20%를 감액하여 548,000원으로 하며, 상대적으로 여유가 있는 가구는 최소 34,200원~342,510원까지 차등 지급함.

⑦ 기초연금액의 감액(제8조)
  ㉠ 본인과 그 배우자가 모두 기초연금 수급권자인 경우에는 각각의 기초연금액에서 기초연금액의 100분의 20에 해당하는 금액을 감액한다.
  ㉡ 소득인정액과 기초연금액을 합산한 금액이 선정기준액 이상인 경우에는 선정기준액을 초과하는 금액의 범위에서 기초연금액의 일부를 감액할 수 있다.
  ㉢ 기초연금 수급권자의 소득인정액과 해당 기초연금액을 합산한 금액이 저소득자 선정기준액과 기준연금액을 합산한 금액 이상인 경우에는 기초연금 수급권자의 기초연금액의 일부를 감액할 수 있다.
  ㉣ 감액의 세부적인 기준은 대통령령으로 정한다.

⑧ 기초연금 지급의 결정 등(제13조)
  ㉠ 특별자치시장·특별자치도지사·시장·군수·구청장은 조사를 한 후 기초연금 수급권의 발생·변경·상실 등을 결정한다.
  ㉡ 특별자치시장·특별자치도지사·시장·군수·구청장은 기초연금 수급권의 발생 여부를 결정할 때 제공받은 자료·정보의 전부 또는 일부를 통해 평가한 기초연금 수급희망자와 그 배우자의 소득·재산 수준이 보건복지부장관이 정하는 기준 이하인 경우에는 관련 조사의 일부를 생략하고 기초연금 수급권의 발생을 결정할 수 있다.
  ㉢ 특별자치시장·특별자치도지사·시장·군수·구청장은 결정을 한 경우에는 그 결정 내용을 서면으로 그 이유를 구체적으로 밝혀 기초연금 수급권자에게 지체 없이 통지하여야 한다.
  ㉣ 기초연금 수급권의 발생·변경·상실 등의 결정 절차 및 통지 등에 관하여 필요한 사항은 보건복지부령으로 정한다.

⑨ 기초연금의 지급 및 지급 시기(제14조)
  ㉠ 특별자치시장·특별자치도지사·시장·군수·구청장은 기초연금 수급권자로 결정한 사람에 대하여 기초연금의 지급을 신청한 날이 속하는 달부터 기초연금 수급권을 상실한 날이 속하는 달까지 매월 정기적으로 기초연금을 지급한다.
  ㉡ 기초연금의 지급이 정지된 기간에는 기초연금을 지급하지 아니한다.
  ㉢ 기초연금 지급의 방법·절차 등에 관하여 필요한 사항은 보건복지부령으로 정한다.
⑩ 기초연금 지급의 정지(제16조)와 수급권의 상실(제17조)

지급의 정지 (제16조)	• 기초연금 수급자가 금고 이상의 형을 선고받고 교정시설 또는 치료감호시설에 수용되어 있는 경우 • 기초연금 수급자가 행방불명되거나 실종되는 등 대통령령으로 정하는 바에 따라 사망한 것으로 추정되는 경우 • 기초연금 수급자의 국외 체류기간이 60일 이상 지속되는 경우. 이 경우 국외 체류 60일이 되는 날을 지급 정지의 사유가 발생한 날로 본다. • 그 밖에 위의 경우에 준하는 경우로서 대통령령으로 정하는 경우
수급권의 상실 (제17조)	• 사망한 때 • 국적을 상실하거나 국외로 이주한 때 • 기초연금 수급권자에 해당하지 아니하게 된 때

6. 기초연금 수급권자의 권리 보호 기출 11회, 12회, 14회, 16회

① 기초연금 수급권의 보호(제21조)
  ㉠ 기초연금 수급권은 양도하거나 담보로 제공할 수 없으며, 압류 대상으로 할 수 없다.
  ㉡ 기초연금으로 지급받은 금품은 압류할 수 없다.
② 이의신청(제22조)
  ㉠ 기초연금 지급의 결정 등에 따른 결정이나 그 밖에 기초연금법에 따른 처분에 이의가 있는 사람은 특별자치시장·특별자치도지사·시장·군수·구청장에게 이의신청을 할 수 있다.
  ㉡ 이의신청은 그 처분이 있음을 안 날부터 90일 이내에 서면으로 하여야 한다.
  ㉢ 정당한 사유로 인하여 기간 이내에 이의신청을 할 수 없었음을 증명한 때에는 그 사유가 소멸한 때부터 60일 이내에 이의신청을 할 수 있다.
  ㉣ 이의신청의 절차 및 결정 통지 등에 관하여 필요한 사항은 보건복지부령으로 정한다.
③ 시효(제23조): 환수금을 환수할 권리와 기초연금 수급권자의 권리는 5년간 행사하지 아니하면 시효의 완성으로 소멸한다.

> **합격 가이드**
>
> 기초연금 수급권자의 권리 소멸시효에 대한 내용도 출제된 바 있으니 전반적으로 꼼꼼히 학습해야 합니다.

단숨에 끝내는
CHAPTER

06

사회복지서비스법

핵심 Tag #장애인복지법 #노인복지법 #아동복지법 #한부모가족지원법 #다문화가족지원법 #가정폭력방지법 #기타 사회복지서비스법

1 장애인복지법 기출 16회, 20회, 23회

1. 목적(제1조)
① 장애인의 인간다운 삶과 권리보장을 위한 국가와 지방자치단체 등의 책임을 명백히 한다.
② 장애발생 예방과 장애인의 의료·교육·직업재활·생활환경개선 등에 관한 사업을 정하여 장애인복지대책을 종합적으로 추진한다.
③ 장애인의 자립생활·보호 및 수당지급 등에 관하여 필요한 사항을 정하여 장애인의 생활안정에 기여하는 등 장애인의 복지와 사회활동 참여증진을 통하여 사회통합에 이바지한다.

2. 용어의 정의(제2조) 기출 19회
① **장애인**: 신체적·정신적 장애로 오랫동안 일상생활이나 사회생활에서 상당한 제약을 받는 자를 말한다.
② **장애인복지법을 적용받는 장애인**: 다음 어느 하나에 해당하는 장애가 있는 자로서 대통령령으로 정하는 장애의 종류 및 기준에 해당하는 자를 말한다.

> - 신체적 장애: 주요 외부신체기능의 장애, 내부기관의 장애 등
> - 정신적 장애: 발달장애 또는 정신 질환으로 발생하는 장애

③ **장애인 학대**: 장애인에 대하여 신체적·정신적·정서적·언어적·성적 폭력이나 가혹행위, 경제적 착취, 유기 또는 방임을 하는 것을 말한다.
④ **장애인학대 관련 범죄**: 장애인학대로서 다음의 어느 하나에 해당하는 죄를 말한다.

> - 형법의 죄 중 다음의 죄: 살인(미수 포함), 상해와 폭행, 유기와 학대, 체포와 감금(미수 포함), 협박(미수 포함), 약취, 유인 및 인신매매(미수 포함), 강간과 추행(미수 포함), 명예훼손, 모욕, 주거침입, 권리행사 방해(미수 포함), 사기와 공갈(미수 포함), 횡령과 배임, 손괴
> - 성매매알선 등 행위의 처벌에 관한 법률의 죄
> - 장애인차별금지 및 권리구제 등에 관한 법률의 죄
> - 정보통신망 이용촉진 및 정보보호 등에 관한 법률의 죄
> - 정신건강증진 및 정신질환자 복지서비스 지원에 관한 법률의 죄
> - 위의 죄로서 다른 법률에 따라 가중처벌되는 죄

개념 공략 장애분류 및 장애명칭 변경

1. 장애분류(15종)

신체적 장애(12종)	외부신체기능 장애(6종)	지체장애, 뇌병변장애, 시각장애, 청각장애, 언어장애, 안면장애
	내부기관 장애(6종)	신장장애, 심장장애, 호흡기장애, 간장애, 장루·요루장애, 뇌전증장애
정신적 장애(3종)		지적장애, 자폐성장애, 정신장애

2. 장애명칭 변경(과거명칭 → 변경명칭)
   - 정신지체장애 → 지적장애
   - 발달장애 → 자폐성장애
   - 간질장애 → 뇌전증장애

   참고 '치매'는 장애분류에 포함되지 않음.

3. 장애인정책종합계획(제10조의2) 기출 12회

① 보건복지부장관은 장애인의 권익과 복지증진을 위하여 관계 중앙행정기관의 장과 협의하여 5년마다 장애인정책종합계획을 수립·시행하여야 한다.

② 종합계획에는 다음의 사항이 포함되어야 한다.

- 장애인의 복지에 관한 사항
- 장애인의 교육문화에 관한 사항
- 장애인의 경제활동에 관한 사항
- 장애인의 사회참여에 관한 사항
- 장애인의 안전관리에 관한 사항
- 그 밖에 장애인의 권익과 복지증진을 위하여 필요한 사항

4. 실태조사(제31조) 기출 14회

보건복지부장관은 장애인 복지정책의 수립에 필요한 기초 자료로 활용하기 위하여 3년마다 장애실태조사를 실시하여야 한다.

5. 기본정책의 강구 기출 11회

국가와 지방자치단체는 장애와 관련하여 아래와 같은 기본정책을 실시하여야 한다.

- 장애발생 예방
- 사회적응 훈련
- 직업
- 편의시설
- 사회적 인식개선 등
- 주택 보급
- 복지연구 등의 진흥
- 장애인 가족 지원
- 자립지원 서비스 제공
- 자녀교육비 지급
- 장애인 보조견의 훈련·보급·지원
- 생업 지원
- 생산품 구매
- 국유·공유 재산의 우선매각이나 유상·무상 대여
- 의료와 재활치료
- 교육
- 정보에의 접근
- 안전대책 강구
- 선거권 행사를 위한 편의 제공
- 문화환경 정비 등
- 경제적 부담의 경감
- 재활상담 등의 조치
- 산후조리도우미 지원
- 장애인이 사용하는 자동차 등에 대한 지원
- 자금 대여 등
- 자립훈련비 지급
- 공공시설의 우선 이용
- 장애수당, 장애아동수당 및 보호수당

> **관련법령** 장애인에 대한 사회적 인식개선(제25조)

① 국가와 지방자치단체는 학생, 공무원, 근로자, 그 밖의 일반국민 등을 대상으로 장애인에 대한 인식개선을 위한 교육 및 공익광고 등 홍보사업을 실시하여야 한다.
② 국가기관 및 지방자치단체의 장, 영유아보육법에 따른 어린이집, 유아교육법·초·중등교육법·고등교육법에 따른 각급 학교의 장, 그 밖에 대통령령으로 정하는 교육기관 및 공공단체의 장은 매년 소속 직원·학생을 대상으로 장애인에 대한 인식개선을 위한 교육을 실시하고, 그 결과를 보건복지부장관에게 제출하여야 한다.
③ 보건복지부장관은 인식개선교육의 실시 결과에 대한 점검을 대통령령으로 정하는 바에 따라 매년 실시하여야 한다.
④ 보건복지부장관은 점검 결과 인식개선교육 이수율 등이 보건복지부장관이 정한 기준에 미치지 못하는 국가기관 등에 대하여 대통령령으로 정하는 바에 따라 관리자 특별교육 등 필요한 조치를 하여야 한다.
⑤ 보건복지부장관은 점검 결과를 대통령령으로 정하는 바에 따라 언론 등에 공표하여야 한다. 다만, 다른 법률에서 공표를 제한하고 있는 경우에는 그러하지 아니하다.

6. 복지 조치 **기출** 12회, 15회

① 장애인 등록(제32조)
  ㉠ 장애인, 그 법정대리인 또는 대통령령으로 정하는 보호자(법정대리인 등)는 장애 상태와 그 밖에 보건복지부령이 정하는 사항을 특별자치시장·특별자치도지사·시장·군수 또는 구청장에게 등록하여야 하며, 특별자치시장·특별자치도지사·시장·군수·구청장은 등록을 신청한 장애인이 기준에 맞으면 장애인등록증을 내주어야 한다.
  ㉡ 특별자치시장·특별자치도지사·시장·군수·구청장은 등록증을 받은 장애인의 장애 상태의 변화에 따른 장애 정도 조정을 위하여 장애 진단을 받게 하는 등 장애인이나 법정대리인 등에게 필요한 조치를 할 수 있다.
  ㉢ 장애인의 장애 인정과 장애 정도 사정에 관한 업무를 담당하기 위하여 보건복지부에 장애판정위원회를 둘 수 있다.
  ㉣ 등록증은 양도하거나 대여하지 못하며, 등록증과 비슷한 명칭이나 표시를 사용하여서는 아니 된다.
  ㉤ 특별자치시장·특별자치도지사·시장·군수·구청장은 장애인 등록 및 장애 상태의 변화에 따른 장애 정도를 조정함에 있어 장애인의 장애 인정과 장애 정도 사정이 적정한지를 확인하기 위하여 필요한 경우 대통령령으로 정하는 공공기관의 운영에 관한 법률에 따른 공공기관에 장애 정도에 관한 정밀심사를 의뢰할 수 있다.
  ㉥ 위에서 규정한 사항 외에 장애인의 등록, 등록증의 발급, 장애 진단 및 장애 정도에 관한 정밀심사, 장애판정위원회 등에 관하여 필요한 사항은 보건복지부령으로 정한다.

> **합격 가이드**
>
> 현재 국민연금공단 장애심사센터에서 장애 상태를 심사하고 있습니다. 2019년 7월부터 장애등급제가 폐지되었다는 사실도 기억해 두세요.

> **관련법령** 재외동포 및 외국인의 장애인 등록(제32조의2) **기출** 16회

재외동포 및 외국인 중 다음 각 호의 어느 하나에 해당하는 사람은 제32조(장애인 등록)에 따라 장애인 등록을 할 수 있다.
1. 재외동포의 출입국과 법적 지위에 관한 법률에 따라 국내거소신고를 한 사람
2. 주민등록법에 따라 재외국민으로 주민등록을 한 사람
3. 출입국관리법에 따라 외국인등록을 한 사람으로서 같은 법에 따른 체류자격 중 대한민국에 영주할 수 있는 체류자격을 가진 사람
4. 재한외국인 처우 기본법에 따른 결혼이민자
5. 난민법에 따른 난민인정자

② 장애인 등록 취소 및 등록증 반환(제32조의3)

장애인 등록 취소	• 사망한 경우 • 장애인 등록 기준에 맞지 아니하게 된 경우 • 정당한 사유 없이 보건복지부령으로 정하는 기간 동안 장애 진단 명령 등 필요한 조치를 따르지 아니한 경우 • 장애인 등록 취소를 신청하는 경우
장애인 등록증 반환	• 장애인 등록이 취소된 경우 • 중복발급 및 양도·대여 등 부정한 방법으로 등록증을 취득한 경우

③ 장애인에 대한 금지행위(제59조의9)
　㉠ 장애인에게 성적 수치심을 주는 성희롱·성폭력 등의 행위
　㉡ 장애인의 신체에 폭행을 가하거나 상해를 입히는 행위
　㉢ 장애인을 폭행, 협박, 감금, 그 밖에 정신상 또는 신체상의 자유를 부당하게 구속하는 수단으로써 장애인의 자유의사에 어긋나는 노동을 강요하는 행위
　㉣ 자신의 보호·감독을 받는 장애인을 유기하거나 의식주를 포함한 기본적 보호 및 치료를 방임하는 행위
　㉤ 장애인에게 구걸을 하게 하거나 장애인을 이용하여 구걸하는 행위
　㉥ 장애인을 체포 또는 감금하는 행위
　㉦ 장애인의 정신건강 및 발달에 해를 끼치는 정서적 학대행위
　㉧ 장애인을 위하여 증여 또는 급여된 금품을 그 목적 외의 용도에 사용하는 행위
　㉨ 공중의 오락 또는 흥행을 목적으로 장애인의 건강 또는 안전에 유해한 곡예를 시키는 행위

④ 장애수당(제49조)
　㉠ 국가와 지방자치단체는 장애인의 장애정도와 경제적 수준을 고려하여 장애로 인한 추가적 비용을 보전(補塡)하게 하기 위하여 장애수당을 지급할 수 있다.
　㉡ 다만, 국민기초생활 보장법에 따른 생계급여 또는 의료급여를 받는 장애인에게는 장애수당을 반드시 지급하여야 한다.
　㉢ 장애인연금법에 따른 중증장애인에게는 장애수당을 지급하지 아니한다.

⑤ 장애아동 수당(제50조): 국가와 지방자치단체는 장애아동에게 보호자의 경제적 생활수준 및 장애아동의 장애 정도를 고려하여 장애로 인한 추가적 비용을 보전(補塡)하게 하기 위하여 장애아동수당을 지급할 수 있다.

⑥ 보호수당(제50조): 국가와 지방자치단체는 장애인을 보호하는 보호자에게 그의 경제적 수준과 장애인의 장애정도를 고려하여 장애로 인한 추가적 비용을 보전하게 하기 위하여 보호수당을 지급할 수 있다.

개념 공략 장애인에 대한 금지행위 및 처벌수위(제86조) **기출** 17회

- 10년 이하의 징역 또는 1억 원 이하의 벌금: 장애인 성희롱·성폭력 행위
- 7년 이하의 징역 또는 7천만 원 이하의 벌금
  - 신체에 폭행을 가하거나 상해를 입히는 행위(상해에 한정)
  - 폭행, 협박, 감금 등의 수단으로써 장애인의 자유의사에 어긋나는 노동을 강요하는 행위
- 5년 이하의 징역 또는 5천만 원 이하의 벌금
  - 금융정보를 목적 외의 용도로 사용하거나 다른 사람 또는 기관에 제공 또는 누설한 사람
  - 장애인학대 현장에서 업무를 수행 중인 장애인권익옹호기관의 직원에 대하여 폭행 또는 협박하거나 위계 또는 위력으로써 그 업무를 방해한 사람
  - 신체적 폭행(폭행에 한정), 방임, 구걸, 체포 또는 감금, 정서적 학대에 해당하는 행위

7. 재활상담 등의 조치(제34조)

① 보건복지부장관, 특별시장·광역시장·특별자치시장·도지사·특별자치도지사 또는 시장·군수·구청장(이하 장애인복지실시기관)은 장애인에 대한 검진 및 재활상담을 하고, 필요하다고 인정되면 다음의 조치를 하여야 한다.

> - 국·공립병원, 보건소, 보건지소, 그 밖의 의료기관에 의뢰하여 의료와 보건지도를 받게 하는 것
> - 국가 또는 지방자치단체가 설치한 장애인복지시설에서 주거편의·상담·치료·훈련 등의 필요한 서비스를 받도록 하는 것
> - 장애인복지시설에 위탁하여 그 시설에서 주거편의·상담·치료·훈련 등의 필요한 서비스를 받도록 하는 것
> - 공공직업능력개발 훈련시설이나 사업장 내 직업훈련시설에서 하는 직업훈련 또는 취업알선을 필요로 하는 자를 관련 시설이나 직업안정업무기관에 소개하는 것

② 장애인복지실시기관은 재활 상담을 하는 데에 필요하다고 인정되면 장애인복지상담원을 해당 장애인의 가정 또는 장애인이 주거편의·상담·치료·훈련 등의 서비스를 받는 시설이나 의료기관을 방문하여 상담하게 하거나 필요한 지도를 하게 할 수 있다.
③ 장애인복지실시기관은 장애인 거주시설 이용자가 사망한 경우 그 자에 대한 장례를 행할 자가 없을 때에는 그 장례를 행하거나 해당 시설의 장으로 하여금 그 장례를 행하게 할 수 있다. 이 경우 장애인복지실시기관 또는 장애인 거주시설의 장은 사망자가 유류한 금전 또는 유가증권을 그 장례에 필요한 비용에 충당할 수 있으며, 부족이 있을 때에는 유류물품을 처분하여 그 대금을 이에 충당할 수 있다.
④ 장례비용 충당의 세부절차는 보건복지부령으로 정한다.

8. 장애인복지시설(제58조) 기출 18회 최신법령

① **장애인 거주시설**: 거주공간을 활용하여 일반가정에서 생활하기 어려운 장애인에게 일정 기간 동안 거주·요양·지원 등의 서비스를 제공하는 동시에 지역사회생활을 지원하는 시설
② **장애인 지역사회재활시설**: 장애인을 전문적으로 상담·치료·훈련하거나 장애인의 일상생활, 여가활동 및 사회참여활동 등을 지원하는 시설
③ **장애인 직업재활시설**: 일반 작업환경에서는 일하기 어려운 장애인이 특별히 준비된 작업환경에서 직업훈련을 받거나 직업 생활을 할 수 있도록 하는 시설
④ **장애인 의료재활시설**: 장애인을 입원 또는 통원하게 하여 상담, 진단·판정, 치료 등 의료재활서비스를 제공하는 시설
⑤ **그 밖에 대통령령으로 정하는 시설**: 장애인 쉼터, 피해장애아동 쉼터, 장애인생산품 판매시설

9. 장애인복지 전문인력 양성 등(제71조) 기출 13회

① 국가와 지방자치단체, 그 밖의 공공단체는 의지·보조기 기사, 언어재활사, 장애인재활상담사, 한국수어 통역사, 점역·교정사 등 장애인복지 전문인력, 그 밖에 장애인복지에 관한 업무에 종사하는 자를 양성·훈련하는 데에 노력해야 한다.
② 장애인복지전문인력의 범위 등에 관한 사항은 보건복지부령으로 정한다.
③ 국가와 지방자치단체는 장애인복지전문인력의 양성업무를 관계 전문기관 등에 위탁할 수 있다.
④ 국가와 지방자치단체는 장애인복지전문인력의 양성에 소요되는 비용을 예산의 범위 안에서 보조할 수 있다.

10. 과태료(제90조)

과태료는 대통령령으로 정하는 바에 따라 특별자치시장·특별자치도지사 또는 시장·군수·구청장이 부과·징수한다.

1천만 원 이하	• 취업제한명령 위반자에 대한 해임요구를 정당한 사유 없이 거부하거나 1개월 이내에 이행하지 아니한 자 • 정당한 사유 없이 학대받은 장애인의 인수를 거부한 자
500만 원 이하	장애인관련기관의 운영자가 취업자 등에 대하여 장애인학대 관련 범죄 등의 경력을 확인하지 아니한 경우
300만 원 이하	• 정당한 사유 없이 등록증 반환 명령을 따르지 아니한 사람 • 장애인 사용자동차 등 표지를 대여하거나 보건복지부령으로 정하는 자 외의 자에게 양도한 자 또는 부당하게 사용하거나 이와 비슷한 표지·명칭 등을 사용한 자 • 보조견 표지를 붙인 장애인 보조견을 동반한 장애인, 장애인 보조견 훈련자 또는 장애인 보조견 훈련 관련 자원봉사자의 출입을 정당한 사유 없이 거부한 자 • 직무상 장애인학대 및 장애인 대상 성범죄의 발생사실을 알고도 장애인권익옹호기관 또는 수사기관에 신고하지 아니한 사람(병역법에 따른 사회복무요원은 제외) • 장애인 학대 현장조사를 거부·기피하거나 업무를 방해한 자 • 장애인권익옹호기관의 업무 수행을 정당한 사유 없이 거부하거나 방해한 자 • 장애인복지시설 운영 개시 의무를 위반한 자 • 장애인복지시설의 운영 중단·재운영·시설폐지 등의 신고의무를 위반한 자 • 의지·보조기 제조업소의 개설 또는 변경 사실을 통보하지 아니한 자 • 의사의 처방에 의하지 아니하고 의지·보조기를 제조하거나 개조한 의지·보조기 제조업자

11. 가중처벌(제88조의2)

① 상습적으로 장애인학대 관련 범죄를 범한 자는 그 죄에서 정한 형의 2분의 1까지 가중한다.
② 신고의무자가 자기의 보호·감독 또는 진료를 받는 장애인을 대상으로 장애인학대 관련 범죄를 범한 때에는 그 죄에서 정한 형의 2분의 1까지 가중한다.

2 노인복지법 기출 16회, 20회

1. 목적(제1조)

① 노인의 질환을 사전예방 또는 조기발견하고, 질환상태에 따른 적절한 치료·요양으로 심신의 건강을 유지한다.
② 노후의 생활안정을 위하여 필요한 조치를 강구함으로써 노인의 보건복지증진에 기여한다.

2. 용어의 정의(제1조의2)

부양의무자	배우자(사실상의 혼인관계에 있는 자 포함)와 직계비속 및 그 배우자(사실상의 혼인관계에 있는 자 포함)
보호자	부양의무자 또는 업무·고용 등의 관계로 사실상 노인을 보호하는 자
노인학대	노인에 대하여 신체적·정신적·정서적·성적 폭력 및 경제적 착취 또는 가혹행위를 하거나 유기 또는 방임을 하는 것

노인학대 관련 범죄	보호자에 의한 65세 이상 노인에 대한 노인학대로, 다음 어느 하나에 해당하는 죄 • 상해와 폭행의 죄 • 유기와 학대의 죄 • 체포와 감금의 죄(미수 포함) • 협박의 죄(미수 포함) • 강간과 추행의 죄(미수 포함) • 명예에 관한 죄 중 명예훼손, 출판물 등에 의한 명예훼손 및 모욕의 죄 • 주거침입의 죄 중 주거·신체 수색의 죄 • 권리행사를 방해하는 죄 중 강요 및 미수범의 죄 • 사기와 공갈의 죄 중 공갈 및 미수범의 죄 • 손괴의 죄 중 재물손괴 등의 죄

3. 노인의 날 등(제6조) 기출 14회

① 노인의 날: 매년 10월 2일
② 경로의 달: 매년 10월
③ 어버이날: 매년 5월 8일
④ 노인학대 예방의 날: 매년 6월 15일

4. 노인복지시설의 종류(제31조) 기출 11~13회, 19회, 22회

① **노인주거복지시설**: 양로시설, 노인공동생활가정, 노인복지주택(60세 이상 노인 대상) 등이 포함된다.

양로시설	노인을 입소시켜 급식과 그 밖에 일상생활에 필요한 편의를 제공함을 목적으로 하는 시설
노인공동생활가정	노인들에게 가정과 같은 주거여건과 급식, 그 밖에 일상생활에 필요한 편의를 제공함을 목적으로 하는 시설
노인복지주택 (60세 이상 노인 대상)	노인에게 주거시설을 임대하여 주거의 편의·생활지도·상담 및 안전관리 등 일상생활에 필요한 편의를 제공함을 목적으로 하는 시설

② **노인의료복지시설**
　㉠ **노인요양시설**: 치매·중풍 등 노인성질환 등으로 심신에 상당한 장애가 발생하여 도움을 필요로 하는 노인을 입소시켜 급식·요양과 그 밖에 일상생활에 필요한 편의를 제공함을 목적으로 하는 시설
　㉡ **노인요양공동생활가정**: 치매·중풍 등 노인성질환 등으로 심신에 상당한 장애가 발생하여 도움을 필요로 하는 노인에게 가정과 같은 주거여건과 급식·요양, 그 밖에 일상생활에 필요한 편의를 제공함을 목적으로 하는 시설

③ **노인여가복지시설**
　㉠ **노인복지관**: 노인의 교양·취미생활 및 사회참여활동 등에 대한 각종 정보와 서비스를 제공하고, 건강증진 및 질병예방과 소득보장·재가복지, 그 밖에 노인의 복지증진에 필요한 서비스를 제공함을 목적으로 하는 시설
　㉡ **경로당**: 지역노인들이 자율적으로 친목도모·취미활동·공동작업장 운영 및 각종 정보교환과 기타 여가활동을 할 수 있도록 하는 장소를 제공함을 목적으로 하는 시설
　㉢ **노인교실**: 노인들에 대하여 사회활동 참여 욕구를 충족시키기 위하여 건전한 취미생활·노인건강유지·소득보장 기타 일상생활과 관련한 학습프로그램을 제공함을 목적으로 하는 시설

④ 재가노인복지시설: 방문요양서비스, 주·야간보호서비스, 단기보호서비스, 방문목욕서비스 등의 제공을 목적으로 하는 시설
⑤ 노인보호전문기관: 국가가 지역 간의 연계체계를 구축하고 노인학대를 예방하기 위해 설치한 시설로, 중앙노인보호전문기관 및 시·도에 지역노인보호전문기관을 설치·운영
⑥ 노인일자리지원기관: 지역사회 등에서 노인일자리의 개발·지원, 창업·육성 및 노인에 의한 재화의 생산·판매 등을 직접 담당하는 기관(기존 노인복지법에서 노인일자리 및 사회활동 지원에 관한 법률로 변경)
⑦ 학대피해노인 전용쉼터: 노인학대로 인하여 피해를 입은 노인을 일정 기간 보호하고 심신 치유 프로그램을 제공하는 시설

5. 노인학대 신고의무와 절차(제39조의6) 기출 18회

① 누구든지 노인학대를 알게 된 때에는 노인보호전문기관 또는 수사기관에 신고할 수 있다.
② 직무상 65세 이상의 사람에 대한 노인학대를 알게 된 때에는 즉시 노인보호전문기관 또는 수사기관에 신고하여야 한다.
③ 신고인의 신분은 보장되어야 하며 그 의사에 반하여 신분이 노출되어서는 아니 된다.
④ 관계 중앙행정기관의 장은 ②에 해당하는 사람의 자격취득 교육과정이나 보수교육 과정에 노인학대 예방 및 신고의무와 관련된 교육 내용을 포함하도록 하여야 하며, 그 결과를 보건복지부장관에게 제출해야 한다.
⑤ 노인학대 신고의무자가 소속된 다음 기관의 장은 소속 노인학대 신고의무자에게 노인학대예방 및 신고의무에 관한 교육을 실시하고 그 결과를 보건복지부장관에게 제출하여야 한다.

- 노인복지시설: 노인주거복지시설, 노인의료복지시설, 노인여가복지시설, 재가노인복지시설, 노인보호전문기관, 노인일자리지원기관, 학대피해노인 전용쉼터
- 요양병원 및 종합병원
- 장기요양기관

6. 노인에 대한 금지행위(제39조의9) 기출 19회, 23회

① 노인의 신체에 폭행을 가하거나 상해를 입히는 행위
② 노인에게 성적 수치심을 주는 성폭행·성희롱 등의 행위
③ 자신의 보호·감독을 받는 노인을 유기하거나 의식주를 포함한 기본적 보호 및 치료를 소홀히 하는 방임행위
④ 노인에게 구걸을 하게 하거나 노인을 이용하여 구걸하는 행위
⑤ 노인을 위하여 증여 또는 급여된 금품을 그 목적 외의 용도에 사용하는 행위
⑥ 폭언, 협박, 위협 등으로 노인의 정신건강에 해를 끼치는 정서적 학대행위

> **합격 가이드**
> 누구든지 65세 이상의 사람에게 금지행위에 해당하는 행위를 해서는 안 됩니다.

7. 요양보호사의 결격사유와 자격의 취소(제39조의13, 제39조의14) 기출 11회

요양보호사의 결격사유	• 정신건강증진 및 정신질환자 복지서비스 지원에 관한 법률에 따른 정신질환자(단, 전문의가 요양보호사로서 적합하다고 인정하는 사람은 제외) • 마약·대마 또는 향정신성의약품 중독자 • 피성년후견인 • 금고 이상의 형을 선고받고 그 형의 집행이 종료되지 아니하였거나 그 집행을 받지 아니하기로 확정되지 아니한 사람 • 법원의 판결에 따라 자격이 정지 또는 상실된 사람 • 요양보호사의 자격이 취소된 날부터 1년이 경과되지 아니한 사람
요양보호사 자격의 취소	• 요양보호사의 결격사유 중 어느 하나에 해당하게 된 경우(반드시 자격 취소) • 노인에 대한 금지행위를 위반하여 벌칙의 규정에 따른 처벌을 받은 경우(반드시 자격 취소) • 거짓이나 그 밖의 부정한 방법으로 자격증을 취득한 경우(반드시 자격 취소) • 영리를 목적으로 노인 등에게 불필요한 요양서비스를 알선·유인하거나 이를 조장한 경우 • 자격증을 대여·양도 또는 위조·변조한 경우

8. 노인학대의 사후관리 등(제39조의20)

① 노인보호전문기관의 장은 노인학대가 종료된 후에도 가정방문, 시설방문, 전화상담 등을 통하여 노인학대의 재발 여부를 확인하여야 한다.
② 노인보호전문기관의 장은 노인학대가 종료된 후에도 노인학대의 재발 방지를 위하여 필요하다고 인정하는 경우 피해노인 및 보호자를 포함한 피해노인의 가족에게 상담, 교육 및 의료적·심리적 치료 등의 지원을 하여야 한다.
③ 노인보호전문기관의 장은 지원을 하기 위하여 관계 기관·법인·단체·시설에 협조를 요청할 수 있다.
④ 피해노인의 보호자·가족은 노인보호전문기관의 지원에 성실히 참여하여야 한다.
⑤ 피해노인의 보호자·가족은 정당한 사유 없이 노인보호전문기관의 업무 수행을 거부하거나 방해하여서는 아니 된다.

3 아동복지법 기출 16회, 20회

1. 목적(제1조)
아동이 건강하게 출생하여 행복하고 안전하게 자랄 수 있도록 아동의 복지를 보장한다.

2. 기본이념(제2조)
① 아동은 자신 또는 부모의 성별, 연령, 종교, 사회적 신분, 재산, 장애 유무, 출생지역, 인종 등에 따른 어떠한 종류의 차별도 받지 아니하고 자라나야 한다.
② 아동은 완전하고 조화로운 인격발달을 위하여 안정된 가정환경에서 행복하게 자라나야 한다.
③ 아동에 관한 모든 활동에 있어서 아동의 이익이 최우선적으로 고려되어야 한다.
④ 아동은 아동의 권리보장과 복지증진을 위하여 아동복지법에 따른 보호와 지원을 받을 권리를 가진다.

3. 용어의 정의(제3조) 기출 14회

아동	18세 미만인 사람
아동복지	아동이 행복한 삶을 누릴 수 있는 기본적인 여건을 조성하고 조화롭게 성장·발달할 수 있도록 하기 위한 경제적·사회적·정서적 지원
보호자	친권자, 후견인, 아동을 보호·양육·교육하거나 그러한 의무가 있는 자 또는 업무·고용 등의 관계로 사실상 아동을 보호·감독하는 자
보호대상아동	• 보호자가 없거나 보호자로부터 이탈된 아동 • 보호자가 아동을 학대하는 경우 등 그 보호자가 아동을 양육하기에 적당하지 아니하거나 양육할 능력이 없는 경우의 아동
지원대상아동	아동이 조화롭고 건강하게 성장하는 데 필요한 기초적인 조건이 갖추어지지 아니하여 사회적·경제적·정서적 지원이 필요한 아동
가정위탁	보호대상아동의 보호를 위하여 성범죄·가정폭력·아동학대·정신질환 등의 전력이 없는, 보건복지부령으로 정하는 기준에 적합한 가정에 보호대상아동을 일정 기간 위탁하는 것
아동학대	• 보호자를 포함한 성인이 아동의 건강 또는 복지를 해치거나 정상적 발달을 저해할 수 있는 신체적·정신적·성적 폭력이나 가혹행위를 하는 것 • 아동의 보호자가 아동을 유기하거나 방임하는 것
아동학대 관련 범죄	• 아동학대범죄의 처벌 등에 관한 특례법에 따른 아동학대범죄 • 아동에 대한 형법의 살인의 죄 중 살인·존속살해, 영아살해, 촉탁·승낙에 의한 살인, 위계 등에 의한 촉탁살인, 미수범, 예비·음모의 죄

4. 국가와 지방자치단체의 책무(제4조)

① 국가와 지방자치단체는 아동의 안전·건강 및 복지증진을 위하여 아동과 그 보호자 및 가정을 지원하기 위한 정책을 수립·시행하여야 한다.
② 국가와 지방자치단체는 보호대상아동 및 지원대상아동의 권익을 증진하기 위한 정책을 수립·시행하여야 한다.
③ 국가와 지방자치단체는 아동이 태어난 가정에서 성장할 수 있도록 지원하고, 아동이 태어난 가정에서 성장할 수 없을 때에는 가정과 유사한 환경에서 성장할 수 있도록 조치하며, 아동을 가정에서 분리하여 보호할 경우에는 신속히 가정으로 복귀할 수 있도록 지원하여야 한다.
④ 국가와 지방자치단체는 장애아동의 권익을 보호하기 위하여 필요한 시책을 강구하여야 한다.
⑤ 국가와 지방자치단체는 아동이 자신 또는 부모의 성별, 연령, 종교, 사회적 신분, 재산, 장애 유무, 출생지역 또는 인종 등에 따른 어떠한 종류의 차별도 받지 아니하도록 필요한 시책을 강구하여야 한다.
⑥ 국가와 지방자치단체는 아동의 권리에 관한 협약에서 규정한 아동의 권리 및 복지증진 등을 위하여 필요한 시책을 수립·시행하고, 이에 필요한 교육과 홍보를 하여야 한다.
⑦ 국가와 지방자치단체는 아동의 보호자가 아동을 행복하고 안전하게 양육하기 위하여 필요한 교육을 지원하여야 한다.

5. 아동복지정책 기출 18회

① 보건복지부장관은 아동정책의 효율적인 추진을 위하여 5년마다 아동정책기본계획을 수립하여야 한다.
② 보건복지부장관, 관계 중앙행정기관의 장 및 시·도지사는 매년 기본계획에 따라 연도별 아동정책시행계획을 수립·시행하여야 한다.
③ 아동의 권리증진과 건강한 출생 및 성장을 위하여 종합적인 아동정책을 수립하고 관계 부처의 의견을 조정하며 그 정책의 이행을 감독하고 평가하기 위하여 국무총리 소속으로 아동정책조정위원회를 둔다.
④ 보건복지부장관은 아동정책에 대한 종합적인 수행과 아동복지 관련 사업의 효과적인 추진을 위하여 필요한 정책의 수립을 지원하고 사업평가 등의 업무를 수행할 수 있도록 아동권리보장원을 설립한다.
⑤ 보건복지부장관은 3년마다 아동의 양육 및 생활환경, 언어 및 인지 발달, 정서적·신체적 건강, 아동안전, 아동학대 등 아동의 종합실태를 조사하여 그 결과를 공표하고, 이를 기본계획과 시행계획에 반영하여야 한다.
⑥ 국가와 지방자치단체는 대통령령으로 정하는 바에 따라 아동 관련 정책이 아동복지에 미치는 영향을 분석·평가(아동정책영향평가)하고 그 결과를 아동 관련 정책의 수립·시행에 반영해야 하며, 아동권리보장원에 아동정책영향평가를 위탁할 수 있다.

> **개념 공략** 아동복지법에 따른 조사 시기
>
> - **아동종합실태조사(제11조)**: 보건복지부장관은 3년마다 아동의 양육 및 생활환경, 언어 및 인지 발달, 정서적·신체적 건강, 아동안전, 아동학대 등 아동의 종합실태를 조사하여 그 결과를 공표하고, 이를 기본계획과 시행계획에 반영하여야 한다.
> - **자립지원 실태조사(제38조의2)**: 보건복지부장관은 보호대상아동의 위탁보호 종료 또는 아동복지시설 퇴소 이후의 자립지원, 생활 및 정서적·신체적 건강 등에 대한 실태조사를 3년마다 실시하여야 한다.
> - **아동보호전문기관의 성과평가 등(제47조)**: 보건복지부장관은 아동보호전문기관의 업무 실적에 대하여 3년마다 성과평가를 실시하여야 한다.

6. 아동복지심의위원회(제12조)

① 시·도지사, 시장·군수·구청장은 다음의 사항을 심의하기 위하여 그 소속으로 아동복지심의위원회를 각각 둔다. 이 경우 ⓒ~ⓒ의 사항에 관한 심의 업무를 효율적으로 수행하기 위하여 대통령령으로 정하는 바에 따라 심의위원회 소속으로 사례결정위원회를 두고, 사례결정위원회의 심의를 거친 사항은 심의위원회의 심의를 거친 사항으로 본다.

> ⊙ 시행계획 수립 및 시행에 관한 사항　　ⓒ 보호조치에 관한 사항　　ⓒ 퇴소조치에 관한 사항
> ⓔ 보호기간의 연장 및 보호조치의 종료에 관한 사항　　ⓜ 친권행사의 제한이나 친권상실 선고 청구에 관한 사항
> ⓗ 아동의 후견인의 선임이나 변경 청구에 관한 사항　　ⓢ 지원대상아동의 선정과 그 지원에 관한 사항
> ⊚ 그 밖에 아동의 보호 및 지원서비스를 위하여 시·도지사 또는 시장·군수·구청장이 필요하다고 인정하는 사항

② 심의위원회의 조직·구성 및 운영 등에 필요한 사항은 대통령령으로 정하는 기준에 따라 해당 지방자치단체의 조례로 정한다.
③ 시·도지사, 시장·군수·구청장은 대통령령으로 정하는 바에 따라 심의위원회의 구성 및 운영 현황에 관한 사항을 연 1회 보건복지부장관에게 보고하여야 한다.

7. 아동복지전담공무원 등(제13조)

① 아동복지에 관한 업무를 담당하기 위하여 특별시·광역시·도·특별자치도 및 시·군·구에 각각 아동복지전담공무원을 둘 수 있다.
② 전담공무원은 사회복지사업법에 따른 사회복지사의 자격을 가진 사람으로 하고 그 임용 등에 필요한 사항은 해당 시·도 및 시·군·구의 조례로 정한다.
③ 전담공무원은 아동에 대한 상담 및 보호조치, 가정환경에 대한 조사, 아동복지시설에 대한 지도·감독, 아동범죄 예방을 위한 현장확인 및 지도·감독 등 지역 단위에서 아동의 복지증진을 위한 업무를 수행한다.
④ 시·도지사 또는 시장·군수·구청장은 전담공무원의 업무를 지원하기 위하여 보건복지부령으로 정하는 바에 따라 민간전문인력을 둘 수 있다.
⑤ 관계 행정기관, 아동복지시설 및 아동복지단체를 설치·운영하는 자는 전담공무원 또는 민간전문인력이 협조를 요청하는 경우 정당한 사유가 없는 한 이에 따라야 한다.

8. 아동위원(제14조)

① 시·군·구에 아동위원을 둔다.
② 아동위원은 그 관할 구역의 아동에 대하여 항상 그 생활상태 및 가정환경을 상세히 파악하고 아동복지에 필요한 원조와 지도를 행하며 전담공무원, 민간전문인력 및 관계 행정기관과 협력하여야 한다.
③ 아동위원은 그 업무의 원활한 수행을 위하여 적절한 교육을 받을 수 있다.
④ 아동위원은 명예직으로 하되, 아동위원에 대하여는 수당을 지급할 수 있다.
⑤ 그 밖에 아동위원에 관한 사항은 해당 시·군·구의 조례로 정한다.

9. 보호대상아동의 양육상황 점검(제15조의3) 기출 22회

① 시·도지사 또는 시장·군수·구청장은 보호조치 중인 보호대상아동의 양육상황을 보건복지부령으로 정하는 바에 따라 매년 점검하여야 한다.
② 시·도지사 또는 시장·군수·구청장은 양육상황을 점검한 결과에 따라 보호대상아동의 복리를 보호할 필요가 있거나 해당 보호조치가 적절하지 아니하다고 판단되는 경우에는 지체 없이 보호조치를 변경하여야 한다.

10. 아동보호 사각지대 발굴 및 실태조사(제15조의4) 기출 21회

① 보건복지부장관은 보호가 필요한 아동을 발견하고 양육환경을 개선할 수 있도록 지원하기 위하여 사회보장정보시스템을 통하여 다음의 자료 또는 정보를 처리할 수 있으며, 해당 자료를 토대로 아동보호를 위한 실태조사 대상 아동을 선정할 수 있다.

- 국민건강보험법에 따른 요양급여 실시 기록
- 국민건강보험법에 따른 영유아건강검진 실시 기록
- 초·중등교육법에 따른 학교생활기록 정보
- 사회보장급여의 이용·제공 및 수급권자 발굴에 관한 법률에 따른 정보(단전, 단수, 단가스, 보험료 3개월 이상 체납 등)

② 보건복지부장관은 아동보호의 사각지대 해소를 위하여 자료 또는 정보 및 실태조사 대상 아동의 명단을 시·도지사 또는 시장·군수·구청장에게 제공할 수 있다.
③ 시·도지사 및 시장·군수·구청장은 보건복지부장관이 제공한 자료 또는 정보 및 실태조사 대상 아동의 명단을 토대로 아동의 주소지 등을 방문하여 양육환경 조사를 실시하여야 한다.
④ 보건복지부장관, 시·도지사 및 시장·군수·구청장은 조사 결과 필요하다고 인정하는 경우에는 복지서비스의 제공, 보호조치, 수사기관 또는 아동보호전문기관과의 연계 등 적절한 조치를 하여야 한다.
⑤ 보건복지부장관은 아동보호 사각지대 발굴 및 아동보호 체계를 갖추기 위하여 필요한 정보시스템을 구축·운영할 수 있으며, 이 경우 사회보장정보시스템을 연계하여 이용할 수 있다.

11. 면접교섭 지원(제15조의5)

① 시·도지사 또는 시장·군수·구청장은 보호조치 중인 아동과 민법에 따른 가족 간의 면접교섭을 지원하여야 한다. 다만, 아동학대 등 아동의 안전과 복지를 해할 우려가 있는 경우에는 지원을 제한하거나 중단할 수 있다.
② 면접교섭의 방법과 절차 등에 필요한 사항은 보건복지부령으로 정한다.

12. 아동학대예방 및 교육(제23조, 제26조의2) 기출 12회, 17회

① **아동학대예방의 날**: 아동의 건강한 성장을 도모하고, 범국민적으로 아동학대의 예방과 방지에 대한 관심을 높이기 위하여 매년 11월 19일을 아동학대예방의 날로 지정한다.
② **아동학대예방주간**: 아동학대예방의 날부터 1주일을 아동학대예방주간으로 한다.
③ **아동학대예방교육**: 국가기관과 지방자치단체의 장, 공공기관과 공공단체의 장은 아동학대의 예방과 방지를 위하여 필요한 교육을 연 1회 이상 실시하고, 그 결과를 보건복지부장관에게 제출하여야 한다.

13. 다함께돌봄센터(제44조의2) 기출 21회

① 시·도지사 및 시장·군수·구청장은 초등학교의 정규교육 이외의 시간 동안 다음의 돌봄서비스를 실시하기 위하여 다함께돌봄센터를 설치·운영할 수 있다.

- 아동의 안전한 보호
- 안전하고 균형 있는 급식 및 간식의 제공
- 등·하교 전후, 야간 또는 긴급상황 발생 시 돌봄서비스 제공
- 체험활동 등 교육·문화·예술·체육 프로그램의 연계·제공
- 돌봄 상담, 관련 정보의 제공 및 서비스의 연계
- 그 밖에 보건복지부령으로 정하는 방과 후 돌봄서비스의 제공

② 시·도지사 및 시장·군수·구청장은 다함께돌봄센터의 설치·운영을 보건복지부장관이 정하는 법인 또는 단체에 위탁할 수 있다.
③ 국가는 다함께돌봄센터의 설치·운영에 필요한 비용의 일부를 지방자치단체에 지원할 수 있다.
④ 다함께돌봄센터의 장은 시·도지사 및 시장·군수·구청장이 정하는 바에 따라 아동의 보호자에게 방과 후 돌봄서비스 제공에 필요한 비용의 일부를 부담하게 할 수 있다.
⑤ 다함께돌봄센터의 설치기준과 운영, 종사자의 자격 등에 관한 사항은 보건복지부령으로 정한다.

14. 아동보호전문기관의 업무(제46조) 기출 13회, 23회
① 피해아동, 피해아동의 가족 및 아동학대행위자를 위한 상담·치료 및 교육
② 아동학대예방 교육 및 홍보
③ 피해아동 가정의 사후관리
④ 그 밖에 대통령령으로 정하는 아동학대예방사업과 관련된 업무

15. 아동복지시설의 설치(제50조)
① 국가 또는 지방자치단체는 아동복지시설을 설치할 수 있다.
② 국가 또는 지방자치단체 외의 자는 관할 시장·군수·구청장에게 신고하고 아동복지시설을 설치할 수 있다.
③ 시장·군수·구청장은 아동복지시설 설치 신고를 받은 경우 그 내용을 검토하여 아동복지법에 적합하면 신고를 수리하여야 한다.
④ 아동복지시설의 시설기준 및 설치 등에 필요한 사항은 보건복지부령으로 정한다.

16. 보호대상아동의 퇴소조치(제16조)
① 보호조치 중인 보호대상아동의 연령이 18세에 달하였거나, 보호 목적이 달성되었다고 인정되면 해당 시·도지사, 시장·군수·구청장은 대통령령으로 정하는 절차와 방법에 따라 그 보호 중인 아동의 보호조치를 종료하거나 해당 시설에서 퇴소시켜야 한다.
② 보호조치 중인 보호대상아동의 친권자, 후견인 등 보건복지부령으로 정하는 자는 관할 시·도지사 또는 시장·군수·구청장에게 해당 보호대상아동의 가정 복귀를 신청할 수 있다.
③ 시·도지사 또는 시장·군수·구청장은 가정 복귀 신청을 받은 경우에는 보장원 또는 아동보호전문기관 등 아동복지시설의 장, 아동을 상담·치료한 의사의 의견을 들은 후 보호조치의 종료 또는 퇴소조치가 보호대상아동의 복리에 반하지 아니한다고 인정되면 해당 보호대상아동을 가정으로 복귀시킬 수 있다. 다만, 보호대상아동이 복귀하는 가정에 거주하는 아동학대행위자가 대통령령으로 정하는 상담·교육·심리적 치료 등에 참여하지 아니한 경우에는 그러하지 아니한다.
④ 시·도지사 또는 시장·군수·구청장은 아동학대의 재발이 의심되는 경우에는 사례결정위원회의 심의를 거쳐 보호대상아동의 가정 복귀 결정을 취소할 수 있다. 다만, 아동학대 재발의 위험이 현저하여 긴급히 취소하여야 하는 경우에는 사례결정위원회의 심의를 거치지 아니하고 취소하고 사후에 보고할 수 있다.

17. 보호기간의 연장(제16조의3) 최신법령
① 시·도지사 또는 시장·군수·구청장은 연령이 18세에 달한 보호대상아동이 보호조치를 연장할 의사가 있는 경우에는 그 보호기간을 해당 아동이 25세에 달할 때까지로 연장하여야 한다.

② 시·도지사 또는 시장·군수·구청장은 보호기간이 연장된 사람이 보호조치의 종료를 요청하는 경우 그 보호조치를 종료하여야 한다. 다만, 자립 능력이 부족하여 보호기간의 연장이 필요한 경우로서 대통령령으로 정하는 경우에는 심의위원회의 심의를 거쳐 종료하지 아니할 수 있다.

③ 보호기간이 연장된 사람이 다음의 어느 하나에 해당하면 시·도지사 또는 시장·군수·구청장은 그 보호기간을 추가로 연장할 수 있다.

- 대학 이하의 학교(대학원은 제외)에 재학 중인 경우
- 아동양육시설 또는 직업능력개발훈련시설에서 직업 관련 교육·훈련을 받고 있는 경우
- 그 밖에 위탁가정 및 각종 아동복지시설에서 그 사람을 계속하여 보호·양육할 필요가 있다고 대통령령으로 정하는 경우

18. 자립지원 및 자립지원 실태조사(제38조, 제38조의2) 최신법령

① 국가와 지방자치단체는 보호대상아동의 위탁보호 종료 또는 아동복지시설 퇴소 이후의 자립을 지원하기 위하여 다음에 해당하는 조치를 시행하여야 한다.

- 자립에 필요한 주거·생활·교육·취업 등의 지원
- 자립에 필요한 자산의 형성 및 관리 지원
- 사후관리체계 구축 및 운영
- 그 밖에 자립지원에 필요하다고 대통령령으로 정하는 사항
- 자립에 필요한 자립정착금 및 자립수당 지급
- 자립에 관한 실태조사 및 연구

② 보건복지부장관은 보호대상아동의 위탁보호 종료 또는 아동복지시설 퇴소 이후의 자립지원, 생활 및 정서적·신체적 건강 등에 대한 실태조사를 3년마다 실시하여야 한다.

③ 보건복지부장관은 실태조사를 위하여 관계 기관·법인·단체·시설의 장에게 필요한 자료의 제출 또는 의견의 진술을 요청할 수 있다. 이 경우 요청을 받은 자는 정당한 사유가 없으면 이에 협조하여야 한다.

19. 아동에 대한 금지행위(제17조) 기출 19회

① 아동을 매매하는 행위
② 아동에게 음란한 행위를 시키거나 이를 매개하는 행위 또는 아동에게 성적 수치심을 주는 성희롱 등의 성적 학대행위
③ 아동의 신체에 손상을 주거나 신체의 건강 및 발달을 해치는 신체적 학대행위
④ 아동의 정신건강 및 발달에 해를 끼치는 정서적 학대행위(가정폭력에 아동을 노출시키는 행위로 인한 경우 포함)
⑤ 자신의 보호·감독을 받는 아동을 유기하거나 의식주를 포함한 기본적 보호·양육·치료 및 교육을 소홀히 하는 방임행위
⑥ 장애를 가진 아동을 공중에 관람시키는 행위
⑦ 아동에게 구걸을 시키거나 아동을 이용하여 구걸하는 행위
⑧ 공중의 오락 또는 흥행을 목적으로 아동의 건강 또는 안전에 유해한 곡예를 시키는 행위 또는 이를 위하여 아동을 제3자에게 인도하는 행위
⑨ 정당한 권한을 가진 알선기관 외의 자가 아동의 양육을 알선하고 금품을 취득하거나 금품을 요구 또는 약속하는 행위
⑩ 아동을 위하여 증여 또는 급여된 금품을 그 목적 외의 용도로 사용하는 행위

개념 공략 아동에 대한 금지행위에 따른 처벌수위(제71조)

10년 이하의 징역	아동을 매매하는 행위
10년 이하의 징역 또는 1억 원 이하의 벌금	아동에게 음란한 행위를 시키거나 이를 매개하는 행위 또는 아동에게 성적 수치심을 주는 성희롱 등의 성적 학대행위
5년 이하의 징역 또는 5천만 원 이하의 벌금	• 아동의 신체에 손상을 주거나 신체의 건강 및 발달을 해치는 신체적 학대행위 • 아동의 정신건강 및 발달에 해를 끼치는 정서적 학대행위(가정폭력에 아동을 노출시키는 행위로 인한 경우 포함) • 자신의 보호·감독을 받는 아동을 유기하거나 의식주를 포함한 기본적 보호·양육·치료 및 교육을 소홀히 하는 방임 행위 • 장애를 가진 아동을 공중에 관람시키는 행위 • 아동에게 구걸을 시키거나 아동을 이용하여 구걸하는 행위
3년 이하의 징역 또는 3천만 원 이하의 벌금	• 정당한 권한을 가진 알선기관 외의 자가 아동의 양육을 알선하고 금품을 취득하거나 금품을 요구 또는 약속하는 행위 • 아동을 위하여 증여 또는 급여된 금품을 그 목적 외의 용도로 사용하는 행위 • 피해아동관련 정보를 요청 목적 외로 사용하거나 다른 사람에게 제공 또는 누설한 사람 • 아동복지업무에 종사하는 자가 비밀을 누설하거나 직무상 목적 외의 용도로 이용하는 행위
1년 이하의 징역 또는 1천만 원 이하의 벌금	• 공중의 오락 또는 흥행을 목적으로 아동의 건강 또는 안전에 유해한 곡예를 시키는 행위 또는 이를 위하여 아동을 제3자에게 인도하는 행위 • 정당한 사유 없이 다른 아동복지시설로 옮기는 권익보호조치를 하지 아니한 사람 • 사례전문위원회에 참석한 사람이 비밀을 누설하거나 부당한 이익을 취하는 행위 • 신고를 하지 아니하고 아동복지시설을 설치한 사람 • 거짓으로 서류를 작성하여 아동복지시설 전문인력의 자격을 인정받은 사람 • 사업의 정지, 위탁의 취소 또는 시설의 폐쇄명령을 받고도 그 시설을 운영하거나 사업을 한 사람 • 조사를 거부·방해 또는 기피하거나 질문에 대하여 답변을 거부·기피 또는 거짓 답변을 하거나, 아동에게 답변을 거부·기피 또는 거짓 답변을 하게 하거나 그 답변을 방해한 사람

4 아동학대범죄의 처벌 등에 관한 특례법

1. 목적(제1조)

아동학대범죄의 처벌 및 그 절차에 관한 특례와 피해아동에 대한 보호절차 및 아동학대행위자에 대한 보호처분을 규정함으로써 아동을 보호하여 아동이 건강한 사회 구성원으로 성장하도록 함을 목적으로 한다.

2. 아동학대범죄 신고의무와 절차(제10조)

① 누구든지 아동학대범죄를 알게 된 경우나 그 의심이 있는 경우에는 특별시·광역시·특별자치시·도·특별자치도, 시·군·구 또는 수사기관에 신고할 수 있다.
② 다음 어느 하나에 해당하는 사람이 직무를 수행하면서 아동학대범죄를 알게 된 경우나 그 의심이 있는 경우에는 시·도, 시·군·구 또는 수사기관에 즉시 신고하여야 한다.

- 아동권리보장원 및 가정위탁지원센터의 장과 그 종사자
- 아동복지시설의 장과 그 종사자
- 아동복지전담공무원
- 가정폭력 관련 상담소 및 가정폭력피해자 보호시설의 장과 그 종사자
- 건강가정지원센터의 장과 그 종사자
- 다문화가족지원센터의 장과 그 종사자
- 사회복지전담공무원 및 사회복지시설의 장과 그 종사자
- 성매매피해자 등을 위한 지원시설 및 성매매피해상담소의 장과 그 종사자
- 성폭력피해상담소, 성폭력피해자보호시설의 장과 그 종사자 및 성폭력피해자통합지원센터의 장과 그 종사자
- 119구급대의 대원
- 응급의료기관 등에 종사하는 응급구조사
- 육아종합지원센터의 장과 그 종사자 및 어린이집의 원장 등 보육교직원
- 유치원의 장과 그 종사자
- 아동보호전문기관의 장과 그 종사자
- 의료기관의 장과 그 의료기관에 종사하는 의료인 및 의료기사
- 장애인복지시설의 장과 그 종사자로서 시설에서 장애아동에 대한 상담·치료·훈련 또는 요양 업무를 수행하는 사람
- 정신건강복지센터, 정신의료기관, 정신요양시설 및 정신재활시설의 장과 그 종사자
- 청소년시설 및 청소년단체의 장과 그 종사자
- 청소년 보호·재활센터의 장과 그 종사자
- 학교의 장과 그 종사자
- 한부모가족복지시설의 장과 그 종사자
- 학원의 운영자·강사·직원 및 교습소의 교습자·직원
- 아이돌보미
- 취약계층 아동에 대한 통합서비스지원 수행인력
- 입양기관의 장과 그 종사자
- 한국보육진흥원의 장과 그 종사자로서 어린이집 평가 업무를 수행하는 사람

③ 누구든지 신고인의 인적사항 또는 신고인임을 미루어 알 수 있는 사실을 다른 사람에게 알려주거나 공개 또는 보도하여서는 아니 된다.

④ 아동학대범죄 신고가 있는 경우 시·도, 시·군·구 또는 수사기관은 정당한 사유가 없으면 즉시 조사 또는 수사에 착수하여야 한다.

3. 현장출동(제11조)

① 아동학대범죄 신고를 접수한 사법경찰관리나 아동학대전담공무원은 지체 없이 아동학대범죄의 현장에 출동하여야 한다. 이 경우 수사기관의 장이나 시·도지사 또는 시장·군수·구청장은 서로 동행하여 줄 것을 요청할 수 있으며, 그 요청을 받은 수사기관의 장이나 시·도지사 또는 시장·군수·구청장은 정당한 사유가 없으면 사법경찰관리나 아동학대전담공무원이 아동학대범죄 현장에 동행하도록 조치하여야 한다.

② 아동학대범죄 신고를 접수한 사법경찰관리나 아동학대전담공무원은 아동학대범죄가 행하여지고 있는 것으로 신고된 현장 또는 피해아동을 보호하기 위해 필요한 장소에 출입하여 아동 또는 아동학대행위자 등 관계인에 대하여 조사를 하거나 질문을 할 수 있다. 다만, 아동학대전담공무원은 피해아동의 보호, 아동복지법의 사례관리계획에 따른 사례관리를 위한 범위에서만 아동학대행위자 등 관계인에 대하여 조사 또는 질문을 할 수 있다.

③ 시·도지사 또는 시장·군수·구청장은 현장출동 시 아동보호 및 사례관리를 위하여 필요한 경우 아동보호전문기관의 장에게 아동보호전문기관의 직원이 동행할 것을 요청할 수 있다. 이 경우 아동보호전문기관의 직원은 피해아동의 보호 및 사례관리를 위한 범위에서 아동학대전담공무원의 조사에 참여할 수 있다.
④ 출입이나 조사를 하는 사법경찰관리, 아동학대전담공무원 또는 아동보호전문기관의 직원은 그 권한을 표시하는 증표를 지니고 이를 관계인에게 내보여야 한다.
⑤ 조사 또는 질문을 하는 사법경찰관리 또는 아동학대전담공무원은 피해아동, 아동학대범죄 신고자 등, 목격자 등이 자유롭게 진술할 수 있도록 아동학대행위자로부터 분리된 곳에서 조사하는 등 필요한 조치를 하여야 한다.
⑥ 누구든지 현장에 출동한 사법경찰관리, 아동학대전담공무원 또는 아동보호전문기관의 직원이 업무를 수행할 때에 폭행·협박이나 현장조사를 거부하는 등 그 업무 수행을 방해하는 행위를 하여서는 아니 된다.
⑦ 현장출동이 동행하여 이루어지지 아니한 경우 수사기관의 장이나 시·도지사 또는 시장·군수·구청장은 현장출동에 따른 조사 등의 결과를 서로에게 통지하여야 한다.

4. 피해아동 등에 대한 응급조치(제12조)
① 현장에 출동하거나 아동학대범죄 현장을 발견한 경우 또는 학대현장 이외의 장소에서 학대피해가 확인되고 재학대의 위험이 급박·현저한 경우, 사법경찰관리 또는 아동학대전담공무원은 피해아동, 피해아동의 형제자매인 아동 및 피해아동과 동거하는 아동의 보호를 위하여 즉시 다음의 조치를 하여야 한다.

- 아동학대범죄 행위의 제지
- 아동학대행위자를 피해아동 등으로부터 격리
- 피해아동 등을 아동학대 관련 보호시설로 인도(피해아동 등의 이익을 최우선으로 고려하여야 하며, 특별한 사정이 있는 경우를 제외하고는 피해아동 등의 의사를 존중하여야 함)
- 긴급치료가 필요한 피해아동을 의료기관으로 인도

② 사법경찰관리나 아동학대전담공무원은 피해아동 등을 분리·인도하여 보호하는 경우 지체 없이 피해아동 등을 인도받은 보호시설·의료시설을 관할하는 시·도지사 또는 시장·군수·구청장에게 그 사실을 통보하여야 한다.
③ 피해아동 등에 대한 응급조치는 72시간을 넘을 수 없다. 다만, 공휴일이나 토요일이 포함되는 경우로서 피해아동 등의 보호를 위하여 필요하다고 인정되는 경우에는 48시간의 범위에서 그 기간을 연장할 수 있다.
④ 위 ③에도 불구하고 검사가 임시조치를 법원에 청구한 경우에는 법원의 임시조치 결정 시까지 응급조치 기간이 연장된다.
⑤ 사법경찰관리 또는 아동학대전담공무원이 응급조치를 한 경우에는 즉시 응급조치결과보고서를 작성하여야 한다. 이 경우 사법경찰관리가 응급조치를 한 경우에는 관할 경찰관서의 장이 시·도지사 또는 시장·군수·구청장에게, 아동학대전담공무원이 응급조치를 한 경우에는 소속 시·도지사 또는 시장·군수·구청장이 관할 경찰관서의 장에게 작성된 응급조치결과보고서를 지체 없이 송부하여야 한다.
⑥ 응급조치결과보고서에는 피해사실의 요지, 응급조치가 필요한 사유, 응급조치의 내용 등을 기재하여야 한다.
⑦ 누구든지 아동학대전담공무원이나 사법경찰관리가 피해아동 등에 대한 응급조치의 업무를 수행할 때에 폭행·협박이나 응급조치를 저지하는 등 그 업무 수행을 방해하는 행위를 하여서는 아니 된다.
⑧ 사법경찰관리는 아동학대범죄 행위를 제지하거나 아동학대행위자를 피해아동 등으로부터 격리하는 조치를 위하여 다른 사람의 토지·건물·배 또는 차에 출입할 수 있다.

5. 피해아동에 대한 변호사 선임의 특례(제16조)

① 아동학대범죄의 피해아동 및 그 법정대리인은 형사 및 아동보호 절차상 입을 수 있는 피해를 방지하고 법률적 조력을 보장하기 위하여 변호사를 선임할 수 있다.
② 변호사는 검사 또는 사법경찰관의 피해아동 및 그 법정대리인에 대한 조사에 참여하여 의견을 진술할 수 있다. 다만, 조사 도중에는 검사 또는 사법경찰관의 승인을 받아 의견을 진술할 수 있다.
③ 변호사는 피의자에 대한 구속 전 피의자심문, 증거보전절차, 공판준비기일 및 공판절차에 출석하여 의견을 진술할 수 있다. 이 경우 필요한 절차에 관한 구체적 사항은 대법원규칙으로 정한다.
④ 변호사는 증거보전 후 관계 서류나 증거물, 소송계속 중의 관계 서류나 증거물을 열람하거나 등사할 수 있다.
⑤ 변호사는 형사 및 아동보호 절차에서 피해아동 및 그 법정대리인의 대리가 허용될 수 있는 모든 소송행위에 대한 포괄적인 대리권을 가진다.
⑥ 검사는 피해아동에게 변호사가 없는 경우 형사 및 아동보호 절차에서 피해아동의 권익을 보호하기 위하여 국선변호사를 선정하여야 한다.

6. 임시로 후견인의 임무를 수행할 사람(제23조)

① 판사는 임시조치로 인하여 피해아동 등에게 친권을 행사하거나 후견인의 임무를 수행할 사람이 없는 경우 그 임시조치의 기간 동안 시·도지사 또는 시장·군수·구청장, 아동권리보장원의 장, 아동보호전문기관의 장 및 가정위탁지원센터의 장으로 하여금 임시로 후견인의 임무를 수행하게 하거나 그 임무를 수행할 사람을 선임하여야 한다.
② 판사는 피해아동 등의 이익을 최우선으로 고려하고 그 의견을 존중하여야 하며, 피해아동 등, 변호사, 시·도지사 또는 시장·군수·구청장, 아동권리보장원의 장, 아동보호전문기관의 장 및 가정위탁지원센터의 장 등 피해아동 등을 보호하고 있는 사람은 그 선임에 관하여 의견을 제시할 수 있다.
③ 법원이 조치를 한 경우에는 그 사실을 피해아동 등, 변호사, 시·도지사 또는 시장·군수·구청장, 아동권리보장원의 장, 아동보호전문기관의 장 및 가정위탁지원센터의 장 등 피해아동 등을 보호하고 있는 사람에게 고지하여야 한다.
④ 임시로 후견인의 임무를 수행하는 사람은 피해아동 등이 소유한 재산의 보존 및 피해아동 등의 보호를 위한 범위에서만 후견인의 임무를 수행할 수 있다.
⑤ 임시로 후견인의 임무를 수행하는 사람에 대해서는 재산관리권과 대리권에 관한 민법을 준용한다.

7. 가정법원의 피해아동에 대한 보호명령(제47조)

① 판사는 직권 또는 피해아동, 그 법정대리인, 변호사, 시·도지사 또는 시장·군수·구청장의 청구에 따라 결정으로 피해아동의 보호를 위하여 다음의 피해아동보호명령을 할 수 있다.

- 아동학대행위자를 피해아동의 주거지 또는 점유하는 방실로부터의 퇴거 등 격리
- 아동학대행위자가 피해아동 또는 가정 구성원에게 접근하는 행위의 제한
- 아동학대행위자가 피해아동 또는 가정 구성원에게 전기통신을 이용하여 접근하는 행위의 제한
- 피해아동을 아동복지시설 또는 장애인복지시설로의 보호위탁
- 피해아동을 의료기관으로의 치료위탁
- 피해아동을 아동보호전문기관, 상담소 등으로의 상담·치료위탁
- 피해아동을 연고자 등에게 가정위탁
- 친권자인 아동학대행위자의 피해아동에 대한 친권 행사의 제한 또는 정지
- 후견인인 아동학대행위자의 피해아동에 대한 후견인 권한의 제한 또는 정지
- 친권자 또는 후견인의 의사표시를 갈음하는 결정

② 아동보호전문기관의 장은 시·도지사 또는 시장·군수·구청장에게 피해아동보호명령의 청구를 요청할 수 있다. 이 경우 시·도지사 또는 시장·군수·구청장은 요청을 신속히 처리해야 하며, 요청받은 날부터 15일 이내에 그 처리 결과를 아동보호전문기관의 장에게 통보하여야 한다.
③ ①의 각 처분은 병과(병행)할 수 있다.
④ 판사가 피해아동보호명령을 하는 경우 피해아동, 그 법정대리인, 변호사, 시·도지사 또는 시장·군수·구청장 및 아동보호전문기관의 장은 관할 법원에 대하여 필요한 의견을 진술할 수 있다.
⑤ 판사가 친권 행사의 제한 또는 정지 및 후견인 권한의 제한 또는 정지의 피해아동보호명령을 하는 경우 피해아동보호명령의 기간 동안 임시로 후견인의 임무를 수행할 자의 선임 등에 대하여는 임시로 후견인의 임무를 수행할 사람에 대한 규정을 준용한다.
⑥ 위탁 대상이 되는 아동복지시설, 의료기관, 아동보호전문기관·상담소 등, 연고자 등의 기준과 위탁의 절차 및 집행 등에 필요한 사항은 대법원규칙으로 정한다.
⑦ 판사는 아동보호전문기관, 상담소 등으로의 상담·치료위탁의 피해아동보호명령을 하는 경우 필요하다고 인정하는 때에는 피해아동의 보호자를 그 과정에 참여시킬 수 있다.

8. 피해아동보호명령의 기간(제51조)

① 피해아동보호명령의 기간은 1년을 초과할 수 없다. 다만, 관할 법원의 판사는 피해아동의 보호를 위하여 그 기간의 연장이 필요하다고 인정하는 경우 직권 또는 피해아동, 그 법정대리인, 변호사, 시·도지사 또는 시장·군수·구청장의 청구에 따른 결정으로 6개월 단위로 그 기간을 연장할 수 있다.
② 보호관찰소의 장 및 아동보호전문기관의 장은 시·도지사 또는 시장·군수·구청장에게 피해아동보호명령의 연장 청구를 요청할 수 있으며, 시·도지사 또는 시장·군수·구청장은 요청받은 날부터 15일 이내에 그 처리 결과를 요청자에게 통보하여야 한다.
③ 연장된 기간은 피해아동이 성년에 도달하는 때를 초과할 수 없다.

5 한부모가족지원법   기출 11회, 20회, 22회, 23회

1. 목적(제1조)

한부모가족이 안정적인 가족 기능을 유지하고 자립할 수 있도록 지원함으로써 한부모가족의 생활 안정과 복지 증진에 이바지한다.

2. 용어의 정의(제4조)   기출 14회, 19회

'모' 또는 '부'	다음 어느 하나에 해당하는 자로서 아동인 자녀를 양육하는 자 • 배우자와 사별 또는 이혼하거나 배우자로부터 유기된 자 • 정신이나 신체의 장애로 장기간 노동능력을 상실한 배우자를 가진 자 • 교정시설·치료감호시설에 입소한 배우자 또는 병역복무 중인 배우자를 가진 자 • 미혼자(사실혼 관계에 있는 자는 제외) • 위에 규정된 자에 준하는 자로서 여성가족부령으로 정하는 자
청소년 한부모	24세 이하의 모 또는 부
아동	18세 미만(취학 중인 경우에는 22세 미만, 병역법에 따른 병역의무를 이행하고 취학 중인 경우에는 병역의무를 이행한 기간을 가산한 연령 미만)의 자

> **관련법령** 지원대상자의 범위에 대한 특례(제5조의2)
>
> ① 혼인관계에 있지 아니한 자로서 출산 전 임산부와 출산 후 해당 아동을 양육하지 아니하는 '모'는 출산지원시설을 이용할 때에는 한부모가족지원법에 따른 지원대상자가 된다.
> ② 다음의 어느 하나에 해당하는 아동과 그 아동을 양육하는 조부 또는 조모로서 여성가족부령으로 정하는 자는 한부모가족지원법에 따른 지원대상자가 된다.
>   1. 부모가 사망하거나 생사가 분명하지 아니한 아동
>   2. 부모가 정신 또는 신체의 장애·질병으로 장기간 노동능력을 상실한 아동
>   3. 부모의 장기복역 등으로 부양을 받을 수 없는 아동
>   4. 부모가 이혼하거나 유기하여 부양을 받을 수 없는 아동
>   5. 위 사항에 규정된 자에 준하는 자로서 여성가족부령으로 정하는 아동
> ③ 국내에 체류하고 있는 외국인 중 대한민국 국적의 아동을 양육하고 있는 모 또는 부로서 출입국관리법에 따른 외국인 등록을 마친 자는 한부모가족지원법에 따른 지원대상자가 된다.

3. 한부모가족의 날(제5조의4)

한부모가족에 대한 국민의 이해와 관심을 제고하기 위하여 매년 5월 10일을 한부모가족의 날로 한다.

4. 실태조사(제6조) 기출 11회, 17회

① 여성가족부장관은 한부모가족 지원을 위한 정책수립에 활용하기 위하여 3년마다 한부모가족에 대한 실태조사를 실시하고 그 결과를 공표하여야 한다.
② 여성가족부장관은 필요한 경우 여성가족부령으로 정하는 바에 따라 청소년 한부모 등에 대한 실태를 조사·연구할 수 있다.

5. 복지급여의 내용(제12조)

① 국가나 지방자치단체는 복지급여의 신청이 있으면 다음의 복지급여를 실시하여야 한다.

| • 생계비 | • 아동교육지원비 | • 아동양육비 | • 그 밖에 대통령령으로 정하는 비용 |

② 한부모가족지원법에 따른 지원대상자가 국민기초생활 보장법 등 다른 법령에 따라 지원을 받고 있는 경우에는 그 범위에서 이 법에 따른 급여를 하지 아니한다. 다만, 아동양육비는 지급할 수 있다.
③ 아동양육비를 지급할 때에 다음 어느 하나에 해당하는 경우에는 예산의 범위에서 추가적인 복지급여를 실시하여야 한다. 이 경우 모 또는 부의 직계존속이 5세 이하의 아동을 양육하는 경우에도 또한 같다.

- 미혼모나 미혼부가 5세 이하의 아동을 양육하는 경우
- 34세 이하의 모 또는 부가 아동을 양육하는 경우

④ 국가나 지방자치단체는 이 법에 따른 지원대상자의 신청이 있는 경우에는 예산의 범위에서 직업훈련비와 훈련기간 중 생계비를 추가적으로 지급할 수 있다.
⑤ 복지급여의 기준 및 절차, 그 밖에 필요한 사항은 여성가족부령으로 정한다.

6. 복지자금의 대여(제13조) 기출 11회

국가나 지방자치단체는 한부모가족의 생활 안정과 자립을 촉진하기 위하여 다음 어느 하나의 자금을 대여할 수 있다.

> - 사업에 필요한 자금   • 아동교육비   • 의료비   • 주택자금
> - 그 밖에 대통령령으로 정하는 한부모가족의 복지를 위하여 필요한 자금

7. 청소년 한부모에 대한 교육 지원(제17조의2)

① 국가나 지방자치단체는 청소년 한부모가 학업을 할 수 있도록 청소년 한부모의 선택에 따라 다음의 어느 하나에 해당하는 지원을 할 수 있다.

> - 초·중등교육법에 따른 학교에서의 학적 유지를 위한 지원 및 교육비 지원 또는 검정고시 지원
> - 평생교육법에 따른 학력인정 평생교육시설에 대한 교육비 지원
> - 초·중등교육법에 따른 교육 지원
> - 그 밖에 청소년 한부모의 교육 지원을 위하여 여성가족부령으로 정하는 사항

② 교육 지원을 위하여 특별시·광역시·특별자치시·도, 특별자치도의 교육감은 한부모가족복지시설에 순회 교육 실시를 위한 지원을 할 수 있다.
③ 국가와 지방자치단체는 청소년 한부모의 학업과 양육의 병행을 위하여 그 자녀가 청소년 한부모가 속한 고등교육법에 따른 학교에 설치된 직장어린이집을 이용할 수 있도록 지원할 수 있다.
④ 여성가족부장관은 청소년 한부모가 학업을 계속할 수 있도록 교육부장관에게 협조를 요청하여야 한다.

8. 한부모가족복지시설(제19조) 기출 11회, 21회

① **출산지원시설**: 다음의 어느 하나에 해당하는 자의 임신·출산 및 그 출산 아동(3세 미만에 한정)의 양육을 위하여 주거 등을 지원하는 시설

> - 다음의 어느 하나에 해당하는 자로서 아동인 자녀를 양육하는 '모' 또는 '부'
>   - 배우자와 사별 또는 이혼하거나 배우자로부터 유기된 자
>   - 정신이나 신체의 장애로 장기간 노동능력을 상실한 배우자를 가진 자
>   - 교정시설·치료감호시설에 입소한 배우자 또는 병역복무 중인 배우자를 가진 사람
>   - 미혼자(사실혼 관계에 있는 자는 제외)
> - 혼인 관계에 있지 아니한 자로서 출산 전 임신부
> - 혼인 관계에 있지 아니한 자로서 출산 후 해당 아동을 양육하지 아니하는 '모'

② **양육지원시설**: 6세 미만 자녀를 동반한 한부모가족에게 자녀를 양육할 수 있도록 주거 등을 지원하는 시설
③ **생활지원시설**: 18세 미만(취학 중인 경우에는 22세 미만을 말하되, 병역법에 따른 병역의무를 이행하고 취학 중인 경우에는 병역의무를 이행한 기간을 가산한 연령 미만을 말함) 자녀를 동반한 한부모가족에게 자립을 준비할 수 있도록 주거 등을 지원하는 시설
④ **일시지원시설**: 배우자(사실혼 관계에 있는 사람을 포함)가 있으나 배우자의 물리적·정신적 학대로 아동의 건전한 양육이나 모 또는 부의 건강에 지장을 초래할 우려가 있을 경우 일시적 또는 일정 기간 동안 모와 아동, 부와 아동, 모 또는 부에게 주거 등을 지원하는 시설
⑤ **한부모가족복지상담소**: 한부모가족에 대한 위기·자립 상담 또는 문제해결 지원 등을 목적으로 하는 시설

> 참고. 한부모가족복지시설에서는 외국인가족복지시설은 별도로 운영되지 않음.

9. 한부모가족복지시설의 설치(제20조)

① 국가나 지방자치단체는 한부모가족복지시설을 설치할 수 있다.
② 한부모가족복지시설의 장은 청소년 한부모가 입소를 요청하는 경우에는 우선 입소를 위한 조치를 취하여야 한다.
③ 국가나 지방자치단체 외의 자가 한부모가족복지시설을 설치·운영하려면 특별자치시장·특별자치도지사·시장·군수·구청장에게 신고하여야 한다. 신고한 사항 중 여성가족부령으로 정하는 중요 사항을 변경하려는 경우에도 또한 같다.
④ 특별자치시장·특별자치도지사·시장·군수·구청장은 한부모가족복지시설 설치·운영 신고 또는 변경 신고를 받은 날부터 여성가족부령으로 정하는 기간 내에 신고수리 여부를 신고인에게 통지하여야 한다.
⑤ 입양특례법(2025년에 국내입양에 관한 특별법 및 국제입양에 관한 법률 시행 예정)에 따른 입양기관을 운영하는 자는 출산지원시설을 설치·운영할 수 없다.
⑥ 한부모가족복지시설의 시설 설치·운영 기준, 시설 종사자의 직종과 수 및 자격기준, 그 밖에 설치 신고에 필요한 사항은 여성가족부령으로 정한다.

6 다문화가족지원법   기출 11회, 15회, 16회, 18회

1. 목적(제1조)

다문화가족 구성원이 안정적인 가족생활을 영위하고 사회 구성원으로서의 역할과 책임을 다할 수 있도록 함으로써 이들의 삶의 질 향상과 사회통합에 이바지한다.

2. 용어의 정의(제2조)

다문화가족	• 재한외국인 처우 기본법의 결혼이민자와 국적법의 규정에 따라 대한민국 국적을 취득한 자로 이루어진 가족 • 국적법에 따라 대한민국 국적을 취득한 자와 같은 법의 규정에 따라 대한민국 국적을 취득한 자로 이루어진 가족
결혼이민자 등	다문화가족의 구성원으로서 다음의 어느 하나에 해당하는 자 • 재한외국인 처우 기본법의 결혼이민자 • 국적법에 따라 귀화 허가를 받은 자
아동·청소년	24세 이하인 자

3. 다문화가족 지원을 위한 기본계획의 수립(제3조의2)

① 여성가족부장관은 다문화가족 지원을 위하여 5년마다 다문화가족정책에 관한 기본계획을 수립해야 한다.
② 기본계획에는 다음의 사항을 포함하여야 한다.

> • 다문화가족 지원 정책의 기본 방향
> • 다문화가족 지원을 위한 분야별 발전시책과 평가에 관한 사항
> • 다문화가족 지원을 위한 제도 개선에 관한 사항
> • 다문화가족 구성원의 경제·사회·문화 등 각 분야에서 활동 증진에 관한 사항
> • 다문화가족 지원을 위한 재원 확보 및 배분에 관한 사항
> • 그 밖에 다문화가족 지원을 위하여 필요한 사항

③ 여성가족부장관은 기본계획을 수립할 때에는 미리 관계 중앙행정기관의 장과 협의하여야 한다.
④ 기본계획은 다문화가족정책위원회의 심의를 거쳐 확정한다. 이 경우 여성가족부장관은 확정된 기본계획을 지체 없이 국회 소관 상임위원회에 보고하고, 관계 중앙행정기관의 장과 특별시장·광역시장·특별자치시장·도지사·특별자치도지사에게 알려야 한다.
⑤ 여성가족부장관은 기본계획을 수립하기 위하여 필요하다고 인정하는 경우 관계 기관의 장에게 기본계획의 수립에 필요한 자료의 제출을 요구할 수 있으며 기관의 장은 정당한 사유가 없으면 이에 따라야 한다.

4. 실태조사 등(제4조)

여성가족부장관은 다문화가족의 현황 및 실태를 파악하고 다문화가족 지원을 위한 정책수립에 활용하기 위하여 3년마다 다문화가족에 대한 실태조사를 실시하고 그 결과를 공표하여야 한다.

5. 다국어에 의한 서비스 제공(제11조)

국가와 지방자치단체는 규정에 따른 지원정책을 추진함에 있어서 결혼이민자 등의 의사소통의 어려움을 해소하고 서비스 접근성을 제고하기 위하여 다국어에 의한 서비스 제공이 이루어지도록 노력하여야 한다.

6. 다문화가족지원센터의 설치·운영(제12조)

① 국가와 지방자치단체는 다문화가족지원센터를 설치·운영할 수 있다.
② 국가 또는 지방자치단체는 지원센터의 설치·운영을 대통령령으로 정하는 법인이나 단체에 위탁할 수 있다.
③ 국가 또는 지방자치단체가 아닌 자가 지원센터를 설치·운영하고자 할 때에는 미리 시·도지사 또는 시장·군수·구청장의 지정을 받아야 한다.
④ 지원센터는 다음의 업무를 수행한다.

- 다문화가족을 위한 교육·상담 등 지원사업의 실시
- 다문화가족 지원서비스 정보제공 및 홍보
- 일자리에 관한 정보제공 및 일자리의 알선
- 다문화가족 내 가정폭력 방지 및 피해자 연계 지원
- 결혼이민자 등에 대한 한국어교육
- 다문화가족 지원 관련 기관·단체와의 서비스 연계
- 다문화가족을 위한 통역·번역 지원사업
- 그 밖에 다문화가족 지원을 위하여 필요한 사업

⑤ 지원센터에는 다문화가족에 대한 교육·상담 등의 업무를 수행하기 위하여 관련 분야에 대한 학식과 경험을 가진 전문인력을 두어야 한다.
⑥ 국가와 지방자치단체는 지정한 지원센터에 대하여 예산의 범위에서 업무를 수행하는 데에 필요한 비용 및 지원센터의 운영에 드는 비용의 전부 또는 일부를 보조할 수 있다.
⑦ 지원센터의 설치·운영 기준, 위탁·지정 기간 및 절차 등에 필요한 사항은 대통령령으로 정하고, 전문인력의 기준 등에 필요한 사항은 여성가족부령으로 정한다.

7 가정폭력 및 성폭력 관련법

1. 가정폭력방지 및 피해자보호 등에 관한 법률 기출 12회, 13회, 15~17회, 23회

① 목적(제1조): 가정폭력을 예방하고 가정폭력의 피해자를 보호·지원한다.
② 용어의 정의(제2조)

가정폭력	가정 구성원 사이의 신체적, 정신적 또는 재산상 피해를 수반하는 행위
아동	18세 미만인 자

③ 국가 등의 책무(제4조) 기출 17회
   ㉠ 국가와 지방자치단체는 가정폭력의 예방·방지와 피해자의 보호·지원을 위하여 다음의 조치를 취하여야 한다.

   - 가정폭력 신고체계의 구축 및 운영
   - 가정폭력의 예방과 방지를 위한 조사·연구·교육 및 홍보
   - 피해자를 보호·지원하기 위한 시설의 설치·운영
   - 임대주택의 우선 입주권 부여, 직업훈련 등 자립·자활을 위한 지원서비스 제공
   - 법률구조 및 그 밖에 피해자에 대한 지원서비스 제공
   - 피해자의 보호와 지원을 원활히 하기 위한 관련 기관 간의 협력체계 구축 및 운영
   - 가정폭력의 예방·방지와 피해자의 보호·지원을 위한 관계 법령의 정비와 각종 정책의 수립·시행 및 평가
   - 피해자와 긴급전화센터, 가정폭력 관련 상담소, 가정폭력피해자 보호시설의 상담원 등 종사자의 신변보호를 위한 안전대책 마련
   - 가정폭력 피해의 특성을 고려한 피해자 신변노출 방지 및 보호·지원체계 구축
   - 가정폭력을 목격하거나 피해를 당한 아동의 신체적·정신적 회복을 위하여 필요한 상담·치료프로그램 제공

   ㉡ 국가와 지방자치단체는 책무를 다하기 위하여 이에 필요한 재원을 확보하는 등 예산상의 조치를 취하여야 한다.
   ㉢ 특별시·광역시·특별자치시·도·특별자치도 및 시·군·구에 가정폭력의 예방·방지 및 피해자의 보호·지원을 담당할 기구와 공무원을 두어야 한다.
   ㉣ 국가와 지방자치단체는 설치·운영하는 가정폭력 관련 상담소와 가정폭력피해자 보호시설에 대하여 경비를 보조하는 등 이를 육성·지원하여야 한다.

④ 가정폭력 실태조사(제4조의2): 여성가족부장관은 3년마다 가정폭력에 대한 실태조사를 실시하여 그 결과를 발표하고, 이를 가정폭력을 예방하기 위한 정책수립의 기초자료로 활용하여야 한다.

⑤ 보호시설의 설치(제7조)
   ㉠ 국가나 지방자치단체는 가정폭력피해자 보호시설을 설치·운영할 수 있다.
   ㉡ 사회복지사업법에 따른 사회복지법인과 그 밖의 비영리법인은 시장·군수·구청장의 인가를 받아 보호시설을 설치·운영할 수 있다.
   ㉢ 보호시설에는 상담원을 두어야 하고, 보호시설의 규모에 따라 생활지도원, 취사원, 관리원 등의 종사자를 둘 수 있다.
   ㉣ 보호시설의 설치·운영의 기준, 보호시설에 두는 상담원 등 종사자의 직종과 수 및 인가기준 등에 필요한 사항은 여성가족부령으로 정한다.

⑥ 보호시설의 종류(제7조의2)

단기보호시설	피해자 등을 6개월의 범위에서 보호하는 시설 참고 단기보호시설의 장은 그 단기보호시설에 입소한 피해자 등에 대한 보호기간을 여성가족부령으로 정하는 바에 따라 각 3개월의 범위에서 두 차례 연장할 수 있음.
장기보호시설	피해자 등에 대하여 2년의 범위에서 자립을 위한 주거편의 등을 제공하는 시설
외국인보호시설	외국인 피해자 등을 2년의 범위에서 보호하는 시설
장애인보호시설	장애인복지법의 적용을 받는 장애인인 피해자 등을 2년의 범위에서 보호하는 시설

⑦ 보호시설에 대한 보호비용 지원(제7조의5)
   ㉠ 국가나 지방자치단체는 보호시설에 입소한 피해자나 피해자가 동반한 가정 구성원의 보호를 위하여 필요한 경우 다음의 보호비용을 보호시설의 장 또는 피해자에게 지원할 수 있다.

- 생계비
- 아동양육비
- 퇴소 시 자립지원금
- 아동교육지원비
- 직업훈련비
- 그 밖에 대통령령으로 정하는 비용(의료비 등)

  ⓒ 보호시설에 입소한 피해자나 피해자가 동반한 가정 구성원이 국민기초생활 보장법 등 다른 법령에 따라 보호를 받고 있는 경우에는 그 범위에서 이 법에 따른 지원을 하지 아니한다.
⑧ **보호시설의 퇴소(제7조의4)**: 보호시설의 장은 보호의 목적이 달성된 경우, 보호 기간이 끝난 경우, 입소자가 거짓이나 그 밖의 부정한 방법으로 입소한 경우, 보호시설 안에서 현저한 질서문란 행위를 한 경우에 퇴소를 명할 수 있다.
⑨ **경비의 보조(제13조)**: 국가나 지방자치단체는 상담소나 보호시설의 설치·운영에 드는 경비의 일부를 보조할 수 있다.
⑩ **가정폭력 예방교육의 실시(제4조의3)**
  ㉠ 국가기관, 지방자치단체 및 「초·중등교육법」에 따른 각급 학교의 장, 그 밖에 대통령령으로 정하는 공공단체의 장은 가정폭력의 예방과 방지를 위하여 필요한 교육을 실시하고, 그 결과를 여성가족부장관에게 제출하여야 한다.
  ㉡ 예방교육을 실시하는 경우 「성폭력방지법」에 따른 성교육 및 성폭력 예방교육, 「양성평등기본법」에 따른 성희롱 예방교육 및 「성매매방지법」에 따른 성매매 예방교육 등을 성평등 관점에서 통합하여 실시할 수 있다.
  ㉢ 여성가족부장관 또는 특별시장·광역시장·특별자치시장·도지사·특별자치도지사(이하 "시·도지사")는 교육의 대상이 아닌 국민에게 가정폭력의 예방과 방지를 위하여 필요한 교육을 실시할 수 있다. 이 경우 여성가족부장관 또는 시·도지사는 교육에 관한 업무를 제5조에 따른 가정폭력 관련 상담소 또는 대통령령으로 정하는 교육기관에 위탁할 수 있다.
  ㉣ 여성가족부장관은 교육을 위하여 전문강사를 양성하고, 교육 프로그램을 개발·보급하여야 한다.
  ㉤ 여성가족부장관은 가정폭력 예방교육 실시 결과에 대한 점검을 대통령령으로 정하는 바에 따라 매년 실시하여야 한다.

2. 성폭력방지 및 피해자보호 등에 관한 법률 기출 15회, 18회, 19회

① **목적(제1조)**: 성폭력을 예방하고 성폭력피해자를 보호·지원함으로써 인권증진에 이바지한다.
② **용어의 정의(제2조)**

성폭력	성폭력범죄의 처벌 등에 관한 특례법에 규정된 죄에 해당하는 행위
성폭력행위자	성폭력범죄의 처벌 등에 관한 특례법에 해당하는 죄를 범한 사람
성폭력피해자	성폭력으로 인하여 직접적으로 피해를 입은 사람

③ **국가 등의 책무(제3조)** 기출 17회
  ㉠ 국가와 지방자치단체는 성폭력을 방지하고 성폭력피해자를 보호·지원하기 위하여 다음의 조치를 하며 이에 따른 예산상의 조치를 하여야 한다.

- 성폭력 신고체계의 구축·운영
- 성폭력 예방을 위한 조사·연구, 교육 및 홍보
- 피해자를 보호·지원하기 위한 시설의 설치·운영
- 피해자에 대한 주거지원, 직업훈련 및 법률구조 등 사회복귀 지원
- 피해자에 대한 보호·지원을 원활히 하기 위한 관련 기관 간 협력체계의 구축·운영

- 성폭력 예방을 위한 유해환경 개선
- 피해자 보호·지원을 위한 관계 법령의 정비와 각종 정책의 수립·시행 및 평가

④ 성폭력 사건 발생 시 조치(제5조의4)
  ㉠ 국가기관 등의 장은 해당 기관에서 성폭력 사건이 발생한 사실을 알게 된 경우 피해자의 명시적인 반대의견이 없으면 지체 없이 그 사실을 여성가족부장관에게 통보하고, 해당 사실을 안 날부터 3개월 이내에 재발방지대책을 여성가족부장관에게 제출하여야 한다.
  ㉡ 여성가족부장관은 통보받은 사건이 중대하다고 판단되거나 재발방지대책의 점검 등을 위하여 필요한 경우 해당 기관에 대한 현장점검을 실시할 수 있으며, 점검 결과 시정이나 보완이 필요하다고 인정하는 경우에는 국가기관 등의 장에게 시정이나 보완을 요구할 수 있다.
  ㉢ 재발방지대책의 제출 및 현장점검 등에 필요한 사항은 대통령령으로 정한다.

⑤ 불법촬영물 등으로 인한 피해자에 대한 지원(제7조의3)
  ㉠ 국가는 성폭력범죄의 처벌 등에 관한 특례법에 따른 촬영물(편집물) 또는 복제물과 아동·청소년의 성보호에 관한 법률에 따른 아동·청소년성착취물이 정보통신망에 유포되어 피해를 입은 사람에 대하여 촬영물 등의 삭제를 위한 지원을 할 수 있다.
  ㉡ 지원대상자, 그 배우자(사실상의 혼인관계를 포함), 직계친족, 형제자매 또는 지원대상자가 지정하는 대리인은 국가에 촬영물 등의 삭제를 위한 지원을 요청할 수 있다. 이 경우 지원대상자가 지정하는 대리인은 여성가족부령으로 정하는 요건을 갖추어 삭제 지원을 요청하여야 한다.
  ㉢ 국가는 다음 어느 하나에 해당하는 촬영물 등에 대해서는 삭제 지원요청자의 요청 없이도 삭제를 위한 지원을 한다. 이 경우 범죄의 증거 인멸 등을 방지하기 위하여 해당 촬영물 등과 관련된 자료를 보관하여야 한다.

  - 수사기관의 삭제 지원 요청이 있는 성폭력범죄의 처벌 등에 관한 특례법에 따른 촬영물(편집물) 또는 복제물
  - 아동·청소년의 성보호에 관한 법률에 따른 아동·청소년성착취물

  ㉣ 촬영물 등의 삭제 지원에 소요되는 비용은 성폭력행위자 또는 아동·청소년대상 성범죄행위자가 부담한다.
  ㉤ 국가가 촬영물 등의 삭제 지원에 소요되는 비용을 지출한 경우 성폭력행위자 또는 아동·청소년대상 성범죄행위자에 대하여 구상권을 행사할 수 있다.
  ㉥ 촬영물 등의 삭제 지원의 내용·방법, 자료 보관의 방법·기간, 구상권 행사의 절차·방법 등에 필요한 사항은 여성가족부령으로 정한다.

⑥ 피해자 등에 대한 불이익조치의 금지(제8조): 누구든지 피해자 또는 성폭력 발생 사실을 신고한 자를 고용하고 있는 자는 성폭력과 관련하여 피해자 또는 성폭력 발생 사실을 신고한 자에게 다음 어느 하나에 해당하는 불이익조치를 하여서는 아니 된다.

- 파면, 해임, 해고, 그 밖에 신분상실에 해당하는 불이익조치
- 징계, 정직, 감봉, 강등, 승진 제한, 그 밖의 부당한 인사조치
- 전보, 전근, 직무 미부여, 직무 재배치, 그 밖에 본인의 의사에 반하는 인사조치
- 성과평가 또는 동료평가 등에서의 차별이나 그에 따른 임금 또는 상여금 등의 차별 지급
- 직업능력 개발 및 향상을 위한 교육훈련 기회의 제한, 예산 또는 인력 등 가용자원의 제한 또는 제거, 보안정보 또는 비밀정보 사용의 정지 또는 취급자격의 취소, 그 밖에 근무조건 등에 부정적 영향을 미치는 차별 또는 조치
- 주의대상자 명단 작성 또는 그 명단의 공개, 집단 따돌림, 폭행 또는 폭언 등 정신적·신체적 손상을 가져오는 행위 또는 그 행위의 발생을 방치하는 행위
- 직무에 대한 부당한 감사 또는 조사나 그 결과의 공개
- 그 밖에 본인의 의사에 반하는 불이익조치

⑦ 상담소의 설치·운영(제10조)
　㉠ 국가 또는 지방자치단체는 성폭력피해상담소를 설치·운영할 수 있다.
　㉡ 국가 또는 지방자치단체 외의 자가 상담소를 설치·운영하려면 특별자치시장·특별자치도지사 또는 시장·군수·구청장에게 신고하여야 한다. 신고한 사항 중 여성가족부령으로 정하는 중요 사항을 변경하려는 경우에도 또한 같다.
　㉢ 특별자치시장·특별자치도지사 또는 시장·군수·구청장은 신고를 받은 날부터 10일 이내(변경신고의 경우 5일 이내)에 신고수리 여부 또는 민원 처리 관련 법령에 따른 처리 기간의 연장을 신고인에게 통지하여야 한다.
　㉣ 상담소의 설치·운영기준, 상담소에 두는 상담원 등 종사자의 수 및 신고 등에 필요한 사항은 여성가족부령으로 정한다.
⑧ 보호시설의 설치·운영 및 종류(제12조)
　㉠ 국가 또는 지방자치단체는 성폭력피해자보호시설을 설치·운영할 수 있다.
　㉡ 사회복지사업법에 따른 사회복지법인이나 그 밖의 비영리법인은 특별자치시장·특별자치도지사 또는 시장·군수·구청장의 인가를 받아 보호시설을 설치·운영할 수 있다.
　㉢ 보호시설의 종류

일반보호시설	• 피해자에게 보호 및 숙식, 상담 및 치료, 취업정보 등을 제공하는 시설 • 보호 기간: 1년 이내(1년 6개월 범위에서 1회 연장 가능)
장애인보호시설	• 장애인차별금지 및 권리구제 등에 관한 법률에 따른 장애인인 피해자에게 보호 및 숙식, 상담 및 치료, 취업정보 등을 제공하는 시설 • 보호 기간: 2년 이내(피해 회복 소요 기간까지 연장 가능)
특별지원 보호시설	• 성폭력범죄의 처벌 등에 관한 특례법에 따른 피해자로서 19세 미만의 피해자에게 보호 및 숙식, 상담 및 치료, 취업정보 등을 제공하는 시설 • 보호 기간: 19세가 될 때까지(2년 범위에서 1회 연장 가능)
외국인보호시설	• 외국인 피해자에게 보호 및 숙식, 상담 및 치료, 취업정보 등을 제공하는 시설(단, 가정폭력방지 및 피해자보호 등에 관한 법률에 따른 외국인보호시설과 통합하여 운영 가능) • 보호 기간: 1년 이내(피해 회복 소요 기간까지 연장 가능)
자립지원 공동생활시설	• 일반·장애인·특별지원·외국인보호시설을 퇴소한 사람에게 자립·자활 교육의 실시, 취업정보 및 그 밖에 필요한 사항을 제공하는 시설 • 보호 기간: 2년 이내(2년 범위에서 1회 연장 가능)
장애인 자립지원 공동생활시설	• 장애인보호시설을 퇴소한 사람에게 자립·자활 교육의 실시, 취업정보 및 그 밖에 필요한 사항을 제공하는 시설 • 보호 기간: 2년 이내(2년 범위에서 1회 연장 가능)

　㉣ 국가 또는 지방자치단체는 보호시설의 설치·운영을 대통령령으로 정하는 기관 또는 단체에 위탁할 수 있다.
　㉤ 보호시설의 설치·운영 기준, 보호시설에 두는 상담원 등 종사자의 수 및 인가 절차 등과 위탁에 필요한 사항은 여성가족부령으로 정한다.

8 기타 사회복지서비스 관련법

1. 사회복지공동모금회법 가출 11회, 17~20회, 22회

① 목적(제1조)
　㉠ 사회복지공동모금회의 공동모금을 통하여 국민이 사회복지를 이해하고 참여하게 한다.

ⓒ 국민의 자발적인 성금으로 조성된 재원을 효율적이고 공정하게 관리·운용함으로써 사회복지증진에 이바지한다.

② 사회복지공동모금회 설립과 운영
  ㉠ 사회복지공동모금사업을 관장하기 위하여 사회복지공동모금회(이하 모금회)를 둔다.
  ㉡ 모금회는 사회복지사업법에 따른 사회복지법인으로 한다.
  ㉢ 모금회는 정관을 작성하여 보건복지부장관의 인가를 받아 등기함으로써 설립된다.
  ㉣ 모금회는 이사(회장·부회장 및 사무총장을 포함) 15명 이상 20명 이하를 둔다.
  ㉤ 임원의 임기는 3년으로 하되, 1회에 한하여 연임할 수 있다.
  ㉥ 모금회의 회계연도는 1월 1일부터 12월 31일까지로 한다.
  ㉦ 모금회는 사회복지사업 및 기타 사회복지활동의 지원을 위하여 연중 기부금품을 모집·접수할 수 있다.
  ㉧ 국가 또는 지방자치단체는 모금회에 대하여 기부금품의 모집에 필요한 비용을 보조할 수 있다.
  ㉨ 모금회는 매년 8월 31일까지 회계연도의 공동모금재원의 배분기준을 정하여 공고하여야 한다.

③ 분과실행위원회(제13조)
  ㉠ 모금회의 기획·홍보·모금·배분 업무에 관한 사항을 심의하기 위하여 해당 분야의 전문가와 시민대표 등으로 구성되는 기획분과실행위원회, 홍보분과실행위원회, 모금분과실행위원회 및 배분분과실행위원회 등 분과실행위원회를 둔다.
  ㉡ 분과실행위원회의 위원장은 1명 이상의 이사로부터 추천을 받은 이사 중에서 이사회의 의결을 거쳐 회장이 위촉하며, 그 위원은 해당 위원장의 제청과 이사회의 의결로 회장이 위촉한다.
  ㉢ 분과실행위원회는 위원장 1명을 포함하여 20명 이내의 위원으로 구성한다. 다만, 모금분과실행위원회 및 배분분과실행위원회는 각각 20명 이상의 위원으로 구성한다.
  ㉣ 분과실행위원회 위원의 임기는 2년으로 하며, 연임할 수 있다. 다만, 배분분과실행위원회 위원은 한 차례만 연임할 수 있다.

④ 재원(제17조): 모금회의 사업에 필요한 경비는 다음의 재원으로 조성한다.

  - 사회복지공동모금에 의한 기부금품
  - 복권 및 복권기금법에 따라 배분받은 복권수익금
  - 법인이나 단체가 출연하는 현금·물품 또는 그 밖의 재산
  - 그 밖의 수입금

⑤ 모금창구의 지정(제19조): 모금회는 기부금품의 접수를 효율적이고 공정하게 하기 위하여 언론기관을 모금 창구로 지정하고, 지정된 언론기관의 명의로 모금계좌를 개설할 수 있다.

⑥ 배분기준(제20조)
  ㉠ 모금회는 매년 8월 31일까지 다음의 사항이 포함된 다음 회계연도의 공동모금재원의 배분기준을 정하여 공고하여야 한다.

  - 공동모금재원의 배분대상, 배분한도액, 배분신청 기간 및 배분신청서 제출 장소, 배분심사기준
  - 배분재원의 과부족 시 조정방법, 배분신청 시 제출할 서류, 그 밖에 공동모금재원의 배분에 필요한 사항

  ㉡ 모금회는 재난구호 및 긴급구호 등 긴급히 지원하여야 할 필요가 있는 경우에는 별도의 배분기준에 따라 지원할 수 있다.

⑦ 재원의 사용(제25조)
  ㉠ 공동모금재원은 사회복지사업이나 그 밖의 사회복지활동에 사용한다.
  ㉡ 매 회계연도에 조성된 공동모금재원은 해당 회계연도에 지출하는 것을 원칙으로 한다. 다만, 재난구호 및 긴급구호 등 긴급히 지원할 필요가 있을 때를 대비하여 매 회계연도의 공동모금재원 일부를 적립하는 경우에는 그러하지 아니하다.

ⓒ 매 회계연도에 조성된 공동모금재원의 일부를 이사회 의결을 거쳐 다음 회계연도에 이월하여 지출할 수 있다.
ⓔ 기부금품 모집과 모금회의 관리·운영에 필요한 비용은 바로 앞 회계연도 모금총액의 100분의 10의 범위에서 이사회의 의결을 거쳐 사용할 수 있다.
ⓜ 공동모금재원의 관리·운용방법 및 예산·회계 등에 필요한 사항은 정관으로 정한다.

⑧ 기부금품의 지정·사용(제27조)
  ㉠ 기부금품의 기부자는 배분지역, 배분대상자 또는 사용 용도를 지정할 수 있다.
  ㉡ 모금회는 지정 취지가 이 법의 목적·취지나 공직선거법을 위반하는 경우 그 사실을 기부자에게 설명하고 이 법의 목적·취지와 공직선거법을 위반하지 아니하도록 지정할 것을 요구하거나 그 지정을 철회할 것을 요구하여야 한다. 기부자가 이에 따르지 아니하는 경우에는 기부금품을 접수하지 아니하여야 한다.
  ㉢ 모금회는 지정이 있는 경우 그 지정 취지에 따라 기부금품을 사용하여야 한다.
  ㉣ 모금회는 이사회의 의결을 거쳐 지정 및 그 사용방법에 필요한 사항을 정할 수 있다.

⑨ 다른 법률과의 관계(제34조): 사회복지공동모금회법 또는 모금회의 정관으로 규정하지 아니한 사항은 민법 중 재단법인에 관한 규정을 준용한다.

2. 자원봉사활동 기본법 기출 11회, 14회, 19회

① 목적(제1조): 자원봉사활동에 관한 기본적인 사항을 규정함으로써 자원봉사활동을 진흥하고 행복한 공동체 건설에 이바지한다.
② 기본 방향(제2조)
  ㉠ 자원봉사활동은 국민의 협동적인 참여 능력을 높일 수 있는 방향으로 추진하여야 한다.
  ㉡ 자원봉사활동은 무보수성, 자발성, 공익성, 비영리성, 비정파성, 비종파성의 원칙 아래 수행될 수 있도록 하여야 한다.
    참고 • 비정파성: 정치에서의 이해관계에 따라 행동하지 않는 것 / • 비종파성: 종교의 갈래에 따라 행동하지 않는 것
  ㉢ 모든 국민은 나이, 성별, 장애, 지역, 학력 등 사회적 배경에 관계없이 누구든지 자원봉사활동에 참여할 수 있도록 하여야 한다.
  ㉣ 자원봉사활동의 진흥을 위한 정책은 민·관 협력의 기본 정신을 바탕으로 하여 추진하여야 한다.
③ 용어의 정의(제3조)

자원봉사활동	개인 또는 단체가 지역사회·국가 및 인류사회를 위하여 대가 없이 자발적으로 시간과 노력을 제공하는 행위
자원봉사단체	자원봉사활동을 주된 사업으로 하거나 이를 지원하기 위하여 설립된 비영리법인 또는 단체
자원봉사센터	자원봉사활동의 개발·장려·연계·협력 등의 사업을 수행하기 위하여 법령과 조례 등에 따라 설치된 기관·법인·단체 등

④ 정치활동 등의 금지 의무(제5조): 지원을 받는 자원봉사단체 및 자원봉사센터는 그 명의 또는 그 대표의 명의로 특정 정당이나 특정인의 선거운동(공직선거법에 따른 선거운동)을 하여서는 아니 된다.
⑤ 자원봉사활동의 강요 금지(제5조의2): 누구든지 개인 또는 단체에 대하여 자원봉사활동을 강요하여서는 아니 된다.
⑥ 자원봉사단체에 대한 지원(제18조): 국가 및 지방자치단체는 자원봉사단체의 활동에 필요한 행정적 지원을 할 수 있으며 비영리민간단체지원법에 따라 사업비를 지원할 수 있다.

⑦ 자원봉사센터의 설치 및 운영(제19조)
  ㉠ 국가기관 및 지방자치단체는 자원봉사센터를 설치할 수 있다. 이 경우 자원봉사센터를 법인으로 하여 운영하거나 비영리법인에 위탁하여 운영하여야 한다.
  ㉡ 자원봉사활동을 효율적으로 추진하기 위하여 필요하다고 인정할 경우에는 국가기관 및 지방자치단체가 운영할 수 있다.
  ㉢ 국가는 자원봉사센터의 설치·운영이 활성화될 수 있도록 적극 노력하여야 하며, 지방자치단체는 자원봉사센터의 운영에 필요한 경비를 지원할 수 있다.
  ㉣ 자원봉사센터 장의 자격요건과 자원봉사센터의 조직 및 운영 등에 필요한 사항은 대통령령으로 정한다.

3. 정신건강증진 및 정신질환자 복지서비스 지원에 관한 법률 기출 11회, 21회

① 목적(제1조): 정신질환의 예방·치료, 정신질환자의 재활·복지·권리보장과 정신건강 친화적인 환경 조성에 필요한 사항을 규정함으로써 국민의 정신건강 증진 및 정신질환자가 인간다운 삶을 영위하는 데 이바지한다.

> **합격 가이드**
> 약칭은 정신건강복지법입니다. 예전에는 정신건강증진법, 정신보건법이었습니다.

② 기본이념(제2조)
  ㉠ 모든 국민은 정신질환으로부터 보호받을 권리를 가진다.
  ㉡ 모든 정신질환자는 인간으로서의 존엄과 가치를 보장받고, 최적의 치료를 받을 권리를 가진다.
  ㉢ 모든 정신질환자는 정신질환이 있다는 이유로 부당한 차별대우를 받지 아니한다.
  ㉣ 미성년자인 정신질환자는 특별히 치료, 보호 및 교육을 받을 권리를 가진다.
  ㉤ 정신질환자에 대해서는 입원 또는 입소가 최소화되도록 지역사회 중심의 치료가 우선적으로 고려되어야 하며, 정신건강증진시설에 자신의 의지에 따른 입원 또는 입소(자의입원)가 권장되어야 한다.
  ㉥ 정신건강증진시설에 입원 등을 하고 있는 모든 사람은 가능한 한 자유로운 환경을 누릴 권리와 다른 사람들과 자유로이 의견교환을 할 수 있는 권리를 가진다.
  ㉦ 정신질환자는 원칙적으로 자신의 신체와 재산에 관한 사항에 대하여 스스로 판단하고 결정할 권리를 가진다. 특히 주거지, 의료행위에 대한 동의나 거부, 타인과의 교류, 복지서비스의 이용 여부와 복지서비스 종류의 선택 등을 스스로 결정할 수 있도록 자기결정권을 존중받는다.
  ㉧ 정신질환자는 자신에게 법률적·사실적 영향을 미치는 사안에 대하여 스스로 이해하여 자신의 자유로운 의사를 표현할 수 있도록 필요한 도움을 받을 권리를 가진다.
  ㉨ 정신질환자는 자신과 관련된 정책의 결정과정에 참여할 권리를 가진다.

③ 용어의 정의(제3조)

정신질환자	망상, 기분의 장애 등으로 인하여 독립적으로 일상생활을 영위하는 데 중대한 제약이 있는 사람
정신건강증진사업	정신건강 관련 교육·상담, 정신질환의 예방·치료, 정신질환자의 재활, 정신건강에 영향을 미치는 사회복지·교육·주거·근로 환경의 개선 등을 통하여 국민의 정신건강을 증진시키는 사업
정신건강복지센터	정신건강증진시설, 사회복지사업법에 따른 사회복지시설, 학교 및 사업장과 연계체계를 구축하여 지역사회에서의 정신건강증진사업 및 정신질환자 복지서비스 지원사업을 하는 기관 또는 단체
정신건강증진시설	정신의료기관, 정신요양시설 및 정신재활시설
정신의료기관	의료법에 따른 정신병원, 의료기관 중 기준에 적합하게 설치된 의원, 병원급 의료기관에 설치된 정신건강의학과로서 기준에 적합한 기관
정신요양시설	정신질환자를 입소시켜 요양서비스를 제공하는 시설
정신재활시설	정신질환자 또는 정신건강상 문제가 있는 사람 중 대통령령으로 정하는 사람의 사회적응을 위한 각종 훈련과 생활지도를 하는 시설

④ 정신건강증진 정책의 추진
  ㉠ **실태조사(제10조 제1항)**: 보건복지부장관은 5년마다 실태조사를 하여야 한다. 다만, 정신건강증진 정책을 수립하는 데 필요한 경우 수시로 실태조사를 할 수 있다.
  ㉡ **정신건강의 날(제14조)**: 매년 10월 10일을 정신건강의 날로 하고, 정신건강의 날이 포함된 주를 정신건강주간으로 한다.
  ㉢ **정신건강복지센터의 설치 및 운영(제15조)**
    • 보건복지부장관은 필요한 지역에서의 소관 정신건강증진사업 등의 제공 및 연계 사업을 전문적으로 수행하게 하기 위하여 정신건강복지센터를 설치·운영할 수 있다.
    • 시·도지사는 관할 구역에서의 소관 정신건강증진사업 등의 제공 및 연계 사업을 전문적으로 수행하게 하기 위하여 광역정신건강복지센터를 설치·운영할 수 있다.
    • 시장·군수·구청장은 관할 구역에서의 소관 정신건강증진사업 등의 제공 및 연계 사업을 전문적으로 수행하게 하기 위하여 지역보건법에 따른 보건소에 기초정신건강복지센터를 설치·운영할 수 있다.
    • 정신건강복지센터의 장은 정신건강증진사업 등의 제공 및 연계 사업을 수행하기 위하여 정신질환자를 관리하는 경우에 정신질환자 본인이나 보호의무자의 동의를 받아야 한다.
    • 보건복지부장관은 정신건강복지센터의 설치·운영에 필요한 비용의 일부를 부담한다.
    • 보건복지부장관은 대통령령으로 정하는 바에 따라, 시·도지사 및 시장·군수·구청장은 조례나 규칙으로 정하는 바에 따라 소관 정신건강증진사업 등을 정신건강에 관한 전문성이 있는 기관·단체에 위탁하여 수행할 수 있다.
    • 시·도지사는 소관 광역정신건강복지센터의 운영 현황 및 정신건강증진사업 등의 추진 내용을, 시장·군수·구청장은 관할 시·도지사를 통하여 소관 기초정신건강복지센터의 운영 현황 및 정신건강증진사업 등의 추진 내용을 각각 반기별로 보건복지부장관에게 보고하여야 한다.
    • 보건복지부장관, 시·도지사 및 시장·군수·구청장은 수시로 신고를 받을 수 있는 정신건강상담용 긴급전화를 설치·운영하여야 한다.
    • 정신건강복지센터의 설치·운영에 필요한 사항 및 긴급전화의 설치·운영에 필요한 사항은 대통령령으로 정한다.
  ㉣ **정신건강전문요원의 자격 등(제17조)**
    • 보건복지부장관은 정신건강 분야에 관한 전문지식과 기술을 갖추고 보건복지부령으로 정하는 수련기관에서 수련을 받은 사람에게 정신건강전문요원의 자격을 줄 수 있다.
    • 정신건강전문요원은 그 전문분야에 따라 정신건강임상심리사, 정신건강간호사 및 정신건강사회복지사 및 정신건강작업치료사로 구분한다.
    • 보건복지부장관은 정신건강전문요원의 자질을 향상시키기 위하여 보수교육을 실시할 수 있고, 보수교

육을 국립정신병원, 고등교육법에 따른 학교 또는 대통령령으로 정하는 전문기관에 위탁할 수 있다.
- 정신건강전문요원은 다른 사람에게 자기의 명의를 사용하여 정신건강전문요원의 업무를 수행하게 하거나 정신건강전문요원 자격증을 빌려주어서는 아니 된다.
- 누구든지 정신건강전문요원 자격을 취득하지 아니하고 그 명의를 사용하거나 자격증을 대여받아서는 아니 되며, 명의의 사용이나 자격증의 대여를 알선하여서도 아니 된다.
- 보건복지부장관은 정신건강전문요원이 다음의 어느 하나에 해당하는 경우에는 그 자격을 취소하거나 6개월 이내의 기간을 정하여 자격의 정지를 명할 수 있다.

> - 자격을 받은 후 다음 어느 하나에 해당하게 된 경우(반드시 자격 취소)
>   - 피성년후견인
>   - 금고 이상의 형 또는 치료감호를 선고받고 그 집행이 끝나지 아니하거나 집행을 받지 아니하기로 확정되지 아니한 사람
> - 거짓이나 그 밖의 부정한 방법으로 자격을 받은 경우(반드시 자격 취소)
> - 다른 사람에게 자기의 명의를 사용하여 정신건강전문요원의 업무를 수행하게 하거나 정신건강전문요원 자격증을 빌려준 경우
> - 고의 또는 중대한 과실로 대통령령으로 정하는 업무의 수행에 중대한 지장이 발생하게 된 경우

- 정신건강전문요원 업무의 범위, 자격·등급에 관하여 필요한 사항은 대통령령으로 정하고, 수련과정 및 보수교육과 정신건강전문요원에 대한 자격증의 발급 등에 관하여 필요한 사항은 보건복지부령으로 정한다.

⑤ 정신의료기관의 개설·운영(제19조)
㉠ 정신의료기관의 개설은 의료법에 따른다.
㉡ 정신의료기관의 시설·장비의 기준과 의료인 등 종사자의 수·자격에 관하여 필요한 사항은 정신의료기관의 규모 등을 고려하여 보건복지부령으로 따로 정한다.
㉢ 다음 어느 하나에 해당하는 행위로 금고 이상의 형을 선고받고 그 형의 집행이 끝나거나 집행을 받지 아니하기로 확정된 후 5년이 지나지 아니한 사람 또는 그 사람이 대표자로 있는 법인은 정신의료기관을 개설하거나 설치할 수 없다.

> - 정신질환자를 퇴원이나 임시 퇴원을 시키지 아니한 행위
> - 정신건강의학과전문의의 대면 진단에 의하지 아니하고 정신질환자를 정신의료기관에 입원을 시키거나 입원의 기간을 연장한 행위

㉣ 보건복지부장관은 정신질환자에 대한 지역별 병상 수급 현황 등을 고려하여 정신의료기관이 다음 어느 하나에 해당하는 경우에 그 정신의료기관의 규모를 제한할 수 있다.

> - 300병상 이상의 정신의료기관을 개설하려는 경우
> - 정신의료기관의 병상 수를 300병상 미만에서 기존의 병상 수를 포함하여 300병상 이상으로 증설하려는 경우
> - 300병상 이상의 정신의료기관을 운영하는 자가 병상 수를 증설하려는 경우

⑥ 정신요양시설의 설치·운영(제22조)
㉠ 국가와 지방자치단체는 정신요양시설을 설치·운영할 수 있다.
㉡ 사회복지사업법에 따른 사회복지법인과 그 밖의 비영리법인이 정신요양시설을 설치·운영하려는 경우에는 해당 정신요양시설 소재지 관할 특별자치시장·특별자치도지사·시장·군수·구청장의 허가를 받아야 한다.

ⓒ 다음 어느 하나에 해당하는 행위로 금고 이상의 형을 선고받고 그 형의 집행이 끝나거나 집행을 받지 아니하기로 확정된 후 5년이 지나지 아니한 사람 또는 그 사람이 대표자로 있는 법인은 정신요양시설을 설치할 수 없다.

> - 정신질환자를 퇴소나 임시 퇴소를 시키지 아니한 행위
> - 정신건강의학과전문의의 대면 진단에 의하지 아니하고 정신질환자를 정신요양시설에 입소시키거나 입소의 기간을 연장한 행위

ⓔ 허가를 받은 자가 허가받은 사항을 변경하려는 경우에는 특별자치시장·특별자치도지사·시장·군수·구청장에게 신고하여야 한다. 다만, 입소 정원을 변경하려는 경우에는 변경허가를 받아야 한다. 특별자치시장·특별자치도지사·시장·군수·구청장은 신고를 받은 경우 그 내용을 검토하여 이 법에 적합하면 신고를 수리하여야 한다.

ⓜ 보건복지부장관, 시·도지사 및 시장·군수·구청장은 정신요양시설의 장에게 정신질환자의 요양생활에 지장이 없는 범위에서 지역주민·사회단체·언론사 등이 정신요양시설의 운영상황을 파악할 수 있도록 그 시설의 개방을 요구할 수 있다. 이 경우 정신요양시설의 장은 정당한 사유가 없으면 그 요구에 따라야 한다.

ⓗ 정신요양시설의 설치기준·수용인원, 종사자의 수·자격 및 정신요양시설의 이용·운영에 필요한 사항은 보건복지부령으로 정한다.

⑦ **정신재활시설의 설치·운영(제26조)**
ⓐ 국가 또는 지방자치단체는 정신재활시설을 설치·운영할 수 있다.
ⓑ 국가나 지방자치단체 외의 자가 정신재활시설을 설치·운영하려면 해당 정신재활시설 소재지 관할 특별자치시장·특별자치도지사·시장·군수·구청장에게 신고하여야 한다. 신고한 사항 중 보건복지부령으로 정하는 중요한 사항을 변경할 때에도 신고하여야 한다. 특별자치시장·특별자치도지사·시장·군수·구청장은 신고를 받은 경우 그 내용을 검토하여 이 법에 적합하면 신고를 수리하여야 한다.
ⓒ 정신재활시설의 시설기준, 수용인원, 종사자 수·자격, 설치·운영신고, 변경신고 및 정신재활시설의 이용·운영에 필요한 사항은 보건복지부령으로 정한다.
ⓓ 국가 또는 지방자치단체는 필요한 경우 정신재활시설을 사회복지법인 또는 비영리법인에 위탁하여 운영할 수 있다.
ⓔ 위탁운영의 기준·기간 및 방법 등에 관하여 필요한 사항은 보건복지부령으로 정한다.

> **개념 공략** 정신재활시설의 종류(제27조)
> - **생활시설**: 정신질환자 등이 생활할 수 있도록 주로 의식주 서비스를 제공하는 시설
> - **재활훈련시설**: 정신질환자 등이 지역사회에서 직업활동과 사회생활을 할 수 있도록 주로 상담·교육·취업·여가·문화·사회참여 등 각종 재활활동을 지원하는 시설
> - **생산품판매시설**: 정신질환자 또는 장애를 가진 사람(이하 정신질환자 등)이 생산한 생산품의 판매·유통 등을 지원하는 시설
> - **중독자재활시설**: 알코올 중독, 약물 중독 또는 게임 중독 등으로 인한 정신질환자 등을 치유하거나 재활을 돕는 시설
> - **종합시설**: 2개 이상의 정신재활시설의 기능을 복합적·종합적으로 제공하는 시설

⑧ **보호의무자(제39조)**
ⓐ 민법에 따른 후견인 또는 부양의무자는 정신질환자의 보호의무자가 된다.
ⓑ 다음 어느 하나에 해당하는 사람은 보호의무자가 될 수 없다.

- 피성년후견인 및 피한정후견인
- 파산선고를 받고 복권되지 아니한 사람
- 해당 정신질환자를 상대로 한 소송이 계속 중인 사람 또는 소송한 사실이 있었던 사람과 그 배우자
- 미성년자
- 행방불명자
- 그 밖에 보건복지부령으로 정하는 부득이한 사유로 보호의무자로서의 의무를 이행할 수 없는 사람

ⓒ 보호의무자 사이의 보호의무의 순위는 후견인·부양의무자의 순위에 따르며, 부양의무자가 2명 이상인 경우에는 민법에 따른다.

⑨ 정신의료기관의 입원
ⓐ 자의입원(제41조)
- 정신질환자나 그 밖에 정신건강상 문제가 있는 사람은 보건복지부령으로 정하는 입원 등 신청서를 정신의료기관 등의 장에게 제출함으로써 그 정신의료기관 등에 자의입원 등을 할 수 있다.
- 정신의료기관 등의 장은 자의입원 등을 한 사람이 퇴원 등을 신청한 경우에는 지체 없이 퇴원 등을 시켜야 한다.
- 정신의료기관 등의 장은 자의입원 등을 한 사람에 대하여 입원 등을 한 날부터 2개월마다 퇴원 등을 할 의사가 있는지를 확인하여야 한다.

ⓑ 동의입원(제42조)
- 정신질환자는 보호의무자의 동의를 받아 보건복지부령으로 정하는 입원 등 신청서를 정신의료기관 등의 장에게 제출함으로써 그 정신의료기관 등에 입원 등을 할 수 있다.
- 정신의료기관 등의 장은 동의입원 등을 한 사람이 퇴원 등을 신청한 경우에는 지체 없이 퇴원 등을 시켜야 한다. 다만, 정신질환자가 보호의무자의 동의를 받지 아니하고 퇴원 등을 신청한 경우에는 정신건강의학과전문의 진단 결과 환자의 치료와 보호 필요성이 있다고 인정되는 경우에 한정하여 정신의료기관 등의 장은 퇴원 등의 신청을 받은 때부터 72시간까지 퇴원 등을 거부할 수 있고, 퇴원 등을 거부하는 기간 동안 보호의무자에 의한 입원 등 또는 특별자치시장·특별자치도지사·시장·군수·구청장에 의한 입원 등으로 전환할 수 있다.
- 정신의료기관 등의 장은 퇴원 등을 거부하는 경우 지체 없이 친지 및 보호의무자에게 그 거부 사유 및 퇴원 등의 심사를 청구할 수 있음을 서면 또는 전자문서로 통지하여야 한다.
- 정신의료기관 등의 장은 입원 등을 한 사람에 대하여 입원 등을 한 날부터 2개월마다 퇴원 등을 할 의사가 있는지를 확인하여야 한다.

ⓒ 보호의무자에 의한 입원(제43조 제1항): 정신의료기관 등의 장은 정신질환자의 보호의무자 2명 이상(보호의무자 간 입원 등에 관하여 다툼이 있는 경우에는 보호의무자의 순위에 따른 선순위자 2명 이상을 말하며, 보호의무자가 1명만 있는 경우에는 1명으로 함)이 신청한 경우로서 정신건강의학과전문의가 입원 등이 필요하다고 진단한 경우에만 해당 정신질환자를 입원 등을 시킬 수 있다.

4. 영유아보육법 기출 13회

① 목적(제1조)
ⓐ 영유아의 심신을 보호하고 건전하게 교육하여 건강한 사회 구성원으로 육성한다.
ⓑ 보호자의 경제적·사회적 활동이 원활하게 이루어지도록 함으로써 영유아 및 가정의 복지증진에 이바지한다.

② 용어의 정의(제2조)

영유아	7세 이하의 취학 전 아동
보육	영유아를 건강하고 안전하게 보호·양육하고 영유아의 발달 특성에 맞는 교육을 제공하는 어린이집 및 가정양육 지원에 관한 사회복지서비스
어린이집	보호자의 위탁을 받아 영유아를 보육하는 기관
보호자	친권자·후견인, 그 밖의 자로서 영유아를 사실상 보호하고 있는 자
보육교직원	어린이집 영유아의 보육, 건강관리 및 보호자와의 상담, 그 밖에 어린이집의 관리·운영 등의 업무를 담당하는 자로서 어린이집의 원장 및 보육교사와 그 밖의 직원

③ 국공립어린이집 외의 어린이집의 설치(제13조)
  ㉠ 국공립어린이집 외의 어린이집을 설치·운영하려는 자는 특별자치시장·특별자치도지사·시장·군수·구청장의 인가를 받아야 한다. 인가받은 사항 중 중요 사항을 변경하려는 경우에도 또한 같다.
  ㉡ 특별자치시장·특별자치도지사·시장·군수·구청장은 인가를 할 경우 해당 지역의 보육 수요를 고려하여야 한다.
  ㉢ 어린이집의 설치인가를 받은 자는 어린이집 방문자 등이 볼 수 있는 곳에 어린이집 인가증을 게시하여야 한다.
  ㉣ 인가에 필요한 사항은 보건복지부령으로 정한다.

5. 건강가정기본법 기출 21회

① 목적(제1조)
  ㉠ 건강한 가정생활의 영위와 가족의 유지 및 발전을 위한 국민의 권리·의무와 국가 및 지방자치단체 등의 책임을 명백히 한다.
  ㉡ 가정문제의 적절한 해결방안을 강구하며 가족구성원의 복지증진에 이바지할 수 있는 지원정책을 강화함으로써 건강가정 구현에 기여한다.

② 용어의 정의(제3조)

가족	혼인·혈연·입양으로 이루어진 사회의 기본단위
가정	가족구성원이 생계 또는 주거를 함께 하는 생활공동체로서 구성원의 일상적인 부양·양육·보호·교육 등이 이루어지는 생활단위
1인가구	1명이 단독으로 생계를 유지하고 있는 생활단위
건강가정	가족구성원의 욕구가 충족되고 인간다운 삶이 보장되는 가정
건강가정사업	건강가정을 저해하는 문제(이하 '가정문제'라 한다)의 발생을 예방하고 해결하기 위한 여러 가지 조치와 가족의 부양·양육·보호·교육 등의 가정기능을 강화하기 위한 사업

③ 건강가정기본계획의 수립(제15조): 여성가족부장관은 관계 중앙행정기관의 장과 협의하여 건강가정기본계획을 5년마다 수립하여야 한다.

④ 가족실태조사(제20조): 국가 및 지방자치단체는 개인과 가족의 생활실태를 파악하고, 건강가정 구현 및 가정문제 예방 등을 위한 서비스의 욕구와 수요를 파악하기 위하여 3년마다 가족실태조사를 실시하고 그 결과를 발표하여야 한다.

CHAPTER 07 판례

1 판례의 의의

① 판례란 선례가 되는 재판으로 법원이 특정 소송 사건에 대하여 법을 해석하거나 적용하여 내린 판단을 말한다.
② 우리나라는 성문법주의를 택하고 있기 때문에 판례가 법률과 동일한 구속력을 가지는 것은 아니지만, 다른 유사 사건에 관하여 법원이 재판할 경우에 먼저의 재판이 나중 재판의 선례가 되고, 상급 법원의 판단은 이후 하급 법원의 재판에 사실상의 영향을 미친다. 따라서 판례는 사실상 구속력을 발휘하게 되고 법규범으로 작용하게 된다.
③ 헌법 재판소의 헌법 불합치 판결은 법률의 효력에 구속력을 가지고 있기 때문에 국가 정책에 지대한 영향을 미친다.

2 사회복지 관련 주요 판례 기출 11회, 13회, 15회, 17회, 19회, 21회

1. 국민연금보험료 강제 징수의 위헌 여부(99헌마365)

① **사건 개요**: ○○○ 씨 외 115인이 제기한 소송으로서, 국민연금관리공단으로부터 연금보험료를 납부하라는 통지를 받은 사업장가입자와 지역가입자들이 소득 재분배와 강제 가입을 전제로 한 국민연금법 제75조, 제79조가 헌법상 조세법률주의에 위배되며 재산권과 행복추구권을 침해하고 개인의 자유와 창의를 존중하는 헌법 제119조 제1항에 반한다는 이유로 국민연금법의 이 조항들의 위헌을 확인해 달라는 헌법소원을 제기했다.

② **결정 요지** ➡ **합헌**

우리 헌법의 경제 질서 원칙에 비추어 보면, 사회보험방식에 의하여 재원을 조성하여 반대급부로 노후 생활을 보장하는 강제 저축 프로그램으로서의 국민연금제도는 상호부조의 원리에 입각한 사회 연대성에 기초하여 고소득계층에서 저소득층으로, 근로 세대에서 노년 세대로, 현재 세대에서 다음 세대로 국민 간에 소득 재분배의 기능을 함으로써 오히려 위 사회적 시장 경제 질서에 부합하는 제도라 할 것이므로, 국민연금제도는 조세법률주의나 재산권 보장 및 행복추구권과 헌법상의 시장 경제 질서에 위배되지 않는다(헌재 2001.2.22. 99헌마365).

2. 국민건강보험 강제 가입과 체납 시 급여 제한의 위헌 여부(2000헌마668)

① **사건 개요**: ○○○ 씨는 국민건강보험법에 의한 건강보험의 가입자로서 2000.9.30.경 국민건강보험공단 강서지사장으로부터 1993.9.부터 1998.4.까지 청구인이 미납한 보험료 512,070원을 2000.10.10.까지 납부하지 않으면 이미 압류된 청구인의 전화를 처분하여(설비비 반환 신청) 체납된 보험료에 충당할 예정이라는 독촉장을 받았다.

청구인은 국민건강보험의 의무 가입 등을 규정한 국민건강보험법 제5조 등 인간다운 생활을 할 권리, 재산권 등을 침해하는 것이라며 2000.10.25. 국민건강보험의 의무 가입을 규정한 국민건강보험법 제5조와 보험료 체납 시 보험급여를 실시하지 않는다는 법 제48조 제3항이 헌법상 인간다운 생활을 할 권리와 재산권을 침해하는지 여부를 확인해 달라는 헌법 소원을 제기하였다.

② **결정 요지 ➡ 합헌**

국민건강보험법이 의무적 가입을 규정하고 임의 해지를 금지하면서 보험료를 납부케 하는 것은, 경제적인 약자에게도 기본적인 의료서비스를 제공하기 위한 국가의 사회보장·사회복지의 증진 의무(헌법 제34조 제2항)라는 정당한 공공복리를 효과적으로 달성하기 위한 것이며, 조세가 아닌 보험료를 한 재원으로 하여 사회보험을 추구하기 위한 것이다. 다만, 보험료가 과도할 경우 그런 제도의 정당성이 문제되지만, 동법 제62조(보험료) 자체가 과도한 보험료를 정하고 있다거나 그에 대한 근거가 된다고 할 수 없다. 또한 동법은 생활이 어려운 자 등은 보험료의 부담 없이 의료 혜택을 받을 수 있게 하고, 일정한 계층을 위한 보험료 경감 장치를 두고 있다. 한편, 의무 가입과 임의 해지 금지 및 보험료 납부에 관한 규정이 추구하는 공익에 비하여 제한되는 사익이 과도하다고 할 수도 없다. 그렇다면 동법 제5조 제1항 본문 및 제62조가 청구인의 재산권이나 인간다운 생활을 할 권리 혹은 행복 추구권을 침해한다고 할 수 없다(헌재 2001.8.30. 2000헌마668).

3. 시각장애인에 한하여 안마사 자격 인정을 받을 수 있도록 한 의료법이 직업선택의 자유 및 평등권을 침해하는지 여부(2011헌가39)

① **판시 사항**

㉠ 면책 조항이 추가되는 형식으로 개정된 경우 개정 전 양벌규정의 재판의 전제성 인정 여부(소극)

㉡ 시각장애인에 한하여 안마사 자격 인정을 받을 수 있도록 한 의료법(2008.2.29. 법률 제8852호로 개정되고, 2010.1.18. 법률 제9932호로 개정되기 전의 것 및 2010.1.18. 법률 제9932호로 개정된 것) 제82조 제1항 중 '장애인복지법에 따른 시각장애인 중' 부분(이하 이 사건 자격 조항)이 직업선택의 자유 및 평등권을 침해하는지 여부(소극)

㉢ 안마사 자격 인정을 받지 아니한 자는 안마시술소 또는 안마원을 개설할 수 없도록 한 의료법(2009.1.30. 법률 제9386호로 개정된 것) 제82조 제3항 중 제33조 제2항 제1호를 준용하는 부분(이하 이 사건 개설 조항)이 직업선택의 자유 및 평등권을 침해하는지 여부(소극)

② **결정 요지 ➡ 합헌**

이 사건 자격 조항은 시각장애인에게 안마업을 독점시킴으로써 그들의 생계를 지원하고 직업 활동에 참여할 수 있는 기회를 제공하는 것인바, 신체장애자 보호에 대한 헌법적 요청에 의하여 시각장애인의 생계, 인간다운 생활을 할 권리를 보장하기 위한 것으로서 정당한 목적 달성을 위한 적절한 수단이 된다. 시각장애인의 생존권 보장을 위한 불가피한 선택에 해당하는 점, 이에 반하여 일반 국민은 안마업 외에도 선택할 수 있는 직업이 많다는 점 등을 고려하면 이 사건 자격 조항이 최소 침해성 원칙에 반한다고 할 수 없다. 또한 시각장애인 안마사 제도는 생활 전반에 걸쳐 시각장애인에게 가해진 유·무형의 사회적 차별을 보상해 주고 실질적인 평등을 이룰 수 있는 수단이며, 이 사건 자격 조항은 시각장애인과 비시각장애인을 둘러싼 여러 상황을 적절하게 형량한 것으로서 법익 불균형이 발생한다고 할 수 없으므로, 이 사건 자격 조항이 비시각장애인을 시각장애인에 비하여 비례의 원칙에 반하여 차별하는 것이라고 할 수 없을 뿐 아니라, 비시각장애인의 직업선택의 자유를 과도하게 침해하여 헌법에 위반된다고 보기도 어렵다(헌재 2013.6.27. 2011헌가39).

4. 의족 파손에 따른 요양급여 청구사건 대법원 판례(2012두20991)
① 대법원 상고 사안
   의족을 착용하고 아파트 경비원으로 근무하던 갑이 제설작업 중 넘어져 의족이 파손되는 등의 재해를 입고 요양급여를 신청하였으나, 근로복지공단이 '의족 파손'은 요양급여 기준에 해당하지 않는다는 이유로 요양불승인처분을 한 사안
② 대법원 판단 ➡ 요양불승인 처분 취소
   ㉠ 산업재해보상보험법과 장애인차별금지 및 권리구제 등에 관한 법률의 입법 취지와 목적, 요양급여 및 장애인보조기구에 관한 규정의 체계, 형식과 내용, 장애인에 대한 차별행위의 개념 등에 의하면, 산업재해보상보험법의 해석에서 업무상 재해로 인한 부상의 대상인 신체를 반드시 생래적(생물학적) 신체에 한정할 필요는 없는 점 등을 종합적으로 고려했다.
   ㉡ 의족은 단순히 신체를 보조하는 기구가 아니라 신체의 일부인 다리를 기능적·물리적·실질적으로 대체하는 장치로서, 업무상의 사유로 근로자가 장착한 의족이 파손된 경우는 산업재해보상보험법상 요양급여의 대상인 근로자의 부상에 포함된다고 한 판결이다(공2014하, 1593).

5. 동성 동반자에 대한 국민건강보험 피부양자 인정 여부가 문제된 사건 대법원 판례(2023두36800)
① 대법원 상고 사안
   국민건강보험의 직장가입자인 A는 피고에게 동성 동반자인 원고에 대하여 국민건강보험법상 피부양자 자격취득 신고를 하였고, 피고는 원고를 A의 피부양자로 등록하였는데, 이후 그 사실이 언론에 보도된 후 피고는 A에게 전화를 걸어 원고를 피부양자로 등록한 것이 착오였다고 설명한 후 원고의 피부양자 자격을 소급하여 상실시킨 후 원고에게 건강보험료 등을 부과하는 이 사건 처분을 하였음. 이에 원고가 이 사건 처분이 위법하다고 주장하면서 피고를 상대로 이 사건 처분의 취소를 청구
② 대법원 판단 ➡ 피부양자 인정(피고의 사고 기각)
   ㉠ 피고(국민건강보험공단)가 직장가입자의 동성 동반자를 국민건강보험의 피부양자로 등록하였다가 직권으로 취소하고 지역가입자로서 보험료를 부과한 처분에 절차적·실체적 하자가 있는지 여부가 문제된 사건에서, 아래와 같은 전원합의체 판결을 선고하여 피고의 상고를 기각하고 원심판결을 확정하였다.
   ㉡ 피고는 이 사건 처분을 통해 사실상 혼인관계 있는 사람 집단과 달리 동성 동반자 집단에 대해서는 피부양자 자격을 인정하지 않음으로써 두 집단을 달리 취급하고 있고, 이러한 취급은 합리적 이유 없이 사실상 혼인관계에 있는 사람과 차별하는 것으로 헌법상 평등원칙을 위반하여 위법하다.

TEST 1 사회복지법제론

01 사회복지법에 관한 설명으로 옳은 것은? 13회

① 헌법에는 사회복지 관련 조항이 없다.
② 시민법은 사회복지법의 한계를 극복하기 위하여 출현하였다.
③ 생존권 보장은 사회복지법의 이념 중 하나이다.
④ 헌법에 의하여 체결·공포된 사회복지 관련 조약은 사회복지법의 법원(法源)에 포함되지 않는다.
⑤ 사회복지 조례는 보건복지부장관의 승인을 받아야 한다.

02 우리나라의 법령 제정에 관한 설명으로 옳은 것은?

① 시행령은 행정 각 부의 장이 발하는 명령이다.
② 법률을 제정하기 위해서는 반드시 국회의 의결을 거쳐야 한다.
③ 대통령은 법률에서 구체적으로 범위를 정하여 위임받은 사항에 대해서만 대통령령을 발할 수 있다.
④ 국무총리는 소관 사무에 관하여 법률의 위임 없이 직권으로 총리령을 발할 수 없다.
⑤ 법률안 제출은 국회의원만 할 수 있다.

03 2000년대 제정된 사회복지법이 <u>아닌</u> 것은? 15회

① 영유아보육법
② 긴급복지지원법
③ 노인장기요양보험법
④ 장애인연금법
⑤ 다문화가족지원법

합격을 여는 만능해설

01 오답 해설
① 헌법 제10조, 제34조 등에 사회복지 관련 조항이 있다.
② 사회복지법의 한계를 극복하기 위하여 출현한 것은 시민법이 아니라 사회법이다.
④ 헌법에 의하여 체결·공포된 사회복지 관련 조약은 사회복지법의 법원(法源)에 포함되어 있다.
⑤ 사회복지 관련 조례는 보건복지부장관이 아니라, 각 지방자치단체의 의회에서 승인을 받아야 한다.

02 오답 해설
① 시행령은 대통령이 발하는 명령이다.
③ 대통령은 법률에서 구체적으로 범위를 정하여 위임받은 사항과 법률을 집행하기 위하여 필요한 사항에 관하여 대통령령을 발할 수 있다.
④ 국무총리는 소관 사무에 관하여 법률의 위임 없이 직권으로 총리령을 발할 수 있다.
⑤ 국회의원과 정부는 법률안을 제출할 수 있다.

03 ① 영유아보육법은 1991년에 제정되었다.

오답 해설
② 긴급복지지원법은 2005년 제정, 2006년 시행되었다.
③ 노인장기요양보험법은 2007년 제정 및 1단계 시행령·시행규칙 시행, 2008년 전면 시행되었다.
④ 장애인연금법은 2010년 제정 및 시행되었다.
⑤ 다문화가족지원법은 2008년 제정 및 시행되었다.

04 권리구제에 관한 설명으로 옳은 것은?

① 국민기초생활 보장급여 수급자 결정 처분에 이의가 있는 경우, 사회복지전담공무원을 거쳐 시장·군수·구청장에게 이의신청을 할 수 있다.
② 장애인복지 조치에 이의가 있을 때 그 장애인의 법정대리인은 심사청구를 할 수 없다.
③ 한부모가족지원법의 지원대상자가 복지급여에 이의가 있을 때 보건복지부장관 또는 지방자치단체의 장에게 심사청구를 할 수 있다.
④ 기초연금 수급자의 지급결정에 관하여 이의가 있는 자는 보건복지부장관 또는 지방자치단체의 장에게 이의신청을 할 수 있다.
⑤ 장기요양보험료 등에 관한 공단의 처분에 이의가 있는 자는 국민건강보험공단에 심사청구를 할 수 있고, 이 결정에 불복하는 자는 장기요양재심사위원회에 재심사를 청구할 수 있다.

05 헌법 제34조 규정의 일부이다. ( )에 들어갈 내용이 순서대로 옳은 것은? 18회

- 국가는 사회보장·( )의 증진에 노력할 의무를 진다.
- 신체 장애자 및 질병·노령 기타의 사유로 생활능력이 없는 국민은 ( )이 정하는 바에 의하여 국가의 보호를 받는다.

① 공공부조, 헌법
② 공공부조, 법률
③ 사회복지, 헌법
④ 사회복지, 법률
⑤ 지원봉사, 법률

06 사회보장기본법에 관한 설명으로 옳지 않은 것은?

① 국내에 거주하는 외국인에게는 상호주의 원칙이 적용된다.
② 사회보장 수급권은 관계 법령이 정하는 바에 따라 양도할 수 없다.
③ 모든 국민은 관계 법령이 정하는 바에 따라 사회보장급여를 받을 권리가 있다.
④ 보건복지부장관 소속으로 사회보장위원회를 둔다.
⑤ 국가와 지방자치단체는 가정이 건전하게 유지되고 그 기능이 향상되도록 노력하여야 한다.

---

04 오답 해설
① 국민기초생활 보장급여 수급자 결정 처분에 이의가 있는 경우, 그 결정의 통지를 받은 날부터 90일 이내에 해당 보장기관을 거쳐 시·도지사에게 서면 또는 구두로 이의를 신청할 수 있다.
② 장애인복지 조치에 이의가 있을 때 그 장애인의 법정대리인은 이의신청을 할 수 있다.
③ 한부모가족지원법의 지원대상자가 복지급여에 이의가 있을 때 그 결정을 통지받은 날부터 90일 이내에 서면으로 해당 복지실시기관에 심사를 청구할 수 있다.
④ 기초연금 수급자의 지급결정에 관하여 이의가 있는 자는 특별자치시장·특별자치도지사·시장·군수·구청장에게 이의신청을 할 수 있다.

05 ④ 헌법 제34조 제2항 및 제5항에서 규정하고 있는 것으로, 괄호 안에 들어갈 내용은 순서대로 사회복지, 법률이다.

06 ④ 사회보장위원회는 국무총리 소속으로 둔다.

07 사회보장기본법상 사회보장 비용의 부담에 관한 설명으로 옳지 않은 것은?

① 사회보험 비용은 관계 법령에서 정하는 바에 따라 국가가 그 비용 일부를 부담할 수 있다.
② 부담능력이 있는 국민에 대한 사회서비스에 드는 비용은 그 수익자가 부담하는 것을 원칙으로 한다.
③ 일정 소득 수준 이하의 국민에 대한 사회서비스에 드는 비용의 전부 또는 일부는 국가와 지방자치단체가 부담한다.
④ 사회보험 비용은 사용자, 피용자 및 자영업자가 부담하는 것을 원칙으로 한다.
⑤ 공공부조의 비용은 지방자치단체가 전부를 부담한다.

08 사회보장급여의 이용·제공 및 수급권자 발굴에 관한 법률의 내용으로 옳은 것을 모두 고른 것은?
[17회]

⊙ '지원대상자'란 사회보장급여를 필요로 하는 사람을 말한다.
ⓒ '보장기관'이란 관계 법령 등에 따라 사회보장급여를 제공하는 국가기관과 지방자치단체를 말한다.
ⓒ 통합사례관리를 실시하기 위하여 필요한 경우에는 특별자치시 및 시·군·구에 통합사례관리사를 둘 수 있다.

① ㉠
② ㉢
③ ㉠, ㉢
④ ㉡, ㉢
⑤ ㉠, ㉡, ㉢

09 국민연금법상 다음 설명에 해당하는 가입자는?

가입기간이 20년 미만인 홍길동이 60세에 달한 때에 65세 때까지 연금가입자로 되기 원하여 국민연금공단에 가입신청서를 제출하였다.

① 사업장가입자
② 임의계속가입자
③ 임의가입자
④ 직장가입자
⑤ 지역가입자

10 사회복지사업법상 사회복지시설에 관한 설명으로 옳은 것은?
[21회]

① 사회복지시설 운영위원회는 심의·의결기구이다.
② 사회복지시설은 손해배상책임의 면책사업자이다.
③ 사회복지시설의 장은 비상근으로 근무할 수 있다.
④ 사회복지시설은 둘 이상의 사회복지사업을 통합하여 수행할 수 있다.
⑤ 지방자치단체는 사회복지시설을 설치·운영하여서는 아니 된다.

합격을 여는 만능해설

07 ⑤ 공공부조의 비용은 국가와 지방자치단체가 전부 또는 일부를 부담한다.

08 ⑤ ㉠~㉢ 모두 사회보장급여법의 내용으로 옳은 설명이다.

09 ② 임의계속가입자에 대한 설명이다. 국민연금 가입자로서 60세가 된 자는 65세가 될 때까지 국민연금공단에 가입을 신청하면 임의계속가입자가 될 수 있다. 이 경우 가입 신청이 수리된 날에 그 자격을 취득한다(국민연금법 제13조 제1항).

10 **오답 해설**
① 사회복지시설 운영위원회는 심의기구이다.
② 사회복지시설은 손해배상책임을 이행하기 위하여 손해보험회사의 책임보험에 가입하거나 한국사회복지공제회의 책임공제에 가입하여야 하므로, 면책사업자가 아니다.
③ 사회복지시설의 장은 상근하여야 한다.
⑤ 국가나 지방자치단체는 사회복지시설을 설치·운영할 수 있다.

11 사회복지사업법의 내용으로 옳지 않은 것은?
17회

① 사회복지서비스를 제공하는 자는 사회복지서비스를 이용하는 사람의 선택권을 보장하여야 한다.
② 사회복지서비스를 필요로 하는 사람에 대한 사회복지서비스 제공은 현금으로 제공하는 것이 원칙이다.
③ 국가는 매년 9월 7일을 사회복지의 날로 한다.
④ 보건복지부장관은 사회복지사가 법원의 판결에 따라 자격이 정지된 경우에는 그 자격을 취소하여야 한다.
⑤ 시장·군수·구청장은 정당한 이유 없이 사회복지시설의 설치를 지연시키는 조치를 하여서는 아니 된다.

12 국민연금법의 내용으로 옳은 것은?
17회

① 이 법을 적용할 때 배우자의 범위에는 사실상의 혼인관계에 있는 자를 제외한다.
② 수급권을 취득할 당시 가입자였던 자의 태아가 출생하면 그 자녀는 가입자였던 자에 의하여 생계를 유지하고 있던 자녀로 본다.
③ 가입자의 종류는 사업장가입자와 지역가입자의 2가지로 구분된다.
④ 지역가입자가 사업장가입자의 자격을 취득한 때에는 그에 해당하게 된 날의 다음 날에 지역가입자의 자격을 상실한다.
⑤ 수급권자가 사망한 경우 그 수급권자에게 미지급 급여가 있으면 그 급여를 받을 순위는 자녀, 배우자, 부모의 순으로 한다.

13 산업재해보상보험법령상 보험급여의 종류에 해당하지 않는 것은?
13회

① 요양급여
② 간병급여
③ 주거급여
④ 직업재활급여
⑤ 장례비

14 고용보험법상 구직급여에 관한 설명으로 옳지 않은 것은?

① 급여를 지급받으려는 자는 이직 후 지체 없이 직업안정기관에 출석하여 실업을 신고하여야 한다.
② 급여를 받으려면 기준기간 동안 피보험 단위기간이 합산하여 180일 이상이어야 한다.
③ 자기 사정으로 자영업을 하기 위하여 이직한 경우에도 수급자격이 있다.
④ 직무와 관련된 법률을 위반하여 금고 이상의 형을 선고받고, 그 사유로 해고된 자는 수급자격이 없는 것으로 본다.
⑤ 직업안정기관의 장은 부정한 방법으로 급여를 받은 자에게 그 급여의 반환을 명할 수 있다.

---

11 ② 사회복지서비스를 필요로 하는 사람에 대한 사회복지서비스 제공은 현물로 제공하는 것을 원칙으로 한다.

12 오답 해설
① 이 법을 적용할 때 배우자, 남편 또는 아내에는 사실상의 혼인관계에 있는 자를 포함한다(국민연금법 제3조 제2항).
③ 가입자는 사업장가입자, 지역가입자, 임의가입자 및 임의계속가입자로 구분한다(동법 제7조).
④ 지역가입자가 사업장가입자의 자격을 취득한 때에는 그에 해당하게 된 날에 지역가입자의 자격을 상실한다(동법 제12조 제2항).
⑤ 급여를 받을 순위는 배우자, 자녀, 부모, 손자녀, 조부모, 형제자매의 순으로 한다(동법 제55조 제2항).

13 ③ 주거급여는 국민기초생활 보장법상 급여의 종류에 해당한다.

14 ③ 자기 사정으로 자영업을 하기 위하여 이직한 경우에는 구직급여 수급자격이 없다.

15 우리나라 국민건강보험에 관한 설명으로 옳지 않은 것은?

① 진료비 지불 방식으로 행위별 수가제와 포괄 수가제가 적용되고 있다.
② 가입자는 직장가입자와 지역가입자로 구분된다.
③ 공무원 등 특수직역종사자는 가입 대상이 아니다.
④ 건강보험의 요양급여와 노인장기요양보험의 요양급여는 급여내용이 다르다.
⑤ 질병 치료 시 상실된 소득을 보장하는 상병수당은 지급되지 않는다.

16 노인장기요양보험법에 관한 내용으로 옳지 않은 것은?

① 수급자로 판정받기 위해서는 신청자격요건을 충족하고 6개월 이상 동안 혼자서 일상생활을 수행하기 어렵다고 인정되어야 한다.
② 장기요양보험료는 소득에 관계없이 일정액을 징수한다.
③ 가족으로부터 장기요양급여를 받은 때 가족요양비를 특별현금급여로 수급할 수 있는 경우도 있다.
④ 고의로 사고가 발생하도록 하거나 본인의 위법행위에 기인하여 장기요양인정을 받은 경우에는 장기요양급여의 지급을 제한할 수 있다.
⑤ 국민건강보험공단은 수급자가 의료법에 따른 요양병원에 입원하는 경우, 비용의 일부를 요양병원 간병비로 지급할 수 있다.

17 국민기초생활 보장법상 용어의 정의로 옳은 것은? [18회]

① 수급권자란 이 법에 따른 급여를 받는 사람을 말한다.
② 기준 중위소득이란 국민 가구소득의 평균값을 말한다.
③ 보장기관이란 이 법에 따른 급여를 실시하는 사회복지시설을 말한다.
④ 소득인정액이란 보장기관이 급여의 결정 및 실시 등에 사용하기 위하여 산출한 개별가구의 소득평가액과 재산의 소득환산액을 합산한 금액을 말한다.
⑤ 최저생계비란 국민이 쾌적한 문화생활을 유지하기 위하여 필요한 적정선의 비용을 말한다.

18 의료급여법상 의료급여기관에 해당하는 것을 모두 고른 것은? (단, 법령에 따라 보건복지부장관이 의료급여기관에서 제외하는 경우는 고려하지 않음) [14회]

> ㉠ 농어촌 등 보건의료를 위한 특별조치법에 따라 설치된 보건진료소
> ㉡ 지역보건법에 따라 설치된 보건의료원
> ㉢ 약사법에 따라 설립된 한국희귀·필수의약품센터
> ㉣ 약사법에 따라 개설 등록된 약국

① ㉠, ㉡, ㉢ ② ㉠, ㉢
③ ㉡, ㉣ ④ ㉣
⑤ ㉠, ㉡, ㉢, ㉣

합격을 여는 만능해설

15 ③ 국민건강보험법에서는 모든 사업장의 근로자 및 사용자와 공무원 및 교직원을 직장가입자로 분류하고 있다.

16 ② 장기요양보험료는 국민건강보험료와 통합하여 징수한다. 이때 소득 수준 등 보험료 부담능력에 따라서 차등적으로 보험료를 부과한다.

17 **오답 해설**
① 수급권자란 이 법에 따른 급여를 받을 수 있는 자격을 가진 사람을 말한다.
② 기준 중위소득이란 국민 가구소득의 중위값을 말한다.
③ 보장기관이란 이 법에 따른 급여를 실시하는 국가 또는 지방자치단체를 말한다.
⑤ 최저생계비란 국민이 건강하고 문화적인 생활을 유지하기 위하여 필요한 최소한의 비용을 말한다.

18 ⑤ ㉠~㉣ 모두 의료급여법 제9조에서 명시하는 의료급여기관에 해당한다.

19 긴급복지지원법에 관한 설명으로 옳지 않은 것은?

① 위기상황에 처한 사람을 신속하게 지원하기 위한 제도이다.
② 2006년 3월부터 시행된 한시적 제도였으나, 2009년 5월 28일 일부 개정되면서 한시법 조항이 삭제되었다.
③ 국민기초생활 보장법상의 수급권자를 대상으로 한다.
④ 생계지원, 의료지원, 주거지원, 사회복지시설 이용지원 등을 제공한다.
⑤ 생계지원에 따른 긴급지원은 3개월간, 주거지원, 사회복지시설 이용지원, 그 밖의 지원은 1개월간의 생계유지 등에 필요한 지원으로 한다.

20 노인복지법상 노인학대에 관한 설명으로 옳지 않은 것은? 15회

① 지방자치단체는 노인학대를 예방하기 위하여 긴급전화를 설치하여야 한다.
② 누구든지 노인학대를 알게 된 때에는 수사기관에 신고할 수 있다.
③ 누구든지 정당한 사유 없이 노인학대 현장에 출동한 자에 대하여 현장조사를 거부하여서는 아니 된다.
④ 부양의무자인 자녀는 노인을 위하여 지급된 금품을 그 목적 외의 용도에 사용할 수 있다.
⑤ 노인학대신고를 접수한 노인보호전문기관의 직원은 지체 없이 노인학대의 현장에 출동하여야 한다.

21 기초연금법에 관한 설명으로 옳지 않은 것은? 15회

① 기초연금은 65세 이상인 사람으로서 소득인정액이 선정기준액 이하인 사람에게 지급한다.
② 기초연금 수급희망자는 특별자치시장·특별자치도지사·시장·군수·구청장에게 기초연금의 지급을 신청할 수 있다.
③ 부부가 모두 기초연금 수급권자인 경우 각각의 기초연금액에서 기초연금액의 100분의 30에 해당하는 금액을 감액한다.
④ 수급권자가 국외로 이주한 경우 수급권을 상실한다.
⑤ 시장은 수급자가 법령에 따라 사망한 것으로 추정되는 경우 그 사유가 발생한 날이 속하는 달의 다음 달부터 그 사유가 소멸한 날이 속하는 달까지는 기초연금의 지급을 정지한다.

---

19 ③ 긴급지원대상자는 위기상황에 처한 사람으로서 긴급복지지원법에 따른 지원이 긴급하게 필요한 사람을 말한다. 또한 긴급복지지원법은 '다른 법률 지원 우선의 원칙'에 따라 다른 법률에서 지원을 받게 되면, 긴급복지지원법에서는 지원하지 않는다. 따라서 국민기초생활 보장법상의 수급권자는 대상이 될 수 없다.

20 ④ 노인복지법 제39조의9에 의하면 노인을 위하여 증여 또는 급여된 금품을 그 목적 외의 용도에 사용하는 행위는 금지행위에 해당한다.

21 ③ 본인과 그 배우자가 모두 기초연금 수급권자인 경우에는 각각의 기초연금액에서 기초연금액의 100분의 20에 해당하는 금액을 감액한다(기초연금법 제8조 제1항).

22 장애인복지법상 장애인복지 전문인력에 속하지 않는 사람은?

① 의지·보조기 기사
② 언어재활사
③ 점역사·교정사
④ 사회복지사
⑤ 장애인재활상담사

23 아동복지법령상 아동학대예방의 날은? 12회

① 4월 20일
② 9월 7일
③ 10월 2일
④ 11월 19일
⑤ 12월 10일

24 다음이 설명하는 한부모가족지원법상의 한부모가족복지시설은? 21회

> 배우자(사실혼 관계에 있는 사람을 포함한다)가 있으나 배우자의 물리적·정신적 학대로 아동의 건전한 양육이나 모의 건강에 지장을 초래할 우려가 있을 경우 일시적 또는 일정 기간 동안 모와 아동 또는 모에게 주거와 생계를 지원하는 시설

① 일시지원시설
② 출산지원시설
③ 양육지원시설
④ 한부모가족복지상담소
⑤ 생활지원시설

25 다문화가족지원법상 실태조사 등에 관한 내용이다. ( )에 들어갈 용어를 바르게 짝 지은 것은? 15회

> (㉠)장관은 다문화가족의 현황 및 실태를 파악하고 다문화가족 지원을 위한 정책수립에 활용하기 위하여 (㉡)년마다 다문화가족에 대한 실태조사를 실시하고 그 결과를 공표하여야 한다.

① ㉠: 고용노동부, ㉡: 3
② ㉠: 고용노동부, ㉡: 5
③ ㉠: 여성가족부, ㉡: 3
④ ㉠: 여성가족부, ㉡: 5
⑤ ㉠: 보건복지부, ㉡: 3

합격을 여는 만능해설

22 오답 해설
국가와 지방자치단체 그 밖의 공공단체는 의지·보조기 기사(①), 언어재활사(②), 장애인재활상담사(⑤), 한국수어 통역사, 점역·교정사(③) 등 장애인복지 전문인력, 그 밖에 장애인복지에 관한 업무에 종사하는 자를 양성·훈련해야 한다. 사회복지사는 장애인복지 전문인력에 속하지 않는다.

23 오답 해설
① 4월 20일 ⇨ 장애인의 날
② 9월 7일 ⇨ 사회복지의 날
③ 10월 2일 ⇨ 노인의 날
⑤ 12월 10일 ⇨ 세계 인권 선언의 날

24 오답 해설
② 출산지원시설: 임신·출산 및 그 출산 아동(3세 미만에 한정)의 양육을 위하여 모에게 주거 등을 지원하는 시설
③ 양육지원시설: 6세 미만 자녀를 동반한 한부모가족에게 자녀를 양육할 수 있도록 주거 등을 지원하는 시설
④ 한부모가족복지상담소: 한부모가족에 대한 위기·자립 상담 또는 문제해결 지원 등을 목적으로 하는 시설
⑤ 생활지원시설: 18세 미만(취학 중인 경우에는 22세 미만을 말하되, 병역법에 따른 병역의무를 이행하고 취학 중인 경우에는 병역의무를 이행한 기간을 가산한 연령 미만) 자녀를 동반한 한부모가족에게 자립을 준비할 수 있도록 주거 등을 지원하는 시설

25 ③ 여성가족부장관은 다문화가족의 현황 및 실태를 파악하고 다문화가족 지원을 위한 정책수립에 활용하기 위하여 3년마다 다문화가족에 대한 실태조사를 실시하고 그 결과를 공표하여야 한다(다문화가족지원법 제4조 제1항).

정답 22 ④ 23 ④ 24 ① 25 ③

TEST 2 사회복지법제론

01 우리나라 사회복지법에 관한 설명으로 옳지 않은 것은? [15회]

① 헌법상의 생존권을 구체적으로 실현하기 위한 법이 사회복지법이다.
② 사회복지법은 단일 법전 형식이 아니라 개별 법체계로 구성되어 있다.
③ 최저임금법은 실질적 의미의 사회복지법에 포함된다.
④ 사회복지법은 사회법으로서 과실책임의 원칙에 기초하고 있다.
⑤ 사회복지법에는 공법과 사법의 요소들이 공존하고 있다.

02 우리나라 법체계에 관한 설명으로 옳지 않은 것은? [19회]

① 법규범 위계에서 최상위 법규범은 헌법이다.
② 법률은 법규범의 위계에서 헌법 다음 단계의 규범이다.
③ 법률은 국회에서 제정하거나 행정부에서 제출하여 국회의 의결을 거쳐 제정된다.
④ 시행령은 국무총리나 행정 각 부의 장이 발(發)하는 명령이다.
⑤ 명령에는 시행령과 시행규칙이 있다.

03 법령의 제정에 관한 헌법의 내용으로 옳은 것은? [18회]

① 국무총리는 총리령을 발할 수 없다.
② 지방자치단체의 장은 부령을 발할 수 있다.
③ 정부는 법률안을 제출할 수 없다.
④ 법률안은 국무회의의 심의를 거쳐야 한다.
⑤ 법률은 특별한 규정이 없는 한 공포한 날로부터 90일을 경과함으로써 효력이 발생한다.

만능해설

01 ④ 사회복지법은 과실책임의 원칙(자기 책임의 원칙)이 아닌 무과실책임의 원칙(집합적 책임주의)에 기초한다.
사회법은 제3의 법 영역으로 국민과 국민 간의 법률관계를 자유의사에 일임하지 않고 국가가 공평의 원칙에 입각하여 조정 또는 개입하는 법률관계를 규율하는 것이다.

02 ④ 시행령은 대통령이 발할 수 있는 명령이다(대통령령). 국무총리나 행정 각 부의 장관이 소관 사무에 대하여 발하는 명령은 시행규칙(총리령, 부령)이다.

03 ④ 정부가 법률안을 제출하고자 할 경우 국무회의의 심의를 거쳐 국무총리와 관계 국무위원의 부서를 받은 후, 대통령이 국회의장에게 제출한다.

오답 해설
① 국무총리는 총리령을 발할 수 있다.
② 지방자치단체의 장은 규칙을 발할 수 있다.
③ 국회의원과 정부는 법률안을 제출할 수 있다(헌법 제52조).
⑤ 법률은 특별한 규정이 없는 한 공포한 날로부터 20일을 경과함으로써 효력이 발생한다(헌법 제53조 제7항).

정답 01 ④ 02 ④ 03 ④

04 사회복지와 관련한 헌법의 내용으로 옳은 것을 모두 고른 것은? 15회

- ㄱ. 헌법 전문에는 사회복지와 관련된 내용이 없다.
- ㄴ. 환경권의 내용과 행사에 관하여는 조례로 정한다.
- ㄷ. 모든 국민은 능력에 따라 균등하게 교육을 받을 권리를 가진다.
- ㄹ. 여자의 근로는 특별한 보호를 받으며, 고용·임금 및 근로조건에 있어서 부당한 차별을 받지 아니한다.

① ㄱ, ㄴ
② ㄴ, ㄷ
③ ㄷ, ㄹ
④ ㄱ, ㄷ, ㄹ
⑤ ㄴ, ㄷ, ㄹ

05 자치법규에 관한 설명으로 옳지 <u>않은</u> 것은? 19회

① 조례는 지방의회에서 제정하는 자치법규이다.
② 지방자치단체는 법령의 범위와 무관하게 조례를 제정할 수 있다.
③ 규칙은 지방자치단체의 장이 법령이나 조례가 위임한 범위에서 그 권한에 속하는 사무에 관하여 제정할 수 있는 자치법규이다.
④ 시·군 및 자치구의 조례나 규칙은 시·도의 조례나 규칙을 위반하여서는 아니된다.
⑤ 조례안이 지방의회에서 의결되면 의장은 의결된 날부터 5일 이내에 그 지방자치단체의 장에게 이를 이송하여야 한다.

합격을 여는 만능해설

04 ㄷ. 모든 국민은 능력에 따라 균등하게 교육을 받을 권리를 가진다(헌법 제31조 제1항).
ㄹ. 여자의 근로는 특별한 보호를 받으며, 고용·임금 및 근로조건에 있어서 부당한 차별을 받지 아니한다(헌법 제32조 제4항).

오답 해설

ㄱ. 모든 국민은 인간으로서의 존엄과 가치를 가지며, 행복을 추구할 권리를 가진다. 국가는 개인이 가지는 불가침의 기본적 인권을 확인하고 이를 보장할 의무를 진다(헌법 제10조). 국가는 사회보장·사회복지의 증진에 노력할 의무를 진다(헌법 제34조 제2항).
ㄴ. 환경권의 내용과 행사에 관하여는 법률로 정한다(헌법 제35조 제2항).

05 ② 지방자치단체는 주민의 복리에 관한 사무를 처리하고 재산을 관리하며, 법령의 범위 안에서 자치에 관한 규정을 제정할 수 있다(헌법 제117조 제1항). 즉, 조례는 지방자치단체가 법령의 범위 내에서 지방의회의 의결을 거쳐 그 사무에 관하여 제정한 법이다.

06 권리구제에 관한 설명으로 옳은 것을 모두 고른 것은? 13회

> ㉠ 국민기초생활 보장법상 이의신청은 서면으로 하여야 하며, 구두에 의한 것은 허용되지 않는다.
> ㉡ 국민연금법상 국민연금재심사위원회의 재심사에 불복하려는 자는 행정심판법상 행정심판을 제기할 수 있다.
> ㉢ 사회보장기본법은 행정소송을 제기하기 위해서는 행정심판을 먼저 거쳐야 한다는 행정심판 전치주의를 규정하고 있다.
> ㉣ 국민건강보험법상 보험급여에 관한 국민건강보험공단의 처분에 이의가 있는 자는 공단에 이의신청을 할 수 있다.

① ㉠, ㉡, ㉢
② ㉠, ㉢
③ ㉡, ㉣
④ ㉣
⑤ ㉠, ㉡, ㉢, ㉣

07 사회복지법의 역사적 변천에 관한 설명으로 옳은 것은?

① 사회복지사업법 제정 시 사회복지사 자격에 관한 규정은 있었으나 국가시험은 도입되지 않았다.
② 사회보장기본법 제정 시 사회보장사업이 국민의 자립정신을 저해하지 아니하도록 규정하였으나 1997년 외환위기 이후 이 규정은 폐지되었다.
③ 1971년 제정된 생활보호법의 목적은 생활유지능력이 없는 자에 대한 최저생활의 보장과 자활의 조성이었다.
④ 국민기초생활 보장법의 목적은 최저생활의 보장과 자활의 조성이다.
⑤ 사회복지사업법은 2003년 개정 법률부터 사회복지시설 평가제를 도입하였다.

06 오답 해설
㉠ 수급자나 급여 또는 급여 변경을 신청한 사람은 서면 또는 구두로 이의를 신청할 수 있다. 이 경우 구두로 이의신청을 접수한 보장기관의 공무원은 이의신청서를 작성할 수 있도록 협조하여야 한다(국민기초생활 보장법 제38조 제1항).
㉡ 재심사청구 사항에 대한 재심사위원회의 재심사는 행정심판법에 따른 행정심판으로 본다(국민연금법 제112조 제2항).
㉢ 위법 또는 부당한 처분을 받거나 필요한 처분을 받지 못함으로써 권리 또는 이익을 침해받은 국민은 행정심판법에 따른 행정심판을 청구하거나 행정소송법에 따른 행정소송을 제기하여 그 처분의 취소 또는 변경 등을 청구할 수 있다(사회보장기본법 제39조).

07 오답 해설
① 사회복지사업법은 1970년에 제정되었으며, 당시 사회복지사 자격이 아닌 사회복지사업종사자에 관한 규정이 있었다. 이후 1997년 사회복지사업법을 개정하여 사회복지사 국가시험을 2003년부터 시행하였다.
② 1995년 사회보장기본법 제정 시 사회보장사업이 국민의 자립정신을 저해하지 아니하도록 규정하였으며, 계속 유지되고 있다.
③ 1961년 제정된 생활보호법의 목적은 생활유지능력이 없는 자에 대한 보호와 그 방법을 규정하는 것이었다.
⑤ 사회복지사업법은 1997년 개정 법률부터 사회복지시설 평가제를 의무화하였고, 1999년 평가위탁기관 선정에 따라 시설 평가제가 시행되었다.

08 사회보장기본법상 사회보장 수급권에 관한 설명으로 옳지 않은 것은?

① 수급권은 관계 법령에서 정하는 바에 따라 사회보장급여를 받을 권리를 말한다.
② 수급권은 관계 법령에서 정하는 바에 따라 타인에게 양도하거나 이를 압류할 수 없다.
③ 수급권은 정당한 권한이 있는 기관에 구두로 포기할 수 있다.
④ 수급권은 관계 법령이 정하는 바에 따라 타인에게 담보로 제공할 수 없다.
⑤ 수급권은 관계 법령에서 따로 정하고 있는 경우에는 제한되거나 정지될 수 있다.

09 사회보장급여의 이용·제공 및 수급권자 발굴에 관한 법률에서 통합사례관리와 관련된 내용으로 옳지 않은 것은?

① 지원대상자의 다양하고 복합적인 특성에 따른 상담과 지도, 사회보장에 대한 욕구조사, 서비스 제공 계획의 수립을 실시한다.
② 민간 법인·단체·시설 등이 제공하는 서비스를 종합적으로 연계·제공하는 통합사례관리를 실시할 수 있다.
③ 통합사례관리를 실시하기 위하여 필요한 경우에는 특별자치시 및 시·군·구에 통합사례관리사를 둘 수 있다.
④ 통합사례관리 사업의 전문적인 지원을 위하여 해당 업무를 공공 또는 민간 기관·단체 등에 위탁하여 실시할 수 있다.
⑤ 통합사례관리사의 자격·업무 등 운영에 필요한 사항은 시·도 조례로 정한다.

10 사회복지사업법상 사회복지사의 결격사유에 해당하지 않는 것은?

① 금치산자 또는 한정치산자
② 금고 이상의 형을 선고받고 그 집행이 끝나지 아니하였거나 그 집행을 받지 아니하기로 확정되지 아니한 사람
③ 법원의 판결에 따라 자격이 상실되거나 정지된 사람
④ 마약·대마 또는 향정신성의약품의 중독자
⑤ 정신건강증진 및 정신질환자 복지서비스 지원에 관한 법률에 따른 정신질환자

11 ( )에 들어갈 내용이 바르게 나열된 것은?

- 사회복지법인을 설립하기 위해서는 시·도지사의 (㉠)가 필요하다.
- 사회복지의 날은 매년 (㉡)이다.
- 사회복지법인이 아닌 자는(도) 사회복지법인이라는 명칭을 사용(㉢).

① ㉠: 인가, ㉡: 9월 7일, ㉢: 할 수 있다
② ㉠: 허가, ㉡: 9월 7일, ㉢: 하지 못한다
③ ㉠: 인가, ㉡: 9월 7일, ㉢: 하지 못한다
④ ㉠: 허가, ㉡: 5월 30일, ㉢: 할 수 있다
⑤ ㉠: 허가, ㉡: 5월 30일, ㉢: 하지 못한다

합격을 여는 만능해설

08 ③ 수급권은 정당한 권한이 있는 기관에 서면으로 통지하여 포기할 수 있다(제14조 제1항).

09 ⑤ 통합사례관리사의 자격·업무 등 운영에 필요한 사항은 보건복지부령으로 정한다(제42조의2 제4항).

10 ① 피성년후견인 또는 피한정후견인은 사회복지사가 될 수 없다.

11 ②
- 사회복지법인을 설립하려는 자는 대통령령으로 정하는 바에 따라 시·도지사의 허가를 받아야 한다(사회복지사업법 제16조 제1항).
- 사회복지의 날은 매년 9월 7일이다(동법 제15조의2 제1항).
- 사회복지법인이 아닌 자는 사회복지법인이라는 명칭을 사용하지 못한다(동법 제31조).

12 사회복지사업법상 사회복지법인에 관한 설명으로 옳은 것은? [17회]

① 법인을 설립하려는 자는 시장·군수·구청장의 허가를 받아야 한다.
② 법인은 대표이사를 제외하고 이사 7명 이상을 두어야 한다.
③ 이사의 임기는 4년으로 하고 연임할 수 있다.
④ 법인은 수익사업에서 생긴 수익을 법인 또는 법인이 설치한 사회복지시설의 운영 외의 목적에 사용할 수 없다.
⑤ 이사는 법인이 설치한 사회복지시설의 장 또는 그 시설의 직원을 겸할 수 있다.

13 고용보험법상 사업주에 대한 직업능력개발훈련을 실시하는 경우 우대지원 대상이 아닌 것은?

① 기간제 및 단시간근로자 보호 등에 관한 법률의 기간제근로자
② 근로기준법의 단시간근로자
③ 일용근로자
④ 고용상 연령차별금지 및 고령자고용촉진에 관한 법률의 고령자 또는 준고령자
⑤ 장애인고용촉진 및 직업재활법에 따른 중증장애인

14 국민연금법상 유족연금의 지급 정지 사유에 해당하지 않는 것은?

① 유족연금의 수급권자인 배우자에 대하여는 수급권이 발생한 때부터 3년 동안 유족연금을 지급한 후 55세가 될 때까지 지급을 정지한다.
② 가입자 또는 가입자였던 자의 25세 미만인 자녀 또는 장애등급 2급 이상인 자녀의 생계를 유지한 경우에는 지급을 정지하지 않는다.
③ 자녀나 손자녀인 수급권자가 다른 사람에게 입양된 때에는 그에 해당하게 된 때부터 유족연금의 지급을 정지한다.
④ 장애로 수급권을 취득한 자가 국민연금법상의 장애등급 2급 이상 또는 장애인복지법상의 장애 정도가 심한 장애에 해당하지 아니하게 된 때에는 그에 해당하게 된 때부터 유족연금의 지급을 정지한다.
⑤ 유족연금 수급권자인 배우자의 소재를 1년 이상 알 수 없는 때에는 유족인 자녀의 신청에 의하여 그 소재 불명의 기간 동안 그에게 지급하여야 할 유족연금은 지급을 정지한다.

---

12 오답 해설
① 사회복지법인을 설립하려는 자는 대통령령으로 정하는 바에 따라 시·도지사의 허가를 받아야 한다(제16조 제1항).
② 법인은 대표이사를 포함한 이사 7명 이상과 감사 2명 이상을 두어야 한다(제18조 제1항).
③ 이사의 임기는 3년으로 하고 감사의 임기는 2년으로 하며, 각각 연임할 수 있다(제18조 제4항).
⑤ 이사는 법인이 설치한 사회복지시설의 장을 제외한 그 시설의 직원을 겸할 수 없다(제21조 제1항).

13 오답 해설
①, ②, ③, ④ 고용보험법 제27조에 따른 우대지원 대상이다.

14 ② 국민연금법 제76조 유족연금의 지급 정지 제외 사유에 따라 가입자 또는 가입자였던 자의 25세 미만인 자녀 또는 국민연금법상의 장애등급 2급 이상 또는 장애인복지법상의 장애의 정도가 심한 장애인 자녀의 생계를 유지한 경우는 지급을 정지하지 않는다.

15 산업재해보상보험법상 업무상 재해에 해당하지 않는 것은?

① 사업주가 주관하거나 사업주의 지시에 따라 참여한 행사 또는 행사준비 중에 발생한 사고
② 사업주가 제공한 시설물 등을 이용하던 중 그 시설물 등의 결함이나 관리소홀로 발생한 사고
③ 업무수행 과정에서 분진 등 근로자의 건강에 장해를 일으킬 수 있는 요인을 취급하거나 그에 노출되어 발생한 질병
④ 업무상 부상이 원인이 되어 발생한 질병
⑤ 출퇴근 경로에서 비일상적이고 개인적인 이유로 일탈 또는 중단한 때 발생한 사고

16 국민건강보험법령상 직장가입자의 피부양자가 될 수 없는 자는? (단, 직장가입자에게 주로 생계를 의존하고, 그와 동거하며 보수나 소득이 없는 자에 한함) 〔14회〕

① 직장가입자의 배우자의 자매
② 직장가입자의 배우자
③ 직장가입자의 자녀
④ 직장가입자의 부모
⑤ 직장가입자의 조부모

17 노인장기요양보험법상 다음은 어떤 장기요양급여에 관한 설명인가? 〔15회〕

> 수급자를 하루 중 일정한 시간 동안 장기요양기관에 보호하여 신체활동 지원 및 심신기능의 유지·향상을 위한 교육·훈련 등을 제공하는 장기요양급여

① 방문요양
② 방문간호
③ 주·야간보호
④ 단기보호
⑤ 기타 재가급여

18 국민기초생활 보장법상 소득의 범위에 해당하지 않는 것은? 〔15회〕

① 퇴직금
② 임대소득
③ 사업소득
④ 국민연금법에 따른 연금
⑤ 친족으로부터 정기적으로 받는 금품 중 보건복지부장관이 정하는 금액 이상의 금품

합격을 여는 만능해설

15 ⑤ 통상적인 경로와 방법으로 출퇴근하는 중 발생한 사고 중에서 출퇴근 경로 일탈 또는 중단이 있는 경우에는 해당 일탈 또는 중단 중의 사고 및 그 후의 이동 중의 사고에 대하여는 출퇴근 재해로 보지 아니한다(제37조 제3항).

16 ① 피부양자는 다음 어느 하나에 해당하는 사람 중 직장가입자에게 주로 생계를 의존하고 소득 및 재산이 보건복지부령으로 정하는 기준 이하에 해당하는 사람을 말한다(국민건강보험법 제5조 제2항).
- 직장가입자의 배우자
- 직장가입자의 직계존속(배우자의 직계존속을 포함)
- 직장가입자의 직계비속(배우자의 직계비속을 포함)과 그 배우자
- 직장가입자의 형제·자매

17 ③ 주·야간보호에 대한 설명이다.

오답 해설
④ 단기보호는 수급자를 보건복지부령으로 정하는 범위 안에서 일정 기간 동안 장기요양기관에 보호하여 신체활동 지원 및 심신기능의 유지·향상을 위한 교육·훈련 등을 제공하는 장기요양급여이다.

18 **오답 해설**
②~⑤ 국민기초생활 보장법 시행령 제5조에 규정되어 있는 소득의 범위에 해당한다.

19 국민기초생활 보장법상 이의신청에 관한 설명으로 옳지 않은 것은?

① 수급자나 급여 또는 급여 변경을 신청한 사람은 시장·군수·구청장의 처분에 대하여 이의가 있는 경우에는 그 결정의 통지를 받은 날부터 60일 이내에 해당 보장기관을 거쳐 시·도지사에게 서면 또는 구두로 이의를 신청할 수 있다.
② 이의신청을 받은 시장·군수·구청장은 10일 이내에 의견서와 관계 서류를 첨부하여 시·도지사에게 보내야 한다.
③ 처분 등에 대하여 이의가 있는 사람은 그 처분 등의 통지를 받은 날부터 90일 이내에 시·도지사를 거쳐 보건복지부장관에게 서면 또는 구두로 이의를 신청할 수 있다.
④ 시·도지사는 이의신청을 받으면 10일 이내에 의견서와 관계 서류를 첨부하여 보건복지부장관 또는 소관 중앙행정기관의 장에게 보내야 한다.
⑤ 처분 등에 대하여 이의가 있는 사람은 그 처분 등의 통지를 받은 날부터 90일 이내에 시·도지사를 거쳐 주거급여는 국토교통부장관에게 서면 또는 이의를 신청할 수 있다.

20 긴급복지지원법상 긴급지원 중 '금전 또는 현물(現物) 등의 직접지원'에 해당하지 않는 것은?

14회

① 초·중·고등학생의 수업료 등 필요한 비용 지원
② 사회복지공동모금회법에 따른 사회복지공동모금회와의 연계 지원
③ 각종 검사 및 치료 등 의료서비스 지원
④ 사회복지사업법에 따른 사회복지시설 입소
⑤ 임시 거소 제공

21 장애인복지법상 장애인 가족 지원에 해당하지 않는 것은?

① 장애인 가족에 대한 인식개선 사업
② 장애인 가족 돌봄 지원
③ 장애인 가족 휴식 지원
④ 장애인 가족 사례관리 지원
⑤ 장애인 가족 고용 지원

---

19 ① 수급자나 급여 또는 급여 변경을 신청한 사람은 시장·군수·구청장의 처분에 대하여 이의가 있는 경우에는 그 결정의 통지를 받은 날부터 90일 이내에 해당 보장기관을 거쳐 시·도지사에게 서면 또는 구두로 이의를 신청할 수 있다. 이 경우 구두로 이의신청을 접수한 보장기관의 공무원은 이의신청서를 작성할 수 있도록 협조하여야 한다(제38조).

20 ② 민간기관·단체와의 연계 등의 지원에 해당한다(제9조).

오답 해설
①, ③, ④, ⑤ 긴급복지지원법 제9조에 명시된 직접지원에 해당한다.

21 ⑤ 장애인 가족 고용 지원은 해당하지 않는다.

오답 해설
국가와 지방자치단체는 장애인 가족의 삶의 질 향상 및 안정적인 가정생활 영위를 위하여 다음의 필요한 시책을 수립·시행하여야 한다(장애인복지법 제30조의2).
• 장애인 가족에 대한 인식개선 사업(①)
• 장애인 가족 돌봄 지원(②)
• 장애인 가족 휴식 지원(③)
• 장애인 가족 사례관리 지원(④)
• 장애인 가족 역량강화 지원
• 장애인 가족 상담 지원
• 그 밖에 보건복지부장관이 장애인 가족을 위하여 필요하다고 인정하는 지원

22 아동복지법의 내용이다. ( )에 들어갈 내용이 순서대로 옳은 것은? 18회

- 국무총리 소속으로 ( )를 둔다.
- 시·도지사, 시장·군수·구청장 소속으로 ( )를 각각 둔다.
- 보건복지부장관은 아동정책기본계획을 ( )년마다 수립하여야 한다.
- 보건복지부장관은 아동종합실태를 ( )년마다 조사하여 그 결과를 공표하여야 한다.

① 아동복지심의위원회, 아동정책조정위원회, 3, 5
② 아동정책조정위원회, 아동복지심의위원회, 3, 5
③ 아동복지심의위원회, 아동정책조정위원회, 5, 3
④ 아동정책조정위원회, 아동복지심의위원회, 5, 3
⑤ 아동정책조정위원회, 아동복지심의위원회, 5, 5

23 한부모가족지원법상 지원대상자인 아동으로 옳은 것은 모두 몇 개인가? 15회

㉠ 부모의 생사가 분명하지 아니한 아동
㉡ 부모가 유기하여 부양을 받을 수 없는 아동
㉢ 부모가 신체의 질병으로 장기간 노동능력을 상실한 아동
㉣ 부모가 가정의 불화로 가출하여 부모의 부양을 받을 수 없는 아동
㉤ 부모의 장기복역으로 부양을 받을 수 없는 아동

① 1개 ② 2개 ③ 3개
④ 4개 ⑤ 5개

합격을 여는 만능해설

22 ④ 빈칸에 들어갈 말은 순서대로 아동정책조정위원회, 아동복지심의위원회, 5, 3이다.
- 국무총리 소속으로 아동정책조정위원회를 둔다(아동복지법 제10조).
- 시·도지사, 시장·군수·구청장 소속으로 아동복지심의위원회를 각각 둔다(아동복지법 제12조).
- 보건복지부장관은 아동정책기본계획을 5년마다 수립하여야 한다(아동복지법 제7조).
- 보건복지부장관은 아동종합실태를 3년마다 조사하여 그 결과를 공표하여야 한다(아동복지법 제11조).

23 ⑤ ㉠~㉤ 모두 지원대상자인 아동이다.
한부모가족지원법 제5조의2(지원대상자의 범위에 대한 특례)
다음의 어느 하나에 해당하는 아동과 그 아동을 양육하는 조부 또는 조모로서 여성가족부령으로 정하는 자는 지원대상자가 된다.
- 부모가 사망하거나 생사가 분명하지 아니한 아동(㉠)
- 부모가 정신 또는 신체의 장애·질병으로 장기간 노동능력을 상실한 아동(㉢)
- 부모의 장기복역 등으로 부양을 받을 수 없는 아동(㉤)
- 부모가 이혼하거나 유기하여 부양을 받을 수 없는 아동(㉡)
- 위에 규정된 자에 준하는 자로서 여성가족부령으로 정하는 아동(㉣)

24 가정폭력방지 및 피해자보호 등에 관한 법률상 가정폭력피해자 보호시설의 종류에 해당하지 <u>않는</u> 것은? 〔15회〕

① 단기보호시설
② 장기보호시설
③ 외국인보호시설
④ 장애인보호시설
⑤ 노인보호시설

25 성폭력방지 및 피해자보호 등에 관한 법률상 국가와 지방자치단체의 책무에 해당하는 것을 모두 고른 것은? 〔17회〕

> ㉠ 성폭력 신고체계의 구축·운영
> ㉡ 성폭력 예방을 위한 유해환경 개선
> ㉢ 성폭력 예방을 위한 조사·연구, 교육 및 홍보
> ㉣ 피해자에 대한 직업훈련 및 법률구조 등 사회복귀 지원

① ㉠, ㉡
② ㉡, ㉢
③ ㉠, ㉢, ㉣
④ ㉡, ㉢, ㉣
⑤ ㉠, ㉡, ㉢, ㉣

---

24 ⑤ 노인보호시설은 해당하지 않는다.

오답 해설
① 단기보호시설은 피해자 등을 6개월의 범위에서 보호하는 시설이다.
② 장기보호시설은 피해자 등에 대하여 2년의 범위에서 자립을 위한 주거편의 등을 제공하는 시설이다.
③ 외국인보호시설은 외국인 피해자 등을 2년의 범위에서 보호하는 시설이다.
④ 장애인보호시설은 장애인복지법의 적용을 받는 장애인인 피해자 등을 2년의 범위에서 보호하는 시설이다.

25 ⑤ ㉠~㉣ 모두 해당한다.

성폭력방지 및 피해자보호 등에 관한 법률 제3조
국가와 지방자치단체는 성폭력을 방지하고 성폭력피해자를 보호·지원하기 위하여 다음의 조치를 하여야 한다.
- 성폭력 신고체계의 구축·운영(㉠)
- 성폭력 예방을 위한 조사·연구, 교육 및 홍보(㉢)
- 피해자를 보호·지원하기 위한 시설의 설치·운영
- 피해자에 대한 주거지원, 직업훈련 및 법률구조 등 사회복귀 지원(㉣)
- 피해자에 대한 보호·지원을 원활히 하기 위한 관련 기관 간 협력체계의 구축·운영
- 성폭력 예방을 위한 유해환경 개선(㉡)
- 피해자 보호·지원을 위한 관계 법령의 정비와 각종 정책의 수립·시행 및 평가

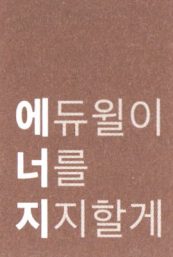

끝이 좋아야 시작이 빛난다.

— 마리아노 리베라(Mariano Rivera)

2026 에듀윌 사회복지사 1급 통합이론서

발 행 일	2025년 3월 21일 초판
편 저 자	손용근, 최승희, 강혜원, 신경안, 임화영
펴 낸 이	양형남
개 발	정상욱, 김민서, 최승철
펴 낸 곳	(주)에듀윌
등록번호	제25100-2002-000052호
주 소	08378 서울특별시 구로구 디지털로34길 55 코오롱싸이언스밸리 2차 3층
I S B N	979-11360-3711-4(13330)

* 이 책의 무단 인용 · 전재 · 복제를 금합니다.

www.eduwill.net
대표전화 1600-6700

**여러분의 작은 소리
에듀윌은 크게 듣겠습니다.**

본 교재에 대한 여러분의 목소리를 들려주세요.
공부하시면서 어려웠던 점, 궁금한 점,
칭찬하고 싶은 점, 개선할 점, 어떤 것이라도 좋습니다.

에듀윌은 여러분께서 나누어 주신 의견을
통해 끊임없이 발전하고 있습니다.

에듀윌 도서몰 book.eduwill.net
• 부가학습자료 및 정오표: 에듀윌 도서몰 → 도서자료실
• 교재 문의: 에듀윌 도서몰 → 문의하기 → 교재(내용, 출간) / 주문 및 배송

에듀윌 사회복지사

에듀윌 사회복지사 1급
합격스토리

김○하 합격생

비전공자도 합격 가능해요!

이익을 따지지 않고 사람 자체를 위한 일이 하고 싶어 사회복지사 공부를 시작하게 되었습니다. 실질적인 공부 기간은 4개월 정도로, 처음 두 달은 진도를 나가고, 남은 두 달은 기출문제 풀이와 복습에 집중하였습니다. 공부하면서 압박감으로 힘들었는데, 꾸준히 운동도 하고 일주일에 한 번은 쉬면서 압박감을 풀려고 노력했습니다. 에듀윌과 함께 열심히 공부하고 문제를 많이 풀어 보면 누구나 다 합격할 수 있다고 제가 보증합니다.

전○현 합격생

40대 직장인도 해냈어요!

4년 가까이 2급 자격증을 가지고 활동하면서 한계를 느껴 더 나은 환경에서 더 많은 역할을 하고 싶었습니다. 그래서 에듀윌에 문을 두드렸고 열심히 공부하여 좋은 결과를 얻게 되었습니다. 반복해서 강의를 듣고 교수님이 중요하다고 강조한 것들을 빠짐없이 필기를 하고 암기한 것이 도움이 되었습니다. 1급 자격증을 취득하였으니 앞으로 더 좋은 곳에서 큰 역할을 할 수 있으리라 기대하고 있습니다.

이○석 합격생

2달 만에 합격했어요!

모든 전공자는 2급 자격증을 소지하고 있기 때문에 경쟁력과 전문성을 갖출 필요가 있다고 생각해 자연스럽게 1급 시험을 준비하게 되었습니다. 저는 시험 한두 달 전이 되어서야 하루 평균 6시간 정도로 본격적으로 공부를 시작하였습니다. 에듀윌 교수님들이 이해하기 쉽게 설명해 주셔서 수월했고, 이론이 한 권으로 정리되어 있어 공부하는 데 부담이 적었습니다. 다른 수험생 분들도 열심히 공부해서 다 합격하셨으면 좋겠습니다.

다음 합격의 주인공은 당신입니다!

더 많은 합격 비법

eduwill

2026 최신판

에듀윌 사회복지사 1급
통합이론서
+무료특강

예습과 복습은 물론 마무리까지!

빠른
공략노트

- 최중요 핵심Tag
- 기출 OX
- 2025년 제23회 최신 기출문제

eduwill

2026 최신판

에듀윌 사회복지사 1급
통합이론서
+무료특강

2026 최신판

에듀윌 사회복지사 1급
통합이론서 +무료특강

예습과 복습은 물론 마무리까지!

빠른 공략노트

제1영역 인간행동과 사회환경

빠른공략 1 최중요 핵심Tag

인간의 행동을 이해하는 관점

1 사회복지실천에 있어서 인간행동의 이해
- **환경 속의 인간**: 인간행동은 사회환경과 개인의 상호작용의 결과이므로 사회복지사는 인간의 행동을 환경 속의 인간의 관점에서 이해해야 함.
- **전 생애에 걸친 발달**: 인간의 신체적·심리적·사회적 발달은 전 생애에 걸쳐 진행되며, 일생에 걸쳐 점진적·체계적으로 변화가 일어남.
- **이상 행동 및 부적응 행동**: 사회복지사는 부적응적 행동을 이해하여 대상자에 대한 통합적 이해를 할 수 있어야 함.

2 발달과 유사한 개념
- **성장·성숙**: 신체의 크기나 근육의 힘이 커지는 양적 증가와 유전적 기제에 의해 나타나는 변화로, 유전적 요인으로 진행
- **학습**: 출생 후 경험이나 훈련을 통해 얻는 것으로, 결과에 의한 개인 내적 변화

> 인간의 발달 특징에 대해 묻는 문제가 자주 출제됩니다. 특히 인간발달을 둘러싼 견해 차이(유전결정론 vs 환경결정론 vs 상호작용론)는 정신역동이론의 세부 내용과도 연결되니 꼭 기억하시기 바랍니다.

인간발달의 특징과 원리

- **일정한 순서와 방향성**: 발달은 머리에서 하체로, 중심부위에서 말초부위로, 전체 운동에서 세밀한 운동으로 진행됨.
- **연속성**: 발달은 연속적·점진적으로 일어남.
- **유전과 환경의 상호작용**: 유전과 환경은 인간발달에 모두 영향을 줌.
- **개인차**: 발달은 환경과 유전적 요인에 따른 개인차가 존재하고, 외적인 변수가 많을수록 개인차가 커져 예측이 곤란함.
- **분화와 통합**: 발달은 점진적으로 분화하고, 신체·인지·정서 각 측면은 상호작용을 통하여 발달하며 통합됨.
- **점성원리**: 발달은 유전적 요인에 의한 일련의 과정에 따라 지배되며, 특정 단계의 발달은 이전 단계의 발달과업에 영향을 받음.
- **결정적 시기(적기성)**: 신체 및 심리발달이 가장 용이하게 이루어지는 결정적 시기(최적의 시기)가 있음.
- **기초성**: 어릴 때의 발달이 모든 발달의 기초가 됨.
- **누적성**: 특정 시기의 결손이 계속 누적되면 다음 단계에 영향을 미침.
- **불가역성**: 특정 과정의 발달이 잘못되면 이후 충분한 보상을 제공해도 원래의 발달상태로 회복하기 어려움.

> 인간발달의 순서와 방향성은 빈번히 출제됩니다. 인간발달의 원리는 단어를 중심으로 이해하기보다는 '환경 속의 인간'이라는 관점에서 이야기하듯이 이해하는 게 더 좋습니다.

태아기

1 태아발달에 영향을 주는 요인
- 임신부의 연령, 영양상태, 약물복용, 음주, 흡연, 질병, 정서적 상태 등이 태아에게 영향을 미침.
- 유전인자, 세포분열 시의 염색체 이상으로 발달장애가 일어날 수 있음.

2 유전적 요인에 의해 발생하는 장애
- 다운증후군: 21번 염색체 이상으로 발생(총 염색체 수 47개)
- 터너증후군: X염색체를 하나만 가져 외견상 여성이지만 2차성징이 거의 나타나지 않음.
- 혈우병: 혈액이 응고되지 않는 장애
- 클라인펠터증후군: X염색체를 2개 이상 가져 외견상 남성이지만 여성의 2차성징이 나타남.

영아기

1 신생아의 반사행동
- 생존반사: 빨기반사, 근원반사(젖찾기 반사), 연하반사(삼킴반사)
- 원시반사: 모로반사, 걸음마반사, 파악반사, 바빈스키반사

2 신생아의 발달
- 정서분화(성격발달의 기초 ⇨ 만 2세까지 계속 발달함, 울음, 미소와 웃음으로 구분 ⇨ 목적지향적 행동)
- 애착형성(낯가림과 분리불안 ⇨ 대상영속성)이 이루어짐.

> 신생아도 정서가 있습니다. 대부분 울음과 미소, 웃음으로 표현되지만, 신생아도 목적지향적으로 자신의 정서를 나타냅니다.

유아기

1 걸음마기
- **인지적 발달**: 상징적 사고, 자기중심적 사고, 물활론적 사고
- **심리사회적 발달**: 제1반항기, 걸음마(안정적으로 걷기 ⇨ 자기통제 발달), 성역할 발달
- **자폐증**: 생후 30개월 이전 발병하는 일종의 정신질환으로, 전조작기 발달 지연으로 외부에는 관심을 거의 두지 않고 내부에만 강하게 몰두하는 형태

2 학령전기
- **인지적 발달**: 직관적 사고(사물을 기억하는 능력과 문제해결능력 성장), 보존개념 발달의 어려움(집중력 부족, 변화과정을 되돌려보지 못함)
- **보존개념 발달을 어렵게 하는 인지적 특성**: 중심화, 비가역적 사고, 직관적 사고
- **자아개념 형성**: 집단놀이 과정을 통해 자기중심성이 약화되고 타인에 대한 이해가 넓어짐.

> 유아기 중 걸음마기(2~4세)는 피아제의 전조작기 전기에 해당하므로 해당 내용을 잘 알고 있는지 확인이 반드시 필요합니다.

아동기

- **또래집단을 통한 발달**: 집단생활을 통해 협력과 기본적인 사회적 기술 및 태도를 배움. ⇨ 태도와 가치관의 형성, 소속감을 통한 안정감 제공, 인지 발달과 정보제공이 이루어짐.
- **자기개념**: 자기에 대한 인지적 측면
- **자기존중감**: 자기에 대한 감정적 측면, 개인의 성공·실패 경험의 축적, 가족 및 친구집단의 긍정적 평가에 따라 자기존중감이 강화될 수 있음.
- **단체놀이**: 게임에서 이기기 위해 상호의존, 분업, 경쟁을 배움.
- **피아제의 구체적 조작기**

동일성 개념	동일한 양의 음식이 다른 모양의 그릇에 담길 때 음식물을 덜어내지 않으면 두 그릇의 음식량이 같다는 것을 아는 것
보상성 개념	바닥이 좁지만 높이가 높은 그릇, 바닥이 넓지만 높이가 낮은 그릇 두 개가 있을 때, 내용물의 양은 같다는 것을 아는 것
역조작 사고 (가역성)	다른 모양의 그릇에 담긴 음식물을 옮겨 담았을 때 이 음식물을 이전 그릇에 다시 옮겨 담을 수 있으므로 두 그릇에 담긴 음식의 양이 같음을 아는 것

- **인지적 발달**: 분류화(유목화), 서열화, 보존개념을 완전히 획득함.

청소년기

- **제2반항기와 심리적 이유기**: 부모의 통제를 받지 않으려 하면서도 부모의 지지와 승인을 필요로 하는 시기
- **신체적 발달**: 신장이 급격히 발달하며 2차성징이 발현됨.
- **자아정체감**: 급격한 신체적·정서적 변화에도 자신이 누군가를 아는 것으로, 자아정체감이 확고한 사람은 개별성, 통합성, 지속성을 경험함.
  - 개별성: 자신은 타인과 구별되는 고유한 존재라는 인식
  - 통합성: 자신의 생활방식, 욕구, 동기 등이 전체적으로 통합되어 있다는 느낌
  - 지속성: 시간이 흘러도 자신은 동일한 사람이라는 인식
- **마샤의 자아정체감 4범주**: 위기와 전념을 기준으로, 자아정체감 성취, 자아정체감 유실, 자아정체감 유예, 자아정체감 혼란으로 구분

> 청소년기의 자기중심성은 상상 속의 관중(상상적 청중 현상)과 개인적 우화의 형태로 나타납니다.

청년기

- **친밀감 형성**: 청년기의 주요 과업으로, 가족 외 사람과 친밀한 관계를 형성함.
- **자율성 확립**: 대학 진학, 취업 등을 이유로 부모로부터 경제적·정서적 독립

> 직업은 경제적 자립과 자아실현의 장으로, 청년기에 어떤 직업을 선택하는지에 따라 그 이후의 삶의 방향이 결정됩니다.

중년기

- 에릭슨의 심리사회적 위기 중 생산성(다음 세대를 이끌어 주고 돌봐주려는 관심) 대 침체(타인과는 형식적인 관계를 맺으며 자기에게만 몰두하는 것)
- 성격발달
  - 자신의 내부에 초점을 맞추어 자기를 실현하는 과정을 시작함.
  - 개성화(개별화): 페르소나, 음영, 아니마, 아니무스에 변화가 생김.
- 역할의 전도
  - 자녀양육의 시기가 끝나고 고령의 부모 부양의 문제에 직면함.
  - 직장에서도 업무를 주도하던 것에서 은퇴를 준비하는 시기로 전환함.
  - 남녀의 성적 능력이 저하되며 성호르몬의 변화가 이루어짐.
- 마모어의 4가지 중년 위기: 신체 노화, 급변하는 사회에 대한 스트레스, 경제 여건에 대한 스트레스, 이별과 상실감

> 융은 중년기에 후천적으로 축적된 지식이나 경험을 통해 획득된 결정적 지능은 계속 증가하지만 유동성 지능은 감소한다고 보았습니다.

노년기

- 노년기의 인지적 발달: 내향성과 수동성 증가, 우울 성향 증가, 유산을 남기려는 경향 강화 등
- 역할변화와 적응: 퇴직자 역할, 조부모 역할, 배우자 사별로 인한 역할변화
- 에릭슨의 통합성: 자신의 인생을 수용하며 다양한 감정과 아쉬움을 자신의 삶 속에 통합하는 것으로, 이 과정이 이루어져야 죽음을 수용할 수 있음.
- 퀴블러 로스의 비애의 과정: 부인 → 격노와 분노 → 협상 → 우울 → 수용

> 비애의 과정(죽음과 상실에 대한 심리적 5단계)은 꼭 알아두어야 합니다.

프로이트의 정신분석이론

- 의식의 수준: 의식/전의식/무의식
  - 무의식은 인간의 가장 깊은 곳에 있으며 우리가 자각하지 못하는 경험과 기억으로 구성됨(결정론적 인간관).
  - 인간은 무의식에서의 내적충동에 의한 긴장을 제거하기 위해 쾌락을 추구하며(리비도) 이를 방해하는 사회적 요인(양심과 자아이상으로 구성된 초자아)에 대항함.
- 프로이트의 인간관: 수동적 인간, 결정론적 인간, 투쟁적 인간
- 심리성적 발달의 5단계: 구강기(출생~18개월, 입) → 항문기(18개월~3세, 항문) → 남근기(3~6세, 생식기) → 잠복기(6세~사춘기, 성적 활동 잠재기) → 생식기(사춘기~성인기 이전)
- 방어기제
  - 자아의 무의식 영역에서 발생하는 심리기제로, 고통스러운 상황에 적응하려는 인간의 무의식적·본능적 노력
  - 개인이 느끼는 과도한 불안에서 자아를 보호하기 위해 작동하는 기제이자 자아에게 보내는 위험신호
  - 방어기제는 성격발달과 관련되어 있으며 성격의 성숙수준을 나타냄.
  - 부정, 억압, 동일시, 투사, 전치(치환), 취소, 반동형성, 상황, 대리형성(대치), 자기에게로 전향, 상징화, 합리화, 보상, 유리(격리·분리), 지성화, 퇴행, 해리, 저항, 승화, 전환, 신체화

> - 방어기제는 꼭 숙지해야 하며, 방어기제에 적합한 사례를 스스로 만들어 보면서 이해하면 실전에서 문제를 풀때 도움이 될 것입니다.
> - 유아기(3~6세)는 프로이트의 오이디푸스 콤플렉스와 엘렉트라 콤플렉스를 겪는 시기입니다.

에릭슨의 심리사회이론

- 환경 속의 인간이라는 관점 형성에 기여함.
- 성인시기를 발달단계에 포함해 프로이트의 이론을 확장함.
- **자아**: 자아는 독립적으로 기능하고 인간행동의 기초가 됨(원초아에서 분리된 것이 아니라 그 자체로 형성).
- 자아는 신체·심리·사회적 상호작용을 통해 전 생애에 걸쳐 발달함.
- **자아정체감**: 총체적인 자기지각으로, 자기가 다른 사람과 분리된 독특한 개인임을 자각하고 자기일관성과 자아정체감을 이루고자 함.
- **인간발달 8단계**: 각 단계마다 심리사회적 갈등 혹은 위기를 경험하고, 갈등을 성공적으로 해결하는 것이 다음 단계에 영향을 미침.

단계	위기	획득된 능력	중요 관계범위
1	신뢰감 대 불신감	희망	어머니
2	자율성 대 수치심과 의심	의지(력)	부모
3	주도성 대 죄의식	목적	가족
4	근면성 대 열등감	능력, 유능성	친구, 학교
5	자아정체감 대 역할혼란	성실성, 충성심	또래집단
6	친밀감 대 고립감	사랑	우정, 애정, 경쟁, 협동 대상
7	생산성 대 침체	배려, 돌봄	직장, 확대가족
8	자아통합 대 절망	지혜	인류, 동족

- **비판**: 발달단계 구분에 대한 과학적 근거를 제시하지 못함.

> 프로이트가 신체부위를 중심으로 발달단계를 구분한 반면, 에릭슨은 인간이 겪는 심리사회적 위기를 중심으로 발달단계를 구분하였습니다.

아들러의 개인심리이론

- 프로이트와 같이 생애 초기의 경험이 성인기에 영향을 준다고 보았음.
- 과거에 얽매이지 않고 경험이 현재에 어떤 영향을 미치는지에 집중함.
- 개인의 창조적 자아의 중요성을 강조하고, 목표지향적인 존재(목적론적 존재)인 인간을 합리적이고 창조적인 존재라고 봄.
- **열등감과 보상 – 우월성 추구**: 인간행동의 동기는 열등감으로, 이는 안정을 추구하기 위해 생겨나며 열등감에 대한 보상은 우월성에 대한 추구임.
- **생활양식**
  - 아들러는 생활양식과 성격이 밀접한 관계가 있다고 보았음.
  - 사회적 관심과 활동수준에 따라 지배형, 획득형, 회피형, 사회적으로 유용한 유형으로 구분됨.
  - 생활양식은 개인의 출생순위와도 관계가 있다고 보았음.
- **실천적 기법**: 즉시성과 격려, 역설적 개입, 마치 ~처럼 행동하기, 수프 엎지르기, 단추 누르기, 과제부여

> 아들러는 인간생활의 궁극적인 목적은 우월해지는 것이며, 이는 선천적인 것으로 보았습니다. 열등감과 우월성 추구와의 관계를 보면 인간에 대한 능동적인 입장을 알 수 있습니다.

융의 분석심리이론

- 아동기보다는 성인기의 발달에 비중을 둠.
- 인간의 행동은 의식과 무의식의 상반되는 힘에 의해 형성됨.
- 융의 성격발달
  - 성격발달은 개성화의 과정을 통한 자기실현 과정
  - 인생 전반기에는 자기실현을 위한 에너지의 방향이 외부로 향하고, 분화된 자아를 통해 생활에서 자기를 찾으려고 노력함.
  - 인생 후반기에는 무의식의 내용을 의식화하고 이해하여 자아와 자기의 통합이 이루어짐.
- 개성화: 무의식적 내용을 의식화하고 통합해 고유한 자기 자신이 되는 것. 융은 자기실현을 위해 정확한 자기인식이 중요하다고 봄.
- 주요 개념

자아	의식세계의 중심, 일상과 경험의 주체
자기	• 의식과 무의식을 모두 포괄하는 인격과 정신적인 부분의 중심 • 자기와 자아의 협력이 이루어지면 자아실현이 이루어짐.
무의식	• 개인무의식: 개인 경험의 집합으로 무의식의 표면에 있음. • 집단무의식: 선조들로부터 유전된 부분으로 무의식의 심층에 있음.
원형	모든 인간에게 존재하는 보편적·집단적 이미지
페르소나	자아의 가면이자 공적 얼굴, 사회가 자신에게 요구하는 역할·기대에 부응하는 모습
그림자	본성 및 의식하기 싫은 부정적 측면
아니마	남성이 억압시킨 여성성
아니무스	여성이 억압시킨 남성성

- 사고 유형
  - 자아태도: 외향형, 내향형
  - 정신기능: 비합리적 기능(감각형, 직관형), 합리적 기능(사고형, 감정형)
  ⇨ 이후 마이어스-브릭스 MBTI 검사에 영향

> 융은 성인기의 발달에 관심을 가졌습니다. 성격을 부분들의 단순집합이 아닌 하나의 전체성을 이루는 것이라고 보았기 때문입니다.

피아제의 인지발달이론

- 발달의 원칙: 각 발달단계에 도착하는 개인 간 연령의 차이는 있어도 발달순서는 불변
- 도식: 개인의 행동과 사고를 조직하고 환경에 적응하게 하는 심리적 구조로, 사건이나 자극을 인식하고 그것에 대응해 사용하는 기본적인 이해의 틀
- 피아제의 인지발달단계

감각운동기 (0~2세)	• 자극에 대한 반응과 직접적인 경험을 통한 환경 이해, 대상영속성 습득, 사회적 애착 확립, 목적지향적 행동 • 하위 6단계: 반사활동기, 1차 순환반응, 2차 순환반응, 2차 도식들의 협응, 3차 순환반응, 통찰기·정신적 표상
전조작기 (2~7세)	• 언어의 사용으로 상징적 표상을 사용하기 시작함. • 상징놀이, 물활론, 자아중심성, 비가역적 사고 • 전개념적 사고단계, 직관적 사고단계

> 피아제의 도덕성 발달 추론연구를 성인기까지 확장시킨 콜버그의 이론도 함께 살펴보아야 합니다.

구체적 조작기 (7~11·12세)	• 아동의 사고능력이 논리적인 수준으로 발달하며 전조작기의 한계가 극복됨. • 보존개념 확립, 분류화(유목화), 서열화, 탈중심화, 가역적 사고 가능
형식적 조작기 (11·12~성인기)	추상적 사고, 모든 변인들의 관련성 파악, 가설 설정과 미래사건 예측 가능

스키너의 행동주의이론

- **환경결정론**: 인간행동의 동기는 외부의 자극에 영향을 받으므로 환경이 중요하다고 봄.
- **기계론적 인간관**: 인간은 보상과 처벌에 크게 영향을 받는 기계적 존재
- **결정론적 인간관**: 인간행동은 강화와 처벌과 같은 법칙으로 결정되어 예측가능함.
- **주요 개념**

조작적 조건형성	유기체가 원하는 결과를 얻기 위해 실행하는 자발적 반응으로, 선택적으로 환경에 작용하는 것
행동형성	기대하는 반응이나 행동을 학습하도록 바람직한 행동에 대해 강화를 하여 점진적으로 행동을 만들어 가는 과정
강화	• 보상을 제공해 행동에 대한 반응을 강력하게 하는 것 • 긍정적 강화(정적 강화): 긍정적 결과를 제공하여 바람직한 행동빈도를 증가시키는 것 • 부정적 강화(부적 강화): 부정적 결과를 제거하여 바람직한 행동빈도를 증가시키는 것
처벌	어떤 행동을 할 때 부정적 행동을 제시하거나 긍정적 강화물을 제거하여 특정 행동의 빈도를 줄이는 것
강화계획	조작적 행동이 습득되고 유지될 수 있도록 강화물을 제시하는 빈도와 그 간격의 조건을 나타내는 규칙
일반화와 변별	• 일반화: 강화된 행위가 다양한 비슷한 상황으로 확장되는 것 • 변별: 주어진 자극에 대해 선택적으로 반응을 보이는 것 • 건강한 성격은 일반화와 변별의 능력을 혼합한 결과

> 스키너의 행동주의이론의 개념과 사례를 연결하는 유형의 문제가 자주 출제됩니다.

반두라의 사회학습이론

- **모방**: 다른 사람의 행동을 관찰하고 따라하면서 배우는 것. 관찰만으로도 학습이 되고, 모방한 결과가 긍정적일 때 관찰자에게 강화가 됨.
- **능동적 인간**: 자기조정·규제, 자기강화·자기효율성 ⇨ 행동의 결정에 있어 환경 못지않게 개인의 내적특성도 중요함.
- **관찰학습**
  - 타인의 행동을 관찰함으로써 학습함.
  - 주의집중과정 → 보존(파지)과정 → 운동재생과정 → 동기화과정

> 반두라는 모방 또는 관찰학습을 통해 생활환경 속에서 학습하고 성장한다고 보았습니다. 모방과 관찰학습은 사회학습이론의 가장 중요한 개념입니다.

매슬로우의 욕구이론

- **인간관**: 자기실현 욕구, 성선설, 심리적 성장과 건강에 대한 잠재력은 태어날 때부터 갖고 있어 잠재력을 개발하면 이상적인 경지에 도달할 수 있음.
- **자기실현**: 선천적으로 타고났지만 만 2세까지의 경험이 중요하고, 이는 성인시기의 자기실현에 영향을 미친다고 봄.
- **욕구**
    - 1형태의 욕구: 기본적(결핍성) 욕구 – 결핍동기
    - 2형태의 욕구: 성장 욕구, 자기실현 욕구 – 성장동기 ⇨ 자기실현을 이룬 사람은 기본적인 욕구보다 더 높은 수준의 욕구를 추구하고자 노력함.
- **욕구체계**: 생리적 욕구 → 안전의 욕구 → 소속과 애정의 욕구 → 자기존중의 욕구 → 자기실현의 욕구
- 매슬로우의 욕구이론은 과학적으로 검증하기 어렵고, 인간을 지나치게 낙관적으로 보았다는 한계점이 있지만, 성장을 중요시하고 인간의 노력 자체에 가치를 두어 사회복지의 가치와 일치함.

> 매슬로우의 욕구이론에서는 각 발달단계에 도달하는 데 특정한 연령이 정해져 있지는 않다고 보았습니다. 다만, 기본적 욕구가 충족되지 않으면 생리적·심리적 역기능이 일어나게 된다는 점을 기억하세요.

로저스의 현상학이론

- **인간관**: 인간은 주관적 경험을 통해 자신을 형성하고, 행동의 근원은 자기실현의 욕구임(인간은 목적지향적 존재).
- **자기실현 경향성**: 인간은 자신을 유지하고 향상시키는 방향으로 능력을 개발하려는 성향이 있으며, 자기실현은 더 능력 있는 사람이 되는 과정임.
- **완전히 기능하는 사람**: 실존적인 삶, 경험에 대한 개방성, 자유로운 선택과 행동, 창조성의 특징이 있음.
- **자기**: 주체로서의 나, 객체로서의 나와 다른 사람과의 관계를 지각하는 개념적인 형태. 반드시 의식되는 것은 아니지만 의식이 가능함.
- **이상적 자기**: 인간이 바라는 개념이자 그렇게 되고 싶은 상태
- **자기인정에 대한 욕구**: 자신에게 가치를 부여하려는 욕구
- **무조건적인 긍정적 존중**: 개인을 있는 그대로 수용하고 존중하는 것. 인간은 누구나 사랑과 존중을 받는 무조건적인 긍정이 필요함.

> - 로저스의 현상학이론은 개인이 현상을 어떻게 경험하고 느끼는지를 주로 다루었습니다.
> - 치료적 관계에 대한 규명으로 대상자 중심의 개입(안전한 환경, 비심판적 태도, 공감, 긍정적 관심 등)을 강조했습니다.

체계이론

- **체계이론의 종류**

일반체계이론	체계를 구성하는 요소의 속성과 상호작용의 특성에 집중
사회체계이론	인간행동에 영향을 미치는 다양한 체계에 집중
생태체계이론	일반체계이론(체계적 관점)과 생태학이론(생태적 관점)의 통합

- **일반체계이론의 주요 개념**: 경계, 개방체계, 폐쇄체계, 엔트로피, 넥엔트로피(네겐트로피), 시너지, 균형, 항상성, 안정상태, 홀론, 투입 – 전환 – 산출 – 환류 등
- **사회체계이론의 4체계이론**: 클라이언트(대상자)체계, 변화매개체계, 표적체계, 행동체계

> 체계이론의 기본 개념과 특징에 대한 구분이 주로 출제됩니다. 각 개념에 대한 내용을 세심하게 점검해야 합니다.

생태체계이론

- 생태체계의 구성

미시체계	개인, 인간이 속한 가장 직접적인 사회적·물리적 환경
중간체계	두 가지 이상의 미시체계 간의 관계 혹은 특정 시점에서 미시체계 간의 상호작용
거시체계	사회제도 등 일반적인 형태, 개인에게 영향을 주는 환경요소, 사회적 맥락

- 브론펜브레너는 인간을 둘러싼 사회환경을 미시체계, 중간체계, 거시체계, 외체계, 시간체계로 구분함.
- **상호교류**: 개인과 환경이 지속적인 상호관계 속에서 하나의 체계로 존재함.
- **체계의 상호작용**: 체계는 사회환경 속에서 상호작용하며, 인간행동을 이해하기 위해서는 어떤 체계가 개인의 삶에 어떤 영향력을 미치는지 이해해야 함.

> 개인과 직접 상호작용하지는 않지만 미시체계에 영향을 주는 사회적 환경은 외부체계(외체계)입니다.

환경체계

1 가족의 경계

외부경계	폐쇄형 가족체계, 개방형 가족체계, 임의형 가족체계
내부경계	• 가족구성원은 여러 하위체계에 동시에 속하면서 다른 구성원과 개별적인 관계를 맺음. • 하위체계: 부부체계, 부모-자녀체계 등

2 집단의 유형

- **개방집단**: 계속하여 새로운 성원을 받아들임.
- **폐쇄집단**: 집단 진행 시 어떤 성원도 받아들이지 않음.
- **자조집단**: 비전문가가 이끌며, 구성원 간 지지를 목적으로 함.
- **치료집단**: 전문가가 이끌며, 치유집단, 성장집단, 지지집단, 교육집단, 사회화집단 등이 있음.

> 가족의 경계를 분류하는 것은 중요합니다. 폐쇄형, 개방형, 임의형 가족체계의 특징도 중요하니 본책의 이론을 다시 살펴보며 기억하시기 바랍니다.

빠른공략 2   기출 OX

다음 내용이 맞으면 O, 틀리면 X에 표시하시오.

01 인간발달은 생애 전 과정에 걸쳐 진행되는 환경적, 유전적 상호작용의 결과이다.   O | X
02 인간발달은 특수활동에서 전체활동으로 이루어진다.   O | X
03 다운증후군은 23쌍의 염색체 중 21번 염색체가 하나 더 존재해서 유발된다.   O | X
04 신생아기의 반사운동 중 원시반사에는 바빈스키, 모로, 파악, 걷기반사 등이 있다.   O | X
05 유아기는 피아제의 형식적 조작기에 해당한다.   O | X
06 아동기는 제1의 반항기이다.   O | X
07 청소년기는 신체적 발달이 활발하여 제2의 성장 급등기로 불린다.   O | X
08 청년기의 주요 발달 과업은 진로 및 직업 선택, 혼인 준비 등이다.   O | X
09 중년기에는 외부세계에 쏟았던 에너지가 자신의 내부로 향한다.   O | X
10 노년기는 생물학적으로 노화를 경험하는 시기이면서 경제적으로 안정된 시기이므로 심리적 위기를 경험하지 않는다.   O | X
11 프로이트의 정신분석이론은 인간이 가진 자유의지의 중요성을 강조하였다.   O | X
12 브론펜브레너는 인간을 둘러싼 사회환경을 미시체계, 중간체계, 내부체계, 거시체계로 구분하였다.   O | X
13 에릭슨의 이론에서 각 단계의 발달은 이전 단계의 심리사회적 갈등해결과 통합을 토대로 이루어진다.   O | X
14 아들러의 개인심리이론에서 인간은 목적론적 존재이다.   O | X
15 융의 분석심리이론에서 아니무스는 남성이 억압시킨 여성성이다.   O | X
16 피아제의 인지발달단계 중 전조작기에는 물활론적 사고를 한다.   O | X
17 콜버그의 도덕성 발달이론은 피아제의 도덕성 발달이론에 기초를 제공하였다.   O | X
18 스키너의 이론에서 인간행동은 내적인 동기에 의해 강화된다.   O | X
19 반두라의 이론에서 관찰학습의 첫 번째 단계는 동기유발과정이며, 학습한 내용의 행동적 전환을 강조한다.   O | X
20 매슬로우의 이론에서 안전의 욕구는 소속과 사랑의 욕구보다 상위단계의 욕구이다.   O | X
21 로저스의 이론은 공감적 상담의 중요성을 강조한다.   O | X
22 사회체계이론에서 인간행동은 단일체계에 의해 결정된다.   O | X
23 브론펜브레너의 중간체계는 미시체계 간의 상호작용으로 구성된다.   O | X
24 자조집단은 유사한 어려움과 관심사를 가진 구성원들의 경험을 나누며 바람직한 변화를 추구한다.   O | X

정답 1 O   2 X   3 O   4 O   5 X   6 X   7 O   8 O   9 O   10 X   11 X   12 X   13 O   14 O   15 X   16 O   17 X   18 X   19 X   20 X   21 O   22 X   23 O   24 O

제2영역 사회복지조사론

빠른공략 1 — 최중요 핵심Tag

사회복지조사의 연구윤리

- **응답자의 동의와 자발적 참여**: 참여자 스스로 판단하기 어려운 경우에는 보호자의 동의로 대신할 수 있음.
- **응답자의 익명성과 비밀 보장**: 연구참여자들은 자신의 신원을 밝히지 않고 응답할 수 있으며, 연구자는 참여자의 신원을 파악하고 있더라도 이를 외부에 공개해서는 안 됨.
  - 참고 단, 참여자의 인권과 안전이 침해당하는 징후가 발견되면 외부에 이 사실을 알리고 도움을 요청할 수 있음.
- **지적재산권의 존중과 연구윤리의 실천**: 연구과정에서 도움을 받은 자료는 연구보고서에 밝혀야 함.
- **고지의 의무**: 연구의 목적, 참여자가 해당 조사에 참여함으로써 받게 될 혜택과 위험, 조사결과의 활용계획 등 전반 사항에 대해 고지해야 함.

과학적 조사법과 과학철학

1 과학적 조사법

- **연역법**: 일반적인 사실, 원리에서 개별적이고 특수한 사실이나 원리를 이끌어내는 접근법(대부분의 양적연구)
- **귀납법**: 개별적인 사실, 관찰된 내용을 통해 이론(임시결론)을 도출하는 접근법(대부분의 질적연구)
- **연역법과 귀납법의 관계**
  - 연역법과 귀납법은 상호보완적 관계임.
  - 선행연구가 부족한 상황에서는 귀납적 접근으로 연구를 시작하기도 함.

2 과학철학

- **해석주의**: 사회적 행위에 대한 주관적 의미와 해석을 중시하는 방법론으로, 연구자의 가치나 태도가 중요함.
- **실증주의**: 관찰이나 실험, 객관적 조사 등 경험적으로 검증 가능한 지식을 중시하는 인식론으로, 연구결과의 일반화에 관심을 둠.
- **포퍼의 반증주의**: 직접적으로 증명하기보다는 반증 시도를 통해 가설의 설득력을 확보하려 함.
- **쿤의 과학적 혁명론**
  - 패러다임: 우리의 관점을 조직하는 도식 또는 틀
  - 패러다임의 변화는 점진적인 것이 아니라 혁신적·혁명적임.
  - 과학은 누적적 진보를 하지 않는다고 봄.

> 해석주의와 실증주의는 대조적인 개념입니다.

- 비판사회과학적 패러다임: 억압받는 집단의 권한을 강화하는 데 관심을 둠.
- 포스트모더니즘적 패러다임: 객관적 실재, 보편주의, 동일성에 대한 강조에서 벗어나고자 함.

사회복지조사의 유형

1 자료수집방법에 따른 구분

양적조사	• 실증주의적 방법론에 토대를 두고, 객관적인 측정방법을 사용함. • 가설검증을 지향하며, 대규모 자료수집이 가능함.
질적조사	• 현상학적 접근법을 따르며, 사회현상의 주관적 의미에 관심이 있음. • 탐색과 발견을 지향하며, 소수의 사례를 깊이 있게 관찰함.
혼합조사	양적조사 결과로부터 질적조사가 시작되기도 하고, 반대로 질적조사 결과를 토대로 양적조사가 시작되기도 함.

> 각 구분에 따른 사회복지조사의 유형별 특징과 사례가 자주 출제됩니다.

2 자료수집시점에 따른 구분

횡단조사	특정 시점에서 조사대상을 1회 조사함.
종단조사	• 같은 주제에 대해 조사대상을 일정한 시간을 두고 반복적으로 조사함. • 패널조사: 동일인을 대상으로 일정한 시간을 두고 같은 내용을 반복적으로 조사함. • 경향조사: 일정 주기별 변화를 살펴볼 수 있음. • 동년배집단조사: 동년배집단에게서 일정한 시간을 두고 동일한 자료를 수집하여 시대적 변화를 연구함.

3 조사목적에 따른 구분

탐색적 조사	선행연구가 별로 없어 사전지식이 부족할 때, 조사설계를 확정하기 전 예비조사를 할 때 실시함.
기술적 조사	특정 사건이나 현상에 대해 정확히 파악하기 위한 조사
설명적 조사	변수 간 관련성을 살펴보고 가설을 검증하기 위한 조사

사회복지조사의 절차

- 문제설정: 연구주제, 연구문제를 선정함.
- 가설설정: 연구문제와 자신이 선택한 이론의 방향성에 따라 가설을 설정함.
- 조사설계: 자료의 수집·분석과정에 필요한 내용들을 설계함(자료수집방법, 표집방법, 표본규모, 조사도구, 자료분석절차와 방법 등)
- 자료수집: 조사설계에 따라 자료를 수집함.
- 자료분석 및 해석: 수집된 자료를 분석하고 해석함.
- 보고서 작성: 자료분석 및 해석 내용을 보고서로 정리하여 공유함.

> 조사설계 시 포함되어야 할 내용을 알아두어야 합니다.

변수

- **독립변수**: 다른 변수에 영향을 미치는 원인이 되는 변수
- **종속변수**: 독립변수의 움직임에 따라 함께 일정한 방식으로 변화되는 변수
- **매개변수**: 독립변수와 종속변수 사이에 존재하며, 독립변수의 결과인 동시에 종속변수의 원인이 되는 변수
- **외생변수**: 독립변수와 종속변수가 실제로는 관련성이 없는 허위관계인데, 그럼에도 두 변수가 마치 유의미한 관련성이 있는 것처럼 보이게 만드는 제3의 변수
- **억압변수**: 독립변수나 종속변수 중 하나의 변수와는 정적 상관을, 나머지 변수와는 부적 상관을 가져 결과적으로 독립변수와 종속변수 간 인과관계가 없는 것처럼 보이게 만드는 변수
- **통제변수**: 독립변수와 종속변수 간 관련성을 확인하는 과정에서 주변부에서 영향을 미치기 때문에 통제되어야 할 변수

> 변수는 속성에 따라 비연속변수(명목변수, 서열변수)와 연속변수(등간변수, 비율변수)로도 나눌 수 있습니다. 사례에 맞는 변수의 종류를 고르는 문제가 자주 출제됩니다.

개념적 정의와 조작적 정의

1 개념적 정의
- 어떠한 현상이나 속성에 대해 개념적으로 설명하여 정의하는 것으로, 측정 가능성을 전제로 하지 않음.
- 측정과정에서는 개념적 정의를 조작적 정의로 바꾸어 사용해야 함.

2 조작적 정의
- 측정하고자 하는 개념에 대해 경험적으로 해석할 수 있고, 실행과 관찰이 가능하도록 명확하게 정의하는 것
- 관련 선행연구와 기존에 사용된 척도 등을 탐색하여 조작적으로 정의함.

> 개념의 조작화과정은 '개념 → 개념적 정의(명목적 정의, 사전적 정의) → 조작적 정의 → 측정'의 순서로 이루어집니다.

가설

1 가설
- 가설이란 조사하려는 현상에 대한 예측적 해답으로, 조사과정에서 검증이 가능해야 함.
- 구체적이고 논리적이며, 간단명료하게 표현되어야 함.
- 변수 간 관계를 가정함.
- 비방향성 가설도 있음.

2 연구가설과 영가설
- **연구가설**: 조사과정을 통해 연구자가 검증하고 싶은 가설로, 영가설이 거짓일 때 연구가설이 채택됨.
- **영가설**: 독립변수가 종속변수에 영향을 미치지 않으며, 변수 간 관계가 우연인 것으로 간주하는 가설로, 영가설이 참이면 연구가설이 기각되고, 영가설이 거짓이면 연구가설이 채택됨.

3 통계적 가설검정
- **제1종 오류**: 영가설이 참인데도 이를 부정하여 기각하는 오류(변수 간 관련성이 없음에도 마치 관련이 있는 것처럼 결과가 나오는 오류)
- **제2종 오류**: 영가설이 거짓인데도 이를 채택하는 오류

> 통계적 가설검정에서 연구자들은 제1종 오류의 가능성을 낮추는 것을 우선적으로 고려합니다.

측정의 수준

- 개념, 현상, 속성의 성격에 따라 적절한 측정수준을 적용할 수 있음.
- **명목척도**: 측정수준이 가장 낮은 척도유형으로, 범주 내 기호를 부여하여 항목을 구별함.
- **서열척도**: 사물이나 현상을 분류하면서 범주 간의 순서와 서열이 존재하는 척도유형임.
    - 평정척도: 측정할 속성이 연속적이고, 범주 내 서열과 순서가 존재함. 도표법 평정척도와 기술법 평정척도가 있음.
    - 리커트척도: 하나의 문항만 사용하지 않고 관련 있는 여러 문항을 만들어 종합적으로 측정하는 척도유형으로, 문항 내적 일관성이 중요하며 문항 간 중요도 차이는 없음.
    - 거트만척도: 각 문항이 단계적이고 일관성 있게 서열을 이루고 있어 단일차원적이며, 누적적인 특성이 있음.
    - 사회적 거리척도: 사회집단 간 심리적 거리감을 측정하는 데 적절함.
    - 의미분화척도: 한 쌍의 대조되는 형용사를 사용하여 응답자들이 평소 자신의 생각이나 태도, 느낌 등의 정도를 표현하게 함.
- **등간-비율척도**
    - 서스톤척도(유사등간법): 가장 부정적인 태도(1점)부터 가장 긍정적인 태도(11점)까지 등간격으로 구분하여 만듦.
    - 요인분석: 상관이 높은 문항들을 중심으로 중요한 조사결과들이 몇 개의 공통요인으로 묶이는지 평가함.

> 척도의 특징을 확실히 구분할 수 있어야 합니다.

측정의 신뢰도

- 척도의 일관성 또는 안정성을 의미함. → 측정도구를 반복적으로 적용하여 일관된 결과가 나온다면 해당 측정도구의 신뢰도는 높은 것으로 해석함.
- 신뢰도 측정방법

검사-재검사법	일정한 시간 간격을 두고 같은 대상자들을 같은 측정도구로 두 번 조사한 뒤, 그 결과를 비교하여 측정값 간 일관성을 평가하는 방법
대안법	유사한 측정도구를 두 세트 구성하여, 같은 응답자가 두 세트의 측정도구에 응답하도록 하고, 관찰값 간 상관관계를 통해 신뢰도를 평가함.
내적 일관성 신뢰도	반분법과 크론바흐 알파계수가 이에 속하며, 검사문항 간 상관관계를 통해 신뢰도를 평가함.

측정의 타당도

- 측정도구가 측정하고자 하는 개념, 현상, 속성 등을 제대로 측정하고 있는지와 관련됨.
- 타당도 측정방법

내용타당도	• 검사문항이 측정하고자 하는 현상, 내용 등을 잘 대표하는가에 대한 내용 • 전문가가 측정도구의 내용타당도를 판단함.
기준타당도	• 타당성이 입증된 기존의 측정도구와 연구자가 만든 측정도구의 결과치를 비교하여 타당도를 평가하는 방법 • 예측타당도: 측정도구가 응답자의 미래 행동을 어느 정도 예측하는가에 대한 내용 • 동시타당도: 측정도구가 조사대상자들의 현재 상태를 올바르게 측정하는가에 대한 내용
구성타당도	• 검사문항들이 측정하고자 하는 이론적 배경과 관점을 얼마나 잘 대표하는가에 대한 내용 • 이해타당도: 추상적인 개념이나 이론이 측정도구에 의해 정확히 측정되는가에 대한 내용 • 수렴타당도: 동일 개념을 측정한다면, 다른 방법으로 측정하더라도 측정값이 하나의 차원으로 수렴되어야 한다는 내용 • 변별타당도: 이론적으로 관련성이 없는 두 개념을 측정한 두 척도의 상관관계를 분석하여 타당도를 판별하는 것

- 신뢰도와 타당도의 관계
  - 측정도구의 높은 신뢰성이 타당성을 보장하지 않음.
  - 측정의 타당도가 높으면 신뢰도가 높음.

측정의 오류

1 체계적 오류
- **인구통계학적 특성으로 인한 오류**: 성별, 사회경제적 지위 등과 같은 특성으로 인하여 오류가 일정한 방향으로 나타나는 경향
- **개인적 성향으로 인한 오류**
  - **관용의 오류**: 응답자가 일관되게 긍정적인 답을 선택하는 경향
  - **인색의 오차**: 응답자가 일관되게 부정적인 답을 선택하는 경향
  - **중앙집중경향의 오류**: 다양한 선택지 가운데 응답자가 유독 중간 위치의 입장을 선택하는 경향
  - **후광효과**: 응답자가 대상에 대해 가지는 견해나 인상이 평가에 영향을 미치는 것
- **잘못된 측정도구로 인한 오류**: 질문하고자 하는 내용이 태도를 묻는 것인지, 실제 행동을 묻는 것인지에 대한 구분이 명확하지 않으면 오류가 발생할 수 있음.
- **편향으로 인한 오류**
  - **고정반응에 의한 편향**: 일정한 유형의 질문들이 연속될 때 응답자들이 개별적 응답을 하지 않고, 고정된 반응 패턴을 보임.

> 체계적 오류는 타당도를 낮추는 요인이고, 비체계적 오류는 신뢰도를 낮추는 요인입니다.

- 사회적 바람직성의 편향: 응답자가 솔직한 의견과 태도를 보이지 않고, 사회적으로 바람직하다고 여겨지는 방향으로 응답하려 함.

2 비체계적(무작위) 오류
- 체계적 오류와 달리 일정한 패턴이 없는 오류
- 측정의 신뢰도를 낮추는 요인으로서, 연구자와 응답자의 신체적·정신적 상태, 조사환경의 문제 등에 의해 발생함.

표본추출 관련 용어

- **모집단**: 연구자가 알고 싶어하는 연구대상 전체
- **전수조사**: 모집단 전체를 대상으로 조사하는 것(센서스)
- **모수치**: 모집단이 가질 것으로 예상되는 특성
- **표본**: 모집단의 일부로, 모집단의 동질성은 표본의 대표성과 관계있음.
- **표본추출(표집)**: 모집단을 대표하는 표본을 추출하는 과정이나 행위
- **표집틀**: 표본을 추출할 수 있는 전체 모집단의 구성목록
- **표집단위**: 표본을 추출할 때 적용하는 단위로, 표집단위와 분석단위는 일치할 수도 있고 일치하지 않을 수도 있음.
- **관찰단위**: 자료수집단위로서, 관찰단위가 곧 분석단위인 경우가 많으나 그렇지 않은 경우도 있음.
- **표본오차**: 모수치와 통계치 간의 차이로, 표집오차라고도 함.
- **표준오차**: 무수히 많은 표본평균의 통계치가 모집단의 모수로부터 평균적으로 떨어진 거리로, 표준오차가 커지면 표집오차도 커짐.

확률표집

1 확률표집의 개념
- 무작위추출을 하므로, 의식적이거나 무의식적인 편향을 방지할 수 있음.
- 각 사례가 모집단으로부터 표본으로 추출될 확률을 알 수 있음.
- 모집단의 규모와 특성을 알 때 사용할 수 있음.

표집과정은 '모집단 확정 → 표집틀 선정 → 표본추출방법 결정 → 표본크기 결정 → 표본추출'의 순서로 이루어집니다.

2 확률표집의 유형

단순무작위 표집	• 사전에 선정 기준을 마련하지 않고 제비뽑기처럼 무작위로 표집하는 방법 • 연구자의 편견이 개입될 확률이 매우 적음.
층화표집	• 모집단의 주요 특성을 중심으로 모집단을 범주화하여 여러 개의 층으로 나누고, 이 층에서 다시 표집하는 방법 • 모집단의 특성을 파악하는 데 유리함. • 비례층화표집: 모집단에서 각 계층이 차지하는 크기에 비례하여 표본을 추출함. • 비비례층화표집: 모집단의 구성비율과 표본비율을 다르게 적용하여 추출함.
체계적표집	• 모집단의 구성이 특별한 순서 없이 배열되어 있다는 전제하에 일정한 간격을 두고 표집하는 방법 • 표집틀이 있어야 함.

군집표집	• 모집단을 하위군집으로 분류하고, 이 가운데 초점군집(군락)을 선정한 후 해당 군집에서만 표집하는 방법 • 단순무작위표집보다 표집오차가 커질 수 있음(군집 간 동질성 확보가 중요함).

비확률표집

1 비확률표집의 개념
- 모집단의 요소가 균등하게 뽑힐 확률을 고려하기보다는, 연구자의 주관적 판단에 따라 임의로 표집하는 방법
- 표집틀이 없는 경우에 유용하며, 질적연구에서 주로 활용됨.
- 수집된 자료의 연구결과를 일반화하는 데 어려움이 있음.

2 비확률표집의 유형

눈덩이표집	• 연구대상으로 적합하다고 판단되는 소수의 사람을 표집하는 것에서 시작하여 이 사람들로부터 추천을 받아 또 다른 인원(표본)을 확보하는 방법 • 모집단의 특성상 구성원을 찾기 힘든 경우에 유용함.
편의표집 (임의표집)	• 연구자가 손쉽게 구할 수 있는 대상 중에서 표집하는 방법 • 연구자의 편의가 가장 우선적으로 고려되어 시간과 비용이 적게 들지만 표본의 대표성 문제가 나타나기 쉬움.
유의표집	• 연구자가 생각하기에 모집단을 잘 대표하는 일부 대상(지역)에 한하여 임의로 표집하는 방법 • 모집단의 성격이 이질적이거나 표본의 수가 적을 때 사용함.
할당표집	• 조사대상의 성, 지역 등으로 이루어진 할당틀을 적용하여 표집하는 방법 • 모집단에 대한 많은 사전지식을 가지고 있어야 함.

양질의 표본

- 표본의 질은 해당 표본이 모집단을 얼마나 잘 대표하는가에 달려 있음.
- 표본의 크기가 커질수록 표본오차는 감소함.
- 표본(표집)오차는 모집단이 동질적일수록 작아지고, 모집단이 이질적일수록 커짐.
- 신뢰수준을 높게 잡으면 신뢰구간이 넓어지기 때문에 표본오차가 증가함.
- 동일한 표집오차를 가정한다면, 분석변수가 많아질수록 표본크기는 커져야 함.

> 표본의 크기, 모집단과의 동질성, 신뢰수준과 표본오차의 관계가 각각 어떻게 되는지 이해해야 합니다.

내적타당도

1 내적타당도의 개념
- 변수 간 인과관계를 추론할 수 있는 정도
- 내적타당도가 높은 설계에서 종속변수의 변화는 순수하게 독립변수의 영향에 의해 일어난 것임.

2 내적타당도 저해요인
- **도구효과**: 실험과정에서 서로 다른 측정도구를 사용하여 발생함.
- **검사효과**: 사전검사의 경험이 사후검사에 영향을 줌.
- **성숙효과**: 실험조치와 관계없이 시간의 흐름에 따라 조사참여자들에게 자연스럽게 나타날 수 있는 변화
- **외부사건**: 사전검사와 사후검사 사이에 발생할 수 있는, 통제하기 어려운 특수하거나 우연한 사건
- **개입의 확산 혹은 모방**: 실험집단과 통제집단 간에 상호작용이나 모방으로 인해 집단 간 차이가 적어짐.
- **통계적 회귀**: 사전검사에서 아주 극단적인 점수를 보이는 사람들을 연구에 참여시키면 사후검사에서는 이들의 점수가 평균값에 가까워지는 경향이 나타남.
- **실험대상의 상실**: 실험과정 동안 참여자의 중도 탈락이 일어남.
- **조사대상자의 선정편향**: 실험 전에 이미 존재한 집단 간 차이가 실험결과에 영향을 미침.

외적타당도

1 외적타당도의 개념
- 실험결과를 다른 대상이나 다른 시기, 다른 상황에 적용하여 일반화할 수 있는 정도
- 연구를 반복적으로 실시하여 결과를 축적하고 연구대상의 대표성을 높이면 외적타당도를 높이는 데 도움이 됨.

2 외적타당도 저해요인
- **표본의 대표성**: 연구대상으로 선정된 표본이 모집단을 얼마나 잘 대표할 수 있는지가 외적타당도에 영향을 미침. 표본의 대표성이 낮으면 외적타당도가 저해됨.
- **현실과 동떨어진 실험상황 및 조건**: 실험조건을 지나치게 엄격하게 통제한다면 실험상황이 현실과 동떨어질 수 있어 실험결과를 일반화하기 어려움.
- **사전검사와 실험처치 간의 상호작용효과**: 조사참여자가 사전검사를 경험하고 난 후 평소보다 연구주제에 대해 관심이 높아지거나 낮아지는 등의 영향을 미치게 됨.
- **실험에 대한 반동효과**: 실험에 참여한 사람들이 자신이 관찰되고 있다는 사실을 지각하면서 평소와 달리 행동하거나 작업의 능률이 올라가는 현상
- **중다처치에 의한 간섭효과**: 여러 차례의 실험처치 간 상호작용을 일으켜 실험처치효과가 부풀려지거나 축소되는 현상
- **플라시보효과(위약효과)**: 약의 임상효과를 증명하기 위해 진짜 약을 투여한 집단과 가짜 약을 투여한 집단의 상대적 효과를 비교하는 방법을 사회조사에서 활용하는 것

내적타당도가 높다고 해서 외적타당도가 높은 것은 아닙니다.

실험설계의 유형

1 순수실험설계

통제집단 사전사후검사 설계	실험집단과 통제집단 모두에 사전검사를 실시하며, 실험집단에만 실험처치를 하여 독립변수를 발생시키고 실험집단과 통제집단 양측에 사후검사를 실시함.
통제집단 사후검사설계	통제집단 사전사후검사설계를 바탕으로 하되 사전검사는 실시하지 않고 실험처치를 하는 설계유형으로, 검사효과와 상호작용 시험효과를 통제할 수 있음.
솔로몬 4집단설계	통제집단 사전사후검사설계와 통제집단 사후검사설계를 결합한 설계유형으로, 사전검사를 실시하지 않는 또 다른 실험집단과 통제집단을 둠.
요인설계	독립변수가 2개 이상일 때 활용하는 설계유형으로, 독립변수의 속성에 따라 할당 행렬을 만들고, 행렬상의 각 범주에 따라 실험집단과 통제집단을 설정함.
가실험 통제집단설계	통제집단 사후검사설계에 위약효과를 측정할 수 있는 가실험집단을 추가하여 만듦.

2 유사실험설계

단순시계열 설계	실험처치를 기준으로 최소 3번 이상 사전검사와 사후검사를 실시하여 실험효과를 검증함.
복수시계열 설계	단순시계열설계에 통제집단을 추가하고, 실험집단과 통제집단 모두 사전검사와 사후검사를 실시하여 실험효과를 검증함.
비동일 통제집단설계	통제집단 사전사후검사설계와 유사하지만, 연구자가 임의대로 실험집단과 통제집단을 나눈다는 점이 다름.
분리표본 사전사후검사 설계	무작위할당을 적용하며, 통제집단에는 사전검사만 실시하고, 실험집단에는 실험처치 후 사후검사만 실시함.

3 선실험설계(전실험설계)

1회사례설계	단일집단에 한 차례 실험처치 후 종속변수의 특성을 검사함.
단일집단 사전사후검사 설계	단일집단에 사전검사와 사후검사를 실시함.
정태적 집단비교설계	통제집단 사후검사설계에 무작위할당이 결여된 형태

> 순수실험설계, 유사실험설계, 선실험설계 각 유형의 큰 특징을 줄기로 하여 하위유형의 특징을 알아두어야 합니다. 주로 사례에 적용된 실험설계 유형의 특징을 묻는 문제가 출제됩니다.

단일사례설계

1 단일사례설계의 유형

AB설계	• 기초선단계 → 개입단계 • 매우 단순한 설계유형으로, 사회조사현장에서 사용하기 쉬우나, 외생변수의 통제 문제 등 내적타당도가 낮음.
ABA설계	• 기초선단계 → 개입단계 → 제2기초선단계 • 외생변수의 효과를 일정 부분 통제할 수 있음.
ABAB설계	• 기초선단계 → 개입단계 → 제2기초선단계 → 제2개입단계 • 내적타당도 저해요인을 통제하기 위해 개입의 철회를 사용하여 두 번이나 개입의 효과를 확인하기 때문에 개입효과를 주장하는 데 효과적임.
BAB설계	• 개입단계 → 기초선단계 → 제2개입단계 • 반복된 개입을 통해 개입의 효과성을 검증할 수 있음.
ABCD설계	• 기초선단계 → 개입단계 → 제2개입단계 → 제3개입단계 • 개입의 순서효과, 이월효과 등이 발생할 수 있음.
다중기초선설계	여러 개의 기초선을 측정한 후 순차적으로 처치를 실시하고, 나머지 조건을 동일하게 하여 표적행동에서 나타나는 변화가 오직 처치에 의한 것임을 밝힘.

2 단일사례설계의 개입효과 평가
- 시각적 분석: 그래프의 추이를 가시적으로 확인하여 개입효과를 평가함.
- 통계적 분석
  - 평균비교: 기초선이 안정적인 경우, 단계별 표적행동의 빈도 또는 정도를 기록한 수치의 평균을 비교함.
  - 경향선 접근: 기초선이 불안정한 경우, 기초선의 변화 폭과 기울기를 고려하여 결과를 분석함.
- 임상적 분석: 개입 이후에 나타난 변화의 정도, 크기에 대해 임상적 기준에서 판단함.

질적연구의 유형

근거이론연구	기존의 연구, 이론, 관점들로는 잘 설명되지 않는 현상을 탐구할 때 유용함.
문화기술지연구	특수한 민족, 지역 사람들의 생활방식에 대한 기술적 설명으로 이루어짐.
현상학연구	개인의 주관적인 경험의 본질과 의미에 초점을 둠.
참여행동연구	연구자와 연구대상자가 연구의 전 과정에 함께 참여함.
내러티브탐구	연구대상자 개인의 인생에 대한 이야기에 초점을 둠.

욕구조사의 유형

질문지법	설문조사를 실시하여 자료를 수집함.
초점집단조사	중요한 정보를 가진 구성원을 선정하여 심층 면접을 실시함.
델파이조사	전문가 패널의 의견을 수렴하며, 우편이나 이메일 등의 방법을 통해 소통함.
주요 정보제공자 조사	해당 지역에 대해 잘 아는 주요 정보제공자들을 대상으로 자료를 수집함.
공청회	공개적인 모임을 주선하여 지역사회의 욕구나 문제들을 파악함.
사회지표분석	2차자료인 기존의 공공자료를 활용함.

질문지법

1 질문지법의 장단점

장점	• 적은 시간, 비용으로 다수의 응답자들로부터 자료를 얻을 수 있음. • 연구자가 응답자에게 미치는 영향이 적음. • 다양한 연구주제를 다룰 수 있음.
단점	• 조사대상자가 일정 수준의 문해력을 갖추어야 함. • 질문지에 없는 질문에 대한 답변을 얻을 수 없음. • 한번 수집된 자료는 더 구체화하거나 재확인할 수 없음.

2 질문지 작성 시 주의 사항

- 일반적이고 응답하기 쉬운 문항을 앞에 배치하고, 생각을 요하거나 민감한 질문은 뒤에 배치함.
- 하나의 질문문항에는 하나의 질문내용만을 포함함.
- 질문은 최대한 간단명료하게 기술하고, 응답자가 이해할 수 있는 수준의 어휘를 사용함.
- 질문은 상호배타적으로 구성함.
- 신뢰도를 위해 짝으로 된 문항은 되도록 서로 떨어져 배치함.

면접법

1 면접법의 장단점

장점	• 심층적이고 질적인 자료를 얻을 수 있음. • 다양한 응답을 얻을 수 있음.
단점	• 시간과 비용이 많이 듦. • 면접자의 역량이 매우 중요함.

2 면접법의 유형

구조화된 면접	응답자 누구에게나 동일한 형식으로 면접을 진행함.
반구조화된 면접	최소한의 주요 질문들을 표준화하고, 그 외 질문은 응답자의 특성과 현장상황에 따라 다르게 진행함.

> 욕구조사의 한 종류인 초점집단조사가 반구조화된 면접의 형태로 이루어집니다.

비구조화된 면접	사전에 결정된 질문내용 없이 응답자의 반응에 따라 면접의 형식과 내용을 조절함.

관찰법

1 관찰법의 장단점

장점	• 비언어적 자료수집과 장기간 종단연구가 가능함. • 심층적인 자료를 수집하기에 유용함.
단점	• 시간과 비용, 노력이 많이 듦. • 수집한 자료의 분석과 해석이 어려움.

2 관찰법의 유형

- 관찰자의 참여 여부(정도)에 따른 구분

참여관찰	관찰자가 피관찰자와 함께 생활하면서 구성원의 일부가 되어 피관찰자의 행동을 관찰함.
준참여관찰	피관찰자의 삶에 적극적으로 참여하지는 않되, 생활의 일부에 참여하는 수준으로 관찰함.
비참여관찰	제3자의 시각에서 피관찰자를 관찰함.

- 관찰환경의 통제 여부에 따른 구분

자연관찰	관찰자가 관심 있어 하는 상황이나 행동이 일어날 때까지 자연적 상황에서 기다려서 있는 그대로를 관찰함.
통제관찰	관찰하고자 하는 상황을 유도하여 피관찰자의 행동을 관찰함.

내용분석법

1 내용분석법의 장단점

장점	• 분석대상에 영향을 미치지 않아 비관여적임(비반응적). • 직접조사보다 경제적이며, 다양한 기록자료 유형을 분석할 수 있음. • 질적내용을 양적자료로 전환할 수 있음. • 시공간에 따른 제약이 없음.
단점	• 남아 있지 않은 기록물은 분석이 불가능함. • 기록된 내용에 대한 타당도 시비가 벌어질 수 있음.

2 내용분석법의 분석단위

- 단어
- 주제
- 인물
- 문단과 단락
- 항목
- 시간 및 공간

빠른공략 2 기출 OX

다음 내용이 맞으면 O, 틀리면 X에 표시하시오.

01 연구자가 연구참여자의 아동학대 행위를 알게 되었더라도 비밀 보장의 원칙을 준수해야 한다. O | X
02 실증주의는 흔히 경험주의라고도 불린다. O | X
03 패널조사와 동년배집단조사는 동일 대상인에 대한 반복측정을 원칙으로 한다. O | X
04 구체적인 자료수집방법은 조사설계에 반드시 포함되어야 한다. O | X
05 독립변수와 종속변수 모두에 영향을 미치는 제3의 변수를 매개변수라고 한다. O | X
06 개념의 조작화과정은 조작적 정의, 명목적 정의, 측정의 순서로 이루어진다. O | X
07 영가설은 연구가설을 반증하는 과정에서 활용된다. O | X
08 리커트척도의 각 문항은 등간척도이다. O | X
09 재검사법을 사용하여 신뢰도를 평가할 경우 측정대상이 동일해야 한다. O | X
10 측정되는 개념이 속한 이론체계 내에서 다른 개념들과 논리적으로 어느 정도 관련성을 갖고 있는지를 경험적으로 검증하는 가장 수준이 높은 타당도는 기준타당도이다. O | X
11 편향은 체계적 오류와 관련되어 있다. O | X
12 단일집단 사전사후검사설계는 외부사건을 통제할 수 있는 실험설계이다. O | X
13 할당표본추출은 연구자의 편향적 선정이 이루어질 수 있다. O | X
14 확률표집은 모집단으로부터 표본으로 추출될 확률을 알 수 있다. O | X
15 표집오차는 모집단의 동질성에 영향을 받는다. O | X
16 동일한 프로그램의 효과성이 서울과 제주에서 같지 않은 것은 내적타당도의 문제이다. O | X
17 내적타당도는 인과관계를 추론할 수 있는 정도를 의미한다. O | X
18 통계적 분석을 할 때 기초선이 불안정한 경우 경향선 접근이 적합하다. O | X
19 준(유사)실험설계에는 내적타당도는 떨어지나, 외적타당도가 높다. O | X
20 현상학의 목적은 사람, 사건 및 현상에 대한 이론의 생성이다. O | X
21 델파이조사는 전문가 패널의 의견을 수렴하는 방법으로 활용된다. O | X
22 설문지에서 질문 순서는 무작위 배치를 원칙으로 한다. O | X
23 대인면접법은 질문과정에서의 유연성이 낮다. O | X
24 참여관찰법은 연구자가 관찰대상과 상호작용을 유지하는 것이 중요하다. O | X
25 내용분석의 결과를 양적분석에 사용할 수 있다. O | X

정답 01 X 02 O 03 X 04 O 05 X 06 X 07 O 08 X 09 O 10 X 11 O 12 X 13 O 14 O 15 O 16 X 17 O 18 O 19 O 20 X 21 O 22 X 23 X 24 O 25 O

제3영역 사회복지실천론

빠른공략 1 　 최중요 핵심Tag

사회복지실천의 주요 원칙

- **개별화**: 클라이언트 개인의 독특한 특성을 이해하며, 각기 다른 방법으로 도움을 제공함.
- **의도적 감정표현**: 클라이언트가 감정을 자유롭게 표현하도록 함.
- **통제된 정서적 관여**: 클라이언트가 표현하는 감정을 이해하며 적절하고 의도적으로 반응함.
- **수용**: 클라이언트를 존재하는 그대로 받아들임.
- **비심판적 태도**: 클라이언트의 특성 또는 가치관 등을 비난하지 않음. 클라이언트를 한 인간으로서 심판하는 것이 기본적 권리에 반대되고 치료에 해롭다고 보는 태도
- **클라이언트의 자기결정권**: 클라이언트가 모든 의사결정과정에 참여하여 스스로 선택하고 결정하도록 함.
- **비밀보장**: 클라이언트의 동의 없이 클라이언트의 정보를 누설하지 않음.

> 기본원칙과 그에 따른 설명이 바르게 연결되었는지 묻거나, 그 예시를 찾는 문제가 출제됩니다.

사회복지실천의 수준

- **미시적 수준**: 개인의 가장 친밀한 상호작용에 개입
- **중간 수준**: 개인적으로 의미 있는 소집단에의 개입과 실천활동
- **거시적 수준**: 간접 실천을 포함하는 지역사회 대상의 사회복지실천 활동

> 사회복지실천의 수준에 따른 예시를 묻는 문제가 출제됩니다.

사회복지실천의 이념

- **인도주의**: 사회복지의 근간이 되는 이념으로, 봉사정신과 이타주의를 기본적 토대로 하며 인간애적 사상인 박애주의와 유사한 이념
- **사회진화론**: 사회복지실천의 사회통제적인 이념으로, 사회적응이 어려운 존재는 자연스럽게 소멸된다는 적자생존 원리를 사회에 적용함.
- **민주주의**: 인간의 평등을 전제로 클라이언트의 자기결정권에 영향을 미침.
- **개인주의**: 국가의 개입은 개인의 자유를 침해하지 않는 선에서 최소화되어야 함을 주장하며 수혜자격 축소를 가져옴. 빈곤·장애의 원인과 책임이 개인에게 있다고 봄.
- **다양화(다원주의)**: 사회와 시대 변화에 따라 다양한 욕구와 문제가 발생하므로 사회복지실천에서 개인의 고유성을 중시해야 하며, 사회복지대상자도 스스로 성장하고 발전할 수 있는 힘을 가지고 있다고 봄.

> 사회복지실천의 이념적 배경을 묻는 문제가 출제됩니다.

윤리적 의사결정의 우선순위

① 생명보호의 원칙
② 평등 및 불평등의 원칙
③ 자율과 자유의 원칙(자기결정의 원칙)
④ 최소 해악의 원칙
⑤ 삶의 질 향상의 원칙
⑥ 사생활 보호와 비밀보장의 원칙
⑦ 진실성과 완전 공개(진실 고지)의 원칙
⇨ 로웬버그와 돌고프는 의사결정에 있어 생명보호의 원칙이 다른 어떤 원칙보다 최우선으로 고려되어야 한다고 봄.

서구 사회복지실천의 발달과정

1 전문적 사회복지실천의 태동기(19세기 말~1900)

구분	자선조직협회	인보관운동
기원	• 1869년 런던(영국) • 1877년 버팔로(미국)	• 1884년 토인비홀(영국) • 1886년 근린길드(미국)
인력의 참여 형태	우애방문원	빈민들과 거주하는 자원봉사자
사회문제의 근원	개인적인 속성	환경적인 요소
이데올로기 측면	다윈의 사회진화론	• 자유주의 • 급진주의
참여자 유형	사회의 여성 상류층	교육받은 중산층과 대학생
사회문제 접근 및 해결방법	• 빈민을 가치 있는 빈민과 가치 없는 빈민으로 구분하여 원조 • 최초의 사회조사 실시	• 빈민과 함께 거주하면서 활동 • 기존 사회질서를 비판하고 실용주의를 추구하며 개혁을 위해 노력
도움 제공의 유형	• 단기간 구호 • 도덕성 향상	• 상부상조 • 사회 및 정치적인 행동
사회복지실천에 미친 영향	• 개별사회사업에 영향 • 가족실천에 영향	집단사회사업에 영향

2 전문적 사회복지실천의 성장기(1900~1920)
- 사회복지실천의 형태가 봉사에서 전문직으로 변화
- 사회복지실천은 전문직이 아니라는 플렉스너의 비판에 따른 사회복지사 전문성을 위한 연구와 실천 태동
- 주요 실천활동
  - 사회복지전문인력을 훈련하는 2년 과정 프로그램 개설(1910)
  - 리치몬드의『사회진단』출간(1917)
  - 17개의 전문사회복지학교 설립(~1919)
  - 개별사회사업방법론 확립(1920년대)
  - 미국사회복지사협회 창립(AASW, 1921)

- 자선조직협회·인보관운동에 관한 문제, 진단주의와 기능주의, 펄만의 문제해결모델에 관한 문제가 출제되곤 합니다.
- 사회복지실천 발달과정은 전문적 실천이 이루어지기까지의 과정을 중심으로 각 시기별로 어떤 사회복지실천 활동이 있었는지, 주요 내용이 무엇인지에 대한 순서 정리와 이해가 중요합니다.

3 사회복지실천의 전문직 분화기(1921~1950)
- 진단주의와 기능주의

진단주의	• 프로이트의 정신분석이론 기반 • 전문가의 진단과 치료를 중시하는 '질병의 심리학'
기능주의	• 치료보다 원조를 강조 • 인간의 의지·성장가능성을 강조하는 '성장의 심리학' • 클라이언트 중심모델로 발전

- 사회복지실천의 세분화: 개별사회사업, 집단사회사업, 지역사회조직사업의 3대 실천방법론

4 전문적 사회복지실천의 통합기(1951~1960)
- 통합적 실천의 중요성 부각, 개인과 가족, 지역사회의 중요성 강조
- 펄만의 문제해결모델(1957): 진단주의의 입장에 기능주의를 부분적으로 통합한 절충모델
- 미국 전문직 단체들이 '전미사회복지사협회(NASW, 1955)'로 통합
- 그린우드는 사회복지 전문직의 속성으로 지식, 문화, 사회적 승인, 윤리강령, 권위를 제시하였음.

5 전문적 사회복지실천의 발전기(1961~1990)
1970년대 사회체계이론을 활용한 통합방법론이 사회복지실천의 중요 이론으로 정착하면서 새로운 모델이 개발됨.
- 핀커스와 미나한: 4체계모델
- 골드스타인: 단일화모델
- 콤튼과 갤러웨이: 문제해결과정모델
- 저메인과 기터만: 생활모델

6 전문적 사회복지실천의 확장기(1990년~현재)
- 1990년대 신자유주의 경향으로 복지예산 삭감 및 사회복지서비스 축소
- 클라이언트에 대한 지속적인 지지 제공을 위해서 사회적 지지망과 자조집단 등을 활용하며 사회복지기관·전문가의 전문성을 중심으로 클라이언트의 상황에 부합하는 다양한 접근법과 개입 전략 강조

한국 사회복지실천의 발달과정

1 일제강점기
- 태화여자관(1921): 우리나라 최초의 사회복지관
- 방면위원제도(1927): 독일 엘버펠트 구빈위원제도 모방, 관이 주도하고 명예직인 방면위원들이 무보수로 활동
- 조선구호령(1944): 공적부조의 시작, 모자보건법과 의료보호법을 부분적으로 합성한 형태

2 미군정기
1945년 정부 조직으로서 보건후생부를 설치하여 공적부조가 실시됨.

3 외원단체 활동기
- 한국전쟁 이후 한국외원단체협의회(KAVA, 1952) 설립·운영
- 개별사회사업 시작: 외원사회사업기관과 한국외원단체협의회의 학교, 병원, 고아원 등 시설 중심의 사회복지 실천

> 한국 사회복지실천 역사의 시대별 특징을 알아두어야 합니다.

4 제도적 발달기
- 최초의 사회복지교육: 1947년 이화여자대학교 기독교사회사업과 개설
- 사회복지사업종사자 자격의 규정: 사회복지사업법(1970)의 인력 사항 규정
- 사회복지사 자격의 규정
  - 1983년 사회복지사업법 개정에 따라 3등급제로 변경
  - 1997년 사회복지사업법 개정에 따라 2003년부터 사회복지사 1급 국가자격시험 시행
- 사회복지관: 사회복지사업법 개정(1983)으로 사회복지관의 설립 및 운영의 근거 마련
- 정신보건사회복지사 자격: 정신보건법 시행(1996)으로 정신보건사회복지사 자격 신설 → 정신보건법 개정(2016)으로 '정신건강사회복지사'로 명칭 변경
- 사회복지전문요원·사회복지전담공무원
  - 1987년 부산, 대구, 인천, 광주, 대전에서 사회복지전문요원을 배치
  - 1992년 사회복지전담공무원의 근거를 마련
  - 1999년 사회복지전담공무원으로 일반직 전환지침 마련(2000년 전환)
- 사회복지전문단체(사회복지 전문직 단체): 한국개별사회사업가협회(1965) 발족, 한국사회사업가협회(1967) 탄생, 한국사회복지사협회로 명칭 변경(1985)

사회복지실천현장

1 공공기관과 민간기관

공공기관	정부 지원에 따라 운영되는 기관 예 읍·면·동 행정복지센터 등
민간기관	사회복지 관련 사업을 목적으로 하는 기관 예 사회복지재단, 사회복지협의회, 사회복지공동모금회, 지역아동센터 등

2 생활시설과 이용시설

생활시설	개인 생활이 어렵거나 부양자의 부양능력 부족으로 인해 가정 외에서 복지서비스를 제공하는 시설로, 주거서비스를 포함한 사회복지서비스를 제공 예 공동생활가정, 정신요양시설, 장애인생활시설, 아동보호치료시설, 노인주거복지시설, 미혼모시설, 그룹홈, 청소년쉼터 등
이용시설	클라이언트가 자신의 집에 거주하면서 필요한 서비스가 있을 경우에 활용하는 시설 예 종합사회복지관, 지역자활센터, 노인복지관, 장애인복지관, 영유아보육시설, 지역아동센터, 아동보호전문기관, 재가복지봉사센터, 노인주간보호센터, 장애인주간보호센터, 가정위탁지원센터, 청소년상담센터, 성폭력피해상담소, 쪽방상담소 등

사회복지실천현장의 분류 기준을 묻는 문제가 자주 출제됩니다.

3 1차현장과 2차현장

1차현장	클라이언트가 필요로 하는 사회복지서비스의 제공을 주로 담당하는 기관으로, 사회복지사들이 중심이 되어 활동하는 실천현장 예 종합사회복지관, 노인복지관, 장애인복지관, 사회복귀시설, 지역자활센터(자활지원센터), 지역아동센터 등
2차현장	전문적으로 사회복지실천을 수행하기 위해 설립된 기관은 아니지만 필요한 경우 부분적으로 사회복지실천 활동이 이루어지는 실천현장 예 학교(학교사회복지), 병원(의료사회복지, 정신건강사회복지), 보건소, 교정시설, 보호관찰소, 행정복지센터 등

사회복지의 실천

직접실천	개별 및 집단사회사업의 실천으로, 문제를 가진 사람과 사회복지사가 직접 만나 문제해결을 위한 도움을 주는 것 예 장애인 취업상담, 독거어르신 재가방문, 치매어르신 주간보호 제공, 정신장애인 사회기술훈련 실시 등
간접실천	사회복지사가 클라이언트와 직접적으로 만나지는 않으나 사회복지에 필요한 기반요건이 되는 환경을 조성하는 실천방법 예 ADHD 아동 지원정책 개발 등

> 직접실천, 간접실천의 예시를 고르는 문제가 출제됩니다.

사회복지실천에서 사회복지사의 역할

- 직접 서비스 제공자의 역할: 개별상담자, 집단상담자(지도자), 정보제공자, 교육자
- 체계와 연결하는 역할: 중개자, 사례관리자, 조정자, 중재자, 클라이언트 옹호자
- 체계유지 및 강화 역할: 조직 분석가, 촉진자, 팀 성원, 자문가
- 연구자 및 조사활용자 역할: 프로그램 평가자, 조사자
- 체계 개발 역할: 프로그램 개발자, 기획가(계획가), 정책 및 절차 개발자

사회복지의 통합적 실천

1 통합적 실천의 개념
사회복지실천의 목적을 달성하기 위한 현대적인 접근방법으로, 개별적인 접근의 한계를 넘어 다양한 인간체계 개입으로 사회복지실천 영역을 확장함.

2 통합적 실천 방법의 등장 배경
- 특정문제 중심의 제한된 개입으로 다양한 문제에 효과적 대처가 어려움.
- 지나친 분화와 전문화로 서비스의 파편화 현상이 일어나 다양한 문제와 욕구를 가진 클라이언트들이 여러 기관을 찾아다녀야 함.

- 전문화 중심 교육훈련으로 사회복지사들의 분야별 직장 이동이 어려움.
- 공통의 실천 기반 부재로 인해 사회복지의 정체성 확립이 어려움.
- 클라이언트의 문제는 개인, 가족, 집단, 지역사회 등 여러 체계의 상호 작용 결과라는 인식이 확산되면서 다양한 접근의 필요성이 제기됨.

통합적 접근의 주요 관점

1 일반체계이론
- 체계의 구조적 특성: 경계, 개방체계, 폐쇄체계, 홀론
- 체계의 진화론적 특성: 균형, 항상성(역동적 균형상태), 안정상태, 엔트로피, 넥엔트로피
- 체계의 행동적 특성: 투입 → 전환 → 산출 → 환류

2 생태체계이론
- 일반체계이론과 생태학이론의 복수 체계적 관점
- 개인과 환경 간의 지속적이고 순환적인 교류과정을 이해
- 개인의 욕구와 환경적 욕구 사이의 조화와 균형 정도를 파악
- 생태도를 활용하여 미시체계, 중간체계, 거시체계들 사이의 자원과 에너지의 흐름을 파악
- 문제에 대한 다중 원인 가능성, 문제 현상의 설명에 대한 불확실성을 전제함(다체계적 접근).
- 클라이언트의 문제를 개인적 부적응 또는 역기능으로 파악하지 않고, '환경 속의 인간'에서 제시하는 인간과 환경의 상호작용 문제로 봄.
- 환경 속의 인간
  - 인간과 환경을 분리된 실체가 아닌 하나의 총체로 이해하는 통합적인 관점
  - 개인이 경험하는 사회복지적 문제의 책임을 개인과 환경 양자 간의 공동 책임으로 봄.
  - '환경'은 가족, 친구관계, 지역사회와 국가제도, 자연생태 등을 포괄
  - 사회복지사는 인간과 환경 모두 동시에 주의를 기울여야 함(이중초점).

> 생태체계이론에 해당하는 내용을 찾거나, 일반체계이론과 생태체계이론을 비교하는 문제가 출제됩니다.

통합적 실천모델의 유형

- **4체계모델(핀커스와 미나한)**: 변화매개체계, 클라이언트체계, 표적체계, 행동체계 ⇨ 인간과 사회환경의 상호작용에 초점
- **6체계모델(콤튼과 갤러웨이)**: 변화매개체계, 클라이언트체계, 표적체계, 행동체계, 전문가체계, 문제인식체계 ⇨ 개인과 상황 사이 상호작용 전체에 초점
- **생활모델(저메인과 기터만)**: 인간 적응능력 지지
- **역량강화모델(샐리비)**: 개인 강점의 중시
- **단일화모델(골드스타인)**: 사회적 학습 촉진

> 각각의 모델에 대한 세부 내용을 숙지하고 구별할 줄 알아야 합니다.

관계론

1 전문적 관계형성의 기본요소

타인에 대한 관심과 원조의지, 헌신과 의무, 권위와 권한, 진실성과 일치성, 수용, 감정이입(공감), 존경심과 신뢰, 통제적 관계, 전문가로서의 자질(성숙함, 창조성, 자기를 관찰하는 능력, 타인을 도우려는 열망, 용기, 민감성, 인간적 자질)

2 관계형성의 7대 원칙(비스텍)

관계의 기본원리	관계형성의 원칙
개별화	모든 클라이언트를 개별적 욕구를 가진 존재로 이해함.
의도적 감정표현	클라이언트가 자유롭게 감정을 표현하도록 함.
통제된 정서적 관여	클라이언트의 감정에 민감성과 이해로 반응함.
수용	클라이언트를 있는 그대로 인정하고 받아들임.
비심판적 태도	클라이언트를 심판하거나 비난하지 않음.
클라이언트의 자기결정	클라이언트의 결정을 존중함.
비밀보장	클라이언트의 비밀을 보장함.

3 관계형성의 방해요인

사회복지사에 대한 클라이언트의 불신, 클라이언트의 비자발성, 전이, 역전이, 저항(침묵, 핵심에서 벗어난 주제, 무력함의 표현 등), 주저

> 비스텍이 제시한 관계의 기본 원칙과 그에 따른 올바른 설명을 찾는 문제가 출제됩니다.

면접의 기술

- **경청**: 클라이언트의 이야기에 공감하고 이해하는 태도를 보이며 필요한 반응을 하면서 듣는 것
- **관찰**: 클라이언트의 비언어적 행동에 주의를 기울이는 것
- **질문**: 필요한 정보를 얻고, 어긋난 대화의 초점을 바로잡는 것
- **요약**: 클라이언트가 말하는 내용의 초점을 압축해 명확히 하는 것
- **반영**: 클라이언트에 의해서 표현된 기본적인 태도, 주요 감정을 새로운 용어로 정리해주는 것
- **자기노출**: 사회복지사가 자기의 생각이나 감정·경험을 보이는 것으로, 적절한 자기노출은 클라이언트와의 라포 형성을 위해 필요함.
- **직면**: 클라이언트가 무언가를 잘못하고 있거나 불일치·모순이 있을 때 클라이언트가 의식할 수 있도록 지적하는 것
- **해석**: 클라이언트가 겉으로 나타내는 문제가 내부적 정신작용과 관련되어 있는데도 이를 의식하지 못하거나 깨닫지 못할 때 그 관련성을 설명하여 이해시키는 것
- **명료화**: 중요한 문제에서 혼란스럽고 갈등을 느끼는 부분을 가려내어 분명히 해주는 것
- **초점화**: 주제를 회피하려고 할 때 간단한 질문을 하거나 문제를 다시 언급함으로써 초점을 맞추는 것
- **침묵 다루기**: 클라이언트가 보이는 침묵이 무엇을 의미하는지 파악하고 상황에 따라 적절한 조치를 취해야 함.

> 면접기술에 대한 설명을 찾는 문제가 출제됩니다.

사정

- 과거 전통적 사회사업에서는 의료모델에서 제시한 '진단'이라는 용어를 사용했으나, 이후 낙인을 배제하기 위한 조치로 '사정'으로 용어 변경
- **개인이나 가족차원의 사정도구**: 가계도, 생태도, 사회도, 사회적 관계망 지도, 사회적 관계망 도표, 생활력도표, 생활주기표, PIE System Code(임상사회복지 사정분류체계)
- **집단 차원의 사정도구**: 소시오그램(사회도), 소시오메트리, 의의차별척도

> 제시문을 보고 올바른 사정도구를 찾거나, 사정방법에 관한 설명을 찾는 문제가 출제됩니다.

목표설정 시 유의점

- 명시적이고 측정 가능해야 함.
- 현실적으로 목표달성이 가능해야 함.
- 기관의 기능과 일치해야 함.
- 사회복지사의 지식과 기술에 상응하는 것이어야 함.
- 클라이언트가 바라는 바와 연결되어야 함.
- 성장을 강조하는 긍정적인 표현으로 기술되어야 함.
- 사회복지사의 중요한 권리나 가치에 부합해야 함.
- 본격적인 개입에 앞서 클라이언트와 충분한 토의를 거쳐 합의점을 찾아야 함.

사례관리

1 사례관리의 특성
- 서비스 접근성의 향상을 위해 자원체계 간 연결, 조정 등의 활동을 함.
- 투입과 과정에 대한 평가를 함.
- 클라이언트의 욕구에 초점을 두어 기관 내 서비스로 한정하지 않음.
- 개인 및 환경의 변화를 위해 노력함.
- 복합적인 문제를 가진 개인의 자원 획득 및 활용능력을 강화시킴.
- 공공자원과 민간자원을 적극 활용하여 공식적·비공식적 지지망의 활용을 최대화함.
- 임상적 욕구를 가진 클라이언트에게는 치료적 상담을 실시함.

2 사례관리의 등장배경
- 탈시설화의 영향
- 복잡하고 분산된 서비스 전달체계 간 조정기능이 부재하여 중복과 누수 발생
- 클라이언트와 그 가족에게 과도한 책임 부과
- 복잡하고 다양한 욕구를 지닌 클라이언트의 증가
- 사회적 지원체계와 사회적 지원망의 중요성에 대한 인식 증가
- 비용 효과성에 대한 인식 증가(서비스 비용 억제)
- 기존 단편적인 서비스를 벗어나 클라이언트에 지속적인 지원을 주기 위한 통합적인 서비스의 요구

> 사례관리의 특성 및 사례관리의 원칙을 묻는 문제가 출제됩니다.

3 사례관리의 원칙

개별화	클라이언트의 신체적·정서적·사회적 상황에 따른 욕구에 적합한 개별화된 서비스 제공
포괄성	클라이언트의 다양한 욕구충족을 위한 광범위한 서비스와 조직망의 연결·조정·점검 제공
접근성	클라이언트가 필요한 자원이나 서비스를 손쉽게 이용할 수 있도록 도움.
연속성	클라이언트의 욕구를 점검하여 지속적으로 서비스가 제공되도록 지원
연계성	복잡하고 분절된 서비스 전달체계를 연결
책임성	서비스의 전문성과 윤리적 책임감으로 전문적 역할을 수행하여 신뢰감을 높임.
자율성	서비스과정에서 클라이언트의 자율성을 극대화하며 자기결정권 보장
체계성	서비스와 자원을 효율적으로 조정·관리함으로써 중복서비스를 줄이고 자원낭비 방지

4 사례관리의 과정

접수(사례발견) → 조사 및 사정 → 계획 → 개입 또는 실행 → 점검 및 재사정 → 평가 및 종결

빠른공략 2   기출 OX

다음 내용이 맞으면 O, 틀리면 X에 표시하시오.

01 노숙인 보호를 위한 모금 활동은 미시적 실천에 해당한다.   O | X
02 1921년에 우리나라 최초의 사회복지관인 '태화여자관'이 설립되었다.   O | X
03 자선조직협회는 적자생존에 기반한 사회진화론을 구빈의 이론적 기반으로 삼았다.   O | X
04 인보관은 지역주민과 함께 거주하면서 사회개혁을 시도하였다.   O | X
05 위탁가정 아동 방문은 사회복지실천의 미시적 수준에 해당한다.   O | X
06 플렉스너는 체계적 이론과 전문적 권위, 윤리강령 등을 전문직의 속성으로 꼽았다.   O | X
07 로웬버그와 돌고프는 의사결정에서 생명보호 원칙이 최우선이라고 보았다.   O | X
08 골드스타인은 4체계모델을 개발했다.   O | X
09 장애인 취업상담은 사회복지의 직접실천에 해당한다.   O | X
10 이용시설은 주거서비스를 포함한 사회복지서비스를 제공한다.   O | X
11 청소년쉼터는 생활시설이다.   O | X
12 비스텍이 제시한 의도적인 감정표현은 클라이언트가 스스로 선택하도록 돕는 것이다.   O | X
13 중개자는 조직이나 집단 갈등을 해결한다.   O | X
14 핀커스와 미나한의 변화매개체계는 목표 달성을 위해 변화시킬 필요가 있는 대상을 말한다.   O | X
15 통합방법론은 다양한 클라이언트체계와 수준에 접근할 수 있다.   O | X
16 면접은 사회복지사와 클라이언트 사이에 특별한 역할 관계가 있다.   O | X
17 전문적 관계를 통해 사회복지사는 클라이언트의 감정과 행동의 변화를 통제한다.   O | X
18 클라이언트가 지나치게 말을 많이 하는 경우, 폐쇄형 질문만을 사용하여 초점을 모아야 한다.   O | X
19 요약은 클라이언트가 말하는 내용의 초점을 압축해 명확히 하는 면접기술이다.   O | X
20 명료화는 클라이언트의 혼란스러운 느낌을 가려내어 분명히 해주는 기술이다.   O | X
21 자료수집에서 상반된 정보를 제공하는 자료는 폐기한다.   O | X
22 생태도를 통해 클라이언트, 가족 구성원과 자원체계 간의 에너지 흐름을 알 수 있다.   O | X
23 사례관리는 계획-사정-개입-종결의 순서로 진행된다.   O | X
24 종결 기준 및 목표 수립은 종결단계에서 수행하는 사회복지사의 과업이다.   O | X
25 복지비용 절감에 관심이 커지면서 저비용 고효율을 지향하게 됨에 따라 사례관리가 등장했다.   O | X

정답   01 X   02 O   03 O   04 O   05 O   06 X   07 O   08 X   09 O   10 X   11 O   12 X   13 X   14 X   15 O   16 O   17 X
18 X   19 O   20 O   21 X   22 O   23 X   24 X   25 O

제4영역 사회복지실천기술론

빠른공략 1 최중요 핵심Tag

정신역동모델

- 심리적 결정론에 근거함. 자기분석이 가능한 클라이언트일수록 효과적임. 전이의 해석(분석)을 통해 클라이언트의 통찰력 증진. 현재의 문제를 과거 경험과 연관
- 방어기제의 종류: 억압, 부정, 반동형성, 동일시, 투사, 합리화, 퇴행, 승화, 취소, 자기에게로 전향, 전치, 보상
- 개입기법: 전이의 해석(분석), 자유연상, 훈습(재가), 꿈의 분석, 직면

> 정신역동모델의 특징과 방어기제를 묻는 문제가 출제되곤 합니다.

심리사회모델

- 인간을 단순히 심리적인 측면으로만 보는 것이 아니라 사회적인 측면, 그리고 양자의 상호작용에 의한 결과도 동시에 고려하면서 이해. 심리사회모델에서는 '상황 속의 인간'이라는 개념이 중요함.
- 심리사회모델의 배경이론: 정신분석이론, 자아심리이론, 대상관계이론, 체계이론, 생태체계관점, 의사소통이론, 역할이론 등
- 개입기법
  - 직접적 개입: 지지하기(감정과 행동 지지), 직접 영향주기(제안이나 조언 등을 통해 직접 영향), 탐색-기술(묘사)-환기, 개인-환경에 관한 (반성적) 고찰, 유형-역동성 고찰, 발달적 고찰
  - 간접적 개입: 환경 조성이나 의뢰 등

> 심리사회모델의 개입기법을 묻는 문제가 출제되곤 합니다.

인지행동모델

- 인지이론(사고능력) + 행동주의이론(인간은 외부환경이나 자극에 의해 학습하고, 잘못된 모방의 결과로 역기능적 행동을 함.)
- 인지활동은 행동에 영향을 미치며 인지행동을 모니터링하고 바꿀 수 있음. 행동은 인지의 변화에 영향을 받음.
- 개입기법
  - 엘리스의 합리적 정서치료: 비합리적 신념, 왜곡된 사고, ABCDE모델
  - 벡의 인지치료: 독서요법, 문서·녹음·영상의 사용, 강의나 세미나 등의 교육적 방법, 소크라테스식 문답법 등
  - 마이켄바움의 인지행동수정: 대처기술, 정보의 조합, 소크라테스식 문답법, 인지 재구조화, 문제해결, 이완훈련, 행동시연, 자기감시, 자기지시, 자기강화, 환경적 상황의 수정 등

> 인지행동모델의 특성을 묻는 문제가 출제되거나, 개입기법을 묻는 문제가 출제되곤 합니다.

과제중심모델

- 시간제한적인 단기치료. 클라이언트가 인식한 문제를 중심으로 클라이언트와 사회복지사가 표면적으로 계약한 구체적인 문제들을 해결하는 데 개입의 초점을 둠. 클라이언트의 문제해결활동은 그가 동의한 과제를 중심으로 조직됨.
- 개입과정

시작 단계	면접	• 자발적 클라이언트: 바로 문제규명단계를 진행함. • 의뢰된 클라이언트: 외부기관의 의뢰 이유와 목표 확인, 목표달성을 위한 의뢰기관의 자원 확인
초기 단계	제1단계 (문제규명)	클라이언트의 표적문제 규정과 우선순위 결정
	제2단계 (계약)	목표, 표적문제(최대 3개), 일반적 과제, 기간, 일정, 참가자 등 계약
중기 단계	제3단계 (실행)	대안 마련, 과제 개발 및 수행, 점검 및 모니터링
종결 단계	제4단계 (종결)	• 개입과정을 통해 성취한 것 점검 • 필요한 경우 개입을 연장하거나 사후지도 실시

> 과제중심모델의 전반적인 특성, 개입과정의 단계, 기타 실천모델과의 비교를 묻는 문제가 출제되곤 합니다.

기타 실천모델

- 역량강화모델
  - 클라이언트의 강점과 환경적 자원에 초점을 두고 클라이언트의 역량을 향상시키기 위한 해결중심 접근을 하는 것
  - 클라이언트가 필요한 자원을 얻거나 통제하도록 원조하기 위해 '대화(파트너십 형성) → 발견(강점 확인, 자원역량 사정, 해결방안 수립) → 발전(기회 확대, 동맹관계 창출, 자원 활성화, 성공 확인)'의 단계로 개입함.
- 위기개입모델
  - 위기상황에 즉각적으로 개입하여 단기전문원조를 제공하는 것
  - 골란의 위기발달단계는 '사회적 위험 → 취약단계 → 위기촉진요인 발생 → 위기단계 → 재통합단계'의 순서를 거침.
- 행동수정모델
  - 파블로프와 스키너 학습이론의 기초이자 환경결정론 입장
  - 현재의 문제행동을 변화시킴으로써 바람직하지 못한 행동을 제거하고 바람직한 행동을 향상시키려는 것으로, 관찰 가능한 행동에 초점을 두고 '선행조건 → 행동 → 후속결과'의 관계로 이해
  - **행동수정 기술**: 강화, 처벌, 소거, 차별적 자극, 회피행동, 조건화, 모델링

> 역량강화모델, 위기개입모델이 단독으로 출제되기도 하며, 각 모델들의 특징을 전반적으로 묻는 문제가 출제되곤 합니다.

가족

- 부모와 자녀의 관계는 분명한 경계를 가진 관계일수록 기능적임.
- 가족생활주기가 변함에 따라 역할분담도 유동적이어야 적응력이 높음.
- 기능: 구성원 양육 및 보호, 정서적 교류, 사회화, 가족의 문화와 전통 계승, 성적 욕구 충족, 자녀 출산, 새로운 가족원에게 사회적 신분을 부여, 가족원에 대한 안전을 위한 기능, 경제적 기능, 오락을 통한 사회적 기능
- 현대사회 가족의 변화
  - 다양한 형태의 가족 유형이 등장함.
  - 가족구조의 단순화 및 규모의 축소와 함께 가족의 생애주기상 또는 기능상의 변화가 일어남.
  - 평균수명 연장(가족의 생애주기가 길어짐), 청년실업 증가(자녀의 독립 시기가 늦어짐), 초혼 연령 상승(가족을 형성하는 시기가 늦어짐), 단독가구 및 무자녀가구 증가(비전통적인 가족 유형이 늘어남) 등이 특징임.

> 가족의 개념과 기능을 묻는 문제, 현대사회 가족의 변화 및 기능을 묻는 문제가 출제되곤 합니다.

가족체계

- 가족항상성: 체계로서의 가족은 구조와 기능에 균형을 유지하려는 속성이 있으며, 이는 가족규칙의 영향을 받음.
- 경계
  - 체계의 내부와 외부 또는 한 체계와 다른 체계를 구분하는 보이지 않는 선
  - 경직된 경계선, 명확한 경계선, 혼돈된(모호한) 경계선
- 순환적 인과성: 가족 내 한 성원의 변화는 다른 성원이 반응하게 되는 자극이 되고, 이 자극은 다른 가족에게 영향을 미치게 되어 결국 가족 전체에 영향을 주게 됨.
- 환류고리
  - 가족은 현재의 평형상태를 유지하려는 경향을 갖고 있는데, 주로 의사소통을 통해 조절하거나 환류(Feedback)를 통해서 상태를 유지하려고 함.
  - 정적 환류와 부적 환류로의 구분은 정보가 체계에 들어와 작용할 때 체계가 그때까지의 안정을 깨고 일탈을 향해 움직이려는 경향을 증대시키느냐, 감소시키느냐에 따른 것이며, 어느 것이 더 바람직한가는 판단할 수 없음.

> 순환적 인과성, 환류고리의 개념을 묻는 문제가 출제되곤 합니다.

가족 사정도구

- 가계도: 가족 성원의 정보와 가족 성원 간의 관계를 도표화한 도구로, 가족 내에서 반복되는 정서적·행동적 패턴, 여러 세대에 걸쳐 발전된 가족역할, 유형, 관계 등을 알 수 있음.
- 생태도: 개인과 가족을 둘러싼 사회체계의 상호작용 상태를 하나의 그림으로 나타낸 도구로, 개인이나 가족에게 유용한 자원이나 환경이 무엇인지 등을 알 수 있음.
- 사회적 관계망표: 개인, 가족의 사회적 관계망 혹은 사회적 지지를 사정하는 도구로, 사회적 관계망 내에 있는 사람들과 클라이언트의 관계, 상호 간 지지 정도, 도움의 방향 등을 알 수 있음.

> 사정도구의 종류와 내용을 파악하는 문제, 가족조각을 묻는 문제가 출제되곤 합니다.

- **생활력도표**: 클라이언트의 삶에서 중요한 사건이나 문제를 시기별로 전개해 표로 나타낸 도구로, 클라이언트가 겪고 있는 문제의 발생시점, 촉발사건, 사건의 양상이나 관계 등을 알 수 있음.
- **맥마스터의 가족사정척도**: 가족의 기초과업, 발달과업, 힘든 과업을 포함한 현재의 가족기능을 검사하는 척도
- **그 밖의 가족사정방법**: 면담(면접), 관찰, 생활구지표, 소시오그램, 가족조각, 원가족 척도, PIE척도.

보웬의 세대 간 가족치료

- 가족의 다세대적 분석을 통해 현재 가족문제를 파악함.
- **자아분화**: 한 가족의 정서적 혼란으로부터 자유로워지는 과정으로, 여러 세대에 걸쳐 전수될 수 있음. 자아분화 수준이 높을수록 가족체계의 정서로부터 분리되고, 적응력과 자율성이 커지며 사고와 감정이 균형을 이룸.
- **삼각관계**: 두 사람 사이에서 스트레스나 긴장관계가 발생했을 때 제3자를 두 사람의 상호작용체계로 끌어들여 긴장을 완화하려는 것. 분화수준이 낮을수록 삼각관계를 형성하려는 경향이 있음.
- **핵가족 정서과정**: 해소되지 못한 불안들이 개인에게서 가족에게로 투사되는 것
- **다세대 전수과정**: 가족 정서과정이 그 세대에서 그치는 것이 아니라 대를 이어 전개되는 것
- **개입기법**: 탈삼각화, 가계도

> 사례 위주의 질문을 통해 개념과 기법을 찾는 문제가 출제되곤 합니다.

미누친의 구조적 가족치료

- **가족구조**: 가족 내 발생하는 견고하고 반복적인 상호작용 패턴
- **재구조화**: 가족구조 패턴을 재조직하고 새로운 구조와 상호작용 형태로 대체시키는 작업
- **개입기법**: 경계 만들기, 합류하기, 실연, 긴장 고조시키기, 과제부여, 균형 깨뜨리기

> 사례 위주의 질문을 통해 다양한 가족치료모델과 기법을 찾는 문제가 출제되곤 합니다.

사티어의 경험적 가족치료

- 가족 내 의사소통의 명확화를 강조하고, 모호하고 간접적인 의사소통은 가족원의 자존감에 영향을 미친다고 주장함.
- 의사소통 유형

구분	의사소통 유형	자신	타인	상황
기능적 의사소통	일치형	존중	존중	존중
역기능적 의사소통	비난형	존중	무시	존중
	회유형(아첨형)	무시	존중	존중
	초이성형(계산형)	무시	무시	존중
	혼란형(주의산만형)	무시	무시	무시

> 사티어의 의사소통 유형을 묻는 문제가 자주 출제되곤 합니다.

- **개입기법**: 가족조각, 역할극 및 역할연습, 역할반전, 가족그림, 비유, 빙산치료, 원가족 도표, 은유

드 세이저의 해결중심 단기가족치료

- 클라이언트가 문제를 해결할 수 있는 힘과 자원을 이미 가지고 있다고 보며, 문제의 내용보다는 해결에 초점을 둠.
- **개입기법**: 치료면담 전의 변화에 대한 질문, 예외질문, 기적질문, 척도질문, 대처·극복질문, 관계성질문

> 개입기법을 찾는 문제가 출제되곤 합니다.

헤일리의 전략적 가족치료

- 이론보다 문제해결에 초점을 두고 다양한 전략을 이용함.
- **사이버네틱스**: 치료자가 피드백 정보를 바꾸는 데 직접 개입함으로써 가족의 비정상적인 행동 패턴을 보다 바람직한 패턴으로 바꾸어 주는 것

1차 사이버네틱스	• 가족체계 밖에 존재하면서 문제를 진단하고 해결 • 개인의 병리를 가족과의 관계성 안에서 전체적으로 봄.
2차 사이버네틱스	• 가족체계 안에 존재하면서 가족과 가족치료자가 공동으로 문제를 진단하고 해결 • 가족치료자를 가족과 완전히 분리된 사람으로 보지 않음.

- **이중구속**: 서로 다른 수준에서 동시에 상호모순되는 메시지를 보냄으로써 듣는 사람이 어떤 메시지에도 선택적으로 반응할 수 없는 혼란스러운 상태에 놓임.
- **개입기법**: 역설적 개입, 재정의, 순환적 질문, 긍정적 의미부여

> 이중구속, 역설적 개입 등 개입기법에 해당하는 사례를 통해 정답을 찾는 문제가 출제되곤 합니다.

집단 구성과 유형

1 집단 사회복지실천의 구성요소
집단과 집단역동, 집단 구성원, 집단지도자, 프로그램 활동

2 집단 구성 시 고려사항
- 집단의 응집력을 높이기 위해 참여동기가 유사한 성원을 모집
- 다양한 집단 성원의 참여를 유도하기 위해서는 개방형 집단으로 구성
- 집단 성원의 동질성을 높이기 위해 사전에 욕구수준 파악
- 집단의 목표에 따라 집단의 크기를 융통성 있게 고려
- 집단의 정서적 안정감을 높이기 위해 쾌적한 장소 선정

3 집단의 유형
- 상호작용과 정서적 결속에 따라 구분: 1차집단, 2차집단
- 구성방법에 따라 구분: 자연발생적 집단, 인위적 형성 집단
- 집단의 목적에 따라 구분: 치료집단과 과업집단, 자조집단
- 집단 사회복지실천모델
  - **사회적 목표모델**: 개인의 성숙과 민주시민으로서의 역량 개발
  - **상호작용모델**: 성원 간의 자조
  - **치료모델**: 개인의 역기능 변화

> 집단 사회복지실천모델과 각 집단별 특징을 묻는 문제가 출제되곤 합니다.

토스랜드와 리바스의 집단 유형

집단 유형	목표	자기노출 정도	집단 예시
지지집단	스트레스 대처능력 향상	높음.	한부모, 이혼집단
교육집단	지식과 정보 제공	가장 낮음.	성교육, 예비부모집단
성장집단	• 자기인식 증진 • 사고 변화	아주 높음.	참만남, 퇴직준비집단
치유집단	• 문제행동 변화 • 상실된 기능 회복	지지집단보다 낮지만, 비교적 높음.	약물중독자집단
사회화집단	사회적 기술 습득	보통	사회기술훈련집단
감수성 훈련집단	• 문제해결능력 강화 • 환경적응능력 함양 • 경쟁력 강화	높음.	의식화 또는 일정한 훈련을 목적으로 조직된 집단

> 집단 유형과 자기노출 정도를 묻는 문제가 출제되곤 합니다.

치료적 효과

얄롬의 11가지 집단 사회복지실천의 치료적 효과
- 희망 고취
- 정보전달
- 사회화기술 발달
- 대인관계 학습
- 감정의 정화(카타르시스)
- 초기가족에 대한 교정적 재현
- 보편성
- 이타심 향상
- 모방행동
- 집단응집력
- 실존적 요인

> 집단 활용에 따른 치료적 효과를 묻는 문제가 출제되곤 합니다.

집단 사회복지실천

- 집단 사회복지실천의 원칙
  - 집단활동에 필요한 최소한의 규범을 설정함.
  - 집단이 직면하는 어려움을 해결하기 위해 개입함.
  - 집단 성원들 간 의사소통을 중시함.
  - 집단과정의 명료화기술은 성원들이 어떻게 상호작용하는지 인식하도록 돕는 기술이다.
- 하위집단의 형성은 자연스러운 현상이며, 그 영향은 전적으로 부정적이거나 긍정적이지 않음.
- 소시오메트리: 집단 구성원 간의 친화와 반발을 조사하여 그 빈도와 강도에 따라 집단구조를 이해하는 척도

> 집단 사회복지실천의 원칙, 하위집단을 묻는 문제가 출제되곤 합니다.

집단역동성과 집단응집력

1 집단역동의 구성요소

집단규범, 지위와 역할, 집단응집력, 집단 의사소통과 상호작용(정서적 유대, 하위집단, 집단의 크기와 물리적 환경), 집단문화, 피드백

2 집단응집력 향상을 위한 원칙
- 토의와 프로그램 활동을 적극적으로 활용하여 성원 간 상호작용을 촉진시킴.
- 집단 성원이 집단과정에 적극적으로 참여하고 목표를 달성할 수 있는 유능한 존재임을 인식할 수 있게 함.
- 집단 성원의 욕구가 집단 내에서 충족될 방법들을 파악할 수 있게 도움.
- 집단 성원이 기대하는 바를 명확히 하고 집단 성원의 기대와 집단의 목적을 일치시킴.

> 집단역동의 구성요소를 묻는 문제가 출제되거나, 집단응집력 향상을 위한 원칙을 묻는 문제가 출제되곤 합니다.

집단발달단계별 사회복지실천

1 발달단계

준비단계	• 집단이 형성되기 이전에 사회복지사가 집단에 대해 계획하고 구성하는 단계 • 이질성과 동질성, 개방집단과 폐쇄집단, 집단의 크기 등을 고려하여 집단을 구성함.
초기단계	집단 성원 간 공통점을 찾아 연결시켜 줌으로써 집단의 목적을 집단 성원 모두에게 공유함. 집단 성원의 신뢰감 조성
사정단계	개별 성원에 대한 사정, 전체 집단의 기능에 대한 사정, 집단 환경에 대한 사정을 하는 단계
중간단계	개인 내적 수준의 개입과 대인관계의 변화를 일으키게 하는 개입이 이루어지며, 집단 응집력을 향상시키는 단계
종결단계	• 성원들과 집단이 목표를 달성할 때 종결하는 것이 이상적이지만 집단 성원이 중도 탈락하거나 집단이나 성원의 목적을 달성하지 못한 채 종결하기도 함. • 성공적인 종결과 성공적이지 않은 종결에 따라 추가적인 서비스나 자원이 필요한 경우 다른 기관에 서비스 혹은 성원들을 의뢰함.

> 각 단계별 특징을 묻는 문제가 출제되곤 합니다. 그중 종결단계를 묻는 문제가 특히 자주 출제됩니다.

2 집단의 크기가 클 때의 장단점

장점	단점
• 아이디어, 기술, 자원 등을 상대적으로 많이 확보할 수 있음. • 더욱 복잡한 과업을 다룰 수 있음. • 성원 간 상호학습 기회가 커지고 서로 간의 지지, 피드백, 우정 등을 위한 기회가 많아짐.	• 각각의 성원들이 주목받을 수 있는 확률이 떨어짐. • 사회복지사가 관리하기 어려움. • 응집력 형성과 의견 일치가 어려움. • 상호작용이 어려움.

사정단계

1 집단발달단계별 사정의 특징
- 사정은 특정단계에서만 이루어지는 것이 아니라 연속적으로 이루어짐.
- 각 단계마다 사정이 이루어지며 단계별로 내용이 조금씩 달라짐.

초기	집단 및 성원의 기능 수행에 대한 체계적 사정
중기	초기사정 내용에 대한 타당성을 검토하여 개입계획 수정
말기	집단 및 성원의 기능달성 정도를 사정. 추가 개입이 필요한 영역에 주목

2 집단 사정의 방법
- **성원의 자기관찰**: 자기 모니터링, 도표, 기록지, 일지
- **사회복지사의 관찰**: 일상 관찰, 역할극, 소시오드라마, 사이코드라마, 모의 검증
- **외부 전문가의 보고**: 집단 외부의 사람들이 쓴 보고서나 정보를 활용
- **사정도구**: 우울증 진단척도, 자존감척도, 부모-자녀 관계 측정척도, 스트레스척도 등 표준화된 척도, 소시오그램, 의의차별척도 등

> 집단 사정도구를 묻는 문제가 자주 출제되곤 합니다.

기록의 목적
- 책임성
- 정보제공
- 서비스 개입 및 과정의 점검과 평가
- 클라이언트에 대한 이해 증진
- 지도·감독 및 교육의 활성화
- 근거자료로 활용
- 효과적 사례관리
- 다른 전문직과의 의사소통
- 자료화

기록의 용도
- 클라이언트의 욕구를 파악하고 개입을 위한 기초자료를 얻음.
- 서비스 수급자격을 입증할 문서로 사용됨.
- 클라이언트와 서비스에 관한 정보를 필요할 때 이용할 수 있도록 보관함.
- 사회복지사 교체 시 사례관리의 지속성을 보장함.
- 정보공유를 통하여 의사소통을 촉진시킴.
- 슈퍼비전, 자문 등의 검토를 위한 근거를 제공함.
- 교육훈련 및 연구조사의 자료로 사용함.
- 서비스의 효율성, 효과성, 질을 평가하는 데 사용함.
- 행정절차상의 규정이나 기준을 준수하고 있는지 확인할 수 있음.

> 기록의 용도를 묻는 문제가 출제되곤 합니다.

기록의 종류

- 이야기체기록
  - 클라이언트의 상황과 서비스, 사례의 진행사항을 이야기하듯이 요약한 보고 형태로, 주제와 시간에 따라서 조직되고 재구성된 총괄적 기록
  - 임상실무를 문서화하는 데 적합해 사회복지관에서 많이 활용
- 문제중심기록(SOAP)
  - 단순히 기록하는 차원을 넘어서 문제해결 접근방법을 반영하는 기록으로, 기록을 표준화하고 수행 정도를 검토하여 문제해결에 도움을 주기 위해 만든 기록형식
  - S(주관적 정보) – O(객관적 정보) – A(사정) – P(계획)
  - 여러 분야의 협력적 공조를 원활히 함.
- 과정기록
  - 사회복지사와 클라이언트의 상호작용을 있는 그대로 기록하여 클라이언트와의 면접에서 일어난 내용을 그대로 대화체로 옮기는 기록
  - 시간이 많이 소요되며, 모든 것을 완벽하게 기록하기는 불가능함.
- 요약기록: 시간의 경과에 따라 변화된 상황, 개입활동, 중요한 정보 등을 요약한 기록

> 실천기록에서 과정기록과 문제중심기록(SOAP)이 출제되곤 합니다.

좋은 기록의 특징

- 제공될 서비스의 결정과 행동에 초점을 둠.
- 기록이 구조화되어 있어 정보를 효과적으로 문서화하고 쉽게 찾아낼 수 있음.
- 서비스 전달이 상세히 묘사되고 정확하여 유용함.
- 사회복지 전문가적 윤리를 바탕으로 함.
- 사회복지사가 행한 실천에 있어 수용된 이론에 기초함.
- 사정, 개입, 평가의 기초가 되는 클라이언트와 상황에 관한 정보가 들어 있음.
- 각 단계에서 목적, 목표, 계획, 과정과 진행을 포함한 서비스 전달에 관한 정보가 들어 있음.
- 전문가의 견해를 기록하면서 클라이언트의 관점을 무시하지 않는 클라이언트 중심적 시각을 가지고 있음.
- 상황에 대한 설명과 사회복지사의 견해가 명확하게 분리되어 있어 기록을 열람하는 사람들이 사회복지사의 관찰 내용과 해석을 구분하여 이해할 수 있음.

> 좋은 기록의 특징을 묻는 문제가 출제되곤 합니다.

사회복지실천 평가

1 사회복지실천 평가의 유형

평가자의 소속에 의한 분류	자체평가, 내부평가, 외부평가
평가의 효과에 따른 분류	산출평가, 성과평가, 영향평가
평가시기에 의한 분류	과정평가, 총괄평가

> 사회복지실천 평가기법에서는 단일사례설계가 가장 많이 출제되었습니다.

2 사회복지실천 평가과정
① 목표식별
② 영향모형 작성
③ 평가연구 설계
④ 측정과 표준화
⑤ 자료분석과 해석

3 단일사례설계
반응성 연구의 한 유형으로, 단일사례를 가지고 반복적으로 관찰하여 개입의 효과를 평가하는 방법
- AB설계: 기초선 → 개입
- ABA설계: 기초선 → 개입 → 제2기초선
- BAB설계: 개입 → 기초선 → 개입
- ABCD설계(복수요소설계): 하나의 기초선 자료에 대해 여러 개의 각기 다른 개입방법을 연속적으로 도입
- 복수기초선설계(다중기초선설계): AB설계를 여러 문제, 상황 등에 적용

빠른공략 2 · 기출 OX

다음 내용이 맞으면 O, 틀리면 X에 표시하시오.

01 정신역동모델은 자유연상, 훈습, 직면의 기술을 사용한다. O | X

02 심리사회모델의 기법 중 지지하기는 클라이언트가 표현한 표적문제와의 명백한 연관성을 탐색하는 것이다. O | X

03 인지행동모델은 주관적 경험의 독특성을 인정하지 않는다. O | X

04 과제중심모델은 클라이언트가 동의한 과제를 중심으로 개입한다. O | X

05 위기개입모델은 단기 개입을 강조한다. O | X

06 행동수정모델은 선행요인, 행동, 강화요소에 의해 인간행동을 예측하고 통제할 수 있다고 본다. O | X

07 가족은 권력구조를 갖고 있지 않은 애정공동체이다. O | X

08 순환적 인과성은 가족체계 내 문제가 세대 간 전이를 통해 나타남을 의미한다. O | X

09 사회적 관계망표로 사회적 관계에서의 지지 유형과 정도를 파악한다. O | X

10 자아분화 수준이 높을수록 삼각관계가 형성될 가능성이 높다. O | X

11 합류하기, 탈삼각화, 경계 만들기는 미누친의 구조적 가족치료의 대표적 기법이다. O | X

12 외현화는 경험적 모델의 대표적 기법이다. O | X

13 "남편이 여기 있다면 당신이 어떻게 하는 것이 문제해결에 도움이 된다고 할까요?"는 관계성질문의 예이다. O | X

14 전략적 가족치료의 이중구속은 역설적 기법을 이용한다. O | X

15 다양한 집단 성원의 참여를 유도하기 위해 폐쇄형 집단으로 구성한다. O | X

16 지지집단은 유대감 형성이 쉽고 자기개방성이 높다. O | X

17 집단을 활용한 사회복지실천의 치료적 효과 요인으로 실존적 요인이 있다. O | X

18 집단과정에서 사회복지사는 원만한 관계 유지를 위해 추상적·우회적인 피드백을 제공해야 한다. O | X

19 이질적 집단으로 구성하는 것은 집단응집력을 향상하는 요인이다. O | X

20 집단 초기단계에서 사회복지사는 집단과 구성원의 목표를 설정한다. O | X

21 집단사정을 위한 소시오그램은 구성원 모두가 관심을 갖는 주제를 발견하는 데 목적이 있다. O | X

22 기록은 기관 내에서만 활용하고 다른 전문직과는 공유하지 않는다. O | X

23 요약기록은 시간 흐름에 따라 변화된 상황, 개입활동, 주요 정보 등의 요점을 기록한다. O | X

24 좋은 기록은 서비스의 결정과 실행에 초점을 둔다. O | X

25 단일사례설계의 개입과정에서 개입의 강도나 방식을 바꿀 수 없다. O | X

정답 01 O 02 X 03 X 04 O 05 O 06 O 07 X 08 X 09 O 10 X 11 X 12 X 13 O 14 O 15 X 16 O 17 O 18 X 19 X 20 O 21 X 22 X 23 O 24 O 25 X

제5영역 지역사회복지론

빠른공략 1 — 최중요 핵심Tag

지역사회의 구분

- **로스**: 지리적 의미의 지역사회(공간 중심의 지역사회), 기능적 의미의 지역사회(사회관계 중심의 지역사회)로 구분
- **파크와 버제스**: 지리적 의미의 지역사회(공간 중심의 지역사회)
- **메키버**: 기능적 의미의 지역사회(사회관계 중심의 지역사회)
- **워렌, 힐러리, 젠트너**: 지리적 의미의 지역사회(공간 중심의 지역사회) + 기능적 의미의 지역사회(사회관계 중심의 지역사회)로 구분
- **퇴니스**: 공동사회와 이익사회로 구분
- **던햄**: 인구 크기에 의한 분류, 경제적 기반에 의한 분류, 정부의 행정구역에 의한 분류, 인구 구성의 사회적 특수성에 의한 분류

> 학자별 지역사회의 구분 및 특징을 묻는 문제가 출제됩니다.

길버트와 스펙트의 지역사회 기능과 제도

- 생산·분배·소비의 기능 ⇨ 경제제도
- 사회화 기능 ⇨ 가족제도
- 사회통제의 기능 ⇨ 정치제도
- 사회통합의 기능 ⇨ 종교제도
- 상부상조의 기능 ⇨ 사회복지제도

로스의 지역사회복지실천의 원칙

- 지역사회 문제해결을 위해 추진회(추진위원회)를 구성하는 원칙
- 집약된 지역사회 문제는 지역사회 내에서 공유되어야 하는 원칙
- 지역사회 내 풀뿌리 지도자를 발굴하고 참여시키는 원칙
- 공동의 목표를 수립하고 운영방법을 설정하는 원칙
- 협동심과 유대감을 고취시킬 수 있는 사업을 해야 하는 원칙
- 지역사회 주민의 잠재력을 활용하는 원칙
- 효과적인 의사소통을 개발하고 유지하는 원칙

영국의 지역사회복지

- 시봄 보고서(1968)
  - 여러 부서에 산재된 서비스를 통합하여 가족의 총체적 욕구에 대응하는 통합 서비스의 중요성과 지방행정 당국의 서비스를 중심으로 하는 포괄적 서비스의 중요성을 강조
  - 국민보건서비스의 개편, 의료보건·복지시스템의 전환, 정부의 사회복지행정 개혁, 1960년대 후반 이후 사회서비스 부문의 중요한 정책적 근거가 됨.
- 하버트 보고서(1971)
  - 주민의 다양한 욕구를 법적 서비스로는 해결할 수 없고 자조집단 서비스에도 한계가 있기 때문에 재정적인 원조와 지원이 필요함.
  - 가족체계와 지역사회의 근린에 초점을 둔 비공식서비스가 중요하다고 봄.
- 바클레이 보고서(1982)
  - 지역사회복지 전달은 사회적 보호계획과 함께 공식적·비공식적 복지서비스가 긴밀하게 유지되어야 함.
  - 비공식 보호서비스와 공식 보호서비스 간의 파트너십 개발의 필요성을 강조
- 그리피스 보고서(1988)
  - 지방정부의 역할 축소와 민간부문의 활성화를 주 내용으로 함.
  - 공공서비스에 대한 민간서비스와의 경쟁 유도, 욕구 중심의 서비스 제공 강조
  - 지역사회보호의 권한과 재정의 일차적 책임을 지방정부에 이양, 지방정부는 서비스 구매·조정자로서의 역할을 수행

> 각 보고서의 특징을 묻는 문제가 출제됩니다. 더불어 각 보고서의 연도 또한 눈여겨보아야 합니다.

한국의 지역사회복지 발전기의 주요 흐름

2000년	국민기초생활 보장제도 시행, 지역 중심의 자활사업 본격화
2003년	사회복지사업법 개정으로 지역사회복지계획(지역사회보장계획) 수립 의무화 및 시·군·구 계획의 심의기관인 지역사회복지협의체 설치 근거 마련
2004년	• 사회복지사무소 시범사업 실시(2004. 7. ~ 2006. 6.) • 건강가정지원센터 시범사업 실시(2005년 1월부터 본격적으로 사업 시작)
2005년	지역사회복지협의체 설치·운영, 제1기 지역사회복지계획 수립(4년 단위)
2007년	• 제1기 지역사회복지계획 시행(2007~2010년) • 사회적기업 육성법 제정 • 희망스타트 시범사업 실시 • 아동발달 지원 계좌(디딤씨앗통장) 개설 • 전자바우처 사회서비스 사업 시행
2008년	• 희망스타트 사업이 드림스타트 사업으로 변경되어 실시 • 노인장기요양보험제도 시행
2010년	사회복지통합관리망(행복e음) 개통, 희망키움통장 개설

> 우리나라의 주된 사회복지발달사의 순서를 묻는 문제가 출제됩니다.

2011년	• 사회서비스 이용 및 이용권 관리에 관한 법률 제정·공포(2012년 지역사회서비스투자사업 시행) • 제2기 지역사회복지계획 시행(2011~2014년)
2012년	• 사회복지기관의 3대 기능 중심 개편, 협동조합 기본법 제정 • 사회보장기본법상의 '사회복지서비스'를 '사회서비스'로 변경 • 사회서비스 이용 및 이용권 관리에 관한 법률 시행 • 시·군·구 희망복지지원단 운영으로 통합사례관리 시행 • 사회보장정보시스템의 단계별 개통
2013년	• 사회보장정보시스템 완전 개통 • 지방재정 건전화를 위한 재원조정 방안에 따라 노인양로시설, 장애인주거시설, 정신요양시설 사업(아동복지시설 사업 제외)을 중앙정부로 환원
2015년	• 사회보장급여의 이용·제공 및 수급권자 발굴에 관한 법률의 시행으로 '지역사회복지계획'을 '지역사회보장계획'으로 변경, '지역사회복지협의체'에서 '지역사회보장협의체'로 변경 • 국민기초생활 보장제도가 맞춤형 급여체계로 개편 ⇨ 수급자 선정기준을 최저생계비에서 기준 중위소득으로 변경 • 제3기 지역사회보장계획 시행(2015~2018년)
2018년	3대 사회복지관(종합사회복지관, 노인복지관, 장애인복지관)과 행복e음 시스템 공유
2019년	• 지역사회 통합돌봄사업 추진 • 사회서비스원 시범사업 실시(4개 지역) • 제4기 지역사회보장계획 시행(2019~2022년) • 장애등급제 폐지
2020년	사회서비스원 6개 지역으로 확대 실시 ⇨ 2022년 전국으로 확대 실시
2023년	제5기 지역사회보장계획 시행(2023~2026년)

지역사회복지 이론

- **기능주의이론**: 사회는 다수의 체계로 구성되어 있으며, 합의된 가치와 규범에 의해 움직임(조화, 적응, 안정, 균형 강조).
- **갈등주의이론**: 사회의 권력과 자원이 불평등하게 배분되어 있기 때문에 갈등은 불가피함. 갈등을 해결해 나가는 과정을 통해 사회가 발전함(경쟁, 대립, 투쟁 강조).
- **사회체계이론**: 한 체계의 요소들은 상호작용을 하며 영향을 주고받음. 체계는 일정한 조정과 적응과정을 거치면서 새로운 균형상태에 도달함.
- **생태체계이론**: 지역사회의 변화과정을 역동적인 진화과정으로 설명
- **자원동원이론**: 의사결정 시 조직 간의 자원 불균형을 고려하여야 함을 강조. 사회운동조직의 역할과 한계 규명
- **사회교환이론**: 인간은 사회적 신분, 비용과 보상의 정도에 따라 행동유형이 달라짐.
- **엘리트이론**: 소수의 지배 엘리트 집단에 의해 국가의 정책이 달라짐.
- **다원주의이론**: 정책 결정과정에서 대중의 참여와 경쟁 강조. 다양한 이익집단들이 사회를 이끌어 감.

- **사회구성주의이론**: 한 사회를 지배하는 이데올로기가 어떻게 만들어지고 유지되는지에 초점을 둠.
- **권력의존이론**: 지역주민이나 집단의 힘의 소유 여부가 지역사회 발전에 영향을 미친다는 것을 강조
- **사회자본이론**: 지역사회 내 사회관계에서 내재된 자원을 사회자본이라 하고, 신뢰, 호혜성, 네트워크, 공유된 인지 강조

지역사회복지 실천모델과 사회복지사의 역할

- 로스만의 지역사회복지 실천모델별 사회복지사의 역할

지역사회개발모델	• 과정 중심 목표, 합의 중요 • 조력자, 격려자, 조정자, 교육자(문제해결기술훈련), 능력부여자, 촉진자, 안내자
사회계획모델 (사회계획 및 정책모델)	• 과업 중심 목표, 사실발견과 분석상의 기술 중요 • 전문가, 계획가, 사실발견수집가, 분석가, 프로그램 기획·평가자
사회행동모델	• 과업·과정 중심 목표, 체제 변화에 따른 결과 중시 • 옹호자, 행동가, 매개자, 중재자, 대변가, 조직가

사회복지사의 역할은 사례형으로 출제되는 경우도 많으므로, 사례 속 사회복지사의 역할이 무엇인지 생각해보아야 합니다.

- 웨일과 갬블의 지역사회복지 실천모델별 사회복지사의 역할

근린지역사회조직모델	조직가, 교사, 감독(코치), 촉진자
기능적 지역사회조직모델	촉진자, 조직가, 옹호자, 정보제공자(정보전달자)
지역사회의 사회·경제적 개발모델	협상가, 교사, 계획가, 관리자
사회계획모델	조사자, 관리자, 프로포절 작성자
프로그램개발과 지역사회연계모델	계획가, 대변자, 관리자, 프로포절 제안자
정치·사회행동모델	옹호자, 조직가, 조사자, 조정자
연합(연대활동)모델	중개자, 협상가, 대변자
사회운동모델	옹호자, 촉진자

테일러와 로버츠의 지역사회복지 실천모델

- 프로그램개발 및 조정모델
- 계획모델
- 지역사회연계모델
- 지역사회개발모델
- 정치적 역량(권력)강화모델

지역사회복지 실천과정

- **실천과정**: 문제발견(분석, 확인) → 지역사회 사정 → 실행계획수립 및 자원동원 → 실행 → 평가
- **지역사회 사정을 위한 자료수집방법**: 비공식적 인터뷰, 공식적 인터뷰, 초점집단기법, 명목집단기법, 민속학적 조사방법(참여관찰기법), 델파이기법, 지역사회포럼, 공청회, 서베이, 사회지표분석 및 2차자료의 이용, 커뮤니티 프로파일링
- **실행단계에서 중요한 실천적 과제**: 참여자 적응시키기, 활동 조정하기, 적응과 조정 촉진하기
- **평가방법**: 총괄평가(프로그램 수행 이후), 형성평가(프로그램 수행과정 중)

지역사회복지 실천기술

옹호(대변) 기술	• 클라이언트가 정당한 처우나 서비스를 받지 못하는 경우 지역주민이나 지역사회의 입장에서 직접적으로 전문적인 대변, 보호, 개입, 지지하는 기술 • 옹호의 유형: 자기옹호, 개인옹호, 집단옹호, 지역사회옹호, 정책적 옹호, 체제변환적 옹호 • 옹호의 전술: 설득, 공청회 또는 증언 청취, 표적을 난처하게 하기, 정치적 압력, 탄원서 서명, 청원
네트워크(연계) 기술	• 서비스의 누락과 중복을 방지하고 자원을 효율적으로 관리하기 위해 사회복지사가 클라이언트를 적절한 지역사회 자원과 연계하는 기술로서, 관련 기관들 간의 상호 신뢰와 호혜성의 원칙에 의해 유지되며, 상호 의존관계를 가지면서도 수평적인 관계가 강조됨. • 네트워크(연계)의 수준: 연락, 조정, 협력, 통합 • 네트워크(연계) 구성 원칙: 자발성, 분권성, 평등성, 유연성
조직화 기술	• 지역사회의 의제를 모으고, 지역사회가 당면한 문제를 해결하기 위해 지역주민들의 자발적인 참여를 유도하여, 지역사회의 욕구나 문제를 가진 구성원이 스스로 해결해 나갈 수 있도록 도움 제공 • 사회복지사가 활용하는 조직화 기술: 사실 발견과 조사를 통한 지역문제 이슈(쟁점) 설정 기술, 집단회의를 위한 회의 기술, 위원회 활동에 의한 지역사회 지도자 발굴 기술, 갈등해결을 위한 협상 기술 등

각 기술의 특징을 묻는 문제가 자주 출제됩니다.

정치적 압력 전술

- **정치적 압력**: 정부 당국을 대상으로 새로운 정책과 법률을 추진하고, 새로운 프로그램을 개발하여 지역사회 주민 조직에게 이로운 정책을 강구하고 시행하도록 만드는 것
- **정치적 압력에 의한 정책과정**: 이슈를 논의대상으로 삼는 단계 → 해결대안을 설계하는 단계 → 법안의 통과를 추진하는 단계 → 실천을 하도록 영향력을 행사하는 단계

지역사회보장계획

1 지역사회보장계획의 개요
- 복지사각지대의 적극적인 발굴과 지원체계를 구축하기 위함.
- 지역사회복지 자원동원과 주민참여의 촉진, 자치단체 수준에서 지역의 특성, 주민의 복지욕구 등을 반영한 지역사회보장 발전을 가능하게 하는 동력으로 작용

2 시·군·구 지역사회보장계획
- 내용
  - 지역사회보장 수요의 측정, 목표 및 추진전략
  - 지역사회보장의 목표를 점검할 수 있는 지표의 설정 및 목표
  - 지역사회보장의 분야별 추진전략, 중점 추진사업 및 연계협력 방안
  - 지역사회보장 전달체계의 조직과 운영
  - 사회보장급여의 사각지대 발굴 및 지원 방안
  - 지역사회보장에 필요한 재원의 규모와 조달 방안
  - 지역사회보장에 관련한 통계 수집 및 관리 방안
  - 지역 내 부정수급 발생현황 및 방지대책
  - 그 밖에 대통령령으로 정하는 사항
- 수립 절차: 지역사회보장조사 실시 → 지역사회보장계획(안) 마련 → 지역주민 의견 수렴 → 지역사회보장협의체(시·군·구)에서 계획 심의·확정 → 시·군·구 의회 보고 → 시·도지사에게 계획 제출 → 권고·조정사항 반영 후 계획안 확정

> 지역사회보장계획의 특징을 묻는 문제가 자주 출제되며, 시행 연도 역시 알아두어야 합니다.

지역사회보장협의체

1 지역사회보장협의체의 구성 및 역할
- **대표협의체**: 지역사회보장계획 수립·시행 및 평가에 관한 사항, 지역사회보장조사 및 지역사회보장지표에 관한 사항, 사회보장급여 제공에 관한 사항, 사회보장 추진에 관한 사항, 읍·면·동 단위 지역사회보장협의체의 구성 및 운영에 관한 사항 등에 대한 역할 수행
- **실무협의체**: 대표협의체 심의(건의) 안건 사전 논의 및 검토, 시·군·구 사회보장 관련 시책 개발 협의 및 제안서 마련, 실무분과 읍·면·동 지역사회보장협의체 현안 과제 검토, 실무분과 공동사업 검토, 실무분과 간 역할, 조정에 대한 수행 등
- **실무분과**: 분과별 자체사업 계획·시행·평가, 지역사회보장(분야별)과 관련된 현안 논의 및 안건 도출, 지역사회보장계획 시행과정 모니터링, 대상자별 사례회의 및 서비스 제공 및 연계
- **읍·면·동 단위 지역사회보장협의체**: 관할 지역의 지역사회보장 대상자 발굴 업무 지원, 사회보장 자원 발굴 및 연계 업무 지원, 지역사회보호 체계 구축 및 운영 업무 지원 등

2 대표협의체의 심의·자문사항
- 시·군·구의 지역사회보장계획 수립·시행 및 평가에 관한 사항
- 시·군·구의 지역사회보장조사 및 지역사회보장지표에 관한 사항

> 지역사회보장협의체의 특징과 더불어 다른 복지기관과의 비교 문제가 출제되곤 합니다.

- 시·군·구의 사회보장급여 제공에 관한 사항
- 시·군·구의 사회보장 추진에 관한 사항
- 읍·면·동 단위 지역사회보장협의체의 구성 및 운영에 관한 사항
- 그 밖에 위원장이 필요하다고 인정하는 사항

지역사회서비스 투자사업

- **개요**: 중앙정부가 전국을 대상으로 일괄 실시하는 국가 주도형 서비스 제공방식에서 탈피하여 지방자치단체가 주도적으로 지역 특성 및 수요에 맞는 사회서비스를 발굴·기획하여 실시하는 사업
- **목적**: 시장 형성 가능성이 높은 분야를 발굴하여 수요자의 구매력을 보전하고, 인적자본 형성, 건강투자, 고령근로 촉진 등 사회투자적 성격의 사업을 집중 지원함으로써 사회경제적 자립 기반 확충
- 2011년 사회서비스 이용 및 이용권 관리에 관한 법률이 제정·공포되어, 2012년 지역사회서비스 투자사업이 시행됨.

> 최근 지역사회복지 동향도 함께 기억할 필요가 있습니다.

읍·면·동 복지허브화

- **개요**: 복지공무원이 먼저 주민을 찾아가 복지대상자를 발굴·상담하고 주민 개개인의 욕구에 따른 맞춤형 통합서비스를 지원하는 사업(복지사각지대 발굴, 사례관리 기능 강화)
- **목표**: 찾아가는 복지서비스 활성화, 통합서비스 지원, 민간조직·자원 적극 활용
- **의의**: 읍·면·동에서 통합사례관리 직접 수행, 복지·보건·고용 연계 등 통합서비스 강화, 지역 인적안전망 구성의 활성화

사회복지관

1 사회복지관의 발전과정
- 1983년 사회복지사업법 개정으로 사회복지관 운영 국고보조금 지원 시작
- 1988년 사회복지관 운영·국고보조 사업 지침 수립
- 2012년 사회복지사업법 개정으로 사회복지관의 설치 등에 관한 규정 신설

2 사회복지관의 기능
- 지역사회의 실정과 주민의 욕구파악 및 평가를 통해 전문적인 지역사회복지서비스 제공
- 지역사회통합의 매개역할을 통해 관할 지역의 서비스 조정·통합의 기능 담당
- 지역사회 잠재자원의 발굴 및 활용을 통해 주민참여 및 조직의 기능과 지역사회복지 계획자로서의 기능 담당
- 주민을 위한 지역사회교육의 매체를 제공
- 주민의 성장과 자립을 위한 종합복지서비스 제공

> 사회복지관뿐만 아니라 다른 민간 지역복지 실천체계를 비교하는 문제가 출제되기도 하므로 사회복지관의 특징과 기능을 정확히 알아두어야 합니다.

자활사업 참여대상

- **조건부수급자**: 자활사업 참여를 조건으로 생계급여를 받는 수급자
- **자활급여특례자**: 의료급여 수급자로서 자활근로, 자활기업 등 자활사업 또는 국민취업제도에 참가하여 발생한 소득으로 인해 소득인정액이 기준 중위소득의 40%를 초과한 자
- **일반수급자**: 지역 및 개인 여건(예산·자원, 참여자·대기자 규모 및 대기기간, 근로능력 등)을 종합적으로 고려하여 시·군·구청장의 판단하에 참여 가능
- **특례수급가구의 가구원**: 의료급여특례, 이행급여특례가구의 근로능력이 있는 가구원 중 자활사업 참여를 희망하는 자
- **차상위자**: 근로능력이 있고, 소득인정액이 기준 중위소득 50% 이하인 사람 중 비수급권자
- **근로능력이 있는 시설수급자**: 시설수급자 중 생계·의료급여 수급자(행복e음 보장결정 필수), 일반시설생활자(주거·교육급여 수급자 및 기타)

사회적 경제

- **사회적기업**: 취약계층에게 사회서비스 또는 일자리를 제공하여 지역주민의 삶의 질을 높이는 등의 사회적 목적을 추구하면서 재화 및 서비스의 생산·판매 등 영업활동을 수행하는 기업(사회적기업 육성법 제2조 제1항)
- **마을기업**: 지역주민 또는 단체가 해당 지역의 인력, 향토, 문화, 자연자원 등 각종 자원을 활용하여 생활환경을 개선하고 지역공동체를 활성화하며, 소득 및 일자리를 창출하기 위하여 운영하는 마을 단위의 기업. 추후 사회적기업 등으로 전환 불가
- **협동조합**: 재화 또는 용역의 구매·생산·판매·제공 등을 협동으로 영위함으로써 조합원의 권익을 향상하고 지역사회에 공헌하고자 하는 사업조직으로, 조합원의 권익 향상과 지역사회 공헌을 목적으로 함.

지역사회복지운동(주민복지운동)의 의의

- 지역사회 주민의 주체성과 역량을 강화하고, 지역사회의 변화를 주도하는 조직운동
- 주민참여를 활성화하여 복지권리의식과 시민의식을 배양하는 사회권 확립운동
- 지역사회 주민의 삶의 질과 관련된 생활영역이 주된 관심사로, 지역사회복지의 확산과 발전을 위한 생활운동
- 지역사회의 다양한 자원 활용 및 관련 조직 간의 유기적인 협력이 이루어지는 동원운동

아른스테인의 주민참여단계

1단계	조작	행정기관과 주민이 서로 간의 관계를 확인하는 것에서 의의를 찾을 수 있으며, 공무원이 일방적으로 교육·설득시키고 주민은 단순히 참석하는 수준에 그침.
2단계	치료	주민의 욕구불만을 일정한 사업에 분출시켜서 치료하는 단계로, 행정의 일방적인 지도에 그침.
3단계	정보제공	행정기관이 주민에게 일방적으로 정보를 제공하며 환류는 잘 일어나지 않음.
4단계	상담	공청회나 집회 등의 방법으로 행정에 참여하기를 유도하고 있으나 형식적인 단계에 그침.
5단계	회유	각종 위원회 등을 통해 주민의 참여범위가 확대되지만 최종적인 판단은 행정기관이 한다는 점에서 제한적임.
6단계	협동관계	행정기관이 최종결정권을 가지고 있지만, 필요한 경우 주민들이 그들의 주장을 협상으로 유도할 수 있음.
7단계	권한위임	주민들이 특정한 계획에 관해서 우월한 결정권을 행사하고 집행단계에서도 강력한 권한을 행사함.
8단계	주민통제	주민 스스로 입안하고, 결정에서 집행 그리고 평가단계까지 통제함.

각 주민참여단계의 내용을 묻는 문제가 자주 출제됩니다.

빠른공략 2 · 기출 OX

다음 내용이 맞으면 O, 틀리면 X에 표시하시오.

01 로스는 지역사회를 지리적인 지역사회와 기능적인 지역사회로 구분했다. ○ | ×
02 지역사회에 관한 기능주의적 관점에서 사회는 항상 불안하다고 전제한다. ○ | ×
03 기능적 지역사회는 구성원 공동의 이익과 이해관계를 같이하는 공동체를 의미한다. ○ | ×
04 길버트와 스펙트는 지역사회가 지리적 영역, 사회·문화적 상호작용, 공동의 유대 등으로 구성된다고 보았다. ○ | ×
05 영국의 그리피스 보고서는 지방정부의 서비스 공급자 역할을 강조하였다. ○ | ×
06 지역사회복지 실천과정에서 문제발견은 다양한 정보와 자료수집과정을 통해 이루어진다. ○ | ×
07 사회적 경제는 자본주의 시장경제의 대안모델이다. ○ | ×
08 퇴니스는 지역사회를 공동사회와 이익사회로 구분하였다. ○ | ×
09 시봄 보고서는 1980년대 후반에 발표되었다. ○ | ×
10 새마을운동은 농촌생활환경 개선운동으로 시작되었으나 소득 증대운동으로는 발전하지 못했다. ○ | ×
11 우리나라는 1970년대에 사회복지관 국고보조금 지침이 마련되었다. ○ | ×
12 다원주의이론은 인간과 환경과의 상호작용에 초점을 둔다. ○ | ×
13 로스만의 지역사회개발모델은 과업의 성취보다는 과정 중심 목표에 중점을 둔다. ○ | ×
14 웨일과 갬블의 연합모델의 표적체계는 선출직 공무원이나 재단 및 정부당국이 될 수 있다. ○ | ×
15 협상 기술은 사회행동모델에 사용할 수 없다. ○ | ×
16 사회복지사는 지역사회의 외적 능력에 우선 중점을 두어야 한다. ○ | ×
17 지역사회 실천기술에서 연계 기술은 사회복지사의 연계망을 강화하고 확장한다. ○ | ×
18 지방자치의 발달은 지역주민들의 주체적 참여 기회를 제공한다. ○ | ×
19 지역사회보장계획은 사회보장급여의 사각지대를 발굴하고 지원 방안을 모색한다. ○ | ×
20 사회복지관은 사례관리, 서비스 제공, 지역조직화 기능 등을 수행한다. ○ | ×
21 실무분과는 지역사회보장협의체의 구성에 해당하지 않는다. ○ | ×
22 지역사회복지운동은 지역사회의 변화를 주도하는 조직운동이다. ○ | ×
23 아른스테인의 주민참여 8단계에서 주민들이 특정 계획에서 우월한 결정권을 행사하는 단계를 조작이라고 한다. ○ | ×
24 지역사회복지운동은 사회복지전문가 중심의 활동으로 이루어진다. ○ | ×
25 마을기업은 주민이 지역자원을 활용한 수익사업을 통해 지역공동체를 활성화한다. ○ | ×

정답 01 ○ 02 × 03 ○ 04 × 05 × 06 ○ 07 ○ 08 ○ 09 × 10 × 11 × 12 × 13 ○ 14 ○ 15 × 16 × 17 ○
18 ○ 19 ○ 20 ○ 21 × 22 ○ 23 × 24 × 25 ○

제6영역 사회복지정책론

빠른공략 1   최중요 핵심Tag

사회복지정책의 가치

평등	• 수량적 평등: 결과의 평등 예 무상급식 • 비례적 평등: 형평 예 사회보험 • 기회의 평등: 결과를 얻을 수 있는 과정상의 기회만을 똑같이 주는 것 예 취업 훈련 프로그램 • 조건의 평등: 자유 경쟁의 출발 조건을 평등하게 정비하고자 노력하는 것
자유	• 소극적 자유: 타인의 간섭이나 의지로부터의 자유 • 적극적 자유: 원하는 것을 할 수 있는 자유
효율	• 수단으로서의 효율: 사회복지정책의 목표를 효율적으로 달성하는 수단으로서, 목표 효율성, 운영 효율성, 대상 효율성 등이 있음. • 배분으로서의 효율(파레토 효율): 사회복지정책은 시장에서 결정된 배분을 수정하여 평등의 가치를 구현하는 것을 목표로 함.

> 평등, 자유, 효율에 대한 개념이 사회복지정책 프로그램과 연계되어 출제될 수 있습니다.

사회복지정책의 이념

자유주의	개인이나 가족의 욕구는 개인의 비용과 자유 선택으로 충족시켜야 한다고 봄.
마르크스주의	복지국가의 근본적 기능이 자본주의적 생산관계의 유지와 재생산이기 때문에, 사회정책을 통해 사회통합과 이타주의라는 근본적 변화를 가져오기는 힘들다고 봄.
신마르크스주의	전통적인 마르크스주의에 이론적 기초를 둔 갈등주의적 시각으로, 복지국가 발전을 독점자본주의의 속성과 관련시켜 분석하였음.
신자유주의	경제적 측면을 강조하는 이념으로, 국가의 복지서비스를 축소하여 시장의 경쟁 원리를 다시 복원시켜야 한다고 봄.
신보수주의	정부의 개입을 최대한 배제하고 시장이나 기업활동에 대한 규제를 철폐하고자 하는 경향이 강함.
수정자본주의	자본주의 체제 자체의 본질적인 변혁을 거치지 않고 일부 원리를 수정 또는 개량한 자본주의를 말함.
사회민주주의	모든 국민에게 차별 없는 복지서비스를 제공하는 보편적 복지국가의 모형을 강조함.

> 복지국가 위기 이후의 변화와 사회복지정책의 이념이 묶여서 출제되곤 합니다.

사회복지정책의 발달이론

산업화이론	산업화가 심화되면 복지 요구가 증가해 복지정책이 발달하고 국가의 역할이 증대됨.
수렴이론	서로 다른 유형의 복지국가라도 시간이 지날수록 유사한 유형으로 수렴한다고 봄.
사회양심이론	인도주의 사상에 기초하여 개인의 사회적 양심이 성장함으로써 복지제도가 발전한다고 봄.
확산이론 (전파이론)	한 국가의 사회복지정책이 다른 국가에 확산되며 영향을 미침.
이익집단정치이론 (다원주의이론)	이익집단이나 노동자계급의 정치적인 힘이 국가차원에서 결합되어 복지정책이 결정됨.
독점자본이론	갈등의 정치화 과정을 통해 복지국가가 발전함.
권력자원이론 (사회민주주의이론)	노동자 계급의 정치세력화의 결과로 복지국가가 발전함.
사회정의론	롤스의 사회정의론을 통해 자유주의적 전통의 가치인 자유와 사회주의적 전통의 가치인 평등의 통합을 시도함.

사회복지정책의 각 발달이론과 내용을 알고 있는지를 묻는 문제가 출제됩니다.

제 학자의 사회복지모형

윌렌스키와 르보	• 보충적 모형(잔여적 개념) • 제도적 모형(제도적 개념)
티트머스	• 보충적(잔여적) 모형 • 산업적 업적달성(업적성취, 업적수행)모형 • 제도적 재분배모형
에스핑–앤더슨	• 자유주의적 복지국가 • 조합주의적 복지국가 • 사회민주주의적 복지국가
조지와 윌딩	• 4분법 체계: 반집합주의, 소극적 집합주의, 페이비언 사회주의, 마르크스주의 • 6분법 체계: 신우파, 중도 노선, 사회민주주의, 마르크스주의, 페미니즘, 녹색주의(생태주의)
안토넨과 시필라	• 공공서비스모델 • 보충주의모델 • 자산조사–시장의존모델 • 가족주의모델
퍼니스와 틸튼	• 적극적 국가 • 사회보장국가 • 사회복지국가
미쉬라	• 다원적 복지국가(분화된 복지국가) • 조합주의적 복지국가(통합된 복지국가)

복지국가를 바라보는 제 학자 모형이 바르게 연결된 것을 찾는 문제가 출제됩니다.
특히, 에스핑–앤더슨의 복지모형이나 조지와 윌딩의 복지모형의 세부적인 내용을 묻는 문제가 자주 출제되고 있습니다.

복지국가

1 복지국가의 필요성
- 사회복지 재화의 공공재적 성격
- 외부효과
- 불완전한 정보(정보의 비대칭성)
- 위험발생의 상호의존
- 소득분배의 불공정성(불평등)
- 불완전 경쟁시장(독과점)
- 규모의 경제

2 케인즈주의
- 실업과 불황의 원인을 유효수요의 부족으로 판단하고 금리 인하(통화정책), 정부의 인프라 투자(재정정책)를 제시
- 저소득층의 소득과 소비수준을 높여 유효수요를 창출함으로써 국민경제의 내수기반을 안정화시킴.
- 소득수준 상승은 소비지출의 감소로 이어짐.

3 복지국가의 위기와 재편
- 1973년 오일 쇼크 이후 경기 침체와 국가 재정 위기 발생
- 복지국가 팽창에 따른 관료 및 행정기구의 팽창과 비효율성 증대
- 포디즘적 생산방식(대량생산과 대량소비)의 비효율성 증가
- 독점자본주의의 축적과 정당화 간의 모순 ⇨ 마르크스주의

> 복지국가의 필요성 및 복지국가의 위기에 대한 문제가 출제됩니다.

제3의 길

- 정책 목표는 '사회적 배제' 방지
- 정책기조는 복지제도의 근본적인 책임을 정부에 두면서 민간부문과 개인의 노력을 최대한 유도하여 정부의 개입 축소
- 가급적 인적 자본에 투자할 것과 사회투자국가의 건설 강조
- 제3의 길의 적극적 복지: 사회투자국가, 복지다원주의(혼합경제), 발상의 전환(의식의 전환)
- 제3의 길 프로그램: 새로운 민주국가(적이 없는 국가), 활발한 시민사회, 민주적 가족, 신혼합경제, 통합으로서의 평등, 사회투자국가, 적극적 복지사회, 세계주의적 민족, 세계적 민주주의

> 제3의 길 이전과 이후의 모습을 묻는 문제가 출제됩니다.

사회복지정책의 분석 유형

과정분석	• 사회복지정책 형성의 역동성 분석 • 계획과 관련된 각종 정보와 조직들의 관계 및 상호작용 등 분석
산출(산물)분석	프로그램이나 법률의 형태로 만들어진 일련의 정책선택 분석
성과(효과)분석	실행된 프로그램이 만들어낸 결과를 기술 및 평가

> 사회복지정책의 분석 유형 3가지가 자주 출제됩니다.

사회복지정책의 분석 기본틀

할당체계	수급자격: 누가 급여를 받을 것인가?
급여체계	급여종류: 어떤 형태로 제공할 것인가?
재원(재정)체계	재원마련방법: 누가 급여를 지불할 것인가?
전달체계	전달방법: 어떻게 전달할 것인가?

사회복지정책의 분석틀을 묻는 문제가 출제됩니다.

할당체계

- 사회제도의 급여를 받을 자격을 가진 사람이 누구인가를 결정함.
- 할당의 세부 원칙

귀속적 욕구	• 보편주의 ⇨ 사회복지의 제도적 개념 • 사회적·경제적 제도하에서 충족되지 않는 공통적 욕구를 가진 집단의 소속 여부에 따름.
보상	사회적·경제적으로 공헌한 사람(국가유공자, 사회보험 기여자 등) 또는 사회의 부당한 행위(인종차별, 성차별 등)에 의한 피해자를 대상으로 함.
진단적 구분	신체적·정신적으로 결함이 있는 경우와 같이 전문가가 특별한 재화 혹은 서비스가 필요하다고 판단을 내린 개인을 대상으로 함.
자산조사	• 선별주의 ⇨ 사회복지의 잔여적 개념 • 재화나 서비스를 살 수 없는 개인을 대상으로 함.

할당의 세부 원칙은 보편주의 또는 선별주의와 연계하여 출제됩니다.

급여체계

- 선정된 수혜자에게 어떤 형태의 급여를 제공할 것인가를 결정함.
- 현금급여, 현물급여, 바우처의 비교
  - 운영 효율성: 현금 > 바우처 > 현물
  - 오용 및 남용의 정도: 현금 > 바우처 > 현물
  - 소비 통제의 정도: 현물 > 바우처 > 현금
  - 소비자 선택권: 현금 > 바우처 > 현물
  - 목표 효율성: 현물 > 바우처 > 현금
  - 정치적 선호도: 현물 > 바우처 > 현금

현금급여, 현물급여, 바우처의 특징을 비교하는 문제가 출제됩니다.

재원체계

- 크게 공공재원과 민간재원으로 나눌 수 있음.
- 공공재원: 일반 예산(조세), 사회보험료, 조세 비용(조세 지출)
  - 사회보험료: 소득세에 비해 역진적임.
  - 조세 비용: 조세를 거두어 직접적 사회복지급여를 하지 않는 대신 내야 할 조세를 감면시키거나 되돌려주어 사회복지 목표를 이루는 것
- 민간재원: 사용자 부담, 자발적 기여, 기업 복지

공공재원(중앙정부와 지방정부)과 관련된 내용이 출제됩니다.

전달체계

공적 전달체계	중앙정부	• 대상자가 많을수록 기술적인 측면에서 유리 • 프로그램의 통합과 조정이 가능하며 안정적 유지 가능 • 정부가 공급을 독점하기 때문에 서비스 질이 저하될 가능성 존재 • 변화하는 욕구에 융통성 있게 대응하는 데 한계가 있음.
	지방정부	• 지역 주민의 욕구에 신속하게 대응할 수 있음. • 지역 간 불평등으로 사회통합을 저해할 수 있음. • 사회복지 전문인력이 부족할 수 있음.
사적 전달체계		• 서비스 공급의 다양화가 가능 • 공급자 간 경쟁 유도를 통하여 서비스 질을 높일 수 있음. • 이용자의 다양한 선택권을 보장할 수 있음. • 프로그램의 안정성과 지속성 측면에서 가장 불리함.

중앙정부와 지방정부의 전달체계와 관련된 문제가 출제됩니다.

사회복지정책의 결정

- 정책결정에 관한 이론 모형

합리모형	주어진 상황에서 목표 달성을 극대화하는 최선의 정책대안 ⇨ 객관적 합리성
만족모형	인간의 제한적 합리성을 전제로 하여 정책대안을 선택함. ⇨ 주관적 합리성
점증모형 (점진모형)	합리모형과는 정반대로 인간의 비합리성을 전제하며, 정책대안의 선택에는 정치적 배려가 포함됨. ⇨ 정치적 합리성
최적모형	합리적 요소와 초합리적 요소를 바탕으로 한 질적 모형 ⇨ 경제적 합리성, 초합리성
쓰레기통모형	'조직화된 무정부 상태' 속에서 정책이 우연히 결정됨.

- 사회복지정책 결정에 영향을 미치는 요인: 정책과정의 참여자, 정책결정 구조, 정책대안의 존재 여부, 다른 정책과의 관계, 정치·경제·사회적 상황

정책결정에 관한 이론 모형은 자주 출제됩니다.

사회복지정책의 평가

1 사회복지정책의 평가
- 좁은 의미: 정책이 원래 의도한 문제의 해결에 얼마나 영향을 미쳤는지에 대한 평가
- 넓은 의미: 정책결정 이전부터 정책집행 이후까지 모든 정책활동에 대한 평가

2 사회복지정책 평가의 필요성
- 문제해결을 위한 정책결정에 필요한 정보를 얻기 위함.
- 기존 정책의 개선에 필요한 정보를 얻기 위함.
- 정책 목표의 달성 여부를 파악하기 위함.
- 정책의 정당성 근거를 확보하기 위함.
- 정책평가는 사회복지정책 이론의 형성에 기여함.

정책평가의 전반적인 내용을 묻는 문제가 출제됩니다.

사회보장급여의 종류

사회보험 (보편주의)	• 국민연금: 노령연금, 장애연금, 유족연금, 반환일시금, 사망일시금 • 건강보험: 요양급여, 요양비, 건강검진, 장애인 보조기기 구입비, 부가급여 • 고용보험: 실업급여, 육아휴직 급여, 출산전후휴가 급여 • 산재보험: 요양급여, 휴업급여, 장해급여, 간병급여, 유족급여, 상병보상연금, 장례비, 직업재활급여 • 노인장기요양보험: 재가급여, 시설급여, 특별현금급여
공공부조 (선별주의)	• 국민기초생활 보장: 생계급여, 의료급여, 주거급여, 교육급여, 해산급여, 장제급여, 자활급여 • 의료급여: 기초수급자 및 이재민, 의사상자, 국내 입양된 18세 미만 아동, 국가유공자, 무형문화재 보유자, 북한이탈주민, 5·18민주화 유공자, 노숙인, 행려환자 등 대상 • 기초연금 • 장애인연금 • 긴급복지지원: 생계지원, 의료지원, 주거지원, 사회복지시설 이용지원, 교육지원, 그 밖의 지원(연료비 등)

> 사회보험과 공공부조를 비교하는 문제와 급여의 종류를 구분하는 문제가 출제됩니다.

사회보험, 공공부조, 민영보험의 비교

1 사회보험과 공공부조 비교

구분	사회보험	공공부조
대상	모든 국민(보편주의)	빈곤층(선별주의)
재원	기여금, 부담금, 일부는 조세	조세
자산조사	실시하지 않음.	실시함.
대상 효율성	(공공부조에 비하여) 낮음.	(다른 제도에 비하여) 높음.
소득 재분배 효과	• 수직적 재분배, 수평적 재분배 효과가 모두 존재 • 공공부조에 비하여 수직적 재분배 효과는 낮음.	수직적 재분배 효과가 큼.

2 사회보험과 민영보험 비교

사회보험	민영보험
• 강제적 가입(정부 독점) • 최저 수준의 소득 보장 • 법적 권리(가변성) • 사회적 적절성(충분성) – 복지 • 비용 지출 예측 곤란 • 재정의 완전 적립 불필요 • 목적·결과에 대한 의견 다양 • 물가 상승에 적절히 대응 • 평균적 위험 또는 소득 수준에 따른 차등 보험료 부과	• 자발적 가입(자유 경쟁) • 개인의 의사와 지불능력에 좌우 • 계약 권리(계약 준수) • 개인적 공평성 – 형평 • 비용 지출 예측 가능 • 재정의 완전 적립 필요 • 목적·결과에 대한 의견 일치 • 물가 상승에 대응 곤란 • 개별적 위험 또는 급여 수준에 따른 차등 보험료 부과

> 사회보험과 공공부조 또는 사회보험과 민영보험을 비교하는 문제가 출제됩니다.

소득 재분배

구분		소득 재분배 방향	대표 제도
세대 간 재분배		• 근로세대 → 노령(퇴직)세대 • 미래세대 → 현재세대	부과 방식의 연금제도
세대 내 재분배	수직적 재분배	(소득계층 간 재분배) 고소득층 → 저소득층	공공부조제도
	수평적 재분배	위험 미발생 집단 → 위험 발생 집단	일반적인 사회보험제도

소득 재분배의 유형을 묻는 문제가 출제됩니다.

빈곤과 소득 불평등

1 빈곤

객관적 빈곤	절대적 빈곤	• 개인 및 가족이 최저 생활을 유지할 수 없는 수준 • 최소한의 신체적 능률을 유지하는 데 필요한 의식주 및 기타 생활상 필요한 자원을 가지지 못한 수준
	상대적 빈곤	한 사회의 평균 또는 일정한 생활 수준과 비교하여 상대적으로 적게 가지고 있는 상태
주관적 빈곤		객관적 기준 없이 주관적 판단에 의하여 정의되는 빈곤

2 소득 분배의 불평등도 측정 방법

로렌츠 곡선	대각선에 가까울수록 평등하고, 대각선에서 멀수록(우하향으로 볼록할수록) 불평등한 상태
지니 계수	값이 클수록(1에 가까울수록) 불평등한 상태
5분위 분배율	분배율이 1일 때 소득 격차가 가장 작고, 값이 클수록 불평등한 상태(소득 격차가 큰 상태)
10분위 분배율	값이 클수록 평등한 상태(소득 격차가 작은 상태) ⇨ 최댓값은 2, 최솟값은 0

빈곤과 공공부조를 연계하여 묻거나 소득 불평등의 내용을 묻는 문제가 출제됩니다.

사회보험제도

국민연금제도	• 소득대체율: 2008년 50%, 그 이후 매년 0.5% 감소 • 비례상수: 2008년 1.5, 그 이후 매년 0.015씩 감소 • 크레딧 제도: 군복무·출산·실업 크레딧 제도 시행 • 급여의 종류: 노령연금, 장애연금, 유족연금, 반환일시금
건강보험제도	• 급여의 종류: 요양급여, 요양비, 건강검진, 장애인 보조기기 구입비, 부가급여(임신·출산진료비, 상병수당) • 진료비 지불제도: 행위별 수가제(진료 행위에 항목별로 가격을 책정하여 진료비 지급, 우리나라에서 운영하는 방식), 질병군별 포괄수가제(질병군별로 미리 책정된 일정액의 진료비 지급)

사회보험제도의 특징과 급여의 종류를 묻는 문제가 출제되고 있습니다. 국민연금의 크레딧 제도 중 실업 크레딧은 가장 최근에 시행된 제도입니다.

산업재해보상 보험제도	• 급여의 종류: 요양급여, 휴업급여, 장해급여, 간병급여, 유족급여, 상병보상연금, 특별급여, 장례비, 직업재활급여 • 근로자 1인 이상 모든 사업장 대상, 보험료 사업주 전액부담
고용보험제도	• 고용안정사업 및 직업능력개발사업(적극적·사전적 고용정책), 실업보험(소극적·사후적 고용정책) • 급여의 종류: 실업급여(구직급여 + 취업촉진수당), 육아휴직급여, 출산전후휴가급여
노인장기요양 보험제도	• 급여의 종류: 재가급여, 시설급여, 특별 현금급여 • 재원 조달 방식: 장기요양보험료, 국가 지원, 본인부담

국민기초생활 보장제도

- 생활이 어려운 저소득 가구의 가구원, 그 친족 및 그 밖의 관계에 있는 해당 가구의 급여를 신청하는 것이 원칙
- 법령에 따라 일정 자격을 충족한 외국인도 혜택을 받을 수 있음.
- 자산조사를 통해 지원 대상을 엄격하게 선정하는 잔여적 복지제도
- 급여종류: 생계급여(기준 중위소득 32%), 의료급여(기준 중위소득 40%), 주거급여(기준 중위소득 48%), 교육급여(기준 중위소득 50%), 해산급여, 장제급여, 자활급여

> 국민기초생활 보장제도의 원칙 등 전반적인 내용을 묻는 문제가 출제되곤 합니다. 우리나라의 국민기초생활 보장제도는 보충성의 원칙에 기반합니다.

우리나라 사회복지서비스 정책

1 근로장려세제
- 주무 부처: 국세청
- 관련 법령: 조세특례제한법
- 저소득층의 근로를 장려하고 소득을 지원함.
- 자녀 수별로 급여액, 급여의 증가율, 급여의 감소율 등에 차등을 둠.
- 점증 구간 – 평탄 구간 – 점감 구간으로 이루어짐(자녀장려금은 점증 구간이 없는 점을 제외하고는 근로장려금의 구조와 같음).

2 드림스타트사업(2008년)
취약계층 아동에게 맞춤형 통합 서비스를 제공하여 아동의 건강한 성장과 발달을 도모하고 공평한 출발기회를 보장함으로써 건강하고 행복한 사회구성원으로 성장할 수 있도록 지원하는 사업

3 희망복지지원단(2012년)
지역주민의 다양한 욕구에 맞춤형 서비스를 연계·제공함으로써 지역주민의 삶을 안정적으로 지원·지지하고, 복지제도의 효과성·효율성을 향상시키기 위해 실시하는 통합사례관리

4 읍·면·동 복지허브화(2016년)
주민들이 내방하여 신청하는 민원을 위주로 복지서비스가 지원되던 것에서 벗어나 선제적으로 사각지대를 발굴하고, 민관이 연계하여 대상자에게 필요한 맞춤형 서비스를 종합적으로 제공하기 위한 복지 전달 체계 개편 사업

> 우리나라 사회복지정책의 환경 변화와 관련된 문제들이 출제됩니다.

5 **자산형성지원사업**
- **희망저축계좌Ⅰ**: 근로소득(사업소득)이 있는 생계·의료급여 수급가구
- **희망저축계좌Ⅱ**: 근로소득(사업소득)이 있는 주거·교육급여 수급가구 및 차상위 가구
- **청년내일저축계좌**: 연령·소득기준·가구소득·가구재산의 4가지 조건을 모두 충족한 청년
- **청년도약계좌**: 소득기준과 가구소득의 조건을 충족한 19~34세 청년
- **디딤씨앗통장**: 요보호아동, 기초생활수급가구(생계·의료급여) 중 만 12~17세 아동

6 **사회서비스(전자바우처)**
- 장애인활동보조(장애인활동지원), 지역사회서비스 투자사업으로 2007년에 최초 시행
- **지역자율형 사회서비스 투자사업**: 지역사회서비스 투자사업, 가사·간병 방문 지원사업, 산모·신생아 건강관리 지원사업

7 **사회적 경제**
- 사회적 기업
- 협동조합
- 마을기업
- 자활기업

8 **치매국가책임제**
- 2011년 치매관리법 제정(2012년 시행) 이후 2017년 치매국가책임제 시행
- **중증치매진료 본인부담률 완화**: 기존 입원진료비 20%(외래진료비 30~60%) → 입원·외래 상관없이 본인부담률 10%
- **치매치료관리비 지원**: 만 60세 이상 치매치료제를 복용 중인 기준 중위소득 120% 이하 노인에게 월 최대 3만 원(연 36만 원) 실비 지원
- **고비용 치매검사 건강보험 적용**: 신경인지검사 20~40만 원(MRI 약 60만 원) → 신경인지검사 6.5~15만 원(MRI 14~33만 원)

빠른공략 2 기출 OX

다음 내용이 맞으면 O, 틀리면 X에 표시하시오.

01 비례적 평등은 결과의 평등이다. ○ | ×
02 소극적 자유는 자신이 원하는 것을 할 수 있는 자유를 강조한다. ○ | ×
03 사회양심론은 인도주의에 기초하고 있다. ○ | ×
04 신자유주의자들은 복지지출의 확대가 생산부문의 투자를 위축시켜 경제성장을 저해한다고 본다. ○ | ×
05 에스핑-앤더슨의 복지국가 유형에는 보충적 모형, 제도적 모형이 있다. ○ | ×
06 케인즈의 경제이론에 따르면 유효수요가 감소하면 경기불황을 가져오고, 소득이 감소한다. ○ | ×
07 성과분석은 실행된 정책이 낳은 결과를 기술하고 분석하는 접근방법이다. ○ | ×
08 소비자 선택권은 현금급여, 바우처, 현물급여 순서로 높아진다. ○ | ×
09 공공재적인 성격이 강한 재화나 서비스는 민간에서 제공하는 것이 바람직하다. ○ | ×
10 최적모형은 체계론적 시각에서 정책성과를 최적화하려는 정책결정 모형이다. ○ | ×
11 기존 정책의 개선에 필요한 정보를 얻기 위해 사회복지정책 평가가 필요하다. ○ | ×
12 정책 평가는 사회복지정책 이론의 형성에 기여한다. ○ | ×
13 사회보험은 국가의 책임으로 시행한다. ○ | ×
14 수직적 재분배가 이루어지는 대표적인 제도에는 공공부조가 있다. ○ | ×
15 소득 재분배는 세대 내 재분배와 세대 간 재분배로 구분할 수 있다. ○ | ×
16 로렌츠 곡선이 45°선과 일치하면 소득분포가 완전히 균등하다. ○ | ×
17 지니 계수가 1에 가까울수록 평등한 상태를 의미한다. ○ | ×
18 상대적 빈곤은 최소한의 생필품을 구입하는 데 필요한 비용으로 정한다. ○ | ×
19 부과 방식의 연금제도는 도입 당시의 노인세대에게도 일정한 연금을 제공할 수 있다. ○ | ×
20 사회보험의 보험료와 급여는 개별적 공평성과 사회적 적절성을 반영한다. ○ | ×
21 포괄수가제는 주로 발생빈도가 높은 질병군에 적용한다. ○ | ×
22 사회보험은 현금급여를 원칙으로 하고, 민영보험은 현물급여를 원칙으로 한다. ○ | ×
23 우리나라의 국민기초생활 보장제도는 보충성의 원칙에 기반하고 있다. ○ | ×
24 우리나라의 근로장려세제의 주무 부처는 고용노동부이다. ○ | ×
25 국민건강보험제도는 부가급여로 임신·출산 진료비, 장제비, 상병수당을 지급하고 있다. ○ | ×

정답 01 × 02 × 03 ○ 04 ○ 05 × 06 ○ 07 ○ 08 × 09 × 10 ○ 11 ○ 12 ○ 13 ○ 14 ○ 15 ○ 16 ○ 17 × 18 × 19 ○ 20 ○ 21 ○ 22 × 23 ○ 24 × 25 ×

제7영역 사회복지행정론

빠른공략 1   최중요 핵심Tag

사회복지행정의 특성과 역사

1 사회복지행정의 특성
- 사회복지행정은 지역사회 내의 인지된 욕구 충족을 돕기 위해 존재한다.
- 사회복지행정은 효과성·효율성을 측정하는 척도가 거의 없으며, 사용하는 기술이 다양하고 불확실하기 때문에 성과평가가 용이하지 않음.
- 클라이언트에 대한 활동이 도덕적으로 정당화되어야 하기 때문에 기술과 활동에 제한이 많음.
- 자원의 외부 의존도가 높기 때문에 가치와 이해관계에서 갈등을 일으킬 수 있고, 환경과의 관계에 많은 어려움이 야기됨.

2 한국 사회복지행정의 역사

연도	내용
1985	사회복지관의 양적 팽창
1987	사회복지전문요원 도입
1997	사회복지시설의 설치를 허가제에서 신고제로 변경
1998	사회복지공동모금회 설립
2003	제1회 사회복지사 1급 국가시험 실시
2004	사회복지사무소 시범사업 실시
2006	주민생활지원서비스로의 개편, 주민생활지원국 설치
2008	드림스타트 사업 실시
2010	사회복지통합관리망(행복e음) 구축
2012	희망복지지원단 실시
2013	사회보장정보시스템 개통
2015	분권교부세 폐지
2016	읍·면·동 복지허브화
2018	사회복지통합관리망(행복e음)과 사회보장정보시스템을 통합한 사회보장정보시스템(행복e음) 개통
2019	지역사회 통합돌봄(커뮤니티 케어)
2021	맞춤형 급여(복지멤버십) 시행
2022	첫만남 이용권 도입(출생 아동에게 바우처로 200만 원 지급)

> 사회복지행정의 특성 또는 사회복지조직의 특성(하센펠트)을 묻는 문제나 한국 사회복지행정의 역사적 사실을 시대순으로 연결하는 문제가 출제됩니다.

사회복지서비스 전달체계의 원칙

전문성	핵심 업무는 반드시 전문가가 담당해야 함.
적절성	서비스의 양과 질이 목표를 달성하기에 충분해야 함.
포괄성	인간의 다양한 욕구를 해결하기 위해 다양한 서비스를 제공해야 함.
통합성	상호 연관된 서비스를 종합적으로 고려함.
지속성	필요한 여러 서비스를 중단 없이 제공해야 함.
접근성	클라이언트가 접근하기에 용이해야 함.
평등성	소득이나 지위 등에 관계없이 평등하게 서비스를 제공함.
책임성	서비스의 효과성 및 효율성 여부 등에 책임을 가짐.

사회복지서비스 전달체계 운영주체

공공 전달체계	• 정부나 공공기관이 직접 관리 및 운영함. • 사회보험제도는 보건복지부 또는 고용노동부 산하 공공기관에서 운영함. 예 노인장기요양서비스, 장애인 활동지원서비스 • 공공부조제도는 지방자치단체에서 운영함. 예 보육서비스
민간 전달체계	• 다양한 서비스 제공이 가능함. • 서비스 이용자의 선택 기회를 넓힘. • 선도적인 서비스 개발과 보급에 유리함. • 민간의 사회복지 참여 욕구를 수렴할 수 있음.

> 공공 전달체계와 민간 전달체계를 구분할 수 있는지 확인하는 문제가 출제되곤 합니다.

품질관리, 위험관리, 서비스 질 관리

1 품질관리
- 개념: 소비자가 요구하는 품질의 제품과 서비스를 경제적으로 생산할 수 있도록 조직 구성원 전체의 적극적 참여가 뒷받침되어 품질을 유지·개선하는 관리활동
- 강력한 의지를 가진 리더의 주도하에 다양한 조직구성원의 협력적 활동의 결과로 나타나기 때문에 구성원들의 적극적인 참여가 전제되어야 함.

2 위험관리
- 개념: 사업의 지속과 안정적 발전을 확보해 나가는 경영상의 기법으로, 위험의 확인(발견)·분석·평가 과정에서 최적의 위험 처리 방도를 선택하는 것
- 목적: 사고방지활동 등을 통해 조직의 손실을 최소로 억제하고, 서비스의 질을 보증하는 것

3 서비스 질 관리
패러슈라만, 자이사믈, 베리가 공동연구한 서비스 질 측정도구인 서브퀄(SERVQUAL) 구성에는 유형성, 신뢰성, 반응성, 확신성, 공감성이 있음.

> 사회복지조직의 관리기법 중 품질관리와 위험관리, 서비스 질 관리를 구분할 수 있는지를 묻는 문제가 출제됩니다.

사회복지행정 조직이론

1 고전이론

관료제이론	• 장점: 효율성, 위계, 권위, 규칙, 통제, 분업, 안정성 • 단점: 매너리즘, 크리밍, 레드 테이프, 목적 전치, 비인간적, 무사안일주의
과학적 관리론	• 합리성, 효율성 • 동작별 소요시간의 표준화 • 과업에 따른 임금 지급
행정 관리론	가장 단순한 형태의 과업 분류와 분업 강조

2 인간관계이론

메이요의 호손실험		인간관계, 구성원의 상호작용, 비공식집단을 강조
맥그리거	X이론	인간은 일하는 것을 좋아하지 않으므로 통제와 지시가 필요하다고 봄.
	Y이론	인간은 일하는 것을 좋아하므로 잠재력을 인정하고 상상력, 창의력을 발휘할 수 있는 환경을 제공해야 함.
룬트슈테트의 Z이론		과학자, 학자에 관한 관리이론으로, 자유 의지를 존중함.

3 체계이론

생산 하위체계	클라이언트에게 서비스를 제공하는 것
유지 하위체계	조직의 계속성을 확보하고 조직을 안정 상태로 유지하는 것
경계 하위체계	외부 환경의 변화에 대한 적절한 반응과 대응을 목표로 하는 것
적응 하위체계	실제 조직변화를 위한 최적의 대안을 찾기 위해 연구하고 평가하는 것
관리 하위체계	생산, 유지, 경계, 적응 하위체계를 조정하고 통합하는 것

4 조직환경이론

상황이론	• 상황(조직의 목적·기술·규모, 과업의 종류)에 따라 적절히 조직함. • 개방체계 관점의 시작이 됨.
자원의존이론	• 환경에 수동적이지 않음. • 적극적으로 대처하고 환경을 조직에 유리하도록 관리함.
(신)제도이론	• 지원과 정당성을 얻기 위해 제도(규범, 가치, 규칙)에 순응함. • 모범 사례에 대한 모방, 전이 행동
정치경제이론	정치적 자원(합법성, 세력)과 경제적 자원(물적 자원, 클라이언트, 인력)이 조직의 생존에 필수적이라고 봄.
조직군 생태학이론	• 환경결정론, 다윈의 진화론(적자생존)으로부터 영향을 받음. • 개별 조직이 아닌 조직군에 초점을 둠.

> 고전이론과 인간관계이론을 구분하거나, 체계이론의 각 하위체계를 정확히 이해하고 있는지를 묻는 문제가 자주 출제됩니다.

5 현대 조직이론

목표관리제 (MBO)	• 명확한 목표의 설정, 참여, 평가, 피드백 • 사회복지 적용상의 한계
학습조직이론	사회복지사도 고객으로부터 지속적으로 학습하고, 업무기술 등을 벤치마킹하면서 학습해야 한다고 봄.
총체적 품질관리 (TQM)	• 리더의 강력한 의지가 중요 • 고객 중심 관리, 총체적인 관리

사회복지조직

1 조직의 구조
- 행렬조직은 수직적이고 정형화된 구조가 주는 장점인 안정성과 수평적 구조가 주는 장점인 탄력성을 동시에 가지는 비전형적 조직임.
- 조직구조에서 정보가 과다하게 집중되어 있는 상황이라면, 의사결정 과정이 느려지기 때문에 정보를 적절히 분산시킴으로써 의사결정 실패 가능성을 줄일 수 있음.

> 행렬조직의 특성을 알고, 조직구조에서 각 영역의 부문화를 구분할 수 있어야 문제를 정확하게 풀 수 있습니다.

2 부문화 방법

수 기준	같은 역할을 하는 사람들을 한 명의 슈퍼바이저 밑에 소속시키는 방법
시간 기준	업무 시간을 2교대 또는 3교대 등으로 조직의 업무를 부문화하는 방법
지리적 영역 기준	(잠재적) 클라이언트의 거주 지역에 따라 부문화하는 방법
서비스 기준	서비스 방법에 따라 조직의 업무를 부문화하는 방법 예 개별사회사업, 집단사회사업, 지역사회복지 등
기능 기준	직원의 능력, 선호도, 관심 등에 근거하여 직무 적성에 맞는 분야에 사람을 배치하는 방법
고객 기준	클라이언트의 종류 또는 문제에 따라 조직의 업무를 부문화하는 방법 예 노인, 아동, 장애인 또는 실업·빈곤·가족문제
서비스 접근 통로 기준	서비스의 접근성과 관련된 것으로 클라이언트가 어떤 서비스에 접근할 수 있는 통로별로 업무를 부문화하는 것

사회복지조직의 환경

1 일반환경과 과업환경

일반환경	과업환경
• 경제적 조건 • 사회인구학적 조건 • 문화적 조건 • 정치적·법적 조건 • 기술적 조건	• 재정자원의 제공자 • 정당성과 권위의 제공자 • 클라이언트 제공자 • 보충적 서비스 제공자 • 조직 산출물의 소비·인수자 • 경쟁조직

> 일반환경과 과업환경을 구분하여 사례 또는 예시를 통해 복합적인 문제나, 최근 한국 사회복지행정의 추세를 묻는 문제가 출제됩니다.

2 사회복지조직의 환경 변화
- 복지국가의 위기 및 재편의 여파로, 1980년대 중반 이후부터 국가는 작은 정부를 지향하고 있음.
- 세계적으로 자격이 있는 비영리법인들이 사회복지사업을 위탁운영하는 추세임.
- 부족한 정부 보조금과 지방자치단체의 통제 등으로 자원이 풍부한 기관이나 기업들의 영리법인화 참여가 증가하는 추세임.

3 최근 한국 사회복지행정의 추세
- 민간부문과 공공부문의 협력이 강조됨.
- 생활시설 중심보다는 이용시설 중심의 보호가 강조됨.
- 공공성 강화 방향으로 전달체계 개편이 이루어짐.
- 영리기관의 전달체계 참여가 증가함.
- 지역사회를 중심으로 서비스를 통합함.

리더십이론

- **특성이론(1940~1950년대)**: 리더십은 타고나야 한다고 보며, 타고난 개성을 강조함.
- **행동이론(1950~1960년대)**: 바람직한 리더십 행동은 훈련을 통해서 개발됨.
- **상황이론(1970년대)**: 상황과 업무의 환경 특성에 따라서 필요한 리더십이 달라짐.
- **변혁이론(1980~1990년대)**: 리더십은 지도자와 추종자가 협력하는 과정에서 형성됨.

> 각 리더십이론의 특징을 구분하는 문제가 출제됩니다.

인사관리의 구성 요소와 슈퍼비전

1 인사관리의 구성 요소
- 직무분석을 토대로 직무기술서를 작성하며, 이후 직무명세서를 바탕으로 모집과 선발이 이루어짐.
- 직무분석 → 직무기술서 작성 → 직무명세서(채용 공고문) 작성 → 모집과 선발
- 성과관리, 개발관리, 보상관리 등을 포함함.

2 슈퍼비전
- 사회복지기관의 슈퍼비전에 사회복지사의 가치와 감정의 문제를 배제하면 안 되며, 전문적 기술의 전수도 필요함.
- **슈퍼비전의 기능**: 교육적 기능, 행정적(관리적) 기능, 지지적 기능

> 인사관리의 구성 요소별 순서를 알아두어야 하며, 슈퍼비전에 대해 묻는 문제도 출제됩니다.

동기부여이론

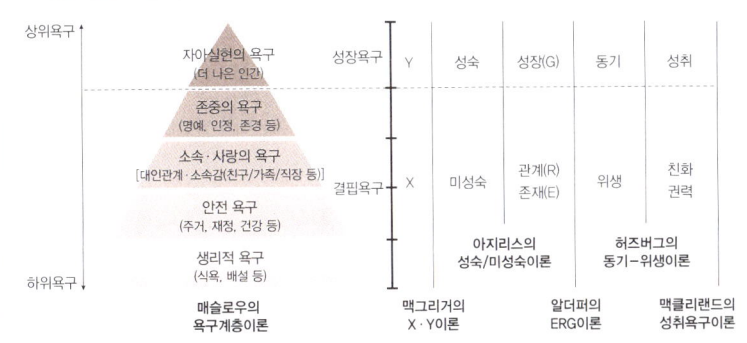

동기부여이론 중 내용이론을 묻는 문제가 자주 출제됩니다.

재정관리

1 재정관리의 특징
- 사회복지조직은 재원조달에 대한 직접적인 통제력이 약함.
- 국가보조금, 후원금, 기부금, 상품 판매 등의 다양한 재원을 가지고 있음.
- 재원 확보를 위해 사업 제안서, 모금 행사, 정부와 계약맺기 등의 활동으로 의도적 연계를 함.
- 법적으로 위탁받은 서비스를 제공할 때는 그 재정을 전적으로 임의할당할 수 없음.

2 예산수립의 원칙
공개성, 회계연도 독립성, 건전재정 운영성, 예산의 목적 외 사용금지, 예산 총계주의, 예산 사전의결, 예산 한정성, 예산 사전절차 이행

3 성과주의 예산(PBS)
- '단위 원가×업무량 = 예산'으로 계산하며, 과정 중심의 예산임.
- 효율성을 중시하며, 관리 기능이 강하여 관리자에게 유리한 방식임.
- 장기적 계획을 고려하지 않으나 프로그램의 목표와 운영에 대한 모니터링이 가능함.

재정관리의 특징을 묻는 문제와 함께 예산 편성 방식 중 성과주의 예산을 묻는 문제가 가장 많이 출제되고 있습니다. 예산수립의 원칙도 출제빈도가 높습니다.

기획

1 기획의 특성
- 미래 지향적, 계속적, 동태적, 과정 지향적
- 결정을 내려야 하는 의사결정과 연결됨.
- 목표 지향적이며 목표를 위한 수단적 과정

2 기획과정의 위계수준
- 최고 관리층: 조직 전체를 기획하며, 장기적·전략적 기획을 함.
- 중간 관리층: 부문·부서별 기획을 하며, 운영 기획을 함.
- 감독 관리층: 구체적 프로그램을 기획하며, 운영 기획을 함.
- 관리 실무자: 일상적 업무 및 사소한 절차를 관리함.

3 스키드모어(Skidmore)의 기획과정
목표 설정 → 자원 고려 → 대안 모색 → 결과 예측 → 계획 결정 → 구체적 프로그램 수립 → 개방성 유지

기획과정의 위계수준이나 스키드모어의 기획과정의 내용이 출제되곤 합니다.

프로그램 기획기법

1 시간별 활동계획 도표 – 간트 도표(Gantt Chart)
가로에는 월별 또는 주별, 일별 시간을 기입한 도표에 사업의 시작 또는 완료 시까지의 기간 동안 계획된 세부 목표 및 활동 기간과 그것의 실제 수행 현황을 병행하여 막대 모양으로 표시한 도표

2 프로그램 평가 검토기법(PERT)
목표 달성 기한을 정해 놓고 설정된 주요 세부 목표 또는 활동의 상호 관계와 시간 관계를 연결시켜 도표로 나타냄.

3 책임행렬표(책임할당모델)
프로젝트 혹은 비즈니스 프로세스에서 업무를 수행하기 위한 구성원별 책임과 역할을 식별하는 방법으로, 목표·활동·책임유형을 구성원별로 제시함.

> 간트 도표와 PERT기법을 정확히 구분할 수 있어야 합니다. 최근 들어 경영학 이론과 관련하여 출제되기도 하므로 폭넓은 학습이 필요합니다.

의사결정

1 의사결정 방법

정형적 의사결정	절차, 규정, 방침에 따라 규칙적인 의사결정 행위 전개
비정형적 의사결정	사전에 결정된 기준 없이 이루어지며, 일반적으로 단발적이고 예기치 못한 상황에 대한 결정

2 의사결정 기술

개인 의사결정	의사결정나무 분석, 대안선택 흐름도표
집단 의사결정	델파이기법, 명목집단기법(소집단 투표 의사결정법), 브레인스토밍, 변증법적 토의

> 개인 의사결정 기술과 집단 의사결정 기술을 구분해야 합니다.

마케팅기법

1 마케팅 믹스 – 4P
- 상품(제품, Product)
- 유통(장소, Place)
- 가격(Price)
- 촉진(판촉, Promotion)

2 마케팅기법

기업(공익) 연계 마케팅	기업과 비영리조직이 연계하여 기업의 이미지 제고를 위해 비영리조직의 활동과 연계하는 마케팅
사회 마케팅	사회문제에서 도출된 사회적 목표를 달성하기 위해 사회적 아이디어를 개발하여 공익을 실현하기 위한 마케팅

> 사례를 제시하고 해당하는 마케팅기법의 종류를 묻는 문제가 자주 등장합니다.

논리모델

- 사회복지 프로그램 개발과정에서 체계 이론의 개념을 적용함.
- '투입 → 전환 → 산출 → 성과 → 영향 또는 환류'의 관계를 논리적으로 설명하는 도식을 활용하여 프로그램의 성과를 체계적으로 평가하는 모델

> 논리모델(투입 → 전환 → 산출 → 성과 → 영향)을 사례와 연결하여 출제됩니다.

사회복지 프로그램 설계

- 대상자 구분: 일반인구 → 위험(위기)인구 → 표적인구 → 클라이언트인구
  - 일반인구: 대상 지역의 전체 인구
  - 위험(위기)인구: 프로그램이 해결하려는 문제에 취약성이 있는 인구
  - 표적인구: 위험인구의 하위집단으로, 프로그램 수급 자격을 갖춘 인구
  - 클라이언트인구: 표적인구의 하위집단으로, 서비스 참여인구
- 일반적으로 표적인구가 일반인구보다 적으며, 자원이 부족하면 표적인구가 클라이언트인구보다 많아짐.

> 대상인구에 따라 구분하는 문제가 출제됩니다.

욕구조사

- 델파이기법: 전문가들로부터 몇 차례의 우편조사를 통해 조사하는 방법
- 지역사회 포럼(지역사회 공개 토론회): 지역사회 내 다양한 구성원들을 대상으로 지역사회 문제, 욕구를 파악함.
- 지역주민 서베이: 표본을 선정하여 설문지 또는 면접으로 조사하는 방법
- 주요 정보 제공자 조사: 지역사회 내 지식인, 영향력 있는 개인을 대상으로 조사하는 방법
- 이차적 자료분석: 지역사회 내 사회복지기관의 서비스 수혜자에 관련된 기록을 검토하여 욕구를 파악함.

> 욕구조사기법과 사례가 함께 연관지어 출제됩니다.

평가

1 사회복지평가 유형(평가 목적, 시점에 따른 분류)

형성평가	프로그램을 개발하거나 시행 중인 프로그램을 개선하기 위한 목적으로 프로그램 운영 도중에 이루어지는 평가
총괄평가	프로그램이 종결된 이후에 행해지는 평가
통합평가	형성평가와 총괄평가를 통합한 평가

2 효율성평가

비용 편익 분석	프로그램의 효율성 평가를 위하여 모든 비용과 편익을 화폐가치로 환산해서 비용과 대비해보는 방법
비용 효과 분석	비용은 화폐 단위로, 효과는 재화나 용역으로 환산하여 비교·분석하는 방법

> 사회복지평가의 유형이나 효율성 평가의 세부내용을 이해하고 있는지를 묻는 문제가 출제됩니다. 우리나라의 사회복지시설 평가는 사회복지사업법에 근거합니다.

3 평가 기준

노력성	프로그램과 관련된 사람들이 그 프로그램을 위해 얼마나 열심히 일하였는가(프로그램을 위한 활동의 양)를 평가
효과성	프로그램의 목적을 얼마나 달성하였는가(프로그램의 목표 달성 정도)를 평가
효율성	프로그램에 투입된 자원(시간, 비용, 노력 등)과 산출물의 비율을 평가
사회적 형평성	프로그램 활동과 관련하여 균등하게 배분이 이루어졌는가(프로그램 배분의 공평성)를 평가
영향성	사회문제나 클라이언트가 변화하는 데 얼마나 영향을 미쳤는가(사회문제나 클라이언트의 변화에 미친 영향)에 대해 평가
프로그램의 질	프로그램의 질적인 측면(프로그램의 전문성)을 평가
접근성	프로그램을 필요로 하는 모든 사람들이 시간적·장소적·비용적·심리적·절차적으로 손쉽게 서비스에 접근할 수 있는 정도를 평가

사회복지법인 및 사회복지시설 재무·회계규칙

- **회계연도**: 법인 및 시설의 회계연도는 정부의 회계연도에 따름. 단, 어린이집의 회계연도는 매년 3월 1일에 시작하여 다음 연도 2월 말일에 종료함.
- **예산에 첨부하여야 할 서류**: 예산총칙, 세입·세출명세서, 추정재무상태표, 추정수지계산서, 임직원 보수 일람표, 예산을 의결한 이사회 회의록 또는 예산을 보고받은 시설운영위원회 회의록 사본
- **준예산**: 임직원의 보수, 법인 및 시설운영에 직접 사용되는 필수적인 경비, 법령상 지급의무가 있는 경비는 전년도 예산에 준하여 집행할 수 있음.

> 최근 들어 자주 출제되는 영역입니다.

빠른공략 2   기출 OX

다음 내용이 맞으면 O, 틀리면 X에 표시하시오.

01 사회복지행정은 지역사회의 욕구를 충족시키기 위한 활동이다.   O | X
02 사회복지전문요원제는 2000년 이후 도입되었다.   O | X
03 희망복지지원단의 활동은 읍·면·동 복지허브화보다 늦게 실시되었다.   O | X
04 전달체계의 원칙 중 책임성은 충분한 양과 높은 질의 서비스가 제공되어야 한다는 것이다.   O | X
05 사회복지서비스 전달체계는 서비스 종류에 따라 공적 전달체계와 사적 전달체계로 구분된다.   O | X
06 총체적 품질관리는 서비스 생산 과정과 절차를 지속적으로 개선한다.   O | X
07 서브퀄의 구성 차원에는 중립성, 신뢰성, 확신성, 유형성, 공감성이 있다.   O | X
08 관료제이론은 조직이 수행해야 할 과업이 일상적·일률적인 경우 효율적이다.   O | X
09 행렬조직은 직무별 분업을 인정하면서 동시에 사업별 협력을 강조한다.   O | X
10 최근 한국 사회복지행정에서는 이용시설보다는 생활시설 중심의 보호가 강조된다.   O | X
11 사회복지조직을 업무시간에 따라 2교대 혹은 3교대로 구분하는 것은 시간 기준 부문화이다.   O | X
12 상황이론은 과업환경에 따라 적합하게 대응하는 리더십이 효과적이라고 가정한다.   O | X
13 클라이언트, 재정자원 제공자, 경쟁조직은 사회복지조직의 과업환경에 해당한다.   O | X
14 인사관리는 직무분석-직무명세서 작성-직무기술서 작성-모집과 선발의 순으로 이루어진다.   O | X
15 맥클리랜드의 성취동기이론에 의하면 성장 욕구는 관계 욕구보다 상위 단계이다.   O | X
16 X이론은 인간을 통제와 강제의 대상으로 본다.   O | X
17 사회복지조직의 후원금은 증가하거나 감소하는 유동적인 재원이다.   O | X
18 감독 관리층은 구체적인 프로그램 기획에 관여한다.   O | X
19 프로그램 평가 검토 기법은 최초로 시도되는 프로그램 관리에는 유용하지 않다.   O | X
20 비정형적 의사결정은 의사결정자의 직관과 판단에 의해 이루어진다.   O | X
21 마케팅 믹스의 4P는 유통(Place), 촉진(Promotion), 가격(Price), 문제(Problem)를 의미한다.   O | X
22 사회복지 프로그램 기획 과정에서 클라이언트인구란 프로그램에 실제 참여하는 사람을 말한다.   O | X
23 사회복지시설 평가는 기관의 외부자원 확보에 영향을 미친다.   O | X
24 우리나라의 사회복지시설 평가는 사회복지사업법에 근거하여 실시한다.   O | X
25 직원급여는 사회복지법인 및 사회복지시설 재무·회계 규칙상 준예산 체제하에서 집행할 수 있다.   O | X

정답   01 O   02 X   03 O   04 X   05 X   06 O   07 X   08 O   09 O   10 X   11 O   12 O   13 O   14 X   15 X   16 O   17 O   18 O   19 X   20 O   21 X   22 O   23 O   24 O   25 O

제8영역 사회복지법제론

빠른공략 1 최중요 핵심Tag

법률 성립과정

1 헌법 – 사회권적 기본권
교육을 받을 권리(제31조), 근로의 권리(제32조), 노동3권(제33조), 인간다운 생활권(제34조 제1항), 사회보장수급권(제34조 제2항·제6항), 환경권(제35조), 보건권(제36조 제3항)

2 법률
- 법률은 '(법률안) 제안 → 심의 → 의결 → 이송 → 공포'의 과정을 거쳐 성립되고 시행됨.
- 국무회의의 심의를 거쳐 국무총리와 관계 국무위원의 부서를 받은 후, 대통령이 국회의장에게 제출함.
- 대통령은 이송된 법률안에 이의가 있을 경우 거부권을 행사할 수 있음(이송된 날로부터 15일 이내에 이의서를 붙여 국회로 환부하고 그 재의를 요구).

3 명령
- 명령은 국회의 의결을 거치지 아니하고 행정기관이 제정하는 것
- 형식적 효력에 있어서 국회가 제정한 법률보다 하위에 속함.

> 법률과 명령의 차이를 묻는 문제가 출제됩니다.
> 명령과 관련된 내용으로는 시행령(대통령령)과 시행규칙(총리령, 부령)의 관계를 묻는 문제가 출제되고 있습니다.

사회복지법의 체계

1 사회복지법의 의의
사회복지 관련법은 대표적으로 헌법 제10조(행복추구권)와 제34조(인간다운 생활권)를 근거로 사회보장기본법이 하위법이 되며, 사회보장기본법은 사회보험, 공공부조, 사회서비스 그리고 평생사회안전망에 대한 정의 등으로 구성되어 있음.

2 사회복지법의 분류

공법	국가·지방자치단체 – 국민 간의 법률관계 규율
사법	국민 – 국민 간의 법률관계 규율
사회법	공법과 사법의 중간 영역으로, 사회복지법은 사회법임.

3 사회복지법(성문법) 체계

헌법 ➡ 법률 ➡ 명령(시행령) ➡
명령(시행규칙) ➡ 자치법규(조례) ➡ 자치법규(규칙)

조례 및 규칙

지방자치단체가 법률에 의하여 인정된 자치권의 범위 내에서 자기의 사무에 관하여, 또 주민의 권리와 의무에 관하여 제정한 자치에 관한 규칙을 말함.

조례	지방자치단체가 법령의 범위 내에서 지방의회의 의결을 거쳐 그 사무에 관하여 제정한 법
규칙	지방자치단체의 장이 법령 또는 조례가 위임한 범위 내에서 그 권한에 속하는 사무에 관하여 제정한 법

> 조례와 규칙상의 우선순위 또는 사회복지 관련 조례와 법률관계를 묻는 문제가 출제됩니다.

한국 사회복지법의 발달과정

1 사회보험의 근거법령

산업재해보상보험	1963년 산업재해보상보험법 제정, 1964년 시행
의료보험 (건강보험)	• 1963년 의료보험법 제정, 1964년 시행(당시 임의규정으로 유명무실) • 1976년 전문 개정으로 강제적용 범위 규정(500인 이상 사업장), 1977년 시행 • 1999년 국민건강보험법 제정, 2000년 시행(기존 의료보험 관련법 폐지, 의료보험 행정통합) • 2000년 국민의료보험관리공단과 직장의료보험조합 통합(행정통합) • 2003년 직장의료보험과 지역의료보험 통합(재정통합) • 2011년 사회보험 보험료 통합(국민건강보험공단 일원화, 징수통합)
국민연금	• 1973년 국민복지연금법 제정 • 1986년 전문 개정하면서 국민연금법으로 법명 변경 • 1988년부터 국민연금제도 시행
고용보험	1993년 고용보험법 제정, 1995년 시행
노인장기요양보험	2007년 노인장기요양보험법 제정, 2008년 시행

> 한국의 사회복지법이 제정된 순서를 묻는 문제나 최근에 제정된 법률을 알고 있는지 묻는 문제가 출제됩니다.

2 2010년대 이후 제정된 법령

2010년	장애인연금법
2011년	사회서비스 이용 및 이용권 관리에 관한 법률
2014년	• 기초연금법 • 발달장애인 권리보장 및 지원에 관한 법률 • 사회보장급여의 이용·제공 및 수급권자 발굴에 관한 법률 • 주거급여법
2016년	정신건강증진 및 정신질환자 복지서비스 지원에 관한 법률
2018년	아동수당법
2020년	청년기본법

법 체계의 개관

① 상위법 우선의 원칙
② 특별법 우선의 원칙
③ 신법 우선의 원칙
④ 일사부재리의 원칙
⑤ 법률 불소급의 원칙

> 특별법 또는 신법으로 우선순위 효력을 묻는 문제가 출제될 수 있습니다.

권리구제

- 이의신청 – 심사(심판)청구: 국민건강보험법, 의료급여법
- 심사청구 – 재심사청구: 국민연금법, 산업재해보상보험법, 고용보험법, 노인장기요양보험법

사회보장기본법

1 용어의 정의

사회보장	출산, 양육, 실업, 노령, 장애, 질병, 빈곤 및 사망 등의 사회적 위험으로부터 모든 국민을 보호하고 국민 삶의 질을 향상시키는 데 필요한 소득·서비스를 보장하는 사회보험, 공공부조, 사회서비스
사회보험	사회적 위험을 보험의 방식으로 대처함으로써 국민의 건강과 소득을 보장하는 제도
공공부조	생활 유지 능력이 없거나 생활이 어려운 국민의 최저 생활을 보장하고 자립을 지원하는 제도
사회서비스	도움이 필요한 국민에게 인간다운 생활을 보장하고 여러 지원을 통해 삶의 질이 향상되도록 지원하는 제도
평생사회안전망	생애 주기에 걸쳐 보편적으로 충족되어야 하는 기본 욕구와 특정한 사회 위험에 의하여 발생하는 특수 욕구를 동시에 고려하여 소득·서비스를 보장하는 맞춤형 사회보장제도

> 용어의 정의, 운영 원칙, 비용의 부담, 수급권 보호, 사회보장급여의 권리 및 사회보장위원회의 세부내용이 출제될 수 있습니다.

2 수급권의 내용

사회보장수급권의 보호	다른 사람에게 양도하거나 담보로 제공할 수 없음.
사회보장수급권의 제한	제한되거나 정지될 수 없음. 다만, 예외가 존재함.
사회보장수급권의 포기	포기할 수도 있고, 포기를 취소할 수도 있음.

3 운영 원칙
보편성, 형평성, 민주성, 효율성, 연계성, 전문성

4 비용의 부담

사회보험	사용자, 피용자 및 자영업자가 부담하는 것이 원칙이되, 국가가 그 비용의 일부를 부담할 수 있음.
공공부조	비용의 전부 또는 일부를 국가와 지방자치단체가 부담함.

5 사회보장급여의 관리
- 사회보장수급권자 권리구제
- 사회보장급여의 사각지대 발굴
- 사회보장급여의 부정·오류 관리
- 사회보장급여의 과오지급액의 환수 등 관리

6 사회보장위원회의 심의·조정 사항
- 사회보장 증진을 위한 기본계획
- 사회보장 관련 주요 계획
- 사회보장제도의 평가 및 개선
- 사회보장제도의 신설 또는 변경에 따른 우선순위
- 둘 이상의 중앙행정기관이 관련된 주요 사회보장정책
- 사회보장급여 및 비용 부담
- 국가와 지방자치단체의 역할 및 비용 분담
- 사회보장의 재정추계 및 재원조달 방안
- 사회보장 전달체계 운영 및 개선
- 사회보장통계
- 사회보장정보의 보호 및 관리
- 중앙행정기관의 장과 지방자치단체의 장이 보건복지부장관과 협의가 이루어지지 아니할 경우에 따른 조정
- 그 밖에 위원장이 심의에 부치는 사항

사회보장급여법

1 용어의 정의

사회보장급여	보장기관이 제공하는 현금, 현물, 서비스 및 그 이용권
수급권자	사회보장급여를 제공받을 권리를 가진 사람
수급자	사회보장급여를 받고 있는 사람
지원대상자	사회보장급여를 필요로 하는 사람
보장기관	관계 법령 등에 따라 사회보장급여를 제공하는 국가기관과 지방자치단체

용어의 정의, 지역사회보장협의체, 사회보장사무 전담기구에 대한 문제가 출제될 수 있으며, 최근 통합사례관리에 대한 내용이 출제된 바 있습니다.

2 시·도사회보장위원회 및 지역사회보장협의체
- 시·도지사는 시·도의 사회보장 증진을 위하여 시·도사회보장위원회를 둠.
- 시장·군수·구청장은 해당 시·군·구에 지역사회보장협의체를 둠.

3 사회보장사무 전담기구
- 특별자치시장 및 시장·군수·구청장은 사회보장에 관한 업무를 효율적으로 수행하기 위하여 관련 조직, 인력, 관계 기관 간 협력체계 등을 마련하여야 함.
- 필요한 경우 사회보장에 관한 사무를 전담하는 기구를 별도로 설치할 수 있음(기구와 관련해 필요한 사항은 특별자치시 및 시·군·구의 조례로 정함).

4 통합사례관리
- 통합사례관리를 실시하기 위하여 필요한 경우에는 특별자치시 및 시·군·구에 통합사례관리사를 둘 수 있음.
- 통합사례관리 사업의 전문적인 지원을 위하여 해당 업무를 공공 또는 민간 기관·단체 등에 위탁하여 실시할 수 있음.

사회복지사업법

1 복지 31법
- 복지 31법에 포함: 공공부조, 청소년복지지원법
- 복지 31법에 미포함: 사회보험, 고용·차별·수당 관련법 및 자원봉사활동기본법

2 사회복지사의 의무채용 제외 시설
노인여가복지시설(노인복지관은 제외), 수화통역센터, 점자도서관, 점자도서 및 녹음서 출판시설, 어린이집, 성매매피해상담소, 정신요양시설 및 정신재활시설, 성폭력피해상담소 등

3 사회복지법인
- 설립하려는 자는 시·도지사의 허가를 받아야 함.
- 법인은 대표이사를 포함한 이사 7명 이상과 감사 2명 이상을 두어야 함.
- 이사의 임기는 3년으로 하고 감사의 임기는 2년으로 하며, 각각 연임 가능
- 이사는 법인이 설치한 사회복지시설의 장을 제외한 그 시설의 직원을 겸할 수 없음.
- 법인은 사회복지사업의 운영에 필요한 재산을 소유하여야 함.
- 설립허가 취소
  - 거짓이나 그 밖의 부정한 방법으로 설립허가를 받았을 때(반드시 취소)
  - 설립허가 조건을 위반하였을 때
  - 목적 달성이 불가능하게 되었을 때, 목적사업 외의 사업을 하였을 때
  - 정당한 사유 없이 설립허가를 받은 날부터 6개월 이내에 목적사업을 시작하지 아니하거나 1년 이상 사업실적이 없을 때
  - 법인이 운영하는 시설에서 반복적 또는 집단적 성폭력범죄 및 학대관련범죄가 발생한 때
  - 법인이 운영하는 시설에서 중대하고 반복적인 회계부정이나 불법행위가 발생한 때
  - 법인 설립 후 기본재산을 출연하지 아니한 때(반드시 취소)
  - 임원 정수 및 이사 선임 위반이나 임원의 해임명령을 불이행한 때

  참고 '반드시 취소'에 해당하는 경우 외의 상황에서 설립허가는 취소 '가능'함. 즉, 무조건 취소는 아님.

4 사회복지시설
- 국가 또는 지방자치단체 외의 자가 시설을 설치·운영하려는 경우에는 보건복지부령으로 정하는 바에 따라 시장·군수·구청장에게 신고하여야 함.
- 국가나 지방자치단체가 설치한 시설은 필요한 경우 사회복지법인이나 비영리법인에 위탁하여 운영하게 할 수 있음.

> 복지 31법의 관련법을 묻는 문제, 사회복지법인 및 설립허가 취소에 대한 전반적인 내용을 묻는 문제가 출제되고 있습니다.

산업재해보상보험법

1 용어의 정의

치유	부상 또는 질병이 완치되거나 치료의 효과를 더 이상 기대할 수 없고 그 증상이 고정된 상태에 이르게 된 것
장해	부상 또는 질병이 치유되었으나 정신적 또는 육체적 훼손으로 인하여 노동능력이 상실되거나 감소된 상태
중증요양상태	업무상의 부상 또는 질병에 따른 정신적 또는 육체적 훼손으로 노동능력이 상실되거나 감소된 상태로서 그 부상 또는 질병이 치유되지 아니한 상태
진폐	분진을 흡입하여 폐에 생기는 섬유증식성 변화를 주된 증상으로 하는 질병
출퇴근	취업과 관련하여 주거와 취업장소 사이의 이동 또는 한 취업장소에서 다른 취업장소로의 이동

> 산재급여의 종류와 다른 급여를 구분할 수 있는지를 묻는 문제가 출제될 가능성이 높습니다.

2 보험급여의 종류와 지급

요양급여	• 업무상의 사유로 부상을 당하거나 질병에 걸린 경우에 지급 • 업무상 부상·질병 시 산재보험 의료기관에서 요양하게 함. 다만 부득이한 경우에는 요양을 갈음하여 요양비를 지급할 수 있음. • 부상 또는 질병이 3일 이내의 요양으로 치유될 수 있으면 요양급여를 지급하지 아니함.
휴업급여	• 업무상 부상·질병 시 요양으로 취업하지 못한 기간에 대하여 지급 • 취업하지 못한 기간이 3일 이내이면 지급하지 않음. • 1일당 평균임금의 100분의 70에 해당하는 금액으로 함.
장해급여	장해등급(제1~14급)에 따라 장해보상연금 또는 장해보상일시금으로 지급함.
간병급여	장해의 정도 및 질병의 상태에 따라 상시 간병급여와 수시 간병급여로 구분함.
유족급여	유족보상연금이나 유족보상일시금으로 하되, 유족보상일시금은 근로자가 사망할 당시 유족보상연금을 받을 수 있는 자격이 있는 사람이 없는 경우에 지급함.
상병보상연금	중증요양상태등급(제1~3급)에 따라 지급함.
장례비	근로자가 업무상의 사유로 사망한 경우에 지급하되, 평균임금의 120일분에 상당하는 금액을 그 장례를 지낸 유족에게 지급함.
직업재활급여	장해급여자 또는 진폐보상연금 수급자 중 훈련대상자에 대하여 실시하는 직업훈련비용 및 직업훈련수당에 해당함.

국민연금법

1 용어의 정의

기여금	사업장가입자가 부담하는 금액
부담금	사업장가입자의 사용자가 부담하는 금액
사용자	해당 근로자가 소속되어 있는 사업장의 사업주
사업장	근로자를 사용하는 사업소 및 사무소
평균소득월액	매년 사업장가입자 및 지역가입자 전원의 기준소득월액을 평균한 금액
기준소득월액	연금보험료와 급여를 산정하기 위하여 국민연금가입자의 소득월액을 기준으로 하여 정하는 금액

2 급여의 종류

노령연금	노후 소득보장을 위한 급여
장애연금	장애로 인한 소득감소에 대비한 급여
유족연금	가입자의 사망으로 인한 유족의 생계 보호를 위한 급여
반환일시금	연금을 받지 못하거나 더 이상 가입할 수 없는 경우 청산적 성격으로 지급하는 급여
사망일시금	유족연금 또는 반환일시금을 받지 못할 경우 장제보조적·보상적 성격으로 지급하는 급여

3 가입자의 종류

사업장가입자	사업장에 고용된 근로자 및 사용자로서 국민연금에 가입된 자
지역가입자	사업장가입자가 아닌 자로서 국민연금에 가입된 자
임의가입자	사업장가입자 및 지역가입자 외의 자로서 국민연금에 가입된 자
임의계속가입자	국민연금 가입자 또는 가입자였던 자가 가입자로 된 자

4 유족연금 수급권의 소멸 조건

- 수급권자가 사망한 때
- 배우자인 수급권자가 재혼한 때
- 자녀나 손자녀인 수급권자가 파양된 때
- 장애등급 1, 2급(국민연금법) 및 장애 정도가 심한 장애(장애인복지법)에 해당하지 아니한 자녀인 수급권자가 25세가 된 때 또는 손자녀인 수급권자가 19세가 된 때

> 급여의 종류, 가입자의 종류, 유족연금 소멸 조건을 묻는 문제가 출제됩니다.

고용보험법

1 실업급여의 종류
- 구직급여
- 취업촉진 수당(조기재취업 수당, 직업능력개발 수당, 광역 구직활동비, 이주비)

2 고용보험법 적용 제외 대상
- 소정근로시간 미만자
- 공무원(다만, 임기제공무원의 경우 본인 의사에 따라 가입 가능)
- 사립학교 교직원
- 그 밖에 대통령령으로 정하는 자

3 구직급여 수급 요건
- 이직일 이전 18개월간 피보험 단위기간이 합산하여 180일 이상일 것
- 다음의 요건을 모두 해당하는 경우: 이직일 이전 24개월
  - 이직 당시 1주 소정근로시간이 15시간 미만이고, 1주 소정근로일수가 2일 이하인 근로자로 근로하였을 것
  - 이직일 이전 24개월 동안의 피보험 단위기간 중 90일 이상을 요건(1주 15시간 미만, 1주 2일 이하)에 해당하는 근로자로 근로하였을 것
- 소정급여일수는 120일~270일(7일간의 대기기간 존재)

4 자영업자인 피보험자에 대한 실업급여 적용
- 구직급여와 취업촉진 수당(다만, 연장급여와 조기재취업 수당은 제외)
- 소정급여일수는 120일~210일

> 실업급여의 종류를 묻는 문제나 고용보험법 적용 제외 근로자를 묻는 문제가 출제될 가능성이 있습니다.

국민건강보험법

1 적용 제외 대상
- 의료급여법에 따라 의료급여를 받는 사람
- 독립유공자예우에 관한 법률 및 국가유공자 등 예우 및 지원에 관한 법률에 따라 의료보호를 받는 사람. 다만, 다음 어느 하나에 해당하는 사람은 가입자 또는 피부양자가 됨.
  - 유공자 등 의료보호대상자 중 건강보험의 적용을 보험자에게 신청한 사람
  - 건강보험을 적용받고 있던 사람이 유공자 등 의료보호대상자로 되었으나 건강보험의 적용배제신청을 보험자에게 하지 아니한 사람

2 자격의 취득 시기
- 수급권자였던 사람은 그 대상자에서 제외된 날
- 직장가입자의 피부양자였던 사람은 그 자격을 잃은 날
- 유공자 등 의료보호대상자였던 사람은 그 대상자에서 제외된 날
- 보험자에게 건강보험의 적용을 신청한 유공자 등 의료보호대상자는 그 신청한 날

> 건강보험 가입자의 자격취득과 상실 시기 및 피부양자 자격요건 등이 출제될 가능성이 있습니다.

3 자격의 상실 시기
- 사망한 날의 다음 날
- 국적을 잃은 날의 다음 날
- 국내에 거주하지 아니하게 된 날의 다음 날
- 직장가입자의 피부양자가 된 날
- 수급권자가 된 날
- 건강보험을 적용받고 있던 사람이 유공자 등 의료보호대상자가 되어 건강보험의 적용배제신청을 한 날

4 피부양자
다음 어느 하나에 해당하는 사람 중 직장가입자에게 주로 생계를 의존하는 사람으로서 소득 및 재산이 기준 이하에 해당하는 사람
- 직장가입자의 배우자
- 직장가입자의 직계존속(배우자의 직계존속 포함)
- 직장가입자의 직계비속(배우자의 직계비속 포함)과 그 배우자
- 직장가입자의 형제·자매

5 직장가입자 제외 대상
- 고용 기간이 1개월 미만인 일용근로자
- 병역법에 따른 현역병, 전환복무된 사람 및 군간부 후보생
- 선거에 당선되어 취임하는 공무원으로서 매월 보수 또는 보수에 준하는 급료를 받지 아니하는 사람
- 그 밖에 사업장의 특성, 고용 형태 및 사업의 종류 등을 고려하여 대통령령으로 정하는 사업장의 근로자 및 사용자와 공무원 및 교직원

노인장기요양보험법

1 급여의 종류

재가급여 (본인부담금 15%)	• 방문요양 • 방문간호 • 단기보호	• 방문목욕 • 주·야간보호 • 기타 재가급여
시설급여 (본인부담금 20%)	장기요양기관에 장기간 입소한 수급자에게 신체활동 지원 및 심신기능의 유지·향상을 위한 교육·훈련을 제공하는 장기요양급여	
특별현금급여	• 가족요양비 • 특례요양비 • 요양병원간병비	

2 장기요양인정의 신청자격
- 장기요양보험가입자 또는 그 피부양자
- 의료급여법에 따른 수급권자(의료급여 수급자, 이재민, 의사상자, 국내 입양된 18세 미만 아동, 독립유공자, 국가유공자, 보훈보상대상자, 국가무형문화재 보유자, 북한이탈주민, 5·18민주화운동 관련자 및 유족, 노숙인 등)

> 노인장기요양보험법은 전반적인 내용을 묻는 문제 또는 급여의 종류를 묻는 문제가 출제됩니다.

국민기초생활 보장법

1 급여의 기본원칙
- 공공 책임의 원칙
- 개별성의 원칙
- 최저 생활 보장의 원칙
- 가족 부양 우선의 원칙
- 보충 급여의 원칙
- 타급여 우선의 원칙
- 자립 지원의 원칙
- 보편성의 원칙

> 국민기초생활 보장법은 전반적인 내용을 묻는 문제가 출제되고 있습니다.

2 소득인정액의 산정: 개별가구의 소득평가액과 재산의 소득환산액의 합

근로소득	근로의 제공으로 얻는 소득
사업소득	농업소득, 임업소득, 어업소득, 기타사업소득(도매업, 소매업, 제조업 등)
재산소득	임대소득, 이자소득, 연금소득
이전소득	친족 또는 후원자 등으로부터 정기적으로 받는 금품 중 보건복지부장관이 정하는 금액 이상의 금품 또는 정기적으로 지급되는 각종 수당·연금·급여 또는 그 밖의 금품

3 소득의 범위에 해당하지 않는 경우
- 퇴직금, 현상금, 보상금, 근로장려금 및 자녀장려금 등 정기적으로 지급되는 것으로 볼 수 없는 금품
- 보육·교육 또는 그 밖에 이와 유사한 성질의 서비스 이용을 전제로 받는 보육료, 학자금, 그 밖에 이와 유사한 금품
- 지방자치단체가 지급하는 금품으로서 보건복지부장관이 정하는 금품

4 급여의 종류

생계급여	• 기준 중위소득의 32% 이하 • 의복, 음식 등 일상생활에 기본적으로 필요한 금품을 지급 참고 2021년 부양의무자 기준이 조건부로 폐지됨.
의료급여	• 기준 중위소득의 40% 이하 • 근로능력 유무에 따라 1종, 2종 보호
주거급여	• 기준 중위소득의 48% 이하 • 국토교통부장관이 정하는 기준에 따라 지급 참고 2018년 부양의무자 기준이 폐지됨.
교육급여	• 기준 중위소득의 50% 이하 • 교육부장관이 정하는 기준에 따라 초·중·고등학생을 대상으로 교육활동지원비 등을 바우처로 지급 참고 2015년 부양의무자 기준이 폐지됨.
해산급여	• 출산 시 70만 원 지급, 쌍둥이 출산 시 140만 원 지급 • 교육급여만을 받는 수급자는 제외
장제급여	• 사체 1구당 80만 원 지급 • 교육급여만을 받는 수급자는 제외
자활급여	수급자의 자활을 돕기 위하여 급여 실시

의료급여법

1 의료급여 수급권자
- 국민기초생활 보장법에 따른 의료급여 수급자
- 타법에 의한 수급권자(이재민, 의사상자, 입양특례, 국가유공자, 무형문화재 보유자, 북한이탈주민, 5·18민주화운동 관련자, 노숙인 등)

2 의료급여기관

제1차 의료급여기관	의료법에 따라 개설신고를 한 의료기관
제2차 의료급여기관	의료법에 따라 개설허가를 받은 의료기관
제3차 의료급여기관	제2차 의료급여기관 중에서 보건복지부장관이 지정하는 의료기관

> 의료급여의 내용은 진찰·검사, 약제·치료재료의 지급, 처치·수술과 그 밖의 치료, 예방·재활, 입원, 간호, 이송과 그 밖의 의료목적 달성을 위한 조치입니다.

긴급복지지원법

1 긴급지원의 원칙
- 생계지원에 따른 긴급지원은 3개월간, 주거지원과 사회복지시설 이용지원 및 그 밖의 지원에 따른 긴급지원은 1개월간의 생계유지 등에 필요한 지원으로 함.
- 시장·군수·구청장은 긴급지원에도 불구하고 위기상황이 계속되는 경우에는 긴급지원심의위원회의 심의를 거쳐 지원을 연장할 수 있음.
- 국내에 체류하고 있는 외국인 중 대통령령으로 정하는 사람은 긴급지원대상자가 됨.

2 긴급지원의 종류
- 금전 또는 현물 등의 직접지원 ❹ 위기상황주지원: 생계, 의료, 주거, 복지시설 이용 / 부가지원: 교육, 그 밖의 지원
- 민간기관·단체 연계지원 등 ❹ 민간 긴급지원프로그램과 연계, 상담

> 긴급지원의 원칙이나 긴급지원의 종류를 묻는 문제가 출제될 가능성이 있습니다.

기초연금법

1 수급권자의 범위와 지급기준
- 65세 이상인 사람으로서 소득인정액이 보건복지부장관이 정하여 고시하는 금액 이하인 사람에게 지급함.
- 보건복지부장관은 선정기준액을 정하는 경우 65세 이상인 사람 중 기초연금 수급자가 100분의 70 수준이 되도록 함.
- **수급권 상실 시기**: 기초연금 수급권자가 사망 또는 국적을 상실하거나 국외로 이주한 때, 수급권자에 해당하지 아니하게 된 때
- 기초연금의 지급을 신청한 날이 속하는 달부터 기초연금 수급권을 상실한 날이 속하는 달까지 매월 정기적으로 기초연금을 지급함.
- 본인과 그 배우자가 모두 기초연금 수급권자인 경우에는 각각의 기초연금액에서 기초연금액의 100분의 20에 해당하는 금액을 감액함.

> 기초연금법상의 전반적인 내용을 묻는 문제가 출제됩니다.

2 국가와 지방자치단체의 책무
- 노인의 생활안정을 지원하고 복지를 증진하는 데 필요한 수준이 되도록 최대한 노력해야 함.
- 필요한 비용을 부담할 수 있도록 재원을 조성해야 함.
- 계층 간 소득역전 현상이 발생하지 않고, 근로의욕 및 저축유인이 저하되지 아니하도록 최대한 노력해야 함.

장애인복지법

1 장애인의 정의

신체적·정신적 장애로 오랫동안 일상생활이나 사회생활에서 상당한 제약을 받는 자를 말함.

신체적 장애	주요 외부신체기능의 장애, 내부기관의 장애
정신적 장애	발달장애 또는 정신 질환으로 발생하는 장애

2 재외동포 및 외국인의 장애인 등록

일정 기준을 충족하는 재외동포 및 외국인은 장애인 등록을 할 수 있음.

3 장애인복지 전문인력
- 의지·보조기 기사
- 언어재활사
- 장애인재활상담사
- 한국수어 통역사
- 점역·교정사

4 장애인에 대한 금지행위 및 처벌수위

처벌수위	금지행위
10년 이하의 징역 또는 1억 원 이하의 벌금	장애인에게 성적 수치심을 주는 성희롱·성폭력 행위
7년 이하의 징역 또는 7천만 원 이하의 벌금	• 신체에 상해를 입히는 행위 • 폭행, 협박, 감금 등의 수단으로써 장애인의 자유의사에 어긋나는 노동을 강요하는 행위
5년 이하의 징역 또는 5천만 원 이하의 벌금	• 금융정보 등을 목적 외의 용도로 사용하거나 다른 사람 또는 기관에 제공 또는 누설한 사람 • 업무를 수행 중인 장애인권익옹호기관의 직원에 대하여 폭행 또는 협박하거나 위계 또는 위력으로써 그 업무를 방해한 사람 • 신체적 폭행, 방임, 구걸, 체포 또는 감금, 정서적 학대에 해당하는 행위

> 장애인의 정의 그리고 장애인복지 전문인력 및 장애인에 대한 금지행위를 묻는 문제가 출제될 가능성이 있습니다.

노인복지법

1 노인복지시설
- 노인주거복지시설: 양로시설, 노인공동생활가정, 노인복지주택
- 노인의료복지시설: 노인요양시설, 노인요양공동생활가정
- 노인여가복지시설: 노인복지관, 경로당, 노인교실
- 재가노인복지시설: 방문요양, 주·야간보호, 단기보호, 방문목욕 등 제공
- 노인보호전문기관: 노인학대를 예방하기 위한 기관
- 노인일자리지원기관, 학대피해노인 전용쉼터

2 노인에 대한 금지행위
- 신체에 폭행을 가하거나 상해를 입히는 행위 ⇨ 처벌 수위가 가장 높음.
- 노인에게 성적 수치심을 주는 성폭행·성희롱 등의 행위
- 자신의 보호·감독을 받는 노인을 유기하거나 의식주를 포함한 기본적 보호 및 치료를 소홀히 하는 방임행위
- 노인에게 구걸을 하게 하거나 노인을 이용하여 구걸하는 행위 등
- 노인을 위하여 증여 또는 급여된 금품을 다른 목적으로 사용하는 행위
- 노인의 정신건강에 해를 끼치는 정서적 학대 행위

> 노인복지시설의 종류와 노인에 대한 금지행위가 출제될 가능성이 있습니다.

아동복지법

1 보호대상아동의 퇴소조치 등
보호조치 중인 보호대상아동의 연령이 18세에 달하였거나, 보호 목적이 달성되었다고 인정되면 해당 시·도지사, 시장·군수·구청장은 대통령령으로 정하는 절차와 방법에 따라 그 보호 중인 아동의 보호조치를 종료하거나 해당 시설에서 퇴소시켜야 함.

2 아동보호전문기관의 업무
- 피해아동, 피해아동의 가족 및 아동학대행위자를 위한 상담·치료, 교육
- 아동학대예방 교육 및 홍보, 피해아동 가정의 사후관리
- 그 밖에 대통령령으로 정하는 아동학대예방사업과 관련된 업무

3 아동에 대한 금지행위 및 처벌수위

처벌수위	금지행위
10년 이하의 징역	아동을 매매하는 행위
10년 이하의 징역 또는 1억 원 이하의 벌금	아동에게 음란한 행위를 시키거나 이를 매개하는 행위 또는 아동에게 성적 수치심을 주는 성희롱 등의 성적 학대행위
5년 이하의 징역 또는 5천만 원 이하의 벌금	• 아동의 신체에 손상을 주거나 신체의 건강 및 발달을 해치는 신체적 학대행위 • 아동의 정신건강 및 발달에 해를 끼치는 정서적 학대행위 • 자신의 보호·감독을 받는 아동을 유기하거나 의식주를 포함한 기본적 보호·양육·치료 및 교육을 소홀히 하는 방임행위 • 장애를 가진 아동을 공중에 관람시키는 행위 • 아동에게 구걸을 시키거나 아동을 이용하여 구걸하는 행위

> 퇴소조치, 아동보호전문기관의 업무, 아동에 대한 금지행위를 묻는 문제가 출제될 수 있습니다.

한부모가족지원법

1 한부모가족의 정의

'모' 또는 '부'란 다음 어느 하나에 해당하는 자로서, 아동인 자녀를 양육하는 자를 말함.
- 배우자와 사별 또는 이혼하거나 배우자로부터 유기된 자
- 정신이나 신체의 장애로 장기간 노동능력을 상실한 배우자를 가진 자
- 교정시설·치료감호시설에 입소한 배우자 또는 병역복무 중인 배우자를 가진 자
- 미혼자(사실혼 관계에 있는 자는 제외)
- 위의 규정된 자에 준하는 자로서 여성가족부령으로 정하는 자

2 지원대상자의 범위에 대한 특례

혼인관계에 있지 아니한 자로서 출산 전 임신부와 출산 후 해당 아동을 양육하지 아니하는 '모'는 출산지원시설을 이용할 때에는 이 법에 따른 지원대상자가 됨.

3 한부모가족복지시설
- 출산지원시설
- 양육지원시설
- 생활지원시설
- 일시지원시설
- 한부모가족복지상담소

4 복지급여와 복지자금

복지급여 제공	• 생계비 • 아동교육지원비 • 아동양육비 • 그 밖에 대통령령으로 정하는 비용
복지자금 대여	• 사업에 필요한 자금 • 아동교육비 • 의료비 • 주택자금 • 그 밖에 대통령령으로 정하는 한부모가족의 복지를 위하여 필요한 자금

> 한부모가족지원법에서는 한부모의 정의와 시설의 종류를 묻는 문제가 출제됩니다.

다문화가족지원법

- 다문화가족
  - 재한외국인 처우 기본법의 결혼이민자와 국적법의 규정에 따라 대한민국 국적을 취득한 자로 이루어진 가족
  - 국적법에 따라 대한민국 국적을 취득한 자와 같은 법의 규정에 따라 대한민국 국적을 취득한 자로 이루어진 가족
- 다문화가족 지원을 위한 기본계획은 5년마다, 실태조사는 3년마다 실시함.

> 다문화가족지원법에서는 다문화가족의 정의를 묻는 문제가 출제됩니다.

가정폭력방지법

- **보호시설의 종류**: 단기보호시설(6개월 원칙, 3개월 범위 내 두 차례 연장 가능), 장기보호시설(2년의 범위), 외국인보호시설, 장애인보호시설 등이 있음.
- **경비의 보조**: 국가나 지방자치단체는 상담소나 보호시설의 설치·운영에 드는 경비의 일부를 보조할 수 있음.
- **보호시설에 대한 보호비용 지원**
  - 생계비
  - 아동양육비
  - 퇴소 시 자립지원금
  - 아동교육지원비
  - 직업훈련비
  - 그 밖에 대통령령으로 정하는 비용

> 가정폭력방지 및 피해자보호 등에 관한 법률에서는 시설의 종류를 묻는 문제가 출제될 가능성이 있습니다.

기타 사회복지서비스법

1 사회복지 관련 실태조사(5년마다 시행)
- 노숙인 실태조사(노숙인복지법)
- 자살 실태조사(자살예방법)
- 정신질환자 실태조사(정신건강복지법)

  참고 5년 실태조사 외에 모든 사회복지관련법은 3년마다 실태조사

2 사회복지 관련 기념일
- 장애인의 날: 4월 20일
- 아동학대예방의 날: 11월 19일
- 정신건강의 날: 10월 10일
- 노인의 날: 10월 2일
- 사회복지의 날: 9월 7일
- 자살예방의 날: 9월 10일

3 사회복지 관련 여성가족부 소관 법률
- 한부모가족지원법
- 다문화가족지원법
- 가정폭력방지법
- 성폭력방지법
- 성매매피해자보호법
- 청소년 기본법
- 청소년복지 지원법
- 청소년 보호법
- 청소년활동 진흥법
- 청소년성보호법

> 사회복지서비스법에 대한 실태조사, 기념일, 소관부처는 단골 문제로 출제되고 있습니다.

빠른공략 2 기출 OX

다음 내용이 맞으면 O, 틀리면 X에 표시하시오.

01 헌법 전문에는 사회복지와 관련된 내용이 없다. O | X
02 사회복지법에는 공법과 사법의 요소들이 공존하고 있다. O | X
03 지방의회는 규칙 제정권을 갖고 지방자치단체의 장은 조례 제정권을 갖는다. O | X
04 2014년 기초노령연금법이 제정되면서 기초연금법은 폐지되었다. O | X
05 법령의 범위를 벗어난 조례는 법적 구속력이 없다. O | X
06 고용보험법에 명시되어 있는 권리구제절차는 이의신청이다. O | X
07 사회보장기본법상 사회보장수급권은 원칙적으로 제한되거나 정지될 수 없다. O | X
08 사회보장급여의 이용·제공 및 수급권자의 발굴에 관한 법률에서 수급권자란 사회보장급여를 제공하는 국가기관과 지방자치단체를 말한다. O | X
09 사회복지사업법상 지방자치단체는 사회복지시설을 설치·운영하여서는 아니 된다. O | X
10 산업재해보상보험법상 치유란 부상 또는 질병이 완치되거나 치료의 효과를 더 이상 기대할 수 없고 그 증상이 고정된 상태에 이르게 된 것을 말한다. O | X
11 국민연금법상 가입자의 종류는 사업장가입자와 지역가입자의 2가지로 구분된다. O | X
12 고용보험법상 실업급여에는 취업촉진 수당이 포함되지 않는다. O | X
13 국민건강보험법상 가입자가 사망한 날의 다음 날 자격을 상실한다. O | X
14 국민기초생활 보장법상 생계급여 선정기준은 기준 중위소득의 100분의 50 이상으로 한다. O | X
15 지역보건법에 따라 설치된 보건의료원은 의료급여법상 의료급여기관에 해당한다. O | X
16 긴급복지지원법상 국내에 체류하는 외국인의 경우, 조건에 관계없이 모두 긴급지원대상자가 될 수 없다. O | X
17 기초연금법상 수급권자가 국외로 이주한 경우 수급권을 상실한다. O | X
18 장애인복지법상 장애인의 신체에 폭행을 가한 사람은 5년 이하의 징역 또는 5천만 원 이하의 벌금에 처한다. O | X
19 노인복지법상 독거노인종합지원센터는 노인복지시설의 종류에 해당하지 않는다. O | X
20 아동복지법상 보건복지부장관은 아동종합실태를 5년마다 조사하여 그 결과를 공표하여야 한다. O | X
21 한부모가족지원법상 교정시설에 입소한 배우자를 가진 사람으로서 아동인 자녀를 양육하는 자는 '모' 또는 '부'에 해당한다. O | X
22 다문화가족지원법상 다문화가족은 대한민국 국적을 취득한 자로 이루어진 가족이어야 한다. O | X

정답 01 X 02 O 03 X 04 X 05 O 06 X 07 O 08 X 09 X 10 O 11 X 12 X 13 O 14 X 15 O 16 X 17 O
18 O 19 O 20 X 21 O 22 X

빠른공략 3 · 2025년 최신 기출문제

2025년 제23회
사회복지사 1급
국가시험
2025. 1. 11. 시행

정답과 해설 ▶ 134쪽

**QR 코드를 활용하여,
쉽고 빠른 '응시 – 채점 – 성적분석' 경험을 해보세요.**

❶ 네이버 앱 또는 카메라 앱으로 왼쪽의 QR 코드를 인식하세요.
❷ 모바일 OMR 답안을 작성하세요.
❸ 성적을 확인하고 취약 단원을 파악해 보세요.

제1과목 | 사회복지기초

교시	문제형별	시험영역	시험시간
1교시	A	• 인간행동과 사회환경 • 사회복지조사론	50분

인간행동과 사회환경

01 인간발달이론과 사회복지실천에 관한 설명으로 옳은 것은?

① 인간발달이론은 문제의 사정단계에서만 유용하다.
② 발달 단계별 욕구를 기반으로 사회복지서비스를 개발할 수 있다.
③ 클라이언트를 둘러싼 환경의 영향력을 평가할 수 없다.
④ 사회환경보다 클라이언트의 생물학적 요소를 더 중시한다.
⑤ 다양한 클라이언트의 발달과업을 획일적으로 이해할 수 있다.

02 인간발달의 개념과 원리에 관한 설명으로 옳은 것은?

① 발달에는 개인차가 존재하므로 최적의 시기가 따로 존재하지 않는다.
② 일정한 순서와 방향이 없어서 예측이 불가능하다.
③ 성숙(maturation)은 경험이나 훈련의 결과와 상관없이 진행된다.
④ 발달은 소근육 말초부위에서 대근육 중심부위로 진행된다.
⑤ 성장(growth)은 유전적으로 미리 정해진 정도까지 도달하는 생물학적 변화이다.

03 인간행동에 관한 관점으로 옳지 않은 것은?

① 정신분석이론은 유년기의 경험을 강조한다.
② 생태체계이론은 환경속의 인간의 관점을 강조한다.
③ 인지이론은 인간의 사고가 감정과 행동을 결정한다고 본다.
④ 인본주의이론은 인간에 대한 무조건적인 존중을 강조한다.
⑤ 행동주의이론은 개인의 무의식을 강조한다.

04 성격이론, 학자 및 주요 개념의 연결이 옳은 것은?

① 인본주의이론 – 융(C. Jung) – 동화
② 정신분석이론 – 매슬로우(A. Maslow) – 열등감
③ 인지발달이론 – 피아제(J. Piaget) – 결핍동기
④ 개인심리이론 – 아들러(A. Adler) – 생활양식
⑤ 분석심리이론 – 로저스(C. Rogers) – 아니마

05 행동주의이론에 관한 설명으로 옳은 것을 모두 고른 것은?

㉠ 인간을 주관적인 존재로 규정하였다.
㉡ 인간행동은 인간이 지닌 자유의지의 결과이다.
㉢ 선행조건과 결과에 따라 행동이 형성된다는 입장을 가지고 있다.
㉣ 경험주의에 근간을 두고 구체적으로 관찰할 수 있는 행동에 초점을 둔다.

① ㉠, ㉡   ② ㉠, ㉢
③ ㉡, ㉢   ④ ㉢, ㉣
⑤ ㉠, ㉡, ㉣

06 스키너(B. Skinner)의 이론에 관한 설명으로 옳지 않은 것은?

① 부적강화는 바람직한 행동의 빈도를 감소시킨다.
② 가변비율(variable-ratio)계획이 강화계획 중에서 반응률이 가장 높다.
③ 인간행동은 내적 충동보다는 외적 자극에 반응하여 나타난다.
④ 고정간격(fixed-interval)계획은 정해진 시간 간격이 지난 후 강화를 주는 것이다.
⑤ 인간행동은 예측 가능하며 통제할 수 있다.

07 아들러(A. Adler)의 이론에 관한 설명으로 옳지 않은 것은?

① 인간은 사회적 관심에 의해 동기화된다.
② 출생순위는 성격형성에 영향을 준다.
③ 우월에 대한 추구는 선천적으로 타고 나는 것이다.
④ 성격유형을 태도와 기능의 조합에 따라 구분했다.
⑤ 가상적 목표(fictional finalism)는 어려움에 부딪힐 때 효과적으로 대처하는데 도움이 된다.

08 프로이트(S. Freud)의 이론에 관한 설명으로 옳지 않은 것은?

① 초자아(superego)의 특질은 자아이상(ego ideal)과 양심(conscience)으로 구성된다.
② 프로이트(S. Freud)는 실수행위를 통해 무의식이 작용하는 증거를 파악하였다.
③ 내면화(introjection)는 심리적 갈등이 근육계통의 증상으로 나타나는 방어기제이다.
④ 자아(ego)는 2차적 사고과정과 현실원칙에 의해 지배된다.
⑤ 남자아이는 남근기에 오이디푸스 콤플렉스(Oedipus complex)로 인한 거세불안을 경험한다.

09 로저스(C. Rogers)의 이론에 관한 설명으로 옳지 않은 것은?

① 인간의 내재된 잠재력을 강조한다.
② 인간의 욕구발달단계를 제시한다.
③ 인간의 자아실현 경향성을 강조한다.
④ 인간의 주관적 경험을 강조한다.
⑤ 인간을 통합적 존재로 본다.

10 피아제(J. Piaget)의 이론에서 '구체적 조작기'에 관한 설명으로 옳지 않은 것은?

① 물활론적 사고를 한다.
② 논리적 사고가 가능해진다.
③ 보존개념을 획득한다.
④ 순서대로 나열하는 것이 가능해진다.
⑤ 자기중심성에서 벗어나 타인의 입장을 고려할 수 있게 된다.

11 매슬로우(A. Maslow)의 이론에 관한 설명으로 옳은 것은?

① 인간의 무의식을 강조하였다.
② 인간의 본성은 본래 선하다고 주장하였다.
③ 인간행동에 대한 환경결정론을 강조하였다.
④ 자기완성의 필수요인으로 열등감 극복을 강조하였다.
⑤ 모방학습의 중요성을 강조하였다.

12 생태체계이론과 사회복지실천의 연관성으로 옳지 <u>않은</u> 것은?

① 문제에 대한 총체적 이해와 접근을 용이하게 해준다.
② 사회복지실천을 위한 사정도구로서 유용성을 가진다.
③ 환경의 체계 수준별 개입 근거를 제시한다.
④ 각 체계들로부터 다양한 정보획득이 용이하다.
⑤ 원인과 결과의 단선적 인과관계를 강조한다.

13 사회체계이론에 관한 설명으로 옳은 것을 모두 고른 것은?

⊙ 엔트로피(entropy)는 폐쇄체계에서 주로 나타난다.
ⓒ 항상성(homeostasis)은 체계의 혼란과 무질서를 증가시킨다.
ⓒ 체계(system)의 속성은 경계의 개방성과 침투성에 따라 결정된다.
② 균형(equilibrium)은 주로 외부와의 교류가 활발한 개방체계에서 나타난다.

① ㉠, ㉡   ② ㉠, ㉢
③ ㉡, ㉣   ④ ㉢, ㉣
⑤ ㉡, ㉢, ㉣

14 콜버그(L. Kohlberg)의 이론에 관한 설명으로 옳은 것은?

① 전인습적 수준: 사회적인 인정에 관심을 가지고 착한 행동을 함으로써 타인의 인정을 받고자 한다.
② 인습적 수준: 개인의 양심에 비추어 옳고 그름을 판단한다.
③ 인습적 수준: 행동의 결과가 가져오는 보상이나 처벌에 의해 옳고 그름을 판단한다.
④ 후인습적 수준: 사회질서의 유지를 위해 법과 규칙은 준수되어야 하지만, 민주적인 절차를 통해 바뀔 수 있다고 생각한다.
⑤ 후인습적 수준: 규칙을 준수하고 사회질서를 유지하는 것이 도덕적 행동이라 생각한다.

15 다음에 해당하는 사회환경 수준으로 옳은 것은?

• 개인에게 영향을 주는 정부의 입법과 사회정책
• 방송매체를 통하여 형성된 외모, 의복, 문화 등에 관한 유행

① 미시체계   ② 중간체계
③ 거시체계   ④ 외체계
⑤ 시간체계

16 브론펜브레너(U. Bronfenbrenner)의 중간체계(meso system)에 관한 설명으로 옳은 것은?

① 가족, 친구, 학교, 종교단체 등이 포함된다.
② 부모와 교사와의 관계, 형제관계 등을 말한다.
③ 신념, 태도, 전통을 통해 개인에게 영향을 준다.
④ 아동의 발달에 영향을 주는 학교위원회가 해당된다.
⑤ 개인이 어느 시대에 출생했는지에 관심을 둔다.

17 브론펜브레너(U. Bronfenbrenner)의 미시체계(micro system)에 관한 설명으로 옳은 것을 모두 고른 것은?

> ㉠ 인간이 가장 밀접하게 상호작용하는 사회환경을 말한다.
> ㉡ 전 생애에 걸쳐 일어나는 개인의 변화와 사회역사적 환경을 포함한다.
> ㉢ 개인이 직접 참여하지 않으나, 부모의 직장, 형제가 속한 학급 등이 포함된다.

① ㉠
② ㉠, ㉡
③ ㉠, ㉢
④ ㉡, ㉢
⑤ ㉠, ㉡, ㉢

18 영아기(0-2세)의 특징으로 옳은 것은?

① 애착관계를 형성한다.
② 분류화 개념을 획득한다.
③ 서열화를 획득한다.
④ 오이디푸스 콤플렉스(Oedipus complex)를 경험한다.
⑤ 상징적 사고가 활발한 시기이다.

19 유아기(3-6세)의 발달특성에 관한 설명으로 옳지 않은 것은?

① 성역할의 내면화가 이루어진다.
② 영아기(0-2세)보다 발달속도가 느려진다.
③ 에릭슨(E. Erikson)의 주도성 대 죄책감 단계에 해당된다.
④ 프로이트(S. Freud)의 남근기에 해당된다.
⑤ 피아제(J. Piaget)의 자율적 도덕성 단계에 도달한다.

20 아동기(7-12세)의 발달에 관한 설명으로 옳지 않은 것은?

① 가역적 사고가 발달한다.
② 단체놀이를 통해 분업의 원리를 학습한다.
③ 운동기술이나 근육의 협응능력이 정교해진다.
④ 형식적 조작사고에서 구체적 조작사고로 전환된다.
⑤ 에릭슨(E. Erikson)은 근면성의 발달을 중요한 과업으로 보았다.

21 청소년기(13-19세)의 발달에 관한 설명으로 옳은 것은?

① 조합기술(combination skill)이 획득된다.
② 가설연역적 사고에서 경험귀납적 사고로 전환된다.
③ 마샤(J. Marcia)는 자아정체감을 4가지 유형으로 구분했다.
④ 2차 성징은 직접적인 생식기능과 관련된 성적 성숙이다.
⑤ 상상적 청중(imaginary audience)과 개인적 우화(personal fable)를 통해 자아중심성에서 벗어날 수 있다.

22 청년기(20-39세)의 발달에 관한 설명으로 옳은 것은?

① 자아통합이 완성되는 시기로 삶 전체에 대한 평가를 시도한다.
② 전환적 추론이 가능해진다.
③ 부모로부터의 독립에 대한 양가감정에서 해방된다.
④ 피아제(J. Piaget)는 구체적 조작 사고가 발달한다고 보았다.
⑤ 에릭슨(E. Erikson)은 친밀감 대 고립의 심리사회적 위기가 발생한다고 보았다.

23 중년기(40-64세)에 관한 설명으로 옳은 것은?

① 에릭슨(E. Erikson)의 정체성 대 침체 단계에 해당된다.
② 갱년기는 남성에게는 나타나지 않는다.
③ 여성은 에스트로겐 분비가 증가하고, 남성은 테스토스테론 분비가 감소한다.
④ 시각, 청각, 미각, 후각 등의 감각기능이 가장 좋은 시기이다.
⑤ 결정성(crystallized)지능은 계속 발달한다.

24 노년기(65세 이상)에 관한 설명으로 옳지 않은 것은?

① 외향성이 증가한다.
② 노년기 사회적 역할과 관계망의 축소는 고독과 소외를 초래할 수도 있다.
③ 친근한 사물에 대한 애착이 증가한다.
④ 생에 대한 회상경향이 증가한다.
⑤ 에릭슨(E. Erikson)은 심리사회적 위기를 극복하면 지혜라는 능력을 얻게 된다고 보았다.

25 생애주기별 특징에 관한 설명으로 옳은 것은?

① 영아기(0-2세) - 성역할 인식 확립
② 아동기(7-12세) - 대상영속성 형성
③ 청소년기(13-19세) - 자아정체감 확립
④ 중년기(40-64세) - 자아통합 완성
⑤ 노년기(65세 이상) - 친밀감 형성

사회복지조사론

26 사회복지실천을 위한 조사연구의 필요성으로 옳지 <u>않은</u> 것은?

① 문제해결을 위한 사회복지 개입방법의 타당성을 검증할 수 있다.
② 사회복지 서비스를 위한 지식과 기술을 제공할 수 있다.
③ 문제의 원인을 설명함으로써 사회복지사의 직관에 의한 실천지식을 강화할 수 있다.
④ 프로그램의 지속여부를 결정하는 객관적 근거를 제공할 수 있다.
⑤ 클라이언트의 욕구를 파악하여 문제해결의 방향을 제시할 수 있다.

27 사회복지 조사연구에서 과학적 연구방법으로 옳은 것은?

① 기술(description)연구에서 문제발생의 원인을 설명하고자 하였다.
② 연구결과의 일반화를 위해 모집단의 속성이 반영된 충분한 표본을 조사하였다.
③ 가설 검증 결과가 연구자의 기대와 달라서 가설을 연구결과에 맞추어 수정하였다.
④ 연구자의 주관적 판단에 입각하여 연구결과를 해석하였다.
⑤ 조사를 통해 검증된 인과관계에 입각하여 문제의 발생을 단정적 결정론으로 예측하였다.

28 "여성가족부는 2022년 전국가정폭력실태조사 결과를 이전에 실시한 동일한 조사내용과 비교하여 보고하였다. 2025년 조사에서도 전국의 가구 중 일부를 선정하여 동일한 조사항목에서 어떠한 변화가 있는지를 보고할 것이다." 이에 관한 조사유형에 해당하는 것으로 모두 묶인 것은?

| ㉠ 종단조사 | ㉡ 표본조사 |
| ㉢ 패널조사 | ㉣ 경향조사 |

① ㉢
② ㉠, ㉡
③ ㉡, ㉢
④ ㉠, ㉡, ㉣
⑤ ㉠, ㉡, ㉢, ㉣

29 사회복지조사 과정을 순서대로 나열한 것은?

㉠ 표집방법을 수립하였다.
㉡ 연구문제의 잠정적 결론으로 가설을 설정하였다.
㉢ 연구가 필요한 주제를 선정하였다.
㉣ 검증된 측정도구로 자료를 수집하였다.
㉤ 자료를 분석하고 가설의 지지여부를 결정하였다

① ㉠ → ㉡ → ㉤ → ㉢ → ㉣
② ㉡ → ㉠ → ㉢ → ㉣ → ㉤
③ ㉡ → ㉢ → ㉠ → ㉤ → ㉣
④ ㉢ → ㉠ → ㉣ → ㉤ → ㉡
⑤ ㉢ → ㉡ → ㉠ → ㉣ → ㉤

30 통계적 가설검증에 관한 설명으로 옳은 것은?

① 가설의 지지여부는 연구가설을 직접 검증하여 반증한다.
② 신뢰수준을 95%에서 99%로 높이면 제1종 오류의 가능성이 높아진다.
③ 연구가설은 두 변수 간의 관계가 오류에 의해 발생하였음을 가정한다.
④ 유의확률(p)이 설정한 유의수준(α)보다 낮으면 영가설을 기각한다.
⑤ 신뢰수준을 낮추면 제2종 오류의 가능성은 높아진다.

31 다음 가설에 포함된 변수에 관한 설명으로 옳은 것은?

> 사회복지사가 느끼는 업무부담에 따른 소진정도는 동료와의 친밀도에 따라 달라질 것이다.

① 소진정도: 통제변수
② 업무부담: 매개변수
③ 소진정도: 독립변수
④ 업무부담: 종속변수
⑤ 동료와의 친밀도: 조절변수

32 다음의 사례에서 확인하고 있는 타당도로 옳은 것은?

> A사회복지사는 종합사회복지관 이용만족에 관한 측정도구의 타당도를 확인하고자 한다. 이를 위해 전문가들을 대상으로 프로그램, 사회복지사의 전문성 등의 요소가 측정문항에 충분히 포함되어 있는지에 대한 의견을 확인하였다.

① 내용타당도 ② 판별타당도
③ 예측타당도 ④ 동시타당도
⑤ 수렴타당도

33 ○○고등학교에서는 전교생을 대상으로 취약 청소년 집단(A, B, C)에 대한 사회적 거리감을 조사하고자 한다. 아래에서 제시되는 척도로 옳은 것은?

※ 각 대상에 관한 귀하의 생각에 해당 되는 칸에 "○" 표 하십시오.

문항	A집단 청소년	B집단 청소년	C집단 청소년
1. 친밀한 동아리 구성원으로 받아들임			
2. 같은 학교의 구성원으로 받아들임			
3. 일시적인 방문객으로 받아들임			

① 리커트 척도(Likert scale)
② 어의적 분화 척도(semantic differential scale)
③ 보가더스 척도(Bogardus scale)
④ 소시오매트릭스(sociomatrix)
⑤ 서스톤 척도(Thurstone scale)

34 측정도구의 타당도와 신뢰도에 관한 설명으로 옳지 않은 것은?

① 신뢰도는 측정값의 일관성 정도를 의미한다.
② 타당도는 측정하고자 하는 바를 반영하는 정도를 의미한다.
③ 측정항목의 수가 적어지면 신뢰도가 낮아지는 경향이 있다.
④ 신뢰도는 타당도의 필요충분조건이 된다.
⑤ 타당도가 높으면 신뢰도는 높은 경우가 많다.

35 측정의 개념적 정의와 조작적 정의에 관한 설명으로 옳은 것은?

① 조작적 정의는 개념적 정의에 비해 주관적 해석의 수준이 낮다.
② 조작적 정의는 양적 조사에 비해 질적 조사에서 더욱 중요하다.
③ 측정하고자 하는 개념의 의미는 조작적 정의를 통해 확장된다.
④ '조작적 정의 → 개념적 정의 → 측정'의 순서로 이루어진다.
⑤ 개념적 정의를 통해 변수를 직접 측정할 수 있다.

36 표본 연구에 관한 설명으로 옳지 않은 것은?

① 표본 연구는 전수 연구에 비해 시간과 비용 측면에서 효율적이다.
② 모집단이 큰 경우에는 표본 연구가 적합하다.
③ 표본 연구는 전수 연구에 비해 비표본오차가 크다.
④ 전수 연구에서 모수와 통계치의 구분은 필요하지 않다.
⑤ 확률표집은 비확률표집에 비해 정확한 표집틀이 필요하다.

37 다음의 변수 중 산술평균의 산출이 적합한 변수를 모두 고른 것은?

> ㉠ 만원 단위로 측정한 청소년의 월평균 용돈
> ㉡ 상·중·하 등급으로 평가한 국어 교과목의 성적
> ㉢ 연 단위로 측정한 청소년의 총 재학 기간
> ㉣ 가출 횟수로 측정한 청소년의 가출 경험

① ㉡
② ㉠, ㉢
③ ㉡, ㉣
④ ㉠, ㉢, ㉣
⑤ ㉠, ㉡, ㉢, ㉣

38 다음의 연구에서 활용한 표집방법에 관한 설명으로 옳은 것은?

> 노인복지관 만족도 조사를 위해 지역 내 전체 노인복지관별 등록자명단에서 등록인원 수에 비례해서 난수표를 활용하여 표본을 선정하였다.

① 최종적인 표본 선정은 비확률표집 방법을 활용하여 이루어진다.
② 군집표집에 의한 조사에 비해 표집오차를 줄일 수 있다.
③ 표집단계에서의 편향성을 해결하기 위해 분석단계에서 가중치를 활용한다.
④ 표집틀의 부재로 상위군집에서 하위군집으로 이동하여 최종 표본을 추출한다.
⑤ 표본의 집단별 분포를 미리 정하고 할당된 수만큼의 표본을 임의로 선정한다.

39 표본의 크기에 관한 설명으로 옳은 것은?

① 추정치가 모수에 근접할 확률은 표본의 크기에 반비례한다.
② 모집단 내 편차가 클수록 표본의 크기를 늘려야 한다.
③ 조사비용과 시간의 한계는 표본의 크기와 관련이 없다.
④ 표본의 크기와 표본오차는 비례한다.
⑤ 통계분석방법은 표본의 크기와 관련이 없다.

40 다음에서 활용된 조사설계로 옳은 것은?

> 부모를 대상으로 한 아동학대 예방 프로그램의 효과성을 평가하기 위해 연구 참여자의 아동양육 태도 등을 여러 차례 측정하였다. 프로그램 개입 이후에도 여러 차례 측정하여 프로그램 개입 전후비교를 실시하였다.

① 비동일비교집단 설계(nonequivalent comparison group design)
② 분리표본 사전사후검사 설계(separate-sample pretest-posttest design)
③ 솔로몬 4집단 설계(Solomon four-group design)
④ 단순시계열 설계(simple time-series design)
⑤ 단일집단 사전사후검사 설계(one-group pretest-posttest design)

41 온라인 설문에 관한 설명으로 옳은 것은?

① 표적집단 확인이 대면면접에 비해 제한적이다.
② 인터넷 접근에 상관없이 표집을 광범위하게 할 수 있다.
③ 대면설문보다 비용은 저렴하지만 시간이 더 많이 소요된다.
④ 복잡하거나 문항수가 많은 경우에 적합하다.
⑤ 동일인의 중복응답에 대한 통제가 용이하다.

42 실험설계에서의 내적타당도 저해요인으로 옳지 않은 것은?

① 실험집단과 통제집단의 참여자간 프로그램 내용에 대해 소통하면서 상호작용이 이루어졌다.
② 프로그램 진행과정에서 일부 대상자가 참여를 중단하였다.
③ 사전검사 결과 학교 부적응 학생들이 실험집단에 과도하게 모인 것이 확인되었다.
④ 사전검사와 사후검사 척도가 동일하기 때문에 참여자의 학습효과가 발생하였다.
⑤ 일부 참여자들이 프로그램에 참여하고 있다는 것을 의식해서 평소와는 다르게 행동하였다.

43 솔로몬 4집단 설계에 관한 설명으로 옳지 않은 것은?

① 사회복지 현장에서 실제 활용하기에 용이하다.
② 외부사건을 통제할 수 있다.
③ 내적타당도가 매우 높은 설계 유형이다.
④ 통제집단 사전사후검사 설계와 통제집단 사후검사 설계를 병행하는 방식이다.
⑤ 순수실험설계 유형이다.

44 다음의 조사설계에 관한 설명으로 옳은 것은?

> A기관에서는 사회복지프로그램의 효과성을 측정하기 위한 조사설계를 진행하였다. 이를 위해 참여자를 실험집단과 통제집단에 무작위로 배정하여 종속변수의 변화를 측정하였다.

① 인과적 추론 정도가 무작위 배정을 하지 않은 실험설계보다 낮다.
② 외생변수 통제, 독립변수 조작, 종속변수의 비교 등에 한계가 있을 때 주로 활용한다.
③ 개입 전에 두 집단의 동질성을 가정할 수 없다.
④ 정태적 집단비교 설계(static-group comparison design)에 해당된다.
⑤ 전실험설계(pre-experimental design)보다 내적타당도가 높다.

45 델파이기법에 관한 설명으로 옳지 않은 것은?

① 참여자의 다양한 아이디어를 수집할 수 있다.
② 기명으로 진행되기 때문에 참여자들의 책임성을 높일 수 있다.
③ 결과 도출을 위해 반복해서 진행할 수 있다.
④ 비대면을 원칙으로 한다.
⑤ 전문가들의 합의점을 찾는데 목표를 둔다.

46 양적 연구 방법에 관한 설명으로 옳지 않은 것은?

① 논리실증주의에 기반한다.
② 주관적이며 직관적인 관점에서 접근한다.
③ 구조화된 조사표에 대한 활용 빈도가 높다.
④ 변인에 대한 통제와 측정이 가능하다.
⑤ 질적연구보다 일반화의 가능성이 높다.

47 사회복지실천현장에서 단일사례설계에 관한 설명으로 옳은 것을 모두 고른 것은?

> ㉠ AB설계는 기초선 단계(A)와 개입 단계(B)로 구성된다.
> ㉡ 복수기초선설계는 AB설계를 다양한 대상이나 상황 등에 적용하여 동일한 효과를 보이는지를 확인하는 설계방법이다.
> ㉢ 사례가 집단일 경우 개별 구성원의 정보들은 평균이나 전체 빈도 등으로 요약되어 단일사례로 취급될 수 있다.
> ㉣ 외적타당도가 높아 일반화의 가능성이 높다.

① ㉠
② ㉡, ㉢
③ ㉡, ㉣
④ ㉠, ㉡, ㉢
⑤ ㉠, ㉡, ㉢, ㉣

48 자료수집방법에 관한 설명으로 옳은 것은?

① 관찰법은 참여자가 면접에 비협조적인 경우에도 활용가능하다.
② 우편조사법은 대면면접법에 비해 조사자의 편견을 배제하기 힘들다.
③ 전화면접법은 대면면접법에 비해 익명성 보장이 어렵다.
④ 대면면접법은 복잡한 질문의 사용을 배제해야 한다.
⑤ 대면면접법 중 반구조화된 면접은 질문의 순서, 질문 문항 등을 명확하게 제시해야 한다.

49 다음의 사회복지 연구방법에서 성격이 다른 것은?

① 근거이론(grounded theory) 연구
② 참여행동(participatory action) 연구
③ 서베이(survey) 연구
④ 민속학적(ethnographic) 연구
⑤ 현상학적(phenomenological) 연구

50 내용분석과 내러티브 탐구에 관한 비교로 옳지 않은 것은?

① 내용분석은 2차적 자료를 분석하고, 내러티브 탐구는 1차적 자료를 분석한다.
② 모두 비관여적 혹은 비반응성 연구이다.
③ 내용분석에 비해 내러티브 탐구는 과정중심적으로 접근할 수 있다.
④ 내용분석은 내러티브 탐구에 비해 보다 많은 사례를 분석할 수 있다.
⑤ 모두 자료를 해석하고 구조화하는데 연구자의 객관성 유지가 필요하다.

제2과목 | 사회복지실천

교시	문제형별	시험영역	시험시간
2교시	A	• 사회복지실천론 • 사회복지실천기술론 • 지역사회복지론	75분

사회복지실천론

01 임파워먼트모델에서 클라이언트와 사회복지사에 관한 설명으로 옳지 <u>않은</u> 것은?

① 클라이언트가 원하는 변화를 위해 양자 간 협력적 관계를 형성한다.
② 클라이언트를 서비스에 대한 권리를 가진 소비자로 본다.
③ 클라이언트를 경험과 역량을 가진 원조과정의 파트너로 본다.
④ 클라이언트의 참여를 중시하고 자기결정권을 강조한다.
⑤ 사회복지사는 치료자이고, 클라이언트는 서비스의 수동적 수혜자로 여긴다.

03 핀커스와 미나한(A. Pincus & A. Minahan)이 제시한 사회복지실천의 목적을 설명한 것으로 옳지 <u>않은</u> 것은?

① 개인의 문제해결과 대처능력을 향상한다.
② 개인을 사회자원, 서비스, 기회를 제공해주는 환경체계와 연결한다.
③ 다양한 사회복지기관이나 조직의 효과적이고 효율적인 운영을 촉진한다.
④ 개인과 환경 간 불균형 발생 시 문제를 극대화하도록 돕는다.
⑤ 사회정책의 개발과 향상에 기여한다.

02 사례관리과정에서 사정영역에 관한 내용으로 옳은 것을 모두 고른 것은?

> ㉠ 욕구에 대한 클라이언트의 능력
> ㉡ 클라이언트의 욕구 및 문제
> ㉢ 클라이언트 지원체계의 능력
> ㉣ 지원체계 활용의 장애

① ㉠, ㉡, ㉢
② ㉠, ㉡, ㉣
③ ㉠, ㉢, ㉣
④ ㉡, ㉢, ㉣
⑤ ㉠, ㉡, ㉢, ㉣

04 임파워먼트모델의 각 단계와 실천과업을 연결한 것으로 옳은 것을 모두 고른 것은?

> ㉠ 대화(dialogue)단계 – 성공의 확인
> ㉡ 발견(discovery)단계 – 자원역량 사정
> ㉢ 발달(development)단계 – 파트너십 형성
> ㉣ 발달(development)단계 – 강점의 확인

① ㉡
② ㉣
③ ㉡, ㉢
④ ㉠, ㉢, ㉣
⑤ ㉡, ㉢, ㉣

05 사회복지실천의 역사적 발달과정을 발생한 순서대로 옳게 나열한 것은?

> ㉠ 기능주의 학파와 진단주의 학파의 갈등
> ㉡ 밀포드(Milford) 회의에서 개별사회사업 방법론을 기본으로 하는 사회복지실천의 공통요소 제시
> ㉢ 사회복지실천에 관한 이론과 방법을 최초로 체계화한 「사회진단」 출간
> ㉣ 사회복지실천 방법으로 통합적방법론 등장

① ㉠ - ㉡ - ㉢ - ㉣
② ㉡ - ㉠ - ㉣ - ㉢
③ ㉡ - ㉢ - ㉣ - ㉠
④ ㉢ - ㉠ - ㉡ - ㉣
⑤ ㉢ - ㉡ - ㉠ - ㉣

06 개인의 적응 욕구와 환경 또는 사회적 요구 사이의 조화와 균형의 정도를 의미하는 생태 체계 관점의 개념은?

① 경계
② 엔트로피
③ 상호교류
④ 적합성
⑤ 대처

07 사회복지 실천현장의 예와 분류의 연결로 옳은 것은?

① 지역아동센터 - 1차 현장, 이용시설
② 행정복지센터 - 1차 현장, 생활시설
③ 노인요양공동생활가정 - 1차 현장, 이용시설
④ 아동보호전문기관 - 2차 현장, 생활시설
⑤ 지역자활센터 - 2차 현장, 이용시설

08 인도주의와 박애사상이 사회복지실천에 미친 영향으로 옳은 것을 모두 고른 것은?

> ㉠ 빈민에 대한 인도주의적 서비스 제공
> ㉡ 수혜자격의 축소
> ㉢ 타인을 위하여 봉사하는 정신으로 실천

① ㉠
② ㉡
③ ㉠, ㉢
④ ㉡, ㉢
⑤ ㉠, ㉡, ㉢

09 관찰기술에 관한 내용으로 옳지 않은 것은?

① 클라이언트의 행동과 외모, 몸짓, 태도 등에 주의를 기울이는 기술
② 클라이언트가 자신에 대해 미처 알지 못한 것을 깨달을 수 있도록 설명해 주는 기술
③ 클라이언트의 언어적, 비언어적 메시지의 차이를 파악할 수 있는 기술
④ 사회복지사의 편견에 의해 판단하지 않도록 주의를 기울어야 하는 기술
⑤ 클라이언트의 침묵이 언제, 어떤 이야기 도중 발생하였었는지를 파악하는 기술

10 클라이언트와의 관계형성을 위해 사회복지사가 자신의 생각이나 경험을 공유하는 면담 기술은?

① 직면
② 경청
③ 자기노출
④ 해석
⑤ 질문

11 비스텍(F. Biestek)의 관계원칙에 관한 내용으로 옳은 것을 모두 고른 것은?

㉠ 수용: 클라이언트를 있는 그대로 인정해야 한다.
㉡ 비심판적 태도: 클라이언트를 비난하지 않아야 한다.
㉢ 통제된 정서적 관여: 클라이언트가 자신의 감정을 자유롭게 표현하도록 해야 한다.
㉣ 개별화: 클라이언트의 감정에 민감성과 이해로서 반응해야 한다.

① ㉣   ② ㉠, ㉡
③ ㉡, ㉢   ④ ㉠, ㉢, ㉣
⑤ ㉠, ㉡, ㉢, ㉣

12 한국 사회복지사 윤리강령에서 '클라이언트에 대한 윤리기준'에 해당하지 않는 것은?

① 서비스의 종결
② 클라이언트의 자기 결정권 존중
③ 클라이언트의 권익옹호
④ 인간 존엄성 존중
⑤ 기록·정보 관리

13 사회복지사의 역할에 관한 설명으로 옳은 것은?

① 협상가(negotiator): 갈등상황에 있는 사람들 간의 합의를 이끌어 내기 위해 어느 한쪽과 동맹을 맺고 타협하는 역할
② 중개자(broker): 불이익을 받는 집단을 위해 특정 제도를 변화, 개선하는 역할
③ 중재자(mediator): 흩어져 있는 서비스들을 조직적인 형태로 정리하는 역할
④ 조력자(enabler): 관심을 끌어오지 못한 문제에 대중이 관심을 갖도록 집중시키는 역할
⑤ 교육자(educator): 권리침해나 불평등 이슈에 관심을 갖고 연대를 통해 변화를 이끄는 역할

14 인권에 관한 설명으로 옳지 않은 것은?

① 평등권은 국가의 적극적 책임과 의무를 강조하는 것으로 사회보장의 권리를 의미한다.
② 자유권은 국가의 통치와 간섭으로부터 자유를 보장하기 위한 권리이다.
③ 평화권은 국가들 간의 연대와 단결의 권리이다.
④ 자유권은 국가가 반드시 보호해 주어야 하는 권리이다.
⑤ 평등권은 구속 및 인신매매로부터의 보호를 의미한다.

15 통합적 접근방법의 등장배경에 관한 설명으로 옳은 것을 모두 고른 것은?

㉠ 전통적 방법이 지나치게 분화되어 서비스의 파편화를 초래하였다.
㉡ 전통적 방법이 공통기반을 전제하지 않아 정체성 확립에 어려움이 발생하였다.
㉢ 전통적 방법이 복잡한 문제에 포괄적으로 개입하여 전문성이 부족하였다.
㉣ 전통적 방법이 전문화 중심으로 교육되어 사회복지사의 분야별 이동을 어렵게 하였다.

① ㉠, ㉡, ㉢
② ㉠, ㉡, ㉣
③ ㉠, ㉢, ㉣
④ ㉡, ㉢, ㉣
⑤ ㉠, ㉡, ㉢, ㉣

16 다음 사례에서 콤튼과 갤러웨이(B. Compton & B. Galaway)의 사회복지실천대상과 체계의 연결로 옳은 것은?

> 학교사회복지사 A는 학교 징계위원회로부터 상담명령을 받은 학교폭력 가해자인 학생 B를 만났다. B는 비밀보장을 요청하며 상담을 해달라고 하였다. 그러나 담임교사와 학교는 학생과의 면담을 모두 보고하도록 요구하였다. 결국 A는 이 문제를 학교사회복지사협회와 의논하여 학교에 사회복지사의 비밀보장 의무에 대한 공문을 요청하였다. A는 가해자로 지목된 다른 학생 C, D와 B를 대상으로 집단 프로그램을 운영하였다.

① 학교 징계위원회 - 응답체계
② 학교사회복지사협회 - 전문가체계
③ 학교사회복지사 A - 행동체계
④ 담임교사 - 표적체계
⑤ 가해자 학생 C, D - 변화매개 체계

17 다음에서 설명하는 전문적 관계의 기본 요소는?

> - 사회복지사가 클라이언트의 입장에서 이해하는 것
> - 반영 등의 기법을 사용하여 이해하고 있다는 것을 표현하는 것

① 공감
② 진실성
③ 문화적 민감성
④ 자기를 관찰하는 능력
⑤ 헌신

18 다음에서 설명하는 의사소통기술은?

> - 클라이언트 혼자만이 겪는 문제가 아니라는 것을 인식하게 하는 기법
> - 클라이언트의 생각과 느낌이 다른 사람과 비슷하다고 말해줌으로써 클라이언트의 소외감을 감소시켜 주는 기술

① 재명명
② 초점화
③ 직면
④ 일반화
⑤ 조언

19 사회복지실천과정의 간접개입기법 중 환경조정이 필요한 상황에 해당하지 않는 것은?

① 아동이 가정에서 성적 학대를 받을 때
② 화재로 장애청소년의 부모가 사망했을 때
③ 직장에서 성폭력 예방을 위한 교육프로그램을 제공할 때
④ 자연재해로 집을 잃었을 때
⑤ 고령의 노인이 가정에서 학대를 받을 때

20 사례관리과정과 수행업무의 연결로 옳은 것은?

① 인테이크 – 상담, 교육, 자원 제공
② 사정 – 사례관리 대상자의 적격성 판정
③ 서비스 계획 – 클라이언트의 욕구와 자원에 관한 정보수집
④ 점검 – 서비스가 계획대로 제공되고 있는지 확인
⑤ 평가 – 서비스가 필요한 클라이언트의 욕구 확인

21 접수단계에서 수행할 수 있는 과업이 아닌 것은?

① 의뢰
② 관계형성
③ 서비스 동의
④ 목표설정
⑤ 문제 확인

22 사정의 특성으로 옳지 않은 것은?

① 클라이언트의 생활 속에서 욕구를 발견하고 문제를 정의한다.
② 클라이언트와 사회복지사 양자가 참여하는 상호과정이다.
③ 환경 속의 클라이언트를 이해하고 계획의 근거를 마련하는 이중초점을 지닌다.
④ 클라이언트의 독특한 상황과 관련하여 개별화되어야 한다.
⑤ 클라이언트에 대한 서비스 제공여부를 판단한다.

23 사례관리의 등장배경으로 옳지 않은 것은?

① 복합적인 서비스를 필요로 하는 대상자가 증가하였다.
② 복지국가 재정위기로 정책방향을 저비용·고효율로 전환하였다.
③ 시설중심의 통합적 서비스 제공에 대한 요구가 증가하였다.
④ 지역사회에서 서비스 조정이 필요하게 되었다.
⑤ 서비스 공급주체가 중앙정부에서 지방정부로 변화하였다.

24 사례관리자가 수행하는 직접실천기술은?

① 클라이언트를 서비스나 자원에 연결한다.
② 클라이언트의 권리를 보호하고 클라이언트에게 서비스에 대한 자격이 주어지도록 옹호한다.
③ 클라이언트에게 제공되는 서비스와 자원의 전달상황을 점검한다.
④ 다양한 전문가들의 협력과 조정을 수행한다.
⑤ 클라이언트와 가족 간의 문제해결을 위해 가족상담을 진행한다.

25 생태도를 통하여 파악할 수 없는 것은?

① 클라이언트 가족의 세대 간 반복되는 정서적 유형
② 클라이언트에게 스트레스가 되는 체계
③ 클라이언트와 환경 간 자원교환의 정도
④ 클라이언트가 이용하는 서비스 기관
⑤ 클라이언트에게 유용한 자원이나 환경

사회복지실천기술론

26 실천지혜(practice wisdom)에 관한 설명으로 옳지 않은 것은?

① 암묵적 지식과 같은 의미이다.
② 사회복지사의 직관에 영향을 받는다.
③ 실천 활동을 조작화하고 구조화한 것이다.
④ 개인의 가치체계와 경험으로부터 만들어진다.
⑤ 현장에서 유용하나 공인된 지식은 아니다.

27 정신역동모델의 개입기술에 관한 설명으로 옳은 것은?

① 전이는 현재의 인물에게 느끼는 사랑이나 증오의 감정을 과거의 인물에게 전치하는 것을 말한다.
② 훈습은 경험적 확신을 갖도록 전이와 저항에 대한 분석과 해석을 반복적으로 진행하는 것이다.
③ 직면은 클라이언트의 말과 행동 사이의 불일치나 모순이 있을 때에 우회적 방법으로 알리는 것이다.
④ 해석은 클라이언트의 공감능력을 키우는 효과가 있다.
⑤ 자유연상은 클라이언트가 수치스럽게 생각하거나 도움이 안 되는 내용을 선택할 수 있다.

28 다음 사례에서 활용한 심리사회모델의 개입기법은?

> 가까워지기 어려운 사람들과 친밀감을 높이기 위해 당신이 자주 사용하는 행동 패턴이 있다고 생각하십니까?

① 직접적 영향 주기
② 탐색-기술(묘사)-환기
③ 지지하기
④ 유형-역동성 고찰
⑤ 발달적 고찰

29 다음 사례에 해당하는 인지적 오류는?

> 입사시험 면접을 잘 마쳤음에도 불구하고 K씨는 부모님께 시험에 떨어질 것이라고 말씀드렸다.

① 이분법적 사고 ② 개인화
③ 과잉 일반화 ④ 재앙화
⑤ 임의적 추론

30 클라이언트중심모델의 주요 개념으로 옳지 않은 것은?

① 실현화 경향
② 자아실현 욕구
③ 인지적 개입
④ 조건부 가치
⑤ 긍정적 관심

31 과제중심모델에 관한 설명으로 옳은 것은?

① 개인의 신념체계의 변화를 강조한다.
② 특정 이론보다는 경험적 자료를 통해 개입의 기초를 마련한다.
③ 인간의 신념이나 생각은 정서와 행동에 영향을 미친다고 가정한다.
④ 클라이언트가 무력한 상태에서 힘을 가진 상태로 이동하는 것을 목표로 한다.
⑤ 변화는 항상 일어나며 불가피한 것으로 본다.

32 해결중심모델의 주요 원리로 옳지 않은 것은?

① 건강한 것에 초점을 둔다.
② 개입의 목적을 증상 감소에 둔다.
③ 현재에 초점을 맞추며 미래지향적이다.
④ 클라이언트와의 협력관계를 중요시한다.
⑤ 탈이론적이며 비규범적이다.

33 밀러와 롤닉(W. Miller & S. Rollnick)의 동기강화모델의 원리로 옳지 않은 것은?

① 불일치감 인식하기
② 자기효능감 지지하기
③ 저항과 함께하기
④ 내적 의사소통 명료화하기
⑤ 공감 표현하기

34 임파워먼트모델의 실천기법으로 옳은 것을 모두 고른 것은?

㉠ 강점 사정하기	㉡ 자원 확보하기
㉢ 촉진적 개입하기	㉣ 합류하기

① ㉠, ㉡
② ㉡, ㉢
③ ㉠, ㉡, ㉢
④ ㉠, ㉢, ㉣
⑤ ㉠, ㉡, ㉢, ㉣

35 골란(N. Golan)의 위기발달 단계로 옳은 것은?

① 위험사건 - 촉발요인 - 취약단계 - 위기단계 - 재통합
② 취약단계 - 위험사건 - 촉발요인 - 위기단계 - 재통합
③ 취약단계 - 위험사건 - 위기단계 - 촉발요인 - 재통합
④ 위험사건 - 취약단계 - 위기단계 - 촉발요인 - 재통합
⑤ 위험사건 - 취약단계 - 촉발요인 - 위기단계 - 재통합

36 실천과정에서 "환류하기"에 관한 설명으로 옳은 것은?

① 개입단계에서 그간의 문제해결 과정을 점검하는 활동이다.
② 사회복지사와 클라이언트 간 합의된 목표의 달성도를 측정하는 것이다.
③ 클라이언트의 문제해결에 필요한 자원을 적극적으로 끌어들이기 위한 전략이다.
④ 욕구를 재확인하여 서비스 계획이나 개입 전략을 수정하는 과정이다.
⑤ 클라이언트의 주변체계에 문제의 심각성을 알리고 적극적으로 옹호하는 활동이다.

37 가족치료모델의 개입 목표에 관한 설명으로 옳지 않은 것은?

① 해결중심 가족치료: 가족이 문제 중심에서 벗어나 해결방안을 모색하고 실행하도록 돕는다.
② 다세대 가족치료: 가족구성원의 불안 감소 및 미분화된 원가족과의 관계에서 자아분화를 증진시킨다.
③ 구조적 가족치료: 역기능적 가족구조를 재구조화한다.
④ 경험적 가족치료: 자아존중감 향상과 의사소통 방식의 변화를 통해 대처능력을 향상시킨다.
⑤ 전략적 가족치료: 다양한 전략을 활용하여 제시된 문제의 원인을 찾도록 돕는다.

38 미누친(S. Minuchin)의 구조적 가족치료의 대표적 기법을 옳게 나열한 것은?

① 합류하기, 균형 깨뜨리기, 실연
② 합류하기, 경계 만들기, 가족그림
③ 경계 만들기, 탈삼각화, 과제부여
④ 과제부여, 균형 깨뜨리기, 역설적 지시
⑤ 균형 깨뜨리기, 경계 만들기, 순환적 질문

39 다음 사례에 해당하는 가족개입 기법은?

> 끊임없는 잔소리로 말다툼이 잦아 갈등을 겪고 있는 부부에게 매일 1회 시간을 정해서 30분 동안 부부싸움을 하도록 하였다.

① 실연
② 재구성
③ 역설적 지시
④ 순환적 질문하기
⑤ 긍정적 의미부여

40 보웬(M. Bowen)의 다세대 가족치료의 주요 개념과 기법에 관한 설명으로 옳은 것을 모두 고른 것은?

> ㄱ. 자아분화 수준이 더 낮은 성원이 가족투사의 대상이 된다.
> ㄴ. 가계도를 작성하고 해석하면서 가족의 정서적 과정을 이해한다.
> ㄷ. 성공적인 치료를 위해 사회복지사는 치료적 삼각관계를 형성하여 개입한다.
> ㄹ. 자아분화 수준이 낮을수록 가족원의 자율성이 증가하여 독립적으로 행동한다.

① ㄱ, ㄴ
② ㄴ, ㄷ
③ ㄱ, ㄴ, ㄷ
④ ㄱ, ㄷ, ㄹ
⑤ ㄱ, ㄴ, ㄷ, ㄹ

41 경험적 가족치료에 관한 설명으로 옳지 않은 것은?

① 자아존중감을 높이는 것이 중요한 치료목표이다.
② 역기능적 의사소통 유형을 일치형으로 바꾸도록 돕는다.
③ 가족규칙을 합리적으로 바꾸고, 자기 인생에 대한 선택권을 스스로 갖도록 한다.
④ 역기능적인 상호작용의 개선이나 증상 제거보다 개인의 성장에 더 초점을 둔다.
⑤ 가족의 상호작용 유형을 확인하고 문제를 외현화한다.

42 체계론적 관점에서 가족에 관한 설명으로 옳은 것은?

① 가족의 항상성은 어떤 행동이 허용되는가를 결정하는 가족규칙을 통해 공고해진다.
② 일탈행동이나 갈등상황에 대해 부적 환류를 적용하면 최초의 일탈이나 갈등을 증폭시키는 작용을 한다.
③ 가족은 상위체계와는 독립적으로 존재하며 그 안에 다양한 하위체계를 포함한다.
④ 경직된 경계를 가진 가족은 독립성과 자율성이 결여되어 있다.
⑤ 부모-자녀하위체계는 가족을 이끄는 책임을 지는 하위체계로 권위를 갖는 것이 중요하다.

43 가족의 구조와 기능에 관한 설명으로 옳은 것을 모두 고른 것은?

> ㉠ 기능적인 가족은 가족규칙을 융통성 있게 적용한다.
> ㉡ 부모와 자녀 간의 밀착된 관계는 하위체계 간 균형을 유지하게 한다.
> ㉢ 밀착된 가족은 경계의 투과성이 높아 체계 간 구분이 어렵다.
> ㉣ 기능적 가족은 가족성원에게 고정된 역할을 부여하여 혼란을 감소시킨다.

① ㉠, ㉡
② ㉠, ㉢
③ ㉡, ㉢
④ ㉡, ㉢, ㉣
⑤ ㉠, ㉡, ㉢, ㉣

44 집단문화에 관한 설명으로 옳지 않은 것은?

① 집단 고유의 스타일이나 독특성을 만들어 낸다.
② 집단응집력은 집단문화 형성에 영향을 미치는 요인이다.
③ 성원들의 가치가 혼합되면서 타 집단과 구분되는 특성이 만들어진다.
④ 다양한 성원들이 참여하는 개방형 집단에서 빠르게 형성된다.
⑤ 고정관념이나 편견이 많은 성원들은 집단문화 형성에 방해가 된다.

45 자조집단이 갖는 특징으로 옳은 것을 모두 고른 것은?

> ㉠ 동병상련의 경험에 기반을 둔다.
> ㉡ 집단사회복지사의 주요 역할은 변화매개인이다.
> ㉢ 집단 내 원활한 의사소통과 상호작용을 위해 공동지도자를 둔다.
> ㉣ 노아방주의 원칙(Noah's ark principle)에 따라 성원을 모집한다.

① ㉠
② ㉡, ㉢
③ ㉡, ㉣
④ ㉡, ㉢, ㉣
⑤ ㉠, ㉡, ㉢, ㉣

46 집단대상 실천의 치료적 효과에 해당하는 것을 모두 고른 것은?

> ㉠ 정보 습득   ㉡ 보편성
> ㉢ 이타심   ㉣ 정화

① ㉠
② ㉡, ㉢
③ ㉡, ㉣
④ ㉡, ㉢, ㉣
⑤ ㉠, ㉡, ㉢, ㉣

47 집단 사정도구의 활용 목적으로 옳은 것은?

① 소시오메트리: 개별 성원의 행동패턴 분석
② 소시오그램: 성원 간 상호작용 빈도 측정
③ 사회적 관계망표: 집단성원 활동에 대한 상호 평가
④ 상호작용차트: 성원의 집단참여 수준 분석
⑤ 의의차별척도: 하위집단의 구성여부 파악

48 집단의 종결단계에서 수행하는 과업으로 옳은 것을 모두 고른 것은?

> ㉠ 성원 간의 이해를 돕기 위해 자기 노출의 기회를 갖는다.
> ㉡ 집단경험을 통해 학습한 내용의 활용계획을 세운다.
> ㉢ 공통의 관심사를 찾기 위해 개방적 토론 시간을 늘린다.
> ㉣ 측정도구를 통해 성원 개인별 변화를 평가한다.

① ㉠
② ㉡, ㉢
③ ㉡, ㉣
④ ㉡, ㉢, ㉣
⑤ ㉠, ㉡, ㉢, ㉣

49 단일사례설계에 관한 설명으로 옳지 <u>않은</u> 것은?

① 동시에 여러 문제의 변화를 측정하는 것이 불가능하다.
② 개입의 효과성을 파악하기 위해 반복측정을 한다.
③ 기초선 자료수집은 개입 이전이나 이후에도 가능하다.
④ 개입과정에서 개입의 강도나 방식을 바꿀 수 있다.
⑤ 조사대상은 개인뿐 아니라 가족, 집단, 기관도 가능하다.

50 클라이언트의 개인정보 보호를 위한 기록 방법으로 옳지 <u>않은</u> 것은?

① 정확한 정보를 기록하고, 부정확한 것으로 확인되면 삭제나 수정할 수 있다.
② 서비스 신청에 필요하더라도 민감한 사적 정보는 제외한다.
③ 개인정보가 담긴 사례기록을 방치하는 것은 위법 행위이다.
④ 클라이언트의 사생활이나 비밀스러운 내용은 일반적인 용어로 바꾸어 기록한다.
⑤ 전산화된 기록에 대한 접근 권한을 제한하기 위해 암호화한다.

지역사회복지론

51 다음에서 설명하는 지역사회복지 이념은?

> • 지역주민은 지역사회복지의 이용자인 동시에 제공자라는 관점을 강조한다.
> • 지역주민의 욕구 및 문제를 해결하기 위한 주민의 주체성에 초점을 둔다.

① 전문화
② 정상화
③ 탈시설화
④ 주민참여
⑤ 사회통합

52 다음에서 설명하는 길버트와 스펙트(N. Gilbert & H. Specht)의 지역사회 기능은?

> 지역사회가 공유하는 지식, 사회적 가치, 행동양식을 지역사회 구성원들에게 전달하는 것

① 상부상조 기능
② 생산·분배·소비 기능
③ 사회화 기능
④ 사회통합 기능
⑤ 사회통제 기능

53 던햄(A. Dunham)의 지역사회유형에 따른 예시로 옳은 것을 모두 고른 것은?

> ㉠ 인구 크기 - 대도시, 중·소도시
> ㉡ 인구구성의 사회적 특수성 - 외국인촌, 저소득층 지역
> ㉢ 경제적 기반 - 농촌, 어촌, 광산촌
> ㉣ 행정구역 - 특별시, 광역시·도, 시·군·구, 읍·면·동

① ㉠, ㉡
② ㉠, ㉢
③ ㉡, ㉣
④ ㉠, ㉢, ㉣
⑤ ㉠, ㉡, ㉢, ㉣

54 한국의 지역사회복지 역사에 관한 설명으로 옳지 않은 것은?

① 1950년대 – 외국민간원조한국연합회(KAVA) 결성
② 1980년대 – 사회복지관 운영·건립 국고보조사업 지침 마련
③ 1990년대 – 재가복지봉사센터 설치·운영
④ 2010년대 – 읍·면·동 복지허브화사업 실시
⑤ 2020년대 – 시·군·구 희망복지지원단 설치·운영

55 영국의 지역사회복지 역사에 영향을 준 사건을 과거부터 시대순으로 옳게 나열한 것은?

  ㉠ 토인비홀(Toynbee Hall) 설립
  ㉡ 시봄(Seebohm)보고서
  ㉢ 정신보건법(Mental Health Act) 제정
  ㉣ 바클레이(Barclay)보고서
  ㉤ 하버트(Harbert)보고서

① ㉠ → ㉡ → ㉣ → ㉤ → ㉢
② ㉠ → ㉢ → ㉡ → ㉤ → ㉣
③ ㉠ → ㉢ → ㉣ → ㉤ → ㉡
④ ㉡ → ㉢ → ㉠ → ㉣ → ㉤
⑤ ㉢ → ㉠ → ㉤ → ㉣ → ㉡

56 다음 사례에 해당하는 지역사회복지이론은?

  A사회복지기관은 지방정부로부터 보조금을 지원 받은 후 지방정부의 요구와 통제를 수용하였다.

① 갈등이론
② 엘리트주의이론
③ 사회체계이론
④ 권력의존이론
⑤ 사회자본이론

57 지역사회복지이론에 관한 설명으로 옳은 것을 모두 고른 것은?

  ㉠ 사회체계이론 – 지역사회 내 갈등이 변화의 원동력이다.
  ㉡ 갈등이론 – 자원의 불평등한 분배로 인해 이해관계의 대립이 발생한다.
  ㉢ 자원동원이론 – 인간행동은 타인이나 사회환경과 상호작용하는 동안에 학습된다.
  ㉣ 사회자본이론 – 신뢰와 네트워크를 통해 지역사회 문제 해결을 위한 규범 등이 형성된다.

① ㉠, ㉢
② ㉡, ㉣
③ ㉢, ㉣
④ ㉡, ㉢, ㉣
⑤ ㉠, ㉡, ㉢, ㉣

58 포플(K. Popple, 1996)의 지역사회복지 실천모델로 옳지 않은 것은?

① 지역사회연계
② 지역사회교육
③ 지역사회개발
④ 지역사회행동
⑤ 인종차별철폐지역사회사업

59 로스만(J. Rothman)의 지역사회복지 실천모델에 관한 설명으로 옳은 것을 모두 고른 것은?

  ㉠ 지역사회개발모델은 지역사회 역량강화, 통합, 자조를 활동 목표로 둔다.
  ㉡ 사회계획모델에서는 변화의 매개체로 과업지향적인 소집단을 활용한다.
  ㉢ 사회행동모델에서 사회복지사의 핵심 역할은 옹호자, 선동가, 협상가이다.
  ㉣ 지역사회개발모델은 지역사회 문제 해결을 위해 전문가의 주도적 개입을 강조한다.

① ㉠, ㉢
② ㉡, ㉢
③ ㉡, ㉣
④ ㉠, ㉡, ㉢
⑤ ㉠, ㉡, ㉣

60 웨일과 갬블(M. Weil & D. Gamble)의 근린지역사회조직모델에 관한 설명으로 옳지 <u>않은</u> 것은?

① 조직화를 위한 구성원의 능력개발에 초점을 둔다.
② 일차적 구성원은 지역사회 이웃주민이다.
③ 사회복지사의 주요 역할은 조직가, 교육자, 촉진자, 코치이다.
④ 지방정부, 외부개발자, 지역주민을 변화의 표적체계로 본다.
⑤ 관심영역은 공통 관심사나 특정 이슈에 대한 정책, 행위, 인식의 변화이다.

61 다음에서 설명하는 테일러와 로버츠(S. Taylor & R. Roberts)의 지역사회복지 실천모델은?

> • 지역사회의 문제해결을 위해 관계망을 형성하거나 조정
> • 사회복지사, 자원봉사자, 행정가 등 다양한 구성원이 참여
> • 지역사회복지 실천 과정에서 클라이언트와 후원자의 영향력이 동등

① 계획모델
② 지역사회연계모델
③ 지역사회개발모델
④ 정치적 역량강화모델
⑤ 프로그램 개발 및 조정모델

출제 논란이 많아 변형한 문제입니다. 해설을 참고해주세요.

62 로스만의 지역사회개발모델에서 사회복지사의 핵심 역할이 <u>아닌</u> 것은?

① 치료자   ② 조력자
③ 촉진자   ④ 안내자
⑤ 교육자

63 지역사회복지 실천과정에 관한 설명으로 옳지 <u>않은</u> 것은?

① 지역사회문제 해결과정으로 볼 수 있다.
② 지역사회 사정은 지역사회의 욕구와 자원을 파악하는 단계이다.
③ 지역사회 문제나 욕구는 지역사회 상황에 따라 다양한 형태로 나타날 수 있다.
④ 자원동원, 재정집행, 네트워크는 실행단계에서 수행된다.
⑤ 총괄평가는 수행과정 중에 실시되어 실천과정의 문제점을 수정하는데 유용하다.

64 다음에서 설명하는 지역사회 욕구사정 방법에 관한 설명으로 옳은 것을 모두 고른 것은?

> ㉠ 서베이 – 지역주민으로부터 설문조사를 통해 직접적으로 자료를 수집하는 방법
> ㉡ 초점집단기법 – 전문가 패널을 대상으로 반복된 설문을 통해 합의에 이를 때까지 의견을 수렴하는 방법
> ㉢ 사회지표분석 – 정부기관이나 사회복지관련 조직에 의해 수집된 기존 자료를 활용하는 방법
> ㉣ 명목집단기법 – 지역사회 내 다양한 의견을 수렴하여 욕구의 우선순위를 결정하는 방법

① ㉠, ㉢   ② ㉠, ㉣
③ ㉠, ㉡, ㉢   ④ ㉠, ㉢, ㉣
⑤ ㉡, ㉢, ㉣

65 지역사회복지 실천기술 중 조직화 기술에 해당하지 <u>않는</u> 것은?

① 주민의 효율적 통제 기술
② 주민회의, 토론 등을 통한 의사소통
③ 구성원 간 갈등조율을 위한 대인관계기술
④ 주민지도력 발굴 및 향상 교육
⑤ 지역사회 문제와 이슈에 대한 정보수집 및 분석

66 다음 지역사회복지 실천과정에서 사회복지사가 활용한 기술은?

> A사회복지사는 사회적 고립가구 지원을 위해 ○○복지재단에 신청서를 제출하여 사업에 필요한 예산을 확보하였으며 지역 대학교에 봉사자를 요청하였다.

① 협상
② 자원개발 및 동원
③ 옹호
④ 조직화
⑤ 지역사회 교육

67 다음 사례에 제시된 사회복지사의 핵심 역할은?

> A사회복지사는 지역 내 복합적인 욕구를 가진 가구에 대한 사례관리 계획을 수립하였다. 이를 위해 지역사회의 다양한 기관들과 함께 서비스의 중복과 누락을 방지하기 위한 효율적인 개입 방안을 논의하였다.

① 옹호자　② 교육자
③ 조정자　④ 자원개발자
⑤ 협상가

68 지방자치제도에 관한 설명으로 옳지 않은 것은?

① 지역복지 활성화의 토대가 될 수 있다.
② 복지예산의 중앙집중화로 정책 효과성이 강화된다.
③ 우리나라는 지방자치법의 제정으로 도입되었다.
④ 지역복지 실현을 위해 중앙정부와 분담적 관계를 추구한다.
⑤ 사회복지서비스의 책임과 권한이 지방에 이양된다.

69 지방분권화가 지역사회복지에 미치는 영향으로 옳지 않은 것은?

① 지역 간의 경쟁이 심화되어 지역 이기주의가 나타날 수 있다.
② 지역사회복지에 대한 자기통치 원리가 중요시된다.
③ 지역주민의 의사를 반영한 행정서비스가 강화된다.
④ 지역 간 상대적 박탈감으로 사회적 형평성 문제가 발생된다.
⑤ 지방의회의 사회적 책임성이 약화된다.

70 지역사회보장협의체의 구성 및 역할에 관한 설명으로 옳은 것은?

① 대표협의체는 사회보장급여 제공과 관련된 조례를 제정한다.
② 대표협의체 위원에는 공무원이 포함되지 않는다.
③ 실무협의체는 사회보장급여 제공에 관한 사항을 심의·자문한다.
④ 실무협의체 위원은 10명 이상 40명 이하로 구성한다.
⑤ 읍·면·동 지역사회보장협의체는 지역사회보장계획의 시행결과를 평가한다.

71 시·군·구 지역사회보장계획 수립 및 시행절차에 관한 설명으로 옳은 것을 모두 고른 것은?

> ㉠ 시·군·구는 4년마다 지역사회보장계획을 수립하여야 한다.
> ㉡ 사회보장위원회의 심의와 지방의회 보고를 거쳐 시·도지사에게 제출한다.
> ㉢ 지역사회보장계획에는 사회보험에 필요한 재원 규모와 조달방안이 포함된다.
> ㉣ 지역사회보장조사는 지역사회보장 욕구조사와 자원조사로 구성된다.

① ㉠, ㉡   ② ㉠, ㉢
③ ㉠, ㉣   ④ ㉡, ㉢
⑤ ㉡, ㉣

72 지역사회 복지기관의 역할로 옳지 <u>않은</u> 것은?

① 사회복지협의회: 사회복지기관 간의 연계·협력·조정
② 자원봉사센터: 자원봉사 프로그램 개발·보급
③ 지역자활센터: 자활기금 설치·운영
④ 사회복지공동모금회: 모금 및 배분의 운용·관리
⑤ 사회복지관: 지역사회 복지문제 예방·해결

73 사회복지관 사업 내용 중 서비스제공 기능에 해당하는 것은?

① 지역욕구조사 실시
② 자원봉사자 개발 및 관리
③ 사회복지현장실습 교육 및 지도
④ 독거노인을 위한 일상생활 지원
⑤ 후원자 개발을 위한 기관 소식지 제작

74 사회적 경제에 관한 설명으로 옳은 것을 모두 고른 것은?

> ㉠ 사회적 경제주체는 정부와 시장이다.
> ㉡ 사회통합과 공동체의식 증진에 기여할 수 있다.
> ㉢ 호혜와 연대에 기초한 사회적 자본으로 시장경제의 대안이 된다.
> ㉣ 사회적 경제조직의 유형에는 협동조합, 마을기업, 자활기업 등이 있다.

① ㉠   ② ㉠, ㉡
③ ㉡, ㉢   ④ ㉠, ㉢, ㉣
⑤ ㉡, ㉢, ㉣

75 지역사회복지운동에 관한 설명으로 옳지 <u>않은</u> 것은?

① 지역사회의 부당한 권력구조를 변화시키기 위해 노력한다.
② 지역주민 참여를 위한 수요자 중심의 활동이 이루어진다.
③ 지역사회복지운동의 주체로 사회복지 실무자도 포함된다.
④ 특정 계층에 국한된 수단지향적인 활동이다.
⑤ 조례제정운동과 같은 제도변화과정을 예로 들 수 있다.

제3과목 | 사회복지정책과 제도

교시	문제형별	시험영역	시험시간
3교시	A	• 사회복지정책론 • 사회복지행정론 • 사회복지법제론	75분

사회복지정책론

01 사회복지정책의 목적으로 옳지 않은 것은?

① 빈부 간 갈등 예방과 사회통합
② 개인의 자립과 성장
③ 소득재분배에 의한 평등 추구
④ 사회안전망 강화와 생존권 보장
⑤ 개인의 능력에 따른 분배구조 확대

02 사회복지정책 가치인 연대에 관한 설명으로 옳지 않은 것은?

① 사람들이 서로 의무감과 책임감을 느끼고 함께 하려는 상태를 의미한다.
② 일반적으로 동질성과 동등성을 갖지 못한 대상에 대한 배타성을 갖게 된다.
③ 이질성과 개인화가 강조되는 상태에서 유지되는 연대를 유기적 연대라고 한다.
④ 최근 우리나라에서는 노동시장의 변화로 노동자들 간 동질성이 더욱 강화되었다.
⑤ 장애인의무고용은 연대를 제도화한 것이다.

03 마이클 샌델(M. Sandel)의 정의에 관한 설명으로 옳지 않은 것은?

① 절차적 장치로써 무지의 베일 활용
② 도덕에 기초하는 정치
③ 불평등 해소방법, 연대, 시민의 미덕
④ 시장의 도덕적 한계를 인정
⑤ 시민의식, 희생, 봉사

04 사회복지정책의 역사를 세 단계로 나눌 때 ( )에 들어갈 내용을 순서대로 나열한 것은?

	대상자	사회복지 주체	권리수준
빈민법	걸인, 부랑인, 구제가치가 있는 빈민	(㉠)	무권리, 정책 당국의 재량
사회보험	노동자 계급	국가, 노동조합	(㉡)
복지국가	(㉢)	국가, 시민단체	시민권

① ㉠: 노동조합 ㉡: 계약에 입각한 권리 ㉢: 노동자 계급
② ㉠: 국가, 노동조합 ㉡: 시민권 ㉢: 노동자 계급
③ ㉠: 국가, 교회, 영주 ㉡: 계약에 입각한 권리 ㉢: 시민, 개인
④ ㉠: 노동조합 ㉡: 정책 당국의 재량 ㉢: 시민, 개인
⑤ ㉠: 국가, 교회, 영주 ㉡: 시민권 ㉢: 노동자 계급

05 제2차 세계대전 이후 서구 복지국가의 전개과정에 관한 설명으로 옳은 것은?

① 노동과 자본의 극단적인 대립
② 대규모 재분배를 가능하게 하는 케인즈주의 경제정책
③ 자유방임 자본주의를 옹호하는 사상 확산
④ 공공부조 위주의 사회보장체계 구축
⑤ 가족과 시장의 책임강조

06 중상주의에 관한 설명으로 옳은 것을 모두 고른 것은?

㉠ 15세기 중반부터 18세기 중반까지 유럽대륙을 지배하였던 경제사상을 지칭하는 용어이다.
㉡ 국가유지에 필요한 비용을 마련하기 위해 식민지 개척과 무역정책을 추진하였다.
㉢ 식량부족으로 인구증가 억제정책을 추진하였다.
㉣ 빈민들의 근면성을 위해 임금수준을 낮게 유지하고자 하였다.

① ㉠
② ㉡, ㉢
③ ㉠, ㉡, ㉣
④ ㉡, ㉢, ㉣
⑤ ㉠, ㉡, ㉢, ㉣

08 사회적 배제에 관한 설명으로 옳지 않은 것은?

① 생활수준은 소득이나 재화뿐만 아니라 개인역량의 실현을 중심으로 판단되어야 한다.
② 사회적 배제의 범위에는 빈곤, 저학력, 열악한 주거환경 등 다양한 영역을 포괄한다.
③ 사회적 배제는 기본적으로 소득빈곤 개념의 협소성에 대한 비판으로 이해될 수 있다.
④ 사회적 배제 개념은 빈곤에 이르는 과정보다는 빈곤이라는 결과적인 상태에 초점을 둔다.
⑤ 불평등과 빈곤 개념은 소득의 차원을 넘어 다양한 차원으로 확대되어야 한다.

07 재분배에 관한 설명으로 옳은 것은?

① 건강보험은 건강한 사람으로부터 질병을 겪는 사람에게 자원을 재분배한다.
② 고용보험은 수직적 재분배효과가 가장 크다.
③ 정부는 최소극대화의 원칙에 따라 불평등을 완화하기 위해 모든 대상자에게 동일한 보험료를 부과한다.
④ 민간에서 이루어지는 자선활동에서는 파레토 개선 효과가 나타나지 않는다.
⑤ 사회민주주의에서는 개인의 효용관점에서 재분배를 정당화한다.

09 길버트(N. Gilbert)가 주장한 권능부여국가(enabling state)의 주요 요소에 해당하는 것은?

① 사회적 지원, 노동의 재상품화, 공공기관에 의한 제공, 권리의 공유를 통한 연대
② 사회적 포섭, 노동의 탈상품화, 민간기관에 의한 제공, 사회권으로서의 급여
③ 사회적 포섭, 노동의 재상품화, 민영화, 사회권으로서의 급여
④ 근로촉진, 선별적 표적화, 민영화, 사회적 의무와 연계된 급여
⑤ 근로촉진, 생활임금, 공적 운영, 사회적 의무와 연계된 급여

10 다음에서 설명하고 있는 정책결정모형은?

- 큰 범위에서의 기본적인 결정은 합리적으로 이루어지지만, 세부적 결정은 기본적 결정을 보완·수정하여 점증적으로 이루어진다고 주장하는 정책결정모형이다.
- 기본적 결정은 전체적인 방향을 설정하기 위해 중요한 대안을 탐색한 후에 이루어진다.
- 두 개의 대립되는 극단의 모형들을 절충한 것에 지나지 않는다는 비판이 있다.

① 쓰레기통모형 ② 점증모형
③ 혼합모형 ④ 만족모형
⑤ 최적모형

11 사회복지 급여형태 중 운영효율성이 가장 높은 급여와 목표효율성이 가장 높은 급여를 순서대로 짝지은 것은?

| ㉠ 현금 | ㉡ 증서(바우처) |
| ㉢ 현물 | ㉣ 기회 |

① ㉠, ㉡ ② ㉠, ㉢
③ ㉡, ㉢ ④ ㉢, ㉣
⑤ ㉣, ㉢

12 사회복지 공공재원에 관한 설명으로 옳지 <u>않은</u> 것은?

① 조세는 다른 재원에 비해서 평등을 구현하는데 용이하다.
② 사회보험료는 소득세에 비해 상대적으로 조세저항이 약하다.
③ 사회보험료는 조세와 비교해 상대적으로 소득재분배 효과가 약하다.
④ 소득세 누진성이 낮을수록 재분배효과가 크다.
⑤ 조세는 재원의 안정성과 지속성이 가장 강하다.

13 사회복지서비스 공급주체로서 중앙정부에 관한 설명으로 옳은 것은?

① 서비스 수혜자의 정책결정과정 참여가 용이하다.
② 지역주민의 욕구에 신속하게 대응할 수 있다.
③ 서비스의 지속성과 안정성 확보에 유리하다.
④ 사회통합의 저해 우려가 있고 규모의 경제 실현이 어렵다.
⑤ 이용자의 다양한 선택권을 보장하는데 유리하다.

14 사회복지전달체계에 관한 설명으로 옳은 것을 모두 고른 것은?

㉠ 사회복지서비스의 제공자들 사이 또는 공급자와 수급자 사이를 연결하기 위한 조직적, 구조적, 기능적 장치이다.
㉡ 사회복지전달체계의 운영주체는 크게 공공과 민간으로 나눌 수 있다.
㉢ 사회복지전달체계를 발전시키기 위해서는 서비스의 분열성, 불연속성, 무책임성, 비접근성을 배제해야 한다.
㉣ 비영리 민간사회복지기관은 공공부문과 연계하여 서비스를 제공하기도 한다.

① ㉠ ② ㉠, ㉣
③ ㉡, ㉢ ④ ㉡, ㉢, ㉣
⑤ ㉠, ㉡, ㉢, ㉣

15 현물급여를 모두 고른 것은?

┌─────────────────────────────────────┐
│ ㉠ 노인장기요양보험의 재가급여   │
│ ㉡ 산업재해보상보험의 요양급여   │
│ ㉢ 국민건강보험의 건강검진   │
│ ㉣ 국민기초생활보장제도의 생계급여 │
└─────────────────────────────────────┘

① ㉠
② ㉡, ㉣
③ ㉠, ㉡, ㉢
④ ㉡, ㉢, ㉣
⑤ ㉠, ㉡, ㉢, ㉣

16 현재 우리나라의 사회복지제도 중 보편주의적 성격에 해당하지 <u>않는</u> 것은?

① 아동수당
② 기초연금
③ 의무교육
④ 무상급식
⑤ 건강보험

17 산업재해보상보험에서 업무상 재해 인정기준에 해당하는 것을 모두 고른 것은?

┌───┐
│ ㉠ 사업주가 주관한 행사준비 중에 발생한 사고 │
│ ㉡ 휴게시간 중 사업주의 지배관리하에 있다고 │
│   볼 수 있는 행위로 발생한 사고   │
│ ㉢ 통상적인 경로와 방법으로 출·퇴근하는 중 발│
│   생한 사고   │
│ ㉣ 직장 내 괴롭힘으로 인한 업무상 정신적 스트│
│   레스가 원인이 되어 발생한 질병   │
└───┘

① ㉠, ㉡
② ㉠, ㉢
③ ㉡, ㉣
④ ㉡, ㉢, ㉣
⑤ ㉠, ㉡, ㉢, ㉣

18 국민연금제도에 관한 설명으로 옳은 것을 모두 고른 것은?

┌─────────────────────────────────────┐
│ ㉠ 국민연금공단은 관리운영과 보험료 징수를 담│
│   당한다.   │
│ ㉡ 기본연금액의 균등부분은 연금수급 전 3년간│
│   전체 가입자 평균소득월액의 평균액이다. │
│ ㉢ 기본연금액의 균등부분에서 소득재분배 효과│
│   가 나타난다.   │
│ ㉣ 기본연금액의 소득비례부분은 전체 가입자의│
│   기준소득월액의 평균액이다.   │
│ ㉤ 2028년 이후 국민연금의 소득대체율은 40년│
│   가입 기준 40%이다.   │
└─────────────────────────────────────┘

① ㉠, ㉢
② ㉡, ㉣
③ ㉠, ㉣, ㉤
④ ㉡, ㉢, ㉤
⑤ ㉠, ㉡, ㉢, ㉣, ㉤

19 건강보험 진료비 지불제도에 관한 설명으로 옳은 것은?

① 행위별 수가제는 질병 범주별로 구분하여 고정금액을 보수로 지불하는 방식이다.
② 포괄수가제는 의사가 담당하는 환자 수에 비례하여 일정 금액을 지급하는 방식이다.
③ 행위별 수가제는 행정절차가 간소하여 비용절감효과가 있다.
④ 우리나라는 포괄수가제를 일부 질병군에 적용하고 있다.
⑤ 포괄수가제는 의료기관의 1년간 운영비를 포괄적으로 지불하는 제도이다.

20 노인장기요양보험제도에 관한 설명으로 옳지 않은 것은?

① 가족요양비는 신체·정신 등의 사유로 인하여 가족에게 요양을 받아야 하는 자에게 지급할 수 있다.
② 재가급여로 분류되는 단기보호의 급여기간은 월 9일 이내를 원칙으로 하되 특별한 사유가 있는 경우 연장 가능하다.
③ 장기요양등급판정을 받은 65세 이상 노인은 소득수준과 상관없이 장기요양보험 급여를 받을 수 있다.
④ 일반 노인장기요양보험 가입자는 재가급여를 이용할 경우 15%의 본인부담금을 부담하여야 한다.
⑤ 노인요양공동생활가정은 5인 이상 15인 이하로 운영된다.

21 공공부조와 사회보험의 차이에 관한 설명으로 옳은 것은?

① 사회보험은 주로 보험료로 재정을 충당하며, 공공부조는 조세로 충당한다.
② 사회보험은 사후적인 성격이 강한 반면 공공부조는 예방적인 성격이 강하다.
③ 사회보험과 공공부조 모두 빈곤을 예방하는데 목적이 있다.
④ 공공부조가 사회보험보다 계약적 권리성이 강하다.
⑤ 사회보험은 중앙과 지방정부가, 공공부조는 정부가 위임한 관리운영기구가 운영주체이다.

22 사회서비스에 관한 설명으로 옳은 것은?

① 수급자 등 빈곤층만을 대상으로 한다.
② 주로 바우처 방식으로 수요자를 지원한다.
③ 전액 국비로 지원한다.
④ 단일 기관이 독점하여 공급한다.
⑤ 주로 획일화된 서비스를 제공한다.

23 최저임금제에 관한 설명으로 옳지 않은 것은?

① 우리나라에서는 최저임금제가 2000년부터 실시되었다.
② 최저임금제는 정신장애로 근로능력이 현저히 낮은 사람에게는 적용되지 않는다.
③ 최저임금제는 근로자에게 최저한의 생계를 유지할 수 있는 수준의 임금을 보장하기 위한 제도이다.
④ 최저임금제는 저임금 근로자의 증가를 억제하는 장치로 작용할 수 있다.
⑤ 최저임금제는 사회보장 급여수준에 영향을 미칠 수 있다.

24 도덕적 해이에 관한 설명으로 옳지 않은 것은?

① 도덕적 해이는 보험계약이 가입자들의 행동에 영향을 미치는 현상이다.
② 도덕적 해이는 보험가입 집단의 크기가 클수록 약화된다.
③ 도덕적 해이는 실업보험에서 발생할 가능성이 높다.
④ 도덕적 해이는 건강보험 진료비 본인부담을 정당화하는 논리로 사용된다.
⑤ 도덕적 해이가 심각해지면 민간보험사의 보험료 상승으로 이어질 수 있다.

25 사회보험과 민간보험에 관한 설명으로 옳은 것은?

① 사회보험은 조세를 주된 재원으로 한다.
② 민간보험은 사회보험보다 사회적 적절성이 중요하다.
③ 사회보험은 개인에게 발생할 수 있는 모든 위험을 대상으로 한다.
④ 민간보험은 물가상승에 따른 실질가치의 변동을 보장한다.
⑤ 사회보험 급여는 민간보험 급여보다 법적 권리성이 강하다.

사회복지행정론

26 사회복지행정의 개념에 관한 설명으로 옳은 것은?

① 정부조직만을 대상으로 한다.
② 조직의 효과성보다 효율성이 중요하다.
③ 정부 재정 외에 민간자원 활용은 배제한다.
④ 사회문제 해결과정에서 가치판단을 배제한다.
⑤ 사회복지정책을 서비스로 전환하는 과정이다.

27 한국 사회복지행정 역사에 관한 설명으로 옳지 <u>않은</u> 것은?

① 1950년대에는 긴급구호와 생활(수용)시설에서의 보호가 주를 이루었다.
② 1970년 『사회복지사업법』 제정으로 사회복지시설 운영에 관한 법적 근거가 마련되었다.
③ 1997년 『사회복지사업법』 개정을 통해 사회복지시설 평가가 법제화되었다.
④ 1998년 사회복지공동모금회가 설립되었다.
⑤ 2008년 노인장기요양보험제도 도입으로 민간기관의 서비스 제공이 금지되었다.

28 사회복지조직 이론에 관한 설명으로 옳은 것을 모두 고른 것은?

> ㉠ 과학적 관리론: 직무에 관한 과학적 연구와 분석
> ㉡ 관료제이론: 표준 운영 절차를 통한 합리성과 전문성 추구
> ㉢ 인간관계론: 조직 내 인간을 심리적, 사회적 욕구를 가진 전인격적 존재로 파악
> ㉣ 상황이론: 조직의 상황에 관계없이 효율성을 극대화할 수 있는 이상적 방법 추구

① ㉠, ㉡
② ㉢, ㉣
③ ㉠, ㉡, ㉢
④ ㉡, ㉢, ㉣
⑤ ㉠, ㉡, ㉢, ㉣

29 신공공관리(New Public Management)에 관한 설명으로 옳지 <u>않은</u> 것은?

① 공공부문 조직운영에 시장원리를 적용한다.
② 조직규모 확장과 중앙집권화를 지향한다.
③ 행정 효율성과 고객에 대한 대응성을 중시한다.
④ 규제완화와 조직원 참여를 중시한다.
⑤ 시민과 고객을 중심으로 서비스의 질적 수준 제고에 중점을 둔다.

30 민간 비영리조직의 특성에 관한 설명으로 옳지 <u>않은</u> 것은?

① 이윤이 발생하면 구성원에게 균등하게 배당한다.
② 시장과 정부 실패를 보완할 수 있다.
③ 최소한의 조직 구조와 운영 공식성을 갖는다.
④ 지방자치단체 보조금을 받을 수 있다.
⑤ 비영리조직 회원은 자발적으로 가입한다.

31 조직 분권화의 특성에 관한 설명으로 옳지 <u>않은</u> 것은?

① 최고관리자의 업무와 책임을 감소시킬 수 있다.
② 직원들의 자발적 협조를 유도할 수 있다.
③ 부서 간 협조가 늘어날 수 있다.
④ 위기와 갈등을 신속하게 해결할 수 있다.
⑤ 하위부서 재량권을 강화하는 효과가 있다.

32 다음에서 설명하는 조직구조는?

- 특정 사업이나 활동수행을 위해 기존 부서에서 인력을 파견하여 구성함
- 조직구성원의 역량을 최대한 활용할 수 있음
- 임시적으로 활동하고 과업이 종료되면 해체됨

① 라인-스탭(line-staff)
② 태스크포스(task force)
③ 감사(audit)조직
④ 거버넌스(governance)조직
⑤ 위계(hierarchy)조직

33 허츠버그(F. Herzberg)의 동기-위생이론에 따른 동기유발요인에 해당하는 것은?

① 성취에 대한 인정(recognition)
② 기술적 감독(technical supervision)
③ 급여(salary)
④ 근로조건(working condition)
⑤ 인간관계(interpersonal relations)

34 블레이크와 무톤(R. Blake & J. Mouton)의 관리격자(Managerial Grid) 리더십유형 분류에 관한 설명으로 옳은 것은?

① 효과성과 효율성에 대한 관심을 교차하여 유형화하였다.
② 이상적 유형은 컨트리클럽형(1.9)이다.
③ 팀형(9.9)은 과업성과보다는 구성원의 사기와 공동체의식을 중시한다.
④ 중도형(5.5)은 인간적 요소와 조직성과 간의 타협과 균형을 추구한다.
⑤ 무기력형(1.1)은 인간적 요소에 최대의 관심을 갖는다.

35 인적자원관리체계에 관한 설명으로 옳은 것은?

① 직무설계 - 직무 내용, 수행방법, 직무간의 관계 등 설정
② 직무분석 - 일의 종류, 난이도, 책임수준이 유사한 직급으로 묶음
③ 직무평가 - 평가대상 직무에 종사하는 직원들 평가
④ 직무기술서 - 직무수행자 자격요건 기술
⑤ 직무명세서 - 직무 성격, 내용, 수행방법 등 기술

36 사회복지조직에서 수행되는 슈퍼비전에 관한 설명으로 옳지 않은 것은?

① 조직구성원 훈련 및 개발에 유용한 도구이다.
② 교육적 기능은 직원의 정신적, 심리적 부담을 완화한다.
③ 행정적 기능은 효율적으로 일하는 구조와 자원을 제공한다.
④ 슈퍼바이저는 관리자, 중재자, 멘토 역할을 한다.
⑤ 슈퍼비전 구성요소는 슈퍼바이지, 슈퍼바이저, 클라이언트, 조직 등이다.

37 예산 유형에 관한 설명으로 옳지 않은 것은?

① 품목별 예산은 수입과 지출목록마다 예상되는 금액을 명시한다.
② 영기준 예산은 전년도 예산을 고려하지 않고 편성한다.
③ 기획예산제도(PPBS)는 장기적 기획과 단기적 예산 편성을 프로그램 작성을 통해 결합한다.
④ 프로그램 예산은 사업 목적보다 지출 품목을 강조한다.
⑤ 성과주의 예산은 '단위원가 × 업무량 = 예산액'으로 편성한다.

38 사회복지조직의 재무·회계에 관한 설명으로 옳지 않은 것은?

① 보건복지부는 『국가재정법』을 적용한다.
② 사회복지시설은 『사회복지법인 및 사회복지시설 재무·회계규칙』을 적용한다.
③ 사회복지법인 회계는 법인회계, 시설회계, 수익사업회계로 구분한다.
④ 법인회계와 수익사업회계는 필요시 복식부기도 할 수 있다.
⑤ 사회복지법인 대표이사는 관·항·목간 예산을 전용할 수 없다.

39 사회복지시설 예산 편성 및 결정 절차를 순서대로 나열한 것은?

> ㉠ 시설운영위원회 보고
> ㉡ 예산 공고
> ㉢ 예산 편성
> ㉣ 이사회 의결
> ㉤ 지방자치단체 제출

① ㉠ – ㉡ – ㉣ – ㉢ – ㉢
② ㉡ – ㉢ – ㉣ – ㉣ – ㉤
③ ㉢ – ㉠ – ㉣ – ㉤ – ㉡
④ ㉢ – ㉠ – ㉣ – ㉢ – ㉡
⑤ ㉤ – ㉠ – ㉣ – ㉢ – ㉡

40 패러슈라만 등(A. Parasuraman, V. A. Zeithaml & L. L. Berry)의 서비스 질 구성 차원 중 다음에 해당하는 것은?

> • 직원의 지식수준과 정중함, 신뢰와 확신을 심어줄 수 있는 능력
> • 긍정적 의사소통기법을 사용, 제품과 서비스를 정확히 설명

① 즉응성(responsiveness)
② 확신성(assurance)
③ 신뢰성(reliability)
④ 유형성(tangible)
⑤ 공감성(empathy)

41 다음에서 설명하는 사회복지 전달체계 구축 원칙은?

- 지역사회통합돌봄(커뮤니티 케어)
- 원스탑서비스 제공
- 서비스 단편성과 비연속성 문제를 해결

① 책임성 ② 접근성
③ 지속성 ④ 통합성
⑤ 적절성

42 사회복지 전달체계에 관한 설명으로 옳지 않은 것은?

① 공공 전달체계, 민간 전달체계, 공공과 민간 혼합 전달체계로 구분한다.
② 집행체계는 수급자와 대면 관계를 통해 서비스를 제공한다.
③ 행정복지센터, 공단, 사회복지법인은 공공 전달체계이다.
④ 사회복지서비스 공급자와 소비자를 연결하는 조직적·체계적 장치이다.
⑤ 우리나라 사회복지서비스는 공공과 민간의 혼합 전달체계로 제공된다.

43 기획에 활용되는 기법에 관한 설명으로 옳지 않은 것은?

① 간트차트(Gantt Chart)는 사업을 계획할 때 쉽고 간단하게 작성할 수 있다.
② 간트차트(Gantt Chart)는 일정계획 변경을 유연하게 수용하기 어렵다.
③ 프로그램평가검토기법(PERT)은 업무를 체계적으로 수행하는 데 도움이 된다.
④ 프로그램평가검토기법(PERT)은 일정변경 등 유동적인 상황을 대처하는 데 어렵다.
⑤ 총괄진행표(Flow Chart)는 프로그램 제공 과정을 시작부터 종료까지 한눈에 볼 수 있다.

44 사회복지조직에서 정보관리가 중요하게 된 이유에 관한 설명으로 옳지 않은 것은?

① 사회복지조직의 책임성을 강화할 수 있기 때문이다.
② 사회복지조직에서 정보관리가 최우선이기 때문이다.
③ 업무수행을 위한 적절한 정보체계를 구축할 수 있기 때문이다.
④ 종사자의 전문성을 강화할 수 있기 때문이다.
⑤ 사회복지조직의 효과성을 높이기 때문이다.

45 쓰레기통 모형(Garbage can Model)에 관한 설명으로 옳은 것은?

① 문제 진단과 의사결정 과정이 체계적이고 논리적으로 이루어진다.
② 결정자의 행동보다는 객관적인 상황적 조건에 더 많은 주의를 기울인다.
③ 가장 합리적인 대안을 선택하는 모형이다.
④ 합리성과 비합리성을 절충한 모형이다.
⑤ 조직화된 무질서 속에서 우연히 의사결정이 이루어진다.

46 비영리조직 마케팅에 관한 설명으로 옳은 것은?

① 고객 욕구충족보다는 판매에 집중한다.
② 이윤을 남기는 것이 최우선 목표이다.
③ 비영리조직의 책임성과 효과성이 강조되면서 중요성이 커졌다.
④ 후원자에게만 초점이 맞춰져 있다.
⑤ 비영리조직 마케팅 목적은 프로그램을 알리는 것이지 재정확충은 아니다.

47 사회복지조직 책임성에 관한 설명으로 옳지 않은 것은?

① 획일적 기준으로 책임성을 규명하기 어렵다.
② 사회복지 공급주체가 다양해지면서 책임성 요구가 늘어나고 있다.
③ 사회복지시설 민간위탁으로 책임성 요구가 커졌다.
④ 『사회복지사업법』 개정으로 사회복지시설 평가는 법으로 제도화되었다.
⑤ 책임성 요구가 증가하면서 사회복지서비스에 대한 질적평가는 제외되었다.

48 최근 사회복지행정환경 변화에 관한 설명으로 옳은 것은?

① 기업경영 방식 활용이 늘어나고 있다.
② 국가가 직접 제공하는 서비스가 늘어나고 있다.
③ 성과(outcome) 중심 평가에서 산출(output) 중심 평가로 전환되고 있다.
④ 사회복지행정의 이론적 준거틀이 필요 없게 되었다.
⑤ 사회복지서비스가 다양화되면서 전문가 활용이 감소하고 있다.

49 프로그램평가에 관한 설명으로 옳은 것을 모두 고른 것은?

㉠ 비용-편익분석은 효율성 평가이다.
㉡ 비용-효과분석은 효과성 평가이다.
㉢ 프로그램 종결 후 실시하는 성과평가는 총괄평가이다.
㉣ 효과발생의 인과 경로를 밝히는 것은 형성평가이다.

① ㉠, ㉡
② ㉠, ㉢
③ ㉠, ㉢, ㉣
④ ㉡, ㉢, ㉣
⑤ ㉠, ㉡, ㉢, ㉣

50 사회복지마케팅전략에 관한 설명으로 옳은 것은?

① 생산과 소비의 동시성을 고려한다.
② 세분화(segmentation)는 시장을 임의로 구분한다.
③ 클라이언트 집단은 마케팅전략의 대상이 될 수 없다.
④ 시장조사를 하지 않는다.
⑤ 영리마케팅에 비하여 상품의 내구성을 고려한 전략을 수립한다.

사회복지법제론

51 법률의 제정 연도가 가장 빠른 것은?

① 산업재해보상보험법
② 국민기초생활 보장법
③ 고용보험법
④ 국민연금법
⑤ 국민건강보험법

52 우리나라 사회복지법 체계와 법원에 관한 설명으로 옳은 것은?

① 성문법원의 종류로 관습법, 판례법, 조리가 있다.
② 시행령과 시행규칙은 국회의 의결을 거쳐 제정, 공포된 법원이다.
③ 시행령보다 시행규칙이 상위 법규범이다.
④ 대통령은 법률에서 구체적으로 위임받은 사항과 법률을 집행하기 위하여 필요한 사항에 관하여 대통령령을 발할 수 있다.
⑤ 정부는 법률안을 제출할 수 없다.

53 우리나라 사회복지관련법의 입법 변천사에 관한 설명으로 옳은 것을 모두 고른 것은?

㉠ 1981년 노인복지법이 제정되었다.
㉡ 2007년 노인장기요양보험법이 제정되었다.
㉢ 1961년 제정된 아동복리법은 1989년 아동복지법으로 개정되었다.
㉣ 1981년 제정된 심신장애자복지법은 1989년 장애인복지법으로 개정되었다.

① ㉠
② ㉡, ㉢
③ ㉠, ㉡, ㉣
④ ㉡, ㉢, ㉣
⑤ ㉠, ㉡, ㉢, ㉣

54 사회보장기본법상 사회보장수급권의 보호와 포기에 관한 설명으로 옳지 않은 것은?

① 사회보장수급권은 다른 사람에게 양도할 수 없다.
② 사회보장수급권은 담보로 제공할 수 없다.
③ 사회보장수급권은 정당한 권한이 있는 기관에 서면으로 통지하여 포기할 수 있다.
④ 사회보장수급권의 포기는 취소할 수 없다.
⑤ 사회보장수급권을 포기하는 것이 다른 사람에게 피해를 주는 경우에는 이를 포기할 수 없다.

55 사회보장기본법과 사회보장급여의 이용·제공 및 수급권자 발굴에 관한 법률에 명시되어 있는 사회보장 관련 계획에 관한 설명으로 옳은 것은?

① 사회보장 기본계획은 7년 주기로 수립된다.
② 보건복지부장관은 관계 중앙행정기관의 장과 협의하여 사회보장 기본계획을 수립하여야 한다.
③ 사회보장 기본계획은 사회보장위원회의 심의사항이 아니다.
④ 지방자치단체의 장은 지역사회보장계획을 5년마다 수립해야 한다.
⑤ 시·도 지역사회보장협의체와 시·군·구의 사회보장위원회는 지역사회보장계획을 심의·의결한다.

56 사회보장기본법상 용어의 정의에 관한 설명이다. ㉠, ㉡에 들어갈 용어로 옳은 것은?

- (㉠): 국민에게 발생하는 사회적 위험을 보험의 방식으로 대처함으로써 국민의 건강과 소득을 보장하는 제도
- (㉡): 국가와 지방자치단체의 책임 하에 생활 유지 능력이 없거나 생활이 어려운 국민의 최저생활을 보장하고 자립을 지원하는 제도

① ㉠: 사회보험, ㉡: 사회서비스
② ㉠: 사회보험, ㉡: 공공부조
③ ㉠: 공공부조, ㉡: 사회보장
④ ㉠: 사회보장, ㉡: 사회서비스
⑤ ㉠: 사회서비스, ㉡: 공공부조

57 사회보장기본법상 사회보장위원회에 관한 설명으로 옳지 않은 것은?

① 사회보장에 관한 주요시책을 심의·조정하기 위해 국무총리 소속으로 두고 있다.
② 실무위원회를 두며 실무위원회에 분야별 전문위원회를 둘 수 있다.
③ 위원은 30명 이내로 구성한다.
④ 위원의 임기는 4년이다.
⑤ 관계 중앙행정기관의 장과 지방자치단체의 장은 위원회의 심의·조정 사항을 반영하여 사회보장제도를 운영해야 한다.

58 조례와 규칙에 관한 설명으로 옳지 않은 것은?

① 조례는 지방의회의 의결을 거쳐 제정한다.
② 규칙은 지방자치단체의 장이 제정한 법규범이다.
③ 지방자치단체는 법령의 범위에서 그 사무에 관하여 조례를 제정할 수 있다.
④ 시·군 및 자치구의 규칙은 시·도의 규칙보다 상위 법규범이다.
⑤ 조례는 규칙보다 상위 법규범이다.

59 사회보장기본법상 사회보장 비용의 부담에 관한 설명으로 옳지 않은 것은?

① 사회보장 비용의 부담은 국가, 지방자치단체 및 민간부문 간에 합리적으로 조정되어야 한다.
② 공공부조에 드는 비용은 지방자치단체가 전부 부담한다.
③ 부담 능력이 있는 국민에 대한 사회서비스에 드는 비용은 그 수익자가 부담함을 원칙으로 한다.
④ 사회보험에 드는 비용은 사용자, 피용자 및 자영업자가 부담함을 원칙으로 한다.
⑤ 사회보험에 드는 비용의 일부를 관계 법령에서 정하는 바에 따라 국가가 부담할 수 있다.

60 사회복지사업법상 사회복지사에 관한 설명으로 옳지 않은 것은?

① 피성년후견인 또는 피한정후견인은 사회복지사가 될 수 없다.
② 보건복지부장관은 사회복지사가 거짓이나 그 밖의 부정한 방법으로 자격을 취득한 경우 사회복지사 자격을 취소하여야 한다.
③ 보건복지부장관은 사회복지사가 자격정지 처분 기간에 자격증을 사용하여 자격 관련 업무를 수행한 경우 그 자격을 취소하거나 1년의 범위에서 정지시킬 수 있다.
④ 보건복지부장관은 자격이 취소된 사람에게는 그 취소된 날부터 2년 이내에 자격증을 재교부하지 못한다.
⑤ 사회복지법인에 종사하는 사회복지사는 정기적으로 인권에 관한 내용이 포함된 보수교육을 받아야 한다.

61 사회복지사업법상 사회복지법인 설립허가를 반드시 취소하여야 하는 경우를 모두 고른 것은?

> ㉠ 설립허가 조건을 위반하였을 때
> ㉡ 목적 달성이 불가능하게 되었을 때
> ㉢ 거짓이나 그 밖의 부정한 방법으로 설립허가를 받았을 때
> ㉣ 법인 설립 후 기본재산을 출연하지 아니한 때

① ㉠, ㉡ ② ㉠, ㉢
③ ㉡, ㉢ ④ ㉡, ㉣
⑤ ㉢, ㉣

62 사회복지사업법상 사회복지시설(이하 '시설'이라고 한다)에 관한 설명으로 옳은 것은?

① 사회복지관은 사회복지서비스를 직업 및 취업 알선이 필요한 사람에게 우선 제공할 수 없다.
② 시설의 장은 시설의 운영에 관한 사항을 의결하기 위하여 시설에 운영위원회를 두어야 한다.
③ 국가 또는 지방자치단체 외의 자가 시설을 설치·운영하려는 경우에는 시장·군수·구청장에게 신고하여야 한다.
④ 대통령령으로 정하는 경우를 제외하고, 각 시설의 수용인원은 200명을 초과할 수 없다.
⑤ 시설의 장은 비상근을 겸직할 수 있다.

63 아동복지법령상 아동보호전문기관의 업무가 아닌 것은?

① 아동학대 신고접수, 현장조사 및 응급보호
② 피해아동, 피해아동의 가족 및 아동학대행위자를 위한 상담·치료 및 교육
③ 아동학대예방 교육 및 홍보
④ 피해아동 및 피해아동 가정의 기능 회복 서비스 제공
⑤ 피해아동 가정의 사후관리

64 노인복지법상 금지행위에 해당하는 것을 모두 고른 것은?

> ㉠ 노인에게 성적 수치심을 주는 성폭행·성희롱 등의 행위
> ㉡ 노인에게 구걸을 하게 하거나 노인을 이용하여 구걸하는 행위
> ㉢ 노인을 위하여 증여 또는 급여된 금품을 그 목적 외의 용도에 사용하는 행위

① ㉠
② ㉢
③ ㉠, ㉡
④ ㉡, ㉢
⑤ ㉠, ㉡, ㉢

65 장애인복지법의 내용으로 옳은 것은?

① 보건복지부장관 소속하에 장애인정책조정위원회를 둔다.
② 장애실태조사는 5년마다 실시하여야 한다.
③ 재외동포 및 외국인은 장애인 등록을 할 수 없다.
④ 장애인의 날은 매년 5월 20일이다.
⑤ 『장애인연금법』상의 중증장애인에게는 장애수당을 지급하지 아니한다.

66 한부모가족지원법의 내용으로 옳은 것은?

① 보건복지부장관은 한부모가족 지원을 위하여 한부모가족 정책에 관한 기본계획을 5년마다 수립하여야 한다.
② 청소년 한부모란 25세 이하의 모 또는 부를 말한다.
③ 아동이란 18세 미만의 자를 말하되, 병역면제인 자가 취학 중인 경우에는 22세 미만을 말한다.
④ 혼인 관계에 있지 아니한 자로서 출산 전 임신부는 출산지원시설을 이용할 때에도 이 법에 따른 지원대상자가 될 수 없다.
⑤ 이 법에 따른 복지 급여는 생계비, 아동수당, 아동교육비, 아동양육비이다.

67 가정폭력방지 및 피해자보호 등에 관한 법률의 내용으로 옳지 않은 것은?

① 피해자란 가정폭력으로 인하여 직접적으로 피해를 입은 자를 말한다.
② 사회복지법인과 그 밖의 비영리법인은 시장·군수·구청장의 인가를 받아 보호시설을 설치·운영할 수 있다.
③ 국가나 지방자치단체는 피해자나 피해자가 동반한 가정구성원이 아동인 경우 주소지 외의지역에서 취학할 필요가 있을 때에는 그 취학이 원활히 이루어지도록 지원하여야 한다.
④ 유치원의 장, 어린이집의 원장, 초·중등학교의 장은 가정폭력의 예방과 방지를 위하여 필요한 교육을 실시하고, 그 결과를 여성가족부장관에게 제출하여야 한다.
⑤ 단기보호시설은 피해자등을 6개월의 범위에서 보호하는 시설이다.

68 국민기초생활 보장법상 국내에 체류하고 있는 외국인에 대한 특례를 적용할 수 없는 자는?

① 대한민국 국민과 혼인하여 본인 또는 배우자가 임신 중인 자
② 대한민국 국적의 미성년 자녀를 양육하고 있는 자
③ 배우자의 대한민국 국적인 직계존속과 생계를 같이하고 있는 자
④ 배우자의 대한민국 국적인 직계존속과 주거를 같이하고 있는 자
⑤ 대한민국 국적의 성인 장애인과 함께 생활하고 있는 자

69 국민기초생활 보장법상 자활지원사업 수행기관에게 요구되는 개인정보보호에 관한 설명으로 옳지 않은 것은?

① 보건복지부장관은 수행기관의 통합정보전산망 사용 요청에 대하여 특별한 사정이 없는 한 모든 정보를 제공하여야 한다.
② 수행기관은 보건복지부장관에게 통합정보전산망 사용을 요청하는 경우 보안교육 등 자활지원사업 참여자의 개인정보에 대한 보호대책을 마련하여야 한다.
③ 수행기관은 통합정보전산망을 이용하고자 하는 경우 사전에 정보주체의 동의를 받아야 한다.
④ 사회보장급여 수급이력 등 개인정보는 수행기관에서 자활지원사업을 담당하는 자 중 해당 기관의 장으로부터 개인정보 취급 승인을 받은 자만 취급할 수 있다.
⑤ 자활지원사업 업무에 종사하였던 자는 자활지원사업 업무 수행과 관련하여 알게 된 개인·법인의 정보를 다른 용도로 사용해서는 아니 된다.

70 기초연금법상 기초연금 수급권을 상실하게 되는 경우가 아닌 것을 모두 고른 것은?

㉠ 사망한 때
㉡ 국적을 상실한 때
㉢ 장기요양등급판정을 받은 때
㉣ 국외로 이주한 때

① ㉡
② ㉢
③ ㉠, ㉡
④ ㉢, ㉣
⑤ ㉠, ㉢, ㉣

71 의료급여법의 내용으로 옳은 것은?

① 『입양특례법』에 따라 국내에 입양된 아동은 25세까지 수급권자로 특례 적용된다.
② 수급권자가 업무 또는 공무로 생긴 질병·부상·재해로 다른 법령에 따른 급여나 보상을 받게 되는 경우에는 이 법에 따른 의료급여를 하지 아니한다.
③ 의료급여에 관한 업무는 수급권자의 출생지를 관할하는 시장·군수·구청장이 한다.
④ 『지역보건법』에 따라 설치된 보건소는 의료급여기관이 될 수 없다.
⑤ 시장·군수·구청장은 수급권자가 정당한 이유 없이 의료급여기관의 진료에 관한 지시에 따르지 아니한 경우에도 의료급여를 제한해서는 아니 된다.

72 국민건강보험법상 국민건강보험공단에 관한 설명으로 옳지 않은 것은?

① 요양급여 외에 임신·출산 진료비, 장제비, 상병수당, 그 밖의 급여를 실시할 수 있다.
② 가입자와 피부양자에 대하여 질병의 조기발견과 그에 따른 요양급여를 하기 위하여 건강검진을 실시한다.
③ 회계연도마다 예산안을 독자적으로 편성하고 지출할 수 있다.
④ 고의 또는 중대한 과실로 인한 범죄행위에 그 원인이 있는 경우 보험급여를 하지 아니한다.
⑤ 보험료등의 납부의무자가 납부기한까지 보험료등을 내지 아니하면 그 납부기한이 지난 날부터, 매 1일이 경과할 때마다 연체금을 징수한다.

73 산업재해보상보험법상 보험급여의 종류가 아닌 것은?

① 요양급여
② 휴업급여
③ 예방·재활급여
④ 상병보상연금
⑤ 직업재활급여

74 고용보험법상 명시되어 있는 고용보험사업을 모두 고른 것은?

> ㉠ 고용안정·직업능력개발 사업
> ㉡ 실업급여
> ㉢ 육아휴직 급여
> ㉣ 자활급여

① ㉠, ㉡
② ㉠, ㉢
③ ㉡, ㉢
④ ㉠, ㉡, ㉢
⑤ ㉡, ㉢, ㉣

75 노인장기요양보험법상 장기요양인정에 관한 설명으로 옳지 않은 것은?

① 장기요양기관은 수급자를 대리하여 장기요양인정을 신청한다.
② 대통령령으로 정하는 경우를 제외하고, 장기요양인정을 신청하는 자는 국민건강보험공단에 장기요양인정신청서에 의사 또는 한의사가 발급하는 소견서를 첨부하여 제출하여야 한다.
③ 국민건강보험공단은 장기요양인정 신청서를 접수한 때 소속 직원으로 하여금 신청인의 심신상태, 신청인에게 필요한 장기요양급여의 종류 및 내용 등에 대하여 조사하게 하여야 한다.
④ 등급판정위원회는 신청인이 신청자격요건을 충족하고 6개월 이상 동안 혼자서 일상생활을 수행하기 어렵다고 인정하는 경우 등급판정기준에 따라 수급자로 판정한다.
⑤ 국민건강보험공단은 등급판정위원회가 장기요양인정 및 등급판정의 심의를 완료한 경우 지체없이 장기요양인정서를 작성하여 수급자에게 송부하여야 한다.

정답과 해설

2025년 제23회 사회복지사 1급 국가시험

제1과목 | 사회복지기초

인간행동과 사회환경 ⓟ 93

01	②	02	③	03	⑤	04	④	05	④
06	①	07	④	08	③	09	②	10	①
11	②	12	⑤	13	②	14	④	15	③
16	②	17	①	18	①	19	⑤	20	④
21	③	22	⑤	23	④	24	①	25	④

사회복지조사론 ⓟ 98

26	③	27	②	28	④	29	⑤	30	④
31	⑤	32	①	33	③	34	④	35	①
36	③	37	④	38	②	39	②	40	④
41	①	42	③	43	①	44	⑤	45	④
46	②	47	④	48	①	49	③	50	②

01 ▶ ②

| 오답 해설 |

① 인간발달단계(출생~사망)마다 수행해야 할 역할이나 해결해야 할 중요 과업이 있기 때문에 인간발달이론은 사회복지실천의 모든 단계에서 유용하다.
③ 클라이언트를 둘러싼 환경의 영향력을 평가할 수 있다.
④ 인간발달은 개인의 생물학적 요소와 사회환경이 상호작용한 결과로 이루어지므로 모두 중요하다.
⑤ 발달과업은 각 연령에 따라 다르므로 획일적으로 이해할 수 없다.

02 ▶ ③

| 오답 해설 |

① 발달에는 개인차가 존재하므로 최적의 시기 역시 존재한다.
② 발달은 일정한 순서와 방향성을 가지고 진행되므로 예측 가능하다.
④ 발달은 상부에서 하부, 대근육에서 소근육, 중심부위에서 말초부위로 진행된다.
⑤ 성숙에 대한 설명이다. 성장은 시간의 흐름에 따라 신체나 지적 능력의 양적 증가를 포함한다.

03 ▶ ⑤

개인의 무의식을 강조하는 이론은 융의 분석심리이론이다. 융은 인간행동이 의식과 무의식의 두 가지 힘으로 구성되며, 무의식에는 개인 무의식과 집단 무의식이 있음을 강조한다. 행동주의 이론에서는 인간행동은 과거의 경험이나 심리보다는 외부환경이나 자극을 통해 학습한다고 본다.

04 ▶ ④

| 오답 해설 |

성격이론에 맞는 학자와 주요 개념은 다음과 같다.
① 인본주의이론 – 매슬로우 – 결핍동기
② 정신분석이론 – 프로이트 – 의식
③ 인지발달이론 – 피아제 – 동화
⑤ 분석심리이론 – 융 – 아니마

05 ▶ ④

| 오답 해설 |

㉠ 인간을 주관적인 존재로 규정하는 것은, 피아제의 인지발달이론이다.
㉡ 인간행동을 인간이 지닌 자유의지의 결과로 보는 학자는 매슬로우이며 대표적인 이론은 욕구이론이다.

06 ▶ ①

부적강화는 부정적 자극을 제거함으로써 바람직한 행동의 빈도를 증가시킨다.

07 ▶ ④

융의 분석심리이론에 대한 설명이다. 융은 기본적인 태도와 기능을 제시하고 이를 조합하여 인간의 모든 성격 유형을 설명하려고 했다.

08 ▶ ③

신체화에 대한 설명이다. 내면화는 '투입'이라고도 하며 외부의 대상을 자기 내면의 자아체계로 받아들이는 기제이다.

09 ▶ ②

인간의 욕구발달단계를 제시한 이론은 로저스가 아닌 매슬로우의 욕구(계층)이론이다. 로저스의 현상학이론과 매슬로우의 욕구이론은 인본주의이론에 속한다.

10 ▶ ①

물활론적 사고란 모든 물질에 생명과 감정을 부여하는 사고방식이며, 전조작기의 대표적인 사고방식이다.

11 ▶ ②

매슬로우는 인본주의 학자로, 인간의 본성은 본래 선하다고 주장할 만큼 인간의 본질을 긍정적으로 바라보았다.

| 오답 해설 |
① 프로이트의 정신분석이론이다.
③ 스키너의 행동주의이론이다.
④ 아들러의 개인심리이론이다.
⑤ 반두라의 사회학습이론이다.

12 ▶ ⑤

생태체계이론은 인간과 주변환경의 상호교류 및 상호의존성을 설명하는 통합적 관점이다. 따라서 원인과 결과의 상호적(순환적) 인과관계를 강조한다.

13 ▶ ②

| 오답 해설 |
ⓒ 항상성은 체계를 안정적이며 지속적인 균형 상태를 유지하도록 하는 경향을 말한다. 반면, 엔트로피는 체계의 혼란과 무질서를 증가시킨다.
ⓔ 균형은 체계의 구조 변화가 거의 없고 현상 유지를 바람직한 상태로 여기는 폐쇄체계에서 나타난다.

14 ▶ ④

| 오답 해설 |
① 인습적 수준(3단계)에 대한 설명이다.
② 후인습적 수준(6단계)에 대한 설명이다.
③ 전입습적 수준(1단계)에 대한 설명이다.
⑤ 인습적 수준(4단계)에 대한 설명이다.

15 ▶ ③

| 오답 해설 |
① 미시체계: 개인이 속한 가장 직접적인 사회적·물리적 환경으로 개인의 성장과 활동범위에 따라 달라질 수 있다. 체계 내의 각 구성원은 직접적 상호작용을 한다.
② 중간체계: 두 가지 이상의 미시체계 간의 관계 혹은 특정 시점에서 미시체계들 간의 상호작용을 의미한다.
④ 외체계: 개인과 직접 상호작용 하지는 않지만, 미시체계에 영향을 주는 사회적 환경이다.
⑤ 시간체계: 개인의 생애에 걸쳐 일어나는 변화와 역사적 환경을 포함하는 체계로 언제 태어났는지에 따라 개인의 삶은 큰 영향을 받는다.

16 ▶ ②

브론펜브레너는 가족, 지역사회, 문화 등 인간이 몸담고 있는 생태환경을 체계적으로 구조화하고, 환경체계와 개인 간의 관계를 이해하는 것을 주요 과제로 삼았다.

| 오답 해설 |
① 미시체계에 대한 설명이다.
③ 거시체계에 대한 설명이다.
④ 외체계에 대한 설명이다.
⑤ 시간체계에 대한 설명이다.

17 ▶ ①

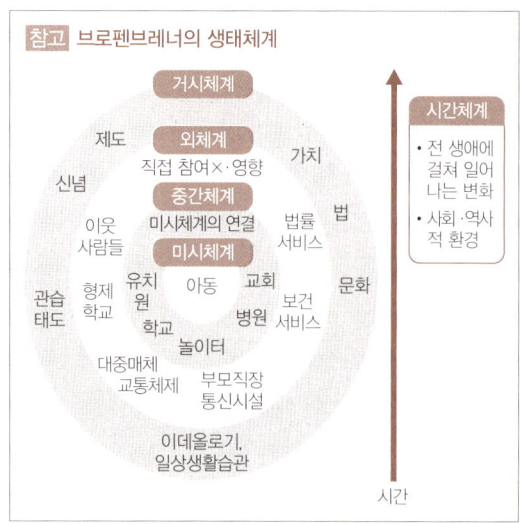

18 ▶ ①

| 오답 해설 |

②, ③ 분류화, 서열화를 획득하는 시기는 아동기이다.
④ 오이디푸스 콤플렉스를 경험하는 시기는 유아기(학령전기)이다.
⑤ 상징적 사고가 활발한 시기는 유아기(걸음마기)이다.

19 ▶ ⑤

유아기(걸음마기)는 피아제의 전조작기 전기(전개념적 사고단계)에 해당한다. 피아제의 자율적 도덕성 단계에 도달하는 시기는 아동기(구체적 조작기)이다.

20 ▶ ④

아동기는 피아제의 전조작기에서 구체적 조작사고로 전환되는 시기이다. 구체적 조작사고란 논리적 사고의 발달, 조합기술, 보존개념 확립, 분류화, 서열화 등이 특징이다. 형식적 조작사고는 청소년기(13~19세)에 해당한다.

21 ▶ ③

| 오답 해설 |

① 조합기술이 획득되는 시기는 아동기이다.

② 경험귀납적 사고에서 가설연역적 사고로 전환된다.
④ 2차 성징은 생식기능의 발달과 성적 성숙의 결과다.
⑤ 상상적 청중과 개인적 우화를 통해 급격한 변화를 경험하면서 자신에게 몰두하는 자아중심성이 커지게 된다.

22 ▶ ⑤

| 오답 해설 |

① 노년기(에릭슨의 통합성)에 해당한다.
② 유아기(걸음마기)에 해당한다.
③ 독립에 대한 양가감정을 가진다.
④ 아동기에 해당한다.

23 ▶ ⑤

중년기에는 실질적인 문제해결능력인 결정성 지능은 계속해서 발달하지만 새로운 것을 학습하는 능력은 떨어진다.

| 오답 해설 |

① 정체성 대 침체 단계는 에릭슨의 심리사회이론 8단계 중 청소년기에 해당하는 단계다. 중년기는 생산성 대 침체 단계에 해당한다.
② 중년기의 갱년기는 남녀 모두에게 나타나며, 신진대사 둔화 및 성적 능력이 저하된다.
③ 여성 역시 에스트로겐 분비가 감소한다.
④ 영아기에 대한 설명이다.

24 ▶ ①

노년기에는 내향성과 더불어 조심성, 경직성, 수동성 등이 증가한다.

25 ▶ ③

| 오답 해설 |

생애주기별 특징을 올바르게 연결하면 다음과 같다.
① 유아기(3~6세) – 성역할 인식 확립
② 영아기(0~2세) – 대상영속성 형성
④ 노년기(65세 이상) – 자아통합 완성
⑤ 청년기(20~35세) – 친밀감 형성

26 ▶ ③

사회복지사의 직관에 의한 실천지식을 강화하는 것이 아니다. 명확한 인과관계와 객관적 사실, 다수가 충분히 공감할 수 있는 타당한 논리적 과정이 요구된다.

27 ▶ ②

| 오답 해설 |
① 기술연구(기술적 조사)는 현상의 모양이나 분포, 크기, 비율 등 단순 통계적인 것에 대한 조사이다. 연구문제와 가설을 설정한 이후에 실시되며, 어떤 정책을 결정하는데 필요한 정보를 얻기 위해 많이 사용된다.
③ 가설 검증 결과가 연구자의 기대와 달라서 가설을 연구결과에 맞추어 수정할 경우, 연구윤리 및 결과의 왜곡을 발생시킨다.
④ 연구자의 객관적 논리에 입각하여 연구결과를 해석하여야 한다.
⑤ 조사를 통해 검증된 인과관계에 입각하여 문제의 발생을 확률적 결정론으로 예측하여야 한다.

28 ▶ ④

㉠ 종단조사는 시간간격을 두고 반복적으로 조사하는 연구방법이다. 2022년과 2025년에 전국가정폭력실태조사를 진행한 점에서 종단조사에 해당한다.
㉡ 표본조사는 모집단 전체가 아닌 표본을 추출해 자료를 수집하는 조사이다. 전국의 가구 중 일부를 선정했다는 점에서 표본조사에 해당한다.
㉣ 경향조사란 동일한 주제를 대상으로 장기간 반복적으로 조사를 실시하지만 응답자는 조사마다 동일하지 않다. 2022년 조사 대상과 2025년 조사 대상이 동일하지 않으므로 경향조사에 해당한다.
| 오답 해설 |
㉢ 패널조사란 동일한 대상에게 일정한 시간 간격을 두고 같은 내용을 반복적으로 조사하는 연구방법을 말한다. 지문에서 '동일한 대상'이라는 내용이 없기 때문에 해당하지 않는다.

29 ▶ ⑤

사회복지조사의 과정은 다음과 같다. 문제설정 → 가설설정 → 조사설계 → 자료수집 → 자료분석 및 해석 → 보고서 작성 순이다.

30 ▶ ④

| 오답 해설 |
① 가설의 지지여부는 영가설(귀무가설)을 직접 검증하여 반증한다.
② 1종 오류는 영가설이 참이지만 부정·기각하는 오류이며 신뢰수준이 95%에서 99%로 높아지면 1종 오류를 줄일 수 있다.
③ 영가설(귀무가설)에 대한 설명이다. 연구가설은 조사과정을 통해 연구자가 검증하고자 하는 가설이다.
⑤ 신뢰수준을 낮추면 유의수준은 높아지고 제1종 오류의 가능성 역시 높아진다.

31 ▶ ⑤

조절변수란 독립변수와 종속변수 간의 관계에 영향을 미치는 변수를 뜻한다.
| 오답 해설 |
①, ③ 소진정도: 종속변수
②, ④ 업무부담: 독립변수

32 ▶ ①

내용타당도란 검사문항이 측정하고자 하는 현상 등을 잘 대표하는지와 관련된다. 측정도구의 타당도의 높고 낮음은 해당 분야의 전문가의 해석으로 판단된다.
| 오답 해설 |
② 판별타당도는 서로 다른 개념을 측정할 경우에는 측정결과가 상이해야 한다는 것이다.
③ 예측타당도는 척도가 미래에 발생할 어떤 사건(기준변수)을 얼마나 잘 예측하는가에 관한 것이다.
④ 동시타당도는 척도가 현재의 어떤 사건을 얼마나 잘 나타내는가에 관한 것이다.
⑤ 수렴타당도는 동일한 개념을 측정하기 위하여 서로 다른 측정방법을 사용하여 측정한 결과는 높은 상관관계를 보여야 한다는 것이다.

33 ▶ ③

보가더스의 사회적 거리척도는 연구자가 측정하고자 하는 특정 현상이나 사회 이슈에 대해 개인이 어느 정도의 수준까지 수용할 수 있는지 측정할 때 사용한다.

34 ▶ ④

신뢰도는 타당도를 위한 필요조건이지만, 충분조건은 아니다. 반대로 타당도는 신뢰도를 확보하기 위한 충분조건이다.

35 ▶ ①

| 오답 해설 |
②, ⑤ 개념적 정의를 측정 가능한 형태로 조작한 것이 조작적 정의이다. 따라서 조작적 정의는 질적 조사에 비해 양적 조사에서 더욱 중요하다.
③ 측정하고자 하는 개념의 의미는 개념적 정의를 통해 확장된다.
④ 개념적 정의 → 조작적 정의 → 측정의 순서로 이루어진다.

36 ▶ ③

비표본오차란 표집하는 과정에서 발생하는 실수를 의미한다. 따라서 전수 연구는 표본 연구에 비해 비표본오차가 크다.

37 ▶ ④

| 오답 해설 |
ⓒ 상·중·하 등급으로 평가한 국어 교과목의 성적은 서열변수에 해당한다. 서열변수란 변수 내 서열과 순서가 존재하는 변수를 말한다.

38 ▶ ②

노인복지관별 등록자명단에서 등록인원 수에 비례하여 난수표(무작위 할당)를 활용했다는 점에서 확률표집방법, 그중에서도 비례층화표집을 활용했음을 알 수 있다. 층화표집은 군화표집보다 표집오차가 적게 발생한다.

| 오답 해설 |
① 해당 연구에서 최종적인 표본 선정은 난수표를 활용한 확률표집방법(무작위 할당)으로 이루어졌다.
③ 해당 연구는 비례층화표집으로 진행되어 편향성이 발생하지 않는다. 반면, 비비례층화표집은 비율을 고려하지 않고 추출하기 때문에 편향성이 발생한다. 따라서 분석단계에서 가중치를 활용할 수밖에 없다.
④ 노인복지관별 등록자명단이라는 표집틀이 존재하기 때문에 표집틀의 부재는 해당하지 않는다.
⑤ 비확률 표집방법 중 할당표집에 대한 설명이다.

39 ▶ ②

| 오답 해설 |
① 추정치가 모수에 근접할 확률은 표본의 크기에 비례한다.
③ 조사비용과 시간의 한계는 표본의 크기가 커질수록 증가하고 작을수록 감소한다.
④ 표본의 크기와 표본오차는 반비례한다.
⑤ 통계분석방법은 표본의 크기마다 다르다. 변량분석의 경우 표본크기는 10~15, 다변량분석의 경우 표본크기는 20정도가 필요하다.

40 ▶ ④

단순시계열 설계는 실험처치를 기준으로 최소 3번 이상의 사전검사와 사후검사를 실시하여 실험효과를 검증하는 것을 말한다.

| 오답 해설 |
① 비동일비교집단 설계는 순수실험설계의 통제집단 사전·사후검사설계와 유사하지만, 실험집단과 통제집단을 무작위 할당하지 않는 점이 다르다. 임의적인 방법으로 양 집단을 선정하고 사전·사후검사를 실시하여 종속변수의 변화를 비교한다.
② 분리표본 사전사후검사 설계는 유사실험설계(준실험설계)로, 무작위할당으로 통제집단과 실험집단을 배치하며 통제집단에 한해 사전검사만을 실시한다.
③ 솔로몬 4집단 설계는 순수실험설계로, 통제집단 사전·사후검사설계와 통제집단 사후검사설계를 합하여 상호작용 검사효과를 제거한 완벽한 설계디자인이다.

⑤ 단일집단 사전사후검사 설계는 원시실험설계(전 실험설계)로, 조사 대상자에 대해서 사전검사를 실시하고 독립변수를 도입한 후 사후검사를 실시하여 인과관계를 추정하려는 연구이다.

41 ▶ ①

| 오답 해설 |
② 인터넷이 가능한 환경에서만 표집이 가능하다.
③ 비용도 저렴하고 시간도 절약할 수 있다.
④ 간단하거나 문항 수가 적을 때 적합하다.
⑤ 표적집단을 확인할 수 없기 때문에 동일인의 중복응답을 통제하기 어렵다.

42 ▶ ⑤

외적 타당도 저해 요인 중 하나인 '실험에 대한 반동효과(호손효과)'에 대한 설명이다. 이 효과는 실험상황이 인위적일수록 커진다.

43 ▶ ①

솔로몬 4집단 설계란 통제집단 사전사후검사 설계와 통제집단 사후검사설계가 결합된 연구방법을 말한다. 현실적으로 4집단을 무작위할당하기 어렵고, 비용도 많이 요구되기 때문에 사회복지 현장에서 실제로 활용하기에 부적합하다.

44 ▶ ⑤

보기에서 설명하는 조사설계는 순수실험설계이다. 이 설계는 무작위 할당, 독립변수의 조작, 종속변수의 비교, 외생변수 통제가 가능할 때 가능하다. 따라서 실험설계가 갖추어야 하는 기본요소가 부족한 전실험설계(선실험설계)보다 순수실험설계가 내적타당도가 높다.

45 ▶ ②

델파이기법은 무기명으로 진행되어, 익명성이 보장되기 때문에 참여자들의 책임성이 낮아질 수 있다.

46 ▶ ②

양적연구가 객관적이고 논리적인 관점에서 접근하는 반면, 질적연구는 주관적이며 직관적인 관점에서 접근한다.

47 ▶ ④

| 오답 해설 |
ⓒ 단일사례설계는 하나의 사례를 기반으로 연구를 진행하여 내적타당도(인과관계)가 높아 개입의 효과를 검증할 때 유용하다. 그러나 외적타당도가 낮아 일반화의 가능성은 낮다.

48 ▶ ①

| 오답 해설 |
② 대면면접법이 우편조사법보다 조사자의 편견을 배제하기 힘들다.
③ 대면면접법이 전화면접법보다 익명성을 보장하기 어렵다.
④ 대면면접법은 복잡한 질문을 사용할 수 있으며 보다 정확한 응답을 얻을 수 있다.
⑤ 대면면접법 중 구조화(표준화)된 면접은 질문의 순서, 질문 문항 등을 명확하게 제시해야 한다.

49 ▶ ③

서베이 연구는 사람들을 대상으로 설문지(질문지)를 활용하여 자료를 수집하는 방식으로 양적 연구에 해당한다.

50 ▶ ②

내용분석은 분석대상에 영향을 미치지 않는 비관여적·비반응적 연구 방법이다. 반면, 내러티브 탐구는 이야기들이 다양한 방식으로 분석됨으로 연구자가 연구대상에 미치는 영향이 있다.

제2과목 | 사회복지실천

사회복지실천론   P 104

01	⑤	02	⑤	03	④	04	①	05	⑤
06	④	07	①	08	③	09	②	10	③
11	②	12	⑤	13	①	14	⑤	15	②
16	②	17	①	18	④	19	③	20	④
21	④	22	⑤	23	③	24	⑤	25	①

사회복지실천기술론   P 109

26	③	27	②	28	④	29	⑤	30	④
31	②	32	②	33	④	34	③	35	⑤
36	⑤	37	⑤	38	⑤	39	④	40	⑤
41	⑤	42	①	43	②	44	④	45	①
46	⑤	47	④	48	③	49	①	50	②

지역사회복지론   P 113

51	④	52	③	53	⑤	54	⑤	55	⑤
56	④	57	②	58	①	59	①	60	⑤
61	②	62	①	63	⑤	64	④	65	①
66	②	67	③	68	②	69	⑤	70	②
71	③	72	③	73	②	74	⑤	75	④

01 ▶ ⑤

병리적 관점에 관한 서술이다. 임파워먼트모델에서 사회복지사는 변화과정의 동반자로서 클라이언트와 협력하고, 클라이언트를 적극적인 참여의 권리를 가진 소비자로 여긴다.

02 ▶ ⑤

사례관리과정에서 사정영역은 클라이언트의 욕구 내용과 정도를 파악하고 클라이언트가 자신의 욕구에 얼마만큼 대응할 능력이 있는지 조사한다. 또한 그 욕구에 대응하는 공식·비공식적인 서비스 역량도 조사한다.

03 ▶ ④

개인과 환경 간 불균형 발생 시 문제가 감소하도록 돕는다.

04 ▶ ①

보기 속 내용과 임파워먼트모델의 각 단계를 연결하면 다음과 같다. 대화 단계(파트너십 형성) → 발견 단계(자원역량 사정 / 강점의 확인) → 발달 단계(성공의 확인)

05 ▶ ⑤

보기를 연도별로 나열하면 다음과 같다.
ⓒ(1917년) → ⓛ(1929년) → ㉠(1930년대~1950년대) → ㉣(1957년)

06 ▶ ④

| 오답 해설 |
① 체계를 구성하는 소단위이며 물리적 또는 개념적으로 그려질 수 있다. 개념적인 경계는 사회복지사의 판단에 따른다.
② 체계 구성요소 간의 상호작용 감소에 따라 유용한 에너지가 점차 감소하는 상태이며, 체계가 서서히 무질서와 혼돈 상태로 빠지는 것을 말한다.
③ 인간이 다른 구성원과 소통하고 관계를 맺음을 말한다.
⑤ 클라이언트가 어려움을 스스로 극복하기 위해 노력하는 것을 말한다.

07 ▶ ①

| 오답 해설 |
② 행정복지센터는 2차 현장이면서 이용시설이다.
③ 노인요양공동생활가정은 2차 현장이면서 생활시설이다.
④ 아동보호전문기관은 1차 현장이면서 이용시설이다.
⑤ 지역자활센터는 1차 현장이면서 이용시설이다.

08 ▶ ③

| 오답 해설 |
ⓒ 개인주의 및 자유방임주의 사상과 관련된 내용으로, 복지증진을 위한 국가의 개입은 개인의 자유를 침해하지 않는 선에서 최소화되어야 한다는 이념이 밑바탕에 깔려 있다.

09 ▶ ②

관찰은 사회복지실천의 전 과정에서 사용하는 기술로, 비언어적 행동(표정, 몸동작 등)에 주의를 기울여 클라이언트를 정확하게 이해하고자 한다. 클라이언트가 자신에 대해 깨달을 수 있도록 설명해 주는 기술은 관찰이 아닌 해석 기술이다.

10 ▶ ③

| 오답 해설 |
① 클라이언트가 무언가를 잘못하고 있거나 말과 행동이 불일치하거나 모순될 때 그것을 의식하도록 지적하는 기술이다.
② 클라이언트와의 대화에 있어 기본이 되는 기술로, 사회복지사가 클라이언트의 문제를 성급하게 해결하려는 것을 막는 데 도움이 된다.
④ 클라이언트가 자신에 대해 미처 알지 못한 것을 깨달을 수 있도록 설명해 주는 기술이다.
⑤ 클라이언트에게 필요한 정보를 얻기 위하여 가장 많이 적용하는 기술로 개방형 질문과 폐쇄형 질문이 있다.

11 ▶ ②

| 오답 해설 |
ⓒ 통제된 정서적 관여란 클라이언트의 감정에 민감성과 이해로서 반응해야 함을 의미한다.
ⓔ 개별화란 클라이언트는 특별한 개인으로 대우받고 싶은 욕구를 말한다.

12 ▶ ④

인간 존엄성 존중은 기본적 윤리기준에서 '전문가로서의 자세' 영역에 해당한다.

13 ▶ ①

| 오답 해설 |
② 개인, 집단이 지역사회 서비스를 이용할 수 있도록 도와주는 역할이다.
③ 분쟁이나 다툼에서 타협점을 찾아내고 서로의 차이점을 조정하여 상호 만족스러운 동의를 이루어내는 역할을 한다.
④ 개인이나 가족, 지역사회가 욕구를 명확하게 파악하고 표현하도록 도우며, 지역사회 수준에서 조직을 형성할 수 있도록 원조하는 능력부여자 역할을 한다.
⑤ 클라이언트에게 정보를 주고 적응기술을 가르치는 역할을 한다.

14 ▶ ⑤

평등권은 모든 사람은 평등하다는 것을 의미한다. 인간은 정치적 견해·성별·인종 및 민족·종교 등에 상관없이 평등하다. 구속 및 인신매매로부터의 보호는 자유권 중 신체의 자유에 대한 설명이다.

15 ▶ ②

| 오답 해설 |
ⓒ 통합적 접근방법은 파편화된 서비스가 다양한 문제와 복합적인 욕구를 가진 클라이언트에게 도움이 되지 않아 등장하였다.

16 ▶ ②

| 오답 해설 |
① 클라이언트체계에 해당한다.
③ 변화매개체계에 해당한다.
④ 행동체계에 해당한다.
⑤ 표적체계에 해당한다.

17 ▶ ①

| 오답 해설 |
② 사회복지사는 클라이언트와의 관계에서 순수하고 진실해야 함을 의미한다.

③ 특정한 단서가 없어도 클라이언트의 내면을 느끼고 감지할 수 있는 능력을 말한다.
④ 자신의 목표에 관해 신중히 생각하고 자신을 믿으며, 자신을 복잡한 개입활동의 한 부분으로 관찰할 수 있는 능력을 말한다.
⑤ 절차상 시간을 준수하는 등의 책임감을 말하며, 일관성을 포함하는 의미다.

18 ▶ ④

| 오답 해설 |
① 클라이언트가 부여하는 의미를 수정하면서 문제상황에 대한 관점을 긍정적으로 변화시키는 기술이다.
② 클라이언트가 말을 장황하게 하거나 어떤 주제를 회피하려고 할 때, 간단한 질문 또는 문제를 다시 언급함으로써 초점을 명확하게 하는 기술이다.
③ 클라이언트가 무언가를 잘못하고 있거나 말과 행동이 불일치하거나 모순될 때 그것을 의식하도록 지적해주는 기술이다.
⑤ 클라이언트가 해야 할 것을 제안하는 것이다.

19 ▶ ③

간접개입기법 중 환경조정이란 환경 내 유의미한 사람과 클라이언트의 개인적 능력 및 대인관계능력을 증진하는 것을 말한다. 직장에서 성폭력 예방 프로그램을 제공하는 것은 환경조정과 상관이 없다.

20 ▶ ④

| 오답 해설 |
① 인테이크는 서비스가 필요한 클라이언트의 욕구를 확인하고 사례관리 대상자인지 적격성 판정 업무를 한다.
② 사정은 클라이언트의 문제와 처한 상황을 검토하고 클라이언트의 요구와 자원에 관한 정보수집 업무를 한다.
③ 서비스 계획은 자원을 연결하는 등의 일련의 개입 계획을 수립하고 계획에 따른 결과를 예상한다.
⑤ 사례관리 대상자에게 제공한 서비스의 효과성 등을 입증하는 주요한 근거이다.

21 ▶ ④

사회복지사는 잠재적 클라이언트와의 원만한 관계 형성을 통해 욕구와 문제를 확인하고 해당 기관의 목적과 서비스 내용에 적합한지 아닌지를 판단하여 접수 여부를 결정한다. 문제를 해결할 수 없을 경우 타 기관에 의뢰할수 있으며 비밀 정보를 공개할 수 있다는 서비스 동의 서명을 받아야 한다. 목표설정은 계획수립단계에 해당한다.

22 ▶ ⑤

클라이언트에 대한 서비스 제공여부는 접수단계에 해당한다.

23 ▶ ③

사례관리란 지역사회 내의 개별 클라이언트에 초점을 두고 접근하는 사회복지실천으로, 지역사회에서 이루어지는 보호를 강조하는 개념이다.

24 ▶ ⑤

직접실천이란 사회복지사가 문제를 가진 사람을 직접 만나 당면한 문제의 해결을 위한 도움을 주는 방식이다. 클라이언트가 속해 있는 가족을 상담하는 일 역시 직접실천 기술에 해당한다. 반면에, 간접실천이란 협력, 연계, 의뢰, 사례관리 등 사회복지에 필요한 기반요건이 되는 환경을 조성하는 실천기술이다.

25 ▶ ①

가계도에 대한 내용이다. 가계도는 가족의 구성과 구조, 생애주기, 가족 내에서 반복되는 정서적·행동적 패턴 등을 알아볼 수 있는 도구이다.

26 ▶ ③

실천 활동을 조작화하고 구조화한 것은 모델에 해당한다. 실천지혜란, 지식을 구체화시키는 마지막 과정으로 사회복지실천현장에서 귀납·경험적으로 만들어진다.

27 ▶ ②

| 오답 해설 |

① 전이는 사랑이나 증오의 감정을 현재의 사회복지사(치료자)에게 전치(또는 투사)하는 것을 말한다.
③ 직면은 클라이언트의 말과 행동 사이의 불일치나 모순이 있을 때 직접적인 방법으로 알리는 것이다.
④ 해석의 목적은 클라이언트의 통찰력 향상이다.
⑤ 자유연상은 클라이언트의 마음속에 떠오르는 감정, 생각, 기억, 환상, 꿈 등을 자유롭게 말하게 하는 개입 기술이다.

28 ▶ ④

유형-역동성 고찰은 클라이언트의 성격과 행동, 심리 내적 역동을 고찰한다. 어떤 상황에 대하여 특정한 방식으로 생각하거나 행동하도록 이끄는 클라이언트의 행동 경향이나 감정의 패턴을 확인하도록 한다.

29 ▶ ⑤

임의적 추론은 자의적 추론이라고도 하며, 근거가 없는 성급한 추론을 의미한다.

30 ▶ ③

인지행동모델에 해당한다. 인지행동모델은 비합리적 신념이나 인지적 오류, 자기패배적인 사고를 변화시킴으로써 감정이나 행동을 변화시키는 것을 목표로 한다.

31 ▶ ②

| 오답 해설 |

①, ③ 인지행동모델에 관한 설명이다.
④ 역량강화모델에 관한 설명이다.
⑤ 해결중심모델에 관한 설명이다.

32 ▶ ②

개입 목적을 증상 감소에 두는 것은 위기개입모델이다.

33 ▶ ④

내적 의사소통 명료화하기는 인지행동모델의 주요 기술이다. 밀러와 롤닉이 개발한 동기강화모델은 클라이언트에게 내재되어 있는 변화 동기를 유발하고, 변화와 저항에 대한 양가감정을 해결함으로써 행동변화를 촉진하는 방식이다.

34 ▶ ③

| 오답 해설 |

② 합류하기는 미누친의 구조적 가족치료의 기법 중 하나이다. 사회복지사가 가족의 현실적 상황에 들어가 함께 경험하거나 가족 구성원들의 스타일에 맞추어 언어적·비언어적 의사소통을 하는 것이다.

35 ▶ ⑤

골란의 위기발달 단계는 다음과 같다.
1. 사회적 위험(위험사건): 특정 스트레스 사건이 발생하는 단계
2. 취약단계(혼란단계): 최초의 쇼크에 대한 개인의 주관적 반응 단계
3. 위기촉진(촉발)요인 발생: 취약단계를 불균형상태로 전환시키는 연쇄적인 스트레스 유발 사건들
4. 실제 위기: 긴장과 불안이 최고조에 달하여 불균형에 이르는 단계
5. 재통합: 긴장과 불안이 점차 가라앉고 개인의 기능이 다소 재구성되는 단계

36 ▶ ④

환류는 욕구를 재확인하여 서비스 계획이나 개입전략을 수정하는 과정을 말하며, 평가와 종결단계에 해당한다.

37 ▶ ⑤

전략적 가족치료는 일어난 이유보다는 행동 변화에 관심을 가지며 문제해결에 초점을 두고 다양한 전략을 시도하는 접근방법이다.

38 ▶ ①

| 오답 해설 |
② 가족그림은 사티어의 경험적 가족치료에 해당한다.
③ 탈삼각화는 보웬의 다세대 가족치료에 해당한다.
④, ⑤ 역설적 지시 및 순환적 질문은 헤일리의 전략적 가족치료에 해당한다.

39 ▶ ③

역설적 지시는 클라이언트가 역설적이라고 생각하는 행동, 즉 문제행동을 유지하거나 강화하는 행동을 수행하도록 지시하는 기법이다.

| 오답 해설 |
① 실연은 미누친의 구조적 가족치료기법 중 하나로, 가족의 갈등을 지금-여기(Here and Now)로 가져오는 기법이다.

40 ▶ ③

| 오답 해설 |
㉣ 자아분화 수준이 높을수록 가족원의 자율성이 증가하여 독립적으로 행동한다. 반면에, 자아분화 수준이 낮은 구성원은 가족원을 끌어들여 삼각관계를 형성하고, 근본적인 문제 원인을 회피하려 한다.

41 ▶ ⑤

가족의 상호작용 유형을 확인하고 문제를 외현화하는 것은 이야기치료모델에 관한 설명이다. 문제의 외현화(외재화)란, 문제가 개인의 속성이나 내부에 존재하는 것이 아니라 외부에 존재하는 것으로 보며 가족문제를 가족을 괴롭히는 존재로 보고 이야기하는 형식이다.

42 ▶ ①

| 오답 해설 |
② 부적 환류가 아닌 정적 환류를 적용해야 한다. 부적 환류는 어떤 상태나 변화, 새로운 행동이 부적절하므로 원래의 상태로 돌아가게 하는 환류이다.
③ 가족이라는 상위체계가 존재하며 그 안에 다양한 하위체계를 포함한다.
④ 독립성과 자율성이 결여되어 밀착된 관계가 형성되는 가족체계는 혼돈된 경계의 가족이다.
⑤ 가족을 이끄는 책임을 지는 하위체계로 권위를 갖는 것이 중요한 가족체계는 부모하위체계이다.

43 ▶ ②

| 오답 해설 |
㉡ 부모와 자녀 간의 밀착된 관계는 가족 성원간 혼돈된 경계로, 가족원 사이의 독립심과 자율성이 결여돼 과도한 가족 응집력을 요구한다. 따라서 하위체계 간 불균형상태가 발생한다.
㉣ 기능적 가족은 가족규칙을 융통성 있게 적용해 가족 성원에게 분명한 경계와 자율성을 부여한다.

44 ▶ ④

집단문화는 집단 구성원이 동질적인, 폐쇄형 집단에서 빠르게 형성되는 반면, 다양한 구성원들이 참여하는 개방형 집단에서는 느리게 형성된다.

45 ▶ ①

| 오답 해설 |
㉡, ㉢ 치료집단의 특징에 해당한다.
㉣ 노아방주의 원칙은 사회복지사가 집단을 구성할 때 동질성과 다양성 사이에 균형을 이루도록 해야 한다는 원칙을 말한다. 자조집단은 공통된 관심사에 대해 모인 사람들로 구성된다.

46 ▶ ⑤

㉠~㉣ 모두 얄롬의 11가지 집단치료의 효과에 해당한다.

47 ▶ ④

상호작용차트는 성원의 집단참여 수준을 분석하는 사정도구로, 집단성원들 간의 상호작용 또는 집단성원과 사회복지사 간의 상호작용의 빈도를 기록하는 차트이다.

48 ▶ ③

| 오답 해설 |
㉠ 초기단계에 해당한다.
㉢ 중간단계에 해당한다.

49 ▶ ①

동시에 여러 문제의 변화를 측정하는 것이 가능하다. 기초선 관찰 또는 개입 후 관찰을 통해 여러 문제의 변화를 측정할 수 있다.

50 ▶ ②

서비스 신청에 필요하다면, 민감한 사적 정보도 동의를 받아 포함해야 한다.

51 ▶ ④

| 오답 해설 |
① 전문화는 조직의 직무가 개별 업무로 세분화되어 있는 정도를 말하며 지역사회복지 이념에는 해당하지 않는다.
② 정상화는 특별한 장애나 욕구를 가진 사람도 강제적·폐쇄적·집권적인 보호시설에서 벗어나 일상적인 삶을 유지하면서 자신의 삶을 선택할 수 있는 자유를 가지도록 인간의 존엄성을 지키려는 이념이다.
③ 탈시설화는 폐쇄적인 대규모 보호시설에서 벗어나 그룹홈, 주간보호시설 등 소규모의 다양한 형태로 전환함으로써 지역사회의 적극적 참여가 이루어지는 개방적 체제로의 전환을 지향해 나가야 한다는 이념이다.
⑤ 사회통합은 세대 간, 지역 간 발생하는 사회 전반적인 불평등을 해소하고자 노력하여야 한다는 이념이다.

52 ▶ ③

길버트와 스펙트는 지역사회의 기능과 제도를 다음과 같이 정리하였다. 경제제도(생산·분배·소비의 기능), 가족제도(사회화 기능), 정치제도(사회통제의 기능), 종교제도(사회통합의 기능), 사회복지제도(상부상조의 기능)

53 ▶ ⑤

던햄은 지역사회유형을 인구 크기, 산업구조 및 경제적 기반, 행정구역, 인구구성의 사회적 특수성으로 구분하였다.

54 ▶ ⑤

2012년 – 시·군·구 희망복지지원단 설치 및 운영
2020년 – 사회서비스원 서울·대구·광주·세종·경기·경남 등 6개 시·도로 확대
2022년 – 전국으로 확대

55 ▶ ②

보기의 연도는 다음과 같다.
㉠ 토인비 홀 설립 – 1884년
㉡ 시봄 보고서 – 1968년
㉢ 정신보건법 제정 – 1959년
㉣ 바클레이 보고서 – 1982년
㉤ 하버트 보고서 – 1971년

56 ▶ ④

권력의존이론은 지역사회의 집단이나 조직들이 힘을 얻고 분산시키면서 지역사회가 발전한다는 점을 강조한다.
| 오답 해설 |
① 갈등이론은 외부와의 갈등은 지역사회 내부의 결속력을 높여주기도 한다고 본다.
② 엘리트주의이론은 소수 엘리트에 의한 주도적인 가치판단을 중시한다.
③ 사회체계이론은 지역사회를 구성하는 모든 체계는 서로 연결되어 상호작용을 하며, 하나의 전체로서 살아 있는 개방체계를 이룬다고 본다.
⑤ 사회자본이론은 지역사회 내 사회관계에 내재된 자원을 사회자본이라고 하며 신뢰(보상에 대한 믿음), 호혜성, 네트워크, 공유된 인지 등을 강조한다.

57 ▶ ②

| 오답 해설 |

㉠ 갈등이론에 대한 설명이다. 사회체계이론은 지역사회는 상호의존적인 부분들로 구성되어 있다고 본다.
㉢ 사회학습이론에 대한 설명이다. 자원동원이론은 동원할 수 있는 자원의 정도와 범위에 따라 활동의 역할과 한계가 규정된다고 본다.

58 ▶ ①

지역사회연계는 테일러와 로버츠의 지역사회 복지 실천 모델에 해당한다.

59 ▶ ①

| 오답 해설 |

㉡ 보기의 설명은 지역사회개발이다. 사회계획모델은 변화의 매개체로 공식조직과 객관적 자료를 활용한다.
㉣ 보기의 설명은 사회계획모델이다. 지역사회개발모델은 지역사회 문제해결을 위해 전문가의 주도적 개입을 지양하고, 지역주민들의 문제해결 능력을 향상 시키는 것이 주된 목적이다.

60 ▶ ⑤

기능적 지역사회조직모델에 해당한다. 이 모델은 동일한 정체성이나 이해관계를 가진 집단의 문제해결에 관심을 둔다.

61 ▶ ②

| 오답 해설 |

① 계획모델은 조사연구와 객관적 분석 등을 통해 지역사회문제를 해결하는데 목적이 있다.
③ 지역사회개발모델은 지역사회문제를 주민 스스로 해결할 수 있도록 지지하고 지원하는 것에 초점을 둔다.
④ 정치적 역량강화모델의 목적은 사회적으로 소외된 집단과 그 구성원의 역량 강화에 있다.
⑤ 프로그램 개발 및 조정모델은 지역사회 주민이 원하는 서비스를 기획·개발·실행하는 데 초점을 둔다.

62 ▶ ①

제23회 기출 62번 문항은 "사회복지사의 핵심 역할이 아닌 것"만을 물었고 치료자가 최종 정답 처리되었습니다. 해당 문항은 로스만으로 한정 지었을 때는 정답에 오류가 없으나, 그렇지 않아 많은 수험생들이 이의제기를 한 문항입니다. 학습하실 때 참고하시길 부탁드립니다.

63 ▶ ⑤

형성평가에 대한 설명이다. 총괄평가란 프로그램이 수행된 이후에 목적을 효과적으로 달성하였는지를 평가하는 방법으로, 결과나 성과가 주요 평가대상이기 때문에 결과평가라고도 한다.

64 ▶ ④

| 오답 해설 |

㉡ 델파이기법에 대한 설명이다. 초점집단기법은 문제와 관련된 소수의 인원이 한자리에 모여 토론하는 방식이다.

65 ▶ ①

조직화 기술은 지역사회가 당면한 문제를 해결하기 위해 일정 수의 주민을 선정해 조직을 구성한다. 이렇게 구성된 조직은 지역사회의 욕구나 문제를 스스로 해결하도록 돕는다. 주민의 효율적 통제 기술은 임파워먼트 기술에 해당한다.

66 ▶ ②

자원개발 및 동원 기술은 지역주민의 욕구충족과 문제해결을 위해 자원이 필요한 경우 자원을 발굴하고 동원하는 기술이다.

67 ③

조정자는 클라이언트의 요구사항에 맞춰 지원할 수 있는 자원과 서비스를 적절히 분배하는 역할을 한다.

68 ②

지방자치제도란 지역 주민들이 자치단체를 구성해 지역의 사무를 자율적으로 처리하는 제도로, 균형 발전과 주민 복지 증진을 목적으로 한다. 따라서 복지예산은 중앙집중화가 아닌 지방분권화될 때 정책 효과성이 강화된다.

69 ⑤

지방분권은 중앙정부에 집중되어 있는 권한을 지방정부에 나눔으로써 지방정부의 자율성을 강화한다. 따라서 지방의회의 사회적 책임성이 강화된다.

70 ④

| 오답 해설 |

① 보장기관의 장은 지원계획의 수립 및 사회보장급여의 제공 등에 필요한 사항은 대통령령으로 정한다.
② 대표협의체 위원에는 공무원이 포함된다.
③ 지역사회보장협의체(대표협의체)는 시·군·구의 사회보장급여 제공에 관한 사항을 심의·자문한다.
⑤ 보건복지부장관 및 시·도지사는 지역사회보장계획의 시행결과를 평가한다.

71 ③

| 오답 해설 |

ⓒ 지역사회보장협의체의 심의와 지방의회 보고를 거쳐 시·도시자에게 제출한다.
ⓒ 지역사회보장계획에는 지역사회보장에 필요한 재원 규모와 조달방안이 포함된다.

72 ③

자활기금을 설치·운영하는 곳은 보장기관이다. 지역자활센터는 저소득 지역주민의 자활을 위하여 자활 근로사업 운영, 각종 교육·훈련, 사례관리 등을 지원 및 제공하는 사회복지시설이다.

73 ④

| 오답 해설 |

①, ③ 지역조직화 기능 중 복지네트워크 구축에 해당한다.
②, ⑤ 지역조직화 기능 중 자원개발 및 관리에 해당한다.

74 ⑤

| 오답 해설 |

㉠ 사회적 경제란 공동이익과 사회적 가치의 실현을 위해 사회적 경제주체들이 수행하는 모든 경제적 활동을 말한다. 사회적 경제주체는 사회적기업, 협동조합, 마을기업, 자활기업, 농어촌공동체회사 등이다.

75 ④

지역사회복지운동은 지역사회문제를 해결하기 위해 지역사회주민의 욕구를 충족시키는 조직적·집합적·수단지향적인 활동이다.

제3과목 | 사회복지정책과 제도

사회복지정책론 (P.118)

01	⑤	02	④	03	①	04	③	05	②
06	③	07	①	08	④	09	④	10	③
11	②	12	④	13	④	14	⑤	15	③
16	②	17	⑤	18	④	19	④	20	⑤
21	①	22	②	23	④	24	②	25	⑤

사회복지행정론 (P.123)

26	⑤	27	⑤	28	③	29	②	30	①
31	④	32	⑤	33	①	34	④	35	⑤
36	②	37	④	38	⑤	39	③	40	②
41	④	42	⑤	43	④	44	②	45	⑤
46	③	47	⑤	48	①	49	④	50	①

사회복지법제론 (P.128)

51	①	52	④	53	③	54	④	55	②
56	②	57	④	58	④	59	⑤	60	①
61	⑤	62	③	63	①	64	⑤	65	⑤
66	③	67	④	68	⑤	69	①	70	②
71	②	72	⑤	73	③	74	④	75	①

01 ▶ ⑤

개인의 능력에 따른 차등적인 분배구조를 확대하는 것은 불평등과 양극화를 심화시키기에 사회복지정책의 목적과는 맞지 않다. 사회복지정책의 목적은 사회통합과 질서 유지, 사회문제 해결과 사회적 욕구 충족, 경제성장과 조정, 개인의 자립과 성장, 소득재분배 등이다.

02 ▶ ④

복지국가의 핵심 가치인 '사회적 연대'는 사람들 사이의 이해관계가 다를지라도 서로 책임감을 가지고 함께 하려는 상태를 말한다. 그러나 최근 우리나라의 노동시장은 이중구조가 고착화되면서 노동자들 간 이질성(정규직 vs 비정규직)과 노동자들 내 동질성이 강화되고 있다.

03 ▶ ①

존 롤스의 사회정의론에 해당한다.

| 오답 해설 |

② 마이클 샌델은 도덕을 기초로 한 정치 참여가 시민들에게 더 많은 이상을 불어넣고 유망한 사회건설 기반을 제공한다고 주장하였다.
③ 마이클 샌델은 불평등을 해소하기 위해 연대와 시민의 미덕을 강조하였다.
④ 마이클 샌델은 시장의 도덕적 한계를 인정하고 탐구하며 시장지상주의의 맹점을 지적하였다.
⑤ 마이클 샌델은 정의로운 사회를 만들기 위해서 강한 공동체 시민의식이 필요하다고 보았다. 이를 위해 시민들이 사회 전체를 염려하고 공동선을 위해 희생과 봉사하는 태도를 키워야 한다고 제안했다.

04 ▶ ③

㉠은 국가, 교회, 영주 ㉡ 계약에 입각할 권리 ㉢ 시민, 개인이다. 빈민법의 경우 빈민 구제의 책임을 교회가 아닌 정부가 졌다는 점에서 큰 의의가 있다.

05 ▶ ②

케인즈는 대공황을 벗어나기 위해 시장경제에 정부의 적극적인 시장 개입(대규모 재분배)을 주장하였다. 케인즈주의 경제정책은, 정부가 지출을 늘리는 등의 적극적인 수요 확장 정책을 펼쳐 국민들의 소비수준을 높이고 더 나아가 완전고용을 실현해야 함을 주요 골자로 한다. 이에 따라 제2차 세계대전 이후 서구 복지국가에서는 국가의 적극적인 시장 개입을 추구하게 되었다.

| 오답 해설 |

① 자본의 규제와 노동자 중심의 시장으로 개편되었다.
③ 경제 대공황을 겪으면서 자유방임 자본주의가 아닌 사회민주주의, 수정자본주의 사상이 확산되었다.
④ 빈곤을 향한 시선이 개인의 책임이 아닌 사회구조로 전환되면서 공공부조 위주가 아닌 보편적 복지서비스 위주의 사회보장체계를 구축하였다.
⑤ 국가의 책임을 강조하였다.

06 ▶ ③

| 오답 해설 |

ⓒ 당시 중상주의 국가들은 더 많은 부를 쌓기 위해 수출 중심의 무역정책과 식민지 개척을 추진하였다. 인구는 노동력이고 노동력 증가는 곧 생산력 증가이기 때문에 중상주의 국가들은 인구증가를 장려하였다. 식량부족을 이유로 인구증가를 억제해야 한다는 주장은 토마스 맬서스가 그의 저서 『인구론』에서 말하였다.

> **참고 중상주의**
> 15세기 중엽부터 18세기 중엽까지 유럽 내 절대왕정 국가들이 채택했던 경제정책 및 사상으로 국가의 부를 늘리고자 무역 중심의 정책과 식민지 개척을 추진하였다.
> - 수출은 장려하고 수입은 억제하여 국가의 재력을 증가
> - 수입품에 대한 높은 보호 관세 부과
> - 초기 산업자본 형성을 위해 국내시장과 국내산업 보호
> - 국제 무역을 제로섬 게임으로 간주하여, 주변국을 궁핍화하는 정책 실시
> - 자원 확보를 위해 해외 식민지 건설

07 ▶ ①

| 오답 해설 |

② 고용보험은 세대 내 재분배 중, 수평적 재분배 효과가 크다.
③ 정부는 최소극대화의 원칙에 따라 불평등을 완화하기 위해 소득활동을 하는 대상자에게 보험료를 '차등적'으로 부과한다.
④ 파레토 개선 효과는 민간에서 이루어지는 자산 활동에서 나타난다. 즉, 정부의 개입이 적어질수록 파레토 개선이 가능하며 완전한 자유시장 경제체제에서 파레토 최적이 가능하다.
⑤ 사회민주주의에서는 개인이 아닌 사회적 효용관점에서 재분배를 정당화한다.

08 ▶ ④

사회적 배제는 소득의 많고 적음을 넘어 다차원적인 불리함을 의미한다. 소득 빈곤 개념이 빈곤이라는 결과적 상태에만 집중한다면 사회적 배제는 사회적 교류 단절이나 집단의 주변화 같이 빈곤 및 소외에 이르는 과정에 초점을 둔다.

09 ▶ ④

길버트가 주장한 권능부여국가는 신자유주의의 방식으로 복지를 재편하는 것이 핵심이다. 따라서 권능부여국가는 보편적 지원보다 선별적 표적화를, 공공기관을 통한 복지 서비스 제공보다 민간기관을 통한 서비스 전달 등을 추구한다.

10 ▶ ③

| 오답 해설 |

① 정책을 결정하는 과정을 쓰레기통 안의 불규칙하고 독립적인 모습에 빗댄 것이다. 4가지 요소(문제, 해결책, 선택 기회, 참여자)와 3가지 흐름(정치적, 문제, 정치대안)이 통 안에서 각자 떠다니다가 우연히 동시에 한 곳에서 모일 때 비로소 결정이 이루어진다고 보는 모형이다.
② 기존 상황과 유사한 상황들을 각각 비교하여 기존 정책보다 약간 개선된 수준을 대안으로 선택한다.
④ 제한적이면서 주관적인 합리성을 추구하며 최적의 대안이 아니라도 현실적으로 만족할 만한 대안이 있으면 선택한다.
⑤ 경제적 합리성과 함께 직관·판단력·창의력과 같은 초합리성을 함께 고려하는 거시적 의사결정모형이다.

11 ▶ ②

㉠ 수급자가 사용하기에 편하기 때문에 운영효율성이 높고 행정관리 비용이 낮다는 장점이 있다.
㉢ 급여 대상자에게 본래의 목적대로 정확하게 전달 가능하므로 목표효율성이 높다고 할 수 있다.

| 오답 해설 |

㉡ 현금급여와 현물급여의 중간적 성격을 띤다.

12 ▶ ④

소득세 누진성이 높을수록 재분배효과가 크다. 누진세란, 소득이 커질수록 높은 세율을 적용하는 세금을 말한다. 즉, 소득이 높을수록 높은 조세 부담률을 적용하면 소득 재분배 효과를 높일 수 있다.

13 ▶ ③

| 오답 해설 |

①, ②, ④ 정책결정과정에 참여하기 쉽고 지역주민의 욕구에 신속하게 대응할 수 있는 정부는 지방정부이다. 그러나 지역 간 차이(급여, 생활) 등이 사회통합을 저해하는 요인이 되기도 하며 중앙정부에 비하면 규모의 경제 실현이 어렵다는 단점이 있다.
⑤ 중앙정부가 아닌 민간부문에 대한 설명이다.

14 ▶ ⑤

우리나라 복지 전달체계의 특징은 다음과 같다. 사회보험관리·감독은 중앙에서 맡지만 사회복지서비스의 생산과 전달은 민간부문이 맡는 영역이 점차 확대되고 있다.

15 ▶ ③

| 오답 해설 |

ⓔ 국민기초생활보장제도의 생계급여는 현금급여에 해당한다. 현물급여는 복지서비스가 현물의 형태로 전달되는 것을 뜻한다.

16 ▶ ②

기초연금은 만 65세 이상이면서 가구의 소득인정액이 선정기준액 이하인 경우에 지급되는 공공부조로, 대표적인 선별주의 복지 정책이다.

17 ▶ ⑤

산업재해보상보험제도는 근로자의 고의·자해 행위나 범죄 행위 또는 그것이 원인이 되어 발생한 부상·질병·장해 또는 사망은 업무상 재해로 보지 않는다.

18 ▶ ④

ⓛ 기본연금액의 균등부분은 연금수급 전 3년간 전체 가입자 평균소득월액의 평균액이다.

ⓒ 국민연금의 균등부분은 각 가입자의 소득수준과 무관하게 결정된다. 국민연금은 소득계층 간 격차를 줄이고, 미래세대가 현재의 노인세대를 지원하는 소득재분배 기능을 한다.
ⓜ 국민연금 기금 안정화를 위해 매년 0.5%p씩 낮아져 2028년 이후에는 40%가 될 전망이다.

| 오답 해설 |

ⓘ 국민연금공단은 관리운영을, 건강보험공단은 보험료 징수(고지 및 수납까지)를 담당한다.
ⓔ 기본연금액의 소득비례부분은 전체 가입자가 아닌 가입자의 기준소득월액의 평균액이다.

19 ▶ ④

| 오답 해설 |

①, ③ 포괄수가제에 대한 설명이다.
② 인두제에 대한 설명이다.
⑤ 총액계약제에 대한 설명이다.

20 ▶ ⑤

노인요양 공동생활가정은 5인 이상 9인 이하로 운영되며 입소정원 1인 당 연면적 $20.5m^2$ 이상의 공간을 확보해야 한다.

21 ▶ ①

| 오답 해설 |

② 공공부조는 사후적인 성격이 강한 반면, 사회보험은 예방적인 성격이 강하다.
③ 사회보험은 미래에 발생할 수 있는 사회적 위험을 미리 대비하는 제도인 반면, 공공부조는 사회적 위험이 발생한 이후 이를 해결하는 데 차이가 있다.
④ 사회보험은 국민 모두가 강제적으로 가입하는 반면, 공공부조는 생활이 어려운 취약 계층을 선별해 최저생활을 보장하고 자립을 지원하는 제도이다.
⑤ 공공부조는 중앙과 지방정부가, 사회보험은 정부가 위임한 관리운영기구가 운영주체이다.

22 ▶ ②

| 오답 해설 |

① 빈곤층만이 아닌 도움이 필요한 모든 국민이 대상이다.
③ 공공재원(국비 등)의 비중이 가장 높으며, 민간재원(사용자부담금 등)도 함께 병행해 지원한다.
④ 국가·지방자치단체 및 민간부문이 주체가 되어 공급한다.
⑤ 상담, 재활, 돌봄, 사회참여 지원 등 다양한 서비스를 제공한다.

23 ▶ ①

최저임금제는 1986년에 제정돼 1988년부터 시행되었다.

24 ▶ ②

도덕적 해이는 보험가입 집단의 크기와는 관련이 없다. 도덕적 해이는 보험에 가입한 사람들이 가입 전보다 위험발생을 예방하는 행위를 적게 하여 위험발생이 높아지는 현상을 말한다.

25 ▶ ⑤

| 오답 해설 |

① 사회보험은 기여금, 부담금을 주된 재원으로 하며 일부를 조세로 충당한다.
② 사회보험이 민간보험보다 사회적 적절성이 중요하다.
③ 사회보험은 개인에게 발생할 수 있는 사회적 위험을 대상으로 한다.
④ 민간보험이 아닌 사회보험이 물가상승에 따른 실질가치의 변동을 보장한다.

26 ▶ ⑤

| 오답 해설 |

① 협의의 개념에서는 민간기관 및 시설을, 광의의 개념에서는 공공 및 민간기관을 포함하여 모든 사회복지조직의 구성원들이 수행하는 총체적 활동을 말한다.
② 조직의 효과성과 효율성 모두 중요하다.
③ 정부 재정 외에 민간자원(인적, 물적자원 및 기부금, 후원금 등) 역시 활용한다.
④ 사회문제 해결과정에서 가치지향적이다. 가치판단을 배제한다는 것은 사물이나 사건에 대해 좋다, 나쁘다, 옳다, 나쁘다 등의 가치를 판단하지 않는다는 의미다.

27 ▶ ⑤

2008년 도입된 노인장기요양보험제도는 민간기관의 서비스 제공을 통해 장기요양대상 노인의 삶의 질 향상과 가족의 부양 부담을 완화하는 것을 목적으로 한다.

28 ▶ ③

| 오답 해설 |

ⓒ 조직의 상황에 관계없이 효율성을 추구하는 이론은 관료제 이론이다. 반면에, 상황이론은 조직의 환경적 요인을 강조하며 모든 상황에 적용되는 최선의 조직관리방법은 없고 효과적인 방법만이 있음을 강조한다.

29 ▶ ②

신공공관리는 전통적인 관료제를 극복하고 작은 정부 구현을 지향한다. 경쟁 기반의 시장 체제를 도입해 관료제의 효율성을 높이자는 취지다. 반면에, 조직규모 확장과 중앙집권화를 지향하는 것은, 1930년대 복지국가의 형태이나.

30 ▶ ①

이윤이 발생하면 구성원에게 균등하게 배당하는 것은 협동조합의 특징이다.

31 ▶ ④

분권화에 비해 집권화는 의사결정 권한이 조직의 상위기관에 집중되어 있는 정도가 크다. 개인의 리더십에 지나치게 의존하는 부작용도 있지만, 위기와 갈등을 신속하게 해결할 수 있다는 특징도 있다.

32 ▶ ②

| 오답 해설 |

① 라인은 수직조직을, 스태프는 수평조직을 의미한다.
③ 특정조직의 비리 등을 적발하기 위한 조직으로 감사 유형에 따라 외부감사, 내부감사로 구분된다. 의사결정 기구의 직속이거나 특별한 수준의 독립성을 보장받는다.
④ 조직의 전략적 방향과 의사결정을 체계적으로 관리하는 구조와 프로세스를 의미한다.
⑤ 의사결정권이 상위 직급에 집중되어 있는 조직 구조이다.

33 ▶ ①

| 오답 해설 |

②, ③, ④, ⑤ 모두 위생유발요인에 해당한다. 위생 요인은 충분히 작용할 때는 사람들이 불만족스럽게 여기지 않다가, 불충분할 때 불만족으로 이어지는 요인이다.

34 ▶ ④

| 오답 해설 |

① 인간(구성원)과 생산성(과업)에 대한 관심을 교차하여 유형화하였다.
② 이상적 유형은 팀형(9.9)이다. 컨트리클럽형(1.9)은 인간(구성원)에 대한 관심은 높지만, 생산성에 대한 관심은 없는 유형이다.
③ 컨트리클럽형(1.9)에 대한 설명이다. 팀형(9.9)은 과업성과 구성원 사기 모두를 중시한다.
⑤ 무기력형(1.1)은 인간(구성원)과 생산성 모두에 관심이 낮은 유형이다. 반면에, 컨트리클럽형(1.9)은 인간적 요소에 최대의 관심을 갖는다.

35 ▶ ①

| 오답 해설 |

② 직군(job family)에 대한 설명이다. 직무분석이란 직무가 포함하는 일의 내용, 직무를 수행하는 데 필요한 지식·능력, 직위의 구분 기준 등 직무를 분석하는 것이다.
③ 인사평가에 대한 설명이다. 직무평가란 조직 내 각 직무의 상대적 가치를 평가하여 직무가치 체계로 종합하는 것을 말한다.
④, ⑤ 직무수행자 자격요건을 기술하는 것은 직무명세서, 직무 성격 및 수행방법 등을 기술하는 것은 직무기술서에 해당한다.

36 ▶ ②

지지적 기능에 대한 설명이다. 교육적 기능은 교육을 통해 사회복지사의 문제해결 능력과 실천기술 향상을 목표로 한다.

37 ▶ ④

사업 목적보다 지출 품목을 강조하는 예산은 품목별 예산이다. 프로그램 예산은 동일한 정책을 사업단위로 묶어 편성하는 예산제도이다.

38 ▶ ⑤

사회복지법인 대표이사는 관·항·목간 예산을 전용할 수 있다.(「사회복지법인 및 사회복지시설 재무·회계 규칙」 제16조)

39 ▶ ③

사회복지시설 예산 편성 및 결정 절차는 다음과 같다. 예산 편성 → 시설운영위원회 보고 → 이사회 의결 → 회계연도 개시 5일 전까지 관할 시장, 군수, 구청장에게 제출 → 예산 공고이다. (「사회복지법인 및 사회복지시설 재무·회계 규칙」 제10조)

40 ▶ ②

| 오답 해설 |

① 즉각적으로 서비스를 제공할 수 있는 종업원들의 능력을 말한다.
③ 약속한 서비스를 믿을 수 있으며 정확히 수행할 수 있는 종업원들의 능력을 말한다.

④ 물리적인 시설(건물, 매장, 인테리어 등)부터 서비스 제공자의 외양까지 포함한다.
⑤ 고객 각각에 대한 관심과 배려를 의미한다.

41 ▶ ④

클라이언트의 문제는 대부분 복합적이고 서로 연결되어 있어 문제해결을 위한 서비스들도 서로 연관되어야 한다.
| 오답 해설 |
① 서비스는 적절했는지, 서비스 전달과정에서의 불편과 불만 수렴 장치는 적합했는지 등에 관한 책임을 말한다.
② 사회복지서비스는 클라이언트 누구나 쉽게 이용할 수 있어야 하므로 접근하기 쉬워야 한다.
③ 문제가 해결될 때까지 필요한 서비스를 일정 기간 계속해서 제공해야 한다.
⑤ 사회복지서비스는 그 양과 질, 제공기간이 서비스 목표를 달성하기에 충분해야 한다.

42 ▶ ③

행정복지센터, 공단은 공공 전달체계인 반면, 사회복지법인은 민간 전달체계이다.

43 ▶ ④

프로그램평가검토기법(PERT)은 일정변경 등 유동적인 상황을 대처하는 데 편리하다. 반면에, 모든 활동 간의 연결성을 파악해 순서대로 배치해야 하기에 많은 시간과 비용이 소요될 수 있다.

44 ▶ ②

사회복지조직에서 정보관리가 최우선은 아니지만, 업무 효율성, 신속한 서비스 제공, 서비스 연계, 정확성·객관성·타당성 확보 측면에서 그 중요성이 높아졌다.

45 ▶ ⑤

| 오답 해설 |
①, ③ 합리모형에 대한 설명이다.
② 만족모형에 대한 설명이다.

④ 혼합모형에 대한 설명이다.

46 ▶ ③

| 오답 해설 |
① 판매보다는 고객 욕구충족에 집중하는 고객지향성이 중요하다.
② 비영리조직의 목적은 영리 추구가 아닌 조직의 목표 달성이다.
④ 후원자뿐만 아니라, 실질적인 서비스 이용자에게도 초점을 맞춰야 한다.
⑤ 비영리조직의 마케팅 목적은 프로그램을 알리는 홍보뿐만 아니라 후원금 모금을 위해서도 이루어지며 이는 조직의 재정확충과 연결된다.

47 ▶ ⑤

책임성 요구가 증가하면서 사회복지서비스에 대한 양적 평가는 물론 질적평가 역시 병행하여 실시한다.

48 ▶ ①

사회복지조직을 운영할 때 기업의 경영기법을 도입하거나 마케팅 방법을 활용하는 등 기업경영 방식 활용이 늘어나고 있다.
| 오답 해설 |
② 1980년대 이후, 신자유주의(신연방주의)가 확산됨에 따라 국가가 직접 제공하는 서비스는 줄고 민간 서비스가 늘어나고 있다.
③ 산출 중심 평가에서 성과 중심 평가로 전환되고 있다.
④ 사회복지행정의 이론적 준거틀이 필요하게 되었다.
⑤ 사회복지서비스가 다양화되면서 전문가 활용이 증가하고 있다.

49 ▶ ③

| 오답 해설 |
ⓒ 비용-효과분석은 효율성 평가이다. 보기의 ㉠ 비용-편익분석 역시 효율성 평가이다.

50 ▶ ①

| 오답 해설 |
② 잠재고객의 다양한 욕구를 발견하기 위해서 전체 시장을 세분화한다.
③ 클라이언트 집단은 마케팅전략의 대상이다.
④ 고객 및 시장조사는 마케팅을 기획할 때 가장 처음에 실시한다.
⑤ 사회복지조직(비영리조직)의 마케팅은 재정확보·비영리조직의 증가·조직 간 경쟁 촉진·서비스 개발·책임성 증대를 고려한 전략을 수립한다.

51 ▶ ①

보기의 연도는 다음과 같다.
① 산업재해보상보험법 – 1963년
② 국민기초생활 보장법 – 1999년
③ 고용보험법 – 1993년
④ 국민연금법 – 1986년
⑤ 국민건강보험법 – 1999년

52 ▶ ④

| 오답 해설 |
① 불문법에 대한 설명이다. 성문법의 체계는 헌법 → 법률 → 명령 → 자치법규 등이다.
② 시행령과 시행규칙은 국회의 의결을 거치지 않는다. 반면에, 법률을 제정하기 위해서는 반드시 국회의 의결이 필요하다.
③ 시행령보다 시행규칙이 하위 법규범이다.
⑤ 정부 역시 법률안을 제출할 수 있다. 법률안 제출은 국회의원(발의자 포함 10인 이상) 또는 정부(국무회의 심의를 거쳐 대통령이 서명한 안)가 할 수 있다.

53 ▶ ③

| 오답 해설 |
ⓒ 1961년 제정된 아동복리법은 1981년 아동복지법으로 개정되었다.

54 ▶ ④

사회보장기본법 제14조에 따르면, 사회보장수급권은 정당한 권한이 있는 기관에 서면으로 통지하여 포기할 수 있으며, 포기는 취소할 수 있다. 단, 사회보장수급권을 포기하는 것이 타인에게 피해를 주거나 관계 법령을 위반하는 경우에는 포기할 수 없다.

55 ▶ ②

| 오답 해설 |
① 사회보장 기본계획은 5년 주기로 수립된다.
③ 사회보장 기본계획은 사회보장위원회의 심의·조정사항에 해당한다.
④ 지방자치단체의 장은 지역사회보장계획을 4년마다 수립해야 한다.
⑤ 시·도의 사회보장위원회와 시·군·구의 지역사회보장협의체는 지역사회보장계획을 심의·자문한다.

56 ▶ ②

| 오답 해설 |
• '사회보장'이란 출산, 양육, 질병 등의 사회적 위험으로부터 모든 국민을 보호하고 국민 삶의 질을 향상시키는 데 필요한 소득·서비스를 보장하는 사회보험, 공공부조, 사회서비스를 통칭한다.
• '사회서비스'란 국가·지자체 및 민간부문의 도움이 필요한 모든 국민에게 복지, 교육, 고용 등의 분야에서 인간다운 생활을 보장하고 상담, 재활, 사회참여 지원 등을 통하여 국민의 삶의 질이 향상되도록 지원하는 제도를 말한다.

57 ▶ ④

위원의 임기는 2년이다. 다만, 공무원인 위원의 임기는 그 재임 기간으로 하고 근로자·사용자를 대표하거나 사회보장에 관한 학식과 경험이 풍부하거나, 변호사 자격이 있는 위원이 기관·단체의 대표자 자격으로 위촉된 경우에는 그 임기는 대표의 지위를 유지하는 기간으로 한다.

58 ▶ ④

시·군 및 자치구의 규칙은 시·도의 규칙보다 하위 법규범이다.

59 ▶ ②

공공부조에 드는 비용 전부 또는 일부는 국가와 지방자치단체가 부담한다.

60 ▶ ①

'피한정후견인'은 2024년 1월 23일 법 일부개정 및 같은 해 4월 24일 법 시행에 따라 삭제되었다.

61 ▶ ⑤

시·도지사는 법인이 거짓이나 그 밖의 부정한 방법으로 설립허가를 받았을 때 혹은 법인 설립 후 기본재산을 출연하지 아니한 때에는 반드시 설립허가를 취소하여야 한다.

| 오답 해설 |
ㄱ, ㄴ 설립허가 조건을 위반하거나 목적 달성이 불가능하게 되었을 경우 시·도지사는 기간을 정하여 시정명령을 내리거나 위반사실 수위에 따라 설립허가 취소 여부를 결정한다.

62 ▶ ③

| 오답 해설 |
① 사회복지관은 사회복지서비스를 직업 및 취업 알선이 필요한 사람에게 우선 제공할 수 있다.
② 시설의 장은 시설의 운영에 관한 사항을 심의하기 위하여 시설에 운영위원회를 두어야 한다.
④ 대통령령으로 정하는 경우를 제외하고, 각 시설의 수용인원은 300명을 초과할 수 없다.
⑤ 시설의 장은 상근하여야 한다.

63 ▶ ①

2020년 4월 7일 일부개정 및 같은 해 10월 1일 법 시행에 따라 다음 3가지 업무는 삭제되었다.
1 아동학대 신고접수, 현장조사 및 응급보호
2 피해아동 상담·조사를 위한 진술 녹화실 설치·운영
3 자체사례회의 운영 및 아동학대사례전문위원회의 설치·운영

64 ▶ ⑤

ㄱ, ㄴ, ㄷ 모두 노인복지법상 금지행위이다.

65 ▶ ⑤

| 오답 해설 |
① 국무총리 소속하에 장애인정책조정위원회를 둔다.
② 장애인실태조사는 3년마다 실시하여야 한다.
③ 재외동포 및 외국인도 장애인 등록을 할 수 있다.
④ 장애인의 날은 매년 4월 20일이다.

66 ▶ ③

아동이란 18세 미만의 자를 말하되, 병역 면제인 자가 취학 중인 경우에는 22세 미만을 말한다. 다만, 「병역법」에 따른 병역의무를 이행하고 취학 중인 경우에는 병역의무를 이행한 기간을 가산한 연령 미만을 말한다.(「한부모가족지원법」 제4조 제5호)

| 오답 해설 |
① 여성가족부장관은 한부모가족 지원을 위하여 한부모가족 정책에 관한 기본계획을 5년마다 수립하여야 한다.
② 청소년 학부모란 24세 이하의 모 또는 부를 말한다.
④ 혼인 관계에 있지 아니한 자로서 출산 전 임신부는 출산지원시설을 이용할 때에도 이 법에 따른 지원대상자가 될 수 있다.
⑤ 이 법에 따른 복지 급여는 생계비, 아동교육지원비, 아동양육비이다. '아동수당'은 「아동수당법」에 따라 8세 미만의 모든 아동에게 지급되며, '아동교육비'는 한부모가족의 생활 안정과 자립을 촉진하기 위한 복지자금대여에 해당한다.

67 ▶ ④

국가기관, 지방자치단체 및 「초·중등교육법」에 따른 각급 학교의 장, 그 밖에 대통령령으로 정하는 공공단체의 장은 가정폭력의 예방과 방지를 위하여 필요한 교육을 실시하고, 그 결과를 여성가족부장관에게 제출하여야 한다.

68 ▶ ⑤

국내에 체류하고 있는 외국인 중 다음의 자격을 갖춘 경우 수급권자가 된다.(「국민기초생활보장법」 제5조의 2)
1. 대한민국 국민과 혼인하여 본인 또는 배우자가 임신 중일 때
2. 대한민국 국적의 미성년 자녀를 양육
3. 배우자의 대한민국 국적인 직계존속과 생계나 주거를 같이하고 있는 사람

69 ▶ ①

보건복지부장관은 수행기관의 통합정보전산망 사용 요청에 대하여 사업자등록부, 사회보험 등 급여이력, 사회보장급여 수급이력, 국가기술자격 취득 정보 중 업무에 필요한 최소한의 정보만 제공하여야 한다.(「국민기초생활보장법」 제18조의11)

70 ▶ ②

아래의 요건 중 하나에 해당한 때에 기초연금 수급권을 상실한다.(「기초연금법」 제17조)
1. 사망한 때
2. 국적을 상실하거나 국외로 이주한 때
3. 공무원연금, 군인연금, 사립학교교직원연금, 별정우체국직원연금 등의 자격에 해당하는 자

71 ▶ ②

| 오답 해설 |
① 「입양특례법」에 따라 국내에 입양된 아동은 18세 미만까지 수급권자로 특례 적용된다.

③ 의료급여에 관한 업무는 수급권자의 거주지를 관할하는 특별시장·광역시장·도지사와 시장·군수·구청장이 한다.
④ 「지역보건법」에 따라 설치된 보건소, 보건의료원 및 보건지소는 의료급여기관이 된다.
⑤ 시장·군수·구청장은 수급권자가 정당한 이유 없이 의료급여기관의 진료에 관한 지시에 따르지 아니한 경우, 의료급여를 하지 않는다.

72 ▶ ③

예산안을 편성하여 이사회의 의결을 거친 후 보건복지부장관의 승인을 받아야 한다. 예산안을 변경할 때에도 같은 절차를 밟는다.(「국민건강보험법」 제36조)

73 ▶ ③

보기를 제외하고 「산업재해보상보험법」에 따른 보험급여의 종류는 다음과 같다.
1. 장해급여
2. 간병급여
3. 유족급여
4. 장례비

74 ▶ ④

| 오답 해설 |
ㄹ. 「국민기초생활보장법」에 명시되어 있는 급여이다.

75 ▶ ①

장기요양기관은 수급자를 대리하여 장기요양인정을 신청할 수 없다.(「노인장기요양보험법」 제22조)

MEMO

MEMO

MEMO

MEMO

마음과 녹음은 일본 마구라자크

빠른
음락노트

2026 최신판

에듀윌 사회복지사 1급
통합이론서
+무료특강

고객의 꿈, 직원의 꿈, 지역사회의 꿈을 실현한다

에듀윌 도서몰
book.eduwill.net
- 부가학습자료 및 정오표: 에듀윌 도서몰 > 도서자료실
- 교재 문의: 에듀윌 도서몰 > 문의하기 > 교재(내용, 출간) / 주문 및 배송

1위 에듀윌만의
사회복지사 합격 커리큘럼

합격패스 하나면 사회복지사1급 준비는 끝!
평생수강 합격패스

① 전 과목 최신 강의 평생 무제한 수강
② 베스트셀러 교재 제공
③ 합격 필수 특강 추가 제공

쉽고 빠른 합격의 첫걸음 합격필독서 무료 신청
(표지는 변경될 수 있으며, 2025년 4월부터 신청 가능)

합격필독서
무료 신청

친구 추천 이벤트

" **친구 추천**하고 한 달 만에
920만원 받았어요 "

친구 1명 추천할 때마다 현금 10만원 제공
추천 참여 횟수 무제한 반복 가능

친구 추천 이벤트
바로가기

※ *a*o*h**** 회원의 2021년 2월 실제 리워드 금액 기준
※ 해당 이벤트는 예고 없이 변경되거나 종료될 수 있습니다.

* 2023 대한민국 브랜드만족도 사회복지사1급 교육 1위 (한경비즈니스)
* 위 내용은 서비스 개선을 위해 예고 없이 변경될 수 있습니다.

eduwill

75개월 베스트셀러 1위
합격생이 선택한 BEST 교재

사회복지사 전 교재 베스트셀러 1위!
1위의 비법이 담긴 교재로 누구든 합격할 수 있어요

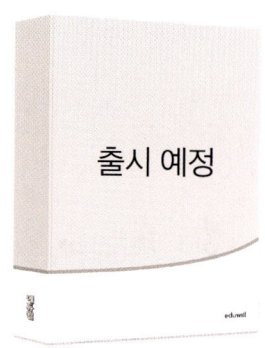

통합이론서

영역별 필수이론부터
기출문제까지
8영역 단권화로
한 번에 합격!

단원별 기출문제집

최근 7개년
기출문제와
영역별 빈출이론으로
확실한 합격!

핵심요약집

8영역 빈출이론과
최신 기출문제까지
단 한 권으로
빠르게 합격!
(2025년 5월 출간 예정)

- 에듀윌 사회복지사 1급 단원별 기출문제집: YES24 수험서 자격증 국가자격/전문사무 사회복지사 베스트셀러 1위(2018년 12월, 2019년 1월, 9~12월, 2020년 1~3월, 7~12월, 2021년 1~4월, 7~12월, 2022년 1~4월, 7~12월, 2023년 1~2월, 7~12월, 2024년 1~2월, 6~12월 월별베스트), 에듀윌 사회복지사 1급 통합이론서: YES24 수험서 자격증 법/인문/사회 사회복지사 베스트셀러 1위(2018년 5~6월, 2019년 4~8월, 2020년 5~6월, 2021년 5~6월, 2022년 6월, 2023년 3월, 5~6월, 2024년 5월 월별 베스트), 에듀윌 사회복지사 1급 핵심요약집: (2023년 7~12월, 2024년 2월 월별 베스트)

업계 최초 대통령상 3관왕, 정부기관상 19관왕 달성!

2010 대통령상   2019 대통령상   2019 대통령상

대한민국 브랜드대상 국무총리상 / 국무총리상 / 문화체육관광부 장관상 / 농림축산식품부 장관상 / 과학기술정보통신부 장관상 / 여성가족부장관상

서울특별시장상 / 과학기술부장관상 / 정보통신부장관상 / 산업자원부장관상 / 고용노동부장관상 / 미래창조과학부장관상 / 법무부장관상

- **2004**
  서울특별시장상 우수벤처기업 대상

- **2006**
  부총리 겸 과학기술부장관 표창 국가 과학 기술 발전 유공

- **2007**
  정보통신부장관상 디지털콘텐츠 대상
  산업자원부장관 표창 대한민국 e비즈니스대상

- **2010**
  대통령 표창 대한민국 IT 이노베이션 대상

- **2013**
  고용노동부장관 표창 일자리 창출 공로

- **2014**
  미래창조과학부장관 표창 ICT Innovation 대상

- **2015**
  법무부장관 표창 사회공헌 유공

- **2017**
  여성가족부장관상 사회공헌 유공
  2016 합격자 수 최고 기록 KRI 한국기록원 공식 인증

- **2018**
  2017 합격자 수 최고 기록 KRI 한국기록원 공식 인증

- **2019**
  대통령 표창 범죄예방대상
  대통령 표창 일자리 창출 유공
  과학기술정보통신부장관상 대한민국 ICT 대상

- **2020**
  국무총리상 대한민국 브랜드대상
  2019 합격자 수 최고 기록 KRI 한국기록원 공식 인증

- **2021**
  고용노동부장관상 일·생활 균형 우수 기업 공모전 대상
  문화체육관광부장관 표창 근로자휴가지원사업 우수 참여 기업
  농림축산식품부장관상 대한민국 사회공헌 대상
  문화체육관광부장관 표창 여가친화기업 인증 우수 기업

- **2022**
  국무총리 표창 일자리 창출 유공
  농림축산식품부장관상 대한민국 ESG 대상

YES24 수험서 자격증 법/인문/사회 사회복지사 베스트셀러 1위
(2018년 5월~6월, 2019년 4월~8월, 2020년 5월~6월, 2021년 5월~6월,
2022년 6월, 2023년 3월, 2023년 5월~6월, 2024년 5월 월별 베스트)
2023, 2022, 2021 대한민국 브랜드만족도 사회복지사1급 교육 1위(한경비즈니스)
2020, 2019 한국브랜드만족지수 사회복지사 교육 1위(주간동아, G밸리뉴스)
2016년 1월~2025년 1월 사회복지사 시리즈 출고 기준

2026 에듀윌 사회복지사 1급
통합이론서 +무료특강

1 사회복지사 1급 입문특강(8강) + 7개년 기출족보특강(8강)
   이용경로 에듀윌 도서몰 로그인(book.eduwill.net) ▶ 동영상강의실 ▶ '사회복지사' 검색

2 2025년 제23회 최신 기출문제 + 상세해설 + 자동채점&성적분석 서비스
   이용경로 교재 내 수록

3 '핵심이론 + 기출OX'로 빈출만 공략하는 〈빠른공략노트〉
   이용경로 교재 내 수록

4 3회독 플래너
   이용경로 교재 내 수록

고객의 꿈, 직원의 꿈, 지역사회의 꿈을 실현한다

에듀윌 도서몰
book.eduwill.net
- 부가학습자료 및 정오표: 에듀윌 도서몰 > 도서자료실
- 교재 문의: 에듀윌 도서몰 > 문의하기 > 교재(내용, 출간) / 주문 및 배송